剑桥经济史系列

Stanley L. Engerman
Robert E. Gallman

The Cambridge
Economic History of the United States (Volume II)

剑桥美国经济史（第二卷）下册

漫长的19世纪

The Long Nineteenth Century

主　编　斯坦利 · L. 恩格尔曼　罗伯特 · E. 高尔曼

总 译 校　高德步　王　珏

本卷主译　王　珏　李淑清

中国人民大学出版社

· 北京 ·

第10章

企业家精神、商业组织和经济集中化

内奥米·R. 拉穆鲁（Naomi R. Lamoreaux）

第一次世界大战爆发前，美国的经济已经［按罗伯特·T. 埃夫里特（Robert T. Averitt）的说法］形成了一种“双重”结构，即由经理管理的大型公司构成经济的“中心”，而由业主经营的较小厂商构成经济的“外围”[1]。在经济的中心部分，各大型公司在联系密切的寡头卖方垄断市场中运营，在那里价格竞争几乎已经完全失去了作用，大公司主要对维护它们各自的市场份额感兴趣，并努力确保其长期增长。为此，它们不断推进向后延伸到原材料收购、向前延伸到销售环节的一体化活动，并努力提高消费者对其品牌的忠诚度。相反，那些处于经济活动外围的企业都很小但仍然处于市场竞争中，它们很少有能力贯彻垂直一体化或在全国范围内宣传它们的品牌，对于它们来说，其目光一般较短浅，保持生产成本的低廉是让公司生存的最好办法。

将经济活动划分为中心和外围两个层次是相对近期的情况。除铁路产业外，大型企业一直到 19 世纪的最后 25 年才开始出现，那时随着技术进步，许多重要行业中的企业的规模扩大了，随着企业规模的扩大，它们的行为也相应发生改变。一旦公司相对于市场来说规模扩展到足以影响自身（和其他公司）产品的销售价格时，它们之间的竞争就会变得异常激烈，起初每一个企业都试图通过降低价格来打击对手并以损害对手为代价增加自己的市场份额。但是，随着企业间影响和依赖程度的
403 增强，价格竞争便在客观上受到了限制。许多企业试图通过共谋来抵制削价的尝试均未能获得成功。最后，他们尝试了正式合并。尽管许多这类尝试也以失败告终，但是那些资本最密集行业中最后的巨头不仅大获全胜，而且在接下来的数十年中长久地支配着市场。

本章首先讨论 19 世纪早期中小企业的结构和动态，分析在此期间中小企业组织商务活动的方式以及这类企业间的关系和技术变革的进程。然后对早期铁路行业中大型企业的发展和 19 世纪最后 25 年间其他大企业的发展过程加以描述。最后本章将指出，哪里有大企业出现，管理协调就将在哪里取代市场来调节资源的配置。

早期的产业发展

美国独立战争之前，英属北美殖民地的工业生产是微不足道的，那时能与英国生产商相匹敌的唯一产业是造船业，而产品能够进入各殖民地和海外市场的是原材料加工工业，如新英格兰的朗姆酒制造业和宾夕法尼亚的面粉及粗铁制造业。殖民地时期大部分生产制造活动都以小规模的手工劳作为主，这些小手工业者主要根据本地消费者的订单进行生产。例如，农户也主要是从事家庭生产，满足自己的大部分衣食需要。

404 即便如此，人们也不应当忽视殖民地时期经济发展的影响。殖民地时期的北部各港口城市培养了大批与加拿大、欧洲、西印度群岛和非洲进行贸易的商人。他们在从事商业活动的过程中获得了大量重要的商务知识并积累了资本。此外，在寻找商品的新供给和开辟新产品市场的持续重压下，商人们的才干也得到了锻炼。这些港口城市还培养了大批拥有技能和生产知识的手工业者。正是这两类人共同促进了这个国家 19 世纪早期的工业发展。

事实上，商人对制造业的投资早在殖民地时期就已经开始，早期的商人将随货物一起运达英格兰的用以压舱的木材和粗铁出售，以获取一些额外好处，为此商人

们经常帮助本地的铸铁厂筹资，以确保他们自身对粗铁的需求得到满足。商人也向制造业投资，以便从他们已经从事的商品生产中获利。因而那些从事糖浆和朗姆酒贸易的商人，如罗得岛州普罗维登斯市（Providence）布朗家族一度还建立了自己的酿酒厂。布朗家族还建立了鲸油蜡烛厂，加工本地捕鲸产业的制品。

美国独立战争开始后的半个世纪，商人从事制造业的活动有了明显的增长。独立后，随着国际贸易的重建，海外贸易变得比殖民地时期更具风险且更加艰难。商人们不仅失去了原有的贸易航线和作为大英帝国成员所享受的贸易保护，同时还面临来自法国和西班牙等前同盟国的歧视。进入欧洲和西印度群岛的市场受到限制，开辟东方新航线又存在空间距离和文化差异方面的巨大风险。直到法国革命和拿破仑战争时期，美国商人才从中立承运人的角色中受益，贸易也才重新达到战前的盈利水平。

一些商人对他们已销售过其产品的行业进行投资，以扩大对制造业的投资，补偿贸易所得的减少。这样，马里兰州的惠特克铁业公司（Whitaker Iron Company）便从巴尔的摩港（Baltimore）的铁代理商那里得到了他们所需的投资，马萨诸塞州的希望山铁业公司（Mount Hope Iron Company of Massachusetts）也从波士顿的贸易商那里获得了同样的协助。同样，匹兹堡的琼斯和拉夫林公司（Jones and Laughlin Company of Pittsburgh）就是两位缺乏资本的钢铁生产者本杰明（Benjamin）和弗朗西斯·劳思(Francis Lauth）与两位刚刚涉足铁制品贸易业的商人本杰明·琼斯（Benjamin Jones）和塞缪尔·基尔（Samuel Kier）合作建立起来的。 405

在其他行业，商人更是扮演着企业家的角色。例如在马萨诸塞州的制鞋行业，贸易商们早在19世纪初期就开始雇用当地的鞋匠为他们进行生产。他们很快就认识到分工能够降低成本并增加产量。到19世纪30年代，他们已经发展出一套体系，在一家主要的店铺中进行皮革的切割，然后将切割好的皮革“分发”到该地区的各个制鞋者那里去进行“缝合”和“装底”。

在纺织工业中，商人们不仅重新组织生产，而且将英国的一些重要革新技术带到了美国。这方面的例子首次发生在1789年，罗得岛州的商人摩西·布朗（Moses Brown）说服来自英格兰的前工厂主管塞缪尔·斯莱特（Samuel Slater）帮他建立一家纺织厂。为此两人达成了一份协约，按照协约，布朗同意自己家族一方为建立纺织厂承担经费并在市场出售产品，而斯莱特一方则按约建造机械设备并监督运作。

尽管布朗在把机械化纺织机引进美国这件事情上起到了开创性的作用，但是他与他的家人参与此项业务的初衷却只限于商业目的。1815 年，弗朗西斯·C. 洛厄尔（Francis C. Lowell）和波士顿联营公司（Boston Associates）建立了第一家纺织厂并将纺纱和织布两者结合在一起，从那时起，商人们便开始将业务转向制造方面。洛厄尔曾亲身前往英国并参观了那里的纺织厂，他特别注意观察那些尚未被美国引进的动力织布机。回到新英格兰后，他便与机械师一道研制出了他们自己的织布机。另外，他和他的商业合作者不仅为企业筹措经费，而且亲自筹划企业的建造，甚至还建立了包括食堂、教堂和学校在内的一个完整系统，以便能够吸引妇女来工厂工作。

虽然商人在推进早期工业发展方面扮演了重要的角色，但工匠也起着同样重要的作用。如果没有本地机械工人的帮助，无论是布朗一家还是波士顿联营公司都不可能取得那样的成就。在另外一些例子中工匠是重要的开创者。例如，伯克希尔造纸厂（Berkshire paper industry）就是由一名叫泽纳斯·克兰（Zenas Crane）的熟练造纸工兴办的，他为了寻找一处适合的建厂地点而向西迁移。19 世纪早期，匹兹堡
406 的三家最重要的铁制品工厂都是由从宾夕法尼亚州朱尼亚塔（Pennsylvania Juniata）地区移民过来的工匠或工厂主建立的。

上述这些早期的实业家们利用他们和家族成员的资源为工厂提供经费，并将利润再投资到企业中。商人们也在这些企业的筹资过程中起到了重要作用。制造商们除了需要资金和设备外，还需要营运资本来购买原材料、雇用工人、向市场运送货物以及储藏存货。这些开支是一笔不小的数目，营运资本常常超出工厂和设备需要的资金，而商人们正是这笔资金的重要提供者。出售原料给制造商的贸易商通常接受用借条来代替现金。另外，贸易商们有时会为生产企业提供贷款以交换在市场上出售货物的权利。比如，一家经营生铁的费城经纪公司为一家高炉工厂罗布森和布鲁克公司（Robeson, Brooke and Co.）提供了 30 000 美元的贷款，作为这笔贷款的回报，高炉工厂的主人承诺在 2 年内每年为其供应 5 000 吨生铁。这类来自商人的信用对于企业的技术进步而言就如同直接向工厂和设备的投资一样重要。例如，伊莱·特里（Eli Terry）公司由于与商人利瓦伊（Levi）及爱德华·波特（Edward Porter）签订了合同，

从而可以大规模生产木制时钟，特里公司承诺在 3 年中向对方提供 4 000 个木制时钟，作为交换，波特向特里公司提供营运资本和有保障的市场。

企业组织的早期方式

由于商人在早期的工业融资中扮演着重要的角色，因此制造业者常常从经营他们货物的商人那里大笔举债。在记账方法上制造业也沿用了中世纪后期以来商人们一直使用的复式记账法。由于这种会计系统是为记录与外部世界的交换而设计的，所以它并不适合用来监控生产过程中的商品流量。随着时间的推移，制造业者发现有必要修改记账方式以便更好地记录原料和工资的支出。例如，洛厄尔纺织厂的管理人员发展并完善了一套计算每月劳动效率和原料成本的核算系统；类似地，伯克 407
希尔造纸厂发明了一种考勤记录系统，使该厂能够在相当长的间隔期内追溯工资情况。

虽然有这样一些新方法，但制造业主们仍然只对其经营活动进行一年一次或两次的账目结算，结果，他们无法确定期间实际获得的利润。此外，由于这种会计系统把改善或更换设备的支出视为经营成本，制造业主就无法确定他们投资的真实数量或收益率。这些不足之处直到 19 世纪末大规模的有管理的企业兴起后才得以纠正。那时的人们还没有感到缺乏有关资本投资的信息是一个严重的问题。许多企业是家族式企业，个人的开销常常与企业的费用混合在一起，制造业主们需要多少家庭开支，就从公司的收入中抽取多少，然后把剩余的金额进行再投资。只要生活过得舒适，生意有所发展，他们就不必为自己的收益率担心。

商业对早期实业家所采取的组织形式的影响也是显而易见的。和大部分商业企业一样，大多数制造业企业也采取了独资经营或合伙经营的形式。合伙经营的各成员受到合同的约束，合同中包括各种细节，诸如合伙各方应当向公司出资的数目、各方应尽的职责、可以从企业中取得的收入以及终结协议的程序等。如在制铁业主本杰明和弗朗西斯·劳思与贸易商本杰明·琼斯和塞缪尔·基尔的合作协议中，就详细说明了琼斯和劳思家族每年的薪金是 1 500 美元，作为交换，他们承诺不会将其利润抽出这个企业；劳思家族负责轧钢厂，而琼斯家族负责管理账目并为商业目的经营企业；基尔是一个作用不大的合伙人。

合伙经营比独资经营有更大优势。最明显的一点是合伙人常常会为公司带来额外的资本，合伙人也可能带来专业知识和经验以及商业联系，这可增强企业进入市场或进行信贷的能力。朱迪思·麦高（Judith McGaw）在她对伯克希尔造纸厂的研究
408 中发现，适当的合伙人可以带来巨大的优势，如在合伙经营中引入一个训练有素的造纸工，可以使成功的概率比不引入该合伙人时提高 167%；引入一名具备商业经验的人员，其获得成功的概率比不引入该成员时提高 140%；造纸厂所有者的亲属们是联系业务和传达信息的可贵资源，那些具备这种亲属关系的公司，其成功概率比那些没有这种亲属关系的公司高出 153%，利用上述三种合伙人信息资源的公司的成功概率比只使用两种信息资源的高 47%，比只使用一种信息资源的高 62%，比不使用任何信息资源的高 320%。[2]

而且，合伙经营的优势并不会使企业丧失灵活性。合伙制企业可以解散那些经营不佳或不能为企业利益服务的联合形式，而当企业需要投入额外资金或专门技术时，也可以吸收新的合伙人加入。例如，劳思、琼斯和基尔的合伙制公司发现自己还缺少资金时，就向匹兹堡的代理商詹姆斯·拉夫林（James Laughlin）求助，后者向该公司投入了 40 000 美元的资本并加入进来；西弗吉尼亚惠灵（Wheeling, West Virginia）的钉子生产商为了他们自身的利益也组织起合伙制公司，并不断进行着公司重组。1847 年约翰·亨特、威廉·弗莱明、罗伯特·莫里森、E. W. 史蒂文斯和爱德华·诺顿（John Hunter, William Fleming, Robert Morrison, E. W. Stephens，Edward Norton）等几位制钉厂主创立了第一家制钉合伙公司亨特和莫里森公司（Hunter, Morrison & Company），两年之后，诺顿退出，与他的兄弟和另外 8 名工匠联合创办了诺顿和贝利公司（Norton, Bailey & Company）；又过了两年，贝利和 6 位合伙人又相继离开，并创办了另外的公司。

另外，尽管由个人组成的合伙制企业通常主要是从事某个专门行当的生产经营活动，但一旦新的机遇增多、旧的机遇减少，企业的兴趣就很容易发生转移。例如罗得岛的布朗和艾夫斯合伙公司（Brown and Ives）原来主要是从事海外贸易投资，1812 年战争前夕禁运后，该公司就将部分资产转移到了棉纺业上。在接下来的 30 多年里，合作者们逐渐增加了对纺织业方面的投资，减少了贸易方面的投资，并在

1838年卖掉了他们的最后一条船。马修·鲍德温（Matthew Baldwin）和戴维·梅森（David Mason）的情况也与此类似，在鲍德温为公司设计了一台高效发动机以后，他们又进一步投资，为布匹印花滚筒的生产流水线装备了耐用的蒸汽引擎。 409

与其灵活性优势相对应，合伙制组织形式的最大缺点在于其短暂性。工业投资要求长期性，而合伙经营的特点是只有当合伙各方都愿意留在该企业中时经营才能维持下去，合作伙伴中的一方意外死亡，或者有人想中途退出，都会引起资产的清算和分割，致使留下的合伙人很难继续他们的经营，从而导致合伙制企业的解散。例如合伙经营宾夕法尼亚州豪普维尔熔炉厂(Hopewell Furnace)的布鲁克（Brooke）和巴尔克利（Bulkley）家族就因意见不合在1818年向法院提起诉讼，最终结果是公司解散、资产分割。

合伙制企业的另一个严重缺点是公司成员负有无限清偿责任。一旦公司倒闭，每一位合伙人都对公司的所有债务负有完全责任。例如，1829年戴维·威尔金森(David Wilkinson）的经营失败时，塞缪尔·斯莱特和好几家纺织厂的合伙经营也受到威胁，因为威尔金森同时是好几家纺织厂的合伙人，其中斯莱特是最大的合作者之一。为了承担威尔金森的责任，斯莱特不得不卖掉他在波塔克特（Pawtucket）和斯莱特斯维尔（Slatersville）的工厂。

至少从理论上讲，制造业主们可以通过将他们的企业组成股份公司来避免上述问题。但是在18世纪晚期和19世纪，组建股份公司要获得立法机构的特殊许可。那时，股份公司特许权给予组建人以类似政府的权力，因此重要的公共服务项目，例如修建桥梁、道路来改善交通条件，或者组织银行为社区提供流通中介和信用便利等，只限于这样的公司承担。作为提供这些服务的交换，公司创办人得到一定的特权，如有权以银行券的形式印发货币或具有专营权。

随着时间的推移，这种特权许可制受到了日益增多的抨击，企业家们呼吁各企业都有权向公众提供相似的服务，一些社会公众也认为自己的利益受到了公司的侵害而开始反对特许制，货物托运商抱怨从事运输的股份有限公司从中获取垄断地租。类似地，小商业者和农民则认为立法机构授予了股份制银行随意缩减或增加货币供 410
应量的权力。所有这些对垄断特权的担忧和不满逐渐形成了对公司这种组织形式的普遍抨击。有评论家断言，相对于合伙经营制来说，有限责任为股份有限公司提供了增加资本的有利条件，也为它们带来了不正当的竞争优势。他们担心（尽管有些矛盾）由于公司业主（股东）在管理上的被动，股份公司不会像采用合伙制形式的企业那样有效率。

所有这些反对意见并没有导致股份有限公司的废除，而是形成了一种舆论倾向，即主张通过增强公司执照的可得性来降低特权成分。面对政治压力，立法机关的回应是增加执照的发放数量，尤其是在19世纪30年代，公司法的通过使得任何个人和团体只需填写一张表格和付费就能组建公司。1837年，这些扩大公司准入的措施在《查尔斯河桥梁决议》中获得了美国最高法院的批准，最高法院宣布公司执照并不表明公司享有独占权。

然而，早期形成的反对股份公司的持久影响使各州继续行使着监管的职能，以确保股份公司不具有优于合伙企业的不正当优势，并确保它们的管理人员的行为是负责可靠的。为了实现这些目标，州立法机构在公司执照的发放中插入了监管条款，最高法院决议中除规定公司执照是不可侵犯的契约之外，还照例增加了允许各州单方面改变执照细则的条款。监管条款包括要求银行性公司提交半年的财务报告，以限制公司可以筹集的资本数额以及可以从事的活动。立法机构还要求公司制企业采取特别的管理结构，比如限定董事会的规模和构成，公司高级职员选举的频率，以及大股东拥有的投票数。

19世纪早期，相对于合伙制企业而言，股份公司这种组织形式的采用意味着大
411 量灵活性的丧失。由于法律对管理形式的限定，公司成员丧失了签订合同的自由。相反，他们不得不接受政府强加的组织形式，公司也丧失了随意增加股本或当出现机会时转移到新的业务范围的能力。在一些极端的例子中，过于严格的法律限制了垂直一体化的机会。比如，在19世纪末期的得克萨斯州，将公司限制于某一特定行业的一般公司法和禁止实际控股的反托拉斯法使得企业间的垂直一体化变得不可能，从而阻止了标准石油公司进入得克萨斯州的石油行业。

股份公司这种组织形式的主要益处是允许股份让渡，并实行有限责任制，这就使得公司更易于在资本市场上筹集资金。以波士顿联营公司为例，该公司以有限责任的形式来组织它的纺织厂，因为这种形式可使它从那些对其他行业感兴趣而又不愿参与合伙经营的亲戚朋友处筹得资金。实行股份制企业的另一个好处是，波士顿

联营公司可以在股市上出售它的部分股票并从股票的升值中获得好处。

然而，这种筹资的优势在 19 世纪的头几年并不显著。首先是制造业企业的股票销路欠佳，除了波士顿联营公司等少数几家经营状况良好的公司之外，大多数制造业公司都很难将它们的股票出售给普通公众，因为公众认为这些企业是有风险的。结果，大部分制造业公司发行的股票都由那些与公司发起人有关联的人持有，这与合伙经营的资金构成方式有相同之处。再者，就信用市场而言，实行有限责任是绝对不利的。一般银行和其他债权人要求大股东在贴现公司票据之前必须提供个人担保。

而且，也有其他一些利用社区储蓄的方法，如 19 世纪早期许多制造业者与一些 412
合伙人和亲属联合在一起以获得组建银行的特许。这些银行组织成为创立人所属的企业（包括除工厂之外的多种其他形式）的资本供给机器。例如在罗得岛，罗兹兄弟 (Rhodes brothers) 在 19 世纪 40 年代与很多亲戚联合组建了波塔克斯特 (Pawtuxet) 银行，银行 50% 以上的资金都转化为贷款并用来支持罗兹兄弟在纺织品制造、交通、贸易和房地产投机方面的各类投资。投资者们迫切地想要购置波塔克斯特银行这类银行的股票，因为这使他们能够购进该地区最活跃的企业家的各类投资组合的股份。19 世纪早期的银行在功能上更像投资俱乐部——这些银行是使普通储户可以分享工业化带来的收益又不将自身暴露在严重风险中的一种理想途径。

不仅如此，制造业者与银行的结合，还使他们能够克服合伙制带来的某些障碍，例如，当公司解散时，银行可以从愿意继续从事经营的合伙人那里贴现票据，这样就免除了此类麻烦，即清算资产以偿还权利要求者。另外，短暂性并不是合伙制组织形式不可治愈的顽疾，合约的起草可以在发生合伙人意外死亡之类的事故时保护公司的资产。此类合同的典型例子是 1887 年安德鲁·卡内基 (Andrew Carnegie) 与其合伙人签订的“铁甲协定”(iron-clad agreement)。该合同规定如果一方合伙人死亡，公司剩余的各合伙方拥有按账面价值购买其股份的权利。这不仅使剩下的各方合伙人有充分的时间来购买继承人的股份，而且是以低于市场价值的公司的账面价值来购买。类似的旨在保护现有成员利益的协定还有很多种。例如，制钉业的贝利和伍德沃德公司签订的合伙经营合同指出，如果公司的任一成员打算出售股权，那么他必须在将其出售给外人之前将其出售给公司其他现有成员（按所持股份的价值从低到高的顺序）。但是，有些合同很烦琐，僵化的条文吓跑了潜在的合伙人。相对而言，股份有限公司这种组织形式为企业连续发展的问题提供了更为简便的解决方法，因此随着时间的推移这种公司形式将会更加普及。

从执照授予的统计数据来看，对制造业企业来说，股份公司形式早期缺乏优势。从小乔治·赫伯顿·埃文斯（George Herberton Evans, Jr.）收集的马里兰、新泽西、纽
413 约和俄亥俄四个州获得执照的公司的资料来看，在 19 世纪的前 40 年中，这四个州只有 1/4 的股份制公司是从事制造业的企业，所占比例从 19 世纪第一个 10 年的 9% 增至 30 年代的 28%。其中纽约州的情形尤其具有典型性，在 19 世纪的第二个 10 年间，以制造为目的的公司的数量激增，从头十年的 24 家（占所发执照的 11%）增加到 161 家（占所发执照的 41%）。然而，表面上看，发起人对股份公司形式的好处过于乐观了，因为随后从事制造业的公司的执照数量减少了，在接下来的 10 年，总共只有 93 家从事制造业的公司被授予执照（占总授予执照的 25%）。甚至在 19 世纪 30 年代的经济高涨时期，纽约从事制造业的公司获得执照的数量仍然少于早先高涨时期。[3]

在 19 世纪前 40 年中，获得执照的大多数股份公司要么是银行——它们通过多样化的投资组合吸引希望安全分享经济发展带来的收益的投资者；要么是运输公司——它们从那些受益于该项服务的人和那些认为该项投资有利可图的人那里吸引资金。直到 19 世纪末，制造业公司才获得了进入资本市场的权利。无论如何，随着时间的推移，股份公司这种形式作为确保公司继续发展下去的一种途径，将会变得越来越具有吸引力。

企业家精神和技术进步

根据约瑟夫·A. 熊彼特（Joseph A. Schumpeter）的定义，企业家是那些为了提高生产效率或创造新产品而能察觉到现有资源的新组合方式，具有非凡创造力的个体。按照熊彼特的观点，企业家具有英雄般的精神，他们不只是发明家。更确切地说，他们是那些能察觉发明的潜在效用，并通过纯粹的毅力和人格力量，克服所有技术
414 和制度的障碍去实施他们的思想的人。[4]

在 19 世纪早期的美国，符合熊彼特定义的企业家确实存在。罗伯特·富尔顿

(Robert Fulton) 就是一例。尽管约翰·菲奇（John Fitch）和詹姆斯·拉姆齐（James Rumsey）早在 1791 年就获得了汽船专利，但他们都没能成功地发展自己的事业。而富尔顿虽然没有发明汽船，但他却将注意力转向寻求足够的财政支持和市场控制方面，所以在 1807 年，在别人都因缺乏资金而失败的时候，他却成功了。罗伯特·利文斯顿（Robert Livingston）为他提供了丰富的资金用于解决汽船设计中有关适应天气变化的问题，为此他在纽约水域汽船运输领域占据垄断地位长达 20 年，从而确保了他的轮船服务的市场。

然而，在 19 世纪早期的大多数产业中，很难说某个人的革新在经济发展中起到了突出的作用。富尔顿的商业垄断的确使他在相当长的一段时间里享受到了革新带来的好处，但大多数革新者没有得到这样的保护。事实上，法庭确实很好地贯彻实施了专利权，专利转让（销售）数量的增长表明暂时的垄断被认为是有经济价值的。但是这一时期成功的发明只需较低的人力和物质资本投资，这意味着大多数发明很快就会被其他革新超越。结果，尽管我们通常能够指出谁是第一个在产业中引入某一项新技术的人，但是先行者的成绩经常被模仿或被对革新进行改进的追随者卷走。例如 1815 年美国的弗朗西斯·C. 洛厄尔刚刚证明用电力纺织机进行纺织的可能性，其他的织物制造商就采用了相似的设备，威廉·吉尔摩 (William Gilmore) 迅速引入了廉价机器；而德克斯特·惠勒（Dexter Wheeler）则改进了吉尔摩的版本，并且这种机器迅即在新英格兰南部地区普及。早在 1820 年，拥有集纺纱与织布功能于一体的机器设备的工厂在罗得岛州就有 15 家，在康涅狄格州有 15 家，在马萨诸塞州有 11 家。

伊莱·特里也很难维持他在钟表制造业的领先地位。特里曾证明可以采用机械工具来大规模生产木制机件时钟，并且他还从事时钟的设计工作，并于 1816 年获得专利。但是他的专利很快就被其他一些制造商改进并运用，大批新的进入者涌进该产业，
到 19 世纪 20 年代中期，已有 22 个制造商生产木制机件时钟，19 世纪 30 年代中期， 415
仅在康涅狄格州的布里斯托尔（Bristol）就有多达 16 家钟表制造工厂（布里斯托尔是一个商人的大本营，这个商人提供资金生产时钟，为其在美国的零售网络供货），工厂都集中在康涅狄格州的其他城镇。

由于技术革新被其他制造者复制或改进的速度是如此迅速，因此，19 世纪早期

美国学者更多谈及的是企业文化而不是单个企业家。这一时期，对技术革新来说基本的操作技巧比科学知识更受重视，而且这些技巧被人们广泛传播。肯尼思·L. 索科洛夫（Kenneth L. Sokoloff）和B. 佐里那·卡恩（B. Zorina Khan）发现在禁运时期当专利数量开始剧增时，发明的方向发生了转变：各种类型的技工拥有的专利所占的比例呈增长之势，而上层社会人士如商人和专业发明家拥有的专利所占的比例却呈下降趋势。在随后的几十年中，大多数（50%~70%）专利均授予那些单一项目的发明者，而且专利申请活动多集中在经济高涨时期。换言之，这一时期是经济中熟练技工适应时代的要求，不断提出新的、高效率的发明并使之资本化的时期。[5]

一般而言，发明活动多集中在城市地区，因为在那些地方技术信息交流已成为惯例。在大多数情况下这类交流是在无意间发生的。比如，当技工们研究竞争者的新产品并设法复制它时，或者当熟练工人离开工厂从事自己的商业活动时，他们都会将在原有企业中积累的知识带入新企业。然而有些信息的传递却是有意的，例如技工相互参观车间或在咖啡店、酒馆相遇时讨论技术问题。技工们有时也组织一些机构，如费城的富兰克林协会 (Franklin Institute) 就有专门的委员会来对重要发明进行评估或者讨论一些令人困惑的技术问题，该机构还出版杂志来传播发明信息。竞争者之间有时也共享技术信息，这是一种被罗伯特·艾伦（Robert Allen）称为“集
416 体发明”的现象。[6] 比如在19世纪早期，纺织制造商们相互参观工厂以考察新型机械和获得产出与成本信息。后来，他们还在贸易组织，如新英格兰棉花制造商协会举办的会议上提交论文来描述近期的技术进步。

这类合作关系有可能在发明收益不易被盗用、企业产品市场相对较小的行业内存在，也就是说，在此没有一个企业能够明显影响价格以让其邻近的制造商必须按此价格销售其产品。在这样的产业内，帮助自己的邻居不可能对自己的商业前景产生明显的、可察觉的负面影响，而合作可能明显增强自己的获利能力，特别是在技术变化迅速的时代。农业是采用这种结构的典型产业，农民们非常了解互相帮助的好处。不仅如此，许多制造商也是这么做的，比如当伯克希尔的造纸商们在19世纪20年代晚期开始机械化操作时，市场上有许多种令人混淆的造纸机械设备，其中有许多机械需要特殊的调整才能完成特定的工作，而与造纸业团体关系密切的机械制造商掌握着有助于造纸商减少购买机械风险的信息。当拜伦·韦斯顿（Byron Weston）

不能决定选择何种切纸机时，他便写信给同事 R. W. 威尔逊 (R. W. Wilson)。威尔逊告诉了韦斯顿他喜欢的类型并建议韦斯顿去参观附近几家安装了这些机械的工厂。在另一个例子中，一位制造商请求另一制造商为他提供一种迫切需要的机械："我非常希望你能尽快提供给我研光机中使用的旋转筒，汤姆·卡森（Tom Carson）说它很好用……汤姆说他将把他制造的车削工具借给我。"制造商们不仅共享技术信息，有时甚至共享自己的设备。因此，拜伦·韦斯顿和邻近企业巴特利特和卡廷公司(Bartlett and Cutting）联合购买了两个企业后来共用的研光机走梭板（calender lathe）。[7]

无论信息的交流是自愿的还是不自愿的，它都加速了新技术的传播。企业家不 417
能阻止信息的传播，因此产业间会迅速形成竞争性市场结构，这又确保了生产率的提高以低价形式转移给消费者。不仅如此，技术信息的快速传播确保了已在一个产业内发展的革新技术被迅速应用到其他产业的相关问题上，因此生产率的提高在经济中的许多部门几乎是同时发生的。

运输业的发展也加速了技术的传播进程。肯尼思·索科洛夫发现专利活动总是倾向于在靠近河流和运河的航线附近开展的，因为运河带来了新的商业经济区域，当地的生产商因丧失了低费用（只需将其产品运到其社区）所提供的垄断保护，被迫到更广大的外地市场上去竞争，向外部竞争者敞开当地市场也给当地生产商创造了更多的获利机会，作为回应它们加快了发明的速度。[8]

在商业贸易繁荣期到来的这段时间里，最有意义的活动是以 1825 年伊利运河的修建为起点，一直持续到 1839 年大萧条开始时的狂热的运河修建运动，这一期间修建的运河长度达 3 000 英里。到 19 世纪 40 年代中期，运输成本已由原来货车运输的平均 20 美分 / 吨英里下降到用运河运输的不到 1 美分 / 吨英里。大多数运河由州政府建造或出资，1839 年后由于融资问题影响了这些项目，运河修建热才告结束。19 世纪 50 年代后，铁路运输作为一项更有利的运输革新方式取代了航运，尽管铁路运输的吨英里收费通常高于运河，但其快速高效及可全年运输货物的特点使铁路运输具有极大的优势，因此无论两种运输方式在何处展开竞争，铁路运输总能获得更多的运载量。与运河不同的是，铁路的修建和营运虽然也得到了政府的资助，但大多数铁路是由私人企业负责运作的。

铁路

铁路企业是最先从19世纪早期以小企业为主的环境中脱颖而出的企业，与仍采
418 用合伙制的组织形式的企业有明显区别。正如小阿尔弗雷德·D. 钱德勒（Alfred D. Chandler, Jr.）曾经说过的，铁路企业是这个国家最早的大企业，它们是最早在国外和纽约资本市场上筹集大量货币资金的私人企业。它们的发展刺激了后来在经济发展中担当重要角色的新型金融中介和金融工具的发展。铁路行业也是最早因遇到复杂技术问题而不得不建立起清晰的管理组织的产业。到19世纪50年代,企业经理们，如纽约—伊利铁路公司的丹尼尔·C. 麦卡勒姆（Daniel C. McCallum）、巴尔的摩—俄亥俄铁路公司的本杰明·拉特罗布（Benjamin Latrobe）、宾夕法尼亚铁路公司的J. 埃德加·汤姆森（J. Edgar Thomson）等，已认识到他们必须为铁路线上高速增长的运量加强合作。为此，他们开始设计能够测量和控制整个操作系统绩效的新方法，并根据责任层次安排雇员和清楚阐述每人职责的组织图表和手册。他们设计的线路和人员组织后来成为整个19世纪制造业大企业的应用模型。[9]

尽管铁路企业有较大的规模和较正式的组织结构，但它们仍然沿用了19世纪早期许多行业采用的技术合作传统。为了促进铁路之间交通活动的便利，铁路行业的代表们聚集在一起讨论如何使铁路设备和容量标准化。他们还发展了保证每个企业所提供的服务都能够被正确记录的会计系统，同意按照一定的基本费率收费，并将数百种不同的运费分成四种基本类型。

然而，与19世纪早期由所有者负责信息交换的小企业不同，在铁路行业合作是经理们的事，各条线路的经理们频繁会面，制定详细的费率结构或者讨论一种
419 设备相比其他设备的优点，而且，随着对职业经理身份的不断认同，他们的合作变得更加牢固。在美国内战后的一段时间里，经理们开始参加美国铁路管理者协会(American Society of Railroad Superintendents)之类的美国国内同业协会，在专业会议上就铁路行政管理问题的技术细节提交论文，并捐助《铁路工程杂志》（*Railroad and Engineering Journal*）之类的出版物。

相对于纺织业、造纸业之类基本是小企业的行业而言，铁路产业中的所有这些合作活动使它们对竞争行为具有完全不同的影响。相对于市场而言，由于每一家独

立的铁路公司都比其他行业的企业规模大，它们的价格和产出决策对市场份额有直接的影响，尽管铁路公司有自己的线路，但在跨地区运输中它们之间也有竞争。如果一条线路的运价被削减到当前费率之下，就会通过牺牲对手来增加运量，而且由于在总支出中固定成本所占比例较高，收入同运输量直接相关，因此，从竞争对手那里抢到运输量会对营运收益有利。如果铁路运行的轨距不同或从一条铁路到另一条铁路的转运很困难，竞争就不会那么激烈。但是经理们的合作活动逐渐克服了这些障碍，产业的竞争结构变得逐渐透明化，因为如果每条铁路都为了获得贸易利益而试图削减对手份额的话，整个行业的收入将会全面下降。

经理们对新的竞争压力做出的反应是扩大设置固定价格等形式的合作。开始时他们以非正式联盟的形式结合在一起，但这种机制被证明过于脆弱，于是他们又组成了正式联盟，其中一个最成功的组织是为了控制从芝加哥到东部市场的谷物及相关商品的运输费率而于 1879 年成立的“联合执行委员会”(Joint Executive Committee)。不同于欧洲，这样的卡特尔协议在美国是不能获得法院通过的，最主要的原因是产业的成本结构激励人们进行欺骗。在 19 世纪末的反对大企业、反对铁路的政治气候下，铁路公司不能获得政府的支持以维护它们自身限制竞争的规定。美国 1887 年的《州际贸易法案》中没有包括支持铁路联盟的条款。另外，《州际贸易法案》授予州际商业委员会 (Interstate Commerce Commission) 的定价权很有限，主要是阻止价格上升。

因此，铁路卡特尔不得不依赖它们自己的机制来防止欺骗。比如，联合执行
委员会的领导艾伯特·芬克（Albert Fink）是一名受人尊敬的铁路管理者，他被赋 420
予了重要的执行权。卡特尔成员被要求提交保证金以保证他们坚持执行联盟的费率，如果成员被证明有欺骗行为，芬克将宣布保证金被作为罚款没收，芬克也可以宣布其他成员的价格将做相应削减，以此来使背叛变得无利可图。欺骗行为一旦被察觉，背叛者就必定会受到惩罚。为了实施这些条款，委员会负责收集和分发每一个成员每周的货运统计情况，然而这些统计资料并不能完全真实地反映卡特尔的纪律，成员的载运量有时可能因与欺骗无关的许多原因而急剧波动，但是由于不能够分辨是欺骗还是其他原因引起对运输服务的需求发生变化，结果经济波动期间卡特尔定价崩溃了。[10] 1893 年大恐慌后的长期萧条期间是卡特尔组织大批瓦解的时

期，当 1897 年最高法院在《跨密苏里州际货物运输决议》（*Trans-Missouri Freight Decisions*）和《联合交通决议》（*Joint Traffic Decisions*）中宣布这类组织因非法限制贸易而违背了 1890 年的《谢尔曼反托拉斯法》时，相当多的卡特尔成员放弃了这一组织。

卡特尔活动崩溃后，铁路业的领袖们转向合并和“利益共同体”以缓解运费上的竞争压力。在 19 世纪 90 年代的价格战期间，大量铁路企业的破产促进了铁路企业的重组（在萧条期间约 20% 的国家铁路里程运量卷入破产接管活动）。到 20 世纪初期，32 家铁路企业控制了近 80% 的国家铁路里程。但由于企业数量仍然太多以至于不能容易地控制竞争，因此经理们通过交换彼此的股份来建立正式的利益共同体。相互持股解决了卡特尔的信息欺骗问题，运费削减也不再是问题。在随后的 10 年间，产业的主要问题变为：如何获得州际商业委员会的提价许可，以弥补不断上涨的成本，
421 并吸引资金以改进路基和枕木。

大规模销售

铁路和运河建造导致的运输成本的急剧下降使得商业有可能打开更大的美国国内市场，从而刺激了经济中大规模商业企业的增长。正如钱德勒所说，在销售环节，19 世纪早期的销售代理商让位给直接从制造商们那里大批购货并享有能够满足全国零售商需要的市场网络的大批发商。像铁路公司一样，这些大批发商的广泛运作也需要建立一个经理组织来协调从生产企业购买物品和监督企业众多雇员的活动。[11]

在 19 世纪的最后 30 年，批发商为大多数制造业处理销售业务，但有时它们也不能够（或不愿意）做足够的工作。肉类加工业的斯威夫特公司（Swift & Company）的案例就是一个很好的说明。19 世纪 70 年代以前牛通常是以铁路运输的方式被活运到东部城市，然后在那里进行宰杀并以鲜牛肉形式出售给市场。企业的创始人古斯塔夫斯·斯威夫特（Gustavus Swift）意识到铁路运输的速度为节约大量成本提供了新的机遇，如果他能够在中西部地区宰杀牛，然后再用冷藏车厢将牛肉运至东部市场销售，就不用为动物的不可食用部分（通常超过畜体的一半）支付运费，而且避

免了运输过程中让牛进食、饮水，以及因动物重量减轻甚至中途死亡而造成的损失。因此，结论是到中西部某地集中屠杀可以使他获得规模经济效益。

但是斯威夫特的计划却遭到了包括屠夫、生意受到威胁的批发商和已在牲畜车厢和饲养站大量投资的铁路公司的反对。结果他只得从头开始建立自己的整个销售系统，他将所能筹集到的资金全部投入一个小货车运输队的建设中，设法让一家铁路公司帮助运载各种设备，然后投入商业运营。初始的成功使他有足够的资金来扩大销售，很快他建立了一个冷藏储存批发营业网，由一批营销人员负责当地销售。422
另外他还购买了五大湖的采冰权，并在沿线建立冰库，从而使公司避免了昂贵制冷设备带来的不利影响。他在系统建设方面的高超技能使得斯威夫特公司迅速成长起来，1877 年斯威夫特首次成功地完成了成品牛肉的运输活动，到 1881 年他已拥有近 200 个冷藏车厢，每周按订单运送约 3 000 头畜体的成品牛肉。

斯威夫特创造的垂直一体化企业改变了产业竞争的特征。在斯威夫特建立他的整个系统以前，肉制品加工业由数百个当地小规模屠宰场组成。到后来，只有那些能够有效利用金融资源来复制斯威夫特模式并建立自己的冷藏运输车、冰库和分销渠道网络的少数企业能够适应低价并生存下来。竞争使肉制品产业形成了由极少数大企业统治的卖方寡头市场结构。到 1888 年，斯威夫特公司和另外三家 (Armour, Morris 和 Hammond) 企业一起提供占全美国市场供给 2/3 的成品牛肉。

在一些生产技术复杂的产业，如缝纫机、机械收割机等产品生产行业也有类似的情况。这类产业的特点是制造者必须教会顾客怎样使用它们的产品，并反复重申当机器出现故障时会得到迅速方便的维修，只有这样才有可能开发这些产品的潜在市场。独立的批发商是缺少专业知识和动机来提供这样的指导和维修服务的，因此这些方面的工作只有制造商自己出面来承担。缝纫机行业的辛格公司（Singer）和收割机行业的麦考密克公司在这方面做出了表率。后来也只有那些完全复制它们的销售系统并对生产设备进行投资的企业才能在竞争中立住脚跟，这种做法所需的巨大资本使得竞争者寥寥无几。因此，这些产业也像肉类加工业一样形成了卖方寡头垄断市场结构。

大规模合并运动

随着时间不断向前推进，技术的发展逐渐扩大了产业的规模。例如在1850—
423 1870年，制造业的平均资本投资量从4 300美元上升到8 400美元，而到1890年已增加到18 400美元。[12] 当然，在某些制造业这种增长趋势较为突出。但在大多数案例中，通向卖方寡头垄断之路比肉类加工业和复杂机械业表现得更加曲折艰险。这些行业的货物可以依赖现有的独立批发商进行有效销售，因此它们没有必要前向一体化到销售领域。这有可能是因为这些制造业企业的规模还没有达到需要批发商达到规模经济的程度。无论如何，如果企业总是将自己的行为限制在生产范围内的话，它们中的任何一个要获得斯威夫特公司那样的竞争优势都很困难。

在大多数产业中，单个企业获得长期优势的情况很少见。尽管也有例外（安德鲁·卡内基的原钢垄断产业就是个例外），但大多数产业发展到10~20家企业是比较合适的。由于技术的变化扩大了企业的最小有效规模，因此行业中企业的数量倾向于逐渐减少。但这样的减少并不足以减轻竞争压力，相反，一旦企业的规模相对于市场而言扩张到足以影响其他企业的售价时，它们便成为直接的竞争对手。而且，当这些产业的技术变化更多地体现在昂贵的机器设备上时，企业的总成本中固定资本所占的比例将会趋于上升，结果如同在铁路产业中的情况一样，企业都有以牺牲对手来增加自己的市场份额的动力，价格战将不可避免。

19世纪80年代末期到90年代早期，约有12家新闻出版商建立了集纸浆生产和造纸于一体的工厂，从而使生产规模达到了可以有效利用经济资源的水平。但没有哪一家企业能因控制专利而具有超越对手的优势，也没有哪一家企业能使自己的产品区别于竞争者的产品。各制造者们是如此势均力敌以至于很长一段时间内螺旋向下的价格竞争难以分出行业中的赢家与输家，这种状况在整个90年代的萧条时期一直持续着。整个行业的利润在急剧下降，没有一家企业能胜过其余的企业。

424 同一时期，廉价的钢材原料和用钢丝加工钢钉的生产工艺吸引了一批新企业进入圆头钉制造业。而且，仍然没有专利限制进入，结果到19世纪90年代早期，该行业由约10家制钉和轧钢一体化的大企业控制。也像新闻出版业一样，那时钢丝圆头钉生产企业深受价格竞争的困扰，没有一家企业能够获得绝对优势。相反，竞争给所有企业造成了伤害。

面对这种无法缓解的价格竞争局面，企业开始寻找停止价格战的协议办法，但由于几方面的原因这些协议很少能成功。首先，正如前文提到的那样，这些协议所达成的条款在法律上得不到承认；其次，违背这些协议的诱惑是巨大的，因为在协议价格基础上的任何轻微削价（仍是可获利的价格）都可以使企业的市场份额大大增加。因此，一些协议只能持续很短的时间，每当其中一位成员离开会议去电告其销售人员详情时，或向会议揭露竞争对手削价的实情时，钢丝制造业协会的协议就失效了。

制造商们本可以并且确实也建立了结构更为紧密的组织，这些组织内设执行机制和专门用于防止背叛的信息收集系统。但是与铁路卡特尔的情况一样，组织成员很难区分哪些需求变动是由欺骗行为引起的。因此，这样的组织机构在市场波动期都倾向于瓦解。1887 年成立的旨在控制价格的钢钉协会是其中最有效的一个卡特尔，这个协会曾成功地运作了近 10 年光景，但最终还是于 1896 年钉子需求灾难性下降时宣告解体。

早期大多数制造业的行业进入壁垒是很低的，因此卡特尔的建立有吸引更多竞争者进入的特征。如在 19 世纪 90 年代中期，金属线制造业为了维护成员间良好的秩序而组织了一个正式同盟，该同盟运营了一年有余。但该同盟维持的高价却刺激了新竞争者的进入，这使得行业内各企业的状况相比以前有所恶化，所以这个同盟不可避免地走向了解体。最终，这类产业中的制造商只能选择合并以缓减压力。

首例大企业的合并发生在 1882 年，精炼油协会的领袖标准石油联盟 (Standard Oil alliance) 以实现精炼油行业共同经营决策为名发起建立了标准石油公司。 425

该联盟曾以交换持股的方式成功地排除了成员间的竞争。但现在该联盟需要设计一种能够降低生产成本的治理结构，比如将生产集中于最有效率的炼油厂并关闭其他炼油厂。在一位名叫 S. C. T. 多德的精明律师的帮助下，他们设计出了一种替代型组织形式——托拉斯公司。这样，精炼油联盟便形成了一个新的、股份由成员企业持有的实体——标准石油托拉斯（Standard Oil Trust）。这种组织设计使托拉斯的管理层有权在成员企业间分配产量。

其他一些产业，如糖、铅、威士忌、亚麻油、棉籽油和缆索等产业，也于 19 世纪 80 年代采用标准石油托拉斯的组织形式来组织企业。在 1890 年《谢尔曼反托拉斯法》通过以后，这类行为变得非常易受攻击。但在 1888—1889 年，新泽西立法机关对控股公司实行一种综合企业法，由此出现了另一种可替代的组织形式。后来大多数托拉斯企业都按照新泽西的组织形式重新设计，从而形成了许多新的联盟。然而，到 19 世纪 90 年代后期，经历了 10 年萧条期的严酷价格战的行业纷纷卷入了大合并浪潮。经济的繁荣并没有使这些行业的价格恢复到应有的水平，而是刺激了股市的升温，因为那为合并提供了资金。这些活动的结果是引起了一场合并恐慌。在 1895—1897 年的萧条期间，由多个企业合并成的托拉斯只有 13 个，而到 1898 年这一数字上升为 16 个，1899 年为 63 个。后来这一数字又开始下降，1900 年为 21 个，1901 年为 19 个，1902 年为 17 个，1903 年为 5 个，1904 年为 3 个。

合并运动很短暂，但它对制造业的销售规模有重大意义。在 1895—1904 年，有 1 800 多家制造企业在合并活动中消失，其中有些企业曾在其运作的市场中占有相当大的份额（至少在最初阶段是这样）。按市场份额的占有情况来估计，在 93 起合并中，有 72 起合并控制了本行业 40% 的市场份额，42 起合并控制了至少 70% 的市场
426 份额。即便合并活动并未使哪一家企业获得明显的市场势力，但实际的情况是近一半的合并企业吸收了本行业 40% 的市场份额，1/4 以上的合并企业吸收了 70% 以上的市场份额。据 G. 沃伦·纳特 (G. Warren Nutter) 的推算，在 1899 年合并运动的高潮时期，17% 以上的国民收入来自“实际上的垄断”产业，最大四家企业的产出至少占整个行业总产出的一半。[13]

合并运动的后果

尽管最初的市场份额很大，但长期来看，许多新合并企业并不比它们所取代的共谋协议更成功。实行合并后，价格的上涨刺激了竞争者的进入，实际上导致了全部企业市场的丧失，甚至导致许多企业破产了。肖·利弗莫尔（Shaw Livermore）1935 年的一项研究表明，约一半的合并是不成功的，这是对世纪之交合并成功率的最乐观的评价。利弗莫尔收集了 136 宗当时“明显影响产业状况”的合并企业的资料，通过对这些合并企业在 1901—1932 年的收益记录进行考察，他得出的基本结论

是：37% 的合并失败了，7% 的合并在失败后又重获生机，12% 的合并处在失败的“边缘”，只有 44% 的合并获得了成功。[14]

然而，存活下来的合并企业无疑在一些重要方面改变了整个经济环境。合并企业通常以发行有价证券的方式来筹资，那些最为成功的企业的获利能力为其他产业的股票在国家交易所上市铺平了道路。因此，合并运动的结果是使大规模制造业获得了像 19 世纪中期铁路公司那样的进入全国资本市场的机会。

与此同时，合并过程还导致了所有权和控制权的急剧分离，这与发生在铁路行业的情况十分相似。在铁路行业的案例中，所有者通过将他们的企业出售给合并企业以换取现金和 / 或债券（正如安德鲁·卡内基在组建美国钢铁公司时一样），所有 427
者与企业的联系通常终止。即便所有者接受新公司股票作为支付，也往往因所持有股份相对于总股份而言太少而无法对企业产生实质性影响。在有些情况下，所有者也可能会留任经理，但他们却发现自己很难适应当前严格的责任制，所以几年后便辞职出来组建新企业同合并企业竞争。加勒特·申克（Garrett Schenck）就是从国际纸业公司（International Paper Company）董事会辞职后组建了大北方纸业公司（Great Northern Paper Company）来和国际纸业公司展开竞争的；约瑟夫·班尼根（Joseph Banigan）也从美利坚橡胶公司（United States Rubber）退出并组建了自己的企业；查尔斯·施瓦布 (Charles Schwab) 离开美国钢业公司（U.S. Steel）并将其聪明才智用于建立伯利恒钢业公司（Bethlehem Steel Company）。

合并企业发展了许多与它们吞并来的企业不同的治理结构。在这些治理结构中多数决策由领取薪金但不拥有或只拥有少量企业股份的经理们做出。所有者掌握的权利由董事会执行，董事会的主要成员通常也由领取薪金的相同的经理构成，经理的活动由董事会控制。在最初的 20 年里，所有者利益通常由董事会中为合并企业提供资金的银行成员出面代表。尽管银行家不关心公司的日常经营活动，但他们的参与可对经理们的行为进行监督，甚至有时银行家也会替代那些追求同他们的利益相违背的政策的经理们。J. 布拉德福德·德朗（J. Bradford Delong ）曾经用统计方法证明 J. P. 摩根 (J. P. Morgan) 和他的同事们所采用的这种监督方法提高了公司的绩效。然而到 20 世纪 20 年代，银行家对大公司董事会的影响已变得苍白无力，经理们运作公司时已变得不受钳制了。[15]

在已证明成功的行业中，合并也会对竞争行为产生重要影响。就如同在铁路产
428 业内，合并和股票互换很容易防止降价一样，制造业的合并也使价格竞争变得易受控制。当这种合并实际上使产业内所有的企业联合成一个统一整体后，自然就形成了一种“主导企业”，其价格决策将对很快出现的新竞争者的行为产生影响。合并企业拥有这种权利，因为通过制定价格，允许小企业在它们希望的价格水平出售它们希望的产品量，并自己占有剩余的市场份额之后，它们能够有效地将竞争对手变为价格的接受者，即竞争企业如果削价将一无所获。不过这种策略也有明显的缺陷，如果竞争者在这个设定价格下能够获得正利润的话，他们就有可能扩大经营，或者新企业也有可能进入该行业，这样一来主导企业的市场份额就将下降。而且一旦某家企业获得了重要的市场份额，它就不再可能以一个价格接受者的身份来行动。

从某种程度上讲，当企业的市场份额扩大到一定程度时，就会引起成本的上升，从而不可能再继续主导企业的定价。合并企业一般试图说服它们的竞争对手通过主动限制各自的产量来应对这种局面。但是这种策略往往难以奏效，最终合并企业不得不采取报复性的削价行为。例如在 1905 年经济萧条期间，国际纸业公司发现它的市场份额从 1898 年公司成立时的 80%~90% 下降到 50% 后，便大幅度降低产品价格并展开一系列挑衅性的商业竞争活动，结果很容易让人联想到 19 世纪 90 年代的价格战。但两者之间有一个重要的差别——价格竞争很快便告结束，当 1907 年市场恢复了对纸的需求后，国际纸业公司重新取得了它的主导企业地位，价格大幅上涨，独立制造商大松一口气，并跟从它的策略。

结果，当企业相对于其竞争对手足够大从而成为主导企业时，价格竞争就成为一种可以控制的手段。这种变化具有重大意义，它意味着无论什么时候，当市场份额的下降表明行业的规则遭到破坏时，主导企业就可以采用价格战威胁来实施类似卡特尔的行为。换句话说，由于主导企业这个独立的实体可以察觉并惩罚欺骗，这就在很大程度上解决了 19 世纪最后几十年困扰卡特尔组织的信息问题。因而当 1907
429 年大恐慌时期需求再次下降时，独立的新闻出版商吸取了上一次的经验教训，同国际纸业公司商定了一个非正式协议，约定相互间的市场分割，维持价格水平，共同分担产出减少的负担。钢铁制造业著名的加里（Gary）晚宴也因同样的原因而获得

了成功，美国钢业公司在成立的前 5 年间，常常不得不偏离其主导企业的定价策略，以削价来约束那些占有了太大市场份额的竞争对手。正是加里晚宴轻松愉快的谈判中隐含的致命威胁——美国钢业公司将大幅度削价并且抢夺那些违反规则的独立企业的生意——使会议取得了巨大成功，它也说明了这样松散的、非正式的联盟在维持价格方面是如何获得如此大的成功的，而过去结构更严密的垄断性联盟却遭到了失败。

然而，只有在存在产业进入壁垒的情况下，主导企业才能维持价格的长期稳定，否则，合并企业设定的高价格将刺激新的竞争者进入，其市场份额就将逐渐受到侵蚀直至不再享有制定价格的权利。从 19 世纪末到 20 世纪初，主导企业可能构筑的壁垒种类受到联邦法院的限制，就连不是直接针对竞争对手的用于限制供给者或消费者的搭售协议在早期也属违法，例如铁路公司将优惠给予某一家企业而不给予使用相同服务的其他企业就属违法。而且一般来说，法庭认为两家或多家企业的共谋行为形成的障碍是不合法的，这就迫使合并企业转而开发完整的内部战略以应付潜在竞争的威胁。

最为成功的那些企业将资源转移出生产领域，向后延伸到原材料环节或向前进入分销渠道形成垂直一体化。就像斯威夫特和辛格所建立的竞争者们竞相效仿的系统那样，合作企业追求的垂直一体化意味着新进入者要有竞争力就不得不投资于分销渠道和供给网络，垂直一体化大量的资金需求使得有效的竞争者为数极少，而这些产业也具有严密的卖方寡头结构。

有时候垂直一体化给新竞争者带来的壁垒不仅仅是极高的进入成本，例如，美国钢业公司采取的就是获得国家最好的矿石资源的战略。刚成立时，美国钢业公司和其组成公司便获得了苏必利尔湖区大量的铁矿床——美国钢厂所用的铁矿中的大部分均来源于此。后来几年里，该公司又通过购买或租赁个人采矿权以及购并铁矿 430
资源丰富的钢厂，大大地增加了其铁矿拥有量。其他主要的钢铁制造商不得不纷纷效仿，到那个年代中期，大多数可供商业开采的矿产地已被分割完毕。其中，美国钢业公司占有 50%以上的地下矿藏量，其他几家大钢厂占有 20% 左右。其余部分绝大多数被一位铁路巨头詹姆斯·J. 希尔（James J. Hill）控制，他曾为了确保其在苏必利尔湖区的铁路有足够的运载量而购买了这些矿产权。1906 年美国钢业公司拒绝了购买希尔矿产的附加条件，而是进行租赁。美国钢业公司的卖方垄断意图非常明显，因为希尔的条件过于苛刻，希尔曾要求他们每年只能开采某一最小吨数的矿石（虽然该限量在后来的10年内逐年上调），矿石必须由希尔的大北方铁路公司（Great Northern Railroad）负责运输，而且要对铁矿支付高于通常费率很多的开采权使用费。

同希尔的租赁协议使得美国钢业公司控制了苏必利尔湖区70%~75%的铁矿石开采，但这个国家的其他地区仍然有一些质量稍差的铁矿。在1907年金融危机中美国钢业公司又购并了田纳西的煤铁铁路运输公司(Tennessee Coal, Iron and Railroad Company)，控制了美国南部辽阔的铁矿区。至此，虽然竞争者仍然可以从美国之外获得铁矿藏，却只能以明显的成本劣势进行经营了。难怪在20世纪的第一个10年后，几乎没有新竞争者进入钢铁产业。而实际上，在后来50年中能够上升到突出地位的企业，都是那些原来就享有矿产资源的合并企业或重组企业。

合并运动创建了这样的企业：其规模很大，足以控制其营销并从曾经只有独立的批发商才能实施的规模经济中获益，从而实现了企业的前向一体化。销售地点的变化意义重大，它使企业拥有新的机遇以实现产品差异化。一般情况下，独立批发商都是将其产品作为同类产品出售的，如果有时需要在质量上体现出差别，就以其自己的私有品牌出售。例如，在美国点心公司（National Biscuit Company）成立之前，饼干以散装的形式大批分销到各零售商处，零售商不标示品牌便将其倒入自己商店里的大桶内。而合并后，美国点心公司开始以"Uneeda Biscuit"的品牌独立包装销售其产品，并建立了自己的市场营销组织来处理和促销产品。

431 合并企业在经营自己的品牌的过程中开发了一种可以免受对手侵害的新方法。尽管很久以来品牌和商标就是商业活动中人们熟悉的一部分，但直到19世纪末20世纪初，大规模组织的出现才使大多数商人投入精力来保护这些产品标志。在1870年美国国会通过第一部国家商标法之前，法庭只处理过62起涉及商标的案件，而且多数是牵涉外国企业在美国市场上寻求品牌保护的案件。1870年法律将商标与专利同等对待，但被最高法院宣布为违宪。后来1881年的立法也只允许企业在同印第安部落进行外贸或商业往来时进行商标注册。直到1905年国会才通过了法律以保护美国国内贸易中的商标。正如米拉·威尔金斯(Mira Wilkins)所说，立法的时间选择反映了大企业为保持和扩大其在卖方寡头垄断市场上的份额而开展竞争的新需要。[16]

为了确保市场地位，合并企业采取的另一个策略是获得对技术开发的所有权控制。在主要基于科技知识来开发新产品、新工艺的行业，合并企业通常都要投入大量资金用于研究和开发。正像通用电气公司(General Electric)、美国无线电公司(RCA)和美国电话电报公司（AT&T）这些在20世纪早期建立的企业一样，建立新研究实验室的基本目的之一在于通过获取专利权来确保它们的产品获得足够的保护。正如伦纳德·S. 赖希（Leonard S. Reich）曾经论证过的那样，大企业的研发活动常常是以获取专利而不是以产品开发为目的，是要通过专利来垄断关键技术或压制可能挑战其生产线的革新以排除竞争。因此，美国电话电报公司在地区交换系统方面集中的“一千零一个小专利”（用公司董事长自己的话说），使公司控制了对所有可替代的系统交换方法至关重要的专利——不仅仅是公司运营中正在使用的方法，使竞争者无从下手。同样，美国无线电公司获取收音机制造的某些关键技术专利，然后要求那些购买这些技术的生产企业让自己优先购买它们新开发的与收音机有关的专利，它就是这样保护自己免遭强大对手的竞争的。[17] 432

二元经济

并非所有的制造业都经历了上述竞争结构的变化。19世纪晚期和20世纪早期的大企业可以归入两大类型的行业。第一类行业，如肉类加工业和缝纫机制造业，其销售问题迫使企业建立起全国性的市场营销网络；第二类行业，如钢铁业和造纸业，因技术变化扩大了企业的规模，提高了企业的资本密集度，从而导致了多轮价格竞争。大多数其他制造业与19世纪早期的情况相差无几，即保持了企业众多、规模较小的竞争市场结构。从这个意义上说，经济具有“二元结构”：经济的“中心”是一些大的卖方寡头垄断产业群，经济的“外围”是一些小的、竞争性结构产业群。

经济活动的中心部分在关键方面不同于外围部分：后者的大多数活动在市场上进行，而前者的大多数活动在企业内部发生。按钱德勒富有启迪性的说法，管理这只看得见的手取代了市场这只看不见的手。钱德勒对这种发展给予了积极的评价，认为经济活动的管理和调节对20世纪美国经济的巨大成就起到了主导作用。其他一些杰出的学者也对他的论断表示赞同。例如奥利弗·威廉姆森（Oliver Williamson）

曾经指出，因为大企业节约了交易成本，所以在组织经济活动方面它们能够比通过
市场交易来完成同样功能的小企业更有效率。理查德·纳尔逊（Richard Nelson）和
悉尼·温特（Sidney Winter）曾推断大企业发展了一种特殊的组织能力，而这种组织
433 能力本身就构成了有价值的经济资源。威廉·拉佐尼克（William Lazonick）认为，
经济的进步源于经济组织等级的不断提高，正如企业从小的私人企业进化到大规模
企业和（当前的）产业集团一样。[18]

然而，高水平的组织使价格失去了弹性。在19世纪早期，企业可能随着产业中
机会的增加和减少而产生、发展及消亡。资本很容易流入有前景的新兴领域，技术
信息传播的障碍也很小。然而在20世纪早期的经济中心部分，大企业获得了持久发
展的能力和控制新技术发展的能力，因此，在许多重要的经济部门，经济活动的速
度和方向成为管理决策的主要内容，经济的健康发展开始依赖于少数非常大的企业
434 的组织能力，而以前从未这样过。

注 释

[1] Robert T. Averitt, *The Dual Economy: The Dynamics of American Industry Structure* (New York, 1968), 1-21.

[2] Judith A. McGaw, *Most Wonderful Machine: Mechanization and Social Change in Berkshire Paper Making,* 1801-1885(Princeton, 1987), 127-147.

[3] George Herberton Evans, Jr., *Business Incorporation in the United States, 1800—1943* (New York, 1948), 10-30.

[4] Joseph A. Schumpeter, *The Theory of Economic Development: An Inquiry into Profits, Capital, Credit, Interest, and the Business Cycle* (Cambridge, MA, 1934), especially Chapter Ⅱ.

[5] Kenneth L. Sokoloff and B. Zorina Khan, "The Democratization of Invention During Early Industrialization: Evidence from the United States, 1790—1846", *Journal of Economic History 50* (1990), 363-378.

[6] Robert C. Allen, "Collective Invention", *Journal of Economic Behavior and*

Organization 4 (1983), 1-24.

[7] McGaw, *Most Wonderful Machine,* 138, 171.

[8] Kenneth L. Sokoloff, "Inventive Activity in Early Industrial America: Evidence from Patent Records, 1790—1846", *Journal of Economic History 48* (1988), 813-850.

[9] This section is based largely on Alfred D. Chandler, Jr., *The Visible Hand*: *The Managerial Revolution in American Business* (Cambridge, MA, 1977), 79-187.

[10] 保罗·W. 麦卡沃伊（Paul W. MacAvoy）曾论证，1888—1892年州际商业委员会的规制有助于暂时促进卡特尔的稳定，但是托马斯·S. 尤伦（Thomas S. Ulen）极力反对，他认为这一时期卡特尔之所以成功是因为其复杂的执行机制和总体上有利的经济状况。参见 MacAvoy, *The Economic Effects of Regulation*: *The Trunk-Line Cartels and the Interstate Commerce Commission Before 1900* (Cambridge, MA, 1965), and Ulen，"The Market for Regulation: The ICC from 1887 to 1920", *American Economic Review, Papers and Proceedings, 70* (1980), 306-310。

[11] See Chandler, *The Visible Hand,* 215-224.

[12] U.S. Census Office, *Twelfth Census*: *Manufactures*, pt. I(Washington, DC, 1902), xlvii.

[13] Naomi R. Lamoreaux, *The Great Merger Movement in American Business, 1895—1904* (New York, 1985), 2-5; G. Warren Nutter and Henry Adler Einhorn, *Enterprise Monopoly in the United States,* 1899—1958(New York, 1969), 47.

[14] Shaw Livermore, "The Success of Industrial Mergers", *Quarterly Journal of Economics* 50 (1935)，68－96. 这些总数不同于 Livermore 论文中的数据，因为我严格关注制造业部门并排除了对重组的重复计算 (double counting)。利弗莫尔用于计算成功的标准不是非常清楚，似乎他认为如果一家企业的利润率（净收益减去固定费用的差除以总股东权益）等于或超过制造业的总体水平，该企业便是成功的。

[15] J. Bradford DeLong, "Did J. P. Morgan's Men Add Value: A Historical Perspective on Financial Capitalism", in Peter Temin, (ed.) *Inside the Business Enterprise*: *Historical Perspectives on the Use of Information* (Chicago, 1991), 205-236.

[16] Mira Wilkins, "The Neglected Intangible Asset: The Influence of the Trade Mark

on the Rise of the Modern Corporation", *Business History* 34(1992), 66-95.

[17] Leonard S. Reich,"Research, Patents, and the Struggle to Control Radio: A Study of Big Business and the Uses of Industrial Research", *Business History Review 51* (1977), 208-235.

[18] See Oliver Williamson, "The Modern Corporation: Origins, Evolution, Attributes", *Journal of Economic Literature 19* (1981), 1537-1568; Williamson, *The Economic Institutions of Capitalism*: *Firms, Markets, Relational Contracting* (New York, 1985); Richard R. Nelson and Sidney G. Winter, *An Evolutional Theory of Economic Change* (Cambridge, MA, 1982); and William Lazonick, *Business Organization and the Myth of the Market Economy* (New York, 1991).

第 11 章

商法与美国经济史

托尼·A. 弗里尔（Tony A. Feryer）

从广义上讲，商法对美国经济的发展一直起着至关重要的作用。J. 威拉德·赫斯特（J. Willard Hurst）在其经典论述中概括指出，19 世纪的法律以及自由的环境使中产阶级企业家的能力得到了发挥。在阐述其思想时，赫斯特强调，法律鼓励动态地使用财产（而不是传统意义上的使用），并常常支持对弱势群体的资本主义剥削。道格拉斯·C. 诺思（Douglass C. North）强调在经济市场的运行中或在政治和法律体制的运行中激励的重要性，他认为相比之下不完美信息、交易成本以及其他因素所产生的结果，对那些意图通过操纵游戏规则寻求效益的人来说通常不是最佳的，甚至没有任何益处。根据诺思的理论，美国 19 世纪经济快速增长的制度框架的构筑，不仅为个人也为群体行为提供了激励。这种激励一方面促进了经济增长，另一方面也带来了一些不良的经济后果。集体追求与利己主义相反的观点，这部分是因为意识形态上的冲突导致了对财产权的相反的认知。可能有关利益集团和意识形态斗争的最有代表性的例子就是民主党和共和党之间的冲突，其进展难以预料，并最终以美国内战告终。然而，在一定程度上，19 世纪美国经济中此类冲突都带有地方色彩。

多伦多大学的社会学家克利福德·希林（Clifford Shearing）进一步研究了制度多
435 样性的影响。他认为市场或其他社会互动形式不可能脱离制度秩序而存在。同时，制度包括私人形式和公共形式（如政府）两种，二者构成了包括市场在内的整个社会互动。根据希林的制度多样性理论，市场存在于“一个不同规范体系同时运作的空间中，尽管其规范可能变换，但总是会有规范存在”。而且，在私人市场行为运作的空间中，“这些规范体系通常为争夺秩序主导权而彼此竞争”。[1] 这种构成性理论为美国宪法的制度意义提供了有益的视角。从赫斯特到诺思，很多学者均认为 1787 年宪法为自由贸易创造了一个全国性市场。不过，也应该看到，至少在新政出台前的和平时期，宪法确立的联邦制的实施，使各州调整财产权和合同权的规则各不相同。甚至在同一地方对同一财产或合同关系也并存着不同的规则，因此互相冲突的结果几乎不可避免。依据希林的理论，宪法正式确认了广泛的公共利益和私人利益，并且这些利益的合法性为不同地方的立法者所认可，这也导致了不同的甚至相互矛盾的经济结果。

在独立战争和第一次世界大战之间，商法对美国经济发展的影响可分为四个时期。成型于 1787 年费城会议的宪法是各种利益集团斗争的结果。在这场利益斗争中，任何一方都试图操纵从英国殖民主义和美国独立战争中承继下来的重商主义制度体系。从宪法获得通过到 1860 年，基于共和主义对集权、垄断和腐败的担心，新的联邦制构建了一个权力分散的公共空间。在这个空间内，合同、财产和宪法性规则为促进自由资本主义、保护大多数生产者的利益提供了动力。这里的大多数生产者是指那些经营规模小的非法人企业的私营企业主，或者是土地所有者。大的雄心勃勃
436 的投资者和这些生产者之间的斗争反映了占主流地位的生产者的意识形态。在这些斗争中，中等规模的私营企业和小公司受到两面夹击，一方面，它们受到腐败和贪婪的商业资本家以及银行、律师和大公司的威胁，另一方面，它们还受到一贫如洗的贫民的威胁，资本家利用这些贫民来破坏共和制。美国内战时期，立法者在财产和合同领域扩大私权的范围。到 19 世纪末，大规模公司和消费者利益的出现动摇了生产者的生活方式，改造了共和主义价值观。1900 年以后进步主义的胜利表明由于公司经济的发展，宪法和法律的责任范围已不足以对这种新的秩序加以规制，这也

使得公共利益和私人权利之间的冲突继续存在。

重商主义与美国宪法的起源

在独立战争和宪法使美国成为一个独立统一的国家之前，英国的重商主义一直统治着美国的经济。1764—1776 年一系列危机导致了独立战争的爆发，至少在此之前，《英国航海条例》为美国的殖民者提供了一个受保护的国际市场。在这个国际市场中，每个殖民地区都能相对自由地发展自己的经济。100 多年以来，在重商主义制度下，美国人已经认识到，产品和服务的价格、市场准入、市场主体的数量以及质量控制都要受政府机构的监管。除此之外，根据重商主义理论，财富是一定的。但一个民族或者一个国家能够也应该通过增加出口和保护本国企业免受国外竞争来实现贸易顺差、增加财富份额。

因此通过分权制度的作用，独立战争建构了一个重商主义的独特模式。美国的商业秩序的独特性主要在于它要求形成一个新的宪法主权原则。规则或者政策的合法性取决于主权权威。始于希腊时期的古典政治理论认为，主权是不可分割的。因此，
在欧洲主权或者被赋予一个中央政府，如英国的国王和议会，或者被赋予隶属于一 437
个邦联或帝国的各个不同的邦。然而，独立战争以后，美国人开始考虑在联邦政府和州政府之间以及各州政府之间分割主权的可能性。作为新兴的共和国家，美国的最高权力最终来源于人民。因此，从理论上讲，人民有权在两级政府间以及各级政府内部划分主权。但因为这样的双重主权政体在历史上从未存在过，因此，政府立法权的性质和权限的冲突也就不可避免。第一阶段的斗争结果是 1787 年宪法的诞生。

独立战争之后，各州促进和保护贸易的政策各不相同。马萨诸塞州以重商主义而闻名，它为木材、渔业和钾碱的生产者提供补贴，同时为促进小型制造业的发展，又通过了一系列政策，比如征收进口税、赋予个人垄断权、给予私人企业政府资助。纽约州立法机关授予商会对小麦和面粉生产进行质量检查的权力，以及促进制造业发展的权力。为了鼓励丝织物和铁的生产，该州还实施保护性关税和补贴措施。同时，该州赋予约翰·菲奇对汽船制造的垄断权，支持其对伊利运河进行测量勘察，后来该运河成为政府资助的全美国最重要的运输工程之一。粮食主产区制定了详细的制度，

加强质量监督，保护企业免受竞争压力。通过审查和商标制度，宾夕法尼亚州对面粉生产和其他用于国内使用与出口到国外的产品生产进行了规定。南方种植烟草的各州建立了公共仓储制度、规范产品质量和出口的调控制度，制定了检查法，为优先发展的农作物提供补贴，制定了有关集装箱尺寸的规范，并禁止了某些商品的出口。在 18 世纪 80 年代，这些州为避免过分依赖外国运输贸易也制定措施，鼓励建立自己的运输船队。在卡罗来纳州和佐治亚州类似的管理制度也获得了通过，旨在促进稻米、产靛植物以及海军补给品的生产。在所有州，私人企业都可以拥有公路、渡船、桥梁和磨坊。同后来的公共设施一样，这些也都受制于当地政府。

这种以州为基础建立重商主义的结果是多重的。1786 年在马萨诸塞州有 2 397
438 个小工厂，它们生产的商品的价值相当于 1776 年之前新英格兰州年产值的 3 倍。[2] 然而，烟草种植主试图通过建立自己的船队来结束战后价格低迷状态的努力却失败了。尽管如此，重商主义政策还是充分刺激了各州的生产性企业，其结果是地方经济发展远远超过了国家的经济发展。美国人制定了保护主义措施，部分是为了报复英国在之后的和平时期实施的市场限制。各州之间的竞争也加剧了保护主义。但由于大多数州都对邻州的产品实行免税政策，当时并没有关税战的问题。不过，各州优惠制度的推行确实促进了本州公民的经济活动，增加了州外贸易商和生产者的成本。

贸易保护主义的一个极其重要的表现就是关于债务人和债权人的关系。当时宪法正处于酝酿阶段，英国商人对美国主要的生产者，尤其是烟草种植主，有着广泛的债权；这损害了美国的商业利益和为商人信贷提供中介服务的财产所有者的利益。包括弗吉尼亚州和北卡罗来纳州在内的很多州都制定了充公和没收法以保护债务人；同时州法院和陪审团通常都做出不利于外国债权人的裁决。另外，各州政府和地方政府也保护其债务人不受居住于其他州的债权人的约束。依据《邦联条例》（Articles of Confederation），国会设立了一个审理商业和海事案件的法庭，但这个法庭并不能抵消州的贸易保护主义。在县一级，当地的法院和陪审团相当独立，他们也起到了贸易保护主义的作用。在弗吉尼亚州，帕特里克·亨利（Patrick Henry）和统治当地秩序的上层债务人组成的集团成功地抵制了詹姆斯·麦迪逊（James Madison）试图建立一个更加公平的司法秩序的改革。类似地，1786 年的谢斯起义（Shays' Rebellion）

可以看成马萨诸塞州西部的农民为阻止波士顿商人利用当地法院做出偏私判决的一种尝试。

债务人和债权人之间的纠纷反映了对财产权的不同主张。州立法制定了许多延缓或暂缓债务履行的措施，以便债务人能推迟（有时候是无限推迟）对债务的偿付。同时州还制定了法定货币法和纸币法。

这两种法律不仅造成了通货膨胀，而且破坏了财产权，因为支付合同价款的货 439
币实际上是已经贬值的货币。在纽约州、罗得岛州、北卡罗来纳州以及其他州，立法机关否定了司法机关试图保护债权人权利的做法。在某些情况下，立法机关甚至撤销法官职务，制定一些措施直接或间接推翻法院的判决。类似地，债务人和债权人之间的冲突引发立法机关和法院的冲突，最终导致了北美银行的倒闭。当宾夕法尼亚州的立法机关废除该银行的特许状、国会授权被认定无效时，詹姆斯·威尔逊（James Wilson）和亚历山大·汉密尔顿试图为该银行及其股东辩护。尽管付出了很大努力，但州当局最终还是取得了对合同和财产权的胜利。

贸易保护主义促成的种种法律规则反映了美国的创造性和独特性。在美国宪法形成时期，与英国相比，美国合同法在一些方面比较先进，但在另一些方面却很落后。当时债务人和债权人之间的斗争非常普遍，这也表明：与英国相比，美国对资不抵债和公司倒闭更为宽容。英国社会等级森严，法律制度由少数大土地所有者控制，只代表少数群体，债务人受到非常严格的规则的约束，这些规则假定不履行债务是一种道德上的堕落。而在美国，代议制政府相当民主，大多数债务人也是选民。结果尽管引入了英国法的一些严格规则，但整体政策体现了这样一种假定，即大多数债务人只是运气不好，因此，应该受到仁慈的对待。同样，管理债务拖欠的美国法要比英国法更为平等，在这方面美国法律通常有利于财产较少的生产者。

甚至很少引起争议的适用于货物买卖的普通合同义务规则在美国也是别具特色。在依据可转让原则从一方流转到另一方的商业票据（例如，本票和汇票）方面，美国法律更有创造性，因为与英国法律相比，美国转让法更为自由。美国人还发明了一些新型的可转让票据，例如动产票据；对善意持票人的保护也更为有力，对信用票据的依赖性相应地也就更大。同样，与英国相比，决定转让范围大小的具体规则， 440
或者涉及欺诈时其他当事人对善意持票人提出的权利主张的法律地位，不仅各州各不相同，而且通常在同一个州内也是有冲突的。

相比之下，管理不可转让的合同关系的美国法律，就要比英国法律落后。根据中世纪英格兰的旧普通法，仅仅因为不公平，合同就可以被认定为无效，大量诸如此类的条款使合同交易存在大量障碍。这种公平观来自古老的公平价格原则。与之相类似，欧洲大陆的民法法系遵循这样一条原则：所有的买卖合同都对交易商品的质量承担默示担保责任，以保护买方不因自己的无知、卖方的掠夺或者卖方无法定资格而受到侵害。到 18 世纪中期，曼斯菲尔德勋爵将英国法律推进到一个新的故意主义理论。根据这种理论，只要双方达成“意向”，合同即告成立。曼斯菲尔德勋爵的理论支持购者自慎原则①——“买主须自行当心货物的质量”，而不是默示担保原则，并反对公平价格原则中暗含的道德价值。然而，美国法律基本上抵制了这种新的合同理论，尤其是曼斯菲尔德勋爵的创新理论。正如大多数美国人在大量立宪主义的问题上遵循孟德斯鸠的观点一样，他们也同意孟氏下面的观点，即“各式各样的合同绝对有必要接受管制。因为一旦允许我们按照自己所喜欢的方式将我们的财产处置给我们想给的人，则个体的意志必然破坏基本的法律秩序”[3]。

美国人的创新也许在财产法领域是最明显的。在美国人的生活中，管理不动产和动产的占有、转让、继承的法律规则是最重要的。大多数这方面的规则都涉及土地的法律地位。所有财产都适用的一条基本原则是，所有权不是绝对的，尤其对土地而言，这一原则更为重要。威廉·布莱克斯通（William Blackstone）关于在英国普通法中财产权的观点极大地影响了美国宪法的制定者。布莱克斯通在书中一开篇就指出，从抽象原则的意义上说，个人应该对其财产享有排他性支配权，然而之后他用了近 500 页的篇幅来论述这个原则的所有例外情形。

441 所以，从一开始，美国人就是根据债务人和债权人、生产者和资本家以及相对更加平等的社会阶层之间的一系列共同主张来理解财产权的。而在英国，只是根据统治大多数佃户、具有较高社会地位的一小群地主的主张来理解财产权。在美国不仅土地要丰富得多，而且土地在中等阶层中的分配也广泛得多，土地租赁并不占主要地位。结果，到宪法制定的时候，州立法机关和法院已逐渐根除了与持有大量地产的精英家庭联系在一起的所有权形式。因此，在美国，家庭成员之间的分割继承

① 也叫货物不换原则，指货物出售后概不退换。——译者注

取代了英国的长子继承（由最大的儿子继承）和限定继承，即将继承权限定于财产所有者的直系亲属。尽管丈夫在家庭中仍然处于支配地位，对妻子享有监护权，但在美国妻子可以通过信托和婚前协议相对比较容易地享有财产所有权。根据单身女商人[①]法，美国妇女在商业行为中也享有较多的权利。其他的创新包括：旨在保护小供应商和工匠的技工留置权的创设、使大多数小财产持有者受益的宅基地免税权的创设以及使土地转让自由化的共有财产的成功创设。

创新和州的干预也产生了自相矛盾的结果。英国法律不承认奴隶制，而在美国这种“独特制度”的存在完全取决于各州的立法和普通法。结果，到费城制宪会议时，宾夕法尼亚州和其他北方各州受基督新教教义、自由劳动的价值观和启蒙运动思想的影响，逐渐开始废除奴隶制度的运动。同时，南方大多数州的奴隶主丝毫不受外来的宗教、哲学或者自由劳动力思想和发展趋势的影响，他们支持宪法改革是为了保护奴隶制度。劳动力财产法律的分歧造成了双方关系的紧张。1787 年美国国会在西北地区禁止了奴隶制度。然而，在俄亥俄河以南政府组织还不完善的地区，尽管奴隶制与土地权纠缠在一起，而历史上弗吉尼亚州、北卡罗来纳州和佐治亚州对土地权一直都争执不下，但是法律却认可了这一制度。与此同时，在全国其他地方，政府通过另外一项创新——利用地方登记制度进行产权登记，来强化土地权的稳定性。同样，与英国不同的是，美国的州和地方政府以国家征用权的名义取走公民财产时，必须通过一个由地方政府控制的评估程序。 442

宪法制定者最熟悉的法律制度也就是根植于当地社会中的制度。独立之后，尽管有对英国法律形式的零星反对，有对律师的长久怀疑，但美国人还是接受了英国程序法的基本规则：陪审团、大陪审团、令状、传票、书面起诉、证言。然而，由于财产所有权与政治权力一样在商人、技工和农业集团之间广泛分配，所以美国的司法程序比英国的更快捷、更经济，或许也更灵活。特别是在大城市，虽然在美国进入律师业比英国更加容易，但是律师们都受过良好的专业训练，非常职业化。此外，普通人也对整个美国司法制度产生着重大影响，并且仲裁仍是解决冲突的重要方法。

美国司法系统也是自治性较弱，与社会融合较多。与曼斯菲尔德勋爵主张用法

① 指独立于丈夫以自己名义承担责任的已婚经商女性，或被丈夫抛弃的经商女性。——译者注

官取代陪审团不同，美国陪审团在法律秩序中一直居主导地位，不仅审理法律问题，也审理事实问题。县法院是美国日常生活的管理机构，不仅负责审判，而且要全面负责重商主义制度的执行。各州都有由初级法院和上诉法院构成的金字塔式法院体系，那些专门法院如海事法院、衡平法院（后者存在于新英格兰以外各州）也是如此。从本质上说所谓上诉就意味着对整个案件的重新审理。除此之外，自从英国枢密院在殖民统治时期周期性地否决立法和司法判决以来，美国人已有某种司法审查的经验。但是因为从独立开始，州立法机关就可以任意地干涉司法，所以无论是司法审查制度还是其所依赖的司法独立原则都没有得到明确的确立。

美国开国一代的意识形态中，一般都认为财产权应处于大多数人的控制之下。美国人知道，约翰·洛克（John Locke）将政府侵犯财产权看成革命权最重要的理由。但是洛克的革命目标却是恢复法官的中立地位，从而使对财产权的保护要视政府干预的类型而定，而政府干预的类型又是与其公平价格的价值观相一致的。美国人也基本上认同与共和主义有关的各种公民人道主义。共和主义支持通过政府广泛的干
443 预保持财产在中产阶级中的广泛分配，以抵制商业资本家和工业资本家，以及他们“吸血的”律师同盟的阴谋诡计，防止他们利用无依无靠的穷人腐蚀公民道德和共和自由。此外，一些宪法制定者也熟悉亚当·斯密、詹姆斯·斯图亚特爵士（Sir James Steuart）以及其他学者的政治经济学新理论，这些新理论否定了重商主义者提出的交换可以带来经济增长的假说。然而，新理论的支持者们对于政府为促进经济增长到底应干预到什么程度也有不同的观点。这样，虽然斯图亚特因主张要通过英格兰银行干预经济而被归入重商主义理论家的行列，但是他认为经济的增长是政府干预的终极目标，这一点与传统的重商主义理论不同。斯图亚特和亚当·斯密就经济增长的重要性达成了这种新的共识。亚当·斯密甚至认为如果重商主义规则导致商人和制造业者受制于农业生产者，则要对该规则予以限制，《英国航海条例》时期的美国就是这种情况。

这样，制度上和思想上的相互冲突是当时社会的现状，而宪法制定者又将这种不和谐的因素带到了费城会议和批准大会中。在州和联邦政府并存的制度秩序内，为了制定并实施财产法和合同法，独立之后，美国人民致力于发展一种双重主权的新宪法原则。但冲突之所以进一步加剧，不仅是因为国家政权从属于各自实行其重

商主义政策的13个主权州，而且是因为在每个州，其社会管理职能都是由当地政府来行使的。财产分配的广泛性决定了公民权的广泛性，也加剧了利益集团间的冲突，而这种利益冲突又限制了州和地方官员的自治权。此外，政治经济学新理论、洛克所主张的革命权与公平财产关系的维持相联系的社会契约观，以及共和主义关于腐败剥削资本家阴谋与一无所有的穷人一道全面威胁中产阶级的公民道德和国家自由的信仰，也都深刻影响了冲突的进程。产生的一个结果就是财产和合同权总是带有随机性和波动性的特点。另一个结果是与英国相比，美国法律规则别具特色，经常要么是更为先进，要么就更为落后。还有一个结果是美国法院和律师并不严格遵循 444
英国普通法的先例原则（先例决定类似案件的判决结果）。

在费城，宪法制定者通过两个观念突破解决了这些相互矛盾的因素，于是产生了一种新的联邦制度。正如上面提到的，从古希腊到启蒙时期，政治理论家就一直主张任何政府所依赖的国家主权都是统一的。在大不列颠帝国议会中国王就是主权者，而根据《邦联条例》，主权掌握在州的手中。宪法制定者们通过赋予人民自治权改变了联邦制度，人民有权将主权在联邦国家和各个州之间进行分配，使之并存于同一个公共空间。使得这种新联邦制度成为可能的第一个观念上的突破是，通过两院制立法机关，全国政府能立即直接依靠公民个人，以公民个人为基础获得最高主权，在不改变各个州本身的基本结构的基础上统一了各个州。因此，这个宪法不是人民与他们的主权国家之间的一种洛克式契约，也不是各个主权州的简单联合，而是本土政治团体之间的一种协定。这些政治团体由大量的地方组织组成，这些地方组织通过陪审团之类的地方机构或通过宪法批准大会行使公共权力。

第二个观念上的突破是单一行政机构，这也影响到了司法制度的宪法建构。单一行政机构的选举依赖于各州的选民，同时行政机关的权力与议会既分离，又共享。这样，各个州作为主权实体，就可以通过选举过程来制约联邦权力，而在联邦政府本身范围内，行政机关和立法机关也相互制约。这些制衡因素的相互作用也影响了司法机关的性质。司法机关的组成和审判权的范围主要由国会决定，而法官由总统任命。初审和上诉审之间管辖权的区别很微小。与此相一致，司法审查是默示的，没有明确予以规定。根据宪法，联邦法律和条约在州法院中有最高的地位，各州有关全国性的或宪法性的问题的判决必须受联邦司法机关的审查。但是宪法制定者没有详细列举司法审查的具体权力，这也就意味着能否确立司法机关的权威只有到未来才能知晓了。

445 宪法制定者试图通过列举原则进一步制约和平衡权力。独立之后，财产权和合同权的重商主义规则所要解决的核心问题是保持政府干预是负责任的。多重规则适用于组成美国政体的各级立法机构。这些规则的合法性主要取决于公共官员对社会利益和私人权利是否负责。但是，共和主义对腐败的担心、洛克主义对公平财产权的中立裁判官的寻求，以及新派政治经济学家对不同市场目标的选择性接受都表明，界定法律责任范围和界限的实质标准往往是模糊的，一般都随利益的变化而变化。在美国宪法中，宪法制定者主要通过对权力进行逐个列举的方式来说明合法性和责任性的相关问题，例如税收和贸易权。由于在该必要而适当的条款中采用的正是概括授权的方式，所以这种权力的界限仍然是含混不清的。

特别的禁止性规定也有助于确定联邦权力的范围。美国国会在1808年以前不能干涉奴隶买卖，不得在商业规则中给予某一港口特权，不得制定溯及既往的法律，在刑事案件中不得阻止陪审团审判，也不能对州际航运征收关税。但是，国会有加征税收和管理国内、国际贸易的权力，包括隐含的保护性关税的征收。虽然如此，税收和贸易权的准确界限却是含糊不清的，特别是关系到国外贸易时。尽管汉密尔顿认为，根据这两个权力，国会有权规定关税，但是大部分宪法制定者持反对观点，理由是《宪法》第1条第8款中列举的权力中对此并无特别规定。由于坚持同样的列举原则，故宪法制定者也否定国会有对出口商品征税的权力。但使联邦有义务偿还国债的那些具体条款，以及为了税收和代表权而授予一个奴隶3/5的公民权的具体条款又进一步明确了联邦政府的权限。

对于州的权力范围，宪法制定者也采用了列举原则来限定。根据涉及逃跑的奴隶的条款，联邦也被卷进各州奴隶法的实施。各州在总统选举团中的作用以及它们在参议院中的代表地位也会影响奴隶和自由劳动力制度的发展，这与国会对这些地
446 域的控制有关。各个州都被明令禁止征税或进行州际贸易或对外贸易；铸造货币、发行信用票据、制造除金银以外的任何法定货币或者颁布溯及既往的法律，都是法律所禁止的。然而，这些禁止性规定的含义和界限，正如合同条款所表明的，都是模糊不清的。《宪法》第1条第10款规定各州不能损害合同义务，但它并没有明确

规定，这一条款是仅适用于个人间的普通私人契约，还是也适用于下列情形：州作为土地转让当事人的情形、州政府以合同形式颁布的公司特许状以及会影响债务人和债权人的权利的法定货币法。在宪法批准时期及以后，宪法制定者们一直遵守这样一个誓约，即不讨论他们在费城会议期间讨论的这些问题。这种沉默与隐藏在宪法制定者妥协背后的不和谐因素使得冲突而不是共识将更多地影响宪法在美国商法和经济的未来进程中所发挥的作用。

法律与生产者经济秩序

1789—1860 年，服务于美国经济发展的政府机构一直保持着比较小的规模，但对经济的影响却是意义重大的。1790 年，州和地方政府的开支约占国民收入的 3%，联邦政府的支出还不到国民收入的 2%。全国劳动力人口中，公共部门的雇员所占的比例不超过 2%，联邦民政雇员的人数平均只有大约 5 万人，而且绝大多数还是在邮政服务部门。在接下来的 70 年中，这一数字几乎没有改变，政府规模远远小于英国或欧洲大陆国家。美国的主要立法者是法院和立法机关，它们受到世界上最广泛的民主监督。同时，随着作为美国新标志的联邦制的发展，与联邦政府相比，州和地方政府在规范经济秩序方面的影响更为广泛和直接。

联邦新的双重主权制度也是引起个人和组织活动发生冲突的诱因。从正式制度的层面上讲，最大的政策问题是联邦制的范围和界限问题。政党、联邦和州政府，
特别是最高法院，是主要的制度渠道。通过这些渠道，意识形态冲突和社会冲突影 447
响着各种经济政策的制定。美国内战之前的整个时期，这些机构的职责和权力发生了改变。尤其是在 1815 年之后，各个州取代联邦政府成为在经济发展方面的主要促进者。最高法院在联邦制度中的地位不断提升，逐渐获得了裁判者的崇高权威和领导地位，但是最高法院最终接受和保持了州在制定政策方面的主导地位。政党是群体利益和价值观的主要代言人。尽管如此，特别是在各个州内，地方权力仍是一股非常强大的力量，以至于通常情况下政治家们只有让他们的政党原则做出让步，才能使政策得到实施。

制度上的冲突反映了生产者主张增加和保护经济机会的思想。劳动力价值理论

和老共和党人对个人独立的承诺，相对于个人主义来说是脆弱的，后者与公司资本主义和商业资本主义相联系，是激进的、剥削性的。此外，主要面向全国市场的大公司和大的商业资本家企业也威胁到定位于地方市场的非法人组织的生产者的市场利益。确实，商业失败的忧虑以及随之而来的独立性的丧失困扰着生产者，同样也困扰着资本家集团。然而，商业资本家和公司资本家敢冒风险，通过规模经济以及政治和法律影响力这些小规模生产者通常所缺乏的东西，他们获得了经济上的优势。而且，这些市场和政治上的优势对生产者独立性的威胁似乎很大，所以可以理解，对于普通生产者来说，很难想象他们能拥有与公司或商业资本家相同的经济机会。政治家在进行公开演说时清楚地阐明了生产者的这种深深的忧虑。

弥补生产者的市场弱势地位的是他们的政治影响。生产者这一时期在公共话语中所占的中心地位表明在民选官员心中，他们作为选民将被优先考虑。至少就这种投票选举制而言，民主是对政治影响力的一种准确度量。而且，事实上，生产者控制着陪审团和其他地方政府机构，但这并不否定大公司和大的商业资本家在美国政治中拥有很大权力。相反，大规模资本家市场和他们在政治上的支配地位迫使生产
448 者采用新的话语大力宣传限制公共权力和私人权力的必要性，生产者呼吁重视宪法理想中所固有的有关合法性和责任性的价值观。这种呼吁所采取的实际形式一直以来可能只是对贵族政治、垄断和大公司的抨击，但这些抨击的思想力量源于这样一种公共信念，即要使权力具有合法性，权力就必须对外部权威负责。

宪法和法律解释的盛行导致了全美国和地方立法机构的新的组合。就像自由劳动力和奴隶劳动力思想之间的部门斗争所表明的那样，1860 年之前州政策主导着经济秩序，由此带来的压力促进了独立司法机构的逐渐形成，它们成了宪法和法律解释的最重要的裁判者。以下几个因素表明了为什么美国法官拥有比包括英国法官在内的其他国家的法官大得多的权力。第一，州宪法和联邦宪法都确立了司法机关和立法机关、行政机关平等的法律地位，赋予法官立法的合法性。这样，美国法官就不仅像英国法官一样有独立的法律地位，而且是宪法本身的代言人。第二，与其他政府机构明显代表集团利益不同，法院是唯一正式负责表达个人利益的宪法机构。第三，宪法是书面文件，与合同一样，不仅需要而且常常要求司法解释。第四，法官属于这样一种法律职业：尽管总会受到公众批评，但拥有相当高的社会地位和相

当大的市场权力。确实，阿历克西斯·德·托克维尔就曾暗示，美国法官和律师拥有的权力比其他任何国家的法官和律师的权力都要大。这些因素共同作用就形成了独具特色的法律服务市场：单个诉讼当事人都有权主张特定的诉求，他们不仅可以反对大利益集团通过立法机关和其他代议机构所制定的常规政策，而且可以向政策制定机构所依赖的宪法基础提出挑战。

不过，美国司法至上的发展并不平衡。在各个州，法官选举逐渐规范化：仅在 1850 年，就有 7 个州修改法律，规定司法系统要对公众和大多数人负责。联邦司法机关经常逆民意而动。但是，就像托克维尔所指出的，由美国国会控制司法机关以及弹劾司法官员（至少在杰斐逊派共和党人统治时）的威胁所引起的政治压力意味着，联邦司法机关对各州总的影响是间接的。州和地方法律机构社会基础的民主化也 449
不断地给律师们提供保卫政府合法性和责任感这一宪法理想的机会。尽管托克维尔及其他一些人声称美国内战前律师是保守主义的壁垒，但法律服务市场还是日趋多样化。

美国立法机构的分权制及其宪法自治性扩大了立法者的自由裁量权。尽管与立法编纂有关的立法改革在持续进行，但是像证据法这样的程序规则却是复杂的、割裂的，比英国的程序法还要复杂，这主要是因为美国对集权有一种更深的忧虑。所以，在民事案件中，内战前的美国法院最终采纳了由 18 世纪英国法官曼斯菲尔德勋爵所确立的规则，即由陪审团负责审查事实而由法官负责确定适用法律。然而，与英国灵活的传闻规则不同，美国商业进入规则使陪审团有更多机会接触一般商业过程中制作的记录，即使从技术上讲这些记录也是传闻证据。事实上，美国法律规则连商人的私人事务也会公之于陪审员。同样，美国法官不像英国法院那样严格遵循先例原则，尽管这种宽松使得在每个州和整个联邦系统内呈现出法律规则多样化的复杂局面。这些变化的一个解释就是陪审团逐渐失去了地方社区代理人的作用，而受法官自由裁量权的约束越来越大。然而，这样一种观点尽管反映并表达了社会价值和利益的多样性，但是没有充分考虑地方的普遍民主和美国内战前形成的法院文化之间的制度联系。

1860 年以前，这些立法机构影响了美国独特的经济发展过程。整个西方世界都处于工业化进程之中。在英国、其他欧洲国家和美国，农业生产的重要性不断降低，农业工人的相对数量不断减少。然而，内战前的美国尽管也出现了这种相对下降的趋势，但是耕地的数量、工人人数、农业产量还是保持了很强劲的增长势头，生产者们也仍然认为农业是主导产业。

450 19 世纪 40 年代的 10 年间，制造业产量的增长幅度也很惊人，超过了 150%。冲突的根源是地方和全国市场结构并存于各个领域中。虽然资本主义工业秩序正在逐渐形成之中，只有大致轮廓，但是各种企业都已经卷入市场中，既包括那些主要致力于地方市场的企业，也包括那些面向全国甚至全球的企业。

不同种类的市场关系与立法机构之间的相互作用导致了意识形态上的冲突。尽管人们在抽象层面上承认自由竞争的个人主义和自然权利的价值，但是大部分政治领导者和立法者都主张生产者阶层对美国的繁荣是最重要的。生产者和资本家意识形态上的分离产生了三方社会阶级斗争。资本家属于上层，一无所有的贫民属于下层，生产者则大致属于中间阶层。“中间阶层”重视以个人诚实劳动为基础的适度的经济独立性，蔑视资本家的极端富裕或者贫民的极端贫困。生产者的这些价值观最终为福音派新教会的基督教道德观所吸收，为自由劳动力思想奠定了基础，盛行到美国内战前。

这些制度上的和意识形态上的压力决定了联邦政府对公有土地的分配方式。以《西北令》为起点，尽管生产者将资本家的贪婪与持续的腐败等同于剥削性的投机交易，但是联邦政府逐渐形成了一种土地分配政策，不断增加小土地所有者以较低价格获得更多土地的机会。政府也不断通过土地分配来促进教育的发展，并间接性地促进公路、运河以及铁路的修建。同时，围绕擅自占地者根据时效占有原则（the doctrine of adverse possession）主张权利的长期论战促成了劳伦斯·弗里德曼（Lawrence Friedman）提出“土地权的致命弱点”这一主张。[4]使问题恶化的是各州的多数立法者，例如肯塔基州和田纳西州，它们成功地否定了最高法院关于支持非居民请求人权利主张的判决。1841 年的《优先购买权法》使土地权更不稳定，该法一方面在时效占有案中间接地授权多重土地权，另一方面支持“要求俱乐部”（该俱乐部是像卡特尔一样的保护先占者的组织）。矿工接受了由社区执行的习惯法，也获得了相似结果。
451 具有讽刺意味的是，甚至连联邦对地方财产权登记制度的认可也促进了纠纷的产生，因为这给律师提供了通过法院诉讼来确定权利的途径，而法院与立法机关一样，常常会受到地方偏见的影响。

联邦财产权政策对于奴隶制有着特殊的意义。在 1857 年德雷德·斯科特诉桑福德（Dred Scott v. Sanford）一案中最高法院准许奴隶制在联邦领土内扩张。但是反奴隶制的捍卫者和主张废除黑奴制者却对此不屑一顾，他们根据人身自由法和州权至高无上原则做出了相反的宪法解释，证明他们反对奴隶制的合法性。最终，南方在 1860 年总统选举中输给了共和党人，在全国政府中失去了地区优势，反对奴隶财产权的理论进一步强调了这种结果，从而引发了悲剧性的美国内战。

涉及私有财产权的法律也反映了激进派和保守派之间相似的紧张关系。美国内战前的整个时期美国人通过简化英国法律的形式，不断创造出新的有特色的规则。土地所有权存在争议的对立面是权利可以便利转让，为了土地所有权转让的便利，美国立法者将英国复杂的财产转让法简化为两种基本形式：担保契据和产权转让契据。美国人进一步改革确认土地权的财产规则，用单独的排除妨碍诉讼取代了英国法令人费解的技术化的土地诉讼。整个合众国的立法者都接受了技工留置权，该权利是美国人 1791 年的一个发明：若土地所有权人不能支付报酬，则小规模技工基于与土地所有者缔结的土地合同和改进合同有权依据技工留置权索赔。在立法技术上，技工留置权法赋予技工优先索赔权，债务人的财产应优先支付技工工资。然而，因为在内战前美国企业破产非常普遍，所以这些权利要求表明了重要利益集团与生产者意识形态中贸易保护主义的价值观一致。家宅豁免这个得克萨斯州的发明也不断扩展，它是指债权人主张权利时应为债务人保留基本的生产劳动必需品。波士顿商人首创世代信托；根据谨慎投资者规则，受托人有长期自由决定权，可以大幅度改变有价证券投资，其决定权远大于英国和美国的大部分地区。立法者也加强了家庭财产权，并通过颁布法律将已婚妇女的财产分离出来，其丈夫的债权人无权对该财产主张债权，这部分地削弱了丈夫基于妻子受丈夫监护的法律身份而拥有的控制权。扩大家庭财产权的其他改革措施还有收养（美国人的发明）、婚姻形式的世俗化和宽松的离婚法。在知识产权领域，国会和联邦法院通过自由许可规则加强了专利权 452
人的垄断权。

抵押方面的法律表明美国财产法在激进和保守之间转换多么容易。纵观美国历史，土地担保主要采取抵押的方式。特别是在美国内战前，美国人对信用贷款普遍依赖，人们普遍相信货币将长期匮乏，并经常在商业杂志中加以评论，这种情形至少持续到淘金热时期，再加上繁荣和衰落的交替，抵押规则成为债务人和债权人斗争的中心。从殖民统治时期开始，美国立法机关和法院就一直在努力平衡债务人和债权人的权利。在 1843 年布朗森诉金泽尔（Bronson v. Kinzie）案中，最高法院推翻了伊利诺伊州法，因为该法实际上阻止债权人实现现存或未来的抵押权，与合同条款相背。但是在不那么极端的案件中，法院也总是惩罚减轻债务人责任的行为。

在南方情况相似，土地所有者的财产权次优于畜牧业者的权利。到 19 世纪早期，放牧成群家畜在北方不再是主要的经济活动；但是在南方仍然是。这样，根据北方许多州所采用的普通法，牲畜所有者必须看管好他们的动物，把它们围在篱笆里，而南方大多数州的法律却要求为避免游荡的牲畜践踏土地，农民应在他们的土地周围修建篱笆以防止游荡的牲畜走进去。财产权方面的这种分歧的结果是，存在一种公共领域，在这个领域中无地畜牧业者能以非常少的直接成本饲养成群的动物。密西西比州、佐治亚州和亚拉巴马州法院甚至要求铁路公司承认畜牧业者的这些权利。

国家征用权法也有浓厚的贸易保护主义色彩。授权私人开发者将私有财产用于公共目的，这无疑对于工业化进程和资本主义兴起都相当重要。然而，至少在 1860 年以前铁路和运河建设的初始阶段，联邦和州的宪法都规定除非给予“公平补偿”，否则不论是政府企业还是私人企业都不得征用私人财产。故而征用权的行使在很大程度上取决于财产价值评估的模式。在马歇尔（Marshall）和托尼（Taney）任首席法官时，最高法院认可了州宪法关于财产所有者和开发者相互冲突的市场利益都是合法利益的规定。宪法关于征用补偿的强制性规定使大多数小财产持有者经常以地
453 方管理的名义利用征用程序来谋取自己的利益。

美国内战前调整合同的法律变得更加重要。道德谴责逐渐让步于曼斯菲尔德勋爵的故意理论，前者与公平价格原则相联系，而后者体现了购者自慎原则。不过，这种转变是缓慢且有选择的。直到美国内战时期，调整诸如信用票证、破产和资不抵债、公司章程、租赁等领域的规则才比调整劳动关系或双方当事人之间的普通买卖合同领域的规则发展得更加完善。总的趋势可以从租赁契约的变化中看出。租赁契约由财产租赁证明转变为一种基本的商业合同，在这种合同中承租人的权利超越了英国模式下土地所有人的权利。美国合同法之所以保持了它的独特性，部分是因

为联邦制度维系了州与州之间和各州内的规则多样性。同样，联邦司法制度也加强了宪法上的保护，加强了合同权利的统一性（至少在联邦范围内），然而与此同时，最高法院根据治安权扩张了各州的管理权力。

就像财产法的情况一样，债务人和债权人之间的反复冲突促成了这种变化。英国社会阶级及其道德理论均将破产当成一种罪恶，因而明确支持并严格执行保护债权人利益的规则。而在以信用为基础的美国经济中，破产很普遍，且债务人不仅在数量上远远超过债权人，而且在民主政治中有相当大的影响力，所以合同规则更为灵活并且更加有利于债务人。州立法机关经常受理并批准个人免除债务的申请，小企业和大商业资本家都一样。多数州还颁布了与英国不同的法律，规定债务人有权提起破产诉讼。规则的复杂性、多样性和差异性为欺诈性交易提供了方便，也给联邦诉讼带来了压力。尤其有争议的是，实践中资不抵债或破产债务人优先偿还某些债权人，而其他债权人什么也得不到。这样的问题导致大城市商业资本家频频上诉，要求制定全国性的法律，但除了 1800 年和 1841 年制定了两项临时性措施之外，美国国会并未立法。基于这些共同作用，最高法院 1819 年和 1827 年关于斯特奇斯（Sturges）和桑德斯（Saunders）合同法的裁决限制了州立法权，州立法机关关于商业合同的立法不得与债务人和债权人法相抵触。结果，美国合同法通常比英国合同 454
法更有利于保护债务人，尤其是破产债务人。

故意理论强调购者自慎，但在其他许多方面是变通的，特别是有关可转让商业合同方面。广为人知的钱币短缺和大多数银行纸币贬值超出地方控制范围的事实均表明经济主要依靠商业信用货币。此外，信用记录机构发展不充分。所以出于实践的目的，信用交易（大量的可转让汇票和本票）成了全美国和地方的交换媒介。尽管英国也依靠这些商业票据形式，但是英国的信用体制与美国相比不易受到政治压力的冲击，这是由它的社会阶级结构和银行机构被少数精英控制的体制所决定的。而在美国，信用是许多重要的民主政治斗争的核心。同样与英国不同的是，美国由于实行联邦制度，调整可转让票据的规则更加易变。美国法律还突破英国对可转让原则的教条主义限制，将信用交换媒介的范围扩大到许多新形式的商业票据，例如政府债券和公司债券、银行存款证明、提单、支票、动产凭证，甚至包括以“畅销威士忌”之类的贵重物品进行支付的流通票据。

美国对信用的依赖也导致了融通票据的使用稳定增长。信用的流通性使得信用的使用成为可能，信用最重要的用途之一是获得长期优惠贷款。商业信用就是一种优惠贷款，它借助可转让票据实现扩展，贷方向借方开出可转让票据则纯粹是为了赚钱或进一步增加信用。这样的贷款并不涉及任何有对价的实际交换；它们只是表明借方利用贷方名义增加自己的信用，这样他或她就可能从第三方借到更多的钱，而不这样的话他们借不到这么多钱。许多优惠贷款都是在家庭成员间或者彼此了解、交往多年的同事之间进行的。在这种情况下，扩展信用的动力通常根植于社会关系中。但是商人和银行仅仅是根据其他人的保证而向陌生人贷款的情况也并不少见。这种情况下，其动机具有明确的资本主义特征，因为借用人仅因为出借人期望一定程度上获利就获得了信贷。《狩猎商人杂志》（*Hunt's Merchants' Magazine*）描述了上述两
455 种贷款之间的区别：一个是“信用问题、个人帮助问题”；而另一个代表“技术意义上的商业事务”[5]。

与其他信用交易方式相比，融通贷款存在较多争议。许多企业家，包括生产者，都支持这种信用形式，因为它能使持有融通票据的个人比没有融通票据的个人借到更多的钱。但是这些信用使用方式也可能引起反对，因为它们经常会被用于欺诈目的。当然，事实上关于什么是欺诈行为也不总是很明确。在任何一种情况下，由于距离和信用记录不完善等原因，非本地居民涉及融通贷款的情况通常最不易于判断这种交易的有效性和价值。对于那些向较小社区的无数债务人提供融通贷款的大城市商人来说，尤其是这样。

联邦主义禁止可转让合同当事人权利和义务规则的标准化和严格化。州法院通常都比较宽松地执行商业合同法，尤其是在非本地商人或公司对本地商业构成挑战时更是如此。联邦法院的一般商法在1842年斯威夫特诉泰森（Tyson）案件中发展成熟，但一般商法的出现并没有打破地方对可转让信用票据的控制。相反，它创立了二元信用市场：联邦支持州际信用贸易，而州法律机构保护地方性市场关系。同样，在1819年麦卡洛克诉马里兰州案的著名判决中，最高法院支持美国第二国民银行，驳回州提出的应由地方银行控制地方信贷的抗辩。

安德鲁·杰克逊（Andrew Jackson）对大银行的反对没有削弱最高法院维护国会在全国信用市场的权威的力度。然而，美国银行的终结加强了州银行在地方和全国

市场内的竞争优势，从而促进了贸易保护主义信用政策的制定和实施，有利于地方和全国两个市场中的大小债务人和企业家。这样在 1839 年的亚拉巴马州银行案中，最高法院试图抑制州排斥国外竞争者的地方银行保护主义。法院对联邦制和各州权利非常尊重，只有各州同意遵守该案确立的礼让原则，该原则才对各州适用。因此，456
各州继续保护地方银行的利益。更为广泛的是，在杰克逊的思想中非常有力的一种观点是认为"独立性"及其所代表的生产者价值观在主流社会和主流市场具有重要作用。确实，安德鲁·杰克逊拒绝向美国第二国民银行续签特许状后，杰克逊主义的经济理论家威廉·M. 古奇（William M. Gouge）和康迪·拉盖（Condy Raguet）获得了州银行的贷款机会，但这种贷款不应模糊这一点，即，即使是在银行问题上，反垄断圣战也是美国内战前政治文化倾向（即保护小规模生产者的利益，而不是保护公司和商业资本家）的缩影。

由于银行经常被谴责为恶棍，因此甚至连反对者都意识到的银行业应得的补偿性收益也模糊化了。1837—1838 年宾夕法尼亚州立宪会议大辩论提到了这种争议条款。几乎没有人像 C. J. 英格索尔（C. J. Ingersoll）那样将这种威胁描述得如此尖锐，他谴责州有银行是"附着于政府、财产、自由和平等上的巨大毒瘤，彻底侵害公共福利"。然而，不可否认州有银行也有好处。一个代表评论说，这些机构"对这个伟大的州的财富增长和资源开发起到了很大作用"，银行"本质上是建立和维持对我们有用的制造业的手段。银行主要通过贷款帮助我们建设城镇、修建收费公路和其他公共设施。这些使我们的公共福利享有盛名"。州有银行的拥护者认识到银行应该服务于社会中的许多集团。"不太富有的人和资本家可能都会把钱投入……公司，以便取得社会信用……银行的经营和交易是为所有人提供贷款。"[6]

这些意识形态上的宪法和政治考量汇集到一点就是税收问题。19 世纪早期，随着银行特许状的增多，关于银行的争论也不断增加，课税的呼声也越来越高。大部分市民，特别是农民和中产商人以及该地区财产的主要所有者即工业资本家，共同抵制税收。自独立战争结束至 1812 年战争，因为没有任何普遍性的征税，所以人们相信国库收入可以通过特别的税收得到满足。同时公众对公立学校制度的需求也在不断增长。作为对这些压力的回应，立法者开始向银行征收一种特别税。尽管具体 457
的条款在州与州之间甚至每一家银行的特许状与特许状之间都是不同的，但是学校税收条款间还是有承接关系的。在特许状授予期间，银行被要求按已缴资本的一定比例缴纳年税。这种税收作为一种特别的独立的基金放在州金库中，政府把这些税收用于投资或者放贷给县以建立免费学校。缴纳了这种税的银行经常被免除其他种类的税收，此外，它们的特许状的有效期也会延长至20年。

美国合同法最有特色之处就在于给予公司在合同条款下的特殊保护。正如1819年的斯特奇斯案、1827年的桑德斯案和1843年的布朗森案的判决所表明的，最高法院利用宪法的合同条款来限制各州对私人合同的管理权限。联邦法院有关公共合同条款的判决争议较多，例如马歇尔在1810年弗莱彻（Fletcher）诉佩克（Peck）案中推翻了佐治亚州立法机构关于贪污得来的亚祖河（Yazoo）土地卖给善意第三人的合同无效的规定。随后的诉讼就产生了1819年达特茅斯学院案（Dartmouth College）判例。在该判例中，马歇尔法官将合同条款解释为包括了公司特许状和私人协议在内的所有合同条款。尽管对合同条款的这种扩大解释可能与立宪者的原意相背，但是这对于约束各州（对由其颁布特许状的公司行使权力）具有非常重要的意义。这也表明公司有可能获得与个人根据私人协议所获得的权利相同的权利。

然而，最高法院也在公共合同条款判决中缓和其倒向公司一边的潜在倾向。在达特茅斯学院案中和其他案件中，马歇尔法官认为州可以在颁发的公司特许状里保留管理权。这样对公司权利和政府管理权力的双重认可确立了包括协调公司权利和义务关系在内的政治和法律冲突的宪法界限。因此，从19世纪早期起，在银行、铁路、运河特许状中各州就要求它们应缴纳税费以支持教育、承担政府运转经费和支持其他社会服务。托尼法官忠实于杰克逊的民主党人的反垄断传统，扩大了州的管制权。以1837年的查尔斯河大桥（Charles River Bridge）判决为起点，托尼法官扩大了“保留”权的范围，从而增强了各州促进新技术（如铁路技术）发展的能力，同时也保
458 护了地方生产者利益。到19世纪50年代，法院试图像实现私人合同权利义务的平衡一样，根据合同条款实现公共合同中双方权利义务的平衡。各州在授予公司特许状时，有权附加广泛的税收及其他要求。但是之后的立法者，包括州宪法会议，除非抓住特许状展期的时机，否则一般不能改变或扩大公司的义务范围。最高法院认可程序赋予要求改变特许状的各种利益群体的行为宪法合法性。因此，这种决定使州成立公司的程序具有了政治色彩，特别是一份特许状最初被授予时或处于展期时。

结果，立法机关授予资本家开发者过多的特权这一传统印象得以确立，但这种印象是不完全的。存在一种虽然不那么引人注目但同样重要的可能性，即激烈的讨价还价过程不仅可以确保补偿义务被写进特许状中，而且保证了这些条款将得到执行。利益集团对立法机关和法院施加的压力确保了银行遵守规定：通过购买制造业和运输业公司的股票保障边缘市场和主要市场地区的经济发展。银行也遵守特许状的规定：银行必须为小生产者的农场抵押提供一定比例的低息贷款，或者向建造运河、铁路和相关设施的大小承包人提供优惠的信贷条件。

保护和促进之间的平衡也同样适用于运输性企业。一直到美国内战时期，运河、铁路、收费公路和桥梁——包括像巴尔的摩和俄亥俄州铁路公司以及宾夕法尼亚铁路公司这样实力雄厚的资本主义企业——不仅穿越繁华的市区，而且经过经济萧条的地区。运输业公司也要缴纳道路通行税，这些税收为某些州的公共教育提供了大部分资金，并支付了政府运营费用。这样，州就大大减少了对财产税的依赖。新泽西州臭名昭著的卡姆登和安博伊公司 (Camden and Amboy) 垄断案就是恰当的例子：由于在纽约市和费城之间的贸易垄断，该公司获取了大量利润，作为回报，公司将其 10% 左右的利润作为道路通行税上缴，这占到州政府开支的 60%~90%。州与州之间在平衡政策时往往各不相同，但是几乎在所有地方，占选民大多数的农民和其他中等规模的生产者，都有理由支持征收这种公司税。 459

最高法院关于商业条款的判决确认了各州对买卖决定权的主要控制权。尽管最高法院在涉及该条款的一审判决中，例如 1824 年吉本斯 (Gibbons) 诉奥格登 (Ogden) 案中，以迂回论证的方式维护联邦商业权，但是约翰 · 马歇尔（John Marshall）首席大法官正式承认州的治安权可以延用于州际贸易。这样，尽管在吉本斯案中最高法院打破了纽约的轮船垄断，但通过选择性排外原则法院逐渐使隐形的商业权原则正式化，支持州对涉及州际贸易或国际贸易的市场拥有管制权。同样，19 世纪 50 年代漫长的惠灵大桥（Wheeling Bridge）诉讼中，法院和国会之间经过长期斗争，最终平衡了轮船公司和铁路公司的州际利益，保护了轮船公司的竞争机会。

最终，最高法院授予州非常广泛的治安权，支持这样一种公共信念：生产者和资本家的价值观是一致的。直到 19 世纪 60 年代，州或地方政府控制了运输业和其他公司的大部分股票，董事会的决策权受到限制。另外，大多数私人投资者购买股票是为了避免而不是彰显对公司的投资和运营控制。所以，尽管法律允许单个股东阻止公司的任何重大经济决策，但通常是政府股东，而不是私人股东表现最积极。公司董事抗议政府股东的影响力，但是州法院经常做出有利于后者的判决。同样，19 世纪早期州和联邦法院发展出商业利益规则，规定如果董事的行为是善意的并尽到适当注意责任，则他们不用对他们判断上的错误所造成的损失负责。正如其设计初衷所显示的，这条规则的意义在于在特定的章程下，董事可以超出公司章程正式授予他们的权力，不受持不同意见的股东的主张的影响。虽然如此，但是此规则并不保护董事不受越权主义原则（*ultra vires*）和责问程序（*quo warranto*）的影响，这两点主要决定什么构成违法行为。

其他的州和联邦规则都限制公司自治。州法院主张信托义务责任原则适用于公
460 司董事，要求他们根据比市场规则更加严格的道德标准来追求股东利益。根据这种道德上的推论，受托人应该具有超越最狭义金钱利益的荣誉观、宗教观和家长责任价值观。严格来说，法官反映民意，例如斯蒂芬·科尔韦尔（Stephen Colwell），一个钢铁工厂主，与长老会和普林斯顿神学院关系密切，他与政治经济学家亨利·凯里（Henry Carey）一样，抨击“资本主义社会里充斥着没有社会责任感的、自私的、没有宗教信仰的个人主义和竞争”[7]。此外，最高法院在 1856 年道奇（Dodge）诉伍尔西（Woolsey）案中确立了派生诉讼制度，鼓励股东诉讼，斯威夫特原则（Swift doctrine）打下了统一商法的基础，统一商法可以减少各州州际贸易法律规则的多样性所带来的成本。可是由于联邦司法管辖权还没有完全收于公司事务，所以直到美国内战前，公司才开始从斯威夫特原则中受益。

美国内战时期，伴随工业化进程的人身伤害案的不断增多，侵权法变得越来越重要。过错责任原则在各州发展不平衡，但是归责原则的核心都是，由某种过错导致的伤害或损害应受道德谴责。与过错责任同时出现的是律师服务法律市场的二元性。某些原告律师代表受害人向同情他们的地方法院和法官控诉，而公司律师为引起伤害和死亡的公司企业辩护。促使受害人起诉的是胜诉酬金制度，这在英国是不合法的，然而在美国，这种制度意味着若败诉，则原告律师一无所获；但若胜诉，则律师可获赔偿金的很大比例。早在 19 世纪 50 年代，铁路经营者就注意到了为了避免在意外事故案件中支付胜诉酬金，他们同意庭外和解。美国内战前，只有少数

的意外事故案件涉及工人受伤，大部分诉讼当事人是普通公众。即使如此，大部分法院还是运用过错责任原则支持受伤害的原告，但同样，这些法院也会做出不利于工人的判决。因此，非工人受害人通常会获得赔偿。最终，对大多数法院来说，与将发展成本从资本家转移到弱势群体相比，实现行为的道德责任和可靠性要重要得多。为保持与主要生产者和共和主义意识形态一致，在一个独立的制度秩序内，法律规则实现了促进和保护经济机会的平衡。 461

私权范围的扩展

1860—1900 年，小企业、农民和日益庞大的消费者阶层对不断增加的市场缺陷表示担忧。美国内战前，分散的土地市场居于主流，之后让位于一种新的以大公司为特征的更加统一的城市工业秩序。19 世纪 80 年代，农村人口增加近 500 万人，城市人口更是激增 800 万人，这使美国农村人口的比例从 1880 年的 72% 下降到 1890 年的不到 65%。这是美国历史上农业人口占全国人口比例降幅最大的 10 年。同时至少从美国人口统计来看，尽管美国仍然有许多地域是开放的，但边境的关闭还是极大地限制了其发展机遇。到 19 世纪 70 年代，11.4 万英里长的新铁路线的修建促进了商品在全美国范围内的分销。但是，州际铁路网边缘地区的农民和商人群体感受到了高效率的威胁，因为他们服务水平低，且没有长途交通的优势。同样，大量技术进步的出现便利了工厂和大批量生产向各地扩展，极大地促进了单个公司提高生产率，以满足快速增长的城市市场的需要。

结果，政府的作用也逐渐增大。到 1900 年，地方、州和联邦政府的开支占国民生产总值的比例提高到约 7%。尽管联邦重要部门的花费所占的比例也提高了，但是
大部分费用增加的压力来自地方和州政府。到 1900 年，在所有政府支出中，地方 462
约占 55%，州刚好占 10%，联邦政府占 35%。纽约州制定规章的管理机构（regulatory agencies）从法律中分离出来，作为政策执行的一种独立手段。其花费从 1860 年的 5 万美元变为 1900 年的 90 万美元；同期，该州在社会福利和医疗方面的花费从 26.3 万美元增加到 650 万美元。

美国内战和战后重建为州政府的初期改革奠定了基础。权力分散仍普遍存在。

各州仍比较自由，对地方政府、家庭和刑事法律，以及（一定程度上）对商业信用
462 的管理基本不受联邦政府的干涉。战后重建措施的强制实施允许联邦对南方地区的全国选举进行监督，这种强制执行 1880 年以前一直存在，但 1880 年以后突然就消失了。歧视性许可收费和税收措施以及铁路建设、援助和管理等方面表现出来的激烈的商业竞争 1861 年以后还在持续。而且，州政府努力控制大规模的全国性公司制企业的稳定发展，制定出它们自己的反托拉斯政策，并于 1869 年建立铁路管理委员会来管理铁路。

1861 年以后，联邦权力开始了缓慢但稳定的扩张过程。早在美国内战时期，共和党人就实行了第一项具有重大意义的银行集中化政策，这开启了信用机制和货币的国家化进程。这项政策自 19 世纪 30 年代就开始实施，一直持续到 20 世纪而未废止。同样，《宅地法》代表了一种具有导向性但能快速解决西部问题的新方法。自从 18 世纪 90 年代以来，联邦政府的主要税收来源是关税和土地买卖所得。然而，美国内战时期偶然所得税和其他新的国内税收措施的实行，为联邦政府创造了新的财政基础。随着战争的进行，联邦政府雇员的数量也有了显著增长，这些雇员中的许多人是在像农业部这样的新的联邦机构中供职。当时其他主要的中央集权措施还包括对于横贯大陆的铁路公司所采取的联邦特许、土地批准和发行债券等多项支持制度。

激进共和党人保护被解放奴隶的努力最终也起到了加强中央集权的作用。第十三、第十四、第十五修正案的通过，民权立法的实施，以及联邦法院管辖权的重大扩展根本性地改造了联邦制。简要地说，似乎这种改造至少有可能使黑人获得法律上和政治上的平等，但是涉及国家主要政党的政变、最高法院对民权的保守态度和三 K 党之类的残暴组织的出现等，使这种希望破灭了。但是一个希望的破灭却开启了实现另一个希望的可能性。到 19 世纪 70 年代，由于权力的扩大，特别是根据第十四修正案的正当程序条款，联邦法官比以前更有能力促进经济自由化。可能没有人能比全国性商人特别是大公司从联邦法院促进经济发展的热情中获益更多。波士顿和缅因州铁路公司的一个代表对这种现象给出了一个理由：“摔断腿的乘客一般
463 是向州法院提起损害赔偿诉讼……但一旦抗辩成立，案件就被移交到最高法院，这样在案件判决做出以前，人早就死了。”[8]

但是从州管辖到联邦管辖的这种转变是缓慢的。最高法院在像 1877 年芒恩

(Munn) 诉伊利诺伊州这样一些著名的案件中允许分权，支持州运用治安权来管理“影响到公共利益”的商业事务。通过治安权和商业权范围内选择性排外原则的运用，或者由上述权利派生而来的原则，法院也允许各州有管理州外公司的权力。尽管最高法院在国家征用权案中加强了对公平补偿权的保护，但是它也坚持维护州行使征用权的广泛自由裁量权。然而同时，最高法院和国会也扩大了国家权力。1877 年彭萨科拉电报公司（Pensacola Telegraph Co.）诉西部联合公司（Western Union）案中，最高法院支持国会有权管理像电报这样的新技术。大法官也确认了出于管理需要的联邦征税权的合宪性。总之，特别是在 19 世纪 80 年代中期以后，最高法院都是从加强联邦权力的角度来解释商业条款的。

社会和经济的脱节改变了为法律和政府论证其行为合法的思想和经济理论。生产者意识形态与“中等”小财产所有者利益以及共和主义价值观相联系，1860 年之前根据自由放任的模糊规则，共和主义价值观可与贸易保护主义和促进政策相协调，但到 19 世纪 90 年代逐渐衰落。自然法是当时法律和经济理论的基石，尽管它仍然存在，但正在被更加实用的、工具性更强的思想所取代，这种思想通过小奥利弗·温德尔·霍姆斯（Oliver Wendell Holmes Jr.）大法官的名言反映出来：“法律的生命不在于逻辑而在于经验。”亚当·斯密的道德主义理论和自然法假设是古典经济学的理论支柱，但越来越受到新古典边际效用理论的挑战，新古典理论最初由阿尔弗雷德·马歇尔（Alfred Marshall）提出，后来被 A. C. 庇古（A. C. Pigou）和其他学者进一步发展。该理论主张价值由消费者的需求决定，而不是由生产者的成本决定。与英国经济学家不同，美国经济学家同时接受了新古典主义和道德主义两种理论。对效用的强调为政府制定有利于消费者利益和市场效率提高的政策和法律规则提供了一个新的理论基础，也促进了共和主义者崇尚积极政府、担心腐败威胁民主所仰赖的个人独立 464
和社会责任的价值观重新发挥作用。逐渐地，只有农民还支持民粹主义者所倡导的比较古老的生产主义。确实，正如 1896 年的选举中人民党政治纲领的失败所表明的，重农主义在不断发展的包括产业工人和白领工人在内的城市消费者阶层中几乎不会产生共鸣了。同样，尽管社会达尔文主义所定义的自由放任主义政策的支持者有时非常引人注目，但是根据赫伯特·霍温坎普（Herbert Hovenkamp）的观点，它们对正式政策制定的实际影响几乎只能是一种“夸大的时髦”。

相互冲突的压力也影响着各级政府中正式立法机构的不平衡发展。依靠无所不在的治安权，最高法院在1877年芒恩诉伊利诺伊州案中首次扩大了公共利益原则；相应地，州立法机关向公共事业委员会授予新的权力，以回应特殊利益集团的要求。结果，铁路和其他州际商业公司需要面对更多的行政管理政策。此外，在各州内贸易保护主义的影响仍不时支配着地方政府、民选法官和陪审团。这些和其他制度冲突促使联邦行政权不断扩大，包括对横贯大陆铁路的资金支持、1887年的《州际商法》、1890年的《谢尔曼反托拉斯法》和1898年的《破产法》。国会也扩大了跨州公司的权利，使其有权将案件从州法院移交到联邦法院，但是这也加剧了州合同法和侵权法与依据斯威夫特原则建立起来的联邦普通法之间关系的紧张。

到1900年，管理秩序就一直呈现出规则多样性和制度分离化的特征。最高法院对铁路委员会定价的不对等限制，是规制政策制定最明显的冲突的例证。但是其他部门，从银行、保险公司到开业许可机构和管理铁路工人的管制机构，也都受到争议，相应地也都限制了官僚统治。立法机关也将公共管理权授予私人性民间社团，例如授权芝加哥商品交易所会（Chicago Board of Trade）管理商品交易所。利益集团的要求和意识形态上的要求推动了州和联邦管理权的扩张，从而成功抵消了利益集团对经济的危害。

即使财产法变成一种常规，公有土地又不断减少，它也还是能反映出地方差
465 异。随着国家疆域的确定和开放土地的不断减少，西部根据《莫里尔法》《宅地法》进行的自由土地的分配，及土地赠予铁路的分配，是联邦实施土地分配的最后一个主要的计划。在这些地区，联邦法律继续保持管理水域、牧场、木材业和矿产的权利。联邦保护自然资源的政策和各州采取的相似政策使公共土地永久存在下来。但是，总的来说，州普通法和成文法虽然经历了不同的发展过程，但最终都发展出这样的规则：调整财产占有和转让的是私人市场关系，而不是政府利益。州法院采用一些控制土地利用的新方式，保存了一些专属邻地。同样，地方差异意味着，在像“浪费者信托”①原则这样的新措施面前，英国原则失效，这就极大地增强了对受益人的保护。公益信托的使用不断增加，而涉及地主和佃户的规则，以及那些改善土地权利混乱状态的规则变得更加规范化。尽管颁布了联邦破产法，但是商业周期

① 规定受益人不得自由处理的信托资产。——译者注

的起伏使政府在债务人与债权人之间分配抵押权的政策摇摆不定，有时有利于债权人，有时又有利于债务人。事实上，几乎所有的州都努力通过各种各样的豁免措施来保护小财产持有者的利益。随着妇女社会地位的逐渐提高，亡夫遗产规则和保护信托的使用逐渐减少。即使如此，在每个州里，可以充分预期的是，基本的财产权利，至少关于财产占有和转让方面，需要稳定而不是冲突。

一直到 1860 年，通常还是用契约思想来定义财产权，但是纠纷的实质在不断发生变化。19 世纪中期一直占统治地位的故意理论给予个人相当大的自由选择权。随着 19 世纪下半叶工业化的发展，合同纠纷内容也逐渐发生了变化。例如，威斯康星州最高法院在 1861 年之前的 10 年间所判决的合同案件中有 54 起涉及土地。其他 31 起是关于家畜或小麦农作物而不是制造商品的案件。另有 31 起信贷和金融方面的案件是由有关在票据上签字的保证人的法律地位的争议引起的。相对不太复杂的劳动纠纷有 30 起。到了世纪之交时，工业化的发展改变了法院的案件构成。专门性商业事务，例如房地产经纪人要求佣金案，占了诉讼的最大比例，而与农业有关的个 466
人和小企业纠纷在法院的议事日程上几乎没有。大型公司只对个别的合同纠纷提起诉讼。

同样，在美国内战前，可转让汇票和本票作为一种交易工具，是当时经济活动中最重要的合同类型，同时也是受规则多样化困扰最多的。从 19 世纪 60 年代开始，联邦政府的银行货币政策就一直在稳步减少对作为交换媒介的可转让票据的依赖。相形之下，汇票和本票的使用仍非常重要并且诉讼非常多。美国超越了英国实践，不断发明新制度，创造了包括政府债券在内的一些新的可转让票据。1864 年格尔普克（Gelpke）诉杜布克（Dubuque）案导致政府债券成了倾向于保护债务人的地方政府与全国乃至国际债权人之间的较量。最终最高法院选择了保护全国和国际上的债权人的权利，在 1860—1900 年大约 300 起案件中都可以看到这一点。同时到 19 世纪末，随着各州开始接受统一法立法委员会起草的标准化票据法，可转让票据法比合同法的其他任何领域都变得更为统一。

合同法方面的其他改革措施也促进了法律的规范化，同时也使商业实践合理化。旧的普通法不允许合同第三方当事人起诉或基于原有卖方所确立的请求权向买方收取货款。然而，根据许多州的新《斐尔德法典》(Field Codes)所采纳的受益第三人规则，起诉和收取货款是可以转移的，从而大大扩大了市场买卖的权利。到19世纪60年代，新的损害赔偿法也在许多州出现了。与民事侵权行为可以要求惩罚性损害赔偿不同，违约只能就经济损失要求补偿性赔偿。法官将那些经济损失的确定权交给了陪审团，但是渐渐地法院计算损失的规则开始系统化，只考虑像“自然结果”这样的因素，即合同当事人已经预见、应该采取合理措施加以避免的损失。理论上讲，这种原则使得合同当事人只对可以预见的或者自然结果负责。实践中，许多例外情况削弱了这种原则，因为法官计算可预见性损害的标准是很不确定的，而且依赖于陪审团对具体事实的理解。虽然如此，在大多数州，合同还是越来越朝着可预见性原则的方
467 向发展。

可能购者自慎原则这一古老原则是可预见性与例外情况之间紧张状态的最明显的例子。直到美国内战时期，“买者注意”规则都是美国销售合同法作为商法独立领域的一个典型特征。英国从权利角度划分由谁来承担风险的判例支持的是卖者，特别是生产者和商人。而在美国，像机器这样的大宗耐用商品在全美国范围的销售产生一种新压力，要求法院做出调整，平衡买卖双方的利益。结果，美国1888年出版的一部关于销售的法律书承认了各种独立规则和原则，这些规则和原则在实践中限制购者自慎原则，支持默示担保观念。通过样品来销售商品就“默示”一种担保，即样品是全部商品的代表。如果这种一致性的合理推断被证明是错的，那么买者就有权起诉，因为卖方违反了默示担保原则。起初有利于这种原则发展的市场因素主要影响的是制造业商品的销售合同，但是逐渐地限制购者自慎的原则导致了整个销售领域各种各样的标准化分期付款合同的出现。销售法先后逐渐适应了这一时期的主要消费者群体——小商人和农民。

在市场关心的其他领域，法律对于平衡新生产者和消费群体的利益关系也发挥着作用。在各州一直都有呼声要求废除高利贷法的利率规定。尽管偶尔会有短暂的成功，但是通常债务人利益占了上风，反对法律禁止高利贷的自由贸易主张以失败告终。同时，保险公司作为财经中间人，对信用有相当大的控制权，公司律师起草了标准合同以保护工业主免受消费者侵害。但是最终州立法机关和法院建立了一套复杂的规则，大幅改变了这种平衡，支持投保人。根据小爱德华·A. 珀塞尔（Edward A. Purcell，Jr.）法官的观点，将案件移交较友好的联邦法院开始有利于公司，它们据此

常强迫投保人接受“坑死人”的折扣理赔：投保人得到的保险金不仅比他们依据保险单本身应得的少，而且比州法院判决应得的少。不过到 1900 年，原告律师已经学会了利用州规则和较友好的美国最高法院判决来对付公司这种优势。同样，1898 年通过的联邦破产法并没有取代至少从长远利益来说倾向于保护债务人的州法律。联邦破产法将公司排除在外，扩大了自愿破产权，优先保护工薪工人、职员或雇工的 468
工资权，而且没有废除最重要的州政府豁免权。债权人不能将法律强加于“挣工资的人或主要从事农作或土地耕种的人”身上。与英国的国家破产规定不同，美国债务人和债权人一般将破产作为一个标准的商业手段来使用。

因此，财产权法中的部分合同内容与自由放任的价值观一致。有关损害赔偿、要约与承诺、口头证据以及合同的解释等普通法规则的核心内容，要么通过成文法加以标准化并确定下来，要么被例外情况破坏掉。因此，合同法对个人选择的市场地位的规定，只有例外情况才能进行有意义的检验。财产权的标准化通过第十四修正案的正当程序条款实施，以放任主义和“合同自由”理论为基础，这种财产法无疑加大了对不断增长的易受伤害的工人的剥削，因为法律的潜在假设是雇主与雇员处于平等的地位，而事实上并非如此。但是大量的中产阶级、消费者和小企业主也从这种可预期性中受益，因此，美国的这种法律秩序与其他国家相比，可以让更多的社会群体获得市场机会。同时，依据合同原则形成的财产权规则使个人对通过法院诉讼实现的私人执行和由律师控制的对抗程序的依赖增强。

普通财产和合同规则的系统化与公司法转变的相互冲突形成鲜明的对比。只要与公司有关的权利还需依靠各州特许状决定，小的非法人企业就能对立法机关和法院施加影响，实施管制政策。最高法院关于合同和商业条款的判决选择以及其他有关治安权的判决在美国内战前就直接或间接地认可了这样的政策。然而，内战时期出现的来自重要组织的压力比以往任何时候都更强烈地促使各州用一般公司法取代特别许可制。到 19 世纪 70 年代，这些法律在全国各地均存在了。最高法院甚至主张为了审判和诉讼的目的公司应处于与自然人一样的宪法法律地位，1886 年圣克拉拉县（Santa Clara County）诉南太平洋铁路公司（Southern Pacific Railroad）案判决加强了这一观点。这样一来，公司受联邦法院管辖的机会增加，并有更多机会适 469
用通过宪法第十四修正案正当程序条款实施的自由放任的“合同自由”理论、斯威夫特原则、商业权、合同条款以及其他原则。此外，除了像某些横贯大陆的铁路公司、国有银行这样的企业之外，当时没有别的联邦公司。在英国和其他大多数处于工业化进程中的国家，只有国有公司存在。公司的成立依赖于各州而不是国会，这样妨碍了管理统一，分散了利益集团要求规则统一的压力。同时最高法院和联邦司法地位的独立性又促使公司依据宪法条款或——就像债券和保险合同案中发生的情况——与斯威夫特原则相联系的一般商法来挑战州的管制政策。

公司法在法律上和宪法上的变化促进了管理资本主义的出现。正如艾尔弗雷德·钱德勒指出的，市场需求和技术革新促进了大型公司的产生。到19世纪80年代至90年代，大型公司中带薪经理人的管理权逐渐增大，超过了个人企业家或股东。州法律不同程度地禁止以卡特尔形式联结的较松散的组织结构，但是，以1889年的新泽西法律为起点，州法律开始允许采用控股公司形式的企业合并。最高法院在19世纪90年代中期对《谢尔曼反托拉斯法》的最初解释认可了类似的政策结果。这样，州法和联邦法的相互作用在世纪之交的合并浪潮中促进了管理权的集中化。此外，从19世纪70年代开始，最高法院对商业权和第十四修正案正当程序条款的解释确立了各州利用治安权管理公司企业的界限。法院对治安权规则予以肯定的较多，使之无效的较少，尤其支持以调整像采矿这样的危险行业为目标的法律。与对反托拉斯法的解释一样，法院对1887年《州际商法》的限制性解释表明，可能出现一种影响更大的政策后果，表现为公司的规模超过了现行的管理能力，即现行管理已无法确保公司承担的法律和宪法上的责任同对社会福利或公共利益的普遍观念相一致。

宪法保护的加强和削弱管制的一般公司法与支持管理自治的原则相一致。针对内部管理层和公司发起人的欺诈，各州颁布法律，要求“必须用金钱”或按“票面
470 价值”缴足全部的资本总额。这一政策的意图是禁止公司向不知情的者出售虚股，即公司内部人士在市场上以虚假的价值出售股票。然而，最终法律要求公司管理层遵守“诚信”标准，随着在公开市场上投机者的激增，这一标准使固定价值或票面价值变得没有意义了。现实要求更加宽松的标准，因为不论投资者是否投机，只要他认为某一股票每股只值比如说40美元，那么公司账目上记载100美元的票面价值就没有任何市场意义。同样，州立法者也越来越严格地要求公司管理层根据公司利益原则履行“合理的”信托义务。大多数州法院通过对合理性的解释扩大公司管理

自治。所有这一切都提高了过错行为证明的门槛，其中一个结果是将经理从股东诉讼中解脱出来。相反，在英国盛行更加严格的信托义务原则，股东集体诉讼仍是一种更为有效的管理手段，就像内战前的美国一样。

其他规则也扩大了公司管理层的权力。在公司衰落时，尤其是在 19 世纪末的两个萧条时期，最高法院通过对“信托基金”原则的解释，对管理层自治的保护胜过了对股东利益的保护。通常管理层会通过协商达成解决方案，但解决方案通常更有利于大股东，而不是数量上比大股东多得多的小股东。联邦法官对衡平法中的破产重整人规则的使用增加，特别是在铁路案件中，这进一步增强了管理层的控制权。联邦法官要求管理层的行为符合合理商业利益这一弹性标准。管理层自治权的增强也削弱了越权行为原则这一古老的英国原则。根据该原则，公司交易超越特许状规定的权限则无效。大部分美国立法机关和法院是如此宽泛地解释一般公司法规定的权限，以至于最终越权原则没有用武之地。

新公司经济既带来了收益，也招致了损失。甚至对公司最友好的州，像新泽西州和特拉华州，都是从大量的税收中获利。从这个意义上讲，财政政策仍有利于大多数选民。在较严格的州，累进税收制也获得了公共利润。前两种情况下，公司税收政策都减少了对财产税的依赖，这有利于中产阶级。此外，尽管管理层自治的规
则也会刺激腐败的滋生，但是管理层自治更多的是促进了组织效率的提高，例如规 471
模经济，这反过来又会有利于消费者。相反，普尔曼公司（Pullman）的罢工导致联邦法官在 1895 年接受了劳动禁令，这就扩大了公司管理层对有组织劳动力的权力。法院 1896 年确立的普莱西（Plessy）原则允许铁路公司经理将隔离但平等的原则强加到南方的非裔美国旅行者身上，也扩大了铁路公司管理层的权力。

侵权法更是进一步表明多样化的规则如何产生了各种各样的胜利者和失败者。在美国内战前，过失制度逐渐取代了英国普通法对程序的强调，将侵权规则的判断权交给陪审团。到 1860 年，受害人过失和风险推定等客观原则赋予了法官确定适用法律的权力，而事实问题仍由陪审团负责。这种从陪审团到法官的权力转移尤其在适用下属雇员规则的案件中会严重损害工人的利益。因为该规则允许在意外事故案件中向有过失的同事提起侵权诉讼，但并不追究雇主的责任。上述这些和其他的过失原则潜在地允许被告公司将死亡和伤害成本转移给原告，而原告基本上是雇员或

公众，例如铁路乘客。尽管过失原则形式上简单且严格，但是总的政策结果有好有坏。对一审审判结果和二审判决的定量研究均表明在侵权诉讼中原告通常会赢，但原告工人因下属雇员规则而遭受损失则属例外。但是即使如此，到 19 世纪末，论文作者和学者的经验研究也表明法院在对下属雇员规则进行限制。

侵权规则在各州内部也是不同的，因为经常有些县倾向于原告，而另一些县倾向于被告。而且，在联邦法院内部也一直存在争论，这表现在关于联邦法官根据斯威夫特原则应该运用何种过失规则方面，最高法院的多数意见变化不定。正如保险合同的特征一样，被告最初是利用诉讼转移这样的威胁来强迫原告接受较少的赔偿。但是到了 19 世纪 90 年代，原告律师在最高法院赢得更有利的判决。总的来说，那时，过失制度使得各种各样的足够多的结果都有可能产生，这也使得为原告提供法律服务的市场能够存在。在这种市场中，帮原告向被告公司打人身损害赔偿官司的律师胜多败少，他们靠胜诉赢得酬金。

到 1900 年，调整新公司经济的法律规则仍没有形成统一的秩序。法院加诸州和
472 联邦行政机构的宪法限制和不断变化的扩大公司管理层自治权的各种原则共同构成了一个松散政策和限制性政策不统一的、经常相互矛盾的混合体。公司管理层和它们的律师认为一些州是严格的，一些州则是宽松的。联邦政府抵制利益集团的压力和对付联邦法院的诉讼的能力和机会越来越多。工人、少数民族和妇女通常都是利益受损者。而且，利益集团表达要求的渠道的多样性刺激了与繁荣昌盛时期（尤指美国内战后的 35 年间）相伴的腐败现象的普遍滋生。尽管如此，促进管理资本主义发展的规则也对中产阶级集团有利，为他们提供了较低的消费价格以及在更加统一的合同和财产法律条件下的新的创业机会。相应地，改变后的共和主义价值观和新的边际效益理论一致，它们支持着这样一种公共信念，即增加的规则和更加严格的法律执行不是美国问题的一部分，而是解决问题所必需的。

进步主义与公司经济

1900—1917 年，进步论者缩小了管理者与被管理者之间的差距。世纪之交的并购浪潮导致了由大型公司主导的经济秩序的产生。尽管如此，进步时代还是确立了

官僚机构的发展方向，使消费者取代生产者占据中心地位，这样就扩大了调整私人市场关系的制度秩序的范围。最高法院反复权衡 19 世纪末期自由放任的立宪主义施加的限制与加强管理之间的利弊，最终决定支持后者，尽管也有一些重要例外。同时，职业法律集团也广泛地与进步主义者合作，一起推进司法机构和行政机构的合理化，从而提高了合同、侵权和财产规则的系统性和统一性。到一战时，公司经济的规模仍然超过政府的规模，但是政府机构改革之路显然已经开始，并在 20 世纪 30 年代新政自由主义时期达到顶点。

伴随着政府开支占国民生产总值比例的增长，联邦的权力也在相对扩张。政府开支占国民生产总值的比例从 1900 年的大约 7% 提高到 1990 年的 40% 左右。这包 473
括了联邦政府开支的相对扩大，1900 年占全部政府开支的 35%，1940 年占全部政府开支的 45%，1990 年占全部政府开支 60%。在联邦开支所占份额方面，和平时期大部分变化发生在进步时代之后。然而，进步时代联邦官僚机构的扩张确立了未来机构的模式。1901—1917 年，西奥多·罗斯福（Theodore Roosevelt）、威廉·H. 塔夫脱（William H. Taft）和伍德罗·威尔逊（Woodrow Wilson）提出了各不相同的改革方案。结果，国会扩大了联邦对反托拉斯（建立联邦贸易委员会、颁布《克莱顿反托拉斯法》）、食品和药品、海员的工作条件、劳资关系和铁路工业的价格调整、童工，以及农业信贷的管理权，并加强了对可能在整个联邦储备制度中意义最重大的货币和信用等事务的控制。这些新政策要求相应扩张联邦官僚机构、重视公务员绩效制度及依靠专家和专门技术。制定政策的专家治国论者所产生的影响打破了联邦、州和地方权力在形式上的划分。这样官僚政治运作就超越了形式上的政治界限，促进了州与联邦机构的一种新的合作，这种合作在 1916 年的国家公路法中得到显著体现。

大政府是进步时代的标志，它与支持消费者的思想的胜利相吻合。1900 年之后，实用主义和工具主义的法律和社会概念取代了自然法和个人主义的思维模式以及维护生产者价值观的古典经济理论。根据边际效用经济学，消费者以及工程师之类的技术专家，而非生产者成了美国经济秩序的中心，索尔斯坦·维布伦（Thorstein Veblen）认为像工程师这类的技术专家是管理美国社会和行政机构的最合适的人选。在农民和激进劳动力群体中，传统的生产者价值观仍然存在。然而，这些价值观对于不断增长的城市经济来说很显然处于边缘地位，在城市经济中先进的政治领导代表白领和蓝领工人的利益，反对种族机械政治和大公司。这一时期反对垄断和腐败的传统共和主义价值观复活，这种价值观认为不受规制的大公司是以牺牲消费者的利益为代价来获取高额利润的。同时，他们还说，腐败机构浪费金钱，损公肥私，剥削消费者纳税人。被剥削的消费者是食品和服务的使用者，是城市或农村的中产
474 阶级和工人阶级。

然而，许多进步主义者（如美国平民主义者）和他们的前辈们一样，更倾向于小规模的生产。尽管如此，进步主义者通过技术专家获得的对消费者效率的信念也表明他们承认好的大公司和坏的大公司之间存在道德差别，这种道德差别有可能通过规则保持下来。道德环境决定效率标准，对道德环境的不同信念，使进步主义者内部出现了对立和紧张。一方面，他们喜欢与小公司相联系的独立性；但是另一方面，他们又渴望效率给消费者带来的好处，而效率是由大规模的、集权式管理的大公司带来的。同样，专业的法律精英支持各种各样的使法律合理化、提高包括法院在内的政府机构的效率和专业化程度的方案。但是这些努力没有挑战全美国范围内反民主的种族限制和南方对黑人的永久化的种族隔离。这些制度和思想上的紧张抑制了官员权力的增长，使之不能与公司的经济规模相匹配。

如果州和联邦政府分权，则最高法院认可其日益增长的能动主义管理模式。各州通过控制公共事业、公共汽车和卡车运输以及零售商的定价来保护相互竞争的地方利益。同样，在国会授权州际商业委员会征收铁路税以后，最高法院的判决支持了这项授权，使得联邦和州铁路委员会在1910—1917年能够向大的铁路公司征税以补贴小公司。在反托拉斯领域，法院采纳了罗斯福政府所提倡的理性规则。根据理性规则，通常只要能证明公司合并行为侵害道德、损害市场效率，那么联邦和州检察官就可以提出控告。因此，公司大本质上并非坏事，它本身也不是坏事。道德准则和市场效率混合的政策遏制了真正的垄断，却鼓励了与寡头垄断相联系的集权管理的加强。同时，联邦和州检察官利用法院的本质规则——认定大部分妨碍竞争的行为本质上及其本身就是违法的——阻止卡特尔化，这经常对小企业有利。第一次世界大战之前，创立于1914年的联邦贸易委员会（简称FTC）也试图利用其新的调
475 查权来帮助小企业。这些反托拉斯措施并没有阻止大企业获得成功，但是对卡特尔的严格禁止和联邦贸易委员会的政策也使小企业受益；反托拉斯法也是服务于消费

者的利益的，促进了管理集权和规模经济，而这反过来又使得以较低的价格买到大量的产品成为可能。

与英国的管理机构相比，美国的管理机构更加鼓励公司制。英国有自由公司法；它的商业发展也经历了世纪之交的合并浪潮，尽管在合并浪潮的规模上不如美国。尽管如此，非法人企业、合伙制以及与卡特尔式的自我管理相联系的较松散的组织形式在英国经济中还是占主要地位。即使最大的英国法人制公司也经常是一些较小企业的“联合”。相反，在美国，法人公司的数量从 1916 年的 341 000 家上升到 1926 年的 455 000 家。更重要的是，1904 年非公司制独资企业和合伙企业生产出来的产品只占全美国生产总量的 1/3 ；到了 20 世纪 20 年代，由 93 415 家公司生产出来的产品的总量占全美国生产总量的 97.6%。

具有讽刺意味的是，反托拉斯法促进了管理资本主义和大型公司的发展。1911 年最高法院理性规则的形成——以及联邦和州法院一贯执行的反对卡特尔实践的本质规则，及新泽西州、特拉华州以及其他州的自由合并法——鼓励企业接受更加紧密的组织结构。19 世纪 90 年代，最高法院对《谢尔曼法》的最初解释允许广泛采用最适宜管理集权化的控股公司的结构。然而，1911 年法院对理性规则的实施表明，如果能够证明内部操作特征和有害行为之间的联系，则可以对合并公司提出控诉。应该承认，要确认这样一种联系是相当困难的，因为根据商业利益原则和其他原则，州公司法在法律上给予了管理层相当大的公司运作自由。但是正如尼尔·福里格斯坦恩（Neil Fligstein）所指出的，控股公司较弱的组织联合经常不能有效协商各个工厂之间的生产，某些情形下甚至会导致掠夺性的定价和市场领域的分化，引起中间人并最终引起竞争者的反对，从而导致政府或其他第三方当事人的反托拉斯控告。

1911 年以后，公司律师日益认识到实施破坏性行为的控股公司在反托拉斯诉讼中很容易败诉。结果，公司被鼓励通过更加紧密的合并加强对生产过程的管理控制。
到 1917 年，钱德勒发现大部分规模巨大的公司都放弃控股公司的形式，转而采用更 476
紧密的、管理权更集中的公司结构。以美国钢铁业为例，结果之一是规模扩大，但这些公司也实行了不易受到反托拉斯攻击的市场和定价策略。当然，紧密的公司联合形式的形成需要股东同意。在英国和美国，股东形成了一个很大的利益集团，能够通过阻碍这种合并来防止管理层权限的扩大。然而，美国反托拉斯法间接削弱了股东的影响力。与英国不同，在美国，公司结构越紧密，避免反托拉斯诉讼的可能性就越大，公司董事就是在这样的环境中运作的。因此，董事们能够利用法律控告的危险或现实来证明有必要选择较为紧密的合并和强化管理的集权化。这样的策略使获得足够多的投票（通常是 1/3）来阻止合并相当困难。

对卡特尔垄断的禁止也以另一种方式影响了公司向紧密组织形式的转型。英国通过调整卡特尔和控股公司的法律允许小企业存在甚至繁荣发展。路易斯·布兰代斯（Louis Brandeis）和其他人都曾预言：美国司法系统拒绝将理性原则运用到卡特尔实践的做法将促进公司合并，并加速小企业的灭亡。布兰代斯认为，如果法院取消这一政策，与英国一样允许松散协议——包括像转售价格维持（RPM）那样的垂直层级制，那么小企业可能会从规模经济和组织经济中受益，并继续保持其独立性。因此，布兰代斯支持联邦贸易委员会让小企业获得信息以促进有效合作这样一种做法，作为最高法院的法官，他对法院宣布转售价格维持和其他层级控制措施无效的判决表示异议。如果英国是前车之鉴的话，那么在涉及管理集权化的企业的案件中，这项政策的撤销也会减弱对政府和其他第三方当事人诉讼的动力，因为这可能会限制那些不合理而且不合法的行为。在这两种情况下，实行布兰代斯思想通常都会使小企业非政治化，并减少反托拉斯的政治意义和象征性意义。

公司管理自治和进步时期政府管理权的扩大，进一步削弱了投资者的所有权。1904 年第一次合并浪潮结束时，美国中产阶级向公司证券的投资比以往任何时候都
477 多。在 1900—1922 年，购买公司证券者从 440 万人增长到 1 400 万人。公司法的自由化趋势促进了公司合并，但也导致了无票面价值规则的产生。这一规则阻断了要求股东对公司的违法行为或破产负责的主张，也削弱了股东分红的权利。可是同时，无票面价值规则也使一家诚信公司不必不诚实地记载它的账簿。总的来说，英国股东受到更大的保护。结果，到第一次世界大战时期，美国公司法认可了日益发展的所有权与经营权分离的制度。同时，反托拉斯法实行抵消规则，规定管理责任，从而减少了比较明显的应受谴责的行为的出现，而这些行为在黄金时代（美国内战后的繁荣昌盛时期）颇为盛行。

立法机关和司法机关对贸易和职业许可的监督检查对公司具有第二重要意义。通常职业许可由州和地方权力机构控制，职业许可的目的是保护消费者，而各行业

却用职业许可来管理从业者和限制行业进入。尽管这种政策被认为是对特权和垄断的认可，但是职业许可在 1900 年以后意义越来越重大，部分原因是它为包括从理发师到医生的所有阶层提供了获得机会的正式渠道。尽管最高法院用公共利益原则来确定什么职业是合宪的，但是立法者还是允许私人自治的广泛存在。此外，各类公共委员会也只是在自我监督的委员会框架内一般性地进行监督。同时，最高法院支持国会对包括人造奶油、磷导火线和药品在内的物品利用许可税进行管理或禁止扩散的各种努力。在某些情况下，从业者会受到歧视，例如限制非裔美国理发师进入该行业。然而像比较出名的州对于天然气、电和电话服务或卡车、公共汽车、无线电通信和飞机这样的新技术领域的许可一样，私人责任界限的划定最终是由法官，而不是行政机构来决定。

虽然商法日益合理化，但联邦主义却使之陷于争论之中。统一州法委员会全国会议遵循英国的先例，试图在可转让票据领域取得成功的基础上取得更大的成功（1905—1909 年起草的示范法适用于提单、仓单、收据和股票转让）。但是到 1916 年每个州都已颁布了统一票据法（Negotiable Instruments Law）时，几乎没有立法机 478
构采取其他措施。同样，一战前几乎 2/3 的州没有关于规制商业贿赂的法律。联邦商业立法的提议没有通过；同时，联邦法院根据斯威夫特原则确立的一般商法成为被反复攻击的目标，虽然这些攻击没有成功。1900 年以后，商业仲裁再次兴起；仅在 1910 年就有多达 12 000 起纠纷经仲裁处理。1917 年国会创立了海事和州际商业纠纷仲裁制度。但是相对于对诉讼的普遍依赖，仲裁进展只能算是中等。尽管商法联盟和其他团体一直在寻求各种途径来努力减少欺诈行为，但是联邦破产法的实施一直处于具有美国特色的矛盾中：既想补偿债权人，又希望为债务人提供重新开始的机会。

同样的紧张也限制了合同法的合理化发展。主张渐进式法律改革的哈佛法学院教授罗斯科·庞德（Roscoe Pound）和其他学者强调美国合同法反映了消费者和个人利益之间的冲突。自 19 世纪中叶开始，中产阶级参与到无数商业贸易中，合同担保规则就逐渐取代了购者自慎原则。纽约州法官本杰明·卡多佐（Benjamin Cardozo）在 1916 年麦克弗森（McPherson）诉别克汽车公司（Buick Motor Co.）案中的意见表明了进步时代这种转向的加速。一个有缺陷的汽车轮胎给原告造成了伤害。根据原来的合同相对性规则，制造商不用对第三方当事人负责。但是，卡多佐创造性地运用担保理论确立了这样一个原则，即在现在的消费交易中，例如在本案中，不适用合同相对性规则，消费者不是合同的参与者，从而制造商也要对有缺陷产品引起的伤害向消费者负责。

然而，评论家对卡多佐之类的学说的接受经历了一个较长的过程。法学家们酝酿重塑整个合同法的大规模运动。但是如同统一商法示范法的情况一样，各州对于这样的努力没有表现出什么兴趣。同样，在宪法领域这种记录也是混合的。在一些著名的案件中，最高法院取消了试图限制纽约州面包师傅合同自由的立法［905 年洛克纳（Lochner）诉纽约市政府案］和国会禁止签订童工合同的努力［1918 年哈默（Hammer）诉达根哈特（Dagenhart）案］。可是就在同一时期，最高法院又支持州对
479 合同条款的限制，如雇主可以为妇女在洗衣业提供工作［1918 年马勒（Muller）诉俄勒冈案］，或者雇用男人从事某些危险工作。虽然与经济正当程序相连的有合同自由原则，但是最高法院也将担保理论用于州保险合同的各种规范。故而《哈佛法律评论》（*Harvard Law Review*）在 1914 年的发展概要中评述道："法律……似乎处处都在表明，立法机构至少在某种程度上会在涉及受到限制的人的利益领域限制合同自由……在高度组织化的社会完全的合同自由不符合立法保护公共卫生、道德、安全和公共福利的需要。"[9]

在不太引人注目的商业领域，合同自由仍然存在较多的问题。南方立法者允许合同规则发展，但是地方执法官员和种植园主相互勾结，诱使贫困的白人和非裔美国劳动者陷入无休止的债务循环中。进步主义者谴责这种行为是现代奴隶制，联邦政府根据法律指控这种行为是非法的劳役偿债制，最高法院在 1911 年的贝利诉阿拉巴马案中推翻了这种州规则。尽管这样，在传统合同关系的惯性作用下，这种恶性行为仍然存在。由国家产品商标所导致的合法的市场行为又引起了其他复杂的合同问题。随着进入市场的在全美国做广告的商标的数量不断增多，制造商试图迫使批发商、经销商和零售商接受附带条件的价格协议。依赖专利产品的企业也采用了相同的定价策略。英国法院不仅允许这种垂直价格协议的存在，而且在 1914 年以前，如果企业不遵守这种合同，还会被要求进行损害赔偿。尽管布兰代斯和像公平贸易联盟之类的团体对这项英国政策给予了支持，但是最高法院和各州宣布大部分这样的定价协议违法。法院所允许的一个重要例外情况是与专利商品许可有关的限价。

侵权法在进步时期也经历了巨大转变。卡多佐在麦克弗森诉别克汽车公司案中的意见所确立的担保规则削弱了构成过失制度基础的过错原则。随着法院加大制造商的责任，制造商对第三人遭受的损害也应承担责任，这表明法院朝着严格责任规则的方向发展。最大的变化是劳工补偿原则对过失原则的削弱。法院取消了第一部法律，理由是根据商业条款，其规定过于宽泛，法院支持范围更加狭窄的成文法。480
联邦政府在1908年联邦雇佣法案中对过失原则进行了限制性规定。从1910年开始，各州开始颁布较宽泛的法律，废除下属雇员规则和风险承担规则。尽管最初遭受到一些司法攻击和来自工人领袖塞缪尔·冈珀斯的反对，但是各委员会逐渐处理了涉及工伤事故的大部分案件。这些制度非常成功，其司法适用范围最终扩大到白领工人和服务业工人。

财产法也出现了新的冲突。开始于19世纪末期的财产占有和转让规则的标准化还在继续。但是在进步时期，有一些重要的改革措施，扩大了精英集团的权利，认可了对少数民族的歧视。1916年，纽约市颁布了第一个全面居住区划规划。该政策以州的治安权为基础，反映了进步时代在市政府内部城市规划专家的作用开始显现。全美国的先进城市都争相仿效纽约市的做法。新区划规则的内容之一是建立一些特别的区域，帮助富有的财产所有者避免受到他们所不喜欢的居民数量增长的冲击。南方和边境的州甚至立法授权市政府强制实行种族歧视性规划。最高法院以其违反经济自由原则和第十四修正案正当程序条款所保护的财产权为由，取消了这些法律。具有讽刺意味的是，这种挫败刺激了在全美国范围内的规划运动的高潮——通过私人的限制性合同来禁止向犹太人和非裔美国人出售房产。这些限制性合同是自美国独立战争以来构成美国经济发展的独特管理秩序的象征。

结　论

虽然与19世纪的前辈相比，进步主义者更信赖大政府，但是这种信赖也受到了很多重要的限制。人口的迁移和职业的转变对消费者的好处胜过对工农业生产者的好处，同时在进步主义内部也造成了制度激励的两种不同思想的紧张。一种主张采用大公司的形式以提高效率，另一种则主张共和主义价值观，它倾向于小企业，反 481

对集权、腐败和垄断。虽然进步时代对联邦行政机构的依赖程度加大，但是这种思想上的紧张反映了宪法所创立的美国立法机构一贯的分权特征。正如对黑人的歧视继续存在所表明的一样，最高法院对更广泛的国家和州的规制权的允许并不能阻止高度的地方自治权的存在。分权主义的制度压力使法律职业精英提出的某些合理化措施不被采纳，但是某些合理化措施还是被采纳了。因此，美国侵权法、财产法和合同法一直保持着国家建立之初的模式，与英国相比，统一性较弱，独特性较强。由此而产生的多样性就为个人提供了更多机会，也激励了社会群体控制政府规模，
482 使之小于公司经济本身，最终使这种冲突掩盖了美国行政国家的特征。

注 释

[1] Clifford D. Shearing, “A Constitutive Conception of Regulation”, in Peter Grabosky and John Braithwaite, eds., *Business Regulation and Australia's Future* (Canberra, 1993), 67-79, at 72,74.

[2] 根据约翰·J. 麦克豪瑟（John J. McCusker）的说法，美国 1776 年的价值指数 105 和 1786 年的价值指数 114 表明货币的“真实”价值变化是相对适度的。在此，我对约翰·J. 麦克豪瑟表示感谢。1776—1786 年商品价格的变化来源于 Forrest McDonald, *Novus Ordo Seclorum*: *The Intellectual Origins of the Constitution* (Lawrence, 1985)，102-103。

[3] Charles Louis de Secondat, Baron de Montesquieu, *The Spirit of the Laws,* translated by Thomas Nugent(New York, 1949), 43.

[4] Lawrence M. Friedman, *A History of American Law* (New York, 1985), 432.

[5] “Ought Certain Creditors to Be Preferred in Making Assignments?” *Hunt's Merchants' Magazine 7* (1842), 274.

[6] J. Alton Burdine, “Government Regulation of Industry in Pennsylvania, 1776—1860”(Ph.D.diss., Harvard University, 1939), 45-46.

[7] Paul Conkin, *Prophets of Prosperity*: *America's First Political Economists* (Bloomington, IN, 1980), 281.

[8] Edward Chase Kirkland, *Men, Cities, and Transportation: A Study in New England History 1820—1900,* 2 vols.(Cambridge, MA, 1948), II, 19.

[9] "Extent of the Legislative Power to Limit Freedom of Contract", *Harvard Law Review* 27(1913-1914), 374.

第 12 章

实验联邦主义：1789—1914 年美国政府的经济学

理查德·西拉（Richard Sylla）

美国的政府体制如此复杂，一章的篇幅只能描述一下它的本质和它同美国经济的关系。好在从联邦政府、州政府和地方政府的层面看，1789—1914 年的 125 年间美国基本上一直保持着共和政体，而且现在仍然保持着这种政体。尽管美国内战这场战争规模巨大，并且和奴隶制这样的道德问题相关，但是要解决的问题从历史角度看也不过是一个次要问题：是要一个还是两个美国共和政权。这一期间没有出现更大的问题，如实行君主制还是共和制、独裁还是民主。因为这些问题在 1789 年以前，甚至更早的时候就已经解决了。这种制度上的稳定，只要不是用太高的代价（金钱或自由）换来的，就可以说是任何一个政府为它的经济和国民提供的最好服务了。从这个角度讲，除了 1861—1865 年外，美国人民在“漫长的”19 世纪的确是非常幸运的。

美国的这种长期保持稳定的政府体制对其经济活动具有积极意义，因此我们需要关注一下这些制度安排在 1789 年以前是如何形成的。这构成了第一节的内容。接下来一节的内容是：联邦制除了保证政府和政治制度的稳定以外，它从一开始就通过增加经济资源——土地、劳动力和资本——实现了经济的快速增长。要全面理解美国史无前例的经济扩张，很重要的一点就是要认识到政府在创造有利的初始条件方面所发挥的作用。 483

第三节的内容是：政府部门的总规模和联邦、州及地方各级政府规模变化的长期趋势；各级政府是如何划分政府职责的；各级政府如何为其活动筹集资金。第四节描述了联邦制下各级政府是如何随着时间的推移而共同协调运转来维持经济发展的动力的，迄今为止，这一问题尚未得到应有的关注。

第五节，也就是最后一节，描述的是美国内战和战后时期。战争的结果是建立起联邦政府的至高权力。联邦政府具有至高权力虽然在宪法中已经写明，但在内战前一直遭到抵制。它还在一定程度上引发了一些金融和其他公共部门的创新活动。毫无疑问，内战在很多方面改变了这个国家。但是，它对联邦制的影响却没有人们预料中那么大。70 年前形成的联邦制有力地保证了政府体制的稳定。即使 1860 年林肯选举后南部邦联的叛乱没有暴发，政府经济职能的变化和中央集权化趋势也仍然会发生。其中很多都是经济长期发展的结果，比如城市化和企业规模的扩大，而与战争无关。

到 19 世纪晚期，社会已经很少需要政府在促进发展方面做出努力了，这部分是因为政府过去已经取得的成功。因此，美国政府逐渐通过立法和司法手段来监管已经建立起来的庞大的经济体系，同时为了满足更加富有、城市化和工业化的社会成员的需要，政府开始向新的方向扩展其职能。1914 年后，美国政府与经济相关的管理规模大大扩张。但是，那些通常被认为是政府规模扩张引起的现代职能在那时大多已经以这样或那样的形式存在了。

1789 年以前的美国政府

托克维尔是一名博学的著名法国旅行家，他于 19 世纪 30 年代游览了美国，并且根据其在美国的经历写出了经典著作《美国的民主》(*Democracy in America*)。在 484
该书中，他提出了一个有关新国家（new nation）的让他兴奋不已的重要观点。它在今天依然值得我们重新提起。“欧洲国家的政治革命大多是从社会的上层阶级开始的，然后逐渐地、并不十分完美地传递给社会其他阶层。”他写道：“美国则相反，可以这样说，美国的镇区的成立早于县，县的成立早于州，州的成立早于国家。”[1] 他在叙述中列举的新英格兰的例子，虽然不能严格地完全适用于美国早期所有的地区，但还是相当准确的。

美国的政府制度——联邦制——是从社会的底层建立起来的。地方自治政府的传统早在殖民地时期就已经形成了。如果不知道这一传统，就无法理解联邦制从1789年开始在经济和其他领域发生作用的方式。在詹姆斯敦和普利茅斯成立不久，美国人就开始举行集会，成立地方政府，对其居民征税（典型的是财产税和人头税），推选出地方长官以执行社区的意志，管理政府和日常事务。在1776年它们转变为州议会之前，殖民地会议就在此基础上产生了。当大陆会议（Continental Congress）的代表起草邦联法案和后来倡议召开1787年费城会议时，他们对此已经非常熟悉。2个世纪后，当美国人缴纳地方财产税时，仍然对此记忆犹新。这种可以追溯到殖民地时期的自治政府的传统有力地保证了1789年后美国的稳定性和连续性，有利于美国在联邦制上的不断实践。

由于美国这种自治政府的传统如此强大，《独立宣言》发表后成立州政府也就成了一件比较容易的事情。从县和镇区选举代表组成殖民会议的做法已经持续了好几十年。要把殖民地转变成州政府，首先就需要清除亲英分子，废除那些君主指定的殖民地长官，然后起草宪法，对政府的权力进行规定和限制，这与殖民地宪章和不成文的英国宪法的做法不同。接着，用美国业已形成的共和方式选举政府官员和立
485 法委员。最后，起草和执行法律，保护生命、自由和财产。

随着州政府的形成，更高一级的组织开始出现。为了回应那种认为是对英国人权利的侵犯的说法，应各地殖民会议代表的要求，1774年9月大陆会议在费城召开。这次革命性的会议及其委员会选举出代表（这是非法的，因为英国总督已经解散了殖民会议）。第一届大陆会议决定，在英国议会对美国的这种不公平状况做出回应之前，停止同英国的贸易。但英国政府查封了美国的军需厂，进行武力干涉，最终1775年4月在列克星敦（Lexington）和康科德(Concord)爆发了流血冲突。几个星期后，第二届大陆会议召开，宣布马萨诸塞州的民兵组织成为“联合殖民地军队”

（Army of the United Colonies）的一部分，并任命其中的成员——来自弗吉尼亚的乔治·华盛顿上校——为总司令。大西洋两岸的有利形势不断得到巩固，一年后《独立宣言》发表，第一次号召成立美利坚合众国。

美国国家级政府的成立也比较容易，这又一次得益于深深植根于美国的自治政府传统。在取得战争和外交上的权力后，1777 年大陆会议起草制定了一个国家级政府的框架，即《邦联条例》（the Articles of Confederation，以下简称《条例》）。1779 年 12 个州批准同意了该法案，但其正式生效却是在 1781 年，当时，战争行将结束，马里兰州最后也接受了该法案。推迟正式生效的最棘手的原因就是各州（马里兰州除外）对边界以外的土地存在争议，都声称它们属于自己的领土。这个问题的解决是《邦联条例》的一大贡献，各州将这些提出要求的土地让与新的国家级政府。

法案的目的是维持和保护 13 个州的统治权，每个州在邦联国会（Confederation Congress）中分别拥有一票投票权。重要的全国性决议需要 9 个以上州的同意，对《条例》的修改则需要全部州的一致同意，这后来被证明是邦联的一个致命缺陷。《条例》给予了国会已经实际拥有的战争和外交方面的权力，但是没有给予国家级政府征税权。相反，国会可以为了全国的需要，根据各州的实际财产价值，向各州征用资金。为了满足国会的需要，各州政府只得征税。问题很快暴露出来。由于背负着沉重的国内外债务又没有收入来源，18 世纪 80 年代，国家级政府的领导几次提议开征适 486
度的关税——对进口货物征收 5%的关税。由于需要修改《条例》，因此每一次进行审议时，都因为有一两个州不同意而不了了之。

成立全国性的政府不是一件难事，但要按照《条例》来运行政府就要另当别论了。各个独立的州分别印制自己的法币，类似于独立的国家之间那样，各州之间相互征收关税并实行其他贸易壁垒，邦联国会向州政府征用资金时通常也很不顺利。的确，可能有人认为，德国的金融家们比州政府对邦联更有信心，因为他们在 1784—1789 年借给邦联政府的资金（230 万美元，按硬币价值），多于各州缴纳的征用资金（190 万美元）。然而，这些资金只能帮国家政府渡过国难时期。虽然各州开始偿付自己的债务，但独立战争的公共债务却无人支付，而且一年年欠付的利息也加到了债务总额中。无论如何努力，一个弱的全国性政府都没有能力干预州之间的国内贸易问题，也无法解决欧洲政府强加于美国外销商品的重商主义限制。而且，各地也出现内部动荡的信号。最典型的就是 1786—1787 年的“谢斯起义”，起因是反对马萨诸塞立法为支付战争债务而实行的高税率。

在这样的困难时期，美国长期形成的自治政府传统做出了卓越的贡献。按照安纳波利斯（Annapolis）大会上 5 个州为了解决州际贸易问题而提出的建议，邦联国会号召召开一场全国性的符合宪法的会议。1787 年的费城会议废除了《邦联条例》，新的宪法取而代之。它要求建立政府联邦制，在各州辖区内保证各州的统治权力，同时建立一个拥有相应权力的新的联邦政府。在邦联制度下，各州拥有更多的权力，而新宪法实实在在地削减了州政府的权力。在会上，一些支持州政府权力的人通过所谓的“大妥协”同意了这种对州权力的削减，他们要求在两院国会的参议院中，每个州拥有同等的代表权，每个州有 2 名参议员，而且允许州立法机关选举参议员。即使这样，也无法让联邦主义的反对者们满意，他们拒绝在新宪法上签字。在国会
487 的众议院，代表数目是按照各州的人口数分配的。为了对代表人数重新分配，每 10 年进行一次人口普查。新的联邦政府不同于邦联政府，也不是由县和镇区组成的州政府。联邦政府和州政府都是“人民”的政府，而地方政府则是从最初的殖民地组织演变而来的。在联邦制下，每一级政府——地方、州、联邦政府——都是在各自的职责范围内直接面向个体公民进行运作的。

在《美国宪法》(以下简称《宪法》) 的第 1 条第 8 款关于国会权力问题的叙述中，对联邦政府的经济职责进行了规定。国会权力包括征税、借款、对州际和国际贸易进行规制、允许外国人加入本国国籍、破产法、造币和货币规制、邮政服务、专利和版权等方面的权力，另外还包括对军事和战争的领导权，因为它们对经济具有重大影响。宪法规定了这么多关于联邦政府的经济职责，让那些州政府权力的支持者感到不悦，为此，国会有权“制定所有的法律，确保上述职能和美国宪法规定的其他权力能够得到有效执行”。

为了迎合那些蓄奴者的利益，《宪法》第 1 条第 8 款规定，在 1808 年之前，联邦政府不禁止奴隶的进口。到 1808 年，这一做法就被宣布为非法。它还具体规定了联邦直接税要在各州之间按照人口进行分配。另外，联邦政府不能对出口货物征税。

在《宪法》第 1 条第 10 款，州政府的权力被明显削弱。州政府无权发行货币，也无权发行信用票据，用金银之外的法定货币偿还债务；或不能通过那些“损害契

约责任的法律”。州政府也不能征收进出口税或船舶吨位税。在和平时期它们不能保存军事力量或者同别的州、国家政权签订条约。

下面的条款则对总统的权力、最高法院和其他可能要建立的联邦法院的立法权力进行授权。总体来说，前三条建立起联邦政府三个机构之间相互制衡的机制。另外两条则对州之间的关系、新州的加入和法律修改程序做了规定。 488

《宪法》第 6 条进一步规定，邦联政府以前的债务由现在的联邦政府继承，宪法是“国家的最高法律……即使有些州的宪章和法律中有与此相悖的表述”。后一句话再次刺激了反对联邦主义的州权利拥护者，他们因此坚持将第十修正案作为 1791 年所采纳的重要的《权利法案》的一部分，必须写入“既未被宪法授予美利坚合众国也未被宪法禁止属于各州的权力，由各州分别保留或者属于人民”。

这样就建立起美国政府的联邦制，现在它已经走到了第三个世纪。但是在 1789 年新的联邦政府成立、乔治·华盛顿作为总统在纽约召集会议时，人民并不清楚宪法的授权能否得到有效执行，更不知道这种独特的联邦制度应该如何运作。执行问题已经得到解决，却使第一届新政府执政期间就出现了汉密尔顿与杰斐逊之间的分歧，这一分歧注定自此之后美国会发展出相互竞争的政治立场。联邦制具体的运作问题在接下来的几十年里逐渐得到解决，其每一步都大大地促进了经济的扩张。

经济增长：政府和生产要素

1789—1914 年美国的发展呈现出两个特点。第一，整个美国大陆的经济获得了广泛的发展；第二，美国在以欧洲为中心的世界中从处于边缘的农业国转变为一个工业国，并且成为世界政治大国之一。国土面积增长了 4 倍，由最初的 13 个州增加为 48 个州。人口增长了二十多倍，从大约 400 万人增长到 1 亿人。经济生活的区域发生了变化，从地理上看美洲大陆已经被开垦，从功能上看美国已经逐渐实现城市化。1790 年每 20 个美国人中有 1 个居住在城市，到 1914 年，则是每 2 个美国人中就有 1 个居住在城市。整个经济的总产出增长大约是每一要素投入的 100 倍。“古老的国
家像蛇的爬行一样在缓慢发展，”安德鲁·卡内基在 1886 年写道，“共和的雷声一旦 489
响起，经济发展就势不可挡”[2]。历史上从未发生过这样快速的经济扩张。而且由

于发生经济扩张的条件不可复制，历史上可能再也无法看到类似情况发生了。

在美国快速的经济扩张中政府起了什么作用？由于很容易把政见和意识形态的因素考虑在内，对这个问题的答案也各不相同。在宪法上签字批准的墨汁未干，新的联邦政府的高层内部就出现了巨大的争论。这场争论产生了美国第一大政党，并且决定了其在随后两个世纪里的地位。在亚历山大·汉密尔顿的领导下，当权的联邦主义党支持集权化政府的议案，主张建立一个有活力、有信誉的联邦政府，维持美国国内的统一和美国在海外的经济、政治利益。在汉密尔顿看来，联邦政府要克服他和他的支持者们认为的那种州和地方政府在经济事务上的乡土观念，以农业、商业和制造业为基础，大力发展全国范围的多种经济。在托马斯·杰斐逊的领导下，为了反对汉密尔顿及其领导的联邦主义党，民主—共和党迅速结盟。他们在思想上是反联邦主义的继承者，在这场辩论中对宪法持反对态度。杰斐逊和他的追随者们想建立一个权力严格限定在宪法明确规定范围内的联邦政府，支持州和地方政府拥有相对更大的权力，主张实行一个发展全国主要经济活动——农业——的平等发展计划，大力推进土地西进，后来这些土地都变成了美国领土的一部分。

在随后的两个世纪里，有关美国政府和经济的历史可以说是交替反映着汉密尔顿和杰斐逊各自不同的政治哲学和实践目标。有人把这两种对立的观点追溯到 18 世纪英国的沃尔波尔（Walpole）和“宫廷”（Court）派以及博灵布罗克（Bolingbroke）和“在野”(Country) 派。而且这种对立的观点在现代绝大多数国家中几乎都一直存在。
490 由于美国这种独特的联邦政府结构，汉密尔顿和杰斐逊的这种观点上的分歧，无论根源于何处，都比其他任何国家变得更为复杂。即使在这两个魅力超凡的领导人离开政治舞台后，这种分歧仍然长期存在，实际上超出了本章包括的时间范围。20 世纪 30 年代实行“新政”的民主党人，喜欢说他们通过汉密尔顿的方式（在强有力的联邦政府中实行集权）来追求杰斐逊的目标（如平等）。他们甚至为杰斐逊建立了一座宏伟的大理石纪念碑，即使他们主张在经济上强化政府的作用。到后来的 20 世纪八九十年代，反对“新政”大部分内容的共和党人及与其想法相同的继任人，并没有明说他们通过杰斐逊的手段（减税、政府分权）来实现汉密尔顿的目标（国家权力、经济增长），尽管他们这样做不必担心政治上的压力。

20 世纪这两种思想相互交织，但在我们考察政府对美国经济的影响时，这并不会削弱以汉密尔顿和杰斐逊的不同思想作为政府组织原则的有效性。联邦制本身就是这样运行的，这已经构成了联邦制的活力和灵活性的一部分。汉密尔顿自己也认为州政府批准设立银行没有问题，甚至还参与其中。但是如果他能够预见到州立银行后来会破坏他的联邦银行，他可能会更加谨慎。杰斐逊也不无遗憾地看到，美国永远也无法废除汉密尔顿建立的财政金融制度，否则他就无法获得在当政期间取得的最大成就，即购买路易斯安那。

从本质上看，联邦制不允许政府只实行完全的汉密尔顿或者杰斐逊的运作方式。不仅在联邦政府层面上，而且在整个体制中都要追求控制和平衡。联邦制从建立初期就显得复杂，汉密尔顿和杰斐逊关于联邦制的运作方式又存在分歧，随着越来越多的州和地方政府加入 1789 年宪法，这一体制就显得更为复杂了。但是从对经济活动的影响看，这一体制又确实在发挥着作用。问题是，其原因何在?

为了寻求答案，需要记住经济学家们一贯推崇的模型：竞争。在发展过程中，联邦制的各个层次之间在一定程度上相互竞争。同样重要的是各级政府之间相互补充，有时还相互替代的方式。更重要的竞争是在联邦制各级政府内部、州与州之间、
城市与城市之间、镇与镇之间的相互竞争，目的是看谁能发展得更快一些，谁拥有 491
最好的银行和交通制度，谁拥有最好的学校等。这种竞争的精神一直在联邦制的三级政府中盛行。虽然有时这种竞争精神显得过火，但从整体上看，符合快速经济发展的利益。从时间和空间上看，联邦制内各级政府的竞争可能是美国发展的一个关键因素。对其他因素来讲，它还创造了一个实验的环境，提供了其他人可采纳的好的做法，同时避免了那些不好的做法。

然而，政府间的竞争只是经济发展的一部分原因。通过现有资源的持续扩张，早期一些全国性的措施一直在为经济扩张提供基础。传统的古典经济学从土地、劳动力和资本三个要素进行讨论。英国干涉资源扩张是美国宣布独立的原因之一。《独立宣言》中就有关于乔治三世“不停地伤害和侵犯”的内容：“他竭尽全力防止这些州的增长；为此阻碍外国人加入本国的国籍法获得通过；拒绝通过其他鼓励移民的法案，抬高拥有土地的门槛。”杰斐逊着重于把劳动力和土地作为经济增长的要素，但是没有提到资本。在 1776 年美国还没有一个大的资本市场会引起国王的干涉，虽然国会已经限制殖民地在货币上的实践。但是取得独立的成本很快就为汉密尔顿建

立一个繁荣的美国资本市场的金融计划提供了基础。

土地

政府主要通过两种途径来扩大土地面积，即征购和私有化。美国人通过一系列举措实现了对美国大陆的所有权。最早的一次就是独立战争，其最终结果是，在1783年的《巴黎条约》（Treaty of Paris）中英国承认美国的独立权。通过这一条约，美国拥有了从大西洋沿岸向西到密西西比河最初13个州的版图。佛罗里达、海湾海岸（Gulf Coast）和密西西比河入海口当时还是西班牙的领土，不属于美国，因此成
492 为美国人着力要解决的问题。1803—1853年，通过另外的一些措施，美国又获得了现在的美国大陆中其余的领土。首先是杰斐逊总统以价值1 500万美元的现金和债权，从拿破仑统治下的法国购买了路易斯安那。这块土地包括密西西比河入海口，是法国人于1800年从西班牙手中获得的，当时成为美国人的首要目标。与在美洲的土地相比，法国更需要金钱，为它和英国、其他欧洲国家的战争筹集战争费用。由于有了汉密尔顿建立起来的强大的信贷体系，杰斐逊的公使与法国的公使一道，轻易地从欧洲国家借到了所需的资金。通过购买路易斯安那，美国的国土面积几乎扩大了一倍。

1819年通过与西班牙签订协定，美国取得了佛罗里达和其他海湾海岸的领土。首先在得克萨斯定居的美国人，于1836年从墨西哥独立出来，建立起自己的共和国，最后于1845年并入美国。赢得了这场交易后，1846—1848年波尔卡(Polk)总统发动了对墨西哥的战争，最终墨西哥几乎将从得克萨斯到加利福尼亚之间西南部的全部领土割让给美国。同时，粗暴的美国人喋喋不休地告诉英国人“要么是从北纬54度到40度的土地，要么就是战争”(Fifty-four, Forty or Fight)，其意图是占领那些位于太平洋西北岸现在属于加拿大的领土。最后两国签订协定，英国承认美国对北纬49度以内俄勒冈领土的主权，而不是54度。这一地区成为第48个毗邻的州。后来在1853年通过加兹登购买协议（Gadsden Purchase）取得了新的进展，从旧墨西哥那里购买到现在的南亚利桑那和新墨西哥。这一地区被认为是未来修建州际铁路的最佳地方。

到了19世纪后期，美国的版图中最后增加了第49个和第50个州。1868年美国

以 720 万美元的黄金从沙皇俄国那里买到了阿拉斯加。像拿破仑统治下的法国一样，当时俄国为了建立一个新世界，认为金钱比领土更重要。尽管负责签约的国务卿的反对者们认为这是一个“愚蠢的”交易，但是 30 年后美国人发现这里有比当时支付价格更多的黄金，一个世纪后阿拉斯加又发现了更多珍贵的被称为 20 世纪的“黑色黄金”的石油。1898 年在美国投资者的鼓动下，夏威夷群岛并入美国，这些投资者已经在那里广泛建立起蔗糖生产基地。1898 年美西战争期间发现在珍珠港建立海军基地具有重要的战略意义，这加快了合并的进程，虽然在几年前，就有人为了蔗糖的利益提出过这种建议。 493

根据宪法的规定，联邦政府负责外部事务和外交事务，所以它的首要任务就是为国家增加新的领土，虽然华盛顿在做出每一次具体行动的决定前很少考虑美国人的利益。这也是 19 世纪美国人所谓的“命定扩张说”的一部分。对联邦制下政府事务的一个更为现代的观点认为，联邦政府的职责就是收购领土，一些收购是友好的，也有一些是充满敌意的。当然，收购是一种杠杆收购，需要通过举债来完成，然后将获得的一部分资产变卖，取得收入来偿还债务。

随着 1781—1802 年领土不断地割让过来，以及后来的土地收购，联邦政府成为世界历史上最大的土地拥有者之一。和美国历史上其他大的决策一样，有关如何处理这些庞大的公共土地的重大决策从一开始就着手制定了，其根据是美国宪法和 1801 年以前的邦联主义行政机关的规定。因为建立在殖民地时期和以前成功先例的基础上，这些决定并没有产生大的争议。它们为后来的法规制定定下了模式，这可以看成对当初协议的修正。这些协议可以用一个词来概括：私有化。

联邦国会颁布的两部法律基本上构成了美国土地政策的经济与政治框架。1785 年的《土地令》要求对美国的公地分割成矩形进行测量和调查，其基本单位是 6 英里见方的镇区，这反映了新英格兰殖民地时期的烙印。在俄亥俄州成立不久，首次土地测量就开始了，在分割成 6 英里见方的镇区后，又把每个镇区分成 36 块，每块面积为 1 平方英里或 640 英亩，而且通过拍卖进行出售，每英亩的最低价格是 1 美元。两年后，随着宪法的制定，国会通过了《西北令》，包括的范围北到俄亥俄，东到密西西比河。这些地区被分成几个管区，由国会指定的管理者进行管理。这些管区一旦达到一定的人口规模，就可以选举出有关管区的立法机构，并可向国会选送没有

投票权的议员。一旦达到了更大的人口规模，管区就开始享有州的地位，与其他州
494 平起平坐。西北地区禁止实行奴隶制，而且要求每个镇区支持教育事业的发展。

宪法生效以后，新的联邦政府急需执行邦联时期的主要政策。1796 年的土地法将每英亩土地的价格提高到 2 美元（目的是打击引发很多问题的投机现象），但它通过创立以 6%的利率进行信贷销售的方式，以及建立拍卖体系，鼓励了土地的私有化。1800 年邦联政府颁布的最后一个土地法案将土地最小面积降到 320 英亩，将信用条件放宽，将支付期限延长到 4 年，并且将土地管理和拍卖办公室设在预备销售的土地的附近地区。

1800年后有关土地规模的政策不断放松。1804年，最小土地面积缩小到160英亩，并且对现金支付形式给予一定折扣。1820 年，虽然信用销售的方式暂时取消了，但最低价格降到 1.25 美元。1832 年，最小土地面积进一步降低到 40 英亩，所以从那以后一直到 1862 年《宅地法》颁布，定居者可以 50 美元的价格从联邦政府那里购买一块农场。当然这是假定有大量土地待售，因此最低销售价格接近于拍卖成交价格。《优先购买权法》通过后，承认那些在土地测量和销售前就已在公地上定居的定居者的权利。1854 年颁布的《学位法》规定，对那些没有卖掉、质量较差的土地可以根据其已经上市待售的时间逐渐降价。

土地不仅可被销售出去，有些还被赠送出去。退伍军人通常可以获得某种权利或许可的形式获得某些赠地，这些权利或许可能够在活跃的二级市场上进行交易。州政府也会获得处理联邦土地的权利，用以发展那些有价值的事业，如教育、内部改良或土地开垦等。从 19 世纪 50 年代到 70 年代，联邦政府直接赠予几百万英亩的土地，鼓励在那些相对来说定居人数不多的土地上修建铁路。

在美国取得独立后的大约一个世纪里，通过上述方式，数亿英亩的公地被转移到私人手中。到 1890 年，地理意义上的西部边疆的界限消失了。联邦制以一种空前的速度完成了领土的征购和私有化。其结果是，作为自然资源的财富迅速转化为经济资源。

劳动力

495 与世界上大多数国家相比，美国一直是一个土地丰富而劳动力稀少的国家，即

使在发展缓慢（以现代的标准看）的殖民地时期也是如此。这种状况就形成了其特有的奴隶制和契约佣工制。在美国独立后，进一步的土地收购和自由的土地私有化政策加剧了劳动力缺乏的状况。南方坚持实行奴隶制、东北地区抑制对西部土地分配的自由化政策都说明了这一点。更多的土地使得奴隶劳工的价值提高，这有利于奴隶主。更多的土地使得自由工人可以选择去西部从事农业，也使得劳动力更有价值，这不利于工厂雇用工人。1808 年后新奴隶数量的增加被限制在自然增长的范围内。同时也有解决自由劳动力问题的办法：欢迎所有国家的公民来美国定居，如果愿意，还可以成为美国公民。在美国独立后，英国国王和国会已经不能再对这样的政策进行干预了。

在美国独立后的一个多世纪里，自由移民制度成为一条不成文的政策。宪法也对此保持沉默，只是说对“加入国籍问题”和“对目前各州都存在的这种人员的移民应谨慎考虑后再决定接受与否”，这实际上只是对奴隶的一种委婉说法。在 19 世纪末期之前，移民的权力掌握在各州手中，这实际上意味着自由移民。无论什么原因，一个州尽力阻碍移民进入会产生什么样的后果呢？人民只会去那些对他们友善的地区，而且，如果他们愿意，他们也可以去曾尽力驱赶他们的州。在国家范围内，移民是自由的。

尽管不时会爆发一些本土主义的思潮，如 1798 年的《外侨及暴动法》（Alien and Sedition Acts）、在爱尔兰和德国天主教徒开始大量抵达后新教徒开展的抵制天主教的运动以及 19 世纪 40 年代到 50 年代间的不可知论运动，但在大多数时候州政府都对移民持欢迎态度，并且相互之间展开竞争。这样缓解了劳动力紧缺的局面，提高了土地和资本的价值。直到 19 世纪 80 年代，在种族主义者和工会的要求下，联邦政府才开始对移民进行限制。从 1882 年和 1885 年开始，禁止中国人和契约工人移民美国。这些最初的移民限制，与总的人口流入相比，只是很少的一部分。为了解决西海岸对“黄祸”的恐惧问题，1908 年美国开始说服日本限制日本人向美国移民。

在美国 1904 年以前的历史中，这些措施，连同 1808 年禁止奴隶进口的政策， 496
是仅有的同自由移民政策相矛盾的全国性措施。作为一项政策，自由移民政策与领土收购、殖民政策刚好相互补充。它还促使美国成为文化多元化的国家。

资本

土地和移民政策是19世纪历史学的主题，分别代表着殖民地时期就建立起来的趋势的一种延续。资本市场（有人也会说是金融体系）则是一个新的、不同的事物，在很大程度上是政府政策的产物。它的不同的组成部分——货币和银行制度、证券市场、公共财政——已经得到长时间的研究，但是其各部分之间的复杂性及其赋予联邦制的灵活性则受到的关注不够。政府不仅是金融制度的建立者，也是金融制度的受益人。州政府从它们批准的金融机构取得大量的税收收入。各级政府——联邦政府、州政府和地方政府——从证券市场上借款筹资，大大加快了美国的发展进程。一个现代资本市场是对土地和劳动力市场的良好补充。作为一个国家，美国很幸运地从早期就拥有这三大市场。

与土地、劳动力市场不同，从哪些方面考察资本市场代表的是一种变化，而不是殖民地时期趋势的延续？直到1780年，还没有美国的货币（狭义的美国意义上的；西班牙殖民美洲时期发行的硬币依然得到了广泛使用），没有商业银行，没有有组织的证券市场，只有很少的工商企业。邦联国会从国内外借款筹集战争费用，但它几乎没有能力筹集收入来偿还债务。按照殖民地时期的先例，独立战争时期的国会印制和支出了价值2亿多美元的大陆币，而到1780年大陆币急剧贬值，“还不值一个大陆币”自此之后成为形容某件东西毫无价值的说法。州政府也借入和印制它们自己的货币，但没有发生灾难性的贬值；至少州政府还有征税权，纳税人要用州政府发行的纸币缴纳税收。

独立战争胜利后，如何解决国家和州政府遗留的货币和债务就成为邦联时期最棘手的问题之一。另外一个问题就是州政府仍然希望能继续发行，甚至过度发行州
497 纸币。如前所述，这些问题在宪法中进行了明确的规定。新的联邦政府于1789年在纽约市成立后，其首要的任务就是实行金融改革。

值得一提的是，棘手的金融问题在华盛顿政府执政的最初几年里得到了解决，这很大程度上得益于亚历山大·汉密尔顿的努力。甚至在《联邦条例》签字通过之前，汉密尔顿就是一名坚定的制定新宪法的支持者。在费城会议上他是一名来自纽约的代表，在宪法起草委员会工作。然后他聘请詹姆斯·麦迪逊和约翰·杰伊加入他的工作，向宪法通过大会的成员以及子孙后代解释制定新宪法的目的，其中包含了后来

被称为“联邦主义”的内容。汉密尔顿亲自写了《联邦党人文集》（*The Federalist*）中的大部分文章——85 篇。由于汉密尔顿在财政金融上的突出才能，华盛顿任命他为财政部部长，这是新政府中的一个重要职位。在 1789 年 9 月汉密尔顿就职时，根据宪法中有关收入的条文，美国已经开始征收关税，但是还需要他来建立执行和征收机构。后来，他不得不从当时业已存在的三家州立商业银行中的两家借款，为新政府筹集资金，其中一家是他在 1784 年帮助成立的纽约银行，直到现在这家银行仍然存在。

根据国会的要求，汉密尔顿的最主要任务就是提出解决全国未清偿债务的计划，包括邦联政府的国内外债务、独立战争以来州政府的债务及其拖欠的利息。美国的债务总额大约为 8 000 万美元，大体相当于 1790 年美国 GNP 的 40%左右。而同期英国的债务总额占国民收入的比例也差不多是这个数字。但是，与英国相比，美国的商业化程度不高，经济主要是由完全自给自足的农业生产者组成，因此，美国债务总额占其货币化市场部分的比例远远大于 40%。1790 年 1 月汉密尔顿提交了《公共信用报告》（*Report on Public Credit*），建议发行不同的政府债券来偿还全部债务，然后用铸币或者类似可兑换银行券这样的铸币等价物，在债券各期支付利息，到期支付本金。根据汉密尔顿的提议，国家开征关税和国内消费税，取得铸币收入。 498

当一些州，尤其是弗吉尼亚州，反对国家承担州债务时，汉密尔顿的计划就陷入困难之中。这些州的人均债务少于其他州，或者其债务已经部分偿还，所以它们不乐意替别的州偿还巨额的未支付债务。作为国务卿的杰斐逊后来回忆道，汉密尔顿在总统办公室附近的曼哈顿大街上遇到他，向他详细谈起承担州债务的问题。当时杰斐逊刚刚从法国回来不久，对此事不太了解。但杰斐逊同意在他的家中安排一次宴会，邀请汉密尔顿和弗吉尼亚州的国会议员詹姆斯·麦迪逊参加，讨论这件事情。以一种早期美国经典的政治风格，三位领导人达成了后来被称为 1790 年《宴会协议》（Dinner Table Bargain）的交易。几位弗吉尼亚的国会议员（但没有麦迪逊！）同意改变先前的投票，支持汉密尔顿的债务承担计划，但前提条件是在未来 10 年内将资本从纽约向费城转移，然后转移到将要在位于弗吉尼亚州和马里兰州之间的波托马克河（Potomac River）上修建的一座新的联邦城。完成了这样一笔交易后，1790 年 8 月发行债券偿还债务的方案获准通过。后来，随着其政治地位的不断巩固，杰斐逊说他很后悔自己在这笔交易中扮演的角色，并声称他被汉密尔顿骗了，导致了后来更多的国家债务，形成巨额的债务负担。

通过发行债券来偿还债务和汉密尔顿的其他措施的效应可以用市场表现来衡量，在这些市场上一些旧的债务工具开始进行交易。大陆贷款办公室凭证（continental loan office certificates）可以用大多数比较热销的联邦政府债券兑换。在1789年新政府成立时每一美元的凭证大约以23美分交易。1790年当汉密尔顿的报告出笼后，价格上涨到40美分，发行债券偿还债务的方案通过后又上涨到60美分。一年后，即1791年8月，这种凭证的价格开始与面值一样。又过了一年，其价格超出面值10%~20%。就这样，在2年多一点的时间里，其价格上涨了5倍。由于很多国会议员都拥有自己的政府债券，作为财政部部长的汉密尔顿广受欢迎、取得极大成功的秘密是一目了然的。40年后，另外一名以善于称赞、甚至过分拍须名人而闻名的国
499 会议员丹尼尔·韦伯斯特用《圣经》般经典的语言向人们讲述了汉密尔顿所做的事情：

> 他打碎了包裹着自然资源的岩石，收入源流喷薄而出。他触摸公共信用的死亡身躯，没想到它却一跃而起。尽管传说中密涅瓦（Minerva）从朱庇特神的头脑中神速诞生，但与从亚历山大·汉密尔顿思想中迅速发展起来的美国金融体系相比，也逊色不少。

尽管普遍认为汉密尔顿具有突出的政治才能，提高了公众对新的正在实验的联邦政府的支持，同时也为现代资本市场的发展奠定了良好的基础，但杰斐逊却以鼓励投机、股票炒作和政治上相互吹捧为由指控共和党存在腐败问题。

两位领导人的关系仍然没有得到改善。比如说，在1790年12月，也就是发行债券偿还债务的方案通过的几个月后，汉密尔顿提议开办一家银行——美国第一国民银行(Bank of the United States)，而且很快得到国会的同意。杰斐逊却认为设立银行是违反宪法的，在对该问题进行深入讨论后，1791年2月华盛顿签字同意银行的设立。按照汉密尔顿的设计，银行为政府提供了另外一条贷款融资的渠道，而且政府可以根据其持有的20%的股份取得红利收入，这有利于政府债务问题的缓解。政府债务也有利于银行的设立，因为其余80%的银行股份中的3/4可以由私人投资者按照政府债务的面值招标购买。1791年中期，当购买新银行股份的权利可以买卖之后，

他们迅速卖出，而此时价格已经提高到当初购买价格的 7 倍。杰斐逊看到的这种投机现象应验了他对这个国家未来走向的最大担心。此时，他和汉密尔顿之间完全出现分歧，不久就出现了联邦主义者和民主—共和党对美国未来发展的争论和设计。

从后来的观点看，1789—1791 年发生的事情成为创立资本市场的关键要素。汉
密尔顿的金融计划，其中包括将在这一卷其他章更加详细地讨论的货币和银行制度
的安排，产生了以政府债券和银行股票形式存在的高达 8 000 万美元的高等级证券。
在像纽约、费城、波士顿和巴尔的摩这样的一些大城市，很快出现了证券交易市场，
甚至包括有组织的股票交易所。更为重要的是，这些新证券代替了 18 世纪 80 年代
的“垃圾”债券，对外国投资者产生了很大的吸引力，这也正是汉密尔顿所预料的。
到 1795 年，7 000 万美元的政府债务中大约有 2 000 万美元被外国投资者持有。1801
年外国持有的美国政府债券提高到 3 300 万美元。到 1803 年这一数字增加到 5 000
万美元，当时作为总统的杰斐逊以购买路易斯安那为条件，通过法国政府向欧洲投
资者发行了更多的政府债券。到 1803 年，第一国民银行的股份中有 60%（核定资本 500
为 1 000 万美元）被卖给了外国投资者，而当时有几家州立银行分别只持有合几十万
美元的股份。这些证券的购买，连同数量较少的美国公司证券，代表着国外资本向
美国流入。这是这个新国家发行有价证券的开始，在 19 世纪它又获得了长足发展。
用现代的术语讲，18 世纪 90 年代的美国提供了一个发展“新兴资本市场”的极其成
功的范例。

为了逐步推动早熟的金融的发展，第一国民银行在好几个州的城市建立了分支机构，形成了银行体系的基础。同时，在热切的企业家的要求下，州政府特许批准了更多的银行。1790 年只有三家由州批准设立的银行，1800 年就增长为 28 家，到 1810 年增长为 102 家。而这仅仅是个开端；1820 年增长为 327 家，1837 年增长为 729 家，1850 年有 800 多家，1860 年则接近 1 600 家。州政府并非总能满足批准的需求，有时因为各种各样的原因也不愿意批准，所以这段时间还有大量未经特许设立的私人银行和经纪人。就像州政府批准设立的保险公司和非金融性企业一样，这些州立银行增加了证券市场上的权益资本。

联邦政府和州政府一直鼓励私人企业家和投资者的发展，并与他们一道在 19 世纪末基本建立起一个现代资本市场。其中心就是联邦主义者致力于建立的政府融资

体系，它通过创造信用工具直接增加了金融资本，并且为其他机构发行证券指明了方向。随着接下来几十年美国金融体系的发展，后来的相关讨论主要集中于存在的问题和缺点上——银行恐慌和破产、股市大跌、投机泡沫、利率和价格波动、州政府拖欠债务、商业周期等。这样的讨论失去了其最基本的要点，那就是在美国历史上，很早就已经发展起这样一个金融体系。在接近两个世纪的殖民发展时期，也没有发生如此重大的事情，而突然之间，在大约10年时间里，出现了金融体系。正如前面已经提到的，丹尼尔·韦伯斯特说，“尽管传说中密涅瓦从朱庇特神的头脑中神速诞生，但与从亚历山大·汉密尔顿思想中迅速发展起来的美国金融体系相比，也逊色不少”。

随着美国联邦制的形成，一个包括金融机构（如银行和保险公司）、金融工具（如
501 铸币、可兑换银行券、债券和股票）和证券市场的金融体系也应运而生。它对正在稳步推进土地私有化的土地制度、对需要雇用越来越多本土人口和吸引外国人移民到美国的劳动力市场都起到了补充作用。劳动力短缺以及资本与信用缺乏的问题不会再成为经济增长的瓶颈。而历史上的经验表明，如果公共政策不得当，那么其中之一或者两者都会阻碍经济的发展。这样，18世纪八九十年代建立起来的土地、劳动力和资本市场共同为美国19世纪的经济和领土的大扩张提供了舞台。显而易见，政府对搭建这个舞台起到了重要作用，这部分归功于邦联国会，更多的则应归功于18世纪90年代发展起来的联邦制度。

联邦制：长期趋势

所有社会都要决定哪些经济活动应由政府来实施，哪些留给私人部门来实施更好。一旦决定以后，接下来还要确定政府活动的合适水平，如何为这些活动筹集资金。联邦制下，尤其是像美国这样一个疆土辽阔、情况复杂的国家，还面临着各级政府分别实施哪些活动的问题。这一节我们讨论政府部门规模的长期趋势、联邦制下各级政府的职责分工和各级政府筹集资金的方式。下一节将探讨19世纪各级政府之间是如何协调的，各级政府之间、各级政府与经济之间是如何相互作用的。

政府的经济份额及其在联邦制的各级政府之间的分配

用公共收支同经济规模的比例来衡量，1914 年以前的政府同后来的相比，还是一个很小的部门。一项对 1902—1913 年的调查研究，第一次对美国整个政府部门进行了全面的数量分析。这项研究表明，当时，美国经济中每创造 1 美元收入，政府收支要占其中的 8 美分。不到一个世纪以后，这个比例已经是每一美元收入中政府收支占 33 或 34 美分，这说明公共部门获得了相对快速的增长。1914 年以前的政府联邦制和 1914 年以后的在复杂程度上大体一样，但从后来的角度看，它的经济份额并不像 20 世纪时那样大。 502

另一个比较的方式是和其他国家比。在 19 世纪末期和 20 世纪早期，也就是我们考察的这段时间的后期，美国政府的全部支出占整个经济的比例要小于其他两个大国：英国和德国（见表 12–1）。德国政府支出占 GNP 的比例差不多是美国的 2 倍，原因之一是德国有相当大的支出用在了国防（包括公共债务的支付）和社会服务上。与其他欧洲国家（包括英国）相似，但与美国不同的是，德国为过去和未来的战争
耗资巨大，而且它已经建立起一个后来被其他国家纷纷效仿的福利制度。与美国或 503
英国都不同的是，德国拥有国有的铁路，这扩大了政府的活动范围。英国政府支出占 GNP 的比例居于美国和德国之间，原因是耗费巨大的国防支出和相对有些高的用于公众服务方面的支出［英国 1900 年的国防支出相对较高与当时的布尔战争（Boer War）有关］。美国当时的 GNP 远远高于英国和德国，因此从绝对额上看，美国的政府总支出比这两个欧洲大国要高。

表 12–1　　按职能划分的政府支出占 GNP 的比例（包括各级政府）（%）

	总计	国防	公共债务	民用			
				法律和公共管理	经济和环境服务	社会服务	民用服务合计
美国							
1890 年	7.1	1.4	0.7	1.2	2.0	1.8	5.0
1902 年	7.9	1.5	0.5	1.1	2.1	1.9	5.1
1913 年	8.5	1.1	0.4	0.9	2.6	2.1	5.6

续前表

	总计	国防	公共债务	民用			
				法律和公共管理	经济和环境服务	社会服务	民用服务合计
英国							
1890 年	8.9	2.4	1.6	1.7	1.3	1.9	4.9
1900 年	14.4	6.9	1.0	1.4	2.5	2.6	6.5
1913 年	12.4	3.7	0.8	1.6	2.2	2.2	7.9
德国							
1891 年	13.2	2.5	na	na	na	9.9	
1901 年	14.9	3.3	na	na	na	11.5	
1913 年	14.8	3.3	0.7	2.4	2.2	5.1	9.7

资料来源：Richard A. Musgrave, *Fiscal Systems* (New Haven, 1969), table 4.1. 由于一些项目省略和四舍五入，各部分加总可能不等于总计。

20 世纪，公共活动在各级政府之间的分配发生了变化，突出表现在收支向联邦政府集中，州政府的收支也有所增加，但地方政府的份额在减少。现在，联邦政府的支出要占到全部政府支出的 2/3 左右，剩下的 1/3 中州政府和地方政府大约各占一半。由于现代社会中普遍存在的政府间的转移支付，州政府有一些支出来自联邦政府，地方政府的很多支出又来自联邦政府和州政府，所以要提供各级政府支出的具体数字非常困难。与此形成对比的是，20 世纪初政府在每一美元收入中所占的 8 美分支出中，联邦政府占大约 2 美分，州政府占 1 美分，地方政府占 5 美分（政府间的转移支付虽然在 1914 年以前就已经存在，但数额极其有限）。作为美国共和制鼻祖的地方政府，在 20 世纪的大政府中所占的份额就这样由第一下降到倒数第一。

1789—1914 年这段时间里，美国政府在整个经济中所占的份额是不是不断提高的呢？一份根据不很完整的信息做出的比较广为接受的推测认为，份额是不断提高的，但没有像这个世纪这样明显。只有联邦政府的数据是比较完整的。将政府的支出同当时对收入和产出的粗略估计联系起来可以看出，在整个期间的 125 年里，联邦政府的收支在总产出中占 2%~3%的比重，在发生战争的少数几年里这一比例会骤

然升高，战争过后由于战争债务的利息支出增加了政府的预算，这一比例也会高于
正常的年份。在 19 世纪初期的杰斐逊时代和 1829 年之后的杰克逊时代，由于华盛 504
顿特区政府有意识地对政府的活动范围进行限制，联邦政府支出所占份额下降到 2%
以下。

联邦财政记录可以为我们提供很多视角。图 12–1 是以实际价格表示的 1790—1915 年每隔 5 年的人均联邦支出（用 1915 年的购买力对这段时期的价格水平变化进行调整），它就提供了其中一个视角。人均联邦支出从这个时期期初的 1.50~2.00 美元增长到期末的 7~8 美元。这一增长的速度略微快于同期人均产出的增长速度。增长的特点也很有意思。1815 年和 1865 年的高峰与战争有关。虽然 1865 年以后的实际人均联邦支出比 1860 年以前的高出很多，但从其中一个较长时期看保持相对
稳定。 505

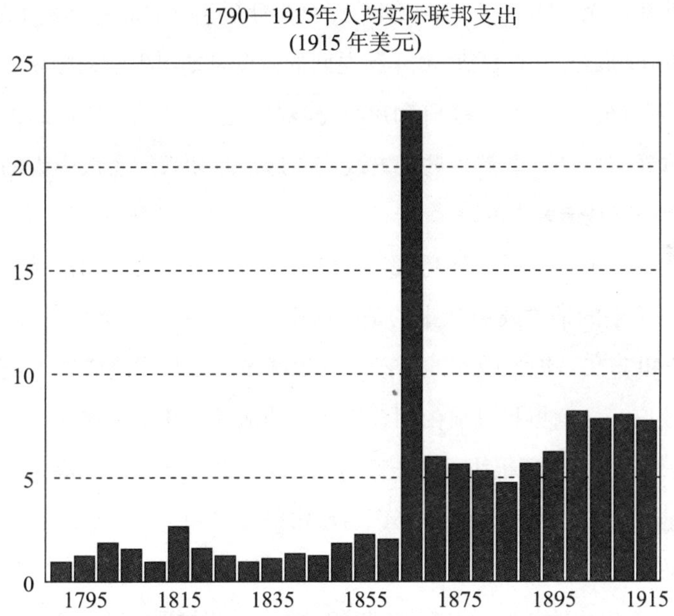

图 12–1　1790—1915 年人均实际联邦支出（以 1915 年的美元价值表示）

资料来源：U.S. Bureau of the Census, *Historical Statistics of the United States, Colonial Times to 1970* (Washingtong, DC, 1975), Series A7 and Y336. 根据北卡罗来纳州立大学的杰克 · W. 威尔逊（Jack W. Wilson）教授编辑和友情提供的未出版的消费者价格指数将名义数据换算成实际数据。

州政府的总支出，即使是在其最活跃的时期，也没有任何一个较长的时期能够

与联邦支出相匹敌。19 世纪 20 年代到 40 年代是州政府在 19 世纪的活动高峰期，当时盛行由州政府筹资来进行地区内部改良（internal improvements），州政府的全部支出相当于联邦政府的 2/3。除此之外，州政府的支出只有联邦政府的 1/3 或者更少，尽管在 20 世纪早期又有所上升，正如前面所提到的，大约相当于联邦政府的一半。这次增加州政府支出的主要推动力仍然是内部改良，主要是为适应汽车的发展而进行的大规模公路的建设。

地方政府活动的长期趋势是最难以确切把握的。在 1914 年以前，联邦政府只有一个，州政府也只有 48 个，而地方政府则包括县、城市、镇和特区，共计好几万个。无论从财政角度看还是从数目上看，20 世纪初地方政府在联邦制三级政府中都是最大的，它占到全部政府支出的大约 60%。于是一些人根据这一既定事实，认为在 1914 年以前地方一级政府一直是最强大的。他们的根据是，在联邦主义时期和内战爆发后的共和主义时期之间，联邦政府受到杰斐逊主义者和杰克逊主义者的牵制，州政府只是在 19 世纪 20 年代到 40 年代之间的改良时期出现活动频繁，之后也对自己的活动进行限制。由于联邦政府和州政府限制自己的活动，政府的很多职能就要由县、城市和镇来行使，既然这些地方政府在这个时期末期是最强大的，那么它们在过去必定也一直是最强大的。

人们提出很多理由质疑这种观点。考察早期地方政府的活动记录发现，和殖民地时期一样，早期的地方政府从事的是那些重要但是相对固定、花费不大的活动。直到 19 世纪 40 年代，地方政府的活动才开始增多。当时州政府处于拖欠债务的危机中，地方政府开始承担起以前由州政府从事的活动，几乎是在同时，美国的城市
506 化进程加快。在 1789 年还很少见的市政府在人均财政支出上远远高于联邦、州政府或者镇、县地方政府。因此，1840 年以后城市的数目和规模开始迅速增加，城市开始投资于市政日常项目，提供更多、更高水平的城市服务。因此，在整个联邦体系中，与联邦和州政府相比，地方政府的份额相对增加。芝加哥就是一个典型的例子——这个 19 世纪 30 年代的小乡村，到了 19 世纪 90 年代已经成为世界上最大的城市之一。

那么联邦制的早期整个政府和各级政府在经济中占有什么样的地位呢？在 18 世纪 90 年代，联邦政府的人均财政收支为 1~2 美元。联邦政府的总收支占经济总产出的 2%~3%。当时各州政府的预算显示，其人均收支从 37 美分（马萨诸塞州）

到 13 美分（北卡罗来纳州）不等，所有的州平均为 25 美分，大约占人均产出的 0.5%。在美国联邦制早期，州级政府花费不多，没有太多的需要耗费巨资的支出项目。按照美国宪法，那些花费巨大的公共职责由联邦政府承担，主要是国防和债务支出。联邦政府和州政府加起来大约占经济总量的 3%，其中联邦政府占大部分。

剩下的就由地方政府承担。即使是在 18 世纪 90 年代，各地政府的支出也差别巨大。作为第一大城市的费城，1797 年的居民人均财政支出是 2 美元，大体与联邦政府的人均财政支出相当。但是这样的城市很少。那些居住在 2 500 多个市区和镇区的所有城镇人口只占全部人口的 5%~6%。大多数镇和县政府像绝大多数的州政府一样，主要从事那些最基本的活动。1796 年财政部部长奥利弗·沃尔科特（Oliver Wolcott）的一份报告（与当时要征收联邦直接税有关），是联邦政府第一次就州、地方政府的收入体系进行的考察，指出地方税收水平差别很大，有的远远高于州政府的收入，如新英格兰州，而南方地方税收收入与州政府的收入大体相当。北卡罗来纳州的县政府是其当时的主要地方政府，征收的人均税收远远高于州政府。[3] 但是直到 1801 年，北卡罗来纳州的州政府和地方政府的人均财政支出也只有联邦政府的 23%。即使在 18 世纪 90 年代，所有地方政府，从费城到北卡罗来纳州的县，平均支出总额达到州政府支出的 2 倍，所有地方政府的支出也只占全部经济产出的 1%。 507

这意味着在 18 世纪 90 年代，也即联邦制实行的早期，政府总支出占全部产出大约 4%的份额。这也说明，从当时的标准看，汉密尔顿和他的联邦党真正信奉大政府，这也正是杰斐逊主义者这些反对派所反对的。当时联邦政府在整个政府中占有 3/5 的份额，和今天的情况类似，现在也因同样的原因对大政府的反对意见再一次高涨。最后，这意味着整个政府在经济中的份额从 18 世纪 90 年代的 4%增长到 20 世纪初的约 8%，增长了大约一倍。从 20 世纪后期的标准看，这一比例似乎很小，但是，在这段时间里总的产出增长了 100 倍，因此政府的支出总额增长了大约 200 倍。即使是在 19 世纪，美国的政府也是一个不断增长的部门。

联邦制下各级政府的职责分工

1776 年的另一件大事就是亚当·斯密的《国民财富的性质和原因的研究》(简称《国富论》)问世。这位苏格兰的经济学家对追求自由的政府的职责进行了如下描述：第一，保护本国免受来自外国的冒犯和入侵；第二，维护社会的公正；第三，建立和维护公共工程和公共机构（由于它们不能产生足够的利润，所以个人和单个私人组织无法提供，但从社会观点看它们又是社会发展所必需的）。亚当·斯密所描述的政府职能包括很多，甚至包括美国政府1914年以前的大部分职能，这也是美国的缔造者们非常熟悉和认同的。但是亚当·斯密没有说明政府机构如何形成以履行其职责，或者是在联邦制下各级政府之间如何分配各自的职责。美国人民通过传统和实践提供了答案。

（1）地方政府在殖民地时期就是美国的基层政府，是其他更高等级政府形成的基础。后来发展成殖民地和州民兵的地方民兵，是第一道共同反抗敌对美洲印第安人和欧洲人的防线。从镇里选举出行政委员，他们再指定或者选举地方官员、税收制表人（tax listers）、估税员、收税员、治安官、办事员，还有其他小职员。地方政府通过征税来维持机构运转，修建公共建筑、道路、桥梁、学校，还有进行困难救
509 济。他们还要选举代表参加殖民会议，选出政府委员、治安法官、治安官和法院法官，组成县政府，以实施自己的公共活动和福利项目。地方政府的组织形式因地而异，北方地区以镇为主，南方与北方相比则很少有镇，而是以县为主。尽管如此，如果对殖民地时期和建国初期的公共活动进行考察就会发现，这种差别只是程度的不同，而不是种类上的不同。

美国独立之后，地方政府的活动内容与以往基本相同，不过也有一些变化。随着拥有强大军事力量的联邦政府的出现，除了那些处在殖民地边境的地区，保护本国免受外来威胁已经变得不那么重要了。在实行奴隶制的南方地区，废奴主义思想兴起，同时奴隶们逐渐觉醒：如果人生来就是平等的，那么他们的这种受奴役的状态就是不正常的。这导致了把按奴隶人头征收的税率加入了地方税收评估的长期列表中。

在北部和西部，地方政府在基础教育上的活动增加。有时它们受到州和联邦政府主动捐赠土地或者提供配套补助金等的激励。然而，从第一天起，美国的基础教育就主要是由地方政府提供资金的。由于教育形成人力资本，这种教育上的投入对经济增长具有深远意义，值得深思。这可能是地方政府对经济发展的最重要的长远贡献。

纽约是一个有影响力的州，不仅是因为它的规模大，也是因为从那里向西部移

民的人都怀有对纽约公共机构的回忆。早在 1795 年，纽约州政府就建立了一个学校基金，其目的是帮助州立大学、专门面向富人的私立学院和已经存在的地方公共学校的董事们。据一本由公共学校主管的副手写的书中记载，主管可以将 1815 年和 1840 年学校的状况进行如下比较：

> 和 1815 年的情况相比，学校现在的状况是：有组织的在册的校区数目从 2 631 个增长到 10 397 个；受教育儿童的数量从 140 706 名增长到 572 995 名；财政部支付给教师的工资金额从 45 398 美元增加到 220 000 美元；当时的事实是，年度税收收入达到 275 000 美元，附息票据接近 500 000 美元。 509
> 为了支持学校的发展，（他）观察到，“一个可以这样为教育自由花钱并且将私人的部分投入到孩子的教育，以至于使（州）政府的管理支出翻了一番的民族，没有任何理由被认为是对这一事业漠不关心的……其结果是全国 1/4 的人口接受了教育，而且所有的适龄儿童都上了小学；支付给教师的工资不断提高。”[4]

校区、税收和附息票据（根据有在校孩子的家庭进行的评估）从性质上都是地方性的；州政府提供的只是一个支持性组织和辅助性的资金扶持。像纽约这样主要依靠地方政府的筹资发展教育的州，在 19 世纪四五十年代所谓的公共学校大复兴之前很久就已经向大批适龄儿童提供教育。这次大复兴与其说是提供先前并不存在的公共学校，还不如说是使教育成为义务并且增加州一级政府的参与。在大复兴之前的很长时间里，甚至在殖民地时期，地方政府就一直在提供基础教育方面起着重要作用。正是因为这个原因，美国从建国之日起就是世界上最有教养、最有学问的国家之一。

提供教育，连同修建公路、建造桥梁、改善航道，都是地方政府优先安排的发展事项。后来，地方政府拓宽其发展的职能，如开始大规模地改善交通体系——尤其是 19 世纪 40 年代到 70 年代的公路，再如从 19 世纪 40 年代到 20 世纪随着美国的城市化地方政府对城市进行了大量的基础设施投资。后来这些大规模的投资主要依靠从资本市场上借款，而不是依靠税收收入来筹资，这将在下面进行详细介绍。

（2）州政府从严格的财政意义上讲，在 1914 年以前几乎是联邦制下规模最小的一级政府。但正如曾是教授后来担任州长和美国总统的伍德罗·威尔逊在 19 世纪末期所说的：

> 州政府之所以能够从美国政府体系中应运而生，不仅仅是因为它与州的原型和已经建立起来的联邦政府的先例相适应，更重要的是因为政府大量的经济职能的实现依赖于州政府的权威……它们决定了主人对仆人的权力，制定代理人和委托人的全部法律，这些在经济交易中都是极其重要的；
> 510 它们对合伙、债务和信用以及保险等活动进行规制；它们建立所有私立或
> 市政企业，除了那些对联邦政府具有金融或其他特定意义的企业；它们决定财产的拥有、分配和使用，贸易的开展，还有所有契约的执行……我们无法一一列举州政府的权力；其细节涉及所有社会与经济的关系，而且要为社会秩序提供基础。[5]

正如威尔逊上面所指出的，州政府对经济生活的影响与其收入支出规模不相称。如果说宪法和联邦政府提供一个法律的大体框架以及处理与其他国家、州与州之间的关系的话，那么州法律和规章则提供了一个具体的框架，几乎影响到每一位美国人的生活和工作。随着州的数目从最初的 13 个增加到 48 个，各州可以对其活动进行充分的试验，也可以充分效仿其他州行之有效的做法。比如说，19 世纪 30 年代有一两个州开办自由银行业务，在接下来的 1/4 个世纪里，其他很多州甚至包括联邦政府也可以这样做。在基础教育领域也发生了类似的现象。州政府的这些做法体现了联邦制的活力。总体上看，除了 1861—1865 年，联邦制一直保持稳定，正是得益于鼓励州政府的试点并且在其他州推广那些有益的做法。

州政府也广泛地参与到一般投资项目中。这期间发生了两件大事。一件是从 1812 年战争开始一直到 19 世纪 50 年代大规模进行的内部改良运动。其中州政府在银行、道路、运河、铁路方面广泛进行计划、提供补贴和直接投资。由于大部分资金来自债务，资本市场就显得尤为重要。另一件大事开始于这一阶段的后期：20 世纪初期，汽车产生以后要求州政府广泛地修建公路。这样州政府为了对基础设施投资又一次大举借债。

（3）联邦政府的职责在最初的设想中，与州和地方政府相比，要受到更大的限

制。汉密尔顿在《联邦党人文集》第 23 篇这样写道："联邦政府需要解决的主要问题是——保护社会成员、维护公共和平……对与其他国家的贸易和州际贸易进行规制；监督同外国进行的政治和商业交流。"就是这些。亚当·斯密的防卫和正义(公共和平)也被提及，但提供公共工程和机构没有被提及，除非把促进发展的"商业规制"包 511
含在广义的公共服务中。宪法制定后，汉密尔顿的《联邦党人文集》被批准，后来他们的辉格党和共和党继承者们认可联邦政府的这种宽泛的职能。在 1800—1860 年的大部分时间里掌控联邦政府的杰斐逊主义者和杰克逊主义者则持反对态度。

尽管对联邦政府的职能有不同的看法，但在 1789 年以后的一个多世纪里，联邦政府总体上一直按照最初的设想运行。几乎每一年，联邦政府支出中投向陆军、海军和海陆军退役人员的部分以及用于偿还战争债务的部分都在增加。从财政意义上讲，后来被称为国内支出的部分相对并不重要。与 20 世纪相比，当时联邦政府动员经济资源的能力要小很多。比如说，华盛顿的政府机构很小，甚至在 19 世纪末期其人员数都只有像宾夕法尼亚铁路公司这样的大企业的员工人数的 1/5。1914 年以前，在联邦政府的首府很少看到公务员（他们大部分就职于邮局）。

联邦制的融资活动

托克维尔在继续对文章开头提到的地方政府的暂时性优先地位进行考察时指出：

> 在新英格兰，明确地说，镇区早在 1650 年就已经正式形成了……它（镇区）赋予了一种真实的完全民主共和形式的政治生活。宗主国仍然在殖民地具有权威地位；君主制仍然是一国法律；但是共和制已经在每一个镇区建立起来。各个镇任命自己的地方官员，对他们自己进行评估，并且在辖区内征收地方税。[6]

他在这里提到的在新英格兰和其他地区征收的地方税，是一种按照个人拥有的财产和人头数来征收的混合税。人头税一直存在到 20 世纪，但其地位已经远远不如 512
财产税那么重要了，人头税作为一种税收来源一直呈现稳定下降的趋势。像过去那样，财产税依然是地方政府的主要税收来源。在 20 世纪 90 年代，对财产征收的直接税占地方政府税收总收入的大约 3/4，在广大镇区（93%）和校区（97%）中几乎占到百分之百。在19世纪，现代镇区和校区中这种高比例状况在所有地方政府——镇、城市、县、校区、其他特区——普遍存在。美国人从来都不乐意缴纳税收，几个世纪以来财产税遭到很多批评。但它的主体地位说明它是地方政府提供公共服务进行融资的最优或者接近最优的税收。

已经建立起来的财产税制能够对公共投资从资本市场借债提供担保的作用。在一定程度上这些公共投资提高了财产的价值，增加了财产税收入，从而可以自动增加地方政府的财源来偿还债务。19世纪的美国地方政府和州政府非常了解这一点。它们常常使用这种方法，但总是起不到良好的效果，公共投资往往过多，远远超出税收体系可以支持的限度。

美国独立以后，财产税和人头税继续担当地方政府的主要财源，但州政府并没有顺畅地做出调整。宪法取消了州政府的两大收入来源——进出口关税和货币印制权（有时称为“通货融资”），并且声称西部土地归联邦政府所有，否则州政府可以出售这些土地换取收入。在汉密尔顿看来，取消州政府的这些收入来源并无大碍，在他所设想的中央集权的联邦制下州政府并不需要多少收入来源。他在《联邦党人文集》第36篇文章中写道：“一个较低税率的土地税就能够满足州政府的需要，这是它们最简单、最适合的收入来源。”由于杰斐逊、杰克逊和其他人的反对，汉密尔顿的中央集权联邦制的实现推迟了很长一段时间。在这个过渡期中，财产税本来可以成为州政府的主要收入来源，就像地方政府那样，但刚开始的几十年并没有这样，因为当时州政府都不愿意征收财产税。

宪法、上述文献和汉密尔顿正在推行的金融计划使州政府失去了收入来源，也部分免除了州政府以前承担的那些很重要的义务——防御职责和独立时期发生的旧
513 债务，并且还给它们提供了新的收入来源。在清偿独立战争的欠账时，联邦政府用新发行的高等级债券补偿那些在战争中贡献了比其份额更大的债权州，使这些州能够取得稳定的利息收入。相对应的债务州则成功地获得了债务豁免。而且，货币印制权的丧失几乎没有影响到州政府或整个经济的财政状况，因为州政府仍然有权批准成立更多的银行，并且也确实批准了很多。这些银行发行自己的纸币，有时要以银行需要购买的政府债券作为担保(就像1838年以后所谓的自由银行业务时代一样)。这使得州政府更易于通过发行债券来借债。通过采取征收特许费、州财政部门持有

银行股权并凭此获取红利、对银行征收一系列税收等形式，银行成为州政府收入的重要直接来源。州政府有时甚至自己开办、经营银行。最终，汉密尔顿的金融计划使州政府进入他所创立的资本市场。在 1815 年后州政府筹资进行内部改良的时期，州政府开始大胆利用资本市场上的资源。

随着义务的减少和新的收入来源的出现，原来的州发现在宪法生效后的最初 10 年里，它们的财产税经常绰绰有余。而由于那些新加入的州没有投资收入，也没有很多银行或者其他商业作为税源，这些州比那些原有的州更依赖财产税。直到 19 世纪 40 年代后，9 个州宣布对那些内部改良债务和即将到期的债务不予偿还，财产税才开始在所有州的收入增长中占据支配地位。在这之前，在州政府的收入来源中，营业收入（比如说来自组合投资和银行税收）、消费税、经济活动收入（运河费、土地销售收入）之和远远超过州财产税数额。在 19 世纪 40 年代财产税一跃成为第一大收入来源后，越来越少的州依赖于营业收入、消费税和经济活动收入。

在 1789—1914 年的整个时期，联邦政府的收入几乎全部来自三项：进口关税、对烟酒征收的消费税、土地销售收入。进口关税是最重要的，它在联邦政府收入中占有相当的比重，只有很少的时候会低于一半，大部分时候都会远远高于一半，尤其是在美国内战之前。其原因在后来支持自由贸易的人看来可能难以理解，但在当时又是非常简单的。关税只需在数量有限的几个港口征收。随着进口的增长，关税 514
被证明是稳定增长的收入来源，这也符合那些越来越有权势的商人的利益，因为在美国国内市场上他们的产品受到一定的保护。

各种国内消费税从实行之日起就一直充满争议。1791 年国会批准了汉密尔顿的威士忌消费税法案。1801 年杰斐逊主义者又完全取消了该税种。在美国内战之前，消费税并没有成为主要的收入来源。只是到了内战结束后，烟酒消费税才成为一大收入来源，当时它的实行也受到美国生活中普遍存在的清教徒势力的欢迎。从 19 世纪 70 年代到 1914 年，这两种消费税紧随进口关税成为华盛顿联邦政府的第二大收入来源。

土地销售是联邦政府的一个稳定但又一直不占主要地位的收入来源。土地销售收入似乎刚刚抵过政府将公共土地私有化的全部成本。在对土地私有化政策的激烈争论中，以及围绕这个决定本身的所有戏剧性的事件中，直接来源于土地销售的公共收入没有成为主要来源。从间接的角度讲，受土地自由销售和自由移民政策的刺激，快速增加的大陆移民提高了土地的价值，相应增加了州和地方政府的财产税收入，正如收入的增长会使联邦政府的关税和消费税增加一样。

汉密尔顿倡议的资本市场是联邦政府的另一个收入来源。它主要用于为战争融资，其次用于版图的扩张，比如1803年购买路易斯安那。因为发生大的战争（如1812年的战争、与墨西哥的战争），联邦债务接近以前的3倍。在最大的战争——美国内战——中，联邦债务增长了40倍。在两次战争之间，债务减少了，在19世纪30年代债务甚至消失了。19世纪时美国的主流观点认为，只要有可能就应该尽快偿还债务。到了20世纪的大政府时代，国家债务似乎只增不减，无论是战争时期还是和平时期。资本市场与联邦债务有着密切的关系，在债务增加时资本市场往往就会快速发展。但是在债务被清偿后它也会迅速发展，尤其是主要由美国人民持有债务时，因为它需要将政府收入结余转换成其他类型的美国证券。当已经到期的联邦债务的
515 持有者将其收入再投资于州、地方政府债券和公司债券时，这样的循环就会发生。

正在运行的联邦体制的形成过程

联邦主义者时期，1789—1801年

这个时期的宪法只是停留在纸面上。联邦主义者1789年执政以后的最大成就是身体力行地实施了他们的主张。他们把建立联邦政府，包括联邦政府的权威、财政收入和信用体系作为首要的任务。在这方面，财政部部长汉密尔顿在华盛顿总统的支持下，成了关键人物。在知识界，汉密尔顿是经济、金融、政治领域一流的思想家；在外交、法案方面，他是老道而又精力充沛的军人、律师、金融家、公共行政管理家和政治家。按杰斐逊的话说，汉密尔顿是个了不起的自我主宰者。这些品质令他的支持者眼花缭乱；而他的政敌（他们自己很快组织起来反对汉密尔顿及其举措）则狼狈而逃。汉密尔顿的主要失误可能是对他们的诱饵给予反应，甚至更多地被牵扯进政治界的矛盾之中，这导致了1804年他在与一名叫阿伦·伯尔（Aaron Burr）的政治对手的决斗中过早地离开了人世，当时年仅47岁。但是汉密尔顿关于美国的构想，无论人们是否赞成，似乎一直在持续着，并在两个世纪后流行起来。

由于意识到美国或多或少地卷入国外战争会使关税收入剧烈下降，并因此威胁到新的金融体系，削弱政府根基，汉密尔顿和其他联邦主义领导者敦促国会尽力开辟国内税源。结果是税率过高，遭到反对。首先，1791 年征收威士忌消费税导致了 1794 年的一场暴动，即所谓的威士忌叛乱，后来由联邦军队出面镇压下去。后来对其他产品也开始征收消费税，但包括威士忌消费税在内都没有产生太多的收入。来自法国的战争威胁一直持续到 18 世纪 90 年代末（这场战争的确在海上爆发了，尽管没有正式宣战），这时，联邦政府第一次对财产课征直接税。这导致了另一次规模相对较小的纳税人反抗活动，即在宾夕法尼亚爆发的弗里斯叛乱（Fries' Rebellion），这场叛乱又被镇压。1801 年联邦主义者让位给杰斐逊主义者以后，才取消了国内的直接税和间接税。

18 世纪 90 年代随着联邦政府大量证券的发行，州政府减少或取消了财产税，变 516
成了投资者。联邦证券通过资本市场出售，大多卖给了欧洲的投资家；其收入又被重新投资于银行和其他公司，在企业主的要求下政府急切地给予了这些公司特许权。这些企业通过信贷方式启动了商业和交通业的发展，尽管其与后来的投资相比较规模很小。另一个受欢迎的州政府融资项目是授权向市民发行彩票，以改善特种资本设施，比如道路、建筑、学校、用水排污系统以及消防设备。像教堂和学校这样的半公共机构也从彩票发行中受益。彩票满足甚至助长了公众的赌博心理，同时又在不增税或借债的前提下促进了公共事业的发展。州政府在经济发展上的这种努力无疑是有前途的，但其持续性要依赖于联邦政府强大的领导力和和平的环境，而这两个条件都不具备。

杰斐逊主义的民主党，1801—1825 年

杰斐逊是个比汉密尔顿聪明的政治家，但在治国方略和经济远见上不如汉密尔顿。他和其支持者们对美国经济有个理想化的设想：成为一个日益壮大的小农场经济的集合体，其日益增加的供给剩余将与其他国家进行贸易交换。杰斐逊主义者认为，美国在国际上占据强有力的地位，因为其他国家需要美国出口的农产品多于美国需要的世界其他国家的产品，美国所需要的产品美国自己也很容易生产。因此合适的联邦政策包括发展壮大美国农业部门，并且保证它的剩余产品能够运往美国港口并

出口到世界市场。因此，就很容易理解 1803 年购买路易斯安那的行为。1808 年艾伯特·加勒廷（Albert Gallatin）的报告也是如此，艾伯特·加勒廷是杰斐逊的财政部部长，他提出大规模修建州际道路和运河的联邦计划。加勒廷强调，联邦政府必须做出努力，因为其受益面很广，而且其所需资金也超出了州和地方政府以及私人部门的能力。
517 但是，杰斐逊主义者破坏了联邦内部的财政收入体系；因为它不受欢迎，所以它被认为是不必要的。进口关税不断增加，能够满足支出的需要。联邦财政收入结余的最好用途被认为是减少联邦债务，至少在联邦交通改善计划实施之前是这样。这也的确是杰斐逊主义者使用的方式。汉密尔顿建立的第一国民银行尽管自 1791 年之后证实对政府有用，但它还是被撤销了。对于杰斐逊主义者而言，第一国民银行有违宪的嫌疑，和杰斐逊同派的州立银行抱怨联邦银行的竞争和管制。这些规模更小、更加“共和”的机构能够缓解它的缺位造成的萧条。为了节约开支，陆军和海军也可以缩小规模，因为这是一个外国需要美国比美国需要外国更甚的世界，没有国家敢威胁美国。如果世人没有认识到这一点，那么只要实行关闭美国港口的禁运政策就能让他们明白是怎么回事了。

基于对美国利益、能力和前景的错误理解，杰斐逊主义者们的绝大多数观点都是一种幻想。一旦实施，就会削弱国力，外交政策就将发生偏离。购买路易斯安那，是其一项真正的功绩，虽没有即期的经济效应，但的确可长期受益。加勒廷宏伟的联邦交通改善计划很快被政治界取消。尽管许多政治家也认为类似的计划是必要的，但是他们为什么要同意这种主要有利于其他州及地域的联邦开支呢？禁运和消费税中止后联邦财政收入一落千丈，当这个计划公布时，这样的情形更是显而易见了。最终结果是获全体通过的需要实施的计划没有取得任何实质性的进展。当联邦政府的政治家们反对主要道路改善项目的实施时，州一级政府的政治家们在观望、等待这些讨论中的并且有人支持的联邦议案是否会执行、什么时候执行。

把剩余的财政收入用来偿付联邦债务是杰斐逊政府的一项值得怀疑的措施，因为后来证明，将其投入美国资本市场循环利用是一个更好的去处。在混乱的国际形势下，把资本投向欧洲，不如把资金投向美国有益，这样资本在美国有更高的使用效率。1806 年被激怒的萨缪尔·布洛杰特（Samuel Blodget）注意到加勒廷估计美国的资本回报率至少是 12%，他惊愕了，“为什么我们现在要付清利率为 5.5% 的债务，而这个数字比面值还低 6%？我要重申这一点的原因是，我们就这样把自己的钱还给欧洲难道不正是极大的浪费吗？”[7] 答案是杰斐逊反感债务，尤其是与他 18 世纪 90 年代的对手汉密尔顿有关的联邦债务。 518

杰斐逊主义者要求第一国民银行 1811 年停业，这家银行从此就消失了，1816 年新成立了更大的第二国民银行。20 年后，当杰克逊总统否决了国会继续给予其特许的议案时，第二国民银行遭遇了与第一国民银行同样的命运。杰斐逊的禁令减少了联邦关税收入，同时国内收入也被故意放弃了，这些对美国经济的影响是灾难性的；从分离主义者的观点来看，这也造成了国内政坛的分裂。随着美国越来越多地参与国际事务，削减对军事设施的投入对随时有可能卷入战争的美国来说是不利的。杰斐逊和麦迪逊及其追随者和支持者最终得到了历史的评判。幸运的是，他们早在 18 世纪就已确立了声望。又或者，他们是因为善于处理其他问题而非经济问题而出名。

1812 年的战争把持观望态度的杰斐逊主义者政策的实质弱点暴露无遗。没有银行的支持，公共信用又差，麦迪逊政府被迫发行钞票，这导致了通货膨胀和国家大部分地区的硬币支付中止以及在苛刻条款下的借债。联邦政府再次课征联邦直接税，但是鉴于 1798 年人们对直接税的敌对反应，这次只是作为紧急性的措施，在战后就被取消了。如果州政府从自己的保险箱直接向联邦政府缴纳其应承担的税收份额，则会有一定的折扣，很多州这样做了，以避免成为联邦税的征收者。即使这样，到战争即将结束时直接税带来的收入依然很少。由于联邦政府不能提供充分的保卫（而这本来就是联邦政府的主要职责之一），在英国陆海军的威胁之下州政府不得不组织自己的防卫力量。好在联邦政府还算仁慈，后来偿还了州政府的这些费用。

对于美国人来说，战争以僵局结束，这场战争为数不多的好处之一就是爱国精神爆发了，尤其是在西部，这从长期看有利于联邦政府。这些勇敢的先驱者们在新建的或正在建的州里培养了对美国最高的忠诚度，而不仅是对他们州的。在这一点上他们不同于原来那些州的公民，他们对州或地域的忠诚度在当时或后来导致了分离主义运动，要求脱离看来不为他们谋利益的联邦体。当美国人感觉自己首先是美国人，其次才会附带着说自己是新英格兰人、南卡罗来纳人或南方人时，这说明联 519
邦体和它在华盛顿的政府变得越来越强大。这一过程经历了几十年，甚至上百年。

然而，1812 年战争后，全美国范围的政治分歧依然存在。1816 年美国第二国民银行成立，但是当约翰·C. 卡尔霍恩（John C. Calhoun）提出建议、国会表示同意用该银行提供给联邦政府的收入来支持内部改良时，麦迪逊否决了该议案。他的继任者门罗(Monroe)(又一位弗吉尼亚人,也是杰斐逊主义者)采取了类似的措施。亨利·克莱（Henry Clay），一个和卡尔霍恩同样很有抱负的国会议员，提议将联邦发起的改良措施提高到他的“美国体系”的层次上。克莱的口号意味着用更高的联邦关税来鼓励国内的生产,用联邦收入来支持内部改良项目。与卡尔霍恩一样,克莱没有成功。约翰·昆西·亚当斯采用了类似的方法,在其任期（1825—1829 年）里也确实实行了。他计划让联邦政府在国家经济发展中承担更大责任，然而该计划的实施受到杰斐逊主义者的意识形态的阻碍，并被认为是为了州一级政府的利益才进行的。

19 世纪 20 年代，许多州的领导者开始抓住当时联邦制的基本要义，也就是说，当联邦最高法院能够并且确实阻止州干涉州际商业和公司权利时，联邦政府其他部门在政治上不能有任何积极的举措。州一级政府必须行动起来。美国联邦制的又一优势是各州能够按其意愿行事，假如国家级政府体系更单一化、集中化（就像它看上去早已分裂一样），那么这种优势可能已经不存在了。在与另一个州竞争时，它们的确自己行动起来了。

州的内部改良，19 世纪 20 年代至 40 年代

杰斐逊主义者在联邦一级政府的漫无目的的政策无法解决国内的经济问题，于是州开始实施那些主要交通项目和帮助这些项目的银行业投资计划。纽约最先做出表率，于 1817—1825 年修建了著名的伊利运河。1 100 万美元的总成本中有 3/4 是从资本市场上获得的，其中许多州支持发行的运河债券通过资本市场最终卖给了欧
520 洲的投资家们。联邦政府的银行存款尽管在杰斐逊主义者手中被滥用了，但在 1812 年战争之后又重新储备起来，并且对州政府的银行存款产生影响。人们事先并没有完全预料到伊利运河的成功，因此纽约州谨慎地将税收和拍卖款用于偿还运河债务。俄亥俄州紧跟其后，也开始实施州政府发起的运河项目。当运河通行收费款远远多于所借债务时，纽约州和俄亥俄州专门为偿还运河债务而开支的税收就显得不必要了。这个案例对那些不那么谨慎的州具有借鉴意义。看到伊利运河和俄亥俄运河的成功先例，人们认为内部改良项目能够支付项目本身的成本，甚至还会部分地弥补

政府的其他支出。因此，所有的融资项目都可以从资本市场上筹资，州一级的税收能保持在较低水平上或者予以完全免除。

随着州可以通过融资来进行内部改良的想法试验成功，1820—1841 年，大约 20 个州为经济发展投资借了近 2 亿美元的资金，其中很多来自欧洲的投资者。总额远远超过了联邦政府能够承受的债务，或者实际达到美国内战时的水平。这些州的投资仅仅是整个经济中所有资本形式的一小部分，但是这些项目引发了私人部门的进一步投资，因此州是撬动国家经济潜力的杠杆。州债务发行的 1/4 强是为西部、北部和南部各州的银行进行融资，在这些地方刚建立的银行没有给予私人部门充裕的时间来发展银行业务工具，承担所预计到的艰巨任务。州借款的其余部分大多用于交通的改善——运河、铁路和公路。在安德鲁·杰克逊否决了联邦政府资助内部改良和美国第二国民银行重新得到特许营业的提案后，总投资中的 1/3 来自 19 世纪 20 年代，2/3 来自 19 世纪 30 年代。杰克逊仍然在完全维持杰斐逊最初的政策。

然而，联邦政府的无为推动了各州进行改良活动。1815 年之后经济的迅速增长引起进口增加，美国人在大量生产国内产品的同时不断将更多的收入用于消费国外商品。对不断扩张的进口课以更高的关税增加了联邦的关税收入。由于杰斐逊和杰克逊不允许卡尔霍恩、克莱、亚当斯和其他辉格党人士慷慨资助，联邦项目将所有收入的盈余都用来偿付国家债务。1816 年联邦债务有 1.27 亿美元，1835 年债务全部 521
偿清，这是一国债务史上空前的事件。这里有一个事实，那就是尽管赎回的联邦债券的持有者又将其收入间接地投资到州发行的证券中，但在由州政府借债融资的改良项目中，有一半以上是由联邦政府偿还的。

1837 年联邦政府的贡献进一步增加，当时它的债务已还清，关税收入滚滚而来，联邦政府将 2 800 万美元的结余收入分配给各州。如果不是 1837 年的金融恐慌减缓了经济扩张的步伐，并且将联邦结余转变成赤字，联邦税收收入共享的早期事例可能还会继续。各州在包括资助教育和内部改良在内的多项事务中花费了这部分钱。联邦债务的清偿和结余收入的分配的整个经历说明了联邦制在实际中的重要作用。它不允许联邦政府脱离其下级政府和私人部门，然而在其领导者的观念中却赞同这一行为。

不幸的是，在资本市场融资方式兴起之时，内部改良的热潮依然继续。东部各州和它们的港口城市竞相吸引日益发展的西部地区的商人与它们开展贸易。西部各州相互竞争以吸引移民并通过为运送农产品到东部和海湾港口提供最好的交通设施和银行业务工具来提升西部财产的价值。足以用来归还州债务的财政收入并不都来自这些项目。其结果是，在 19 世纪 40 年代初 9 个州因财政拮据而违约拖欠债务，后来更多的州也出现了类似情况。2 个更早成立的东部的州——宾夕法尼亚州和马里兰州也违约拖欠，本来它们发展得很好，可以通过提高财产税以及其他税来避免这种情形，但是对税负的厌恶情绪阻止了它们征税。数年后，债权人的羞辱和诽谤令它们最终还是用征税的手段偿清了债务。

其他 7 个违约州——伊利诺伊州、印第安纳州、密歇根州、阿肯色州、密西西比州、路易斯安那州和即将成立的佛罗里达州这些边境州——的选择更少。由于不像更早成立的州那样拥有投资收入和商业税收，这些州在违约出现之前已经征收了大量的州财产税。为了进一步增加税收，这些自以为是的州领导人反而弄巧成拙。因为那时移民将搬离这些州，潜在的要迁来的移民也会去税负更低的州。这些新成立的州从违约崩溃状态中恢复得更慢，像阿肯色州、密西西比州和佛罗里达州甚至拒绝清
522 偿它们的一些债务。然而，毫无疑问的是，即使州政府不能或者没有选择通过提高财产价值来避免违约，州资助的交通改良依然加快了美国发展的步伐。但是，投资于银行的州损失很大，而没有对其经济发展提供帮助。

欧洲银行家和投资家对那些违约的州非常恼怒，因为它们使所有美国的证券，甚至联邦政府的证券都遭到了怀疑。联邦政府面对国内外的压力承担起偿还州债务的责任，以恢复美国的信誉。人们提出要求国会采取行动的议案，1790 年的基金法就是先例。然而，国会拒绝了该要求。1790 年承担的债务是以独立这一众所周知的理由而产生的，而不是为了提高一个州相对于其他州的竞争地位这一特定理由而产生的。

但是联邦政府在 19 世纪 40 年代并不消极。它没有帮助背负着债务的州，而是花费了 9 000 万美元（其中一半是借来的）获得未来州的领土。一部分资金用于把得克萨斯州并入联邦。更多的资金被用在 1846—1848 年和墨西哥的战争上，其中一部分以现金方式补偿给了那个把西南部包括加利福尼亚并入美国的国家。政府也通过和英国签订协议解决了在太平洋西北部的边界争议，并向美国居民开放俄勒冈地区。

当然，在协议签订之前就有移民入住了，这也是问题所在。

作为对债务崩溃的反应，许多州重写了它们的规章或者通过了限制州政府举债的法律。1842—1857 年有 18 个州采取了这一措施，当州制定或重新制定法律时就会把限制的内容写进去，这已成了惯例。在当时，这样的限制可能导致矛盾的结果。提高各州归还债务的能力，州就可能提高自己借债的能力。这是 19 世纪 40 年代州债务危机在州信誉上造成的长期影响最小的原因之一。

地方政府陷入违约境地，19 世纪 40 年代至 70 年代及以后

联邦制在维持政府在经济发展中的积极作用的角色实验中被证实具有灵活性和 523
适应性。这样的灵活性和适应性在政府对其自身进行限制时表现得最为明显。一个早期的州政府灵活性丧失的例子是宪法取消了州政府长期拥有的印制钞票权，而没有赋予新联邦政府相关权力来替代它。那时发生的事情很有教育意义。州政府和联邦政府特许成立银行，以提供纸币形式及可转换为硬币这一货币基础的存款信用形式的货币。政府当局的限制方式，不管凭什么理由获得批准，都可能已经影响到经济的扩张。

另一个例子是在 19 世纪 40 年代，当时联邦政府从经济领域脱离出来，而州政府减少借款，开始对未来的借款进行严格的限制。这些举措本身有可能减缓交通发展和经济扩张的速度，但实际上并没有，部分原因是地方政府陷入了违约的境地。地方政府或市政债务（大多是城市的债务）在 1840 年是 2 500 万美元，远远少于大约 2 亿美元的州债务。在 40 年后的 1880 年，州债务总计只有 2.75 亿美元，这是法律限制、偿还以及南部（参见下一节）在美国内战后重建时期拒绝产生债务的结果。同一时期，地方债务增加得更快，到 1860 年达到了 2 亿美元，到 1880 年达到了 8.21 亿美元。

市政债务增多主要有两个原因。一个是 19 世纪 40 年代州减少了进行内部改良的活动，地方政府在州的授权下转向资本市场，以公共基金资助的形式来维持发展的动力。正像州早些时候通过相互竞争来改善交通设施一样，从 19 世纪 40 年代到 70 年代，县、市、镇也争相改善铁路交通状况。假如这些当地政府能够提供几万或者几十万美元来资助一个铁路公司，那么该公司就愿意在该地铺设交通线路，服务

当地发展。资本市场通过发行以当地税基作为担保的市政债券来提供资金，当地政府将这些收入通过股票或债券的形式或者完全的资助授权方式转给铁路部门。这一
524 情形在大约占美国一半的东部地区普遍存在。这很大程度上造就了 19 世纪末美国密集的铁路网。

地方政府对铁路建设的支持急剧增加，毫无疑问，铁路建设的发展也非常迅速。在 19 世纪 40 年代中期和 50 年代初期速度相对慢一些。主要的大发展时期是美国内战后，从 1865 年到 1873 年，美国铁路网在这 8 年里轨道长度在 35 000 英里的基础上翻了一番，增加到 70 000 英里。如同早期的州政府一样，地方政府对内部改良进行强有力的财政援助。最近的研究表明，从典型的税负水平看，铁路建设发展引起财产价值上升，仅带来的财产税收入的增加，就能够在很大程度上，即使不是全部，弥补铁路建设的成本。[8]

这样的历史后见之明帮助我们理解为什么美国政府如此热衷于基础设施投资。但是当真正进行投资时，收入和债务支付配合并不总是那么顺畅。即使在 1865—1873 年，地方一级政府依然重复着州一级政府 19 世纪 30 年代的改良风潮，19 世纪 70 年代余下的年份也在重复着 19 世纪 40 年代的情形。1873 年金融危机之后就是一个大范围的经济低迷时期。其时铁路无法带来收入以偿付地方政府（市政当局）的债务，有些政府就拖欠甚至违约拒付铁路债券。被侵害的债券持有者上诉后，美国最高法院就进行干预，将市政当局界定为公共公司并由其所在的州拥有，它们不能像私人公司那样宣布破产或拒付债务。简言之，最高法院维护了市政债券持有者的权利。最终，由于与市政当局关系密切而牵连进去的州对地方政府举债进行限制，正如它们在 19 世纪 40 年代限制其自身借债一样。这样的限制包括将市政债券的价值控制在地方财产估值的一定比例，或者需要由选民来表决债券发行的问题。投票有时要求绝大多数同意（例如，投票者的 2/3）而不仅仅是简单多数。

城市化是 1840—1880 年市政债券从 2 500 万美元增加到 8.21 亿美元的另一主要原因。城市的人均支出总是比美国联邦制中的其他政府更多。它们最早引起当地政府债务的产生。但是在 1840 年以前城市数量很少。从那时起，城市的数量和规模迅
525 速上升，它们转向资本市场，为城市基础设施投资融资。这些基础设施包括铺砌的街道和人行道、桥梁、路灯、市政建筑、供水系统、排水系统、学校、医院、图书馆、

博物馆、公园、动物园和城市运输系统，几乎涉及市政府所能想象到的城市生活的每一个方面。

甚至 1870 年之后州对市政当局的举债限制也未能减缓市政债务的增加。债务从 1880 年的 8.21 亿美元（其中大多是城市的债务）增长到 1913 年的 40 亿美元。只要城市财产在增值，将债务限定在财产估计价值一定百分比的限制对于债务的绝对增长就不会有多大阻碍，实际上城市财产的确在增值。除此之外，市政当局有办法绕过州限制。一个方法是进行金融创新，即发行收入和特别估价债券。如果城市超过了针对举债当局的基于被估财产价值一定百分比的总债务限制，那么它可以以这些新形式的债券来举债。比如说，为供水系统举债，然后保证将所收水费用于支付债务利息。另一绕过债务限制的方法是创建地方政府的新形式，比如像学校、公园或供水区这样的特别区域，这样它们有权自己举债和征税。这种方式使得同样的财产在为地方政府投资和服务筹资时能得到 2 倍、3 倍甚至更多的税收。正是由于通过这样的创新性融资来发展城市，地方政府如前一节所指出的那样，在 20 世纪初在包含 3 个层次的联邦体系中上升到最重要的位置。

美国内战和 1860 年后的共和党时代

1861—1865 年的美国内战相对来说在一定意义上依然是美国历史上最大的战争。这场为了维护国家联盟（Union）和结束奴隶制而发起的战争，在一个新政党——共和党——的领导下取得了胜利。在意识形态上，共和党是前半个世纪以来的辉格党（Whigs）的继承者。辉格党又是 18 世纪 90 年代联邦主义者的继承者。战争时期共和党的总统亚伯拉罕·林肯就曾经是辉格党人。他的政党在 1861—1914 年的大多数时间内继续执掌政权并控制着联邦政府。共和党的支配地位导致了联邦权力的大幅扩张、从华盛顿政府开始的在振兴和分配上的主动性以及商业优先的国家政策取向。它标志着杰斐逊和杰克逊主义者们强调州权利、土地平均分配、容忍奴隶制和限制 526
国家政府的趋势逆转了。1800 年以后，这种思想在对联邦事务的决定上占了上风。林肯在被暗杀后成了共和党人的英雄。但他们的政治主张和他们的经济与金融政策在本质上是属于汉密尔顿主义的。

战争融资的遗产：税收

战争是昂贵的，耗费了全国产出的 1/4 以上。为了给这样一场史无前例的艰苦战争提供经费，联邦政府开了很多先例，它们在冲突结束后产生了持久的影响。有三种方法可以筹集到资金，也就是税收、印钞票和借款。政府，任何政府，都可以利用这三种方法来得到对资源的控制权。

税收负担了美国政府战争开支的 1/5，远远大于以前战争耗费的比例。长期以来作为联邦政府收入体系支柱的关税增加了。平均关税税率，用关税对进口应税商品的价值之比计算，从战前的 20%增长到战争结束时的接近 50%。正如他们的辉格党前辈长期以来所持的观点，更高的关税一直列在共和党人战前的日程表中。但是一部分民主党人反对更高关税的动议，他们代表了在自由贸易中出口棉花的南方和一个小联邦政府的利益。南方各州的脱离使南方的国会议员离开了华盛顿，让共和党很容易地在 1861 年实施更高的关税。关税在战争那几年里有了进一步的增加。1865 年南方的失败加强了战后年代共和党在国会中的地位，使得平均关税税率维持在战时的水平。就像前面所提及的，海关税收在 1914 年前的多数年份占到了联邦收入的一半或更多。直到 20 世纪 30 年代，随着世界贸易体系的崩溃，美国才抛弃了贸易保护主义的政策，并开始领导世界走向自由贸易的新秩序。

1800—1860 年国内税收在联邦层次上几乎被杰斐逊和杰克逊主义者全部取消。但在战时国会的热情推动下，联邦国内税收恢复了。这本应是汉密尔顿所喜欢的，但是他几乎无法预料到。消费税几乎面向所有的消费性货物和制造商品课征。牌照
527 税在很多交易和行业中实施。营业税在提供服务的业务中而不是销售货物的营业活动中实施。对很多法律文件和商品课征印花税。在 18 世纪 90 年代后期很不受欢迎并且在 1812 年战争后很快就废除了的联邦财产直接税，也重新课征。这些都用来支付各州在军队上的花费和后勤供应，因此，并没有给联邦收入带来多少增加。

这些税收中绝大多数都是累退税：与高收入人群相比，低收入的人把他们财富的更大比例交给了政府。为了使国内税收计划更能被公民接受，国会在 1861 年实施了第一个联邦所得税。它实行单一的 3%的税率，但因对收入低于 800 美元的部分予以扣除，有轻微的累进性。到 1865 年，免征额降低到 600 美元，而且对 5 000 美元以下的收入适用 5%的税率，超过 5 000 美元的部分则适用 10%的税率，增强了累进性。

所得税在 1865 年占联邦收入的 21%。关税收入虽然比战前高了很多，但在重归和平以前，并没有真正反映出共和党所征收的较高的税率。在 1865 年，关税提供了 29% 的联邦收入。这样，海关税收和所得税支撑了一半的税收收入。另一半来自消费类税收。

美国内战中的所得税为联邦财政建立了一个重要的惯例。尽管所得税和大多数战时消费税一样，被战时国会逐步削减并于 1872 年废止了，但在筹集大量收入方面的成功表明了它是一种比关税和消费税更具有潜在公平性和较弱累退性的税收，从而更具可行性。在 1872 年后的 20 年中，试图重新引进所得税的无数次努力都失败了。但是，在 1892 年的选举中，民主党控制了国会两院并在 1894 年重新实施所得税。这次所得税有更大的扣除额（4 000 美元）和更低的单一税率（2%）。但在 1895 年，最高法院认定这项所得税是违反宪法的。到 1909 年，对所得税的持续支持导致了美国宪法第十六修正案被提交给各州。到 1913 年，3/4 的州通过了修正案，国会立即实施了税案，即对超过 3 000 美元的所得课征 1%的税收并对更高收入适用超额累进税率（从超过 20 000 美元收入的 1%到超过 500 000 美元的 6%）。这样，到我们考察的这一时期结束时，美国内战中建立起来的所得税先例似乎变成了联邦税制中永久的一部分。随后的事实证明，它对联邦制的每一层次来讲，都是一个有着很大潜 528
力的收入来源。

为了管理广泛的内战税收计划，国会在财政部内设立了国内税收专员。在全国设立征收专区，由税收派出机构和代理机构的人员来管理。在 19 世纪 70 年代，大多数的战时税收被逐步废止，但是机构却被保留下来，用来征收重要的烟酒消费税以及对少数奢侈商品征收的不太重要的消费税。认识到其性质后，代理机构后来被称为美国国内收入署（Bureau of Internal Revenue）。再后来，好像觉得这样偏离了对其性质的认识，国内收入署又被改为国内收入服务署（Internal Revenue Service, IRS）。

战争融资的遗产：货币、银行业和债务

内战时的税收，在为以后的美国公共财政提供先例的同时，只为联邦政府筹集到 1/5 的战争费用。其余的部分来自不可兑换纸币的发行（约占战争费用的 10%），

以及附息债券的发行（约占战争费用的 70%）。财政部的命令以及用于支持纸币的硬通货短缺迫使北方的银行于 1861 年年末暂停银行券的硬通货兑换。之后，1862 年和 1863 年的三次不可兑换的美国纸币或“绿背纸币”的发行筹集了总计达 4.5 亿美元的资金。随着战争变得超越人们想象的血腥，绿背纸币实质上是国会对财政状况深感绝望的一个行动。

绿背纸币被确定为适用于除了关税和联邦债务利息之外的所有付款的法定货币。利息仍旧是以硬通货来偿付。如果没有绿背纸币的发行，转移到战争中的资源会通过其他途径产生（与战争消耗）相应的通货膨胀，尽管在努力收税的条件下（税收已经大大增加了），绿背纸币的发行还是导致 1860—1864 年的总体价格水平上涨了 2.5 倍。因此，很有可能财政会发行更多的债券，银行会通过银行券和存款扩大的方法使增加的债务货币化，从而引起相应的通货膨胀。这正是 20 世纪的战争中所发生的情况。

就像所得税一样，绿背纸币的长远意义就在于它创造了先例。1787 年宪法剥夺了各州发行不可兑换纸币的权力，但对联邦政府的这种权力没有做出明确规定。然
529 而，大多的猜测是宪法的制定者并不想赋予联邦政府这样的权力，而且严格的宪法主义者认为 1800—1860 年绝大多数联邦事务已经证实了这个假设。在美国内战后，这个问题在法院得到了验证。1869 年，最高法院的首席大法官蔡斯（Chase）（战争期间他作为财政部部长在国会的授权下发行了绿背纸币）记录了多数大法官的意见，即认为绿背纸币是不合宪的。由不同大法官组成的最高法院坚信国会在战争期间有权发行不可兑换纸币，并在 1872 年推翻了上面的裁决。后来，在 1884 年，另一个裁决把国会的货币权力扩大到了在和平时期也可以发行不可兑换纸币。那时财政部已经准备好了以战前的比率兑换绿背纸币。大部分绿背纸币都存放在美国的金库里。战后的通货紧缩使 1879 年恢复兑换成为可能。

1879 年以后直到 20 世纪的前 1/3 时间内，美元一直可以兑换成硬通货；在 20 世纪中间的 1/3 时间里，它与象征性的可兑换性渐行渐远；在最后的 1/3 时间里，所有美元纸币都是不可兑换的法定货币，类似于绿背纸币。作为内战的后果之一，国会长期以来受到怀疑的在宪法授权之下创造不可兑换货币的权力最终变得确定无疑。

至此，内战融资的最大部分来源于债券发行。这使得公共信用得到加强，并为联邦主义者在 18 世纪 90 年代的金融革命中发展资本市场制度做出了贡献。1860 年联邦政府的附息债券达到了 6 500 万美元，几乎是此前 1816 年最高峰时的 1.27 亿美元的一半。那次高峰是紧跟 1812 年战争出现的。在此期间，除了在 19 世纪 30 年代中期有过短暂的债务外，联邦债务全部清偿。到 1866 年，发行在外的债务快速膨胀到了新的数量级，达到 23.22 亿美元。50 年后，在第一次世界大战期间，债务达到 9.7 亿美元，不到 1866 年的一半。在这两者之间，债务曾经减少到 1892 年的 5.85 亿美元。恢复和平后，为了减少由于战争而膨胀的公共债务，1860 年后的共和党时代和此前的民主党时代的做法没有什么不同。

两项创新推动了战时史无前例的借款水平。一项是由杰伊·库克（Jay Cooke）完善的大规模的证券市场。杰伊·库克是一个私人银行家，他在 1862—1865 年根据与财政部的合同，销售了超过 10 亿美元的政府债券。库克在大量报纸上投放爱国广 530
告，并分发小传单向以前从没有在证券上投资过的美国人指出他们为什么应该购买证券。他在全国也雇用了几千个次级代理商以面值的 50%的低价销售政府债券。

另一项创新促进了库克的债券销售运动，那就是根据国会法案在 1863 年和 1864 年建立的国民银行体系（National Banking System）。这个体系以修正的形式一直延续到今天。因为有关这个体系的进一步的详细讨论包含在本书的其他部分，这里只作简要描述。当时银行立法的目标是双重的，最迫切的是销售债券为战争融资。国民银行是联邦特许的金融机构，最早可以追溯到美国政府分别在 1791 年和 1816 年特许的命运多舛的第一国民银行和第二国民银行。国民银行被要求把它们至少 1/3 的资本投资到政府债券上，并把这些债券存放到一个新设的财政部机构——货币监理署。作为对这种存放抵押的回报，国民银行从货币监理署得到等于这些债券平价或市场价格两者中较低者的 90%（后来是 100%）的银行券货币。这些通货统一豁免了私人银行发行银行券时所要缴纳的印花税。国民银行除了可以得到用于支持这些货币的联邦债券的利息外，还可以以一定的利率贷出这些货币，收取贷款利息。从很多方面来看，这项立法实质上是纽约州 1838 年自由银行法案在全美的推广应用。

除了促进债券销售，这项法案的第二个目标是为全国提供一种统一的银行券流通货币，以代替 1 600 多家州特许银行的各种各样的通货。国会希望这些银行放弃州的特许，加入新国民银行体系中。即使后来国会在1865年对州银行券的发行实施了禁止性的税率，它也没有完全成功。但多数银行确实加入了国民银行体系。其他银行保持了州特许并在存款的基础上开展经营，但是放弃了银行券的发行。

除了导致国家纸币通货形式的统一外，国民银行体系的长远意义是恢复了联邦政府的权威，并控制了金融业。当第一和第二国民银行分别在1811年和1836年没有得到继续营业的特许时——这种情况是令人失望的——国民银行体系在人们对这两个机构的更进一步的呼吁下建立。它不能代表中央银行，它仅是一个特许银行体系，这些特许银行在多数方面和州的特许银行一样。但它是在联邦当局的管理下，所以具有了一些其他特征，特别是它的储备系统使纽约市的大银行在一定程度上像一个国家的中央银行那样成为集体的储备持有者，也就是说，在一定程度上类似中央银行。
531 1913年联邦权威的恢复和在国民银行体系下发展起来的储备集中化为“美利坚第三银行”铺好了通向看起来羽翼丰满的中央银行的道路。中央银行是以联邦储备体系的形式建立的。亚历山大·汉密尔顿毫无疑问要为他在100年前提出的这种金融体系得到拥护而欢欣鼓舞。

18世纪90年代联邦主义领导者也必定会为内战后的债务管理而高兴，因为做出偿还公共债务的规定曾经是他们加强公共信用计划的一个重要组成部分。在19世纪后期，尽管有扩大联邦开支的动力（下面将讨论），关税和消费税的征收还是产生了大量的收入结余。1866—1893年，联邦预算每一年都是财政盈余，而且像前面提及的那样，盈余的收入被用于偿付附息债务。债务在这些年中已经从23亿美元减少到6亿美元。因为税收主要是针对消费的，因此资本市场把盈余的联邦收入转移到公司证券和州及地方政府的债券发行上。这些州及地方政府的债券发行是为基础设施融资的，因而联邦债务管理增加了美国的储蓄和资本形成。毫不奇怪的是，这些年是美国历史上经济增长速度最快的年份。这维持了共和党的执政，尽管他们的政策导向出现越来越多的问题。

在19世纪末因为有太多的资本冲击金融市场，利息率跌到了极低的水平。举例来说，1900年年初，联邦政府为修建巴拿马运河借入所需资金的1/3，在当时轻微的通货膨胀条件下，利率仅为2%。其余的2/3来自正常的收入。这真是一个讽刺。同样一个联邦政府，在19世纪早期，其修建国内运河和其他基础设施的计划遭到执政者和国会中州权力提倡者的阻挠，而 20 世纪初在没有真正反对意见的情况下，国家却能够借钱在另一个国家修建运河。人们改变了对国家和国家利益的理解，这些很可能就是美国内战带来的一部分变化。

共和党的其他战时措施

除了高关税，共和党战前的议程中还包括了联邦对建设横跨美洲的铁路的资助和对定居农民提供免费土地。这两项提议都遭到了提倡州权力和限制联邦政府权力 532
的民主党人的反对。当南方的民主党人在脱离联邦从国会退出后，这两项计划都变得可能了。1862 年，《太平洋铁路法案》特许批准两家公司——联合太平洋铁路公司（Union Pacific Railroad）和中央太平洋铁路公司（Central Pacific Railroad）——建设横跨美洲的铁路。它们都被赠予了铁路沿线的土地，而且联邦债券资助建设轨道。1864 年额外的土地被赠予这两家公司，并且给予第三家公司——北方太平洋铁路公司（Northern Pacific Railroad）——新的赠予。到 1871 年，当土地赠予计划部分因为丑闻而结束时，国会已经送出了 2 亿英亩的公共土地，尽管其中 1/3 的土地因为铁路公司没能按预定的时间完成建设又退还给了美国。尽管如此，第一条横跨美洲的铁路在 1869 年完成了，其他的铁路不久也相继完工。

从 1862 年起《宅地法》开始实施。那时，联邦政府一直都对土地实行收费政策。虽然有了这么多收费，但除了少数几个土地销售剧增的年份外，从销售土地上所收取的收入很少超过测量和出售它们的成本。尽管如此，执政的民主党人还是把标价出售土地作为政府收入的一个来源，来满足对手提高关税的要求。如果一个农户在一块土地上定居了 5 年，那么根据《宅地法》就可以将 160 英亩土地的所有权无偿赠予他。尽管法案在政治上受到广泛的欢迎，但它所起的作用比在其他情况下应有的作用要小。对干旱的西部来说，一块 160 英亩的土地在农业上的可行性不如在中西部和东部那么大。西部铁路公司被赠予了大量的土地，而且《宅地法》鼓励铁路公司不受限制地处置这些土地。而 1862 年的另一项立法——《莫里尔法案》，赋予各州大块的土地——每个国会成员 3 万英亩，用于捐赠给专注于农业和机械方面教育的“赠地”大学。根据这项法案，有很多土地出售者不受《宅地法》的限制。结果是，铁路公司和州向定居者出售的土地比《宅地法》所赠予的土地更多。

由于其土地“免费”，《宅地法》是公共领域私有化达到最终自由化的象征。共和党人以 1860 年前的华盛顿政权所不允许的方法，用联邦土地和国家预算中的金钱
533 刺激了基础设施投资和教育，同时他们的这些措施在政治上受益良多。从安全防卫的角度考虑，《太平洋铁路法案》和《莫里尔法案》是必要的——必须保护遥远的西部（Far West），而接受政府赠地的大学可以提供军事训练。然而，从长远看，就像多数的战时融资立法一样，在为联邦政府在更高层次上干预国家经济开立先河方面，这两个法案显得更为重要。

美国内战后的联邦转移支付计划

现代政府以广泛的转移支付计划为特征，公共资金的花费不是用来购买公共使用的资源，而是为了把购买力从纳税人转移到其他公民那里。大规模的联邦转移支付计划可以说是从美国内战后开始的。在这些年里有两项这样的计划，每一项都与这场冲突的规模有关。一个是对国家债务利息和本金的支付，采取将预算盈余充抵债务的方法（早就讨论过）。同样应该注意的是，从内战结束到 1880 年，大约 40% 的联邦预算被用于支付债务的利息支出。利息和本金的偿付把钱从纳税者那里转移到债券持有者那里。因为债券持有者在美国内战的通货膨胀中以便宜的美元购买了他们的证券，而且因为多数税收是累退性的消费税，所以这种转移计划有利于投资者，损害了消费者。当时这是一项推进投资和增长的政策。

另一个大的转移支付计划涉及对国家联盟的退伍老兵和他们的遗孀、孤儿的支付。南方邦联的老兵被排除在外，虽然南方各州政府实施了它们自己的计划。与债务相关花费一样，这个联邦计划也不是新的。对老兵的支付自 1789 年开始就是联邦预算的组成部分。但是美国内战以前的这种现金支付（也有对老兵的土地赠予）在大多数年份中只占预算的一小部分。它本身也很少——1815 年以前很少超过 10 万美元，之后在 1860 年之前，通常也都在 100 万 ~300 万美元。19 世纪 60 年代后期到 70 年代，即使仅对那些在执行任务时致残的老兵支付养老金，它的数量也激增到每年 2 500 万 ~ 3 000 万美元。这种限制激怒了老兵组织，他们要求对服役支付养老金，如果不能做到全部，那也要为在服役期间致残的老兵支付养老金，而不仅是对当时通过申请的、与服役相关的致残提供养老金。但是因为整个 19 世纪 70 年代政府所关注的主要财

政目标是恢复硬通货支付和债务管理，所以老兵的要求很少能得到满足。 534

1879 年，恢复硬通货的目标达到了，对债务管理也不再关注，而预算盈余仍在增加。为老兵们游说的院外集团说服国会通过了一个所谓的《养老金拖欠法案》（Pension Arrears Act），根据这个法案，养老金自退役的时间开始计算支付。这项慷慨的措施导致了领取养老金人数的大量增加（从 1879 年的 26 000 人增加到 1885 年的 345 000 人）和养老金支付的大量增加（老兵支付在 1879—1885 年翻了一番，并在 1885 年占到联邦预算的 20%）。就像政府津贴计划要支付或扩大支付时所常有的情况一样，适用的范围总是被低估。因为预算盈余，低估并没有带来财政压力。一个世纪后的美国有着更多的政府津贴计划，但不可能如此幸运了。

1890 年，当预算继续盈余时，养老金进一步放开了。任何一个在军队服役 390 天并患了任何一种残疾（无论这种残疾是否与战争有关）的老兵，以及没有再婚的老兵的遗孀，都是合法的领取养老金的对象。到 1893 年，领取军队相关养老金的人数激增到接近 100 万人，养老金开支占联邦支出的 40%。养老金开支从那时到 1914 年一直缓慢增长，1914 年大约占到预算的 25%。但是这也牢固地建立起一个原则：联邦政府有责任为国会认为值得支持的美国人提供大规模的转移支付。内战老兵的政府津贴计划就这样为 20 世纪的大政府进行了预演。

州政府：南方拒绝偿付债务

南方联盟的失败结束了奴隶制，也宣布它的通货和债务无效。南方各州的债务，在 1860 年为 9 000 万美元，到 1865 年因为利息的拖欠增加到 1.12 亿美元。在号称“总统重建”（Presidential Reconstruction）的 1865—1868 年，田纳西、路易斯安那和佐治亚为公共事务筹集的新借款，加上南方各州债务的利息拖欠，总额达到 1.46 亿美元。

随之而来的是国会重建（Congressional Reconstruction）时期，以及当时所谓的政府“利用南方混乱牟利”和后来的腐败活动。1868—1874 年，南方各州的债务很可疑地增加了 1 亿多美元。这些钱中的多数流进了私人口袋或被投到失败的冒险活动上，很少用到有利于公众的项目上。随着 19 世纪 70 年代中期重建的结束，南 535
方各州首府被号称“救世主”的民主党所控制。新的州政府开始拒付重建时期几乎所有的债务，接着是拒付一些别的债务。6 200 万美元的债务被彻底拒付，另外的 4 100 万美元债务通过按比例削减其他债务本金的方式遭到拒付。按比例削减的债务所增加的利息也不会偿付。拒付总额为 1.16 亿美元。

考虑到“利用南方混乱牟利”的政府增加债务的方式的合法性值得怀疑，并涉及有记录的腐败，一些——或许很多——拒付可能是公平的。重建之前甚至是战前的债务被拒付的情况是很少的。即使在拒付之后，因为南方之外的各州减少了它们的债务，而南方各州没有减少，所以南方各州的收入大大低于全国平均水平，人均债务负担确实很重。这些事情和 19 世纪 40 年代早期州拖欠债务一起，成为美国政府和公共财政记录上最悲伤的事情之一。

州政府：新的责任

美国在内战前已经是一个富裕国家，除了战败的南方外，在战后变得更加富有了。很多城市是新兴的，为了发挥城市的功能，就需要大量的公共投资。在发展基本的经济基础设施方面，除了城市外，政府的作用在 19 世纪 70 年代就完成了，最迟也是在 1900 年后汽车的发展要求修建更好的公共道路时完成了。在一个富裕和成熟的工业经济中，多数的投资是由私人计划完成的，并通过私人银行业和资本市场体系进行融资。

然而，工业化对政府职责产生了新的需求。对基础设施进行规划及融资的要求减少，同时对经济发展不协调的地方进行改进的要求增加，需要政府制定更多的规范。当州、地方和联邦的促进活动在 19 世纪 70 年代被挫伤后，接下来不断呼吁政府对曾在它的政策帮助下建立起的大型运输企业进行管制。同时，由铁路运输促成的全国性大市场同样振兴了大型的、非个人的制造公司和公用事业公司。这些大的商业
536 活动促进了生产和分配技术的革新。在很多美国人看来，好像是他们自己开发了员工、客户和社区。其结果是人们不断要求对联邦制每一个层次的政府进行监管和干预其他社会事务。

很多这样的需求源于州政府层次，因为就像伍德罗·威尔逊在前面指出的那样，在美国联邦制下，州立法为大多数经济生活制定了规则。在美国内战后不久，纽约州的立法机构建立了州慈善委员会、大量的师范大学，并赋予议会监管权。在展示

一个领先州的政府如何主动地进入越来越多的新领域时，纽约作为最大和最富裕的州的例子，有着深远的启发意义。它预示了将在其他州推广这种做法，然后联邦政府也会效仿：

> 1860 年，纽约州除了公共卫生支出外的一般性服务支出只有 5 万美元，而在 1880 年是 30 万美元，1900 年是 90 万美元。1882 年，它为进行管理收费成立了铁路委员会，同年又成立了劳工统计局，四年后成立调解仲裁委员会和工厂检查委员会，1890 年成立矿井检查委员会，1892—1895 年则成立了血汗工厂和面包工厂检查委员会。1880 年成立的州健康委员会拥有搜集重要统计材料、强制实施干净食品法和调查疾病的权力。州在精神疾病和社会福利方面的花费从 1860 年的 26.3 万美元上升到 1880 年的 123 万美元，到 1900 年又上升到 650 万美元。在 1880 年建立州农业试验站，并在 1893 年成立了农业部，以负责畜牧检查、铲除牛结核病和种植园、动物养殖场中的常见疾病。州对资源的保护随着渔业委员会在 1868 年的成立而开始，到 1885 年森林保护委员会也成立了。[9]

现代形式的州的经济调控在 1870 年以前很少。1887 年，在联邦州际商业委员会成立时，29 个州已经有了铁路委员会。在第一次世界大战时，48 个州中有 44 个成立了这样的委员会。1914 年有 23 个州监管着多数的公共设施，35 个州对电话公司进行监管，有 46 个州实行牛奶检查。

当联邦《谢尔曼反托拉斯法》在 1890 年实施时，21 个州已经完成了反托拉斯法律的立法。在第一次世界大战时，35 个州有了这样的法律。很多州监管着银行和保险公司。

在普通劳工法（general labor law）时代，1900 年 28 个州限制使用童工，1917 537
年 39 个州限制妇女的工作时间。1916 年工人意外事故补偿办法可见于 31 个州的文件中。特殊行业由州的许可法监督。例如，1914 年，每个州都对牙医和药剂师实行执照管理，很多州对建筑师也实行执照管理。第一次世界大战时，所有州都有强制义务教育的法律，并且都提供免费的课本。

这些形式多样的公共领域的创新从一个或少数几个州开始，在被证实起到一些重要作用后（如果不总是对所有公众有益），就推广到别的州。例如，职业执照管理就有助于使消费者确信商品和服务提供者符合一定的训练和实践标准。但它也可以用来限制进入（包括少数民族的进入）实行执照管理的行业，因此提高了消费者所付出的价格和执照拥有者的收入。寻租行为，也就是经济学家们对前人所称的腐败现象的说法，在联邦体系中每一个层次的政府行为中都经常存在。像贫穷一样，寻租常常令人遗憾，然而无法根除。

公共援助计划也在不断发展。甚至在殖民时代，地方政府就对它们中间的穷人做出某些安排，州和联邦政府在共和时代的头几年就开始对老兵提供一些援助。工业社会把应该得到类似援助的人扩大到了老人、丧失劳动能力者和失业者。19 世纪末期，援助这类或那类人的责任从地方社区转移到了州政府，从私人慈善机构转移到了州一级的机构。毫无疑问，联邦政府应该在这些计划中承担更大的责任，但除了给予老兵的应得权益外，在 1930 年以前联邦政府一直没有真正这样做。

新联邦主义

20 世纪监管和社会福利活动更加向集中化的方向发展。但在几个领域，集中化的趋势甚至在更早以前就变得很明显了。作为 19 世纪末期一个敏锐的政治趋势观察
538 者，伍德罗·威尔逊指出了出现集中化趋势的重要原因：

> 州的一部分法律最密切地关系到我们的日常利益，并且实际上决定了我们的社会结构，也决定了工业和商业的有机组织行为，因此，将对这部分法律的监管权留给各州的计划有一些严重不足：当社会和政治发展的现代趋势越来越胜过保守力量时，这些不足就会使它们自己越来越强烈地感到不足……结果是州的划分不是自然的经济划分。它们在实践中对任何有明显不同的工业地区根本构不成障碍。因此法律的多样化和不一致，给我们的社会和商业安排带来的摩擦和混乱不止一点点。[10]

简言之，一方面，各州的监管不同，另一方面又要求一个统一的全国经济发展计划，两者之间存在冲突。19 世纪占主导地位的铁路企业，就体现了已出现的这种冲突。联邦对铁路的监管是随着 1887 年的州际商业委员会的成立而开始的；但这也

是在 19 世纪 70 年代最高法院首次批准各州对铁路的监管之后，以及随后 80 年代当各州试图对跨州铁路货运实施监管时最高法院认定这是违宪之后，才由联邦进行监管。铁路不是必然地被限制在州的边界内。大的制造业公司也不是。因此就像对铁路的监管一样，联邦反托拉斯法也是追随各州的先例，在 1890 年才出现。支持商业的共和党立法者签订的（甚至发起的）这种集中监管的法律证明了这些法律在一定程度上既是在各州武断的和相互冲突的监管下发生商业摩擦的产物，也是消费者对大企业不满的产物。

这些最初的联邦监管和反托拉斯法案实施后，紧随其后的就是 20 世纪早期的所谓的进步时代。此时联邦层次上监管、社会福利和资源保护的功能进一步集中化。在共和党总统西奥多·罗斯福 1901—1909 年执政期间，在监管方面州际商业委员会被赋予制定铁路最高收费的更大权力；《清洁食品和药品法》也开始实施；联邦农业部被授权调查跨州运输的肉类；一个有调查权的公司管理局（Bureau of Corporation）也成立了；并且开始考虑成立国家货币委员会（National Monetary Commission），且最终于 1913 年创立了联邦储备体系。

在社会福利和服务方面，罗斯福和他的共和党白宫继承人威廉·霍华德·塔夫脱于 1909—1913 年发起了联邦灾害救助计划，并建立了联邦公共健康服务局（Public 539
Health Service）。在环保方面，罗斯福执政时期于 1902 年制定了《土地改良法》（Reclamation Act），开展了对农业非常有益的联邦堤坝和灌溉项目。罗斯福和塔夫脱为国家森林公园保留了数量巨大的公共地带。1910 年这些森林公园大约有 2 亿英亩，几乎和 1862—1871 年接受联邦赠予计划中赠给铁路公司的一样多。

进步时代的很多联邦动议都得到了商业利益集团的支持。这些商业利益集团通常强烈反对大政府的干预。当公司把它们的运营扩展到全国范围时，这些支持“公司自由”（corporate liberal）的利益集团总是对州的地方性监管和其他措施的混乱状态感到失望。它们希望使一个已经以工业为主的社会有更好的秩序。因此，它们愿意和政治领导人一起工作，使全国性的问题有一个有序的统一的解决方案。这种统一的解决方案与由 48 个独立的州立法机构来进行协商和行动所达成的不一致的并且经常互相矛盾的解决法案相比，更加符合公司自由利益集团。

在进步时代，美国的金融家和工业家们在考虑全国的问题时也把视野放到了国外。华盛顿的共和党联盟对此起了很大作用。在他的第二届任期结束时的 1909 年，西奥多·罗斯福花费在美国海军上的开支，相比 1898 年短暂的美西战争前翻了两番。他也发起了巴拿马运河计划。该运河于 1914 年开通，它不仅加强了世界贸易，也加强了美国的特权和海军力量。通过这种具体而且相当昂贵的方式，联邦政府变成了美国商业在全世界扩张的工具。

这样，18 世纪 90 年代在华盛顿、汉密尔顿和其他联邦主义者的领导下，美国联邦制引入了大政府的概念，之后直到美国内战之前的杰斐逊和杰克逊时代，联邦制的这种大政府体制出现倒退，其后一直到 1914 年第一次世界大战爆发之前，美国才
540 又逐步回归到大政府。但这时的联邦制已经与以前大不相同。18 世纪 90 年代联邦主义者是在一个处于以欧洲为中心的世界经济边缘的小型农业国家的环境中进行工作的。到了 1914 年，美国已经成为世界上最大、技术最先进的经济体。其间的变化已经拓宽了国家利益集团的范围，并使得政府拥有更多的选择和资源。20 世纪的其余时间延续了美国内战时和内战后重建的集中化趋势。它将进入联邦主义的新时代，这个新时代将由共和党和民主党共同执政。尽管美国在世界的地位已经与其在 18 世纪 90 年代时的情况大不相同了，但这个联邦主义的新时代与早期联邦主义者心目中
541 的联邦主义可能并没有太多不同。

注　释

[1] Alexis de Tocqueville, *Democracy in America* (New York, 1946; 1st French ed.1835), vol, 1, 40.

[2] Andrew Carnegie, *Triumphant Democracy, or Fifty Year*s' *March of the Republic* (Garden City, NY, 1933; 1st ed.1886), 1.

[3] "Report of the Secretary of the Treasury on the Subject of a Direct Tax", [Oliver Wolcott, 1796] *America State Papers, Finance*, vol. 1(Washington, DC, 1832-1861).

[4] S. S. Randall, *A Digest of the Common School System of the State of New York* (Albany, 1844), 74.

[5] Woodrow Wilson, *The State*: *Elements of Historical and Practical Politics* (rev.ed.

Boston, 1900; 1st ed.1889), 469, 473.

[6] Tocqueville, *Democracy in America*, 40.

[7] Samuel Blodget, Jr., *Economica—A Statistical Manual for the United States of America* (Washington, DC, 1806; reprint, New York, 1964), 200.

[8] Jac C. Heckelman and John Joseph Wallis, "Railroads and Property Taxes", *Explorations in Economic History* 34(1997), 77.

[9] Paul Studenski and Herman E. Krooss, *Financial History of the United States* (2nd ed. New York, 1963), 193n.

[10] Wilson, *The State*, 478.

第13章

19世纪和20世纪初的美国国内交通运输

艾伯特·菲什洛（Albert Fishlow）

引　言

美国是19世纪第一个发展起来的大陆国家，这在很大程度上是美国国内交通发展的结果。在交通部门的大量投资以及更新、更有效率的交通方式的发明的共同作用下，原先大西洋沿岸的居民可抵达更广阔的内地。富饶的内陆地区拥有肥沃的土地，它正融合到一个地区性的、专业化的整体之中。如果资源分配没有向交通方面大规模倾斜，19世纪在水路和铁路方面没有连续的改进，美国经济将是另外一番景象。

本章考察了美国市场条件和社会干预的相互作用如何引起对交通的大量投资；这些设施如何降低了成本和拓宽了市场；以及其所获得的好处如何在经济的其他部分进行分配。

我首先讨论了交通投资的一些理论效应。接下来的第二节讨论在19世纪和20

世纪早期发生的交通革命的目的、规模和后续的融资问题。另外还讨论了在降低运输费用和建设具有吸引力的交通方面取得的成功。第三节和第四节考察了在 19 世纪和 20 世纪早期源于交通革命的一系列经济效应。最后一节简要回顾了整个历程并 543 从中得出了一些结论。

交通投资的效应

作为以下论述的背景，研究交通投资的效应是有所裨益的，我们将借助简单的图形来表示许多效应。[1] 如图 13–1 所示，假设有一个单一的农业生产地区，该地区仅生产一种产品，且其需求具有完全弹性。在从沿海城市 A 修建一条到城市 B 的铁路之前，经济活动的范围仅限于城市 A 周围的半圆地区。在圆周上各点的运输费用加上生产的成本恰好等于 A 地的价格。所以这些位置的地租为零，并且也是耕种的边界。在此之内的任何位置耕种，都可以获取正的区位地租，而且越靠近市场越有利。

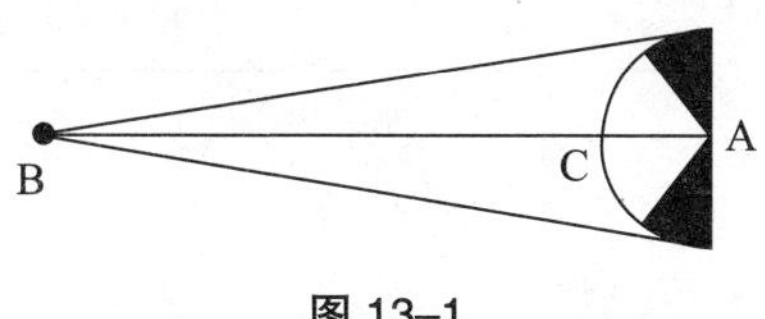

图 13–1

就像我们所看到的一样，铁路的建设降低了运输成本，迅速扩大了有盈利的耕种范围。现在沿着三角形的两边，包括 B 在内，降低的运输成本加上固定的生产成本正好等于所获取的收入。然而，就以前的边界而言，阴影部分之外的区域在借助铁路和陆上交通的时候，成本更低了。由于靠近市场，这里的供给成本更低且可以获得潜在的收益，所以在这个新的区域，租金将会提高。那些位于 C 的厂商更是占尽了优势。在耕种边界上有最大的吨英里载货量，先前居住在此的人们由于铁路的修建而获益匪浅。这表明增长的租金仅仅是交通投资的年直接回报。

很显然，在市场界限之内，新的经济生产位置的确定将会鼓励人们来此地定居，并引起生产的增加。通过耕地面积的增加，总的净收益将随之提高。但是由于这 544 些增长更多的是源于资本和劳动投入的增加，所以生产率的提高不明显。生产率的提高取决于货物在运往市场的过程中所节约的交通费用。费用降低的同时要素的投入减少了，从而释放了从前用于交通的要素，并将其投入到其他的生产性活动中去。图 13–2 表明直接的好处（ABCD 部分的面积）源于交通的改善。该面积等于人们愿意支付的交通的价格和实际支付的价格之间的差额。由于他们愿意支付的价格等于交通费用和生产成本之和等于收益时的价格，因此这部分差额和我们上面所说的区位地租是一样的。这里请注意，我们确实不能估计在道路开通之后总的 DC 部分的差异成本，因此图形高估了得到的好处；而且有必要考虑需求和因此释放的资源对于收费率的依赖程度。

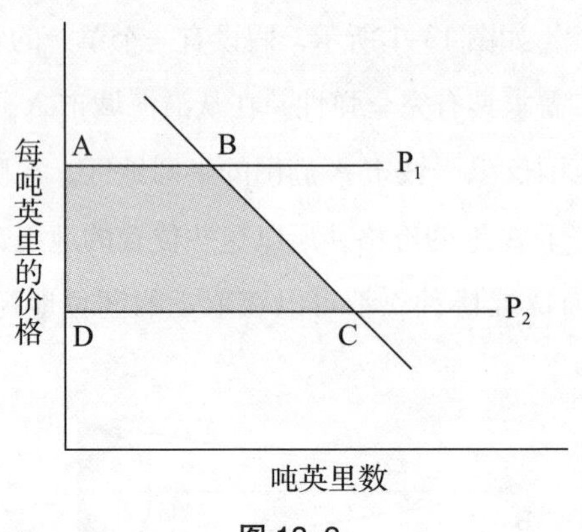

图 13–2

不需要太多的变化，就可以将上述理论的情况扩展到更加复杂、更加贴近现实的情况中。例如，如果在 A、B 两地之间有人定居，并且生活必需品的生产非常有限，那么就可以引起生产规模的大大扩张。这是因为新要素增加一个更小的份额就可以
545 引起同样的总的真实收入的增加。同样，假如在一个更大的市场范围内，A 专业化生产某产品的成本比以前进口或者国内生产的更低，则该地区将获利更大。这也可以很容易地适用于生产力不同或者需求弹性不大的情形。

或许对上述理论的最重要的修正是明确引入建造交通设施的资本成本。一般来说，图 13–2 中的价格线 P_2 仅仅包括运营的可变成本，因为这些设施一旦建立就需要投入相应的资源。是否建设该设施必须取决于和资本成本相对应的收益的大小和时间。或者如果我们想让价格包含资本名义回报的话，我们就必须比较净收入（收入减去成本）的总额和收益（以价格而不是以成本为衡量基础）。如果创新花费巨大，

那么虽然可能会有可观的实际收入，但是它仍然可能是不经济的。比如投资于改进耕种技术和降低生产成本比降低交通成本会更有利。

通过计算，我们强调考虑总收益的必要性，而不是仅仅考虑私人利润。由于交通是各种最终产出的中间投入，而且具有空间固定性的特点，当交通体现为一项更高级的技术（比如运河取代收费高速公路或铁路取代运河）时，交通投资的重要特点是它的社会回报往往更高，这是交通投资的一般状况。这样一系列特征使交通路线变得非常重要。当最初在 A、B 之间开通铁路时，不要考虑连接其他城市的一系列先前的投资。这对于紧邻地区来说是没有意义的，因为它们不能在那里发挥作用。当该地的投资引起重复建设时，间接收益就会迅速下降。当连续创新的技术使之没有可选择的余地时，也会出现同样的情况。

早期交通设施的不可分割性导致了交通运载量的飞速增长和高利润。同时它也给个人投资者带来了问题。他们无法通过收费获取该线路提供的全部好处。任何一项单一费率都会导致个人的收入小于各项收益，因为各项收益表示通过一系列的差别定价（根据每个潜在消费者的偏好收取不同的费用，从而获取所有的区位地租）
所能获取的最大利益。在通常的投资中，这个问题不会出现，因为它意味着运量要 546
有足够小的变化，这样所获得的个人收入才接近社会收益。不可分性要求增加资本作为运营成本，而这些资本必须用于修路。所需资金规模越大，风险就越大，融资就越不容易。

我们还可以列举其他一些导致社会和个人回报率差异的因素。一般交通投资的长期性让我们有必要考虑未来的收益流。削减交通的成本将会刺激辅助性的投资——比如图 13–1 中的农业活动，这将影响原来的交通设施的利润。如果私人投资者目光短浅，他将对现实和动态的产出认识不足，只看到更有限的现有交通。像他们已经认为的那样，前向联系至少反映在交通增长和收入增加上。（当然，由于不可分的原因，要通过收费获取全部的收益是不可能的。）后向联系或者说对于交通服务的提供者的影响，不会以同样的方式影响到投资者。铁路对钢铁工业最终技术或规模的影响，也就是铁路所需要的钢铁数量，只是部分地体现为钢铁价格降低的间接效应，而个人投资决定很少会考虑到这一点。在一定程度上，初始的交通投资带动了一系列的进一步投资和技术变化，市场的非协调反应并没有给初始投资充分的回报。结果，社会中一些非常好的投资没有实现。

即使私人部门大体反映了建设恰当设施的要求，确定价格也是问题。交通投资，特别是在早期阶段，对它们的所有者和运营者来说，意味着自然垄断状态。使用者通常没有可供选择的道路。当最优社会原则要求价格等于边际成本的时候，为获取最大利润的垄断者将使边际收益等于边际成本，并且生产更少的产品。因此如果市
547 场力量没有受到限制，这些设施的负载能力将处于没有完全使用的状态。在存在规模经济的情况下，这个问题就变得更为复杂了，因为规模经济使以边际成本为基础的定价原则无法对个人发挥作用：只有对边际内的损失进行补贴才会使该定价原则具有可行性。

鉴于上面所提到的市场信号的缺陷，内部改良的历史与政府政策有着密切的联系也就不足为奇了。不管是出于交通投资存在广泛的间接效益才进行投资的想法，还是出于管制的必要性，即使在其他经济领域价格体系占绝对的统治地位时，人们为了公共利益也进行交通投资。然而与国际上其他的国家相比，美国私人部门的作用异常重要。

19 世纪交通扩张的本质

收费公路时代，1800—1820 年

后殖民地时期，对内部改良要求的最早表述就是建造更好的陆上设施。在这个过程中，开始时强烈依赖私人企业及其积极性。这体现了后来大部分交通投资的特点。在公共道路方面这是众所周知的：1800 年，在各种规模的收费道路存在之前，各种驿道总计已经超过 20 000 英里了。当然，主要由劳动服务机构融资，依靠地方政府独立修建和修缮，似乎无法建成一个质量足够好的系统，并且这种情况普遍存在。由于陆上通过的行人并不仅限于当地居民，一些好处转嫁给了其他没有进行补偿性支付的人。而且，在农业存在季节性的情况下，时间额外成本和克服到达市场的运输能力不足的努力与具有生产性劳动力之间并不存在矛盾。在收获之后，人们更愿意放弃闲暇而不愿意缴纳为了建造更有效率的道路网而征收的费用。

因此，道路系统的改进采取了私人建筑收费道路的方式而不是公众投资修建道路的方式。从由于商业活动兴起而繁荣的 18 世纪 90 年代开始，到运河和铁路的兴 548
起为止，在 1830 年以前，在北方各州大约修建了 11 000 英里的收费公路。到 1820 年，大部分公路已经建设完成，在新英格兰甚至完成得更早。尽管弗吉尼亚宣称它的第一条铁路在 1785 年已完成，但是所有的迹象都表明南方收费道路的建设是适合当地情况的；直到木板路时代，西部还没有大的作为。因而新英格兰的数据很可能需要做 10%~20% 的调整以反映全国的状况。

表 13–1 大致估计了投资的规模、地点以及事件。数据来源于综合的新英格兰私人收费公路的书面账目、各州的报告、分散的附加的参考资料，还有由公司报告反映的累积总额每年的分配情况。虽然这个表格不准确，但还是反映了大致的轮廓。

表 13–1　　新英格兰和大西洋中部各州累计的收费公路的建设

	1810 年		1820 年		1830 年	
	里程（英里）	成本（千美元）	里程（英里）	成本（千美元）	里程（英里）	成本（千美元）
缅因州	35	35	35	35	35	35
新罕布什尔州	455	455	527	527	527	527
佛蒙特州	341	341	410	410	455	455
马萨诸塞州	767	1 851	843	1 966	964	2 086
罗得岛州	78	78	133	133	172	172
康涅狄格州	1 148	1 148	1 302	1 302	1 459	1 459
纽约州	1 100	2 000	4 000	8 000	4 500	9 000
新泽西州	200	600	500	1 000	550	1 100
宾夕法尼亚州	500	1 500	1 800	6 400	2 500	8 800
马里兰州	60	300	250	1 200	300	1 500
国家公路	—	—	130	1 561	200 [a]	2 689
合计	4 684	8 308	9 930	22 534	11 662	27 823

说明：a. 在建设过程中；大约已经完成 200 英里。

资料来源：新英格兰：Frederick J. Wood. *The Turnpikes of New England and Evolution of the Same Through England*, *Virginia and Maryland* (Boston，1919)；Albert Gallatin，“Report on Roads and Canals”，

document no.250，10th Congress，1st Session. Vol.1 in *American State Papers: Miscellaneous* (1810)。大西洋中部：Joseph A. Durrenberger，*Turnpikes*：*A Study of the Toll Road Movement in the Middle Atlantic States and Maryland* (Valdosta，GA，1931)；J. L. Ringwalt，*Development of Transportation Systems in the United States* (Philadelphia，1888)；George H. Evans，Jr.，*Bussiness Incorporations in the United States*，*1800—*
549 *1943* (New York，1948)。国家公路：Thomas B. Searight，*The Old Pike* (Uniontown，PA，1894)。

这些数据反映了早期相当完备的道路系统，它们从商业中心和政治中心，比如波士顿、康科德城、纽黑文、哈特福德、奥尔巴尼、纽约、费城和巴尔的摩向外辐射。后来在大西洋中部各州的建设已经完成了向西延伸的主要干线，使更大的区域相互交织在一起。连接费城和巴尔的摩和俄亥俄州峡谷的路段具有造价更昂贵、修建更困难的特征。根据麦克亚当（McAdam）的设计采用更硬的材料铺路，这在宾夕法尼亚州和马里兰州的记录上体现为每英里更高的建设成本。根据保守的估计，到 1830 年建造收费公路需要融得的资金大约为 3 000 万美元，相当于同期所有运河费用的 60%。

与修建运河的费用不同，建造收费公路这笔款项主要由私人资金提供。除了联邦为国家道路融资以外，正在讨论的这个时期，各州对道路进行实质性投入仅限于弗吉尼亚州、俄亥俄州和宾夕法尼亚州。肯塔基州、印第安纳州和伊利诺伊州在 19 世纪 30 年代也对道路建设进行投资。只有拱顶石州[①]关注地方利益，建成了一个广泛的公路系统，在那里州的资金贡献接近 30%。从整体来看，道路建设从私人渠道募集大约 2 500 万美元的资金，是运河从私人渠道募集到的资金的 2 倍。

收费公路公司的分散特点使私人可以负担道路建设的资金。马萨诸塞收费公路的平均规模是 20 英里，康涅狄格州则更小。费城和匹兹堡之间的路段由 8 家收费公路公司和 3 家桥梁公司运营。公司股本很少会超过 10 万美元，而且基本上依赖地方捐助，而这些捐助要在参与的团体中进行分配。州特许状经常会对一名股东代表的最大选举权数量做出限制，并且这些捐助立即变成现金存款。这些投资的目的似乎并不是获得直接的财务回报，而是通过使用更好的公路获得间接的好处。然而，不管期望是什么，实际上鲜有直接的利润。

即使费城和兰开斯特公路修建质量优良并建在贸易繁荣的地区，并且超量承载，

---

① 宾夕法尼亚州。——译者注

但是也不能付给所有者满意的报酬。加勒廷报告显示总共 465 000 美元的成本获取了 12 000 美元的净收益，其收益率不足 3%，而且即使在其后几年成功拓展到匹兹堡， 550
利润也不可能超过 4%。马萨诸塞收费公路的详细账目同样也反映了令人沮丧的收益状况。塞勒姆路位置良好，而且建造精良，然而它相对于成本的平均收益率低于 5%。每英里 15 000 美元的高额建造成本并不是问题的所在。相对便宜的马萨诸塞西部的收费公路经营状况也不好，甚至更差。对于整个新英格兰来说，在 230 条收费公路中只有 5% 或者 6% 被认为是有利可图的。[2] 依据以上经验，在 19 世纪的头 10 年中，加勒廷报告认为康涅狄格州公路有 11% 的回报率，这似乎被夸大了。

如何解释利润的微薄呢？令人费解的是，个人投资的不断进入和改善交通的渴望不断增强却还是导致了这样的结果。理由包括过高的管理费用、在支路行驶以避免收费和在偏远地方修建的公路无法产生足够的流量。然而最重要的因素是技术的限制和对收费道路所能提供而公众道路所不能提供的好处的限制。收费公路唯一的创新在于其路面质量更好，摩擦力减弱。据 1831 年宾夕法尼亚运河委员会的报告计算，摩擦力下降使承载能力为一般公路可能的承载能力的 125%。换算为成本的概念，则该原因导致成本下降了 50%。这些技术特征是否准确反映了它们在市场中的价格，这是难以确认的。在收费公路时代，运输价格明显下降，这一趋势是正确的。尽管这样，价格仍然很高。通常的报价为每吨英里 12~17 美分，有些时候甚至更高。在这样的价格水平下，除了价值最高的产品，其他产品的远距离运输都不可能了。除了降价的领域外，对于远距离运输的需求是缺乏弹性的。对于近距离运输，那些轻便的或长的货物在一般道路上消耗的时间似乎比收费公路更少。这取决于运输工具的类型而不是所运输的货物。对于大宗货运，一般的收费是每吨英里 2 美分，但是对于少量的货物来说收费相对较高。在人口密度小、运量小的地区，增加的成本是一种非常大的阻碍力量。宾夕法尼亚和纽约的收费公路报告确认，“除了一些位于人口集中的大的中心城市的收费公路以外，其他收费公路的收入来源主要是远距离交通”[3]。 551

这里有两点需要注意。第一，收费公路公司仅享有收费的收益而运输服务本身却不能带来任何可能的额外收益。在运河中也同样存在这样的问题。但是它们较低的费用往往能够带来足够的运输量从而弥补这些损失。在这种情况下，公司仅能将总运输结余的一部分留做己用。运营者和卡车驾驶员可以用增加的利润改善设备。第二，就像我们有关表 13–1 的讨论一样，由于存在外部性，没有任何收费可以获得全部的收益。

最后，令人不满意的私人融资葬送了收费公路的前途。在运河和铁路与之竞争之前，很多收费公路已经陷入绝境，它们甚至不能弥补可变成本。技术改进不能以高成本为代价。虽然投资率在大约 15 年前是最高的，但是在 1830 年前后英里数达到了最高峰。然而，收费公路要为更大运输量这一结果负部分责任。匹兹堡派克路和国家道路完工使费城和巴尔的摩和纽约相比在西部贸易中享受到了更大的好处，尽管这一好处价值有限。在竞争中出现了伊利运河以及巴尔的摩和俄亥俄铁路。现在，我们转向讨论 19 世纪的其他重要创新。

运河扩张时代，1815—1843 年

作为美国国内交通媒介的水运有速度慢的缺点，但是可以由其摩擦力大幅下降来弥补。大宗货物运输仅仅耗费非常小的能源成本。这一原则在古代就适用，然而自然水道往往不能满足需要，而且位置不够理想。1795 年英格兰的布里奇沃特
552 (Bridgewater) 公爵修建的运河获得成功，随后掀起了一股模仿的热潮。在 18 世纪的后 40 年中，大不列颠有 1 300 万英镑的资金投入其中。[4] 美国的反应比较迟，但是最后更加疯狂。

独立战争和随后不安定的 10 年可以解释直到 18 世纪 90 年代美国才做出反应。此后经济因素在组织运河的建设方面起了决定性的作用。计划周详的企业平均规模之大以及每英里的高额成本使总资本需求成为建设的巨大阻碍，而且没有给出及时支付提议，例如英国煤炭运输运河就是代表之一；走在前面的米德尔塞克斯（Middlesex）和桑提（Santee）的公司困窘的财务状况更加强化了人们对运河修建的迟疑态度。但是伊利运河打破了这种观念。

伊利运河全长 364 英里，是连接哈德逊和伊利湖的一项伟大的事业，1817 年开工，1825 年竣工，其中地基工作开始得更早。[5] 1792 年实施了工程的第一步，那时西部内陆水闸航行公司（Western Inland Lock Navigation Company）获准连接哈德逊河和安大略湖与赛内加湖（Seneca Lake）。它们仅仅得到州的部分资助，由于资金短

缺，无法在任何一个目的地完工。河流的改善——主要的工程——效率不高，无法成功地与附近的收费公路竞争。40 万美元的花费得到很少或者根本就得不到任何回报。然而失败最终导致了这样的结果：(1) 它开创了州有必要干预的先例，而不是依赖私人的主动性；(2) 将运河作为一种可供选择的办法，因为运河的建造技术更令人满意；(3) 这也意味着出现了一个更合适的机会，即通过伊利湖到北美五大湖这一替代路线。

很多年来，伊利运河没有产生有力的影响，直到 1808 年，加勒廷报告才建议联邦政府建造一条从莫霍克河（Mohawk River）到安大略湖的运河，这样以前制定的计划才大规模实施。1810 年，西部公司的一个管理者建议立法机构成立一个委员会来审核该公司进一步向西部扩张的可能性，并出台了一个方案，该方案赋予委员会开发整条路线并提出下一次会议议题的权力。最后，在 1811 年，选举产生了一个扩大了的、有附加资金支持的董事会。此时，很显然私人公司无法胜任该项任务，人们只能求助于联邦政府的资金以完成加勒廷计划。但是加勒廷报告是在 1807 年商业景气时提议制定的，在《禁运法》后才最终通过，而在 1810 年及以后的年份里，由 553
于经济和政治气候不太令人满意，这个报告又没有得到执行。纽约州不得不自己肩负起这个重任，据现在估计需要 600 万美元。立法机构非常谨慎地遵循它的委员会的决议，1812 年批准该项目借款 500 万美元，但是仍然保留执行的最终决定权。

早期被视为成功的预兆最终被证明是错误的。1812 年战争使向欧洲的借款计划成为泡影，立法机关的热情减退。只有由德威特·克林顿（DeWitt Clinton）领导的大范围运动，受到战后复兴和纽约西部人口迅速增长的帮助，在 1817 年 4 月最终接受并完成了上述项目。除了伊利路线，一条连接哈德逊河和尚普兰湖（Lake Champlain）的运河被批准了，这是早期的私人公司——北方公司——完成的一项计划。

伊利运河及其模仿者

公共投资很少有如此高的回报或者这么快的影响。在伊利运河全部完成之前，它就已经取得了 100 万美元的收入。伊利和尚普兰运河前 10 年（即 1826—1835 年）的年运营净收入占成本的 8%。竞争使人们无法等待最终确认投资是否成功。旧的项目重新开张，新的项目也被纳入考虑，尤其是大规模资本开始投入。

纽约州反应迅速，1825 年通过了一项全面的运河法，导致运河延伸到全国大部分地方，事实上很多运河的投入并不是合理的。伊利运河本身是一个利益目标，随着立法机构支持延长主干道，自此以后费用持续增加，直到美国内战开始。到 1860 年，伊利运河和尚普兰运河的成本已经由最初的 900 万美元增加到了 5 500 万美元。

引发运河发展热潮的第二大功臣是宾夕法尼亚州。纽约城西向路线的挑战引起了费城迅速的反应。1812 年战争之后纽约一直处于上升状态，现在更是给费城的商业利益带来致命威胁，使其无法复苏。作为伊利运河的竞争对手，匹兹堡公路的不
554 足是毋庸置疑的。州也不想落后于它的首要城市。州进行财政支持的传统在收费公路时代就已经建立起来了，而且已经不再是争论的主题了。

其中技术选择是关键。大自然并没有像厚待纽约那样厚待宾夕法尼亚。伊利路线仅仅需要 655 英尺高的水位就可以超越阿巴拉契亚山的障碍。而宾夕法尼亚运河需要 3 358 英尺高的水位和 4 英里的隧道。在这样恶劣的环境下，虽然用铁路作为替代还是幻想，但是并不排除这种可能。1825 年 9 月，英格兰斯托克顿和达令顿（Darlington）干线铁路机车动力的试用成功增强了业已存在的对这种新的交通方式的兴趣。3 月，宾夕法尼亚内部改良促进会（Pennsylvania Society for the Promotion of Internal Improvement）的特使威廉·斯特里克兰（William Strickland）被派到英国准备该议题的第一手资料并做出报告。他明显倾向于铁路，从而在铁路和运河支持者之间掀起了短暂而痛苦的争论，结果以后者的胜利而告终。运河从 1826 年 7 月 4 日开始建设。

然而现实改变了原来的计划。一条水陆联运的铁路代替了山里的隧道，但是直到 1831 年建设才开始。在它的最东面，联系费城和萨斯奎汉诺（Susquehanna）的狭窄的联合运河被抛弃。而批准了另外一条由费城到哥伦比亚的铁路。它全长 81 英里，1828 年开始修建，到 1834 年完工。同年，整条主线投入运营。最终，这种运河、铁路的混合路线多是斜坡的构造模式受到很多诋毁。395 英里花费了 1 200 万美元，这笔巨大的耗费无法从交通运输获利上得到弥补。尽管伊利运河的前 10 年每年的利润是成本的 8%，但是铁路主线的利润却不到 2%。[6] 而且后来财务状况也没有明显的改善。

从动机来看更是这样，这条线路的吨位不管以前还是以后都无法与伊利运河相比。如果再考虑到俄亥俄山谷在那时是比为伊利运河服务的五大湖区更重要的剩余来源,其业绩就更差了。主线铁路没有改变农产品通过密西西比河从南部出口的状况， 555
也没有从工业品运输中得到足够的回报,以证明其存在的意义。这个结果很容易解释：受到多次转载的阻碍，州仅仅提供启动的动力，而不提供费城和哥伦比亚线路的运载车辆，以及较低档次的水运船只，主线铁路的运输成本超过伊利运河。

虽然如此，但是对该投资的过分批评是不公平的，也是不正确的。[7] 1826 年，推迟了四五年才证明铁路并不是解决费城的商业地位迅速恶化这一问题的可行方案。除了伊利运河已经完工之外，俄亥俄运河的地下系统正在建设，它被设计来连接俄亥俄山谷和运河。立即反应或接受第二的地位是当时面临的选择。

从后来的结果看，选择后者被认为是不可避免的结果。铁路技术的选择将不是一个成功的战略。在那时候，成本仍然太高，使工程无利可图。没有一条大的干线能够达到最初建设的目标。如果它们达到了，则是因为运用了更好的技术，能够成功地与伊利运河和密西西比河竞争。此外建造运河的决定从范围上来看比只建造主线的决定理由更充足。它包括了运河的州系统，其支流额外花费了 650 万美元，这相当于州支持费城商业计划的支出。一条直达的铁路，由于它无法使自己像运河那样延伸，所以没有相同的融资保证。宾夕法尼亚铁路在 19 世纪 50 年代修建，它主要依靠私人赞助，来自费城和匹兹堡政府的支持极为有限。而且部分遍及全州的系统在为地方利益服务的过程中起了很好的作用。特拉华州路段 1830—1858 年共获得净利润250 万美元,并在1858 年以 180 万美元售出,在这段时间内其回报率大约为 5%，干线的东部路段与此基本相同。[8]

然而，从总体上讲，这项公共工程明显是财务上的一次失败，甚至是一次灾难。[9] 其建设总投资超过了 3 300 万美元。出售价值仅为 1 100 万美元，其累积的 800 万美元附加净收益扩大了销售的价值。更让人印象深刻的是，从开始到出售近 4 350 556
万美元利润连续不断地流失。州的大多数损失来源于已经开始但还没有结束的投资（1 000 万美元再加上利息），而且不堪重负，直到一项最新的技术改进才提供了令人比较满意的结果。对政府公共投资来说，这一过程并不令人满意。

另外一个同样不令人满意的对伊利运河的反应是切萨皮克和俄亥俄运河。[10] 这同样是波托马克公司的作品，建于乔治·华盛顿担任总统的18世纪80年代，该运河曾经成功跨越了乔治敦北部的急流但并无其他特殊之处。由于强大的示范作用，这种扩张到坎伯兰（Cumberland）以后再到俄亥俄河的想法在19世纪20年代再次出现。使切萨皮克和俄亥俄运河与众不同的原因是国家赞助的程度。1828年5月，国会批给该项目100万美元，计划支出450万美元以完成到坎伯兰的运河的修建；最后，像亚历山大和乔治敦那样，马里兰追加投资50万美元；华盛顿另外拨出100万美元。合计来看，只有606 400美元的私人投资。

当开始建设时，不断攀升的成本抵消了资金储备。联邦支持并不仅仅是一种恩惠，因为它提出了远远高于最初计划和正在进行的其他工作的标准。它要求用5年的时间到达65英里远的哈珀渡口（Harper's Ferry），而且原来的资本已经基本上耗费完了。安德鲁·杰克逊在处理国家资助上不如他的前辈，他拒绝国家资助进一步卷入。马里兰被迫在1839年直接投资500万美元，外加200万美元的贷款以挽救该项目。这项工作一直都在进行，直到1840年才完成135英里；到坎伯兰的另外50英里是10年以后签订了进一步的债务合同后才建成桥梁通过渡口。

那时，在普通商品的运输方面，运河面临巴尔的摩和俄亥俄铁路的竞争。这是一场运河注定失败的战争。煤的运输是利润的最大来源，在19世纪50年代煤运输占到所有商品吨位的近2/3。在宾夕法尼亚的无烟煤区域，一些专用的运河运作很好；而切萨皮克和俄亥俄运河则做得不好。19世纪50年代，运河的净收入是负值，尽管
557 它一直使用到20世纪，但它的财务状况却从来没有好转过 。

伊利运河由于从大西洋中部各州的商业帝国寻求向西部偏僻地区扩张而激起竞争意识，同时也因其自身内部的发展而兴盛起来。第一个也是最大的系统是俄亥俄州运河。[11] 始建于1825年的俄亥俄运河，其目标是连接伊利湖和俄亥俄河，即该州的东西部。东部连接于1833年完成；西部由于19世纪30年代后半期的经济萧条而延误，直到1845年才完成。731英里的水路系统，再加上91英里的静水航运，其成本接近1 600万美元。就像在纽约和宾夕法尼亚，任何一小部分连接到主干线的支流都是有利可图的。但是在铁路导致的终结到来之前，来自运河的收入从来就没能弥补成本。

虽然到目前为止，东部线路更合算，但是它每年的净收入也不超过成本的4%，

并且这种情况只存在了 15 年。这不足以支付现在债务的利息，更不用说分期清偿投资了。该运河按照 1861 年订立的租期安排一直运营到 20 世纪。但是由于缺乏持续的改进，它在竞争中的地位逐渐恶化。

尽管结局是不幸的，但是俄亥俄运河早期的成功仍然吸引了一些心甘情愿的模仿者。当时人们并没有考虑到火车最终取代运河，以及因此导致运河收入迅速减少。只是当时的收益多于未来对州债务的支付总额。在这样一种认识下，印第安纳和伊利诺伊加入了建造运河的潮流之中。[12] 对印第安纳来说，瓦伯什（Wabash）—伊利运河就是它的运输系统，在 1827 年联邦政府给予土地支持该运河的建设。建设进行得很慢，虽然 19 世纪 30 年代存在价格和预期指数的通货膨胀——通货膨胀曾经发生在纽约、宾夕法尼亚和俄亥俄州，并迅速扩张——但是这并没有妨碍印第安纳在此时扩建支流。当 1839 年衰退减缓之后，很多项目开始进行，但是很少能够完工。 558
直到 1843 年沃巴什—伊利运河才在托莱多（Toledo）地区连接到伊利湖，并且直到 10 年以后，才到达俄亥俄河上的埃文斯维尔（Evansville）这一目的地。它全长 450 英里，是美国最长的一段单独的运河，耗资 650 万美元。在它彻底完工不到 10 年之后，南部河段就被彻底放弃，而且 130 万美元的净运营成本使之成为战前风险投资业绩最差的运河之一。

1827 年，联邦政府给予伊利诺伊土地，以资助伊利诺伊—密歇根运河，该运河联结了芝加哥和密西西比河。该工程于 1836 年开始建设，和线路设计巧妙的铁路网一起似乎要把整个州分成两部分，而且运河与其他项目一样，也由于萧条出现了资本不足。运河于 1848 年在新的管理下和更适度的规模上完成。该工程共花费 650 万美元，在未运营期间持续不断的利息支出增大了成本。1879 年以后的维修和维护费用超过了所收取的通行费。土地的租金收入阻止情况进一步恶化。1882 年运河达到运输量的最高峰，到 20 世纪承载能力更大的芝加哥卫生和船舶大运河（Chicago Sanitary and Ship Canal）在很大程度上取代了它的地位。

很多地区间的工程都得到州政府的大力支持，这些运河在铁路建设之前占了大部分的里程和投资。第二类运河只占很少的一部分，它们像英国原来的模式那样为了煤炭的利益而修建，由私人资助，同样也再现了伊利运河的繁忙景象。这些运河广泛建于东部宾夕法尼亚这些有无烟煤的地区，它们能够将煤炭运到纽约和费城市场。在很多情况下，煤炭开采企业自己拥有运河。这种类型的运河中，特拉华和哈得逊运河、利哈伊（Lehigh）、斯库尔基尔河（Schuylkill）航运和莫里斯是典型例子。它们都于 19 世纪 20 年代建设，并很快完工，除莫里斯以外，它们都很快获得了财务上的成功。利哈伊和斯库尔基尔河航运在 19 世纪 40 年代遇到了困难，但是很快在 19 世纪 50 年代恢复并继续有效运营了一段时间。斯库尔基尔河在 1869 年大洪水的拖累下，很快向铁路俯首称臣，而利哈伊的份额虽然在不断减少，但仍然继续通航，并且是在铁路占主导的情况下。特拉华和哈得逊运河在美国内战前和内战后都保持了较大的投资吸引力。它在 1872 年达到运输量高峰，从那以后，公司拥有的铁路取
559 代了它的位置，煤炭的运输吨位下降了。在 19 世纪 50 年代和 60 年代，莫里斯开始支付红利，但是它的历史使命同样由于人们购买铁路股票而结束。

三个投资周期

表 13–2 概述了前面所论述的运河膨胀时期的投资情况。第一个阶段，到 1834 年，包括了伊利运河、宾夕法尼亚主线运河的建设，切萨皮克和俄亥俄运河的开工，俄亥俄和伊利运河的完工，还有东部的私人运河。在这个时期建造了总计长达 2 000 多英里的运河，州政府的大量融资在其中起了重要的作用。2/3 的资本来自公众。

表 13–2　　运河投资

时期	总额 （百万美元）	公共投资 （百万美元）
1815—1834 年	58.6	41.2
1834—1844 年	72.2	57.3
1844—1860 年	57.4	38.0

资料来源：Adapted from Havvey Segal，“Cycles of Canal Construction”，in Carter Goodrich(ed.)，*Canals and American Economic Development* (New York，1961)，215.

第二个周期涵盖了整个 19 世纪 30 年代，它很特别。除了印第安纳和伊利诺伊的投资外，大部分工作是继续修建已经开工的运河——比如切萨皮克和俄亥俄运河以及俄亥俄系统的西部分支，这些分支的建设是为了补充已经开工的主干道。在这个时期，由于前段时间私人的无烟煤运河的完工，政府参与的增长幅度较小。但这

并不是两个阶段的唯一区别。在前一阶段，外国投资仅占总投资的 1/4，而在第二阶段 60% 的投资来自欧洲。其中大部分产生于 1836 年之后，那时一些州通过了最终提高它们原来的投资预期额的法律。对国外资金的依赖导致了脆弱的财务状况，这后来被证明是灾难性的。当国外投资停止时，投资从 1840 年的 1 420 万美元骤减到 1843 年的 100 万美元。[13] 由于大部分没有后续投资，所以很少有工程完工。 560

在最后一个投资周期，即复苏阶段，令人惊讶的是这种复苏大部分是由于从前中断的项目的完工。伊利运河的继续和两个延伸至纽约运河的工程的完工大约占了所有投资的一半。其余的花费用于印第安纳和伊利诺伊运河的完工和切萨皮克俄亥俄运河的收尾工作上。1844 年之后，新建运河不足 900 英里，原因在于支出集中化以及随着作为运河替代品的铁路的出现，运河建设缺乏资金投入。

运河交通服务

接近 2 亿美元的运河投资创造了巨大的潜在交通服务。表 13–3 表明由运河承担的吨英里数在战前一般都是两位数，而且后来的三位数接近了它们的最高利用值。请注意建筑周期的独立性和吨英里数的增加。虽然 1844 年之后的新增英里数受到了限制，但是到 1859 年以及在此以后，运输量却是迅速增加的。只有在后来由于更加激烈的铁路竞争引起的需求下降，吨英里数才绝对减少。在大多数情况下，铁路所有权应该为运河提前退出历史舞台负责：“在几乎每一个受铁路影响的运河的例子中，运河的航运量都下降了。在一些案例中很明显铁路努力消灭水路交通。”[14] 到 1909 年为止，铁路拥私人运河（运营长度达 632 英里）中的 90%；总之，在 1909 年大约有 2 000 英里运河仍然在运营，但是它的利用率大大低于 1870—1880 年的最高值。

纽约州系统的主要组成部分——伊利运河——取得了显著的和特殊的成功，在表 13–3 中仍然非常突出。尽管纽约州中部还有一条与之平行的航线，此外还有伊利铁路与之竞争，伊利运河在 1880 年的运营还是超过了它战前的业绩。然而，该业绩的取得并非轻而易举。1870 年以后，日益降低的过路费使收入迅速减少，直到立法 561
机构在 1882 年取消了过路费。这种牺牲仅仅是推迟了不可避免的事情发生的时间。铁路技术的不断进步和利率的差异化使其收费可以和水路一样低。这种下降的过程可以从表 13–4 中的西部谷物到达沿海地区的运输方式看出。[15]

表 13–3　　运河运输服务

	每年平均（百万吨英里）		
	1837—1846 年	1859 年	1880 年
纽约运河系统	227.5	544.3	1 223.6
切萨皮克—俄亥俄运河	9.6	58.8	104.8
干线运河	49.0	65.8	51.7
宾夕法尼亚支线运河	23.0	172.8	—
特拉华	17.4	88.1	119.6
利哈航运运河	13.8	104.6	43.1
斯古吉尔运河	23.4	169.9	50.4
莫里斯运河	4.6	51.0	42.2
特拉华和拉里坦运河	11.2	75.0	67.4
联合运河	7.2	18.2	2.1
切萨皮克—特拉华运河	2.9	6.9	13.4
萨斯奎哈诺克运河	11.1	29.1	10.9
俄亥俄系统运河	79.5	70.4	83.7
沃巴什—伊利运河	13.2	13.0	—
伊利诺伊—密歇根运河	—	25.7	52.6

资料来源：1837—1846 年：Segal，“Canals and Economic Development”，242 ；纽约系统的数据通过将 1856—1859 年的平均托运距离 145 英里乘以平均吨数得出；莫里斯运河的数据仅仅利用 1845 年的吨位数计算；切萨皮克—俄亥俄运河的数据通过使用 1851 年和 1837—1846 年的每吨英里收费额计算；萨斯奎哈诺克运河的数据通过 1840—1846 年的平均收入和 7 密尔[①]的吨英里的比率计算得出；俄亥俄系统的数据以收入和 6 密尔的吨英里的比率为基础得出；沃巴什—伊利运河的数据由 1846 年的收入和 8 密尔的收费得出；宾夕法尼亚支线运河的数据通过收入和 8 密尔的收费得出。1859 年：Albert Fishlow，*American Railroads and the Transformation of the Antebellum Economy* (Cambridge，MA，1965)，21。1880 年：U.S. Bureau of the Census，*Census of Population*：*1880*，vol. 4，*Transportation* (Washington，
562 DC，1883)；*Annual Report of the Auditor of the Canal Department for the Year 1881*，New York State Assembly Document no. 38，vol. 3（1882），41。

① 1 美元 =1 000 密尔。——译者注

表 13–4　　西部谷物的运输量

年份	运河（千蒲式耳）	总量（千蒲式耳）	运河占的比重（%）
1868 年	44 012	45 788	96.1
1880 年	69 346	143 856	48.2
1890 年	30 185	94 970	31.8
1898 年	19 407	161 115	12.0

把比较的重心放在运河系统最有竞争力的贸易方式上，可能是最好的比较方式。纽约运输中所有的吨英里数中，运河的比重从 1853 年的 86% 下降到 1898 年的 5%。[16] 虽然如此，但早期的优越地位足够支撑伊利运河的财务利润。1822 年前的收费时期，减去运营费用后的剩余所得为 9 220 万美元。该数字说明回报率超过 10%，那时候还没有考虑运河基础设施这部分价值。然而，这个特殊的私人利润记录并不足以弥补支流运河等量投资的 420 万美元损失。这样，将纽约州系统作为一个整体来看，它不是一个标准的令人满意的成功案例——有足够盈利分期偿清运河的债务和支付累加的利息。

伊利运河不但开启了运河建设的历史，而且结束了运河使用的历史。在这半个世纪中，在交通费用方面一个无法逆转的改变发生了。在运河建设之前，吨英里的费用，即使是最好的收费公路也超过 10 美分，接近 20 美分。运河使每英里的费用，包括所收的过路费，下降到 2.3 美分。到 19 世纪 50 年代，大宗货物的平均成本接近 1 美分每吨英里，而在无烟煤运河区甚至更低。[17]

增加货物容量是提高运河效率的主要途径；1835—1859 年，每条船的吨位大约从 38 吨增加到 143 吨，增加了近 3 倍。[18] 从此以后，技术收益更加稳定。降低交
通成本的主要贡献在于，运河在试图保持运输市场份额时降低了收费，尽管它们保 563
持份额的努力并不成功。19 世纪 80 年代早期，伊利运河的吨位收费就少于 0.5 美分，但是相对于 19 世纪 50 年代后期已经达到的 7 密尔来说，收益是适度的。试图在运河中引入蒸汽机作为动力来降低远途运输成本更是失败。

与收费公路不同的是，运河在 19 世纪的交通费率历史中留下了不可磨灭的印记。即使假设路面良好，水利技术相比马车这样的运输方式也有不可比拟的优越性。它

的主要缺陷是地理上的不可变动性：并不是所有的地方都适于建设运河。19 世纪的一个重要革新是汽船的使用，效率更高的汽船在大量适于航行的河道上航行弥补了运河的不足之处。

河流和湖泊体系的开发，1815—1900 年

运河具有很多好处，但运河的建设和扩张是受到限制的。美国拥有的自然航行水道——河流、湖泊和海岸线——是运河系统的好多倍。仅河流的总长度就是在运河发展时期累计完工的 4 000 英里运河的 6 倍。水路的开发也并不是 19 世纪才开始的。从一开始，所有种类的船——帆船、平底船、驳船和运货船等——就在商业中应用。经济活动集中在任何可能的水体上。

战前的扩散

19 世纪早期汽船的发展拓展了水利，特别是西部河流的商业重要性 [19]，直到后来蒸汽航运成为国内外所有水运的主要动力方式。然而西部对汽船的兴趣只持续了很短一段时间。从 1807 年富尔顿在哈得逊河的成功表演到 1811 年从匹兹堡到新奥尔良的第一次旅行，这段时间很短。在 4 年以后直到《企业》（*Enterprise*）讨论更困
564 难的逆流的返航时，在下游航行才被证明是可行的。汽船独特的能够逆流航行的能力使它被迅速接受。然而实际上，下游的商业始终占支配地位，当西部获得发展其返航运输的进口产品已经相当重要时，才和东部直接相联系。

表 13–5 反映了西部河流早期汽船吨位的增加。到 1840 年，西部汽船占了全国吨位数的一半；在那之后，汽船的地理范围扩大了，并且汽船在西部河流中占了支配地位。虽然运货船在俄亥俄河的上游存在的时间更长，但是为逆流航行装备的运货船和驳船，在与汽船的竞争中被淘汰了。另一方面，平底船表现出相当的活力。它们仅仅用于顺流航行，为出售新奥尔良生产的木材创造了条件，船员可以通过汽船便宜地、迅速地返回。因此这两种交通方式互为补充。到 1846—1847 年，到达新奥尔良的平底船数量达到顶峰，相当于之前汽船数量的 5 倍。然而相对来说，它的
565 重要性早已不存在。早在 1830 年，汽船运输货物的数量就可能超过了所有其他船只所运输的货物量。直到美国内战以后，平底船才作为蒸汽动力的补充牵引系统再次兴起。

表 13–5　　美国全国和美国西部的汽船吨位，1820—1860 年

年份	美国	西部
1820 年	—	13 890
1830 年	62 409	29 481
1840 年	182 925	83 592
1845 年	261 034	98 246
1850 年	371 819	141 834
1855 年	559 508	173 068
1860 年	640 906	162 735

资料来源：Adapted from Louis C. Hunter，*Steamboats on the Western Rivers* (Cambridge，MA，1949)，33. 表中给出的全国的吨位数已经对亨特（Hunter）统计的西部河流的吨位和政府统计的吨位之间的差别进行了调整。

西部的汽船不仅使逆流而上的商业成为可能，而且随着技术的进步，也大量降低了费用，同时速度有了很大的提高。汽船从新奥尔良到路易斯维尔（Louisville）最早的时候需要 30~35 天；到 1833 年所需的时间已经减少到 7 天零 6 小时，并且在此后逐渐减少，到 19 世纪 50 年代已经下降到 5 天半到 6 天。这意味着平均速度达到每小时 10 英里；在南部航行的速度接近 15 英里。更小的 200~300 吨的船，速度相当于大船的一半。相比而言，对于同样距离的逆流航行运货船和驳船则需要 3~4 个月。

费用也有相同的趋势。1816 年从新奥尔良将一磅的货物用汽船运到路易斯维尔的价格是 4~5 美分。格斯特纳（Gerstner）在 19 世纪 30 年代后期报告说所有运输的平均价格是 0.625 美分。根据不同的价格水平调整，费用的降低幅度仍然很大。到 19 世纪 40 年代和 50 年代，由于更大量的顺流运输在一定程度上的影响，逆流价格和顺流的较低价格中和。这意味着到 1860 年价格下降更多，可能降低到原来价格的一半。在 40 年代，每吨英里（铁路的距离）的价格以及后来一些更短的路线的价格平均是 4 美分；更远一些的托运的价格少于 1 美分。总之，在美国内战前夕，汽船使逆流运输便宜了很多，顺流航行的价格也便宜了不少。[20]

造成下降趋势的一个重要的因素是该产业内迅速加剧的竞争。这在 19 世纪 20

年代吨位迅速上升的过程中表现得特别明显。创新的本质是与竞争模型相适应的。收费公路和运河是资本密集型和地理位置固定的交通媒介，私人运输工具可以通过支付费用从它们上面经过，而与这两者不同，汽船的创新只需要很少的直接投资并很快产生回报。汽船每吨的运输成本为 75~100 美元。[21] 50 年代标准的中型船舶的
566 建造需要 30 000 美元的总投资。虽然它们由于航行的危险会有较大的变化，但是很快就会得到回报。保险的范围只是总投资项目的一部分。对于那些运气好、管理好的人来说，如果他们的船平均能使用 4 年之久，那么回报就是可观的。很难概括平均回报率，这是由于公司分散和为个人所有的特征，以及报告数量有限使估计值产生偏差，人们因而对利润的缺乏怨声载道。行业的竞争性特点和所有者高估自己好运的可能倾向，使回报相对适度。由于投资规模小，对私人的回报可能接近对社会的回报水平，因而它比那些不可分割的、资本密集型的创新项目更令人满意。市场在没有政府干预的情况下可以并且发挥了很好的作用。

一般的所有权形式是合伙制：1860 年前，大约一半的吨位由 2~4 个集团拥有，另外 20%~25% 由个人拥有。[22] 在不同河流所在的城市中，分散的具有代表权的所有权形式是普遍存在的。这种安排确保了在那些可以通过改进交通获得利益的大型商业中心直接获得资本的供应，因此提高了进入这些地方的市场的可能性。这么广泛的所有权也确保了船只与同一种交通方式直接进行竞争。

竞争和费用的迅速下降确保了技术进步的迅速扩散。技术进步是价格的最终决定因素。改进表现在两个相互补充的方面——船只结构的进化和动力源的优化。当降低船只深度以提高西部浅水状态下的可操作性时，船只的长度和宽度都增加了。高压发动机受到青睐，因为它的体积更小，动力更强，从而导致马力和吨位的比率从 1 : 3 变化到 3 : 1。两者同时增加使建造更大的船舶成为可能且船的运载能力大幅提升。原先以吨位衡量（实际以立方英尺来衡量）的运载能力与马力之比维持在 1 : 1，但到 19 世纪 50 年代，这一比率提高了 50%~75%。此外，速度的提升意味着汽船的效率提高了，并且每次航行的成本也降低了。

尽管船运的费用低廉，但汽船还是如同运河一样沦为与铁路竞争的牺牲品，特
567 别是在俄亥俄—密西西比水域，因为铁路运输更为直接、便捷和迅速，而且船运所要负担的保险费也使得本来较为低廉的运费提高了近 1/3。此外，河水深度的不确定

性也是限制船运的一个相关因素。19 世纪 50 年代是铁路运输高速发展的时期，但在这关键的 10 年中，俄亥俄州的铁路运输却发展缓慢，这种情况直到 50 年代末才得以改善。当宾夕法尼亚、巴尔的摩和俄亥俄的铁路将俄亥俄峡谷和东部港口连通后，抵达匹兹堡和辛辛那提的汽船减少了。1848 年进入匹兹堡港的汽船有 3 000 艘，到 1858 年缩减为 600 艘。1860 年西部各河流中航船的总吨位数要低于 1855 年的水平。由于南部铁路建设的步伐缓慢以及水运在此地区具有便捷的地理优势，因此在密西西比河的南端，汽船运输仍占主要地位，这弥补了从西部向新奥尔良运送货物的急剧减少。在新奥尔良的市场中，棉花交易日益被来自西部的食品交易所取代。

美国内战后汽船运输的衰落

美国内战之后，汽船运输继续呈现衰落之势，并且这种局面在南方也开始显现。表 13–6 显示了西部河流中航船总吨位数的持续下降。主要港口的统计资料所显示的状况同样惨淡，1891—1895 年圣路易斯港的往来货运量仅相当于 1871—1875 568
年的 62%；在 20 世纪的最初 10 年，这种下降的趋势更加明显。到 1890 年，圣路易斯通过铁路运输的贸易总量是水路的 8 倍。[23] 如同 19 世纪 50 年代那样，河流下游地区更加抵制这种运输方式的转变，但最终还是屈服于这种趋势。1880 年新奥尔良的水路运输量比 1860 年下降了 29%，但差不多 2/3 的棉花运输仍然通过水路进行。到 1890 年，这一比例降为 20%，汽船运输在新奥尔良的贸易中已退居次位。[24] 虽然人们试图阻止这种趋势，但衰落已成必然。驳船队取代了单一的汽船，队中的每艘驳船都能独自装运货物。1860 年，这种运输方式在匹兹堡的煤炭贸易中得到了应用，但更为广泛的应用是在此之后。在北密西西比河以南的谷物和木材贸易中，同样采用了这种运输方式。这一创新使资本成本降低了。[25] 尽管一般商品和上游的货物以更加便捷的方式运输，但 1889 年有超过 2/3 的船运是采用驳船队的方式。相应地，在美国内战后西部河流的航船吨位数中，驳船队的吨位占据了很大的比重。这一比重在 1880 年为 1/4，1890 年为 1/3。[26] 但是，这种船运方式的变革并未阻挡铁路运输的发展势头，因为其成功只是依赖于巨大的规模优势。1890 年，整个密西西比河水系的运输量不足 40 亿吨英里，还不及宾夕法尼亚一个州的铁路运输量。

表 13–6　美国全国和美国西部的汽船吨位，1868—1889 年（年均）

时期	美国	西部河流
1868—1869 年	1 012 056	332 279
1870—1874 年	931 402	265 269
1875—1879 年	983 665	231 584
1880—1884 年	1 169 999	246 184
1884—1889 年	1 392 347	217 014

资料来源：Adapted from Hunter, *Steamboats*, 565. 这些方法来源于 1865 年对西部河流吨位的新的测量方法：在表 13–5 所给出的与西部河流的吨位比较中，有必要将它们减少约 45%。

西部汽船对蒸汽动力的应用是引人注目的，但其应用并不仅在于此。蒸汽动力还被应用于湖泊和沿海地区的贸易中，当然也应用于国际贸易，最终与西部相比，这些应用更为重要。美国内战结束后，西部蒸汽动力的吨位数仅占全国的 15%。另一方面，在其他贸易中，帆船的应用持续了较长的时间。直到 1884 年，蒸汽才成为湖泊贸易的主要运输动力；而直到 19 世纪 90 年代，蒸汽动力才被应用于沿海贸易；然而在国际贸易中的应用则是在 20 世纪。表 13–7 显示了汽船运用的多样化趋势。

表 13–7　1851 年、1870 年与 1890 年各种水路运输的吨位数

	1851 年	1870 年	1890 年
海外			
总吨位	1 726	1 517	947
汽船	62	193	197
沿海			
总吨位	1 548	1 647	2 120
汽船	150	478	804
驳船队	—	397	285
北部湖泊			
总吨位	216	685	1 063
汽船	77	143	653

续前表

	1851 年	1870 年	1890 年
驳船队	—	277	81
西部河流			
总吨位	136	398	294
汽船	136	262	205
驳船队	—	133	89

说明：a. 包括渔船。

资料来源：1851 年：美国参议院第 42 号执行文件，第 32 届国会，第 1 次会议，1853 年。海外的总吨位数和汽船吨位数取自《商业与航海报告》(*Commerce and Navigation Reports*)。沿海的总吨位数等于国内总吨位数（取自《商业与航海报告》）减去河流和湖泊的总吨位数；汽船的总吨位数等于参议院第 42 号执行文件所提供的沿海总吨位数减去取自《商业与航海报告》中注册汽船的吨位数。北部湖泊的总吨位数和汽船吨位数取自 Israel Andrews，*Reports on Trade and Commerce*, Senate Executive Document no.112, 32nd Congress, 1st Session 1853. 西部河流的汽船吨位数取自 1870 年和 1890 年的《商业与航海报告》。

由于种种原因，在非河流的水路运输中，帆船的统治地位持续了很长时间。燃
料储备问题是远途航行的瓶颈，增加的储存空间被大型机器所占据；然而河运则不 569
存在这样的问题，因为木材和后来廉价的煤炭在许多地方都能很容易地获得，而不
需要经过长途运输。此外，由于当时木材相当充足，建造帆船的成本是非常低廉的，
这也使其在初始资本的要求上具有一定的优势。技术的进步使得汽船的应用更加经
济，这些技术进步包括：能产生更大浮力的铁制船壳，比明轮翼更为有效的螺旋桨 570
推进器，以及引擎与蒸汽锅的结合。螺旋桨几乎从一开始就被应用于在湖泊上航行的汽船，事实上在 1860 年的舰队中，有一半都装备了螺旋桨。然而，美国在其远洋商业舰队中，对蒸汽动力的螺旋桨推进器的普及却非常滞后，虽然它宣称最早将螺旋桨应用于西部河流的汽船上。快帆船取得成功、木制帆船普遍具有良好性能，以及对外贸易尚未盛行，这些因素都使船运技术创新的活力不足。

美国国内的船运投资

在 1860 年以前，建造汽船的费用大致为每吨 100 美元；从 1880 年开始，我们能找到直接的统计数据。到美国内战爆发时，建造汽船的累计花费大约为 1.50 亿美

元，相当于同时期开挖的运河的总成本。然而，大部分的花费都被用于汽船的更新，而没有形成有效的资本存量。因此，1860 年用于建造汽船所积累的资本价值要远远低于修建运河所积累的，其价值可能还不足 3 300 万美元。

如果把用于国内贸易的所有船只（包括帆船和运河船）都计算在内，建造的总花费则为 1.90 亿美元，而 1860 年的资本存量则大约为 6 500 万美元。[27] 1860 年，所有船只的资产净值为 1 亿美元，与运河的资本利息不匹配。根据内战之后的比较，
571 无论在总额上还是在净值上，对运河的投资都不及对汽船和其他一些相对不重要的船运工具的投资。1880 年，大约修建了长达 6 000 英里的铁路，成本超过 2.1 亿美元；建造汽船则耗费了 1 000 万美元的资源。而根据统计资料的估价，同年建造汽船的花费为 8 020 万美元，修建铁路的花费为 52 亿美元。[28] 如果我们把所有的船只都考虑在内（包括用于对外贸易的船只），那么对每年现金流量和资本存量的估价则要提高一倍多。

然而，如果成本低的话，美国国内水运的商业服务将更加引人注目。我们只能得到 1889 年之前的有关运河航船吨英里的统计数据。在 1889 年，有 359 亿吨英里的运输量是由水路完成（不包括运河），接近公路总运输量的一半。[29] 在煤炭和铁矿的长途运输上，水运的专业化使其具备了一定的竞争优势，由此也为其带来了良好的业绩。由于获得的数据有限，早期的估计是非常保守的。根据沿海和内河航船的吨位数逆推，1860 年水路的总运量为 2 000 万吨英里。如此高的运输量水平在 1853 年的《安德鲁斯报告》（*Andrews Report*）中被认为是合理的。因此，虽然在 19 世纪 50 年代，铁路运输的扩张不断蚕食运河和密西西比河流域的水路运输，但商业水运的总量可能仍要超出铁路运输量的 8~10 倍。需要强调的是，沿海的贸易舰队在其中扮演了核心的角色，这一点常常被忽视。直到 19 世纪 70 年代和 80 年代，随着铁路的迅猛扩张，自然、廉价的沿海和内陆水运才退居次位。

1830—1860 年的铁路统治时期

在解决美国的交通问题上，运河和汽船发挥了重要的作用，它们将广大的内陆地区和各个市场连通起来。[30] 然而，在 19 世纪中，它们还没来得及盛行起来，就被铁路运输这一迅速、高效的陆上运输变革方式所取代。铁路运输的优势显而易见：连续、

光滑的铁轨能尽可能地降低车轮通过时所产生的摩擦力，火车头能够更为有效地利用
蒸汽动力，从而大大扩展了运载能力。19 世纪 20 年代，最先在英国进行的一系列试 572
验很快验证了铁路运输的优势，在此之后，美国成为铁路运输的主要实践者。

早期投资

运河大规模兴建的最直接推动力是伊利运河。由于切萨皮克和俄亥俄运河的终点将使亚历山大受益，巴尔的摩对此相当不满并决定转而修建一条长逾 200 英里的铁路。即使考虑到它的获利，这一决定也是一个莽撞之举。在蒸汽火车机车试验成功之前，如此大规模的项目该如何运作？并且当时为开拓煤炭贸易而修建的仅有的数条铁路都是风险巨大的投资。在费城等同类竞争对手的推动下，巴尔的摩并没有取得很好的结果。该铁路在 1853 年完工，终点是俄亥俄河的终点——惠灵，这一切正好是在西部贸易争端解决之后完成的。预计的项目投资为 500 万美元，结果实际的投资超过了 2 000 万美元。

一旦铁路开工，巴尔的摩和俄亥俄就为其模仿者提供了一个有力的动力，以及很好的理由：很少有地方认为水路交通能完全满足或者能更好地满足他们的需求和期望。同时铁路运输也提供了更为便捷迅速的应用前景，特别是在人口已经比较密集的沿海地区，更要考虑此类因素。当该项技术成熟之后，未来为修建铁路的融资将不成问题。对于通过修建运河来与萨凡纳（Savannah）竞争的方案，查尔斯顿（Charlseston）的商业领袖们并不满意，他们看透并回应了来自巴尔的摩的报告。在他们的资助下，通往汉堡的内陆铁路于 1833 年竣工了。该铁路全长 136 英里，是当时世界上最长的铁路。在通往匹兹堡的部分路段上，宾夕法尼亚州采用了铁路，因为在这一路段上开凿运河是不可行的。波士顿的利益集团在开始挑战纽约之前，曾仔细考察了巴尔的摩的发展状况。根据最初的英国传统，在产煤地区，为运河修建的支路常常受到马力和英里数的限制。运河沿线的各城市的商人们很快发现了这些商机，并积极投入其中以满足人们对公共交通的需求，如波士顿和普罗维登斯、新泽西的卡姆登和安博伊、里士满（Richmond）和匹兹堡，以及其他的一些地方都出现了这样的投资项目。

19 世纪 30 年代，铁路里程迅速增加，这一方面取决于良好的经济形势和资本 573

的相对充裕，另一方面则是因为人们对此有非常好的预期。扩张本身就是一个不断学习的过程。英国的方式很快被抛弃。对铁路的改进包括：旧式的铁轨被带有铁钉的枕木所代替；尽量避免修筑隧道；在曲折和有坡度的地形上铁路的承受力增强。总之，建造铁路的成本被尽可能压缩。除了上述节约成本的技术革新外，美国人还把其聪明才智用到了机车和铁轨的设计上。美国为适应坡度而设计的更具灵活性的机车头很快取代了进口的机车头。增加铁轨承受力并尽量减少钢铁投入的试验，造就了如今通用的T形铁轨的雏形。

到1839年年底，有超过3 000英里的铁路处于运营状态。全国的铁路网络系统开始形成。一条轴线贯穿东西，这条线路的最初目的是连接巴尔的摩和俄亥俄。马萨诸塞州的西部铁路，纽约州命运多舛的伊利铁路（后来纽约的中心地位在私人的风险投资下得到了巩固），以及宾夕法尼亚州两条辅助运河的铁路，共同构成了地区铁路网的一部分。第二条轴线纵贯南北，整合了与海岸线平行的铁路，并定位为客运交通路线。这些已经建成的铁路构成了逐渐成形的铁路网的主体。企业群有1/3位于西部内陆，它们都是在州政府积极投资于该地区自然水路的背景下成立的。最后一个混杂的网络包括宾夕法尼亚州的许多运煤线路，以及谢瓦利埃（Chevalier）所称的“从中心大城市向各个方向辐射的铁路”[31]。

从1839年年末持续到1843年的经济衰退，从两个方面给上述规划造成了严重的破坏。除了在州政府资助下修建的西部线路，以及早期就已建成的宾夕法尼亚州的重要主线外，东西向铁路的修建在距目的地很远的地方就被迫终止了。西部内陆地区的线路所受的影响则更为严重。1839年以后，由于不能再向国外借款，各州的收入又极其有限，铁路的建设已无法再进行下去。半途而废的铁路比比皆是，这使得增加公共债务没有转化为相应的资产与之对应。在南方，公共资助中包含了许多
574 风险投资，依赖这些资助修建的铁路遭遇了相同的结果。一般来说，私人融资越多且期望值越小的项目，在1839年以后表现得越好。

然而，挫折并没有浇灭变革的热情，也并没有动摇对丰厚回报的追求，因为这仅仅是资金短缺的问题。由于这个原因，在19世纪40年代，修建铁路的地点多位于东部和新英格兰地区，这时的南部和西部也开始逐步复苏。资本在一些殖民的区域比较容易获得，它们独立于国外投资，而外资的投入增加了美国国内公共的风险

投资。间接的收益和直接的货币报酬吸引着资金的投入。集中于地方铁路的投资采取的是入股的形式，各股东都希望从所组成的共同体中获益。这种诉求在修建波士顿至五大湖区 600 英里的替代铁路干线时表现得最为明显，该条线路将使新英格兰在西部贸易中取得更大的成功。

尽管铁路修建的初期进展缓慢，但到 18 世纪 40 年代末，铁路的总里程数已经翻了一番，超过了 7 500 英里。那时马萨诸塞州、康涅狄格州和新罕布什尔州所拥有的铁路里程约为一个世纪以后它们所拥有的铁路里程的一半。19 世纪 40 年代，东西向的铁路建设从停工状态开始恢复。巴尔的摩至俄亥俄的铁路继续推进；宾夕法尼亚铁路开创了该州的铁路通往西部的先河；从布法罗到奥尔巴尼的铁路已经完工，它是纽约州莫霍克山谷铁路群中的一条，主要用来运送乘客；1845 年，伊利铁路恢复重建，完成了通往伊利湖的 200 多英里的线路。

向西部和南部的扩张

19 世纪 50 年代是铁路建设全面展开的时期。在这 10 年中，铁路的总里程数增长了 4 倍多，达到 30 000 英里，使得真正意义上的铁路运输和全国范围的旅行成为可能。从纽约到艾奥瓦州迪比克（Dubuque）的旅程可以完全依靠铁路。在伊利诺伊大草原饲养的肉猪可以被运送到波士顿去屠宰；工业品可以从费城运送到密西西比州的圣泉市。然而在一些路线上仍然存在严重的衔接问题。例如，主要河流上的桥梁尚未建成；各种标准缺乏统一；由于未划分时区，时刻表混乱不堪。这些都阻碍了铁路运输的进一步发展，但国内铁路的融合是大势所趋。

贯通东西部的铁路干线不止一条，而至少有 4 条，分别是：纽约中心铁路、伊 575
利铁路、宾夕法尼亚州的铁路以及巴尔的摩至俄亥俄的铁路，每一条都从东部沿海出发延伸到西部的终点站。每次贯通都会有各种庆祝活动，更不用说第一次从交通上获得利润。

西部是新建铁路的主要地区。新建的铁路分支不仅连接海滨地区，更重要的是它们直接连接到主干线上。芝加哥成为首屈一指的铁路中心，有 10 多条铁路汇集于此，加上分支和延长线，芝加哥铁路的总长超过了 4 000 英里。俄亥俄州在美国内战前就已拥有了差不多 3 000 英里的铁路；紧接着的是伊利诺伊州，拥有 2 700 英里；

印第安纳州拥有 2 000 多英里。密西西比河上已经架设的桥梁使铁路可以延伸到密苏里州；威斯康星州和艾奥瓦州则共拥有 1 500 英里的铁路。19 世纪 50 年代，西部总共修建了 10 000 英里的铁路，超过了 50 年代初全美国的总水平。

正如熊彼特及其他人所指出的一样，这些成就的取得并非因为美国人有独特的超前建设意愿，他们只不过是出于对利润的简单追求罢了，但这种简单的追求却往往十分有效。实际上大部分西部的铁路从一开始就带来了净收益；这些铁路大多建在以前富足的定居地并因此成功吸引了私人资金。这些要点是对下述现象的精辟解释。

定居地与铁路的修建存在明显的关联，从时间顺序来看，铁路总是先在人口密集的地区修建，然后拓展到人口稀薄的地区。人口密集的俄亥俄州在 1852 年就已经拥有了该州 19 世纪 50 年代末所有铁路里程的 1/3 ；而另一个极端是威斯康星州和艾奥瓦州，它们在那时还没有任何铁路。有关各地区铁路建设水平的数据显示了同样的结果。到 1853 年年底，在伊利诺伊州修建的所有铁路里程中，有 60% 以上位于 11 个主要的小麦生产县和 8 个最大的玉米生产县（这些县是根据 1850 年的统计数据确定的）。铁路分布的不平衡——那些县城的面积仅占国土面积的 25%——很明显是现存定居点和经济活动的不平衡所致。这一点在威斯康星州表现得更为明显。1860 年年底，铁路总里程的 1/2 集中于面积仅占 10% 的地区，而在 1856 年这一比例为 3/4。

576 早期的铁路由于满足了即时的需求而获得了高额利润。若将西部的铁路建设视为一个整体，则其 1855—1856 年的净收益占建造成本的 7.2%，超过了新英格兰和中大西洋各州相应的回报。虽然每英里的回报很小，但成本更低。西部铁路的建设是与该地区初始较小的绝对需求相适应的。

总体上的结论无法确切表述单条铁路的不同命运。在俄亥俄州和印第安纳州的一些地区，由于竞争激烈，有许多铁路的运营陷入困境。由高固定成本所引致的铁路竞争，导致了铁路支线的过剩；为了避免交通设施的匮乏所导致的高成本，地方政府对商业竞争给予补贴，这进一步加剧了铁路过剩的趋势。在 1855—1856 年，重复建设铁路的地区所获得的收益要低于新建铁路的地区。

西部铁路证券在东部货币市场上的接受程度为早期铁路建设项目的价值提供了

另一条线索。直到 1854 年下半年经济紧缩之前，西部铁路债券的交易都非常顺畅，因为市场上有这样一种观点，认为“西部铁路是最有价值的投资项目，随着开放的几条铁路取得巨大的成功，人们更加坚定了这一信念”[32]。

进入资本市场是至关重要的，因为投资具有明显的个人化特征。[33] 立法反对州政府资助内部交通的改善，受到了 19 世纪 30 年代不幸经历的影响。向联邦政府寻求帮助是被允许的，联邦政府采取的方式是授予修建铁路的土地，但是这种帮助来得太晚以至于无法影响内战前的事务进程。当地资金也可以成功筹到，但其数量有限，不足以改变私人投资占主导地位的状况。印第安纳州社会团体捐赠的资金不到总建造成本的 4%。伊利诺伊州的这一比例更低。值得注意的是，芝加哥没有得到任何的资助，提供资助的是更小的城镇，因为这些小城镇的人们希望抵达一个能更经常地享受到太阳的地方。在更加西部的诸州，比如威斯康星州和艾奥瓦州，投资风险更大，地方支持的资金可能未超过总投资的 10%。实际上，俄亥俄州社会团体捐赠的资金相当于印第安纳州、伊利诺伊州和威斯康星州的总和。这些团体的资助活动是出于 577
一种自我保护，为了确保它们不会被新时代所遗弃。实现的利润总是比预想的要少，因为所有的地区都采取了相似的行动；拒绝捐赠的潜在成本可以部分地解释这些州的行为。可以确定的是，地方的资助有时起到了催化作用，甚至对于获取其他的资助是至关重要的。我们可以很好地比较地方性资助和 19 世纪 30 年代的州政府资助，前者只有在决定建设铁路以后才能获取，而后者则先于需求且更为直接。

19 世纪 40 年代西部和南部投资活动的急剧减少，被 50 年代强劲的反弹所弥补。西部的真实情况是，不会再出现这种反复，私人对潜在利息的回应也不那么热烈和积极了。在西部开发之前，给南部带来好处的自然河流为棉花基地的农业贸易提供了很大的便利，并且河流仍然是铁路强有力的竞争对手。19 世纪 30 年代后期，惨痛的经历使得对铁路投资的热情大为减弱。然而，到 19 世纪 50 年代，早期对公共资助的限制已经消除，并且资助的力度得以加强。显然，铁路的成功无论在哪里都产生了强大的激励。为了搞活州内的商业，州政府为州内各港口间的竞争提供资助：30 年前铁路时代的开始是出于同样的动机。新奥尔良、莫比尔、孟菲斯、萨凡纳、查尔斯顿、诺福克（Norfolk）和威尔明顿（Wilmington）、北卡罗来纳州都是主要的参与者。路易斯维尔为俄亥俄山谷贸易的向南发展也做出了贡献。在州和地方都提供资助的同时，私人投资也受到早期完工的南部铁路良好的运营状况的鼓励：到 1855 年，沿海各州的私人投资者普遍获得了股利回报。一旦铁路建设步入正轨，商业竞争将加速修建的进程，相当长的里程在美国内战前夕就已经建成。1854 年西部的投资达到了顶峰，南部和西南部的投资轻微地受到了经济环境的影响，但在 1859 年以前也一直保持着上升的势头。

大规模的投资

578 表 13–8 简要反映了美国内战前的投资周期。东部的投资集中于 19 世纪 40 年代，随后出现的是西部和南部的投资热潮。超大规模的投资也是如此。到 19 世纪 50 年代初期，更多的资源集中到铁路而不是运河、汽船和收费公路的建设上。并且我们随后可以看到，利润率在后半个世纪中是不断上升的。

表 13–8　美国内战前的铁路投资（百万美元）

时期	新英格兰	中大西洋[a]	西部[b]	南部	合计
1828—1843 年	29.7	64.9	9.7	33.0	137.1[c]
1844—1850 年	79.5	52.8	20.2	19.7	172.3[c]
1851—1860 年	40.5	126.4	370.3	199.4	737.3[d]

说明：a. 包括马里兰州和特拉华州。

b. 包括密苏里州。

c. 由于单项凑整，合计数与加总数有出入。

d. 包括在加利福尼亚州 700 万美元的投资。

资料来源：Adapted from Fishlow, *American Railroads*, 53.

1860 年年末铁路的资本存量超过了 10 亿美元，其中公共资产大约占 25%。公众资助金在南部所占的比重最大，在那个时期大约占到了 50% 以上，违背了自由放任不干预的思想。第一个投资高潮来临之时，是公共投资影响最大的时候，其占总投资的比例超过了 1/3。19 世纪 40 年代是公众投资最少的时候，这时私人融资的铁路建设在新英格兰占主导地位。南部的公众融资在 19 世纪 50 年代迅速增加并达到了最大值。由于实际基础和概念性问题的不明晰，所以确切地计算这些比例是非常困难的。例如，在一些计算中，州抵押债券也被归入其内，虽然它们并不代表资源的转移。计算需要偿还的州贷款也并非那么重要，除非利率的差异促使州有价证券与私人金融工具发生转换。但是为了确定即期融资的贡献份额，贷款被视为当期的资金转移，即使它们是被分期偿还的。这里采用了更宽泛的概念。

对铁路的公共资助在形式上和相对重要性上都有别于运河。对修建运河的所有 579
资助有接近 3/4 是在内战前完成的。一般来说，对运河的公共资助主要来自州政府，并且由其直接控制和经营。铁路受到的公共资助相对要少一些，即使接受了一定的资助也主要是以私人企业的形式来运营。二者的区别部分源于它们的技术性特征——州政府的控制便于征收通行费，还有一部分则源于它们处于不同的历史阶段。当私人资本更加充裕的时候，铁路才出现。此外，由于铁路建设是为了满足现时的需求，因此其调动私人储蓄的能力增强了。

铁路交通与生产力

表 13–9 显示了美国内战前 10 亿美元的交通投资的结果。最初铁路的收益依赖于个人的旅程。直到 1849 年，货运收入才超过了客运收入。虽然那时运河的货物运输量仍然高于铁路，但铁路在客运方面已经取得了垄断性的地位。正如我们所见，虽然 19 世纪 50 年代后期各种形式的水路运输的总量增加了，但是铁路货运已略微胜过了水路货运。铁路的迅猛发展预示着在不久的将来就会获得最终的胜利。

表 13–9　　铁路产出

年份	客运收入（百万美元）	客运里程（百万英里）	货运收入（百万美元）	货运量（百万吨英里）
1839 年	4.5	90.1	2.5	32.8
1849 年	13.6	468.1	14.1	347.0
1859 年	45.8	1 879.6	66.5	2 577.7

资料来源：Data from Fishlow, *American Railroads*, app.A.

铁路的应用削减了运河的利润并导致很多运河被废弃；这同时又为铁路所有者带来了可观的净收益。表 13–10 显示了根据不同基准年份的资本存量所折算的净收益的修正数。这些数据表明在整个 19 世纪 50 年代中期，收益率是上升的，这有助 580
于解释铁路投资的不断增长。这些比率并不等同于回报率，它考虑了在公司的生命周期中未来的收入流。值得注意的是，1855—1856 年和 1859 年投入的大量资本不但没有被完全利用，而且前景也不被看好。例如，在1859年以来的30年中，每年保守估计的净收入增长率只有2%，这意味着平均的私人回报率大约为6%。这绝不是一个致富之源，但还是与那些私人投资并不理想的部门形成了鲜明的对比。这样的回报率仍能够吸引私人投资，说明地方性的融资是存在间接利益的，并且人们的期望过于乐观，夸大了真实的潜在价值。

表 13–10　调整后的净收益与净资本存量比（%）

年份	包括破产的公司	不包括破产的公司
1839年	3.0	3.7
1849年	4.5	4.8
1855—1856年	5.9	6.0
1859年	4.7	4.7

说明：调整后的净收益是净收入减去没有体现在账户上的折旧；总折旧、资产重置成本、枕木和铁路折旧的计算方法存在差异。

资料来源：Data from Fishlow, *American Railroads*, apps, A and B.

铁路之所以能够盈利是因为在运输量上超过了运河。而铁路之所以能够在竞争中取得成功，是因为其初始的运费率要低于运河，接近与其紧邻的水路的运费率。19世纪30年代，每吨英里的铁路运费为7.5美分；客运每英里的费用为5美分。到1859年，绝对水平急剧下降。客运费率为每英里2.44美分，货运费率为每吨英里2.58美分。在早期的运价下，铁路客运能够提供相对舒适的旅行（虽然不是绝对舒
581 适），因此铁路在客运上很容易就获得了垄断性的地位。运河货运的费率仍然是非常低的，但是由于激烈的竞争，其与铁路货运费率的差别在总体上缩小了，从1849年的3美分下降到1859年的不足2美分，但是铁路运输在质量上的优势又使二者的竞争地位发生了变化。更快的速度、全天候的使用、更少的转运以及责任的明确等优点，使铁路货运不仅成功地赢得了运输高价值产品的机会，而且成功抓住了运输农产品的机会：特别是面粉和牲畜逐渐转为由铁路运输，而剩下由运河运输的商品，只有煤炭和谷物。

如表13–11所示，由于要素生产率的提高，运费的下调成为可能。1839—1859年，生产率翻了一番多，也就是说，投入需求减半了。综合费用指数下降了42%。

即使是在那个实验阶段，促进生产率增长的因素也毫无疑问要包括一些技术进步。在这一时期，火车头的牵引力翻了一番多；八轮的货运车厢开始被使用，但直到 1859 年才相当普及，除了较快地应用于运煤的机车上，其推广非常缓慢；由简单的枕木和铁栅组成的铁轨被改进成每码重 50~60 磅的钢轨。然而在早期的数十年中，最令人瞩目的还是资本存量的应用范围不断扩大所带来的影响。随着运输量增加，自 1839 年以后，铁路的资本—产出比下降得相当明显，不可分离的资本存量得到 582
了更加充分的使用。以 1859 年为基础，1860 年以前观察到的生产率有一半以上可以用使用程度的提高来解释。1849—1859 年生产率指数的稳定性依赖于资本—产出比率的进一步下降。19 世纪 50 年代，铁路系统的迅速扩张使资本积累与产出增长相匹配。从未完全使用的潜在资本的意义上来讲，认为 1860 年以前的铁路建设要先于需求是有道理的。这样，我们就必须注意到资本和产出之间的不平衡，1839 年的水平要明显高于 1859 年，而 1859 年的资本—产出比实际稍微低于 1849 年，因为 1859 年的产出由于受经济周期的影响被人为地调低了。总之，在 19 世纪 50 年代，上述所有事实并没有增加额外的运输能力。

表 13–11　　1839—1859 年铁路部门生产率的变化（1910 年 =100）

年份	产出	劳动力	资本	燃料	总投入	总要素生产率
1839 年	0.08	0.3	0.8	0.07	0.5	16.0
1849 年	0.46	1.1	2.2	0.20	1.4	32.8
1859 年	2.21	5.0	10.1	1.50	6.6	33.5

资料来源：Adapted from Albert Fishlow, “Productivity and Technological Change in the Railroad Sector, 1840—1910”, in Dorothy S. Brady (ed.), *Output, Employment, and Productvity in the United States after 1800*, Studies in Income and Wealth, vol. 30(New York, 1966), 626. 对产出的原始数据进行了调整，表中所示是以 1910 年的权重为基准的，因此总要素生产率指数也相应地进行了调整。

美国内战前铁路所取得的统治地位，标志着该时期其他运输创新的实质性终止。直到 20 世纪汽车时代来临，才掀起了一场新的挑战。19 世纪的更大进步依赖于铁路的持续扩张及其有效运输能力的不断提高。接下来我们考察美国内战后期的情况。

1860—1910 年的铁路统治时期

在头 30 年，美国铁路发展引人注目的地方便是 1860 年已经拥有了长达 30 000 英里的铁路网，其总长度占全世界的一半，但是在以后的几十年中铁路发展更为壮观。不管是从量上来看，比如建设活动或者产出的数量，还是从质上来看，比如铁路公司大规模投资的业绩，美国内战后的几十年都使前面的时代黯然失色。到 1890 年又修筑了长达 140 000 英里的铁路，到 1916 年铁路总长有望超过 250 000 英里。1859—1890 年，运输量从 26 亿吨英里增加到 800 亿吨英里。到 1910 年，运输量又增加了三倍。若不做深入考察，我们是无法知道崛起的大亨，诸如范德比尔特（Vanderbilt）、库克、古尔德（Gould）和摩根等人对此的影响的。

19 世纪末的扩展：美国内战后的建设潮

523 与初期的增长一样，1860 年以后的扩展在时间上或地理上并不平衡。表 13–12 描述了 19 世纪后期扩张中的三个高潮：1868—1873 年、1879—1883 年和 1886—1892 年。在其他时期，同样也进行建设，但是其年均增量比高峰时期的要低。第一个高潮发生在因美国内战而几乎停滞的投资复苏前，由于在无须大量额外投资的条件下，产出的迅速增加就已经被吸收了，因此铁路运输是在良好的融资条件的冲突中崛起的。《普尔手册》的表格中所显示的 1867 年的资本净收益率为 9%。[34] 在表 13–12 中所列举的最早三个地区，供给几乎无限地满足这种不断增加的需求。这些地区存在很明确的特征：人们已经利用了以前的建设，而且更加迫切地需要将后来的
584 建设投入使用。在 1873 年这些地区每平方英里的铁路运输里程数是 0.092，而在其他地区是 0.015。[35] 用经济学术语来说，东北地区收入中的每一美元相当于该国其余部分的里程总数收入的 60%。如此大的潜在需求成为对这个地区不断进行投资的重要的和持续的动力。

表 13–12　各地区建设的铁路里程

地区	1868—1873 年	1879—1883 年	1886—1892 年
新英格兰	1 376	358	605
中部各州	3 833	2 873	2 557
中北部	3 847	7 539	6 839

续前表

地区	1868—1873 年	1879—1883 年	1886—1892 年
西北部	3 749	9 036	9 396
南大西洋	1 937	2 881	6 639
海湾地区	2 041	2 323	4 409
西南部	5 709	10 343	11 754
太平洋地区	2 097	4 200	4 619
总计	29 589	39 553	46 81

说明：在特定年份之间，运营的总里程数是有差别的。

资料来源：Data from *Poor's Manual of the Railroads of the United States* (New York, 1869—1893).

第二个因素既有 1860 年以前国会所承认的土地赠予，也有以后对横跨美洲的铁路扩张的支持。1868—1873 年所完成的铺轨量中，有 10 000~12 000 英里来源于这个因素。它们大多位于太平洋地区、西北部和南部各州。在这个联邦支持的建设过程中，最引人注目的盛事是 1869 年中央太平洋铁路和联合太平洋铁路在犹他州奥格登的接轨。只是后来那种成就的诱惑很快消失了，私人投资者由于承担了如此浩大的高风险性事业，其利润自然也就源源不断地流向了私人企业。

和第一条跨州干线的完成同样值得注意的是，在极少人居住的地区和条件限制较大地区完成的总里程。堪萨斯州、内布拉斯加州、明尼苏达州和得克萨斯州的里程数比科罗拉多州、犹他州、内华达州、怀俄明州和达科他州的多 2 倍。即使有的地区的铁路建设是在实际需求之前的，但这些建设是由联邦资助的，目的是把太平洋各州和东部连接起来，人们不可能对一个成形的市场的吸引力无动于衷。实际上，仅仅在建成两年后，联合太平洋铁路在 1871 年就有一个经价格调整后的 6.7% 的净建设成本回报率。而在投入运营的第一个 10 年，回报率是 11.6%。[36] 这种令人兴奋的运营成绩来源于和 19 世纪 50 年代类似的调整过程。建设在人口稀少地区的铁路为人们提供服务要按比例调高收费，用于弥补由较小的需求导致的收益差距。

考察一个新企业的财务偿付能力的关键是现金净收入和资本化的比例，而不是实际的投资利润率。无论在东部还是西部，很多小项目都通过了考验。实际上，在19世纪70年代，所有铁路的平均净收入对资本的比例不超过5%。[37]1877年开始时，在铁路总里程中，有18%掌握在接管者手中，而且很可能有更高比率的铁路债券不
585 能履约。[38] 三个原因导致了如此糟糕的表现：(a) 在建设期间对即期利润的渴望和以低于平价的折扣销售证券，导致了过度的资本化；(b) 不断下跌的价格水平，增加了对以前发行的大量用于筹集资金的基金债券的实际利息支出；(c) 19世纪70年代的周期性下行很大程度上是铁路投资减速的起因，而建设超前于需求只是那个10年中糟糕的财务表现的次要原因。

过量的资本化是给承包商支付证券而不是现金的结果。只有在很大的折扣下股票和债券才被接受。折扣价格甚至常常比进行风险调整后的价格还要低很多。收取高价的建设公司常常因它们的创办人想获得即时的回报而被组建。了解到这种境况后，潜在的债券持有者只有在最有利的期限内，才能被欺骗而持有债券。相对于高利率，低于平价销售是常用的调整机制。通过这种机制，发行者有推迟部分利息负担的好处。部分的债券折扣是建设成本的一部分，因为它反映了在建设期间必须支付的更高的利息成本。通常情况下，全部的折扣被包括在内，因此极大地扩大了建设成本。同样，所有发行的股份都按平价计算。这些被注水的股票，与实际的资产并不相符，却成为支付红利的基础，这引发了持续争论：铁路所有者认为投资回报不足，而使用者认为利润过多。《普尔手册》中估计，在1884年，实际投入到铁路中的资金，不会超过短期或长期债券的总和，这就意味着存在超过50%的过量资本化。[39]

当整体价格下降导致现金净收入的增长速度下降时，利息支出保持固定，使每年的利息支出成为不断增加的实际负担。建设时代的市场利率并没有反映出预期的价格下跌。后来的以更低的名义成本建造的铁路更有竞争优势，因为它们的利率是名副其实的，并且背负更少的债务。19世纪70年代的铁路重组，尤其是受到这些新建铁路的影响而进行的重组，更多的是由于无法支撑的债务负担所导致的，而不是
586 由忽视回报的重复建设所引起的。在多数情况下，资本结构的变动是为了使铁路支付更低的有效实际利率。

19世纪70年代铁路令人失望的财务业绩的最后一个原因是周期性的危机。最

有讽刺意味的是危机的爆发伴随着 1873 年北方太平洋和杰伊·库克公司（Jay Cooke and Company）的失败。铁路的产出虽然在 1868—1873 年增长了 115%，但是在随后的 5 年中增长率只略多于前一时期的 1/3。不过由于不断削减的运营成本，净收入的敏感性降低了。这样不断削减运营成本的做法由于著名的 1877 年的铁路大罢工而没能最终坚持下来。这些更低的成本解释了那些更老和建造更好的铁路在这次危机中保持它们的分红能力的原因。

19 世纪 80 年代的繁荣及其后果

1873 年情况逐步明朗，虽然建设速度慢了下来，但是就像风暴一经开始便不可逆转一样，到 1873 年铁路建设的复苏速度加快了。这次投资的方向主要在那些较少开发的地区，像表 13–12 所显示的那样，西南和西北各州就占了总量的 50%。大多数投资被用来继续建设 1873 年开工的项目。最初两条横跨美洲的线路——南方太平洋铁路和北方太平洋铁路——完工了。而同时艾奇森、托皮卡和圣塔菲（Atchison、Topeka, and Santa Fe）线路完工，为从圣路易斯到太平洋沿岸提供了另一条路线。在西南各州大量新增的通车里程是堪萨斯城和畜牧贸易重要性不断上升的标志。为了打通谷物出口的通道，建设了连接海湾（Gulf）港特别是加尔维斯顿的线路。在中北部地区，汇集到芝加哥的多条线路开始了对后来迅速开发的达科他和内布拉斯加的扩展，更不用说在艾奥瓦州这一更远地区的建设。

建设的长度迄今为止超过了以前的成就——在 1879—1883 年的 5 年中，平均每年建设 8 000 英里，随后的描述强调了铁路建设扩张的投机性及繁荣场景。《普尔手册》几乎在每一章中都把投资的高峰称为错觉：

> 从 1877 年到 1883 年快结束时，一个最奇怪的错觉呈现在公众面前……
> 这个错觉在很大程度上被那些能干和不择手段的冒险家利用。任何谣言都 587
> 被毫不知情的狂热大众贪婪地紧紧抓住。大量的利息支付和资本分红强化
> 并延长了这个错觉。在这个错觉中，那些最敢说的和最不择手段的创始人
> 常常是最成功的。[40]

像这样一个草率的判断，恰恰准确突出了充足的资本供给在铁路建设进一步繁

荣中所起的重要作用。铁路普通股的价格在1877—1881年翻了一番，在这样的背景下，销售它们的股票对于建设公司而言就很容易了。债券的收益率在扩张期间降低了，直到1883年才开始微弱地回升。价格的降低影响了这种向下的趋势，但是联邦债务同样如此快速下跌，从而释放了资本。

问题是这些有利的估价是否有现实基础。表面上看，似乎一切都估价过高了。1878年，在新开发的西部各州，建设成本的平均净回报率低于其他各地。同时，建设的情况——诸如一些投资项目，主要被设计用来以有利的价格卖给潜在的竞争者——看起来只是加剧了投机，但是一切并不完全是社会的非理性行为。大多数的建设是由现有的系统进行的，或者是为了完成以前被中断了的贯通线路，或者是延伸到进行交通建设似乎有利可图的新地区。这就意味着即使建设还在进行中，新线路也会从已完成的部分线路的收益中得到弥补。工程的完工和扩展常常导致收入能力以更高的比例提高。当处于两个终点之间的地方由交通线连接起来时，这就非常自然了。在它的营运范围扩大两倍后，艾奇逊铁路几乎使它的每英里净盈利扩大了两倍；虽然很少被提及，但南方太平洋铁路和北方太平洋铁路也享受了同样的好处。三个最有扩张意义的铁路系统可能是芝加哥到西北部、芝加哥到密尔沃基再到圣保罗，以及伯灵顿。所有这些系统都经历了一个变化过程，最初每英里净收入增长，随后下降，之后每英里总产出明显增长。因为不断加剧的交通竞争使收费状况恶化，净收入表现得不那么好。

然而，因为移民和商业化的同步性变得比美国内战前更强，在新成立的各州，
588 总需求扩张得相当快。而1879年开始的欧洲对谷物和肉类需求的巨大增长又刺激了总需求。在1877年有价值达4 700万美元的4 000万蒲式耳的小麦出口，到1881年扩张到价值达1.68亿美元的1.51亿蒲式耳的小麦出口，后来增长平稳下来了。像艾奥瓦、内布拉斯加、明尼苏达、达科他和堪萨斯这些有相当规模的铁路建设的州在1874—1884年贡献了小麦产量增加量的几乎一半。[41] 这是农场的幸运时代。即使在那些定居人口和农业增长在很大程度上不成比例的地方，也有其他的需求来源，比如在科罗拉多的银矿开采的兴起。直到盐湖城的雄心勃勃的扩展被证实代价昂贵而不是有利可图之前，丹佛到格兰德河（Rio Grande）线路在支付红利方面一直表现格外好。1884年开始调控建设后，它和得克萨斯以及圣路易斯是仅有的进入破产管理

程序的重要的西部线路。

因此，尽管有史无前例的投资规模和通车里程的巨大增长，这次繁荣也只是一个十足的错觉。尽管公认的是，当所有扩展计划加总起来时，就会有过度建设的情况，但单独的项目能够预期有利的需求条件。在先前同样开发过的地区，自 1886 年开始一直持续到 1893 年投资的迅速恢复表明这种过度建设并不是很多，以前的投资者并不是完全被误导。

这次最后的建设高潮有着与以往建设相似的动机：它的目标是在扩充服务于西北地区的设施的同时，完成另外一条通往西北部的横跨美洲的线路；为了和新地区的远程交通竞争而由大的铁路系统所进行的战术性延伸的建设；和为主要铁路系统分别提供直接进入东西部主要铁路中心的入口段而在轨道上的投资。在南部和海湾各州的建设高潮提供了额外的刺激。新一轮经济活动的开始，加上在重新建设期间公众支持的崩溃随着时间的流逝而成为过去，促进了投资的恢复；这种机制——通过建造扩展系统或形成新的扩展系统来实现扩张——和以前一模一样。

随着 1893 年的经济衰退，扩张性的铁路建设在很大程度上走向终结。尽管在接
下来的 25 年内又建设了长达 8 万英里的铁路，但二级和支线铁路轨道的铺设和设备 589
的采购为投资做出了更大的贡献。表 13–13 重申了以 1909 年美元计算的自铁路时代开始到这一年的总投资，并清楚地表明了 1890 年以后对全部车辆购买的快速增加。干线之外的轨道建设在 1900—1909 年占用了将近 9 亿美元，而在前一个 10 年内只占用了 5 亿美元。因此，在 1890—1899 年，总的设备采购支出增加和钢轨建设的支出增加是相等的，并在下一个 10 年超出了 50%。

投资的范围与来源

表 13–13 清楚地显示了 19 世纪 70 年代和 80 年代铁路投资的迅速增长。20 年内实际支出翻了两番，期间年均增长率超过 7%。甚至在制造业的兴起时期，这种扩张势头也使铁路依然保持着其从 1860 年以来在非农业活动中的领先地位。在 20 世纪早期，铁路资产达到了 100 亿美元，相当于这个国家的可再生财富的 1/6 ；那时的铁路企业都是企业巨头。

表 13–13　对铁路与机车的总投资（以 1909 年美元计算，百万美元）

时期	铁轨	机车	合计
1828—1838 年	85.3	4.0	89.3
1839—1848 年	158.5	13.7	172.2
1849—1858 年	854.3	72.6	926.9
1859—1869 年	793.1	126.8	919.9
1870—1879 年	1 677.7	332.7	2 010.4
1880—1889 年	3 413.4	681.1	4 094.6
1890—1899 年	1 755.8	742.8	2 498.6
1900—1909 年	3 023.4	1 922.4	4 945.8

资料来源：Adapted from Fishlow, "Productivity", 611.

以 1860—1910 年的通货价格计算，流入铁路部门的总投资为 91 亿 ~159 亿美
590 元，确切总数取决于股本被高估的程度。私人部门是融资的主要来源。除了 1862—1871 年的土地赠予，以及一笔给中央太平洋—联合太平洋（Central Pacific-Union Pacific）项目接近 6 500 万美元的联邦贷款（后来偿还了本息）之外，州和地方政府加起来只提供了 2.75 亿美元的资助，几乎与它们在战前的贡献一样。[42] 对土地赠予进行估价是困难的：每英亩土地价格的下限可以设定为与土地授予时期的价值相当，或者低于每英亩 1 美元；上限则大致相当于土地出售的平均价格，或者每英亩 3.38 美元。（这一计算排除了 19 世纪 50 年代州政府额外赠予的 2 200 万英亩的铁路用地。）尽管较高的价格包含了因铁路完工所带来的增值，也没有对出售前的间隔时间进行折现，但它可能更好地反映了资源的真实转移——也就是赠予的联邦土地的现值。联邦政府也获得了相应的补偿：对联邦货物和军用运输的收费减少了。

为了现时的目的，把联邦政府赠予的 1.31 亿英亩以及得克萨斯州赠予的 2 700 万英亩的土地估价为 4 亿美元是可以接受的。总体上，战后的公共投资肯定是增加了，但是仍不足所需资源的 10%。1868—1873 年，在内战后的第一次建设浪潮中，政府的资助显得尤为关键，特别表现在用土地赠予的方式来刺激大项目上。实际上，

这一时期政府所提供的总资助与 19 世纪 30 年代所给予的相对补贴是差不多的。两者都被运用于试验时期：第一次是铁路的引进，第二次是建设横跨美洲的铁路系统。在 1873 年的危机后，大量的资金被抽回，公共资助被勒令禁止，铁路建设转为完全依靠私人融资。

在 1860 年后，土地赠予是公共资助的基本方式。在西部有大量未开发的土地，并且赠予看起来是一个没有成本的补贴建设的方法。政府保留了铁路沿线可以卖出更高价格的备用地，这样既不会减少收入，又可以加快建设的速度。事实上，正因为政府不以较高的价格出售土地，才产生了融资的机会成本。[43] 然而，更重要的是，补贴的效力被土地赠予的潜在矛盾所淡化，这种矛盾对铁路建设、土地和运输权益造成了不同程度的冲击。铁路建设要求土地能立即转化为流动资产。由于现时的价格较低，立即出售不能满足这个目标。而且土地赠予为债券的发行提供了担保，这 591
些债券经常被折价出售，这样实际是政府提供了担保。政府通过像它们经常所做的那样持有土地，并通过在广大的保护地带中延长取得优先权的土地的使用期的办法，来补偿铁路沿线已经被定居的土地，并使得铁路成功地实现了增值。这一过程与早先发展铁路交通的意愿是相冲突的，早先的意愿是为定居者们提供方便。因此，土地赠予并不是一个最理想的解决方案。

美国内战后的外国投资要比公共补贴更为重要。据估计，从内战结束到 20 世纪初，有 25 亿美元的美国证券进入了欧洲的投资组合。事实上，到 1893 年开始的大逆转前，流入美国的资金总净额超过了 30 亿美元。[44] 国外提供的资金有 2/3 为债券，另外 1/3 为股票，由于债券是以较高的折价出售的，因此它发挥了极其重要的作用。1865—1893 年，为铁路发行的基金债券几乎有一半被国外所吸收，而股票为 1/4，或者说，有超过 1/3 的总资本被吸收。[45] 国外投资和公共补贴发挥作用的时间段是互补的。在 19 世纪 80 年代的最后一次投资热潮中，欧洲涉足最深，而在 1878—1884 年参与的程度最低。国外投资者的运气并非一直很好。他们对伊利铁路的大量投资一直是痛苦的回忆，投资的失败反映了美国商业周期的一般特征。然而，平均来说，投资的回报毫无疑问还是不错的。为铁路主干线所发行的债券是最受欢迎的投资对象。在 19 世纪 80 年代，这些债券在伦敦证券市场都以溢价销售，其回报率为 4%~5.5%。事实上，它们的价值还是被低估了，正如南美和巴尔干半岛的铁路，虽然有政府的担保，但同样报价过低。[46] 英国投资者所习惯的回报率要低于美国投资者，而伦敦市场上的美国铁路证券具有较高的回报率，它既能确保铁路发起人获得充足和廉价的资本，又能补偿投资者所承担的较高风险。

592 虽然国外的投资具有相当的规模，但大部分投资还是由美国人承担。然而，在投资的平均回报率很少超过 5%、拖欠利息导致的破产清算频发，以及许多股票不进行分红的情况下，如此大规模的融资是怎么发生的呢？部分原因在于前面所提到的对资本化的夸大和对资本利得的追求。前者意味着对投资者的回报总是大于对企业的回报，后者是对持续增加的超额利润的预期。因为只要项目幸存下来，折价购买的证券就会随着项目的完工和投入运营而增值。这种资本利得补偿了内含的风险，这对于吸引起决定性作用的美国国内资本是必要的。不幸的是，这种收益的大小及其随时间的变化并不容易评估。虽然证券的价格时涨时跌，但资本利得是丰厚的，似乎不受影响。在 1889—1899 年的 10 年中，股票价格平均在股票面值的 67%附近波动。1900 年，价格指数在 80 点左右徘徊；1901 年，在连续经过几个好年头之后，价格指数超过了面值。[47] 如果像所断言的那样，实际投资只是名义资本化的一半，那么资本收益率就应该在 34% ~100%。这提高了现时收益率（现时收益率是以最初的购买价格为基础计算的，而不是以股票面值来估算）。

除了受投资者预期收益的影响外，19 世纪末还存在一种保证充足的资本供给的机制。这就是内部生成的基金，它是当时扩展战略或新生统一体系（consolidated system）的一部分。虽然这种基金的收益率，从社会的角度来看是相对较低的，从现实来讲也不够高，但在企业看来已相当不错了。因为虽然从这种投资中获得的实际收益很小，但如果不继续参与铁路的支线建设或其他的竞争性投资，那么以前投入的沉没资本就会损失殆尽。

总之，铁路建设的开展并不是为了利他的原因，若投资没有回报就根本不会有这些建设。虽然德鲁（Drew）、古尔德、库克、范德比尔特等一些金融家的成功，夸
593 大了平均收益率，但仍被视为追寻和赚取利润的榜样。

交通运输业和技术变迁

的确，铁路部门在实体扩张和资金融通方面的成就令人瞩目，但其在产出和生

产率上的表现更突出。[48] 1859—1910 年，货运里程增长了近 100 倍；客运里程也增长了 16 倍以上。如表 13–14 所示，1870—1910 年，铁路部门平均的年产出增长率为 7%，不仅大大高于国民收入或者商品总产值等总体性指标的增长率，而且要高于任何其他主要部门的增长率。保持高增长率的最重要的原因在于实际里程的绝对增加，而需求的增长以及单位里程运载量的提高仅仅是次要原因。

表 13–14　　1870—1910 年铁路部门的生产率（1910 年 =100）

年份	产出	劳动力	资本	燃料	总投入	总要素生产率
1870 年	6.57	13.5	16.6	5.4	13.9	47.3
1880 年	13.87	24.5	31.5	11.7	25.9	53.6
1890 年	32.82	44.1	61.9	28.7	49.3	66.6
1900 年	54.84	59.9	72.3	45.9	63.2	86.7
1910 年	100.00	100.00	100.00	100.00	100.00	100.00

资料来源：Adapted from Fishlow, “Productivity”, 626.

同样，铁路部门的生产率也大大高于总体经济的增长率。1870—1910 年，铁路部门的年平均增长率为 2%，而同期国民经济的增长率在 1.5% 左右。这一总体性的指标，概括了美国内战后铁路部门所实施的广泛的组织与技术变革的结果。19 世纪 80 年代，桥梁的架设成功地跨越了自然的鸿沟，同时各种人为标准的差异和混乱的时刻表所造成的障碍也被克服了。内战后出现的快运线，消除了在单条铁路的各个连接点上要进行转运（这在铁路系统融合之前是一个极大的困扰）所带来的不便。参与联合的铁路根据各自在运输中的份额来确定车厢数，这也为后来的租金分 594
配提供了依据。大约有 40 多条独立的铁路被连接起来，很快它们就赢得了大批订单。相比之下，铁路因运载量和质量的稳步提高而带来的效益则要小得多。宾夕法尼亚州的铁路最先使用了钢轨，这是因为内战时期交通拥挤使得路轨的更换过于频繁。1880 年，全国有约 30% 的铁路是用钢轨铺设的，而到 1890 年，这一比例上升为 80%。20 世纪初，钢轨的标准重量由大约 50 磅 / 码改为 70 磅 / 码。钢轨的重量越大，就能承受更多数量和拥有更强动力的火车头，而这些火车头又能牵引容量更大、功效更高的车厢。1870—1910 年，火车头的牵引力增加了 1 倍多。虽然货运车厢的容积也扩大了3倍，但最大载重量并没有相应提高，这使得容积和载重量之比由原来的1∶1变为2∶1。此外，障碍预警装置、自动耦合器和气动刹车的发明对更大型火车的迅速发展做出了重要贡献。

然而更重要的是，火车型号和结构的改进大大降低了成本。由于采用了动力更强的火车头和效率更高的货运车厢，1910年的铁路运营成本减少了7.49亿美元，比1870年的技术变革所节省的成本还多40%。钢轨的使用延长了铁路的寿命，直接节省了2亿美元的成本；同时，钢轨承重能力的增强（可以承载更大型号的火车头），又节省了2.79亿美元。而自动耦合器和气动刹车所节约的成本还不足5 000万美元，它们的应用被推迟了很长的时间，其原因在于：虽然早在19世纪70年代它们就通过了试验，但其投入应用尚需通过国家立法来保证，这需要一定的时间。1893年，国会通过了使用自动耦合器和气动刹车的法案，但由于铁路部门的反对，安装的限期被延长至1900年。而另一方面，钢轨的普及，以及不断改进的火车头与车厢的推广，则无须通过法律来强制执行，因为依靠市场的力量已经足够了。

美国内战后，规模经济依旧发挥着作用。1870—1910年，资本产出率下降了60%。如果资本投入与产出成正比，那么该时期生产率的提高有一半可以用规模经
595 济来解释。上面提及的火车型号和构成、钢轨、自动耦合器和气动刹车这四项革新，则共同构成（从主到次）了另一半原因。

生产率的提高降低了铁路运费。客运费用由1870年的2.8美分降低到1910年的1.9美分，下降幅度接近1/3；而同期的平均货运费用下降更为显著，由2.2美分下降至0.75美分。平均指标下降的部分原因是低价商品，尤其是煤的使用份额增加，各种相似商品使用份额的下降则并不明显。这一时期，客运和货运价格都降低了25%以上，但铁路及其定价政策却是大量投诉、关注、争论和最终管制的焦点。

在铁路使用上的费率差异和歧视是这些争论的中心。歧视因人而异，例如给了大型承运人的回扣或位置优惠，又如对长短途收费标准的争论。1874年，《通往海岸运输的线路》（*Transportation Routes to the Seaboard*）这份评议报告首次表示了全国对铁路部门的不满，而后这种不满在全美国各地反复出现。尤其是密苏里河以西地区抱怨费用远远高于芝加哥的海岸线主干道的水平。歧视同样引起了广泛的关注。

农场主尤其抱怨大型承运人所受的优待，认为这使那些承运人在贸易中获得了垄断地位。然而，在石油贸易中，以及在标准石油公司垄断的兴起过程中，这种歧视可能更为夸张。最后，路程与运费之间的不匹配这个复杂和引起争议的问题也引起了人们充分的关注。地区内的非竞争性运费率远远高于跨地区的运费率。由于距离远的货运点之间具有竞争性，因此在同一条线上，紧邻货运点的运费高一些是合理的。

出于辩护的目的，铁路部门向公众表明了它们的低回报率，并公布了其管理层认为合理的收费标准。大北方铁路公司（Great Northern）的詹姆斯·L. 希尔（James J. Hill）表示可以接受政府的法规，但条件是“能够保证相当于实际成本 6% 的收益，以及成立用于铁路维护、更新和其他必要支出的基金”。而联合太平洋公司的主席狄 596
龙（Dillon）则采取了更为强硬和冷漠的态度：“一个人背着一吨麦子走一英里路成本是多少？一匹马驮着一吨麦子走一英里路成本是多少？铁路能以低于 1 美分的成本完成这件事。”[49]

争论的焦点是能否将竞争机制引入铁路业。其他行业可以通过竞争使价格趋于成本：如果行业存在超额利润，便会有新的公司进入；而一旦出现损失，又会有一部分公司退出该行业。但铁路业并未引入这样一个自我调节的机制。进入这一领域需要数额巨大且不可撤回的投资，预计中的利润也往往被过度建设所取代。各地在提供铁路服务时不能采用统一的准入标准，因为某些地区存在区位优势。同样，航运业也不可能存在完全公平的竞争。由于铁路沿线各地的需求弹性不同，因此，为了实现利润最大化，必须采取地区歧视定价法。基于高固定成本的规模经济在一定限度内是具有竞争性的，但绝不同于完全竞争。这种规模经济鼓励在地区间运输中的歧视和差别对待，它同样促成了铁路支线的过度建设，以及铁路最终的大融合。

美国内战后，铁路部门的发展脱离了其固有的趋势。价格战和避免价格战的卡特尔组织频繁出现。价格战通常由最迫切需要增加收入的铁路线发起，它们丝毫不畏惧被逐出市场的严厉惩罚，因为大型的资本密集型企业往往能够永远存在。对农场主而言，价格战引发的不稳定和不确定的损失要大于经常荒唐降价带来的收益。歧视是不可避免的。可以采用其他交通工具的地区往往能够享受到铁路更好的服务和更低的价格。高收入地区得以享受超值服务也是得益于歧视政策。大客户也往往能享受到优待。由于自身状况不尽相同，一些铁路线急于通过各种途径消除歧视政策的潜在威胁，这不足为奇。统一划分运营范围是一种途径，组成大型铁路联合系统则是另一种途径。

面对投诉，铁路的反驳中提及技术的限制。消费者的要求大多忽视了很多显而易见的事实。与伊利诺伊州相比，北部达科他的农场主离市场更远，所以他们不能
597 享受到相同的小麦运输价格。北美大草原农场主从长途运输中获得的收益正是其他人在短途运输中所遭受的损失。在各种因素的综合作用下农产品的过度生产及其在世界市场上下跌的价格无法通过降低相应的运输成本来补偿。在运输市场较小的地区，必须收取高额运费才能收回铁路建设成本。理论上，季节性的运输高峰必须弥补全部车辆未有效使用时的花费。高收费并不代表高利润；密苏里州西部的高收费铁路利润就并不高。实际上，人们在比较每吨英里的收入时，常常忽视了在货物构成和平均运载长度上的差别。两条收费相同的铁路，如果其中一条以低成本运输为主，另一条则不然，那么这两条铁路将有截然不同的平均收入。

不容否认，个别铁路以牺牲同行为代价无耻地积累了财富。一般而言，竞争的激烈程度决定了部门的平均规模。即使是在过度建设达到 100% 的 18 世纪 70 年代、80 年代和 90 年代，平均直接收入与直接成本的比例也并未超过 10%。当然在过度的资本化中也包含了一部分必需资本的真实成本。其他行业中的企业盈利能力不可能比铁路行业低太多。这一点可以参照表 13–14 中的数据。人们希望铁路行业的增长率与国民经济其他部门的增长率差额下降到 0.5%，但实际上，铁路部门的增长率下降得更快。这种情况暗示了铁路行业的要素回报率低于其他行业。简言之，铁路乘客是以牺牲铁路所有者的收入为代价获得收益的。铁路业联合起来面对竞争性的劳动力市场，这意味着工资差距是由投资者造成的。1870—1910 年，相对于其他行业的利润，铁路业的实际回报（不考虑名义资本因素）有所下降。

另一个例子反映了一个无法改变的现实。虽然为回应承运商的抱怨，政府在管制方面付出了诸多努力，但仍无法扭转当时的局面。尽管最高法院于 1877 年在芒恩诉伊利诺伊州案中，决定赋予各州管制运输的立法权，但如果《格兰奇法》不废除，那么对铁路运费的管制将相当宽松。沃巴什·圣路易斯诉太平洋铁路公司案的判决中
598 规定：各州政府无权管理各级商业运输费率，这加速了联邦政府管制的进程。1887

年《州际商业法》的通过及相关委员会的成立，并不像其他法律一样旨在惩罚某些行为。铁路部门绝非彻底反对这一试图实现本行业稳定——艾奥瓦联营组织最终于 1885 年解散，其他铁路联盟也效率低下——的法律。虽然明文规定联营非法，但实际结果却恰恰相反。为保护主要干线利益而提高全程费用的法律损害了长途承运人的利益。[50] 但是法律规定的减少价格歧视和短途运费的相对降低却使许多地方受益。

在 1897 年的最高费率案件（州际商业委员会诉辛辛那提、新奥尔良和得克萨斯州太平洋铁路公司案）中，19 世纪 90 年代初的司法判决被运用到极致，州际商业委员会制定费率的权力被取消，由此引发了新的斗争。同年，州际商业委员会诉亚拉巴马州米德兰铁路公司案，又对委员会是否有权降低短途运费提出了质疑，法院坚持竞争条件和非歧视原则。这次判决是对原有法案的磋商，但是很快又被 1906 年的《赫伯恩法》（Hepburn Act）以及随后的《曼埃尔金斯法》（Mann Elkins Act）纠正了。但是这两项法案都未能改变这一事实：铁路监管部门的决定容易被铁路部门本身所左右。

当时，七大铁路联营组织集中了 2/3 左右的现有铁路和 85% 的收入，上述两项法案也未能扭转这种联营趋势。范德比尔特垄断了纽约和芝加哥之间的路段；宾夕法尼亚的利益集团控制着宾夕法尼亚和马里兰以西的铁路；摩根控制了东部地区；古尔德利益集团和罗克岛（Rock Island）在密西西比峡谷中称霸；希尔铁路占据着西北部地区；哈里曼的铁路占据了南部和中部的横贯大陆的线路。这七大组织实际上是四家，因为摩根、宾夕法尼亚、范德比尔特和希尔集团为了实现共同的利益进行了联合。这些联营组织在 1893 年危机的阴影下成立，1898 年后又在有利的金融条件的推动下，为投资银行家组织者带来了大量资本收益，联营组织的成立宣告了早期自由竞争的结束。虽然联合超越了理性，但还是部分地反映了铁路部门自然发展的 599
经济现实。但联合并没能彻底地解决铁路的问题。1907 年，铁路业的资本收益率达到了 6%，1914—1915 年则下降到仅为 4%，这部分是因为州际商业委员会仍不同意提高费率，尽管价格水平上升了但仍不能避免资本收益率的下降。而后，在 20 世纪的其他年份，铁路业的情况非但没有好转，反而更糟。

19 世纪交通革新的影响

19 世纪美国的交通革新从三个方面深刻地改变了各种产品关系。

第一，革新减少了提供定量交通服务所需的直接成本。单位产出所需投入的总成本减少，这使交通也相应有了较低的真实价格。

第二，价格下降影响了乘客的决策。所需成本的降低使乘客在同等条件下盈利增加。各行业对于运输价格下降的反应各不相同，这主要取决于运输成本在其总成本中的比例，以及其最终产品消费者对价格下降的反应。农业是主要的受益者，不仅由于运输费用在大部分农产品总成本中所占比例较高，而且由于农产品出口市场的需求弹性较大。此外，运输成本的下降使人们能够向各个地方流动。这显示了交通革新的独特地理效应。其他的革新往往只能降低特定地区的成本，不能推动地理扩展和专业化。但是，交通业持续的内部革新也直接造成了扩张加剧和市场剩余增加。

第三，交通业创造了需求。随着运河、汽船和铁路的诞生，在其建设中需要工
600 程师、海运引擎、铁轨等；随着其产出的扩大，要投入更多的人力和原材料。交通业的发展引起了资源的重新分配。纵观 19 世纪，交通业的投资代表了大部分资本的形成。而且，当资本投入相应减少时，快速增长的交通部门用部门收益代替了对资本的需要。在以上因素的综合作用下，交通部门发展得更为强劲有力。

交通业技术革新所产生的以上后向联系，比直接节约成本或前向联系更为独特。运河或铁路同样能够带来价格下降和直接收益，但并未对其他部门产生替代作用。

这些影响引起了人们的关注，当时的人们盲目乐观地评价了交通工程。而后的评论者毫不吝惜地褒扬了代表着 19 世纪美国经济发展的交通革新。其中，绝大多数人盛赞铁路部门，同时，运河和汽船也拥有忠实的支持者。下面我们对这些观点进行评价。

我们应该从各项革新的发展前景而非整个交通业取得的进步出发。从普通公路到铁路的过渡中，交通业做出了太过巨大而显著的贡献，以至于我们无法精确计算贡献的价值。如果没有运河、汽船或铁路，美国的发展轮廓将会何其不同、何其令人失望，这一点无须多言。戴维·韦尔斯（David Wells）在 1889 年就曾经探讨过这一问题：

> 1887 年的美国铁路运输……相当于每个人拖着 1 000 吨的货物走 1 英里或是每个人拖着 1 吨的货物走 1 000 英里。该项服务的平均成本是每人每年 10 美元。但如果完全使用马力的话，相同条件下，所需的成本……也比当时每年总产出的价值还高。[51]

需要研究的是：在给定的历史条件下，各项技术革新的相对贡献以及它们的社会回报率。本章不会太关注各项革新的必然性。即使没有铁路，而只有运河、汽车和飞机，交通状况也不会完全地阻碍进步。实际上，在复杂的经济中，潜在的替代范围如此之大，以至于任何一项革新都不能被视为完全必要的。这并不是说单项的革新不重要或意义不大。对革新的重要性的评价应取决于其产生的具体利润和应用 601
该项革新时所需的成本。在衡量革新的影响时，我们应该考虑在其他条件不变时，存在和不存在革新这两种情况。我们不应该探询可能会减弱或改变已被认识的历史效应的其他因素，也不应该冒险进入不可观察的研究领域而削弱分析的力度。[52]

现在，让我们从各种交通革新的直接收益、后向联系以及在应用领域创造出的增长这三个方面来分析交通革新的影响。

直接收益

评估资源节约，必须具备下列信息：(a) 使用新型交通方式的运输成本；(b) 使用原有交通设施的运输成本；(c) 需求弹性。然后就可以评估与价格下降相关的消费者剩余了，或者通过采用垄断歧视政策，剥夺消费者全部利润，计算出消费者剩余的最大值。

图 13–3 就展示了这一原则，图 13–3 是对图 13–2 的拓展。时期 0 的初始状态通过需求曲线 D_0 和价格 P_A 来确定，所使用的交通服务产出量为 P_{AF}。时期 1 引入了更 602
有效的交通方式，价格下降至 P_B。新的需求曲线是 D_1，总收入的变化使需求曲线离原点更远，价格下降使运输中更密集地采用新技术，并最终导致需求曲线更有弹性。我们的目标是衡量直接收益。首先，我们在收入不变的条件下，采用旧技术的需求曲线 D_1' 来代替 D_1。（我们假设变化小到不足以严重影响总收入。）旧技术会导致成本增加，不采用新技术条件下所得到的收益就是 P_AFCEP_B 的面积。

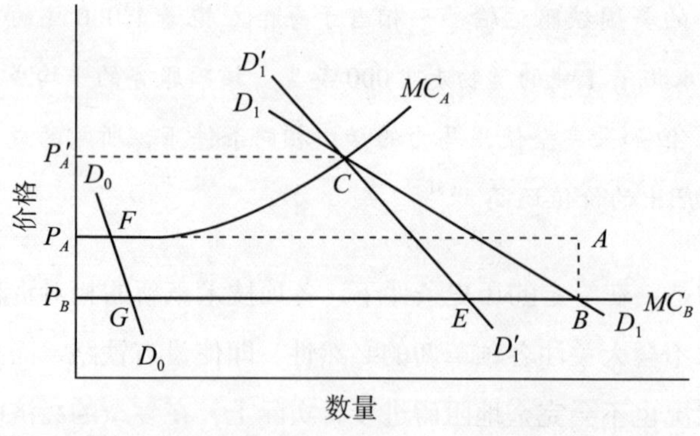

图 13–3

其实，如果我们忽略成本的上升，并将差价（P_A–P_B）引入在时期 1 观察到的交通产量，那么可以很容易地算出 P_AABP_B 的值。当 P_A=P'_A 时，收益将会被持续夸大，因为我们忽略了导致产量从 B 下降到 E 的弹性调整。但是如果成本上升，则会低估收益，这一低估值的效应不仅仅是可以抵消正向的误差。当新技术能够有效地进行大规模运输，而旧技术则不然时，能力的限制会使相应的价格 P'_A 高于 P_A。在操作中会引入对成本增加进行的补贴，并对需求弹性进行调整，以确定预期收益下降的范围。

批评这种研究方法的人往往忽视了其客观性。问题并不在于垄断因素的存在是否会动摇价格与边际成本相关这一假设，或成本是否会增加，而在于产生这种动摇的作用有多大。回报率的相关证据表明，垄断并非一个严重的问题。尚不能确凿地证明成本增加将会严重阻碍大部分革新成果的应用；实际上，伊利运河在美国内战
603 期间收费增加就证明了相反的观点。这种收益定量化的内在优势明显，可以持续采用这种方法。[53]

收费公路

由于缺乏交通业的统计数据，难以估计收费公路所产生的社会收益。一份尚需证实的报告指出：宾夕法尼亚收费公路和国家公路这两条规模最大的收费公路，在 1820 年前后年平均运输量分别为 30 000 吨和 10 000 吨。[54] 此外，还有大规模的家畜经由这两条公路运往市场。如此大的运输量，加上收费公路 50% 的成本差异优势，暗示着年收益在 100 万美元左右。这两条公路的成本大约为 450 万美元，社会利润

为 22%。但是，这一静态分析夸大了公路的实际收益。上述报告中所采用的运输量并不是整个投资周期中的年平均流量，而是 1812 年战争之后俄亥俄地区定居人口数目激增所导致的最大值。这一数值不适合在伊利运河最终竣工之后长时间使用。结合增长趋势对上述研究进行修正可得出，高速公路的内部收益率约为 15%。

而且，不能由这一收益率推断出建设其他收费公路的投资的合理性。国家公路和宾夕法尼亚公路是全国使用频率最高的线路。宾夕法尼亚沿线的私人公路企业都竭力想获得资本净收益。即使在人口密集的马萨诸塞，公路的经营状况普遍也不尽如人意。收费公路的全部投资超过了 2 700 万美元，其中仅有不足 1/5 的资金获得了成功，投资的总体结果令人沮丧。值得思考的是：是所有项目还是仅有少数几个项目具有明确的积极影响？收费公路的绝对收益和相对收益都普遍不尽如人意。直至 19 世纪，对非铁路陆地运输毫不关心的美国民众普遍持有这种观点。

运河

另一个问题是运河，运河的出现显著而急剧地降低了交通费用。伊利运河的运输量和利润同样飞速增长。很多仿效纽约运河建立的运河企业因为铁路的竞争陷入
困境，但这一情况并不能否定这些企业做出的短暂却重要的贡献。一位研究运河的 604
学生估计了铁路时代到来之前运河的直接收益，认为社会收益仅能补偿包括失败项目在内的全部投资：“运河似乎很明显地为美国内战前的经济创造了大量远远高于成本的直接收益。”[55]

这一结论是根据 1837—1846 年使用率最高的 10 条运河的平均运输量以及运河与陆地运输 23 美分 / 吨英里的成本差异计算得出的。计算结果否定了以水路运输替代其他交通方式的可能性。考虑到早期运河业由于远离市场未能充分发展，这一假设似乎很合理。但 50 年内保持不变的投资收益假设则缺乏可信度。对决策者而言，这样一个事先确定的利润范围和流量或许合适，但对事后的平均实际报酬率计算则不然。因为实际上，虽然运河在 20 年间扩张了 3 倍，但差距也相应地由存在于运河与公路之间，变为存在于运河与铁路之间。竞争对手的变化极大地改变了运河相对效率释放出的自然资源的规模。我们不能根据这一变化完全忽视运河的作用，虽然在铁路出现以前，运河的效率也不太令人满意。

根据现有条件，我们无法重新详细计算运河的投资收益，但可以进行近似计算。为避免进行现值调整，设定最初收益及积累投资以1830年为基础，合理的差距在1830年之前为17美分/吨英里，之后则改为2美分/吨英里，利用观察到的产出趋势，计算出运河业的平均内部收益率远远高于50%。得出这一引人注目的数字的原因非常简单。在如此可观的收益率下，就可以很快收回初始投资。根据观察到的数据所计算的利润被夸大了，因此收益率也明显地被夸大了。如果对比上涨的租金后计算直接利润，就会发现对俄亥俄运河的研究存在巨大的偏差，最终计算结果就会发生
605 改变。[56] 这一调整使得收益率下降至15%左右，但研究的基本结论不变。即使是这一较低的收益率也能充分说明运河在较短时期主导着交通业。其实在1837—1846年，运河的收益相当于国民生产总值的2%。

这项令人满意的评估反映出伊利运河的非凡成功，其投资仅占运输业投资总额的10%，却几乎承担了总运输量的1/3。一项研究表明，85%的政府工程的收益率可能达不到社会收益率，主要原因是没有预料到铁路将成为它们的替代品。[57] 例如沃巴什和伊利项目在勉强营业后关闭了大量主干线，纽约高成本的运线则持续亏损。但亏损记录本身不足以认定运河的社会盈利的匮乏。致力于地区经济发展的州政府机构征收固定的低廉的通行费，数额低于运河营运应负担的成本。无论如何，也无法通过取消歧视性关税来弥补损失。私营的煤炭运河经营状况则要好些，它们用运输获得的利润支付股利，或是提取盈余并合并为交通服务所得。

因此，运河作为一项技术，能够吸引大规模的投资完全是因为它能够降低运输费用。更为谨慎的计划可以保障每个人的收益，避免大量无谓的支出。但投资失败也无可厚非，它们也许没能带来直接收益，但有时可能具有打破收支平衡的间接成果。

汽船

虽然汽船的优势相对于运河而言比较有限，但汽船也有积极作用。运河中的平底船、运货船和驳船同它们的竞争者——马匹和马车——相比，更为昂贵，却也是更令人满意的选择。汽船在逆流行驶中的优势在大量的小规模运输中表现得更加明显。限制投资保障了这项技术革新的社会收益。私人收益的存在证实了汽船所取得

的社会意义上的成功。因为直接社会收益是企业净利润与所得税之和。企业净利润 606
已经证明了投资的合理性，除非出现负的外部性，否则社会收益一定存在。

不过，估计承运商大致的收入规模是具有启发意义的。吨英里是以新奥尔良为终点估算的，同时广泛考虑了未抵达终点的各支流上的商业运输。假设汽船与其他运输方式相比，具有顺流 2 美分 / 吨英里、逆流 8 美分 / 吨英里的利润优势，那么 19 世纪 20 年代其年度利润达到 100 万美元，到 19 世纪 40 年代，年度利润则增长至 630 万美元。尽管上述结果尚未包括接待旅客的收入，但已经非常具有说服力了。汽船的收入比其净投资高出 50%~150%，前期的收益高于后期。19 世纪 50 年代，随着铁路的普及，船运获得的利润下降了。

事实表明，不考虑后来其他交通方式的冲击，西部水运中的汽船创造了重大的社会收益。虽然相对于运河而言，汽船的重要性要逊色不少，但其社会收益的绝对数目是令人瞩目的。换言之，采用蒸汽动力非常有益，但相关投资所调动的资源毕竟有限，不足以深刻地影响经济发展的大局。蒸汽动力向湖泊和沿海运输拓展时进程缓慢，说明其优势已经不再明显，这进一步证明了蒸汽动力影响的局限性。

铁路

运河依靠早期陆路和水路运输之间巨大的利差创造社会收益，而汽船则显示了投资的超常收益率。相比之下，铁路的收益主要在于其产出空前增长时价格的适度下降。因此，在大规模铁路建设之后，其作用才得以呈现。直至 19 世纪 40 年代末，铁路的收益才在绝对数额上相当于运河所降低的成本。到 19 世纪 50 年代末，铁路在 GNP 中所占的比重达到约 4%，超过了前期运河的水平。表 13–15 展示了充分调整最终测算偏差后，按时间顺序排列的铁路收益。由于铁路建设在 19 世纪 50 年代繁荣之前，一直平缓进行，所以其收益存在滞后性。尽管如此，铁路的前期利润仍
实现了 15% 的隐含投资回报率。即使政府在 1860 年后不向铁路系统提供旨在保持 607
其盈利性的补助，铁路自身也足以保证其利润。如果将测算延长至 1890 年，那么由于后期持续投资产生的可观利润，铁路业的收益率将上涨至 18%。

表 13–15　铁路投资的直接社会收益（以 1860 年美元计算，百万美元）

每年平均	资本形成净额	未实现收益	净收益	直接收益总额	直接收益总额减资本形成净额
1828—1835 年	4.5	0.3	0.2	0.5	–4.0
1836—1840 年	14.0	3.9	2.0	5.8	–8.2
1841—1845 年	7.0	14.5	7.1	21.6	14.6
1846—1850 年	27.9	31.4	15.9	46.2	18.3
1851—1855 年	72.1	78.7	31.2	109.9	38.8
1856—1860 年	48.1	155.7	48.5	204.2	156.1

资料来源：Adapted from Fishlow，*American Railroads*，53.

不考虑成本，铁路技术是一个明智的投资对象，并且相对于现存的技术而言，其应用也被证实是合理的。曾经激励着政府推进运河发展的过度热情也同样存在于私人铁路运营中。竞争压力导致了铁路的过度建设。存在重复建设的地区明显具有相对优势，但所支付的成本使之无法取得额外收益。换言之，如果将资金投入缺乏铁路设施的地区，或是避免重复投资，资源将得到更有效的利用。但是，像运河一样，应该肯定铁路的积极作用。

可观的收益率仅仅是铁路的贡献之一，其另一大贡献在于绝对利润规模。整个 19 世纪铁路因绝对建设规模获得了可观收益并保持领先地位。由于铁路部门的产出和增长都高于总体经济水平，相对于总成本来说，1890 年铁路业所节约的成本已经超
608 过了 1859 年的水平。这一观点不同于 1890 年成本节约率最高为 5% 的研究成果。[58] 后者的结论依据的是地区间和地区内农产品运输的片面数据。除了研究对象不具有代表性外，当计算 8 000 万吨英里铁路运输的替代成本时，上述研究还存在更严重的方法论失误，1860 年水路运输及其收益已经丧失了曾经所具有的重要性。这个困难使得计算很不准确，并且也低估了铁路运输的收益，这种收益来自其突破了其他陆上运输方式的局限性。

因此，1890 年的利润可能超过了国民收入的 10%，而非低于 5%。这意味着铁路做出了卓越贡献。但是不存在判断大或小的绝对可用标准，而且单个的评估结果可能各不相同。收益率明确地解决了这个问题，它能反映一项规模和时间都不确定

的投资的社会收益。

除了收费公路之外，其余各个有所革新的运输部门都节省了成本，从而获得了高于利率的社会收益。此类直接收益是 19 世纪交通运输革命中最易量化的影响，但绝非唯一影响。另外的影响因素便是下面所要提到的后向联系。

后向联系

近几年,交通业的发展,尤其是铁路产生的派生需求,因其在沃尔特·罗斯托（Walt Rostow）的《经济增长的阶段》（*Stages of Economic Growth*）中被提及而备受关注。沃尔特·罗斯托写道:“对于经济起飞而言，或许至关重要的是铁路的发展带动了现代煤炭、钢铁和机械制造业的发展。许多国家现代基础工业部门的增长都可以直接追溯至兴修尤其是维护重要大型铁路系统的需求。”[59] 19 世纪，特别是铁路时代开始时期，观察家们并未对此予以关注，他们更关心工业投入所需的高额成本和有限国内供给。最后，随着铁路供给收益的提高，人们的态度有所转变，运输系统得到 609
了赞许，尽管这种赞许与削减运输成本和促进地理扩张所获得的赞许相比，还不够强烈。[60]

早期谨慎的原因之一是对收费公路和运河建设需求的重新定位不足。高速公路时代和 1834 年之前的首次运河建设浪潮时期的全部投资，并未给整体资源带来巨大压力，也没有受到资金匮乏的限制。相应地，表现出的需求结构与之前的形式并无太大改变。首要的需求是熟练工人和本地便捷的建筑材料；虽然缺乏工程设计，但只要有一部分熟练工人就足以指导主要的项目，并使之井然有序。

铁路的出现从两方面改变了当时的情况。这一新型运输方式的巨额投资使人们意识到：一种强大的新力量诞生了。在铁路发展的最初 10 年，资本支出在不足 5 年的时间内就超过了运河。除了西部各州大规模援助运河的 19 世纪 30 年代，铁路始终保持着领先地位。在发展的早期，铁路吸纳了用于构成资本的全部资源的 10%，而且，这一阶段铁路对钢铁和机车等复杂基础设备的需求相对而言变得庞大，使之与过去产生了明显的区别。

这就是说，在预测发展前景时必须考虑技术变迁的非连续性。铁路建设的最主要的需求者仍然是那些熟悉收费公路以及更加熟悉运河的人。即使在美国内战结束之后，雇用不能熟练使用铁镐、铁锹的工人的费用，仍然在很大程度上高于所需复杂设备的花费。铁路建设的最初 10 年间，铁轨和设备的支出占总费用的 20%，在随后的 10 年内上升至 1/3，此后至 1893 年集中投资时代到来之前，这一数字始终保持稳定。正是铁路的巨大推动影响和独特形式共同作用，才使其在工业产出中所占份额不断上升。

610 美国早期的技术变迁与英国存在非常明显的差异。美国在内战之前，每英里铁路对铁的需求量仅为英国的 1/4，这反映了美国在铁价偏高的情况下，采用了耐用性差但便宜的替代性建筑材料。对设备也进行了适当调整，以适应美国对铁路使用强度的减弱。在其他方面，美国的技术也充分反映了其实际情况，例如，维修铁轨而非更新；机车的燃料是木材而非煤炭；直至 1859 年，木材的支出仍是矿物支出的 10 倍。

而后，随着经济和铁路的发展，变化出现了。虽然据报道 1880 年南部铁路仍然使用木材做燃料，但是优质客运铁路已经普遍使用煤炭。铁轨变得厚重，最终钢材在标准化生产中得到了普遍和经济的应用。设备更加精密，应运而生的提供维护设施的铁路工厂也日益产业化。但是直至 1880 年，仍仅有 1/5 的铁路工人受工厂雇用，而受雇工人中 1/4 是木匠。

钢铁

由于技术的改进，工业体系中的铁路需求受到巨大影响，并产生了相应的扩大效果。在铁路普及的最初 10 年，其对铁的需求并未对美国国内生产者产生实质影响。1830 年，铁的进口关税可以按价格的 25% 返还而非按其进口量的 75% 征收 37 美元的从量税；2 年后，有效期长达 10 年的免除进口税政策出台。19 世纪 40 年代，由于关税保护以及英国供给转向满足迅速增长的本国需求，美国铁路开始依靠本国铁制品。1846 年关税的降低、英国铁路产业崩溃导致的英国铁价下滑则引发了 19 世纪 50 年代直接的境外采购。直至 50 年代末，美国国内增加的铁轨产量才超过进口。在经过了新的建筑高峰之后，铁路供给实现专业化，美国的铁生产才趋于稳定。英国供应商乐于接受证券支付，这极大地促进了新铁路采用进口原料。然而，美国的铁
611 轨再轧工艺也推动了生产的更新。截至 19 世纪 50 年代末，相对于维护需求而言，

铁路长度扩张的重要性已经有所下降。

已经有研究测算过铁路中铁轨、设备以及维修对于铁的总需求量。这些研究表明 19 世纪 50 年代之前，铁路的作用很小。1840—1850 年，铁路消耗的全部铁量仅占美国国内生铁产量的 7%；尽管 1851—1855 年大量进口铁轨，但这一比例也上升至 1/5；而到了 1856—1860 年，这一比例又有所提高。相对的增长结果更能说明问题：19 世纪 40 年代铁路的需求变化吸收了供给增长的 17%，而 50 年代，这一数字则超过了 100%。截至 1860 年，轧制的铁轨占全部轧制铁产品的 40% 以上。铁轨厂是全国最大的工厂，并且发挥着技术带头人的作用；1854 年，美国国内六大联合铁厂中，五个是铁轨生产厂。

然而，美国内战前的情况只是后来成就的前奏而已。1867—1891 年，铁轨包揽了全年 50% 以上的酸性转炉钢产量；至 1880 年，这一平均比例超过了 80%。[61] 钢铁厂专营铁轨。同样，设备及维护也供不应求，铁路对钢铁工业的影响扩大了。据测算，1889 年，轧制铁轨就占据了碾轧钢铁产量的 29%。[62] 此后，随着铁路投资率的下降，铁路在消耗钢铁方面的领先地位发生了动摇，并最终被其他交通工具——汽车——的发展所取代。因此，铁路与钢铁工业的后向联系在 19 世纪后期就显得更为重要，直至革新产生了更为多样化的需求其突出地位才有所改变。但是，这些成就不能追溯至 19 世纪 40 年代，更不能盲目地应用于其他工业部门。

机械

机械工业的经历是一个典型的事例。与逐渐满足铁轨需求的钢铁生产者相反，美国国内的机械生产者很快满足了铁路的全部机车、车厢要求。1839 年年末，美国的 450 辆机车中，仅有 117 辆是从英国进口的，而且其中 78 辆进口机车是 1836 年之前购买的。这种情况使有些人夸大了铁路促使机械工业发展的作用。对机车的需 612
求并非机器制造兴起的根本动因。相反，之前普通工厂转向生产新产品则导致了机车供给的大规模增加。美国的首台机车是由轮船制造厂研制的。典型的机车厂要么产生于棉纺织品的机械厂，如罗杰斯（Rojers）、凯彻姆和格罗夫纳（Ketchum and Grosvenor）、汤顿（Taunton）公司、曼彻斯特（Manchester）以及洛克和卡纳尔（Locks and Canal Company）等公司；要么脱胎于普通机械厂，如鲍得温（Baldwin）、欣克利（Hinkley）和格兰特（Grant）等公司。许多工厂直至新产品的需求规模稳定足以保证转产时还保留着旧产品的生产线。之后的进入者，尤其在西部地区，则显得不够谨慎。当看到铁道飞速扩张所致的需求时，西部生产者在 19 世纪 50 年代如雨后春笋般涌现，而一旦铁路投资减少，这些厂商就只好破产。

在衡量铁路需求对机械的重要性时，马力对比的方法值得一提。据估计，1849 年，铁路仅有 435 000 马力，换言之，仅占马力总额的 35%；10 年后，这一比例上升至 60%。罗斯托得出结论：美国的机械制造业是铁路发展的产物。更严谨的计算表明，铁路马力占全国总数的一半。事实上，这意味着汽船可能是机械需求更重要的源泉。1850 年，西部汽船的马力是机车的 3.5 倍，直至 19 世纪 50 年代，在铁路迅速增长和西部河流的汽船衰落时，汽船的这一优势才逐渐丧失。然而，如果将湖泊、沿海对外贸易的货运都计算在内，汽船产生的内部马力仍然可能接近 1860 年铁路总水平的 3/4。

这种静态的比较没有考虑汽船相对于其存货而言具有更大的年购买量，因为事实是它们比机车更易贬值。1851—1860 年，航运机械的总产量极大地超过了 1860 年的存货总数；而 1860 年机车的总存货则多于当时的购买量。1859 年的产量对比进一步说明了这一点。一份报告指出，仅仅生产西部运河所需的航运机械，就需要 68 个机械厂，需雇用 4 800~4 900 名工人；而同年，全国机车制造厂的总雇工人数为
613 4 174 人。因此，从战前对机械的需求来看，铁路应位列汽船之后，屈居亚军。

更进一步来说，由于机械产品具有多样性，因此铁路派生出来的机械需求对机械制造业的贡献远不及其对钢铁工业的贡献重要。机械工业要迎合众多顾客，往往应顾客需求而生产。技术体现了工业发展中的精密性需求，因此机械产品日益多样化。1859 年，机车的产值是 4 866 900 美元；棉毛织机的产值略大一些，为 4 902 704 美元。因此，就创造需求而言，铁路和国家首要制造业的作用旗鼓相当。然而，机械工业的总产值在 5 200 万美元以上，这表明铁路创造的需求不足机械工业的 10%。随后的调查指出，随着机械厂商生产的产品种类的增加，铁路的机械需求占总产出的比例在缓慢增长后开始下滑。至 19 世纪末 20 世纪初，除了购买重要的大型铁路设备以外，铁路的机械需求都低于 1869 年的水平。

精密铁路维护设备的发展对机械制造业有着更大的影响。正如西部汽船为匹兹

堡、辛辛那提、路易斯维尔和圣路易斯等水运枢纽的成长做出过巨大贡献一样，铁路也成为推进技术跨地域传播的强大动力。铁路当然不必局限于河道的分布，因此其影响力更为广泛。虽然南部生产的机车数量有限，但该地区的大型铁路均设有大型工厂，从事旧金属再生产、机车翻新甚至酸性转炉钢的生产。在任一西部的机械制造厂中，铁路维修部门都正如其所应该的那样发挥着重要作用。在底特律、克利夫兰等城市，铁路维修厂都是设施最完善、规模最庞大的企业。维修功能是伴随着铁道的延伸而拓展的。芝加哥变成了一个重要枢纽，成为与巨型企业命运相连的"城市铁路"，更不用说铁路沿线附近的城市了。1870 年，随着铁路在 29 个州兴建，铁路维修、机车和车厢生产占到了机械部门总产量的 20%。[63] 最大的铁路建立了研发 614
机构，安装了标准化的设备，在新的开发项目中贯彻工业精神。

因此铁路对于机械工业的影响更多地体现在维修方面，而非新设备购置方面。这对于工业技术的跨地域传播非常重要。1860 年，在很多州内，直接受雇于铁路的机械师多于受雇于机车厂的机械师。正如上面所说，虽然铁路和汽船都是机械需求的重要来源，但汽船因其暂时的领先地位和连续的需求量，更具重要性。

煤炭

第三个受到铁路深刻影响的行业是煤炭业。运河和收费公路都不需要燃料，汽船也不会大量使用煤炭。木炭因其价格低廉而更受汽船的欢迎——正是这种低廉的成本导致了西部蒸汽机的浪费和低效。19 世纪 40 年代，东部木炭不再丰富，低压汽船彻底转而使用无烟煤。19 世纪 50 年代，西部汽船将发现于俄亥俄河畔的低廉沥青混入燃料——由于对燃烧木炭的锅炉做出了改进，沥青便成为一种常规燃料。这一因素以及汽船的衰落，使得西部汽船在 1880 年的煤炭消耗量不及 100 万吨，甚至不足沥青产量的 2%。全美国所有汽船消耗的煤炭份额也比这个数字大不了多少。

如前所述，美国内战前铁路的影响微乎其微，但 19 世纪末，情况却截然相反。自 1880 年始，机车消耗了近 1/5 的煤炭产出，这一比例维持到 1910 年。但更重要的问题在于，铁路是如何影响矿业扩张的以及煤炭业为何对一国的发展至关重要。考虑这两个问题时，后向联系的重要性就降低了。至今尚无人认为铁路的需求改进了开矿技术或者影响了煤炭业的结构。同样，也可能夸大了矿物燃料作为能源的影响力。

直至1860年，煤炭在美国能源消耗总量中所占的比重还不及20%。这并未阻碍一个重要的工业部门在此时兴起。铁路运载煤炭所获得的收益可能大于铁路消耗煤炭给
615 矿业创造的利润。

铁路与原有的交通方式在具体需求方式上存在实际差别。甚至在1860年以前，铁路建设和运营就产生了巨大的产业效应。但对于煤炭业和机械工业而言，铁路的后向联系都比原本认为的程度要低。甚至19世纪50年代，铁路对铁制品的需求效应才凸显。美国内战之后，铁路的需求产生了更大的影响。煤炭代替木炭、钢轨代替铁轨等技术革新，更重要的是铁路规模的迅速扩张，使铁路的影响更深远。1860年，铁路雇用了1%的劳动力；1900年，这一比例上升至5%。内战之前铁路雇用的工人数是钢铁业的2倍；1900年则上升至8倍。即使在19世纪50年代中的高峰期，铁路总资本形成也只占投资的15%；19世纪80年代则上升至18%。上述比例仅次于居民建设投资，并且远远高于其余行业对储蓄的要求。铁路的重要地位不仅表现为其派生需求的影响，而且明确地反映了铁路的普及程度。

前向联系

交通费用的下降有利于当前和潜在的承运人做出重大的决策。各种内部交通方式的改进产生的区域优势导致了地区实力明显的重新排序，这种重新排序有时是暂时的，有时是永久的。[64]

由于拥有最好的和最早的收费公路，费城和巴尔的摩于19世纪前20年实现了迅速增长，但它的优势地位却不足以抵挡伊利运河工程的冲击。俄亥俄州和密西西比河上的汽船能更为便捷地驶入西北部地区的南部市场。该地区于1812年战争之后实现了繁荣，但同样在竞争中输给了伊利运河。国家公路北部的地区摆脱了不利的
616 地位，而且19世纪30年代已有移民迁入该地区。最终，铁路加强了芝加哥等原有的或成长中的中心的优势地位，而且在1860年后，将铁路沿线原本荒无人烟的密西西比西部的堪萨斯城、奥马哈等地开创为新的中心。

上述各种重要的效应在赋予经济总体巨大优势时程度不尽相同，这最终取决于地区间的相对生产率。相对生产率显然会很小，因为可能的替代品众多。与往常一样，机会成本是关键因素。低廉的运输成本改善了某一地区的贸易条件，这在前面测算

过的直接收益中得以体现，接近市场的土地价格上涨亦是如此。每一项测算都考虑了总收益在部门和地区间的分配。

但是运输成本下降不仅产生地区内的静态效应，而且产生以下效应：涌向开发中的内地的移民潮；面对新的获利条件，农民更乐于储蓄和投资；技术的改进，例如农产品丰收促进了收割机的使用和普及；运输成本降低之后扩大的需求引发的内部经济；依照劳动力划分的更广阔的市场的影响。

这些要素供给率以及要素组合效率的变化，仅仅局部、间接地反映在运输需求曲线上，因此并未被分别归入直接收益中。后者测算了运输效率的差异，但并未充分涉及运输革新引发的资源使用差异。因此，移民的直接收益居然体现为额外商品运到市场所实现的成本节约程度。然而事实上，移民对收入的增加体现在总产值的增加上。在交通变革的动态过程中无法计算这种间接效应，但它却很重要，因此不应该被忽略。

我们将在适度的水平上测算前向联系的作用。首先，我们将考虑西部定居对经
济的影响。其次，考察工业和农业对于运费降低的不同反应。最后，研究持续的运 617
输革新如何改变了传统的商业模式。

区域性再分配

关于更完善的交通引发的新型定居模式，必须要明确的问题是新开发地区的劳动生产率比原有地区提高了多少。内部丰富的真实收益显示了交通业的巨大的前向影响。地区间生产率的差异测算不仅仅是审慎的而且是精确计算值。表 13–16 的测算结果显示了 1839—1910 年仅由小麦、燕麦和玉米产量在区域间再分配造成的效率差异。其中 1910 年的替代产量，是按照 1910 年的技术条件和 1839 年耕地面积的地理分布对产量的重新计算得到的数值。由此可见，可以由差异化的地区性产出解释的总体变化所占比重并不是特别大。地区性影响中较为复杂的部分，包括产量变化和机械化的相互影响，并未改变总体效果。分配造成的地区性影响使得小麦、燕麦和玉米的劳动生产率分别提高了 17%、29% 和 21%。尽管上述结果低于机械化的影
响，但仍不容低估。经过粗略计算，仅上述三种作物创造的货币收益就达 5.21 亿美 618
元；换言之，比铁路创造的私人收益多出 60%。由于农业受制于地理条件、精耕细

作程度，故未对东部地区的边际生产率递减做出补偿。其他类似测算考虑到了 19 世纪 50 年代西进运动的再分配效应。所有测算均表明，地区性影响仅仅是总生产率变化的部分原因。但是其货币量却不能视而不见：铁路总体直接收益的 1/10，农产品铁路运输中资源节约量的 1/4。这一单一的、可测量的外部经济具有重要意义。它似乎表明：应更关注前向联系的深远影响。

表 13–16　受地区间转移影响的劳动需求（工时 / 蒲式耳）

	小麦	燕麦	玉米
1839 年实际需求	3.17	1.45	3.50
1910 年实际需求	0.76	0.40	0.96
1910 年没有地区间再分配的替代需求	2.90	1.18	2.70

资料来源：William N. Parker and Judith L. V. Klein，“Productivity Growth in Grain Production in the U.S.，1840—1860”，in Brady (ed.)，*Output*，*Employment*，*and Productivity in the United States After 1800*.

主要收益：基础部门

地区性影响表明，农业无疑是受前向联系影响最大、最直接的部门，制造业不存在生产成本的区域性差异。马萨诸塞州的制造业扩展并不是铁路扩张的结果。在区域内部交通系统竣工或国家交通系统改善之后，制造业成本也并未出现大幅度削减。实际上，纺织业发展黄金时期的巨大利润明显地早于铁路投资，并且是铁路重要的资金来源。

原材料和制成品的运输成本在制造业总成本中所占的比例甚小，对 1859 年铁路降低成本的测算证明了这一点。经测算，除煤炭以外，非农产品运输降低的成本分别占制造业增加值的 5% 及其总产值的一半。如果成本降低均能导致价格降低，假设工业品需求弹性高达 2，其总需求累计增加额也仅局限于 1859 年水平的 5% 而已。这个数字太小了，因而不具有说服力。

这一结论同样适用于随后的其他运输革新。汽船未能成功地从新奥尔良上游运
619 输大宗货物，因为工厂可以接受经陆路到达西部的高额运费。伊利运河无疑取代了收费公路，成为更佳的运输路径。但制成品受其影响远小于农业。19 世纪 20 年代，新英格兰的工业革命先于廉价水路出现，这是因为工业可以在原始的交通条件下良

好生存。1845 年，往返于波士顿的四轮马车负责运输罗尼尔的全部原料和产品，其价格和生产效率至多引起 4% 的成本差异。棉花通过帆船运输，长久以来，其主要市场一直坐落于海滨。

对运输成本下降敏感的农业部门开创了有利可图的内部市场，制造业对此并非无动于衷。伊利运河的进驻立即导致邻县工厂制品取代了本地家庭制品。正如耕地面积增加所明确展示的那样，人们转而从事面向市场的农产品生产。多年以来，运河最重要的影响在于创造了西部运河沿岸各县的农业利润。

运输成本下降也不能使远离市场地区的农产品偏高的价格下降。贸易条件的改善并不是以牺牲消费者的利益为代价，而是压低长途进口关税的结果。运输成本降低带来的收益，根据消费者需求弹性进行分配，需求弹性越大，生产者获得的实际收益就越大。纵观历史，运输业的扩张集中在农业需求膨胀的时期，并且面向供给反应迅速的地区。19 世纪 50 年代纽约州伊利运河的扩张、中西部铁路的兴修，以及 19 世纪 80 年代横跨密苏里州的工程建设，都证实了这一点。外国进口导致制定农产品保护价格，农民通过有利的贸易条件和较高的实际收入来获取运输成本下降的益处。10 年期土地价格的上涨，使农民收益资本化，同时也印证了上述观点。农业部[illegible]因作为工业发展的源泉或为维持城市中较低的名义工资而受到剥削。农业始[illegible]利的贸易条件，这成为随后推进整体发展的动力而非负担。

[illegible]业和对运输更为敏感的传统部门（农业）之间的关系还在于农产品加工业的发展。农产品加工业的发展既不生动也不有趣，因此在有关工业化进程的讨论中 620
这一问题很少被涉及。美国内战期间，一位英国游客认为农产品加工业是非法的。但实际上这项工业更具有资本密集型特点，1870 年 1/4 的工业动力发展得益于磨面工业，内陆地区大部分的磨面厂使用蒸汽机，从而创造了当地的机械需求。

1850—1890 年，美国加工业的就业量不断攀升。人们向西部迁移，同时农业朝减轻原料投入的方向发展。从农业到加工业、再到更广泛的工业基础，这个转变是有序的、反复的自然过程。磨面业、肉类包装业和制革业为辛辛那提、芝加哥、圣路易斯、明尼阿波利斯、圣保罗、奥马哈和堪萨斯城等城市的形成以及日后成为工业中心做出了重要的贡献。通过加工业建立的独特机制，美国的巨额农业利润间接地推动了工业化进程。

商业流通与交通革新

交通业的第三个间接影响——相对成本变化引起的贸易关系改善，实际上是汽船、火车和运河在西部贸易中竞争状况的总结。19 世纪初，西部地区的出口必须取道新奥尔良经水路进行，这对路易斯安那的采购形成了压力。平底船的替代品，准确地说是补充品——汽船——的出现，使这一路线更具吸引力。运送至新奥尔良西部的食品不断增加，是 1900—1950 年每 10 年运输量的 2 倍以上。纵然出现了这种进步，贸易方式依旧严重地、不可避免地转向运河。如表 13–17 所示，1835 年后由于向西部运输日益依赖运河，借道新奥尔良的运输量相对下降了。1849 年向南的运量增长放缓，与其归因于河道与运河之间的直接竞争，还不如归因于五大湖区支流
621 地区的加速增长。这一新时代的到来扩大了西部的出口，而且其中大部分出口是面向东部市场的。俄亥俄、印第安纳和伊利诺伊等北部地区的小麦产量是 1839—1849 年的 3 倍以上，出口利润增长的速度更快；与此同时，俄亥俄河周边地区的市场收益大幅度下滑，这表明新奥尔良可能分流了部分运河支流地区的商品流通。1849 年，“艾奥瓦、伊利诺伊北部的罗克河和印第安纳北部的沃巴什河中部各自用 100 万蒲式耳的商品敲开了通往南部的大门”[65]。然而同年，刚刚竣工的伊利诺伊—密歇根—沃巴什—伊利运河分流了原本取道河流运往南方的玉米，从而预示了未来[illegible]模式。

表 13–17　　经新奥尔良的西部出口比例（%）

年份	1835 年	1839 年	1844 年	1849 年	1853 年	1857 年	1860 年
面粉	70	53	30	31	27	34	22
肉类产品	—	51	63	50	38	28	24
玉米	98	98	90	39	37	32	19
威士忌	95	96	95	67	53	48	40
食品总量[a]	—	49	44	40	31	27	17

说明：a. 以即期价格加权。

资料来源：1835：Albert L. Kohlmeier, *The Old Northwest* (Bloomington, IN, 1938), 20, 1839—1860：Fishlow, *American Railroads*, 284.

1849—1860 年，运往新奥尔良的商品明显减少了，只有市场边界的变化才能解释这一现象。始于巴尔的摩和费城的铁路彻底地剥夺了俄亥俄谷曾经占据的巨额小麦运输利润。1860 年，从辛辛那提逆流而上、经铁路或运河直接运输的面粉为 90%；而就在 10 年以前，顺流而下运输的面粉比例高达 97%。同样，如果供给没有剧烈减少，更多的面粉将通过铁路运往东部。随着铁路的引进，直接出口家畜成为上佳选择， 622
同时，为了避免水路的竞争，肉类制成品的运输减少了。

19 世纪 50 年代的另一个同等重要的变化是：新奥尔良向东部和国外的复出口也减少了。随着西部总收入的下降，新奥尔良的优势逐渐为南部其他地区所瓜分，并且逐渐丧失了商业枢纽功能。在这 10 年间，因为南部消费者对西部产品的需求日益下降，所以西部河道上的承运人也逐渐丧失了重要地位。内战之后，情况则更是每况愈下。

这种贸易变迁会像人们有时断言的那样，产生深刻的经济影响吗？例如维克托·克拉克（Victor Clark）认为，新奥尔良衰落之前一直存在逆流而来的进口工业品取代本国产品的危险。这种观点站不住脚，尽管汽船降低了逆流运输的费用，但是新奥尔良也从未成为进口贸易的良港。逆流运输的主要商品是盐、咖啡和糖。但是，[illegible]关系的发展以及市场及相关信息的传播，商业债券具有了更加微妙的含义。东[illegible]势阻碍了新奥尔良成为商业中心以及可能损害了南部的发展，这是交通革[illegible]持着有[illegible]通更直接的联系。

20 世纪

19 世纪中交通业为美国经济发展做出了巨大贡献。但是即使在公共汽车和卡车全盛时期，交通设施的投资也不及资本构成的 15%，再也无法重现 19 世纪 70 年代的辉煌。20 世纪初，已有长达 20 多万英里的铁路投入运行，因此美国无法重复铁路在国土范围内蓬勃扩张的历史。最后，从交通业整体而言，不仅铁路，其他交通部门也未能继续保持曾经远远高于国民生产总值的增长速度。这一点和交通业进一步革新的失败共同揭示出：交通业所节约的资源已经越来越没有意义。 623

尽管交通部门无法再取得昔日的霸主地位，但在 1900 年之后仍然至关重要。随着汽车的引进和郊区的开发，土地的使用方式也发生了翻天覆地的变化。迄今为止，大部分汽车都是为满足消费而产生的，汽车工业的利润也从 1909 年的排名第十七上升至 1925 年的排名第一。汽车对汽油和橡胶的派生需求同样推动了这两项生产的迅速扩张。熊彼特在其著作《商业周期》（*Business Cycles*）中指出：汽车是 20 世纪早期经济发展的重要动力，而铁路则是 19 世纪中期的代表。

1900 年鲜有独具慧眼者能够预测到铁路最终会衰落，汽车将取而代之。此时的铁路也是美国利润最高的行业，而且相关证券在纽约股票交易所萌芽时期交易率最高，铁路在当时占据了领先地位。实际上，其主要挑战者并非汽车，而是一项交通技术革新成果：城际电车。城际电车承诺仅仅参与短途客运的竞争，在公共马车衰落之后，短途客运曾经一度被铁路垄断。但是，不久乐观者的上述幻想便在市场运行中宣告破产。

城际铁路

19 世纪末，为满足广大市民的需求，有轨电车这一城际交通系统的基本技术得以改进。公路上的马车日益显示出诸多不便，首先便是相对运行成本的上升。技术的飞速进步随处可见，但城市交通却基本保持原貌。1888 年弗兰克·斯普拉格（F[illegible] Sprague）在里士满成功地安装电路系统标志着投资浪潮的开始，截至 1901[illegible] 15 000 英里的城际铁路竣工，几乎全部坐落于城市。1890 年 70% 的城市[illegible]力驱动；而 12 年后，电力铁路已经占到铁路总数的 97%。[66]

624 下一步技术向城市间和农村交通系统扩张似乎是顺理成章的了。铁路客运服务因其车次频繁、站点众多和收费成本低廉而备受欢迎。1893 年危机的恢复初期，尤其在 1901—1908 年，共建设长度达 11 000 英里以上的城际铁路。1916 年，城际铁路长度扩张到 15 000 英里的最大值，共计投资 10 亿美元。1901—1908 年，城际铁路投资与同期公路投资持平，并占到铁路总投资的 15% 以上。

大部分城际铁路坐落于中西部。仅俄亥俄就拥有全国 1/4 的铁路；铁路设施遍布于 10 000 个城镇。印第安纳、伊利诺伊、密歇根和俄亥俄几乎囊括全美国一半的铁路。密集的农村人口和众多小型城市中心对于城际铁路建设非常有利，中西部的中心地带以及宾夕法尼亚和纽约等州都具备这些优势。尽管不能乘坐城际铁路直接从纽约到达芝加哥——纽约州的线路有两处小中断——一个真正的城际铁路拥护者还是会从威斯康星州的埃尔克哈特湖（Elkhart Lake）搭乘城际铁路到纽约州的奥尼昂塔（Oneonta），行程超过 1 000 英里。

城际铁路的衰落速度飞快，只是稍逊于其兴起速度而已。1921—1939 年，在小轿车和公交车的竞争压力之下，3/4 的城际铁路被废弃。即使在其鼎盛时期，城际铁路的业绩也不能令人满意。1909 年其平均投资回报率不及 3%，如果考虑到过度资本化的因素，这个比例还可能会稍高一些。此时，理性预期已经主导了资本市场，城际铁路设施的扩张逐渐消失。随着收益的进一步下降——20 世纪 20 年代投资回报率已经下降到不及 1%，停滞使得更多的城际铁路荒废了。

城际铁路的插曲说明了市场的作用是何其无情又何其有效。城际铁路的成功得益于充足的资金支持，而后它却无情地打击了投资者的信心。正如 1908 年投资流失所反映的，即使是汽车时代到来之前，投资有轨电车也是一个明显的错误。市场最终给出了正确的信号，但这对很多人来说都为时已晚。随着小轿车和公交车源源不断地走下流水线，这个错误最终演化成无可挽回的灾难。 625

平坦的公路的兴起

确切地说，关于平坦的公路的讨论开始于一项并不太像革新的革新——橡胶轮胎自行车。1880 年美国自行车同盟（League of American Wheelmen）成立，公路运动也随之兴起。[67] 19 世纪 90 年代，在汽车时代到来之前，优质公路运动集合了强劲的势力，要求在新泽西、曼彻斯特、康涅狄格、加利福尼亚、马里兰、佛蒙特和纽约州立法，以保证为公路建设提供州级补贴。联邦政府也采取行动，于 1893 年建立了公路咨询办公室，其信息功能在增加对优质公路的支持以及促进各州相关法律制定方面发挥了重要作用。汽车的使用及迅速扩散使公路建设直接关系到顾客利益，从而为公路建设施加了巨大压力。截至 1913 年，仅有 6 个州尚无公路建设工程，仅有 10 个州尚无州级高速公路管理局。此时，州和地方政府的公路建设年投资已经高于 2 亿美元，并且获得的利润不断增加。最终，财政部于 1916 年开始资助公路建设；经国会批准后，建设项目才能取得联邦授权。

值得关注的是，直至优质公路运动后期，农业利益集团发挥的作用仍比较有限。

农民加入这场运动，并非是因为他们自愿地去市场上寻找出路，而是因为被灌输了优质公路的好处。其实说服农民是公路资讯办公室（Office of the Road Inquiry）的一项重大成就。直至1907年，农民协会才宣布支持优质公路运动，农民不愿牵涉其中，因为害怕对收入征收财产税会不合理地增加成本。对于能获得的实际收益，农民尚且存在怀疑。农民要为增加的闲暇支付更多的现金，因为他们原本自己承担了大部分本地运送工作，而所需的直接现金支出很少。立法支持者表示不仅可以获得巨大的收益——不足24亿美元的投资就能获得600万美元的年利润，而且有可能通过联
626 邦政府、各州政府援助，利用城市公路利润建设乡村公路。

但是铁路部门非常支持优质公路建设，并且认为公路是现有的铁路网络的互补品，而非替代品，修建公路只会增加而非减少铁路运输。很少有人能够想象公路可以进行长途运输。然而，美国汽车联盟（American Automobile Association）于1910年成立后，铁路与汽车利益集团的对立状况便日益明显。汽车联盟认为联邦政府应集中力量建设50 000英里的州际公路，由各州政府及下属机构负责建设次要路线。而“似乎是受自身利益驱使的”铁路部门断言：“如果要集中力量做最有意义的事情的话，农民对二级公路（从城镇市场或运输站点向外辐射的公路）的改进更为关注。”[68]

1916年的《联邦公路补助法》（Federal Aid Road Act）并未解决这一分歧。联邦政府根据各州匹配的原则，划拨7 500万美元作为5年期的专项资金，并交由各州公路管理局分配。但是选择需要资助的线路的权力交给了农业部部长。1921年，已有900万辆货车投入使用，未来的发展方向日益明朗。联邦基金的用途局限于特定的联邦公路系统，每个州纳入该项援助的乡村不足7%。这不仅限定了主干网络，还废除了根据某地人口和原有公路状况制定的1916年各州公路分配标准。至此，在全国、各州及地区，飞速增长的汽车利益集团仍然是决定公路建设范围和种类的首要压力来源。

交通投资规模

公路建设在美国自行车同盟的推动中平稳地开始，随后便经历了巨大的增长。表13–18是对1902—1961年每5年的公路投资、铁路投资和总投资的测算。通过观
627 察该表可以得出如下结论。首先，公路投资以每年5.5%的恒定速度增加。实际数

字也许不平稳（大危机的影响是明显的，而战争的影响则更深刻），但比其他投资方式稳定得多。联邦政府为提供就业划拨了大量救济基金，20 世纪 30 年代喜人的投资记录应该归因于此。1936—1940 年，1/3 以上的建设资金来源于联邦政府的该项基金。

表 13–18　　20 世纪公路和铁路的投资总额（每年平均，百万美元）

时间	公路		铁路		全部资本形成总额[a]	
	现价美元	1929 年美元[b]	现价美元	1929 年美元[c]	现价美元	1929 年美元[d]
1902—1906 年	109	190	532	980	5 290	10 800
1907—1911 年	173	272	574	981	6 350	11 700
1912—1916 年	260	374	465	754	8 050	13 100
1917—1921 年	511	424	547	507	16 700	15 200
1922—1926 年	963	815	854	832	18 000	18 000
1927—1931 年	1 330	1 375	715	728	16 800	17 400
1932—1936 年	1 002	1 160	191	228	4 120	4 930
1937—1941 年	1 279	1 431	314	457	11 720	11 750
1942—1946 年	541	429	580	471	12 760	9 640
1947—1951 年	1 902	1 449	1 223	715	45 820	24 040
1952—1956 年	3 536	2 411	1 160	579	58 720	26 580
1957—1961 年	5 506	3 603	1 243	527	70 120	27 690

说明：a. 到 1932 年是指私人和公共资本形成，从那以后，仅仅包括私人资本形成。

b. 1915 年及其以后，1947—1949 年以 1929 年＝100 为基础来换算；1902—1914 年以调整过的总建设的折旧因子为基础。

c. 1902—1914 年的数据中 1914 年以 1929 年＝100 来换算。

d. 1932 年及以后，换算基础由 1929 年 =100 转为以 1958 年美元为基准，更早的年份则以 1929 年美元为基准。

资料来源：公路：Robert E. Lipsey and Doris Preston，*Source Book of Statistics Relating to Construction* (New York，1960)，Series C20，C51，C52，39-40。铁路：1902—1914 年：Larry Neal，“Investment Behavior by American Railroads：1897—1914”，*Review of Economics and Statistics*，51(1969)，131-132。1915—1950 年：Melville Ulmer，*Capital in Transportation*，*Communications*，*and Public Utilities* (New York，1960)，256-257。1951—1961 年：Interstate Commerce Commission，*Transportation Statistics in the United*

States, Schedule of Annual Indices for Carriers by Railroad, 1914—1964, mimeographed。总计：1902—1931 年：U.S. Bureau of the Census，*Historical Statistics of the United States*，*Colonial Times to 1957* (Washington，DC，1960)，143-144. 1932—1961 年：U.S. Department of Commerce，*National Income and Product*
628 *Accounts of the United States.* 1929—1965 年：*Survey of Current Business*（Washington，DC, 1966), Supplement。

战前，投向美国公路的资金已使杂乱的泥泞小路变成了四季通畅的运输通道。这种改善比公路网络的地理扩张更值得称赞。1904 年，在 200 多万英里的乡村公路中，只有 7% 路面是平坦的，而且往往使用砾石建造。乡村的铁路长度仍大于改善后的公路。1914 年，平坦公路的长度超过了铁路，1940 年增加到 130 万英里，占公路总数的一半。因此，虽然公路总长度在 1904—1940 年仅仅增加了 50%，但是修缮的公路长度却以 8 倍的速度增加！联邦标准生效后，优质的平坦公路，如水泥路、柏油马路的比例上升，1940 年 15 万英里左右的优质公路建成。[69]

这些统计数字仅仅保守地指出了变化发生的程度。交通集中于公路网络经过完善修整的地带，1940 年现代化的公路长度大约占汽车里程的一半。另一方面，尽管未经修缮的公路长度增加了 10 倍，但仅有 10% 的汽车里程是未经修缮的公路。[70] 到第二次世界大战时，登记在案的机动车就已经超过 3 000 万辆。

其后，机动车数量增加了 3 倍，而且其扩张势头不减反增。尽管已经开始收取过路费，但在 1956 年《联邦州际高速公路法》的支持下，还是建成了遍布全国的优质高速公路系统。这种具有多条车道、进入受限制的道路适合车辆高速、无间断地行驶。最初，人们试图纠正设计大马力的大型机动车以及建设适宜长途行驶的公路引起的技术失衡。但是在高度密集地区日益增加的适用压力下，如此先进的高速
629 公路设计方案也无法消除拥堵。即使具体设施改善也无法改变人们日益激烈的、反对汽车尾气导致社会成本增加的主张。然而当关注点转向快捷的转运方案、铁路在人口密集的城市地带复苏以及减少汽车有害尾气的设施时，美国高速公路的发展程度及其积极作用就不容忽视。目前美国有 200 万英里以上的平坦公路，其中绝大多数品质非凡。高速公路对促进大规模流动和终结美国农业时代做出了难以磨灭的贡献。

与铁路投资业绩相比，公路建设的增长速度更令人吃惊。20 世纪初，铁路总资本构成通过加强对电气化、货运码头、线路改善和设备的投资勉强维持，1916 年之后则开始下降。铁路长度已经扩张到其自然极限，而且不断下滑的产出增长率使进

一步改善铁路设施的投资丧失了吸引力。如果 1920 年的《交通运输法》(Transportation Act）更早实施的话，铁路部门的状况可能有所缓解。该法案设计的初衷便是在保证竞争的前提下通过合并提高效率。不一致的收费、线路强弱、承运距离长短和各地服务水平差异所引起的利益分歧，成为州际商业委员会无法解决的难题。因此，在缺乏援助的条件下，铁路在 20 世纪 20 年代进入了为期 10 年的不稳定的成熟期。其收益率从未达到过所描述的 6% 的“中等”水平。1920—1929 年，在汽车的竞争压力之下，铁路的乘客减少了 30%；而货运量的增加也仅能使其产出维持在原有水平而已。

正如投资数据所表明的，20 世纪 30 年代是铁路无可挽回的衰落时代。总投资降至最低点，而且多年以后也不能成功地补偿其贬值额。这种简单的资本替代自 20 世纪 20 年代就要求每年支出 5 亿美元（以 1929 年的价格水平计算）。当高速公路和平坦公路继续扩张时，铁路系统的状况却在物质资本和财务两方面都出现了恶化。1939 年的资本净值要少于 1929 年，而且 14 000 英里的铁路被荒废了。20 世纪 20 年代，在大危机的打击和大量汽车日益强劲的竞争之下，铁路部门自然遭遇了需求量空前下滑的困境。卡车首度成为城市间的重要运输工具。尽管联邦政府可以通过制定类似 1920 年法案的法律帮助一片凋敝的铁路完成重组，但很难确保铁路工业合并的成功。甚至对于合并是否足以阻止铁路的衰落尚且存在严重争议。汽车在短途和 630
高附加值商品运输中潜在的技术优势、铁路落后的管理方式以及铁路运货费率结构都是长期存在的问题。

战后交通业的发展和资本构成的增加，也没能让铁路部门的前景乐观起来。虽然出现更完善的柴油机设备、载重量更大的车厢、更先进的控制技术等种种革新，战后投资数据还是显示出铁路行业整体性的持续衰落。我们看到，铁路一直无法在高价值、高利润的项目竞争中取胜，因此平均资本回报率很低。由于持有大规模固定债务，利润调整空间甚微。并购能否扭转衰落局势尚有待进一步观察。

铁路利润下降与公路蓬勃发展的鲜明反差，从公路建设投资在总投资中所占比重的不断上升趋势中便可见一斑。到 20 世纪 20 年代，用于公路改造和扩建的投资已经接近资本形成的 1/10。20 世纪 30 年代，私人投资的减少使得这一比重急剧增长。（这一增长有些夸张，因为总投资中并未包括政府投资。）相反，战争的爆发则限制了公路的进一步扩张，并且降低了其投资比重。20 世纪 60 年代初，公路在联邦政府授权的激励下加速扩张，建设恢复了 20 世纪 20 年代的重要地位。战后，公路投资的增长速度远远超过资本形成的速度，上述投资尚未包括保养、管理等大量额外支出。1940 年，公路总长度在 300 万英里以上，此时铁路的周期性支出已经占到进一步建设费用的一半。尽管 20 世纪 60 年代初，公路投资下降到总资本的 1/3，但是保养需求仍然上升，投资回报率也依旧保持着较高水平。无论以何种标准衡量，公路作为一种资源消耗巨大的交通方式都已经站稳了脚跟。

但是，建设和维护的总成本更高。在以前的交通中，固定资本往往远远高于购
631 买车辆的总投资，但高速公路却与众不同。1912—1940 年，每年购买轿车和卡车的支出都高于公路建设支出两倍以上。[71]大部分支出以消费为目的，在这一推动作用下，汽车行业的利润由 1901 年的第 17 位，上升到 1925 年的第 1 位。1929 年，美国公民购买了 400 多万辆汽车和 80 万辆卡车，这一水平仅仅略逊于 20 世纪 50 年代。革新成果很少能如此之快地占领市场。1928 年赫伯特·胡佛（Herbert Hoover）的竞选口号是："让每个车库中停着两辆汽车，每个锅里炖着一只鸡。"不断增长的收入、相对较低的价格以及更重要的信贷消费，促进了对汽车的需求。1925 年，分期付款购买的车辆占总销售额的 2/3 以上。[72] 分期付款方式也延伸至其他耐用消费品上，而且成为那些初始价格昂贵但经久耐用的商品占领市场的重要手段。

汽车制造和汽车运输业不仅在 1929 年直接创造了制造业总产值的 12.7%，而且为 20 世纪 20 年代的工业繁荣做出了巨大贡献。汽车产业消耗了 20% 的钢铁产量，并且是汽油、橡胶、厚玻璃板、机床、镍和铅的最大需求来源。在某些情况下，消耗的大致顺序如下：90% 的石油产品，其中大部分是汽油；80% 的橡胶；75% 的厚玻璃板。[73] 汽车及其相关行业是 20 世纪 20 年代经济繁荣的动力。

鼓励汽车的发展就会推动公路建设。城郊是铁路进入城市的产物，它的诞生早于汽车，但城郊 20 世纪 20 年代及之后的高速发展却要归功于汽车以及汽车文明。1940 年，有 1 300 万人（即总人口的 1/10）居住在没有任何公共交通工具的城郊这一事实非常清晰地揭示了这一点。[74] 城郊的建设在 1925 年高峰后，尽管受 20 世纪
632 30 年代的大危机影响，但城郊化的发展趋势持续向前。二战前，联邦住房管理局为城郊新增社区提供资助；二战后，随着住宅建设的恢复，上述住宅成为富裕的中产

阶级的象征。

战后，汽车工业迅速恢复了原有的重要地位。战后并没出现人们再三预言的衰退，原因之一便是耐用消费品的增长。1946—1950 年，耐用消费品支出占个人消费总支出的比例由 10% 上升至 15%。汽车及其零部件的购买支出增长更为迅猛，由仅占个人消费总支出的 2% 上升至 7%。包括汽油、石油和维修在内的整个汽车工业，创造了均为 10% 的个人消费比例和国民经济增长率。

鼎盛时期过后，汽车工业的发展趋于平稳。20 世纪 50 年代和 60 年代，每年的汽车及其零部件购买量均占国民总产出的 3%~4%。个别年份略有波动，但并不具有周期性影响。购买汽车及零部件的支出在一定程度上取决于汽车产量，后者持续增加，前者也不断上涨。20 世纪 60 年代末，购买汽车以及零部件的支出分别上升到占个人总消费的 13% 和占国民总产出的 13%。[75] 共有 9 000 万辆汽车登记在册，几乎每 2 人一辆。最乐观的预测是，在现有车辆更新及人口增长的基础上，汽车数目会成正比增加。汽车工业已经进入了行业成长周期中的成熟阶段。

产出情况

上面已经论述过交通部门在 20 世纪经历的重大调整。表 13–19 更清晰地展现了这一过程。除海上、湖上运输以外，铁路在一战前处于不可逾越的霸主地位，而 20 世纪 60 年代，铁路运输占货运总量的比例下降到不及 40%。更为显著的是，自 1948 年始，铁路和水路运输的增长几乎停滞，而管道和城际卡车运输却分别以每年 5% 和 8% 的速度增长。甚至整体情况都今非昔比。20 世纪初，货运量增长速度远远高于 633
商品产量增长速度，但是到了 20 世纪 50 年代和 60 年代，情况却发生了变化。目前，二者增长速度基本持平。

旧交通工具的客运市场份额下降得更为迅猛。1900 年，城际铁路和电车在城市客运中拥有不可撼动的地位。1919 年引进汽车后不久，商业和私人客运几乎势均力敌。而后，汽车处于绝对领先地位。铁路绝不是唯一衰落的交通工具。城际公共汽车业增长甚微；实际上近几年它也衰落了，事实已经宣告了地方性客运设施的命运。

这些具体统计数据显然低估了卡车这一竞争对手的实力。因为每英里公路设施获得的收入要高于铁路，所以二者在收益中所占的份额也成为竞争的另一项内容。

截至20世纪60年代中期，尽管铁路运输量是公路的2倍，二者的收入却几乎持平。[76]对乘客而言，他们对公路交通的支出奠定了汽车的优势。1969年，消费者在购买和保养私家车上的支出在730亿美元以上。而在本市和市际其他交通工具上的支出不足30亿美元。除此之外，消费者将20亿美元用于航空，航空成为客运中日益重要的一种交通方式。[77]到20世纪60年代，航空业已经占据城际客运的5%。

在汽车的手下败将——铁路——的衰落过程中，重现了当年被铁路打败的运河的许多特点。客运是最早被侵蚀的运输业务，货运的损失则更大，高价的工业品向新的交通工具靠拢，只有散装货物才坚持使用旧的交通工具。正如我们所见，这种市场变化的逻辑结果是新交通工具的投资上升，而旧交通工具的投资下降。但是这一次变动与上一次存在重大的区别：除了个别特殊水路尚在使用外，运河在铁路引进的50年中逐渐消失了；铁路却保存了下来，并且似乎会作为公众交通工具永远
635 地存在。20世纪60年代，铁路货运份额趋于稳定，收益下降也较为缓慢了。

表13–19 交通产出

年份	铁路	内陆水运（包括五大湖区）	管道运输	城际卡车运输[a]	加权指数 1939年＝100
A组货物运输（十亿吨英里）[b]					
1899年	126	na	na	—	22
1909年	219	na	na	—	38
1919年	367	78[c]	7[c]	1	65
1929年	450	98	31	10	87
1937年	363	103	45	35	91
1948年	641	16	120	116	200
1953年	609	202	170	217	268
1963年	644	234	253	336	361

年份	铁路	城际巴士	当地运输线[d]	国内航线	乘客总数[e]	城际汽车
B组客运（十亿乘客英里）						
1899年	15	—	10	—	—	—
1909年	29	—	20	—	—	—

续前表

年份	铁路	城际巴士	当地运输线[d]	国内航线	乘客总数[e]	城际汽车
1919 年	47	1	30	—	90	—
1929 年	31	7	38	—	409	—
1937 年	25	10	31	—	559	—
1948 年	41	33	46	6	801	—
1953 年	32	28	29	15	1 088	576
1963 年	19	22	23	40	1 638	766

说明：a. 包括私人和公共运输者。

b. 按照 1939 年每吨英里的收益所计算的吨英里数。

c.1920 年。

d. 假定每一个乘客平均乘坐 3 英里的收入，按照 1939 年平均乘客数计算。

e. 乘客的汽车英里数乘以 25，在巴杰尔 (Barger) 的平均乘客人数的基础上估算。

资料来源：Data from Harold Barger, *The Transportation Industries, 1899—1946* (New York, 1951); Bureau of the Census, *Historical Statistics*; and U.S. Bureau of the Census, *Statistical Abstract of the United States, 1967* (Washington, DC, 1967).

这一结果的核心在于：卡车并未像铁路主宰运河一样，主宰铁路。作为不同时期较新的交通工具，卡车和相对于运河的铁路一样拥有速度和灵活性的优势，但这些优势的重要性却大大下降了。因为 20 万英里的铁路覆盖了大部分重要的商业路线；运河在铁路引入时所受的地域限制则更大。而且，铁路四季顺畅，运河却不能。

当铁路实现了充分的地理扩张之后，来自卡车的竞争才具有了更大的影响。从积极的方面讲，这意味着有能力为引进先进设备而加速折旧。从消极的方面讲，它也产生了从原有增长模式向目前产出停滞的状态过渡的问题。具体地说，“冗员”的需求出现了。总之，随着时间的流逝，铁路部门逐渐成功地减少了劳动力投入并提高了资本存量的水平。1950—1970 年，行业生产率经历了大规模的、持续的增长。每人、每小时、每单位资本的产出变化不大，仍旧以每年 6% 的速度上升。私人经济的增长率仅为上述总体经济水平的一半。[78] 实际货运费用相应地下降了。这是一个已经耗尽技术能力、垂死挣扎的行业的表现。

那么，为什么铁路会输给卡车呢？早在 20 世纪 30 年代，铁路部门发言人就将不平等竞争作为主要理由。[79] 他们抱怨的内容是反对暗中资助汽车运输：铁路部门依靠私人资本修建铁路，并需要为此纳税；卡车司机们通过财政支出得到公路，因此拥有资本支出较少和公共税收资助的优势。上述论断有其合理之处，但其主要观点似有夸大之嫌。国家工程的资金成本较低，在一定程度上，仅仅因为国家比私人企业更能获得有利的贷款。(19 世纪 30 年代在财政支持阶段，铁路业曾经拥有同样的优势。) 但 19 世纪 50 年代之前，大部分公路都是在收取过路费的基础上修建的，
636 所以反对意见的影响力逐渐减弱了。固定资产税减免也是相同的情况，只是资产税减免本身并不是一个重要的问题。

那些认为卡车没有为其资本付费的论断得不到充分的证明。成功的财政革新是公路建设迅速开展的原因，主要是指燃油税等使用者纳税制度。主要资本支出额通过这种方式得以保证。实际上，由于公路发展迅速，早期存在使用者收益会转移到其他用途的忧虑。很多州政府都通过颁布法律修正案来防止这种可能。假设燃油税、登记费和其他消费税能够精确地衡量各种车辆的资本支出，商用卡车并未获得任何优惠。

关于递增成本的研究表明，除大型柴油机外，消费税准确地反映了成本。此类研究，首先将最轻型汽车行驶所需的道路设施的成本均分到各种车型。资本和现金成本的增加，则通过向大型卡车收费进行补偿。按照这种方法，1964 年每辆轿车、重 45 000 磅的三轴卡车以及重 66 000 磅的四轴卡车的隐性成本分别是 31 美元、462 美元和 1 369 美元。三者的实际赋税额分别为 30 美元、466 美元和 923 美元。[80] 与汽油相比，柴油机的优势在于燃料更省钱，而且其主要收益来源于燃油税。尽管燃料消耗并非资本或维修成本的全部内容，但其他各种车型的成本与燃料之间也存在类似的对应关系，这种观点是让人兴奋而备受鼓舞的，但不应因此而放弃制定更合理的赋税，更合理的税种能与设施的相关消费更好地对应。这种赋税应该以车辆重量、速度以及其他决定高速成本的因素为基础。

除长途运输以外，公路使用者的支付费用大致反映了成本。这些研究表明，卡车司机合理地获得了内在规模经济。公路是私人轿车和商用卡车共同分享的设施，但一些费用却是由私人轿车独自负担的。而铁路归铁路公司独家所有，其全部成本和追加成本都由铁路部门承担。如果要提高社会政策的效率，就必须提高资源利用

效率，而非增加资源数量。如果公路使用者的赋税中包括公路磨损，卡车就为私家车承担了成本，这比耗费大量资源的铁路运输要好得多。正是这样的结合使用，才 637
使汽车技术更有效率，使它能有效地同铁路竞争。

尽管人们支持卡车时，它并未出现明显的人为优势，但这并不意味着交通工具的多样化反映了市场以理想模式运行。很多人坚信州际商业委员会对于目前铁路费率的规定和管理欠妥，这使汽车过分地替代了火车。[81] 铁路费率并不是以相对成本为基础，而是基于需求弹性的歧视性定价。低价的散装货物可以享受低运费，因为它们难以负担高运费；相反，工业品需要支付较高运费——虽然二者享受的服务并无差异。只要铁路在运输中是强有力的垄断者，这种定价方式就是完全理性的;的确，这种方式通过提高私人年利润促进了铁路建设发展和社会附加收益的提高。但是很难说目前，确切地说是 1935 年以来，汽车为了在目标市场份额竞争中达到既定价格，而采用了类似的定价法，铁路部门歧视定价法的防御作用减弱了。

如果某种交通方式具有垄断性，而且其收费大于成本，价格歧视便可以使该交通部门的资源利用效率最大化。但是铁路对某些商品征收的运费人为地偏低，因此上述条件均得不到满足。实际上，对交通也有利的，不一定有益于社会整体。如果交通部门违反了价格应当反映资源投入品成本的规律，就会引起国民经济其他部门的扭曲。享受补贴的低价产品产量将远远多于高价产品。歧视性定价相当于向工业品消费者征收消费税，以弥补其运输成本。它与一般税收的不同之处在于：它是不公平的，或者说无法证明自身行为的合理性。甚至，如果铁路承运人没有得到利润，歧视性定价法明确地要为铁路部门的财务困难承担责任。

铁路对工业品征收较高运费的直接结果之一，便是 20 世纪 50 年代卡车的大规模出现。与铁路的实际成本相比，卡车的成本和运费仅在 100 英里以内才更有竞争 638
力。[82] 这一测算结果考虑了运转时间和运输规模。实际上，1963 年卡车的平均运输距离为 255 英里，因为在长途运费相同的情况下，人们更倾向于卡车。[83] 因此，我们难以进行有效的资源和责任分配，也难以对大规模转运做出合理解释。

近年来，运费的差距逐渐缩小，铁路的状况也不再像 1945—1960 年那样迅速恶化。即使是在青睐公路运输的制造业迅速发展时，也是如此。1961 年铁路运输工业品、农业品和矿产品的收入分别为其已支付成本的 1.48 倍、1.18 倍和 1.06 倍。我们可以清楚地看出运输服务的费率结构。但与 1952 年的价格歧视相比，此时已经有了明显的改善。早期工业品、农业品和矿产品的运费分别是成本的 1.85 倍、1.37 倍和 1.25 倍。[84] 当各种产品的运输利润相对于成本下降时，工业品的下降幅度远大于农产品和矿产品。

这种变化与铁路管理部门州际商业委员会的更为消极的法律密切相关。1958 年的《交通运输法》规定，严禁使用费率保护交通部门，以便为未来的费率决策保留更大的竞争空间。尽管税率决定交通工具市场份额的原则被普遍接受，但逐个案例分析程序、缺乏经济成本概念的粗略统计以及考虑“国家运输目标”的必要性，把简单的问题复杂化了。

总　结

639 近两个世纪，美国交通业扩张的主题少而明确。19 世纪推动人们进行运河、铁路和汽船投资的基本动力是地理扩张和分工。1800 年，美国经济活动集中在阿巴拉契亚山脉以东，而且主要是其中的沿海地带。一个世纪后，全国统一的市场出现，沿海地区丧失了活力，商品从产地到销售地的长途运输非常普遍。这个过程以早期多种交通工具的竞争和铁路的最终胜利为特征——铁路的成功应归因于其选址的灵活性以及满足日益增长的需求的能力。19 世纪美国从这一过程中受益匪浅。技术的飞速进步使得铁路业生产率的增长大大快于其他部门，而实际运输费用相应降低。而且，支持铁路成功进入市场的政策，也为其减少了大量成本。纵观 19 世纪，铁路的社会收益中有 15% 是通过成本节省实现的。

但是铁路自身的利润下降了。其实 19 世纪 70 年代以来，铁路的收益就很一般，以至于每一次周期性波动都会造成铁路大规模的转让和重组。尽管如此，以私人投资为主导的铁路网络最终还是建成了。只有在 19 世纪 30 年代铁路技术处于萌芽阶段时，公众支持击败了阿巴拉契亚地区的反对势力——即使如此，运河也仍是州政府扶持的交通工具。

这种市场运行看似神秘，实则不然。首先，美国内战前的高速扩张时期，私人投资的利润率要高于后来，这使得私人投资者的积极性大大提高。1865 年年底，投资者和私营企业的利润产生的结果类似，但二者却存在本质区别。投资者能够而且的确以低于面值的价格购入了股票，他们的预期和目标是在新项目落成并投入实际运行之后，获取高额的资本收益。投资的风险通过丰厚的回报得以补偿。在公司过度资本化的过程中出现了这种风险，使利润与资本之比很小，可能不及 1/2。私人对利润的追求使工程得以完成，但增加了铁路乘客的成本，因为他们的运费包括了风险贴水。政府的担保本应更有效率，但也存在负面作用。 640

除了这种融资机制，还存在另一种有利于交通业发展中产生高额私人利润的、具有美国特色的机制——把通过降低运输成本获得的社会收益内部化的能力。内部化的方式多种多样，最直观的例子便是铁路的私人投资者，他们兼营铁路货运，因此能从自己的各家企业中获取额外利润。对他们而言，投资铁路的收益是股票利润和运输利润之和。内部化的另一个例子是，对铁路发展的乐观态度，使人们往往草率地将铁路建设的利润投入新的工程建设中去。在静态经济分析理论中，没有适于简单投资者参考的历史样本，因此他们无法估计自身行为会带来何种连锁反应。在美国内战前的铁路需求扩张时代，上述两种内部化的共同作用确保了铁路设施的充足。后来，尤其是在 19 世纪末，随着公司投资决策和内部融资方向的完善，铁路系统又经历了一次同样规模的扩张。每条铁路都期待从扩张中获得利润，这是合理的，因为每家公司都在运营中努力增加容量、减少成本。当所有的铁路都进行扩张时，预期收益随之减少，而最终实际收益比预期更低。存在过度建设趋势时，实际收益会远远低于预期水平。

大公司间的竞争具有持久的影响：通过私人投资满足了公众对铁路设施的要求，有时甚至供过于求，造成了浪费。竞争的结果还有价格战、周期性的合并和各种类型的合作尝试。没有人可以永远成功。在州际商业委员会进行监管之后，情况才趋于稳定，这说明监管行为通常是为被监管者的利益服务，而没必要仅仅代表公众的利益。

过去的挑战是实现交通设施投资的最大化，以满足美国大陆的需求。这一点已 641
经通过投入空前规模的资源得以实现。借助私人资本市场，铁路在 20 世纪初就横跨全美国。政府管制在利润竞争中不甚重要。显然，由于自然垄断甚至寡头们的毁灭性竞争，不受管制的市场将无法充分发挥作用。但是可喜的是，21 世纪末，市场已

642 经取代了管理成为经济运行的主导者。

注 释

[1] For fuller treatment see A. A. Walters, *The Economics of Road User Charges*, World Bank Staff Occasional Paper no. 5 (Baltimore, 1968), chap.5.

[2] George R. Taylor, *The Transportation Revolution* (New York, 1951), 27.

[3] Joseph A. Durrenberger, *Turnpikes: A Study of the Toll Road Movement in the Middle Atlantic States and Maryland* (Valdosta, GA, 1931), 118.

[4] T. S. Ashton, *An Economic History of England: The Eighteenth Century* (London, 1955), 75.

[5] 在本段及其后的段落中，我们大量参阅 Julius Rubin, "An Innovating Public Improvement: The Erie Canal", *Canals and American Economic Development* (New York, 1961)。

[6] A. L. Bishop. "The State Works of Pennsylvania", *Transactions of the Connecticut Academy of Arts and Sciences*, 13 (1907), 238-239, 278-280.

[7] 对于不赞成宾夕法尼亚决定的论述见 Julius Rubin, "Canal or Railroad?", *Transaction of the American Philosophical Society*, 1(1961)。

[8] Bishop, "State Works", 278, 281.

[9] Bishop, "State Works", 228-229.

[10] See Walter S. Sanderlin, *The Great National Project: A History of the Chesapeake and Ohio Canal* (Baltimore, 1946).

[11] 对于俄亥俄运河的实际待遇见 C. P. McClelland and C. C. Huntington, *History of the Ohio Canals* (Columbus, 1905)。更详细的强调公共政策的分析研究见 Harry Scheiber, *Ohio Canal Era* (Athens, OH, 1969)。

[12] 这两段历史见 Elbert J. Benton, *The Wabash Trade Route in the Development of the Old Northwest* (Baltimore, 1903), and James W. Putnam, *The Illinois and Michigan Canal* (Chicago, 1918)。

[13] Harvey Segal, "Cycles of Canal Construction", in Goodrich, ed., *Canals and American Economic Development*，188，192.

[14] *Report of the Commissioner of Corporations on Transportation by Water in the United States*，vol.4(Washington, DC, 1909—1913)，64.

[15] U.S. Congress, Senate, *Preliminary Report of the Inland Waterways Commission*, Senate Document no.325，60th Congress, 1 st Session (1908)，235.

[16] 同上，228-229.

[17] Taylor, *Transportation Revolution*，133-138.

[18] U.S. Auditor for the Treasury Department, *Report for* 1881(Washington, DC, 1881), 38.

[19] 这部分大多来自 Louis C. Hunter, *Steamboats on the Western Rivers* (Cambridge, MA, 1949[DK])。

[20] Hunter, *Steamboats*，374-377，658-659；Thomas S. Berry, *Western Prices Before 1861*(Cambridge, MA, 1943)，42-70.

[21] Hunter, *Steamboats*，110-111.

[22] 同上，311.

[23] Frank H. Dixon, *Traffic History of the Mississippi River System* (Washington, DC, 1909), 53.

[24] 同上，59.

[25] Hunter, *Steamboats*，567-575.

[26] 同上，638.

[27] 1860 年所有汽船的价值仅相当于该年建船投资的 0.6 倍，这意味着资本存量的贬值，其隐含贬值率大约为 10%。这个估计与 1880 年的统计数据相当接近，统计资料所显示的投资与资本存量的价值比为 0.7。

对于参与美国国内商贸的其他种类的航船来说，平均建造成本约为每吨 50 美元（请参见 John G. B. Hutchins, *The American Maritime Industries and Public Policy*，*1789—1914* (Chambridge, MA, 1941)，280–281。用于国内商贸的其他种类的航船数量相当于 1800—1815 年建造的航船总量的 1/3，后来这一比例达到了 1/2。1860 年，

此类航船的投资与资本存量的价值比同样为 0.7。

有关帆船和汽船的建造，以及国内商贸运输量的详情，参阅 U.S. Bureau of Census, *Historical Statistics of the United States, Colonial Times to 1975* (Washington, DC, 1960)，Series Q-180，181 and 166。

[28] U.S. Bureau of the Census, *Census of Population*: *1880*, vol. 4, *Transportation* (Washington, DC, 1883), 5, 702.

[29] Harold Barger, *The Transportation Industries, 1889—1946* (New York, 1951), 254.

[30] 对于 1830—1860 年这个时期的更完整的描述，参阅 Albert Fishlow, *American Railroads and the Transformation of the Ante-Bellum Economy* (Cambridge, MA, 1965)。

[31] Michel Chevalier, *Society, Manners, and Politics in the United States* (Garden City, NY, 1961, first published 1839), 260.

[32] *American Railroad Journal*, 25(1852), 121.

[33] Carter Goodrich, *Government Promotion of American Canals and Railroads*, *1800—1890* (New York, 1960) 提供了政府资助的全部账目资料，并且强调政府发挥的作用不止于此。

[34] Bureau of the Census, *Historical Statistics,* 428, based on *Poor's Manual of the Railroads of the United States* (New York, 1884).

[35] Calculated from *Poor's Manual* (1873).

[36] Robert W. Fogel, *The Union Pacific Railroad*: *A Case Study in Premature Enterprise* (Baltimore, 1960), 95, 102.

[37] Bureau of the Census, *Historical Statistics*, 428.

[38] Henry H. Swain, "Economic Aspects of Railroad Receiverships", *American Economic Association Economic Studies,* 3(1898), 70.

[39] *Poor's Manual* (1884), iii.

[40] 同上，iii.

[41] Calculated from U.S. Department of Agriculture, *Report of the Commissioner of Agriculture for 1874*, 30, and *Report of the Commissioner of Agriculture for 1885*

(Washington, DC, 1875, 1886), 361.

[42] Goodrich, *Government Promotion,* chaps. 5-7.

[43] Paul W. Gates, "The Railroad Land Grant Legend", *Journal of Economic History*, 19 (1954), 143-146.

[44] Matthew Simon, "The United States Balance of Payments, 1861—1900", in William N. Parker, ed., *Trends in the American Economy in the Nineteenth Century,* Studies in Income and Wealth, vol. 24(Princeton, 1960), 698-707.

[45] William Z. Ripley, *Railroads*: *Finance and Organization* (London, 1915), 5-8; Cleona Lewis, *America's Stake in International Investments* (Washington, DC, 1938), chap. 8.

[46] S. F. Van Oss, *American Railroads as Investments* (New York, 1893), 178-179.

[47] U. S. Industrial Commission, *Reports,* 19 (Washington, DC, 1902), 270-271.

[48] 对该问题的更全面的阐述参见 Albert Fishlow, "Productivity and Technological Change in the Railroad Sector，1840—1910"， in Dorothy S. Brady ed., *Output Employment, and Productivity in the United States After 1800*，Studies in Income and Wealth, v. 30(New York, 1966)。

[49] Quoted in John D. Hicks, *The Populist Revolt* (Lincoln, NB, 1961)，62.

[50] 调整对费率影响的统计检验请见 Paul W. MacAvoy 的 *The Economic Effects of Regulation* (Cambridge, MA, 1965)；对调整源起的更普遍的修正主义者观点，请见 Gabriel Kolko, *Railroads and Regulation, 1877—1916* (Princeton, 1965)。

[51] David Wells, *Recent Economic Changes* (New York, 1890)，41-42.

[52] 关于得出普遍的随机结论的能力特别是交通变革的重要性的争论已经兴起。关于不同历史需求和自足的详尽论述，参见 Albert Fishlow and Robert W. Fogel, "Quantitative Economic History：An Interim Evaluation", *Journal of Economic History*, 31 (1071)，15-42。

[53] 还有一个不同的观点，参见 Peter McClelland，"Railroads, American Growth, and the New Economic History: A Critique, *Journal of Economic History*，28 (1968)，102-123。在大多数反对麦克勒兰德的意见中，他举了足够多的反例，虽然从理论

上听起来很有道理，但是存在争议。参见 Fishlow, *American Railroads*, and Robert W. Fogel, *Railroads and American Ecomomic Growth: Essays in Ecomomic History* (Baltimore, 1964)。麦克勒兰德考虑的一个事实是在 19 世纪 60 年代早期，在增长的需求的基础上，伊利运河的收费迅速增长，从而否定了低成本的水路代替铁路运输的可能性，当他得出这样的结论时，几乎没有遭到咒骂。他自己的数据显示了 1859—1863 年运河交通量成倍地增加，但是运河运输的费用没有任何变化！在这段时间里由于调整的问题，它们有短暂的上升，但是这与讨论的长期问题没有太大关系。

[54] J. L. Ringwalt, *Development of Transportation Systems in the United States* (Philadelphia, 1888).

[55] Segal, "Canals and Economic Development", in Goodrich, ed., *Canal and American Development*，247.

[56] 文中把最终偏差列为 6 倍。但是既然它暗含过高的运输需求弹性，如此大的数量看起来似乎不可能。

[57] 同上。

[58] Fogel, *Railroads*, 223. 关于这些议题的不同观点请参见 Robert W. Fogel, "Notes on the Social Savings Controversy", *Journal of Economic History*，39(1974)，154.

[59] Walt W. Rostow, *The Stages of Economic Growth* (New York, 1960)，55.

[60] 更详细的内容可参见 Fishlow, *American Railroads*, chap. 3；and Fogel, *Railroads*, chaps. 4 and 5.

[61] James M. Swank, *History of the Manufacture of Iron in All Ages* (Philadelphia, 1892).

[62] Peter Temin, *Iron and Steel in Nineteenth Century America* (Cambridge, MA, 1964)276.

[63] Bureau of the Census, "Census of Population：1870"， vol. 3, *Statistics of Wealth and Industry* (Washington，DC, 1872)，455.

[64] See Fishlow, *American Railroads*，chaps. 4-7.

[65] Albert L. Kohlmeier, *The Old Northwest* (Bloomington, IN, 1938)，84.

[66] 我们在本节的本段和下面几段详细引用了 George Hilton and John Due, *The*

Electric Interurban Railways in America (Stanford, 1960)。

[67] See also Charles L. Dearing, *American Highway Policy* (Washington DC, 1942), app. A.

[68] W. W. Finley, President of the Southern Railway, quoted in Dearing, *American Highway Policy*，260-261.

[69] Bureau of the Census, *Historical Statistics*，458.

[70] Dearing, *American Highway Policy*，120-121.

[71] Bureau of the Census, *Historical Statistics*，462.

[72] George Soule, *Prosperity Decade* (New York, 1947)，165.

[73] 同上，164-165; and John B. Rae, *The American Automobile* (Chicago, 1965), 88。

[74] Rae, *American Automobile*, 220.

[75] U.S. Department of Commerce, *National Income and Product Account of the United States*，1929-1965，supplement to *Survey of Current Business* (Washington, DC, 1966).

[76] Bureau of the Census, *Statistical Abstract of the United States*，1967 (Washington, DC, 1967)，522.

[77] *Survey of Current Business*，50(July, 1970)，28.

[78] Bureau of the Census, *Statistical Abstract*，1967，237.

[79] 对这个观点的陈述参见 Dearing，*American Highway Policy*，191-198。

[80] Cited in John B. Lansing, *Transportation and Economic Policy* (New York, 1966)，252.

[81] John Meyer, M. Peck, W. Stenison, and C. Zwick, *The Economics of Competition in the Transportation Industries* (Cambridge, MA, 1959)，chaps.7 and 8.

[82] 同上，190.

[83] *Commodity Transportation Survey,* Vol. 3 in *Census of Transportation*: *1963* (Washington, DC, 1966), Part, III, 13.

[84] Lansing, *Transportation*，227.

第 14 章

1789—1914 年的银行业与金融

休·罗克奥福（Hugh Rockoff）

在 19 世纪初期，美国大部分的货币交易都是以硬币（金币或银币）为媒介的，特别是西班牙比索。商人使用汇票和其他金融工具，几家私营银行和美国第一国民银行也已成立，但是商业银行仍然处在萌芽阶段。到 1914 年，美国已经成为世界上最主要的金融强国之一；它拥有发展良好的银行体系以及一大批非银行金融中介机构。监督所有这些的是新成立的联邦储备体系。过渡时期金融制度的发展遵循了一条无规律的路径。战争、金融危机、政府的转变、意识形态的转变以及偶然事件都常常导致金融秩序在短时期内的重大改变。并且，这是一条不可预知的路径。通常，如果这条路径不是出于某个人的想法或对一项重要法案的单独投票，那它遵循的可能是一条很不寻常的路径。此外，还有一个趋势，就是通过能够防止上一次危机发生的立法，可以发现下一次危机呈现出全新的特征。政治家们，就像将军一样，倾向于指挥最后一次战争。只有把自己沉浸在美国金融历史的真实进程中，一个人才
643 能理解金融制度如何在殖民基础上演化成第一次世界大战前夕形成的、具有专门金

融机构的复杂制度。

银行业与货币体系的发展

美国宪法对货币体系强加了一些基本的约束。第 1 条第 8 款申明“国会有权铸造货币,厘定本国货币和外国货币的价值”,并且第 10 款申明任何一个州都不能够“铸造货币；发行信用票据；使用金银币以外的任何物品作为偿还债务的法定货币”。在这些规定之后，出现了由纸币（信用票据）的发行而引起的通货膨胀，纸币的发行造成了独立战争结束到制宪会议这段时间中许多前殖民地借贷关系的失衡。这些州，换句话说，滥用了发行纸币的权力，因此货币发行应该是联邦的一项义务。

然而，这些规定遗漏了一些重要的问题。联邦政府有权铸造硬币，但是它有权发行纸币吗？并且它有权控制私人发行代币、银行券（由银行发行的纸币并且倾向于转手流通）和存单（它是硬币的近似替代物,并且根据现代的定义可以被视为货币）吗？在这些问题上宪法保持了沉默。[1]

美国建国早期

亚历山大·汉密尔顿是美国财政部第一任部长,他解决了宪法中遗留的许多问题。在一系列著名的报告中，汉密尔顿为新的国家设计了财政、商业以及货币和银行体系的结构。铸币厂是 1792 年根据汉密尔顿在他的《关于建立铸币厂的报告》（*Report on the Establishment of a Mint*）中的观点建立的。汉密尔顿的出发点是现存的货币制度体系。流通中的最主要货币是西班牙比索和它的细分币值单位，所以汉密尔顿主 644
张引入国家货币的最简便途径是铸造一种与比索等值的美国美元。然而，他同意杰斐逊及其他人的观点，即美元的划分必须服从十进制体系，这种划分是基于计算简便的考虑，而不是像西班牙的八进制体系——为了便于实物的分割。[2] 基于对西班牙硬币的衡量，汉密尔顿认为美国美元应该包含 321.25 格令的银。他也主张铸造金币。由于金子按重量计的市场价格是银的 15 倍，所以金币应含有 24.75 格令的黄金。铸币厂的服务就是提供所有这些货币，并且免费服务。

因此，美国开始了复本位制，这是 19 世纪一直争论的问题。复本位制的优势在于它的货币基础的多样性。设想发现了新的银矿。在单纯的银本位体系下，货币供给和价格水平会上升。但是，在复本位体制下，价格水平的上升会刺激黄金的出口，或者刺激黄金熔化并用于非货币性的用途，从而弱化新的银矿造成的影响。最后，如果所有的金币都退出流通，那么银的进一步增加会影响价格水平，这如同在单纯的银本位体系下的情况。但是，即使到那时，复本位制也可提供备用保护。进一步设想新的银矿被开采完后，价格水平可能回落。在一定程度上，黄金会重新进入货币供给行列，再次稳定价格水平。

复本位制的缺陷恰恰在于从一种金属到另一种金属的摆动。如果白银退出流通，那么就会存在小面值硬币的短缺；如果黄金退出流通，大宗交易将难以完成，因为黄金最适合用作高面值硬币。此外，货币金属变动的心理影响可能很重要，特别是由黄金变为白银时，因为这一变动可能造成通货膨胀、经济衰退等恐慌。

由黄金向白银的变动不仅是一个令人好奇的理论问题。在 15 : 1 的货币制度建立不久后，丰富的白银供给抬高了世界市场的比率。到 1805 年，这一比率已经达到了 15.79 : 1。这意味着含有 24.75 格令黄金的金币能够兑换成含有 371.25 格令白银的银币：此时出口黄金和进口白银是有利可图的。到 1830 年，也许更早，在美国黄
645 金作为货币已经完全退出了流通领域。

汉密尔顿的《国家银行的报告》（*Report on a National Bank*）主张联邦政府应该特许并部分出资建立一个国家银行，类似于英格兰银行。1784 年，汉密尔顿已经帮助建起了一个最早的私人商业银行，即纽约银行。但是他感到有必要由联邦政府出资建立一个大银行，以促进私人商业和便利政府金融交易。国会关于建立一个国家银行的辩论非常激烈。反对建立银行的人认为，一个大型的半私有垄断银行与民主不协调，并且国家银行是违反宪法的，因为宪法没有对银行业做出规定。但是国家银行的支持者们则认为，它会帮助财政部获取贷款以及鼓励储蓄、投资和贸易，特别是对外贸易。华盛顿总统不确定他是否应该签署这个法案，故而他要求内阁成员提交书面意见。大臣托马斯·杰斐逊提交了反对意见，但是汉密尔顿为国家银行的辩护说服华盛顿签署了该法案。

美国第一国民银行，按今天的标准看也是一个大型机构，其业务始于 1791 年。它的初始资本是 1 000 万美元（1792 年联邦政府的支出是 510 万美元），1/5 是由政

府提供的，剩余部分由私人部门提供。这一结构部分实现了汉密尔顿最坚持的一个政治目标：把新生的共和国的财富与最富有的商人的财富联合起来。投票权不是按照一股一票的基础分配的；只有美国居民有投票权，并且没有人的投票权能超过 30 票。该银行能够在全美国设立分支机构。

政府出资由从该银行借来的资金支付；公众出资 1/4 以货币、3/4 以政府股票的形式支付（在当时，股票这个术语既指债权也指股权）。第一国民银行因此推动了政府信用。该行发行的货币以银行资本为限，并且可以用于缴税。该银行可以从事的业务受到约束；它可以购买汇票并且以黄金交易，但是当贷款无法偿还时，它只能以作为担保物的真实资产进行交易。除非国会授权，否则对政府的贷款不能超过 10 万美元。银行收取的最大利率只能是 6%。这些限制反映了所谓的真实票据原则，这 646
（正如它的最著名的阐释者亚当·斯密所规定的）是指银行只能安全地投资于自动清偿的短期工具；其他所有的工具都使银行暴露于无流动性和贷款无法清偿的风险中。按斯密的观点，利率限制通过降低银行向投机者贷款的积极性，加强了真实票据限制。

银行迅速成为政府贷款的来源，并且当政府遇到偿付困难时，可以出售它的股票，最后一次出售是在 1802 年。第一国民银行关于退回州立银行的银行券采用现金偿还的政策确保了不出现不合格的银行业务。但是它与州立银行的竞争有所加剧。州立银行感到它们的货币发行受到了限制，第一国民银行吸收政府最大比例的存款对它们是不公平的，并且第一国民银行在地方贷款市场上参与竞争对它们也是不公平的。

但是如果第一国民银行的营业执照（该营业执照的有效期为 20 年）中没有这样一条重要限制，它可能仍会存在。当 1811 年营业执照需要续约的时候，反对非常强烈。国会辩论集中在银行的合宪性上，致使续约的法案以极小的票数差距没有获得通过。营业执照的失效本不应该在最糟糕的时候发生，因为 1812 年战争很快给联邦政府造成了金融紧急状态。

在战争中以及战后的几年内，银行数量增长迅速；根据戴维斯·里奇·杜威（Davis Rich Dewey）的估计，1811—1816 年，银行数量从 117 家上升到 232 家。这些银行是由州政府批准成立的，它们数量的增加部分归因于缺乏立法和银行家情况下的狂热。然而，似乎战争中现金支付的中止，以及法偿即期票据（legal tender demand notes, 下面将要讨论）——作为银行准备金的替代品——的增长，很大程度上与银行业的增长有关。

美国第二国民银行

在 1812 年战争中，联邦政府的金融尴尬状况——为把安德鲁·杰克逊的部队转移到新奥尔良，大臣詹姆斯·门罗不得不抵押自己的私人财产以筹措战争资金——导致了建立美国第二国民银行的要求。虽然战争期间没有采取任何行动，但随后由于无组织的货币状况（由于没有硬币兑换，银行券的价格在各地存在差异），人们广泛支持联邦银行管理恢复硬币支付的工作。

建立美国第二国民银行的法案在 1816 年 4 月 10 日由总统签署。初始资本为 3 500 万美元，其中 1/5 由联邦政府提供。该银行可以自行建立分支机构并发行银行券，
647 银行券可以用硬币赎回，并可用于交税，其面额为 5 美元及以上。银行券的最大发行额受限于银行资本。由公众认购的 3/4 股份由联邦债券支付。政府由于为银行颁发了营业执照，也受益于银行的 150 万美元直接支付。第二国民银行的营业执照，像第一国民银行的营业执照一样，要求 20 年后办理续约。

第二国民银行于 1817 年 1 月开业，随后硬币支付重新开始。该银行没有一个好的开始。虽然总体经济条件不尽如人意，但是无疑银行的第一任总裁威廉·琼斯（William Jones）的管理非常糟糕。有可靠证据表明，用银行贷款为银行股票融资存在投机行为，并且西部和南部的分支机构发行银行券的行为过于随意。1818 年，一个分支机构承兑全部银行券的要求被拒绝，但是已经造成了巨大的损失：巴尔的摩的分支机构在 1819 年 1 月被关闭，造成的损失高达 300 万美元。

1819 年，琼斯的位置由兰登·奇弗斯（Langdon Cheeves）取代。由于奇弗斯的保守管理，但是更多的是由于在他上任之前政策已经开始发挥作用，该银行重获新生。然而，在银行经营最为活跃的西部和南部，地方银行再次违反了归还银行券兑换硬币的政策。此外，在 1820 年的萧条时期，奇弗斯对高准备金的强调阻止了货币的有益扩张。在 1823 年，尼古拉斯·比德尔（Nicholas Biddle）接替了奇弗斯，他注定会与安德鲁·杰克逊展开“银行战”之争，并成为美国金融史上的一位著名人物。比德尔被任命的理由是他将遵循积极的扩张政策，并且他正是这么做的。借和贷都有所

增加，银行开始了外汇业务并且收入也增加了。

杰克逊总统对银行的攻击是历史学家一直争论的问题。杰克逊决意要消除国家的“巨人银行”，而比德尔同样决意要保护银行的权力和独立性。杰克逊在 1829 年的第一份国会年度演讲中就显示出了他的敌意。他置疑了银行的合宪性以及它在创 648
建统一的国家货币方面的成功。他建议，银行应该由财政部的一个机构来代替，这一机构能够发行货币和吸收存款，但是不向普通大众发放贷款。最后一条建议的提出可能受到了以下说法的影响，即银行为反对杰克逊的人士提供了贷款。历史学家并没有确认这些推断的可靠性，但是不难看出政治偏袒的潜力，并且愤世嫉俗的公众会自然地把这些话当真。

虽然遭到了受人欢迎的总统的攻击，但比德尔坚信公众会支持银行，并且他努力在 1836 年营业执照到期前为执照续约。这一议案得到了两院的通过，但是在 1832 年 7 月被杰克逊否决。他充满了愤怒与混乱的演说词成为历史争论的焦点。比德尔相信这一否决权的使用将不利于杰克逊的连任竞选，但是杰克逊获得了压倒性的胜利，由此也决定了银行的命运。竞选后，杰克逊同意停止联邦政府在该银行存款，并把存款转移到挑选出的州立银行——在杰克逊的批评中它们被称为小巧银行。在它的联邦营业执照到期后，第二银行从宾夕法尼亚获得了一份营业执照。比德尔一直担任总裁，直到 1839 年。1841 年，该行倒闭，成为了经济衰退和自身投机行为的牺牲品。

银行战对选举有多重要呢？斯图亚特·布如斯（Stuart Bruchey）认为，尽管杰克逊的语言充满激情，但是公众对此兴趣不大。银行受到了广泛的支持——毕竟，续约的议案在两院都得到了通过，但是杰克逊实在是太受欢迎了。他连任选举所取得的压倒性的胜利很大程度上是个人的胜利，而因为它是一个安全的政治问题，银行战受到了媒体的诸多关注。

但是无论如何，杰克逊持反对态度的原因是什么？我们应该如何对待否决演讲中的观点呢？一些权威人士认为杰克逊的热情是边疆居民对金融复杂性缺乏了解以及个人经历——杰克逊在银行倒闭中损失了一大笔钱——的产物。否决演说把银行谴责为一个垄断者，并列举了它对经济的种种不良影响，其中的一些是非常难以理解的。这些部分表明了杰克逊反对任何形式的中央银行。但是另外的部分仅仅指出，

649 如果国会认为银行是必要的，那么政府会允许竞争者来角逐银行的营业执照，这是在现代经济学家看来非常诱人的一个安排。

自由银行制度时代

1836年以后，对银行业的监管权力留给了各州。这对监管实践领域带来的益处是非常显著的，并且众多的经济历史学家都把这一时期当成一个实验室，在其中检验关于银行监管的理论。一些州（包括得克萨斯州和阿肯色州）禁止一切形式的银行。一些州（包括印第安纳州和密苏里州）由于缅怀美利坚银行而组建了州立银行。一些州（包括新英格兰地区各州）的立法机构一个接一个地批准银行的成立。一些州允许建立分行而另一些州则对此禁止。俄亥俄州尝试了不同类型的银行制度。最著名的例子，就是以它的名字来命名这个时代，即自由银行制度时代。

弄清楚自由银行制度的真正含义是什么是非常重要的。自由银行立法，最初于1837年在密歇根州、1838年在纽约州被采用。这些法案规定，任何一个能够筹集到一定的最小额度资本金的人，只要同时符合其他要求，就能够开办一家银行；立法机构没有逐个为银行颁发执照。换句话说，要取得执照不需要有政治背景。从这一角度说，银行制度是自由的。但是从另一个重要的角度看，银行制度并不是自由的。任何一个自由银行发行的银行券都必须有政府债券的支持，通常是但不总是银行所在地的州政府发行的债券。银行券不能以银行的总资产为基础发行。

自由银行制度的实践形式变化多样。在一些州，当债券不够充足时（以19世纪50年代早期的印第安纳州为例），自由银行制度导致了“野猫”银行。基于垄断票据兑现和获取快速利润的想法，众多的银行建在边远的地区。（野猫流浪的地区？）但是，这些事件发生的频率相对较低，而且很容易通过为银行券提供支撑的债券的增加来解决。在许多州，特别是在纽约州，充分保护银行券持有者的同时，自由银行鼓励了该制度的迅速扩张。

在其他体系中，我们必须注意新英格兰的萨福克银行体系。波士顿萨福克银行（Suffolk Bank of Boston）首次涉足纸币兑换硬币业务是在1818年。随着时间的推移，一个界定明确的兑换硬币体系形成了。新英格兰乡村的银行券逐渐流向波士顿，在这里它们能够由萨福克银行按面值兑换成硬币，萨福克银行此时扮演了城市银行代理的角色。反过来，乡村银行被要求在萨福克银行保有存款。结果，银行券以面值在整个新英格兰流通，这一结果为公众所欣赏、为历史学家所赞扬。然而， 650
乡村银行必须在萨福克银行保有的存款数量相当巨大。结果，萨福克银行（它的股票由波士顿的其他银行广泛持有）被公认为这一城市最赚钱的银行。乡村银行对这一协定感到不满，但是长期以来它们对此却无能为力。拒绝在萨福克银行存款，可能意味着难以满足将萨福克累积的大量纸币兑换成硬币这一突然提出的需求。最后，在 1857 年，乡村银行成立了它们自己的银行——互助兑换硬币银行（the Bank of Mutual Redemption），以同萨福克银行在兑换硬币业务上展开竞争。因为美国内战以及随后几年内州立银行银行券停止使用，很难预测从长期看这一竞争的后果究竟如何。

虽然萨福克银行体系（统一的货币）受到了普遍的称赞，但还是可以总结出不同的教训。一些作者强调了这一体系的私有本质，并认为这是私人可以发行货币的好兆头。然而，其他人则强调了它的分级结构并认为这意味着一些形式的监管是必要的。

《国民银行法》

美国内战导致了银行体系的重大改组。在上任后不久，财政大臣萨蒙·蔡斯（Salmon Chase）就提议出台国民银行法（蔡斯曾是俄亥俄州的地方长官，这个州实行自由银行制度），该法以自由银行法为模板，但是需要提供联邦执照并且要求联邦债券存款作为银行券的担保。蔡斯认为国家体系有几个优势。在战争期间，这一体系能够为政府债券提供市场，并且能够大大加强政府的金融地位。

但是主要争论与财政部的当前问题没有关系。即使作为俄亥俄州的地方长官，蔡斯也抱怨过由于大量的州银行券以不同贴现率流通造成的混乱。加里·戈顿（Gary Gorton）已经证明了这个市场具有惊人的效率，所以有人会怀疑不同货币造成的成本仅与想象的一样。但是人们广泛认同蔡斯所认为的建立统一货币是一个重要改革这一信念。时局使改革变得紧迫起来：几个西部的州发行了大量由南部州政府债券 651
担保的银行券，而这些体系被关闭或者破产的银行破坏了。更重要的是，北方已经发行纸币，即著名的绿背纸币。“林肯绿”提供了一种统一货币并且在这个国家的许多地方都流行了起来，同时激进的共和党人也加以使用。但是蔡斯和其他更保守的共和党人担心不可兑换纸币的永久制度会成为通货膨胀的一个危险诱因。换句话说，国民银行体系可以看成是替代激进改革的保守措施，是一种纯法币。

如果在国民银行体系下产生了大额赤字，有人可能预期银行会吸收额外的债券并在此基础上发行纸币，这对货币存量的影响类似于直接发行法币。但无论这个观点有多合理，似乎都没有人考虑过这个问题。

1863 年通过了《国民货币法》(National Currency Act)，国家希望大多数州立银行能迅速转变为国民银行。[1] 但是早期的结果是令人失望的。一个修改后的法案——《国民银行法》——于 1864 年通过。它纠正了 1863 年版本的许多缺点——比如说它纠正了对银行所收利息征收低水平的统一的最高额税收的规定——并且成为加速发展的制度的一部分，但是对那些希望新的制度能够完全替代老的制度的人来说，结果依然很令人失望。

州立银行的复兴

1865 年，开始对州立银行发行的银行券征收禁止税，人们由此产生的预期是，这最终将迫使大部分银行都加入国民银行体系。许多银行确实改变了原来的立场，但是州立银行的核心部分依然保持了下来，并且在 19 世纪的余下时间发展和扩张。储蓄银行变得越来越重要，所以没有发行银行券的州立银行才能够利用不断增加的资金。此外，州立银行法通常规定银行使用州颁布的执照才会更有利可图。结果是州立银行依然是美国银行体系中的一个重要组成部分。1870 年，州立银行占有的所有商业银行存款的份额只有 9%；到 1890 年，这一数字是 57%。立法基于这样的一个过时假设，即银行券的首要地位会导致一个意想不到的结果：双重银行体制。

国民银行体系由于持久的高利率（相对于北部和中西部）而受到了谴责，这主
652 要体现在美国内战后南部和西部的农村地区。最低资本要求限制了国民银行的数量，国民银行在这些地区的小城镇获得了支持，并且对州立银行的银行券征收禁止税使开办州立银行变得十分困难。极少数银行才能确保有一个据点，以享受地方垄断和

[1] 即联邦特许成立的银行。——译者注

高利率。然而，逐渐地，在州层面的储蓄银行的蔓延和自由银行的竞争（容易进入）打破了地方垄断。到 19 世纪末，地区间的利率差异已经显著缩小了。

国民银行明显没有充分利用它们发行银行券的垄断优势。利润计算［最初由菲利普·卡根（Philip Cagan）完成，后来被米尔顿·弗里德曼（Milton Friedman）和安娜·J. 施瓦茨（Anna J. Schwartz）强化和发展］显示，在建立和发展国民银行这个漫长的时期，发行银行券的回报率极高。或者换种表达方式，一个人会期望支撑银行券的债券的价格将会上涨，一直到银行只赚取它们银行券发行业务的正常利润为止。但是这并没有发生。已有研究已经给出对这一难题的几个解释，但是最近最权威的研究发现，国民银行可能放弃了一个有利可图的机会，这仅仅因为它们认为自己的主要业务是放贷而非持有债券。

货币和价格的趋势与周期

图 14–1 显示了 1800—1879 年，批发价格指数（1860 年 = 100）和每单位产出的货币指数（1860 年 = 100），它反映出在 19 世纪 50 年代之前，价格基本上是下降的。最初，这一趋势可以由美国相对较慢的每单位产出货币增长（是指相对于货币需求的货币供给）来解释。然而，最终，美国的价格变动趋势是由世界其他地区的价格变动趋势决定的。因为美国通过固定汇率与其他国家相联系，它的价格水平不可能长期偏离它的主要贸易伙伴国的价格水平。如果美国的价格偏离了，那么就会导致国际收支平衡表出现赤字以及它的货币基础的损失。所以美国价格水平趋势的最终决定因素是世界货币金属存量相对于世界产出的缓慢增长，推动这一趋势的是拿破
仑一世战争后大不列颠金本位制的恢复，而金本位制的恢复又增加了对货币金属的 653
需求。当然，只有在长期内才是这样的。对大多数时期而言，由于资本流动和其他对抗力量，美国的价格水平和它的贸易伙伴的价格水平的差异才能够保持。必须注意的是，美国每单位产出的货币量的变动略微上升了，这显示了对货币需求的上升趋势（尽管变动相对缓和）。价格的下降受到了 1812 年战争剧烈振荡的干扰；1811—1814 年价格上升了 45%。

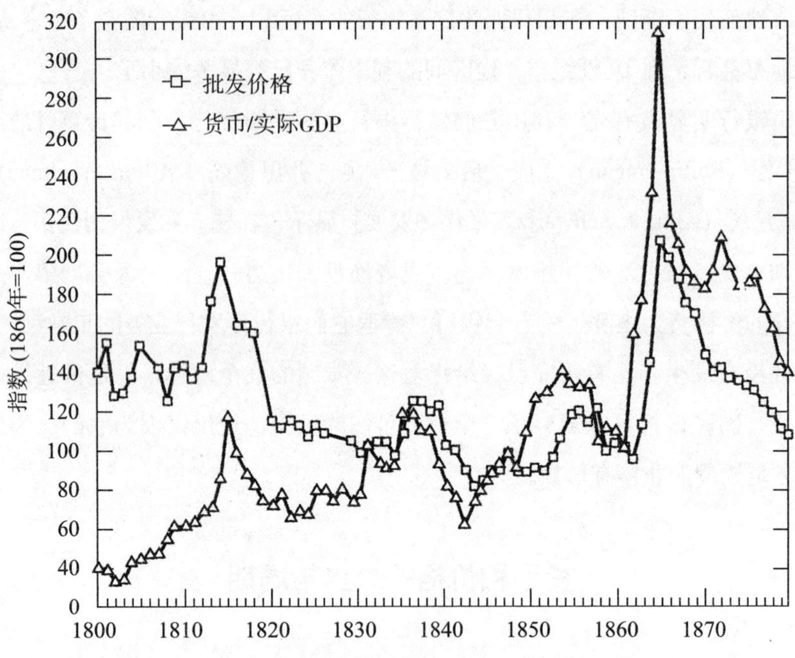

图 14–1　1800—1879 年价格和货币与实际 GDP 的比例

资料来源：见参考文献数据部分。

1812 年战争

对 1812 年战争的资助，主要是依靠借款而非税收。然而，即使征收的税收可用于支付利息及最后的还本，但仍很难保证长期借款的供给。短期国库券（可用于征收税收）的发行只是一个权宜之计。表 14–1 显示了每年年末未清偿债务的规模。第
654 一批发行的债务支付了利息并且面值还算大；最后一批发行的债务包括了小额无息票据。但是从某种程度上说它们都是现金的替代品：大面值用于银行准备金和商业交易，小面值用于直接的通货。同时，银行扩大了它们的银行券发行，并且当 1814 年 8 月大不列颠进攻华盛顿特区时，银行暂停了硬币支付。

表 14–1　1812 年战争的货币和价格　（单位：百万美元）

年份	政府通货发行	银行券	批发价格（1811 年＝ 100）
1811 年	0	32.5	100
1812 年	2.8	36.8	104

续前表

年份	政府通货发行	银行券	批发价格（1811 年 = 100）
1813 年	4.9	41.2	129
1814 年	10.6	45.5	145
1815 年	17.6	68.0	135
1816 年	3.4	62.6	120
1817 年	0	56.4	120

资料来源：见参考文献数据部分。

很清楚的是，通货膨胀主要是由流动资产的扩张推动的。但是除了对流通中美元数量的影响外，价格无疑也对其他许多因素做出了反应。对未来政府赤字、未来货币供给增加和未来通货膨胀的预期势必会影响人们如何在购买商品和持有货币中进行选择，这些预期都是以对战势的预期为条件的。这场战争也破坏了贸易和商业的正常模式，进而加剧了通货膨胀。

战后，国库券被转为长期债务。但是通货保持了一段时间的混乱状态。联邦政府必须明了用以支付的四种独立工具：与面值等价的地方银行券、低于面值的地方银行券、附息国库券和无息国库券。由于短期国库券的回收、银行破产带来的银行券的减少以及幸存银行未清偿债务发行的减少，货币供给下降。但是价格水平依然很高。如表 14–1 所示，1816 年的批发价格指数（相对于 1811 年的基数 100）保持 655
在了 120 的水平，所以复苏可能被进一步延迟了。国会通过一个决议迫使银行尽快复苏，该决议规定在 1817 年 2 月后，只有以硬币兑换的银行券可以用来缴税。部分由于这个原因，在这一年的前几个月复苏确实出现了。

杰克逊的政策导致的通货膨胀

从 19 世纪 20 年代到 19 世纪 30 年代早期，价格从战时的高峰期回落，但是这一趋势受到了杰克逊第二次执政时期剧烈通货膨胀的干扰。许多年来，权威的解释是杰克逊对第二国民银行的打击鼓励了银行过度发行纸币，因为它们不再对银行券兑换硬币那么担心了。总统解除了对银行体系的管制，混乱随之而来，这是一种更常见的重复。

但是乔治·麦克塞斯（George Macesich）和彼得·特明（Peter Temin）指出，传统理论假设在给定硬币存量的基础上，银行创造额外的货币。相反，实际情况显示，硬币供给大量上升，而在通货膨胀时期，相对于银行战时期，银行发行银行券的积极性没有增强。硬币存量的增加是由从墨西哥进口的白银的增加和向中国出口的白银的减少造成的。

墨西哥正在经历革命的痛苦，并大量发行铜币以支撑政府开支，这导致了资本外逃和通货膨胀推动的白银出口。有些令人惊讶的是，对中国的白银出口的减少是对鸦片上瘾的人增加所致。中国传统上都保持了贸易出超，但是由于进口鸦片吞噬了中国越来越多的出口所得，所以中国的贸易出超缩减了。美国的船只情愿使用伦敦的远期票据，也不愿用装满银比索的箱子去支付中国的出口品。

正如下面所描述的，19 世纪 30 年代的通货膨胀直到 1837 年的大恐慌时期才结束。硬币的流动没有倒转，但是公众和银行决定持有更大规模的硬币储备。这保持了在 19 世纪 40 年代货币和价格水平低于 19 世纪 30 年代，正如图 14–1 所显示的那样。持有更大规模储备的决定对经济造成了损失，因为如果银行金库中持有的额外硬币
656 或者私人储藏被替换为银行券或法币，那么这些硬币就可以用于购买进口品。

黄金和绿背纸币

战前时期的最终价格趋势表现为 19 世纪 50 年代前半期剧烈的通货膨胀。加利福尼亚和澳大利亚的新金矿极大地增加了世界的黄金供给，黄金供给是世界货币的一个关键杠杆。美国每单位真实产出的货币在 1848—1855 年上升了 36%，同期价格上涨了 29%。这是繁荣的年份，是 20 世纪以前最长的和平扩张时期。由黄金流入造成的总需求的激增可能是一个重要原因。

然而，正如图 14–1 清楚地显示的，19 世纪 50 年代的通货膨胀与美国内战时期的通货膨胀相比就相形见绌了。在那些支持联邦政府发行货币的各州，1860—1864 年价格增加到 2.1 倍，同期货币供给增加到 2.4 倍。最终，这次通货膨胀和 1812 年战争时的通货膨胀一样，源于政府的财政政策。林肯的第一任财政大臣，我们在前面提到过的萨蒙·蔡斯，最初预期这是一场短期战争，这是当时南北方的普遍预期。他建议适度增加关税收入，以及 1.50 亿美元的贷款。蔡斯坚持让银行以硬币形式支

付财政部的贷款收益，这可能加速了 1861 年 12 月暂停支付的发生。

但是暂停支付最终还是发生了，因为政府对通货膨胀的依赖使美国相对于世界其他国家来说，其价格水平与维持硬币支付不协调。如果要维持硬币支付，那么只有采用完全通过税收和从公众那儿借款的方法来为战争融资的政策。但是放弃对硬币余额征收的税收意味着发行纸币，这对于一个拼命寻找一切收入来源的政府来说是很难的。

第一期法定货币，即著名的绿背纸币的发行，在 1862 年 4 月被批准：1.5 亿美元，尽管其中 5 000 万美元替代了未清偿即期票据。当时提出的发行纸币的观点是有必要的。在战场上的军队等待补给，目前的权宜之计只能是以很高的利率借款。并且如果军队被迫接受纸币，那么所有人都必须接受它们——它们必须是法定货币。然而，最后，它们的法定货币地位是有限的：为保持政府的信用，特别是对国外借款人的信用，关税和政府贷款利息必须用黄金支付。 657

进一步的发行如下：1862 年 7 月 1.5 亿美元和 1863 年 3 月 1.5 亿美元。表 14–2 显示了每年 6 月的未清偿规模。绿背纸币不是联邦政府发行的唯一货币形式。还有用以取代已经不用于流通的小额辅币的小面值纸币，以及作为银行储备并可进行直接交易的小面值附息票据。表 14–2 给出了这些发行的规模以及对货币总体存量的估计，其中货币包括硬币、银行券和存款。考虑到货币量的充足以及战争的破坏性和不确定性，北方价格的剧烈上涨（甚至比南方还要高）也就不足为奇了。

表 14–2　美国内战期间的货币和价格　（单位：百万美元）

年份	绿背纸币	其他政府通货	总货币存量	批发价格（1860 年 = 100）
1860 年	0	0	554	100
1861 年	0	0	603	96
1862 年	96.6	53.3	705	112
1863 年	387.6	23.6	965	143
1864 年	447.6	192.2	1 351	208
1865 年	431.1	216.6	1 385	199
1866 年	400.8	189.8	1 337	187

资料来源：见参考文献数据部分。

管理层和国会对货币存量的快速增长与价格水平的快速上涨间的关系有着很好的理解。他们不辞辛苦以筹集额外的税收，并且进行大规模的长期借款。1863年夏天北方的胜利起到了促进作用。杰伊·库克这位投资银行家，受雇帮助出售政府债券。库克组建了一个销售人员网络来向中产阶级投资者出售债券，他们中的很大一部分以前从未购买过金融资产。这不仅在战争期间保持了较低的政府负债率，也拓宽并
658 且深化了有价证券市场，因此为战后的投资繁荣铺平了道路。

除了太平洋沿岸（在这些地区黄金美元依然是本位货币）外，支持的各州和南方被攻占地区的价格以绿背美元来表示。太平洋沿岸对黄金的坚持是一个有趣的现象。在那里，绿背纸币的使用遭到了社会压力群体的一致打击——试图用绿背纸币偿债的借贷人被谴责为“绿背者”(greenbacker)，并且这一体系形成了一个原则，即黄金是本币而绿背纸币是“外汇”。但是全美国其他地区的支付采用了绿背纸币或者可以用绿背纸币自由兑换的银行券和存款。然而，黄金保持着其补充地位：它被用于缴纳关税和政府贷款的利息和本金，用于给其他国家的汇款，以及用于多样化投资组合。黄金价格每天都在变动，就像股票和债券的价格一样，并且存在大量的投机。一出现战争新闻，黄金交易所里就出现疯狂抛出行为；有时“悲观者”，即那些卖出绿背纸币买入黄金的人，会高唱“南方”，此时“乐观者”会用“约翰·布朗”的和声把他们压下去。

绿背美元的黄金价值的主要变动趋势与金融和政治的发展相关，而且大多数与战局的胜负有关，这决定了人们对战争持续时间的预期。当战局各方面的情况都明朗时，绿背美元的黄金价值下降，在1863年2月达到了58美分的低值。之后战火重燃，在1863年8月威克斯堡（Vicksburg）和盖茨堡战役后，绿背纸币的价值达到了一个暂时的高峰——82美分。当时局表明李的部队顺利撤退后，就开始出现猛跌：1864年6月达到35美分的低价。绿背纸币之后再次反弹，在1865年5月达到了78美分的峰值。

在北方，价格上涨快于工资上涨，这极大地降低了劳动工人的实际工资。一个陆军士兵的工资提供了一个生动的例子：他的工资从战争开始时的每月11美元上涨到了战争结束时的每月16美元，增长了37%；但是同期价格上涨了69%。结果是购买力的极大丧失，尽管军队提供食物和衣服以及服役期间的奖金能够缓解这一损

失。韦斯利 · C. 米切尔构造的实际工资指数（基于 5 000 多个工资收入者）从 1860 年 7 月的 100 下降到了 1865 年 1 月的 67；它随后在 1865 年 7 月恢复到了 97。这一快速恢复是旨在稳定工资的大幅通货紧缩的结果。米切尔继续解释道，尽管直接证 659
据十分缺乏，但工资的滞后反映了劳工缺乏谈判能力；结果，实际利润必定显著增长，因为利率和其他生产成本都没有价格上涨得那么快。

当劳动力市场由于人口流动而变得紧张时，工资为何在那么长的时间内滞后那么多是一个谜。米切尔的结论受到了鲁本 · 凯塞尔（Reuben Kessel）和阿门 · 阿尔奇安（Armen Alchian ）的挑战，他们认为美元的贬值（外汇中美元价格的上升）和消费税的增加意味着价格和与利润增加无关的工资之间的不协调。但是他们的观点反过来又受到了斯蒂芬 · 德卡诺（Stephen DeCanio）和乔尔 · 莫奇尔（Mokyr）的质疑，他们的计量经济分析显示即使考虑实际要素，导致实际工资下降的主要原因也还是工资的滞后。

在南方，通货膨胀更加严重。南方的生产能力受到了地面战和海军封锁的严重摧毁，而南方甚至比北方更加依赖纸币的发行。在 1861 年 1 月，银行券和存款规模是 9 500 万美元；到 1864 年 1 月，这一规模是 2.68 亿美元，南方邦联政府未清偿票据的规模是 8.27 亿美元。所以流通媒介（按定义两部分都包括）上升了 11.6 倍；同期的价格在南方邦联东部上升更多，达到了 27.7 倍。价格上涨与货币上涨的部分差异可以由同一时期的高通货膨胀现象来解释：人们看到自己货币的价值快速下跌，所以他们尽可能快地把货币花出去，这就对价格上升施加了更大的压力。

1864 年 2 月的货币改革似乎发挥了一些作用。它规定，到 1864 年 4 月之前，邦联美元可以按面值兑换成债券；而后，它们必须与新发行的纸币按 3 单位旧美元兑 2 单位新美元的比率兑换。当局试图在 4 月份兑换前处理掉这些票据，这一行动导致了 2 月至 3 月间价格上涨了几乎 34%。在之后的几个月，价格保持了相对稳定，但是货币的新发行和军队的失败再次引发了通货膨胀。到 1865 年 4 月，当抵抗结束时，南方邦联东部的价格水平是 1861 年 1 月价格水平的 91 倍。

硬币支付的恢复

战争的结束并不意味着很快恢复了硬币支付。价格水平依然远高于 1862 年的 660

水平。自从绿背纸币的黄金价值成为汇率（外币，例如英镑，可与黄金自由兑换），即 1 美元的黄金兑 1 美元的绿背纸币的比率使得美国的出口变得昂贵、进口变得便宜，这导致了无法遏制的黄金流失。让黄金美元贬值（减少它的含金量）是一种可能，但是战后的行政当局没有严肃地对待这一问题，因为贬值会降低政府和私人向外国借贷时的信用等级。

为了在不贬值的情况下恢复硬币支付，必须降低美国相对于外国的价格水平。休·麦卡洛克（Hugh McCulloch）是第一位处理支付恢复的财政大臣，他在 1865 年下半年采用了以剩余收入收回绿背纸币的政策，其中剩余收入是通过减少军队开支获得的。但是，考虑到艰难时期的抱怨，国会在 1868 年暂停了对绿背美元的进一步收回。结果，出台了国家“去适应货币”的政策。法定货币和国民银行券的存量几乎保持不变，货币存量增长缓慢，快速的经济增长逐渐降低了每单位产出的货币比率，正如图 14–1 中反映的价格水平。

债务人和其他关于软货币的鼓吹者批评了通货紧缩，一些历史学家对他们的主张表示赞同。但是事实表明，政府和私人信用的恢复以及外国贷款的流入为美国内战后的快速经济发展提供了资金。在 1875 年通过了一项法案，该法案规定了恢复硬币使用的日期（1879 年 1 月 1 日），并授权财政大臣建立硬币储备，由此政府票据可以在该日期后兑换成硬币。当恢复硬币兑换的法案通过后，绿背纸币的黄金价值大约是 89 美分，美国对英国的价格比比 1862 年的水平上升了 27%。到 1878 年，绿背纸币的黄金价值接近 1 美元，美国对英国的价格比率大约与 1862 年的水平持平。硬币支付平稳地恢复了。

货币本位之战

图 14–2 显示了 1880—1914 年，每单位实际产出的价格和货币，正如该图所示，在恢复硬币支付之后，价格保持了 15 年的下降趋势。在坚持金本位的国家集团中，情况确实如此。[3] 根源是世界黄金供给，即货币存量的基础，没有足够快地增长以满足在不变价格水平上对货币需求的增长。对黄金的需求是多方面情况共同形成的：
661 越来越多的国家采用了金本位制度（在普法战争后开始采用金本位制度的德国是最重要的），实际收入的增长，以及（特别是在美国）经济中货币化程度的提高。正如

图 14–2 所示，美国的每单位产出的货币量在这些年确实上升了，但是上升的水平不足以维持稳定的价格水平。

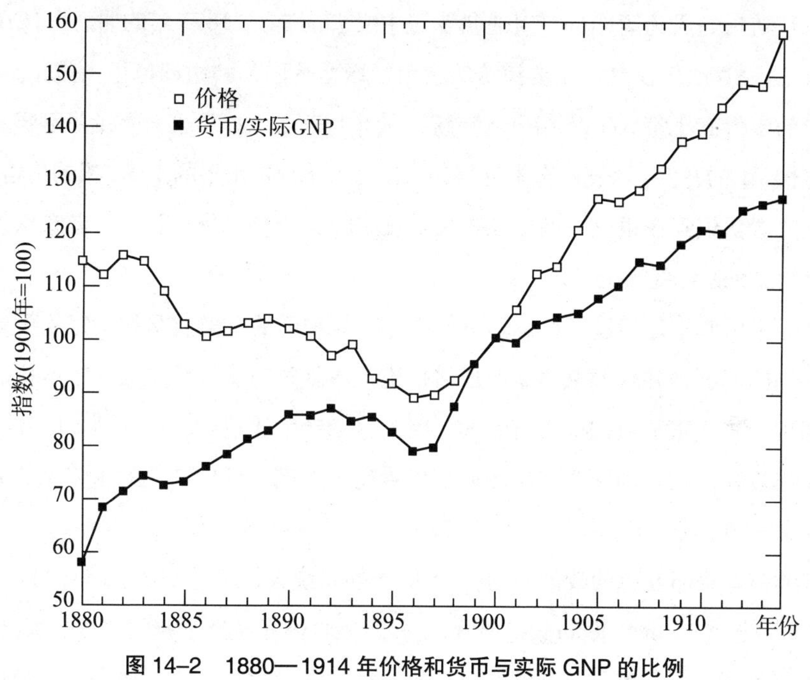

图 14–2 1880—1914 年价格和货币与实际 GNP 的比例

对多数经济体而言，通货膨胀可能不是难以承受的。经济增长之迅速可能是空前的。庞大的新工业正在兴起，移民和人口的自然增加壮大了劳动力规模，并且农业产出逐渐扩张。此外，下降的价格水平更广泛地传播了经济扩张的收益：就连不愿向穷苦的教徒请求募捐筹款的牧师都看到了他的实际收入的增加，此时他所需支 662
付的商品和服务的价格下降了。

但是债务人很生气，特别是农民，他们相信通货紧缩抬高了偿还抵押贷款的实际成本。[4] 所以在整个 19 世纪 80 年代，对通货膨胀的政治支持依然强大。在 19 世纪 90 年代（此时经历了价格水平的进一步下降）的经济衰退中，政治支持仍有基础。最初，对通货膨胀的政治支持集中于发行更多绿背纸币的建议，但是在 19 世纪 90 年代期间，自由的银铸币制度成为提案的核心。从绿背纸币到银币的转变，部分地反映了某种程度上对保持安全性机制的要求，这种安全性是由商品本位来支撑的。但是银币也有更多的实际的政治机会，因为银产业，尽管从总销售量来看还处于次要地位，但在许多西部的州它都是非常重要的，并能够得到参议院的大力支持。

贬弃银币发生在1873年，这是立法的结果。这一立法在当时并没有引起注意，但是随后它成为著名的（对通货膨胀主义者而言）“1873年的罪恶”（Crime of 1873）。这一立法仅仅列出了要铸造的硬币，罪恶是因为其中漏掉了银美元。当时，市场上的银价高于每371.25格令（传统含量）1美元，所以这一遗漏并不要紧。后来，由于新矿的开发、欧洲向金本位制度的转变以及价格水平的下降，银的价格下跌。银的生产者认识到在银价方面已经丧失了政府的支持，通货膨胀主义者意识到扩大货币供给的机制已经丧失了。

贬弃银币似乎是经过了深思熟虑的：许多共和国的主要官员相信银的大量发现是个突出的问题，并且如果不采取任何措施，恢复硬币支付将建立在银本位而非金本位基础上。这正是他们极力避免的，因为这会产生通货膨胀的威胁，以及导致美国和中心设在伦敦的国际资本市场间形成障碍。然而，任何狂热的主张，例如欧洲的银行家对国会行贿都没有发现其基础。

因为银本位而发生的政治骚动在1896年的总统大选后达到了高峰。当威廉·詹
663 宁斯·布赖恩（William Jennings Bryan），一位来自内布拉斯加州的年轻的国会议员，发表了美国历史上一篇最著名的演讲之后，民主党代表大会陷入僵局。布赖恩对共和党人支持金本位进行了攻击，并以这样一个宣告结束了他的演讲，即“你们不要把荆棘的冠冕强加到劳动者的头上，你们不要把人类钉死在黄金的十字架上”。这篇演讲为布赖恩赢得了提名。在竞选期间，布赖恩在全美国往返奔波，倡导公众支持民主党人和以16∶1的比例自由铸造银币。然而，他在选举中败给了提倡“健全货币”的威廉·麦金利（William McKinley）。无论如何，麦金利确实承诺发起一个复本位制的国际会议，并且他兑现了这个承诺。

历史学家们总是轻视布赖恩对于货币经济学的理解，但他强有力地证明了，银币的自由铸造会通过吸引银用于铸造以及增大货币基础而导致通货膨胀。实际上，米尔顿·弗里德曼最近指出，如果没有“1873年的罪恶”，那么恢复硬币支付会以银作为基础进行，并且1896年的价格水平会大大高于1896年的实际价格水平。在他看来，贬弃银币确实是一个严重的错误。然而，更不确定的是，在19世纪90年代早期开始实行通货膨胀应该可以解救债务人或者使经济从衰退中解脱出来。通货膨

胀可能会刺激利润和就业，正如它在其他时候所做的那样，但是可以想象的是，投资的积极性会受到对本位制度进行拙劣修补的打击。

债务免除的程度同样存在问题。农场抵押贷款通常是在 5 年左右到期。当它们到期时，需要再次谈判商定一个更高的利率，这个利率反映了预期通货膨胀。实际上，在通货膨胀期间利率的上升趋势通常被称为费雪效应（Fisher effect），因为欧文·费雪（Irving Fisher）在 1896 年发表的一篇论文（一场论战的产物），使经济学家们确信了这个问题的重要性。费雪真正地发现了利率总是迟缓地对价格的变化率做出反应。这表明，尽管当通货膨胀的起源是主动的货币政策变动时，预期会更快地实现，但债务人确实能够获得一定程度的债务免除。

经典金本位制的黄金时期

然而，自由银币的发行不久就停止了，因为无论是布赖恩还是其他任何人都没有预见到 1896 年的情况。世界黄金供给开始扩张，这是由于南非、西澳大利亚和其他地方发现了金矿，以及发现了利用氰化法从矿石中提取黄金，这一方法对南非至 664
关重要，并且在许多其他地方也非常有用。正如图 14–2 所示，每单位实际产出的货币量在 1897 年之后以一个更高的比率增长，并且到第一次世界大战爆发之前，经济经历了一段时间的温和的通货膨胀（大约每年 2%）。对于农业而言，这是一个高产出高价格的黄金时代。

因此，金本位制导致了通货膨胀，这是布赖恩和他的支持者们曾经希望通过主动的政策变动来达到的结果。布赖恩后来曾有些公正地表明，通货膨胀坚定了他通过货币政策治理通货紧缩的信念。金本位制被完全没有预料到的黄金供给增加所挽救了。实际上，黄金供给的增加，并不是完全偶然的——黄金高昂的实际价格刺激了勘探以及对新的提取技术的开发。但并不是所有的探求都得到了回报，其中包含了一定的运气成分。

1897 年之后的一段时间是金本位制的全盛时期，该制度在这一时期的成功常常被金本位制的鼓吹者或其他类似货币制度改革的鼓吹者提及。在某些方面，一切运行良好。汇率固定了，这鼓励了资本跨越国界的自由流动；并且长期价格趋势令人满意。但是短期产出和价格波动远胜于二战后的货币体系。此外，在它的全盛时期，金本位制的表现在某种程度上是偶然的：在没有导致过分通货膨胀的情况下，充足的黄金供给促进了世界金融体系的发展。

银行危机和联邦储备

20 世纪金融发展、货币和价格的趋势频繁地被金融危机打断，金融危机影响了经济全局并导致了金融管制结构的长期变化。5 次主要的危机——分别发生于 1837 年、1857 年、1873 年、1893 年和 1907 年，以及金融危机的解决措施——联邦储备系统，都会在后面详细讨论。

1837 年恐慌

665 虽然经历了之前的危机（1819 年的危机使 1812 年战后的扩张走到了尽头），但 1837 年恐慌是美国内战之前最为严重的一次。有人通过回顾指出，一连串典型的恐慌事例，包括银行、土地等的过度投机，以及随之而来的、潜在的泡沫的破灭。这个说法引起了经济历史学家们的反复争论。它符合我们对道德的经济规则的渴望，并且与这次以及其他危机一致。但是为什么一些泡沫破灭几乎没有留下一点儿迹象而另一些却造成了严重的后果，这是一个尚未解决的问题。一种答案（它似乎可以应用在这里）是，股票市场或者其他投机市场中的现金，只有当它们波及银行体系的时候才会破坏实际经济。

1837 年恐慌留下的大量详细资料已被证实。更早的文字强调了政府的几项措施，特别是 1836 年 7 月颁布的《硬币通告》(Specie Circular)。该通告意在通过要求购买联邦土地时用硬币而非银行券支付的规定来约束土地投机。这一措施涉嫌造成了对西部银行可靠性的怀疑，并耗尽了它们的硬币。然而，彼得·特明（Peter Temin）质疑了国内政策的作用，例如《硬币通告》，他转而谴责英格兰银行的紧缩性货币政策，从而质疑美国国内政策。英格兰银行之所以实行紧缩的货币政策是由于为了与美国进行贸易而融资的英国农场有令人不安的信用规模扩大的现象。

纽约利率大幅上升，商业和银行破产增加。在 1837 年 5 月，纽约市银行中止了硬币支付。在 1838 年早期，商业开始复苏，银行恢复了业务；但是 1839 年第二轮崩溃紧随其后。美利坚银行宾夕法尼亚分行停止支付是在棉花市场上投机的结果，虽然不包括纽约和新英格兰，但停止支付向南部和西部的蔓延，是第二轮崩溃中最显著的特点。此时，经济无法复苏，并且一个长时间的紧缩，即范布伦衰退（Van Buran's depression）随之而来。通常认为此次恐慌的复苏是从 1843 年开始的。

历史资料中充满了关于此次衰退的严重性的描述。但是，尽管没有否定衰退的真实性，彼得·特明还是强有力地证明了它远没有 20 世纪 30 年代的衰退严重（后者被经常用来做比较）。按照他的报告的估算，1839—1843 年，实际 GNP 上涨了 16%，同期价格下跌了 42%。价格更大的灵活性以及农业（就业对短期需求变动的敏感度较低）的突出作用，可能解释了范布伦衰退中经济比较强劲的表现。 666

1857 年危机

尽管不像 1837 年恐慌那么严重，然而 1857 年危机还是导致了 19 世纪 50 年代繁荣的结束，并把经济引入了严重的不景气，特别是在北方。大多数解释强调了俄亥俄人寿保险和信托公司(Ohio Life Insurance and Trust Company)在 8 月 24 日的倒闭。俄亥俄人寿是一家受人尊敬的公司，它在俄亥俄和纽约从事银行业务。它出人意料地破产了，并且导致了忍痛抛售股票的恶性循环，这是由于出资方急于收回现金。

本来，纽约银行如果采取协同行动，那么通过它们 1853 年成立的清算所，可以避免停止支付的后果。相反，纽约银行却通过减少贷款的方式来掩饰。尽管这一政策帮助建立起了暂时的储备，但它还是迅速破产了，因为公众继续提取硬币。当然，硬币支付的停止并不是世界末日。人们继续用银行券和支票来进行支付。信心很快就恢复了，并且硬币支付在 12 月份重新开始，但是经济受到的影响是巨大的。1856—1857 年，货币存量下降了 18.5%；在 1859 年，货币存量依然比 1856 年的水平低 1.5%。

价格和产出也下降了。按现代的标准看，全美国失业率可能还不算高，但是北方城市的穷困却是严重的。在某一时刻，当一群暴民得知承诺的救济不会出现，他们对社会产生威胁时，动员了纽约州的预备队。在南方，危机的严重程度略微缓和，一部分原因是棉花价格不像其他农产品价格下降得那么厉害，一部分原因是新奥尔良银行有大量的硬币存量。这场危机不是引发美国内战的主要原因，但是詹姆斯·休斯敦（James Huston）认为，北方的共和党人和南方的分离论者都很有技巧地利用了这场危机在政治上大做文章。

国民银行体系的出现没有减小恐慌发生的频率。债券安全条款并没有使民众确信他们的票据最终是安全的，但是存款可以由少量的储备金和银行的贷款组合提供担保。

1873 年危机

667 在 1873 年，总体上看银行资金雄厚；硬币和法币对存款的总体比率似乎处于一个合理的高水平，为 23%。但是一个潜在的危险情况逐渐显露出来。当迫切需要现金的时候，全美国的银行都依赖于它们在纽约市银行持有的少量存款。对纽约市银行的依赖是很自然的，因为乡村银行在完成跨地区或跨国的交易时，通常以纽约的银行作为代理行。但是对纽约的依赖被《国民银行法》的规定强化了，该法案规定乡村银行在纽约的银行存入的存款可以作为法定准备金。纽约的银行按习惯做法把乡村银行的多余存款投资到了纽约通知贷款市场上。通知贷款是短期贷款，要求随到随付（被通知时），并以在股票中的投资作为担保。因此，很小的压力会波及范围很大的乡村银行，从而被纽约的银行放大。纽约的银行被迫急于收回现金，以及提高通知贷款利率，而这可能会导致股票价格的失控。此外，这是一个双向通道。股市的崩溃会扰乱通知贷款市场和纽约的银行。

这一体系通常容易遭受季节波动的影响。在秋季，货币会从纽约流向内地用以购买农作物，并在一年中的其他时间返回纽约，特别是在春季，此时农民们需要花费他们的收入。在 1872 年秋季，银根紧缩非常严重，财政部开始帮助银行出售黄金，因此部分地补充了西部已经枯竭的法定准备金。但是更糟糕的情况在 1873 年席卷而来。

在 1873 年暮夏，会观察茶叶的专家们发现，有理由相信秋季农作物买卖活动导致的货币短缺会比往年更为严重。甚至是在 9 月份的头两个星期内对纽约市银行法定货币的大量提取就已经很能说明问题了：农作物买卖活动的时间会延长。但是，到了第三个星期，危机爆发了。这是由商业和银行的破产导致的。最具破坏性的是杰伊·库克的北太平洋铁路公司（该公司是由美国内战时期最著名的金融家们运作的）

的大笔贷款无法偿还。股市暂时关闭了，并且恐慌波及了银行体系——两个信托公司和一家国民银行关闭了，而且纽约的银行也出现了代理行对其的挤兑事件。

纽约的银行一度试图满足这些需求，但是很快储备就短缺了。随后，清算所通过发行清算所借据来帮助银行渡过难关。一家银行通过在清算所存入有价证券来获 668
取清算所借据，并用它们代替绿背纸币来偿还其在清算所的债务。清算银行也采取了集中储备的政策。[5] 然而，储备还是继续下降。到 9 月 24 日，清算银行采取了这样一条措施，即为支票贴印花税票时，注明“由清算所支付”。因此，清算所负责了储备支出。尽管一些存款者，特别是银行，在它们提出要求时还是可以拿到现金，但一些提款要求还是被拒绝了。部分地停止支付似乎起到了作用，这很快被全美国其他地方效仿。到 11 月，银行危机有所缓和，并且对绿背美元的完全支付重新开始。

这场危机并没有给总的经济统计数据造成很大的影响。尽管 1873 年第三季度和第四季度的货币存量下降了 0.6%，但以年度数据为基础比较，货币存量并没有下降。克里斯蒂娜·罗默（Christina Romer）对实际 GNP 的估算显示，在 1873—1874 年，实际 GNP 增加了约 1.4%，尽管内森·鲍克（Nathan Balke）和罗伯特·戈登的研究表明，这一期间的实际 GNP 下降了 0.6%，但两组研究都表明后面年份的实际 GNP 增加了。然而，国家经济研究局断定，从 1873 年 10 月到 1879 年 3 月，存在一段长时间的衰退，并且定量证据表明，铁路和其他产业都出现了问题。

1873 年危机引发了国会关于如何改革银行体系的大量讨论，但是没有什么结果，并且国会没有采取任何措施来防止危机的复发。主要的变革是，在华盛顿成立了一个中心机构来兑换国民银行发行的银行券（实际上，财政部在其他城市从事着这项兑换工作）。这鼓励了银行把银行券转交给硬币兑换机构，而不是对它们进行支付或是直接把它们送到发行银行。集中兑换硬币使国民银行发行的银行券能够近似替代绿背纸币。这也激励了银行让质量差的票据退出流通。最后，最重要的效果差不多只是装点门面。

1893 年危机

1884 年发生了一次小的危机，1890 年发生了金融“紧缩”，但是 1893 年的恐慌是比较严重的。没有预料到的银行破产再次引发了危机。2 月份费城和雷丁铁路公司（Philadelphia and Reading Railroad）的破产，以及5月初国民绳索公司（National
669 Cordage Company）的破产，使股市笼罩在死亡的气氛中，而股市最终也于5月4日崩溃了。西部和南部银行倒闭的增加导致了对纽约市银行的现金挤兑，纽约市银行是清算所借据的发行地。纽约的银行暂时支付了硬币，但是储备的下降导致了8月份对硬币支付的部分中止，而其他银行体系也迅速如法炮制。

硬币支付的中止使小宗交易的现金短缺，从而使公众也遭受了危机的影响。各种各样的替代品被投入使用：小面额的清算所凭证、本票和工资支票。但是相对于刚刚提到的上一次情况，中止支付也取得了一些有益的效果。对储备的持续提取迫使银行收缩放贷。停止支付中止了这一过程。

财政部承诺保证黄金支付的力度是决定银行体系信心的重要因素。威胁是银。在1878年，国会通过了《布兰德－阿利森法》（Bland-Allison Act），该法案要求财政部每个月购买并铸造200万~400万美元的银币。在1890年，《谢尔曼白银收购法》（Sherman Silver Purchase Act）通过，该法案要求每月购买450万盎司银（这是《布兰德－阿利森法》规定的购买量的2倍），并且必须以法币支付，后来被称为1890年国库券。这是一个折中的办法，是出于“为银币做点事情”的目的而设计的，它没有统一放开或约束铸币，但是它使人们担心银币的力量逐渐变得强大起来。投机者买入黄金或使黄金资产非货币化，而外国投资者以怀疑的目光看待美国。

1893年4月，黄金储备降到低于1亿美元，这被认为是个不可思议的数字。[6]尽管这一发展对危机造成的影响还存在争议，但是当时人们普遍相信对国库保证黄金支付能力的担心是对金融系统失去信心的原因。所以克利夫兰总统努力争取撤销
670 《谢尔曼白银收购法》。参议院中进行了一场激烈的争论，直到1893年10月终于撤销了该法案。国会的注意力完全集中在《谢尔曼白银收购法》，所以没有其他立法试图把未来恐慌出现的可能性降到最低。

中止支付持续了整个8月份并拖到了9月初。但是当银行恐慌很快结束之后，经济不景气却阴霾不散。1893年1月到1894年6月，是一个萧条时期，随后的1894年6月到1895年12月是一个微弱的复苏时期，而后1895年12月到1897年6月出现了更严重的萧条。部分问题是对黄金储备的持续压力，以及担心支付中止的结果。国库被迫多次出售债券以补充储备。有一次，国库向以J. P. 摩根和奥古斯特·贝

尔蒙特（August Belmont）为首的辛迪加出售了 6 200 万美元的债券，他们反过来承诺在 6 个月内不提取黄金。这一笔交易可能挽救了金本位制，但是在政治上它却让政府感到很尴尬。

与 1873 年危机后的低迷时期不同，这次危机从总体经济统计数字上看很明显。1892—1893 年，货币存量下降了 4%，而 1895 年却以一个足以弥补损失的比率在增长，其后又下降了 2%，使 1896 年的货币存量比 4 年前的还少。银行支付中止的比例很高，1893 年最为严重，有 496 家中止支付。罗默以及鲍克和戈登估计的实际 GNP 序列，在 1892—1893 年和 1893—1894 年都下降了。两组数据在 1895 年都出现了上升，但产生了分歧：在 1896 年，罗默估算的实际 GNP 增加，而鲍克和戈登估算的实际 GNP 下降。高失业率贯穿于整个 19 世纪 90 年代的“大萧条时期”，并且在一些特定行业和农村地区，这一灾难十分严重。实体因素可能是产生 19 世纪 90 年代大萧条的一方面原因。但是很难想象，在可以避免货币和信贷下降的情况下，萧条还会如此严重。

更多的争论集中在通过银行体系在配置信贷方面的效应或通过它在货币存量方面的效应，人们是否从根本上认识到了银行体系的危难。查尔斯·卡罗梅瑞斯（Charles Calomiris）和格伦·哈伯德（Glenn Hubbard）认为金融危机非常重要，因为它们破坏了银行有效率地配置信贷的能力。银行关于担保品的政策使得很多借款人难以获得贷款，即使他们有很好的理由相信他们的项目能够获得成功。迈克尔·博多（Michael Bordo）、彼得·拉波波特（Peter Rappoport）和安娜·J. 施瓦茨总结后认为，货币存 671
量的下降（或它的增长率）是关键因素。他们证明了商业贷款在商业周期的过程中保持了显著的稳定性，这截然不同于股票市场贷款。

白银引发的骚乱也会使萧条更为严重，正如科琳·卡拉汉（Colleen Callahan）最近证明的，这是通过引发价格水平的不确定性和抑制长期投资，特别是外国投资者的长期投资来实现的。实际上，弗里德曼和施瓦茨已经总结道：“在早期接受银本位或者早些承诺金本位，可能比一直保持不稳定的折中策略要好些。”[7]

1907 年危机

相比于 1893 年危机，1907 年危机对价格和产出造成的直接影响很有限；但是此次危机对立法框架的影响却远远超过了 1893 年以及更早的几次危机。几个事件突然引发了崩溃。在 1907 年 3 月，华尔街经历了一场巨大的坍塌，被称为“富人的恐慌”(Rich Man’s Panic)。10 月初，纽约几家信托公司的问题逐渐暴露出来。10 月 22 日，美国的第二大信托投资公司尼克博克信托公司（Knickerbocker Trust）被迫中止支付，这使担心和恐惧在全国蔓延，并且造成了纽约市大量的现金提取。财政部在纽约的银行存入了 2 500 万美元进行干预，J. P. 摩根筹集了 1 000 万美元的资金用来帮助渡过难关。但是这些努力还是不够。10 月 26 日，清算所发行借据，纽约的银行部分停止了支付，这一行动在全国的其他地方也立即被采用。支付中止的时间比前面的几次危机更长；直到 1908 年 1 月，在进口了大量黄金之后，硬币支付才完全恢复。正如前面几次危机一样，各种现金的替代品——适宜面值的清算所借据、特别现金支票、工资支票等——被投入使用。现金短缺无疑破坏了商业，但是中止支付也阻止了货币和信贷的进一步紧缩，并为积累黄金赢得了时间。

从 1907 年 5 月到 1908 年 6 月的经济紧缩无论如何是会发生的，但是它可能由于银行危机而变得更加严重。货币存量从 1907 年第二季度到 1908 年第一季度下降
672 了 6.8%。罗默估算的实际 GNP 在 1907—1908 年下降了 4.3%，而鲍克和戈登估算的同期实际 GNP 下降了 5.6%。这次衰退给金融体系的改革造成了巨大的压力。它对立法产生了更大的影响，一个理由是，在危机开始时金本位似乎运行良好，这有些自相矛盾。很明显，这个问题应该属于银行体系的范畴而非货币本位的范畴。

联邦储备体系

各种各样的有关货币改革的建议已经传播了一段时间，但是到底哪个会被采纳尚不清楚。1908 年 5 月《奥尔德里奇－弗里兰法》（Aldrich-Vreeland Act）被批准。这一法案允许在紧急情况下银行团体一致行动发行不可赎回的通货，以应付提款需要（通过税收来加强），一旦紧急情况过去这一发行要迅速撤销。大体上，这一法律认可和规范了在 1907 年危机时自动采取的措施。正如理查德·廷伯莱克（Richard Timberlake）以及加里·戈登（Gary Gorton）和唐纳德·马利诺（Dnoald Mullineaux）最近所强调的，清算所最初建立的目的是提供在银行间结清账目的一个便利场所，现已经开始起到某种程度的中央银行的作用，包括作为最后借款人。如我们已经看

到的，在恐慌时清算所借出证券给成员银行（用来交换选定的资产）用于代替硬通货以应对不利的结清余额行为。在 1907 年危机时，小额的清算所证券被用来代替硬币交给公众。没有办法知道这种私人最后借款人能够走多远。但是它的一个尝试，即第一次世界大战爆发时的奥尔德里奇－弗里兰货币，这种系统的一个公共—私人混合版本，运行得很好。

然而，从它对金融体系的长期冲击看，它不是应对通货紧急情况的防备措施，而是《奥尔德里奇－弗里兰法》的另一部分，这被证明是最重要的。本部分提供给国家货币委员会调查货币体系并对改革提出建议。这一委员会的成果给人以深刻印象：货币和银行方面最主要的学者回顾了美国以及许多其他国家的金融制度和历史，进行了大约 23 项研究，最后还提供了一些建议。明智的历史和比较研究没有为政策提供精确的指示，而贯穿于其中的一个共同主题就是：需要一个最后借款人。例如， 673
奥利弗 · M. W. 斯普拉格（Oliver M. W. Sprague）在其经典著作《国民银行体系下的危机历史》（*History of Crises under the National Banking System*）中总结道："一个国家银行体系的某个地方应该有借款力量的储备，并且它应该建立在它的中央货币市场中。"[8]

不管怎样，这最后一卷描述了进行立法的一个精确方案。委员会在 1912 年递交了它的报告。在 1913 年 12 月 23 日，国会完全依照委员会所规划的路线通过了《联邦储备法》(Federal Reserve Act)。

这个法案通过创造一种新形式的货币，即联邦储备券来处理银行恐慌，在遇到对现金的突然需求时这种货币会迅速发行。联邦储备券只有在联邦储备体系为银行提供贷款时才会创造出来，而这些银行又要以各种各样的资产来为其担保。"合格担保物"清单里虽然包括了主要的银行资产，但不包括投机性投资，例如通知贷款，以鼓励银行投资于被真实票据原则证明了的短期、流动性强的资产。联邦储备券还可以在联邦储备体系需要黄金时被创造出来。实际上，法律要求联邦储备券的 40%以黄金来支撑。这样，这一法律自然就被看成金本位制的继续，金本位也由此达到了它威望的最高点。

虽然有 40%的黄金储备要求，但联邦储备体系还是有可能在危机时通过保有足够多的超过储备要求的黄金或者依靠它吸收额外黄金的能力来执行它的最后借款职能。但是可以想象到，当恐慌太强烈或者延续太长时间时，联邦储备体系如果不违反黄金要求就无法满足所有的货币需要。

《联邦储备法》还规定当联邦储备体系需要在公开市场上购买政府债券时，可以创造联邦储备券。在那个时候，可能还没有想到这是扩张货币发行的一个主要工具。《联邦储备法》建立了一个银行的银行，禁止它向不是银行的企业或者私人贷款，这样就把它与政治徇私的机会隔离开了，而这正是第二国民银行的问题所在。也许更
674 为重要的是，它的执照没有终结日期。联邦储备体系的组织还有另一个重要的不同于第一国民银行和第二国民银行以及欧洲模式的地方。整个国家被分为 12 个联邦储备区，而成员银行持有它们所在地区的储备；理事会执行全面的监督职责。理事会和各地区储备银行间的斗争，将在未来继续烦扰这个体系，特别是纽约联邦储备银行，因为它最初就执行了相当独立的职权。

联邦储备体系也被授予了监督的权力，有权检查银行是否符合要求和其他监管规定。其特点是，一个新的官僚机构被加在旧的之上。成员银行还要接受其他机构的监管，如果它们是国民银行（这需要加入），那么就受货币监理署监管；如果是州银行（假如它们选择加入的话），就会受州银行管理机构监管。

联邦储备体系建立于许多潜在冲突的想法之上。维持金本位制就暗示当经济扩张导致余额支付不足时，会减少货币和贷款。在另一方面，真实票据原则意味着当经济扩张增加对贷款的需求时，会增加货币和贷款。而执行最后借款人的角色意味着，有时，在联邦储备和银行黄金储备被耗尽时，扩大货币和信贷。但是只要金本位制盛行不衰，维持可兑换性就是一个压倒性的目标。不管怎样，这个法律通过后不久，第一次世界大战就动摇了相关金本位制的基础从而严重动摇了它的基础假设。在那些年将发生的挑战对毫无准备的联邦储备体系是一大考验。

金融复杂化的发展

虽然在 1914 年银行系统仍然是金融系统的核心，但是竞争的机制已经发展起来，以应付需求或躲避监管的约束。迫切需要建立机构，以发行长期存款和投资长期资产，例如政府或公司提供作为抵押品的不动产和债券，让这些机构对这些存款支付

更高的利息。商业银行发现很难满足这种需要，因为它们不得不将它们资产的相当
部分投资在短期资产上，以满足它们的短期负债，以及满足来自真实票据原则的法 675
定流动性要求。而快速发展起来的储蓄银行和信托公司满足了这些需要。

储蓄银行

互助储蓄银行，模仿英国“友善”的社会，最初打算要成为慈善机构，并由一群杰出的托管人来管理，目的是让工人阶级的穷人获益。第一家互助储蓄银行于 1816 年在波士顿和费城成立。早期互助基金在吸引存款方面的成功很快导致出于商业目的的储蓄银行的建立。在其早期，许多储蓄银行主要投资于银行股票（一种易于广泛交易的证券），但是在 1837 年危机和大量银行相继破产以后，这种投资被禁止了。

互助基金集中在东北部。在西部和南部，建筑和贷款社团逐渐扮演了同样的角色。最初，互助社团股东向社团提供资金以备其后他们可以为修建房屋而从协会借钱。但是作为被称为代顿（Dayton）（俄亥俄州）的计划的一部分，它们开始接受存款（类似于东北部的互助储蓄银行）。1887—1897 年一种新形式的建筑和贷款社团，即全国社团（the Nationals）出现了。正如它的名字所暗示的，这些机构在全国范围内寻找投资者和发放贷款。它们不仅出现了，而且被管理得非常好。由于出售股份的成本很高，许多拿到的贷款也被当地机构拒绝了。诺克斯维尔（Knoxville）的南方建筑和贷款协会（Southern Building and Loan Association）的失败导致了向全国社团的挤兑，而到 1897 年它们中的大部分都消失了。正如所预料的，在全国社团垮台之后，州对建筑和贷款协会的监督加强了，而美国建筑和贷款协会联盟（United States League of Building and Loan Associations）这个重要游说团体的成立也加快了步伐。

通常储蓄银行都按照自己的意愿制定一些延期条款，撤回支付。在正常时期，这个规定不会使用，而储蓄存款可以即期撤回。但是在金融危机时，储蓄银行就要行使它们的选择权要求延期支付，而在 19 世纪后期的金融危机中，这个规定挽救了它们，使之没有陷入大灾难。储蓄银行开始于新英格兰和大西洋中部各州的小慈善事业，已成长为一种重要的金融媒介。在 19 世纪后期，典型意义上的储蓄银行的存

676 款可能平均占所有银行存款的 1/3。

信托公司

信托公司有时被认为是富人的储蓄银行，投资于长期资产，并向存款支付比商业或者储蓄银行更高的利率。信托业的发展在南北战争之前相对很慢。根据一项资料，第一家信托公司是农民火灾保险和贷款公司（Farmer's Fire Insurance and Loan Co.），成立于 1822 年。第一家名字里没有"保险"的公司是联合信托公司（United Trust Company），成立于 1853 年。在南北战争快结束时信托公司数量似乎已经增加，也许是因为战争债务创造了一个重要的投资工具。

但是直到 19 世纪 90 年代，信托公司才真正开始持有大量的资产，而 1900 年以后增长更加迅速。在 1897 年，有 390 家信托公司，到 1900 年，有 518 家，而到 1909 年，当增长开始稳定时，达到 1 504 家。下半年中，信托公司的资本达到州立和全国性商业银行资本之和的 27%。信托公司的发展，部分反映出监管约束：它们是绕过对商业和储蓄银行的投资限制的一种方法。但是整个 19 世纪各州都希望能够授予信托公司特权。它们在 20 世纪初爆炸性增长的最主要原因在于它们与大型投资机构和工业证券市场的密切联系，这将在下面讨论。首先，不管怎样，让我们先关注第三种媒介，它是在 19 世纪初开始盛行的。

保险公司

虽然保险公司的主要功能是防范风险、提供保护，但是保险公司也必须是金融媒介，因为在偿付索赔前必须把保险费积累起来进行投资。当 19 世纪开始时，海事险和火灾险是主要形式，而产业方面的保险还很少。但是随着时间的推移，给风险投保的范围在不断扩展，并且保险公司的资产成为整个国家资产负债表上一个重要的项目。产业的历史反映出创新和管理之间的互相影响，后者经常是危机的结果，
677 这些危机描述了商业、储蓄和信托银行业的发展。

随着拿破仑战争结束到南北战争期间商船队的扩大，海事险迅速发展起来。然而，南北战争却导致了实质性的退步，此后复苏很缓慢；船只被邦联的武装民船击沉或者转换为在外国登记。在 19 世纪，火灾险也发展很快。最初，许多州禁止其他州授权的公司签发保险单，但是当 1835 年大火席卷纽约市的一个商业区、造成许多

当地保险公司破产时，这种情况突然发生了变化。1871 年芝加哥大火又暴露出了另外的弱点，可以说对火灾保险公司的法律监管是从灰烬中产生的。

在 1800 年，只存在数量很少的人寿保险单，它们中的大部分仍是由个人签发的，虽然也毫无疑问适用于 1759 年在费城组建的名字是“贫穷而受损失的长老会牧师和受损失的长老会牧师的寡妇和孤儿救援公司”（Relief of Poor and Distressed Presbyterian Ministers and Distressed Widows and Children of Presbyterian Ministers）的公司。1800—1840 年，许多资本充足的股份制保险公司先后成立。接着在 1840 年和 1850 年许多互助公司（由保单持有者拥有）进入了这个领域。这些互助保险公司专门经营人寿保险并且积极销售保单。典型的保单也发生了变化。在 19 世纪早期，保险费随年龄上升，现在一致的保险费成为一种规范。

在 1868 年美国公平生命保险协会（Equitable Life Assurance Society of the United States）引入了联合养老金保险（tontine insurance）。这些保单除了提供死后的收益外，还将部分保险费投资于联合基金中，由所有还活着的保单持有者在一段时间（通常是 20 年）后分享。在 1875 年美国保诚保险公司（Prudential Insurance Company of America）引入了产业人寿保险——保险费由公司代理收集的用于产业工人的小额保单。联合养老金保险和产业人寿保险都十分流行，而且这一行业的扩张十分迅速。在 1854 年人寿保险公司拥有资产价值 1 140 万美元，不到商业银行资产的 1%；到 1914 年人寿保险公司拥有 49 亿美元资产，大约是商业银行资产的 18%。

然而，保险业的批评人士指出了许多弊病，包括管理层过度的开销。在 1905 年，阿姆斯特朗委员会（Armstrong Commission）在纽约的调查导致对整个保险业监管的增加和联合养老金保险单的取消。然而，罗杰·兰塞姆（Roger Ransom）和理查德·萨奇（Richard Sutch）最近的研究表明这也许是一个失去理智、无限放大丑闻的 678
案例。

股票和债券市场

纽约股票交易所有时被认为是起源于一些纽约经纪人 1792 年签署的一个协议。然而，这一文件只是建立了一个更像行会的东西而不是现代交易所，它主要关心的是会费和企业准入，即敲门砖。无论如何，在那个时候能够用于交易的证券的数量主要限于政府公债和少量私人银行和美利坚银行的股票。然而，逐渐地，随着海事、火灾和人寿保险公司占据了显著的位置，可交易证券的清单也在不断拉长。在1817年纽约人设立了一系列规则，创造了一个真正的交易所，纽约股票交易所。

在19世纪早期，费城是最重要的金融中心，实际上，纽约交易所是模仿费城的交易所。但是在其后的10年，纽约市成为整个国家的金融中心。数不清的因素被用来解释纽约的支配性地位，包括1825年伊利运河的开通，这使得纽约成为世界上谷物交易的一个主要中心；1838年，纽约采用了自由银行体制，这允许它的银行体系快速扩展；1844年电报技术的发展，破坏了地区性股票市场并增加了公众对市场的兴趣。

整个南北战争前的时期，新国家大量投资于基础设施，这也在股票市场上反映出来：19世纪50年代的运河、码头公司、煤气公司、铁路和矿井构成了上市证券中不断增加的一部分。但是许多工业企业的股票，例如新英格兰纺织公司的股票，仍然被紧紧持有着。工业企业经常通过把股份出售给它们自己的股东、非正式关系网中的有钱人或私人银行家来获得资金。

南北战争大大刺激了股票市场。政府公债、股票和黄金的交易以极快的速度在变化着。无数的交易所开始专门进行特定资产的交易，或者填补了其他业务。一个交易所，即股票经纪人公开交易所采用了一个重要的交易创新。传统股票是一只只地拍卖，但是在公开交易所上交易是连续的。经纪人挑出专家，后者仍然在交易所大厅的某一地点，在他们选定的股票上连续买卖。1869年，公开交易所和较古老的
679 交易所合并，建立了现代的纽约股票交易所。

也许更重要的还是在长期运行上，虽然很少被注意到，但是杰伊·库克销售南北战争公债的努力使得证券市场的范围在扩大并不断深化。库克超出传统富裕投资者的网络，而寻求中产阶级，后者直到那时还主要投资于他们自己的产业、土地，或者是现金。中产阶级投资金融资产的习惯是在战争以后才开始的。

纽约股票交易所以及几个较小的交易所的权力、声望和金融资源在南北战争以后的年代继续增长。这次又是技术发展——1866年大西洋海底电缆的建成、1867年股票行情自动接收机的出现，以及1878年电话的发明——增加了市场的吸引力，并且使华尔街强化了超越地区性市场这一优势。在19世纪70年代和80年代，股票市

场的注意力集中在铁路，但是在 19 世纪 90 年代注意力转移到工业股票。现在工业公司可以在空前的规模上筹集资本。石油、钢铁和其他无数工业的巨型企业诞生了，以利用规模经济的优势。

但是，与股票市场的增长以及股票交易所和银行体系二者联系相关的两方面发展一直困扰着经济史学家，其中，股票交易所与银行体系的联系建立于通知贷款市场和在纽约股票交易所申请上市所需要的严格的必要条件这样苛刻的要求之上。对通知贷款的依赖所造成的危险在讨论金融恐慌时已经涉及。通知贷款在某种程度上非常易变现，假如一个个体银行希望把它的贷款转为现金，那么它会非常迅速地这么做。但是一旦大部分银行和经纪人依赖这个市场，一个市场的扰动就会很快传递到另一个，这增加了瘫痪性金融恐慌的可能性。

随着纽约股票交易所威望（以及会员席位的价值）的上升，它逐渐排除掉了小公司的股票和债券。这些股票不得不在其他交易所或者在场外市场交易，这样就分裂了市场，并且某种程度上抵消了新通信技术带来的收益。此外，排除小公司也许在其他方面已经鼓励了非经济的合并：合并后公司的股票也许有足够的资格在纽约股票交易所交易。但是交易所的挑选也许对于某些投资者来说有用，他们把符合纽约股票交易所的要求看成被认可的一种象征。 680

投资银行

股票和债券市场的发展是与一种专门从事证券上市的公司的成长相关联的，这就是投资银行。在南北战争前，出现了许多重要的投资银行，它们专门出售运河、铁路、政府和欧洲投资者发行的证券。一些与欧洲银行例如普莱姆瓦德金银行（Prime, Ward and King）有着紧密联系的美国公司，它们在工作中与伦敦巴林兄弟银行（Baring Brothers）关系密切；一些是欧洲公司的分支机构，例如 N. M. 罗斯柴尔德父子公司（N. M. Rothschild and Sons.），它们首要的功能就是有效地把欧洲资本转移到美国，而它们对自己服务的产业组织几乎没有影响。

南北战争以后，投资银行的作用发生了变化：越来越多的投资银行在公司管理中扮演活跃的角色并且集中精力在美国发行证券。实际上，到 19 世纪末，外国人来到华尔街寻找资本。杰伊·库克公司（Jay Cooke and Co.）是过渡类型的公司。在南北战争后，该公司包销铁路证券，特别是北太平洋铁路。最初，库克成功地在美国国内和欧洲销售了这些证券，其中在国内，证券销售给已投资于战争公债的个人。但是通货紧缩影响了北太平洋证券的价格，而且这些困难造成了 1873 年杰伊·库克公司的破产。在接下来的萧条中，许多欧洲投资者被迫清算并且一段时间内不愿再进入美国市场，这进一步加强了美国投资银行对美国市场的依赖。

在 19 世纪 80 年代和 90 年代，一些起源于美国国内、积极开拓业务的投资银行得到显著发展，例如基德尔·皮博迪公司（Kidder Peabody and Co.)。它首先包销了美国电话电报公司（American Telephone and Telegraph)。但是最终两家巨型金融公司与投资银行公司的联手，使其他公司都相形见绌。

J. 皮尔庞特·摩根（J. Pierpont Morgan）从他的父亲那儿学会了部分的投资银行业务，他的父亲是朱利斯·斯宾塞·摩根（Julius Spencer Morgan)，也是一位著名的
681 投资银行家。年轻的摩根于 1862 年在华尔街开办了自己的公司，并且在 1871 年和一家费城公司合并组成了德雷克塞尔·摩根公司（Drexel，Morgan and Co.)。这家公司因为它对铁路公司的重组而广为人知，其中包括巴尔的摩到俄亥俄的铁路、切萨皮克到俄亥俄的铁路以及伊利湖的铁路。运价下跌、经济低潮和重复修建使许多铁路公司破产或者处于破产的边缘。摩根向互相争吵的债权和股权持有者提出了一个解决方案。典型的方式是，债券持有者接受股权补偿他们持有的债券并且连同原始股权持有者一起估价，以此来募集运营资本。但是作为交换，摩根的人成为董事会主席，他们保证债券持有者的利益不会被不谨慎的经理们侵蚀，并且防止与也在进行重组的以前的竞争对手进行毁灭性的价格战。股权持有者看到他们的股份被稀释了，并且他们被迫在一段时间内放弃他们的投票权，将其交给摩根任命的一个委员会，但是作为交换他们避免了破产。摩根的公司赢得了大量佣金并增强了权力和声望。铁路线路竞争的“摩根化”就是这样一个各方共赢的结果，但铁路服务的消费者除外，因为他们本来至少在短期内可以继续从铁路价格战中获益。

在 19 世纪 90 年代，作为 J. P. 摩根公司的领袖，摩根在全国的声望达到了空前的水平，因为他为遭受重创的铁路业进行了再融资，包销了新产业以及已有公司合并而成的公司的股票，这些公司将主宰经济领域。他建立了纽约银行、保险公司和信托公司构成的网络，并且利用这些资源，他所能够募集到的资本在规模上

让任何曾经存在的公司都相形见绌。爱迪生电气公司（Edison Electric）、国际收割机公司（International Harvester）、阿利斯－查默斯公司（Allis-Chalmers Co.）以及联合制鞋机械公司（United Shoe Machinery Co.）是所有应该把它们的存在归功于 J.P. 摩根的代表。他最壮观的交易是 1901 年组建了美国钢业公司（United States Steel Corporation），这是第一家价值达 10 亿美元的公司（那时 10 亿美元还很值钱）。

但是摩根的权威并非不可挑战。标准石油公司是摩根的主要对手。联合了在约翰·D. 洛克菲勒（John D. Rockefeller）控制之下的标准石油公司的金融资源，在詹姆斯·斯蒂尔曼（James Stillman）控制之下的花旗银行，以及在雅各布·希夫（Jacob Schiff）控制之下的投资银行界的天才库恩·洛布公司，这个集团也在它的领域内为合并和购买大量的工业公司提供金融支持。1901 年在争夺北太平洋铁路控制权的伟大战斗中，它和摩根公司打了一个平手。一段时间内，摩根公司看起来甚至要破产了。 682
1903 年摩根公司在一个衰败的市场上握有大量证券，但是摩根公司安全躲过了风暴。在接下来的 10 年内，投资银行间的竞争让位于合作；每家公司开拓出它所满意的市场。但是这次最杰出的美国金融家摩根没有参与合作。

为什么金融资本主义以及像摩根和希夫这样的人在这个时代扮演了如此重要的角色？一方面，正如兰斯·戴维斯（Lance Davis）所说，来源于美国银行监管系统：银行受限不能拥有股份，不能跨越州设立分支机构。这些监管法规阻止了银行在公司金融领域扮演重要的角色，而它们的欧洲同行受到的限制却很少。摩根、希夫和其他人发展起来的金融网络，可以让他们迂回绕过这些限制。戴维斯也指出，也许更重要的是，创造出规模经济的新生产技术的实现只能靠巨型公司，因为它们能为全国、有时是世界市场提供产品，而且它们需要规模空前的资本。

历史学家还在继续辩论投资银行业的最终影响。一些人把它们看成垄断的来源，破坏了竞争，靠剥削消费者来为经营它们的“强盗新贵们”（robber barons）创造巨额财富。其他人把它们看成有益的机构，为工业带来金融资源和制度效率，否则就会遭到“破坏性竞争”（摩根语）之苦。在 1898—1902 年的大合并时期，公众对投资银行的批评也在增加，在 1907 年危机之后批评之声再次增强。1912 年由阿森·普若（Arsene Pujo）主持的一个国会委员会对“货币托拉斯”的研究和重要的调查揭示了在美国工业企业和投资银行中高级职员勾结的程度。这个调查有助于为《联邦储备法》的通过铺平道路，但是它没有导致对投资银行的监管。首先，委员会的调查结果没有定论；在竞争性公司的董事会中有摩根的人对行业政策的影响程度是不确定的。在委员会的报告出版不久后摩根就去世了，这场戏的头号反面角色消失了。

第一次世界大战前夜的金融体系

683 在 1914 年对金融体系的未来抱有乐观态度的人可以原谅。联邦储备体系在经过我们历史上最彻底和最有学术性的调查后建立起来，准备保卫这个体系的成长并可作为最后借款人。纽约作为金融中心和伦敦竞争统治地位。的确，一个复杂的银行监管系统分裂了商业银行系统并降低了它的灵活性。然而，像 J. P. 摩根这样的投资银行家已经发现了为世界上领先的工业公司提供金融服务的方法。并且，美国比以
684 前拥有更多数量和更多种类的金融资产。然而，正如将会看到的，这种乐观被证明是没有根据的。

注 释

[1] 这里提及的对外币价值的管制似乎令人惊讶。但是外币在殖民地流通，殖民地几乎没有铸造它们自己的货币。但即使是在独立的国家，允许外币的流通也是一个通常的做法。实际上，大量的外币直到 1857 年还在美国保持流通，但是为了合法估价的目的，国会负责确定它们的价值。

[2] 一种常见做法是把 1 比索分成 8 份，称为便士；1 便士等于 12.5 美分，当没有小额硬币时，分币用于找零。“两便士”这个短语就是从这一实践中产生的，用来代替 25 美分。

[3] 实行银本位制的国家，例如中国，经历了价格水平的上涨。

[4] 农民的政治代言人几乎没有这么窄地看待这个问题。他们将总价格的下降和相对于农民支付的价格而言的农产品价格的下降混为一谈。其中，总体价格下降是一种可以通过货币政策来解决的情况，农产品价格下降是一个大概只能通过土地面积控制、价格补贴及其他措施来解决的问题。

[5] 清算所借据和集中储备在 1860 年和 1861 年都被使用过。

[6] 当美国 1879 年重回金本位制时，财政大臣约翰·谢尔曼认为，1 亿美元的最低黄金储备规模足以保证连续兑付各种未清偿的国库债务。随着时间的推移，这个数字已经成为国库保证黄金可兑换能力的一个象征。

[7] Friedman and Schwartz, *A Monetary History of the United States*，*1867—1960* (Princeton, 1963)，134.

[8] O. M. W. Sprague, *History of Crises Under the National Banking System* (Washington, DC, 1910)，318.

第 15 章

1800—1913 年美国的对外贸易和国际收支

罗伯特·E. 利普西（Robert E. Lipsey）

1800 年前后的美国贸易

在美国境内，为殖民地筹措第一批资金的企业家们心中惦念着贸易活动。他们渴望财富——仅仅靠从刚刚对欧洲殖民地开放的地区开采自然资源、出口资源产品的方式来获得的财富。他们并不期望为自给农民、技工或面对当地市场的制造业殖民地服务。

情况发生了转变，在早期，美洲殖民地广泛参与了出口活动。在 18 世纪早期的岁月，这些殖民地可能出口了其产出中的 1/4（Gallman, and Lipsey，both in Davis, Easterlin, Parker, et al., 1972）。到 18 世纪末期，这一出口倾向（export propensity）已经下降了一半。因此，在 1800 年前后，美国 10%~15% 的产品用于出口（同上，以及 Shepherd and Walton，1972，44）。在某种程度上，这一出口倾向的下降趋势可以简单归因于人口增长——相对于产量，大国用于贸易的产品比例要低于小国，但是这一出口的下降幅度太大，仅用这一理由解释是不充分的。

在 18 世纪初期，美国国内商品出口量约占世界出口量的 3%、占欧洲出口量的 5%，
而这时美国人口仅占世界人口的 0.5%、占欧洲人口的 2.5%（Bairoch，1976a，18）。 685
因此，根据它的人均产品出口量（除去他国制造的商品的复出口），美国的贸易倾向是欧洲的 2 倍，而出口倾向则是全球整体的 5 倍多。同时，美国在多项间接“三角”贸易，尤其是和邻近的欧洲殖民地之间的贸易中充当中间人。如果我们以总出口量来衡量贸易倾向（包括复出口），则美国的这一比例会上升一倍左右。

在 19 世纪早期，美国的出口品几乎都是自然资源产品。1803—1807 年，超过 3/4 的出口品是农产品，此外大约还有 1/5 是林业产品和海产品。制造业产品的占比不足 5%（U.S. Congress，1884，table 3）。这几年中，美国出口工业的来源与 35 年前的情况相似。

在 19 世纪初期，出口几乎完全集中于自然资源产品，与 18 世纪中期的出口贸易模式几乎完全相同，这一事实与产品的生产结构已经从初级产品模式开始转型这一情形形成对比。如果拜罗奇（1982）的极为粗略的估计可信的话，美国（或者说是即将成为美国的那片土地）在 1750 年的人均工业产出水平远低于世界平均水平，甚至低于中国和印度。到 1800 年，它已高于发达国家和欧洲整体的平均水平，仅仅落后于英国、比利时和瑞典，其中落后英国较多，落后其他两国较少。因而，在未改变比较优势的前提下，美国的产品结构比其他国家转换得更快。

美国大多数产品（60% 以上）出口到欧洲，大约 1/4 进入英国和爱尔兰。这些份额显示了从 1770 年以来显著的下降趋势（70% 以上进入欧洲，仅英国和北爱尔兰就占了 57%）。所有不流入欧洲的出口品，其目的地几乎都是西印度群岛（1768—1772 年占 29%）。新英格兰的出口品大批销往西印度群岛，中部殖民地的一半出口品也是同样流向。而南方殖民地的出口品——大米和烟草，绝大部分流向英国。南方殖民地在 1768—1772 年的对英出口中占优势（几乎 90%），中部殖民地向欧洲南部出口（超过一半），新英格兰和中部殖民地向西印度群岛出口（3/4）（U.S. Bureau of the Census，1975；Shepherd and Walton，1972，94–95）。

南方殖民地在美国独立战争之前几乎完全依靠出口生存。它们的人均出口额大约是新英格兰和中部殖民地的 2 倍。人均进口量在各地区间更为相似，一方面，新

686 英格兰和中部殖民地之间几乎相同，另一方面，南方各殖民地之间的人均进口量也相差无几（Shepherd and Walton，1972，113）。

在世纪之交，美国贸易与众不同的特点是总贸易额中复出口占有令人惊奇的高份额。1796—1808 年，几乎在每一年，相比美国商品的出口量，有超过一半的出口量是复出口，这种情况一直持续到禁运（U.S. Bureau of the Census，1975，Series 190–192)。这一巨大的复出口额是 18 世纪 90 年代初期欧洲战争的结果，在战争中英国和法国都在试图阻止其他国家与它们的殖民地进行贸易。这一后果“正是把殖民地获得的世界贸易的大部分拱手让与我们——而这一经济利益却是欧洲国家顽强抗争了近两个世纪才取得的成果”(Callender，Introduction to Chapter 6)。

> 殖民地生产的有价值的商品，譬如糖、咖啡、香料、可可、靛青、胡椒还有其他物品，要么直接运到欧洲，要么输入美国，再用美国轮船运送出口……欧洲的尤其是英国的产品，以及东印度群岛和中国的制成品也先进口到美国，然后再大量出口到西印度群岛和南美及其他地方（Pitkin，as quoted in Callender，240-241）。

美国不仅在商品贸易中占有很高的比例，而且广泛参与了航运服务的出口。在 1800 年前后的 5 年中，海洋运输收益占出口收益的 30%。运输业的收入高于任何一种商品的出口收入。

在19世纪初期,商品进口几乎总是超过出口。大额运输收入也不能弥补贸易逆差，但是美国的净逆差是由其他服务项目造成的，比如保险和利息。即使在 1800 年前后 5 年内美国存在小规模的资本净流出，利息项目也还是反映了早些年累积的经常账户的净赤字（North，1960)。

威尔金斯（1989，48，646）估算，美国在 1803 年的长期外国债务是 6 500 万 ~
687 7 000 万美元或者更多。这些债务包括外国人持有的联邦债券（大约 500 万美元）加上超过 1 500 万美元的公司股票，尤其是美利坚银行的股票。如果威尔金斯是正确的，那么诺思就低估了美国的外债，上面提到的利息支付额和经常账户赤字也被大大低估了。

美国总贸易量的增长

美国占世界贸易的份额

在 19 世纪初期，美国贸易在世界贸易中只占有很小的比重。在整个 19 世纪，这个比重一直上升，到 1900 年美国出口占世界出口额的比例达到 15%（见表 15–1）。这一增长在某种程度上仅反映了美国人口的增长，从 1800 年占世界人口的大约 0.5% 增长到 1900—1910 年的占世界人口的 5% 左右。

在 19 世纪，美国国内出口占世界总出口的份额远高于美国人口的比重，可能也高于美国在世界产出中的比重。换句话说，美国比一般国家更具有出口导向特征。在 19 世纪，美国的出口份额相对于世界水平一直上升，在第一次世界大战前略有下降。

表 15–1　　美国出口和人口在世界中的比重（%）

年份	出口	人口
1800 年	3.2	0.5
1860 年	9.8	2.5
1870 年	7.9	
1880 年	13.2	3.6
1900 年	15.0	4.8
1910 年	12.3	5.3
1913 年	12.9	

资料来源：U.S.Bureau of the Census, *Historical Statistics of the United States, Colonial Times to 1970* (Washington, DC, 1975); Paul Bairoch, *Commerce Extérieur et Développement Economique de l'Europe*
au XIX Siècle (Paris, 1976); Angus Maddison, "Growth and Fluctuations in the World Economy", *Banca* 688
Nazionale del Lavoro Quarterly Review, 15(1962).

美国在世界出口中的比重和它的人口比重之间的不对称，在 110 年中逐步减弱。若以欧洲为基数，这一不均衡的程度则小得多，但是在 19 世纪它也在下降，直到 1910 年消失，此时美国占欧洲出口量和人口的比例大约为 20%。因而在那时，美国和欧洲的出口导向程度已无区别。

美国贸易和世界贸易也可用进出口总额表示的总贸易额进行比较（见表 15–2）。因为美国进口的增长速度慢于本国的出口，而且相对于贸易额，美国的外债减少了，在 19 世纪末期之前，二者相加的份额较早达到了平衡。在顶峰期，美国的贸易份额大概是美国在世界人口中所占比重的 2 倍。

无论以何种方式衡量，美国在 19 世纪的贸易趋势都是在世界市场中的重要性不断增强，尤其是在出口方面。贸易重要性不断增强在很大程度上反映了美国的人口和生产规模的上升，尤其是后者，因为美国的人均产出已超过世界其他地区。

表 15–2　美国在世界进出口额中的百分比

年份	百分比	年份	百分比
1800 年	5.3	1860 年	9.7
1820 年	6.5	1870 年	8.2
1830 年	5.8	1880 年	10.7
1840 年	7.2	1889 年	9.7
1850 年	7.8		

说明：美国国内出口加上消费进口（直接从国外和保税区通关的进口）。在若干年内没有消费品进口的，假设保税区存货不变，我们就用总进口减去外国商品的出口（复出口）作为替代。

689 资料来源：Walt W. Rostow, *The World Economy: History and Prospect (1978)*, table B\|1,with data in £ multiplied by 4.495, 689 and Bureau of the Census, *Historical Statistics*, Series U191 through U194.

总贸易和产出

美国以外国市场为目标的产出比例，在 1815 年欧洲和平协议之前，每一年都经历了大幅波动。然而，除去禁运和战争的几年时间，以现值衡量的美国总产出中的出口比例从 18 世纪 90 年代的 10%~15% 开始下滑，并在殖民地时代末期达到较高的水平（见表 15–3）。在拿破仑战争后的 100 年中，每 10 年的平均比例仅在 5.5%~7% 的区间内变动。最低的出口比例出现在 1830 年前后和 19 世纪 50 年代，在早期的高比例之后，最高的出口比例出现在 1890 年后的 20 年中。1793—1860 年的比重低于殖民地时代，这不仅是因为贸易重要性的下降，而且由于对国内产出的衡量包括了比早期和后来衡量时更多的非市场化产出——农业进步和家庭制造业。由于它们自身的特点，这些形式的产出不大可能用于出口。在 1800—1860 年，出口在常规方法衡量的产出中的比重从 15%~20% 下降到 7% 或 8%。因而这个常规产出衡量标准表明了在 19 世纪早期贸易份额的持续下降趋势。

以不变美元表示的出口占 GNP 的比重，表明了同样的事情，即美国在 19 世纪比先前较少地依赖出口市场。无论如何，美国整体经济对出口市场依赖最强的时期已经在 19 世纪开始前结束了，自然早于 19 世纪 20 年代。

表 15–3　　美国商品出口和进口占 GNP 的比重（%）

时间	现价美元		1860 年价格	
	出口	进口	出口	进口
早期				
1770 年	15-20	NA	NA	NA
1790—1800 年	10-15	15-20	NA	NA
1793—1860[a] 年				
1793 年	NA	NA	9.0	
1800 年	6.8	8.4	6.0	6.4
1810 年	4.9	5.6	6.1	4.5
1820 年	6.3	8.0	4.5	4.6
1830 年	5.3	6.1	5.4	4.9
1840 年	5.9	6.1	6.0	5.8
1850 年	5.8	6.6	6.3	7.5
1860 年	6.3	6.7	6.1	6.7
1834—1913[b] 年				
1834—1843 年	6.2	6.7	6.3	6.4
1839—1848 年	5.9	5.8	6.7	5.8
1849—1858 年	5.6	6.6	6.3	7.7
1869—1878 年	6.2	6.3	6.8	7.0
1879—1888 年	6.7	5.7	5.7	5.8

续前表

时间	现价美元		1860 年价格	
	出口	进口	出口	进口
1889—1898 年	6.9	5.7	6.5	5.6
1899—1908 年	6.8	4.5	6.4	5.0
1904—1913 年	6.3	4.7	4.8	4.3

说明：a.GDP 数据是来自托马斯·韦斯的未出版著作的“宽泛概念”。贸易数据是报告年份前后 5 年的平均数据，而 1860 年的数据是 3 年（1809—1811 年）的平均值，1860 年的数据（1858—1860 年）也是。

b. 高尔曼的 GNP 数据，1834—1908 年；库兹涅茨的 GNP 数据，1899—1913 年。GNP 估计值来自 Romer，*Journal of Political Economy*，97(1989), and Balke and Gordon, *Journal of Political Economy*，97(1989)，这些数字大体没有改变这些趋势。

资料来源：贸易数据来自 Bureau of the Census, *Historical Statistics*，Series U191，U192，U193 and U194，以及 Robert E. Lipsey, “Foreign Trade”，in Lance E. Davis, Richard A. Easterlin, William N. Parker et al., *American Economic Growth: An Economist's History of the United States*（New York，1972）。数据用于记录国内商品出口和消费品进口。在 1790—1820 年，消费品进口通过总进口减去复出口估算。国内产出数据来自 Robert E. Gallman, “Gross National Product in the United States, 1834—1909”，in Dorothy S. Brady (ed.), *Output, Employment, and Productivity in the United States after 1800*, Studies on Income and Wealth, vol. 30（New York，1966）；Robert E. Lipsey, *Price and Quantity Trends in the Foreign Trade of the United States*（Princeton，1963），应用了库兹涅茨的数据；Thomas Weiss, “U.S. Labor Force Estimates and Economic Growth,1800—1860”，in Robert E. Gallman and John Joseph Wallis (eds.), *American Economic Growth and Living Standards Before the Civil War*（Chicago，1992）和未出版的估算数据。

在 1770 年前后美国进口依赖甚至比出口依赖更加严重，可能是殖民地生产或消费量的 1/3。在 19 世纪上半叶，特别是在早期，进口比率高于出口比率，但是在 19 世纪 70 年代后由于美国从资本输入国变为资本输出国，进口量下滑到出口量之下。

按照实际价值，相对于 GNP，进口下降的幅度甚至大于出口下降的幅度，但是 1829—1838 年它们下滑的路径相同，随后复苏。按照实际价值，进口依赖程度最高的时候恰在美国内战之前，在那之后该比例下降了大约 1/3。

一种说明贸易—产出比例的方法是将贸易增长慢于产出增长的情况视为“消极”贸易行为。贸易增长快于产出增长，导致贸易—产出比例上升，这被认为是“积极的”甚至是“活跃的”贸易行为。从这一角度讲，美国在大多数时间似乎表现出消极贸易行为，但是在相当长的一段时间内，从 19 世纪 50 年代到 19 世纪 90 年代，美国出口变得更加活跃，每个 10 年都经历了出口比例的增长。然而，以不变价格序列衡量，这一趋势并未出现；以现价衡量的比例的变化趋势反映了在几十年中出口价 690
格相对于国内价格上升了。

美国国际收支和资本流动

从乔治·华盛顿（George Washington）就职到 19 世纪末期的大多数时间内，美国的商品进口多于商品出口。只是在 19 世纪的后 30 年，出口超过了进口，出口顺差一直持续到了 20 世纪（见表 15–4）。

在美国内战之前，商品贸易赤字都是靠运输收入的盈余来弥补的，因为美国商船的收入远多于美国付给外国人货运服务的钱。这一收入来源在内战期间和内战后萎缩了，到 19 世纪 80 年代美国已成为货运服务的净进口国。

当货运收入在弥补商品贸易账户赤字的时候，其他主要的经常账户科目——利息——却总是处于亏损状态。美国从诞生开始就是净债务国，在整个 19 世纪直到第一次世界大战它付出的债务利息要多于它从外国资产中获得的收益。

经常账户支付超额的正面效应是资本流入了美国。美国在 19 世纪是对外国的净债务人，直到 19 世纪末期突然转变为资本出口国（见表 15–5）。

债务年复一年地积累意味着美国在这些年是净债务国。即使美国在 15 年或 20 年的大部分时间里对外国是净债权人，但是在第一次世界大战开始时，对于世界其他地方来说它仍然是净债务国（见表 15–6）。 692

表 15–4　美国的商品贸易、国际货运和利息支付平衡表（年度平均，百万美元）

时期	商品	货运	利息
1790—1798 年	–11.1	13.3	–4.7
1799—1808 年	–18.8	27.9	–4.8
1809—1818 年	–21.2	21.2	–4.9
1819—1828 年	–5.7	10.0	–5.0

续前表

时期	商品	货运	利息
1829—1838 年	–20.8	8.2	–6.5
1839—1848 年	–1.9	11.4	–9.5
1849—1858 年	–10.6	11.8	–16.3
1859—1868 年	–9.5	6.3	–38.8
1869—1878 年	52.7	2.7	–87.7
1879—1888 年	132.4	–6.0	–89.2
1889—1899 年	240.8	–8.0	–127.6
1900[a] 年	640.0	–7.0	–114.0
1900[b] 年	754.0	–36.0	–99.0
1901—1913 年	570.2	–39.2	–71.5

说明：a. 与早期比较。

b. 与后来年份比较。

资料来源：U. S. Bureau of the Census, *Historical Statistics*, Series U2, U3, U5, U9, U10, U13.

表 15–5　美国的净资本流动（年度平均，百万美元，现价美元）

时期	净资本流动	时期	净资本流动
1790—1798 年	0.4	1859—1868 年	61.8
1799—1808 年	0.8	1869—1878 年	73.8
1809—1818 年	0.7	1879—1888 年	78.4
1819—1828 年	1.1	1889—1899 年	27.2
1829—1838 年	15.8	1900 年 [a]	-296
1839—1848 年	-2.8	1900 年 [b]	-218
1849—1858 年	16.7	1901—1913 年	5.5

说明：a. 与早期比较。

b. 与后来年份比较。

693 资料来源：U.S. Bureau of the Census, *Historical Statistics*, Series U18-23.

表 15–6　　1789—1914 年美国的净债务（一）（百万美元）

年份	来自净资本流动的累积	来自资产和负债的编制
1789 年	–60	
1800 年	–83	
1803 年	–77	
1815 年	–80	
1820 年	–88[a]	
1830 年	–75	
1840 年	–261	
1843 年	–217[b]	–225
1850 年	–217[b]	
1853 年	–295	
1860 年	–377	
1869 年	–1 152	–1 540
1870 年	–1 252	
1876 年	–1 933	
1880 年	–1 584	
1890 年	–2 894	
1895 年	–3 288	
1897 年	–3 305	–2 710
1900 年	–2 501	
1908 年	–2 060	–3 875
1914 年	–2 086	–3 686

说明：a.1816—1819 年欠款 5 000 万美元。

b.1841 年和 1842 年欠款 1 200 万美元。

资料来源：Cleona Lewis, *America's State in International Investments*（Washington, DC，1938），445，560；Bereau of the Census, *Historical Statistics*，Series U40，来自 North 和 Simon，由累积序列 U18 到 U23 扩展而得。Wilkins, *The History of Foreign Investment in the United States to 1914*（Cambridge MA，1989），table 3.1（50-52）and table 5.4（147-150）中的估计值在某种程度上表明了在 1803 年有较高的净债务，也许是 1 500 万美元，在 1914 年大约为 3.40 亿美元。

这些美国净债务的数据表明，在19世纪外国人拥有对美国部分财富的净债权。这意味着，外国人对美国财富的债权大于美国对外国财富的债权。外国债权与可增值财富的比较说明在19世纪初外国净债权总计几乎达到财富的14%。这一比例到1850年下降到7%左右，1900年为4%，在第一次世界大战前夕只有2%（戴维斯，1972，表8–12）。更近期的计算工作由高尔曼（1972）完成，他提高了可增值财富的估计值，但是与刘易斯（1938）和威尔金斯（1989）相比，他设定的外国债权的数据相当低，数据总结见表15–7。这些数据表明外国债权占美国国内资本（去掉土地）的比例由1774年的13%下降到18世纪末期的9%，而后在19世纪经历了巨大的波动。
694 这不仅反映了资本的流入和流出及美国资本构成的走势，同时也反映了美国通货膨胀的效应，后者有时通过提高美国资本的名义价值逐步降低这一比例。

表15–7　1774—1900年按现价和1860年价格计算的外国净债权占美国国内资本值的比例

年份	现价	1860年价格
1774年	12.9	12.8
1799年	9.2	7.5
1805年	5.7	4.1
1815年	3.1	2.7
1840年	6.2	5.5
1850年	1.3	1.3
1860年	1.2	1.2
1870年	6.9	6.0
1880年	5.3	5.4
1890年	4.8	5.2
1900年	1.6	1.6

资料来源：Robert E. Gallman, “American Economic Growth Before the Civil War: The Testimony of the Capital Stock Estimates”, in Gallman and Wallis(eds.), *American Economic Growth*, tables 2.1, 2.2, and 2.4.

我们有几种方法来认识金融资本流动在美国发展中的作用。其中之一是为总资
本形成提供资金的来源，它使资金积累速度比仅由美国国内融资更快。在此基础
上，很难想象在 19 世纪大部分时间内资本输入对发展速度产生了巨大的影响。资 695
本流入或净外债变化很少超过总资本构成的 6%，同样几乎没超过美国国内资本存
量变化的 6%（见表 15–8）。主要的例外情况发生在 1815—1840 年，以及包括美国
内战在内的 1860—1870 年，那时主要的外国投资集中于联邦政府债券。埃德尔斯
坦（Edelstein）提出当美国资本形成处于剧烈的酝酿过程时，美国从外国的借债上升；
当美国储蓄逐步更加稳健地上升、追上了资本形成时，借债渐渐变少。因此，经济 696
快速增长时井喷式的巨大的资金需求从海外投资中得到满足。

表 15–8　美国国际债权变化占国内资本存量变化的比重和资本净流入占国内总资本量的比重（%）

时期	国际债权变化占美国国内资本存量变化的比重（高尔曼）		资本净流入占美国国内总资本量的比重（埃德尔斯坦）
	现价	1860 年价格	1860 年价格
1774—1799 年	8.0	4.8	
1799—1805 年	–1.9	–4.3	
1805—1815 年	–0.6	–2.7	
1815—1840 年	11.7	7.2	
1834—1843 年			6.2
1839—1848 年			–2.8
1840—1850 年	–6.5	–6.0	
1844—1853 年			3.1
1849—1858 年			3.4
1850—1860 年	1.2	1.1	
1860—1870 年	16.0	23.3	
1869—1878 年			4.9
1870—1880 年	1.0	4.3	
1874—1883 年			–0.5

续前表

时期	国际债权变化占美国国内资本存量变化的比重（高尔曼）		资本净流入占美国国内总资本量的比重（埃德尔斯坦）
	现价	1860 年价格	1860 年价格
1879—1888 年			3.5
1880—1890 年	4.2	5.1	
1884—1893 年			5.6
1889—1898 年			1.8
1890—1900 年	–7.9	–6.9	
1894—1903 年			–3.1
1899—1908 年			–1.8

资料来源：Gallman, “American Economic Growth”, tables 2.1, 2.2, and 2.4; Michael Edelstein, *Overseas Investment in the Age of High Imperialism* (New York, 1982), table 10.1, cols.1 and 3.

从国外借款还有其他的作用。首先，它可以为资本形成尤其是风险资本形成提供资金，其利率要低于国内借款人所要求的利率。其次，当快速成长的部门需要大量资金时，美国国内借款人出于分散风险的考虑不情愿为这些部门提供足够的资金，国外借款可以为它们提供资金。另外一种解释是，美国铁路和政府债券比投资于农业、采矿业和制造业的较小型企业需要的当地知识少，相对安全，并倾向于在海外发行，而国内的资金提供者愿意投资于风险较大但收益更高的部门（Edelstein，1982，237-238）。

美国的大量外国投资是证券投资，而不是直接投资。这意味着，它包括债券的购买，或者少量的股票投资，并不参与控制吸收资金的企业。就在第一次世界大战爆发之前，美国的长期外国投资存量的大约 80% 是证券投资；在一段长时间内资本流动也是这样（Edelstein，1982，36 and 37）。政府和铁路是主要的借款方，大多数融资是以债券形式而不是股票形式获得的。

在 1789 年，公债是外国资金投资的主要渠道，威尔金斯（1989，table 2.1，32）估计大概有 30% 由外国，主要是法国和荷兰持有。这些资金主要为基础设施融资，因为美国要建设一个独立国家，基础设施是不可或缺的。在 1803 年，外国人也持有了公司股票的 30%，主要是银行的股票（Wilkins，1989，table 2.3，37）。1803 年购买路易斯安那州使联邦债务又增加了大约 1 100 万美元，外国人持有的联邦债务总额增加了同样的数目，所以我们可以认为美国经济规模的这次巨大飞跃是通过国外融资实现的。

在 19 世纪上半叶，几乎所有的外国资金都流向政府和银行，其中首先是联邦政府，然后是州政府，再次是银行（Wilkins，1989，table 3.1，50-51）。只是在此之后，铁路方成为外国资本的主要投资领域，但是联邦政府在内战中的借款远远超过了 19 世纪 70 年代以来其他借款的总额。我们对英国资本的了解比对其他国家资本的了 697
解更为清楚，但是这并不构成很大障碍，因为英国资本的地位太重要了，美国在 19 世纪末期超过 3/4 的长期外国投资是英国资本，在 1914 年还保持在 60%（Wilkins，1989，table 5.8，159）。

大部分外国投资，无论是投资于政府还是私人公司，都流向巨大粗笨的社会基础设施工程，比如运河、铁路、电力设施、电话和电报系统（Edelstein，1982，39-41）。几乎所有制造业企业都规模太小，以至于无法通过发行股票或债券来获取资金，或者在大多数情况下，不能通过任何形式的政府融资，甚至是国内渠道来融资。

1865 年后，相对来说，几乎没有新的外国资金流购买政府证券。1865—1914 年，超过 60% 的英国证券投资流入运输业，而且几乎完全流入铁路。制造业、公共设施、采矿业、金融和房地产业每一项吸纳 6%~7%，达到了政府各项投资水平（Wilkins，1989，table 5.9，164）。据估算，在 1910 年，85% 的英国投资进入了铁路行业。

外国在铁路部门的投资额远比在美国的整个固定投资额重要的这种假设，已经得到了这一事实的验证，即 1914 年美国铁路的外国投资价值是铁路和设备账面价值的大约 1/4（Wilkins，1989，table 6.1，194；Bureau of the Census, Series Q356）。在 1914 年英国投资就是账面价值的 16%（同上）。詹克斯（Jenks）估计在 1873—1914 年，美国铁路证券名义价值的 20% 到 1/3 由外国持有（Wilkins，1989，table 6.4，198）。

在 19 世纪美国许多行业技术落后于欧洲国家，令人惊讶的是，这些行业中基本没有直接投资，而直接投资是开发优势技术的天然渠道。具有特殊知识或技能的外国工匠或企业家建立了一些制造业企业。然而，以现代标准来看，交通、运输太落后，企业几乎不可能跨越大洋来控制一个分公司。在这些情况下，技术和技能转移在某种程度上需采用不同的方式，尤其是重要人员的引进，通常是所有者、他们的子女或其他亲属来建立或是在必要的情况下管理分公司。正如威尔金斯（1989）描述的
698 那样，这些企业通常是“独立的”（free/standing）企业，即它们由外国人所有，但不是外国公司的附属公司。随着时间的流逝，这样的企业随着它们的所有人移居美国可能发展成独立的、美国的国内企业，适应美国环境。金融资本流与可能更重要的人力资本流交织在一起。

移民入境通常被看成劳动力流动，但它也是人力资本流动。人力资本流动在习惯上并不包括在国际收支平衡表中，因为没有货币支付发生，至少在没有奴隶的时候是这样。然而，人力资本流动对美国的发展可能比金融资本流动更加重要。从数量上看，从 19 世纪 30 年代到第一次世界大战开始这段时间中，每十年进入美国的移民约占国家人口的 5%~10%（Bureau of the Census，1975，Series A6，C89），而且大多数移民（超过总人口的 50% 这一较大比例）在 15~44 岁（Bureau of the Census，1975，Series C119，C122-127，C138，C141）。他们来到美国，他们的祖国负担了养育成本，而他们将在美国度过职业生涯的大部分。

美国贸易结构的变化和美国的比较优势

贸易结构

美国在 18 世纪晚期和 19 世纪开始时的出口商品结构反映了美国的比较优势是以开采充足的自然资源为基础的。出口商品的最大部分由农产品构成，但是林业产品和海产品也很重要：1770 年英国大陆殖民地的占比为 28%，之后大幅下降，但在 1803—1810 年还占总数的 19%（Bureau of the Census，1975，Series Z294）。随着人口远离海洋，林地被清理出来开发农业，出口结构的第一个巨大转变是由包括资
699 源产品在内的林业产品和海产品转向了农产品。在内战之前的几十年中，大约 80% 的美国出口商品是农产品。

有关出口部门重要性转变的数据由表 15–9 给出。趋势之一就是逐步减少林产品和渔业出口，它们在第一个 10 年大概占出口的 20%，在 1770 年占比已经从 27% 开

始下降，在内战前已经不足 7%。

制造业作为美国出口商品的来源其重要性在美国内战前有所上升，但是在这一时期美国出口仍由农业占统治地位。一个更加令人惊讶的事实是，虽然像下面要讨论的那样，美国的制造业在上升，但在整个 19 世纪农产品在美国出口商品中的比重超过 70%，一直到第一次世界大战还是主要出口商品。

表 15–9　　1770 年和 1803—1913 年的美国出口（宽泛的商品目录）结构（%）

	产品								
	农业								
时期	总和	畜产品	蔬菜食品	烟草	棉花	林业	海产品	制造业	未知或未分类的
1770 年	69.5	4.8	32.0	27.3	0	12.4	15.8	0.2	2.3[a]
1803—1810 年	75.3	8.2	25.4	13.0	24.4	12.4	6.6	4.7	1.0
1811—1820 年	83.2	4.4	35.4	10.9	31.6	9.1	2.8	3.5	1.4
1821—1830 年	79.4	5.0	18.0	10.6	47.6	7.8	3.0	8.0	1.8
1831—1840 年	81.4	3.4	10.2	8.3	58.0	5.8	2.9	8.6	1.3
1841—1850 年	80.4	6.9	16.1	7.4	49.8	5.4	2.8	9.3	2.0
1851—1860 年	80.4	NA	NA	6.1	53.2	5.0	1.5	12.1	
1869—1878 年	81.5	13.1[b]	16.6[c]	4.9	40.2	4.0	NA	15.8	
1879—1888 年	78.0	14.1	30.9	2.7	28.9	3.4	NA	13.7	
1889—1898 年	72.5	16.8	27.6	2.5	24.6	3.9	NA	16.2	
1899—1908 年	59.7	14.4	20.0	2.0	23.2	4.8	NA	23.3	
1904—1913 年	52.9	11.5	14.4	2.0	25.5	5.3	NA	27.3	

说明：a. 主要指矿业产品。

b. 只指肉类和肉产品。1879—1888 年的相应数据是 10.0%。

c. 仅指小麦和面粉。1879—1888 年的相应数据是 20.4%。

资料来源：1770 年：U.S. Bureau of the Census，*Historical Statistics*，Series Z294。数据涉及英国大陆殖民地。1803—1850 年：Representatives (1884), Table 2 。1851—1860 年：U.S. Treasury Department (1860), table 25, 401。1869—1913 年：Lipsey, *Price and Quantity Trends*，table A-6、A-7、B-5、C-5。肉类是中间等级 106 ；畜产品，107 加 114 ；蔬菜食品，104 加 113 减 107。烟草是次要等级 025。U.S. Bureau of the Census，*Historical Statistics*，Series U274-U294。肉类和肉类产品是序列 U285 ；小麦和面粉是序列 U281，林业产品是序列 U286、U288 和 U289。

在农业范围内，19 世纪上半叶经历了烟草——殖民地的重要大宗商品——出口的下滑，它逐步被棉花所代替，而从 1830 年到美国内战开始棉花占据了出口商品中的一半或更多的份额。棉花在 19 世纪余下的岁月中保持了重要性，直到第一次世界大战时，仍占出口总值的 1/4。

对大量商品的经济分类是观察贸易结构变化的另一个视角。在美国内战前，美国主要是原料和食品出口国。原料单独可占出口商品的 60% 或更多，食品出口大概占 20%~25%，剩下的是半成品和制成品，同时制成品的重要性上升，半成品的重要性下降（见表 15–10）。

内战后的时期，美国出口体现了极为不同的趋势。原料的份额下降到 30% 左右，食品出口上升并取代了前者，在 19 世纪后 20 年超过 40%~45%，重要性达到顶峰，之后在第一次世界大战前下降到大约 1/4。因而，几乎到第一次世界大战前夕，原料和食品总值还保持出口的压倒性优势地位，在 19 世纪 90 年代达到或接近 80%，到 1908 年占总数的 3/4。我们可以通过比较资源产品在出口中的地位和在进口中的地位
700 来描述美国比较优势的变化。根据范尼克（Vanek，1963）对资源产品（未加工原料和未加工食品）下的定义，在 1820 年与 1904—1913 年之间，这些产品在出口中的份额从在进口中份额的 4 倍，下降到少于其在进口中的份额，并在美国内战开始和结束时剧烈下降。根据资源产品的更广泛的定义（包括制成品，如面粉和肉类），资源产品份额仅下降了大约一半，内战所起的作用也减弱了。因为加工的附加值在这些行业相对较少，更广泛的定义看起来更合适。不过，美国的比较优势从资源产品向其他产品转移的趋势很明显，从出口份额是进口份额的 2 倍逐渐变为出口份额与进口份额实际相等。

表 15–10　按经济分类衡量的美国出口和进口结构

出口						
			食品			
年份	总和	原材料	天然品	人造品	半成品	制成品
1820 年	100.0	59.6	3.8	19.2	9.6	5.8
1830 年	100.0	62.7	5.1	16.9	6.8	8.5

续前表

年份	总和	原材料	食品		半成品	制成品
			天然品	人造品		
出口						
1840 年	100.0	67.9	4.5	14.3	4.5	9.8
1850 年	100.0	62.2	5.9	14.8	4.4	12.6
1850—1858 年	100.0	60.3	7.0	16.1	4.1	12.6
1859—1868 年	100.0	41.3	14.0	23.8	5.3	15.7
1869—1878 年	100.0	44.1	15.2	20.0	4.7	15.9
1879—1888 年	100.0	34.2	20.9	25.0	4.8	15.1
1889—1898 年	100.0	32.9	17.1	25.9	7.0	17.1
1899—1908 年	100.0	29.2	12.7	21.7	11.9	24.6
1904—1913 年	100.0	32.3	7.7	16.8	14.8	28.3
进口						
1821 年	100.0	5.5	10.9	20.0	7.3	56.4
1830 年	100.0	7.9	11.1	15.9	7.9	57.1
1840 年	100.0	12.2	15.3	15.3	11.2	44.9
1850 年	100.0	7.5	10.3	12.1	14.9	54.6
1850—1858 年	100.0	8.7	11.2	14.4	13.2	52.5
1859—1868 年	100.0	13.0	13.9	17.7	13.1	42.3
1869—1878 年	100.0	15.7	15.5	21.4	12.8	34.6
1879—1888 年	100.0	20.6	15.4	18.5	14.5	30.9
1889—1898 年	100.0	24.7	17.7	17.0	13.9	26.7
1899—1908 年	100.0	33.0	12.4	13.0	16.6	25.0
1904—1913 年	100.0	34.6	11.9	11.8	17.7	24.1

资料来源：U. S. Bureau of the Census, *Historical Statistics*, Series Ⅱ 274-301. 702

所有这些并不是要说除了食品，制成品在出口中就没有地位。制成品份额的起点很低：在1820年稍微高于5%，在1840年仍低于10%，在20世纪前两个时期内超过1/4，制成品和半成品加总超过了40%，其重要性稳定提高。但从美国内战到19世纪90年代的这段时间，未加工食品出口一度扰乱了这一趋势。

在进口方面，美国从建国开始就成为制成品进口国，在开始有超过一半需要进口。随着这些产品在出口中的重要性不断上升，它们在进口中的重要性在下降。到20世纪初，美国不再是一个从世界其他地区进口制成品的净进口国。出口中的制造品份额在1820—1821年占进口的1/10，之后比重上升，在1904—1913年已经超过进口中的制成品份额。

相对于产出和就业的贸易的行业分布

在19世纪，美国农业在出口中的份额没有反映出美国经济中发生的变革。在总体经济中，在19世纪中期农业的重要性不断下降。在通常定义的GDP中农业的产出份额从1800年的1/2左右下降到1860年的1/3（Weiss，1993）。如果农业进步包括在农业产出中，农业进步和家庭手工业包括在GDP中，则这种下降趋势是渐进的，
703 并集中在1840—1860年这段时间。受计算GDP时所做的假设的强烈影响，这个时期的一般情况是农业比美国经济中的其他部门更多地依赖出口，这种由出口占产出的比率来衡量的依赖性一直到美国内战开始都在大幅上升。

在内战后，以现价衡量的农业总产出从1869年的约占GNP的40%下降到1900年的20%、1913年的仅略高于15%，而当时农业占美国出口的份额仍然高于一半。

美国劳动力的行业分配的估算同样显示了劳动力由农业向其他产业转移的趋势，尤其在1810年或1820年之后。对农业在出口份额中的稳定性和农业中劳动力份额的下降趋势这二者的差异，韦斯（1992）的估计结果（农业份额从1800年的74%下降到1860年的56%）比利伯戈特（Lebergott,1966）和戴维（David,1967）的估计（从83%下降到53%）结果小。然而所有这些讲述了一个相似的过程：相对于其他部门，农业中单位劳动力的出口比率大幅上升。农业劳动力的份额在19世纪下半叶持续下降。根据利伯戈特（1966）的估计，从美国内战开始时的略高于一半下降到1900年的40%，到1910年稍高于30%。农业劳动力占美国劳动力的比例从内战到第一次

世界大战开始一直快速下降，这一下降趋势在其他国家甚至更加迅速。例如，在英国——到目前为止是美国最大的出口品市场，农业、林业和渔业劳动力所占的比例在 1861—1911 年下降了一半以上（Mitchell，1978，61），其中农业所占的比重在 19 世纪前 40 年下降了 1/3 后，又在 1841—1901 年下降了 60%(Kuznets,1966, table 3.2)。

农业在生产和劳动力中的重要性不断下降，而在出口中顽固地保持着高比例，这意味着美国农业越来越依赖出口。在 19 世纪早期，农业出口大约占农业总收入的 1/10，到 19 世纪晚期已经超过了 1/5，有时还能达到大约 1/4，到第一次世界大战开始时仍然接近 1/5（见表 15–11）。

表 15–11　　美国的出口依存度（出口 / 产出）和美国农业

年份	农业	美国总和	农业相对于美国总和
1810 年	9.8	4.9	2.0
1820 年	14.2	6.3	2.3
1830 年	10.6	5.3	2.0
1840 年	12.3	5.9	2.1
1850 年	14.7	5.8	2.5
1860 年	15.3	6.3	2.4
1869—1878 年	18	6.2	2.9
1879—1888 年	21	6.7	3.1
1889—1898 年	24	6.9	3.5
1899—1908 年	22	6.7	3.3
1904—1913 年	19	6.3	3.0

资料来源：1810—1860 年：表 15–3 及其资料来源和表 15–9。1869—1913 年：Lipsey, “Foreign Trade”, table 14.1 and table 14.2。所有这些比例都被夸大了，因为分母是其他行业购买的投入品净值的总产品，但是分子是没有扣除已购买的投入品的出口价值。

因此，农业部门的出口依存度（出口和产出的比值），总是比整个国家的依存度要高，从 19 世纪早期的 2 倍上升到 19 世纪末 20 世纪初的 3.5 倍。

美国直到工业化时期还在农业部门保持着它的贸易比较优势，当美国逐渐成为
主要的工业化国家时，农业的比较优势依然存在。原因是，和欧洲国家对比，美国 704
的土地不断增加，如同人口、劳动力和资本存量也在不断增长。在 1790 年和 1850

年之间，在土地增长时代的末期，美国的土地面积增长了 3 倍以上。美国人口增长了 2 倍以上，但是巨大的土地面积的增加，使人口—土地比例保持在 2 倍以下。在一段时间内，例如 1800—1810 年或 1820 年，或者 1840—1850 年，这一比例下降了（U. S. Bureau of the Census，1975，Series A-1 to A-5）。1800—1850 年即使美国的人口增长率远远高于欧洲和俄罗斯的亚洲部分，美国的人口—土地比例的增长幅度也小于这些地区。

即使农业的重要性不断下降，美国在 19 世纪下半叶还是经历了农业发展和农业出口贸易的高峰。农业生产力和人均产出在 19 世纪下半叶的增长速度高于上半叶，农产品人均产出达到了后来年份无可企及的程度。

农业产出的快速增长包括美国农业地区的大规模扩张，甚至在美国的大陆面积
705 停止扩张之后；在 1850 年之后的 50 年中，农业新增用地几乎是 1850 年面积的 2 倍。农业生产的巨大增长是与移民在新地区的生产分不开的。在 19 世纪上半叶，棉花生产从佐治亚州和南卡罗来纳州扩散到密西西比州、路易斯安那州、得克萨斯州和阿肯色州。在 1850 年之后，主要变化是谷物和肉类产出从大西洋沿岸各州和俄亥俄河流域转移到密西西比州以西各州。

农业面积的增加伴随着美国农产品供给的增加。同时，从欧洲方面看，北美农产品供给在美国国内和跨大西洋货运的运费率持续快速下跌。

快速增长的美国产出和下降的价格，加上下跌的运输费用，使美国产品在美国内战后的岁月中把欧洲大陆供应商驱逐出英国谷物和肉类市场。最终，同样的运输成本改进，美国国内需求增长，较新的生产地区例如加拿大、澳大利亚和阿根廷的发展致使美国丧失了欧洲农产品主要供应商的地位。

瑞典切实感受到了美国谷物出口的影响。因为瑞典谷物出口因面临美国的竞争而下降，许多瑞典农民放弃了他们在瑞典的生产力较差的土地资源，搬到美国去，特别是明尼苏达州和伊利诺伊州。在那里，他们综合了在瑞典获得的人力资源、农业技能，加上美国的生产力更高的土地和气候，因而使美国的谷物供给进一步增多（Blomström, Lipsey and Ohlsson，1988）。

在农业产出快速扩张的时期，外国市场最为重要。例如，虽然美国内战后农业出口占产出的 20%~25%，但是农业出口的增长从 1870—1874 年大约占产出增长的

1/3 上升到 1895—1899 年的峰值。当农业产出增长最快的时候，出口吸收了农业产出的大部分增长。考虑到大多数农产品具有相对低的国内需求弹性，农产品价格可能会剧烈下降，但是出口维持了价格稳定。

这样，出口鼓励资源（土地和移民）流入新的农业生产领域。否则，如果价格 706
的大幅下跌使新的殖民地不再具有吸引力，那么资源流动可能早已结束。

私人商品的历史在某种程度上表明了出口市场具有两个不同作用。其一是为新土地上建立的殖民地和商品生产提供了初始发展动力。其二是为最初供应当地或国内市场的商品提供了更宽广的市场和更大的需求弹性，以及在某些情况下更有效的生产规模。一些产品归入上面提到的分类的第一项——这些最初面向出口市场的产品，后来就主要依靠出口了。例如烟草从它早期的培育阶段就大量进行出口生产。在 1800 年，超过 2/3 的农作物用于出口，在 1810 年大约是 3/4。棉花是出口农作物的代表。在 19 世纪 30 年代，当棉花开始变得非常重要时，产出的 80% 用于出口。甚至在 19 世纪下半期，当棉花和烟草作为美国农业的组成部分其重要性长期下滑时，农作物的出口比例仍高于 50%。

像棉花和烟草这样重要的作物，虽然它们在 1800—1860 年为美国农业出口增长贡献了超过 80% 的份额，但它们在 1860 年只占农业产出的大约 1/6，在 1860—1890 年占农业出口产量的比重小于 1/5。许多其他农业产品——甚至是出口品种——降到了以上描述的第二等级。开始，它们是主要的国内产品，但是随着美国生产发展、效率提高以及运输费用下降，它们成为出口品。出口市场在美国发展的早期阶段不是主要的推动力。一些其他产品的贸易—产出比例，比如谷物就与棉花和烟草极为不同。谷物出口比例绝不超过 50%——国内消费总是谷物产出的主要消费渠道。然而，出口市场有时消化了谷物产出增长的一大部分，例如小麦在 1869—1873 年到 1894—1898 年，产出增长的 50% 几乎都用于出口。

一些产品的出口—产出比例具有欺骗性，因为产出是卖给另一个国内行业，在
出口前就用于加工了。鲜活动物出口几乎总是占农业产出的一小部分，但是肉类产 707
品出口却占农业销售的相当大的部分。例如虽然猪肉产品出口从未在任何一年的产出中占到高比重，但它的出口增长却超过了农业中猪肉附加收入的 50%。动物出口本身是可以忽略的。

因此谷物和肉类产品的情况不同于棉花和烟草，可从较低的出口—产出比例和这些比例的大幅波动中得出结论。可能在人口增长和都市化过程中存在稳定的国内需求增长，然而，国内需求是缺乏弹性的。价格的下跌没有促使国内食物的消费大量上升；增加的产出如果全部投放在国内市场，将导致一些商品的价格下降。作为替代品的外国需求，至少在有其他供应商的市场中弹性会更大。美国通过替代其他供应商增加它的海外销量，而且美国农业部门不用通过降低价格来增加国内的食物消费。

供给变化是无规律的，以棉花为例可看出，其供应也随着大量人口迁移到新的农业地区而变化。然而，这些人口流动部分是自发的——也就是说，他们不是简单地对价格上升做出反应。如果没有外国市场，只有需求无弹性的国内市场，假如确实存在这种情况，那么新殖民土地上供应量增加一段时间后（如果确实如此），必将引起价格的大幅下降。因此，外国市场的存在和它们对美国出口商品的开放是农业快速扩张的重要前提。

在 19 世纪初期的出口中占重要地位，甚至在 18 世纪更加重要的初级产业，除了农业，就是林业和渔业。二者在 19 世纪上半叶，作为出口行业的地位不断下降，而渔业在 18 世纪最后几年已经大幅下降。海洋产品占出口的比重从 1770 年的 16%，下降到 1803—1810 年的 7%，继而在 1851—1860 年跌到 2%；林业产品占出口的比重在 1770 年和 1803—1810 年为 12%，1851—1860 年下降到 5%。

708 林业的出口—产出比例可能在 19 世纪早期高于 15%。以渔业为例，在美国内战之前的 10 年或 15 年中出口似乎超过了产出总值的 1/4，这一比例在早期肯定更高。在 18 世纪 70 年代，该比例可能为 1/3 或更高，尤其是捕鲸业。出口市场对大部分初级产品显得尤为重要，包括从林业、渔业派生出来的产品和农产品。

甚至在 1869 年，在农业出口的高峰之前，农业的出口比例都是制造业的出口比例的 2 倍以上。制成品极少出口反映了美国资源的丰富，而不是美国的加工能力。美国通过食品主要是谷物和肉类产品提高出口比例，在食品中，大部分价值（高于 80%）进入最终成本，并附加到了农业而不是制造业中。

同样高度依赖资源的石油和煤产品集团，是唯一一个在发展早期出口占重要地位的制造业部门。其出口在 1869 年和 1879 年占了产出的一半以上，到 1914 年这一比例保持在 1/4 以上。在非制造业部门，甚至像食品这样接近初级产品的产业，其出口占产出的比例也曾高于 15%。在 1869 年，18 个制造行业中 14 个行业的出口比例低于 4%，10 个行业的这一比例低于 2%。

农业和其他初级产业的出口贸易优势是美国经济增长的一个因素。包括农业在内，出口通过两条不同的途径扮演着重要的角色。尤其在早期，外国市场是一些产品的主要消费出路，对资源流动和产出增长起主要的促进作用。对其他方面，尤其在 19 世纪下半期，外国市场通过减少供给增大对价格造成的影响从而减轻了产出快速增长的压力，我们认为，如果考虑到农产品国内需求的可能的低价格弹性，那么这一影响会更大。

美国比较优势的变化趋势的另一个指示器是部门的出口—产出比例，该数据从 1869 年开始记录在册。趋势不是非常明显，在方向上确实不一致。农业出口比例在 1879 年达到顶峰，之后的主要趋势是下降了（见表 15–12）。资源型制造业的出口比 709
例也在 1879 年达到高峰，而其他制造业产品的出口比例如果有也都显示了上升趋势。因此，在农业和资源型的制造业中，出口贸易相对重要——有时超过产量的 10%，但是出口市场的重要性在下降。资源作为美国出口基础的作用越来越弱。另一方面，在其他制造业部门中，资源的重要性在下降，出口在产量中的比重却在上升。这在钢铁、机械、运输设备行业中尤为明显（见表 15–13）。

表 15–12　　农业和制造业的出口—产出比例（%）

年份	1869 年	1879 年	1889 年	1899 年	1904 年	1909 年
农业	9.8	18.3	13.2	13.2	11.0	10.5
资源导向型制造业[a]	8.2	12.1	9.8	11.3	9.4	7.3
其他制造业	1.6	3.3	1.9	4.3	4.6	4.2

说明：a. 食品、烟草制品、石油和煤产品，以及林业产品。

资料来源：Phyllis A. Wallace, unpublished compilations. National Bureau of Economic Research, *Thirty-third Annual Report*，1953（New York，1953）. 这些比例比表 15–11 中的比例要低，因为没有从分母中扣减其他行业对投入的购买。

表 15–13　出口—产出比例（%）

年份	1869 年	1909 年
钢铁产品	1.7	4.2
有色金属产品	1.7	9.3
机械	3.2	7.7
运输设备	0.8	3.2

在进口方面，变化趋势正好相反。对制造业整体或几乎每个制造业集团而言，
710 美国国内消费中的进口商品份额都在大幅下降，而林业产品却是例外（见表 15–14）。

表 15–14　进口—消费比例（%）

年份	1869 年	1909 年
农业	5.8	8.3
渔业	1.1	4.8
矿业	2.1	7.3
制造业	14.0	5.9
食品	19.8	9.5
纺织品	20.8	8.6
化工产品	26.8	11.8
林业产品	3.6	3.6
钢铁产品	12.0	1.4
有色金属产品	20.1	9.2

对资源行业、农业、渔业和矿业而言，消费商品的进口比例普遍上升。在制造业中，大多数产品中进口所占的份额剧烈下降。因此进口数据能够清楚地表明美国的比较
711 优势由自然资源产品转向制造业。

与世界贸易相比美国贸易的商品结构

美国在内战后的比较优势变化，可通过比较美国出口商品的结构和世界出口商品的结构看出。从 19 世纪 70 年代到 20 世纪初期几年，美国在全球初级产品出口中

的份额在一个相当窄的范围内波动，只在第一次世界大战的差不多前 10 年有所下降（见表 15–15）。美国在世界制造业出口中的份额到 19 世纪 80 年代保持在大约 4%，而后迅速上升。因此，即使上文提到的美国在生产和就业领域的巨大转变已经发生，出口方面的比较优势的转变也直到 19 世纪末期才发生。

了解这种变化的另一种途径是比较美国出口商品和世界出口商品的构成。从 19 世纪 70 年代晚期到 1913 年，世界的制成品与初级产品出口的比值一直稳定在 60% 上下。美国的比值要低很多，这显示出美国的比较优势是在初级产品上，从 19 世纪 70 年代到 19 世纪 90 年代早期这一比值保持在 16%~18%。而后，在下一个 20 年，这个比值上升到 40%，生产和就业领域从初级产品向制造业的转变终于反映在美国出口商品结构中。

表 15–15　美国和世界初级产品和制成品的出口（%）

时期	美国出口占世界出口的百分比		制造业出口占初级产品出口的百分比	
	初级产品	制造业	世界	美国
1871—1875 年	NA	NA	NA	16.8
1876—1880 年	15.4	4.0	61.6	16.1
1881—1885 年	16.0	4.2	62.5	16.2
1886—1890 年	14.4	4.1	63.4	18.0
1891—1895 年	16.1	4.7	58.5	17.0
1896—1900 年	16.7	7.0	59.2	24.7
1901—1905 年	16.0	8.0	57.7	28.9
1906—1910 年	14.7	8.2	60.5	33.7
1911—1913 年	13.8	9.2	60.7	40.5

资料来源：League of Nations, *Industrialization and Foreign Trade*（Geneva，1945），tables 7，8，9 and 13.

美国贸易的地理方向

出口商品目的地和进口商品来源地的变化

美国在建国的早期就主要面向欧洲出口，而且几乎所有不出口到欧洲的商品都被运到西印度群岛的欧洲殖民地（见表 15–16）。这些年的贸易模式反映了拿破仑战争和英国对欧洲的封锁效应，一些西印度群岛贸易是伪装的，实质是与欧洲进行贸易，或者说是欧洲贸易的暂时替代品。

表 15–16 1790—1913 年按目的地划分的美国出口分布（包括复出口）(%)

时期		欧洲			美洲	
	总和	总和	英国	德国	总和	加拿大
1790—1798 年	100	62	21	16	38[a]	NA
1799—1808 年	100	62	22	8	38[a]	NA
1809—1818 年	100	69	28	3	31[a]	NA
1819—1828 年	100	64	34	4	34[b]	3[c]
1829—1838 年	100	71	43	—	27	3
1839—1848 年	100	73	47	—	24	5
1849—1858 年	100	73	48	—	23	8
1860 年	100	75	51	4	21	7
1869—1878 年	100	81	54	9	17	6
1879—1888 年	100	81	52	8	14	5
1889—1898 年	100	79	48	11	16	6
1899—1908 年	100	72	36	14	19	8
1904—1913 年	100	66	30	14	25	12

说明：—= 小于 0.5%。

a. 总和减去欧洲。

b. 总和减去欧洲，36%；亚洲，2%。

c.1821—1828 年。

资料来源：U.S. Bureau of the Census, *Historical Statistics*，Series U317-334. 根据 Timothy Pitkin, *A Statistical View of the United States*（New York，1816），215-217，几乎所有在 1795—1802 年出口到美洲的商品（总和的 36%，减去出口到佛罗里达和路易斯安那的商品）都去了西印度群岛。

几乎在整个 19 世纪，虽然美国的工业经济在不断增长，但美国一直集中增加向欧洲的出口。这一增长可能使美国在制造业方面比欧洲具有更强的竞争力，削弱了原材料和食品的供应商地位，但是对欧洲市场的关注持续到 19 世纪 80 年代，只是在 19 世纪 90 年代后才开始剧烈转变。对于英国方面来说同样是这样，即使两者存在语言和传统的联系，但是它作为美国出口的目的地，在 18 世纪初期占有的份额 712
不到 1/4，到 19 世纪 70 年代和 80 年代才超过一半，在 1900 年后急剧下跌。在 19 世纪晚期，原来英国的一些份额由德国代替，随着美国出口转向世界的欠发达地区，出口份额也流入西半球。

19 世纪的最初几十年，欧洲作为进口来源地和出口目的地，二者地位几乎同样重要（见表 15–17）。然而欧洲占美国进口的比例呈稳定下降趋势，从先前的 2/3 左右降到第一次世界大战前的约 1/2。英国和法国的份额下降更快，而美国进口中的德国份额增长了一倍。其他地区中，加拿大和亚洲作为进口来源地的重要性在增强。 713

表 15–17　1795—1913 年按进口来源地划分的美国总进口中的地区分布（%）

时期		欧洲				美洲				亚洲
	总和	总和	英国	法国	德国	总和	加拿大	古巴	巴西	总和
1795—1801 年	100	52	35	2	5	38[a]	0	NA	NA	9
1821—1828 年	100	63	40	10	3	26	<1	9	2	11
1829—1838 年	100	64	37	15	3	22	1	8	4	8
1839—1848 年	100	67	38	19	3	25	1	8	5	8
1849—1858 年	100	66	42	14	5	26	4	8	6	7
1860 年	100	61	39	12	5	29	7	9	6	8
1869—1878 年	100	54	33	9	7	35	6	13	7	10
1879—1888 年	100	55	26	11	9	32	6	9	7	11
1889—1898 年	100	52	21	9	12	33	5	7	10	11
1899—1908 年	100	51	17	9	11	30	5	6	7	16
1904—1913 年	100	50	17	8	11	32	6	7	7	15

说明：a.1% 来自“佛罗里达和路易斯安那”，37% 来自西印度群岛。

资料来源：Bureau of the Census, *Historical Statistics*, Series U335-352,and Pitkin, *Statistical View*, 212-214.

这些转变的根本原因是外国供给和需求的变化，这种变化来自其他国家人口和生产的增长，而美国供给和需求的变化来自美国生产的增长和结构的变化。

在 19 世纪大部分时间，虽然存在从美国跨越大洋运输货物的额外成本，但美国出口到欧洲的份额等同于欧洲自身出口到欧洲的份额（欧洲内贸易），而不是欧洲出口到北美的份额（见表 15–18）。欧洲和美国的发展阶段不同，而出口目的地相似，表明这些份额主要由欧洲市场的力量决定。

表 15–18　　欧洲作为出口目的地或进口来源地的份额（%）

年份	欧洲		美国	
	出口目的地	进口来源地		
	（除去与北美的往来）		出口目的地	进口来源地
1800 年	84	NA	58	NA
1830 年	82	70	67	63
1840 年	76	NA	74	63
1850 年	77	72	76	71
1860 年	74	71	75	61
1870 年	78	76	81	55
1880 年	79	77	86	56
1890 年	76	76	80	57
1900 年	76	74	75	52
1910 年	73	70	65	52

资料来源：Bairoch，*Commerce Extérieur*，tables 21 and 22，and Bureau of the Census, *Historical Statistics*, Series U317，U324，U335, and U342.

在进口方面，情况不同：除了从北美进口外，在 19 世纪欧洲自身是其近 3/4 的进口商品的来源地，但是欧洲在 19 世纪中期后作为美国进口商品来源地的地位下降。要么是欧洲作为生产者的地位下降了，要么是美国需求偏离了欧洲具有比较优势的产品，因为美国的制造业发展了，其产品在美国市场上代替了进口的制成品。美国出口中的欧洲份额的稳定至少维持到 19 世纪 90 年代或更晚，其稳定性是与美国出口中农业份额的稳定性相关的，相关性保持到 19 世纪 80 年代或 20 世纪 90 年代。二者均反映了欧洲农业的下滑和美国农产品比较优势的增强。

正如前面已论述过的情形，美国进口中欧洲份额的下降是与美国进口中的制成

品份额的下降相关联的。 714

判断贸易关系密切性的一种方法是考虑目的地国家的规模，比如说人口。加拿大从未在美国出口总额中占据引人注目的份额，但是从美国人均出口额可看出加拿大在贸易方面与美国的联系要比其他更大的国家紧密得多（见表 15–19）。根据贸易“密集度”标准，进口国家的人均收入和共同语言似乎都是重要的积极因素，可以通过了解与较远的澳大利亚的高贸易密集度和相对于德国、法国而言的与英国的贸易密集度得到验证。

表 15–19　　相对于进口国家人口而言的美国的出口（英国 =100）

国家	1870 年	1913 年
加拿大	78	114
英国	100	100
澳大利亚	36	80
德国	20	58
法国	14	25
墨西哥	7.6	26
巴西	7.2	13
日本	0.4	8
中国	0.1	0.4

在进口方面，按现在来源国家人口的美国人均进口额衡量（英国 =100），与加拿大的贸易密集度尤为高，甚至超过出口的贸易密集度（见表 15–20）。在资源型国家中，虽然澳大利亚和美国有共同的语言，但墨西哥、巴西和德国对美国的人均出口都比澳大利亚多。墨西哥和加拿大的毗邻、每个国家的比较优势似乎在决定进口资源方面比语言或人均收入更重要。 715

表 15–20　　相对于出口国家人口而言的美国的进口（英国 =100）

国家	1820 年	1870 年	1913 年
加拿大	NA	186	230

续前表

国家	1820 年	1870 年	1913 年
英国	100	100	100
澳大利亚	NA	24	51
德国	5	21	67
法国	11	22	47
墨西哥	NA	6	75
巴西	NA	49	73
日本	NA	2	26
中国	1	1	1

美国贸易条件的趋势

国家的总体贸易条件

出口与进口价格的比值，或一个国家的贸易条件（有时指净实物贸易条件）衡
716 量出口品购买力的变化：每单位出口商品购买的进口商品的数量。贸易条件的上升经常被看成一个国家可喜的发展，被认为是贸易条件的“进步”，即使有时这一结论是有疑问的。如果贸易条件上升是对国家出口产品需求增加的结果，那么它对实际收入的效应是正面的。然而，如果它是相对其他国家成本上升的结果，那么它的这种发展是不合意的，代表国家在国际市场的竞争力下降。无论成本上升是通货膨胀的结果还是生产力发展速度慢于其他国家的结果，这个结论都是正确的。

人们普遍相信依靠初级产品出口获得收入的国家，在长期会遭遇贸易条件下降的困境。我们可找出一些原因来解释预期贸易条件下降的原因。首先，农产品的需求价格弹性低。世界产量的增加不易被谷物消费消化，因此导致相对价格大幅下跌。进一步说，食品的收入需求弹性低；收入的增长导致食物消费比例增长的幅度小于收入增长幅度。因此食品价格不会因世界收入的增长而抬升。另外，农产品在竞争性市场销售，生产者几乎没有机会利用垄断力量提高价格。相比之下，制成品面临更高的需求和收入弹性，还可通过垄断市场提高价格。

美国的贸易条件数据跨越了 100 多年的时间，包括了由几乎完全出口初级产品的原始经济向成为世界上收入水平最高的工业化国家之一的转型时期。总的来说，这就是贸易条件长期发展的一幅图景——从建国到第一次世界大战，贸易条件可能增长了 2/3（见表 15–21）。贸易条件的最大幅度的增长发生在美国内战之前，当时美国几乎完全是初级产品——大部分是农产品——的出口国。这些产品直到 19 世纪末期都保持着统治地位，同时贸易条件持续上升。19 世纪 80 年代后，从根本上说，
贸易条件上升极少。因此在 19 世纪的历史中，没有迹象表明美国作为农业出口国， 717
出现了净实物贸易条件向负面的演变。

表 15–21　美国的贸易条件[a]（1913 年 =100）

时期	贸易条件指数	时期	贸易条件指数
1789—1798 年	58	1849—1858 年	90
1799—1808 年	66	1859—1868 年	80
1809—1818 年	60	1869—1878 年	87
1819—1828 年	65	1879—1888 年	97
1829—1838 年	79	1889—1898 年	90
1834—1843 年	83	1899—1908 年	97
1839—1848 年	77	1904—1913 年	99

说明：a. 出口价格指数 / 进口价格指数。

资料来源：Lipsey，“Foreign Trade”，table 14.3.

部门价格走势

古典经济理论强调对农产品和其他初级产品（相对于制成品而言）相对价格长期趋势的预测。古典的观点，至少可追溯到罗伯特 · 托伦斯（Robert Torrens），而后约翰 · 斯图亚特 · 米尔（John Stuart Mill）继承了这一观点，而杰文斯（Jevons）对英国煤矿资源的枯竭发出的警告进一步强调了这一观点，那就是“制成品的交换价值与农产品和矿产品相比，随着人口和工业的成长，会出现确定无疑的跌落趋势”[1]。希尔加德特 (Hilgerdt) 在 1945 年国际联盟报告实录的解释中提出相反的观点，该观
点后来又被劳尔 · 普雷比什（Raúl Prebisch）和汉斯 · 辛格（Hans Singer）列入联合 718

国文件中。这一观点是初级产品价格长期内下降，下降的原因是食物价格弹性和收入弹性低，需求减少是由于合成材料代替了天然原料，另外发达国家的制造业企业面临垄断或寡头垄断价格的状况，使制成品出口的购买者无法从制造业生产率的进步中获得收益。

美国在 19 世纪是一个检验这些理论的较好的实验室，因为总的贸易条件记录可以追溯到农业占统治地位并逐渐向工业经济转型的时代，农产品和制成品的价格和生产力同样记录到比其他多数国家更早的发展阶段。

在美国的出口中，由棉花出口决定的农产品价格指数很不稳定，很难看出变化趋势，但还是可以清楚地得出农业和制成品价格在 1815—1820 年和 1830 年之间或整个 19 世纪 30 年代有大幅下降趋势。因为制成品出口价格的下滑速度慢于农产品出口价格的下降，制成品的相对出口价格上升了（见表 15–22）。从 19 世纪 30 年代到 50 年代相对价格的变化相当小，棉花和烟草在农产品出口价格指数中占有很大的权重，棉花和烟草制成品在制成品价格指数中占有 70%~80% 的权重，这一点也不会令人惊奇。在 1879 年后，制成品出口价格相对于农产品出口价格有相当大幅度的下降，这一变动与古典的理论一致，却与普雷比什及辛格的观点矛盾。

表 15–22　　1815—1860 年与 1879—1913 年美国制成品和农产品出口价格和全要素生产率的关系

时期	出口价格指数	生产率
	制造业 / 农业	农业 / 制造业
1815—1820 年	97	
1821—1830 年	113	
1831—1840 年	102	
1839—1840 年	100	128
1841—1850 年	110	123
1849—1850 年	98	119
1851—1860 年	106	109
1859—1860 年	100	100

续前表

时期	出口价格指数	生产率
	制造业 / 农业	农业 / 制造业
1879—1888 年	142	137
1889—1898 年	138	121
1899—1908 年	127	123
1904—1913 年	110	118

注：对于 1815—1860 年，1859—1860 年 =100 ；对于 1879—1913 年，1913 年 =100。

资料来源：Gallman,"Commodity Output", 43 ；Stanley Lebergott, *Manpower in Economic Growth*（New York, 1964), 510 ；Lipsey,"Foreign Trade", 575. 719

古典理论信条的基础是制成品价格在长期会下降，深信制造业生产力会比农业生产力增长得更快。这部分推测在美国内战前后似乎是正确的。从 1879 年到第一次世界大战爆发，制造业生产力比农业生产力上升得更快，并且制成品出口价格相对于农业出口价格也在下降。约 60% 的相对出口价格的变化可由相对生产力的变化解释。

美国内战前的 20 年中，制造业生产力相似的相对增长没有反映在出口价格上；制成品相对于农产品的出口价格比值相当稳定。在早期，从 1815—1820 年到 1839—1840 年，出口价格比值也几乎没有变化。在早期阶段，索科洛夫（1986）对挑选出的制造行业的生产力度量与汤和拉斯马森（Towne and Rasmussen，1960) 所做的农业产生力的度量的对照，表明了制造业生产力的进步要比农业生产力快得多。

有一些可能的原因可以解释为什么在 1860 年前生产力和价格比值不匹配。在 1830 年后，诺思（1961，appendix 2，table 4）的出口价格指数由棉花加工业决定，在更小的范围内，由烟草加工业决定，二者的生产力发展都要快于农业。然而，这两个工业的产出包括大量农业要素投入，这可以解释为什么诺思的制造业价格指数的上升非常类似于由棉花和烟草决定的原材料价格指数。

在 1830 年前，诺思的制造业价格指数中的产品不能较好地匹配索科洛夫的目录，价格指数中最大的一项——肥皂——没有被索科洛夫囊括进来，位列第二位的烟草加工业，包括大量的农业投入并且在 1850 年前没有出现生产力的大发展。

720 内战后的价格和生产力变化揭示了这两个部门的生产要素和要素报酬的变化。
正如农业出口价格揭示了所售的每单位农产品的回报一样，假设制成品出口大体上
是美国制造业生产中的代表，那么农产品对制成品价格的比值也是这些农产品购买
力的度量尺度。相关价格的产品和农业生产力指数表明了农业中生产要素或投入回
报的程度：一小时农业劳动力或一单位投放到农业中的资本对制成品的购买力。

按这个标准（见表 15–23），农业生产要素在 19 世纪 90 年代之前确实有很高的
回报。制造业生产力比农业提高得更快。农业出口价格的上升速度快于制成品价格。
721 农业要素对制成品的购买力大幅度上升，然而制造业生产要素对农产品的购买力实
际下降了。制造业生产力增强带来的收益大多进入农业的生产要素中，当然也进入
了美国制造业出口品的外国购买者手中。

表 15–23　农业和制造业出口价格指数、农业和制造业产品的购买力（1913 年 =100）

时期	价格指数			
	农业	农业占制造业的比重	农业生产率指数	农业要素对制成品出口的购买力
1879—1888 年	83.6	70.4	93.7	66.0
1889—1898 年	67.8	72.4	95.6	69.2
1899—1908 年	77.0	78.9	106.6	84.1
1904—1913 年	89.8	90.6	106.3	96.3
1913 年	100.0	100.0	100.0	100.0
时期	制造业	制造业占农业的比重	制造业生产率指数	制造业要素对农业出口的购买力
1879—1888 年	118.5	142.1	69.1	98.2
1889—1898 年	93.1	138.2	78.7	108.8
1899—1908 年	97.0	126.8	86.8	110.1
1904—1913 年	98.2	110.4	90.0	99.4
1913 年	100.0	100.0	100.0	100.0

资料来源：Lipsey, *Price and Quantity Trends*, Appendix tables A-1 and A-3.

战争和贸易政策的效应

航海条例

19 世纪美国贸易发展的大部分内容都不是由偶发事件或有意识的政策造成的。我们把贸易发展主要归因于收入水平、生产力变化、要素禀赋和禀赋变化。政府政策的一个不重要的可能例外情况是航海条例对美国殖民地贸易方式的影响，美国从开始存在起就采取这种贸易方式。

在殖民地时代，英国政府从来不会放心把贸易留给看不见的手来操控。正如亚当·斯密所说的，不受航海条例限制的目的是通过进入外国市场来鼓励人们种植谷物、清除并利用森林、饲养牲畜，使英国发展水平超越一个人口稀少国家所能达到的一般水平。政策成功的关键是使商品能够进入“广阔的市场”，不用因没有贸易往来而局限在一个国家内，并因而使这些产品的价格升高。高价格可以鼓励人们扩大种植面积，改良牲畜品种。

航海条例的另一面，即其主要目的是赋予国内（英国）购买者垄断权来购买殖民地的原材料产出，保持低价格，严格限制可能会与英国卖者竞争的殖民地制造业的成长。

殖民地贸易的最初方式与这些计划相适应，因为出口品大部分是原材料和食品，进口品主要是制成品。然而，这同样可以用殖民地的要素比例和技术缺陷来解释。
美国独立后贸易模式的演变是渐进的，当废除早期的限制后，美国在独立后与英国 722
的贸易更加集中，这表明了经济力量而不是航海条例，是美国贸易商品和国家模式的主要决定因素。

诺思（1974）得出一个相似的结论，使英国皇家政策对殖民地福利及其经济性质的影响达到最小。假定殖民地的要素比例不变，而这一比例表明美国在这一领域不具有任何比较优势，所以他认为可以取消这种对制造业来说不重要的限制。尤其是美国的烟草生产者背负了沉重的负担（这可由接受的价格和在英国以外获得的价格的差额衡量）。同样，殖民地的消费者由于从其他欧洲国家进口商品，人为造成价格上升而承受负担。然而，很大程度上是英国的军事保护使它们实现了贸易平衡。

诺思的分析把 1785—1793 年作为没有英国限制的标准情况的代表，这表明即使限制措施产生了效果，那么效果也是短期的，不会使美国偏离长期增长路径。

拿破仑战争和贸易禁运

正如前面所引用的卡伦德的描述，毫无疑问，在 1812 年战争前的拿破仑战争以及与之相伴的贸易禁运为贸易和航运提供了巨大的机会，但是也对年轻的美国经济造成了很大的打击。很难讲一些效应是否长久，从某种角度来说在该时期之后美国的一些新产业成功生存下来，这些产业要么在世界市场得以立足，要么丧失了立足之地。

关于这个时代的大多数分析集中于当时几乎所有潜在对手都被赶出贸易市场时，美国中立的直接好处。诺思（1974，69）描述了 1793—1807 年这段时间是“极其繁荣的时期”，该特点被“无数文献描述”肯定。繁荣来自航运业收入（净余额从 50 亿~80 亿美元增长到 380 亿~400 亿美元），还有出口价格的上升和贸易条件的上升。

1808 年开始贸易禁运，尤其当美国于 1812 年加入战争后，这些收益就发生了逆
723 转。航运收入和出口猛烈下降，贸易条件变得不利于美国。根据诺思的分析，禁运确实在促进美国制造业方面产生了一些作用，但是发展的路径并不适合此时美国的比较优势，只是人为地促进了在战后竞争中很快衰败的工业化。因此战争期间的净额，尽管实现了早期阶段的繁荣，但实质上似乎并没有推进美国经济发展。

后来，戈尔丁（Goldin）和刘易斯（1980）提出的有关拿破仑战争时代的繁荣时期的观点，通过评估其对人均收入增长率的影响，试图降低中立时期“传奇般的重要性”。估计所得也许不像传说中的那样庞大，但仍是非常大的——年人均收入增长率在 30%~40%。虽然作者们称这种收入增幅并不是很大，但是他们确实表明对发展而言收益更加持久——海港城市和内地城镇的增加，另外还有航运吨位的上升、银行业和商业化的普及。

美国内战

内战是美国历史上最血腥的事件，双方在整个美国国土上厮杀，在很大程度上把国家按经济线分裂了。尽管存在这些因素，但人们总是相信北方各州从战争中获得了经济利益。然而，诺思（1966，149）判断战争“不是促进工业发展的主要因素”，

大概也不是主要的阻碍因素。这一结论的基础是工业的发展和制造业的进步在内战前就已经发生了。高尔曼（1972）指出，在战争中失去了大量劳动力，入境移民减少，在那个时代军工业需求规模小。内战真正改变了北方各州和南方各州的关系，大量减少了南方的人均收入水平，加大了南方和其他地区的收入差距。同样在与贸易政策相关的政治力量对比方面有了重要转变，南方各州更多地依赖出口、更期望自由贸易，但是这对北方各州造成了危害，北方更多地依靠进口，更愿意通过保护主义立法。 724

战争对美国总体的负面效应反映在先前美国占世界贸易份额的变化中，这一份额在 1860—1870 年下降，这使长期上升趋势出现了不寻常的中断。美国的净债务在战争开始和结束期间上升了 2 倍。

在某种程度上出口的地区分布没有变化，这说明战争并没有剧烈地改变美国的工业结构。制成品的份额增加了，但是增加的幅度没有达到足以打破上升趋势的程度。棉花出口的份额下降了，但是下降的幅度比不上 19 世纪 30 年代到 40 年代之间的下降幅度，而且小于 19 世纪 70 年代到 80 年代的下降幅度。总的来说，美国内战似乎更多的是打断了正在发生的生产和出口构成的变化，而不是刺激它们进一步发展。

关税政策的效应

保护主义立法通过限制美国市场上的外国竞争来促进制造业发展，保护的程度却是一个长久争论的话题。内战后的时期有时被引用为美国利用高关税成功地扶植了幼稚产业，使其最终壮大的范例。在 1869 年，进口占制成品消费的 14%，到 1909 年该比例下降到 6%。在每个制造行业进口比重在 1869 年是 10% 或更多，这一比例在 1909 年下降到 5% 或更少。钢铁行业是一个极端的例子，进口比重从 12% 下降到大约 1.5%。这些下降表明美国制造业的快速成长包括了进口替代过程：用国内产品代替进口品。市场份额是明显的例证，但是从绝对的角度看还有两个进口替代的例子都表现为其行业中进口数量的下降。

从绝对的角度看两个进口替代的例子在 19 世纪非常突出，所在的行业的保护程度是增加的。其一是美国内战前纺织品的进口大量下降，其二是 19 世纪 80 年代和 90 年代的钢铁行业。在纺织品的例子中，国内产业已经在禁运期间扩张了，禁运中有效的是禁止性关税，即使它在这期间从来没实行过。陶西格（Taussig, 1931） 725

推断是禁运本身，而不是被用来保护行业的关税，对增长起到了主要促进作用。诺思（1966）分析了这样一种可能性，即 1816 年、1824 年和 1828 年的关税法案使在 1808 年被禁运和在 1812 年战争后被严重破坏的纺织行业部分得到恢复，但是到 1830 年该行业已经成为净出口者，不再需要保护了。

后来，大批经济分析、政策造成要素市场扭曲的理论、干中学的理论和规范的生产函数契合理论（formal production function fitting）与行业、私人公司和集团公司的详细研究结合起来，重新开始讨论。戴维（1970）早期的范围广泛的分析超出了保护对行业规模的影响这一研究范围，其结论与陶西格较早得出的 19 世纪 20 年代后保护的福利影响的结论接近。在稍晚一些的比尔斯（Bils, 1984）、特明（1988）和哈利（Harley, 1992）的分析中得出了 19 世纪 30 年代棉纺织业没有关税保护也能生存这个颇令人怀疑的观点，因此他们更加相信保护主义能够促进行业成长的观点。所有观点挑战了陶西格的结论："到 1832 年，行业在平等条件下可以……应付外国竞争"（Taussig，1931，136）。这些作者都指出美国的相对优势是粗布，而不是优质布。但是比尔斯得出了有关关税保护必要性的最强有力的结论，即"没有保护棉纺织行业中就会没有大部分附加价值（Bils，1984，1045）"。哈利运用不同的资料也推断出，即使在 19 世纪 50 年代大规模的出口已经超过产出的 10%，美国产业"如果没有保护……只能达到现有规模的一小部分"（Harley，1992，580）。

诺思（1966）提出，美国冶铁业正如亚当·斯密指出的那样被英国航海条例严格管制，在某种程度上由于其产品的高运输成本而得到保护。[2] 钢铁的进口量在
726 1879—1899 年下降，纺织品进口的下降更早，在该时期美国国内钢铁产品消费增长了 2 倍多。因为进口的下降与生产的增长相比是微不足道的，它并不是这一增长的主要促进因素。大多数对工业史评价的结论是，保护和进口的下降促进了工业要素的增长，它们在长期不是总体工业主要的影响因素（Taussig，1931；Temin，1964）。

生铁关税的研究（Baack and Ray，1974）结论是，产品关税确实提高了美国国内的产量，部分通过影响进口商品质量起作用。生铁关税是一种特殊的税，按照每吨的美元数征收，低等级生铁的税负权重远远大于高等级生铁。结果是低等级生铁的进口量下降，并鼓励国内在低端质量领域生产。

有实例表明，对重要产品产出征收关税能产生强大的效应，那就是 1866—1913

年的钢轨关税。黑德（Head，1994，160）推断，关税加上由于技术进步而不断下降的投入（生铁）价格“对国内钢铁产业绩效产生了巨大影响”。大部分收益可以归因于来自“干中学”的生产力提高。源于关税的福利改进幅度小，然而，因为关税迅速切断了进口以及关税废除得太晚了，所以 19 世纪 80 年代钢轨购买者承受了高成本。

一般来说，保护主义的历史方面的研究试图从鼓励被保护产业的生产角度来探讨保护是否是成功的。最近的研究对这一问题得出的结论大多是正面的。然而，这些结论仅涉及被保护的产业和运用在产业中的生产要素问题，而通常没有回答更重要的政策问题，即国家的增长和福利是否改善了。戴维（1970）和黑德（1994）在这方面是例外，他们考虑了更广泛的国民福利问题。

贸易和美国经济增长

在美国的大部分历史中，人们认为国际贸易对它的影响并不重要。原因是先前描述过的美国贸易与产出比值低，有时比值还是下降的。

这些低比值已经影响了贸易对美国经济增长重要性（尤其是 19 世纪的增长）的无休止的争论。克拉维斯（Kravis，1972）给国际贸易规定了一个相对适度的角色，
部分依据是：考虑到它在总产出中的份额，贸易太不重要以至于不能说它贡献了 727
GNP 或人均 GNP 的大部分增长。经济方面的观点认为贸易没有什么影响，该观点依据的是某种经济规模范围内的生产函数，即反映生产要素投入带来可预测的产品产出的生产函数。产出增长被尽可能归因于投入数量或质量的增长、技术进步以及一些无法解释的残差。这些分析中遗漏的问题是：为什么资源投入是以这样一个比率增长？实际进出口、更宽松的贸易环境——市场的存在以及生产者和贸易商进入社会的能力——所扮演的角色是什么？

赋予了贸易、外国需求增加更大重要性的观点与道格拉斯·诺思关于美国经济增长的研究成果有关。诺思描述了外国对棉花需求的增加在促进棉花种植范围向西扩展中的作用，以及紧随其后的更普遍的殖民地和种植业扩张的作用。

杰弗里·威廉姆森（Jeffrey Williamson，1980）在论战中提出了更新的观点，该

观点把重点转移到贸易更一般的影响上：外国需求的存在，而不是它的增长，以及外国市场的需求价格弹性的可能性甚至确定性，高于国内市场，可能高得多。高弹性意味着，在生产者获得的价格没有大幅下降的情况下生产可以快速扩张，比如种植业扩散到新地区。如果没有外国市场的高需求弹性，生产的扩张将很快面临国内较低的需求弹性的限制，价格快速跌落，扩张将会终止。这并不表明外国对某一产品的总体需求弹性必然与美国不同。对美国出口品的较高的外国需求弹性是由于外国的要素供给远小于美国的要素供给。因此，美国出口可以替代外国的出口品或同一产品。如果短期内集中于产量扩张的做法是没有效率的，那么他们可能会因贸易中断或萎缩而遭受损失。

728 国际市场这一效应的必然结果是当生产增长得最快时，出口与产量的比值上升。正如先前所描述的美国棉花生产的例子，还有 19 世纪下半叶中西部谷物和肉类生产的巨大增长也符合这一结论。因此，高弹性市场的存在和最初刺激生产的要素对国家向西部扩张是至关重要的。

从更现实的角度解释，人们会想到现在对大多数发展中国家建议的促进政策都是外向型的而非内向型的，偏好中立或出口导向型而非进口替代型。因为现在许多发展中国家的规模普遍比美国在工业化早期阶段时小得多，贸易导向型可能更适合这些小型国家，而不太适合位于大陆上的规模较大的发展中国家，就像美国在 19 世纪大部分时间里一样。另一方面，鼓励贸易的外向型贸易政策可能对政府政策的其他方面产生影响。它会影响投资、竞争、货币和财政政策。它可能影响投资者对于产业的选择和国内生产者的生产能力。这些远远比实际交易的商品数量所产生的影响更加广泛。

注 释

[1] John Stuart Mill(1909)，Vol. Ⅱ, Book Ⅳ, Chapter 2, 282.

[2]“英国通过免除他们的税负，鼓励在美国进行生铁和条形铁的生产……它绝对禁止在它的任一美洲殖民地上建立炼钢炉和缝焊作坊。”Smith (1776)，Book 4, Chapter 7。

第16章

1820—1914年的国际资本流动、国内资本市场和美国经济增长

兰斯·E. 戴维斯（Lance E. Davis）

罗伯特·J. 科尔（Robert J. Coll）

引　言

从一战结束到20世纪80年代初期的近3/4个世纪的时间里[1]，美国一直是世界上最大的资本输出国。从19世纪的最后10年开始，美国就开始为加拿大和墨西哥的经济活动提供资金；直到最近，资本转移总额还在不断增长，并且其地域范围也在不断扩大。尽管如此，在过去的10年中，美国还是由世界上最大的债权国变成了世界上最大的债务国。

然而，1914年以前，欧洲充当着世界银行的角色；在欧洲内部，英国是世界银行的资深股东。而且，在整个19世纪，美国吸纳了欧洲对外投资的绝大部分。和现代的美国人不同，19世纪的美国人对于储蓄表现出高度的偏好。虽然早年的记录有

733 些粗略，但在国民生产净值的构成中，资本净值所占的比例，在1805—1840年平均为6.5%，到19世纪末上升到接近20%，而且其中大部分是从国人消费中转移出来的，而不是来自国外。[2] 在1799—1900年，国家资本存量增加了近600亿美元，其中国外净投资的比重还不到5%。[3] 显然其作用有限，因此许多现代的经济史学家很快接受了库兹涅茨的观点：在美国经济的发展中，外国资本扮演着相对来说并不起眼的角色。[4] 虽然库兹涅茨引用的大量数据无疑是正确的，但是他的结论却很难与传统经济史学家的观点达成一致：传统的经济史学家着重强调了外国资本在美国经济发展中的作用；杰弗里·威廉姆森和雷蒙德·戈德史密斯（Raymond Goldsmith）已经证明了外国资本虽然在数量上所占比例相对较小，但并不等于它对美国经济的发展所起的作用也小。[5] 总的来说，尽管资本输入的总量并不突出，但在某些时期内外国资本在整个投资中却占有较大的比例，而且似乎在美国的经济增长中发挥着重要的作用（见表16–1）。在1832—1839年，国外投资的比重超过了资本净值的15%；在南北战争中后期的10年间，可能达到了75%；甚至在19世纪80年代，这个数字又增加了7个百分点。到1906—1913年，当美国的对外长期投资总额接近10亿美元
734 的时候，在美国的长期外国投资已经超过15亿美元。

表16–1　　1799—1900年资本增量中外国资本净输入的相对重要性

时期	外国资本净输入/国内资本净值（高尔曼）	外国资本净输入/国民资本净值（高尔曼）	外国资本净输入/资本净值（威廉姆森）
1799—1805年	–0.012	–0.013	
1806—1815年	0.005	0. 005	
1816—1840年	0.220	0.199	
1841—1850年	–0.008	–0.009	
1851—1860年	0.027	0.026	
1861—1870年	0.158	0.136	
1871—1880年	0.055	0.055	0.045
1881—1890年	0.086	0.082	0.102
1891—1900年	–0.028	–0.030	–0.020

续前表

时期	外国资本净输入 / 国内资本净值（高尔曼）	外国资本净输入 / 国民资本净值（高尔曼）	外国资本净输入 / 资本净值（威廉姆森）
1799—1900 年	0.049	–0.048	
1871—1900 年	0.038	0.036	–0.020

资料来源：第 1 项和第 2 项中的资本输入可参见 *Historical Statistics*, Series U18-25, 股本系列数字可参见 Robert E. Gallman, *The Capital Stock of the United States*, mss.chap.5；以及 Robert E. Gallman, "American Economic Growth before the Civil War: The Testimony of the Capital Stock Estimates", in Robert E. Gallman and John Joseph Wallis (eds.), *American Economic Growth and Standards of Living Before the Civil War* (Chicago, 1992)。第 3 项中的数字可参见 Jeffrey G. Willamson, *American Growth and the Balance of Payments 1820—1913；A Study of the Long Swing* (Chapel Hill, 1964)，142。

而且，如果考虑到美国资本市场刚刚起步，很多项目不能从最初的金融机构获得资金，来自更成熟的欧洲资本市场的外国资本为这些项目提供了资金。正像戈德史密斯所推论的："如果投资仅限于美国国内储蓄的话，那么到 19 世纪末，财富的增长将明显地变慢……因为这些输入的资本被集中投资在经济增长的关键领域。特别值得一提的是，如果没有这些外来资本，作为美国 19 世纪下半叶主要经济成就的铁路系统的发展速度将大大减缓。"[6]

由于外国投资在一些时期和一些地方具有潜在的重要作用——19 世纪 30 年代
和 80 年代是工业化迅猛发展和空间转变的 20 年，同时也由于在美国国内跨地区和 735
跨行业筹集资本相当困难，所以要弄清楚 1900 年以前美国经济增长的进程，了解外国投资所发挥的作用是很重要的。而且，1896—1914 年美国是外国资本的主要输出国，特别是对于加拿大和拉丁美洲国家来说；也就是在 19 世纪末 20 世纪初这段时间，美国人确立了经济帝国的地位。

这项研究描述和分析了在美国的外国投资的历史，并且详述了早期的美国资本输出。第一节按照时间顺序概括叙述了资本净流量的情况。第二节对于在美国的外国投资的地域来源和产业结构进行了定量分析。第三节对于外国投资的产业和空间分布以及资本流动的重要性进一步进行了定性分析。第四节考察了纽约和伦敦股票交易所募集来的资本的性质。第五节考察了美国资本市场体制结构的本质。这一资本市场使外国资本特别是英国资本对于美国的发展起到了重要的作用。最后两节考察了美国的资本输出，特别是在第一次世界大战爆发前的25年间的资本输出情况，最后得出了一些探索性的结论。

资本净流量：概述

736 表16–2中的数据来自对国际收支平衡表的间接计算。[7]

表16–2 国际资本流入净值：流入美国的资本减去美国流出的资本（单位：百万美元）

年份	流入净值	年份	流入净值	年份	流入净值
1790年	1	1811年	–35	1832年	7
1791年	8	1812年	21	1833年	14
1792年	8	1813年	–15	1834年	19
1793年	–2	1814年	9	1835年	30
1794年	–9	1815年	15	1836年	59
1795年	13	1816年	58	1837年	22
1796年	4	1817年	11	1838年	3
1797年	11	1818年	25	1839年	49
1798年	2	1819年	15	1840年	–31
1799年	–15	1820年	–1	1841年	8
1800年	2	1821年	–5	1842年	–6
1801年	–2	1822年	8	1843年	–22
1802年	–7	1823年	–2	1844年	–4
1803年	3	1824年	–1	1845年	–4
1804年	–12	1825年	–7	1846年	–1
1805年	10	1826年	3	1847年	–19
1806年	7	1827年	–10	1848年	2
1807年	5	1828年	11	1849年	–3
1808年	17	1829年	–2	1850年	29
1809年	–12	1830年	–8	1851年	6
1810年	–7	1831年	–14	1852年	16

续前表

年份	流入净值	年份	流入净值	年份	流入净值
1853 年	56	1874 年	82	1895 年	137
1854 年	42	1875 年	87	1896 年	40
1855 年	15	1876 年	2	1897 年	–23
1856 年	12	1877 年	–57	1898 年	–279
1857 年	17	1878 年	–162	1899 年	–229
1858 年	–23	1879 年	–160	1900[a] 年	–296
1859 年	26	1880 年	30	1900[b] 年	–321
1860 年	–7	1881 年	–41	1901 年	–273
1861 年	103	1882 年	110	1902 年	–82
1862 年	0	1883 年	51	1903 年	–154
1863 年	13	1884 年	105	1904 年	–117
1864 年	111	1885 年	34	1905 年	–94
1865 年	59	1886 年	137	1906 年	22
1866 年	95	1887 年	231	1907 年	35
1867 年	145	1888 年	287	1908 年	–187
1868 年	73	1889 年	202	1909 年	143
1869 年	176	1890 年	194	1910 年	229
1870 年	100	1891 年	136	1911 年	40
1871 年	101	1892 年	41	1912 年	36
1872 年	242	1893 年	146	1913 年	–142
1873 年	167	1894 年	–66	1914 年	–72

说明：a. 与早些年相比。

b. 与以后年份相比。

资料来源：U.S. Bureau of the Census, *Historical Statistics of the United States, Colonial Times to 1970* (Washington, DC, 1975), Series U18-25. 737

关于美国国际收支平衡表历史的定量研究主要有三个；虽然它们的研究选择了相似的时间段和近似的数据来计算资本输入净值，但它们各自的侧重点和得出的结论却稍有不同。[8]

三项研究都显示：1790—1813 年，资本的净流动量围绕 0 值上下波动。其中有 13 年表现为资本净流入，10 年表现为资本净流出。合计起来，每年的平均资本流入净值为 125 000 美元。

接下来 6 年的资本流量被大大地放大了。新的资本主要用于联邦政府、美国第二国民银行和政府的对外贸易。接下来的 12 年 (1820—1831 年)，我们看到资本的净流量又回到了 1814 年前的模式——每年小幅度地围绕着 0 值波动，但平均起来，每年的资本净流出量为 130 万美元。

在美国，19 世纪 30 年代是外国投资的重要时期，1832—1839 年，美国所接受的外国资本净流入量不少于 1.89 亿美元——人均 12 美元多。威廉姆森引用了诺思的结论来说明他的观点:“对于经济规模而言,19 世纪可能是资本流入最有意义的时期。”三项研究都表明大部分输入的资本是由各级政府部门通过缔结条约引进的，而且主要用来扩张商业银行和运输部门。[9] 在 1830—1838 年，各级政府的借款几乎达到了 1.50 亿美元。

虽然建立了银行，建成了运输系统，但金融恐慌和经济衰退使借款政府很难履行偿债责任，许多政府只能拖欠债务。因为外国人对于这种拒付债务的行为反应强烈，以至于美国人在海外遭遇到借款困难。[10]

738 在 1840—1849 年的 10 年中仅有 2 年资本表现为净流入，而且在这 10 年内，资本输出额超出输入额 600 万美元。

1850—1876 年是美国国际收支平衡表上另一个重要的时期。在这 27 年中有 25 年的资本净流量为正值，一年接近于 0，仅有一年是资本净流出。资本的净流入量合计超过了 17 亿美元。

19 世纪 50 年代的资本流动量和之前 20 年的流动量大致相等。不过，有价证券买卖所占的比例更大了；而且在这些有价证券中，呈现出私人证券的发行——主要是投资铁路项目——比例有上升的趋势。克利奥纳·刘易斯 (Cleona Lewis) 指出，1853 年债务总额大约是 3.75 亿美元；到 1860 年单单在有价证券上的投资估计就有 4 亿美元。[11]

接下来的 10 年资本输入以空前的比例递增着。1860—1869 年，资本的净流入总额为 7.61 亿美元——人均超过 21 美元。联邦政府负担的付息债务高达 24 亿美元，州政府和地方政府的债务也增加了大约 5 亿美元。

到 1868 年，依据《狩猎商人杂志》（*Hunt's Merchant's Magazine*），有 7 亿美元的美国债券在海外发行，美国销售商从中净赚不到 57.5%，国务卿麦卡洛克估计，刨除铁路股票，在美国的外国投资是 8.5 亿美元。海外持有的有价证券总数估计是 9.38 亿美元。[12]

克利奥纳·刘易斯的计算建立在戴维·韦尔斯调查的基础上，估计美国 1869 年的债务总额“略高于 15 亿美元”[13]。然而西蒙不同意这个统计结果。他指出，“虽然相当大数量的公债在欧洲市场打折出售，然而我的估价表明，韦尔斯关于 1869 年债务总额的估计明显地夸大了。”西蒙认为债务总额应该是 12 亿美元——数字的得来是由于在诺思和西蒙的体系中进行了 OBE 修正，增加了差漏项目。[14] 到 1869 739
年资本流入并没有停止。1870—1876 年资本流入量又增加了 7.81 亿美元。

接下来的一个时期，布洛克认为是 1874—1895 年，而威廉姆森认为应该是 1879—1900 年。根据资本流动净值的不同，这个时期可以划分为两个有明显区别的阶段。第一阶段，从 1877 年持续到 1881 年，标志是连续四年的资本净流出，结果是美国的对外负债下降了 3.90 亿美元。[15] 第二阶段从 1882 年延续到 1896 年。在这 15 年中有 14 年资本是净流入的；资本的流入量与 1850—1876 年的数量大体相等，同样达到了 17 亿美元。虽然在总数上铁路证券还占有优势，但在此期间，外国资金开始进入西部采矿、农业和土地开发等行业。1890—1896 年的流入净值与此前 10 年的总数相比有所下降，但即使包括资本流出的 1894 年，每年的资本流入量也接近 9 000 万美元。

在 1897—1905 年的 9 年中，长期以来国外投资不断增长的状况发生了不可思议的逆转。不幸的是，由于数据的问题，很难对资本输出的总体规模进行精确估计。根据西蒙的计算，从 1897 年年初到 1900 年年底，资本输出的净值总计为 8.27 亿美元；根据戈德史密斯的估计，1900—1905 年的资本输出量为 7.12 亿美元。[16] 美国已经成为世界上主要的资本输出国。1897—1908 年，美国在海外的直接投资由 6.35 亿美元增长到 16.39 亿美元；证券投资由 0.5 亿美元增长到 8.86 亿美元；二者相加，全部的海外投资由 6.85 亿美元上升到 25.25 亿美元。[17]

不过，一战爆发前的 9 年是美国大量偿还借款的时期。因此只有 2 年资本是净
740 输出的，在 1910 年资本的输入量是 2.55 亿美元。总之，从 1906 年 1 月到 1914 年 12 月，尽管美国在海外的直接投资和证券投资增长了 40% 以上，但长期资本的输入量还是比输出量多 4.93 亿美元。[18] 按照这一数据，美国的债务净值再一次超过 25 亿美元。

外国投资及其投资来源产业分布的典型根据：总量估计

表 16–3 列示了 1843 年、1853 年、1869 年和 1914 年长期融资和短期融资的分布状况。表 16–4 分 6 个时期列举了 1803—1880 年长期投资的分布。[19] 1803 年的数字反映了所有联邦债务的 56% 是由外国人持有的——联邦债务曾被外国人持有的最高比例。而且，他们还获得了美国第一国民银行的收益 (620 万美元) 和“其他”银
741 行 900 万美元的收益。

表 16–3　美国境内外国投资的产业分布

年份	政府债券总计	联邦政府债券	州和地方政府债券	铁路债券	其他私人有价证券	直接投资	短期投资	国外投资总计
百万美元								
1843 年	150	0	150	0	53	少量	28	231
1853 年	159	27	132	52	8	5	150	374
1869 年	1 108	1 000	108	243	15	25	153	1 544
1914 年	213	—	—	3 934	1 607	1 210	450	7 414
百分比（%）								
1843 年	65	0	65	0	23	0	12	100
1853 年	43	7	36	14	2	1	40	100
1869 年	72	64	7	16	1	2	10	100
1914 年	3	—	—	53	22	16	6	100

资料来源 :Cleona Lewis, *America's Stake in International Investment* (Washington, DC, 1938), 519-557.

表 16–4　　美国境内外国长期投资的产业分布

年份	联邦政府	州和地方政府	美国第一、第二国民银行和其他银行	收费公路和运河	铁路	未经确认的和其他的项目	长期外国投资总计
百万美元							
1803 年	48.7	0	15.2	0.2	0	3.4	67.5
1838 年	0	66.5	24.8	2.0	0	16.7	110.0
1838 年 *	0	3.3	45.3	28.0	16.7	16.7	110.0
1853 年	27.0	132.5	6.7	2.5	52.1	1.3	222.1
1856 年	15.0	132.5	6.7	2.5	82.9	1.4	241.0
1869 年	1 000.0	107.5	(a)	5.0	243.0	35.0	1 390.5
1880 年	249.0	97.0	(a)	0	899.0	4.0	1 249.0
百分比（%）							
1803 年	72.1	0	22.5	0.3	0	5.0	100.0
1838 年	0	60.5	22.5	1.8	0	15.2	100.0
1838 年 *	0	3.0	41.2	25.5	15.2	15.2	100.0
1853 年	12.2	59.7	3.0	1.1	23.5	0.6	100.0
1856 年	6.2	55.0	2.8	1.0	34.4	0.6	100.0
1869 年	71.9	7.7	0	0.4	17.5	2.5	100.0
1880 年	19.9	7.8	0	0	72.0	0.3	100.0

说明：* 按其声明的用途分配政府贷款。

(a) 包括在未经确认的和其他的项目中。

资料来源：Mira Wilkins, *The History of Foreign Investment in the United States to 1914* (Cambridge, MA, 1989), 50, 91, and 147.

联邦政府举债开始于 1812 年美英战争末期，那时的债务接近 1.20 亿美元，其中仅有 1/4 是由外国人持有的；到 1835 年所有的债务全部清偿（其中包括 1/3 被欧洲人持有的债务）。然而州政府借款的增加额远远高于偿还数额；大约 40% 的州政府借款是在海外筹集的。[20] 纽约州政府公债早在 1817 年就在伦敦上市，在 1830 年 742

以后美国各个城市发行的公债也在欧洲市场上出现了。[21] 截至 1838 年 18 个州共借款 1.70 亿美元；四年以后借债的州的数目上升到 20 个，它们的借款总额上升到 1.98 亿美元。[22]

虽然是由各州和各地方政府出面借款并保证偿还，但大量的外国资金却是用于国家金融和交通的基础建设部门。1838 年，大约 41% 的外国资金直接投入了国家的银行部门，25% 投入了运河建设，15% 投入了铁路建设，4% 投入了公路建设。因此，如果以州政府和当地政府声明的用途为基础对借款再分配（见表 16–4 中有关 1838 年的条目），大约有 4 500 万美元以上投资于银行业，2 800 万美元投资于运河和收费公路，1 700 万美元投资于铁路。依此类推，在借款突出的 1842 年，外国在铁路上的投资大概是 3 800 万美元。[23]

19 世纪 40 年代早期金融危机的影响在 1853 年外国投资的分布上依然清晰可见。虽然债务总额净值在 19 世纪 30 年代至 50 年代之间几乎没有变化，但短期债务的比例在 1843 年是 12%，10 年后上升到 40%，尽管在绝对数量上国外拥有的联邦债务增加了 2 700 万美元，但政府债务的份额则由 65% 下降到 43%。各州和地方政府的债务——部分是由于拖欠——明显比 19 世纪 40 年代初期减少了。与此同时，美国第二国民银行的破产也使国际收支平衡表上的银行投资份额大大减少。[24] 因此，外国在政府和银行业方面的长期投资，由 1838 年的占投资总额的 4/5 强，下滑到 18 年
743 后占投资总额的 2/3。

除了短期贷款比例增加以外，银行和政府部门投资下滑的部分也被私人投资铁路增加的部分抵消。在 1838 年铁路部门几乎没有外国资金，但是 1853 年铁路投资几乎占到外国长期投资的 1/4，外国投资总额的 1/7。1853 年财政部部长谈到，依据他的调查，244 条铁路中有 76 条已经吸收了外国投资，投资总额总计为 5 210 万美元。[25]

在美国内战期间，以 1869 年为例，联邦政府获得了大量的借款。债务总额达 10 亿美元——占到外国长期投资的 72% 以及外国投资总额的 64%。这也反映出州和地方政府的借款持续减少，短期投资在绝对数字上保持相对稳定，但其相对比例却急剧下降，而铁路投资则以平均每年超过 35% 的比例迅速增长。

1880 年的估算强调了外国投资的两个新趋势。1869—1880 年联邦债务不可思议

地大幅下降，而新增投资中大部分直接投向铁路部门。虽然增长速度略有下降，但在铁路部门的外国投资仍以每年几乎 25% 的比例在增长。

1914 年的数据清晰地描述了一战前夕外国投资在部门间的分布格局（见表 16–3)。随着美国资本市场的成熟，通过政府渠道投资的比例持续下降，短期贷款所占比例也是如此。虽然在 1880—1914 年外国持有的美国铁路股票增加了 3 倍多，但它们在投资者持有的所有美国证券中所占比例要比以前小得多。就投资的相对重要性来说，"其他有价证券投资"和"直接投资"增长得最快，从占比不到 1% 增加到几乎占所有外国投资的 40%；而且到 1914 年投资额达到 28 亿美元。截至一战爆发，外国投资几乎已经渗透到美国人生活的每一个方面（见表 16–5)。 744

表 16–5　　1914 年美国境内外国长期投资的产业布局估计

铁路	政府	银行	啤酒厂和酿酒业	工商业	农业和与土地有关的行业	公共部门	石油和采矿业
百万美元							
3 934	213	32	355	508	972	222	517
百分比（%）							
58.3	3.2	0.5	5.3	7.5	14.4	3.3	7.7

资料来源：Lewis, *America's Stake*, 529-557.

哪些外商愿意将其存款投资到美国？克莱奥纳·刘易斯在其里程碑式的研究报告中这样说，"依靠欧洲资本的帮助，美国建立并发展了自己的殖民地；这些资金大部分来自英国，也有其他国家资金的参与——特别是来自荷兰、法国和西班牙的资金。"[26] 独立战争和购买路易斯安那州的资金主要是从法国和荷兰借来的；但是仅仅是在几年内这些借款就跨过英吉利海峡转移到了英国投资人，即在《根特条约》(Treaty of Ghent) 签订的三年内给美国第二国民银行贷款的那些投资人的手中。[27] 威尔金斯估计在 1818 年英国人拥有联邦外债的 48%，荷兰人拥有 43%；10 年后的数字分别是 74% 和 7%。[28]同样，纽约州为开凿伊利运河筹资发行公债的"大部分""由英国投资者买进"。[29]

英国人的垄断地位一直持续到"疯狂的 30 年代"；但实际上主要的欧洲金融中心都有私人银行机构交易美国州政府和地方政府的有价证券；显然，1838 年以后欧洲大陆的投资者开始更多地参与到美国金融中。[30] 然而到 19 世纪 50 年代，随着欧洲资本再一次开始大量流入美国，英国人又一次发挥了领导作用。詹克斯认为 1854 年英国人在美国的投资为 2.4 亿 ~2.9 亿美元；霍布森推断投资额由 1852 年的 3 亿美元上升到 1857 年的大约 5 亿美元。[31]

745 到 19 世纪中叶，虽然荷兰人的投资依然重要，但比起 50 年以前所起到的作用却要小得多。德国人在美国铁路的投资增加了，法国人的投资额略有减少，一些“瑞士人的货币开始进入”；其他国家的投资也出现了。[32] 在战后这段时间，德国人和荷兰人的投资显得更为重要。就德国人而言，投资增加大部分是由于德国移民仍和德国国内银行机构保持着紧密联系。在荷兰方面，为了使个人投资者的风险最小化，荷兰银行组建了正式的信托公司或者控股公司投资美国的有价证券，特别是铁路股票。[33]

刘易斯注意到荷兰人大量投资于密西西比河流域和西部的铁路——在这一过程中，他们至少有两次热情高涨——起码在某些年里，并且注意到德国人是“最大的买主”，而且拥有“欧洲投资于美国债券的主要中心”的称号。[34] 赫伯特·费斯（Herbert Feis）认为美国铁路证券“长期活跃在德国的股票交易所”，为了有效利用德国的化学和冶金专利技术，德国人在美国建立了分厂，他们还与美国人建立了紧密的贸易关系。[35] 在更近的研究中，理查德·蒂莉（Richard Tilly）引证德国人和美国银行家密切的私人关系以及费斯的数量研究，推论出虽然“在 1900 年前后德国在美国投资的比重有所下滑——至少在有价证券投资上”，“但在 19 世纪后期美国仍是德国对外投资的最大的单个接受者”[36]。

然而英国人是最主要的投资者。虽然德国人被鼓吹为“最大的买主”，但英国人在美国拥有的资产是德国人的 7 倍。[37] 在 19 世纪 60 年代初，英国人的投资占到了
746 外国在美国投资的 9/10。从那以后，虽然大英帝国的投资份额逐渐被其他国家侵蚀——到 19 世纪 90 年代下降到 3/4，到 1913 年可能还不到 3/5，但英国仍然保留了资格较老的地位（见表 16 – 6）。[38]纳撒尼尔·培根(Nathaniel Bacon,1899) 和乔治·佩什（George Paish，1908) 注意到外国投资来源的地理区域增加了；米拉·威尔金斯继续了克利奥纳·刘易斯对于1914 年的研究，确信在美国的外国资本范围遍及整个欧洲，而且相当的资金来源于美国边境北部的国家（见表 16–7 和表 16–8)。

表 16–6　　1861—1913 年英国投资占美国境内所有外国投资的比重

年份	比重（%）
1861 年	90.0
1865 年	88.0
1870 年	85.5
1875 年	83.0
1880 年	80.5
1885 年	79.5
1890 年	77.0
1895 年	74.5
1900 年	71.0
1905 年	66.0
1910 年	61.0
1913 年	59.0

资料来源：John H. Dunning, *Studies in International Investment* (London, 1970). 747

表 16–7　　依据国别统计的美国境内外国投资的来源

国家	1899 年	1908 年	1914 年
	百万美元		
英国	2 500	3 500	4 046
德国	200	1 000	904
荷兰	240	750	605
法国	50	500	390
其他欧洲国家	110	250	143
加拿大	—	—	263
其他国家	45	—	400
总计	3 145	6 000	6 751

续前表

国家	1899 年	1908 年	1914 年
百分比（%）			
英国	80	58	60
德国	6	17	13
荷兰	8	13	9
法国	2	8	6
其他欧洲国家	3	4	2
加拿大	—	—	4
其他国家	1	—	6
总计	100	100	100

748 资料来源：Lewis, *America's Stake,* 524, 530, and 546.

表 16–8　　按投资者国别估计的美国境内的外国长期投资

国家	1899 年	1907 年	1908 年	1914 年 a	1914 年 b	1914 年 c
百万美元						
英国	2 500	4 000	3 500	4 000	4 250	4 250
法国	50	300	630	1 000	410	480
德国	200	1 000	1 000	1 250	950	1 100
荷兰	240	600	750	650	635	650
瑞士	75	100	(a)	(b)	(b)	70
比利时	20	0	(a)	(b)	(b)	30
其他欧洲国家	15	0	130	(b)	150	180
加拿大	(b)	0	0	(b)	275	225
日本	(b)	0	0	(b)	(b)	25
所有其他国家	45	0	0	100	420	30
总计	3 145	6 000	6 010	7 000	7 090	7 090

续前表

国家	1899 年	1907 年	1908 年	1914 年 a	1914 年 b	1914 年 c
			百分比（%）			
英国	79	67	58	57	60	60
法国	2	5	10	14	6	7
德国	6	17	17	18	13	16
荷兰	8	10	12	9	9	9
瑞士	2	2	—	—	—	1
比利时	1	0	—	—	—	0
其他欧洲国家	0	0	2	—	2	3
加拿大	—	0	0	—	4	4
日本	—	0	0	—	—	0
所有其他国家	1	0	0	1	6	0
总计	100	100	100	100	100	100

说明：(a) 表示包括在“其他欧洲国家”之内。

(b) 表示包括在“所有其他国家”之内。

资料来源：1899 年：Nathaniel Bacon, “American International Indebtedness”, *Yale Review* 9(1900), 268-279. 1907 年：Charles F. Speare, “Selling American Bonds in Europe”, *Annals of the American Academy of Political and Social Sciences,* 30(1907), 269-293. 1908 年: U.S. Senate National Monetary Commission, *Trade Balances in 1908 of the United States* (by George Paish), 61st. Cong., 2nd Sess., 1910, S. Doc. 579, 174-175. 数据只包括公开发行的证券。没有给出欧洲国家以外的任何国家的数据。1914 年 a: Harvey E. Fisk, *The Inter Ally Debt* (New York, 1924), 312. 1914 年 b: Lewis, *American Stake*, 546. 1914 年 c: Wilkins, *Foreign Investment,* 159 all listed in Wilkins, *Foreign Investment,* 159. 749

外国资本的产业布局：微观实证分析

1803—1840 年

在 19 世纪早期，欧洲人手中持有相当大份额的联邦债务；主要投资于地产和金融机构；同时也大量投资于美国第二国民银行。他们持有的第二国民银行的股票由 1820 年的 300 万美元增长到 1838 年的 2 000 万美元，占私人持有的第二国民银行股票的 57%。[39]

然而在 1803 年至 19 世纪 30 年代初期的这段时间，大部分的资本流动表现为短期商业贷款的形式，是通过独立经营的非专业化的城市商人这一渠道进行的。为了方便地把英国商品销售到极其分散的美国市场上，英国制造商经常在美国本土建立一些公司。[40] 即使在商店普遍倒闭后的 19 世纪中期，英国的商业机构——例如像布朗兄弟公司和巴林父子公司这样的商业机构——仍然在美国的海外贸易上占有支配地位。[41]

而且，英国短期资本市场“为银行提供资金开展黄金或者有价证券业务，为经销商兑换英镑以降低美元波动带来的影响，它促进了美国铁路的继续建设，因为英国投资者在国内动员了更长期的资金支持”。所有美国输入资本的 1/4 以上是由伦敦提供的，到 1836 年出于商业目的而提供给美国人的贷款就达到 2 000 万美元。[42]

在 19 世纪 30 年代州和地方政府的借款占主导地位，但是也存在私人借款。例如在 1830 年，卡姆登和安博伊铁路（Camden and Amboy Railroad）的促销商就在英国出售一半的原始股票；1838 年，这家公司成为第一家在伦敦股票交易所“正式挂牌交易”的铁路公司。在此后的 10 年中，有另外 5 家美国的私人铁路公司也在伦敦筹集到资本。

包括 N. M. 罗斯柴尔德父子公司和巴林父子公司在内的英国投资者，购买了分别位于 5 个州的 10 家银行的资产，荷兰资本家投资了位于纽约州、路易斯安那州和佛罗里达州的其他 5 家银行。1837 年路易斯安那州的一份报告显示外国人已经投资了这个州 16 家银行中的 12 家，总额占这个州银行总资产的 52%。而且虽然 75% 的投资由州政府提供担保，但仍有将近 600 万美元的投资没有州政府担保。

北美信托公司、纽约寿险信托公司、美国寿险信托公司、俄亥俄寿险信托公司以及纽约农场主贷款信托公司 (New York Farmers Loan and Trust) 都在海外筹资。乔治·史密斯从苏格兰投资者手中为他的威斯康星州海运和火灾保险公司以及他的另外 4 家土地开发和投资公司筹集了 180 多万美元的资金。[43]

1840—1914 年：铁路

从 19 世纪 60 年代后期直到一战爆发，与其他经济部门相比，美国的铁路部门
750 受到了外国投资者更多的关注。如果刨除因美国内战而筹集的资金，那么从 19 世纪

40 年代开始这一结论就一直适用。尽管经常出现破产、重组和遗漏股利的问题，但美国依旧调和了对风险资产的增强的偏好与这些资产来源相对稀缺之间的矛盾，并从中受益。而且，虽然存在一定的风险，但在早期美国铁路给投资者的回报要比英国同样项目的投资回报高很多，一直到 1900 年后，当投资风险大大减少时，回报率仍很高。[44] 无论是受风险资产、高期望回报或巨大的风险调整资产回报的刺激，还是由于乔伊·库克、詹姆斯·麦克亨利（James McHenry）、亨利·维拉德之流的鼓吹，一般来说特别是英国人以及北欧人对美国的铁路表现出令人吃惊的浓厚兴趣。

早在 19 世纪中叶，据估计欧洲人就每年购买了 3 000 万 ~4 000 万美元的铁路债券。[45] 到 19 世纪 50 年代，一位英国的种植葡萄、酿造葡萄酒并经营葡萄酒的商人成为纽约中央铁路最大的个人投资者；欧洲投资者拥有 60% 的伊利诺伊州中心铁路的股票以及价值达 1 200 万美元的公债；英国人拥有的费城和雷丁铁路的股份如此之多，以至于需要从伦敦的银行家中选择一位来担任公司的总裁。[46] 1856 年美国第一只铁路股票在阿姆斯特丹交易所上市；到 1860 年，在伦敦交易所挂牌交易的铁路股票数目达到了七只。[47]

4 年后 75% 的伊利诺伊州中央铁路股票掌握在欧洲人手中；美国铁路继续“大量地由英国人和欧洲大陆的投资者拥有，直到世纪之交”[48]。1872 年，当英国投资者强迫杰伊·古尔德辞去伊利铁路公司总裁的职位的时候，外国人持有铁路股票的比例由 60% 上升到几乎 100%。[49] 1865—1914 年在伦敦发行的铁路股票总额超过了 751
27.75 亿美元。没有哪一年数额少于 320 万美元。1902 年的发行额几乎达到了这个数字的 100 倍。[50] 表 16–9A、表 16–9B 和表 16–9C 反映了估计的资本筹集的基本情况。

表 16–9A　　1865—1914 年美国在伦敦股票交易所筹集的资金

产业	筹资总额（千美元）	年平均筹资额（千美元）	占总筹资额的百分比（%）
运输业	2 841 739	56 835	54.4
政府部门	1 603 793	32 076	30.7
工商业	233 635	4 673	4.5
农业和采掘业	256 786	5 161	4.9
采矿业			

续前表

产业	筹资总额（千美元）	年平均筹资额（千美元）	占总筹资额的百分比（%）
农业	(103 227)	(2 054)	(2.0)
	(30 941)	(619)	(0.6)
石油和化学工业	(22 751)	(455)	(0.4)
金融、地产和抵押业	(99 868)	(2 023)	(1.9)
金融业	79 217	1 584	1.5
公共事业	207 417	4 148	4.0
752 筹资额总计	5 222 586	104 476	100.0

表 16–9B　美国在伦敦股票交易所筹集的资金

时期	工商业和基地	金融业	政府部门	农业和采掘业	运输业	公共事业	筹资总额
			千美元				
1865—1869 年	156	3 847	3 615	1 636	49 994	8 961	68 209
1870—1874 年	16 207	4 869	518 972	27 233	275 338	8 369	850 988
1875—1879 年	329	331	1 009 952	3 662	93 587	11 285	1 119 146
1880—1884 年	4 927	21 322	0	31 084	289 908	1 269	348 510
1885—1889 年	46 816	10 520	39	34 093	190 420	9 145	291 032
1890—1894 年	51 578	12 791	3 931	45 205	269 022	158	382 686
1895—1899 年	34 871	3 754	65 006	13 534	89 398	2 196	208 760
1900—1904 年	6 517	7 549	0	13 765	476 267	2 620	506 718
1905—1909 年	19 146	3 987	0	28 140	572 260	71 891	695 424
1910—1914 年	53 087	10 245	2 280	58 433	535 546	91 522	751 114
总计	233 635	79 217	1 603 793	256 785	2 841 739	207 417	5 222 585

续前表

时期	工商业和基地	金融业	政府部门	农业和采掘业	运输业	公共事业	筹资总额	
			占美国筹资额的百分比（%）					
1865—1869 年	0.2	5.6	5.3	2.4	73.3	13.1	100.0	
1870—1874 年	1.9	0.6	61.0	3.2	32.4	1.0	100.0	
1875—1879 年	0	0	90.2	0.3	8.4	1.0	100.0	
1880—1884 年	1.4	6.1	0	8.9	83.2	0.4	100.0	
1885—1889 年	16.1	3.6	0	11.7	65.4	3.1	100.0	
1890—1894 年	13.5	3.3	1.0	11.8	70.3	0	100.0	
1895—1899 年	16.7	1.8	31.1	6.5	42.8	1.1	100.0	
1900—1904 年	1.3	1.5	0	2.7	94.0	0.5	100.0	
1905—1909 年	2.8	0.6	0	4.0	82.3	10.3	100.0	
1910—1914 年	7.1	1.5	0.3	7.8	71.3	12.2	100.0	
总计	4.5	1.5	30.7	4.9	54.4	4.0	100.0	753

表 16–9C　　美国的筹资情况：农业和采掘业

时期	总计	采矿业	农业	石油和化学工业	金融地产及开发
			千美元		
1865—1869 年	1 636	1 636	0	0	0
1870—1874 年	27 233	20 259	670	110	6 195
1875—1879 年	3 662	650	146	0	2 866
1880—1884 年	31 084	12 455	9 936	0	8 694
1885—1889 年	34 093	14 549	8 115	317	11 112
1890—1894 年	45 205	3 922	5 161	82	36 041
1895—1899 年	13 534	7 765	354	73	5 342
1900—1904 年	13 765	3 636	292	6 887	2 960

续前表

时期	总计	采矿业	农业	石油和化学工业	金融地产及开发
			千美元		
1905—1909 年	28 140	13 631	326	5 834	8 348
1910—1914 年	58 433	24 723	5 941	9 459	18 310
总计	256 785	103 226	30 941	22 751	99 868
		占美国筹资总额的百分比（%）			
1865—1869 年	2.4	2.4	0	0	0
1870—1874 年	3.2	2.4	0.1	0	0.7
1875—1879 年	0.3	0.1	0	0	0.3
1880—1884 年	8.9	3.6	2.9	0	2.5
1885—1889 年	11.7	5.0	2.8	0.1	3.8
1890—1894 年	11.8	1.0	1.3	0	9.4
1895—1899 年	6.5	3.7	0.2	0	2.6
1900—1904 年	2.7	0.7	0.1	1.4	0.6
1905—1909 年	4.0	2.0	0	0.8	1.2
1910—1914 年	7.8	3.3	0.8	1.3	2.4

资料来源：Lance E. Davis and Robert Huttenback, *Mammon and the Pursuit of Empire: The Political Economy of British Imperialism, 1860—1912*(Cambridge, 1986).

铁路建设投资在一系列浪潮中继续进行，并分别在 1872 年、1879 年、1890 年、1902 年和 1906 年达到高峰；金融上的统计数据紧密靠近这一轨迹，但在时间上稍晚一些。[51] 1873 年在英国市场上筹集到的资金达到了 8 000 万美元，1881 年为 7 900 万美元，1890 年为 8 900 万美元，1902 年为 2.91 亿美元，1907 年为 2.10 亿美元。
754 据分析英国投资在美国铁路上的资金由 1876 年的 4.86 亿美元上升到 1898 年的 17 亿美元，到 1903 年达到 30 亿美元；在伦敦股票交易所交易的美国铁路有价证券的市值由 1873 年的 8 270 万英镑上升到 1903 年的 1.075 亿英镑，到 1913 年则达到了 17.296 亿英镑。[52]

在 1874 年外国人持有的美国铁路股票估计为 3.90 亿美元。[53] 在 19 世纪 90 年代早期，外国投资者持有位于宾夕法尼亚州、路易斯维尔和纳什维尔（Nashville）、伊利诺伊中部、纽约州、安大略湖及其以西地区、费城和雷丁地区 50%~75% 的铁路资产，还持有大北方、巴尔的摩和俄亥俄、芝加哥、密尔沃基和圣保罗地区 20% 以上的铁路资产。[54]

在欧洲的投资者中，大部分是英国人。罗伯特·弗雷明（Robert Fleming），三家苏格兰—美国投资信托公司的创建者，认为“苏格兰人的资本使美国铁路网的建设提早了许多年”；他可能夸大了苏格兰人所起的作用，事实上英格兰人和苏格兰人的投资同等重要。[55]

美国南北战争后的第一次融资热潮——这场热潮在 1873 年达到顶峰——是同东部和中西部铁路系统的建设相联系的。大部分铁路干线已经建成，而伦敦交易所的资金供给机制限制了许多小的铁路支线进行筹资。例如珀基奥门（Perkiomen）铁路——一条位于宾夕法尼亚州联结珀基奥门和伊麦斯（Emaus）的线路，长度为 38.5 英里——公债被迫到其他金融市场上去筹资。

第二次融资热潮的特点主要表现为地理区域的转移——这次热潮在 1880 年达到
顶峰，主要集中在西部，部分集中在南部。到 1890 年为止国家铁路网大部分已经建
成；但是铁路需要资金升级它们的设备。同时，兼并使得争夺资金的铁路数量大为 755
减少。在 1905—1909 年在伦敦市场上筹集的资本总量为 5.72 亿美元，但仅仅涉及 25 条铁路。到 1914 年英国投资者至少持有美国 16 条铁路的股份，价值为 100 万 ~ 6 000 万美元，他们在公债上的投资额估计是他们持有股权的 2.5 倍。[56]

如果以 1914 年的投资额为标准，那么德国人是美国铁路系统的第二大投资者。美国内战后，德国人开始对在西部政府无偿赠予的土地上投资修建铁路产生了兴趣；然而 1873 年的大恐慌浇灭了他们的热情，使投资暂停下来，直到 19 世纪 80 年代早期的重组才平息了他们的恐惧。到 19 世纪末他们在 18 条铁路上共投资 1 亿多美元——多数位于西部和中西部；到 1914 年，他们的投资额是这个数字的 3 倍多。[57]

荷兰人是美国铁路的第三大投资群体。在阿波马托克斯（Appomattox）后不久，他们开始购买位于密西西比河流域和西部铁路的股票。[58] 尽管他们经由詹姆斯·麦克亨利和詹姆斯·J. 希尔进行投资，但他们仍旧偏好投资于股票。[59] 1909 年州际

商业委员会提供的一份报告指出，荷兰人在 13 条铁路上总共拥有 7 000 万美元的股权。[60]

1840—1914 年：公债

到 1853 年的时候，外国人持有的州政府的债务额，在扣除偿还部分和赖账部分后，已经下降到 1.27 亿美元；多数州开始重新计算需要偿还的本金和利息。然而，在几乎不到 10 年的时间里，南方各州由于美国内战和战后重建原因，需要再一次到欧洲资本市场上借款。联邦政府也到这些市场上筹集用于军事的贷款。在 19 世纪 70 年
756 代，联邦政府为了巨额的战争债务而再次筹资。另外，城市化进程所需的部分资金也由外国资本承担。把这些因素加在一起，在 1865—1914 年仅英国资本市场就承担了 16 亿美元的美国公共项目的股票，其中绝大多数发生在 1880 年以前。

到 19 世纪 70 年代初，南方各州的债务总额已经膨胀到 2 亿美元以上；其中有 9 个州被证实不愿或者是无力偿还它们的债务。[61] 按票面价值，除了未及时发放的利息外，拒付债款还给债权人带来了 7 000 万 ~8 000 万美元的损失；各州政府和它们的外国债权人之间进行了谈判，从而额外减免了大约 5 500 万美元的本金。由于许多贷款在发放时就大大地打了折扣，所以外国债权人所遭受的实际损失可能没有想象中那么大。[62] 考虑到美国各州的信誉问题，新的法律条款强调了财政承担偿债义务和发展国内资本市场。1880 年以后几乎没有新的外债出现。事实上，在 1915 年，美国美元及有价证券组织 (American Dollar Securities) 认为只有一个州的外债问题仍然突出——纽约州 1897 年的外债为 37 000 美元。[63]

联邦政府虽然需要资金进行内战，但起初看起来欧洲大陆市场不可能提供资金。按照英国公众的观点，联邦政府在欧洲大陆几乎是不可能筹集到资金的；因为欧洲大陆市场仅比美国市场稍微开放一点。然而到 1865 年，政府在欧洲大陆筹集到超过 3 亿美元的资金，在很短的时间内，英国改变了原来的态度。在 19 世纪 70 年代这段时间，美国人在伦敦采取了六项保证偿还的措施，因为英国的投资者持有了美国政府外债的大部分 (大约 10 亿美元)。[64] 此后仅仅在 1895 年，美国财政部才再一次转到欧洲市场筹资，但那时候几乎已不需要外国的参与，因为美国资本市场已经得到
757 了充分发展，以至于美国在发行 6 200 万美元公债中的一半时，有 6 倍以上的资金

认购。[65]

虽然联邦和州政府不再需要到外国市场上筹资，但这并不适用于地方政府——它们需要外国资金来进行城市的基本建设。例如像波士顿、普罗维登斯、圣路易斯和纽约这样的城市需要资金来进行市政建设，改善水力系统、污水处理系统、城市交通和电力系统，因此它们纷纷转向欧洲市场特别是伦敦市场。虽然借债总额与联邦或州政府贷款的数字相比较小，但在 1914 年的最后 4 个月里仅纽约市在巴黎和伦敦市场就偿还了 8 000 多万美元的借款。[66] 虽然在 19 世纪 60 年代和 70 年代美国政府公债几乎占到伦敦市场发行的所有公债的 70%，但到了 20 世纪的最初几年，即使加上地方政府公债，它们在伦敦市场发行的所有公债借款中所占比例也不到 0.1%。从这个角度看，美国国内资本市场正在迅速成熟。

然而从另一个角度看，资本市场的发展又显得比较缓慢。美国人虽然愿意投资于铁路，但是投资增长的速度却赶不上铁路网络扩张对资金需求增长的速度。到 19 世纪 80 年代他们也愿意投资于联邦和州立政府公债，但他们却不太愿意把他们的储蓄投资于其他经济部门，特别是投资于新英格兰和大西洋中部地区之外的非传统产业。外国资本家则被证明承担了更大责任。在 1865—1914 年英国资本市场为美国的农业和采掘业、工商业、金融业和公共事业提供了将近 15% 的资本。虽然在 19 世纪 60 年代和 70 年代的比例不到 5%，但是其总额接近 19 世纪 80 年代和 90 年代的 1/4——20 年间资本结构迅速改变。在其后的 10 年，即 1905—1914 年，这一金额始终保持不变，显然正规的国内资本市场不能很好地为一些部门提供服务，至少纽约股票交易所是这样。

1840—1914 年：与地产相关的投资

在 19 世纪 60 年代后期到第一次世界大战期间，外国人开始投资于金融地产开
发公司、南部和西部的养殖公司或奶牛养殖场、持有美国地产及抵押证券的信托投 758
资公司、西部煤矿以及石油开采与生产公司。[67]

外国投资于美国地产的历史可以追溯到 18 世纪，当时罗伯特·莫里斯把位于纽约的 100 多万英亩的大片土地卖给了由威廉·普尔特尼爵士（Sir William Pulteney）领导的投资集团，将另外 500 万英亩卖给荷兰人的公司。[68] 然而，大量的外国投资

者开始进入美国地产业，则是在美国内战以后。在19世纪60年代和70年代，英国在美国房地产领域的投资还不到在美国全部投资的2%，但在1882—1896年，这个数字超过了10%，并且在一战前的15年英国在美国房地产领域的投资几乎占投资总额的3/4。

1869年一位英国发起人组织购买了位于新墨西哥州的政府无偿授予地马克斯韦尔（Maxwell）——“200万英亩左右的土地”，组建了马克斯韦尔土地和铁路公司(Maxwell Land Grant and Railway Company)(尽管这一名称值得商榷)，而且在英国和荷兰发行债券。[69] 与此同时又一个英国人组织销售了桑格雷·德·克里斯托（Sangre de Cristo）的土地——位于新墨西哥州和科罗拉多州——给欧洲的投资者。他在伦敦建立了科罗拉多不动产和移民事务公司来开发这块土地的北部，同时由荷兰人提供资金组建了美国土地和不动产公司来开发这块土地的南部。[70]

10年后，美国的地产业迎来外国投资的繁盛时期。1879年年初苏格兰密苏里地产公司的建立，标志着外国资本——特别是英国人的资金——开始大量投资于美国地产业。[71] 刘易斯在报告中称1879—1911年，有29家外国地产公司在美国注册，资本金共计5 200万美元。还有的统计资料表明，外国地产公司的资本总额可能是这
759 个数字的2倍。[72] 最高的估计是外国公司控制了3 000万~3 500万英亩的土地，其中多数是西部的土地。[73]

地产投机买卖是外国投资的主要领域，其次是直接投资于农业活动。到目前为止外国在畜牧业方面投资最多的是西部的奶牛牧场——这是在19世纪80年代中期达到顶峰的一项投资活动。“1880年得克萨斯州有80万头牧场奶牛，在怀俄明州有25万头奶牛；到1883年得克萨斯州有500万头牧场奶牛，在怀俄明州有100万头奶牛……大部分是由外国投资者控制的。”[74] 在1879—1889年有不少于40家奶牛公司成立，公司资本总计超过780万英镑，在10个州和地区控制了超过2 100万英亩的土地。[75] 在这十年中间除了有几年奶牛价格下降、天气恶劣和疾病流行等灾害不断之外，这些最初的投资尝试基本是成功的。一些公司，例如草原奶牛公司(Prairie Cattle Company)以及斗牛士地产和奶牛公司(Matador Land and Cattle Company)，存活了下来并最终盈利。[76] 其余公司的经济前景则不太妙；1884—1900年英国投资者的损失超过了1 800万美元。[77] 外国的农业投资不仅限于奶牛饲养业。英国

投资者也为路易斯安那州的水稻种植、路易斯安那州和密西西比河流域的棉花耕种、加利福尼亚州的橘子栽种以及远至加利福尼亚州和卡罗来纳州的木材公司提供资金。[78]

考虑到美国的地租水平，作为直接投资的补充，通过欧洲抵押公司和投资信托公司进行间接投资不足为奇。这些外国间接投资——这些投资主要由苏格兰人和英格 760
兰人提供，但荷兰人和德国人也提供——在 19 世纪 70 年代末期开始出现，在 19 世纪 80 年代高涨起来，并在 1890—1914 年开始逐渐减少。

虽然通过信托公司投资的总数缺乏一个可信的统计数据，但如果将其对农业的直接投资和对房地产开发公司进行的间接投资算在一起，其金额大到足以产生较大的政治影响。“外国打击”变得很平常，因此有 2/3 的州通过了限制外国人和外国公司拥有土地的法律。

除了贡献最大的苏格兰人和英格兰人之外，荷兰人和德国人也在 19 世纪 80 年代开始投资地产，20 年以后出现了法国和瑞士投资者。作为欧洲投资者的替代，美国本土抵押公司被证明也是具有吸引力的。刘易斯认为，如果把所有国家的无论是公共机构还是私人机构统统加在一起，那么在 1914 年外国拥有的美国房地产抵押借款总计“超过 2 亿 ~2.5 亿美元”。威尔金斯的估计要保守得多，但她仍然认为这个数字为 2 亿 ~2.5 亿美元。[79]

虽然受益于外国资本的美国采矿公司的数目不为人知，但采矿业当中的外国投资范围显然相当大，克拉克 · 思彭斯（Clark Spence）估计，1860—1914 年在“山脉绵延的西部和西南部”至少有 584 家英国采矿和机械制造公司——公司名义资本总额为 8 118.5 万英镑——被授予特许经营。[80] 爱德华 · 阿什迈德 (Edward Ashmead) 认为 1880—1904 年在美国注册经营采矿项目的英国公司是 659 家，名义资产达 9 956.873 8 万英镑；1865—1914 年有不少于 1.03 亿美元通过英国资本市场转移到美国。[81] 威尔金斯认为在采矿业英国投资占外国投资的一半以上；她估计，1815—1914 年外国资本为 1 500~2 000 家采矿和与采矿相关的公司提供资金。[82]

然而，对于外国投资者而言，投资并不是特别合算。思彭斯的报告说只有 1/10 的公司派发了股利；刘易斯断定在 1870—1895 年有 40 家采矿公司成立。到 1903 年其中 20 家破产，到 1914 年剩余的 20 家公司也消失了。[83] 在这些惨痛的失败中， 761

最臭名昭著的是埃马公司(Emma)，它的苏格兰主人不得不控告公司的美国和英国发起人欺诈；还有卡塞尔斯黄金提炼公司（Cassels Gold Extracting Company)，伦敦的一本金融杂志关于它的报道中称英国投资者已经成为“疯狂的黄金提炼”的受害者。[84]《经济学家》报道说：“人们普遍相信矿产从来没有真正产生过利润，矿产的利润是人为策划的，不是其本身产生的。”[85] 尽管投资效果不那么令人满意，但在1875年后的40年间，“德国人、法国人、比利时人和荷兰人以及英国人为每一项美国矿产的发现所激动，投资者都梦想获得令人难以置信的回报”。[86]

大自然赠予的煤和铁为美国的工业化提供了保证，然而最初令欧洲投资者激动人心的是金银的诱惑。在19世纪60年代和70年代，欧洲人在亚利桑那州、加利福尼亚州、科罗拉多州、蒙大拿州、内华达州、犹他州和怀俄明州的金矿投资。在19世纪80年代，虽然金银继续在投资中占优势地位，但有六家铜矿吸收了英国资金；1880年蒙大拿铜业公司开始在国外销售它的证券；2年以后由苏格兰人所有的亚利桑那铜业公司成立。在19世纪90年代，除了包括一些铜矿，投资依旧倾向于金矿和银矿（阿拉斯加黄金抢夺狂潮就是个例子）——似乎和前10年的模式是一样的。1895年罗斯柴尔德父子公司购买了艾纳康达铜业公司（Ana Conda Copper Company）25%的股份；四年后外国人控制了美国铜产量的1/4。1905—1912年采矿业的资金需求总额是3 400万美元，其中超过3/5直接用于铜业公司。总的来说，在传统的非黑色金属领域（如铜、铅和锌）以及铝、磷酸盐、盐和硼砂领域，英国人、法国人、德
762 国人和荷兰人的投资也占有重要地位。[87]

在1859年宾夕法尼亚州的泰特斯维尔（Titusville）发现了石油，可外国投资者并没有将投资迅速转移到石油的开采上。虽然1865年他们成立了英国石油和矿业公司（English Petroleum and Mining Company)，购买了位于宾夕法尼亚州的油田，但这家公司后来就消失得无影无踪了；更多的外国投资等待着由于汽车的发明而带来的市场机会。当外国资本进入这一领域时，最初来自英国的投资是最重要的，他们出资开发了加利福尼亚州、俄克拉荷马州和得克萨斯州的油田。

例如，1901年属于鲍尔弗（Balfour）威廉姆森公司的英国投资机构成立了加利福尼亚油田有限责任公司（California Oilfields Ltd)，初始资本只有100多万美元；在得到荷兰人的帮助后，另外六家石油生产公司紧跟着成立了。[88] 到了1914年，在美

国石油市场荷兰皇家壳牌集团(Royal Dutch Shell Group)已经成为最重要的外国公司。进入 20 世纪后不久，壳牌运输和贸易公司（Shell Transport and Trading Company）就开始购买美国石油资产。1905 年荷兰皇家壳牌集团通过兼并活动成立新的公司，继续在美国市场上扩张投资。因此到一战爆发的时候，荷兰皇家壳牌集团已经成为“在美国最大的外国直接投资企业”。刘易斯估计外国人在美国石油领域的 3 500 万美元的投资中，壳牌集团至少控制了 1 770 万美元。[89]

1840—1914 年：商业和制造业

在 1865—1914 年的 50 年间，通过英国资本市场为制造业和商业筹集了 2.34 亿美元的资金。在 1874 年投入了近 1 000 万美元的资金。在美国的钢铁行业处于萌芽期的时候，美国轧钢股份公司 (the United States Rolling Stock Company) 和其他几家公司开始发行股票，迎来了投资的高潮。[90] 1882—1898 年通过英国市场这一部门接受了近 12% 的资金（在 1889 年为 4 100 万美元）；其中酿酒业占最大份额。

总的来说，英国在美国的酿酒厂的投资据称超过了 3 850 万美元。在 1888—1891 年 24 家英国的“辛迪加”购买和重组了大约 80 家美国酿酒厂。虽然最大的公司是 763
圣路易斯酒业有限责任公司（St. Louis Breweries）（资本金为 285 万英镑）与密尔沃基和芝加哥酒业有限责任公司（Milwaukee and Chicago Breweries Ltd.）（资本金为 227.1 万英镑），但兼并活动却是全国范围的；英国人的兼并遍布整个美国。在 1891 年兼并达到顶峰的时候，英国在美国酿酒业的投资总计达到 9 000 万美元，比所有在奶牛牧场、肉类加工、粮食仓储、谷物升降机、磨粉机方面的其他外国投资的总和还要大得多。虽然在 19 世纪初外国在酿酒业的投资比巅峰时候 19 世纪 90 年代初略有下降，但刘易斯认为在 1889 年总额也达到了 7 500 万美元，1914 年为 5 800 万美元。[91] 除英国人的投资外，在后期德国投资者还持有了美国另外 7 家酿酒厂约 470 万美元的有价证券。[92]

虽然在 1844 年英国人在芒特·萨维奇铁厂（Mount Savage Ironworks）投资了 150 万美元，但大多数研究都忽略了外国投资在钢铁业的作用。[93] 虽然当时外国投资的总量与美国钢铁业的规模相比并不大，但已经有外国投资存在了——特别是在南方，至少早在 1875 年英国人就成立了南部各州钢铁和煤炭公司（Southern States Iron and Coal Company）。到 1914 年，英国、荷兰、德国、法国、瑞士和加拿大投资者持有了美国钢业公司总价值为 1.224 亿美元的普通股和 2 750 万美元的优先股；它们在伯利恒和奥蒂斯钢铁公司（Bethlehem and Otis Steel）也持有大量的资产。[94]

除了酿酒业和钢铁业，与地产活动相关的和依靠消费者市场蓬勃发展的制造业也从外国投资中受益。在 19 世纪 90 年代英国开始直接投资于面粉磨制和肉类加工。例如在 1889 年，英国人购买了美国第一大面粉生产厂商 – 皮尔斯伯瑞面粉厂（Pillsbury mills），开办了皮尔斯伯瑞 – 沃什波恩公司（Pillsbury-Washburn），公司的股本为 100 万英镑，债务为 63.5 万英镑。[95] 而且在几年内它们为通用电气公司、伊斯特曼公司 (Eastman's)、普尔曼公司 (Pullman) 和爱迪生光学公司 (Edison Photographic) 提供资金。

764 到 1900 年几乎每个主要的美国纺织公司都由英国人拥有。[96] 1889 年利弗兄弟公司（Lever Brothers）开始在美国生产肥皂；10 年后他们经营 3 家工厂。1909 年塞缪尔 · 考陶尔德公司（Samuel Courtauld & Company，即后来的 Courtauld's Ltd.) 在美国开设了分支机构后，人造纤维的生产成为英国人的专利；而且许多具有悠久传统的英国和德国纺织公司直接在美国投资。1905 年后的几年，外国投资大量涌入美国的制造业和商业，在 1910—1914 年的五年中来自英国的资本超过了 5 000 万美元。这其中包括印第安纳波利斯和圣路易斯酿酒厂的投资；也包括通用电气公司的 700 万美元、英美烟草公司的 2 000 万美元、伯利恒钢铁公司的 800 万美元、桂格燕麦公司的 5 万美元。[97]

19 世纪后期的伦敦股票交易所和纽约股票交易所

在一战前的 40 年里，美国国内资本市场逐渐走向成熟，但是进程很慢，以至于在这个时期末，有些部门不能通过国内市场吸收到足够的资金。表 16–10 对于美国的普通股在 1870 年、1880 年、1890 年、1900 年和 1910 年 12 月份分别于伦敦股票交易所和美国国内第一家有价证券市场——纽约股票交易所——的交易情况进行了比较，从而为评价美国资本市场的发展水平提供了参考依据。[98] 同时它也提供了这
765 些股票产业分布的参考依据。

表 16–10　　不同年份的 12 月美国股票的交易情况

年份	纽约股票交易所 (NYSE)				伦敦股票交易所 (LSE)			
	铁路股票		非铁路股票		铁路股票		非铁路股票	
	公司（家）	发行股票（只）	公司（家）	发行股票（只）	公司（家）	发行股票（只）	公司（家）	发行股票（只）
1870 年	30	45	13	16	5	6	2	2
1880 年	63	81	30	31	14	19	20	25
1890 年	91	129	38	44	33	48	59	90
1900 年	80	133	65	96	31	53	61	92
1910 年	67	105	84	128	31	48	62	99

说明：在美国股票交易所交易的外国（非美国）公司不包括在纽约股票交易所的总数中。

在某些情况下，根据《时代》(*Times*) 提供的信息，不可能断定一家公司是铁路公司还是非铁路公司。这些公司也不包括在纽约股票交易所的总数中。任何一年，不能断定归属的公司都不会超过公司总数的 4%。

《时代》的数据和纽约股票交易所上市公告互相参照。在《时代》上列表的公司连续几年不出现在纽约股票交易所印刷物上的概率非常低。然而，这些公司包括在上述纽约股票交易所的总数中。

提供城市交通服务的铁路公司包括在铁路股票项下。

包括在纽约股票发行中的是上述《时代》列表中提到的、除了债券那一列的那些证券，股票发行包括各种形式的优先股、可流通的优惠认股权证、可流通证券。

仅购买铁路证券的投资公司的股票发行作为铁路股票统计。

纽约市银行证券经常出现在 1870 年《时代》的列表中，但随后几年不是很少出现就是根本不出现。为了便于 1870 年和其他几年的连续比较，我们在纽约股票交易所的总数中不包括银行股票。

资料来源：NYSE: *New York Times*; LSE: *Investor's Monthly Manual*.

1870 年 12 月，在伦敦进行股票交易的公司中，有 5 家是铁路公司，1 家采矿公司和 1 家银行。43 家公司的 61 只股票在纽约交易，其中包括 45 只铁路公司的股票，还包括 13 家其他公司发行的 16 只股票，其中有 2 只煤炭公司的，2 只采矿公司的，3 只快递公司的，西部联合公司（Western Union）的，波士顿水利电力公司的和太平洋邮轮航线公司的。只有 4 只股票同时在两个交易所进行交易：纽约州中央铁路、伊利诺伊中央铁路，以及伊利铁路发行的 2 只股票。

1870—1880 年美国上市交易股票总数的增加表明了美国经济的快速发展，显然，由经济发展带来的资金需求严重制约了国内处于成长期的资本市场的发展。1880 年

766 12 月在纽约股票交易所进行交易的公司总数翻了一番多，与此同时在伦敦股票交易所交易的公司总数则几乎是原来的 5 倍。在伦敦进行交易的 34 家公司包括 14 家铁路公司，而非铁路行业公司的数量增长要快得多。在 1870 年仅有 2 家非铁路行业的公司在伦敦进行交易；1880 年的交易列表中达到 20 家：包括 1 家电报公司、1 家煤炭公司、2 家银行、5 家投资信托公司、3 家金融地产和抵押公司、1 家货运公司和 7 家采矿公司。

虽然 1880 年纽约股票交易所的上市公司清单显示出资本市场对非铁路行业的资金增长需求予以满足，但在清单上的铁路公司总数仍然超过 2/3。1870—1880 年上市交易的非铁路公司的总数翻了一番还多，而纽约铁路公司中发行股票的公司的数量也在增加——从 30 家增加到 63 家。1870 年在纽约上市交易的铁路公司的总数几乎是在伦敦上市交易的公司的数量的 6 倍，到 1880 年，这个数字变成了 4 倍左右。虽然纽约交易所的扩张可以被认为是由于铁路行业证券的增长，但同时也是由于非铁路行业的公司数量增长。1880 年的清单中包括了电报电话公司、采矿公司、快递公司和 1 家水利电力公司。1870 年在纽约交易所报价的非铁路行业的公司数量与伦敦交易所相比，增长了好几倍 。10 年后虽然纽约交易所上市的非铁路行业的公司数量由 13 家上升到 30 家，但在英国交易所上市的这类公司不少于 20 家。

1890 年 12 月在伦敦股票交易所发行股票的美国公司数目接近同期的纽约股票交易数目的 3/4；然而如果把注意力转到非铁路部门，那么在伦敦市场交易的公司数量是纽约交易所的 1.5 倍。当铁路公司的数量仍然占到在伦敦交易的美国公司数量的 1/3 强时，至少有来自其他 9 个行业的 59 家公司列入了伦敦交易所的清单，它们是：1 家运河公司；1 家电报电话公司；3 家银行；6 家奶牛牧场；17 家土地开发、抵押和金融公司；8 家信托公司；4 家采矿公司和 11 家酿酒厂；除此之外还有其他 8 家企业，其中包括芝加哥和西北谷仓公司（Chicago and North Western Granaries）、伊特曼公司、J&P 皮革公司 (J&P Coats)、皮尔斯伯瑞－沃什波恩面粉制造厂。

767 经过 20 年的发展，在纽约股票交易所交易的公司数量大幅增加；与此同时在伦敦股票交易所交易的公司数量增加了十几倍。经济的快速发展带来了资金需求，新兴的美国国内金融市场出现了明显的资金紧张。

通过比较两个交易所的铁路股票占所有发行股票的比例可以看出资金紧张的程

度(见表 16–11)。1870 年这一比例严重向铁路项目倾斜，在两个市场都占到 75%。10 年后情况却有了很大的不同。由于新的产业——这些产业经常位于西部和南部——对资金需求的增加，英国的交易所对此迅速做出反应，而纽约股票交易所的反应要慢得多。当纽约的非铁路项目的比例基本还处于原来的水平时，伦敦市场的非铁路项目的股票翻了一番还多。在随后的 10 年这种趋势一直持续着。英国市场的非铁路项目所占的比例在持续增加(几乎占到总数的 2/3)，而美国市场的比例却稳定地保持在 1/4。

表 16–11　不同年份的 12 月上市交易的美国股票中铁路资产占总资产的份额

年份	纽约股票交易所	伦敦股票交易所
1870 年	0.75	0.75
1880 年	0.72	0.43
1890 年	0.75	0.35
1900 年	0.58	0.37
1910 年	0.45	0.33

资料来源：表 16–10。

尽管纽约交易所全面快速地发展起来，但在 1880—1890 年上市交易的非铁路行业的股票仅仅增加了 8 只。在 1890 年交易的 38 家非铁路行业的公司中，包括 6 家 20 年前就列入交易名单的公司，以及另外 5 家被《时代》称为“没有上市但实际已进行交易的”公司。新增 1 家快递公司；铁、煤炭和钢业的上市公司增加到 7 家；当另外 19 家其他行业的公司也上市交易时——其中包括爱迪生—通用电气公司、国家铅业信托公司 (National Lead Trust)、国家亚麻石油公司 (National Linseed Oil Company) 和普尔曼豪华车厢公司 (Pullman Palace Car Company)，3 家煤气公司和 3 家采矿公司的股票也在交易。 768

1890 年在伦敦股票交易所的 33 家美国铁路公司中，同期有 22 家也在纽约上市交易；然而仅有 1 家“非铁路”公司在两个交易所同时交易。铁路股票同时在两个股票市场交易的情况越来越常见，而对于非铁路股票来说，这种情形却很少见（见表 16–12)。1870 年的统计表明有大量的铁路股票同时在两个股票市场上市交易；在

19 世纪和 20 世纪之交，同时在纽约和伦敦上市交易的铁路公司的比例继续上升，到 1910 年几乎达到了 90%。虽然铁路部门的数据使我们看到了两个市场趋同的迹象，但非铁路公司的统计数据清楚地显示出伦敦市场仍然为那些不能在纽约股票交易所获得资金的公司提供资金——只在伦敦上市交易的非铁路公司的比例从未低于 90%。

表 16–12　在伦敦上市的美国公司占同期纽约未上市公司的比例

年份	所有公司（%）	铁路公司（%）	非铁路公司（%）	公司数目总计（家）
1870 年	0.57	0.40	1.00	7
1880 年	0.68	0.36	0.90	34
1890 年	0.75	0.33	0.98	92
1900 年	0.73	0.23	0.98	92
1910 年	0.65	0.13	0.90	93

资料来源：表 16–10。

到 1900 年，纽约市场已经开始响应美国“非铁路”企业的资金需要。在 19 世纪的最后 10 年里，在伦敦交易所上市交易的公司数目基本保持不变，“非铁路”企业的股票只有些许增加。而在大洋的另一边，纽约股票交易所的交易公司数目增加了大约 1/8；而“非铁路”企业的数目所占比例由 29% 增加到 45%。在 20 世纪的最初 10 年里，纽约市场远离铁路行业的趋势不断增强——虽然稍显缓慢；1910 年铁路公司所占比例第一次低于交易公司总数的 1/2。美国市场正在快速地走向成熟。

769 1900 年在伦敦上市的“非铁路”公司都采用了折中的方法，既吸收国内投资，又在海外上市筹资。这其中包括 9 家酿酒厂，21 家地产、抵押和投资公司，1 家电报电话公司，10 家投资信托公司，8 家采矿公司，3 家银行和 9 家列入“其他公司”项目的上市企业。纽约股票交易所的交易范围迅速扩大，以前被忽略的经济部门对资金的需求如泉涌一般，以“美国”字样打头的公司充斥着整个交易所上市公司清单。这其中包括美国甜菜糖厂、美国汽车玻璃厂、美国煤炭公司、美国棉油公司 (American Cotton Oil)、美国地方电报公司、美国快递公司、美国内燃机公司、美国亚麻公司、美国麦芽公司、美国熔炼和精炼公司，美国酒精制造厂、美国钢箍公司、美国电报电缆公司、美国锡钢公司、美国烟草公司和美国毛纺公司。

到 1910 年纽约股票交易所已进入成长期，或者说是进入成熟期。截至当年的 12 月，有 93 家美国公司的股票在伦敦市场交易(其中 62 家为“非铁路”公司)，而在华尔街上市的公司是 151 家，其中 84 家不是铁路公司。美国的工商企业，钢铁和煤炭公司，投资信托公司，地产、抵押和金融公司仍旧在伦敦上市交易，这些公司也同样出现在纽约股票交易所。尽管纽约市场正在明显地走向成熟，但是在非铁路部门中很少有公司同时在两个交易所上市交易。在两个交易所同时上市的主要是铁路行业的公司；同时上市的“非铁路”公司只有美国钢业公司、美国电话电报公司、阿纳康达铜业公司（Anaconda Copper)、联合铜业公司 (Amalgamated Copper)、国际商业海运公司和通用电气公司。

在纽约交易所上市交易的公司数目的增加，能够使那些有远见的投资者看到交易所未来的发展前景。在 1910 年的上市公司中包括了 1 家英国公司——伦敦地下电气铁路公司(Underground Electric Railways of London)。接着加拿大太平洋铁路公司、古巴—美国糖业公司、墨西哥国家铁路公司也在纽约交易所上市交易了。在那一年，阿根廷、日本和巴拿马的政府债券也在交易所上市。华尔街开始涉足国际金融事务。

而且，就国内金融状况而言，纽约交易所的情况和我们今天知道的类似。在交易清单上依字母顺序排列从亚当斯快递公司（Adams Express）到西屋公司(Westinghouse)，共有 128 家“非钢铁”公司。而且一些今天依然能够经常见到的公司从 1890 年开始就在纽约市场上开展交易，如阿利斯·查默斯公司（Allis Chalmers)、美国烟草公司、伯利恒钢铁公司、国际收割机公司、国家饼干公司、共和钢业公司 (Republic Steel)、美国橡胶公司和美国钢业公司。纽约股票交易所真正 770
成为全国范围的资本市场。

美国国内资本市场和外国的资本需求

美国公司从英国储蓄者手中得到的资本具有一定的规模，于是问题就出现了：为什么国内的资金近在咫尺，美国公司却要到海外寻求资金呢？问题的答案并不简单——至少包括三个不同但并非全无联系的部分。第一，美国的储蓄利率很高，但是可能没有高到只靠美国人的储蓄就能满足美国经济发展所需的大量短期资本需求的地步。第二，与美国人相比，英国人更加愿意投资。也就是说，虽然有一部分美国人愿意投资于远离他们日常生活的部门，但大多数人并不是这样。第三，纽约股票交易所的体制结构不同于伦敦同行。也就是说纽约市场受到它的机制结构和一整套操作规则的限制，虽然这套规则的设计是为了保证投资者可以获得资金，但很难迅速改变资金供给不足的状况。

证实第一个观点相对来说比较简单。在1814—1819年、1832—1839年、1867—1876年及1882—1896年这几个时期，外国资金大量涌入，这和美国内战、美国经济发展及结构转变有着密切的关系。虽然很多文献质疑美国投资需求和外国的资本供给之间的关系，但在埃德尔斯坦的研究著作《帝国盛期的海外投资》（*Overseas Investment in the Age of High Imperialism*）中，我们可以发现最令人信服的证据来证实这一关系。作者以5年时间为一个阶段，把1834—1858年分为五个阶段，把1869—1898年分为六个阶段，结果发现前者在四个以上的阶段里，后者在五个阶段里，国内资本积累和外国投资净值占国民生产总值的比率这两个指标间存在紧密的相关性。因此他认为，美国资金的需求而非外国资本的供给是欧洲资金转移到美国的强
771 大动力。然而他也发现在最后的两个交叠的时段里（1894—1903年和1899—1908年），这一相关性的论证就不再成立了。“简单地说，因为美国国内爆炸性的投资需求和/或美国人储蓄喜好不易转移的缘故，美国的实际资本积累率的增长要快于实际储蓄率的增长，差额部分就由外国借款填补。一旦不易转移的储蓄达到它们的长期目标，外国借款的净值也就不见了。”[99]

大多数学者对于有关该问题的第二和第三个观点都表示赞同；但是他们对于二者的相对重要性的意见并不一致。早在20世纪30年代中期，M. M. 波斯坦（M. M. Postan）就对国内资本市场的发展和国内与国际市场的一体化产生了浓厚的兴趣；他的关注使得重点研究制度创新和资本市场发展成为研究的主流。[100] 更近一些时候，罗伯特·泽文（Robert Zevin）和拉里·尼尔（Larry Neal）已经研究了国际资本市场一体化程度这一问题。泽文认为至少在19世纪末，甚至可能更早，国际资本市场就已经融为一个整体。[101] 尼尔表达了相同的观点。他认为在18世纪国际资本市场就结合得相当好，但在19世纪早期出现了分裂，在整个19世纪它又逐步再次走向一体化。[102]

波斯坦认为近代的资本流动通常不是建立在互不相识的储蓄者和投资者之间的市场交换上，而是建立在私人之间的直接交易的基础上。在当代资本市场形成之前，必须培养大量的投资者，必须向他们证明投资于非个人化的“象征性资本”(这种资产是一些可以流动和分散的票据——根据资产随时兑换成现金，而不是提取资产本身)和直接拥有实物资产一样安全。就英国的投资市场而言，波斯坦认为市场的 772
培养开始于 16 世纪不记名股份制的运用，但是直到拿破仑战争爆发时，投资者才开始认识到投资于政府债券是有收益的，而后他们发现在“高度危险”的 19 世纪 40 年代早期，投资于铁路有价证券是最安全的。到这个时候，资本市场才真正得以形成。[103] 波斯坦通过考察俄国、德国和法国的历史，得到了类似的结论。

就美国的资本市场情况而言，由于在东部的投资者和南部及西部的投资者的地理距离较远，也由于新兴产业和早期传统产业在资金供给的来源上存在明显的差异，因此问题就变得更为复杂。然而，美国资本市场的培育过程和隔洋相望的欧洲市场的进程是相同的，至少就北部和西部的市场而言，是一致的。但是美国的投资市场至少比欧洲市场晚了半个世纪。因此北方人和中西部的投资者在南北战争期间，在 20 年期年利率为 5% 的债券的投资上，得到了和英国人在拿破仑战争期间的债券投资同样的教训。19 世纪 70 年代、80 年代和 90 年代，美国人在铁路债券的投资经历同样是英国人在哈得逊时期的投资经历的翻版。[104] 但是在南部，投资联盟债券并没有同样培养起南部的储蓄者的投资意识。尽管南部存在这样的问题，但是到 20 世纪初，北方资本市场的进程得到了如此大的推进，以至于一位杰出的纽约银行家弗兰克·A. 范德利普（Frank A.Vander-Lip）曾经这样说：“整个大密西西比河流域都希望在不远的将来出现另一个新英格兰，使他们能够到那里去投资。东部的商人对于债券市场的开发热情，是持久的和令人惊讶的。”[105] 773

这是 20 世纪的情况。在更早期，情况明显不同。内奥米·拉穆鲁（Naomi Lamoreaux）在她的一项关于新英格兰商业银行的研究报告中解释了在明显的非个人化的体制结构下，个人化资本是如何延续的。[106] 在她关于 19 世纪许多新英格兰银行的调查记录中，都谈到机构间的贷款不是由市场力量决定的，而是由于彼此存在家族关系而形成的。

以其他行业作为论据也可以得到类似的显而易见的结论。肯尼思·斯诺登(Kenneth

Snowden）也证实了即使到 1890 年风险投资已经显现出回报的时候，不同地区的抵押费率仍然有很大的差别：

> 对于南部和西部的借款者而言，更高的利率（高出 2~3 个百分点）确实是一项大的财政负担……我认为在各个地区，由于流动资金的直接筹集成本及其金融创新的程度存在差异，所以西部和南部的城市和农村借款者必须为借款付出高额的利息。[107]

还有第三种方法，即考察那些为数不多的，能利用个人能力聚集资金而获得垄断利润的金融资本家的情况来证实上面的观点。这些金融资本家包括杰伊·库克、约
774 翰·D. 洛克菲勒，当然也包括 J. P. 摩根。到 1912 年，虽然那个时候的美国人还是不肯信任正式的非个人化的金融市场，但摩根依然能够控制 20 多亿美元的资金，因为美国人愿意把钱投到摩根认为可投资的企业中。[108] 而且布拉德福·德隆近期的研究显示，如果考虑到美国当时的金融市场结构，美国人选择储蓄而不愿意投资证券的做法是正确的。[109]

可以肯定地说，至少到 19 世纪末以前，伦敦资本市场上的投资者要比它的美国同行老练得多。[110] 显然两个市场不可能各自孤立地存在，但看起来大部分在伦敦上市交易的美国有价证券并没有把伦敦股票交易所仅仅看成纽约股票交易所的替补。也就是说，虽然来自英国的资金对于美国资本积累的贡献就数量而言从来都不大，但这并不意味着它的作用就不大；更重要的是，它经常会选择那些被初期的美国金融市场拒之门外的经济活动作为投资对象。并且在 19 世纪 30 年代和 1880—1896 年这两段时间，当美国经济正在经历迅速的结构转变的时候，这些外国投资就显得格外重要。

纽约市场发展相对缓慢这一事实，一方面反映了市场上投资者的投资偏好；另一方面能使我们分析纽约股票交易所和伦敦股票交易所在制度上的差异。纽约股票交易所是由从事创造并维持证券市场的集团筹建并拥有，而伦敦股票交易所表面上也是如此，但实际上交易商并不是它唯一的所有者：

> 在 1801 年，（当伦敦股票交易所）决定建立自己的交易所的时候，它

通过发行任何人都可以购买的股票来实现这一计划。因此使用它进行交易活动的人们（即交易所会员）与控制交易大楼并将其视为一项事业的人（即所有者）是分离的。例如在1878年，伦敦股票交易所有2 009名会员，但仅有508人是交易所的股东，大量的股东并不是会员。[111] 775

纽约股票交易所是在1868年建立的，全部资金都是由它的会员提供的。因此，所有者和会员之间的这种分离关系是伦敦交易所的特征，而美国交易所则缺少这一特征——在美国交易所，所有者和会员是同一群人。

在伦敦所有者和会员相分离的关系明显地反映在交易所的治理结构上。两个委员会——董事和经理委员会（the Committee of Trustees and Managers）以及常务委员会 (the Committee for General Purposes)——被授权共同掌管交易所的事务。就像其名称所暗示的一样，两个委员会分别代表了不同的利益集团：董事会和经理代表交易所的所有者，常务委员会代表会员。他们之间不可避免地会发生利益冲突。[112] 而纽约股票交易所的所有者和经营者之间的利益是一致的，因此在这两大集团间不可能存在任何的明争暗斗。虽然它也授权给一些附属委员会，但对所有交易所的事务做出最终裁决的只能是管理委员会。由于纽约股票交易所是由集体共同拥有的，因此一般来说它采用的政策具有集体的特点，这些政策与由股东拥有的伦敦股票交易所采用的政策之间存在很大差异。[113]

把交易所建成一个高效率的卡特尔组织，一方面由此获得的收益比付出的成本要高，另一方面卡特尔这种形式掩盖了潜在的各种问题和实施规则。当纽约股票交易所向交易者提供有价值的服务的时候，也就意味着在纽约股票交易所进行交易要比在其他交易所进行交易花更多的钱。实际上，公司愿意而且会承担这些费用是想传递一个信号——一个能够减少投资者疑虑的信号，从而那些公司能够吸引更多的相对单纯的投资者，为它们的证券建立一个全国范围的销售市场。当然，一些投资者认为不需要依靠纽约股票交易所提供的证明来衡量投资机会的吸引力；而且一些公司没有能力或者不愿意承担这笔额外的费用。

对于一些更有经验的投资者来说，如果认为没有必要，那么他们就会拒绝负担纽约股票交易所的高额交易费用，因此他们经常会把交易带到纽约的竞争对手那里。776

显然相对于没有经验的投资者的数量而言，这个群体的数量很小——因此纽约股票交易所掌控了大部分国内证券交易活动(见表 16–13)。因为有经验的投资者的数量很小，所以其他的国内对手不能动员足够的资本来满足所有公司的资金需求，而这些公司的成长则反映出美国产业改革的进程。正因为这样，英国企业家就有机会去购买美国的企业，把它们重组为“独立的公司”，然后通过伦敦股票交易所的支持从相对更有经验的英国投资者手中筹集资本。与此同时，一些美国公司开始利用伦敦市场为自身筹集资金。然而从纽约股票交易所管理者的角度看，考虑到两大群体的相对数量，优先考虑吸引数量更多的缺乏经验的投资者来进行投资，而后才轮到有经验的投资者，这样的决策看起来更加合理。

表 16–13　1910 年美国证券市场的销售统计

市场	股票		债券	
	销售量	比例	票面价值（百万美元）	比例
纽约股票交易所	164 150 061	68.5%	635.0	90.6%
联合股票交易所	32 238 773	13.4%	—	—
纽约场外交易市场	18 671 438	7.8%	10.8	1.5%
纽约所有市场合计	215 060 272	89.7%	645.8	92.1%
波士顿股票交易所	15 503 336	6.5%	32.7	4.7%
费城股票交易所	8 341 599	3.5%	14.6	2.1%
芝加哥股票交易所	894 362	0.4%	7.4	1.1%
总计	239 799 569	100.1%	700.5	100.0%

资料来源：Ranald C. Michie, *“The London and New York Stock Exchanges, 1850—1914”* (London, 1987), 170. 纽约股票交易所：New York Stock Exchange, Special Committee on Commissions, Memorandum, 1924; 联合股票交易所：Consolidated Stock Exchange, Annual Report, year ending 31 May 1910; 纽约场外交易市场：Jones and Baker, *Profits and Dividends on America's Second Largest Stock Market* (New York, 1919); 波士顿股票交易所：J. G. Martin, *Stock Fluctuations* (Boston, 1911); 费城股票交易所：A. W. Barnes (ed.). *History of the Philadelphia Stock Exchange, Banks, and Banking Interests* (Philadelphia, 1911); 芝加哥股票交易所：F. M. Huston and A. Russell, *Financing an Empire—History of Banking in Illinois* (Chicago, 1926), vol. I。

最低佣金规则可能最为清晰地表达了交易所要求其会员采用单一行为模式的意

愿——这种行为模式能够保证卡特尔组织有效地运转。纽约股票交易所允许它的会员在为非会员买卖证券时收取费用，每笔收费不少于交易额的 0.125%。纽约股票交易所的最低佣金率很高；因此其国内的竞争对手们经常把它们的收费降到低于纽约股票交易所的水平，目的是吸引投资者把交易业务转移到自己的交易所来。但因为它们的规模太小，所以它们不可能与纽约交易所形成有效的竞争。纽约股票交易所的两个对手——联合股票交易所和场外交易市场——以及费城股票交易所的经纪人的收费比例一般只占纽约股票交易所佣金比例的一半。但在 1875 年，当 20 个纽约股票交易所的经纪人请求管理者把大宗代理业务的佣金率降低到 0.062 5% 的时候，他们的要求被断然拒绝。1894 年管理委员会十分明确地表明了最低佣金规则的重要性，“佣金规则是交易所的根本条例，经济福利和机构本身的生存都取决于严格执行这一规则”[114]。虽然这样的说法听起来有些夸大其词，但显而易见纽约股票交易所的规则制定者要消除成员间对于佣金的竞争——佣金率的任何差异都是不可容忍的。

管理委员会也通过严格限制会员人数来保护其成员获得更高的个人收益。在 1869 年与“公开委员会”(Open Board) 合并之后，管理委员会把会员增加到 1 060 个。从那时起一直到 1914 年委员会只增加过一次会员 (增加到 1 100 个)。随着交易所业务量的增加——与 1879 年 7 300 万美元的股票销售额相比，一战前 1906 年的股票销售额高达 2.62 亿美元；债券 1879 年的销售额为 5 710 万美元，到 1909 年债券销售达到顶峰的时候，销售额为 13.14 亿美元——会员资格的价格也上升了。米基（Michie）记录说，“现实情况是会员人数受到限制，不能满足实际的需要，而且购买会员席位的费用提高了。1880 年一个席位的价格为 14 000~26 000 美元，到 1910 年价格上升到了 65 000~94 000 美元，或者说价格几乎是原来的 4 倍”[115]。限制会员人数这一被许多交易所使用的手段使成员易于管理；而且随着交易席位变得更加昂贵，只有 778
比较富有的人才能加入。[116]

因为纽约股票交易所是一个经纪人的卡特尔，所以它能实行集体决策，这样不但能使短期利润最大化，而且能使交易量快速增加。在 19 世纪中后期，典型的美国投资者相对来说不太成熟，因此他们常常因为美国国内投资机会的不确定性而苦恼。[117] 潜在投资者面对的大量信息常常是很不对称的，为了给上市公司的有价证券扩大国内市场，纽约股票交易所制定了一套操作程序和交易规则来降低投资的不确定性。在这样的条件下，有潜在上市能力的公司就面临着确定上市标准的问题：

> 高水平的投资者经常会受到低水平的投资者的不利影响；高水平的投资者要么和低水平的投资者共担损失，要么必须投资于那些涨幅超过交易所上涨指数的股票。如果没有通过信息不对称把他们从低水平的人中区分出来，这样的情况就会出现。[118]

纽约股票交易所承担市场审查的职责，它允许一些特定的公司投资于昂贵的信号，通过信号把它们的证券和那些竞争性企业的证券区分开。[119] 纽约股票交易所的报价本身就变成了美国投资者衡量投资机会“品质”的一种信号。

纽约股票交易所最显著的一项审查政策是它的严格的审查程序——这套程序要
779 求申请上市交易的证券在“资本的规模、股东的数量和可证实的记录”方面，严格符合交易所的最低标准。[120] 交易所做了大量深入细致的工作来吸引那些交易量大、交易范围广、交易价格适中而且相对比较稳定的证券来进行交易。交易规则规定交易价格低于票面价值的证券要额外付费，事实上在如此大的交易市场中，出现交易量达不到规定规模的情况是不可能的。而且佣金规则的一项附录规定佣金的收取标准不是根据证券的市值，而是根据它的面值，且最低按 100 美元的面值收取佣金。因此，该规则要求，在代表非会员交易每一股证券时，即使这一证券的市场价格低于 100 美元，会员也至少要抽取 12.5 美分的佣金，对于没有经验的投资者而言，面值这一信号十分重要。在一项关于资本市场发展的研究中曾经这样强调面值的重要性：

> 不记名公开市场的一个先决条件是市场机制的发展能够使外部投资者更好地估计交易的价值；这种发展是一个非常缓慢而费劲的过程，即使到今天还远远没有完成。当大多数可利用的会计数据都不可靠时，一项根本的措施就是使用面值作为基准。[121]

类似地，交易所规定了单笔交易的最小交易数量的限制。虽然在 19 世纪 90 年代放松了规则，允许会员交易“零星股票”，但直到那时候会员还是被禁止交易少于

“常规”份额(100 股)的股票或债券。[122] 简言之，一家企业经过准入检验并且也证明了发行证券的市场是活跃的和稳定的之前，它要购买一个与它可能的品质相匹配的昂贵的价格讯息。

“面值规则”不仅排斥不到 100 股的 100 美元的证券交易，而且排斥以低于 100 美元面值发行的“小币值”有价证券。资本较小的公司经常发行小币值有价证券，而在工业、房地产开发业、抵押和金融业及采矿业有很多这样的公司。即使投资者 780
愿意以常规份额交易，并且小投资者选择零星股票交易是可能的，面值规则也使证券的购买和销售花费昂贵。因此大多数这类证券理所当然地在交易规则更宽松的交易所上市交易。

然而制度和规则并不是一成不变的，环境的变化导致制度结构也发生了改变。例如纽约股票交易所不再因为无理性的偏见禁止进行某些交易，也不再排斥一些类别的证券——实际上，它对任何一只通过“信号”测试的、能够吸引来自各地区和各种职业的投资者的证券都同样感兴趣。当一种证券的股份很少或者投资者集中在某个地理区域的时候，在纽约股票交易所上市交易不会得到任何好处，而且没有上市公司和投资者愿意为进入这个市场付费。然而到 19 世纪 80 年代中期，在对手交易所那里上市交易的某些工业，地产—抵押—金融产业和采矿产业的股份公司得到了持续发展，这使管理委员会认为这些股票开始吸引更广泛的投资者。因此，在不减弱交易所“品质”信号的前提下，为了使其会员分享这些行业的潜在利润，管理委员会建立了一个“未上市的部门”——这个部门允许会员交易某些没有官方挂牌的证券。

制度创新并没有包括不断弱化交易所的交易规则，即有关佣金和交易的严苛规定；到 20 世纪初，大多数“未上市但可以交易的”证券一直都不能真正引起全国范围的注意。新市场的吸引力显然受到了限制。虽然未上市部门一直挣扎着生存到 1910 年，但其中只有少数几只股票交易量较大。例如，在 1895 年这个部门交易的工业股票的数目大得令人吃惊(共有 435 只)，但仅仅有 3 家公司（美国糖料精制公司、国家铅业公司和美国皮革公司）的交易量较大，共占交易总额（1 360 万美元）的 94%。[123]

至少交易所的交易规则部分影响了许多公司在纽约股票交易所的上市，它们转到美国其他的交易所(波士顿股票交易所、费城股票交易所或者联合股票交易所)， 781

或者外国的交易所（特别是伦敦股票交易所）。由于采矿，地产、抵押、金融这些行业的地理分布比较集中，因此数量更多的其他当地交易所就能为它们提供足够的资金。1880—1914 年有一大批采矿公司的股票在旧金山股票交易所和波士顿股票交易所以及纽约场外交易市场上市交易。在 20 世纪初以前，地产公司和投资信托业也经常在波士顿股票交易所上市。[124] 其他公司——不能通过国内投资者满足资金需要的公司——转移到有更广泛的投资者基础的英国市场上市。在美国并不是所有的采矿企业和地产公司的证券都不能上市交易，许多是可以上市交易的，但不是在纽约股票交易所。

一般来说，只要对手避免交易纽约股票交易所的证券，双方和平共存就是可能的。例如，纽约场外交易市场就是为那些不符合纽约股票交易所严格的上市标准的证券提供服务的，而且纽约股票交易所的经纪人承认有一小群投资者愿意将其储蓄投资到不需经过交易所审查程序的证券上：

> 场外交易市场与纽约股票交易所不协调地共存着，它从未被公开承认但被纽约股票交易所的会员广泛利用以满足来自全美国的客户的要求……大约 85% 的场外交易市场的业务是来自纽约股票交易所成员。他们利用报信男孩从上面的办公窗中发信号，方便地使用在交易所一层窗台上的电话来使双方之间保持着稳定的交易契约。[125]

有趣的是，这段引言不但强调两个交易所默认了彼此职责上的分工，而且它也表明在场外市场交易不止能吸引当地人们的关注。

地区交易所的持续生存和发展表明国家不同地区的投资者之间存在分化。假如统一全国性的证券交易活动会使利润增加的话，那么在某个时期里，当全国性的证券逐渐倾向于在纽约上市交易时，有人宁愿持有在更小的交易所里上市的地区性证
782 券。例如 1910 年的波士顿股票交易所，有来自全国各地的地产、抵押和金融公司和矿产公司的股票在这里进行交易。有一名市场观察员查尔斯·黑德（Charles Head）（既是纽约股票交易所的会员又是波士顿股票交易所的会员）这样描述投资者之间的分化：

> 我们在波士顿做了一笔非常大的交易，这笔交易根本就没有涉及这个城市（纽约）——客户是波士顿人，生意也在波士顿。我们大量交易这些波士顿的股票——所有铜业公司的上市股票。[126]

只有一个交易所持续拥有这样规模的交易活动——波士顿股票交易所（费城股票交易所的交易规模则相对小些），这说明这些交易所的投资者是相对有经验的，他们不需要完全依靠纽约股票交易所的“鉴定”来降低投资风险。阿瑟·约翰逊（Arthur Johnson）和巴里·萨普（Barry Supple）认为波士顿投资者早期在中国的投资经验使他们特别适合投资于美国西部的证券。这些投资者是“组织严密的群体。习惯经营范围很广的企业，当西部为资本和企业家才能提供巨大的发展机会时，他们似乎每一次都能抓住”[127]。总之，显然并不是所有美国储蓄者评价不确定的投资机会的能力都是相同的；即使到了 20 世纪，大多数人，甚至那些愿意持有有价证券的人也仍然需要“官方证明”。

资本需求的快速增长、缺乏经验的投资者和严格的交易规则，这些因素结合到一起就意味着美国经济的某些部门，特别是南部和西部的公司不可能到纽约市场上市交易；然而它们往往能在英国市场上吸引到资金。当然到 19 世纪末的时候，纽约市场开始表现出更加成熟的迹象——那就是，它的经纪人和专家开始为更多数量的企业提供服务；但它至少比它的英国同行落后了 20 年。美国国内的地产、金融和投资公司以及采矿、农业和其他与地产有关的企业被迫和英国资本保持联系，这种情况一直持续到进入 20 世纪后。

最后，剔除其他可能的短期因素，并不是美国人储蓄不足导致美国公司到英国
资本市场上筹资。当还有人仍然对一战前的 10 年间美国人的储蓄水平存在疑问的时 783
候，毫无疑问的是，大约从 1870 年开始至少到 1908 年这一期间，美国年均储蓄率接近 25%，净储蓄率也超过 18%，这两个比例远远高于英国的水平。[128] 与之相对的是，纽约股票交易所的组织结构和大多数美国储蓄者——这些人不愿意冒险把积蓄投资到自己不熟悉的领域——的投资能力的共同作用，使美国公司到英国资本市场上筹资。随着这些投资者变得更加老练，潜在的经济范围也在扩大，在此基础上交易量也增加了；最后它使纽约股票交易所的管理者们扩充了他们的交易名单——

至少是有所扩充。

尽管国内的储蓄率很高，纽约股票交易所还是无法调动足够的储蓄，为那时全美国所有的投资机会提供足够的资金。这个问题在南北战争后的 10 年里显得尤为尖锐。因为当时美国经济正处于快速变革中，那些超出美国储蓄者正常经验范围的经济部门需要大量的资金。与此同时，欧洲人特别是英国投资者拥有充足的资本，并且自愿填补一部分资金缺口；但是他们更愿意与英国当地的经纪人和在众所周知的市场（伦敦股票交易所）进行交易，而不愿意与位于千里之外的陌生人和不熟悉的机构开展交易。

美国的海外投资

导　言

在宪法被批准后的半个多世纪里，美国一直是世界上最大的债务国；但到一战爆发的时候，这种情况发生了根本性的转变，有迹象表明早在 20 年前，通过国际金融网流入美国的资金就开始回流。1790—1896 年年底，资本净输入量总计为 34 亿美元；在 19 世纪最后的 18 年间，尽管在美国还有大量的外国投资，但资本净流出量总计
784 为 14 亿美元。类似地，美国长期海外投资与在美国的长期外国投资的比例 1899 年为 0.22，到 1908 年上升到 0.42 ；到 1914 年达到 0.50。[129]

早期：1797—1896 年

布洛克和他的合著者认为，“美国海外投资直到 19 世纪 90 年代的晚期数量一直很小”。克利奥纳也曾以同样的论调这样写道：“直到 19 世纪的最后 10 年，美国的输出资本……是可以忽略不计的。”[130] 虽然早在 18 世纪初的加拿大、1783 年的中国、1801 年的阿根廷、19 世纪 20 年代的墨西哥和巴西、18 世纪 50 年代的日本就有美国贸易公司，但没有进一步的广泛的美国投资。[131] 类似地，虽然 1804 年两个美国人在魁北克建了一家造纸厂，1852 年塞缪尔·科尔特（Samuel Colt）在英国建立了第一家制造分厂，而且在 1857 年三个巴尔的摩人在圣彼得堡附近“广泛地从事制造机车和汽车、铸造大炮以及为政府制造各种机器的工作”，但直到 19 世纪 60 年代

美国才出现大量投资于国外制造业的迹象，这时候普尔曼公司（Pullman Company）、R. Hoe 公司（R. Hoe & Company）以及辛格纺织机器公司（Singer Sewing Machine Company）都在英国建立了分支机构。[132]

外国铁路并没有吸引大量的美国资本。在 1849 年美国投资者出资建设了加拿大的西部大铁路，而且在巴拿马铁路投资了 800 万美元；但这些尝试却没有导致进一步的加大投入。[133] 在 19 世纪 70 年代，美国人出资把国内的铁路延伸至加拿大境内，而且开始建设由波士顿人提供资金的墨西哥索诺拉铁路（Sonora Railroad）。[134] 785

尽管在 19 世纪 90 年代晚期之前，美国人几乎没有对外投资，然而美国资本在世纪之交到 20 世纪 30 年代大萧条时期这段时间开始大量输出。随着这一投资风潮，早期美国人建立工厂、投资工业的模式也被保留了下来。除了为国内工业产品出口和美国自然资源出口提供资金担保以外——国内产品本身所需的技术最后经常会使美国人投资于外国产品，大多数美国人的投资领域主要被看成美国国内市场的延伸 (见表 16–14、表 16–15、表 16–16)。[135]

表 16–14　　**按照地理区域统计的美国海外投资**　　（单位：百万美元）

地区	1897 年	1908 年	1914 年
直接投资			
欧洲	131.0	369.3	573.3
加拿大	159.7	405.4	618.4
古巴及西印度群岛	49.0	195.5	281.3
墨西哥	200.2	416.4	587.1
中美洲	21.2	37.9	89.6
南美洲	37.9	104.3	323.1
非洲	1.0	5.0	13.0
亚洲	23.0	74.7	119.5
大洋洲	1.5	10.0	17.0
国际银行	10.0	20.0	30.0
直接投资总计	634.5	1 638.5	2 652.3

续前表

地区	1897 年	1908 年	1914 年
组合投资			
欧洲	20.0	119.9	118.5
加拿大	30.0	291.9	248.8
古巴及西印度群岛	0	30.0	55.0
墨西哥	0	255.6	266.4
中美洲	0	3.1	3.6
南美洲	0	25.4	42.6
非洲	0	0	0.2
亚洲	0	160.5	126.4
大洋洲	0	0	0
国际银行	0	0	0
组合投资总计	50.0	886.3	861.5
直接和组合投资			
欧洲	151.0	489.2	691.8
加拿大	189.7	697.2	867.2
古巴及西印度群岛	49.0	225.5	336.3
墨西哥	200.2	672.0	853.5
中美洲	21.2	41.0	93.2
南美洲	37.9	129.7	365.7
非洲	1.0	5.0	13.2
亚洲	23.0	235.2	245.9
大洋洲	1.5	10.0	17.0
国际银行	10.0	20.0	30.0
直接和组合投资总计	684.5	2 524.8	3 513.8

资料来源：Lewis, *America's Stake*, 606.

表 16–15　　按照地理区域统计的美国海外投资 (%)

地区	1897 年	1908 年	1914 年
直接投资			
欧洲	20.6	22.5	21.6
加拿大	25.2	24.7	23.3
古巴及西印度群岛	7.7	11.9	10.6
墨西哥	31.6	25.4	22.1
中美洲	3.3	2.3	3.4
南美洲	6.0	6.4	12.2
非洲	0.2	0.3	0.5
亚洲	3.6	4.6	4.5
大洋洲	0.2	0.6	0.6
国际银行	1.6	1.2	1.1
直接投资总计	100.0	100.0	100.0
组合投资			13.8
欧洲	40.0	13.5	28.9
加拿大	60.0	32.9	6.4
古巴及西印度群岛	0	3.4	30.9
墨西哥	0	28.8	0.4
中美洲	0	0.3	4.9
南美洲	0	2.9	0
非洲	0	0	14.7
亚洲	0	18.1	
大洋洲	0	0	0
国际银行	0	0	0
组合投资总计	100.0	100.0	100.0
直接和组合投资			

续前表

地区	1897 年	1908 年	1914 年
欧洲	22.1	19.4	19.7
加拿大	27.7	27.6	24.7
古巴及西印度群岛	7.2	8.9	9.6
墨西哥	29.2	26.6	24.3
中美洲	3.1	1.6	2.7
南美洲	5.5	5.1	10.4
非洲	0.1	0.2	0.4
亚洲	3.4	9.3	7.0
大洋洲	0.2	0.4	0.5
国际银行	1.5	0.8	0.9
直接和组合投资总计	100.0	100.0	100.0

资料来源：Lewis, *America's Stake,* 578-604.

1897 年美国在墨西哥和加拿大的投资额不到所有美国对外长期投资的 60%，古巴及西印度群岛、中美洲和南美洲占了 15% 左右。到 1914 年投资的格局基本不变，直到 1935 年美国在西半球的投资仍然占到所有美国对外长期投资的 65%。

“国内市场的延伸”这种说法的一个例外是，美国公司为自己的产品找到了欧洲市场。当像辛格公司、西屋公司以及爱迪生—通用电气公司这样的美国公司面临俄国人潜在的竞争时，它们都开发了新技术，并且很快地将其应用到国际销售中，最终实现了国际化的生产。[136]

外国的电气公司和电话公司也接受了来自美国的资本。到 19 世纪 90 年代早期，爱迪生公司（后来的通用电气公司）向 Deutsche Edison Gesellschaft 公司和 Edison Swan 电气有限公司（英国）及加拿大通用电气有限责任公司投资，而且购买了汤姆森 – 休斯敦国际公司（Thomson-Houston International）——这家公司后来在南美洲、埃及、西班牙建立了广泛的销售网并且不久之后在法国开始生产。[137] 贝尔电话公司 1882 年在安特卫普（Antwerp）① 建立了自己的制造分厂；1910—1915 年

① 比利时省份。——译者注

表 16–16　　1897—1914 年美国的外国直接投资：按照地理区域和投资类别划分

	1897 年	1908 年	1914 年	1897 年	1908 年	1914 年	1897 年	1908 年	1914 年	1897 年	1908 年	1914 年	1897 年	1908 年	1914 年
	总额			销售业			采矿业			石油			农业		
	百万美元														
欧洲	131.0	369.3	573.3	80.0	125.0	215.0	0	3.0	5.0	0	3.5	8.0	0	0	0
加拿大	159.7	405.4	618.4	10.0	15.0	27.0	55.0	136.0	159.0	6.0	15.0	245.0	18.0	25.0	101.0
古巴及西印度群岛	49.0	195.5	281.3	5.0	8.0	12.0	3.0	6.0	15.2	1.0	2.0	3.0	24.0	92.3	144.3
墨西哥	200.2	416.4	587.1	1.5	2.0	4.0	68.0	234.0	302.0	1.5	50.0	85.0	12.0	40.0	37.0
中美洲	21.2	37.9	89.6	0	0.5	0.5	2.0	9.6	11.2	0	0	0.0	3.5	18.2	36.5
南美洲	37.9	104.3	323.1	13.0	26.0	40	6.0	53.0	220.8	2.0	5.0	22.0	9.0	11.0	25.0
非洲	1.0	5.0	13.0	1.0	3.0	9.0	0	2.0	4.0	0	0	0	0	0	0
亚洲	23.0	74.7	119.5	20.0	48.0	55.0	0	1.0	2.5	0	12.0	0	0	0	12.0
大洋洲	1.5	10	17.0	1.0	4.0	7.0	0	0	0	0	0	0	0	0	0
国际银行	10.0	20.0	30.0												
总计	634.5	1 638.5	2 652.3	131.5	231.5	369.5	134.0	444.6	719.7	10.5	75.5	143.0	76.5	186.5	355.8

续前表

	1897年	1908年	1914年	1897年	1908年	1914年	1897年	1908年	1914年	1897年	1908年	1914年	1897年	1908年	1914年
	总额			销售业			采矿业			石油			农业		
	百分比														
欧洲	20.6	22.5	21.6	12.6	7.6	8.1	0	0.2	0.2	0	0.2	0.3	0	0	0
加拿大	25.2	24.7	23.3	1.6	0.9	1.0	8.7	8.3	6.0	0.9	0.9	0.9	2.8	1.5	3.8
古巴及西印度群岛	7.7	11.9	10.6	0.8	0.5	0.5	0.5	0.4	0.6	0.2	0.1	0.1	3.8	5.6	5.4
墨西哥	31.6	21.4	22.1	0.2	0.1	0.2	10.7	14.3	11.4	0.2	3.1	3.2	1.9	2.4	1.4
中美洲	3.3	2.3	3.4	0	0	0	0.3	0.6	0.4	0	0	0	0.6	1.1	1.4
南美洲	6.0	6.4	12.2	2.0	1.6	1.5	0.9	3.2	8.3	0.3	0.3	0.8	1.4	0.7	0.9
非洲	0.2	0.3	0.5	0.2	0.2	0.3	0	0.1	0.2	0	0	0	0	0	0
亚洲	3.6	4.6	4.5	3.2	2.9	2.1	0	0.1	0.1	0	0	0	0	0	0.5
大洋洲	0.2	0.6	0.6	0.2	0.2	0.3	0	0	0	0	0	0	0	0	0
国际银行	1.6	1.2	1.1	0	0	0	0	0	0	0	0	0	0	0	0
总计	100.0	100.0	100.0	20.7	14.7	13.9	21.1	27.1	27.1	1.7	4.6	5.4	12.1	11.4	13.4

续前表

	1897 年	1908 年	1914 年	1897 年	1908 年	1914 年	1897 年	1908 年	1914 年	1897 年	1908 年	1914 年
	制造业			铁路			公共事业			其他		
	百万美元											
欧洲	35.0	100.0	200.0	0	0	0	10.0	12.8	10.8	6.0	125.0	134.5
加拿大	55.0	155.0	221.0	12.7	51.4	68.9	2.0	5.0	8.0	1.0	3.0	8.5
古巴及西印度群岛	3.0	18.0	20.0	2.0	43.2	23.8	0	24.0	58.0	1.0	2.0	5.0
墨西哥	0	10.0	10.0	110.6	56.8	110.4	5.6	21.6	33.2	1.0	2.0	5.5
中美洲	0	0	0	15.7	9.0	37.9	0	0.6	3.5	0	0	0
南美洲	0	2.0	7.0	2.4	1.0	3.6	4.5	5.3	3.7	1.0	1.0	1.0
非洲	0	0	0	0	0	0	0	0	0	0	0	0
亚洲	0	5.0	10.0	0	0	10.5	0	15.7	16.0	3.0	5.0	13.5
大洋洲	0.5	6.0	10.0	0	0	0	0	0	0	0	0	0
国际银行								0	0	0		
总计	93.5	296.0	478.0	143.4	161.4	255.1	22.1	85.0	133.2	23.0	158.0	198.0

续前表

	1897年	1908年	1914年	1897年	1908年	1914年	1897年	1908年	1914年	1897年	1908年	1914年
	制造业			铁路			公共事业			其他		
	百分比											
欧洲	5.5	6.1	7.5	0	0	0	1.6	0.8	0.4	0.9	7.6	5.1
加拿大	8.7	9.5	8.3	2.0	3.1	2.6	0.3	0.3	0.3	0.2	0.2	0.3
古巴及西印度群岛	0.5	1.1	0.8	0.3	2.6	0.9	0	1.5	2.2	0.2	0.1	0.2
墨西哥	0	0.6	0.4	17.4	3.5	4.2	0.9	1.3	1.3	0.2	0.1	0.2
中美洲	0	0	0	2.5	0.5	1.4	0	0	0.1	0	0	0
南美洲	0	0.1	0.3	0.4	0.1	0.1	0.7	0.3	0.1	0.2	0.1	0
非洲	0	0	0	0	0	0	0	0	0	0	0	0
亚洲	0	0.3	0.4	0	0	0.4	0	1.0	0.6	0.5	0.3	0.5
大洋洲	0.1	0.4	0.4	0	0	0	0	0	0	0	0	0
国际银行	0	0	0	0	0	0	0	0	0	1.6	1.2	1.1
总计	14.7	18.1	18.0	22.6	9.9	9.6	3.5	5.2	5.0	3.6	9.6	7.5

资料来源：Lewis, *America's Stake*, Appendix D, 575-606.

它的继任者（美国电话电报公司）把业务扩展到法国、英国、意大利、西班牙和挪威。[138] 786

1879 年标准石油公司开始投资于外国的销售机构，不久以后公司的销售网覆盖了世界的大部分国家。[139] 公司于 1879 年在加利西亚省（Galicia）① 开设了第一家海外炼油厂；在几年内它就控制了古巴、墨西哥、加拿大、法国和德国的炼油业。然而，它在海外的生产投资却被推迟到了 1905 年。[140]

然而，在 1897 年前的若干年里，美国向加拿大和墨西哥的延伸建设占到了美国海外投资的大部分。就墨西哥而言，它接受的美国最大的一笔长期投资，是美国铁路网和西部采矿向其境内的延伸建设，占到了所有投资额的 90%。1877—1897 年墨西哥铁路由 400 英里增长到超过 7 000 英里；虽然也有英国人、荷兰人和德国人的资本参与，但大部分建设——包括墨西哥中央铁路、墨西哥国家铁路、墨西哥南太平洋铁路的创立和建设——都是由美国人提供资金。[141]

铁路投资占到了美国在墨西哥投资的 55%，另外采矿企业的投资占到了 34%。早在 19 世纪 20 年代在墨西哥就有美国采矿公司，但直到迪亚兹（Diaz）强制实行了“秩序和稳定”政策并保证投资者的所有权，资本才开始大量流入墨西哥境内。在早期金银的采掘引起了美国人的兴趣——1886 年估计有 40 家美国公司在墨西哥开采金银。[142]

然而逐渐地，投资的重点转移到了工业采矿上。到 1897 年珍稀金属投资下降到不到总投资的 3/4。例如，古根海姆（Guggenheims）家族接受了墨西哥政府的妥协，政府允许他们修建三个熔炉；于是他们成立了 Compaña de la Gran Fundiciōn Nacional Mexicana 公司，在蒙特雷（Monterrey）修建了一个熔炉并且租借和购买了大量的铁 789
矿、铅矿和铜矿。实践证明采矿获利丰厚，他们很快就扩大了生产规模。[143]

美国在墨西哥的投资主要集中在运输和采矿方面，而它在加拿大的投资就显得更加多样化。1897 年美国在加拿大采矿业的投资比例几乎和同期在墨西哥的比例相同，在制造业的投资也达到了同等的比例，但是在铁路上的投资不足 10%。在销售代理机构、石油生产和分销以及农业上的投资比例，则比同期在墨西哥的相应投资比例要大得多。美国投资者看待加拿大，就像他们看待密歇根州和加利福尼亚州一

① 西班牙西北部一个省份。——译者注

样——是潜在的销售市场和原材料产地。

在1877年，当波士顿的资本家开始投资芝加哥铜矿时，他们也投资于奥弗德镍铜公司（Orford Nickel and Copper Company）——一家在魁北克开采矿石并且在新泽西加工生产的公司；到1886年美国人对新不伦瑞克（New Brunswick）的锰矿和锑矿、魁北克的金矿和铜矿产生了兴趣；纽约和圣保罗的投资者组建了5家公司开采黄金、铁矿石和云母；一个俄亥俄州的马车制造商和铁路企业家成立了加拿大铜业公司和英美铁业公司。在19世纪80年代美国投资者为一半的加拿大采矿公司提供资金。特别值得注意的是这些投资都是直接投资，而不是通过纽约股票交易所筹集的资金。[144]

美国螺旋制品公司（American Screw Company）可能是第一家在加拿大建立工厂的美国制造业公司，到1875—1887年大约有50家美国公司在那里建立了分支机构。[145] 美国的保险公司早早地开始在那里销售保险单；这些销售最终意味着有一大批企业要用储备资金进行投资。[146] 终于，美国的证券投资者开始把一些加拿大的股
793 票增加到他们的投资组合中。[147]

通过《普拉特修正案》（Platt Amendment）美国把古巴变成了实际上的殖民地，在这之前的20年，少数美国商人就开始把古巴和加勒比海的其他地区纳入美国国内市场的范围。[148] 当墨西哥为美国提供矿产，加拿大为美国提供矿石、木材和小麦的时候，加勒比海地区为美国市场提供蔗糖和水果。但即使到1897年，在古巴、西印度群岛和中美洲地区的长期投资也只占美国海外投资总额的10%多一点。而如果排除铁路投资，美国在加勒比海地区4 900万美元的直接投资中，有近90%投资于古巴，其中包括65%的农业投资。

长期以来，美国商人一直为古巴的蔗糖种植园主提供资金；但是由于战争，美国人食言了，他们开始自己经营管理大量的种植园。1883年波士顿人组建了E. Atkins公司，接管了萨卢（Sarria）家族的一处农场，这是第一次主要由美国人投资蔗糖产业。其他美国人也随之而来。市场环境的改变促使美国人在种植园采用更先进的管理方法，并且向制造业和加工业扩张。虽然“这样的工厂代表了更多的资本支出……但它们非常有效率而且大大降低了生产的单位成本”。这些种植园主——加工者——很快成为生产销售网络的中心——他们向小种植园主提供资金，签约购买他们的产

品，而后进行加工生产，最后通过自己的铁路把精制的糖运到海岸。[149]

最早的香蕉投资可以追溯到 1870 年，当时洛伦佐·道·贝克上校（Captain Lorenzo Dow Baker）开始从牙买加运送水果。在最初的尝试成功 15 年之后，他成功地劝说他的波士顿代理商和另外 9 个合作者组建了波士顿水果公司（Boston Fruit Company）[联合水果公司（United Fruit Company）的前身]。[150]

在 19 世纪 90 年代中期以前，美国运用政治的、经济的各种手段来解决美国在加勒比海地区遇到的各种问题。但到 1853 年年初，海军在尼加拉瓜登陆，阻止“任何对 Accessory Transit 公司的破坏”。两年后这家公司为推翻当时政府的一场革命 794
提供了资金。40 年后海军再次登陆尼加拉瓜，目的是维护海事运河公司 (Maritime Canal Company) 的特权。1895 年海军登陆巴拿马，保护那里的美国商人和香蕉种植主。[151] 其实每一次涉及的金额都很小。在 Accessory Transit 公司的所有投资不超过 400 万美元，而且只有很小的一部分曾受到威胁。跨越尼加拉瓜的海事运河从未开始建设过，美国在整个哥伦比亚的农业投资也只有大约 300 万美元。

走向成熟：1897—1914 年

1897—1905 年美国的长期对外投资大幅增长，尽管在最后的 10 年需要归还借款，但到 1914 年直接投资增长了 4 倍多，证券投资增长了 17 倍多，总额从不到 7 亿美元增加到 35 亿美元；投资的地理分布格局没有什么大的变化，而投资的产业分布则有重大改变 (见表 16–14、表 16–15、表 16–16)。总资本中投资于铁路的部分下降了一半以上，而在制造业和采矿业的直接投资——特别是工业矿产的开采——比例有所提高。

在“国内市场的延伸”之外，美国的直接投资一直反映出美国人在技术领域的领导地位以及对国内石油市场的控制形势。1897—1914 年对美国销售网的投资几乎增加了 3 倍，在制造业的投资增加了 5 倍多，而在石油生产和销售领域的投资增加了 13 倍以上。

到 1911 年标准石油公司有 22 家国外分公司，总投资额至少为 1.5 亿美元；这家公司还至少控制了 67 家外国企业。这其中大多数是销售公司，但也有运输公司和炼油厂以及 2 家石油生产企业。[152] 而且，标准石油公司垄断了美国石油的海外市场， 795
直到 19 世纪 90 年代纯石油公司（Pure Oil Company）和 1905 年得克萨斯石油公司

(Texaco) 的加入，这种垄断地位才有所削弱。[153]

除石油之外，当像辛格公司这样的企业继续在国外扩张自己的市场和生产活动时，在国内迅速发展的制造部门中出现了新的企业。例如，1893 年匹兹堡电信公司（Pittsburgh Wire Company）开始使用自己的国外销售机构，这种投资获利丰厚，所以很快就被它的竞争对手效仿。到 1900 年蒂尔收割机公司（Deering Harvester Company）开始在国外制造产品；到 1911 年的时候，它的继任者在加拿大、瑞典、法国、德国和俄罗斯建立了工厂，这些国家的销售额超过了公司销售总额的 40%。类似地，到 1901 年美国烟草公司在澳大利亚建了 4 家制造厂，在加拿大、日本、德国和英国也各有 1 家。1907 年美国橡胶公司开始在加拿大投资生产，三年后 B. F. 古德里奇建立了一家法国工厂。[154]

最后，美国在外国的证券投资——特别是政府债券投资——从 5 000 万美元上升到 8.62 亿美元；其中在欧洲和亚洲的投资数额占到了 1/4。仅在 1900—1903 年，美国市场就吸引了价值 2.63 亿美元的外国证券发行。[155] 投资的增长速度如此之快，以至于在 1902 年，美国国务卿约翰·海（John Hay）曾经感慨地说：

> “债务国”已经变成了主要的债权国。世界的金融中心经过上千年的变迁，从幼发拉底河到泰晤士河和塞纳河，现在看起来要来到哈得逊河。[156]

对外投资的风潮并没有结束。就在 1904 年的 6 个月里，价值 5.35 亿美元的日本
796 政府贷款开始在美国和欧洲资本市场上筹募；其中有一半的金额被美国金融机构承担了下来。[157] 总之，在 1901—1905 年流入外国债券的资本金额总共达到 4.60 亿美元；在 1906—1914 年美国投资者另外又投资了 4.42 亿美元。在总共 9.02 亿美元的债券中，有 5.96 亿美元是向欧洲和亚洲的贷款——包括为英国秘密筹集的 1 700 万美元。[158]

尽管欧洲证券有一定的吸引力，但 1897—1914 年西半球一直是美国投资的重点。虽然流入墨西哥和加拿大的长期投资比例略有下降（在投资总额上，前者已经赶上了后者），但这两个国家依然是美国资本的最大接受者。

就墨西哥来说，墨西哥中央铁路和墨西哥国家铁路的国有化最初减少了美国在铁路部门的直接投资额；但这种下降很快就被抵消了，美国人在这两条铁路上的证

券投资额要大于减少的直接投资额。[159] 就总的情况而言，尽管美国在墨西哥铁路投资的比例由 55% 下降到 45%，但总额却由 1.11 亿美元增加到至少 3.87 亿美元。[160]

同期，1897—1908 年流入采矿业的投资比例一直是上升的，之后略有下降；但对珍稀金属和工业用金属的投资比例却发生了巨大的改变。1897 年在开采金银上的投资几乎占到总投资的 3/4；到 1914 年的时候，尽管墨西哥已经成为世界主要产银国，但此时对珍稀金属的投资却不到采矿业投资的一半。[161]

1902 年，估计在墨西哥有 294 家由美国人出资的采矿企业，1908 年墨西哥政府宣布在 1 000 家外资矿山中，美国投资者控制了 840 家，两年后他们又指出美国人控制了一半的墨西哥矿山，这些矿山的产量是总产量的 70%。在其后的几年里美国人 797
在墨西哥采矿业和冶炼业的投资估计达到 1.25 亿美元。[162]

1911 年的墨西哥革命改变了经济环境，但直到那个时候，美国投资者仍然乐观地认为从墨西哥矿山中获得丰厚利润是毫无疑问的。在 1895 年费尔普斯 - 道奇（Phelps-Dodge）购买了位于纳科萨里（Nacozari）附近的古根海姆家族的铜矿，组建了具有全新产权的 Moctezuma 铜业公司。[163] 1895—1914 年，蒙特苏马铜业公司（Moctezuma Copper Company）给股东派发了总计 970 万美元的股利。1898 年，一个西部的牧场主在卡纳内阿（Cananea）山区发现了铜矿，他从纽约金融家的手中成功地获得了足够的资金成立了格林联合铜业公司（Greene Consolidated Copper Company)。在 1906 年这家公司被联合铜业公司接管，重组后公司的资本金达到 5 000 万美元。[164] 1903 年古根海姆家族接管了美国熔炼和精制公司（American Smelting and Refining Company)，并把它和他们现有的财产合并在一起，兼并重组为新的 ASARCO。[165] 在散布于墨西哥的 64 家美国人所有的公司中，扩大后的 ASARCO 成为墨西哥最大的外国独资公司。[166] 但是投资铜业的潮流并没有结束。在 1900—1902 年美国人又至少组建了另外 7 家公司，它们的资本金总计接近 2 500 万美元。[167]

虽然在 1876 年就发现了石油，但直到 1900 年它的商业价值才显现出来，当时爱德华 · 多海尼（Edward Doheny）组建了属于加利福尼亚的墨西哥石油公司；1914 年它的资产价值为 5 790 万美元。到 1911 年墨西哥已经成为世界第三大石油生产国，
它的一半产量控制在美国人所有的公司手中。[168] 798

就加拿大而言，美国对其增加的4.5倍投资，部分是由增加的2.20亿美元的证券投资推动的；但同时也要看到在农业、制造业和采矿业，美国直接投资也大幅度增加了。在农业部门的投资大部分流入了林地采伐业（1909年美国人或美国公司估计控制了英属哥伦比亚地区90%的可采伐木材），另外在西部的牧场也有一些投资，还有大量的资金在英属哥伦比亚地区的土地和草原省份进行地产投机。[169]

在20世纪的头10年里，在加拿大的制造部门可以看到很多美国公司，例如像通用电气公司和西屋公司这样的公司。这些公司把它们的生产部门北移。在加拿大，美国的面粉厂主和其他的食品加工商开办了工厂，国际收割机公司开始生产农业机械，福特公司和别克公司生产汽车，而美国橡胶公司和固特异橡胶公司也开始生产产品。[170] 造成这些转移的部分原因是加拿大政府给予“加拿大国内”企业大量的税收补贴。同样这些转移从某方面也说明了美国人在开发新市场方面所做的尝试。

美国人继续在加拿大投资和建厂，例如，投资数百万美元于加拿大钢铁和煤炭公司（Canadian Steel and Coal Company）、联邦精制糖业公司（Federal Sugar Refining Company）和北方谷物食品公司（Northern Cereal Company）以及大量的其他更小的公司。[171] 然而美国在加拿大的最大投资一直是纸浆和造纸业。到1914年美国在制造业的投资额为2.21亿美元，其中对纸浆和造纸业的投资超过1/3。[172]

美国人在采矿业继续着他们的投资。进入20世纪后，原来的加拿大铜业公司（Canadian Copper Company）和英美铁业公司（Anglo American Inon Company）合并成国际镍业公司（International Nickel Company），成为当时世界上最大的镍生产
799 公司。1910年约翰斯·曼维尔（Johns Manville）开始在魁北克开采石棉；菲尔德的关于1913年美国人在加拿大的投资包括在英属哥伦比亚地区采矿业投资的6 000万美元。[173]

总而言之，菲尔德估计美国在加拿大的投资在1909年是2.79亿美元，1911年是4.17亿美元，1913年是6.37亿美元。具体分析1913年的投资额可知：在加拿大的美国公司的450家分支机构的投资是1.35亿美元；政府和市政以及公司的债券投资是1.24亿美元；英属哥伦比亚地区制造厂和林地采伐的投资是7 100万美元；美国寿险公司的投资是6 800万美元；英属哥伦比亚地区的采矿投资是6 200万美元；在这一地区的投机性地产投资是6 000万美元；草原地区的投机性地产投资是4 100

万美元；城乡的房地产建设投资是 2 000 万美元；剩余的是其他各行各业的投资，其中，有 350 万美元是投资于戏剧事业，100 万美元投资于爱德华王子岛的狐狸牧养场。[174]

如果考虑到美西战争提供的市场机会以及《普拉特修正案》造成的政治环境，那么美国在古巴和西印度群岛地区 (少部分) 的直接投资增加是毫不奇怪的，投资比例由 1897 年的大于 7% 上升到 1914 年的略小于 10%。到 1914 年美国在整个地区的长期投资总额超过了 3.35 亿美元。虽然农业所占比重下降到不足过去 (36%) 的一半，但大量的新进资金 (1.203 亿美元) 被直接投入这个部门里。而且美国人还大量向公用事业部门提供借款 (5 800 万美元) 并投资于证券 (5 500 万美元)。

在对农业的投资中，大约有 3/4 是投资于蔗糖；而且蔗糖投资中超过 80% 的数额是投资在古巴。估计到 1905 年约有 21 家美国的制造厂加工了这个岛上 1/5 的农作物，到 1909 年这个数字翻了一番。[175] 古巴独立以后，对公用事业的投资，特别是电气领域，就开始吸引美国投资者。例如哈瓦那电气铁路、照明和电力公司（Havana
Electric Railway, Light and Power Company）就是由美国出资购买并在美国人的管理 800
下成功运营的。[176] 最后，除去美国银行家持有的海地共和国国家银行的 20% 的股份 (价值 40 万美元) 和多米尼加首都圣多明各（Santo Domingo）的 2 000 万美元债款中对库恩·洛布（Kuhn Loeb）的 1 350 万美元的偿还款，美国人在这个地区的大部分证券投资都是投资于古巴的。大约有 3 500 万美元是投资于政府债券，还有约 1 140 万美元是投资于私人发行的股票。[177]

1911 年美国领事估计美国在古巴的投资是 2.05 亿美元。其中有 5 000 万美元是投资于蔗糖，1 500 万美元是投资于其他田产，1 000 万美元是投资于农业的其他部门，2 500 万美元是投资于铁路资产，合计有 2 500 万美元投资于采矿商业和制造业，各有 500 万美元投资于海运和银行业，2 000 万美元用于抵押和信用贷款，2 000 万美元投资在公用事业上，另外还有 3 000 万美元是投资于这个国家的公债。[178]

1897—1914 年，美国对中美洲的长期投资比例略有下降，但投资于南美的比例却近乎翻了一番。二者合计，在拉丁美洲的投入从不到 6 000 万美元增加到接近 4.60 亿美元，而且超过一半的数目被直接投资到采矿行业，另外铁路和农业共投资 1 亿美元，1897 年这个地区没有证券投资，到 1914 年证券投资金额增加到了 4 600 万美元。

美国在哥斯达黎加、洪都拉斯、尼加拉瓜、玻利维亚、哥伦比亚和厄瓜多尔这些国家的矿产投资很少，在1914年前美国对这个地区的最大的资本投入是对秘鲁和智利铜矿的投资。就秘鲁而言，由于是在海拔14 000英尺进行生产，因此运输和开采的技术问题一直是最大的障碍，即使在引入了美国资金(J. P. 摩根提供)和技术［赫斯特哈金集团（Hearst-Haggin group）提供］之后，这个问题依然没有解决。虽然塞罗·德·帕斯科矿业公司（Cerro de Pasco Mining Company）早在1902年就成立了，但直到1912年在额外接受大量的资本投入后，它才开始出产——到1917年这个公司才开始派发股利。[179]

到目前为止美国最大的矿产投资是在智利，但直到1904年美国才开始在智利
801 投资矿产，当时威廉·布雷登（William Braden）成立了布雷登铜业公司（Braden Copper Company），开始在圣地亚哥东南部的安第斯山脉地区开采低质矿产。1909年公司重组为布雷登铜矿公司（Braden Copper Mines Company），1911年将资本金调整到1 400万美元，到1913年产量达到1 600万磅。[180]

布雷登的成功使古根海姆家族相信斑岩矿有着丰厚利润，到1912年为止他们购买了大量位于丘基卡马塔（Chuqicamata）地区的“已耗尽”的矿山，成立了智利开采公司（Chile Exploration Company）。最初的100万美元的投资带来的是占矿产总量的2.5%，共计1.54亿吨的矿产储量。但这笔投资对于生产是远远不够的。即使只达到最低的生产保证金，也还需要额外投资1 100万美元；最后，组建了一家新的和投入资本更多的公司(智利铜业公司)。尽管如此，但是“在智利铜业公司成功生产之前，1亿美元被扔进了沙漠”[181]。

当蔗糖垄断着美国在古巴和西印度群岛的农业投资时，通常是热带水果，特别是香蕉吸引着美国对中南美洲地区的大量投资。虽然在1914年哥伦比亚和秘鲁的蔗糖生产吸收了大约800万美元的美国资本，但美国资本在中美洲的农业投资是3 650万美元，全部投资于热带水果，而在南美洲2 500万美元农业投资中有800万美元被投资于热带水果。

许多投资都是由联合水果公司提供的，这家公司于1899年在新泽西获得经营执照，在美国的5个城市从事销售代理业务，并在古巴、牙买加、圣多明各、哥伦比亚和尼加拉瓜经营种植园。这个公司最初拥有212 394英亩土地、11艘轮船和112

英里长的铁路；在第一年它就输出了 1 500 万串香蕉到美国。在短短几年内，公司就扩张到了危地马拉和洪都拉斯，并且增加了它在尼加拉瓜、牙买加和哥伦比亚的资产。1900—1910 年经由联合水果公司输入北美和欧洲两个市场的香蕉占到总数的 3/4。尽管也存在竞争，但联合水果公司直到一战前一直保持着近似垄断的地位。1913 年 802
它拥有以及租借的土地超过了 85 万英亩，其中有 221 837 英亩在种植香蕉。[182]

铁路投资的数额一直都不大，而且大部分限于危地马拉。它接受了美国在这个地区的 3 790 万美元铁路投资中的 80%。在其余的 730 万美元的投资中，有 150 万美元被美国的 2 家银行［布朗兄弟公司（Brown & Co.）和 J. & W. 塞利格曼公司（J. & W.Seligman)］用来购买尼加拉瓜太平洋铁路 50% 的股份；其余的 580 万美元被用来投资萨尔瓦多的铁路系统。[183]

在证券组合投资方面，美国人购买了大约 6 400 万美元的中美洲和南美洲的证券；而在 1914 年这一投资数额中仍有大约 4 600 万美元发行在外。这些资金投向了 9 个国家的政府，其中主要的接受者是阿根廷 (40%)、巴西 (32%) 和玻利维亚 (12%)。就阿根廷而言，到 1914 年，未偿还的债务还有 2 500 万美元，在那时这个数量超过了美国在这个地区的债权总数的一半。[184]

到 1914 年为止，美国在古巴、西印度群岛和中美洲地区的相对投资比重都有所增加，而美国对这个地区的政治事务的干预程度也在显著增强。即使我们忽略美国对于巴拿马“革命”或明或暗的支持——这种支持不是从保护当地的美国投资者的角度出发，而是出于对美国更长远的全球军事和经济利益的考虑，美国的直接干预呈指数级别递增这一点也很明显。[185]

美西战争结束后缔结的《巴黎条约》允许美国直接吞并波多黎各；间接地出台了对古巴宪法有影响的《普拉特修正案》。这个修正案禁止古巴政府与任何“削弱或试图削弱古巴独立性”的外国力量缔结任何条约；禁止古巴负担任何外债，因为为偿还本金和利息而建立的偿债基金不能由“古巴岛的正常收入”来满足。它也承认了 803
在古巴的美国军事基地的合法地位，同时要求古巴人投资于保护人民健康的卫生设施和投资于古巴的商业，允许美国为了“保护生命、财产和个人自由，为了监督古巴政府采取措施，保证履行《巴黎条约》关于古巴问题的有关条款”进行军事干预。[186]美国政府不但成功地拒绝了古巴政府借款的要求，而且美国军队在 1906 年、1912 年、

1917 年直接进入古巴。[187] 然而在美国对古巴事务的这些干涉中，美国投资者并不是最大的受益者。虽然美国在古巴的投资有所增加，但在 1914 年欧洲资本依旧在古巴占有主导地位。[188]

在 1904 年美国和多米尼加缔结了一项行政协定，这项协定在 1907 年作为一项条约被修改和认可。这项条约赋予美国收取圣多明各关税的权利，并且允许美国将其收取的资金的 55% 分配给外国债权人，直到那个国家的外债全部被清偿。为了保证美国人的贷款能被偿还，1904 年圣多明各的税务机构被美国人接管；之后美国人一直控制圣多明各的税务机构达 30 年之久。然而美国的干涉并不仅限于控制关税。1912 年美国政府强迫当时的多米尼加总统辞职，并监督了 1913 年和 1914 年的总统选举；两年以后，美国舰队入侵这个国家。[189]

美国对海地的政治渗透至少可以追溯到 1910 年，当时纽约的银行家购买了海地国家银行 1/5 的股份——这次购买主要是由于美国的国务卿施加了压力。[190] 而直接的军事干预在五年后才发生，结果是缔结的条约把海地共和国变为了美国的保护
804 国——这种状况持续了近 20 年。

在 19 世纪 90 年代为了保护美国的海外投资，美国舰队就曾多次登陆尼加拉瓜，但这些入侵仅仅是一场更大的战役的序幕。1909—1910 年，美国为反对当时的赛拉亚（José Zelaya）政府和他的继任者何塞·马德里斯（José Madriz）的革命提供了直接和间接的支持。接下来的一年，美国银行家布朗兄弟和 J.& W. 塞利格曼与尼加拉瓜政府谈判签订了一项由关税留置权提供担保的贷款协议——关税由一家美国指定的银行收取，关税的额度要经过美国国务院批准。其他类似的贷款也接踵而至，而且毫不令人惊奇的是，美国舰队于 1912 年登陆尼加拉瓜，并且一直待到 1933 年，中间仅中断过一小段时间。[191]

显而易见，美国对古巴、圣多明各、海地和尼加拉瓜等国家和地区的政治和军事干预，为以后 70 年反美情绪的发展打下了基础；但我们很难在干预程度和投资规模之间建立合理的联系。1914 年美国在古巴、西印度群岛和中美洲的投资总计不超过 4.30 亿美元。美国承认古巴对于美国的重要性，因此有必要进行直接干预，但在其他国家的投资表明美国的直接干预是不必要的。在尼加拉瓜的投资总额不超过 250 万美元；在巴拿马的投资总额（巴拿马运河之外的地区）可能不超过 400 万美元；在

海地的投资总额几乎从未超过 1 100 万美元；而在圣多明各的投资总额也只有 1 600 万美元——全部总计少于 3 300 万美元，相当于在加拿大农业投资的 1/3。

虽然直接军事干预激怒了当地的人民，但反对“美国佬的经济帝国主义”的论调却是很难让人理解的，因为不仅美国在拉丁美洲的投资规模没有扩大，而且有迹象表明获利不再是巨大的。利兰·詹克斯（Leland Jenks）很早就得出结论：由于美国对古巴的干涉，古巴人比美国人受益更多。瓦斯克斯（Vasquez）和迈耶（Meyer）在更近期对于墨西哥的研究中得到了类似的结论；威廉·谢尔（William Schell）在他关于美国在热带墨西哥的投资的研究中也曾得出“财富主要从北方流向南方”这样的结论。[192] 805

斯坦利·莱伯格特（Stanley Lebergott）在他关于美国的经济帝国主义的一般研究中也曾得到同样的结论：

> 总而言之，美国在美西战争后实行的经济帝国主义策略，系统地影响着拉丁美洲的各个利益集团。
>
> (a) 由于它扩大了劳动需求，所以它提高了当地工人和农民的收入……
>
> (b) 工人的实际工资水平比名义工资水平提高得要快……
>
> (c) 帝国主义者的投资提高了当地地主拥有的地产的价值……
>
> (d) 美国的经济帝国主义破坏了现有的民族资本集团的垄断利润，从而损害了它们的利益……

在他的最后总结中，莱伯格特可能发现了反美论调的根源。用他的话说就是，“反美帝国主义斗争的核心，可能是在两大资本家阵营——民族资本家和外国资本家——之间的一场争论，一场关于是否破坏进步的争论。”[193]

结 语

把 100 多年的国际资本移动情况用简要的语言总结出来是很困难的，但有三个问题十分突出。第一个问题涉及数据的可靠性和可比性，第二个问题是在美国经济发展中外国资本的作用，而第三个问题是资本输出、“美元外交”和“美国佬经济帝国主义”的起源之间的关系。

本章的数据主要来自两个不同的原始资料：资本净流量的估计来自对国家收支平衡表的分析；而对在美国的外国股票投资和美国海外投资的数据估计是对国家借方和贷方余额计算的结果——如果你愿意，可以去统计相关数据。当然理论上，这两组数据应该有密切的联系，但就像许多实践经验证明的那样，两组数据在理论上
806 的联系比在实际中的联系紧密得多。[194]

表 16–17 显示了在 19 世纪和 20 世纪早期这些年中估计的股票价值和总的资本净流量。[195] 1843 年的两组数字看起来存在很大的差异，但更进一步研究发现，差额虽然仍然存在，但数额并不大。显然，美国国外投资是 –7 500 万美元的估计是荒谬的；而我们也要记住这里计算的资本净流量数字不包括各州政府的债务。由于长期疏忽或者是被记录在 1839—1843 年，因而我们得不到这一年各州政府债务的数据。[196] 而且刘易斯承认她对短期债务的估计偏低。因此，如果用资本净流量的数值减 2 400 万美元来代替缺省的部分，同时将股票统计数值中的短期投资部分翻一番的话，这时计算的差额 (–2 300 万美元) 则是一个值得相信的统计误差。

表 16–17　在美国的外国投资和美国对外投资中有关股票资产的总量分析　(单位：百万美元)

年份	股票 1 在美国的外国投资（测算值）	资本流量总计	股票 2a 在外国的美国投资（估计值）	股票 2b 在外国的美国投资（测算值）	差额
1843 年 a[1]	255	300	–75	（少量）	–75
1843 年 b[2]	253	276	–23	（少量）	–23
1853 年 a[3]	377	378	–1	（少量）	–1
1853 年 b[4]	381	378	+3	（少量）	+3
1869 年 a[5]	1 546	1 235	+311	75	+236
1869 年 b[6]	1 116	1 235	–119	75	–194
1869 年 c[7]	1 246	1 235	+11	75	–64
1897 年 a[8]	3 395	3 388	+8	685	–677
1899 年 a[9]	3 400	2 880	+520	+500	+20
1914 年 a[10]	7 540	3 109	+4 431	3 514	+917
1914 年 b[11]	6 623	3 109	+3 514	3 514	0

说明：1.Lewis, *America's Stake,* 519-521.

2.1843 年 a 的数据已将 2 400 万美元的未清偿州债券计算在内，而且短期资本估计为 5 600 万美元。

3.Lewis, *America's Stake,* 521-522. 财政部部长对外国长期投资的估计加上对 1857 年短期投资的估计（2.22 亿美元 +1.55 亿美元）。

4. 股票 1 已将 400 万美元的未清偿的佛罗里达贷款计算在内。

5.Lewis, *America's Stake,* 522-523. 韦尔斯委员对外国在美国的长期和短期投资的估计已将另外的 8 000 万美元短期投资计算在内。美国在国外的投资摘自 Lewis, 422 页。

6. 股票 1 已将美国债券按 43% 的折扣出售这一情况计算在内。

7. 股票 1 已将美国债券按 30% 的折扣出售这一情况计算在内。

8.Lewis, *America's Stake,* 442.

9.Lewis, *America's Stake,* 529. Lewis 校正了 Bacon 的估计。

10. 股票 1= 刘易斯和威尔金斯的 70.90 亿美元的长期投资加上 4.5 亿美元的短期投资。

股票 2 的计算见 Lewis, *America's Stake,* 606 页。总资本流量包括 1897—1914 年短期投资估计增长的 2 亿美元。

11. 股票 1 假设普通股是按 1914 年的市场价值，而不是按票面价值发行的；而且 1890 年以前 1/4 的铁路股票和优先股是按票面价值的 67% 发行的。Lewis, *America's Stake,* 554.

资料来源：见本章结语部分的分析。

尽管诺思担心数据的可靠性，但合理解释 1853 年的两套数据是不成问题的。[197] 刘易斯估计股票投资是 3.77 亿美元，资本流量总计 3.78 亿美元，差额是 –100 万美元——这个数字恰好在正常的范围内，特别是考虑到对于流量的估计包含了“错误和遗漏部分”，以及有 400 万美元佛罗里达州拒付的债务不包含在对股票价值的估计中的话。

从另一方面看，1869 年在美国的外国投资的数字，正如西蒙所说的，很难让人接受。[198] 如果韦尔斯的估计是正确的，这就意味着美国海外投资是令人吃惊的 3.11 亿美元——是通常被人们接受的数字的 4 倍还要多。然而如果韦尔斯的数字向下调整，以真实地反映当时国际市场给予美国政府的 10 亿美元债务的折扣情况，那么对 11.16 亿美元调整后的数字就把差额 +2.36 亿美元，变成了差额 –1.94 亿美元。[199] 而且，
就像克利奥纳·刘易斯所说的，假如折扣仅为 30% 的话，那么两套数据就相当地 807
接近。[200]

而后面的数据估计更难以合理解释。正像西蒙注意到的，克利奥纳·刘易斯对于 1897 年的估计（在美国的外国投资是 33.95 亿美元，美国的海外投资是 6.85 亿美元）意味着共有 27.10 亿美元的资本净流量；但来自诺思的数据是 33.88 亿美元，两者之

间存在 6.77 亿美元的差异。[201] 而且因为相当大比例的美国证券是以较大折扣价发行的，所以真实的差异几乎可以肯定要大得多。[202] 不能合理解释 1897 年的数据令人十分烦恼，原因是对于股票价值估计的两个数字是属于不同时期的［例如韦尔斯或者纳撒尼尔·培根（Nathaniel Bacon）的估计］，而且是建立在刘易斯自己广泛研究的基础之上。这个问题显然值得学术界做进一步研究。[203]

培根 1899 年的估计数据——对于这个数据，西蒙表示赞成而刘易斯表示反对——看起来是合理的。当把培根对于在美国的外国投资的数字 (34 亿美元) 和总计的资金流量预测联结在一起时，就意味着美国对外投资的数额是 5.2 亿美元。这个数字接近于培根自己估计的 5 亿美元，却明显低于刘易斯对于 1897 年对外投资的估计额 6.85 亿美元。

最后，即使是 1914 年的能够得到证明的股票价值数字也不容易与净现金流量体系的数字符合。如果有人接受威尔金斯和刘易斯对于在美国的外国投资流量的估计数据 75.40 亿美元，和刘易斯对于美国海外投资流量的估计数据 35.14 亿美元，那么净资本流量的数字记录了外国短期投资正在渐渐增加，差额很大，达到 +9.17 亿美元。[204] 然而，假如这样，看起来就足以解释差异了。刘易斯自己认为在对美国的海外投资中，“许多直接投资可能被忽略了”[205]。虽然忽略的数额可能不大，但是
808 对于美国的短期海外投资来说，任何的忽略都是不被接受的。[206] 而最重要的是在估计中，证券投资是以面值计算的，可是在现实中，有大量的证券是以相当大的折扣出售的。例如，如果普通股以 1914 年的市值计算，而 1/4 的铁路债券和优先股是在 1890 年前发行的，当时的折扣是面值的 1/3，那么就可以补足整个差额。

如何来总结外国资本对于美国经济增长的贡献呢？显然总的来说，外国资本不可能起到主要作用；实际上，与那些自愿或非自愿跨越大西洋的移民相比，金融资本的流动比这些人力资本流动发挥的作用要小得多。[207] 全面地看，在 1790—1900 年，外国资本输入占美国国内资本净值的比率接近 5%，在这个时期的最后 30 年，这一比率大约是这个数字的 4/5。

尽管数量相对较小，但在 1790—1914 年年初，资本输入净值大约是 31 亿美元；在某些时期和某些地方这些资本转移是非常重要的。因此，在 1816—1840 年资本输入占到资本净值的 22%。而在 1861—1870 年这个数字接近 16%，在 1880—1890 年

接近 9%。当然人们会记得在第一阶段第一个连接了各州的铁路系统迅速发展起来；第二阶段包括了南北战争和战后重建以及第一条连接各大陆的铁路的完工；第三阶段记录了美国西部的快速发展和它与美国经济的一体化融合。

在 19 世纪 30 年代、60 年代和 80 年代期间，外国资本的作用十分重要。例如，在 1838 年估计多达 40% 的外国长期资金（接近 4 500 万美元）被直接投资于运河、铁路和收费公路的建设上。如果没有这些资金，要在东部和处于内地的中西部形成统一的市场，就要花费更长的时间。在 1869 年，记录显示外国人投资了相当大数额在联邦政府发行的债券上；而各州政府的债券虽然数额较小，但仍然是相当重要的；
这些资金被用来缓解战争和战后重建带来的短期资金的压力。同时欧洲投资者在国 809
家的铁路建设上投资了超过 1 亿美元。[208] 在 19 世纪 80 年代，当铁路继续吸引着大量的外国资本的时候——如果没有这些资本的输入，铁路网不可能这么快地建成——有些投资发生了重要的转移，转移到了地产和与土地相关的产业上（采矿业、农业和金融地产开发公司）。这些投资在开发美国西部的过程中起到了主要作用，再加上对于铁路建设的投资，它们也对铁路部门并入发展中的东部工业经济起到了重要作用。

1914 年外国投资的下降表明，虽然铁路仍然占据了外国投资的 3/5，但与土地相关的产业吸引了超过 14% 的外国投资，商业部门和工业部门（包括啤酒厂和酿酒厂）接受了接近 13% 的投资；石油和采矿企业接受的投资接近 8%。到 1900 年虽然美国人愿意把他们的积累投入到政府债券和运输业的证券上，但他们仍然不愿冒险把储蓄投资于自己不熟悉的企业。国内第一家有价证券市场的经理们并没有轻松地解决筹资的问题——他们尝试为那些没有经验的美国投资者提供信号，他们把那些新兴部门发行的证券大量地排除在外。结果是，外国资本不但在经济的快速增长期，而且在产业的快速变革期，都发挥了重要作用。

毫无疑问，英国储蓄者是最愿意冒险投资新世界的投资者。这个国家第一个实现了工业化；虽然英国的储蓄率从来就不高，但英国人经过了一个很长的积累时期。因此，积聚的投资资金的潜在数量是很大的。即使到了 1914 年，英国投资者还拥有着大量的美国外债。更让人感到惊奇的是在战后数 10 年间英国人的地位被削弱了，而那些刚完成商业化和工业化的国家的居民储蓄，发挥着更加重要的作用。因此到
1914 年，虽然大约 60% 的外国长期投资是由英国人提供的，但有 16% 来自德国人，810

9% 来自荷兰人，7% 来自法国人，4% 来自欧洲的其他国家，同样有 4% 来自北部的邻国。

最后，虽然在 1914 年美国保持了一定数额的净债务，但在那时它已经变成了世界主要的债权国。在 19 世纪 90 年代之前，美国的海外投资数量是很小的，但在 1897 年已接近 7 亿美元，在 17 年后估计达到 35 亿美元。[209] 美国的投资遍及全球，其中大约有 1/5 投资于欧洲，1/4 投资于加拿大，1/3 强投资于墨西哥、中美洲、古巴和西印度群岛地区。美国持有的欧洲债务很大程度上反映了美国技术的出口情况，在石油生产上，美国长期控制但不再占有垄断地位。美国资本对于加拿大人、墨西哥人、加勒比海地区的人们以及中美洲人的资金需求更感兴趣。

首先，对于这些投资的详细分析表明，美国人把这些地区看成国内市场向北和向南的自然延伸——为美国的公民提供食物来源，为美国的产业部门提供原材料以及为美国的产品提供市场。然而直到各地的运输连接线建成以后，各个地区才在经济上结合成一体。当英国人为加拿大市场的一体化提供投资的时候，主要是美国资本在为开发墨西哥的铁路建设提供资金。

很容易就可以得出这样的结论，美国人认为英国人统治的北方和南部的前西属殖民地是完全不同的。美国在加拿大非铁路部门的直接投资中，有 40% 用于支持加拿大的制造部门，而只有不到 10% 用于支持南部工业部门。然而更进一步的分析表明，结论几乎肯定是错误的。 美国制造部门的资本不断流入逐渐城市化的安大略湖地区和魁北克地区的发展部门。但投资没有涉及英属哥伦比亚、大草原诸省（沿海诸省），甚至安大略湖和魁北克的乡下地区。这些地区，如墨西哥、中美洲和加勒比海地区，像美国西部一样，主要接受来自美国东部的直接投资，而资本直接投资于采矿业和
811 其他与土地相关的产业。无论是在加拿大，在美国，还是在南部的西属殖民地，所有三个“西部”地区的经济角色，都是主要产品——粮食、木材和矿产——的生产地，目的是迅速推进美国东部地区的城市化和工业化。

其次，本章的研究对“美国佬经济帝国主义”的基础和“美元外交”的实用性提出了几个重要的问题。很明显，美国政府采用政治和军事手段频繁地干预中美洲、古巴和其他加勒比海国家的社会生活。同样明显的是，在这些地区反对美国投资的声音也在增强。然而我们却不清楚政治干预和美国投资水平之间是否存在密切的相

关性；由于美国投资于那些在很大程度上还封闭着的市场，许多当地的普通老百姓的生活水平得到了提高。

美国在古巴的投资数额很大，但即使如此，还是不如在欧洲的投资多；而美国在加勒比海的其他地区和中美洲的投资数额是很小的。对于在古巴和墨西哥的美国投资情况的研究强调了当地的工人和地主从美国的投资中受益；而它却没有任何理由使人相信哥斯达黎加香蕉园的工人和古巴当地的蔗糖种植园主不同样受益。

斯坦利·莱伯格特得出这样的结论：一些当地的商人在政治力量上的增强——美国投资的进入，使当地的商人被迫接受外国人瓜分本来属于他们自己的垄断市场的情况，这些商人对此感到很气恼——是形成反美论调的原因。然后，可能是当地的商人在政治上增强的呼声促使美国政府采取政治手段来“保护美国投资”，即使事实上，当时没有任何美国投资需要保护。这是一个值得新一代的政治经济学家好好研究的问题。

虽然与横跨大西洋的欧洲和非洲移民相比外国资本肯定不那么重要，但美国经济增长速度和结构演变仍然受到可以利用的外国资本的影响。同样，加拿大、墨西哥、中美洲和加勒比海地区的经济增长速度和结构演变——不谈政治气候，也被可以利用的美国资本影响着。正如卡尔·马克思（Karl Marx）和鲍里斯·叶利钦（Boris 812
Yeltsin）所充分意识到的，外国资本很重要。

注　释

[1] 本章的资料主要来源于五处事实。如果没有这些资料，就无法完成本章的内容。资本流动的数量估计建立在查尔斯·L. 布洛克（Charles L. Bullock）、约翰·H. 威廉姆森（John H. Williams）和鲁福斯·S. 塔克尔（Rufus S.Tucker）早期工作的基础上，但是这些估计值更应归功于诺思和西蒙的细心工作。对外国资本来源的数量估计、外国资本和美国海外投资在行业间分布的数量估计，以及相当一部分学术资料都来自刘易斯的大量工作。最后，许多学术资料都以威尔金斯对在美国的外国投资的极好的、细致的、深入的研究为基础。

在资金方面，国家科学基金会奖励计划第 SES9122436 号、斯隆 (Sloan) 基金会以及加州技术学院的人文科学与社会科学系为这项工作提供了资金。因为空间问题，这篇文章相对较短。要想获得范围更广的分析资料，可参阅 Lance E. Davis and Robert J. Cull, *International Capital Markets and American Economic Growth, 1820—1914* (Cambridge, 1994)。

[2] Lance Davis and Robert Gallman, "Savings, Investment, and Economic Growth: The United States in the Nineteenth Century", In John James and Marks Thomas(eds.), *Capitalism in Context* (Chicago, 1994), Table 2.

[3] Douglass North, "The Balance of Payments of the United States, 1790—1860", and Matthew Simon, "The Balance of Payments of the United States, 1861—1900", in William N. Parker (ed.), *Trends in the American Economy in the Nineteenth Century*, Studies in Income and Wealth, vol.24(Princeton, 1960), also see U.S. Bureau of the Census, *Historical Statistics of the United States, Colonial Times to 1970* (Washington, DC, 1975), 858–861 and 864–867. 1840—1900 年的股本数字，参见 Robert E. Gallman, "The United States Capital Stock in the Nineteenth Century", in Robert E. Gallman and Stanley L. Engerman (eds.), *Long Term Factors in Economic Growth*, Studies in Income and Wealth, vol. 51(Chicago, 1986)。1799—1840 年的数字，参见 Rorbert E. Gallman, *The Capital Stock of the United States,* mss. chapters 5, Table 5.1。

[4] Simon Kuznets, "Foreign Economic Relations of the United States and Their Impact upon the Domestic Economy: A Review of Long Term Trends", *Proceedings of the American Philosophical Society,* 92(1948), 233.

[5] Jeffrey G. Williamson, *American Growth and the Balance of payments, 1820—1913: A Study of the Long Swing* (Chapel Hill, 1964), 3-5.Raymond W. Goldsmith, "The Growth of Reproducible Wealth of the United States of America", in Simon Kuznets(ed.), *Income and Wealth of the United States: Trends and Structures, Income and Wealth*, Series Ⅱ (Cambridge, 1952), 284-286.

[6] Goldsmith, "Reproducible Wealth", 285.

[7] 对流入净值的估计，参见 North, "Balance of Payments", and Simon, "Balance of Payments", 美国贸易经济局对这些估计值进行了修正。1900—1918 年的总估计值

是基于 Paul D. Dickens, “The Transitional Period in International Finance: 1897—1914”, unpublished Ph.D. dissertation, George Washington University, 1933 ；C. J. Bullock, John H. Williams and Rufus S. Tucker, “The Balance of Trade of the United States”, *Review of Economic Statistics 1*(1919)，215-254; Raymond Goldsmith 修正的商务部的 *Monthly Summary of Foreign Commerce,* in *A Study of Savings in the United States* ，3 vols. (Princeton, 1955)，Vol. I, 1078, 1080, 1084 and 1086。

[8] 按先后顺序，最早的是 Bullock et al., *The Balance of Trade*，排在第二位的是 North 和 Simon 的著作，排在最后的是 Williamson, *American Growth*。本部分的讨论采用的是名义美元，因为上述三项研究中用的就是这种方法。然而，应该注意由于价格的变动，真正的流动方式与标准情况有些不同。

[9] 引用博加特（Bogart）的话，威廉姆森指出 18 个州发行的债券总额高达 170 356 187 美元，其中 31% 投入到银行，64% 投入到交通部门 (35% 投入到运河，25% 投入到铁路，4% 投入到公路), 其余的 5% 投入到其他各种活动。参见 Williamson, *American Growth*, table 19, 102。

[10] 例如，对诺思的资本估计值的 OBE 调整包括 1841 年和 1842 年拖欠的 2 400 万美元。引用伊姆拉（Imlah）的话，威廉姆森指出詹克斯估计的 1838 年美国欠英国的总额达 1.74 亿美元的债务，“到 1842 年几乎全部都在拖欠着或拒绝清偿”。参见 Williamson, *American Growth*，106。

[11] 参见 Bullock et al., “The Balance of Trade”, 223 ；Cleona Lewis (从 Karl T. Shottenbeck 处得到帮助), *America's Stake in International Investment* (Washington, DC, 1938)，521-522。

布洛克等人和刘易斯的估计值的出处是 1868 年 10 月号的《狩猎商人杂志》，但前者是财政部部长的估计，后者是“时下流行观点”的估计。

[12] Bullock et al., “The Balance of Trade”, 223.

[13] Lewis, *America's Stake,* 522-523. David A. Wells, *Report of the Special Commissioner of Revenue,* 1869, 41st Congress, House of Representatives, Executive Document No.27, December 29, 1869, xxvi.

[14] Simon, *Balance of Payments*, 706. 这个数字源自 *Historical Statistics*，Series

U40, 869。如果人们注意到 7 亿美元的 43% 大约是 3 亿美元，而 15 亿美元与 12 亿美元间的差额大约也是 3 亿美元，那么也可能解决这一差额。

[15] 按照布洛克等人的观点，这些流动说明了欧洲对 1873 年恐慌后果带来的恐惧反应迟钝。他们表示外国人持有的 3 亿美元的证券在 1876 年与 1878 年已调回国内，其中 1878 年一次就调回这一数字的一半。参见 Bullock et al., *The Balance of Trade*, 225。

[16] 基于 Simon 余额债务展期的估计表明，资本流动可达 14 亿美元以上，而 1901 年的均值表明这一数值要超过 15 亿美元。

[17] Lewis, *America's Stake,* 605.

[18] 1908—1914 年，尽管证券投资减少了 2 500 万美元，但美国海外直接投资却从 16.39 亿美元增长到 26.52 亿美元。参见 Lewis, *America's Stake,* 605。

[19] 注意：即使对上述时期外国投资的总规模有疑问，也没有理由相信这些投资的部门构成的估算被严重地歪曲了。

[20] McGrane 对 1842 年费城贷款——这种贷款可能没有代表性——持有者的考察表明，贷款总额 3 400 万美元中有 2 371.7 万美元或大约 70% 来自国外。参见 Reginald C. McGrane, *Foreign Bondholders and American State Debts* (New York, 1935), 71。

威尔金斯引用了众议院议员 James Garland 的说法，后者告诉众议院，所有发行在外的州政府证券中，至少有 6 500 万美元由外国持有，而且主要是在英国。她认为这个数字代表了发行在外的州政府证券的大约 38%。参见 Mira Wilkins, *The History of Foreign Investment in the United States to 1914* (Cambridge, MA, 1989)，59。

[21] Leland Jenks, *The Migration of British Capital to 1875* (London, 1963)，360-361.

[22] 参见 Williamson, *American Growth*，table 19，102；Lewis, *America's Stake*, 21。1843 年的数字没有对未履约债券进行调整。

[23] 这种分配是按照州政府债务的多少进行的，参见 E. L. Bogart, *The Economic History of the United States*, 2nd edition (New York, 1913)，195。

[24] 刘易斯认为外国人持有 2 000 万美元的第二国民银行股票，并向第二国民

银行又贷出 1 200 万美元的款项。她还认为这可能包括在 1843 年的总额中。参见 Lewis, *America's Stake*，520。威尔金斯的 1838 年数据包括 2 000 万美元的第二国民银行股票，而银行证券总计达 2 480 万美元。她提供的 1853 年的“其他”银行的数字是 670 万美元，比起 1838 年提高了大约 40%。参见 Wilkins, *Foreign Investment*，76。

[25] Wilkins, *Foreign Investment,* 78-80. D. C. M. Platt, *Foreign Finance in Continental Europe and the USA, 1815-1870: Quantities, Origins, Functions, and Distribution* (London, 1984)，157 and 163.

[26] Lewis, *America's Stake*, 7.

[27] Jenks, *The Migration of British Capital* ，65-66.

[28] Wilkins, *Foreign Investment*, 53-54.

[29] Lewis, *America's Stake*, 17. 这些债券于 1817—1825 年发行。

[30] Wilkins, *Foreign Investment*, 70.

[31] Jenks, *The Migration of British Capital*, 413. C. K. Hobson, *The Export of Capital* (New York, 1914)，128.

[32] Wilkins, *Foreign Investment*, 89. Angustus J. Veenendaal, Jr., “The Kansas City Southern Railway and the Dutch Connection”, *Business History Review,* 61(1987), 292.

[33] Wilkins, *Foreign Investment* , 109 and 120.

[34] Lewis, *America's Stake*, 45. The quotations are from *American Railroad Journal,* 1853, 370 and *Commercial and Financial Chronicle,* July 16, 1870, 77.

[35] Herbert Feis, *Europe the World's Banker, 1870—1914: An Account of European Foreign Investment and the Connection of World Finance with Diplomacy before 1914* (New Haven, 1930),76.

[36] Richard Tilly, “International Aspects of the Development of German Banking”, in Rondo Cameron and V. I. Bovykin (eds.), *International Banking, 1870—1914* (New York, 1991)，90-112；“Some Comments on German Foreign Portfolio Investment, 1870—1914”, paper delivered in São Paolo, July 1989. 他的数据表明，北美接受了 1897—1906 年德国对外证券投资的 29%，1907—1914 年的约 12%。“International Aspects”, table 3,

16。

[37] Lewis, *America's Stake*, 45.

[38] John H. Dunning, *Studies in International Investment* (London, 1970).

[39] Jenks, *The Migration of British Capital*, 66；Wilkins, *Foreign Investment*, 61-62.

[40] John H. Dunning, "British Investment in U.S. Industry", in *Morgate and Wall Street* (1961), 5-23.

[41] Jenks, *The Migration of British Capital*, 68-69.

[42] Lewis, citing G. S. Callender, puts the figure at £ 17.5 million and Jenks, citing the *Morning Chronicle* (London) places the figure at £ 20.5 million. Lewis, *America's Stake*, 13. Jenks, *The Migration of British Capital*, 87. Platt, *Foreign Finance*, Appendix IV, 195. Quote is from 144. Wilkins, *Foreign Investment*, 59-60.

[43] 19 世纪 30 年代有关私人投资的讨论摘自 Lewis, *America's Stake*，20-22；Wilkins, *Foreign Investment*，61-66。

[44] 例如，据估计 1876 年所有欧洲人持有的美国铁路证券的 65% 都未履约。*Banker's Magazine*, 30(1876), 846。引言出自 Michael Edelstein, *Overseas Investment in the Age of High Imperialism*: *The United Kingdom, 1850—1914* (New York, 1982)，93-101。

[45] Frederick A. Cleveland and Fred Wilbur Powell, *Railroad Promotion and Capitalization in the United States* (New York, 1909), 37-38; cited in Lewis, *America's Stake*, 30.

[46] Wilkins, *Foreign Investment*, 94-97. Lewis, *America's Stake*, 39. Salomon F. Van Oss, *America's Railroads as Investments* (New York, 1977), 315.

[47] The Illinois Central was the first American railroad listed in Amsterdam. Wilkins, *Foreign Investment*, 97-98. Veenendaal, "The Kansas City Southern Railway", 293.

[48] Wilkins, *Foreign Investment*, 105. Lewis, *America's Stake*, 105. Paul W. Gates, *The Illinois Central and Its Colonization Work* (Cambridge, MA, 1934)，76.

[49] Wilkins, *Foreign Investment*，114.

[50] 这些创造的及募集的资金经常被称为伦敦募资，但是它们也包括从省级市场募集的资金。A. R. Hall, "A Note on the English Capital Market as a Source for Home

Investment Before 1914", *Economica*, 24(1957), 59-66。英国数据摘自 Lance Davis and Robert Huttenback, *Mammon and the Pursuit of Empire; The Political Economy of British Imperialism, 1860—1912* (Cambridge, 1986), chapter 2。不像现在的实践，19 世纪的股票发行有时对“以分期付款方式购买”极感兴趣。也就是说，1 000 英镑的股票可以通过以下方式出售给投资者，即首次支付 100 英镑，并承诺在发行企业要求时再支付余额。术语“募集”用于描述“由认购者向新发行的股票周期性地分期付款”的行为。出于同样的目的，本书中术语“募集的资金”是指创造的资本与募集的资本。参见 Harvey H. Segal and Matthew Simon, "British Foreign Capital Issues, 1865—1914", *Journal of Economic History,* 21(1961)。读者也应记住这一系列数字只代表新发行的股票数，而且除非最初是在伦敦发行，否则不包括英国投资者可能已认购的或已在伦敦交易所交易的，并因此适合于英国投资的美国证券。

虽然仅限于英国投资，但这一系列数字仍然有用，因为它可按行业，某种程度上可按地区进行分解。这一系列数字不反映调回国内的资金，因此反映了任一时刻融资的需求。

最后，正如西格尔和西蒙所说，“人们从来都不能确认，在英国市场募集的外国股本发行额实际上能引起外国资本的转移”，见 Segal and Simon, "British Foreign Capital Issues"。虽然无法直接估算尚在英国的或投向第三国的“募集”的资金数额，但是其他记录中的公司抽样表明，大多数情况下这一比例并不大。

我们也注意到我们没有提及最终的所有权，但是提及了经过伦敦市场的资金（即“第一家外国总公司”）。

[51] *Historical Statistics,* 732. 时间上的滞后强烈地表明，建设——由铁路公司自己或像太平洋联盟与中央太平洋那样由单个公司完成——在政府无偿赠予铁路公司土地的情况下，最初通过政府公债或短期资金注入来提供资金。似乎只有在建设完工以后，铁路公司才开始寻找长期筹资。参见 Kent T. Healy, "Development of the National Transportation System", in Harold F. Williamson (ed.), *The Growth of the American Economy* (New York, 1951), 376。

[52] Dorothy Adler, *British Investment in American Railroads, 1834—1898* (Charlottesville, VA, 1970), 166-168. George Paish, "Great Britain's Capital Investments in Individual,

Colonial and Foreign Countries", *Journal of the Royal Statistical Society,* 74, Par Ⅱ (1911), 167-201 and "The Export of Capital and the Cost of Living", *Statist Supplement,* 79(1914), i-viii. E.Victor Morgan and W. A. Thomas, *The Stock Exchange: Its History and Functions* (London, 1962), 280-281.

[53] Jenks, *The Migration of British Capital*，426.

[54] William Z. Ripley, *Railroads: Finance and Organization* (New York, 1915), 5.

[55] W. Turrentine Jackson, *The Enterprising Scot: Investors in American West after 1873* (Edinburgh, 1968), 71。

威尔金斯更理智地说道："如果没有外国资本（主要是英国、德国、荷兰、法国和加拿大的资本），那么美国铁路网是否还能这么快速而高效地建成值得怀疑。" Wilkins, *Foreign Investment*, 226。

[56] *Report of the American Dollar Securities Committee,* cited in Lewis, *America's Stake*, 41.

[57] Lewis, *America's Stake,* 45-49.

[58] Robert E. Riegel, *The Story of the Western Railroads* (Lincoln, NE, 1926), 139.

[59] 例如，1873 年恐慌致使在阿姆斯特丹交易所上市的 36% 的铁路股票的交易暂时停止。荷兰投资者持有其中的 1.29 亿美元。参见 Veenendaal, "The Kansas City Southern Railway", 245-296。据麦克亨利，1867 年就开始违约的大西洋和大西部铁路公司"在 1869—1880 年"就已经打破了"违约和重建的纪录"。参观 Van Oss, *American Railroads,* 412。

[60] Wilkins, *Foreign Investment*, fn.58, 730. Lewis, *America's Stake,* 44-45.

[61] 实际上已经有 11 个州拖欠债务，它们包括 9 个南部州（亚拉巴马州、阿肯色州、佛罗里达州、佐治亚州、路易斯安那州、北卡罗来纳州、南卡罗来纳州、田纳西州和弗吉尼亚州）、明尼苏达州和西弗吉尼亚州（后者的债务产生于它从弗吉尼亚州分离出去之前）。明尼苏达州从 1859 年开始拖欠债务。

[62] 例如，北卡罗来纳州 1868 年发行的债务在欧洲的售价为 10~30 美分。

[63] Lewis, *America's Stake,* 53-63.

[64] Lewis, *America's Stake,* 53-56. L. Jenks, *The Migration of British Capital,* 280.

[65] Lewis, *America's Stake,* 66-67. 更详细的讨论请参见 Frederick Lewis Allen, *The Great Pierpont Morgan* (New York, 1949)，99-125.

[66] Lewis, *America's Stake,* 63-66.

[67] 那些投资的典型形式包括“自由的长期公司”这样的组织。参见 Wilkins, “The Free-Standing Company, 1870—1914：An Important Type of British Foreign Direct Investment”, *Economic History Review,* 2nd Series, 41(1988), 259-282。

[68] See A. M. Sakolski, *The Great American Land Bubble* (New York, 1932)，31-86; Shaw Livermore, *Early American Land Companies* (New York, 1939)，162 and 203；and Paul D. Evans, *The Holland Land Company* (Buffalo, 1924)，passim.

[69] 最初的公司于 1875 年破产了；但是 1879 年内政部部长授予该公司 1 714 764 英亩的公有土地；重组的马克斯韦尔土地公司（一家荷兰公司）正在营业。Wilkins, *Foreign Investment*，122–124 and 232–233。

[70] Wilkins, *Foreign Investment*, 124.

[71] Lewis, *America's Stake,* 84; Wilkins, *Foreign Investment*, 234. 1865—1914 年，伦敦市场金融地产与开发资金总计达 1.01 亿美元。

[72] Lewis, *America's Stake, 85*; *Philadelphia Bulletin* (December 6, 1909)，Ⅱ.

[73] 尽管并不是所有的都通过投资公司集中起来，但研究表明外国持有的农场抵押贷款在内布拉斯加州占到所有农场贷款的 3.8%，在明尼苏达州占 3.7%，在北达科他州占 9.6%, 在南达科他州占 14.5%，在艾奥瓦州占 1%，在堪萨斯州占 2%。Larry A. McFarlane, “British Investment and the Land: Nebraska 1877—1946”, *Business History Review* 57 (1983)，258-292；“British Investment in Minnesota Farm Mortgages and Land, 1875—1900” (unpublished mss)；“British Agricultural Investment in the Dakotas, 1877—1953”, in Paul Uselding(ed.), *Business and Economic History,* 5(1976), 112 -126 and 196-198；and “British Investment in Midwestern Farm Mortgages and Land, 1875—1900, A Comparison of Iowa and Kansas”, *Agricultural History,* 48(1974), 179-198.

[74] Wilkins, *Foreign Investment*, 300.

[75] Lewis, *America's Stake,* 87；Wilkins, *Foreign Investment*, 304-305.

[76] 英国在美国牧场的投资历史摘自 Jackson，*The Enterprising Scot,* 73-100 and 114-138；Peter J. Buckley and Brian R. Roberts，*European Direct Investment in the USA before World War I* (New York, 1982), 59-63；Lewis, *America's Stake,* 87-88。

[77] Jackson, *The Enterprising Scot,* 137.

[78] Wilkins, *Foreign Investment*, 234. Buckley and Roberts, *European Direct Investment,* 60.

[79] Lewis, *America's Stake,* 86-87；Wilkins, *Foreign Investment*, 502-512.

[80] Clark C. Spence, "British Investments and the American Mining Frontier, 1860—1914", *New Mexico Historical Review,* 36(1961), 121. 在其前期众人皆知的著作 *British Investments and the American Mining Frontier, 1860—1901* (Ithaca, NY, 1958), 241-260 页中，他仅列出了 518 家。思彭斯的数据不包括在太平洋沿岸各州、东南部和阿拉斯加经营的公司。

[81] Edward Ashmead, *Twenty-five Years of Mining, 1880—1904* (London, 1909), 81-90.

[82] Wilkins, *Foreign Investment*, 241.

[83] Spence, *British Investments,* 127. Lewis, *America's Stake,* 89.

[84] Spence, "British Investment", 84.

[85] Jackson, *The Enterprising Scot,* 142. The quotation is from *The Economist* ,"The Speculation in Mining Shares", 28 January 1888, 105-106.

[86] Wilkins, *Foreign Investment*, 239.

[87] Lewis, *America's Stake,* 93-94. Wilkins, *Foreign Investment*, 264-283. 要全面考察国际铜业结构，参见 Christopher Schmitz，"The Rise of Big Business in the World Copper Industry 1870—1930", *Economic History Review,* 2nd series, 39 (1986), 301-310。

[88] Lewis, *America's Stake,* 94-98. Wilkins, *Foreign Investment*, 285-292. Of the six, two were in California, two in Oklahoma, and two in Texas.

[89] Lewis, *America's Stake,* 94-98. Wilkins, *Foreign Investment*, 285-292. The quotation is from Wilkins, 292.

[90] 关于美国轧钢股份公司的更详细的介绍，参见 Wilkins, *Foreign Investment*, 837。

[91] Wilkins, *Foreign Investment*, 325. Lewis, *America's Stake,* 89.

[92] Wilkins, *Foreign Investment*, 325. Lewis, *America's Stake,* 99.

[93] Lewis, *America's Stake,* 100.

[94] Wilkins, *Foreign Investment*, 247, 252, and 263. Lewis, *America's Stake,* 101.

[95] Lewis, *America's Stake,* 101. Wilkins, *Foreign Investment*, 320.

[96] Wilkins, *Foreign Investment*, 361-368. Lewis, *America's Stake,* 100-101.

[97] Lewis, *America's Stake,* 101-102. Wilkins, *Foreign Investment*, 340, 352-356, 369, 374, 375 and 390.

[98] 在伦敦股票交易所的美国公司名册摘自 *Investor's Monthly Manual* 的年度报告的最后部分；纽约发行的股票在每年 12 月全月的 *New York Times* 中披露。

[99] Edelstein, *Overseas Investment,* 233-237.

[100] M. M. Postan, "Some Recent Problems in the Accumulation of Capital", *Economic History Review,* 6(1935). See also Postan, an unpublished series of lectures given at The Johns Hopkins University, 1954—1955.

[101] Robert B. Zevin, "Are World Financial Markets More Open? If So Why and With What Effects?" in Tariq Banuri and Juliet B. Schor (eds.), *Financial Openness and National Autonomy* (New York, 1992).

[102] Larry Neal, "The Disintegration and Reintegration of International Capital Markets in the 19th Century", mss. February 29, 1992. 然而，克雷格和费雪最近认为美国的市场可能没有很好地与英国的、法国的和德国的市场结合。Lee A. Craig and Douglas Fisher, "Integration of the European Business Cycle：1871—1910", *Explorations in Economic History,* 29(1992), 144-168.

[103] 后来亚历山大·格申克龙（Alexander Gerschenkron）对德国和俄国市场进行了类似的考察，参见他的 *Economic Backwardness in Historical Perspective* (Cambridge, MA, 1962)。

[104] Lance E. Davis, "Capital Immobilities and Finance Capitalism: A Study of Economic Evolution in the United States, 1820—1920", *Explorations in Entrepreneurial History*, 2nd Series, I (1963), 88-105. 最近克里·奥德尔（Kerry Odell）发现了与太平

洋沿岸各州逐渐融合类似的证据，这种融合早在这一地区融入全国资本市场之前就已经开始了。Kerry ·A. Odell, “The Integration of Regional and Interregional Capital Markets: Evidence from the Pacific Coast, 1883—1913”, *Journal of Economic History*, 49(1989)，297-310.

[105] 弗兰克 · A. 奥德利普（Frank A. Vanderlip）是花旗银行的副总裁，他于 1905 年在一次演讲中发表了上述言论。他的言论被 G. Edwards, *The Evolution of Finance Capitalism* (New York, 1908)，185 所引用。

当然，一整套的制度发展推动了地区间一体化的进程。戴维斯赞成人寿保险公司的作用和商业票据市场的扩张，西拉（Sylla）关注着全国银行业立法的变化，詹姆斯关注着各州银行法律框架的改变。更近一些时期，可能更确切地说由于本文，克拉克和特纳强调了国家真实的经常账户贸易余额作为一个独立的要素所起的作用。Lance E. Davis, “The Investment Market, 1870—1914: The Evolution of a National Market”, *Journal of Economic History*, 25(1965), 355-393; Richard Sylla, “Federal Policy, Banking Market Structure, and Capital Mobilization in the United States, 1863—1913”, *Journal of Economic History*, 29(1969), 657-686；John James, “The Development of the National Money Market, 1893—1911”, *Journal of Economic History*, 36(1976), 878-897; William Clark and Charlie Turner, “International Trade and the Evolution of the American Capital Market, 1888—1911”, *Journal of Economic History*, 45(1985)，405-410.

[106] Naomi Lamoreaux, “Banks, Kinship, and Economic Development: The New England Case”, *Journal of Economic History*, 46(1986), 647-667 and *Insider Landing: Banks, Personal Connections, and Economic Development in Industrial New England* (Cambridge, 1994).

[107] Kenneth A. Snowden, “Mortgage Rates and American Capital Market Development in the Late Nineteenth Century, *Journal of Economic History,* 47(1987), 671-692.

最近，休 · 罗克奥福（Hugh Rockoff）和霍华德 · 波德洪（Howard Bodenhorn）表明，北方的短期利率和南北战争前老南方的短期利率几乎没有差别。尽管资金流动缺乏联系，但仍有证据表明两地市场已融合在一起。假如南方棉厂依赖于北方的金融市场，那么结果也就不足为怪了。他们对中西部进行了类似的研究，然而，证据却不那么令人信服。他们发现没有证据表明太平洋沿岸和其他地区已出现显著的一体化。Howard Bodenhorn and Hugh Rockoff, "Regional Interest Rates in Ante Bellum America", in Claudia Goldin and Hugh Rockoff(eds.), *Strategic Factors in Nineteenth Century American Economic History: A Volume to Honor Robert W. Fogel* (Chicago, 1992)，159-187.

[108] See Davis, "Finance Capitalism", 588-590; Edwards, *The Evolution of Finance Capitalism.*

[109] Bradford DeLong, "Did Morgan's Men Create Value?" in Peter Temin(ed.), *Inside the Business Enterprise: Historical Perspectives on the Use of Information* (Chicago, 1991)，205-250.

[110] 对于这一观点的拓展，参见 Lance Davis，"The Capital Markets and Industrial Concentration: The U.S. and U.K., A Comparative Study"，*Economic History Review,* 2nd Series, 19 (1966), 255-272。

[111] Ranald C. Michie, *The London and New York Stock Exchanges,* 1850—1914(London, 1987)，250.

[112] 参见 Michie，*London and New York*，250-253 中对利益冲突的描述。一般来说,交易商愿意采纳技术进步,这便于增加市场交易活动。而所有者拒绝任何革新——例如股票行情自动接收机，因为害怕这些机器的引入会使交易所外人员很容易获得交易所报价，而这又不利于非会员需付费才能进入交易所这一情况。

[113] See Lee Benham and Phillip Keefer, "Voting in Firms: The Roles of Agenda Control, Size and Voter Homogeneity", *Economic Inquiry,* 39(1991) on actions taken by collectives.

[114] NYSE: Governing Committee, April 13, 1894; Constitution of the New York Stock Exchange Board, February 21, 1820, Article 10, quoted in Michie, *London and New York* .

[115] Michie, *London and New York*, 194-196; Peter Wyckofff, *Wall Street and the Stock Markets: A Chronology (1964 —1971*), 1st Edition (Philadelphia, 1982), 150-151; Edmund C. Stedman, *The New York Stock Exchange: Its History, Its Contribution to*

National Prosperity, and its Relation to American Finance at the Outset of the Twentieth Century (New York, 1969 [copyright 1905]), 473-474.

[116] See Benham and Keefer, "Voting in Firms", 708-710 on restricting membership in collectives.

[117]术语"不确定性"是从"骑士"意义来说的,即缺乏预期收益分配方面的知识。

[118] David M. Kreps, *A Course in Microeconomic Theory* (Princeton, 1990), Chapter 17, "Adverse Selection and Market Signaling", 625-660. 术语"水平"(quality)有些贬义,但此处它应该被看成不可能或不愿意(如表明能够找到可替代的资金来源)的同义词。

[119] 克莱普斯（Kreps）将市场审查定义为这样一种境况，即在这种境况中不掌握信息的合约一方提出合约条款，而掌握信息的合约另一方要从这些条款中进行选择。在本文中，NYSE 作为不成熟投资者的代表，是合约中处于信息劣势的一方，这是因为极力让其证券上市的公司掌握了更多有关潜在收益分配的信息。制度规则就是向那些公司收取更多的费用。愿意并且能够承担这些费用的公司将自己与其他企业区别开来。

对于著名的矿业公司埃玛 (Emma) 的创始人如何利用其信息优势操纵投资者的描述，参见 Spence，"British Investment", 84。当然，这家公司还是在伦敦股票交易所挂牌了；在那里，审查要比在 NYSE 的审查松得多。

[120] Michie, *London and New York,* 198.

[121] Jonathan Barron Baskin, "The Development of Corporate Financial Markets in Britain and the United States, 1600—1914: Overcoming Asymmetric Information", *Business History Review,* 62(1988), 225.

[122] 那时在纽约证券交易所上市的大多数股票和债券都按接近 100 美元的面值交易，最小可交易的价值大约是 10 000 美元，这一金额对于当时传统的投资者来说也很大。米基指出 1912 年在交易所卖出的 1.31 亿股股票中，接近 19% 的标价低于 50 美元，而 43% 的标价超过 100 美元。参见 Michie, *London and New York* , 199。NYSE : Special Committee on Commissions, 1924; Governing Committee, May 11, 1886, April 13, 1887, November, 1902, May 27，1903，March 16, 1910, March 30, 1910; Special Joint Committee

on Copper Stocks, May 18, 1903。

[123] Michie, *London and New York*, 198-199；Sereno S. Pratt, *The Work of Wall Street* (New York, 1903)，86，153.

[124] Robert J. Cull, "Capital Market Failure and Institutional Innovation", Ph.D. Dissertation, California Institute of Technology, 1992. Michie, *London and New York* , 211-212. Joseph G. Martin, *A Century of Finance, Martin's History of the Boston Stock and Money Markets* (Boston, 1898), 196-223.

[125] Michie, *London and New York* , 206-207.

[126] NYSE: Special Investigation Committee, Continuous Quotations, January 27, 1903；cited in Michie, *London and New York*, 210.

[127] Arthur M. Johnson and Barry E. Supple, *Boston Capitalists and Western Railroads* (Cambridge, MA, 1967), 19.

[128] Davis and Gallman, "Savings, Investment, and Economic Growth", passim.

[129] See Lewis, *America's Stake,* 546 and 606；Nathaniel T. Bacon, "American International Indebtedness", *Yale Review,* 9(1900), 159; and George Paish, "Trade Balances of the United States", U.S. Senate, *National Monetary Commission,* 61st Congress, 2nd session, Senate Document 579(Washington, DC, 1910).

[130] Bullock et al.，"The Balance of Trade", 229; Lewis, *America's Stake,* 173.

[131] Lewis, *America's Stake,* 175-180. Carl F. Remer, *American Investments in China* (Honolulu, 1929), 21-24.

[132] Lewis, *America's Stake,* 293；John H. Dunning, *American Investment in British Manufacturing* (London, 1958), 18-19. Charles T. Haven and Frank A. Belden, *A History of the Colt Revolver and Other Arms Made by Colt's Patent Fire Arms Manufacturing Company from 1836 to 1940* (New York, 1940), 86-89.

[133] Peter Baskerville, " Americans in Britain's Backyard: The Railway Era in Upper Canada, 1850-1880", *Business History Review,* 55(1981), 317.

[134] Lewis, *America's Stake,* 313-317. Fred Wilbur Powell, *The Railroads of Mexico* (Boston, 1912)，123-124.

[135] Fred W. Field, *Capital Investment in Canada: Some Facts and Figures Respecting One of the Most Attractive Investment Fields in the World* (Montreal, 1914), 21. Alfred D. Chander, "The Growth of the Transnational Industrial Firm in the United States and the United Kingdom: A Comparative Analysis", *Economic History Review,* 2nd series, 33(1980), 396-410.

[136] Dunning, *American Investment,* 22.

[137] The Edison companies were the predecessors of General Electric.Dunning, *American Investment,* 23. John Winthrop Hammond, *Men and Volts, The Story of General Electric* (New York, 1941), 91. Lewis, *America's Stake*, 294.Frank A. Southard Jr., *American Industry in Europe: Origins and Development of the Multinational Corporation* (Boston, 1931；reissued New York, 1976), 23.

[138] Southard, *American Industry in Europe,* 43.

[139]到1882年，标准石油公司仍然控制着约100%的海外煤油市场；但到1888年，俄国人想方设法获得了约22%的市场份额，到1891年，他们的份额上升到近30%。Ralph W. Hidy and Muriel E. Hidy, *History of the Standard Oil Company* (New Jersey), *Pioneering in Big Business, 1882—1911*(New York, 1955), 132 and 153；Southard, *American Industry in Europe,* 49-50.

[140] Hidy and Hidy, *Standard Oil,* 42, 128, 256 and 497.

[141] Lewis, *America's Stake,* 316-317. J. Fred Rippy, *The United States and Mexico* (New York, 1931), 312.

[142] 对美国采矿公司的数字的估计摘自 David A. Wells, *A Study of Mexico* (New York, 1887), 161。Isaac Marcosson, *Metal Magic, The Story of the American Smelting and Refining Company* (New York, 1949), 210-211.

[143] Marcosson, *Metal Magic,* 50, 52-53. Gotten by Williams (a pseudonym for William Guggenheim) in collaboration with Charles Monroe Heath, *William Guggenbeim* (New York, 1934), 70, 84, 93, 95 and 100. Lewis, *America's Stake*, 201-202 and 249-250. Thomas E. O'Brien, "Rich Boy and the Dreams of Avarice: the Guggenheims in Chile", *Business History Review* , 63(1989), 126.

[144] Field, *Canada*, 24. Lewis, *America's Stake*, 207-208 and 251. Herbert Marshall, Frank A. Southard Jr. and Kenneth W. Taylor, *Canadian-American Industry, A Study in International Investment* (New Haven, 1936)，10.E.S. Moore, *American Influences on Canadian Mining* (Toronto, 1941), 16-20, 27-30.

[145] Lewis, *America's Stake*, 229, 294. Wilkins, *Multinational Enterprise*, 46, 60.

[146] Wilkins, *Multinational Enterprise,* 64-65.

[147] Lewis, *America's Stake*, 335-336. Marshall, Southard and Taylor, *Canadian-American Industry,* 16, 114 and 194.

[148] 美国政府和古巴政府的关系非常密切，以至于 20 世纪 20 年代晚期著名的经济史学家詹克斯将其有关古巴的著作定名为 "Our Cuban Colony"（《我们的古巴殖民地》）。Leland Hamilton Jenks, *Our Cuban Colony: A Study of Sugar* (New York, 1928).

[149] Lewis, *America's Stake* , 265-266. Jenks, *Our Cuban Colony,* 35.

[150] Stacy May and Galo Plaza, *The United Fruit Company in Latin America,* Seventh Case Study in a National Planning Association series on United States Business Performance Abroad (Washington, DC, 1958), 4.

[151] Wilkins, *Multinational Enterprise,* 25-26 and 153.

[152] Hidy and Hidy, *Standard Oil,* 514 and 524-525.

[153] Lewis, *America's Stake*, 182-184. Wilkins, *Multinational Enterprise,* 83 and 86. Harold F. Williamson and Arnold R. Daum, *The American Petroleum Industry: The Age of Illumination* (Evanston, 1955), 660.Marquis James, *The Texaco Story, the First Fifty Years* (Houston, 1953), 31 and 102.

[154] Lewis, *America's Stake*, 184. Wilkins, *Multinational Enterprise,* 91 and 103. M. J. French, "The Emergence of a U.S.Multinational Enterprise: The Goodyear Tire and Rubber Compay, 1910—1939", *Economic History Review,* 2nd series, 40(1987), 69 and 72.

[155] Bullock et al.，"Balance of Trade", 229-230.

[156] 57th Congress, 1 Session, *Congressional Record* (Washington, DC, 1902), 2201.

[157] Robert W. Dunn, *American Foreign Investments* (New York, 1926), 2.

数据来自纽约的一份周刊 *Annalist,* 16, 452.

[158] Lewis, *America's Stake*, 338-345. 例如，1914 年，在美国外国资本公开发行的上市证券名册中，筹集的 1 100 万美元以贷款形式提供给欧洲政府（希腊、挪威和瑞典），600 万美元提供给加拿大的城市及各省份，1 000 万美元提供给古巴政府，150 万美元提供给巴拿马政府，600 万美元提供给墨西哥的国家铁路，800 万美元以公司证券形式发行筹得，后者全部给了加拿大的公司（加拿大中央铁路公司、北方电气制造有限公司、全国电力及输电有限公司、北方航运公司及多伦多铁路公司）。Ralph A. Young, *Handbook of American Underwriting of Foreign Securities,* U.S. Department of Commerce, Trade Promotion Series 104(Washing, DC, 1930), 58-59.

[159] 1.8 亿美元直接投资转换成了 1.97 亿美元债券和优先股。

[160] Lewis, *America's Stake*, 316-317 and 346.

[161] 1902 年墨西哥的银产量超越了美国。

[162] John R. Southworth and Percy C. Homs, *El Directo Oficial Minero de Mexico,* 9(Mexico, 1908),17. John R. Southworth, *El Directo Oficial Minero de Mexico,* Ⅱ (Mexico, 1910), 6.

[163] Lewis, *America's Stake*, 202-203.Wilkins, *Multinational Enterprise,* 116 and 120.

[164] Ira B. Joralemon, *Romantic Copper, Its Lure and Lore* (New York, 1936), 136-165. Harold Underwood Faulkner, *The Decline of Laissez Faire, 1897—1917* (New York, 1951), 76. David M. Pletcher, *Rails, Mines, and Progress: Seven American Promoters in Mexico, 1867—1911* (Ithaca, NY, 1958), 222-225.

[165] ASARCO 的组建将“除古根海姆的公司以外的美国主要熔炼企业联合起来”，但没有了兄弟的合作，它的地位非常脆弱。Marcosson, *Metal Magic*, 62。

[166] Marcosson, *Metal Magic*, 57-83. John Moody, *The Truth About the Trusts* (New York, 1904), 42-48. Henry O'Connor, *The Guggenheims: The Making of an American Dynasty* (New York, 1976), 104 and 117.

对古根海姆接管 ASARCO 的能力的讨论，参见 O'Brien, “The Guggenheims in Chile”, 126-127。早先提到过，对世界铜业组织的一般描述，参见 Schmitz, “The World Copper Industry”, 392-410。

[167] Lewis, *America's Stake*, 234-237.

[168] Lewis, *America's Stake*, 220. Wilkins, *Multinational Enterprise,* 123-124.

[169] 按当代观察家的话说："这些（美国投资）主要是采矿业和伐木业，而林业都带有一些殖民地性质。" Field, *Canada,* 21. Lewis, *America's Stake*, 288. Wilkins, *Multinational Enterprise,* 138.

[170] Faulkner, *Laissez Faire,* 75. French, "The Emergence of a U.S. Multinational Enterprise", 69 and 71.

[171] Lewis, *America's Stake*, 596-597.

[172] Lewis, *America's Stake*, 595.Wilkins, *Multinational Enterprise,* 138-139. Faulkner, *Laissez Faire,* 75. 要全面分析美国和加拿大新闻纸市场，参见 Constance Southworth, "The American-Canadian Newsprint Paper Industry and the Tariff", *Journal of Political Economy,* 30(1922), 681-697。

[173] Lewis, *America's Stake*, 208 and 596. Wilkins, *Multinational Enterprise,* 136-137. E. S. Moore, *American Influence on Canadian Mining* (Toronto, 1941), 71-72.

[174] Field, *Canada,* 25.

[175] Jenks, *Our Cuban Colony,* 35 and 131-132. Lewis, *America's Stake*, 267-268. Wilkins, *Multinational Enterprise,* 155.

[176] Jenks, *Our Cuban Colony,* 171-172. Scott Nearing and Joseph Freeman, *Dollar Diplomacy* (New York, 1925),180.

[177] Lewis, *America's Stake*, 325, 344 and 347. Faulkner, *Laissez Faire,* 71.

[178] Jenks, *Our Cuban Colony,* 164-165.

[179] H. Foster Bain and Read Thomas Thornton, *Ores and Industry in South America* (New York, 1934), 282-283 and 296. Joralemon, *Romantic Capper,* 234-238. Lewis, *America's Stake*, 237-238.

[180] 奥布莱恩（O'Brien）关于布雷登铜业公司的记录是在 1908 年，他认为初始资本总额是 2 300 万美元。O'Brien, "The Guggenheims in Chile", 130. 奥布莱恩记录的日期可能指的是古根海姆接管布雷登铜业公司的日期。他们最初保留了旧的称呼。Wilkins, *Multinational Enterprise,* 178-181.

[181] Bain and Thornton, *Ores and Industry in South America,* 221-222. Joralemon, *Romantic Copper,* 238-247.Lewis, *America's Stake*, 238-240. O'Connor, *The Guggenheims,* 346-349.

[182] Charles David Kepner and Henry Soothill Jay, *The Banana Empire*: *A Case Study of Economic Imperialism* (New York, 1935), 35-36, 34, 70, and 101. May and Plaza, *United Fruit,* 6-7,13, and 15-16. Charles Morrow Wilson, *Empire in Gold and Green*: *The Story of the American Banana Trade* (New York, 1947), 91, 107-110 and 118.

[183] May and Plaza, *United Fruit,* 10-11. Lewis, *America's Stake*, 280 and 602. Wilkins, *Multinational Enterprise,* 159.

[184] Lewis, *America's Stake*, 343 and 347. Benjamin H. Williams, *Economic Foreign Policy of the United States* (New York, 1929), 400-402.

[185] Howard C. Hill, *Roosevelt and the Caribbean* (Chicago, 1927), 44 and 68. Nearing and Freeman, *Dollar Diplomacy,* 83.

[186] William M. Malloy(ed), *Treaties, Conventions, International Acts, Protocols and Agreements between the United States and Other Powers,* 4 vols (Washington, DC, 1910—1938), vol. I, 362-364.

[187] Williams, *Economic Foreign Policy,* 202-203. Nearing and Freeman, *Dollar Diplomacy,* 180.

[188] Robert F. Smith, "The United States and Cuba", in Marvin Bernstein(ed.), *Foreign Investment in Latin America: Cases and Attitudes* (New York, 1966), 147-148.

[189] Melvin M. Knight, *The Americans in Santo Domingo* (New York, 1928), 18-23. Nearing and Freeman, *Dollar Diplomacy,* 125-128.

[190] U.S. Government, Select Committee on an Inquiry into the Occupation and Administration of Haiti and Santo Domingo, *Hearings,* 67th Congress, 1st and 2nd sessions (Washington, DC, 1922), 2 vols, 105. Cited in Nearing and Freeman, *Dollar Diplomacy,* 133-135.

[191] Faulkner, *Laissez Faire,* 70-73. Lewis, *America's Stake*, 343-344. Nearing and Freeman, *Dollar Diplomacy,* 151-152.

[192] Jenks, *Our Cuban Colony*. Josefina Zaraida and Vasquez Lorenzo Meyer, *The United States and Mexico* (Chicago, 1985), 91. Schell, "American Investment in Tropical Mexico", 252.

[193] Stanley Lebergott, "The Returns to U.S. Imperialism, 1890—1929", *Journal of Economic History,* 40(1980), 229-252. The quotations are from 249.

[194] 然而，用股票估计值来估算净流量会更复杂，因为会出现很多问题，其中包括：(1) 计算股票估计值时股票组合中各要素是按票面价值计算的；但是，如果股票是折价出售的，那么流量数字只包括折扣后的价值。 (2) 拒绝清偿的债务要从股票估计值中扣除，但对流量却不进行冲销调整。在 Wilkins, "Flows Do Not Stock Make: Guidelines for Determining the Level of Long Term Foreign Investments in the United States—Methodological Quandaries in Handling Pre-1914 Data", unpublished paper (Florida International University, 1986) 中，这些问题已充分讨论过。

[195] 总的净资本流量的估计值假定 1790 年美国有 1 900 万美元的外国投资，而美国没有在国外投资。这一数字建立在众所周知的外国持有美国 1 210 万美元的债务与估计的 690 万美元短期债权的基础之上。

[196] 商业经济办公室 (Office of Business Economics) 认为只在 1841 年和 1842 年这一减少额才是 2 400 万美元。

[197] 诺思关注的焦点是刘易斯使用的是 1857 年短期资本余额的估计值。他认为 1857 年的数字太大，但任何折算将使这两套估计值更难得到合理解释。North, "Balance of Payments", 626.

[198] Simon, "Balance of Payments", 706.

[199] 43% 的折扣出自《狩猎商人杂志》, 59(1868), 241-248 页。

[200] Lewis, *America's Stake*, 158.

[201] Simon, "Balance of Payments", 707.

[202] 例如，刘易斯认为 1890 年之前发行的铁路债券的平均折扣是 33%，而铁路股票的折扣是 90%。Lewis, *America's Stake*，160.

[203] 当然，如果西蒙认为的 1898—1901 年的部分资本流出确实在早些年前发生的话，那么这个问题也就能够解决了。

[204] 股票估计值适合于 1914 年 7 月；而且，由于那年发生的大多数巨额资金调回国内的事情都是在 8 月份战争爆发后开始出现的，所以，在计算中使用的总资金流量的数据都是 1913 年年底的数据，而不是 1914 年的。1900 年之后的总的资金流量的数据都是戈德史密斯的长期估计值，这些估计值已将短期的增长计算在内，即从 1897 年刘易斯的 2.50 亿美元这一数据到 1914 年 " 官方的 "4.50 亿美元这一数据。

[205] Lewis, *America's Stake*, 606.

[206] 有据可查的头三年平均只有 7 900 万美元，那些年 (1923—1925 年) 之前的 10 年美国有巨额的海外投资。

[207] 例如，Neal 和 Uselding 发现，1912 年 " 美国经济中股本总额的至少 13% 可以归功于移民的社会储蓄 " (最大估计值是 42%)。Larry Neal and Paul Uselding, "Immigration, a Neglected Source of American Economic Growth: 1790 to 1912", *Oxford Economic Papers,* 24(1972).

[208] 韦尔斯认为联邦政府发行的债券为 10 亿美元，各州政府发行的是这一金额的 1/10。他还认为铁路债券发行量仅是较少的 2 亿美元。然而，这些数字都是面值；实际的资金转移必然会更少。

[209] 由于投资的大部分 (1897 年超过 90%，1914 年还达到 75% 以上) 是直接投资而非间接投资，所以折价发行的问题本身远不如它对在美国的外国投资重要。

第 17 章

美国经济发展的社会意义

斯图 · M. 布鲁明（Stuart M. Blumin）

本卷前面的章节详细阐述了罗伯特 · 高尔曼在第 1 章中提出的两个相关的主题：美国经济长期的持续增长（偶尔被打断）及其经济体制、经济惯例和经济规范的重构，这迫使我们采用某些特定的词语来对其进行描述，例如工业化、中心化，或者一些带有明显意识形态意味的短语，如向自由企业体系或资本主义迈进。在最后一章中，在考虑经济增长和结构变迁的同时，还要探询二者之间的一些最显著的相互关系和在“漫长的 19 世纪”中美国更纯粹的社会关系。用一个略微不同的表述方式来讲就是：我们应该如何理解经济发展影响了 19 世纪美国社会变动的方式和 19 世纪美国社会变动的方式对经济发展的影响？

“经济”和“社会”的区别是很任意的，更多地只是表示不同的现代社会思想（和现代大学系部结构的安排），而不是指普通人每日生活的不同方面，但是我们会发现有些设置会比其他的设置更有用和更可信一些。此外，即使有人能准确区分“经济”和“社会”的界限，追寻经济发展的“社会意义”也仍然是不可能的任务。虽然这“极

具意义"但足以让人望而却步。在本章中将对上一段提出的问题提供一些不同的答案，
813 这些答案是基于对经济和社会关系的不同程度的划分而得到的。不管怎样，它们都可以归入范围广阔而意义重大的三类需要研究的范畴中，但这并不表示将包括有关19世纪人们所经历的、每日生活所出现的和经济变化的所有问题。

其中，生产和市场关系的社会地理布局是需要研究的第一大类。用一个简单的词来说明我主要谈及的两类不同或者说近乎相反的现象，一个是集中化或者说中心化，另一个是分散化或者说扩散化。第一个现象包括人们从乡村向都市或城镇的迁移，以及以城市为基础的公共机构（包括资本家的机构）的向外扩散，即更接近留存下来的农村人口；换句话说，城市化不仅是人口的集中，还包括城市影响范围的扩张，而城市和城市体系的出现成为推动资本主义增长的引擎。第二个现象包括绝大部分欧洲裔美国人口和非洲裔美国人口向远离都市中心和市场体系的西部地区进行的扩张。开拓边疆的历史比城市化的历史更源远流长，但是这可以，并且最近已经从地理学的角度得到验证。这种地理角度涉及扩散和集中的力量——处于一个更大的市场扩张关系模式中的农村边疆和城市。

当美国经济发展产生出管理跨越不断扩大的地理空间的交易体系时，它同样造成居留和生活在这些空间的人们之间越来越明显的区别。因此，第二个需要研究的大类是要识别19世纪发展起来的交易体系，这个体系也联结起不同的经济角色并分配经济成果，而这两个过程构建起一个广泛的社会现象，同时代的历史学家倾向于把它叫作"阶级构成"。是否对19世纪的美国社会应用"阶级"这个概念在历史学家中还没有定论，我不像那些最坚持这种概念的解释力的人一样，暗示应该去借用这种利用扎根于工作场所中的关系但是又广为扩展的社会体验进行分类的概念。虽然如此，但我仍将使用"阶级"和"阶级构成"这两个术语来帮助描述和解释美国社会的根本性变化，以及多种新的体验和新的社会身份，而后者的变化又源于资本
814 家对工作和工作场所关系的重组以及经济增长造成的货币收入的分配变化。

第三个需要研究的大类称为"文化"比"社会"更合适，但是任何思考都不能缺少这一点，即美国社会和经济增长、新生产模式及日益普遍深入的市场是如何组织和重组在一起的。我谈及一些价值观念和规范，它们引导着营利性企业、自我满足和社会消费形态，以及不易察觉的有组织的慈善行为和提高社会福利的计划，这

些构成了资本主义“孕育”时期的特征。但是，我也谈及另外一些价值观念和规范，它们为传统所认可，这构成对所有创新和改进事物的阻力。并不是所有美国人都认同自由和扩展的市场、运输和生产领域的技术进步、银行和谷物交易、经济增长带来的物质利益。一些人（这里有两个广为人知的例子：手工业者面对自己行业引入使用非熟练工人的机器，小农场主面对实力强大的铁路公司的歧视性运费）强烈地反对这些变化，因为他们把变化看成对他们自己的利益和福利的威胁。其他人，包括很多市场竞争的胜利者，也是满怀忧虑地接受这些变化，他们在经济的发展进程中感觉迷茫、受到损害和内心矛盾。这应该可以理解，事实上，进程本身就没有用相同的速度和前后井然的秩序把所有美国人带往同样的目标。在我对发展中美国的地理、社会结构和文化的所有描述中，都暗含着一个关于坚持不懈、关于改变和变迁的话题，它以某种方式影响了几乎所有的人，而不仅仅是对那些旧有的生活和思考方式的追溯。这一进程，不管怎样，有时是有缺点的，我在对两个半世纪的历史时期的讨论中强调了这一事实，这一历史时期经历了美国历史上最深重的经济危机之一。

1790—1840 年

历史学家一般认为美国在第一次全国人口普查时农村人口还占压倒性的多数——只有 5% 的人口居住在 20 多个勉强能够被称为城市或者城镇的社区中；在这些城市中只有 5 个城市有 10 000 以上的居民；最大的城市费城，其居住人数也不过 815
42 000，仅仅是这个新兴国家人口（将近 400 万）的 1%。这是一个令人吃惊的统计结果，显示出一个与我们现在完全不同的世界。然而，在 1790 年，向现在的美国社会地理布局的转变过程才刚开始——很少有人居住在这片土地上，社区和家庭都相对分散，辽阔的荒野将随着无数的美国家庭年复一年的迁移而逐渐消失。和原来的宗主国同时期的统计数字比较时，鲜为人知的有关农村人口密度的统计数字能帮助我们了解一些情况，在 18 世纪末英格兰乡村人口密度超过每平方英里 100 个人时，美国 1790 年平均的农村人口密度只有每平方英里 9 人，在沿海平原和阿巴拉契亚边疆的东部和南部山麓地带人口密度也只有每平方英里 15 人。两个国家的农村人口密度都是各地不一，但是在美国没有一个地方的人口密度比得上英国，甚至在人口密集的新英格兰南部，那里的人口密度也远达不到英国乡村地区普通水平的居住密度。英格兰城市地区的统计数字更显示出美国的空旷：30%的人口居住在城市或城镇中，有将近50个城市拥有超过10 000的人口，沿着每条国家公路都有市集城镇，以及一个有90万人口的大都会，那不是这个国家人口的1%而是10%。假如我们同时考虑农村人口密度的惊人差异和英国境内庞大的城镇规模，我们就能够理解为什么要强调处于大西洋世界西部边缘的这个带着偏远和未开放特征的新生国家在经济和社会生活上与旧世界有多大的不同。

历史学家有时反对那种村落稀疏的、典型的农村社会景象，在这种景象下进一步的感觉就是局限于本地的、“前资本主义”的经济交换和相应的相互分离的社会。他们给出一个相反的景象，这是一种沿海岸和河岸的社会，那里农民都很好地定居在能够进行水运的地方（向内陆扩展较少），和与他们紧挨着的区域里的港口城镇进行贸易，或者，在切萨皮克和英国本土主要城市进行贸易。这种相反的景象很有价值，但这是更为重要的人口分散模式的一种限定条件。美国乡村人口确实首先并大
816 量地沿河岸和海湾定居，这加强了他们和波士顿、费城、伦敦或者格拉斯哥的码头的联系。但是最引人注意的是他们快速地把他们的居住点向内陆扩展，离开他们的贸易通道，选择更便宜的土地（即使这些土地减少了他们与外部世界的联系），或者因贫穷而避开沿着贸易路线的昂贵的土地。分散的趋势在南方最为显著，包括弗吉尼亚州，那里的人口密度沿海岸向山麓地区递减，从局部来看，则由沿河地区向内陆地区递减，在有些地区这种递减趋势一直均匀地延伸到人迹罕至的边远山区（其中最显著的是纽约河南岸的广阔地区）。但是在新英格兰，分散也是以城镇为中心。在位于马萨诸塞州最为中心部分的伍斯特县（Worcester County），平均人口密度是每平方英里40人，远大于弗吉尼亚州山麓地区，人口密度比较大的地区位于横穿县中心的波士顿邮路和通往康涅狄格州和梅里麦克河（Merrimack Rivers）以及通往纳拉甘西特海湾（Narragansett Bay）的几条小河沿岸（见图17-1）。但是，在弗吉尼亚州，山麓地区的特点是人口分散，而不是集中。在伍斯特县2/3的城镇的人口密度为每平方英里30~50人之间，除这些城镇以外的一半城镇其人口密度在快速接近这个水平，它们是更近一些时间建立的，坐落在这个县西北部较偏远处。

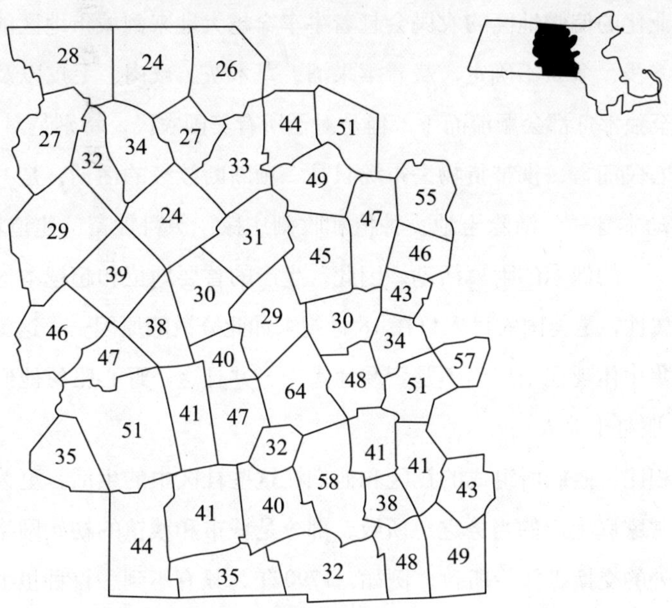

图 17-1　1790 年估计的马萨诸塞州伍斯特县的小城镇每平方英里的居民数

说明：县人口密度 =40 人 / 平方英里。

至于美国所有的地区，大西洋中部各州人口不少于弗吉尼亚州和新英格兰地区，但并不紧靠河流和道路，而是按照詹姆斯·麦迪逊所发现的方式沿整个大陆分布。麦迪逊在观察人口分布时发现，“至少在大部分地区，总是有让其人口相等的相同趋势”。[1]麦迪逊的这句话是在评论人们从已经定居的东部地区向未定居的西部地区的宏大迁移，但是他的这句话也可以用于本地人口模式，并且本质上具有同样的原因。向西部移民和本地人口扩散都表达了土地本身的重要性，以及在美国最主要群体的经济生活中，土地所提供的产品的重要性。这并不是说绝大部分美国农民是与商业市场相隔离的，只是从事循环不休的自给自足的家庭生产。完全相反，在所有地区的农村都严重依赖当地劳动力、设备和日用品交换体系，而且越小的农场——更接近于仅仅维持家庭生存水平的生产，它的所有者就似乎越深地陷入本地交换的复杂网络中。无论身居何地，哪怕与市场相距甚远，农民都与市场保持着联系，即使那些 817
不是就近为欧洲迅速增长的谷物需求而生产的农民，或者活跃地参与比较旧式的远距离贸易的地区的农民，也为远距离市场生产货物以补充生存和社会生活需求的产品。弗吉尼亚南部的小种植者会从崎岖的乡村小路滚动着自己的烟叶桶。新英格兰内陆缺乏商业化的偏僻地区的农民会赶着牛车穿越大地来到城市地区的市场，无论上游的河水多浅、多么不确定，载着苹果酒、草木灰、咸肉、毛皮以及其他农产品的平底船甚至独木舟都会顺流而下。但是对于所有美国农民，特别是对于那些很小、特别分散的农民而言，携带货物去市场只是一项断断续续的活动，是一项相对于持
818 续的生产活动本身——清除土地、种植和收割庄稼、照料牲畜、建造和修理建筑、篱笆和工具——的偶尔的附属活动。因此，生产的首要地位和超越本地社区交换的显著第二位属性，是美国农村人口在18世纪末如此分散的原因——这就是为什么普通人的野心集中体现在土地而不是贸易通道上，并且这一野心驱使他们去征服那么多“荒野”，驱赶土著人。

与以后相比，他们所组成的社区和他们在这些社区中的生活，更为孤立，这部分是他们日常家庭生产的当务之急所致，部分是城市和城镇的初始网络联系少、机构少和本地外的交换媒体少所致。例如，1790年，只有不到一百种报纸、仅仅几种杂志在美国出版。大部分报纸是一周出版一次，一年中在美国印刷的个人报纸（还是一张张印而不是连续印）的数量不超过人口本身的数量。报纸印刷集中在，但绝不是限制在最大的城市里，城市出版的报纸一定程度上流通到农村地区。在宾夕法尼亚州，20种报纸中的12种，包括全部4种州日报，在费城出版，而周报在德国城（Germantown）、兰开斯特、哈里斯堡（Harrisburg）、卡莱尔（Carlisle）、钱伯斯堡（Chambersburg）、雷丁（Reading）、约克（York）和匹兹堡出版。但是最近有关美国早期信息传播的分析显示大部分普通的乡村人很少读报纸，他们更多地是从邮差或者其他旅行者口中获得外部的消息，以及从牧师和其他维持社区间经常通信的地方显要人物处获知消息。乡村中中等或者贫穷的人们自己并不写信，也收不到很多信，整个国家在1790年也只有75所邮局和1 875英里邮路提供服务。一般来说，美国的道路状况很糟糕，无论陆地还是水上的非机械化的交通工具都是缓慢和不确定的。在严冬，不仅许多北部和西部乡村社区，甚至一些全国最繁忙的港口城市也因为河水和港口结冰以及道路在积雪下消失而几乎与世界完全隔断。最后，就像这个新的
819 国家缺少城市和城镇的密集网络一样，它也缺少世界性的制度网络，如政党、区域和国家改革团体、友爱协会以及诸如此类的能使个人的视野超越家庭、邻里和社区的事务。

18 世纪美国社区的相对孤立和规模较小使它们很好地保持了恭顺的社会和政治关系。财产、声望和影响力的等级关系构成了美国社会运行的基础，不但充满了中央权力制度，而且充满了构成绝大部分美国人日常生活的地方制度——家庭、教会和社区。在这些社区里没有领主，但是当地家族中年长者有权命令妻子、儿女和仆人去服从，长期驻留的牧师对整个社区的精神和世俗事务有很大的发言权，并且当地政治领袖是从有限数量的家庭中选出并在政治职权的位置上反复任职。更重要的是，无论在乡村还是城市社区，社会上层和下层都普遍存在公认的不同，并且有一种或多或少普遍深入的一致同意的惯例规范着它们二者间的日常关系。特别是在较小的社区——即使是港口城镇的社区也不是很大，这些不同和关系是高度个性化和特别的，是在一个很小的、面对面的社会环境下通过日常的惯例形成的。因此，使用社会阶级的语言就更容易错误引导而不是有助于刻画他们的特性。顺从文化意味着社会的阶层是能被个人接受的，但这并不意味着社会的阶层被认为是一成不变的，而这种文化和社会表现出了 18 世纪大西洋世界的特征。

当然，它不能同样有力地刻画大西洋两边的特征。到大西洋彼岸的迁移过程解开了传统社会的束缚，而越过最初到达的海岸社区继续向山麓地带和山谷的迁移过程进一步解放了他们。不受约束地拥有不动产的情况广泛存在于许多美国社区，甚至在普遍租赁耕种土地的地方也没有像在欧洲那样产生沉重的保护关系和委托关系。在较大的城镇，缺乏行会和以行会为基础的政府，而这些条件在欧洲虽然已经有许多变化，但仍然赋予欧洲城市生活很多习惯性和仪式性的等级关系。最终，特殊事件，如伟大的觉醒和革命，通过改变条件、习惯甚至地方政府潜在的理性而挑战了顺从的文化。然而，传统形式的权威在这个时代与其说是被摧毁不如说是被调整。实际上， 820
1750 年以后，更好更多的财富和收入水平的增长明显体现在上流社会的生活模式中，强调了在少数人和多数人之间的传统差别，并且当它被宗教和政治领域的争论和新思想严重挑战时支持了顺从的文化。

在 18 世纪，对于绝大部分美国人来说，生活标准确实提高了，但是在富有家庭和中等家庭之间消费的步调和品质的不一致要比一般的提高更加显著。不管怎样，物质生活方式的差异，不仅有助于阐明当地权威体系的永存，而且有助于说明大生产者和小生产者与能带来利润的本地区以外市场的不同关系。在这些市场上，有钱的美国人采取各种方式把更大和更雅致的城市和乡村住房装饰上好的家具、地毯和窗帘、昂贵的餐具、家庭肖像以及购买来的艺术品，以显示自己的文雅和上流社会地位。中等阶层人们的物质条件的提高显得更加从容，而不表示一种我们也许可以贴上“消费主义”标签的生活或者期望的方式。可以确定，在这些年，许多普通美国人得到数量巨大的床架和椅子，用粗糙的陶质餐具更换木质的餐具，购买了一些书，并在他们的地窖里堆满可保存的食物来保证他们度过冬季后期和春季连续几个月的食物缺乏期。但是这些适度的财物的增加，大部分完全可以在家庭生产的领域和当地交换网络中获得。还值得注意的一点是这些物品存放的房子仍然是小而朴素的。典型的伍斯特县农家住房是木制的、单层或者一层半高的住所，大约 700~1 000 平方英尺，而绝大部分居住在弗吉尼亚州山麓地区哈利法克斯县（Halifax）的农民居住的是仅有 400 平方英尺的原木制或木框架的房子。甚至到那个世纪末，费城零售商居住的既做居住室也做储藏室的房子平均也只有 900 平方英尺，而城市里工匠居住的兼做工作间的房子只有 600~700 平方英尺的空间。这些狭小的空间，是大家庭的住宿场所以及存放工具的场所，是人们完成工作任务的车间和仓库，或者说人们在这里完成了普通农场一连串的家庭生产。无论从它们的数量还是质量来看，这
821 些空间都不可能成为提供消费者商品的市场的一部分。

在杰迪代亚·莫尔斯（Jedidiah Morse）1789 年出版的《美国地理》（*American Geography*）第一版中，他就隐约提出了地方层级和普通美国人与市场的相对分离之间的相互作用，概述了这个新国家每个州的前景后，莫尔斯赞赏了在支持联邦党的马萨诸塞州富裕的绅士们促进农业进步的精神。然而，对于小生产者，即便在最先进的州，莫尔斯对其也很轻视。“普通的乡下农夫”，他写道，“通常选择继续他们祖先的旧轨迹”[2]。莫尔斯并没有麻烦自己去描述这种“旧轨迹”，但是最近历史学家识别出在马萨诸塞州和其他一些地方实行的一系列传统规范，这些规范被用于处理诸如价格决定、债务结转和收取、劳动力和设备的交换、在修筑谷仓和准备蜂箱时偶尔出现的劳动力市场、纠纷的解决以及其他类似活动，这些规范构成了“普通农夫”所参与的当地经济本质上的法律框架。这些规范是公共的，在许多方面限制了个人的进取心，例如，不对小额借款收取利息，不在邻里间的日常交换中获利，以及不经过相当一段时间不要求报酬，还有不通过法庭索取报酬。这些限制以及类似的其

他限制是否反映出在普通农民中存在的“前资本主义”的文化，或者它们是否只是暗示在一个不发达的经济中只对小生产者开放的有限的机会，历史学家对这些问题的看法并不一致。要清除环境和文化对这些长期存在的“旧轨迹”的影响被证明是不可能的；实际上，长期存在的物质环境把人们的期望、价值观念和信仰体系塑造成希望和可能性的结合，试图分离这二者将忽视这一点。这样，绝大部分美国人相对孤立的经济和相对简朴的物质生活的限制并不必然会阻止人们努力工作或者渴望获得财富，而是把进取心带给后代人，让他们明白以下想法过于保守：获得和保持一个稳定的供给，或者维持日常生活资料的能力，并拥有最终让自己的孩子获得土地、贸易和婚姻的财富，给他们提供一种和他们的父辈大致相同的生活方式。

这并不是缺乏进取心，而是 18 世纪末期普通美国人所能够了解的世界所带来的 822
限制的一种现实表现；然而，这也相当程度上是自我抑制的规范的表现，很大程度上是当地的平民世界对个人进取心的适度限制。因此，引用我们一位历史学家最近的总结，无论从环境角度来看还是从价值观念角度来看，进取心都源自“单个家庭有限的人类需求”而非“无止境积累的压力”。[3]

18 世纪末永存于“普通农夫”中的“旧轨迹”并不是在本地生活的不变循环中周而复始地重复着。假设普通乡村美国人没有积极参加本地以外的市场和其他超越他们本地社区的重复交易体系，但他们确实一次又一次地离开他们的社区去参加与英帝国的战争。他们也收到和回复来自革命委员会的信件，选派代表去参加制宪会议和新的州立法机构，并和他们的邻居一起反对参加或者镇压反对县法院强制执行债务的叛乱。1790 年人口普查之前的 1/4 个世纪里不断有这样的事件发生，每一个这类事件都在一定程度上打击着乡村生活的这种褊狭力量。从 18 世纪 90 年代以后，不管怎样，这个世界不再主要用战争、革命和其他危机的形式对地方社区施加它的影响，而是更主要通过交通上的新技术和新的生产方式、更细致和规范的贸易形式、新机构、不断扩大的信息媒体以及不断成长的复杂的城市和城镇网络来施加它的影响。不用说，各种类型的危机还在继续发生，但是新生国家的社会地理布局自此以后比较少地属于此类事件的范畴，而更多地属于经济、社会甚至政治发展的结构范畴。与此类似，地方社会结构、个人渴望和普通美国人的社会理想也发生了同样的变化。

在这一卷的其他部分已经描述了许多这种结构发展。这里讨论的主要一点是，随着城市和城镇的增长，以及本地以外交易的增加，信息媒体和其他机构的角色的改变。自然，第一次美国人口普查之后半个世纪中的一些最戏剧性的变化——收费
823 公路和其他新的公路、汽船、改善的桥梁和港口，特别是长达3 000英里的运河网络，所有这些合起来被称为“交通革命”的第一个重要时期——看起来对美国人口的继续扩散和对美国人口的集中有着同样的作用，而且无疑在这一时期欧洲裔和非洲裔美国人征服和殖民了巨大的领土。美国的领土总面积在1790—1840年增加了一倍以上，并且，也许更重要的是，随着美国人越过阿巴拉契亚山脉，进入大湖平原，并沿大湖平原直下俄亥俄河流域，沿墨西哥湾海岸进入并越过密西西比河流域时，人口密度在每平方英里2人或以上的土地的面积增加了3倍多。但是詹姆斯·麦迪逊的模型没有进一步描述这一进程的机制，由于同样的原因，刺激向西部迁移的交通体系同时也刺激了日用品在乡村地区和城市地区之间的大规模流通，引发了19世纪城市革命的第一个阶段。人口趋向于使它自身在空间上平均分布的时代结束了；自此以后，人口将寻找最为密集的地方作为流动的方向。

从最粗略的数量上看，1790—1840年美国人口的城市化还没有给人那么深刻的印象；经过半个世纪，居住在城市和城镇的人口比例从5%增长到略少于11%。但是对于一个每10年人口增长1/3的国家而言，这种适度的变迁意味着各个独立城镇的迅速增长以及大批城市地区向乡村的显著扩张。事实上，如果用这种方式来看这些数字的话，就会留下更深刻的印象。纽约市人口增加了9倍多，人口从33 000增加到30多万人，而巴尔的摩从一个13 000人的城镇发展成一个人口超过10万的大城市。费城曾经是这个国家最大的城市，虽然其地位被纽约所取代，但它的人口也增加了5倍，拥有将近25万居民。位于距纽约主要交通枢纽150英里的内陆地区的奥尔巴尼，比纽约州新首府人口增长得稍微快一些，其人口几乎已经达到1790年纽约市的规模。在一些内陆地区，城市不断出现，规模不断增长，以至于可以和半个世纪前最大的那些港口相媲美——辛辛那提有人口46 000人，罗切斯特、匹兹堡和路易斯维尔的人口都超过了2万人。以前法国和西班牙的墨西哥湾港口新奥尔良现
824 在是一个人口超过10万的美国城市。许多小地方，不管原有的还是新建的，都超过了人口普查定义的常住人口达2 500的界限，达到人口普查定义的标准的城市地区，其数量增长了5倍多。

这些不断扩展的城市组成了一个城市体系，通过大量更加分散的、较小的中心把农场和村庄与最大的城市中心联系起来，一些更详细的城市增长模式说明了这些现象。首先，一些东部内陆城市取得了最显著的增长，成为主要港口城市的发货人和批发商的辅助集散点。在 19 世纪的第一个 10 年中，4 个主要东部港口城市增长了 58%，11 个东部内陆城镇增长了 51%，而其他许多刚出现的内陆中心（它们的人口在这 10 年之初无法从紧挨着的乡村地区分离出来）看起来增长得更快。在下一个 10 年中，当国际贸易由于拿破仑战争及其后果（危机仍然起作用）而遭到破坏时，且当城市体系和最大的港口城镇的实际增长稍慢于这个国家的人口增长时，东部内陆城镇的增长相应慢下来，这表明在港口和它们的内陆城镇间存在某种关系。在接下来的 20 年中，当主要港口重新开始快速增长时，东部内陆城镇也开始快速增长。其次，主要港口城市不仅增长迅速，而且从单纯的人口较多的城市变成雄伟的、制度复杂并且实力强大的城市，同时事实上所有发展中的内陆地区都明确出现了（一旦产生，就永远是）主要的中心。最后，唯一没有获得显著增长的城镇正好是那些无法把特别大的中心周围的城市地区连接成一个整体的城镇。无论是与和它们竞争的大港口相比，还是与那些因为位于新运输通道沿线而必然成为每个地区最大城市的内陆城镇相比，较小的“大港外的独立小港”，例如马萨诸塞州的塞伦、纽伯里波特和马布尔黑德（Marblehead），罗得岛州的普罗维登斯和纽波特（NewPort），以及切萨皮克湾的诺福克和安纳波利斯，增长一直较慢。这样，当波士顿在半个世纪内人口增长了 500%多时，塞勒姆增长了不到一倍；纽伯里波特仅增长了 50%；曾经是北美最大和最活跃的港口之一的纽波特，增长了不到 25%；而马布尔黑德实际上还 825
略有下降。在切萨皮克湾，巴尔的摩的增长速度是诺福克的 2 倍，安纳波利斯仍然是一个人口不足 3 000 的小镇，完全放弃了它作为区域港口的角色。的确，绝大部分这些小港口在不同程度上失去了作为进口商和出口商的独立地位，而成为主要港口的附属，与正在增长的内陆城镇有相似的作用。它们如此大幅增长大概是由它们处于一个增长的大都市中心地区的次要地位所决定的。

在我们总结给人印象深刻的城市体系的发展以及位于其中的个体城市的发展前，还需要探讨大城市和小城市之间，以及小城市和乡村地区之间的关系。实际上，目前有理由推断小城市和城镇的增长主要是当地交易体系持续发展的结果，并且这些内陆中心以及它们服务的农村腹地，还没有和它们的区域中心在一个复杂的和分层级的商品、信用、信息和影响力流中建立广泛的联系。另一方面，从乡村到城镇再从城镇到城市这种本地以外的联系确实在增加。而且有其他联系，这种联系只是以上路径的一个方面，那样至少给本地生活增加了一个国际性的背景。例如，政治团体就成为一个高度重要的机构，将本地官员和竞选机构与州甚至国家一级党的有影响力的人物、纲要以及竞选活动战略和信条联结在一起。这个方面始于 19 世纪初，假如这是一个错误的开始——假如被称为“第一政党体系”，那么它实在完全不是一个体系——那么“第二政党体系”的时代一定可以看成各方面（无论是这一政治制度发展的深度还是广度）都更卓著的时代。辉格党提出一个提高关税、集中银行和“国内改良”的联邦一体化的纲要，而民主党表示反对，各党所演讲的内容本身就是一种超越地域偏见的力量，因为它反映了在这个国家应该如何看待地区间资本主义经济发展的问题。但是政党制度大大增强了这些议题的分量。到 1840 年，甚至最顽固的辉格党也开始信奉群众政治动员的策略，这时一个持久的、等级分明的政治组织体系在这个国家的每个角落都建立起来，把哪怕最小的地方的公民的注意力引导到国家政治生活的议题和信条上来。

826 此外，种类繁多的志愿协会的发展，如政治团体一样组织成地区间以社区为基础的机构网络，成为这半个世纪突出的新特征之一，也是对新的社会地理布局做出最重要贡献的力量之一。在革命和成立邦联的激动人心的 10 年间，需要在不同的地理层面上促进合作，但是 1790 年以前，下面的看法一般来说是正确的，即绝大部分美国人几乎不会参加实质上超越本地和本地家庭、教会、社区三者的机构。然而，自 18 世纪 90 年代开始，一直到 19 世纪 30 年代后期的经济危机，志愿协会在这几十年间加快发展步伐，组建了不同的协会来发扬良好道德，保持心灵安宁，在西部边疆传播正确的基督教，在部分地区废除奴隶制度并在所有地区消灭酗酒现象，提供和管理兄弟会仪式和团体，保护工薪者的利益，并为其他的目的服务。这些协会日益把自身组织成州范围的、地区和地区间的网络。早在 1816 年，美国圣经协会（American Bible Society）和美国教育协会（American Education Society）就通过它们特别的名字显示它们计划成为全国性的组织，在它们之后还有一系列其他组织，包括美国殖民协会（American Colonization Society，1817）、美国礼拜日学校联盟（American Sunday School Union，1824）、美国土地协会（American Tract Society，1825），还有美国家庭传教士协会（American Home Missionary Society，1826）。1833年，新英格兰反奴隶制协会（New England Anti-Slavery Society）联合纽约人组织（New Yorkers）和其他力量组成了美国反奴隶制协会（American Anti-Slavery Society），这一组织最终合并了有 20 万名成员的 2 000 家地区分支组织。成立于 1826 年的美国促进戒酒协会（American Society for the Promotion of Temperance），到 1833 年协调着拥有 50 万名成员的 4 000 个分支组织的工作，而到 1836 年又成为一个更为复杂的组织的一部分，组成了美国戒酒联盟（American Temperance Union）。这些组织和其他各式各样的志愿协会至少部分是按照中央—地方方式组织起来的，在某种意义上增加的城镇一般是地方层级的组织分部，而协调中心通常位于较大的城市。即便是那些依照其他方式设立的组织，比如，根据镇区和县的边界来组织的团体，它沿金字塔向上到顶的中央机构也位于地区内的主要都市而不是州行政首府。每一个团体都根 827
据它自身活动的发展速度和对它的需求的强度，在一个更广阔的世界联系着相当数量的地方社区的居民。

出版物在这个成长中的国家中的急剧增加也推动了世界大同主义的形成。作为美国志愿协会发展的一个附属结果，1790—1840 年是美国期刊出版扩张的一个时期，这些协会中的大部分通过报纸、杂志和其他出版物联系它们的会员，招募新成员和宣传它们的项目。但是报纸，还有一小部分杂志，是作为拥有自身独立权的机构发展起来的。报纸的数目从 1790 年的不到 100 种，到 1800 年增加到差不多 235 种，20 年后超过 500 种，到 1840 年超过 1 400 种，增长速度是人口的 3.5 倍。因为大城市报纸不仅面对本地较大规模读者群而且在乡村的更广范围内发行，所以报纸发行量更大。在 1790 年，人均只有一份报纸，1840 年就已经有 11 份报纸。因为报纸成为联系乡村和小城镇与新出现的都市体系的另一种方式，所以乡村和小城镇居民即使只阅读本地的报纸，显然也要读更多的报纸。这些报纸与更大的城市和城镇报纸网络都有非正式联系，它们习惯从那些报纸上复制和再版新闻。杂志几乎毫无例外地在城市出版，使城市和乡村之间有了更加直接的联系。书籍也是这样，这些出版物都越来越集中在纽约、费城和波士顿。

对城市地区发展的影响的一个不太明显的反应是个人和商业信件急剧增多。最早出现上升趋势的事件再次发生在18世纪90年代，在这10年中，为了处理信件，邮局的数量从75所增加到900多所，邮政的收入也增长了7倍多。到1840年，美国已经有13 000所邮局，并且邮政收入比1790年时高120倍——按人均计算增加了27倍。改善的邮政服务毫无疑问是为了满足需要，但是我们必须首先理解信件之所以显著增长是由于地区外市场的扩张和城市地区网络的增长。在这个国家的每个区域中，邮政收入都集中在城市里，假设按人口平均分配信件，那么重要地区的城市的信件是其本该有的信件数量的4倍、5倍甚至10倍。但是地区外信件数量的膨胀
828 是如此之快，以至于不可能只将其归功于城市和城镇中的商业信件，或甚至城镇中的私人信件。还没有估算出在多大程度上，乡村的人们参与了私下创造穿越美国空间的文字流。

所有这些现象，甚至个人信件数量的高峰，在最重要的方面都与经济发展相关，这仅仅是书信传递路线的发展所致。新的交通系统以及这一系统通向的城市和城镇，是一个蓬勃发展的经济的主要产物，它最显著的特征是增加了地区外市场的穿透力，否则人们就会购买本地农场和工场的产品，并且在本地的市场系统中私下使用或者交换货物、劳动力和信用。换一句话说，自我克制的社会和古怪家伙的小屋、报纸和小说，特别是孕育了它们的城市和城镇，与地平线上的乡下和村庄里的普通人们一起构成了一个跨越空间的更大的融合过程的一部分—— 一个商品在区域间越来越多地从农场流向城市又从城市流向农场的过程，就是驱动力所在。

新生国家变化着的社会地理布局对于改变它的社会结构是必不可少的，部分因为大量穿越巨大空间流动的商品来自各种新型的工场——机械化的纺织工场，各种没有机械化但有专业化分工的小型生产车间，以及制鞋、制扫帚、制棕榈叶帽以及制成衣的家庭手工作坊。新的生产方式开始加强工业中雇主和雇员之间的关系，特别在大城市已经产生了许多后来被视为被剥削的工人阶级的人。但是对早期工业时代的大部分人来说，在社会地理布局和社会结构之间更为重要的联系主要并不在于生产领域而是在于本地以外的商品流动，这种活动拓宽了当地的视野，在社区内重新划分了势力，并重新定义了社会关系。

19世纪的最早10年间，宗教的自愿主义传播模式加入了市场上消费品和市场制
829 度二者的非宗教自愿主义，结果是在社区内选择成为生活中一个重要的元素。一个

人可以选择社区中自己的教会和牧师，就是说，一个浸信会教会已经摧毁了英国国教和公理会的霸权，其附带产物就是越来越多的普通美国人能够选择本地交换网络之外的网络来买卖更多的商品。他们更需要从报纸、杂志、书籍和他们自己的信件中获得信息；就是说，用一种更私人的方式，不再通过面对面的方式传递信息，而后者是过去不经常通信和读报的普通人从当地精英处获得信息的常用方式。["专业人士、商人和土地精英，" 历史学家理查德 · D. 布朗（Richard D. Brown）写道，"不再是他们邻居信息的看门人。"][4] 他们能够加入其他地方组织的志愿协会，那里的领导人可能完全不同于本地领导人甚至与本地领导人敌对，例如反对废除奴隶制，或者不够格参加兄弟会。在新世纪的头一个 40 年间，随着持久的政治党派体系的成形，他们建立了一个新机制，来选择出有希望成为公共领导的人。相似暗示的变化也能来自相反的方向，如当地社会的头面人物也可利用新出现的选择形式。例如，马萨诸塞州米德尔塞克斯县（Middlesex County）的财产拥有者的财富投资组合在 1780 年以后有了决定性的转变，从持有当地债权转向持有股票和债券——这绝对是新兴资本主义经济的工具，与传统的乡村债权相比持有它们不需要面对面的权威和依附关系。对于这种"乡村资产组合流动性"的突然增长，对变化中的资本市场进行研究的作者总结道："无论意味着什么，自此以后资本主义向新英格兰乡村经济大为逼近了。"[5]

总的来说，"资本主义的到来"在农村社区，甚至在那些没有引入新生产模式的地方，改变了地方权力模式和地方的个人依附关系。消费品数量的不断增长，倡导 830
了更商品化的社会意识，这是一种更多来自生活方式而不是个人和特殊等级关系的意识。因此，意识到个人在社会上的位置说明的是阶级问题而不是阶层问题。特别对于中等收入的美国人来说，在 19 世纪生活标准得到戏剧性的改善，达到历史学家所认为的商品化的"家庭生活崇拜"的程度，是出现中产阶级社会生活和文化必不可少的一点。历史学家曾努力证明这种变化主要集中在南北战争之前和之后的 10 年，但是有证据表明这是一个长期的过程，而且显著的变化在 19 世纪 30 年代末开始的萧条之前就已经开始了。在快速增长的城市中，19 世纪 20 年代和 30 年代，中等收入家庭修建更大而且更时髦的房子，至少到 1830 年，在农业进步杂志中读者递交的农场房屋规划显示，拥有宽敞舒适的家的理想传播得更加普遍。[6] 在这 10 年中更重要的是，无论怎样，轻便物品的扩散和价格的下降共同导致了从更便宜的交通方式到生产方式的各种变化，包括机械化工厂的纺织品。长期持续的价格下降是后拿破仑战争时代的特点，它实质上提高了生活标准，引发了中产者更强的消费主义，乡村和农场里也和大城市中一样。

由于个人收入的提高和价格的下跌，中等收入的美国人的反应不仅是大量消费商店货架上的商品，而且通过社会指导，如利用有关礼仪的书和时尚杂志［《戈迪妇女杂志》(*Godey's Lady's Book*)，最有影响力的新时尚杂志，1830 年第一次出现］，去建造一种更舒适的上流社会的生活方式。这种生活方式反过来又带来一种新的感觉，即这种生活方式是地位的基础以及对风度的欣赏。个人等级属性关系并没有从当地社区的小型社会世界中消除，但是它们很少带有 18 世纪的恭顺传统。社会等级的属性在改变，部分是对共和政治思想地位上升做出的反应，但也是对新的社会身份做出的反应，新的社会身份是在商品、信息和制度的世界中形成的，而后者来自
831 外部并强加给面对面的社区。

19 世纪 20 年代和 30 年代的消费对中等收入的人们的社会身份的确定有着最显著的作用。富人们已经达到很高的物质生活水平，在 19 世纪需要通过建立排他性的俱乐部和社交圈，以及进一步提高他们的生活标准的方式，来巩固他们上流阶级的身份。在天平的另一端，挣工资的工人在这些年实际收入没有得到持续增长，假如一些工人提高了他们的生活标准，那也只是适中的水平，很少能抵消他们从新的生产方式的体验中得到的很强的被排除和被剥削的感觉。最快速变化的行业中的工人对这种新的、以阶级为基础的社会结构的感觉最为强烈，到 19 世纪 20 年代，他们开始组成这个世纪最早期只属于挣工资者的工会，他们开始称呼自己为“工人阶级”。很显然，是车间里，而不是市场中出现变化，这推动着新的身份的出现。但是，中产阶级和工人阶级生活标准上不断拉大的差距到 19 世纪 30 年代变得显著了，当中产阶级和工人阶级的社会身份得到区分后，这种差距将变得更加显著。

我们应该强调，社会身份的区别——从城市主导的不断扩展的贸易网络和以城市为基础的很少受个人方式影响的出版社中萌芽——在这个国家很有影响力，这种影响力甚至超越了村庄的边界而与贸易方式紧密联系起来。理查德·布什曼（Richard Bushman）写道，“打开乡村”不仅改进了种植的方法，而且“带来了城市的影响——

有礼貌的、文雅的和中产阶级的价值观念”。更进一步说，农民们采用更有效率的农业生产方式，因为这些方式“使他们能布置客厅，给女儿穿时尚的礼服，并能送孩子去学校”。用布什曼的话来说就是“传播本国绅士们的标准”，重新定义美国农村的社会价值标准，将“乡下可耻的负担”甩给那些不能在紧张的市场生产和消费中成功竞争而摆脱田园生活的人。[7] 逐渐地，在这个新时代里，那些继续“旧轨迹” 832
的人被从社会层级的中间推向底层。这可以看成对布什曼论点的补充或者一点扩展，即他们也同样从美国乡村文化的核心被推向边缘。

长期存在的“充足的逻辑”在杰克逊时代在多大程度上被更有说服力的“积累的逻辑”超越了呢？布什曼论及在市场自由竞争下的赢者和输者中绝大部分是欧洲裔美国人，但是我们应当小心，不要忘记有将近 250 万非洲裔美国农业工人，足足占 1840 年美国人口的 15%，他们的奴隶地位甚至不允许他们表达竞争的愿望。并且，在那些并不成功的自由的农民中，仍然有一个问题，那就是有多少人不是不能够而是不愿意按照“本国绅士们”的新标准去竞争。不管全部粗俗的农民和南部山地农夫是否组成一个争吵、酗酒、逃避工作的“凯尔特小圈子”（Celtic fringe），这种生存方式与其说有一点骄傲不如说有一些无耻，在所有地区仍然还有大量的农村人抵制或者忽视新的生产和消费方式。公共约束，即使在具有企业家精神的农民中，也不会突然或者完全消失。他们继续把当地交换的规则很好地带到扩展本地以外贸易的时代，并且在普通人理解的危机中，即外部精英领导的力量不合理地侵占当地社区的利益和秩序，用“道德经济”的措辞特别表达出来。我们可以注意到，所有这些在城市地区也有类似的情形，如临时工和其他工人对可持续利用的便宜食物的威胁的反应，以及对在特定行业中对技能或收入造成威胁的创新的反应。然而，无论根据同时代人的记载还是历史学家的考察，这都不是一个忠实地坚持“旧轨迹”的时代。对大部分美国人而言，这是一个“期待资本主义”的时代，是属于“独立奋斗的人”的时代，这是一个人们“看到障碍物的前面就是机会”的“向前”的时代。[8] 我将在下一节说明这种企业家精神的出现是一个复杂的问题，甚至部分来源于一些美国人对其规则的敌意或者矛盾的态度。这里，我仅仅指出杰克逊时代竞争
价值观念的不断成长是大量有形变化导致的无形的文化上的效果——汽船的突然出 833
现把河流变成双向的贸易通路，这样就通过运河连接了大湖平原和大西洋海港，出

现了神奇地生产纺织品的机器和工厂，城市增长到欧洲首都的规模，出现每小时可以印 4 000 张报纸的印刷机，有关各方面发展的新闻都可引起几乎所有人的注意。所有这些都给大量美国人以深刻印象，给他们一种共同的感觉，那就是一个充满活力的国家在发生快速而根本性的变化。但是这种效果也许更必然地出现在个人层面的感觉上，体现为交通成本的降低，更便宜且更多样的商品摆满本地商店的货架，并且杂志上的文章定义了新的“本国绅士们”的生活方式。在“期待资本主义”的时代里，企业家价值观念的最重要的优势是对机会和日常生活环境变化的响应。

1840—1890 年

从杰克逊时期以后，机会和环境并不是一直在变好。实际上，1840 年人口普查记录以后的半个世纪是一个再次发生危机的时期。这 50 年是从严重的 6 年经济萧条的中点开始的，它包括至少两次短暂但是非常剧烈的经济衰退（在 19 世纪 50 年代末和 19 世纪 80 年代中期），19 世纪 70 年代的 6 年萧条发生了美国历史上波及范围最广、过程最暴力的劳资对立，而最悲惨的是破坏力惊人的南北战争。然而，这一时期同样是美国获得巨大和多方面发展的时期：经济增长、工业化、领土扩张、城市化、公共和私人部门机构的集中化。假如一个人观察这个时代的一些统计数字的话，比如说，这半个世纪里每年投入使用的铁路英里数，他就能从在萧条和战争的那几年中美国铁路系统增加的英里数较少看出危机的再次发生。但是他也能看到在每一年中，这个系统都至少适度地在成长，而且在大部分年份都成长得很快。累积的效果就是大幅的数量扩张，这种扩张长期以来都与美国历史的特点等同起来。在 1840 年，
834 零碎的短途铁路线路和刚起步的地区内轨道系统总共还不到 3 000 英里，到 1860 年已成为一个超过 3 万英里的地区间铁路系统。到 1877 年全国铁路罢工的时候，整个系统已经从大西洋延伸到太平洋，总铁轨长度将近 8 万英里。到 1890 年，已经扩张到每一个地区，达到 16 万英里，这一长度还可加上修车场的轨道和侧线，这些修车场轨道和侧线的总计英里数比南北战争开始前整个国家的铁路网络累计英里数要多。修筑铁路和大量的其他事情一样，表明美国发展中“前进”的巨大引擎偶尔会慢下来，但是从来没有停止过。

铁路不仅是美国发展的象征，而且和其他事件一起，是这个国家迅速的社会地

理变迁中至关重要的参与者。它们当然是美国领土大扩张的一部分，这一事件的重要性、特点和结果——创造了“从靠海的这边延伸到靠发亮的海的那边”的巨大国家——构成了中心事件之一并创造了美国历史的神话。在这半个世纪里，美国拓荒者沿着俄勒冈小道到达太平洋西北，冲向加利福尼亚和落基山脉淘金和挖金，并且创造了漫长的赶牛小路和大平原上从地平线到地平线的小麦田地。所有这些美国历史上神话般的事件不仅在这半个世纪开始而且在此结束，对远方边疆的想象伴随着美国人不断前进并穿越整个大陆。1890 年人口普查印制了一套（每 10 年一次）人口密度图，最后一张不再像其他地图那样标出清楚的线，而是采用了一系列阿米巴变形虫一样的色块，从部分定居的平原和山谷一直向各个方向延伸，直到人口密度更大的太平洋边缘。这是最后一张“激发”（也许“沮丧”更贴切）历史学家弗雷德里克·杰克逊·特纳（Frederick Jackson Turner）声称“终结”美国边疆的地图；甚至可以说，在那结束了“美国历史的第一个时期”，而 1893 年的这些致辞自身也成了边疆神话的一部分。

人们不仅可以从多个方面挑战特纳所说的边疆的重要性，而且可以挑战 1890 年边疆就已“结束”的说法。例如，有人可能会指出 1862 年《宅地法》把绝大部分免费联邦土地提供给殖民者，而事实上 20 世纪以后还在根据这一法案继续执行和转让土地。有人还认为一些事件使大量持续殖民的发展不再重要，如 19 世纪 40 年代美
国殖民加利福尼亚州和俄勒冈州，以及 1869 年及以后完成各种横贯大陆的铁路。也 835
许最重要的是，有人会抗议说绘制地图的惯例是在地图上画一条线表示那里人口密度在每平方英里 2 人以下，这并不代表土地被那些穿越它和居住其上的人所体验和感受的方式。不管怎么说，不能否定在那些年领土数量的增加和人口的移动是非常显著的，或者说穿越密西西比河向西的殖民历程具有非常重大的意义，许多方面都是美国历史上独特的一部分。让我们从神话回到统计数字，1840—1890 年，美国的人口密度在每平方英里不到 3 人的基础上提高了将近 2.5 倍，到 1890 年时，美国人口的扩张已横贯美国大陆，虽然这种扩张不具有连续性。1840 年不到 100 万的美国人，也就是这个国家人口的 5%，居住在密西西比河以西。1890 年，密西西比河以西的人口数量达到 1 700 万人，超过美国人口的 1/4。在这半个世纪中这个国家人口增长的 35%发生在这条大河以西。1840 年，这一地区只建立了三个州，大部分土地还

不是美国的领土。1890年,所有美国大陆上的州都已经建立起来,只是俄克拉荷马州、新墨西哥州和亚利桑那州还未被纳入大陆联邦体系。

特纳的争论不是集中在向西移民的幅度和速度，而是开拓边疆历程的特点和影响。我们不是非得接受他提出的边疆生活以及由此决定的美国社会文化特征之间存在的特殊联系，也无须赞同美国向土著居民土地殖民的持续扩张有着特殊意义并且是整个国家发展的问题所在，甚至不是非得撇开以下两个问题：一是土著居民的存在和他们经常的抵抗所造成的问题；二是1861年以前广大的、制度上未成形的地区合并到这个国家的问题（这个国家围绕奴隶的未来早已分裂成不同的派系从而自我削弱了）。这两个问题都通过军事手段得以解决，并伴随着大量的流血事件，但这不应该分散我们的注意力，我们应关注一些更为世俗的问题，比如定居者的家庭和
836 社区对土地的逐步侵占。甚至和这个大陆草木丛生、被森林所覆盖、水源充足的东边一半相比，无树的、半干旱的平原使欧洲裔美国人第一次理解“美国大沙漠”并逐渐学会了如何在此发展畜牧业和农业。对于特别关心维持稳定和基督教社会秩序的东部人来说，西部一直是“野蛮的地区”，它似乎以各种方式吸引着大量为社会所排斥和遗弃的流浪者，即使对那些最值得尊敬的迁移者而言，个人约束也被放松了。描写18世纪晚期从海边到不超过宾夕法尼亚州中部的边疆地区时，杰迪代亚·莫尔斯（Jedidiah Morse）形容拓荒者是“在这个州的开垦地上比他的声望和财富都活得久的人”，并且他们住在很靠近印第安人的地方，“很快就带有很强烈的类似印第安人的习性”。根据莫尔斯的描述，边疆人穿得破破烂烂，居住在荒野的小屋中，干起活来不要命，但是，干活的时候很少，他们让牛自己觅食，把大部分时间用于打猎、钓鱼和喝酒，并且当其他人开始迁移进来时就向新的边疆转移，因此表现出保持在社会之外的强烈偏好。[9] 这很快就成为一个十分标准的形象，并跟着拓荒者走向更远的边疆。

东部害怕西部殖民者会回归到原始主义，因为这足以刺激布道活动、圣经和温和社会的形成，他们试图感化移居者，使其遵守适当的基督教秩序，但这种努力明显被夸大了且在很大程度上带有自私自利的倾向。但是感觉上它们是合理的，快速的向西扩张削弱了正式和非正式两方面的社会控制，并给向往和平而敬畏上帝的拓荒者提出了问题，即如何在荒野中构建稳定的社会秩序。这个问题在邻里和亲属从

不十分远的旧地区一起迁移并殖民的地方最容易解决，而在一群逐利的（或者是潜逃的）年轻人集合起来去一个遥远的地方设置陷阱捕猎、寻找金矿或围赶牛群时最为尖锐。在南北战争之前和之后的许多年，密西西比河以西地区是这种年轻人集中的特殊地点，一个简单的人口统计学事实可以解释为什么在采矿者营地、牧场和赶牛小路，以及在产金地区和赶牛小路尽头出现的男性占优势的城市和城镇中，“野蛮的西部”达到它的最高点。可以肯定，淘金者和其他勘矿者很快就对界桩申明和纠纷处理等问题建立起规则，得克萨斯牛仔挑选自由放牧的牛群时相互承认对方的 837
烙印。但是犯罪和暴力是这些社会的地方风俗，用来惩罚偷移界桩者、偷牛贼和其他罪犯的法律外方式经常比犯罪本身更为暴力。义务警察委员会执法在这些盛产金子和遍布牛群的城镇中也很普遍。这是因为采矿营地和养牛牧场在最早的时期暴力肆虐，而一些有大量投资的居民需要社会秩序，从而采用的简单而合法的司法制度。在 19 世纪 50 年代的不同时期，趋于繁荣的新城市旧金山实际上是由城市中一些最富有的商人组织的义务警察委员会统治着。甚至在加利福尼亚地方长官宣布城市处于暴动状态后，这些委员会仍在逮捕、审讯、绞死和驱除罪犯。

跨越河流推进到平原的农民并不必然创造一个更宁静和联系更紧密的社会。在南北战争前，奴隶制条款破坏了许多南部平原的稳定，而且在密西西比河两岸的西部战场，战争本身不仅有政府军队也有游击队的参与。农民和牧场主围绕先前没有围上栅栏和没有耕种的土地的权利屡次发生冲突，这一历史上有重要意义的斗争直到铁路代替赶牛小路、运牛列车执行了牛仔的工作以后才以照顾农民利益的方式得以解决。在这一切发生以后，在铁路系统横穿了西部所有地区以后，并且在铁丝网栅栏、风力深井水泵和各种新式农业机械和技术使在大平原上耕种变得容易以后，农民才最终驯服“野蛮的西部”。但是这种驯服农业的形式是全新的，体现为单一耕作和必要的大规模的个人农场。1880 年北部平原有 3 000 家富饶的小麦农场，这种农场有 3 万 ~4 万英亩土地（平均 7 000 英亩），其组织结构更像一个工厂，有几十名甚至几百名听从职业化的监工或管理人员指挥的男性农场劳工。家庭农场也要比它们以前在东部的大，而这意味着邻居要么很少要么距离很远。零星散布的铁路和河流城市之外很难组成社区并且很难维持。空旷和孤独，而不是社区，是哈姆林 · 加兰（Hamlin Garland）、奥利 · 罗尔瓦格（Ole Rolvaag）、维拉 · 卡瑟（Villa Cather）描写大平原的文学作品的主题。

特纳的边疆论文在构思时主要参考了更早的在大陆东边半部分森林区域的边疆
838 情况，假如不符合加兰或罗尔瓦格的悲惨或者挫败的故事，那就很容易符合穿越密西西比河向西遭遇的更大挑战。形成独特的美国个人主义以及特有的美国式民主——也许甚至包括警戒主义的暴力“民主”——时，还要经历另外的严峻考验。但是假如这一经验和更早的边疆能够“解释美国的发展”（特纳1893年的文章不够资格被称为“解释”），那么这一经验实际上必须是有说服力的，因为美国社会有在时间和空间上都远离边疆的地区，而且在这些地区还存在相反的力量。在边疆之后，远在它“结束”之前——实际上，在拥有大型放牛牧场、富饶的小麦农场、采矿公司和铁路的边疆，美国正在发展一个拥有一体化的市场和生产性、商业性和金融性机构的资本主义体系。这一体系是驱动和实现领土扩张本身的重要力量，但是它首要的地理表现是集中化而不是分散化。在西部扩张的古典时代，当穿越密西西比河向西的欧洲裔和非洲裔美国人口增长到1 600万人时，这个国家的城市和城镇中就增加了2 000多万人（包括400万居住在密西西比河以西的人）。

这半个世纪的城市化无论从哪个方面看都是非常重要的。在南北战争之前的20年间（也许更精确地说是19世纪40年代早期经济恢复后的十六七年间），美国城市人口从不到200万人增加到600多万人，城市人口占整个国家人口的比例几乎翻了一番，达到20%，而且官方承认的城市和城镇从131个增加到接近400个。在这之前和之后，上述人口数量增长幅度是美国历史上最大的，反映了以城市为中心的工业活动在加快步伐，以市场为导向的农场持续融合到近处或者远方的城市市场，并且外国移民数量达到惊人的高峰，其中绝大部分是爱尔兰和德国饥荒、经济混乱和革命造成的难民。与早期差异较小、不那么绝望、数量较少的移民相比，这些19世纪40年代和50年代的“新”移民（爱尔兰人多于德国人）在更大程度上被迫在美
839 国工业化的城市中寻找工作，并且他们不但增加了入境港口的人口，而且增加了内陆运河和铁路城镇的人口。无论外国还是本地出生的人，农村—城市人口流动的方向首先都是向大城市，虽然小城市和城镇也在增加，但大城市获得了这一时期城市增长最大的份额。纽约在这20年增加了50万居民，而且令人惊异的是，短时间内恰在东河（East River）对面的乡村小镇布鲁克林成为全国第三大城市。这两个城市

很快就融合成一个人口超过 100 万的大都市。

在南北战争的 10 年间，城市增长在继续，到 1870 年，25%的美国人口居住在 663 个城市和城镇中。虽然有战争的破坏，但里士满（Rich mond）的人口在 1860—1870 年仍增长了 1/3 强，而亚特兰大的人口则不止翻了一番。由于城市经济的产业核心部门的罢工，19 世纪 70 年代的经济萧条对城市化进程的减缓作用可能超过了战争。但是到 1890 年，经过一个总体上繁荣的 10 年和另一个以城市为焦点的外国移民高潮，城市人口达到全国总数的 35%，而城市和城镇的数目超过 1 300 个——自 1840 年以来增长了 10 倍。

这些全国统计数字相当程度上掩盖了地区间的差异。毫不令人吃惊的是，城市化在东北部地区以及中西部各州地带，即从俄亥俄州一直延伸到威斯康星州进展最快。在 1840—1890 年，新英格兰、纽约州、新泽西州和宾夕法尼亚州的城市和城镇居民比例从占地区人口的将近 20%（已经比其他地区高出许多）增加到 60% 这一绝对多数。中西部各州城市居民从 1840 年的只有 4%（当时这一地区的一部分还属于边疆），增加到 1890 年的 38%。但是城市和城镇的发展还是局限在很小的城市地区。正如我已经表明的那样，向西越过密西西比河，立刻出现一片广阔的区域和生机盎然的城市。在西部只有很少的城镇，并且这一现象实际上能追溯到一代多人以前，但是到 1890 年，全美国 28 个人口多于 10 万的城市中有 8 个在密西西比河以西。在 1890 年每 4 个西部人中就有一个是城市或者城镇居民。在东南部，波托马克河（Potomac）下游和密西西比河以东，是美国城市化程度最低的地区，在 1840 年只有
3.5%的人口，到 1890 年只有不到 13%的人口，居住在城市和城镇中。然而，巴尔 840
的摩、华盛顿、辛辛那提、圣路易斯和新奥尔良都以不同方式扩展到这一区域，所以这一区域实际的城市人口比例要比数字所显示的大。而且，超越这些城市所及范围的城市增长的统计数字显示，甚至在美国最边远的地区，城市和城镇的人口增长也比农村的要快。

再次考察城市增长和城镇扩散有助于形成城镇和农村的生产、交换和日常社会生活惯例，这样才可能最好地理解这些统计数字的意义。我们能更有说服力地谈论这一时代的城市系统（或一系列这样的系统），以及本质上更城市化的社会吗？很显然，城市、城镇、商业化农场以及其他乡下工业通过新的方式结合在一起，特别是

在城市化更深入的东北部和中西部，但是在多大程度上我们能认为19世纪美国社会变化的主线就是人口分布网络的日益密集和中心—地方路径呢？城市化把大量乡村美国人和移民带入大城市生活并催生了无数的城镇和扩大的城市，使周围许多没有必要进入城市的人也体验到了新的城市环境的力量。城市的发展是如何影响这些人们，它又是如何影响继续住在美国乡村的小社区里的大多数美国人的生活的呢？

让我们对城市化地区人们的情况进行更仔细的观察，选择属于中西部俄亥俄州的11个县做简要的案例研究，这11个县大致位于城市化最普遍的范围广大的北部地区的地理中心，并且在1890年城市人口的剖面几乎与整个国家一模一样（见图17-2）。11个县在适合种玉米的中西部构成一个不规则的长方形，东西长80~85英里，南北长大约65英里。1890年这一小区域有13个地点在人口普查中按照城市地区计算：一个人口达60 000的中等规模城市代顿（Dayton），一个人口达30 000的第二大城市［斯普林菲尔德（Spingfield)］，4个人口在5 000~10 000的小城市［按人口从多到少依次是皮魁（Piqua)、齐妮亚（Xenia)、乌班纳（Urbana）和格林威尔（Greenville)］，以及7个大村庄（一个被归类为城市），它们超过人口普查定义的2 500人的城市地
841 区界限。人口普查还列出了16个居民超过1 000人的村庄，还有多达57个居民不到1 000人的村庄。此外还有没有包含在内的村庄，都非常小且人数只有几十人，人口普查中没有把它们从城镇人口中分离出来。

这是各种人口聚集规模的社区很好地点缀其间的一幅图景，有人也许会说这非常令人惊异，农村散布的模式是由它的弗吉尼亚州和宾夕法尼亚州出生的殖民者带到这一区域的。6个最大城市中心间的距离从15英里到38英里不等，平均只有大约24英里。介于其间的是较小的中心，这进一步缩小了镇与镇、镇与农村之间的距离，而距离本身由于所有区域内的城市、城镇、大村庄，甚至许多更小的村庄被至少十几条不同的铁路线相互连接起来而有了新的意义。不在铁路线上
842 的村庄和小村落被收费公路和本地道路连接到更大的地方，这样实际上横穿了每个城市的每个部分。没有一个小村落，并且没有一个单独的农场，在这样一幅城镇和道路的图景中显得遥远。而且最终这也是越来越集中的人类的图景。1880—1890年，这11个县的人口增长与地区规模的相关程度非常高。代顿，最大的城市，人口增长了58%；斯普林菲尔德，第二大城市，人口增长了54%；4个次大

的城市中心人口平均增长了 24%，接下来 6 个最小的城市中心人口平均增长了 23%。在 1890 年人口普查时确定的村庄之中，那些容纳 1 000~2 500 居民的村庄的人口数量在这 10 年增长了 10%，而更小的村庄的人口数量增长了 9%。剩下的人口，那些居住在未被认可的小村落和单独的农场的人口加在一起，实际上减少了 5%。

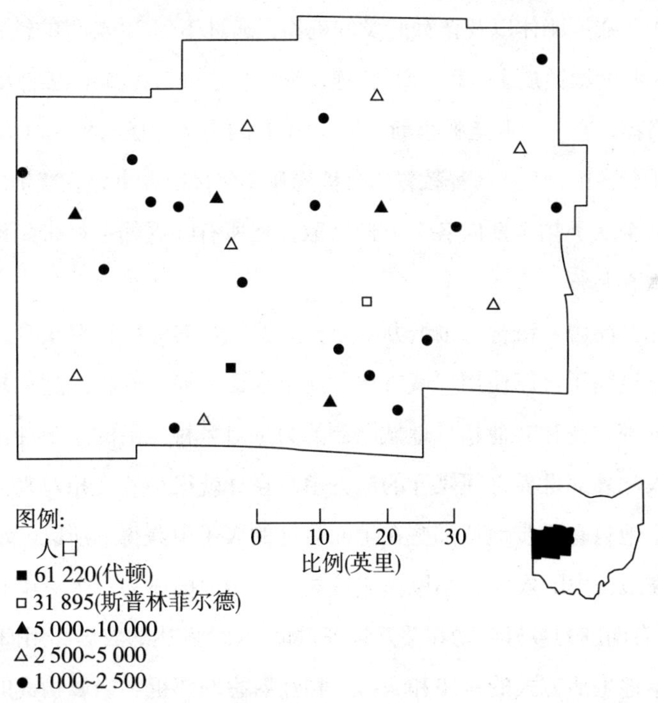

图 17-2 俄亥俄中西部的城市、大村庄（人口超过 1 000）以及 11 个县

像这样的区域城市和城镇通过越来越多样的方式变成了“中心地方”。分析这种中心—地方发展模式的地理学家和历史学家主要把注意力集中在中等或者更小的城市在农作物运输、消费品的批发和零售以及银行贷款在区域间转账中所起的作用上。在 19 世纪下半叶，随着普通农民越来越多地参与到地区外的交换系统，这些经济作用被扩大并成为惯例。这样，俄亥俄州小的城市中心和其他地方是铁路仓库、船运代理、银行和零售商店最重要的地点，而同时有着批发商、保险办事处和大银行的中等城市在某种程度上服务于更广大的地区。但是这些城镇也是政治和社会的中心，并在 19 世纪末同时向城市人和附近的乡村居民提供了包含其他事情在内的一系列制度和体验，给当地生活增加了超越地域限制的看问题的视角。其中的大部分在这一时期之初就已经显示出城镇的特征，但是还有一些，例如兄弟会（fraternal lodges）[现在是妇女援助之家（women's auxiliaries of these lodges)]，在这半个世纪有了巨大的扩张。变化最大的是临近农村人的会馆和其他机构，这是城镇散布在整个地区的一个结果。厄巴纳（Urbana）在1890年是一个拥有6 500位居民的城镇，有20多个或者更多的会馆、戒酒团体以及诸如此类的机构，通过不到30英里的铁路和收费公路与一个更大一些的城镇皮圭（Piqua）相连。在它们之间，距离厄巴纳大约10英里铁路和公路的路程，有一个叫圣帕里斯（St. Paris）的名字古怪的村庄（人口为1 145），它至少包含4个会馆、1家基督教青年会机构和2家报纸办事处。当地的道路从厄巴
843 纳、皮圭，甚至从圣帕里斯向各个方向发散，把所有临近的乡村带到围绕这些当地中心的封闭轨道上来。

铁路仓库、商店、银行、报纸办事处、会馆以及其他机构聚集到不断增大的城市和城镇，这说明了可以使用"城市化"这个术语来描述农村人越来越多地利用这些机构以及外部市场和其他超越地域限制的力量对乡村生活的不断冲击。但是作为农民、城市人和外部世界之间媒介的地方中心自身就很小并且相对来说具有农村的特征，因为土地只有逐步地从那些在上面耕种的人手中获得，所以"城市化"也夸大了结果。在边疆中的农村和小城镇应该被更精确地描述为一个更丰富和复杂的组织，但是还具有明确的乡村活动和关系特征，即一个由发达的农场和用旧的乡村道路、深深根植于本地生活方式的村庄和城镇、相互熟悉的邻里和亲属构成的非常有秩序的乡村世界——这个社会性的世界可与殖民程度更低、社会性更弱的西部边疆相比，但是比起城市其特征又更乡村化。"乡村集中化"也许是一个更好的可用于描述这种属于能够被准确地称为"城市化"的更大进程中的一部分的术语。

地理学家和城市历史学家已经认识到，在类似我已经描述的地区中的小规模城市化的乡村性质，相比根植于当地的中心—地方系统和更能超越地域限制的大城市网络，它们的区别在于前者更多地是由相互之间的联系培育起来，而后者是由它们与作为其外围地区的更小的城市和城镇的关系培育起来。更广的网络有助于解释为什么大城市的特征表现为位于边缘而不是其外围地区的中心，为什么它们通常在地区历史的早期而不是晚期建立，以及为什么它们要比在城市等级中仅次于它们的城

市增长得更快、规模更大。大城市确实延伸到了其外围地区，与更广的市场和势力联结起来，但是相对于把较小的中心与乡村分离开的地区，大城市这么做时延伸得更远、跨越的分水岭更大。

因此，在这些大城市中，我们不仅发现了19世纪城市革命力量的简单而最清楚的表现方式，而且发现了非常不同的表现方式。只有三个美国城市（纽约、芝加哥
和费城）在1890年拥有多达100万居民，但是还有许多小一些的地方——圣路易斯、 844
波士顿、新奥尔良、旧金山、华盛顿以及其他——显然更多的是区域中心。这些城市控制着产品、货币、信贷、股权，甚至思想在美国国内和国际市场上的流动，并且它们的存在把巨大的区域变成了牛奶农场、生猪养殖或者商业化林场的特别区域。它们是制造业中心，培育了专业化的工业卫星城，如洛厄尔（Lowell）、林恩（Lynn）、帕特森（Paterson）和帕萨克（Passaic）。然而，这些大城市——也包括它们的工业卫星城——的物理外观和对外关系上的强大同样给人留下了深刻印象。它们的市区、产业区和郊区有着各具特色的环境，它们的办公大楼、百货公司、剧院、艺术博物馆、吊桥甚至包括“乡村的”公园和“乡下的”公墓都确实有种——也许恰好符合新的流行的定义——城市性的感觉。代顿，俄亥俄州11个县中最大的中心地点，在这里作为一个城市化的地区来讨论，但并没有表现出这种城市性。但是南边大约50英里处的辛辛那提，对于居住在代顿、厄巴纳、圣帕里斯以及周围城镇农场里的大部分（如果不是特定的）人来说，却具有城市性。遥远的纽约也是这样，它成为一个国际性的大都市，在“美国历史上第一时期”，比这个国家发展主线上任何赶牛小路或者富饶的小麦农场都强大。

大城市环境的复杂性是和社会的复杂性平行的（甚至是捆绑在一起的），这就使城市成为思考这半个世纪的经济发展和社会结构进一步变化之间的关系的有利的起点。甚至在这一时期以前，城市工人对于工业化重组的反应就是组成越来越好战的熟练工人工会，以及在“老板们”和“资本家们”争论时把自己描述为“生产者”“生产阶层”“工人阶层”，甚至“工人阶级”。这是否是最早的政治语言还值得讨论，它们主要被激进的编辑和组织者使用，被车间里新颖的事物和似乎可逆的变化所强化。然而，当产业变化变得更普遍时，挣工资的工人的角色和地位在产业资本主义中变
得更固定，像“工人阶级”和“资本家”这样的术语不会再消失。更准确地说，它 845

们表达了在这个按阶级界限更加清楚地划分阶级的社会里，劳动工人更加认识到自己是一个独立的社会阶级。

劳动的分工、不需要技能、最终的机械化、学徒制的瓦解、从工匠的家庭到分离的制造厂和血汗工厂的劳动迁移、旧的贸易形式的放弃和新的工作节奏和规则的产生、在雇主和熟练工人之间的共同点和效忠的切断、决定劳动工作条件和物质报酬的权力的转移，以及熟练工人在其行业内自立成为他们自己雇主的机会的减少等都是以不同的方式和在不同的行业进行的工业的变化，它们孕育和滋养了挣工资的人成为工人阶级的知觉过程。最为重要的是，正如 19 世纪中期的 50 年中在许多行业里发生的那样，当生产离开了家庭时，工人也离开了家庭，重新把他们自己的家安置在不断扩张的城市里日益独立的工人阶级街区。

物理分隔的街区孕育出分离的街区机构，绝大部分这些机构带有独特的工人阶级特色。构成工人阶级街区主要街道的便宜家具店和二手服装商店是新的机构，但是酒馆、戏院和志愿救火队则是原有的机构，现已转变为城市生活中特有的工人阶级风格的阶级隔离中心。救火队和酒馆是创造和维系男性宴饮交际社会领域最重要的机构，并且经常伴随身体暴力，后来在竞争的救火队之间演变成某种程度的重复争吵和由酒馆管理者安排、促进和主持的非法的拳击比赛。一旦迎合了城市里所有阶层的喜好，男女就都会去剧院，但是因为现在上演的是狂热的英雄主义戏剧 Mose the Bowery B'hoy，所以观众几乎完全是工人。早在 19 世纪 40 年代，根据同时代对纽约生活进行尖锐观察的人的评论，Bowery 戏院自身已经成为“居住在东部撒哈拉（Sahara）的、某种程度上——一天天、一周周——依靠他们双手的劳动而生活的、
846 广大而重要的阶级人民的代表”[10]。

在这些文字被写下来的时候，用来指代纽约市东部的“撒哈拉”是一个外来词，而且美国绝大部分其他城市的工人阶级街区也是用在移民中占较大比例的爱尔兰和德国移民带来的外来词命名的。这些移民提供了充足的廉价劳动力供给，大大促进了美国车间持续不断的改革。到 19 世纪 50 年代，大部分美国城市中外国出生的劳动工人占大多数。这使工人阶级的身份更加复杂了，因为贫穷街区的风俗和日常生活方式与其他街区有清楚的界限，并且，至少对本地出生的工人来说，要区分劳资之间冲突的界限与信奉基督教的本地出生的人和信奉天主教的移民之间新出现

的、明显的界限。但是在相互竞争的救火队之间，在为了美国和爱尔兰荣誉的拳击锦标赛之间，以及在许多其他本地竞技场中的平民区政治斗争的特点，仅仅是加深了工人阶级街区和城市其他部分之间的隔阂，甚至加强了本地出生的工人的那种自己所属的社会领域日益区别于鄙俗的中间和上层阶级的社会领域的感觉。对移民来说，他们中的绝大多数是各种劳动工人，界限就更加清楚了。罗伊·罗森茨韦格（Roy Rosenzweig）写道，“声称种族的身份也就是声称工人阶级的身份”[11]，甚至在南北战争刚结束的 10 年间，来自瑞典和其他新教国家的移民高潮给这个国家带来了与大多数属于中产阶级的盎格鲁—撒克逊人有共同信仰和价值观念的工人。瑞典人和其他新教移民更可能参加中产阶级的运动，以反对过度饮酒或反对 7 月 4 日的过度狂欢庆祝，但是那些在工厂工作的人更倾向于加入工会，甚至经常作为温和的宣传者表达明确的工人阶级观点。

实际上，种族身份以各种各样的方式和阶级身份交织在一起，并且它们的关系在 1880 年以后变得更加复杂，因为此时另一股“新移民”浪潮把大量东欧和南欧的天主教徒、犹太教徒和东正教徒带入已经多样化的工人阶级中。这些新团体集中居住，这一点比南北战争前爱尔兰人和德国人更甚。即使通过战斗，也不可能在保存或重塑普通工人阶级的文化方面符合本地出生的工人的要求。但是再一次地，即使 847
是那种把“来自中欧的工人”（Hunkies）赶出钢铁工人联盟，或者致使活跃的犹太人或意大利人建立自己的联盟或工会支部的文化传播与仇恨，也没有排除所有这些团体的工人阶级身份。本地出生的钢铁工人（包括第二代爱尔兰人和德国人）排斥“来自中欧的工人”，但是就在霍姆斯特德罢工（Homestead strike）之前的几年，他们就充分理解了在美国阶级结构中他们自己的关系。总的来说，种族多样性使工人阶级的身份更加复杂了，但没有破坏工人阶级的身份。

没有破坏工人阶级身份的一个原因是所有有种族背景的工人发现他们自己处于完全相似的经济环境中。不像 20 世纪，整个 19 世纪几乎所有劳动工人的年收入明显要比那些后来被称为“白领部门”的人的收入低。可以肯定，商贸行业中一些收入很高的熟练工人其收入要比初级职员。另外，一些大型百货公司开始雇用销售职员（绝大部分是女性），这些职员只能得到很低的工资并且没有真正的机会升迁到更高的位置。但是直到 19 世纪末，做店员仍然是商业中学徒制的一种形式，初级职员学会手艺后很快会获得更高的薪水，成为他们自己生意的合伙人。雇佣工人学会手艺后仍然在他们原来的位置上，除非他们离开原来的地方在他们自己的工人阶级街区开酒馆、杂货店或者其他小商店——只是“白领”企业，通常并不会比雇佣工作本身获得更多的收入。当然，雇佣工资水平也是根据技能等级、行业和地区的不同而不同的，但是在 19 世纪的美国城市中，体力劳动工人稳定工作的年收入很少能超过 1 000 美元，并且绝大部分人的年收入远低于这个水平。在费城，这里的工资要比其他绝大部分地方高，在 1880 年熟练工人年平均收入不到 600 美元，非熟练工人平均只有 375 美元。有三年或四年经验的男性店员或办公室职员按薪水付酬年收入一般都会超过 1 000 美元，而会计、销售经理、市区零售商以及其他小商人的年收入一般都会大大超过这个标准。每年 1 000 美元是绝大部分体力劳动工人渴望获得的最高收入，这仅仅是那些在办公室和店铺工作或者自己拥有办公室和店铺的人的最低工资。

一贯的收入差异为确认“工人阶级”提供了物质基础。那些希望否定阶级区别
848 显著性的美国人正确指出了美国工人要比他们的欧洲伙伴获得更好的报酬、生活得更好。美国工人确实享受更多样和更丰富的食物，穿得更好，并且居住在更大、家具更多的房子里。后者住的房子特别就美国城市的标准来看是粗陋的，这种城市中租来或者共享的房子一般由三个或四个房间组成，装饰着破破烂烂的地毯和从便宜的街区商店购买来的工场制造的家具。通常，这些不大的寓所平均还没有 18 世纪末期工匠和劳工的房子大，却要由一个或更多的寄宿者共享，这是工人阶级物质生活方面需要强调的重要事实——通常一个人支付的费用要比他的收入多。只有少数产业工人的工资足以维持中等规模家庭的生活，而这种生活也被认为是尚可的工人阶级的生活。因此，在绝大部分工人阶级家庭，由妻子和孩子给家庭提供收入是至关重要的。妻子通常是靠照顾付租金的寄宿者来赚钱，而孩子在需要的时候就要离开学校成为挣工资的人，以填补由于家庭生活周期和家庭外更大的就业周期而出现的或严重或轻微的家庭费用不足。

专业人员、商人和高级办公室雇员有较高收入，能够追求自己的生活方式，即强调了非体力工作的社会意义，并有助于定义越来越多地被称为“中产阶级”的生活方式。在 19 世纪早期美国人含糊其词、不情愿地使用这个术语和其他类似术语（“中

间阶级”“中等阶层”)，有时包括而有时不包括技师，甚至包括还没有被产业化的商业的熟练工人，并且经常带有某种程度的不承认（举例来说，“假如我们称之为中产阶级”）。然而，在 19 世纪的中间 50 年，这个术语使用得越来越频繁、明确、大胆，几乎可以指所有的那些家庭，它们缺少大量的财富或长期建立的社会知名度，从非体力的职业中获得舒适的生活。职业本身就提供了重要的阶级背景，如在工作时穿戴的衣服，甚至工作场所的对比，店铺和办公室与工业车间的地点和气氛的不同都强调了在“脑力劳动”和“体力劳动”之间的不同的社会含义。但是位于城市中日益按阶级划分的不同的街区，对进一步确立中产阶级的家庭生活与产业工人的家庭生活也很重要。此外，从大约 19 世纪 70 年代开始，大量中产阶级家庭重新把家安 849
置在城市以外的“有电车的郊区”，那里半乡村的环境、精心布置的客厅和其他家庭空间为体面的社会交际活动提供了装饰良好的环境。

在城市里也和郊区一样，中产阶级的房屋在变大，用于把他们的客厅装饰上布鲁塞尔地毯、马毛沙发、钢琴以及各种维多利亚时代小古董的花费不是一个小数目。然而，中产阶级生活的特点是只用一个人的收入来支付这些和其他所有花费，其结果是中产阶级的妻子和孩子与工人阶级的妻子和孩子在角色和前景方面有所区别。这些区别可能被夸大了。中产阶级的妇女有时也接纳寄宿者（虽然如此，但他们的房子非常大，足够在寄宿者和家庭间建立明显的空间分隔），就像有些工人阶级的妻子也只照看她们自己的家庭一样。几乎所有的工人阶级的孩子也去学校上 6 年学或者更多。但是他们间的区别已经非常明显，甚至在某种程度上成为区分阶级的象征。中产阶级的孩子不需要给家里挣钱，因为他们的父亲每年能给家里带回 3 000~4 000 美元，他们可以待在学校获得技能，这将有助于他们在组成自己的家庭时保持在中产阶级中。他们的母亲就可以全身心投入到对孩子的养育和社会交际中，并承担布置和管理家庭的任务。这种“女性的工作”的概念，精确地从创造收入的市场分离出来，将许多女性限制在她们本来不愿意选择的角色上，并且一贯地、故意地贬低了她们劳动的价值。但是这种价值贬低成为 19 世纪中产阶级构成的核心，这不仅包括工作、工作场所职权和收入分配的变化，而且包括很大程度上以女性为导向的、强烈的家庭生活方式，后者区别于酒店、联合会馆和消防站主要由男性主导的工人阶级的生活。

城市社会和空间的复杂性还造成了中产阶级和上流阶级之间的区别。工作类型和工作环境对这一层次的社会差异不具有决定性意义，除了投资银行家之外，富人的职业和商业活动，如经营规模和利润以及他们的活动的性质与中产阶级不同。可以肯定，一些非常富有的人已经退休了，过着一种依靠在不动产上的投资的食利者
850 生活，而其他人区别于普通的中产阶级的地方在于不是只参与一项商业活动，而是参与到一个广阔的实业帝国中。但是城市上流阶级范畴的属性主要不是来自他们工作时间的不同，而是来自相互认可的过程，后者表现为被小规模的精英俱乐部接纳，被邀请参加特别圈子的晚宴聚会和舞会，以及服务于城市最重要的文化和慈善组织的理事会。认可并不能在任何时刻都完美地与巨大的财富相对应，因为会有新获得财富的暴发户还没有完全准备好加入这个上流社会，而且在一些城市中贵族阶级本身就分为长期建立起社会声望的、显贵的“上流阶层”和最近获得财富（常常更大）的时髦的“头面人物”。但是假如“头面人物”的快速上升表明城市上流阶层不是那么封闭和统一的“城堡”，那么排外就是它的实质，任一“阶层”的成员都有更强的持续性而不是流动性。城市社会顶层的分裂似乎对其下的人们并不重要，后者一贯把上流阶级相当多的名人看成一个整体。沃德·麦卡利斯特（Ward McAllister）发现当他编辑并出版了“400 家”纽约家族名录后，他自己也被上流社会驱逐，400 家是威廉·巴克豪斯·阿斯特（William Backhouse Astor）女士随口估计的，麦卡利斯特的名录实际上总数达 273 家。但是不知道这其中的绝大部分名字或者这一名录的确切长度的普通纽约人，确实立刻理解了麦卡利斯特“400 家”的意思，以及与上流阶层息息相关的以及维护上流阶层的知识，这非常有助于他们认识作为整体的城市社会的等级结构。

这一社会结构，主要被这个大城市的复杂性所塑造，不可能按照绝大多数美国人所生活的小社区的同样形态和方式存在。但是，可以在大城市之外发现不只是效仿城市社会结构的东西，甚至相当小的城市也是不同规模人口的商业和工业中心。它们也许没有大城市的规模、气氛和绝大部分给人影响深刻的机构，但是它们模仿了绝大部分普通的制度，这些有助于形成清晰的城市社会的结构。它们按阶级分隔的街区也超越了属于“好的一边”和“坏的一边”这样简单的区别（在最小的城镇和村庄中最明显）。像特瑞豪特（Terre Haute）这样规模的城市（1890 年人口是

30 000）建立起给人深刻印象的街区，修建了当时最时尚的大房子——意大利风格的、安妮王后形式的、罗马式的，构成了立刻就能辨别出来的富裕和有社会地位的区 851
域。[12] 较小的城市和城镇也对与它们规模相对应的富裕阶级有同样的安排。任何一个较小的城市社区上流阶级无论在规模上还是富足程度上，都无法把它自己与当地社会的其他部分分离开来——就像纽约的古老守卫者家族（Old Guard）或四百家族（Four Hundred），或者波士顿的婆罗门（Brahmins）（虽然在许多城镇中也有一个或更多家族在城市政治社会中广为人“知”）那样，这更适合于那些住在小城市榆树大街（Elm Street）的大厦里的人。与其把他们看成他们自己阶级的一员，不如将他们看成中产阶级的领袖。然而，比起在大城市中的情况，中产阶级的自我意识一样强烈，与工人阶级的分离也一样彻底。这样，中等规模和小城市的社会结构采用了保留中产阶级和工人阶级差别的某种紧凑的形式，可以说是类似于庞大的城市中心的社会结构。

因为小城市、城镇和村庄向农村地区的扩展，农村的等级与大地方的等级紧密联为一体，并且在有城乡居所的专业人士、商人、职员和其他非农业人口起主要作用的地方，农村人口更紧密地融入当地社会。尽管如此，在此我们仍需要更严格的限制条件。农业和小城镇社会不是简单的较小规模的城市社会的翻版。亲属和社区间更个人化的网络，以及普遍的认为城市生产方式应该被乡下人抵制的情愫，继续减轻“城市化”对“乡村集中化”的影响。然而，那些城市的生活方式对乡村生活的影响越来越大，不仅因为城市和城镇与乡村间自然的接近，而且因为不断增长的跨越美国大陆的语言的流动。1890 年 12 000 种周报中的绝大部分是在俄亥俄州圣巴黎（此地发行两种）附近的村庄和城镇发行的，但是这些地方报纸仍然习惯于传递和收集大城市报纸的消息。后者也在扩张（在 1890 年美国发行了 1 600 种城市日报），并且在内地流通得更广泛。邮购商品目录是一种新形式的印刷品，从城市的商人那里被寄送给无数的农村家庭，1890 年美国邮局处理的 40 亿封邮件中相当大的一部分 852
是从农村到城市的移民寄回家的书信，他们个人对城市经历的描述也许是对那些仍然留在农村的人们的最重要的城市生活教科书。大规模流通的杂志如《妇女家庭伙伴》（*The Ladies' Home Companion*）对一些类型的农村人更重要，它们包含了各式各样的个人指导，比起邮购目录，其广告更有吸引力、更直接导向同时代的城市时尚。也许不可能评估这些媒体对农村人的社会身份的冲击，但是有一个效果很清楚，那就是城市和农村间的文化距离在缩短。具有讽刺意味的是，社会差异是这种越来越趋同的文化的重要组成部分。

造成这种分裂的共同的原因就是资本主义的传播，它将大量的城市和农村人融入有组织的本地之外的市场的同时，又重建了使新的社会差异协调一致的经济作用和报酬。甚至当美国人把自己从海洋扩展至海洋时，特别是当他们集中到城市和城市周围地区时，他们采纳了越来越重要的交换类型，这破坏了曾经管理着更地方化的市场经济的古老规则。当越来越多的美国人既是生产者又是谋利者，既是邻居又是竞争者的时候，这种市场规则的变迁就意味着价值观念和期望的变迁。跨越美国辽阔大地的企业家价值观念的合法化是一个长期的进程，但是我们不能期望将该进程绘制成图，正如我们不能将对个人利益、公共义务或债务人和债权人之间的正当关系的态度比喻成在给定时间、给定长度和宽度的区域上修筑多少英里的铁路一样。价值观念显然更复杂，更难以界定，比铁路的长度更不容易计算。假如资本主义文化的推进可以用某种方式绘制成图，那一定是复杂的“地势图”，它必将能反映社会地形的各种坡度和高度。

第一，跟随历史学家丹尼尔·维克斯（Daniel Vickers），我用“逻辑上无止境的积累”来认识杰克逊时代企业家精神的发展。这是一个吸引人的短语，不仅显示出对
853 个人利益的正面态度，而且某种程度上包括一系列更广泛的感知、价值观念和信仰。例如，这里包含被重要的克里斯托弗·拉希（Christopher Lasch）称为“亚当·斯密愿望的复兴”的集体方面的内容——引自斯密的想法，“每个人使自身处境变得更好的统一的、不变的、不会被打断的努力”是“使得公共和国家以及个人获得财富的最根本的法则”[13]。对于那些对传统理想和惯例更习惯的人来说，个人的努力看起来是堕落和愚钝的自私，但是自由主义者坚持认为这是国家成长的基础，除了那些无足轻重的道德以外所有的一切都会获得，这不仅来自他们自己的努力，而且来自其他人努力所创造的财富。无止境的积累就是在这种方式下转化为集体的、国家的财产，并且如拉希指出的那样，这种理念成为一个国家前进中不断上升的理想的最核心部分。在这种越来越有说服力的进步主义思想中，企业家精神在摧毁束缚它的传统的进程中提高了社会的福利。

第二，自由主义者（以及很少思考的逐利者）坚持认为在前进和传统之间没有妥协的余地，市场必须是开放的、竞争的。个人奋斗不可能与古老的公共惯例相融合，因为这些惯例用于限制对个人利益的追求，不可能被臆断为新的公共规范。后来有无数的尝试，包括分离主义者的宗教和非宗教团体以及努力把资本主义市场引入生产和交换合作机构的工联主义者及其他工人。但是所有这些努力，因为都出现于并消失于资本主义扩张的相对早期（大部分在 19 世纪 40 年代），所以绝大部分美国人都不接受，他们认为家庭农场和个人拥有的商业仍然会是竞争性市场上最基本的单位。

第三，假如“自由企业”成为无限制市场上的标准方式，那么“机会平等”和“开放的社会”就会成为那一市场的社会相关的标准方式。真正的竞争性市场上的成功才是社会价值最好的和最确定的基础，由于经济成功和社会优势的结合，美国人才发现了他们最喜欢的论点：美国共和制度要优于欧洲那些贵族制度。辉格党政评作家卡尔文·科尔顿（Calvin Colton）1844 年评论道，“没有出生时的排他性特权，
没有不动产方面的限制，没有民事或政治上的不合格”，阻碍了美国企业家精神的培 854
养。“这是一个独立奋斗的人的国家，这一点比其他所有对这个社会的陈述都要好。”[14]

美国人经常用“轮盘赌”来表示他们的竞争性社会令人满意的流动性。这一隐喻表面上的宿命主义——它表示不考虑个人的努力或财富，报酬的分配是随机的——似乎显示即使在对自由市场和开放社会最热心的辩护者中也有一定程度的焦虑。这种焦虑毫无疑问是真实的，并且美国人只能承认这点，除非否认轮盘的转动是随机的。他们经常这么做。这样，“无止境积累的逻辑”的第四个元素就是坚决主张经济和社会报酬的实质性公平。著书讨论这个问题的美国人一贯坚持把社会成功与罗列出来的、被普遍认同的个人美德联系起来。勤勉、机灵、诚实、可靠、准时以及其他有利于商业事务的优点被加入个人性格的一般品质中，以鉴别什么会和什么不会导致个人成功。可以肯定，霍雷肖·阿尔杰（Horatio Alger）的小英雄的出现（出现在 100 个讲给儿童的故事中，历史学家一直认为这是 19 世纪后半期精选的“成功手册”）似乎一直依靠运气把一些富人家的小孩从意外的死亡中营救出来。但是阿尔杰所有有影响力的寓言里幸运的轮盘并不是随机转动而是按照品格的轨迹转动。在每一本书的开头，在勇敢营救发生很早之前，读者就被告知英雄一定会从贫穷中崛起，

而这是拥有那些个人品质的男孩获得成功的最自然的结果。甚至一个贫穷的擦鞋童，例如衣衫褴褛的迪克（Dick）“也不屑做任何卑鄙的或不名誉的事情。他不会偷、骗，或者欺负更小的孩子，而是老实且正直、果断而自立。他的天性是高贵的，并且这种天性把他从卑微的错误中拯救出来”[15]。简单地说，就是正义的男孩把富有商人的快要淹死的小孩救出，并且在这个世界上获得地位的提升。在这个国家真实的城市的普通街道上，在它的村庄的主要大街上，成功可能确实已经和个人品质联系在一起，这也是一种不同于阿尔杰和其他道德家所说的个人品质的混合。但是在大部
855 分例子中，即使那些不那么小心翼翼的有野心的人，也倾向于相信幸运的轮盘是被人的手转动的。

企业家精神的感知、价值观念和信仰毫无疑问还能被进一步延伸，或者与那些紧密相关的事物联系起来，例如家庭个人主义和真正的女子气质的标准定义，或者对民主国家的真正作用的看法。无论组成成分或相关事物的名单有多长，本质的一点就是复杂的“无止境积累的逻辑”用不同的方法诉诸或抵制不同群体的人们。因此，将广大而不平均的社会地形上的文化变化绘制成图，不仅仅包括简单总结，而且要在美国社会地形图上呈现出不同社会阶级、种族群体以及不同地理区域接受或拒绝接受公认的一套价值观念的程度。这套观念本身是开放的，并且从地势图的一地到另一地用不同的术语或者甚至是以对同样术语的不同理解重新构造，例如一些最显著的文化差异会体现在“自利”“社区”“公共利益”这些词的含义中，以及看起来几乎所有人都会用某种方式接受或为之辩护的其他术语中。这里有可觉察到的（如果不是一贯的）阶级分歧，例如，对“是否以及如何节制对私利的追求，使其代表公共利益”这个问题一直有争论，因为大部分工人和小农场主在接受自利是各种利益的来源的思想时要慢于大部分商人和大农场主。但是分歧要比这更严重。中产阶级自由主义者倾向于认为公共利益是某种抽象的概念（不像那些管理市场本身的事物），需要考虑新的力量和制度安排，但是同时他们又抵制在社会权力和威望结构上有显著的变化。中产阶级的德行是接受并包含进步思想的普遍的道德行为模式。工人和小农场主害怕不加约束地追求自利的结果，常想象能拥有特别的传统思想来指导平等社区的关系，较强大和较弱小的群体通过长期谈判而获得特殊的权利及权利保证，以此构成公共利益的基础。他们的想法都是平民——实际上那些人一般只能

获得很少的来之不易的利益——的概念，促进了对工业和农业不满的极端发泄以一种非常传统的方式表现出来。总的来说，所有这些团体为保护公共利益而倡议和抵制自由主义的市场。但是，也许具有讽刺意味的是，他们所保护的公共体——一方面是原则和权力的集合，另一方面是特性和权利的集合——是他们之间最大的分歧。

这并不是表明对争论条款理解的僵化，或者它们在任一时间和地点都完美地和 856
社会阶级的划分相一致。历史学家已经发现本地商人在他们反对外来公司开业时支持罢工工人，而且研究已经很清楚地表明，工人和小农场主在不同程度上信奉我们很容易与中产阶级联系在一起的企业家精神的价值观念。也许更重要的是，这些争论和它所强调的假设随着资本主义市场的发展而变化，甚至对一些人来说他们有最好的原因来驳斥市场运行的方式。史蒂文·哈恩（Steven Hahn）的研究发现，根据传统的情况和解释，美国内战前佐治亚州内陆的小农场主生活效率很高，我们期望发现相对孤立的当地的市场经济。在美国内战以后的 10 年里，当这些农场主在世界棉花价格下跌的大环境下，越来越多地转向商业棉花种植并把债务转移给外部市场的本地组织者时，他们开展了一场“基于与中产阶级个人主义和自由市场原则不一致的情感上”的抗议运动。哈恩认为，平民主义者“并不希望释放市场的‘看不见的手’；他们希望保护根植于生产性资源小所有制之上的‘自由之树’”[16]。但是内陆的人民党主义者的反应不是完全因循守旧，对于资本主义市场也不是完全充满敌意。被所有那些通过无数英里铁路联系起来的本地之外的市场，现在已经成为原则和权利争论最终依靠的已知条件，并且它确实在某种程度上重塑了生产者权利的“自由之树”。佐治亚州内陆的小生产者也许不是中产阶级个人主义者，但是他们的日常努力逐渐被引导到个人化资本主义市场，并在该市场中成为惯例。正如一位历史学家最近所写的，“人民党主义者除非生活在另一个时代、另一个社会和另一种政治文化中，否则就逃脱不了资本主义的影响”[17]。

假如本地之外的市场的扩张逐渐改变了在那些还没有准备信奉企业家精神价值观念的人们脚下的土地，那么 19 世纪末期资本主义制度快速地城市化就是一场地震，
它震动了几乎所有美国人所站立的土地。南北战争前后铁路系统的整合，以及 19 世 857
纪 70 年代之后大型工业公司和联盟更加突然的出现，清楚地显示出资本主义市场不会只发展出许多松散的、相对较小的、自由竞争的单位。在美国经济中规模和力量

一直是不平等的，但是没有什么能像标准石油托拉斯和其他新兴巨人所预示的那样威胁着要重塑竞争的本质。难道“无止境积累的逻辑”真正导向的就是寡头或者甚至是垄断？这不是追求自由市场的自由主义者所期望的，19 世纪 80 年代的合并开始动摇了自由主义者的信念。爱德华·贝拉米（Edward Bellamy）在他最畅销的乌托邦小说《向后看：2000—1887 年》（*Looking Backward:2000—1887*）中对永无止境的集中化提出了在中产阶级读者中非常流行的社会主义解决方案（在这本书里，贝拉米为使社会主义更受欢迎而称它为民族主义，并以所有中产阶级维多利亚时代的家庭生活和浪漫的高雅举止环绕它）；这可以看成解决这种增长的不安的一种措施。但是中产阶级的美国人很少会成为持久的社会主义者，自由主义信念已适应不断增长的公司经济并被保存下来。做到这点并不容易，的确，实现公司—自由主义的适应融合，对未来一代来说是文化和政治的中心任务之一。

附录：1890—1914 年

“现代城市标记着我们文明的一个新纪元”，改革家弗雷德里克·C. 豪（Frederic C. Howe）在 1905 年写道。“通过它，一个新的社会被创造出来。所有与它有联系的生活都被改变了。”[18] 这叙述了一种对大城市的非常普通的信仰，多种语言的文化驻留于此，并且以不同程度与城市发展相联系的强大的新制度，充斥在深深植根于农场和小城镇生活中的美国社会和文化中。从某种现实意义来说，它实现了弗雷德里克·杰克逊·特纳 12 年前发出的警告：随着边疆的结束将出现一个新型的社会。豪
858 比特纳更敏感，认为很难在农村和城市历史的特定时期勾画这样精确的界限。但是他在 20 世纪初对城市革命的描述中称最近的统计资料才最重要，并鼓吹向完全新的社会、经济和政治秩序转变，这是迫切需要注意的问题。

从长期的观点看确定新世纪的趋势对消除那种迫切性没有必要。阅读过那个时代短期统计资料的理性的美国人会感觉到，美国即将开始城市的发展。例如，在 1890—1910 年，城市人口从占整个国家人口的 35%增长到 45%，这种趋势清楚地表明城市人口即将占到多数。在新英格兰和大西洋中部各州已被证实居住在城市的人口现在超过了 70%。这些年来，人口超过 10 万的城市的数量从 28 个增加到 50

个。这个国家最大的城市现在是一个拥有 470 多万居民的巨大都会。这种发展，连那些不阅读人口普查材料的人也能看到，在人们头脑中已经确立了美国现在和未来的城市特性，并且毫无疑问将助长人们低估城市在这个国家更乡村化的过去的作用。同样重要的是，人们察觉到城市增长原因的变化以及城市成为美国人生活中不稳定力量这一特征的变化。本土出生的白人新教徒无须阅读统计资料就可以理解城市是不断增长的种族多样性的集合点。外国移民的数量在稳定增长——从 19 世纪末 20 世纪初的每年不到 50 万人增加到 1905 年到欧洲战争爆发前这一期间的平均每年 100 多万人，在每个大城市都可以看到拥挤的犹太区。一些人还能看到相当数量的黑人城市街区的出现，因为数量不断增多的非洲裔美国人由于棉花价格的下跌和南方对黑人的种族隔离法的普及，被迫离开南方农村来到北方城市。所有这些移民，以及他们创造的城市居住社区，加深了根本性变化都将集中在这个国家的城市的感觉。

豪把城市置于“新社会”的中心，但是其他人却强调新的法人联盟的权力。虽然以城市为基础，并且反映了以城市为中心的制造业、商业和金融业不断增大的作用，但巨大的公司和托拉斯似乎也超越了任何特定的地点——在各地扩张的进程中不以任何地方为中心，可能更精确地说，它们自己就是中心，甚至在其利用着城市资源重建城市轮廓时，它们也在行使着一种新的独立于城市的权力。公司联盟也以 859
更令人惊恐的速度发展起来。第一个出现在 19 世纪 80 年代，正如马丁 · J. 斯克勒（Martin J. Sklar）已经强调的，真正的“公司重组的雪崩”发生在更近的时期，即在 1898 年开始的短暂的 6 年期间。到 1904 年，已经有 300 起工业合并，涉及大约 70 亿美元的资本。这其中的 3/4 强（资本额达 60 亿美元），发生在 1898 年以后。这些资本的大约一半是在仅仅 2 年内（即 1899 年和 1900 年）合并在一起的。[19]

人口和权力的快速集中是如何与分散而公开竞争的古典自由主义相协调的呢？对一些美国人来说——例如，那些在 19 世纪 90 年代中期建立而后又失去政治声音的人民党的那些人——即使不是不可能，这样的调和也是困难的，我们必须认识到人口中有不计其数的人是带着各种各样复杂的拒绝和否定的态度来接受大城市和公司资本主义时代的。在美国乡村和小城镇仍然有相当多的资源支持似乎传统的生活方式。家庭农场和主街（Main Street）商店不但依赖私人企业的购买力和工作，也依赖集中化的资本主义市场及公司供应商和广告商。汽车、电话和其他新式消费品对小城镇的交际模式有很大影响，但是并没有摧毁这些模式。尽管如此，只承认地方生活的传统要素会越来越狭隘，它与否定力量成正比地威胁着社会福利，而且这种否定力量的确冲击了乡村经济和社会。问题在于对经济生存的真正基础以及对进化世界的理解，除了其他事情以外还会教导孩子们乡村生活中可鄙的物质缺乏。出生于城市贵族家庭的亨利·亚当斯（Henry Adams）在他的自传中无奈而自喜地把自己看成一个“17 世纪和 18 世纪的孩子”，“却被要求遵守 20 世纪的规则”[20]。那些感到多少与时代不协调的普通人也某种程度上在“遵守 20 世纪的规则”。

那些没有抵制变化的人很快就指出那些规则是如何发生变化的。在新的城市化时代，在弗雷德里克·豪出版他的书的同一年，西蒙·帕滕（Simon Patten）告诉他的
860 社会工人读者（2 年后有更大的读者群体）19 世纪一些最基础的假设和价值观念现在已经过时了。传统上，生产和储蓄被视为比消费更重要的东西，未来的充裕意味着现在的节制。正如我们已经看到的，“无止境积累的逻辑”和一系列中产阶级的美德行为联系在一起，其中的核心就是产生剩余的勤勉和节俭的联合。帕滕指出这种过时的美德现在只是成功的拉力，并不是来源，并且是工人和穷人从成功中获利的障碍。它们成为一种过时的道德，使我们无法看到在一个有巨大生产性资源的经济中真正的问题是消费不足——不是节俭太少，而是节俭太多。“新的道德规范”，他认为，“并不在于储蓄，而是在于扩大消费……不在于生活的艰苦，而在于延长娱乐和闲暇的时间”。他继续宣称，我们所缺少的是“鼓励过快乐的生活，不是悔恨、牺牲和克己”。特别是穷人必须被鼓励去消费，因为“人们只有在贫穷消失以后才需要克制”[21]。这是对经济原则和道德价值完全的颠倒，真正是“文明的新基础”。虽然它并不鼓励不加区别地放弃中产阶级美德，但是它确实强调有必要为与从前完全不同的时代创造新规则。

帕滕的新规则对于演讲台来说太大胆了，但是在某些方面人们预料到会是这样，因为这反映了成百上千万美国人希望享受新的娱乐设施和消费品的愿望。术语“娱乐”舍弃了对闲暇时活动目的和好处的原有道德规范，但是在“放荡的 90 年代”及以后，许多美国人学会了如何在享受快乐时光的同时，不必再费心地在道德再生和体力恢复方面为自己找理由辩护。闲暇时间也随着工作日的缩短（对工厂工人来说，从

1890 年的平均每周 60 小时到 1914 年的每周 55 小时）而延长，并且定期休假的惯例在中产阶级中也普及开来。中产阶级美国人利用他们的假期到海边、山中胜地和国家公园旅行。假期和在家时他们用柯达照相机、哥伦比亚自行车和其他新式闲暇产品进行娱乐。在那个时代，产业工人一般没有假期，并且很少有人支付得起这些新消费品的费用，但是他们能够参加群众活动，如每日参加歌舞杂耍表演、五分钱娱 861
乐场和娱乐公园这些在城市里和城市周围不断增加的活动。这些不需要找理由的娱乐爱好在城市中最为明显，但是追求快乐的美好生活的想法并不只是一个城市现象。更大的变化体现在迅速发展的洛杉矶商会（Los Angeles Chamber of Commerce）发行的针对中西部乡村和小城镇人的辅助手册中。起初，这些小册子强调农业、工业和商业机会等传统主题。然而，在 19 世纪末 20 世纪初之后，却断然转移到以快乐氛围下的闲暇为中心的主题。洛杉矶现在是享受新式美国美好生活的地方——沐浴在阳光下的一种舒适的生活。

当西蒙·帕滕和洛杉矶商会向以前时代以工作为中心的美德挑战时，其他人则向集中化制度的长期恐惧挑战。1909 年赫伯特·克罗利（Herbert Croly）认为“美国生活的希望”不在于重建以小的、分散的、竞争性的生产和交换单位为基础的杰斐逊世界。这种世界“本质上是短暂的”，“在它自身就包含了解散和转变它自己的种子”。竞争性的企业，其目的就会很自然地导致最有创造力和效率的企业的增长，其不断增大的规模和不断变得复杂的组织才会导致更大的进步。打破托拉斯并限制大型公司的市场力量代表一种过时的小规模竞争的资本主义，因此是愚蠢的，也是无用的。克罗利意识到托拉斯和巨大的公司具有的巨大力量，这种力量可能带来真实和潜在的弊端，但是当其他人只看到强者的危险时，克罗利也看到了强大机构的希望。“美国产业的新组织已经创造出能够给美国人带来惊人的和无尽的用处的经济机构。”[22]

克罗利的书必须放在特定的环境中来考虑，当时围绕托拉斯、公司、工会和国家在管理这些集中化的机构中的作用展开了广泛的辩论，而这些集中化的机构多年来一直是真正的美国政治中心。这场辩论比在其发生之前或之后任何其他一代的辩论都更适用于基础原则。如斯克勒所写的，它提出了最根本的问题：“公司资本主义 862
和美国自由主义传统能互相适应吗？”[23] 克罗利的书出现在辩论的相对后期，认为这一问题还没有解决，因为大量的美国人还需要接受教育才能认识到现代制度实现了自由主义梦想的进步方面。但是这也是要获取永久政治解决之道的征兆，这就是到 1914 年出现的斯克勒称之为公司资本主义的威尔逊版本——接受国家管制但是不接受国家主导的公司资本主义。这也是对巨型公司的普遍适应吗？毕竟是这些巨型公司生产了停在谷仓后的联合收割机以及厨房柜子里清一色的雪白的面粉。在联邦贸易委员会和《克莱顿反托拉斯法》出现的同一年，一个年轻人沃尔特·李普曼（Walter Lippmann）回顾了 1896 年威廉·詹宁斯·布赖恩（William Jennings Bryan）的斗争。李普曼写道，“布赖恩真正防卫的是美国人旧有的简单的生活方式，这是一种注定要被已经来到这个世界的巨大组织所摧毁的生活方式。他认为他在和富豪统治做斗争，但事实是他与之做斗争的要远比此深刻；他在和更大规模的人类生活做斗争。”[24]克罗利和李普曼都认为美国人在他们的日常经历和他们对未来的期望中已经接受了
863 “更大规模的人类生活”。

注 释

[1] Quoted in Drew McCoy, “James Madison and Visions of American Nationality in the Confederation Period”, in Richard Beeman, Stephen Botein, and Edward C. Carter Ⅱ, eds., *Beyond Confederation*: *Origins of the Constitution and American National Identity* (Chapel Hill, 1987), 228.

[2] Jedidiah Morse, *The American Geography; or, a View of the Present Situation of the United States of America* (Elizabethtown, 1789), 182.

[3] Daniel Vickers, “Competency and Competition: Economic Culture in Early America”, *William and Mary Quarterly,* 3d.ser., 47(1990), 12.

[4] Richard D. Brown, *Knowledge Is Power*: *The Diffusion of Information in Early America, 1700—1865* (New York, 1989), 294.

[5] Winifred Rothenberg, “The Emergence of a Capital Market in Rural Massachusetts, 1730—1838”, *Journal of Economic History,* 45(1985), 806.

[6] Sally Ann McMurry, *Families and Farmhouses in Nineteenth-Century America*:

Vernacular Design and Social Change (New York, 1988).

[7] Richard L. Bushman, "Opening the American Countryside", in James A. Henretta, Michael Kammen, and Stanley N. Katz, eds., *The Transformation of Early American History*: *Society, Authority, and Ideology* (New York, 1991), 255-256.

[8] Lee Benson, *The Concept of Jacksonian Democracy*: *New York as a Test Case* (Princeton, 1961), 13.

[9] Morse, *American Geography, 313-314.*

[10] George G. Foster, *New York by Gas-Light*: *With Here and There a Streak of Sunshine* (New York, 1850), 87.

[11] Roy Rosenzweig, *Eight Hours for What We Will*: *Workers and Leisure in an Industrial City, 1870—1920* (Cambridge, 1983), 86.

[12] Robert W. Bastian, "Architecture and Class Segregation in Late Nineteenth-Century Terre Haute, Indiana", *Geographical Review, 65(1975)* , 166-179.

[13] Christopher Lasch, *The True and Only Heaven*: *Progress and Its Critics* (New York, 1991), 52-53.

[14] [Calvin Colton] , *The Junius Tracts,* no.7(New York, 1844), 15.

[15] Horatio Alger, Jr., *Ragged Dick and Struggling Upward,* Carl Bode, ed.(New York, 1985), 7.

[16] Steven Hahn, *The Roots of Southern Populism*: *Yeoman Farmers and the Transformation of the Georgia Upcountry, 1850—1890* (New York, 1983), 282.

[17] Norman Pollack, *The Humane Economy*: *Populism, Capitalism, and Democracy* (New Brunswick, NJ, 1990), 58.

[18] Frederic C. Howe, *The City*: *The Hope of Democracy* (New York, 1905), 9.

[19] Martin J. Sklar, *The Corporate Reconstruction of American Capitalism, 1890—1916: The Market, the Law, and Politics* (Cambridge, 1988), 45-46.

[20] Henry Adams, *The Education of Henry Adams* [(1907), Boston, 1971], 4.

[21] Simon N. Patten, *The New Basis of Civilization* (New York, 1907), 215.

[22] Herbert Croly, *The Promise of American Life* (New York, 1909), 104, 115.

[23] Sklar, *Corporate Reconstruction, 34*.

[24] Walter Lippmann, *Drift and Mastery* [(1914, Englewood Cliffs, 1961)], 80-81.

The Cambridge Economic History of the United States, Volume Ⅱ: The Long Nineteenth Century, 1e, 0-521-55307-5 by Stanley L. Engerman and Robert E. Gallman, first published by Cambridge University Press 2000

This Simplified Chinese edition for the People's Republic of China is published by arrangement with the Press Syndicate of the University of Cambridge, Cambridge, United Kingdom.

图书在版编目（CIP）数据

剑桥美国经济史.第二卷/（美）恩格尔曼（Engerman, S. L.），（美）高尔曼（Gallman, R. E.）主编；高德步等译.—北京：中国人民大学出版社，2018.5

书名原文：The Cambridge Economic History of the United States（Volume Ⅱ）: The Long Nineteenth Century

ISBN 978-7-300-22770-2

Ⅰ.①剑…　Ⅱ.①恩…②高…③高…　Ⅲ.①经济史-美国　Ⅳ.①F171.29

中国版本图书馆CIP数据核字（2016）第079157号

剑桥美国经济史（第二卷）：漫长的19世纪

主　编　斯坦利·L.恩格尔曼　罗伯特·E.高尔曼

总译校　高德步　王　珏

本卷主译　王　珏　李淑清

Jianqiao Meiguo Jingjishi (Di-er Juan): Manchang de 19 Shiji

出版发行	中国人民大学出版社		
社　址	北京中关村大街31号	邮政编码	100080
电　话	010-62511242（总编室）		010-62511770（质管部）
	010-82501766（邮购部）		010-62514148（门市部）
	010-62515195（发行公司）		010-62515275（盗版举报）
网　址	http://www.crup.com.cn		
	http://www.ttrnet.com（人大教研网）		
经　销	新华书店		
印　刷	中煤（北京）印务有限公司		
规　格	170 mm × 228 mm　16开本	版　次	2018年5月第1版
印　张	51.25　插页6	印　次	2018年5月第1次印刷
字　数	820 000	定　价	148.00元（上下册）

剑桥经济史系列

Stanley L. Engerman
Robert E. Gallman

The Cambridge
Economic History of the United States (Volume II)

剑桥美国经济史（第二卷）上册

漫长的19世纪

The Long Nineteenth Century

主　编　斯坦利 · L. 恩格尔曼　罗伯特 · E. 高尔曼
总 译 校　高德步　王　珏
本卷主译　王　珏　李淑清

中国人民大学出版社
· 北京 ·

《剑桥美国经济史》展示了过去几十年里，美国经济史研究取得的重大进展。这些进展有的得益于经济史学科本身的发展，比如研究手段和方法的创新，有的得益于社会史、劳工史和政治史最新的研究成果，这使经济史的研究能够更进一步。《剑桥美国经济史》汇集了对美国经济史研究的最新代表性成果。同时，为了能更好地把握美国经济变迁，还把加拿大和加勒比海的经济史也包括其中。因此，它涵盖的范围比其他美国经济史著作更广。

《剑桥美国经济史》是一部论文集，但它作为优秀的论文集并不是论文的简单组合，编者的工作尤其重要。《剑桥美国经济史》的两位编者恩格尔曼和高尔曼都是著名的经济史学家，是新经济史学和历史计量学的先驱者和杰出代表，高尔曼曾任美国经济史研究会会长。他们在新经济史学和历史计量学的重点研究领域——美国奴隶制的效率问题、美国内战的影响以及国民收入和财富等领域——有重大建树，致力于用数据解读美国经济史，将经济理论与经济史结合，并将制度因素纳入新古典的分析框架。恩格尔曼在 1974 年和历史计量学的重量级人物福格尔开创性地使用反事实计量法研究美国南方奴隶制问题，并且得到颠覆传统观点的结论。福格尔和恩格尔曼将反事实计量法这种非常规甚至逆向思维的方法引入经济史的研究中，为把握经济发展的本质提供了独特的角度和层次，提升了思考的广度和深度。他们在研究中将奴隶制作为一个哑变量引入计量模型，并进行相关性分析，这就将制度内生化了，完成了与新古典体系的衔接。高尔曼是早期历史计量学的杰出代表，1957 年他的论文入选了美国经济史学会和美国国家经济研究局（National Bureau of Economic Research，NBER）联合举办的第一次收入与财富专题研讨会的会议论文，这些会议论文被编为美国全国经济研究丛书 24 卷，这是历史计量学的早期标志性研究成果。高尔曼一直保持极大的研究热情，是唯一一位先后三次出席收入与财富专题研讨会而且论文都被收集到美国全国经济研究丛书中的作者，是收入与财富研究领域的常青树。1979 年高尔曼对股票资本的研究已经超越传统的收入与财富的研究范畴，展示了他对新课题的研究能力。

恩格尔曼和高尔曼在研究方法和研究兴趣方面颇为相投，编写《剑桥美国经济史》并不是他们的第一次合作。1979 年 NBER 举行了第三次收入与财富专题研讨会，会后高尔曼和恩格尔曼联合主编了美国全国经济研究丛书第 51 卷《美国经济增长的长期因素》（*Long-Term Factors in American Economic Growth*）。恩格尔曼和高尔曼的研究成果还互为补充。高尔曼重新估算了美国 19 世纪的商品生产和国民收入，认为内战时期不是经济增长的高速时期，也不是美国经济高速增长的转折点（Robert E. Gallman，*Commodity Output，1839—1899*）。但是高尔曼没有 19 世纪 60 年代的数据，对这 10 年的估算是以 1960 年和 1970 年的数据为基础的。为了弥补其不足，恩格尔曼对纽约州和马萨诸塞州的战时制造业做了研究（这两个工业大州有 1965 年的统计数据），结果表明占全国制造业 1/3 强的这两个州在战时并没有显著的增长，这个结论支持了高尔曼的观点（Stanley L. Engerman，*The Economic Impact of the Civil War*）。

恩格尔曼和高尔曼编写的《剑桥美国经济史》经得起仔细推敲，既总揽全局，又重点突出，为描述美国经济发展史搭建了框架，让内容不同、风格迥异的论文都成为这部书的有机组成部分。布鲁斯·C. 丹尼尔斯（Bruce C. Daniels）在《加拿大历史学刊》（*Canadian Journal of History*）中恭喜恩格尔曼和高尔曼艺术性地完成了这个艰巨的任务。彼得·费伦（Peter Fearon）也祝贺编者和作者完成了如此杰出的著作。

第一卷的内容分成三个部分。第一部分分析了美洲土著人、非洲人、欧洲人在美洲的早期经济活动，这些经济活动影响了 19 世纪以后美国的经济史。第二部分分析了北美北部殖民地、南部殖民地和英属西印度群岛的社会经济状况。第三部分包括了经济史研究的传统领域：人口和经济发展问题、重商主义政策以及宪政等问题。

第二卷考察了 19 世纪美国、加拿大和加勒比海的经济史，描述了美国依靠丰饶的自然资源获得迅速发展并超越英国、法国和德国的历史。这一卷包含了 5 个主要方面：（1）从欧洲、亚洲和非洲流入美洲的劳动力和资本；（2）西进运动；（3）奴隶制和它的结局；（4）工业化进程；（5）经济增长的社会影响所导致的政府角色的转变。其他专题有不平等问题、人口、劳动力、农业、企业家、交通、银行和金融、商法、国际贸易。

第三卷论述了美国 20 世纪的经济史，与第二卷一样由 17 章组成，其中有 12 章的研究主题与第二卷相同，具体是经济增长问题、加拿大的经济史、不平等、人口、劳动力、农业（第二卷中有两章是关于农业的，第三卷只有一章）、技术变迁、商业组织、政府角色（第三卷有两章相关内容，第二卷只有一章）、银行业和金融、对外贸易和国际金融。第三卷还分析了 20 世纪才明了化或者实际发生的城市化问题、大萧条问题以及战争（两次世界大战、朝鲜战争、越南战争、冷战）对美国经济的影响等。

《剑桥美国经济史》不仅为读者搭建了美国经济史的框架，而且收录了相关领域最优秀的论文。这些论文作者或者将鲜明的观点建立在旁征博引和翔实的史实数据的基础上，或者对史实和数据的重视甚于观点。这种多样化的论文既有利于开拓读者的视野，又激发了读者的研究兴趣，而论文后的参考文献为进一步研究提供了线索。这部书既适合一般读者，也适合专业人士。在美国和英国，很多讲授美国经济史的教师将它选为本科生和研究生的教材。乔斯（Choice）认为这部书“对任何学术图书馆都是有价值的”。

翻译这样一部三卷本的知名著作，我们花费了整整六年的时间。在这六年里，我们咨询过几十位相关领域的专家，跑遍了各大图书馆，浏览了无数相关网页，只求译文准确无误地反映原文。在这六年里，很多译者的工作和生活都发生了很大变动，但是他们的执着和认真终于使翻译工作顺利完成。在这里我还要感谢中国人民大学出版社的马学亮、高晓斐、周华娟、秦丹萍和李芳菲等编辑，我对他们的专业素养和一丝不苟的工作态度深表敬佩，没有他们的努力，就没有这部书中文版的面世。

译者的具体分工是：高德步是本书翻译工作的组织者，也是这部译著的统稿人，王珏负责总校对和联络工作。巫云仙、王珏、蔡挺分别是第一卷、第二卷、第三卷的主要译者，邱竞、李淑清、李雅菁分别承担了第一卷、第二卷、第三卷的主要校对工作。第一卷的译者是：巫云仙（前言、目录、索引、第 1 章、第 2 章、第 3 章）、龚秀敏（第 4 章）、韩莉（第 5 章）、傅巧灵（第 6 章）、孟秀转（第 7 章）、傅宏宇（第 8 章）、徐洁（第 9 章）。第二卷的译者是：王珏（前言、目录、索引*）、张蔚（第 1 章、第 9 章、第 16 章）、李雅菁（第 2 章、第 15 章）、盛欣（第 3 章、第 14 章、第 17 章）、邱竞和黄锐（第 4 章、第 5 章）、毕新华（第 6 章）、黄瑜琴（第 7 章）、赵慧（第 8 章）、牛晓帆（第 10 章）、周旺和黄晶（第 11 章）、张培丽（第 12 章）、黄晓玉和张培丽（第 13 章）。第三卷的译者是：蔡挺（前言、目录、第 5 章）、王晓亮（第 1 章、第 2 章）、匡静诺（第 3 章）、董筱丹（第 4 章、第 12 章）、张林（第 6 章、第 16 章、第 17 章）、蔡挺和胡丽莉（第 7 章）、周耀东（第 8 章、第 11 章）、周祝平（第 9 章、第 10 章）、黄萍（第 13 章、第 14 章、第 15 章）、胡丽莉（索引）。邱竞、李淑清、李雅菁、顾晓波、胡安荣、王宝来通读了全书，并提出了宝贵意见。

当我们将沉甸甸的译稿交给出版社时，我们的心也是沉甸甸的。这样一部经济史名著在我们的努力下翻译完成，我们却不敢保证没有错误。我们期待着读者的批评和指正。

本成果受到中国人民大学“985 工程”中国经济研究哲学社会科学创新基地的资助，并且是该项目的标志性成果之一。

高德步

于中国人民大学明德楼

* 索引已挂到中国人民大学出版社网站上，请登录以下网址免费下载：www.crup.com.cn。

前　言

《剑桥美国经济史》第二卷覆盖的时间跨越了我们所说的“漫长的 19 世纪”，即从《美国宪法》的通过到第一次世界大战的开始。从世界历史上看，这个阶段始于一次全球战争，结束于另一次全球战争。在这两次战争之间，世界相对平静；但也有例外情况，其中发生的最重要事件就是美国内战。这是一场极具毁灭性的战争，造成了巨大的生命和财产损失；而且，这场战争还导致了政治与制度安排的重大变化，最重要的是结束了南方合法的奴隶制。由于世界其他地方相对平静，因此漫长的 19 世纪也是劳动力、资本及商品大规模跨国、跨洲流动的时期。在这一时期之初，美国和加拿大比较弱小，但是充满活力；而在这一时期结束之际，美国已一跃成为世界第一大经济强国。

对加拿大和美国来说，漫长的 19 世纪是经济迅速扩张的时期。本卷研究了这种经济变迁中的五个问题：第一，劳动力与资本从欧洲、亚洲和非洲向美洲的转移。第二，北美边疆的开拓，即极具吸引力的西进运动，这一进程充满了机遇与麻烦（包括第一卷描述的与印第安人发生的冲突）。第三，对美国而言（不同于加拿大），适应奴隶解放需要很长时间，而且这一过程不易结束。第四，工业化过程是美国和加拿大经济中所发生的结构性变化的重要组成部分。第五，经济增长的社会影响，其本质是引起了政府职能的重大变化。

当然，美国和加拿大的经济发展水平悬殊。在殖民地时期结束之际，美国经济要强大得多。因此，尽管在漫长的19世纪中加拿大人口和收入的增长率很高，但是加拿大无论是在总收入方面，还是在总人口方面都远不及美国。尽管地理条件和历史发展的巨大差异导致了这两个国家增长方式的不同，但是，经济中起作用的根本动力——美洲大陆土地中所蕴藏的机遇、工业机遇和要素流入——在这两个国家却是相同的，因而两国经济具有相似的发展趋势。

如果只以19世纪为基础，有两章内容就不容易写好——商法的内容涉及18~20世纪这一更加漫长的时期，而交通运输的内容涉及19~20世纪。请注意，因为美洲印第安人和英属西印度群岛人比较相似，所以有些19世纪发生的事件在第一卷已经论述过。

第一卷只有一章内容［出自戴维·格兰森（David Galenson）］论述了总体经济增长问题。第二卷增加到四章内容来论述这一问题：美国经济增长的量化分析；加拿大经济增长总论（本卷只有一章内容涉及加拿大）；经济增长对收入和财富分配影响的论述；经济增长的社会后果的讨论。

在某些方面，第二卷的写法有些不同于第一卷（更类似于第三卷）。第一卷是按地理位置（北部殖民地、南部殖民地、西印度群岛）进行研究的，而第二卷则采用了更常用的研究方法。上述的几大问题在许多章节都直接或间接地涉及：不但前一段所列的四章中特别论述了这些问题，而且在有关人口与劳动力、工资变化、农业、西进运动、奴隶制及其后果、工业化、企业家精神、政府税收与支出政策、交通运输、银行业与金融制度、国际贸易、国际资本流动以及商法的章节中也涉及这些问题。

像所有的剑桥历史学一样，本卷收录了尽可能综合现有知识、分析与争论的文章。从种类上讲，这些文章不可能全面而无一遗漏。这些文章的目的就是向读者介绍这一学科，并向她或他提供参考文献以帮助其确定深入研究的方向。文章的受众不但包括经验丰富的专家，而且包括大学生、研究生以及对文章的主题感兴趣的一般读者。

彼得·马赛厄斯（Peter Mathias）就职于牛津大学经济史系时，其就职演讲（1970年11月24日）的题目就是“与友邻共同生存”。此处所指的友邻就是经济学家和历史学家。在美国，经济史不是一个独立的学科，这一点不同于英国；经济史学家可以在经济学系和历史学系供职——如今更常见的是在经济学系。与友邻共同生存的问题仍然存在，因为经济史学家不管其隶属于哪个学科，都必须和他人一起进行知识研究，故而说历史学家和经济学家殊途同归。对待这一问题的另外一种态度是不要将与友邻共同生存视为一个问题，而是将其视为一个巨大的机遇，因为经济学家和历史学家在很多方面可以互相学习。不过，在历史学家和经济学家都感兴趣的领域，二者的学术关系依然紧张。本卷中这些文章的作者都深知这种紧张状态，并在文章中充分考虑到这种情况。编辑在选择作者时也尽量照顾到这两个学科的成果。

第一卷如期出版，而第二卷却不是这样。尽管编辑下定决心要遵守出版期限，但我们还是不得不延期出版以保证本卷文章的全面性。由于某些作者的拖延耽误了本卷的出版，我们谨代表他们向那些恪守诺言的作者表示歉意，向那些兢兢业业推动本卷出版的作者表示歉意。

在本卷的准备过程中，我们得到了北卡罗来纳大学经济学系、罗彻斯特大学经济学系和剑桥大学经济学系与政治学系的帮助。从一开始，我们就得益于编辑弗兰克·史密斯（Frank Smith）的帮助、引导和渊博的专业知识。在出版的最后阶段，我们又获得了卡米拉·纳普(Camilla Knapp)专家的指导。本卷的文字编辑是约翰·凯恩（John Kane），凯瑟琳·托格森（Kathryn Torgeson）则完成了索引的汇编。

兰斯·E. 戴维斯（Lance E. Davis）和罗伯特·J. 卡尔（Robert J. Cull）根据第 16 章扩写的书籍《1820—1914 年国际资本市场和美国经济增长》(*International Capital Markets and American Economic Growth*，*1820—1914*，Cambridge: Cambridge University Press，1994）已经出版。由艾伯特·菲什洛（Albert Fishlow）完成的第 13 章的早期版本已经收录于兰斯· E. 戴维斯、理查德·A. 伊斯特林（Richard A. Easterlin）和威廉·N. 帕克（William N. Parker）等人编辑的《美国经济增长：美国一个经济学家的历史》(*American Economic Growth: An Economist's History of the United States*，New York: Harper & Row, 1972）中。

罗伯特·E. 高尔曼（Robert E. Gallman）和我是《剑桥美国经济史》三卷本的合作编辑，在 1998 年 11 月他去世之前，从三卷本概念的形成到第一卷的出版，再到第二卷、第三卷各章最终版本的提交，我们都在一起努力工作。在准备这三卷本的过程中，撰稿作者和我本人都从他渊博的知识、深刻的洞察力和良好的性情中受益匪浅。

斯坦利·L. 恩格尔曼

（Stanley L. Engerman）

第 1 章

漫长的19世纪的经济增长与结构变迁*

罗伯特·E. 高尔曼（Robert E. Gallman）

引　言

本章旨在研究18世纪末期和第一次世界大战期间（漫长的19世纪）美国经济发展中的量化特征。其合理的切入点是测度美国经济的规模，因为任何经济的中心要素都是生产，所以总产值可以恰当地测度规模。至于其他指标，诸如人口和地理扩张等，我们将在后文中加以讨论。

衡量总产值的传统指标有两个：国民生产总值和国内生产总值。国民生产总值指由美国人拥有的生产要素所创造的总产值，国内生产总值指由在美国本土的生产要素所创造的总产值。如何选择恰当的指标，主要取决于是将美国看作全体美国人的总体还是将美国看作一个地理实体。正因为我们对美国人的历史感兴趣，因此，对我们而言，国民生产总值是一个更合适的指标。本章大部分的论述都是采用这一

* 本书正文中所注边码为英文原书页码。

指标。然而，实际上，这种选择并不重要，因为在我们观察的年份国民生产总值和
国内生产总值实际是一样的。然而更重要的是，传统衡量方式能在多大程度上正
1 确描述产出水平和长期的产出变化，这一问题暂时搁置，本书将在后面章节进行
讨论。

美国经济的规模及增长

规模

独立战争前夕，美国国民生产总值大约为 1.44 亿美元（该数据存在较大误差是可以理解的）。用现在的标准来衡量，这个产值很小，还不及 Helene Curtis 公司 1995 年 8 月 31 日前一季度销售额的一半。如果我们考虑到价格变化，1774 年美国的国民生产总值，以 1995 年的价格表示，大约是 28 亿美元。这个数额比现在美国总产值最少的怀俄明州年产值的 2/5 还要少，只比 A&P 公司在 1995 年 9 月 9 日前 12 周的销售额多不到 1/3。

然而，从 1774 年世界各国的状况来看，美国的经济规模并不算小。当时美国国民生产总值相当于英国（不包括爱尔兰）国民生产总值的 1/3 强（见表 1–1）。当时英国正经历着一场农业革命并处于工业革命的早期，无论在政治上还是在经济上，英国都是世界上最强大的国家之一。美国经济规模比英国要小，而且，毫无疑问，比欧洲的西班牙和法国、亚洲的中国和印度都要小，但是美国经济并不弱，基本上是发达的荷兰和比利时的经济规模之和。

表 1–1　　不同时期，不同国家总产值与美国总产值的比较

	当前价格		1990 年国际元			
	1774 年	1840 年	1850 年	1870 年	1890 年	1913 年
1. 西欧						
a. 英国	2.7	1.3~1.5	1.42	0.97	0.67	0.41
b. 法国		1.7	1.43	0.73	0.44	0.28
c. 德国			0.69	0.45	0.33	0.28

续前表

	当前价格		1990 年国际元			
	1774 年	1840 年	1850 年	1870 年	1890 年	1913 年
d. 比利时			0.19	0.14	0.10	0.06
e. 荷兰			0.14	0.10	0.07	0.05
f. 爱尔兰			N.A.	0.07	0.03	0.02
g. 丹麦			0.06	0.04	0.03	0.02
h. 挪威			0.04	0.02	0.02	0.01
i. 瑞典			0.11	0.07	0.05	0.03
j. 芬兰			N.A.	0.02	0.01	0.01
k. 意大利			N.A.	0.42	0.24	0.18
l. 瑞士			N.A.	0.06	N.A.	0.03
m. 葡萄牙			0.10	0.05	0.04	0.02
n. 西班牙			0.40	0.23	0.15	0.09
o. 捷克斯洛伐克			0.22	0.12	0.08	0.05
p. 匈牙利			N.A.	0.07	N.A.	0.03
q. 奥地利			0.15	0.09	0.06	0.05
r. 小计（不包括瑞士和匈牙利）			N.A.	3.52	2.32	1.56
2. 东欧						
俄国			N.A.	0.85	0.47	0.45
3. 澳大利亚、新西兰和美洲						
a. 澳大利亚			0.03	0.06	0.07	0.05
b. 新西兰			N.A.	0.02	0.01	0.01

续前表

	当前价格		1990 年国际元			
	1774 年	1840 年	1850 年	1870 年	1890 年	1913 年
c. 加拿大			0.07	0.06	0.05	0.06
d. 阿根廷			N.A.	0.02	0.03	0.06
e. 巴西			0.12	0.07	0.05	0.04
f. 墨西哥			0.12	0.07	0.05	0.04
g. 智利			N.A.	N.A.	N.A.	0.02
h. 哥伦比亚			N.A.	N.A.	N.A.	0.01
i. 秘鲁			N.A.	N.A.	N.A.	0.01
j. 委内瑞拉			N.A.	N.A.	N.A.	0.01
k. 小计（不包括智利、哥伦比亚、秘鲁、委内瑞拉）			0.30	0.26	0.26	
4. 亚洲						
a. 中国			N.A.	1.90	1.09	0.58
b. 印度			2.42	1.20	0.66	0.32
c. 印度尼西亚			0.36	0.19	0.12	0.09
d. 泰国			N.A.	0.04	0.02	0.01
e. 日本			N.A.	0.26	0.18	0.13
f. 小计				3.59	2.07	1.13
总计				8.26	5.12	3.40

说明：本表计算指标：若全部总产值价格以 1774 年计，1774 年英国（不包括爱尔兰）的总产值大约是 13 个殖民地总产值的 2.7 倍。如果全部总产值以 1990 年国际元计，1913 年英国总产值大约是美国的 41%。1774 年和 1840 年总产值指 GNP，1850—1913 年则指 GDP。

资料来源：1774 ：估计结果是基于 Alice Hanson Jones, *Wealth of a Nation To Be* (New York,1980)，39,

68. 美国人均收入水平比琼斯（Jones）的两个估计结果［得到了韦斯（Weiss）的授权］高。Thomas Weiss, "U.S. Labor Force Estimates and Economic Growth, 1800—1860", in Robert E. Gallman and John Joseph Wallis (eds.), *American Economic Growth and Standards of Living before the Civil War* (Chicago, 1992), 32. See also, Lance E. Davis, Richard A. Easterlin, William N. Parker, et al., *American Economic Growth, An Economist's History of the United States*（New York, 1972）, 24; 1840: Gallman, "Gross National Product in the United States 1834—1909", in Dorothy S. Brady（ed.,）*Output, Employment, and Productivity in the United States After 1800*, Studies in Income and Wealth, Volume 30 (New York, 1966), 5, 26; 1850—1913: Angus Maddison, *Monitoring the World Economy, 1820—1995*（Paris, 1995）, 180, 182, 184, 186, 188, 190. 换算成国际元可以进行多边比较。 See Maddison, 162-163.

增长

1774—1909 年，美国实际国民生产总值大约增长了 175 倍，或者说以平均每年 3.9% 的速度增长（见表 1–3）。虽然有几年的增长率高一些，但只持续了较短的时间。19 世纪，澳大利亚和加拿大的经济发展与美国同步，而阿根廷的经济增长速度更快（见表 1–2）。但是和美国 135 年的记录相比，这段时间要短得多。尽管在漫长的 1774—1909 年，三个经济体中的一个或者多个创造更高的增长率是可能的，但是缺乏实现这一增长率的经济基础：例如，在 1774 年——仅在库克船长到达澳大利亚之后四年，澳大利亚的全部人口（包括一小部分土著居民）和阿根廷的欧洲移民之和不超过 160 000 人。加拿大人口要多一些，但也不会多很多。直到一战前，美国经 2
济规模始终大于其他三个经济体，1913 年，美国的实际国内生产总值（GDP）几乎是阿根廷、澳大利亚和加拿大实际 GDP 总和的 6 倍（见表 1–1）。

表 1–2　1820—1913 年 19 个国家实际 GDP（1990 年国际元）的年平均变化率 (%)

国家	实际 GDP
阿根廷	{6.0}
美国	4.1
加拿大	(3.8)
澳大利亚	{3.5}
荷兰	2.4

续前表

国家	实际 GDP
德国	2.4
丹麦	2.3
比利时	2.1
芬兰	2.1
巴西	2.0
英国	2.0
奥地利	1.9
挪威	1.9
瑞典	1.9
意大利	1.6
墨西哥	1.6
西班牙	1.4
日本	1.2
爱尔兰	0.6

说明：() = 1850—1913 年；{} = 1870—1913 年。

资料来源：Derived from Maddison，*Monitoring the World Economy*，180, 182, 184, 188.

这四个国家具备一些共同的特征。欧洲人（就美国来说，应该是非洲人）是主
4 要的拓殖者，本地人口非常少且易被消灭，事实上也是如此。新大陆为拓殖者提供了丰富的自然资源，四国均经历了人口和经济的快速增长，最早开始快速增长的正是那块后来成为美国领土的殖民地。

一战以前，美国的经济增长比任何一个欧洲国家都快速和持久。例如，大约 1770 年到 1913 年间，英国的年均增长率只有 2.2%。正是英国和美国增长率的差异后来对两国产生了重要的影响。1774 年英国的名义 GNP 几乎是美国的 3 倍，1840 年仅是美国的 1.5 倍。然而到 1913 年，整个英国的实际 GDP 只占美国实际 GDP 的

41%。随着时间的推移，这两个经济实体的相对地位彻底转变了。

到一战开始之前，美国已成为世界上最大的产品和服务提供国，年总产值大于英国、德国、法国这三个主要参战国的总和。事实上，当时美国的 GDP 已经大约相当于全部西欧发达国家 GDP 总和的 2/3（见表 1–1）。

价格水平

前面大部分论述是关于实际产出的测度。长期以来，美国的实际和名义产出大体同速增长（见表 1–3）。也就是说，独立战争前的价格和一战前的价格大体在同一水平。当然，这一结论也必须考虑时间变化带来的总产值构成的变化。比如，独立战争前大量生产的产品（如油灯）在 20 世纪初期要么不再生产，要么就是即使生产，数量也非常少。同样，一战前大量生产的产品（如电灯）在 1774 年还未出现。因此，如何解释价格指数对于总产值结构的影响将是一个重要的课题。尽管如此，我们还是无须怀疑美国在漫长的 19 世纪所经历的价格水平的波动和 19 世纪之后明显不同。在初期价格几乎没有变化（价格以每年 0.05% 的速度上升），随后价格上升的趋势非常明显，指数上升的速度达到了每年 3.4% 的水平。1991 年的价格水平是一战前夕的 13.5 倍。

尽管 19 世纪的价格变动几乎为零，但依然存在明显的阶段性的通货膨胀和通货紧缩。表 1–3 未能完全体现这一点。但与英法战争相联系的通货膨胀、1812 年战争后的繁荣和内战时的通货膨胀均在该表中有所体现。1819 年大繁荣的崩溃和内战之后的阶段性的价格下降以及 19 世纪 90 年代的黄金发现之后世界经济再次通货膨胀（见本卷第 14 章关于本专题的更深入的讨论）也可以从该表中看出。 6

表 1–3　当前价格和 1860 年价格下美国 1774—1909 年的国民生产总值以及变化率

	A 组：GNP（百万美元）		
	当前价格	价格指数（1860 年 =100）	1860 年的价格
1774 年	144	(97)	149
1793 年	(317)	(119)	266

续前表

A 组：GNP（百万美元）			
	当前价格	价格指数（1860 年 =100）	1860 年的价格
1800 年	(544)	(151)	360
1807 年	(680)	(139)	489
1810 年	(765)	(148)	517
1820 年	(1 079)	(141)	765
1830 年	(1 229)	(111)	1 107
1834/1843 年	(1 803)	(112)	1 610
1839/1848 年	1 951	97.4	2 003
1844/1853 年	2 649	100.8	2 628
1849/1858 年	3 474	102.3	3 397
1859 年			4 226
1869 年			5 547
1869/1878 年	8 009	120.7	6 633
1874/1883 年	9 736	111.8	8 711
1879/1888 年	11 467	104.4	10 987
1884/1893 年	12 536	97.1	12 915
1889/1898 年	13 464	91.9	14 655
1894/1903 年	16 335	93.1	17 546
1899/1908 年	22 588	103.1	21 903
1909 年			25 968

续前表

B 组：年平均短期变化率，GNP 按 1860 年的价格（%）		
1774—1793 年	3.1	
1793—1800 年	4.4	
1800—1807 年	4.5	
1807—1810 年	1.9	
1810—1820 年	4.0	
1820—1830 年	3.8	
1830—1834/1843 年	4.2	
1834/1843—1839/1848 年	4.5	
1839/1848—1844/1853 年	5.6	
1844/1853—1849/1858 年	5.3	
1849/1858—1859 年	4.1	
1859—1869 年	2.9	
1869—1869/1878 年	4.1	
1869/1878—1874/1883 年	5.6	
1874/1883—1879/1888 年	4.8	
1879/1888—1884/1893 年	3.3	7
1884/1893—1889/1898 年	2.6	
1889/1898—1894/1903 年	3.7	
1894/1903—1899/1908 年	4.5	
1899/1908—1909 年	3.1	

续前表

C组：年平均长期变化率，GNP 按 1860 年的价格（%）	
1774—1800 年	3.5
1800—1834/1843 年	3.9
1834/1843—1869 年	4.2
1869—1909 年	3.9
1774—1909 年	3.9

说明：对后几年的估计相对于前几年来讲更为可靠，见文献评述。括号中的价格指数是指生活成本，不是指 GNP 平减指数；GNP 数据也是来自生活成本数据，而不是更加近似的 GNP 平减指数。

资料来源：1834/1843—1909 年为 1860 年价格 GNP、1839/1848—1909 年的当前价格 GNP 数据来自 Robert E. Gallman, "Gross National Product in the United States, 1834—1909", in Dorothy S. Brady (ed.), "*Output, Employment, and Productivity in the United States After 1800*", Studies in Income and Wealth, Vol. 30（New York，1966），26，并对存量进行了调整。后者是从下边的两篇文献中得来的：Robert E. Gallman，"The United States Capital Stock in the Nineteenth Century"，in Stanley L. Engerman and Robert E. Gallman(eds.), *Long-Term Factors in American Economic Growth*, Studies in Income and Wealth, vol. 51（Chicago，1986），204；Robert E. Gallman, "American Economic Growth Before the Civil War: The Testimony of the Capital Stock Estimates"，in Robert E. Gallman and John Joseph Wallis(eds.), *American Economic Growth and Standards of Living Before the Civil War*（Chicago，1992），94（及附带的工作表）。1834/1843 年到 1859 年是指调查年，例如，1859 年指的是从 1859 年 6 月 1 日到 1860 年 5 月 31 日。1839/1848 年、1844/1853 年和 1849/1858 年分别是 1839 年、1844 年、1849 年，1844 年、1849 年、1854 年，1849 年、1854 年、1859 年三年的平均值，而不是十年的平均值。1839/1848—1909 年的价格指数是用当前价格的 GNP 除以 1860 年价格下的 GNP 计算得来的。1860 年价格表示的 1774 年到 1830 年的 GNP 是用早期的真实 GDP（1840 年价格）推算出来的，见 Thomas Weiss，"U.S. Labor Force Estimates and Economic Growth, 1800—1860"，in Gallman and Wallis（eds.），*American Economic Growth,* 27，31，32。估计的结果被看作历年的估计值。1774—1834/1843 年的价格指数是按 1860 年价格的 David-Solar 生活成本指数得来的，见 Paul A. David and Peter Solar，"A Bicentenary Contribution to the History of the Cost of Living in America"，*Research in Economic History,* 2（1977）。1793—1834/1843 年的当前价格
8 GNP：1860 年价格的 GNP 乘以价格指数。1774 年的当前价格 GNP：见表 1–1 的资料来源及注解。

增长率的变动

尽管在独立战争和一战期间（表 1–3 中的 C 组）总产值的变化率趋于零，但依

然存在明显的短期变化，就像一段段插曲（表 1–3 中的 B 组）。表 1–3 中的数据没有经过很好的修订以体现经济中的短期波动。例如，1834 年之前的估计值（1793 年和 1807 年的数据除外）既未考虑投入品的利用水平的变化，也未考虑跨年度气候变化、病虫害等原因导致的农作物产量水平的差异。然而估计值主要是用于长期趋势，而非短期变化的研究。尽管如此，这一系列估计值所体现的早期的一些短期变动可能确实反映了真实状况。例如，表中显示出 1774—1793 年增长率相对较低，毫无疑问这是独立战争的后果和联邦时期的困难所致。唯一让人稍感诧异的是该增长率并不是很低。该表（1793—1800 年和 1800—1807 年）清楚地反映了英法敌对时期却是美国的商人、航海家、造船家繁荣发展的时期，这一时期的增长率很高。1807—1810 年增长率的突然下降可能导致了 1812 年的战争。

从 1834 年开始的一系列数据可信度则更高。数据清楚地揭示了美国内战前 20~30 年突飞猛进的增长。突然的增长通常和工业化的发端、西进运动及 19 世纪首次出现欧洲大量移民涌入有关。内战导致了 1859—1869 年的低增长率：年均 2.9%(仅就战争年份而言增长率更低)。19 世纪 90 年代的大萧条使得 1884/1993—1889/1998 年的增长率更低：年均 2.6%。所谓的 1873—1879 年大萧条在总量统计中没有显示出来，这部分是因为表 1–3 中该 10 年的平均数没有很好地修订以体现这一结果，另外也是由于 19 世纪 70 年代的数据记录未能显示出那一时期产出的明显上升。强劲、 9
持久的产出增长与严重失业并存的矛盾引起了学术界的重视，但至今未能加以解释。

以上所描述的产出波动一部分是政治或军事事件所导致的经济后果，另一部分则是由经济体系的内在规律引起的。任何市场经济都会经历波动，有一些是季节波动，不会影响年度数据；另外的一些如经济周期则很难在年度数据中得以体现。而要把握表 1–3 中所包含的 10 年的平均数据则是难上加难，这主要是因为 19 世纪经济周期非常短暂，从谷峰到谷峰或者从谷底到谷底，一般只有 3~5 年。某些重要的经济衰退，比如 19 世纪 90 年代的大萧条会明显地影响一系列年度数据，甚至影响该 10 年的平均值，但是影响较小的灾难性事件则是难以追溯和衡量的。

这一时期经济波动的第三种形式，即长期波动或库兹涅茨周期，具有 15~20 年的振幅——从谷底到谷底或者从谷峰到谷峰，这在表 1–3 年度数据和类别数据的 10 年均值中可以观测到。西蒙 · 库兹涅茨（Simon Kuznets）、摩西 · 阿布拉莫维茨（Moses

Abramovitz）、理查德·伊斯特林、布林利·托马斯（Brinley Thomas）和道格拉斯·诺思（Douglas North）等人曾对此进行了研究。这五个人都认为这些波动对19世纪美国经济增长的神话至关重要。

诺思的研究主要是针对内战前的一段时间。诺思认为，从1815年开始至美国内战前，美国经济增长的动力是英国对美国棉花的需求，这一需求正是由英国工业革命引起的。美国内战前的20年间，棉花大约占美国出口总值的1/2。南部经济的周期性变化正是棉花种植户对英国需求变化作出反应的结果。英国经济的扩张逐渐抬高了原棉的价格，并最终刺激棉花种植户向西部新的肥沃的土地转移——开垦土地种植棉花。伴随着西进运动的还有社会一般资本的投入，例如一直伴随着西进运动的铁路建设。当这些投入完成后，棉花的市场投放量大大提高，价格下降，种植户的投入停止，直到英国的需求扩张赶上美国的生产力发展，棉花价格才又重新上升。

根据诺思的研究，这一周期性波动通过南部对棉花收入的支出而影响美国其他经济区域。棉花种植户从东北部购买工业品，从西北部得到食品供给。在南部周期
10 性波动的扩张期，需求显著，并刺激了北部经济的增长。在紧缩期，由于棉花种植户的收入下降，农民将劳动力从低价的棉花生产上转移到粮食种植上来养活他们的奴隶，不再需要从西北部购买很多食物，因此需求下降。诺思的传导机理尤其是西部和南部之间假定的某种联系，已经遭到了各种各样的猛烈抨击，尽管他的模型很符合数据，但他关于棉花需求对美国南部经济的影响的解释非常牵强。

库兹涅茨、阿布拉莫维茨、伊斯特林和托马斯主要关注欧洲劳动力和资本向美国的转移，因而他们的理论主要与19世纪20年代后半期以后的阶段相关。托马斯的观点是：长期的波动是英国行为的结果。在英国严重、持久的萧条时期，其劳动力和资本被诱导向国外转移，进而，英国的资本和劳动力投资导致了接受国的繁荣，其中以美国为首。这样的繁荣经过长期酝酿后带来了对社会所有资本品的投资，这样，繁荣期延长了，持续了8~12年，而不是标准经济周期的1.5~2.5年。

库兹涅茨认为发展的动力来源于美国而非英国。在一篇影响深远的论文中，伊斯特林建立并验证了一个模型，这个模型用于描述国际移民的长期和周期性影响。简单地说，他的观点是：起作用的长期力量是欧洲人口方面的压力，而这一压力正反映了欧洲现代化的扩散程度。现代化刺激了人口的大量增长，加上现代化明显的

时间滞后性，导致了一个过剩的欧洲劳动力市场，而这些则加剧了内部和向海外的移民潮。然而长期波动的特定时机则依赖于美国的发展。伊斯特林的论文为库兹涅茨假设的合理性提供了一个验证。但是，关于这一问题的争论尚未停止，新论文将会继续出现，并将提出各种各样的关于长期波动的解释。有些观点甚至认为根本不存在有规律的长期波动这一现象。

库兹涅茨、阿布拉莫维茨和伊斯特林提出了一种理论，将国内和国际因素结合
起来解释美国经济的长期波动，这种理论极具说服力。尽管在一些细节的理解上有 11
所分歧，但该理论说明了美国经济历次从严重萧条中的复苏（如 1839—1843 年的大萧条）都会导致劳动力市场的紧缺，都必须从国外引进劳动力来缓解这种压力，从而刺激相关的投资，尤其是对新工人的住房投资。经济的繁荣同样需要对社会所有资本品，例如铁路的投资。铁路对英国投资者来说是具有吸引力的。这样，外资的进入至少暂时解决了美国国际收支平衡问题，否则繁荣导致的进口的显著增长会使国际收支恶化。经济扩张周期性的减慢会导致总量的调整，但这些调整的幅度相对较小。最终必定会有一次大的崩溃，使经济出现严重持久的衰退，移民进入美国的人数减少。

国内和国际因素造成的长期波动仅限于一战前。一战结束了几十年的大规模移民的历史。然而根据伊斯特林的研究，依然存在影响国内经济长期波动的因素，它表现为生育高峰、生育低谷以及进一步的回波效应（见本套书第三卷第 9 章，伊斯特林）。

要素投入和生产力

在漫长的 19 世纪，生产要素供给膨胀常常表现为普遍的产出高增长。根据和大英帝国的战争和约的一部分，独立战争后美国获得西部广阔的土地，下加拿大人原本认为这些土地属于他们，并已经将其开发用于做皮毛生意（见本卷第 2 章）。这一土地割让意味着美国这个新兴国家财富的大量增加和其北部邻国财富的大量损失。1803 年美国购买了路易斯安那州的领土，这几乎使整个美国的面积翻了一番。1819 年美国从西班牙手中获得了 72 003 平方英里的土地——主要是佛罗里达州。在 19 世纪 40 年代美国得到了 1 204 740 平方英里的领土，包括得克萨斯州、俄勒冈州和墨

西哥割让的土地（该领土的面积几乎是美国在买进路易斯安那州之后的总面积的一半）。加兹登的买入（1853）、阿拉斯加州（1867）和夏威夷（1898）的并入结束了美国在 18 世纪和 19 世纪的领土扩张进程。到 1900 年，美国已经拥有包括陆地和
12 海洋在内的 3 002 387 平方英里的领土，几乎相当于与英国签订战后和约时的 3.5 倍。[1]

人口增长则更快，1774 年美国人口大约为 235.4 万人，到 1799 年就增长到约 529.7 万人，尽管独立战争损失了很多人口，大量保王党也移民国外（大约 10 万人），但到南北战争前，人口还是达到了 1799 年的 6 倍，到 1909 年，人口又增长了 3 倍。1774 年到 1909 年之间，美国人口增长了近 40 倍。

作为同一时期的 48 个要素之一的劳动力的增长更加引人注目。劳动力在人口中的比重增加有两方面的原因：一方面是 19 世纪建成的工厂大量雇用妇女和儿童 [2]；另一方面是外来移民带来的人口结构的改变（出生率下降也起着微弱作用）。这两方面的原因导致人口的平均年龄提高，劳动力占总人口的比重上升，劳动力的增长率大于人口的增长率［见本卷第 4 章和第 5 章，海恩斯（Haines）与马戈（Margo）］。

最后，资本存量的增长幅度也很大。1774 年到 1799 年，资本增加了 3 倍多，从 1799 年到南北战争期间增长了 16 倍，而从 1860 年到 1909 年，又增长了 8 倍多。全部算起来，1774 年到 1909 年，资本存量迅猛增加了 388 倍。

随之而来的是相关投入要素迅速增加。于是就产生了这样的问题：产出增长中哪部分是由要素投入的增长带来的，哪部分是由要素投入生产率的提高而导致的呢？对这个问题的传统解决办法是根据总收入中各要素所占百分比赋予各要素增长率一个权重。总收入是这样计算的：把三种要素的结果加总，减去受总产值增长速度影响的部分。生产率变动作为残差。

以上方法可以在有关生产函数的学术文献中得到证实，这些学术文献包含了很多的假设和证明。有关这种方法的常规解释如下：如果三种要素的增长率取平均值，
13 为了得出其在总产值增长中的贡献，必须给它们的平均值分配权重，并且权重应该反映三种要素的相对重要性。既然要素报酬代表了每种要素对生产的贡献，那么，在生产过程中，每种要素的重要性就应该用对每种要素支付的产出的比例来反映（至少在竞争性均衡中确定是如此）。

因为不是所有劳动者对产出都同等重要，同样，也不是所有资本和土地对产出

都同等重要，所以在产出贡献的分析中其实不止三个要素，因而也不止三个权重。这一点很重要，我们将在后文中进行讨论。但是现在，我们只考虑这三个要素。而且，由于 1774 年的产出和投入值的选择是随机的，所以我们的分析将只限定于 1774 年以后。最后，要素投入值代表的是可能获得的投入，而不是实际所用的投入。另外，至少从 1834 年以后（见上文），生产力变化的衡量尺度发生了变化——包括就业水平的变化和劳动强度的变化。从长期来看，劳动强度的上升或者下降趋势不是十分明显。从短期来看，奴隶制的废除、工业中周工作时间的适度缩短会减轻劳动强度，但是经济结构的变动提高了工业的相对重要性，必然会增加劳动强度（就像资本利用率的变化一样）。因此，在考虑生产力的改变时必须考虑周全。然而，如果我们把 19 世纪生产力变化的大部分原因完全归于就业水平和要素利用率的变化，却似有不妥。

19 世纪，美国产出的增长明显受制于要素投入供给的增长，这些要素投入的增长带来了大约 82%~85% 的产出率的增长（见表 1–4），当然，生产率的增长带来了剩余的 15%~18%。1840 年以后生产率的变化对经济扩张的贡献似乎大于 1840 年之前，但是这两个时期的差别并不是很大。一战后生产率的提高对经济扩张的影响则 14
要显著得多（见本套书第三卷第 1 章，阿布拉莫维茨和戴维），但是也应该看到，随着时间的推移，这种相对重要性的提高不仅取决于生产率的增长，也是一战后要素投入率降低的结果。也就是说，由于一战后要素投入增加的速度开始慢慢减缓，这样，同样的生产率，在一战后的产出增长贡献中占到了更大的比重。

生产力作为补充要素，它的衡量受很多因素的影响，包括投入和产出的准确定义（上面已讨论）、投入与产出增长率的估计误差。依据本章所用的定义，19 世纪 15
生产力的最重要的推动力可能有 4 个（除了误差项）：技术改进（即生产工艺的改进和新产品的开发）、生产效率提高（即生产要素分配的改善）、人力资本改善和规模经济。关于第 1 种、第 3 种、第 4 种推动力有单独的章节（本卷第 5 章，马戈；第 9 章，恩格尔曼和索科洛夫）进行研究，而第 2 种推动力将在下面进一步讨论。

表 1–4　1800—1900 年实际 GNP、劳动力、资本、土地和全要素生产率的增长率 (%)

A 组：增长率				
	(1) 实际 GNP	(2) 劳动力	(3) 资本	(4) 土地
1800—1840 年	3.92	3.09	3.98	2.80
1840—1900 年	4.10	2.72	4.96	2.17

B 组：全要素生产率变化率的计算					
	加权后的增长率			(4) 加总 (1) ~ (3)	(5) 全要素生产率的增长率
	(1) 劳动力	(2) 资本	(3) 土地		
1880—1840 年	2.10	1.15	0.08	3.33	0.59
1840—1900 年	1.85	1.44	0.07	3.36	0.74

C 组：对产出增长的贡献率				
	增长率			
	(1) 劳动力	(2) 资本	(3) 土地	(4) 生产率
1800—1840 年	54	29	2	15
1840—1900 年	45	35	2	18

说明：实际 GNP 估计值指的是自然年度 1800 年及 1834 年到 1843 年人口普查年份的平均实际 GNP(以自然年度 1839 年数据为中值)和 1894 年到 1903 年间的平均实际 GNP(以 1898.5 年数据为中值)数据。资本和土地的估计值涉及的时间是 1799 年、1840 年和 1900 年。

资料来源：A 组：GNP ：见表 1–3 的说明；资本：Gallman，“American Economic Growth”, 88［表 2–4，A 组栏（3)］；劳动力和土地：同上，97；B 组：权重：同上；全要素生产率的增长率：A 组栏（1）减去 B 组栏（4)；C 组：B 组栏（1)、栏（2)、栏（3）和栏（5）除以 A 组栏（1)，结果乘以 100。

三种生产要素相对重要性的变化也很有意思，由于土地供给的权重很小，而且它的增长率相对较低（与其他要素相比），所以土地对产出的贡献率极低。但是，这一表述确实低估了土地要素真实的重要性，同时也反映了这种分析方法具有严重的局限性。正是新大陆土地的巨大吸引力刺激了高出生率和高移民率，从而使人口快速增长；高的国内移民率导致了分配的高效率、巨额的投资和有助于生产力提高的技术变迁。土地数量的估计只描述了用于生产的土地，并反映出土地供给扩大的直接后果，却遗漏了其巨大的间接影响。

另外两个要素，即劳动力和资本重要性的变化见证了一次巨大发展——19 世纪美国以惊人的速度形成的资本市场。相对于劳动力而言，资本在产出扩张中所占的份额增长更快。同时，工人人均资本拥有量的提高也有益于劳动生产率和工资的提高——19 世纪末工人人均资本拥有量几乎是 19 世纪初的 10 倍。更重要的是，这些
资本都是新近投入的并用于最前沿的实用技术——从 1870 年到一战期间，几乎 2/3 16
的资本存量在 10 年或更短的时间内形成。[3] 最后，资本存量的高速增长意味着资本可以快速流动以适应新的、未知的市场机会，从而使资本在投资项目中的分配更有效率。

美国的经济绩效

概　念

虽然经济规模是很重要的经济指标，但是绝大部分研究经济增长的学者更加关注人均产出水平。理由很充分：经济学关注的中心问题是如何将稀缺的资源用于不同的用途以生产产品满足人们的需要。人均实际产出即经济总产值与相应的人口之比。这个比率是衡量经济成功与否，即经济绩效的基本指标。虽然有很多人对人均产出（收入）这一指标提出质疑，但这种质疑却很少能够得到认可。所以我们将先从人均产出角度衡量经济绩效，看看它在理解、评价整个 19 世纪的美国经济时到底会发挥什么作用，然后我们才能全面、客观地评价该指标的不足之处。

在 19 世纪的很长一段时间内，美国有一部分人口是奴隶，而且在这个时期的相对较短的时间内，还有一部分人口是契约式奴仆。事实上不应该把这些被剥削的工人——至少是奴隶——包括在计算人均国民生产总值涉及的人口中，而是应该把他们的消费看作中间产品——就像煤是用来驱动蒸汽机的一样——要从总产值中扣除。

然后，剩余的部分被自由人平分，从而得到经济的人均产出。

用这种方法计算人均产出是从奴隶主的角度来评价经济的一种方法，因为对种植园主而言奴隶是他们获得财富的工具。但是如果我们用 20 世纪末的观点来看待经
17 济，并且对其经济绩效感兴趣，很显然我们必须把奴隶和仆役看作由经济供养的人口的一部分，并且不能只用自由人的人均产出来判断经济绩效，而是应该用所有人的平均水平来判断，也就是说必须依据当今的标准评价当时的经济。至于说奴隶和奴仆的收入很少，这和计算人均产出关系不大，一些自由人的收入也很低——某些自由人的收入水平跟奴隶或奴仆的收入水平一样，甚至更低。问题的解决方式不是在总人口中扣除穷人数以计算人均收入，而是应该分析总人口中收入分配及其变化[这一点见本卷第 3 章，波普（Pope）]。

另外一个重要的方面在于自由民、奴仆和奴隶生活质量的不同。自由民可能不是完全自由的，可是相对于契约式奴仆来讲是自由的。同样，奴仆比奴隶更自由，因为他们仅仅是通过做仆役来生活——4~7 年后，他们就会获得自由，而在奴隶制存在的时期，奴隶获得自由的希望是很渺茫的。针对这一差别，应该给自由赋予消费价值，并对所有自由人赋予这一价值。这样，当契约式的奴役状态消除以后，产出相对来讲就会增加，当奴隶被解放的时候，产出指数就会有更多的增长。通过这样的调整，上文提到的 1859 年到 1869 年之间产出增长率的下降速度将会变慢，甚至还会是上升的。[4] 唯一的问题是怎样确定自由的消费价值指数。（对这些问题的进一步讨论，见本卷第 8 章，恩格尔曼。）

人均收入（产出）

1793 年 8 月托马斯·库珀（Thomas Kooper）怀着和家人移居新大陆的美好憧憬，从英国漂洋过海来到美国。1794 年他返回英国付清欠款，准备和家人移民出国，同时出版了一本有关美国的小册子，这本书是他和一位英国朋友的通信集，信的开头这样写道：

18 虽然土地非常便宜，但是劳动力价格非常昂贵，在任何制造业上投资都是一件非常冒险的事情，在这个国家至今没人真正成功。尽管这些障碍还是没有显现出来，但我担心发明家和开拓者的共同命运，他们通常是富

了国家穷了自己……[5]

在表达他的感受时，库珀丝毫没有回避开拓者所面临的风险；在很多到访者写的资料文献中很容易找到这些观点。美国人自己也谈到了土地扩张及其对美国经济和社会的影响。本杰明·富兰克林 (Benjamin Franklin) 相信充足的土地资源导致人们普遍早婚和大家族的出现。坦奇·考克斯（Tench Coxe）强调美国的比较优势和美国的经济结构［富兰克林的观点见本卷第 4 章，海恩斯；考克斯的观点见第 15 章，利普西（Lipsey)］。但目前我们需要从库珀的小册子里边看到的是，在 18 世纪的晚期美国的土地充足而劳动力稀缺；土地便宜而劳动力昂贵。工资相对较高，与英国的收入分配相比，美国在自由民家庭之间的收入分配相对是平等的，并且，人均收入——收入的中值——也是高的。

美国的人均收入到底多高不是很清楚，但艾丽斯·琼斯（Alice Jones）估计在独立战争之前美国的人均收入大约同英格兰和威尔士一样，但也有可能比英格兰和威尔士的水平要低一些。[6] 19 世纪的数据显示了这两个经济体——美国和英国——之间的差距大约是 30%，至少持续到 1870 年，英国都占优。之后，美国经济发展更快，到 1913 年美国的人均 GDP 比英国的略高 (见表 1–5)。

至于其余的欧洲国家，从目前可以获得的资料来看，其收入水平始终要低于美国（两个例外：比利时和荷兰），有的时期甚至比美国低很多。例如，在 19 世纪晚期，俄国的人均收入大约是美国的 1/4，意大利和芬兰的人均收入不到美国的一半。随着 19
时间的推移，欧洲国家几乎毫无例外地被美国甩在了后边。也就是说，这些国家人均实际收入水平的增长速度要慢于美国人均实际收入水平的增长速度。

表 1–5　　不同时期各国人均总产值与美国人均总产值的比较

	当前价格		1990 年国际元			
	1774 年	1840 年	1850 年	1870 年	1890 年	1913 年
1. 西欧						
a. 英国	1.25	1.20~1.40	1.30	1.33	1.21	0.95
b. 法国		0.78	0.92	0.76	0.69	0.65
c. 德国			0.81	0.78	0.75	0.72

续前表

	当前价格		1990 年国际元			
	1774 年	1840 年	1850 年	1870 年	1890 年	1913 年
d. 比利时			0.99	1.07	0.99	0.78
e. 荷兰			1.04	1.07	0.92	0.74
f. 爱尔兰			N.A.	0.72	0.66	0.51
g. 丹麦			0.93	0.78	0.71	0.71
h. 挪威			0.59	0.53	0.48	0.43
i. 瑞典			0.71	0.68	0.61	0.58
j. 芬兰			N.A.	0.45	0.39	0.39
k. 意大利			N.A.	0.60	0.48	0.47
l. 瑞士			N.A.	0.88	N.A.	0.79
m. 葡萄牙			0.60	0.44	0.36	0.26
n. 西班牙			0.63	0.56	0.54	0.42
o. 捷克斯洛伐克			0.59	0.47	0.44	0.39
p. 匈牙利			N.A.	0.52	N.A.	0.40
q. 奥地利			0.91	0.76	0.72	0.66
2. 东欧						
俄国			N.A.	0.56	0.27	0.28
3. 澳大利亚、新西兰和美洲						
a. 澳大利亚			1.69	1.55	1.41	1.04
b. 新西兰			N.A.	1.27	1.11	0.98
c. 加拿大			0.70	0.66	0.66	0.79
d. 阿根廷			N.A.	0.53	0.63	0.72
e. 巴西			0.39	0.30	0.23	0.16
f. 墨西哥			0.37	0.29	0.29	0.28

续前表

	当前价格		1990 年国际元			
	1774 年	1840 年	1850 年	1870 年	1890 年	1913 年
g. 智利			N.A.	N.A.	N.A.	0.50
h. 哥伦比亚			N.A.	N.A.	N.A.	0.23
i. 秘鲁			N.A.	N.A.	N.A.	0.20
j. 委内瑞拉			N.A.	N.A.	N.A.	0.21
4. 亚洲						
a. 中国			N.A.	0.21	0.18	0.13
b. 印度			0.30	0.23	0.18	0.12
c. 印度尼西亚			0.36	0.27	0.20	0.17
d. 泰国			N.A.	0.29	0.23	0.16
e. 日本			N.A.	0.30	0.29	0.25

资料来源：见表 1–1 和正文内容。 20

除了少数例外情况，世界上的其他国家和美国的差距更加惊人。整体来讲，美国的人均收入水平要高于被考察的亚洲和拉丁美洲国家的人均收入水平，而且增长速度更快。例如，麦迪逊（Maddison）指出，印度的人均 GDP 在 1850 年大约是美国的 3/10，但到了 1913 年仅是美国的 12%（见表 1–5）。这里有两个例外，19 世纪，澳大利亚和新西兰有着异乎寻常地高的人均 GDP，但是，随着时间的推移，这两个国家逐步失去了相对美国的优势，到 1913 年，人均收入水平就跟美国差不多了（见表 1–5）。其他国家，如阿根廷和加拿大的水平远远低于美国，但是，这两个国家，加拿大在 1890 年到 1913 年之间，而阿根廷在 1870 年到 1913 年之间都曾经历过高速的增长。19 世纪的所有高收入国家和（或）快速增长的经济体，除了英国外，都是殖民地经济，都拥有充足的自然资源，都有大量欧洲资本和劳动力流入。

1774 年至 1913 年间，美国经济表现出超常的强劲增长势头。尽管在这么长的时间跨度中和差别很大的文化之间进行比较是有问题的，但是，这仍说明了美国在 19 世纪晚期的收入水平比当今世界上的绝大多数国家要高。[7]

美国人均产出的短期变化与前文讨论过的总产值的变化（见表 1–6）只能粗略匹配。例如，1774 年到 1793 年之间的实际 GNP 稍微有所上升，而实际的人均 GNP 却略微有所下降。1793 年到 1807 年之间的兴盛和内战对经济的消极影响都充分体现出来了——1859 年到 1869 年之间的年均增长率仅为 0.5%。

从人均数据得出的最新研究成果必须结合经济的长期增长率来考察。正如我们所看到的，一方面，实际 GNP 的变化率，并没有表现出明显的长期趋势；另一方面，
21 实际人均 GNP 的变化速度却是随着时间改变的。从 1774 年到 19 世纪 30 年代实际人均 GNP 年均增长率不到 1%。之后，在 1834/1843 年到 1859 年之间上升到每年 1.5%，在 1869 年到 1909 年之间，年均几乎超过了 2.5%。但是，不同的增长时期有着不同的内涵。正如我们所看到的，19 世纪 20 年代工业化的进程在很多重要方面有了很大发展，在 19 世纪 30 年代和 19 世纪 40 年代工业部门开始显示出了巨大作用。很明显，人均 GNP 增长率的加速与现代化的进程是息息相关的。

表 1–6　　1774—1909 年美国的人均 GNP 及其变化率（1860 年价格）

A 组：人均实际 GNP（1860 年价格）			
1774 年	63.3	1859 年	135.9
1793 年	61.4	1869 年	142.0
1800 年	68.0	1869/1878 年	152.4
1807 年	73.6	1874/1883 年	178.9
1810 年	71.6	1879/1888 年	200.7
1820 年	79.5	1884/1893 年	211.3
1830 年	85.8	1889/1898 年	216.7
1834/1843 年	96.5	1894/1903 年	236.6
1839/1848 年	102.4	1899/1908 年	269.1
1844/1853 年	116.1	1909 年	287.0
1849/1858 年	127.9		

续前表

B 组：人均 GNP 的短期年均变化率（1860 年价格）(%)			
1774—1793 年	-0.2	1849/1858—1859 年	1.2
1793/1800 年	1.5	1859—1869 年	0.5
1800—1807 年	1.1	1869—1869/1878 年	1.6
1807—1810 年	-0.9	1869/1878—1874/1883 年	3.3
1810—1820 年	1.1	1874/1883—1879/1888 年	2.3
1820—1830 年	0.8	1879/1888—1884/1893 年	1.0
1830—1834/1843 年	1.3	1884/1893—1889/1898 年	0.5
1834/1843—1839/1848 年	1.2	1889/1898—1894/1903 年	1.8
1839/1848—1844/1853 年	2.5	1894/1903—1899/1908 年	2.6
1844/1853—1849/1858 年	2.0	1899/1908—1909 年	1.2

C 组：人均 GNP 的长期年均变化率（1860 年价格）(%)	
1774—1800 年	0.3
1800—1834/1843 年	0.9
1834/1843—1869 年	1.3（1.7）a
1869—1909 年	2.4
1774—1909 年	1.1

说明：1774—1830 年、1869 年、1909 年的 GNP 和人口数据都是指自然年份。1834/1843 年的 GNP 数据是按普查年的数据，一般以自然年份（1939 年、1844 年、1849 年、1854 年和 1859.5 年）数据为中心。人口数据按自然年份的数据，GNP 的估计取中值，即［1859.5=（1859+1860）/2］。1869/1878—1899/1908 的 GNP 数据按自然年份数据，平均得来的历年值以自然年份（1873.5 年、1878.5 年、1883.5 年、1888.5 年、1893.5 年、1898.5 年、1903.5 年）数据为中心并且人口数据也是指这些历年的数据（举例来说：1873.5 年等于 1873 年和 1874 年的平均值，等等）。

a. 1.7 指 1834/1843—1859 年数据。

资料来源：Table 1.3 and U.S. Bureau of the Census, *Historical Statistics of the United States, Colonial Times to 1970* (Washington, D.C., 1975), Series A-7. 22

第二个新的研究结果与经济增长的源泉有关。当增长用实际总产出来衡量的时候，生产率的改进对经济增长的作用是不明显的（见表 1–4）。但是，当增长是以人均实际 GNP 来衡量时就是另一回事了——这时生产率的改进能解释大部分的增长(见表 1–7)。投入要素的增长就足够使总产值的增长同人口的增长速度同样快，甚至还快于人口的增长速度，但是，人均产出真正的增长在很大程度上依赖于投入要素生产效率的提高，这才是很重要的影响因素。

表 1–7　1800—1900 年人均 GNP、劳动力、资本、土地和全要素生产率的增长率

A 组：人均增长率				
	（1）实际 GDP	（2）劳动力	（3）资本	（4）土地
1800—1840 年	0.90	0.10	0.99	–0.19
1840—1900 年	1.52	0.18	2.42	–0.37

B 组：人均全要素生产率变化率的计算					
	加权后的增长率			(4)	(5)
	(1) 劳动力	(2) 资本	(3) 土地	加总 (1)～(3)	全要素生产率的增长率
1800—1840 年	0.07	0.29	–0.01	0.35	0.55
1840—1900 年	0.12	0.70	–0.01	0.81	0.71

C 组：对人均产出增长的贡献率（%）				
	（1）劳动力	（2）资本	（3）土地	（4）生产率
1800—1840 年	8	32	–1	61
1840—1900 年	8	46	–1	47

23 资料来源：表 1–4 和表 1–6 及其引用的资料。

技术指标

资本消耗与净国民产出

实际人均 GNP 像前文描述的一样，是一个合理的首要的衡量物质福利的指标，但是，它并不是在任何一方面都是理想的。首先，GNP 是用来衡量一个社会的总产出的，但是，如果 GNP 每年都被消费掉，那么产出水平将不会持续多久。一个更好的衡量福利的指标，就是国民生产净值（NNP），也就是 GNP 减去维持目前产出水平的投资。虽然对 NNP 的测量只是近似地接近理想状态，但是，总比没有要强。

表 1–8 包含了用人均 NNP 衡量指标计算的增长率，并且，从该表中我们可以看到实际人均 NNP 的增长要慢于实际人均 GNP 的增长。这种情况的产生有两个方面的原因。一方面，现代化的进程使得单位产出需要越来越多的资本，以至于实际 GNP 中越来越多的部分需要用于替换用完的或者是因为折旧而废弃的资本，也就是说，相对于以前来讲产出中更大的部分不得用于消费支出以维持产出水平在将来不会下降。另一方面，现代化需要新的资本形式。传统的农业生产很大程度上依赖于经久耐用的资本，如对一种或者另一种类型的土地的改进，以及非折旧的资本——牲畜或者谷物投资；手工业也使用经久耐用的资本，如很少随着时间推移而改进的工具等。现代工业成长于 1820 年以后，尤其是 1840 年以后，大量使用机器，这些机器相对来讲使用周期短，一部分是因为机器比建筑物耗损得要快，更重要的是因为它们本身就是高折旧率的物品。和原来相比，19 世纪美国经济的现代化每年需要更大的资本品消费量。 24

结果，GNP 中越来越少的部分被用来进行消费和新的投资。[8]

表 1–8　1834/1843—1894/1903 年人均实际 GNP 和实际 NNP（1860 年价格）的年均增长率（%）

	GNP	NNP
1834/1843—1844/1853 年	1.87	1.85
1844/1853—1859 年	1.51	1.38
1859—1869 年	0.46	0.45
1869—1874/1883 年	2.46	2.45
1874/1883—1884/1893 年	1.68	1.34
1884/1893—1894/1903 年	1.11	1.00
1834/1843—1894/1903 年	1.52	1.41

资料来源：人均 GNP 增长率是由表 1–6 的数据计算得来的。关于人均 NNP 增长率的计算：NNP 是由 GNP 减去资本性的消费支出得到的，资本性的消费支出来源于资本存量数据——设备及改良设备（变量 *B*）——在高尔曼的“United States Capital Stock”，204 页表 4–A.1 中，是使用不变价格计量的。

假设设备的生命周期是 15 年、改良设备的生命周期是 50 年，分别用 5 和 10 表示其平均的使用年限。采用直线折旧方法。至于人口的数据，参见表 1–6 的说明。

家庭制造业和农业的发展

人均 GNP 并不是最理想的测量福利的手段的第二个原因在于它不包括所有产出成分。它包括所有的农业产出和所有的家庭房屋的价值，但它却排除了未进入市场交易的产出。在历史上的很多时期，这种遗漏造成了对总产值水平的低估，但并没
25 有导致增长率的异常变化。由于通常把增长率作为分析的手段，所以这种遗漏并不重要。

但当只考虑美国 19 世纪的经济状况时，这些遗漏就必须考虑了。在工业化时期，很多经济活动从家庭内部转移到了工厂或者车间，由于标准的 GNP 概念忽略了家庭的产出，却包括车间和工厂的产出，因此，在该时期衡量的实际 GNP 增长率被高估了。[9] 表 1–9 包含的数据试图去克服这个问题，且至少部分地解决了该问题。它在 GNP 中涵盖了家庭产出的重要部分（烤面包、纺织品和成衣生产、牲畜的屠宰）和农场土地的开垦与首次开荒，以及用农业材料进行的农场建设。虽然这种计算也不全面，因为它还是漏掉了一些家庭内的产出，但是对国民生产总值的计算做出了有益的补充。通过考虑产出的这些因素可以使实际人均 GNP 的增长率相对降低一些，但仍然是高的。

若在发展水平不同的国家之间进行国际比较，进行跨时期比较时出现的问题会重现。例如，在上节中提到用传统的方法衡量的结果显示 1913 年印度的人均收入水平是美国的 12%。毫无疑问，1913 年美国的产出中投入市场的部分要远远大于印度
26 产出中投入市场的部分。这样，尽管印度确实比美国要穷得多，但是传统的 GNP 测量方法拉大了两个国家间的差距。

表 1–9　1834/1843—1894/1903 年传统观念和非传统观念下的实际 GNP、实际人均 GNP、人均 NNP 的年平均增长率

A 组：GNP		
	传统	非传统
1834/1843—1844/1853 年	5.02	4.28
1844/1853—1874/1883 年	4.15	3.93

续前表

A 组：GNP		
	传统	非传统
1874/1883—1884/1893 年	4.02	3.91
1884/1893—1894/1903 年	3.11	3.02
1834/1843—1894/1903 年	4.10	3.83
B 组：人均 GNP		
1834/1843—1844/1853 年	1.92	1.18
1844/1853—1874/1883 年	1.52	1.30
1874/1883—1884/1893 年	1.72	1.61
1884/1893—1894/1903 年	1.16	1.07
1834/1843—1894/1903 年	1.56	1.29
C 组：人均 NNP		
1834/1843—1844/1853 年	1.85	1.12
1844/1853—1874/1883 年	1.42	1.21
1874/1883—1884/1893 年	1.34	1.24
1884/1893—1894/1903 年	1.00	0.90
1834/1843—1894/1903 年	1.41	1.15

资料来源：见表 1–3 和表 1–6。非传统测量方法参考 Gallman，“Gross National Product”，35。该书假设家庭制造业占易耗品和半耐用品价值的比例，在当前不变价格下是相同的。 27

外部性

在现代化的进程中，可能会有其他的因素使得实际 GNP 的标准测量夸大了真实的经济增长。这一方面源自这样的事实，即现代工业产生了没有包括在已销售的产品成本中的成本，因此当计算 GNP 时不能考虑这些成本。污染是一个很好的例子。精确的 GNP 测量应该扣除污染成本。[10] 另一方面现代化也引起了生活方式的变革，这些变革会产生被标准概念忽略的额外成本，例如，交通成本和增加的治安成本。这些都源于人口在地理上的大量集中。现在还没有好的方法把这些成本考虑进美国

19 世纪经济增长的测量中来，但是，恰当的调整似乎也不太可能对美国经济增长测量的结果产生重要的影响。

工作年限

人们的福利水平不仅依赖于人均产出水平，而且必须考虑为获得这些产出所放弃的东西。现代经济增长的结果是每周工作时间缩短，一些学者认为节约下的自由时间应被看作闲暇，并被看作经济增长的收益。不论20世纪的生活是否变得更为悠闲，周工作时间和工作年限确实都缩短了。度量 19 世纪工作时间的变化需考虑一些问题。我们知道，废奴运动使大部分工人的工作时间缩短，劳动强度降低。工业中的工作年限可能会缩短一些，但由于经济结构的转变无疑增加了某些工业部门如采矿和制造业的权重，所以这些行业的工作年限较长；同时，农业部门的权重降低了，所以农业部门（南部种植园除外）有相对较短的工作年限（见本卷第 5 章，马戈）。所以，平均来讲，工作年限的总趋势是先变长，然后缩短。在 19 世纪早期和中期的几十年里，人均收入的增长有一部分是来自劳动强度的加大，但在晚期的几十年里情况则正好相反。

如何看待这个问题呢？一种方法是给闲暇时间赋值，也可以说是闲暇的机会成本，但这种说法的前提是工作时间可以选择。例如，对农场工人而言，之所以每年工作时间短是由于没有足够的工作机会，如果有足够的工作机会他们会选择延长工作时间从而赚取更多的收入。在这种情况下，“闲暇”的收益被高估了。

同样，当工厂的工作适合年轻妇女时，这种工作机会极大地改变了妇女的命运。在家里她们整天忙于家务，而这种家务工作处于工作中的最底层。在工厂里，她们不仅能够挣到钱，而且融入了处于同样年龄阶段的女性群体中。这种从家庭到工厂的转变，可能不仅仅是从闲暇到工作的转变，而且是从一种生活方式向更优生活方式的转变。

女性地位的改变只是展露了冰山一角。人们怎样看待他们生活方式的改变？城
28 市是让年轻人感到孤独的地方，是缺乏社会帮助的地方吗？还是他们更喜欢爱说闲话、缺少个人隐私、一旦有愚蠢之举就会终生被人记住的乡村生活？城市是华灯璀璨，还是充满黑暗和邪恶？标准的人均收入水平要再提高多少，人们才能够重视工作变

化引起的福利变化呢？

人力资本

还有一项能被度量而且应该计入 GNP 的是学校教育。当然，标准的 GNP 也包含学校教育的一部分因素，例如，教师的收入。但是，很显然我们忽视了学生们花在学校里的时间这个因素。在一个世纪中，普遍存在童工现象，时间花在学习上就意味着工作时间减少，学校教育与产值之间不但存在明显的联系，而且，我们能用简单的方法估算儿童们的学习时间的价值：机会成本。艾伯特·菲什洛（Albert Fishlow）估计了儿童们在学校学习时间的机会成本 [11]：

1860 年：2 480 万美元

1880 年：7 210 万美元

1900 年：2 139 万美元

也就是说，在过去的一段时间里，这种机会成本的增长比 GNP 中展示的增长要显著得多（见表 1–3）。1860 年，学龄儿童学习时间的机会成本价值是 GNP 的 0.5% 多一点；这个数字 1880 年上升到 0.7%，1900 年大约是 1.2%。从某种意义上说，如果把这种机会成本纳入 GNP 的计量当中来，这种机会成本的价值是很小的，不足以影响 GNP 的增长率。然而，正如我们将要看到的，相对于总储蓄和投资而言，这种机会成本的价值更加引人注意。[12]

另外一种人力资本来源是移民，虽然会有其他成本，但它不需要美国人投资。大部分移民为年轻人，由在国外成长、受教育和培训的人组成，而且可以工作很长 29
时间。移民的数量在美国内战前期的 20 年内增长极其迅速，而且内战一结束，移民的数量又达到了以前的高水平（见本卷第 4 章，海恩斯）。保罗·由塞尔丁（Paul Uselding）认为：美国从移民中获得的人力资本几乎与内战前 20 年由传统投资获得的人力资本数量一样多。[13] 对战后类似的估算可能表明这种人力资本来源的重要性相对来说更有限，但仍非常重要。[14]

消费

前文讨论了以不同方法计算的收入和人均收入。这些方法有的是从最终消费者的消费角度来计算的，有的是从储蓄和投资角度来计算的。从储蓄和投资的角度来计算更加关注社会的前景而不是目前的环境。如果我们对目前的福利水平感兴趣，就可以使用第一种方法，也就是从消费角度来计算，并考虑人均消费因素。表 1–10 包括了关于消费的各方面的数据。[15]

表 1–10　1834/1843—1899/1908 年的消费物品（%）

A 组：以不变价格衡量的商品和日用品种类的分布

	商品				日用品		
	低值易耗品	半耐用品	耐用品	服务	低值易耗品	半耐用品	耐用品
1834/1843 年	57	9	2	32	84	13	3
1839/1848 年	57	11	3	29	80	15	4
1844/1853 年	53	16	4	27	73	22	5
1849/1858 年	51	17	6	26	69	23	8
1869/1878 年	51	17	8	24	67	22	11
1874/1883 年	51	17	8	24	67	22	11
1879/1888 年	51	17	10	22	65	22	13
1884/1893 年	50	18	11	20	63	23	14
1889/1898 年	51	18	11	20	64	23	14
1894/1903 年	52	18	10	20	65	23	13
1899/1908 年	50	18	10	22	64	23	13

B 组：以当前价格衡量的包含家庭制造和不包含家庭制造的商品类别的分布

	不包括			包括		
	低值易耗品	半耐用品	耐用品	低值易耗品	半耐用品	耐用品
1839 年	79	16	5	75	21	4
1849 年	68	24	8	67	27	7
1859 年	69	23	8	68	34	7

续前表

	C 组：人均消费品流量（1860 年美元）					
	全部商品	所有的日用品	低值易耗品	半耐用品	耐用品	服务
1834/1843 年	85	58	49	8	2	27
1839/1848 年	89	63	50	10	3	26
1844/1853 年	99	73	53	15	5	26
1849/1858 年	107	79	55	18	6	28
1859 年	115	85	59	20	6	30
1869 年	108	82	56	17	10	26
1869/1878 年	115	88	59	20	10	27
1874/1883 年	137	105	70	23	11	32
1879/1888 年	151	118	77	26	15	33
1884/1893 年	152	121	77	27	17	31
1889/1898 年	153	123	78	27	17	30
1894/1903 年	170	135	87	30	18	35
1899/1908 年	192	150	96	34	20	42

	D 组：以当前价格计算的消费者消费的日用品价格中成本所占比率
1839 年	20
1849 年	23
1859 年	24
1874/1883 年	22
1884/1893 年	28
1894/1903 年	29

说明：估算不包括存量上的变化，所以，仅仅是消费者手头上物品价值的一种大体对应。

资料来源：Gallman, “Gross National Product”, 27, 35; Robert E. Gallman and Thomas J. Weiss, “The Service Industries in the Nineteenth Century”, in Victor R. Fuchs(ed.), *Production and Productivity in the Service Industries*, Studies in Income and Wealth, vol. 34 (New York, 1969), 306.

在 1834/1843—1899/1908 年实际人均消费的年增长率大约为 1.26%（由表 1–10 的数据计算），它比实际人均 GNP 的增长率要低。这种现象主要是由于在过去的一段时间里，国民生产总值中储蓄部分增加，必然导致消费部分下降，而且人均消费的增长速度比人均收入的增长速度要慢得多。尽管如此，数据却显示，人均消费确实增长了，这一增长率不容忽视：在 1834/1844 年到 1899/1903 年，人均消费增长了一倍以上。

32 如果从更可靠的数据“消费者消费的日用品流量”来考察，这一增长率会更加显著——为年均 1.47%。增长率在几十年中变化很大。由于受内战的影响，1859 年到 1869 年之间，美国增长率有所下降，19 世纪 40 年代早期的大萧条使得 1834/1843—1839/1848 年增长率相对较低，而 1879/1888—1889/1898 年的增长率也较低则部分源于 19 世纪 90 年代的大萧条（见表 1–10，C 组）。1839/1848 年后的内战前几年增长率较高，1869—1879/1888 年由于内战结束增长率较高，而 1889/1898—1899/1908 年大萧条过后的经济复苏使增长率较高。

表 1–10 显示的人均日用品消费价值增长并不能单纯归因于消费品数量的增长。这些数据没有根据存量的变化进行调整，如果进行调整则人均日用品消费量的短期波动就不明显了。排除这种因素，对人均日用品消费量起重要作用的应是家庭外消费的增长和产品分配。在表 1–10 B 组中的某些数据是支持这种观点的，当家庭制造业的产量合并进表后，消费者日用消费品消费的长期增长率是下降的。表 1–10 中同样显示，随着时间的推移，相对于消费者日用消费品的价值，分配的成本在上升。

美国内战前，消费的结构同样在变化。一般来说，半耐用消费品（如纺织品和衣物）的消费和耐用消费品（炉子、烹饪用具、马车等）的消费增长比低值易耗品的消费增长要快。虽然如此，除了两个时间段外，在该表中的每个时间段内人均低值易耗品的消费也是上升的（在这两个时间段，一个没有变化，另一个由于内战的原因稍微有点下降）。总的来说，该指标在 1834/1843—1899/1908 年几乎增长了 100%。

在同时考虑耐用消费品和半耐用消费品的情况下，表中描述的美国内战前的变化表明生产已部分地从家庭向工厂转移。如在表 1–9 中，家庭生产的半耐用消费品的估计值几乎只有已公布的半耐用消费品生产总值的一半。到 19 世纪末，半耐用消费品的生产几乎全部是商业生产。

美国内战前，半耐用消费品、（尤其是）耐用消费品相对价格的明显下降反映了生产技术的进步。这些进步对人民生活水平提高的贡献并未在产出的数据中完全表现出来。例如，战前炉子的生产与销售明显增长。炉子大大改善了家庭取暖和烹饪的条件。某些建筑技术也得以应用。轻捷构架使得人们可以自行建造房屋，不仅对农民益处非常大，也意味着可以更加快捷、便宜地建造城市建筑物，同时又可以保持相应的质量——芝加哥和旧金山等新兴城市就是靠轻捷构架技术建造起来的城市。炼铁技术的进步导致了建筑物材料的变化和当时流行的装饰性格子窗的出现。中央取暖系统和内部管道系统也开始普及。

福利的其他计量方法

除了实际收入和消费测量方法外，还有一些其他的物质福利指标。有两种方法
近来引起了广泛关注：测量身高和预期寿命。克莱恩·波普发现，在 1760/1769— 33
1880/1889 年，尽管该时期的人均收入上升明显，但当地成年白人的预期寿命没有什么提高。（在 20 世纪，收入的提高和预期寿命的提高几乎是同步的。）尤为明显的是，成年人的预期寿命随着时间在波动，并且波普发现下降都集中在 1840—1849 年、1850—1859 年和 1860—1869 年。[16] 为什么经济增长的同时却伴随着较高的死亡率依旧是一个未解之谜。当然，美国内战对 19 世纪 60 年代的死亡率的影响不容忽视。19 世纪 40 年代和 50 年代，是移民大量涌入的时代，移民给劳动力市场带来了巨大压力，对本地工人是不利的。移民也带来了毁灭性的疾病（像 1849 年的霍乱、1853 年的黄热病以及 19 世纪后来岁月中出现的伤寒症），而移民带来的其他一些相对次要的影响也同样导致了死亡率的提高。另外，19 世纪 40 年代和 50 年代西进运动带来的人口流动、美国内战导致了疟疾的传播，虽然疟疾不如霍乱、黄热病和伤寒症那样迅速地大规模流行致人死亡，但实际上也缩短了人们的寿命。安东尼·特罗洛普（Anthony Trollope）在 1861 年采访西部人时这样写道：

> 去拜访他你就会看到……下巴上满是疲惫和病态……消瘦的脸庞、苍白的皮肤、毫无生气的精神面貌……他会坐在炉子边待上几个小时……好像在咀嚼反胃的东西……［西部女人］通常是强健、朴素、忧郁的……男人们都很阴郁、沉默寡言。[17]

在对疾病传播原因不甚了解的情况下，城市和工业的发展同样也产生了不好的

影响——弗拉德（Floud）、瓦克尔（Wachter）和格雷戈里（Gregory）发现这一情况
34 在英国确实是存在的。[18] 这些需要进一步深入研究。但是目前看，死亡率和人均收入的变化趋势无疑是不同的，虽然我们并不能确切了解影响死亡率的关键原因和影响机制（见本卷第 4 章，海恩斯）。

通过人体测量方法可以发现，19 世纪主要来自欧洲和非洲的美国人口中既定年龄段（或性别）学生们的身高主要由两个因素决定：遗传和营养。遗传的影响表明在既定的年龄阶段，人口（同一性别）中身高大致服从标准的正态分布。这种分布的位置（形状）会受到人口在关键成长期摄取营养状况的影响。在其他条件相同的情况下，胎儿、幼儿和处于生长高峰期的青少年阶段的营养状况好会直接导致成年人身高较高，营养差则身高较矮。

营养状况取决于摄入食物的质和量以及工作和疾病对营养的消耗。即使两个群体摄取同样的食物，但如果其中一个群体在成长的高峰阶段工作节奏更紧张或者健康条件不好，两个群体也可能会有完全不同的平均身高。

身高可以作为衡量福利水平的指标。这种方法有两个很明显的优点：(1) 因为在早期阶段有关身高的资料比有关收入或者产出的资料更加容易获得，通过身高指标可以把对人们福利的定量研究追溯到拥有该资料的任何历史时期；(2) 身高方面的资料表明，福利中的某些特定要素，可以被用来研究收入或者产出中确实或者可能不能解决的问题。这样，身高资料和收入数据是研究人类福利的两个互相补充的方法。从长期来看，这两种方法可能会沿着不同的方向并行发展，但从短期来看，可能并非如此。这并不意味着这两种方法互相矛盾，只不过是说明了人类发展的不同方面。

以年龄为基础的身高数据也有两个根本的缺陷。既然成年人的身高受他那一代人 20 年中生活经历的影响，那么，下一代人和这一代人相比在身高上的增高和降
35 低就不容易解释：造成一代人身高下降的原因可能发生在胎儿时期、幼儿时期或者在十几岁的青春期。[19] 虽然在早期阶段受到的损害可以在十几岁的年龄阶段通过额外的营养补回来，但很有可能早期阶段正是身高最受影响的阶段。另外，由于身高受食物的摄取、工作的紧张程度和疾病的影响，两代人相比身高上的降低（或升高）可能会有三方面的原因，而这三方面的原因的相互作用程度并不能单纯通过身高本身反映出来。归根结底，身高是反映营养状况的一个指标，但有关该指标获取时间

和变化原因方面的解释还需要利用其他形式的证据进行更多的研究。

现存的有关身高的资料表明，18 世纪晚期和 19 世纪早期美国白人成年男性的身高即使用今天的标准来看也已经很高了，大约是 173 厘米（见表 1–11）。20 世纪晚期的男性标准身高为 178 厘米。[20]

表 1–11　1780—1931 年美国当地出生的白人成年男性的身高

观测年份	身高（厘米）
1780 年	173.2
1785 年	173.2
1790 年	172.9
1795 年	172.8
1800 年	
1805 年	
1810 年	
1815 年	173.0
1820 年	172.9
1825 年	173.1
1830 年	173.5
1835 年	173.1
1840 年	172.2
1845 年	171.6
1850 年	171.1
1855 年	170.8
1860 年	170.6
1865 年	171.1
1870 年	171.2
1875 年	170.7

续前表

观测年份	身高（厘米）
1882.5 年	168.9
1887.5 年	169.2
1892.5 年	169.0
1897.5 年	170.0
1902.5 年	170.0
1906.5 年	171.6
1911 年	172.2
1916 年	172.9
1921 年	173.2
1931 年	175.5

资料来源：Richard H. Steckel, "Stature and Living Standards in the U.S.", in Gallman and Wallis（eds.）, *American Economic Growth*，288.

1830 年到 1840 年之间的这代人，平均身高降为约 172.2 厘米。1860 年的一代人继续下降为 170.6 厘米，1870 年出生的这代人的平均身高略有上升（171.2 厘米），之后又开始缓慢下降，到 19 世纪 80 年代早期达到了历史最低水平（168.9 厘米）。之后，平均身高缓慢上升，于 1921 年重新达到了殖民地后期的身高水平。

应该承认，从世界各国的历史身高数据来看，美国的这些身高记录都可以算得上是高的，下降得很少，它说明了美国在 19 世纪中后期的社会问题。学术界刚开始研究这些问题的根源，至今没有得出令人信服的结论。把上面讨论的问题和成人预
36 期寿命结合起来看：美国内战 [21]、疾病环境的恶化 [22]、移民的各种影响、工业污染、城市拥挤、公共健康问题、供水和垃圾处理等所有导致疾病增加的因素都是互相作用的。[23] 童工劳动强度的上升（尤其是在工厂里），同样也对该结果产生重要的影响，尽管受工厂纪律约束的孩童数量相当少。[24] 经济的结构性转变充分表明农业部门不可能保持使人健康成长的营养水平，尤其是 19 世纪末粮食出口还在上升时。但是从数据资料可以看出，在整个 1834/1843—1899/1908 年之间，用各种相关指标衡量的人均可获得的用于消费的营养物质量（产出减浪费、减出口、加进口）是很高的。

我们应该注意到，导致身高下降的原因可能是经济中内生的，也有可能是外生的，尽管这两者不容易区分。既然与国际贸易和移民活动有关的人员往来导致了霍乱和黄热病的传播，那么霍乱和黄热病到底是内生的还是外生的？这个问题需要进一步的研究，一个很好的研究角度是研究疾病产生的环境。[25] 38

经济的结构性变化

储蓄与投资

特点及趋势

1839 年到 1848 年的 10 年里，美国的储蓄约占国民生产总值的 14%（见表 1–12，A 组，第一项）。即使以目前的标准看，这个储蓄率也已经很高。但此后，储蓄率还在上升——到美国内战前上升了 3 个百分点，在 1849/1858 年至 1869/1878 年之间又上升了 2 个百分点，到 1879/1888 年再上升了 2 个百分点，而到 1884/1893 年再次上升了 2 个百分点达到了 23%。也就是说，从第一个 10 年到最后一个 10 年储蓄率上升了大约 2/3。最初 10 年，即 1839/1948 年美国曾经历了一个长时间的萧条，它可能会使储蓄率有所降低。从经济的繁荣时期 1844/1853 年到经济的萧条时期 39
1889/1898 年，储蓄率总共上升了 40%，储蓄率的上升趋势确实很明显。

表 1–12　　1834/1843—1909 年的美国投资

A 组：总投资占 GNP 的比重（%）			
	传统计算方法		非传统计算方法
	当前价格	不变价格	不变价格
1834/1843 年		12	19
1839/1848 年	14	14	17
1844/1853 年	16	16	18
1849/1858 年	17	17	20
1859 年		16	
1869 年		24	

续前表

A 组：总投资占 GNP 的比重（%）			
	传统计算方法		非传统计算方法
	当前价格	不变价格	不变价格
1869/1878 年	19	24	26
1874/1883 年	19	24	25
1879/1888 年	21	25	26
1884/1893 年	23	27	28
1889/1898 年	23	29	30
1894/1903 年	21	28	29
1899/1908 年	22	29	29
1909 年		27	

B 组：净投资占 NNP 的比重（%）（不变价格）			
	传统计算方法		非传统计算方法
	当前价格	不变价格	不变价格
1774/1800 年		5	8
1800/1840 年		7	8
1834/1843 年		9	15
1844/1853 年		13	15
1874/1883 年		19	20
1884/1893 年		19	20
1894/1903 年		18	19

C 组：总投资的组成（%）									
	传统计算方法								非传统计算方法
	当前价格				不变价格				不变价格
	MD	C	Δ INV	Δ CF	MD	C	Δ INV	Δ CF	CL+B
1834/1843 年					17	63	26	－5	41

续前表

C组：总投资的组成（%）									
	传统计算方法								非传统计算方法
	当前价格				不变价格				不变价格
	MD	C	Δ INV	Δ CF	MD	C	Δ INV	Δ CF	CL+B
1839/1848 年	19	57	23	+ 1	16	58	23	+ 4	22
1844/1853 年	20	60	23	− 3	18	62	22	− 2	15
1849/1858 年	20	59	23	− 2	20	66	17	− 3	17
1859 年					20	60	19	+ 1	
1869 年					27	69	15	− 10	
1869/1878 年	26	71	9	− 6	28	62	15	− 4	8
1874/1883 年	26	63	11	− *	33	52	15	− [a]	6
1879/1888 年	25	66	11	− 2	39	48	14	− 2	4
1884/1893 年	21	73	8	− 3	42	55	6	− 2	3
1889/1898 年	20	71	8	+ 1	42	52	6	+ 1	2
1894/1903 年	25	66	4	+ 5	46	45	5	+ 4	2
1899/1908 年	27	65	4	+ 5	54	41	2	+ 3	1
1909 年					54	46	3	− 2	

说明：MD= 耐用工业制成品；C= 建筑物；Δ INV= 存货价值变化；Δ CF= 进口货物的变化；CL+B= 农场土地改良：土地的首次开垦。

a. 少于 0.5%。

资料来源：见表 1–13、表 1–8 和表 1–9 的说明。非传统计算方法不包括家庭制造业的收入。如果把这一收入包括在内，A 组里最后一列数据的上升趋势将更加明显。1774/1800 年和 1800/1840 年的净投资值（B 组）等于资本存量估计值的差除以间隔的年份，例如 $I_{1800-1840}$=（K_{1840}–K_{1800}）/40。 40

如果我们用不变价格来表示储蓄和 GNP，这种趋势会更加明显。美国内战前的储蓄率与用当前价格计算的储蓄率是相似的（见表 1–12，B 组，第二项），只有 1834/1843 年的数据比 1839/1848 年低 2 个百分点。而且美国内战后的储蓄率要比用当前价格表示的储蓄率高。储蓄率的最高值是 29%，几乎是 1834/1843 年的 2.5 倍。资本品的价格相对于构成 GNP 的其他产品来讲明显下降得更快。表 1–12 的 C 组和表 1–13 进一步表明：制造业中耐用品机器和工具的价格下降得非常明显。耐用品价格降低可能有三个原因：机器工业的发展、制铁业尤其是炼钢业的革新以及关税结构的变化。所有这些都对机器的价格产生了影响，这一问题还有待史学家们的进一步研究。

资本品相对价格下降的作用是非常明显的：1889/1898 年当前价格 GNP 的 23% 的储蓄率相当于实际 GNP 的 29%。

如果国民生产总值加上家庭制造业和农场基建投资的价值，则储蓄率的变化并不明显（见表 1–12，A 组，第三项）。储蓄率虽然提高了，但随着时间的流逝相对不明显。尽管如此，内战前储蓄率还是缓慢上升的，内战前到内战后初期上升幅度较大（6 个百分点），到 1889/1898 年进一步上升了 3 个百分点。从 1834/1843 年到 1889/1898 年的整个期间内，储蓄率实际上升了 11 个百分点，几乎上升了 60%。另外，表 1–12 的 C 组和表 1–13 的 D 组也告诉我们为什么用非传统方法计算出的储蓄率的上升幅度要小于用传统方法统计出的数据。在 19 世纪 30 年代和 40 年代早期，当被开垦的土地是森林时，每亩土地的清理和筑篱笆费是一项较大的投资；而在较晚的几十年里，被开垦的土地变成了牧场、大草原，投资则相对较少。而且，开垦土地亩数的增长速度要远远慢于其他方面的投资。因此，
41 在整个 19 世纪，相对于其他方面的投资而言，清理土地和筑篱笆方面的投资并不重要。

最后，表 1–12 的 B 组给出了总储蓄率经调整后得出的净储蓄率。使用净储蓄率的优点是可以追溯到 18 世纪，但不如总储蓄率指标可靠。

最新的研究数据表明储蓄率的增长要早于 1834/1843 年，用传统方法和非传统方法得出的结论都证明了这一点。传统计算方法得出的结论表明美国至少从 18 世纪起，国民生产净值中越来越大的份额被用于储蓄；非传统计算方法得出的结论表明储蓄率的增长至少始于 19 世纪初期。增长率也很高：从 1884/1893 年开始，用传统的方法计算几乎增长了 4 倍，用非传统的方法计算几乎增长了 2.5 倍。

到目前为止，所有数据都与美国人的储蓄（和投资）有关，并不包括外国人在

美国的投资。表 1–12 的 C 组表明从定量的角度来看，漏掉的这一部分相对来讲并不重要，因为外国投资仅占美国投资的一小部分。然而，外资趋向集中于特定的几个部门，尤其是铁路和银行等重要的部门，因而外国投资对经济十分重要。此外，美国的投资银行是在英国商人银行的监护下成长起来的，充当英国投资美国铁路的代理人。经验表明，美国银行开始只是投资美国铁路，到 19 世纪末，也就是到了第二代、第三代美国银行，就成为工业兼并的投资者。正是美国投资机会对英国的吸引促使美国建立起了金融中介组织，它对工业融资意义重大(见本卷第 16 章，戴维斯和卡尔)。因此，我们可以看出外资在美国经济长期波动中发挥的作用：在经济高涨时缓解了国际收支平衡问题，从而进一步促进了繁荣。

外国投资可以分为三个时期：美国内战前、美国内战后初期和从 1889/1898 年开始的几十年。在美国内战前，美国有时从国外借款，有时给国外贷款。平均来讲，不论是借还是贷，相对于总的储蓄来讲数额一直是很小的，从来没有超过 5%。当然，10 年的平均数据抹平了资金流量的波动，但这一点有时也很重要，因为从目前来看，我们需要知道平均水平，这也是表中反映出来的。

表 1–13　　1774—1900 年美国国内资本存量结构

（以在美国国内资本存量中所占的份额表示）

A 组：当前价格数据 (%，不包括农场土地的清理、开垦和筑篱笆)				
年份	建筑	装备	存货	牲畜
1774 年	39	13	23	25
1799 年	33	14	35	18
1805 年	35	15	34	16
1815 年	41	13	26	21
1840 年	45	14	24	17
1850 年	47	13	26	13
1860 年	54	12	22	12
1870 年	54	11	24	11
1880 年	55	11	24	9
1890 年	61	13	19	8
1900 年	60	14	19	7

续前表

B组：1860 年价格数据 (%，不包括农场土地的清理、开垦和筑篱笆）				
年份	建筑	装备	存货	牲畜
1774 年	40	8	28	25
1799 年	34	9	35	23
1805 年	40	9	32	19
1815 年	41	7	29	22
1840 年	43	8	26	23
1850 年	46	9	27	17
1860 年	54	12	22	12
1870 年	55	13	22	10
1880 年	50	16	25	9
1890 年	49	25	21	6
1900 年	46	30	19	4

C 组：当前价格数据 (%，包括农场土地的清理、开垦和筑篱笆）					
年份	建筑	装备	存货	牲畜	土地开垦等
1774 年	24	8	14	15	40
1799 年	21	9	23	11	36
1805 年	26	11	24	12	28
1815 年	33	10	21	17	19
1840 年	33	10	18	12	28
1850 年	35	10	20	10	25
1860 年	42	9	17	9	22
1870 年	44	9	20	9	17

续前表

C 组：当前价格数据 (%，包括农场土地的清理、开垦和筑篱笆)					
年份	建筑	装备	存货	牲畜	土地开垦等
1880 年	47	10	21	8	14
1890 年	55	11	17	7	10
1990 年	55	13	18	6	8

D 组：1860 年价格数据 (%，包括农场土地的清理、开垦和筑篱笆)					
年份	建筑	装备	存货	牲畜	土地开垦等
1774 年	17	4	12	11	56
1799 年	19	5	20	13	44
1805 年	25	5	20	12	39
1815 年	27	5	19	14	36
1840 年	29	6	17	15	32
1850 年	33	7	19	12	28
1860 年	42	9	17	9	22
1870 年	44	11	18	8	19
1880 年	41	13	21	7	17
1890 年	44	22	19	5	11
1900 年	42	28	18	4	8

资料来源：Gallman，“American Economic Growth”，table 2.8. 43

第二个时期，也就是 1869 年到 1884/1893 年，美国成为一个典型的资金输入国。1869 年到 1869/1878 年资金输入额实际上达到了总投资额的 6% 到 10%。在这之后又回到平均水平。

第三个时期，美国变成了资金净流出国。虽然起初数额不太大，但到该时期末 44
达到了美国总投资的 5%。

为什么储蓄 / 投资这一比率会上升？

储蓄 / 投资这一比率上升的原因有很多，尽管大家对各种原因的重要性有不同看法，但这些原因大部分是互为补充的。影响储蓄 / 投资这一比率变动的原因可归纳为以下四点：

（1）内战引发的金融波动；

（2）金融中介的发展；

（3）储蓄函数的右移（及随投资函数变动的相关移动）；

（4）投资函数的右移（及随储蓄函数变动的相关移动）。[26]

第一个原因来自美国内战后几年内对到期国债（美国内战期间发行）的清算，清算后的资金投入美国经济中，从而导致了个人投资率上升。当然，这最多解释了美国内战前到美国内战后一段时间内储蓄 / 投资率的上升，并不能解释内战前和内战后几十年内投资率的持续上升。

中介有助于将潜在的储蓄者和投资者结合起来，从而让潜在的储蓄和投资计划得以实现。由于搜寻成本降低，储蓄者的净报酬增加，投资者的借贷净成本降低。中介的这些行为有助于提高储蓄 / 投资这一比率。在漫长的 19 世纪中，金融中介经历了一个明显的完善过程（见本卷第 16 章，戴维斯和卡尔）。至少从美国内战以来，或者在更长的时间内，这一发展所带来的重要影响我们可以从各地区利率的收敛中看出来。[27] 在用计量经济学解释储蓄 / 投资这一比率上升的影响因素时，中介也是一个重要因素。

还有很多证据表明，储蓄函数右移是支配储蓄 / 投资这一比率上升的主要力量，
45 这一解释得到了计量经济学方面的证明。例如，有研究表明，依赖率的下降有可能使得储蓄率上升 20%~25%，另有研究认为 3/5 强的增长归因于劳动力职业结构的变化，而剩余的 16% 则是由于中介的完善。

还有人认为：随着时间的推移，收入分配越来越集中，由于富人比穷人有更高的储蓄率，收入分配的集中导致了总储蓄率的提高；随着时间的推移，财产收入占总收入的比重越来越大，而且因为有产者比无产者具有更高的储蓄率［大卫·李嘉图（David Ricardo）很早之前对此有所讨论］，收入分布的变化带来了总储蓄率的提高；解放奴隶意味着奴隶主财产的丧失，而奴隶主试图通过更高的储蓄率来恢复他们原

有的地位，这样，总储蓄率上升了。

目前尚没有哪一种解释是权威的，由于没有对收入或财富分配的直接衡量方法，也没有具有长期可比性的直接衡量办法，数据来源和计算方法明显不同以至于它们所能描述的时间序列的变化不是很清晰。一些分析家采用间接方法来证明，随着时间的推移收入分配确实变得不平等了，而另一些分析家却否认这一点。

关于收入函数分布的证据稍微直接一点，它证明了总收入中有产者所占份额确实在增长，但是依靠该数据得出此结论需要经过复杂的处理。

对奴隶主的储蓄行为的研究只能解释美国内战前后一段时间内利率的上升，但不能解释更早或更晚时期储蓄率的上升。如果美国内战后南部前奴隶主的收入只占总收入的一小部分，那么即使这部分前奴隶主努力以其他资本形式来取代奴隶，也不可能对美国国内总储蓄率造成重大影响。最终，分析家们将主要精力集中于研究 46
19 世纪 30 年代到 90 年代之间的发展，尤其是美国内战前后几年。尽管重中介主义者和重收入分配变化主义者的研究多与 19 世纪 30 年代之前的一段时间有关，但对这段时间的关注却很少。

有些人坚信，储蓄 / 投资这一比率上升是由于投资需求曲线的右移，他们主张资本利用和劳动节约型的技术变革，并将储蓄和投资份额的上升视为索洛式（Solow-style）的新古典主义转型的一部分。支持这一观点的证据使我们可以看到收入资本化份额的稳定性。如果我们给定资本和劳动的增长率以及这两个要素之间的可能的替代弹性，用总生产函数模型来分析，结果表明技术变迁是旨在节约劳动和提高资本使用效率的。在这种情况下，资本的需求曲线一定是向右移动了。

显然，随着时间的推移，资本与产出比率一定是上升的。这可以解释为资本利用技术改进的结果；但同样也可以（而且已经）解释为储蓄率的上升带来了充裕的资本并导致了资本市场的深化。这些导致资本与产出比率变动的因素是值得进一步探讨的。

事实上，美国资本与产出比率的上升是普遍的——也就是说，各个部门的比率，比如各个制造行业的比率是上升的。美国经济结构最明显的变动——制造业比重的上升和农业比重的相对下降——显然降低了总资本与产出比，而不是提高了这个比率——因为制造业的平均比率要低于农业。美国总资本与产出比率提高的主要原因是运输部门比率的上升。这一部门资本与产出比率高，一方面是因为它是一个资本密集型部门，另一方面是由于运输企业“具有不可分割性，（以至于）资本存量的大
47 小并不能和它所承载的年运输量一一对应”[28]。这意味着经济规模要超过现有投入使用的运输能力是需要时间的。由此产生了一个问题：总资本与产出比率的上升是否应该被认为是技术变迁或者经济结构变动的结果呢？这些变动带来了西进运动、城市化、工业化——一系列伴随着储蓄函数右移的结构性变化。

有人建议，判断储蓄和投资函数移动的相对重要性的方法是看实际利率：如果实际利率上升，那么起决定作用的可能是投资函数的移动；如果实际利率下降，则可能是由于储蓄函数的变化。但由于国际资本市场的良好运行，利率反映的是国际市场的状况而非美国国内市场。因此，上述观点已经受到了挑战。如果外资的流入远大于整个美国的投资，那么这一观点将很难成立。我们知道，资本有时流入，有时流出，这种情况很常见。只有当资本流入量非常小时，国内投资才占主导作用。我们认为：外资的流入对美国资本市场的影响——至少对资本市场趋势的影响——不可能是非常大的，也就是说不可能改变由国内资本单独决定的无风险利率。当然，在美国内战期间和随后的几年里，资本流入量异常大，投资率上升得非常快，这种解释就不适用了。

将实际利率作为判断储蓄和投资的相对重要性的标准的第二个缺点是：利率的变化同时依赖于供给和需求曲线的相对变化以及曲线的弹性。例如，假定供给曲线（储蓄函数）是富有弹性的，那么，如果资本需求明显膨胀，则利率将下降，同时储蓄函数只向右轻微移动。到目前为止，该领域的争论者们尚没有对储蓄函数的可能弹性达成一致：一些人认为它可能非常大，而另一些人基于现代的一些证据则坚持认为它一定非常小。

48 最后，由于计算实际利率有不同的方法，而不同的名义利率可以得到不同的结果。事实上，对于实际利率还存在很多不同的意见。（在本卷的最后，为有意继续深入钻研这些问题的读者列出了一些参考文献。）

投资和资本存量的结构

在 19 世纪末，投资和资本存量的结构——按传统方法——发生了显著的变化，

尤其就实际数量而言。变动最大的是耐用制造品和存货（包括牲畜存栏）：相对于投资的其他部分而言，当用不变价格来衡量时，耐用制造品更为重要，而后者变得不那么重要。存货规模的相对下降，反映了农业部门的命运，这个部门有着大量的存货——牲畜和农作物。

收入的产业分配

美国的工业化最早始于 19 世纪 20 年代(参见恩格尔曼和索科洛夫,本卷第 9 章)。其后大约 20 年美国经历了产业重组及其相关生产力的提高，并没有产生对机械化的高度依赖。机械化的热潮开始于美国内战前 15~20 年，在 19 世纪 30 年代末和 40 年代初，美国的新兴工业品数量有显著增长，这些产品中一些是完全的新兴产品，另一些则是由国外发明而在美国得以改进的。

如表 1–14 所示，直到 1840 年，制造业、采矿业和手工业都只占美国总产出的 17%。要是手工制品在工业总值中占的份额下降，且非市场产品产值在总产出中反映得更充分，那么这一比重还会大大缩小，而且这一缩小的比重将反映现代产业对当时美国经济的贡献。然而，到 1900 年，工业产出几乎占总产出的 1/3，接近历年来工业产出占美国总产出的最大比重。1840—1900 年，由于工业价格相对于 GNP 49
价格指数的下降，如果全部价值用不变价格表示，那么 GNP 中工业产值所占的份额的上升幅度将更大。美国工业增长的时期——它使美国到一战时成为世界工业经济的领导者——也是农业面临重大发展机遇的时期，人们本希望农业能分散美国对工业的高度关注。当然，农业部门的确扩张了，但其扩张速度明显慢于其他经济部门。到 1900 年，农业部门占美国总产出的份额不到美国内战前的一半。这一时期，美国丰富的环境资源被开发出来，各种各样的矿藏资源被发现，并通过技术创新得到了利用。

表 1–14　　1840—1900 年 GNP 的部门分配（%）

年份	1840 年	1850 年	1860 年	1870 年	1880 年	1890 年	1900 年
农业	41	35	35	33	28	19	18
制造业、采矿业和手工业	17	22	22	24	25	30	31
运输业和公共设施	7	4	6	6	8	9	9

续前表

年份	1840 年	1850 年	1860 年	1870 年	1880 年	1890 年	1900 年
商业和其他全部私有产业	23	26	26	26	29	32	32
政府和教育	2	2	2	2	2	3	3
救济	10	11	9	9	8	7	7

说明：农业的估计值包括土地清理、分割、筑篱笆和家庭生产等活动，是一个低估值。随着时间的推移，修正后，GNP 中农业份额的下降比本表中的数据明显。采矿业不包括重要稀有金属的开采。

资料来源：见 Gallman, "United States Capital Stock", table 4.8。表中的数据是部门增加值的估计值，"商业"仅包括最终产品的交易。

以上是漫长的 19 世纪中工业部门在经济中的相对重要性的主要变化。总产出中用于"救济"的比重略有下降（恩格尔曲线现象？），而运输、政府、教育的比重上升。商业和"其他全部私有产业"——建筑业、金融业、专业服务业和个人服务业的总
50 和——表现出更加明显的进步。它在产出中的份额由美国内战前的 1/4 上升到 19 世纪末的大约 1/3，这主要是商业、建筑业和专业服务业发展的结果。建筑业的快速增长与投资率的上升紧密相关，商业的发展和市场范围的扩大紧密相关，专业服务业的增长和经济的现代化及经济单位规模的扩大息息相关。

经济结构的变动影响了产出的水平和结构。由于第二产业和第三产业劳动力人均产出比第一产业高 [29]，因此，一般而言，经济结构的变动将倾向于提高劳动力的人均产出。[30] 由于就业率上升，所以按传统方法计算，总人口的人均产出也会上升，这是经济结构变动和就业率提高共同作用的结果。

经济活动的地区分布

美国历史上的伟大篇章之一是西进运动。人口和经济活动的大规模西移让美国获得了大片的土地（前文已讨论），随之而来的交通建设、通信和金融网络将扩张的经济结合成一个整体。西进运动的规模在表 1–15 的 A 组和 B 组中有清楚的体现。表 1–15 表明了东北部、南大西洋和东南中部在总收入和总人口中的比重持续下降。北中地区、西南中部地区、落基山区和太平洋地区的份额上升。这一变化是巨大的。
51 在 1840 年，西部地区收入占总收入的 1/5 弱——17%，然而 1920 年这一数字已经上升到了 54%。

表 1–15　　1840—1920 年的个人收入和人均收入（%）

A 组：不同地区个人收入百分比分配					
年份	1840 年	1860 年	1880 年	1900 年	1920 年
美国	100	100	100	100	100
东北部	58	50	44	41	32
新英格兰	17	14	11	10	7
大西洋中部	41	36	33	31	25
北中部	13	20	34	36	32
东北中部	12	15	23	22	23
西北中部	1	5	11	13	9
南部	29	26	15	15	21
南大西洋	14	9	6	5	9
东南中部	11	9	6	5	5
西南中部	4	8	4	5	8
西部	—	4	7	8	15
落基山区			2	3	3
太平洋地区			4	5	12

B 组：地区间的人口百分比分布					
年份	1840 年	1860 年	1880 年	1900 年	1920 年
美国	100	100	100	100	100
东北部	43	36	31	30	30
新英格兰	13	16	8	7	7
大西洋中部	30	20	23	22	22
北中部	20	29	35	35	32
东北中部	17	22	22	21	21
西北中部	2	7	12	14	12
南部	37	33	31	30	29
南大西洋	20	14	13	12	11
东南中部	15	13	11	10	8

续前表

B组：地区间的人口百分比分布					
年份	1840年	1860年	1880年	1900年	1920年
西南中部	3	6	7	9	10
西部	—	2	4	5	9
落基山区	—	—	1	2	3
太平洋地区	—	—	2	3	5

C组：人均收入占美国平均收入的百分比					
年份	1840年	1860年	1880年	1900年	1920年
美国	100	100	100	100	100
东北部	135	139	141	137	132
新英格兰	132	143	141	134	124
大西洋中部	136	137	141	139	134
北中部	68	68	98	103	100
东北中部	67	69	102	106	108
西北中部	75	66	90	97	87
南部	76	72	51	51	62
南大西洋	70	65	45	45	59
东南中部	73	68	51	49	52
西南中部	144	115	60	61	72
西部			190	163	122
落基山区			168	139	100
太平洋地区			204	163	135

资料来源：Richard A. Easterlin, “Regional Income Trends, 1840—1950”, in Seymour E. Harris(ed.), *American Economic History* (New York, 1961), tables 1, 2, and 3.

那么，是什么力量导致了人口和收入的再分配呢？经济机会是人们经常提到的原因。西部具有明显的农业资源优势，并且随着时间的推移，新的资源——煤、铁、锌、铜、石油、银、汞、金——在这一地区被发现了。每一次发现都带来了一次或大或小的繁荣，就像加利福尼亚的淘金热一样。

统计原理表明，一系列机会的出现导致的劳动和资本的再分配往往会带来人均
收入水平的收敛，而这种收敛可能会被外生事件——例如内战——和新领域中新机 53
遇的不断发现所破坏。表 1–15 中 C 组给出了一些与此密切相关的数据。

首先，广义而言，这些数据体现了收敛：虽然，到这一时期末——1920 年时，四个地区中三个地区的人均收入水平明显高于平均水平，但随着时间的推移，东北部和西部的相对人均收入水平已下降并接近于美国国内平均水平（100%）。

南部的情况复杂一些。内战前，美国西南中部向平均水平收敛，而南大西洋和东南中部有些不明显的发散。但整体上这三个地区的人均收入都增加了，只是增长速度不及全国水平。1860—1880 年，南部这三个地区的人均收入显著下降了——事实上，从绝对水平上看，1880 年南部地区和 20 年前，即 1860 年的水平没有太大差别。这一系列变化的原因是美国内战和对农业组织种植方式的破坏。南部的恢复过程是漫长的，一直到 1920 年才出现了收敛现象，但是南部地区人均收入水平仍明显低于美国国内其他地区的平均水平。

西部地区的人均收入水平明显高于平均水平，所以西部地区对于移民的吸引力是很明显的。这种说法也适用于美国内战前的西南中部地区。而内战前北中部地区人均收入水平低于平均水平，内战后也仅仅处于平均水平，那么，如何解释该地区的吸引力呢？一种可能是对北中部地区的衡量存在偏差，特别是它不包括家庭生产和土地整理（清理、开垦、筑篱笆）的收入，而这些收入在北中部地区肯定比在东北地区更加重要。而且，收入标准并没有考虑生活费用的差异，由于东北部和西部的生活费用肯定比北中部高，表中的数据扩大了地区间真实收入的差距。尽管如此，即使考虑了上述两项偏差，北中部的人均收入水平也可能还是比东北部和西部低。

尽管北中部的人均收入水平相对较低，但是移民仍然向该地区迁移，尤其是在内战之前，出现这一现象的原因是：移民大多是农民和农业工人。尽管东北部的人

均收入水平比北中部高，但是毫无疑问，北中部的务农机会——尤其是考虑了土地价值增值的资本收入的预期——明显多于东北部。也就是说，对农民而言，北中部的收入预期高于东北部。

54 最后，北中部人口的相对快速增长并不完全是因为移民，好的生活环境——尤其对农民来说——导致了北中部比东北部的出生率更高。

结 论

在漫长的19世纪初，美国是以农业和商业为主的沿海经济，其经济规模虽比欧洲强国小，但绝不能算弱小。以今天的标准来衡量，美国的生活水准很高，它的经济快速成长并很快波及整个大陆。到一战前，美国不仅拥有极具吸引力的丰富的农业资源，还拥有了世界上最强大的工业部门。当然，其农业部门也是世界上最大的农业部门之一，美国的经济总量超过了一战期间三个主要交战国经济总量之和。

美国的人均收入水平也在增长，与其他现代化国家相比，人均收入的增长速度并非极快，只是增长持续时间相当长。到一战前，美国已位于世界强国之林——也许已是世界上最强大的国家。美国经济的这些特征使得它在处理国际事务时具备了
55 充分的政治斡旋能力和军事实力，而且创造了20世纪美国一段极其重要的历史。

注 释

[1] 包括占有的美国以外的领土——波多黎各、菲律宾、关岛、美国萨摩亚群岛、运河区和科恩群岛。一战爆发时，美国拥有3 735 002平方英里的版图。

[2] 如果把除家务劳动以外的劳动者都定义为劳动力的话，该因素引起的劳动力在人口中的比重增加比实际情况看起来还要明显。

[3] 快速增长在某种程度上显示了19世纪60年代以来的复苏——19世纪60年代资本存量的增长率异常低。但是战争前的增长率甚至高于19世纪70年代以后，而且1860年前资本形成所用的时间比其在19世纪末短。

[4] 实际上这个问题比前面讨论的要复杂得多，因为需要考虑分配的问题，解放

奴隶获得的收益同时对应着奴隶主的损失。见本卷第 8 章，恩格尔曼。

[5] Thomas Cooper, *Some Information Respecting America, Collected by Thomas Cooper, Late of Manchester* (Dublin, 1794, Reprinted New York, 1969), 1, 2.

[6] Alice Hanson Jones, *Wealth of a Nation to Be: The American Colonies on the Eve of the Revolution* (New York, 1980), 68-69.

[7] Angus Maddison, *Dynamic Factors in Capitalist Development: A Long-Run Comparative View* (Oxford, 1991), 198-206.

[8] 这并不是严格正确的，总投资一直都是被用来进行新的投资的，有些是用来更新被淘汰的资本，有些却是用于开辟新的投资渠道。资本性消费供应既用于第一个目的也用于第二个目的。

[9] See Simon Kuznets, *Economic Change* (New York: 1953), Chapter 6.

[10] 外部性可能是正的外部性，也可能是负的外部性……从实际的观点来讲最重要的是负的污染活动。J. J. Laffont, "Externalities", John Eatwell, Murray Milgate and Peter Newman (eds.), *The New Palgrave: A Dictionary of Economics*, Volume 2, *E to J* (New York: 1987), 263. 也可见文献中引用的一些概念性成果。

[11] 这些价值大约是总的教育成本，即直接成本加上机会成本的 40%。这种比例在不同年份之间几乎没什么差别。

[12] Albert Fishlow, "Levels of Nineteenth-Century American Investment in Education", *Journal of Economic History* 26 (1966), 418-436.

[13] Paul Uselding, "Conjectural Estimates of Gross Human Capital Inflows to the American Economy, 1790—1860", *Explorations in Economic History* 9 (1971)，49-61.

[14] 作为整体的社会收益不是没有考虑相关收益。移民潮摧毁了当地工人的就业市场，减少了当地工人的就业机会，降低了工资率。同时，那些新美国人——移民，会获得确实的收益，包括那些在爱尔兰可能死亡而在美国就能生存的爱尔兰人。对移民收益的考虑参见 Joseph P. Ferrie，*Yankeys Now: Immigrants in the Antebellum United States, 1840—1860* (New York, 1999)。也可参见马戈，本卷第 5 章。

[15] 这些数字并不是指字面意思上的消费，而是产出减去出口加上进口，它不允许库存量变化。为方便起见，我使用了消费概念。

[16] Clayne Pope, “Adult Mortality in America before 1860: A View from Family Histories”, in Claudia Goldior and Hugh Rockoff, eds., *Strategic Factors in Nineteenth-Century American Economic Grow*th: *A Volume to Honor Robert W. Fogel* (Chicago, 1992)，267-296.

[17] Anthony Trollope, *North America* (New York, 1862), 128, 133, 135.

[18] Roderick Floud, Kenneth Wachter and Annabel Gregory, *Height, Health, and History* (Chambridge, 1990), Chaps 7, 8.

[19] 通过把重点集中在年轻人的身高上，可以使问题变得简单。不幸的是，除了那些奴隶，在 19 世纪很少有关于此的数据，很显然，奴隶的生活经历是跟自由人有本质的区别的。

[20] 同理查德·斯特克尔（Richard Steckel）私下交流得知，173 厘米是现代标准的第 28 百分位。

[21] 美国内战可能很容易对 19 世纪 50 年代和 60 年代、甚至是 40 年代出生的人的身高产生影响，因为在这些阶段出生的人长身高的关键阶段都是在 60 年代。

[22] 霍乱和黄热病是“杀手”，幸存者的身高可能不会受到长期的影响。但疟疾是一种折磨人的疾病，很可能会导致发育不良。而且，即使霍乱和黄热病并不会对得了这些病的人的身高产生直接的重要影响，但是这种疾病引起的死亡可能会对该社区的人的平均身高产生影响。由于这些疾病而死的人在该社区内并不一定是随机分布的——矮的和身体不好的人可能死得多，所以令人难以置信的是，这些疾病可能使该社区幸存者的平均身高上升，而成功治疗霍乱和黄热病可能会救活一些身体不好的人，从而降低该社区人群的平均身高。

[23] 两个因素起了关键作用，内战前的年份里公共学校的建立使孩子们集中在一起，导致了疾病的传播。交通状况的改善促进了人们之间的交流，但同样也传播疾病，尤其是对那些特别敏感的人群，他们在以前是相对隔离的。

[24] 托马斯·韦斯（Thomas Weiss）指出，在内战前，10~15 岁的人口中白人男性中成为童工的大约有 21%，白人女性中成为童工的有 6.6%。而黑人大部分都是奴隶，该比例几乎达到了 100%。Thomas Weiss, “U.S. Labor Force Estimates and Economic Growth, 1800—1860”, in Robert E. Gallman and John Joseph Wallis(eds.), *American*

Economic Growth and Standards of Living before the Civil War (Chicago, 1992), 49.

[25] 伊斯特林提出了另外一种衡量福利的方法：幸福的自我感知指标。但是这种测量的数据在 19 世纪是不能获得的。伊斯特林最近基于该问题研究得出的结论是值得一提的，因为他针对增长的最终目的写道："在以科学的理念、理性思维为基础的世界里，人类最终要自己决定自己的命运。有讽刺意味的是，历史教训告诉我们的却是另外一个事实：我们别无选择。最终，经济增长的成功不是人性超越物质需求的成功，而是物质需求超越人性的成功。" Eesterlin, *Growth Triumphant: The Twenty-first Century in Historical Perspective* (Ann Arbor, 1996), 154.

[26] 有关投资物品价格相对下降的第 5 种解释已经在前文罗列。

[27] 关于美国内战前利率是否收敛存在分歧，见本卷末的参考文献。

[28] Albert Fishlow, "Productivity and Technological Change in the Railroad Sector, 1840—1910", in Dorothy S. Brady(ed.), *Output, Employment, and Productivity in the United States After 1800,* Studies in Income and Wealth, vol. 30 (New York, 1966), 630.

[29] 第三产业部门包括房地产业和运输业。所以，这一部门劳动力的人均收入水平高部分是由于该部门较高的资本与劳动力之比。而且，这些部门收入的大部分流向了地产而非劳动力。因此，表格中的内容夸大了第三产业部门劳动力的相对福利水平。最后，第二、第三产业部门工人的劳动时间要长于第一产业部门，因此部门劳动力人均产出水平的差异部分体现了三个部门每个劳动者劳动时间的不同。

[30] 向第二产业部门的转移意味着该部门的重要性提高，第二产业部门的劳动生产率增长最快。

第2章

19世纪加拿大的经济

马文·麦金尼斯（Marvin McInnis）

19世纪加拿大的经济基础

19世纪的加拿大经济在90年代中期已经走到了尽头。观察家们广泛赞同，大约在那时发生了一场根本性变革；在那之后几年中，加拿大的经济发展、工业化、人口增长及领土扩张速度显著加快。这些信息使得经济史学家特别关注大约发生在1896年之后的尤为迅猛的经济扩张。那种关注蒙蔽了事情的本质，同时使人们觉得在1896年前发生的事情无足轻重。W. W. 罗斯托（W. W. Rostow）提出的起飞理论，正是描述加拿大在1896—1913年的史实，但是加拿大经济史著作中对这段历史有众多合理解释，起飞理论仅仅是其中之一。毫无疑问，在加拿大经济中，那个时期是一个经历快速增长和巨大转变的时代，并被人们誉为20世纪历程的组成部分。一般认为，变革在19世纪90年代中期时已经发生，但是和这个时期末相关的最具说服力的数据是在1891年进行的10年一次的统计中得到的。到了1901年，政府再次进行调查，主要变化已经开始出现。那考虑到 19 世纪在 90 年代过早“结束”，1891 年的数据和已知证据最为相符。

对 19 世纪 90 年代早期已经取得的成就的简要回顾，可以帮助我们再次审视加 57
拿大在 19 世纪 90 年代的大中断之前的经济发展。

罗斯托和其他人错误地认为加拿大经济在 19 世纪 90 年代以前没有取得进展，而且到 19 世纪 90 年代时还没有向现代经济增长进行转变。在整个 19 世纪，加拿大经济史是写满成功的历史。在 19 世纪 90 年代早期，加拿大处于世界上最繁荣的经济体集团中。它的人均国民收入水平与比利时和瑞士相当，其繁荣程度只逊色于三个国家——澳大利亚、英国和美国。进一步说，加拿大的繁荣在很大程度上是建立在工业化成功的基础上的。到 1891 年，加拿大的人均制造业产值高于德国、法国，仅低于英国、比利时和美国。加拿大在世界贸易经济中起着巨大而突出的作用。很多年里，加拿大经营的船队，是世界上最大的商业船队之一。加拿大已经取得了巨大的成就。

当然，为了全方位了解加拿大经济的发展和绩效，我们应做出更为中肯的评价。不止一种方式可用于评价工业化，从另一个角度看，没有显著迹象表明 19 世纪晚期的加拿大已进入工业化时期。制造业部门贡献了 25% 的国民收入，吸收了 22% 的劳动力，这一比例并不是很高。这反映了天然生产部门的规模之大；渔业和林业相对重要，但这主要是由于加拿大在很大程度上仍然是农业经济。从这一角度讲，在某种程度上，加拿大高度反映了美国在那个时代的情况。然而与后者相反，加拿大经济的另一个突出特点是绝对规模小。当然，加拿大拥有广阔的领土，但是，大部分领土无人定居，对经济没有贡献。在 1891 年，加拿大仅有 480 万人口，几乎与瑞典或荷兰的规模相同，还小于比利时的规模。加拿大人口仅为德国人口的 1/10，仅为南面邻居美国人口的 7%。到目前为止，加拿大不仅大部分领土无人居住，而且即使在主要定居区人口也是相当稀少的。规模经济问题和社会间接成本问题成为这个小规模经济体的烦恼。加拿大几乎没有值得一提的大规模城市，仅有两座城市——蒙
特利尔和多伦多——人口超过 10 万（那时，美国有 25 座城市人口超过 10 万，3 座 58
城市人口多于 100 万）。结果在 19 世纪的最后 30 年，人们对加拿大的经济状况很悲观，向美国大规模移民。

加拿大在 19 世纪取得了巨大的成就，成为世界上最成功的经济体之一。同时，它存在的一些局限性，也阻碍了经济的进一步发展。在 19 世纪的最后几年，加拿大经济的增长速度已经放缓。加拿大尚不能克服一些经济缺陷，这给取得成就增加了难度。

欧洲人在加拿大建立殖民地以及开始早期经济活动的时间，与在加拿大以南后来成为美国的那片地区开始早期经济活动的时间相同。法国人首先于 1605 年在芬迪湾（Bay of Fundy）建立了殖民地，然后于 1608 年，也就是在弗吉尼亚始建詹姆斯敦殖民地的一年之后在魁北克建立了永久殖民地。加拿大和美国的早期殖民地的历史极为不同，这一差别对两国后来的发展意义重大。在许多年中，新法兰西的规模几乎还比不上一个商栈，然而弗吉尼亚和马萨诸塞在刚建立的几年中都迎来了大批英国定居者。(17 世纪 30 年代早期的移民潮尤其影响了所建立的各个殖民地的规模。）到 1650 年，格局已经形成。在早期，美国的英国殖民地远比当地的法国殖民地人口稠密。美国的人口密度是加拿大的 10 倍，由于两个地区的早期经历不同，这一长期趋势根深蒂固地延续着。直到 1663 年之后，法国殖民地变为由皇家直接管理，它才迎来了大批移民。从由法国统治到 1759 年的整个时期，进入新法兰西的移民未必超过 1 万人。虽然加拿大的法国殖民地开始时只有很少的人，但是几乎以人口所能繁殖的最快速度迅速扩张。法属加拿大异乎寻常地高的出生率已经受到广泛关注。在法国统治的末期，约 7 万人居住在魁北克。另外，在现今为新斯科舍（Nova Scotia）的地方还有一个小得多的法国殖民地。它比魁北克建立得早，也是最早的法国殖民地的旧址，在一个叫阿卡迪亚[①]的地方仍存在这样一个小型社区。阿卡迪亚的部分疆土在 1713 年转为由英国统治。在 1755 年,英国为了防范法属阿卡迪亚人可能的反抗，使用暴力驱逐了聚集起来的人群。许多人最终到达路易斯安那，在那里，他们发明
59 的卡真[②]烹饪术传遍了世界，他们的经历是伤感诗歌的灵感源泉。实际上，许多被流放的阿卡迪亚人像《伊万杰琳》（Evangeline）[③]描述的一样，最终回到了家乡。其他

① Acadia, 在英语中又指世外桃源，这里似乎有双关的含义。——译者注

② Cajun——移居美国路易斯安那州的法人后裔。——译者注

③ 美国诗人 Henry Wadsworth Longfellow 在 1847 年出版的诗，描写了法国阿卡迪亚人被驱逐出家乡（即现在的新斯科舍）的情景。——译者注

人则躲避流放而逃入森林，所以在阿卡迪亚保留了一个小型法国人社区。比先前更为分散的是，一些人穿越了芬迪湾的西岸，另一些人搬到了圣让——后被英国更名为爱德华王子岛。布列顿角（Cape Breton）岛在 1713 年之后仍是法国领土，法国人在那里的路易斯堡（Louisbourg）建立了军事要塞。它在 1758 年陷落，在 1763 年达成和平协议后，整个加拿大处于英国的统治之下。

像弗吉尼亚和马萨诸塞一样，新法兰西作为一个商业冒险之地，成为贸易公司的前哨阵地。魁北克的主要目的是进行皮毛交易，特别是交易用于制毯的海獭皮毛。殖民地的控制权最终归于王权，但是皮毛交易仍是主要商业。为了扩大皮毛供给，法国人被迫开发大陆内部，并在遥远的内陆建立了一系列的商栈。不忠实的法国商人寻求英国支持，他们的行为导致了哈得逊湾公司（Hudson’s Bay Company）的成立和英国在遥远的北方建立商栈。这使英国人进入加拿大的北方内陆，与法国商人在皮毛贸易中展开了激烈的竞争。从经济角度讲，新法兰西主要包括了在魁北克的皮毛交易中心和在蒙特利尔的附属中心，连同在这两个中心附近的不断扩张的农业殖民地。它逐渐成为一个自给自足的农业社区，但是农产品市场规模非常有限。除了皮毛以外，它不曾与法国或法属西印度群岛殖民地建立重要的出口贸易关系。皮毛贸易产业仅代表一个小型农产品市场。在 18 世纪的一些年份中，在路易斯堡的驻防队带来了更重要的市场机会。但是，魁北克仍然主要是一个自给自足的农业社区。这个地方可以种植烟草，但是不同于弗吉尼亚和马里兰，此地从未与宗主国建立大规模的烟草出口贸易关系。该地曾尝试进行大麻贸易，但是没流行开来。新法兰西确实是一个规模有限的经济体。

18 世纪中期大规模的英法冲突扫荡了新法兰西，魁北克在 1759 年归属英国。对 60
英国而言，加勒比海的瓜德罗普岛（sugar island of Guadeloupe）可能是更有吸引力的战利品，几经犹豫之后，英国在 1763 年接管了魁北克。这一事件被法属加拿大人看成英国对他们的征服，对加拿大政治产生了持续而深远的影响。然而最初，该事件对魁北克的大多数法裔居民几乎没产生影响，尤其在 1774 年后，《魁北克法》确保了对法语、民法和宗教的法律认可。

在大西洋地区，英国统治下的殖民地发展缓慢。英国利用这一地区的天然良港，于 1749 年在哈利法克斯 (Halifax) 建立了军事中心。四年之后，他们吞并位于哈利法克斯以南的鲁伦堡的德国人的殖民地，积极拓展疆域。在驱逐阿卡迪亚人之后，来自新英格兰和少数直接来自英国的定居者渐渐移入该地区。一些定居者接管已由阿卡迪亚人开垦过的土地，这有利于初期的建设。定居者获得的好处包括在芬迪湾的干草沼泽地建立的堤坝，这是一项重要的资本投资。在早期，这些定居者饲养了大批牲畜，表明他们可能也从占有阿卡迪亚人留下的牲畜中获益。纽芬兰岛长期存在久居人口，即使英国当局极不鼓励这一行为。接近 19 世纪初期时，沿海殖民地重要的经济发展才在英国统治之下开始起步。

人们也许对这一观点有争议，即从严格的经济角度讲，英国人的“征服”为魁北克的法裔居民带来了实惠。人口快速增长，使得殖民地扩展到新的肥沃土地上，而这些地方以前不够安全且不适宜人类居住。他们既不同英国人结盟，也不和印第安人结盟的做法仍旧是一个威胁。在1763年，法国殖民地仍旧是圣劳伦斯的狭长地带。此后，殖民地沿着大河流域的各支流尤其是黎塞留河的走向，向南推进。魁北克作为大英帝国的一部分，取得进入英国和其他英国殖民地市场的权利。在黎塞留河的新定居者把橡木切割后，用船运到西印度群岛。对这个主要农业区来说，更重要的是，小麦和面粉可以出口到英国，在那里这些商品的价格上升到前所未有的水平。到 18 世纪 80 年代早期，魁北克成为英国小麦粉的小规模固定供应商，并几乎在之后的 30 年中持续出口。这一持续出口的时代比上加拿大在 19 世纪享有的纪录时间更长，然
61 而却没有人写到过下加拿大的“大宗小麦产品”。小麦和面粉出口可能促使魁北克经历了前所未有的繁荣。它们同样可加速农村经济的商品化。

各城市中心——魁北克和蒙特利尔，尤其是后者，也取得了相当大的发展。英国商人与市场建立联系并拥有金融资源，他们迁入加拿大以便利用这些经济机会。在某种程度上，他们迁入的地区，在不同情况下可能已被法国人占据。从长远考虑，这可能产生政治问题，但是其直接作用是促进了经济发展。复兴的皮毛贸易为蒙特利尔的城市经济增添了活力，为技工创造了机会。所有经济部门呈现了快速增长的趋势。但是，城市的发展是有限的，而后的情况逐渐证明了这一点。在“征服”时期，居住在魁北克各城市中心的人口比例略高于美国殖民地的情况。因为农村成为加拿大增长更为迅速的部门，所以不久上述情况就改变了。

英国和它的美国殖民地关系决裂，美国殖民地通过武力赢得独立，这导致加拿

大真正成为一个国家。加拿大曾努力想介入独立战争，支持美国，但是法属加拿大人对英国保持忠诚。一些美国殖民者也是如此，许多保皇党人在英属北美大陆的北方殖民地寻求庇护所。到目前为止，最大的一群在新斯科舍落户。约 40 000 人到达那里，其中可能有 1/5 移居他处。约 32 000 名亲英分子留在新斯科舍，使该殖民地的人口骤增了 2 倍多。这些人被准许在殖民地内分散居住，部分原因是新斯科舍只有一小部分农地是可用农地，而且几乎没有农地是位于任何单一区域内。留在新斯科舍殖民地的亲英分子中，只有不到一半的人穿过芬迪湾，在圣约翰河谷定居。他们不久就被并入独立的新不伦瑞克殖民地。只有很少的亲英分子在爱德华王子岛建立居所。该岛的土地先前已被英国王室转让一小部分给外居地主。当时，岛上只有很少的阿卡迪亚籍的法国人，随后才开始接收来自英国的定居者。 62

这些沿海殖民地基本上是农业殖民地，但是与海洋距离较近，所以渔业从一开始就成为农业的有益补充。英属西印度群岛殖民地存在鱼市场、木材市场、狭板市场，而取得政治独立的新英格兰人在名义上则被排除在外。然而，沿海地区的人们对此反应不强烈。相对于西印度群岛殖民地的需求而言，他们的产品数量较少。他们在《英国航海条例》(British Navigation Acts) 的庇护下，向西印度群岛提供航运服务，创造了另一个有利可图的行业商机。然而，新斯科舍的能力仍很有限，这使得印度群岛的种植者更期望从美国获得非法的供应。沿海地区能更成功地代替新英格兰，因为它们可以为英国海军提供桅杆和帆柱。沿海殖民地经济的基本结构慢慢形成，是农业、渔业、航运和商业组成的混合体。

进入魁北克的亲英分子更少，但是其政治和经济影响仍是深远的。大约 6 000 名亲英分子在魁北克西部定居，该地区位于圣劳伦斯河沿岸，安大略湖的东部末端，也位于尼亚加拉河沿岸。更小的一群人在魁北克自身的旧省，主要在靠近黎塞留河口的地方定居。西部的亲英分子殖民地规模小但是势力大，导致魁北克殖民地在 1791 年分裂成两个独立的部分——上加拿大和下加拿大。另外的定居者紧跟亲英分子的步伐，持续从美国迁入。直到 1794 年，美国的实际边境线才完全确定。在加拿大，一直可以无偿取得肥沃的农业用地，殖民地沿着河边和湖岸延伸。来自宾夕法尼亚的德裔美国人在若干地区建立社区，包括约克北部（现为多伦多）和约克北部以西的地区——滑铁卢。许多教友派信徒殖民地也建立了。在下加拿大，从纽约和佛蒙特来到北方的定居者，占据了蒙特利尔的南部和东部——那里被看成东部镇区。这些地方的领土主权不属于旧魁北克。这些土地沿着英属地区的地界，建成街区形式，如果这些镇区领袖可以引入另外的定居者，则授予他们整个镇区的土地。在上加拿
63 大，土地被奢侈地授予有名望的个人，当局有意努力建设一个以富裕的土地所有者阶层为领袖的社会——复制类似英国的地主阶级。来自英国的移民也开始涌入该地区，尤居住在上加拿大东部镇区的苏格兰高地人和居住在蒙特利尔西南地区下加拿大的其他苏格兰人最为突出。那里甚至存在法国贵族的殖民地，他们来到加拿大是为了躲避恐怖的大革命。然而，目前人员流入的最重要来源是美国。

在这一时代，即 19 世纪初期前后，上加拿大和下加拿大都是农业经济占压倒性优势的地区，有一些新建立的、正在扩张的农场，这些农场在很大程度上可以自给自足。下加拿大正处于向英国出口小麦和面粉的高峰时代。上加拿大仍然主要在和基本生存问题及经济系统的大体结构问题作斗争。海港城市魁北克是行政中心，是和英国联系的关键点。蒙特利尔在规模上快速超过了魁北克，成为生产力更发达的农业中心地区。在这个时期，它还不是重要的海外贸易港口，因为运输船只不能轻易在魁北克和蒙特利尔之间的圣劳伦斯的浅水河道中溯流而上。蒙特利尔的位置是近陆的，西面朝向大陆内部。它仍是活跃的皮毛贸易的商业中心，在那里，主要由那些苏格兰商人暴发户组成的协会——蒙特利尔西北公司，和历史更久远的哈得逊湾公司激烈竞争。一些苏格兰商人日后成为蒙特利尔的商业精英。

如果说上加拿大和下加拿大有什么区别的话，那就是前者比后者拥有更大的农业社区。初生的城市中心建立在金斯敦 (Kingston)，航运转载点是在安大略湖的下游，纽渥克 (Newark)（后来被命名为尼亚加拉）成为最早的行政中心，约克（York）最终成为首府。约克在安大略湖上有一个避风港，也是通往北方的旧水陆联运路线的湖泊终点。早期的英国行政官约翰·格拉夫·斯姆柯（Jonh Graves Simcoe）计划在这个省的西部，泰晤士河的岸边，修建远离美国影响的首府。他把这个地方叫作伦敦，但是在许多年里，它仅仅是个小村庄，而约克保住了首府地位。

在 1794 年，《杰伊条约》(Jay's Treaty) 最终解决了加拿大和美国之间的领土划
64 分问题。美国殖民者对权力野心勃勃，他们想拿走所有东西。英国进行了反抗，但是并不急于强硬地达成协议，因此他们不倾向于占有早先划分给魁北克的广大领土。

这个大问题决定了现在的密歇根州、明尼苏达州、威斯康星州地区的大部分将属于美国还是加拿大。在较早阶段，英国谈判者似乎期望用名义上的领土控制权交换经济利益。殖民地的早期设计是割让给美国大量领土，但是保留商业准入权利。最终被写入《巴黎条约》(Peace of Paris) 草案的内容是，美国将得到领土，条件是在大湖流域和密西西比河谷地区的贸易中保证提供无阻碍的运输通道和无关税壁垒。这一蓝图对加拿大的影响与实际结果大为不同。英国的贸易保护者开始为这一先例而担忧，同时自由贸易条款被从《巴黎条约》的最后文本中删除。人们的本意是在随后的会议中就这一主题继续谈判，但是并没有按计划行事。加拿大的边境线将永远比加拿大人预期的更有限，而且它也没有获得南方更大的经济体提供的无阻碍通道。

在 19 世纪早期，美国和英国的关系逐渐变得紧张，加拿大处于两国关系的夹缝中。因为紧张关系升级，美国出台《禁运和禁止交流法》(Non-Intercourse Acts)（但这并不足以证明美国能避免和英国的战争）。加拿大最终成为两国敌对的焦点。美国对英国在北美大陆上的剩余殖民地发动侵略行动，以此来打击英国。战争陷入僵局，但是它的结局使加拿大和美国的关系降到冰点。定居者不再大量从美国来到加拿大，加拿大当局也不再向那些确实进入加拿大的美国移民无偿授予土地。加拿大人一直担心国家变得美国化。加拿大的英国当局改变计划，转而安排英国移民到无人定居区定居，这以另一种方式对美国造成了威胁。加拿大和美国的经济联系并不广泛。加拿大的农产品若试图进入美国市场，要面临关税和运输的壁垒。加拿大和英国建立商业纽带，主要从英国进口制造业产品。加拿大要摸索出适合其经济生存的结构，
在这一过程中，面临许多不利局面：它距离宗主国英国很远；它几乎没有资本积累， 65
只有简单的基础设施；严重缺乏技术工人；教育体系刚刚起步。此外，加拿大气候寒冷，生长季节短，这导致的尤为严重的后果是，加拿大几乎只有很少的地区能保证玉米最后成熟。玉米是美国农业的支柱，是一种高产作物，非常适合手工种植和采摘，也是人畜的廉价充裕的食物。加拿大农业发展最严重的缺陷可能是其环境不适合玉米生长。

同时，加拿大拥有一些同样重要的优势。它仍然有充足而肥沃的农业用地可用于开垦、定居。加拿大拥有开放又方便的渠道，可以了解当时世界上最发达经济体

的知识和技术。整个经济被一个相当好的天然运输系统——圣劳伦斯河—大湖流域水路——紧密联结在一起。历史著作通常重点描写了19世纪早期的交通运输的困难和缺点。许多作者描述了确实存在的极少数道路的可怕的情况，却没有注意到除了不明智的英国人，几乎没有人想在这些路上旅行。水路是完美的，只是由于尼亚加拉大瀑布和圣劳伦斯的一些湍急的支流而变得难走一些。加拿大经济包括在宏大的水路沿岸延伸的狭长的农业定居区。对于运输来说，漫长而寒冷的冬季成了额外的优势。用马拉车在坚硬的冻土上进行陆路旅行更便宜，尤其是当路面被雪覆盖时。由于冬季运输和水路完善，加拿大在19世纪早期拥有比世界任何地方都低的运输成本。

一些商人和梦想家雄心勃勃，想利用圣劳伦斯水路，赢得北美大陆内部的商机。这个想法的前提是，加拿大和英国存在相当大规模的出口贸易。这个计划面临三个障碍：首先，经由圣劳伦斯横穿大西洋旅行的费用高；其次，《英国谷物法》在1820年后经常禁止北美的粮食进入英国市场；最后，由于美国人的独创性，他们想利用
66 伊利湖水道（Erie Canal）建设自己的低成本运输路线。因此，圣劳伦斯的商业帝国梦想从未变成现实。

我们只是对早期加拿大经济各方面有了简单粗浅的了解。在1815年，加拿大与美国的战争结束了，在19世纪真正的发展史即将拉开序幕时，加拿大殖民地的人口总计约40万人，同时另有20万人可能居住在沿海殖民地（包括纽芬兰）。足有3/4的加拿大人住在下省（魁北克）；上加拿大人口仍不到10万。少于20%的人口住在各城市中心。加拿大主要是农业区，但是有充裕的土地，它仍是世界上较繁荣的农业区之一。

19世纪早期加拿大的农业经济

在1815年至1820年，当世界正试图建立后拿破仑时代的新秩序时，19世纪早期的上加拿大和下加拿大殖民地主要是早期农业社区，土地供给仍然充裕。各殖民地的小规模人口几乎完全以人口自然增长速度不断壮大，同时移民进一步使各地的人口增加。虽然农场工作辛苦，且早期物资匮乏，但是它回报给普通人的物质产出

比在英国可能预期到的数量更多。然而，这些农场坐落在遥远贫瘠的土地上，必须靠人力在草木丛生的荒野中费力地开垦。英国的殖民地管理者们最关注领土上的殖民地。他们需要一个能够稳定运行的经济。进一步说，他们需要不能轻易地被美国占去的有人定居的领土。

私人和政府力量均努力尝试扶植移民的殖民地。他们很善于鼓励任何私人或组织促进移民和殖民地发展；他们甚至会对任何做出可信承诺、引入大批定居者的个人给予很多利益。大量土地被准许给予答应引入定居者的个人。当局采取了许多计划，这些计划不同程度地取得了成功。苏格兰高地已经人口过剩，高地的经济和社会 67
转变，迫使苏格兰高地人迁出，他们受政府鼓励迁入英属北美大陆。此举吸引了爱尔兰人，尤其北部的爱尔兰抗议者大量迁入。当局对英国移民的殖民地采取了措施，这些殖民地是由政府组织支持的。通过这种方式，当局分别在彼得伯勒(Peterborough)和珀斯 (Perth) 建成爱尔兰殖民地和苏格兰殖民地，这些地方恰好远离现有的殖民地。当局也依靠私人来管理殖民地的建设。爱尔兰殖民地发起人托马斯·塔尔伯特(Thomas Talbot) 被授予了上加拿大西部的广袤土地，建立了很多农场。在许多年中，塔尔伯特家族经营着管理良好的殖民地项目，人们通常认为这一项目非常成功。一位大胆的高地首领麦柯耐博 (McNab) 在一个更受限制的地方——渥太华流域，迫切地进行了同样的尝试，他只建立了一个抵抗者区域，保护那些来到加拿大的定居者（这些人是为了逃避当地使人感到卑贱的封建主义）。领主塞尔扣克（Selkirk）特别关注苏格兰小农的境况，并努力建立殖民地。他尝试在爱德华王子岛建立一个殖民地，但是没有成功。然后他把一小部分定居者安置在上加拿大一个很遥远、不适宜居住的地方。最终，他在红河谷建立了殖民地，这个地方最后成为马尼托巴省（Manitoba）的核心。

不久之后事实就证明，官方支持的殖民地的建设成本比英国当局愿意接受的高。到 19 世纪 20 年代中期，国家计划殖民地的时代结束了，但是殖民地的建设只是暂时放缓了步伐。到 19 世纪 20 年代末期，英国移民不断涌入加拿大，人数持续上升。移入加拿大的人们逐渐发现，经营农场能够获利。在 19 世纪 20 年代晚期和 19 世纪 30 年代早期，加拿大接收的英国移民数量与美国差不多甚至更多。人们开始发现澳大利亚是开辟殖民地的另一个机会，至少在这一航线受到资助时情况是这样，而美国则一直是欢迎移民进入的。但是在 1816 年到 1835 年，加拿大是英国移民的理想目的地。

在加拿大，土地是无偿授予的。官方殖民者——那些以某种方式向英国提供服务而取得要求权的人们——拥有面积相对大的赠予土地（在某些情况下甚至达到了几千英亩）。但是，普通移民可要求获得 200 英亩土地，条件是确实定居下来并建立一个农场。然而，这并不容易做到，除非移民能够提供大量的资金。许多移民发现可以通过占据一小部分已被殖民地组织者宣称拥有的土地来牟利。迅速在土地上定
68 居的愿望和利用慷慨的免费赠予建立一个地主阶级二者之间存在紧张的关系。由于许多赠予私人的土地被用于投机，而且为殖民地政府和圣公会保留了大量土地，结果殖民地比可能的情况更加分散。分散的殖民地通常提高了运输成本，并可能延迟了殖民地的商业化进程。人们抱怨在居民定居地区还有大片无人开垦的土地，认为这是造成这种情况的主要原因。当殖民地的人口稠密程度低于可能的情况时，道路和学校这些基本的地方服务费用就会很高。

在 19 世纪 20 年代中期，政策发生了重要的转变。原因是政府资助的移民计划在经济上不划算。在爱德华·吉本·韦克菲尔德（Edward Gibbon Wakefield）的影响下，英国当局渐渐认识到土地应当被出售而不仅仅是赠送。加拿大土地公司（Canada Land Company）代表英国投资者的私人股份，该公司可以购买无人定居的皇家及教会保留地（Crown and Clergy Reserves）。殖民政府希望收回已宣布赠送给圣公会的土地，但同意向公司廉价出售被指定为皇家保留地（Crown Reserves）的土地和 100 万英亩的未勘探土地——被称为休伦区域（Huron Tract）。政府打算在进行这次大宗土地转让的同时，培植殖民地，为殖民地的管理者创造收入。尽管对加拿大公司（Canada Company）的交易估价存在争议，但是该公司至少在某些区域成功地促进了殖民地的发展。它修建了工厂，建设了一些市场中心，投资于交通，这些都是能够提高投资回报的方式。它还在出售土地的同时出租土地。在下加拿大，英属美洲土地公司（British American Land Company）以类似的方式在东部镇区得到了大约 85 万英亩土地，该公司与加拿大公司实力相当。该公司的土地相对遥远，大部分是山地，而且需求不足，所以英属美洲土地公司在融资方面不如加拿大公司成功。然而最终，该公司向搬离
69 魁北克过于拥挤的封建地区的法属加拿大的定居农民们提供了土地。为维持农场家

庭成员的生计而提供物品是加拿大早期农场存在的首要目的，但是仅仅把这种情况描述为自给自足的农业是错误的。农场从一开始就与市场存在联系，信用在这一体系中扮演了主角。农场按照当地消费需求生产产品组合。另外，我们不能忽视这一事实，即农场土地本身就是一项主要产品。农业是一个漫长而缓慢的把劳动力转变为资本不断增加的有价值的土地的过程。虽然一些先驱者开始拥有的只是 50 英亩的土地，但是上加拿大的大部分被勘测的规则的矩形和下加拿大的镇区拥有一些 100 英亩的农场。建成的农场最终为 75~80 英亩的改良土地，剩余的用来做贫瘠的牧场和植林地。一个农民在别人的协助下一年内可能清理 4~5 英亩森林，但是（普遍的情况是）平均少于 2 英亩。显然，建设农场是一项终身事业。采伐的树木大部分被烧毁。数量充足的落叶乔木覆盖着农场最好的土地，这些树木几乎无法作为木材实现价值。人们收集被烧毁的树木灰烬，从其中过滤出碳酸钾，因为碳酸钾形成了有组织的贸易，并有现成的出口市场，这一产品很快成为加拿大殖民地的主要出口品之一。已开垦的土地上的树桩要经过很多年才能腐烂，然后被拖走。同时，农民也在耕种土地，他们把庄稼种植在树桩之间。

最主要的庄稼是小麦。小麦面包是加拿大人、英国人和法国人食物中的重要部分，所以小麦主要用于农场家庭的消费，但是它也开始广泛市场化了。对于其他谷物农场以外的需求很少，小麦以外的庄稼主要用于饲养家畜，转化为肉、蛋、奶制品。另外，因为要求大量动物作为投资，农业发展缓慢。与美国相比，加拿大大部分地区的弱点是不能保证玉米这种最便宜、最有效的动物饲料的成熟。仅有上加拿大最西部地区广泛种植玉米。小麦的另一优点是只需要相对很少的资本。与家畜产品相比，它的土地密集程度更高，不必投资饲养大量动物。这是小麦一个具有吸引力的特性，这一特性使得它在早期的美国和加拿大地区成为主要农作物。在下加拿大和上加拿大的东部，春小麦是唯一可种植的品种。这在某种程度上也是一个缺点，因为春小麦比冬小麦更难磨成高品质面粉，售价更低。大概在安大略湖西部的中北 70
岸向内陆延伸几公里的地方，人们可以在那里种植冬小麦。这一地区发展成为上加拿大的主要小麦生产地区。在 19 世纪 40 年代之前，那里是最受关注的殖民地。整个加拿大的农民把小麦种植面积限制在 10~12 英亩以内，这是一个家庭在秋季最短时间内能够收割的面积。在保证家庭平均消费之外，还能提供剩余。在可以种植冬小麦的地方，农民在 12 英亩之外还可以再种植 10 英亩这种作物，因为它成熟很早，有单独的收割季节。

大多数加拿大经济史学家重视小麦在早期农业中的中心地位，强调它具有可销售性。他们通过研究小麦产区的情况归纳了上述看法。上加拿大的许多地方几乎没有种植小麦，更多的是发展混合型农业。然而，小麦在早期农业中扮演了重要角色是有其原因的，但不是因为市场需求，而是因为小麦比大多数其他形式的农产品的劳动密集程度更高，而除了未开垦的土地，早期农场主拥有最多的就是劳动力。种植小麦是依靠有限资本而收获的捷径。进一步说，我们不应忽视这一事实，即食物消费的主要部分是由小麦粉制成的面包。农民们也种植土豆和园艺蔬菜，以及人畜均可消费的燕麦。燕麦是最合意的饲料作物，但是随着家畜数量的增加，农民生产出来更多的干草和紫花豌豆。在大多数地区，鱼类和野味被作为农场生产的食物的补充。特别是在从前，这些供给很充足。

在加拿大经济史中，人们很重视小麦作为一种出口产品的地位。类似地，新定居点经济的成功与开发出天然的资源密集型的、能出口到已成型的大城市市场的“大宗”产品的能力有关。在 19 世纪上半叶，通过向英国出口小麦和面粉造就了繁荣，小麦确定成为上加拿大的大宗产品。因此，用于出口的小麦生产被普遍认为是上加拿大农业经济的支柱。然而实际上，在 1850 年之前，人们还怀疑向英国出口的小麦能否在上加拿大广泛地种植。上加拿大出口小麦的最大障碍是“严峻的距离”问题。
71 上加拿大距离英国市场遥远，所以像小麦和面粉这样的大宗产品货运成本高昂。在 1815 年之前，英国的小麦价格奇高，尽管存在高额运输成本，小麦出口也有利可图。在后拿破仑时代，英国市场变得不很合意了。进一步说，北美殖民地采用了《英国谷物法》(British Corn Law) 关税。英属北美相对于非英属国家譬如美国拥有优惠待遇，但是这一优先权被夸大了。然而主要事实是，除了负担沉重的运输成本，加拿大的面粉供应商经常面临高额关税，在若干年中甚至面临完全禁止出口的情况。结果，加拿大在 1820 年至 1850 年向英国出口小麦和面粉经常无利可图。

考察上加拿大的代表性地区——安大略湖口的邓达斯（Dundas）可以了解市场情况。其重要的特点是：第一，英国市场上对邓达斯小麦的需求具有完全价格弹性，但是这个价格低于邓达斯的供给成本。这种成本有三个重要的组成部分。小麦和面粉从魁北克运到利物浦需要成本。在此之前，只能先通过斯古纳湖运输，然后用船由圣劳伦斯河运到魁北克，这也需要成本。最后，还有关税。关键是，减去关税和运输成本，加拿大小麦在英国出售的价格，也时常低于加拿大的一般价格水平。出口不仅是无利可图的，而且在 1850 年之前的大多数年份里，加拿大没有实际出口或者说只有在英国关栈中等待完税的少量货物。这一情况延续到市场状况改善之后。1826 年和 1827 年，以及 1830 年至 1832 年是个例外，成功的出口使人们的希望重燃，但是这几年只是很多人宣称的加拿大第一次有了“小麦大宗商品”时代的一小段时间。

加拿大在 19 世纪上半叶的经济形势促使人们采取行动改善经济发展，改善每个导致上加拿大和英国粮食价格之间存在鸿沟的因素。人们积极行动来减少横跨大西洋的航运成本，但是可改善的空间很小。然而在很大程度上由于外生原因，费用不断降低，这确实起了很大作用。另外，运输面粉而不是小麦，可以节省运输费用，同时加拿大充足的水力资源提供了许多廉价的碾磨场所。可以通过投资改良水路而降低国内的运输费用，因此加拿大着手进行一项宏伟的运河建造工程，疏浚了魁北 72
克和蒙特利尔之间的圣劳伦斯河，以使远洋轮船能更加深入内陆承揽运输任务。最终，加拿大人强烈要求废除对加拿大的谷物征收沉重的税收的法律，这也是最容易实现的行动方案，加拿大人最终取得了成功。

然而，上加拿大的农民确实在下加拿大找到了小麦的销售市场。大约 1820 年后，来自上加拿大的小麦逐渐代替了下加拿大本地种植的小麦。在 19 世纪 30 年代，当下省的庄稼被小麦吸浆虫毁坏后，这种情况更加普遍。在上加拿大种植小麦更便宜，该省从逐渐强化的小麦专业化生产中获利。但由此产生了两个问题。第一，如何安置下加拿大的那些剩余农民？后文内容会提及这个问题。第二个主要问题是，如果下加拿大放弃种植自身需要的粮食，转而从上加拿大进口，那么它如何达到与上加拿大之间的收支平衡？借助下加拿大成功的木材出口这一例子可以回答这个问题。木材出口对整个加拿大殖民地的经济可能比通常认为的更加重要。

从一开始，森林就是英属北美的突出特征。森林面积广阔，尽管农民们有意避开更贫瘠、沙化的生长着茂盛的松树林的土地，但是大部分土地仍然是殖民地发展的障碍。如果高运输成本构成小麦出口的障碍，那么对于笨重的木材来说就更是如此了。在早些年，只能出口稀有、高价值的产品，比如桅杆和帆柱。在 19 世纪早期情况发生了重大变化，此时英国卷入了拿破仑战争，它找到了木材的安全来源，向国外木材征收极重的关税，鼓励商人从北美殖民地进口松树木材。在这种措施的大力保护下，英属北美的木材业兴盛起来。松木是合意的产品，而且英属北美有大量的松树。新不伦瑞克是最出色的木材殖民地，但加拿大还有大面积的松树林可供开
73 发。渥太华流域成为松木行业的主要汇聚点。该产业所需要的只是简单的手工技术。在该地，冬季伐木，然后切割成易处理的长度，就地码放成正方体。在春天，“木棒”顺河漂流。方形的木材被制成木筏，直接向下漂流到圣劳伦斯和魁北克港，在那里装船出口到英国。世界航运业的大部分业务都与这项非常笨重的产品的交易有关。

英国在 1821 年调低木材税，但该税仍然是不可逾越的出口障碍，此后，英属北美殖民地取代英国成为欧洲北部市场的供应商。松树与木材获得了大量利润，是英属北美的主要出口品，尽管方形橡木、狭板、鱼鳞板、板条材，以及随着时间的推移，大量的锯木也都成为出口的补充商品。如果确实存在英属北美的大宗出口品，那就是木材。在 19 世纪 30 年代早期，英属北美的人均木材出口是美国人均棉花出口价值的 3 倍。即使英属北美失去了其优先地位，交易也在整个 19 世纪中持续进行。英国在 1842 年减少了差别税，并在 1851 年把它废除，因此加拿大向英国的木材出口在此后很长时间继续增长，同时加拿大在美国找到了一个成长型的木材销售市场。在 19 世纪，木材是加拿大真正的经济支柱。木材除了直接出口，还为沿海殖民地和魁北克城提供了大型船舶制造业发展的基础。许多船只也被出口，但是一大部分成为英属北美的商品船队，在 19 世纪下半叶，船队在吨位上仅次于英国，居世界第二。加拿大船舶运输服务直接的最重要的市场是木材交易。这与最终建立在森林开发基础上的总体经济相适合。从直接意义上来说，木材出口是加拿大经济发展的驱动力，但从间接意义上来说，它们也为加速农业专业化做出了重要贡献。

大多数情况下，对木材工业的评价基本是负面的。“砍柴挑水的人”[1]代表经济的负面，表明没有完成工业化。从这种观点看，木材交易被轻视，人们认为其仅仅是一种过渡状态，对加拿大经济发展并不重要。人们通常断定，该项交易是英国政策
74 人为创造的，浪费了加拿大森林资源，而利润大多被英国商人获得。而且木材工业使劳动力从农业中转移出来，如果劳动力没有因此而转移，农业会有更进一步的发展。

① 喻干苦力活者。——译者注

同时，人们也强调交易的波动特性，即各种初级产品出口普遍存在不稳定性，而木材相对于其他初级产品出口，所受影响较小。

总体上，责难木材交易的批评者坚持他们的观点，但是其观点没有清楚的事实基础。他们主要以劈材贸易的特点为基础。然而它仅仅是早期交易的优势产品。成长较快、持续时间较长的工业部门是板材加工业。锯木厂加工的木材，英国市场所需的原板材，当时开始交易相对较早且产出迅速地扩大，超越劈材成为主导产品。在 1845 年，方木出口达到顶峰，到 1851 年，加工后的木材出口超过未加工木材出口。那时，加拿大的锯木厂也成功打入美国市场，出口增长幅度远超过对英贸易。到 19 世纪 60 年代晚期，美国使用的加拿大木材比英国更多。锯木的交易行情稳定程度比劈材低得多。19 世纪的大多数时间里，锯木加工是加拿大的主导加工业。人们通常把它看成由数以百计的小型工厂构成的产业。事实上，大部分出口的锯木由少量大规模、资本密集型工厂生产，而这些工厂的技术水平以当时建造时的标准看属于比较高的。水力占支配地位，但那是因为加拿大拥有优良的水利资源场所。这项技术表现为一个连续的过程，用机械力把木头从贮藏池中拖出来，再通过 25 个或更多的排锯架加工。这项技术不仅仅是“木材砍伐”这么简单。

下加拿大的农业经济在 19 世纪上半叶的发展轨迹，与已描述过的上加拿大的情况类似。那时，已经普遍存在土地开垦和农业建设了。土地开垦是为大规模的自给自足农业提供物资。长期内，人们普遍相信下加拿大的法属加拿大农民与英属加拿大竞争者相比仍存在不足并且效率低下，这体现在 19 世纪早期魁北克的农业危机历史中。人们对 19 世纪早期的魁北克有了一个新的更切合实际的描述，该描述更加认 75
同法属加拿大的定居农民。

在农业惯例中，缺乏文化基础这一争论是缺乏根据的。法国农民的行为与他们在下加拿大讲英语的邻居很相似，与上加拿大的农民差别不大。到 19 世纪 20 年代，农村和农业产业实现了强劲发展。乡村开始商品化进程。没有证据显示繁荣的经济有衰退趋势。确实，人均实际产出一直缓慢上升。

上加拿大和下加拿大农业的主要差别是，下省农民放弃小麦，集中精力进行肉、奶产品生产，同时逐渐依靠上加拿大供应粮食。由于下加拿大的气候更加恶劣，农民不能像上加拿大冬小麦区的农民一样低成本地生产小麦。小麦吸浆虫在 19 世纪 30

年代侵袭了下加拿大，至少使它被迫暂时放弃了小麦种植，这与25年后上加拿大的情况相同。然而，下加拿大永远放弃了小麦，并迎合当地不断增长的非农业人口的其他各项食品需求，然而这是农业的一种受限制的形式。正如许多观察家所指出的，几乎没有改良和耕作技术进步的迹象；但是我们应牢记这一点，即直到大约19世纪中期，除了北美的很少部分地区以外，其余地方普遍是这样。没有迹象显示，在19世纪中期之前，上加拿大的农业发展全面超越了下加拿大。整体区别是上加拿大的少数地区，有更适宜冬小麦生长的环境。由于下加拿大的许多农民在农业方面的机会更为有限，所以他们转向季节性的非农业工作——伐树、造船、在运输系统工作。

加拿大农民和与农产品打交道的商人最希望以更好的方式进入可获利的市场。正如已经提到的情况，遥远的英国时常是一个出售面粉无利可图的地方，并且面粉是唯一在外国市场上具有广阔前景的农产品。运输成本在很大程度上不再是进入美国市场的障碍，但是平均20%~25%的关税负担仍是沉重的。有时轮船装载货物穿越安大略湖，但这是时有时无的事。加拿大可以通过改良运输系统，部分地解决基
76 本问题。这一点体现在以下更多细节中。当初，他们以《英国谷物法》关税作为主要目标。作为忠实的英国臣民，即使税率低于美国和输入英国的其他国家的谷物税，加拿大人还是认为这种关税不正当。加拿大人反复强调他们的情况，并于1842年达成协议，加拿大小麦将以每夸特小麦1先令这样一个固定的、实际上轻微的税率进入英国。加拿大取得这个优先权的条件是向美国小麦征收关税，以使美国小麦无法通过圣劳伦斯河漕运而流入英国。加拿大商人预期小麦出口激增,快速扩张碾磨能力。在加拿大小麦磨粉便宜，体积减少可节省运输成本。然而，直到1846年，加拿大小麦的有限供应量仍使价格保持在向英国运输小麦和面粉可获利的水平上，在这一年，英国完全放弃了《英国谷物法》，向美国和其他外国供应商开放市场。加拿大人尤其是商人陷入了恐慌。他们感觉被英国完全抛弃了。

英国政策的变化几乎对农民没有什么影响，而且农业产量持续上升。在英国，各种价格走高，在1848年后，加拿大开始定期向英国出口小麦和面粉。小麦最终被人们确认为是大宗出口产品，10年中小麦出口成为加拿大经济发展的基石。国家的主导出口品由木材变成小麦，且其出口规模也在快速增长。19世纪50年代成为经济显著地快速变化的时代。经济快速扩张，同时结构变得更加复杂。我们没有可靠的

统计数据，但是实际人均收入几乎一直在增长。到了 19 世纪中期，加拿大经历了人均收入持续上升的过程，这一指标是现代经济增长的标志。

加拿大人担心在英国市场上失去优势地位，因此急切地寻找补救方案。作为英国殖民地，加拿大虽然在 1848 年以议会政府的形式取得了很大程度的国内独立，但是它仍无独立的对外政策。英国代表它所有的北美殖民地与美国签订条约，对自然 77
产品相互给予自由贸易待遇，并于1854年开始实施。这项安排有助于安抚殖民地居民，解决了美国和英国长期存在的由北大西洋捕鱼区域权利分配而导致的摩擦。随着经济繁荣时期的到来，1854 年的《互惠条约》（Reciprocity Treaty）被认为对加拿大经济的发展有重要贡献，因而长期受到人们欢迎。但是，最新研究开始怀疑《互惠条约》所带来的贡献程度。因为有其他许多促进增长的因素同时发挥作用，美国关税降低可能在 19 世纪 50 年代的飞跃中只起到了有限的作用。

互惠主义对加拿大两项主导出口商品贡献甚少。虽然在边界地区，自由贸易有利于使加拿大—美国供给量合理化，但是面粉的市场在英国。由加拿大向美国的木材出口在关税废除前已经开始快速增长，但是在 1854 年之前英国市场非常繁荣，所以互惠主义的主要作用仅仅是把可能运往英国的木材转而运到美国。互惠主义的主要贡献是鼓励对美国出口先前不能进行贸易的商品，扩大贸易基础，例如向美国新建立的贮藏啤酒业供应大麦芽、黄油和马匹。法属加拿大人饲养的强健、省饲料的马匹，在美国市场尤其受欢迎。自由贸易和改良的交通系统使加拿大向美国城市市场运输木柴、燕麦、干草这种笨重的货物也能获利。到 19 世纪 50 年代晚期，加拿大开发了一项大规模的出口贸易——运到美国去养肥的小公牛。向美国出口的商品范围的扩大其重要性在于，这些产品可在种植小麦无利可图的地区进行生产。它拓宽了经济发展和繁荣的基础，这些进步是有价值的、重要的，但是相对于加拿大经济的主要推动因素——小麦和面粉的大量出口，这些进步的影响很小。

美国预期对加拿大的制成品出口将会增加。它确实增加了，但是获得的收益并不多。而后在 1859 年，加拿大引进新税制，设计该税制显然是为了保护国内制造业。美国抱怨加拿大的行动违背了条约精神。总的来说，条约内容不太利于美国，政治压力正在增大，这股政治压力来自从加拿大进口形成的竞争者联盟。这样条约在 1866 年被废除了。《互惠条约》时期作为一个伟大的繁荣时代被载入加拿大史册，

78 从加拿大的视角来看，这仅是从有利的角度签订了一个条约而已。在此后很长一段时间内，加拿大人把同美国进行自由贸易看成最优政策。

在19世纪中期，加拿大在很大程度上仍是拥有重要林业部门的农业经济，但是殖民地时代基本结束了。加拿大已经建立起农业社会。加拿大只在少数边境地区进行边界扩张，到19世纪50年代晚期，加拿大把适于建设新殖民地的土地开发完毕，这一问题非常严重。加拿大人口正迅速增长，人口数量几乎以可能的自然增长速度上升，即使到19世纪50年代晚期移民潮已经开始减弱，也仍然有大量移民不断涌入。如何安置大量即将长大成人的新一代人呢？对此，有三种选择，即只有三种常用手段：强化农业、工业化和向外移民。到1860年人们大规模移民到美国，1861年至1871年的10年间，加拿大人口存在净流出，这种情况几乎持续到19世纪末期。

19世纪40年代晚期至60年代晚期的加拿大经济的显著特征是农业发展的多样化、强化和生产力进步。上加拿大尤其如此，上加拿大在1842年与下加拿大结成政治联盟之后，更名为西加拿大。小麦的大规模出口是这个时期开始时的特征，但持续时间相对短暂，因为到19世纪50年代晚期制约供给的因素越来越明显。人们已经利用了所有适合小麦种植的土地，不能通过移居到新地方来提高小麦产量。失去森林屏障后，更多的秋季种植的小麦暴露在冬季的恶劣天气中，小麦吸浆虫肆虐，这就使转而生产其他农产品变得非常必要。《互惠条约》在某种程度上促进了加拿大城市市场快速增长，它是加拿大进入美国市场的路径。混合型农业要求大量投资于牲畜。早期经济主要是依靠劳动力投入，只需极少资本来生产适合市场销售的谷类，该种经济正被资本密集程度高很多的混合型农业代替。肉奶产品成为农业产品的重要组成部分。整个农业领域的改善——机械化、更复杂的作物轮作、更健壮的牲畜、更丰富的牲畜饲养知识、更精细的产品加工——正不断进行。这些需要资本和改良
79 技术。经济史学家最关注农业机械化，尤其是机械收割机的采用。特别是，在19世纪50年代中期之后，确实出现了农业机械化，但是收割机远不能完全代表机械化。打谷脱粒的机械化早于收割，甚至在19世纪50年代连枷仍在使用的地方，就已出现靠机械风力磨坊完成扬谷的情况了。靠机械割刈、耙松干草，用机械拉出树桩，农业的畜力机械化继续迅速发展。同时，动物的数量增加，质量上升，优良的牲畜品种被引进。当农业家庭的生产超过自身消费量后，在市场上出售商品的能力强有

力地刺激了农业技术改良。

从很多角度讲，该时代加拿大的农业进步近似地反映了美国北方所发生的情况。加拿大农民广泛利用边境南部最新的技术，他们对此也做出了贡献，并相互分享了大部分知识。他们热切地参与到家畜尤其是牛的改良活动中，并开发出一个春小麦的优良品种。雷德·法伊夫（Red Fyfe）认为，这对美国农业向明尼苏达州和达科他（Dakotas）扩张意义重大。在 19 世纪中期之后，以英语为母语的上加拿大的农业进步超过了法语区的下加拿大。在 1850 年之后，二者的生产力差距拉大了。上加拿大在乳业方面取得了显著的进步。虽然对黄油品质的改善长期存在争论，但是出口到英国的黄油数量增加了。黄油新鲜的时候会大受欢迎；若是易坏的脱脂乳没有被完全压缩、提纯，那么黄油在运往英国的漫长路途中将会变质。上加拿大的少数地区赢得了高品质的声誉。在 19 世纪 60 年代，模仿美国建立的奶酪工厂生产模式是该时期兴盛的开端。加拿大人不嗜好奶酪，但是只要能生产出合适的产品，就可以输送到英国这个庞大的市场。加拿大在 19 世纪 60 年代晚期建立了最早的一批工厂。在随后的 30 年中出口迅速上升。

加拿大的另一种主导产业——木材加工业，在 19 世纪中后期之后的若干年取得了令人瞩目的进步。在 1850 年，少量大型锯木厂生产了几乎一半的锯木出口量。19
世纪 50 年代，大型作坊数量惊人地增加，特别是渥太华流域更是如此。拜城——后 80
来更名为渥太华，成为世界主要的锯木厂中心。它拥有丰富的水力资源，并恰好位于主要运输线上。到 1860 年，渥太华拥有一大批大型商业作坊，其中包括世界上独一无二的最大的锯木厂。在这几年中，加拿大工业开始多样化，建立了生产农用机械的工厂，一些工厂生产的碾磨设备既可锯木又能磨面。小型羊毛作坊在一些地区建立了，可以向当地市场投放羊毛毯和其他简单羊毛制品。出现了可以生产多用途蒸汽机和其他类似资本品的铸铁厂和作坊。在 19 世纪 50 年代，已有一些明显确凿的迹象表明，加拿大已经开始工业化。

交通改善和早期工业发展

在 19 世纪，世界各地的交通改善都成为经济发展的中心环节，加拿大也不例外。正如先前已经指出的，加拿大国内拥有全世界可开发的最优良的自然交通系统。加拿大与英国远隔大洋，这意味着横跨大西洋运输成本高昂，但是在加拿大范围内，以当今标准衡量，商品运输相对廉价。几乎所有物品都可以由水路运输，的确如此。由于定居地都接近水路，任何地方横跨大陆都无须进行长距离旅行，而且随着严冬的到来，横跨大陆旅行变得更加便捷。因为四轮马车可以在坚硬、冰冻的河面上飞驰，或者在雪面上拉动雪橇前进。雪橇比四轮马车大约便宜 1/3。因此，我们不必关注早期运输的困难而应重视加拿大拥有的重要优势。尽管如此，交通系统仍存在某些缺陷。尼亚加拉大瀑布阻断了安大略湖和上游各湖的连接。圣劳伦斯和渥太华在主要的河流线路上，许多急流阻碍了货物逆流而上。围绕急流的装有水闸的运河是有力的证据。早在 18 世纪晚期，蒙特利尔就初步尝试在恰好位于城市上游的急流周围修建一条小
81 型运河。

在纽约州的伊利运河的建设中，人们认识到修建运河是改良交通的方法。伊利河显著降低了运输成本，它有效利用圣劳伦斯水路，与美国进行中西部的谷物出口贸易，实现了加拿大人的愿望。加拿大人也能修建运河，但是比美国长距离运河的修建难度大。拉钦运河（Lachine）和韦兰运河 (Welland) 是最早引起关注的两条加拿大运河，前者是为了避开在蒙特利尔上游的圣劳伦斯的急流，后者是为了绕过尼亚加拉瀑布群。拉钦运河与伊利运河是同时代修建的，运河完工时间仅比最先修建的韦兰运河晚了 5 年。可见，加拿大很早便预期到了北美运河的大发展。在 19 世纪 40 年代，人们建成三条短运河来绕过圣劳伦斯的急流，同时扩建了拉钦运河和韦兰运河。到 1848 年，加拿大拥有一流的运河系统，使圣劳伦斯—大湖水域确实成为世界上最好的内陆水运体系。这些都是可航行轮船的运河，不像美国那样，通常修建的都是通行驳船的狭窄运河。这些运河距离短，但是由于水闸数量多，每公里花费几倍于美国运河。规模庞大的斯古纳湖水可以经由韦兰运河直接从伊利湖和安大略湖之间穿过。大型船只在圣劳伦斯河上游航行存在困难，所以经常要在金斯敦或普雷斯科特（Prescott）把货物转载到由蒸汽拖船拖动的较小船只或驳船上。直到 20 世纪中期之后，大型远洋船只才能完全接近大湖流域。

英国军方在 1826 年至 1834 年间修建了一条由圣劳伦斯河上的金斯敦到渥太华河上的拜城的长距离运河。该运河拥有一些大型的建造坚固的水闸却没有拖船路，

显然是为了使它在开始时就能航行汽船。它的商业价值有限，从一开始就被作为从蒙特利尔向上加拿大运送军用物资的通道，因为它不在对岸美国的大炮射程范围内。人们还建造了其他一些小型运河：围绕着圣让的黎塞留河的急流建造的运河［使之与圣让及香普兰湖（Champlain）和纽约州系统联结起来］、围绕渥太华河急流的两组水闸、一条在格兰德河 (Grand River) 较低河区的运河。

加拿大在运河交通建设中投入的大量精力远远超过了经济需要。花费如此巨大的投资部分原因是要求短运河能航行大型船只，另外也是因为长期渴望利用圣劳伦 82
斯水系运输美国中西部的产品。伊利运河已经证明人类的创造力加上资本投资可以跨越自然界的障碍。然而，圣劳伦斯航线的真正缺陷在于从魁北克出发穿越大西洋的水路。可使用这条航线的季节较短，它比从美国东海岸各港口出发的航线更危险。加拿大的大部分运河投资可能也显得过早。上面已指出，当运河建成后，加拿大直到 1848 年后才从对英国出口小麦中获利。在加拿大经济史中，很多人批评运河投资太迟，因为到 1848 年，铁路已成为另一可行选择。然而，与普遍观点相反，加拿大运河系统许多关键河段的建设早于实际需求。尤其是，1829 年开通的韦兰运河，六年之后才能在布法罗收到来自西方的大批货物；伊利湖以北的上加拿大地区在 1829 年之后才取得巨大发展。最早的韦兰运河是一项在很大程度上靠美国投资者融资的私人投机，但是该项目并不盈利，不久就像加拿大其他运河投资一样成了公共事业。在 19 世纪中期，在经济成长到更惊人的规模之后，当内陆的面粉和木材出口产业成功建立时，以及铁路建设大发展时，加拿大湖泊河流水系上的船舶吨位才有巨大增加。随后，各运河得以广泛利用。

加拿大在引入运河和蒸汽航海设施方面既没有技术落后也没有缺乏企业家。然而，铁路在加拿大发展缓慢，这成为同时期和后来的评论家关注的焦点。巨大的交通量证明铁路修建所需要的大量资本投资具有合理性，而加拿大是一个拥有质优价廉的水系运输系统的小型经济。到 1850 年，只有 54 英里铁路处于运营中。铁路在随后的 10 年里经历了三个基本方面的主要发展。人们修建一项可以全年、全天候在蒙特利尔和大西洋各不冻港之间通行的工程，并从湖泊江河边沿岸港口出发修建多条内陆铁路，还有加拿大铁路大干线——一项野心勃勃的工程，该工程要建设与 83
作为经济中坚的伟大水路平行的铁路。到 1867 年加拿大邦联成立时，这个新国家有

2 600 英里铁路正在运营中。

蒙特利尔商人尤为关注圣劳伦斯河通航季节比较短的问题。蒸汽机车有可能突破自然限制。在 1845 年，圣劳伦斯河和大西洋被特许连接缅因州全年通航的波特兰（Portland）港口和蒙特利尔。融资的困难延迟了进度，但是到 1849 年此工程已经开工，并于 1853 年完工。加拿大在 1855 年建成西部大铁路，此线路从尼亚加拉延伸到温莎并与密歇根中心相连，因而为美国修建从纽约到美国中西部的铁路提供了捷径，同时为上加拿大西部地区提供了有价值的运输服务。北部线路在前一年完工，该线路从多伦多到佐治亚湾的柯林伍德。在 19 世纪 50 年代，还建设了其他一些由湖泊或河口反向延伸到内陆的线路。

普雷斯科特—拜城线路连接了圣劳伦斯港和渥太华河上重要的锯木业中心，其中圣劳伦斯港的对面就是美国铁路的终点——纽约州的奥格登斯堡（Ogdensburg）。在 1859 年，另一条与上述线路大致平行的铁路竣工。在更远的西部，布法罗和休伦湖之间从尼亚加拉边界到休伦湖的戈德里奇（Goderich）的线路已经修建，而加拿大公司的中心在休伦湖地区。来自圣劳伦斯河的巴斯里米·约里特（Barthelemy Joliette），甚至依靠私人的力量，建设了连接圣劳伦斯和农业产业的铁路。火车在该木制铁路上运行 15 英里就能到达他的作坊。铁路替代水路系统为现代运输服务。

加拿大铁路大干线，是一项使其他所有项目黯然失色的投资，这条铁路计划从魁北克城深入美国，到达休伦湖南端的萨尼亚（Sarnia），并且平行于加拿大著名的水路系统。该项目在英国资本市场上靠大部分声誉良好的公司融资，实际上是加拿大的州铁路。正如计划的那样，它成为世界上最长的铁路。它没有采用能在开始带来收益的分段施工，而是立即同时开工，从每一个出口都可到达圣劳伦斯河和大西洋，但这一项目完成后并没有运输货物。从一开始，大干线就面临融资问题和重重困境，政府不得不干预并提供担保。一些最著名的英国金融家和铁路承造者几乎均在大干线的重负下破产。虽然开始并不顺利，最终它还是按步骤施工成为一条伟大
84 的铁路。如果不考虑私人收益的话，它确实是一项野心勃勃的风险投资，从社会角度衡量它甚至并无合理性。之后，学者们重视大干线的短期收益——创造工作岗位、投入的资本流入当地经济。19 世纪 50 年代中期，即使这条铁路正如计划时那样是个错误，热火朝天的经济时代也还是以“大干线时代”闻名。人们经常忽视这一事实，

即最初的工程几乎没有成功的希望。人们也忽视了在 10 年甚至更长的时间内，大干线的融资问题削弱了加拿大私人和公共投资项目在伦敦市场的融资能力。即使没有大干线，加拿大也会在不久之后，更谨慎、更明智地修建铁路。加拿大在 19 世纪 50 年代蒸汽机车领域的第一个传奇引发了一场铁路建设的大规模投资，到 50 年代末期，已形成一个庞大的铁路网。加拿大无疑是通过浪费的方式进入了铁路时代。加拿大许多线路无利润可言。如果加拿大对运河的投资已过度，那么它对铁路的投资的浪费程度比运河高得多。

加拿大第一个铁路时代与经济上许多其他主要进步同时发生。加拿大的经济一直在发展。传统出口产品——面粉和林业产品——强有力地推动了经济，但是同时经济不断向多样化发展。一系列工业产品涌现出来。造船业与木材产业紧密联系。19 世纪 50 年代和 60 年代是造船业的全盛时期。汽船很早就在河流和湖泊上通行，早在 19 世纪 20 年代加拿大已在制造蒸汽机。在 19 世纪 50 年代，铸造厂和机器厂定做发动机、汽锅和其他新增的资本品。在 19 世纪 50 年代的后五年里，加拿大也在制造蒸汽机和铁轨。

由工厂生产纺织品是工业革命的标志。加拿大这个部门处于落后地位。加拿大首先建立了大量小型羊毛加工厂。在早期，加拿大就有许多当地的羊毛梳理、漂洗作坊，其中一些扩大成为纺线和织布厂。到 19 世纪 40 年代，羊毛加工作坊经历了一场大飞跃。这些工厂主要生产羊毛毯和羊毛制成的法兰绒，更高等级的毛织品和 85
精纺毛纱仍然从英国进口。棉纺织工业缓慢出现，且发展得不完善。新英格兰在移居的法裔加拿大人的帮助下，扩张棉纺织行业，但是这种扩张在加拿大并不显著。在下加拿大，英属美洲土地公司的发起人试图把舍布鲁克镇（Sherbrooke）建成他们的运营中心。1844 年，加拿大开办了第一家棉花加工厂。随后在 60 年代早期，已经建成一些传统的棉花加工厂。这些加工厂在相当程度上是实验性的小型作坊，不是很成功。

农用机械制造对工业发展提供了有力的支持。在 19 世纪 40 年代，小型工厂出现了，生产风力碾磨机、脱粒机、改良耕犁和专利掘根机。接下来的 20 年，出现了更加波澜壮阔的发展。但是，本土几乎都没有发明诞生。加拿大工厂在特许下或者简单通过非法使用技术生产美式除草机和收割机。到 19 世纪 60 年代，加拿大国内市场上出现了一些相对大规模的农用机械制造者。加拿大基本实现了农用机械制造的自给自足。

加拿大制造商依靠美国的技术进步，复制了美国的发展模式。人们用机器制造木制家具、鞋楦以及其他各种产品的情况变得平常了。加拿大到19世纪60年代可以制造缝纫机，几乎在同时，靴子和鞋子可用机器缝制。有两点需要指出：首先，加拿大制造业发展成就惊人，很大程度上借鉴了美国类似的发展过程；其次，加拿大制造业发展缺乏国内的技术革新动力。加拿大没有任何部门出现领先的技术，也无工业部门孕育出持续发展所需的创新。然而随着加拿大革新者逐渐意识到更大的美国市场是一个创新之地，更容易得到风险投资，形势变得更加复杂。例如，艾布拉姆·格斯纳（Abram Gesner）搬到纽约建立了提炼厂，生产他新发明的"煤油"——一种从石油中提炼的高级照明剂，从而奠定了世界石油工业的基础。

86 历史上，工业化与城市化有关。在独立前，加拿大工业化带来了快速的城市发展，但是这建立在占压倒性优势的乡村基础上。进一步说，加拿大的两省依据不同的方式进行城市发展。在下加拿大，工业发展大量集中在蒙特利尔。到1850年，它是加拿大最大的城市，其随后的增长有助于它成为一个重要的多样化工业中心。蒙特利尔有铸造厂和发动机厂、机车厂和车辆厂，还有裁缝厂、成衣厂和鞋厂。同时，蒙特利尔的传统产业同样重要。它是全国磨面业的中心，并以啤酒厂和炼糖厂而闻名。拉钦运河能够提供极有价值的水利资源。该运河的运输收益与它的水利资源一样有价值。不仅城市发展是工业的基础，而且各个城市作为市场中心拥有重要地位。蒙特利尔是加拿大许多重要市场的交汇点。它是进口商品的主要集散地。圣劳伦斯河在1853年疏浚完工后，蒙特利尔逐渐代替魁北克成为主要出口港口。它也是保险和金融中心。蒙特利尔银行是加拿大首家银行，在很长一段时间内它也是最大的银行。毋庸置疑，蒙特利尔是加拿大在19世纪的首要城市中心，但它从未像美国的纽约那样保持支配性地位。19世纪早期，魁北克城是加拿大海外贸易港口。大约到1825年时，魁北克城与蒙特利尔还是同样大的中心，到19世纪中期还保持着竞争者的地位。相对蒙特利尔来说，魁北克是一个专业化程度更高的城市。它是贸易及航运中心，并不是工业城市；它是木材交易的中心，大量木材在此地集聚、装船；它作为世界上最伟大的造船中心之一，也在政府中占一席之地，是加拿大的军事和行政中心；在晚些时候，它成为广为人知的鞋业、烟草业制造基地，但是它从来都没有成为工业城市，到 19 世纪中期它成了一座失去发展动力的城市。

下加拿大最缺乏的正是较小的、成长中的城市中心群。它几乎没有制造业城镇。从这个角度看，它显然与上省情况相反。在 1850 年，除了蒙特利尔和魁北克，下加拿大只有 5 个城镇人口超过 2 500 人。三河城（Trois-Rivieres）是坐落在魁北克和蒙 87
特利尔中间的圣劳伦斯的旧市场中心，但是它的人口少于 5 000 人。它在皮毛贸易中占有优势地位，位于它的北部的圣莫里斯铸造厂（St. Maurice forges）是国家主要的炼铁基地。在圣劳伦斯河的南岸，从三河城逆流而上一段较短距离，就可以到达索罗尔（Sorel），它是位于黎塞留河河口的贸易、运输中心，人口为 3 500 人。圣让在黎塞留上游更远的地方，在同一地区的圣荷新斯（St. Hyacinthe），还有古朴的东部镇区城市中心——谢布鲁克，这三个地方环绕成为下加拿大的城市地区。然而，下加拿大城市化的显著特征是蒙特利尔和魁北克占统治性地位以及缺乏更大市场和制造业城镇。

上加拿大展示了一幅迥然不同的画面。它的主要城市——多伦多——仍然比蒙特利尔或魁北克小得多。在 19 世纪中期，它拥有 33 000 人，是上加拿大任何其他城市人口规模的 2 倍有余。最初，金斯敦曾是上加拿大的主要城市中心，但到 19 世纪 30 年代早期多伦多在规模和重要性上超越了它。多伦多基本上是运输交汇点和商业中心，但是到 19 世纪 40 年代它开始建立工业基础。它是一个基本供应当地市场的国内制造业中心。在 1850 年之前，多伦多是上加拿大的主要市场中心，它还在大量附属城市和大型城镇中占首要地位。

汉密尔顿的规模不及多伦多的一半。虽然它地理位置优越，但是在与多伦多争夺上加拿大首府的角逐中失利。1851 年，汉密尔顿仍是商业中心而不是工业城市，而在下一个 20 年中成为工业城市。金斯敦是上加拿大最早出现的城市中心，但不久后被多伦多超过，进入 19 世纪后半叶后其发展速度趋缓。拜城在 1851 年是上加拿大的第四大城市，发展最迅速。它改名为渥太华，在 1867 年成为国家首都，它是由于 1851 年至 1871 年作为重要的木材制造业中心而发展起来的。上加拿大和下加拿大城市发展之间引人注目的差别是下省缺乏城镇；在 19 世纪中期，下省人口超过 2 500 人的城镇只有 5 个。与下加拿大相比，上加拿大有 12 个这样的城镇和 5 个城市。

然而，加拿大最显著的特点是工业化水平普遍比较低。在 1851 年，不到 15% 的人口
88 居住在人口达 2 500 人或更多的城镇中心，在上加拿大这一比例勉强高于 10%。

在 1851 年至 1871 年，加拿大旧省的人口增长率稍高于 50%。下加拿大的人口增长速度是上加拿大的 2 倍。至少在这个时代的上半段，移民仍大批进入上加拿大。城市人口迅速增长，总体上两省情况类似。在下加拿大，城市发展主要集中在两个最大的城市。在 1851 年，有 2 500 多人的城镇的增长速度稍快于自然增长率，而且这些城镇的数目从 5 个增加到 8 个。在上加拿大，除了 5 个主要城市中心之外，其他城镇数量在增加。一直到 1871 年，在 5 个城市中心之外，还有超过 31 个城镇的人口超过 2 500 人。所有城市地区的人口增长了 150%；人口在 2 500 人至 10 000 人之间的城镇的人口几乎是原来的 3 倍，但这是新城镇出现的结果，并不是 1851 年以来这个地方的人口增长的结果。正是由于出现了这些规模较小但为数众多的城镇中心，上加拿大才有别于下省。这些城镇既是商业中心又是制造业中心。在运输体系中，这些城镇包括一些知名的地方——早期建立的湖泊港口，譬如戈德里奇、维特比(Whitby)、霍普港 (Port Hope),以及新近建成的铁路系统的交汇点，譬如巴里(Barrie)、斯特拉特福 (Stratford)。许多新城镇是制造业中心。盖尔特 (Galt) 和欧文桑德（Owen Sound）制造蒸汽汽锅和碾磨设备；伯曼维尔（Bowmanville）和纳帕尼 (Napanee) 制造家具；布拉特福 (Brantford) 和基辅 (Guelph) 是农用机械生产中心。从这个角度看，上加拿大类似于邻近的美国地区，尤其是西部的纽约和俄亥俄。

在 1871 年之前，加拿大开始由农业向工业经济转型，已经完成向现代经济增长的转变。然而，加拿大仍然是农业经济占主导的农业社会。按照城市化的一个相当普遍的定义，到 1871 年，加拿大只有少于 20% 的居民住在城市和城镇。总劳动力的一半以上仍然处于农业部门。但是在 1871 年之前，人们已经用尽了新殖民地上的优质土地。到 1860 年，英属北美已达到在实有的领土上建立殖民地的程度。广阔的农业殖民地不再为经济发展提供动力。英国采取自由贸易，废除了英属北美与英国的特权关系，与美国的互惠自由贸易因美国人而走到终点。19 世纪 60 年代的加拿大人
89 面临的是，一个被表面的繁荣所掩盖的混乱的、不确定的未来。随后，他们的解决方法是扩张领土以及联合所有英属北美殖民地。

加拿大邦联的经济

在 1867 年，三个英属北美殖民地——新斯科舍、新不伦瑞克、联合加拿大（United Canadas）联合起来组成了一个新的邦联国家，名为加拿大自治领。其他两个英属殖民地——纽芬兰和爱德华王子岛，在那时也倾向于加入联合体。人们自 1864 年开始讨论这一计划，但最终依靠一项英国议会法案才得以实施。1867 年《大不列颠北美法案》(British North America Act) 成为这个新国家的宪法。为了较好地理解本章，应关注两个问题。第一，经济因素对邦联的影响是什么？第二，成立邦联对于新的加拿大自治领的经济产生了什么后果？

各种经济因素都对加拿大邦联的形成产生了部分影响，但是注意不要过高估计它们的作用。加拿大邦联也有政治议程，还有一些重要的国家安全问题。在美国内战之后，就展开了有关邦联的重大讨论。英国和美国之间关系紧张，我们不应忘记过去当美国和英国关系剑拔弩张时，美国的反应就是攻击加拿大。在一个更长期的背景下，英国逐渐关注降低帝国统治成本的问题，譬如使英属北美的各个属国变得更加独立。显然，这意味着在美国每次加强武装，或时不时显示出它注定要控制整个北美的命定扩张说时，各殖民地不得不去关注为自身提供有效防御的昂贵的应急支出。我们也许不应过分曲解这一时期的主题，而要注意邦联争论的实质的国家安全问题。

然而，加拿大大部分是由法属下加拿大与英属上加拿大依靠立法联盟组建而成。加拿大殖民地间的政治僵持是对邦联计划的直接冲击。加拿大政治家竭尽全力寻找 90 打破英法两国僵局的方法。各沿海殖民地开始筹划一个立法联盟，最终 1864 年在爱德华王子岛的夏洛特敦（Charlottetown）召开会议。加拿大较大殖民地的代表们带着自命不凡的野心挤进会议，他们要制订一个解决所有问题的计划。

首要的经济问题是更加广泛的市场需求。每个英属北美殖民地都是小规模的。人们已经尝试通过与美国的互惠解决市场规模问题，但是美国人退出了这一制度，并于 1866 年废除了《互惠条约》。至少作为次优选择，各英属北美殖民地应该合并成单一市场。虽然相对而言，它仍然很小，只是美国的自由市场的较差的替代品，但它至少是可行的。然而，邦联背后的经济动因不仅在于此。在加拿大殖民地，一些人相信持续的经济繁荣与领土规模急剧扩张有关，这些土地在英国法规的授权下，由哈得逊湾公司拥有和掌管。这片土地包括上千英里不适于居住的岩石和灌木地区，但它也包括一些西部的大片草原，这些地区可开发成新的农业边疆地区。农业殖民地向西部边疆的持续扩张运动被认为是美国经济繁荣的重要驱动因素。加拿大也可以拥有自己的西部边疆。因此，加拿大的梦想家们开始思索，把空间的大规模扩张当成解决加拿大经济问题的方法。新的边疆殖民地可容纳加拿大农民数量巨大的后代（否则他们将无法谋生），也会吸引移民。新的人口定居领土扩大了加拿大的国内市场。加拿大学习美国的经验，希望也能有美好的经济前景。

沿海殖民地的人们对邦联的主张缺乏热情，并没有全心全意地投入这个宏伟的领土扩张计划中去。由于他们热衷于商业和航运，他们倾向于向大西洋发展。沿海
91 地区的人们设想把沿新英格兰边界的地区改造成工业经济地区。通过这种方式，沿海地区的人们在加拿大邦联的棉纺织业和金属产品制造业中找到了新的增长点。这包括远离大西洋以及重新定位繁荣的航运和造船业，向北美大陆内部发展，向最具工业革命特性的行业倾斜。虽然铁路显得过于“现代”，但是人们的注意力还是由轮船转向了铁路。

纽芬兰和爱德华王子岛在 1867 年倾向于加入加拿大邦联。其他沿海殖民地并入加拿大，这些地区依次被分划入安大略省和魁北克省，与以前加拿大殖民地的上省和下省相对应。哈得逊湾公司的土地和英国在北美的其余领土被纳入了加拿大的新自治领。1871 年，在新领地中建立一个新省份——马尼托巴，这里的土地是以地区形式管理的无人定居的草原的剩余地区。同年，在温哥华岛和英属哥伦比亚大陆的小规模英国殖民地统一成同名的单一省份。在 1874 年，爱德华王子岛转变立场，同年加入自治领。这使加拿大成为“从海洋到海洋的自治领”，并在 19 世纪的剩余时间内保持了这一状况。纽芬兰最终在 20 世纪中期加入了邦联。

人们试图建立一个强有力的邦联，在这个联邦中，中央政府享有支配地位。开始，它是一个在各省之间无关税壁垒的经济同盟。只有邦联政府有权征收像进口关税和消费税这样的间接税，各省只允许征收直接税。在邦联中，各省的分配权力仅限于当时人们认为重要的地方事务——家庭、福利、教育、法律管理权和当时定义的民权。联邦政府在农业和移民入境方面得到授权。然而，邦联政府可以对省级立法行使否

决权且拥有对在西部新领土上的自然资源的直接控制权。这意味着加拿大是中央集权的联邦制，只在绝对必要时才对各省赋予一定权力。然而，在开始的时候，宪法规定中央把权力下放给各省。这里并不回顾加拿大宪法演变的悠久复杂的历史， 92
要探寻的重点是新联邦制的经济含义。人们的意图是把地方事务的管理权留给各省，但是授予中央政府各种控制权以建立一个新国家，同时扩大农业经济、发展工业。

加拿大邦联的经济计划是为了形成一个现存的英属北美殖民地的经济同盟，但是同时在西部草原上建设一个新的边疆殖民地，与国家旧有区域完全相连并提供经济发展的动力。这是一个双向（two-pronged）计划——通过新的农业殖民地实现规模增长，同时在旧区域扶植工业发展。发展计划的中心议题是政府对新得到的领土上的自然资源尤其是土地的控制。运输是加拿大邦联计划的重要内容，而铁路是廉价的运输方式。政府为把沿海各省纳入邦联，许诺并由法律保障修建铁路。这是一个昂贵的诺言。在 1871 年，政府为巩固与英属哥伦比亚的联系，允诺修建一条通往太平洋的跨大陆铁路，这成本更高。毫不夸张地说，加拿大邦联靠铁路凝结成整体。为了安抚低关税的沿海地区，最初约定把加拿大关税设定在相对低的水平。正如我们将看到的情况，这并没能持续下去。新同盟从一开始就保持乐观的心态。邦联条例本身以及催生条例的设想反映了为发展新加拿大而制订的宏大经济计划。

促进国家发展的国内政策

铁路被看成新加拿大躯体上的肌肉。对加拿大经济在 19 世纪剩余时间做了什么这一问题，简要回答就是“它修建了铁路”。 新制度的成果就是修建了一条联结魁北克各线路的铁路和穿越新斯科舍中部到达哈利法克斯港的短途铁路。地理环境是残酷的。为了安全起见，政府在加拿大土地上修建殖民地之间的铁路，并尽可能地 93
远离美国边界。这意味着这条铁路比严格按经济成本建造铁路的长度更长，要经过大部分无人定居、无生产力的土地。进一步说，该铁路按高质量标准建造。结果是，500 英里造价非常昂贵的铁路（1876 年完工），没有收回投资的希望。殖民地之间的铁路花费大约为 3 500 万美元，完全靠邦联政府进行融资并维持运营。在大干线融资完全失败后，才修建该铁路，殖民地间的铁路修建强化了加拿大修建过多用途不大的铁路线这一积重难返的恶习。

殖民地修建铁路的目的是促进沿海各省与加拿大其他地区的经济一体化，以巩固政治联盟。一体化来得太晚了。在邦联成立前，各殖民地之间几乎没有劳动力、资本或商品流动。邦联在很大程度上没能改变这种情形。沿海地区没有什么商品可以卖给魁北克和安大略，因此，反过来也是这样的情况。沿海地区长期进口面粉，其中大部分来自美国，但是还有一些来自加拿大其他地区。然而，到 1867 年，安大略在满足加拿大中心地区的需要之外，几乎没有足够的剩余来供应沿海地区。新斯科舍的煤炭成本太高，运到蒙特利尔并不划算，也无法与来自美国的燃料竞争。沿海地区的人们主要从事邦联成立之前就已经存在的行业——造船，向世界提供航运服务，为欧洲和西印度市场捕捉、晒干鳕鱼，通过贸易为自身提供多种制成品，需求量不断增加。然而，一些沿海地区的人们已加入邦联，期望能赶超新英格兰，成为加拿大这个新国家的制造商，并为此扩建了鞋厂、一些棉纺织工厂和许多金属制造厂来为“上加拿大”市场服务。

沿海地区经济依然繁荣，这种繁荣主要建立在较早发展的造船和航运业的基础上。然而，沿海和加拿大其他地区面临一个相同的问题，这一问题逐渐变得紧迫起来。增加的就业机会不足以安置农村增加的全部人口。沿海地区几乎没有新土地可供扩
94 张，也几乎没有机会转变成劳动密集度更高的农业经济。沿海地区的农业基础极为薄弱。非农产业尤其是制造业增长速度不够快，不足以吸收各农业地区的溢出人口。爱德华王子岛在 1874 年把土地无偿并入加拿大联盟，1881 年在绝对人口规模上达到高峰并保持了几十年。其他两个沿海省份同样感受到巨大的人口压力，并导致了大范围的人口流出。然而，这个问题的关键之处在于移民并不流向加拿大其他地区，而是进入美国，相当一部分进入新英格兰。70 年后，沿海地区的大部分剩余人口才开始移入加拿大的其他省份。显然，邦联没有很快促使国家形成统一的国内经济。

我们不清楚并入加拿大邦联的沿海省份的生产力水平是否低于加拿大中心地区。在 1867 年后的最初几年，沿海区域的经济相对而言持续强劲发展，但是逐渐地，我们明显发觉该地区并不能成为加拿大的工业新英格兰，在某种程度上沿海地区逐渐

在经济方面成为这个国家的落后地区——一个问题地区。到 19 世纪 80 年代，当人们大批离开这一地区时，这个问题已是显而易见了。加拿大其他地方的发展并不会使沿海地区获利。由此加拿大的发展方向是向西、向大陆发展，沿海地区愈发成为国家一个多余的、被遗忘的角落。

邦联经济发展计划的首要条件是得到大片农业殖民地，这片土地位于历史悠久的哈得逊湾公司所有土地的西边。加拿大把这片土地划入帝国版图，立刻着手迁居人口，希望建成广大的美国模式的殖民地。这片土地以平方英亩为单位测量，再细分成 1/4 平方哩。[1] 政府颁布《宅地法》(Homestead Act)，希望无偿赠予 1/4 平方哩土地的政策能吸引定居者。一大片土地被授予铁路开发者，以激励他们提供所需的运输系统。

西北地区不完全是未占有地区。除去数目不明的土著居民，另有少量由领主塞
尔扣克于 19 世纪早期建立的苏格兰殖民地的遗留居民，大约 6 000 名这些殖民地居 95
民的后裔居留在红河上的盖瑞堡（Fort Garry）周围的农业殖民地。那里成为新的马尼托巴省的核心地带。这些农民从事基本的自给农业，在参与皮毛贸易方面的市场机会有限。混血人种——苏格兰人或法国人与土著居民的混血后代——与同一社会的联系不紧密。这些混血人种在草原上狩猎，为商业目的捕杀水牛并为哈得逊湾公司提供运输服务。

马尼托巴被并入加拿大成为其一个新省份，它因为开始吸收来自安大略的新增人口而壮大起来。温尼伯（Winnipeg）恰好在盖瑞堡以南，它成为一个内陆港口——通往加拿大草原的东部门户。经由美国到达马尼托巴的路线更容易通过，即从明尼苏达的铁路岔尖沿红河顺流而下到达马尼托巴。这个州在那时正迅速地建立定居点，即将开始在红河谷“富饶的”农场大范围试种小麦。马尼托巴同样似乎注定就是种植小麦的省份。到 19 世纪 70 年代中期，轮船首次运输少量马尼托巴小麦向南到达圣保罗。加拿大的港口位于苏必利尔湖（Lake Superior) 上，离险峻地带 400 英里远。首先要建造连接温尼伯和威廉堡（Fort William）湖口的铁路。这需要投入高成本，但它是加拿大的太平洋铁路必不可少的组成部分，所以这部分成本无法节省。人们迫切需要继续推进整个工程，因为与明尼苏达的增长的商品贸易需要这条运输通道。

---

① 1/4 平方哩 =10 英亩。——译者注

一条由圣保罗到温尼伯的铁路在 1880 年投入运营。

太平洋铁路在邦联修建后，可以延伸到英属哥伦比亚（它在 1881 年建成）。造成该工程停滞的部分原因是腐败丑闻，但主要原因是工程量浩大。该工程由于政治原因而出现了一些令人丧气的情况。这项工程归属加拿大，线路完全在加拿大境内；如果它只连接通过美国五大湖区南部的线路，那它并没有达到人们的期望。结果，铁路不得不向西推进，穿过苏必利尔湖以北超过 1 000 英里的岩石灌木地带，并且建筑在松软的沼泽上，还无法保障交通安全。随后，它还要穿过至少 1 000 英里的无人定居的草原，其中部分地区不适合建成农业殖民地。可见，它确实是在需求产生之
96 前建造的铁路。最终，该线路穿过科迪勒拉（Cordillera）的陡峭地带，顺着险峻的弗雷泽峡谷（Fraser Canyon）而下，到达西部的终点站。这是一项极其昂贵的工程，私人投资的盈利前景渺茫，未来充满高度不确定性。修建这样一条铁路需要庞大资金。失去耐性的政府把线路中的两段作为公共事业——一段从莱克黑德（Lakehead）到温尼伯，另一段造价尤为高昂的线路是从西部的终点站上溯到蜿蜒曲折的弗雷泽峡谷。

最终，在 1880 年，加拿大的太平洋铁路公司（CPR）承接了这项回报丰厚的工程。令人惊讶的是，这条铁路在 5 年后就完工了。公司得到了数额巨大的补贴，最重要的补贴条款包括：(1) 给予 2 500 万美元现金补助；(2) 赠予 2 500 万英亩土地，这些土地位于铁路两侧各 24 英里宽的狭长地带，非常适于建设殖民地；(3) 把已完工的路段（后来的专家估价约值 4 000 万美元）移交给公司；(4) 一项免税（人们认为其价值稍高于 2 000 万美元）；(5) 担保不在与美国接壤的 CPR 南部修建任何铁路。到 19 世纪末期，CPR 成为一家盈利丰厚的企业，今天仍保持着国内商业的领导地位。它被美化成一家了不起的国家建设风险投资企业，成为国家实力的象征。

经济史学家质疑给予这条铁路大量补贴的做法。对于该项工程，如果政府交由私人承建，则毫无疑问应予以补贴，因为对于私人而言这项工程是无利可图的。尽管如此，鉴于早期加拿大在无利可图的铁路建设中浪费了大量资源，现在更大规模的 CPR 又在做相同的事，补贴修建铁路的好处自然受到人们怀疑。更准确地说，这个问题由彼得·乔治（Peter George）和劳埃德·墨瑟（Lloyd Mercer）提出，他们估算了 CPR 修建铁路要获得盈利所需的补贴。这两个学者都推断政府花费远高于所

需（墨瑟计算出超额补贴在 2 000 万美元到 4 000 万美元之间，比乔治估算的大约少了 2 000 万美元）。不管怎样，加拿大为使 CPR 承建铁路付出了很大代价。超额补贴在 1885 年的加拿大 GNP 中占到一定比重，它与罗伯特·福格尔（Robert Fogel）估 97
算的整个美国铁路网对节约社会资源的贡献度相同。CPR 建设铁路需要昂贵的资源，这个更为宽泛的问题还未被具体提出。如果加拿大能收敛野心，逐步建设这一工程，避免或延迟修建较费钱的地段，那将节省下多少补贴和实际资源？是否真的需要一家单一的完整的横跨大陆的铁路公司？对从莱克黑德到温尼伯的干线进行公共资助是发展加拿大西部草原殖民地的迫切需要，这条线路已由政府开始建设。人们预期从温尼伯到殖民地的线路应由私人投资，随后殖民地的发展也证明了这一点。随着时间的推移，这会扩展殖民地的范围，但是在 1885 年 CPR 完工后并没有马上带来殖民地的迅速扩张。10 年之后，殖民地的建设步伐才开始加快。靠大量补贴的方法，穿过大草原进行扩张，这种方式未免显得早了些。苏必利尔湖北部的铁路也引发了一些争议。加拿大西部的谷物种植并没有靠近铁路，而是靠近水路。许多线路还是靠水路通行。如果没有修建那段铁路，失去的仅是更快的、四季皆宜的运输条件。对于少数觉得这一运输条件非常重要的人来说，至少那时，能通过美国铁路运输达到同样目的。

加拿大所有铁路如果仅仅作为政治象征，那么代价就太高了。有些线路穿过山脉，到达太平洋沿岸。是否有必要修建连接英属哥伦比亚的铁路？许多人从政治的角度评判，认为它是值得的，但是经济史学家会提出疑问，创造性的国家建设是否真的需要付出如此大的代价。

19 世纪 80 年代早期，连接马尼托巴的铁路完工，带来了显著而短暂的殖民地兴盛时期。在短短几年，农民们占据了从红河向西扩展大约 70 英里范围内的肥沃的半湿润土地。如果建成的殖民地密度更大，那么就不会有这么多的土地用于修铁路了。然而到 19 世纪 80 年代晚期，加拿大经受了挫折，以西部殖民地为基础的加拿大发展计划的进展不像人们希望的那样神速。大多数来自安大略的加拿大人背弃了国家，向西迁移，在明尼苏达北部和北达科他定居。只有很少的法属加拿大人对西部殖民地感兴趣，而且沿海地区的农民不愿在西部农耕。加拿大热衷于在广阔世界中寻找 98
潜在的定居者。在 19 世纪 70 年代中期，它在俄罗斯找到心怀不满的说德语的门诺派教徒和希望在明尼苏达寻求庇护的困苦的冰岛人。总之，备受期待的移民潮只是一个泡影。

在加拿大东部，邦联计划也没有像预想的那样高效率地运行。虽然开局良好，但是 1873 年的世界萧条对加拿大经济产生了破坏作用。遗憾的是，其他国家也遭受了挫折。对于 19 世纪晚期加拿大经济发展的传统观点重点强调 1873 年后经济发展放缓和更长期的经济扩展速度减慢。大多数最新的研究认为无论从短期看还是从长期看，问题都没有通常描述的那样严峻。与实际经济相比，金融方面衰退的程度更大。价格水平急剧下降，但部门之间的产出变化显著。林业产品仍然是主导出口品，在两个主要市场的情况不同。对美国的出口在 1874 年下降严重，并且这种状况持续了几年。相反，英国市场的价格也在下跌，但出口量持续上升到 1877 年，在第二年逐渐减少，只是在 1879 年剧烈下降。英国市场具有稳定性，在 1877 年加拿大对所有地方的木材出口价值仍达到 1873 年峰值的 84%，而在 19 世纪剩下的岁月中再也没达到 1873 年的水平。加拿大锯木业最好的年景是在 19 世纪 70 年代大萧条最严重的时候。

然而，萧条让加拿大正在进行的工业化显得如此不堪一击。随后的几年中，加拿大人向美国的移民数量急剧上升。加拿大的人口自然增长率很高，这个从过去延续下来的问题成了一个沉重的负担，即如何养活年轻一代人。加拿大若要吸收全部农村剩余人口，那么工业就业增长率就要高于其他任何国家在 1860 年之前的水平。美国的快速经济增长、高工业工资、良好地段的免费家庭农场土地对很多加拿大人
99 来说都是难以抵挡的诱惑。当今，人们把大规模的人口外流看成对加拿大国家尊严的侵犯。

加拿大因为黯淡的经济前景转向了保护主义。一些人认为保护主义政策的根源可以追溯到 1859 年，认为加拿大邦联本质上从一开始就是计划利用关税扶植工业的发展，只是对沿海省份的暂时的政治妥协拖延了计划的执行。其他人则认为这种刻意的关税保护政策更注重实效——更多的是当时的环境导致的结果。无论怎样解释，在严重的五年经济萧条之后，在借助于关税保护政策取得工业发展的基础上，保守党在 1879 年夺回了政权。这与美国当时的保护主义观点合拍，可看成横扫所有工业化国家的运动的一部分。在加拿大的例子中，我们可以注意到，早期的保护主义政

策在 1871 年就已经开始实施，当年加拿大颁布了第一部专利法，它仅对快速组建工业企业的人提供保护。在 1879 年，所有制成品都要征收高水平的无差别关税。这是一项不惜一切代价来提高工业就业岗位数量的政策。然而，人们可以判断它的影响，它将是 20 世纪加拿大经济政策的根基。

19 世纪晚期加拿大的经济

传统观点认为，19 世纪晚期——从 1867 年邦联成立到 19 世纪末，加拿大经济发展缓慢，甚至出现停滞的情况。邦联成立后的最初几年中，经济发展良好，但是 100
1873 年的世界性萧条被认为是使加拿大经济陷入长期疲软的原因。这一解释并不是建立在大量的经验数据的基础上的，而更多的是基于当时评论的一种直观印象。19 世纪晚期，加拿大经济走出低谷步入正常发展轨道，并不能令加拿大的政治和商业领袖们感到满意。

木材产业长期内曾是经济的主导性出口产业，但此时市场已经饱和，不再快速增长。在加拿大走向邦联的 20 年中，小麦出口推动了加拿大经济增长，但到 1868 年加拿大不再是小麦和面粉的净出口国，小麦出口已经下降。没有新的主要出口商品成长起来以替代这两种支柱产品。在加拿大西部领土建立定居点为世界市场生产小麦的发展计划没有付诸实施。更严谨地说，以今天的一般标准看，加拿大的工业化失败了。它没有以焦炭作为燃料的炼铁工业，棉纺织行业的发展和进步有限，而且采用蒸汽动力的进程缓慢。总而言之，它并没有按照英国式的道路进行工业革命。加拿大经济的不景气及其政权问题促使大量加拿大人抛弃国家，移居到美国。

逐渐地，可以采取先进方法衡量加拿大历史上的国民收入，经济史学家也更多地注意统计数据，这才使人们对加拿大在这个时期的经济发展表现出了乐观情绪。由 O. J. 菲尔斯通（O. J. Firestone）估计的第一个历史 GNP 数据表明，1870 年至 1900 年的实际人均收入的平均增长率并不明显低于 1867 年至 1955 年这一历史时期的平均值。这些早期 GNP 数值来自 1870 年、1880 年、1890 年和 1900 年 10 年一次的统计数据。进一步说，这些数据的可靠性令人怀疑。然而，它们表明在邦联成立之后的前两次普查之间的 10 年之中，1870 年至 1880 年和 1880 年至 1890 年，收入增长率一般与工业化国家的增长经历相似。只是在 19 世纪 90 年代经济增长率出现了下降。实际人均收入在整个时期至少以每年稍高于 1% 的平均速率不断增长。按照国际历史标准，这可能不能算作快速增长，但是也不能看成“停滞”。在这个时代，至少有 10 年，即 1880 年至 1890 年，加拿大似乎在相对快速发展。

101 一些注重数字的经济史学家试图修正并质疑加拿大在 19 世纪晚期没有成功实现工业化的说法。他们发现工业在 20 年中有相当大规模的扩张，只是在 19 世纪 90 年代工业化步伐放慢了。他们进一步强调加拿大在这个时代建立了广泛的工业基础，不仅仅是少量自然资源加工产业得到了扩张。虽然在后邦联时代，所谓的工业化失败是人们对经济抱怨的焦点，但统计数据显示工业迅速发展，整个经济发展呈现乐观的图景。

最近，M. C. 厄克特（M. C. Urquhart）和他的同事计算出一组修正的加拿大历史上的国民收入数据。这些数据比菲尔斯通的最初数据更可靠，同时为 1870 年之后的时代提供了可靠的年度数据。第一次全国普查把这个随意确定的起始日期指定为基准，但它仍存在严重局限。尽管如此，我们仍能重新审视加拿大在 19 世纪最后 30 年的经济绩效。相对于早些时候的数据，新数据所表现的“乐观”经济景象与以前的“悲观”描述完全不同。

加拿大经济增长率在 19 世纪末期前后迅速提高。增长率在经历 1896 年的严重萧条后，在 1897 年大幅度提高，此后很多年持续上升。1870 年至 1896 年的实际 GNP 年均增长率是 2.36%，以发展中的工业经济的标准衡量，这一比率相当一般，并且低于 1896 年至 1926 年创造的 4.59% 的增长率。它同时低于美国经济在 1870 年至 1910 年保持的 4.17% 的增长率。

把 19 世纪晚期分成短的时期可以解决纠缠不清的棘手问题，即从短期经济波动中寻找长期趋势。传统的以 10 年为一个年代的划分方法被上述问题所困扰，因为 1880 年的增长率位于长期趋势之下，而 1870 年和 1890 年的增长率则稍高于此趋势。依据新的年度 GNP，可以把 19 世纪晚期暂时分成 5 个短时期。第一个短时期是从 1870 年到 1876/1877 年，某种程度上是人为的——是 1870 年随机选择初始数据的结
102 果。它包含了 19 世纪 70 年代的早期，这是开始于上一个 10 年中期的持续繁荣年代的末期，又是开始于 1873 年或 1874 年的大萧条的早期。在 19 世纪 70 年代的衰退期，

产出水平并未跌落到这 10 年开始时的繁荣期水平之下。实际上，1876/1877 年的实际人均收入仅稍微低于 1870 年的水平，总产出几乎高了 10%。值得注意的是，经济停滞绝大部分表现在农业上，而这个部门的国民收入占加拿大总国民收入的 40%。农业产出在整个 1870—1876/1877 年期间没有增长。相反，制造业、贸易和服务业的产出增长了 16%。这虽然不是势头强劲的发展，但是也不能算停滞。除了严重衰退的皮革制品业，所有制造业部门都出现了产出的增长。食品和饮料制造业、运输设备业取得了巨大的增长。生产的附加值在这个时期不但没有下降，反而上升了。出口额也在上升。前面也已提到在萧条时期的大部分时间先进的木材部门——加拿大的主要出口品——一直维持着原有地位，只是在 1879 年对英销售出现大幅下跌。那时，美国和加拿大经济正在复苏。总之，加拿大经济在 1870 年至 1878 年没有任何进展。

加拿大农业的衰退主要体现在规模大而重要的家畜部门。在美国内战和战后重建时期，加拿大向美国出口了大量的易于饲养的牛马。得克萨斯草原的牛进入美国中西部后，这项贸易随之暴跌。加拿大的家畜生产一落千丈。虽然其他地区的农业持续发展，但是不足以弥补其损失。乳业产出增长很快，但是这个部门仍旧太小，难以对总体经济产生很大的影响。这个时期的加拿大经济停滞不是由于工业停滞，而是由于农业停滞，而且主要集中在农业中的一个大部门。

到 1879 年，加拿大的实际 GNP 最终超过了先前任何一年的水平。萧条结束了，
经济在三年中快速发展。在 19 世纪的最后 30 年，这是最有活力的发展时期。实际 103
GNP 以每年高于 6% 的速度增长。这一扩张具有广泛的基础；所有经济部门的产出都在大幅上升。木材和谷物出口迅速上升，以所占比例衡量，乳品出口增长尤为迅速。农业的所有部门总产出都在上升，其中小麦和其他小粒谷类作物总产出上升最快。制造业产出在这个时期也大量增长——部分是木材产业复苏的结果，但是钢铁产品、服务和工厂纺织、食品和饮料工业也实现了大幅增长。皮革制品行业摆脱了先前的衰退，真正实现了复苏。我们只能思考这个时代的两个特征的扩张性影响。马尼托巴省新建定居点的迅速增加是实施加拿大伟大的国家建设计划的第一个证据。第二，已经在 1879 年引入国家政策性关税，制造业的大量扩张表明了关税对于充分动员闲置资源的基本效用，尤其是能够充分利用旧有的工厂生产能力，并能促进新的生产能力的形成。成衣和纺织业的有力扩张反映了上述观点，但是能够得到最终结论的

研究还没有开展。无论扩张的根本原因如何，这都是整个 19 世纪晚期规模最大的一次扩张。在 1879—1882/1883 年这个短时期实现了 1870—1897 年所有人均增长中的 59%。

令人惊讶的是，19 世纪 80 年代这 10 年中的剩余几年几乎没有任何变化。从 1882/1883—1887/1888 年，GNP 总量上升幅度小于 10%，人均 GNP 只上升了 4%。更早的研究者把 19 世纪 80 年代这 10 年描绘成增长的时代，是 19 世纪晚期最成功的 10 年。然而，大部分的发展总是发生于年代初或年代末。整个年代中期的增长十分缓慢。相当有趣的是，这正是加拿大太平洋铁路兴建的年代。农业再次成为经济中的薄弱环节。农业总产值下降，除了乳业，其他农业部门的产值都在下滑，只有乳业产出出现了小幅增长。在安大略，优质农业用地的价格下跌。农业出口价值下降，尤其是那些谷物的价值。这一出口下跌主要反映了世界市场价格的下跌。制造业产
104 出小幅上涨，但是只有钢铁产品和成衣产出大幅增长。

1887/1888 年和 1891/1892 年的明显好转打破了 19 世纪 80 年代的缓慢增长趋势。在这个短时期内，尽管不如 10 年前的增长那样迅速，但年平均增长率仍然几乎翻了一番，加拿大产出再次迅速增长。这个时期，农业不再是主导部门，制造业和其他初级部门譬如矿业和渔业成为主要增长部门。出口呈现了健康的增长态势，乳品和鱼的出口规模超过了谷物。虽然增长趋势明显集中在成衣和食品饮料业，但是所有制造业部门的产出都有了明显增长。农业产出增长幅度不大，但是至少没有衰退。乳业再次成为发展强劲的部门，但是小麦生产量也在增长，马尼托巴湖的小麦开始具有影响力。然而，总的来说，农业产出增长幅度不到 10%。

从 1891/1892 年到这个 10 年的末期，加拿大经济实际上没有进一步的增长。GNP 下降一直持续到 1896 年，此时尚处于萧条期，截至 1894/1895 年，根本没有增长。总产出增幅小于 5%。这是一个价格显著下跌的时期，这也反映了出口状况的恶化。虽然乳品产量显著升高，但是总的农业产值仍在下降。制造业产出也在下降，其中建筑业甚至崩溃了。虽然这一时期的木材出口有少量增长，但是木材生产量下跌了。钢铁产业的产出大幅下降。只有成衣制造和非金属矿石业显示了一些增长的迹象。

根据最近加拿大国民收入的历史数据，19 世纪最后 30 年加拿大是一个缓慢增长的经济体——它除了有两次短期、强有力的爆发性经济发展外，其余时间几乎是

在原地踏步。这个时期不到 1/3 的时间里实现了 1870—1896 年所有人均收入增长中的 4/5。经济的增长，尤其是工业部门的增长，是能够实现的，但似乎难以持续。这很难把原因归于外部影响。即使在 19 世纪 70 年代失去了美国鲜活动物市场，同时在 1891 年遭到美国提高税收的沉重打击后失去了制麦芽用的大麦市场，出口也没有全面崩溃。曾经在 19 世纪大部分时间为加拿大经济增长提供了坚实基础的主导出口产品木材，正在失去发展动力。西部大草原的定居点几乎没有影响力，而且旧有地 105
区的现存农业无法支持大规模的出口。供应给奶酪产业工厂的乳品生产量迅速增长，但是它最多只能部分弥补其他农产品失去海外市场所造成的损失。加拿大国内城市市场的扩张速度不足以带动农业的复苏。

制造业在这 30 年中出现了令人难忘的迅猛发展势头，但并不是可持续发展。除了锯木厂和奶酪厂，制造业没有出口，而且在国内市场面临大量进口商品的竞争。除此之外，这个市场由于大量移民流出和不稳固的农业基础而变得脆弱。过去的加拿大经济史学家没有太关注后者，但是现在它变得很突出，是问题的根源。与早期悲观的观点相反，这个时期加拿大经济的瓶颈应该在于农业而非工业，但这一观点可能会引起争论。大约 1882 年后，农业总产出没有增长，1896/1897 年劳动力的人均农田产出并不比 1870/1871 年高。尽管存在一些有前途的农业发展地区，但是很多大型农业部门处于停滞状态。假如农业发展表现得更有活力，制造业在加拿大国内市场取得成功的影响则会更加深远，且具有更大的综合效应。

很难恰当评价 19 世纪最后 30 年加拿大的经济发展。加拿大国内经济因地区不同而呈现差异。我们完全不清楚与美国南部农村地区相比，加拿大滞后的农村地区对本国经济是否更具影响力。更中肯的评价是，加拿大经济取得进步的部门的增长力度和活力不如它们的南方邻居。这两个经济体都从 19 世纪末期的技术——电力、化学和内燃机——的重要变革中受益良多。事实上，这些革新的伟大影响是在 1896 年之后体现出来的。19 世纪晚期，当经济中大规模生产盛行时，加拿大经济却缺乏规模效应。部分由于这一原因，加拿大现代钢铁工业的发展落后美国大约 20 年。同 106
时，虽然加拿大制造业在广度和深度上都有发展，但是还没有达到美国的水平。因为缺乏有效途径，加拿大新旧产业的替代进展缓慢。没有用钢材代替铁，也没有建造铁制的汽船取代木制帆船，而且，加拿大还没有对同时代的美国来说非常重要的矿产资源。

我们认识到加拿大经济的较慢发展一直持续到19世纪末，但是不应忽视它所取得的成就。这些成就是在1850—1875年实现的。加拿大人在北美大陆的广阔地区定居，并在这些地区发展起繁荣的农业经济。他们有效利用了充足的林业资源，成为世界上最重要的木材出口商。他们已经开始了成功的工业化进程。所有这一切使得该国作为繁荣的经济体进入了世界领导者的行列。到19世纪最后10年，加拿大不仅是高收入国家而且人均制造业产出也位居最高国家行列。在同一大陆的更大更繁荣的经济体的光芒下，加拿大的光辉略显微弱。然而，肯定19世纪加拿大取得的经济成就仍是很重要的。同时我们必须承认加拿大在19世纪最后25年的前进步伐并
107 不像先前那样有活力。看来它已经耗尽了发展机会，正在等待转型以便以崭新的面貌进入下一个世纪。

第3章

19 世纪的不平等

克莱因·波普（Clayne Pope）

三个重要问题

亚历克西斯·德·托克维尔（Alexis de Tocqueville）、弗雷德里克·杰克逊·特纳（Frederick Jackson Turner）和西蒙·库兹涅茨（Simon Kuznets）已经提出了对 19 世纪不平等状况的考虑的基本问题。这些问题分别在 1835 年、1893 年和 1955 年提出，但是还没有明确的答案。之所以目前没有答案，是因为这些问题面临方法上的难题，关系到改变有关不平等和经济机会的价值观，并且要求取得收入和财产分配方面以及经济机会信息方面的定量证据，而对这些方面的测量方法还较为缺乏。然而每一个问题依然保持吸引力，并关系到今天人们对 19 世纪经济平等的评价。

从 1831 年 5 月到 1832 年 2 月，亚历克西斯·德·托克维尔在古斯塔夫·德·博蒙特（Gustave de Beaumont）的陪同下，完成了他穿越北美洲的伟大旅程。他们先在西边越过纽约到达密歇根州的边境，然后从东北进入加拿大，下行到波士顿、巴尔的摩和费城，再西行至辛辛那提、纳什维尔和孟斐斯，沿着密西西比河到达新奥尔良，再经陆路到达华盛顿，最后返回纽约城。托克维尔和博蒙特受到了社会各阶层人士的款待，这使他们能够广泛地调查，并且带着冷静的头脑和洞察力来观察这个陌生的新的民主制度的结构。

托克维尔看到了与欧洲相比相对公平的状态和作为美国民主基础的强烈的美国式的平等主义伦理观。他也意识到，因为缺乏与生俱来的特权，经济不平等在美国更为重要。

金钱在社会中造就了一个真正的特权阶级，该阶级在社会中保持独立，也粗暴地使其他人认识到了它的优越性……在美国，由于缺乏重大的和外在的差别，财富的多寡自然成为衡量人们幸福感的标准。为了独自占有财产，人们自然形成了对财产的某种程度上的崇拜。这激起了他们的嫉妒心，但这也不言自明地被他们视为其优
109 势所在。[1] 因此，财产在美国成为重要的阶级划分基础，但这一点从来没有显示出来。为什么没显示出来呢？托克维尔的答案强调了经济机会或流动性。

> 对平等而言，财产带来的优越地位比那些源于出生和职业偏见的优越性更不像是命中注定的结果。财产带来的优越地位不是永恒的。
>
> 美国确实很富饶，不像其他地方。事实上，我知道没有其他任何一个国家对金钱的热爱能够如此深得人心，或者对关于财产的永久平等性理论表现出如此强烈的轻蔑。但是，财产在那里以无法置信的速度流动，并且实际经验表明，几乎没有连续两代人能够享受它带来的特殊权利。[2]

托克维尔对19世纪的不平等明确地提出了一个基本问题。这是一个存在经济流动性和经济机会的社会吗？这个问题可以以几种不同的形式提出。一个贫穷家庭是不是永远都陷在穷苦的境地中，还是有向上的（和向下的）流动？一个人的经济地位是否取决于其父母的经济地位？不同种族的移民在美国是否真正享受到预期中的经济机会？

1893年7月，弗雷德里克·杰克逊·特纳在美国历史协会（American Historical Association）的会议上宣读了一篇论文，这篇论文是美国编年史中最具影响力的论文之一。特纳的论文最先概述了“边疆在美国历史中的重要性”，由此产生出一门对这

个具有煽动性的假说进行定义、再解释和检验的学问。特纳论文中经济方面的观点在他于 1903 年在《亚特兰大月刊》（*Atlantic Monthly*）上发表的题为“西部对美国民主的贡献”（Contributions of the West to American Democracy）的文章中有更为明确的阐述。这里，他用清晰的术语阐述了边疆对平等的影响。 110

如果现在要扼要重述，那么我们试图从促成西部民主发展的影响中，挑选出对这一运动的最终结果有贡献的因素，我们至少必须提到以下内容：

> 最重要的事实是，连绵的空闲土地位于美国定居区的西部边境。每逢东部的社会条件趋向定型，每逢资本压迫劳动力或者政治限制阻碍了群众的自由，就有了这扇通往边疆的自由之地的逃亡之门。这些空闲的土地促进了个人主义、经济平等、自由的出现和民主……总而言之，在当时，大片空闲的土地意味着自由的机会。[3]

特纳论文中的一些经济方面的概念是含糊的。用于耕种的土地从来都不是无偿的，因为建立一个农场需要大量的资本和劳动力。19 世纪西部移民的主要力量从来都不是直接移居到边疆的落魄的或失业的城市工人。但是关于边疆和更多的可供种植的土地的作用依然是值得人们关注的：增加了经济机会，形成了更多的具有平等主义思想的公众群体，并且总体上减少了美国的不平等。

第三个问题与西蒙·库兹涅茨联系最紧密，它关注经济发展进程和经济不平等程度之间的关系。西蒙·库兹涅茨于 1954 年 12 月在美国经济联合会（American Economic Association）会长的就职演说中提出了一个基本问题：“在一国经济增长的进程中，收入分配的不公平程度是加剧还是减轻了？”库兹涅茨确定了随着时间推移可能会导致不平等程度加剧的因素。比如说，储蓄主要集中在高收入阶层中，它可能具有增加最富有人群的相对收入的作用。此外，家庭从相对平等的农村部门向更加不平等的城市部门的转变也逐渐加剧了不平等。但他也明确了另外一些因素，比如政府干预和高薪服务业的重要性的提升，能够抵消趋于更加不平等的势头。在对乡村—城市转移效应进行了广泛的讨论之后，库兹涅茨猜测，伴随着发展的进程， 111
收入分配会有一个长期的摆动。在工业化的初期阶段，由于从新兴产业快速获得回报，不平等程度将加剧；而后不平等程度将保持稳定，并且随着向成熟的工业化经济转型的完成，不平等程度最终会减弱。

> 有人可能会设想不平等的一个长期摆动，来刻画长期的收入结构：在经济增长的早期阶段，在从前工业化时代向工业化文明转型最快的时期，不平等程度加剧；继而不平等程度稳定一段时间；在后期不平等程度逐渐减弱。[4]

对于美国而言，他认为不平等程度在 19 世纪“特别是从 1870 年开始”逐渐上升，并在 20 世纪爆发的第一次世界大战期间开始下降。值得注意的是，对库兹涅茨来说，收入分配的倒 U 形趋势只是一个理论假说，而非基于大量可获得的经验证据得出的。但是，关于不平等与经济增长进程之间的关系问题却值得研究。由于平均生活水平的提高和收入分配差距的缩小，穷人从增长中获得了双倍收益吗？或者是不是存在一种替代关系，即平均水平的提高以不平等程度的加剧为代价？

托克维尔、特纳和库兹涅茨对 19 世纪美国的不平等提出了基本问题，这些问题在很大程度上至今仍然无法回答。19 世纪的工业化是伴随着不平等程度的上升还是下降？在促进某一个时点的平等程度的提高或者一个时期的经济机会的增加上，边疆扮演了什么样的角色？美国是不是一块机会平等的土地，在这里穷人能够期望改善他们自己的或孩子们的生活水平吗？

学者对这三个主要分配问题的深入研究，都会立刻面临一系列复杂的并且在很大程度上难以解决的度量问题。本章最后的附录将对几个度量问题加以讨论。因为这些度量问题常常是技术性的和复杂的，它们必须以数据形式记录，并且把从有缺陷的资料中得出的结果汇总起来用以检验 19 世纪的不平等程度。

在回顾这三个问题中哪些已经得出答案之前，有必要先考虑财产和收入的共同
112 变量，这些共同变量告诉了我们引发不平等的因素的很多信息。有关影响财产分配的分布特征和这些特征对财产的作用的知识为我们研究这些特征对已观察到的不平等程度的影响提供了思路。对 19 世纪个人家庭财产持有状况的大量研究已经把一组与财产有系统关系的变量分离出来。借助对这些变量的作用的认识，我们可以尝试着回答托克维尔、特纳和库兹涅茨所提出的问题。

影响财产积累的特征

收入和财产的分配代表了经济利益的累积效果，或者是代表了数百万个人或家庭的特征和决策的成本。对创造财产和收入的潜在因素的理解有助于增进我们对这些分配的理解。因为在 20 世纪的所得税制度确立之前，美国家庭收入的数据事实上是不存在的，因此研究 19 世纪的不平等主要依靠财产的数据。特别是 1850 年、1860 年和 1870 年的联邦人口普查手册，其中每一份都记录了对财产、年龄和其他相关变量的测度，它们被用于检验是否与财产具有相关性。然而，并不是所有理论上认为影响财产积累的变量都在这些 19 世纪的资料上有所记录。特别是，还没有研究来度量教育的效果对财产积累的影响。但与财产有系统关系的其他变量，包括区位(造成移民的因素)、年龄、户主的性别、职业、在某地的居留时间、家庭背景、文化教养和种族划分，人们都已经完成了对其所产生的影响的测度并且已经很好地建立了系统化的模型。

年龄和财产

财产的积累有几个动机，包括为孩子留下遗产的愿望，对未来生活可能出现困难的考虑和经济学家称为“生命周期”的动机。生命周期假说是基于这样一个推测，即个人有意愿在以可变收入为特征的一个生命周期内平滑消费，因为个人拥有技能和经验，劳动收入在成年早期是上升的，但是由于年龄的增长收入最终会下降。因而， 113
家庭会在早些年份进行储蓄以增加晚年的消费。在它的最基本形式中，从生命周期角度理解，财产积累起初随年龄增长而上升，在预期死亡年龄前达到顶峰，然后随着消费超过了收入而不断下降。

所有对 19 世纪财产积累的研究都发现，在青年阶段，年龄和财产有正相关关系。比如说，索尔托（Soltow）发现，在 1850 年，30 多岁的男性平均所持有的不动产是 60 多岁的男性平均所持有的不动产的 1/3 强。他发现，在 1860 年和 1870 年，随着年龄变化，总财产也有相似的增长。阿塔克（Atack）和贝特曼（Bateman）在他们对南北战争前北方农村乡镇的研究中也发现，确实存在财产随年龄变化而增长的现象。随着年龄的变化，每年增加的财产通常是递减的，这就意味着年龄—财产曲线是凹的。外来移民、美国黑人和边疆家庭的年龄—财产曲线显得比较平坦。

大量关于年龄—财产状况的研究不仅发现了年龄和财产存在正相关关系，而且发现了晚年财产的峰值有一定程度的下降。比如说，盖伦森（Galenson）发现，1860 年芝加哥的财产持有人达到财富峰值的年龄是 50 岁；谢弗（Schaefer）发现，得克萨斯州的奴隶主持有的不动产在 48 岁时达到顶峰；科尔（Kearl）和波普从 1860—1900 年的样本中得出结论，在犹他州，财产在个人年龄为 53 ~ 60 岁时达到顶峰。索尔托没有从他获得的美国的样本中找到一个年龄顶点，但是他找到了子群体诸如农民和外来移民的顶点。从生命周期的角度来理解财产积累，年龄—财产曲线的峰值是稳定的。

值得注意的是，这些研究都包括了对年龄和财产关系的横截面评估。横截面数据会混淆年龄和群体的影响，而纵向的研究则会混淆年龄和经济增长的影响。个人组成的群体随着年龄增长的财产积累模式，可能与大多数研究中涉及的更为典型的横截面模式有很大的不同。家庭随着时间变化的真实财产积累模式与横截面模式间的区别，可能是不同群体间的行为差异造成的，最重要的原因也许是经济增长对财产积累的正效应。1850 年到 1900 年犹他州的情况遵循了真实的家庭财产积累模式。
114 如果生命周期假说成立，那么这些家庭在其财产积累中也存在顶峰。

以上描述的年龄与财产之间的关系引起了财产不平等。也就是说，在其他因素相同的前提下，集中的年龄分布会比分散的年龄分布产生更为公平的财产分配。不同的年龄分布也能以间接的方式产生不同的财产分配。如果正如索尔托提出的 19 世纪的情况，不平等程度随着年龄的增长下降，那么向较高年龄分布的人群转移财产能够降低不平等程度。一些研究者相信由年龄差异引起的不平等并不重要，他们调整了度量年龄分布的标准，比如基尼系数（见附录并注意表 3–7 对基尼系数的解释）。当然，从伦理角度看，无论年龄差异产生财产或收入的不平等这一观点是否重要，其本身都是一个价值判断问题。然而我们看到，大多数财产不平等是与年龄相关的。

种族和民族的财产差异

从整个 19 世纪来看，外来家庭所拥有的财产远少于本土家庭。所有关于 19 世纪财产的微观层面研究都证实了这一并不令人吃惊的结论，这些研究的一部分列于

表 3–1 中。索尔托发现在 1850 年和 1860 年，国外出生的人所拥有的不动产不到国内出生的人的一半，并且，在 1860 年国外出生的人所拥有的总资产也不到国内出生的人的一半。外来移民在财产上的劣势在 1860—1870 年有所改善，这主要是因为本国人的财产在美国内战期间没有增长，这场战争的目的是解放奴隶，因而使得奴隶主的财产减少了，而绝大部分奴隶主都是本国人。

在 19 世纪中期，外来移民的财产积累十分迅速。约瑟夫·费里（Joseph Ferrie）利用 1850 年和 1860 年的船运名单和人口普查中的外来移民样本，估计出外来移民家庭财产以每年 10%的速度增长。外来移民参与经济活动，并收集关于改进他们自身技能的信息以更好地适应在美国的工作和生活。西部边疆的外来移民的表现优于东部定居区的外来移民。因此，盖伦森发现，在芝加哥的英国和爱尔兰移民的平均财产仅分别为美国当地人平均财产的 32%和 18%，赫斯科维奇（Herscovici）估计波士顿的英国和爱尔兰移民的财产分别为本地人的 9%和 4%。

表 3–1　本地人和外来移民的财产

范围	年份	财产类型	本地人财产（美元）	外来移民财产（美元）	二者比值
美国（索尔托）	1850 年	不动产	1 103	535	2.06
美国（索尔托）	1860 年	不动产	1 722	833	2.07
美国（索尔托）	1870 年	不动产	2 001	1 204	1.66
美国（索尔托）	1860 年	总资产	3 027	1 297	2.33
美国（索尔托）	1870 年	总资产	3 035	1 798	1.69
威斯康星州特伦珀洛县的农民（柯蒂）	1870 年	总资产	2 532	1 644	1.54
犹他州（科尔 / 波普 / 温默）	1860 年	总资产	1 320	726	1.82
犹他州（科尔 / 波普 / 温默）	1870 年	总资产	1 310	873	1.50
芝加哥（盖伦森）	1860 年	总资产	6 040	1 166	5.18
得克萨斯州（坎贝尔 / 洛）	1860 年	总资产	7 019	2 811	2.50

资料来源：Lee Soltow, *Men and Wealth in the United States,1850—1870*（New Haven, 1975）; Merle Curti,*et al. The Making of An American Community* (Stanford, 1959); J. R. Kearl, Clayne L. Pope, and Larry T.

Wimmer, "The Distribution of Wealth in a Settlement Economy: Utah 1850—1870", *Journal of Economic History,* 40(1980) ; David W. Galenson, "Economic Opportunity on the Urban Frontier", *Journal of Economic History, 15* (1991); Randolph B. Campbell and Richard G. Lowe, *Wealth and Power in Antebellum Texas* (College Station, TX, 1977).

控制住年龄、区位、职业和在经济中的居留时间这些因素，能够很大程度上消除本地居民和外来移民的财产差异。比如说，在索尔托 1860 年的样本中，本地居民和外来移民的财产差异是 1 730 美元，如果在回归中控制住年龄、职业和地区的影响，则这一差距下降到 1 211 美元。阿塔卡和贝特曼用北方农村的大样本也得出了相似的结论。在芝加哥，盖伦森发现德国、爱尔兰、英国与美国本地人的财产差异主要是
116 由职业差异引起的。在犹他州，居留时间与出生的相互影响是显而易见的。表 3–1 显示，在 1870 年犹他州外来移民的财产仅为本地人的 2/3。但是相比 1860 年犹他州的家庭，外来移民的劣势下降了 12%。外来移民在财产持有上的劣势的一个重要原因是他们在经济中的居留时间更短。随着外来移民在经济活动中获得时间和经验，他们就能够改善自身在财产持有上的劣势。

规模达 2 000 万以上的外来移民可能总体上增加了美国在 19 世纪的不平等程度，虽然这可能降低了美国和西欧两个地区的总的不平等程度。外来人口平均拥有的财产比本地人少。通过降低劳动力的报酬，提高土地租金和资本回报，移民浪潮也可能引起劳动、土地和资本报酬的改变，这就加剧了不平等。

在 19 世纪中期，非白人家庭拥有的财产非常少。在索尔托的样本中，非白人在 1870 年的人均财产是 74 美元，而白人的人均财产为 2 691 美元。在这个样本中，少于 20%的非白人家庭没有报告任何财产。在 1860 年的北部农村人口普查样本中，如果令年龄、文化教养和职业为常数，那么白人家庭的财产平均比黑人家庭多 13 倍。财产显然没有伴随着奴隶制的解除而发生改变。

职业与财产

在众多研究中，财产与职业的关系是一致的。索尔托 1850 年、1860 年和 1870 年的全国样本（见表 3–2）显示，农民比非农民拥有更多的财产。农民拥有的不动产在 1850 年比非农民多 100%，1860 年多 72%，1870 年多 43%。在 1860—1870 年，农民优势的减弱在一定程度上是预料之中的，这部分是由于美国内战对南部农村的

影响。人们越来越倾向于把农场劳动者归为农民而不是非农民，这也可能是影响这种趋势的一个因素。但是，农民和非农民财产比例的改变程度还不足以完全解释农民与非农民的财产比率的下降。也可能有一种情况，那就是非农民财产享受了更快速的资本回报，因为都市和城镇在经济中起到了重要作用。 117

表 3–2　　19 世纪中期农民和非农民的财产

	1850 年	1860 年	1870 年
拥有不动产的比例			
农民	0.61	0.57	0.58
非农民	0.26	0.30	0.31
不动产平均价值			
农民	1 385 美元	1 894 美元	2 121 美元
非农民	694 美元	1 099 美元	1 480 美元
农民与非农民的比率	2.00	1.72	1.43
总资产 >100 美元的比例			
农民		0.72	0.74
非农民		0.52	0.51
总资产平均价值			
农民	NA	3 166 美元	2 948 美元
非农民	NA	2 006 美元	2 475 美元
农民与非农民的比率	NA	1.58	1.19

说明：“NA”指无法获得数据。1850 年和 1860 年的数据范围是 19 岁以上的自由成年男性。1870 年的数据范围是 19 岁以上的白人男性。

资料来源：Soltow, *Men and Wealth*, ch.3.

就总财产而言，农民财产差异没有那么大。1860—1870 年，以不动产或个人财产超过 100 美元为起点，农民和非农民的财产持有比例没有很大变化。1860—1870 年非农民的财产增加了，而农民的财产实际上减少了。1860 年大多数北方农民都经历了美国内战期间财产的增加，但是在美国内战之后新增的务农农民降低了农民财产的平均值。

非农职业的财产持有遵循预期的模式。例如，1860 年，芝加哥高级白领的平均财产是 15 448 美元，远高于其他群体；低级白领的平均财产是 966 美元；熟练工人的平均财产是 617 美元；半熟练工人的平均财产是 325 美元；非熟练工人的平均财产是 238 美元。大多数城市居民没有农村家庭富有，虽然他们的收入可能更高一些。
118 盐湖城在 1870 年的人口为 18 035 人，并且有一个很好的职业结构，在这里，户主职业的平均财产见表 3–3。平均看来，农民、商人、专业人员和职员处于职业层级的中部，或者说还有有抱负的专业人士排在他们前面。熟练工匠的富裕程度略低于农民，而低熟练程度的蓝领工人的富裕程度就更加不及农民了。

表 3–3　　不同职业的财产，盐湖城，1870 年

职　业	占所有工人的比例（%）	平均财产（美元）
商人	2.7	14 145
专业人员	3.1	4 018
职员	3.9	1 744
农民	16.1	1 445
工匠	25.6	1 388
半熟练工人	15.5	962
体力劳动者	17.3	530
不在劳动力队伍中	15.7	585

资料来源：Kearl, Pope, and Wimmer, “Distribution of Wealth” .

职业差距加剧了不平等。我们对与职业相联系的不平等的看法可能部分地取决于个人在各种职业间的流动性。如果个人在正规的职业阶梯中有所上升，那么职业不平等的观点就可能与年龄不平等的观点相类似。如果随着时间的推移，一个人的职业没有什么改变，那么职业的不平等就呈现了另外的意义。

城乡差异

即使 1870 年对地区差异和出生地的控制消除了白人间的这种差异，但是农民比非农民更富裕的现象已经引起了注意。比较乡村和附近的城镇地区，后者往往会更具优势。1870 年，密尔沃基 20 岁及以上的男性的平均财产是 2 434 美元，而整个威斯康星州地区的这一数额仅为 1 478 美元。盐湖城是犹他州的“城镇”地区，它的平

均财产比犹他州平均水平高 70%。1860 年芝加哥本地人的平均财产比全国平均水平
高 2 倍。虽然城镇地区似乎拥有更高的平均财产，但是这一迹象并不普遍。城镇的 119
财产分配更加不公平，这一点是很清楚的。在索尔托的全国样本中，1870 年非农民的基尼系数是 0.89，而农民的基尼系数仅为 0.77。1860 年北方农村镇区的财产分配产生的基尼系数是 0.63，大大低于当年全国的基尼系数 0.83。在波士顿，赫斯科维奇计算得出的基尼系数是 0.95，这一地区最富有的 10% 人口占有了总财产的 95%。相反，格雷格森（Gregson）计算的密苏里州 6 个镇区的基尼系数是 0.63，在那里最富有的 1/4 人口占有了总财产的 71%。因此，从农村地区向城镇地区的转移通常给家庭带来更不平等的环境。19 世纪城市化进程的加速并不必然加剧城市中的不平等，但是，如果给定财产水平和财产分配差异，这一结果也是可能的。

移民和财产

19 世纪人均收入的地区差异都有很完善的记录。东北部和西部的人均收入最高；中北部的人均收入较低，但是增长速度很快；而南部人均收入的增长速度较慢。在北部，移居者从高收入地区迁移到低收入地区，这造成了整个北部的增长率低于它的下属地区的增长率。在南部，移居者从低收入地区迁移到高收入地区，这导致了南部的总体增长率高于它的下属地区的增长率。

19 世纪中期，不同地区家庭持有的平均财产存在显著差异。索尔托估计，在美国内战前，南部自由的成年男性持有的财产比北部高出 95%。当然，这一差异的绝大部分是来源于奴隶财产。在北方内部，西北的财产持有上升到了与东北的财产持有平等的地位。西北平均每户的不动产与东北平均每户的不动产之比从 1850 年的 0.77 上升到 1860 年的 0.88，1870 年进一步达到 1.07。西北平均每户的总资产与东北平均每户的总资产之比从 1860 年的 0.81 上升到 1870 年的 0.99。西进迁移的人们可能合理地预期了他们能够以农场或小买卖的形式积累一点财产，他们也可能预期从高的资本收益率中获得财产。西北地区较高的财产积累率是人们从高收入地区（东北部）
向较低收入地区（西北部）移居的动机。相似的西进移民流动发生在南部，二者的 120
不同之处在于，南部财产以奴隶形式向西迁移。

整个 19 世纪的移民西进运动是一种投资。移居过程会丧失一些财产，但是

家庭预期他们会在一个更好的地方得到回报。研究发现新到移民比其他人的财产少，这一发现意味着迁移的成本是巨大的。也有这样的可能性，即移民比非移民更穷困——这导致了他们的迁移。谢弗发现，美国内战前，在1850—1860年，到阿肯色州和得克萨斯州的移民不如更早到的移民富有（控制住其他特征，包括1850年的财产）。斯特克尔发现，1860年前从东北部迁移到西北部的移民没有非移民富有。

居留时间与财产积累

19世纪，在许多地方，在某一地的居留时间与家庭的财产水平呈现正相关关系。在边疆沿线，早期的到达者往往更加富有。格雷格森估计密苏里州的财产年积累率是1.7%，而早期到达者的这一比率更高。盖伦森发现，如果参照其他特征，1850年的芝加哥人比1850—1860年到这个城市的移民拥有更多的财产。谢弗发现，阿肯色州和得克萨斯州的移民也有类似的情形。斯特克尔发现，平均看来，留守在一个地方的人比迁移者更富有。费里发现，在其他特征都相似的前提下，早期的外来移民比后来者持有更多的财产。1870年，在犹他州，自1850年起就在那里生活的家庭所拥有的财产是1860年以后才搬来的家庭的4倍以上。

居留时间与财产积累的关系不是固定不变的。更快的人口增长和更大的人口规模提高了对居留时间的回报。人们若停留在人口增长停滞的东部农村基本不能增加财产。

121 移民的成本和在当地经济中的居留时间的回报加剧了移民流入较多的地区的不平等。新来的移民比早期移民贫穷得多。因此，国内的移民家庭加剧了移入地经济的不平等，却可能改善全国的不平等。同样，国际移民加剧了美国的不平等，却从总体上改善了北美和西欧的不平等。

家庭背景

无论是历史的还是现在的研究都没能分离出家庭财产或收入水平的家庭背景效应。即使在现在的资料中，与家庭成员（举例说，父亲、儿子和兄弟）相关的数据和包含收入或财产的数据都是非常稀少的。19世纪可以对家庭背景进行度量的数据非常稀缺。

有一个数据库——科尔－波普（Kearl-Pope）的犹他州数据库——可以度量家庭背景对财产和收入的作用，根据这个数据库的计算结果可以清楚地发现，家庭背景在收入和财产的决定中起到了重要的作用。在 19 世纪的兄弟样本中，无法观察的家庭背景所引起的财产的变化至少与一般可观察到的特征的组合效果是一样的。年龄、职业、居住的县、出生地和在当地经济中的居留时间共同解释了财产对数变化的 21%，而普通兄弟的家庭背景解释了这一变化的 29%。如果考虑到父亲和儿子，那么家庭背景就没有观测到的特征重要了。观测到的特征解释了变化的 24%，而家庭背景只解释了变化的 18%。对收入也有类似的发现，即家庭背景对兄弟收入变化的解释作用大于观测到的特征的作用，而家庭背景对父子收入变化的解释作用略小于观测到的特征的作用。如果这项研究能够代表家庭背景在其他地区的影响效果，就能够得出这样的结论，即家庭背景是影响 19 世纪收入和财产分配的不平等程度的一个重要因素。然而，却不能认为家庭背景的影响的改变导致了任何不平等的趋势。 122

这些与财产有关的研究为考虑经济机会、边疆的作用和不平等趋势的问题提供了一个框架。比如说，移民导致了一些不平等，但是它也提供了经济机会。其他特征，如种族和家庭背景是平等的强大障碍，但它们却可能不会影响不平等的趋势。其他因素，比如城市不平等，加大了不平等程度在 19 世纪提高的可能性。

19 世纪的美国是经济机会的乐土吗？

我们现在回到托克维尔、特纳和库兹涅茨提出的三个重要问题上来。第一个问题考虑的是经济机会囊括的范围。机会可以以不同的方式衡量。人们终其一生在经济阶梯上的爬升为他们带来了更高的职业地位吗？或者，如果忽视职业地位，个人是否在他的生命周期中积累了财产，从而使他在财产分配中的份额增加了？或者，穷人的孩子是否取得了进步？这种进步是通过更高的职业地位或更多的财产积累来衡量的。最后，对好的职业或者财产积累，是否存在可以识别出来的障碍？

总体上，收入和财产的分配变化很慢。但是，财产和收入不变或者仅微小变动的趋势，掩盖了在 19 世纪的这种分配模式中家庭财产持续和实质的变化。以下的看法也许是错误的，即把不平等视为随着时间推移而固定不变的，任何家庭或者属于贫穷阶层，或者属于富裕阶层，或者属于人数众多的中产阶级，他们所属的阶层在长时间内都不会改变。相反，在缓慢变化的分配中，家庭的财产可能增加，也可能减少。换句话说，收入和财产分配的稳定性并不意味着家庭经济财产的稳定性。

职业流动

职业流动，既包括代际的流动也包括同一个人在一段时间内的流动，它是研究经济机会的最常用方法，因为职业被经常性地记录并且容易与阶级概念联系起来。职业流动的研究在城市地区最有用，因为城市不动产持有人员的范围相对较窄，并
123 且与收入的联系更紧密。在农村地区，农民占据了人口的绝大多数，因此从职业和职业变动中获得的关于家庭或个人的经济地位的信息相对较少。

表 3–4 总结了关于个人随时间变化的职业流动的大量研究结果。表 3–5 清楚地显示了在 1860—1870 年，1/5 人口的向上和向下的职业流动。大体上，向上的流动比向下的流动更为普遍，因为随着时间的推移，职业分布慢慢转向更加需要技能的工作和白领的工作。因此，就存在一些向上的职业流动，而并没有带来相对应的向下的职业流动。

表 3–4 **职业流动**

地　点	时间段	向上移动的蓝领工人的比例（%）
波士顿	1840—1850 年	10
	1850—1860 年	18
	1880—1890 年	12
波基普西	1850—1860 年	17
（Poughkeepsie）	1860—1870 年	18
	1870—1880 年	13
亚特兰大	1870—1880 年	19
	1880—1890 年	22
奥马哈	1880—1890 年	21
	1880—1900 年	25
旧金山	1850—1880 年	35
盐湖城	1860—1870 年	48

资料来源：Adapted from Stephan Thernstrom, *The Other Bostonians* (Cambridge, MA, 1973)234.

对 19 世纪职业流动的研究显示，大量的职业流动流向更高级的职业类别。比如在波士顿、奥马哈和亚特兰大这样的城市中，10% 到 20% 的蓝领工人步入了白领的行列。对比波基普西人（出生于 1820—1850 年）和波士顿人（出生于 1850—1859 年）的头等和末等的职业，更能加深对流动的印象。波士顿 41%的以从事底层体力劳动起家的人转移到了更高级的职业，而波基普西的这一比例是 32%。在这两个城市中，25% 以上的熟练工人成为白领。

农村地区的职业流动更难测量，因为大量的流动是从体力劳动者转变成农民，而农民涵盖了广泛的社会经济群体。但也同样存在大量的向上的流动。在 19 世纪的犹他州，在两次人口普查期间，半数或更多的非熟练劳动力，包括农场劳动力，步入了农民的行列。另外的 13% ~17%成为工匠。同样的情况出现在威斯康星州的农村地区，在那里，经过 10~20 年的时间，大部分农场劳动力和佃农成为农场主。

财产流动性

随时间变化的财产和收入为经济机会的研究增加了一个重要的角度，特别是在农村地区，农民这个职业掩盖了全部的经济成功或失败。甚至在城市，即使没有职业的变动，也会有重要的经济变化。比如说，在马萨诸塞州的纽伯里波特（Newburyport），由于大量的人口移出，特别是有雄心的和能干的人的迁出导致了经济的停滞，因此职业变动相对较少。在纽伯里波特 1860 年的人口普查中，仅有 11%的劳动家庭拥有财产。但是到 1870 年，虽然几乎没有人从劳动阶级中离开，但继续留在纽伯里波特的 48%的家庭拥有了财产。

在农村地区，财产变动是对经济流动的最好测量。在 1860—1870 年，威斯康星州农村的农场经营者的财产价值增加了 2 倍。此外，绝对收益与初始财产没有紧密联系。因此，既存在向上的也存在向下的流动，这些流动在 1860 年和 1870 年都提升了农民群体内部的公平程度。犹他州的农民也有类似的情况。

表 3–5 展示了一种检验经济流动的方法——两种不同财产分配的转换矩阵。这个特殊的矩阵显示了犹他州 1860 年和 1870 年的情况。矩阵的值代表了在起始年（1860）和终止年（1870）都位于分配的特定 1/5 中的家庭所占的比例。如果财产分配没有变化，那么矩阵非对角线上的值都应该是 0，而对角线上的值等于 1。另一种

情况是会发生很大变动，即初始年的财产对终止年的财产地位没有影响。在这种情况下，矩阵所有的值都等于 0.20。

125 这些转换矩阵不是为了历史的分配而构造的，但是被构造的矩阵往往展示了财产分配在最贫穷和最富裕部分中的稳定性以及在其他部分间的流动性。例如，表 3–5 显示了犹他州 1860 年最贫穷的 1/5 家庭中的 35%到 1870 年依然属于最贫穷的 1/5，而 1860 年最富有的 1/5 家庭中的 53%到 1870 年依然处在最富有的 1/5 中。（注意，1/5 的边界由抽取样本的财产分配决定，而不是由人口的财产分配决定。如果运用人口的财产分配，大部分在经济中的居留时间达 10 年的样本将会处在人口财产分配的更富裕的部分中。）但是，分配的中间部分显示了相当大的流动性。在 1860 年，在中间 1/5 的部分中，有 19%的家庭倒退进了最贫穷的 1/5 的部分，有 21%的家庭倒退进了倒数第二穷的那 1/5，26%的家庭依然留在中间的 1/5 部分，而 10%的家庭跻身最富有的 1/5 部分。

表 3–5 犹他州的财产流动性，1860—1870 年

		终止年的财产分配（1870）				
		最贫穷的 1/5	第二个 1/5	第三个 1/5	第四个 1/5	最富有的 1/5
初始年的财产分配（1860）	最贫穷的 1/5	0.35	0.27	0.17	0.12	0.09
	第二个 1/5	0.25	0.27	0.25	0.16	0.07
	第三个 1/5	0.19	0.21	0.26	0.24	0.10
	第四个 1/5	0.16	0.18	0.23	0.25	0.18
	最富有的 1/5	0	0.06	0.11	0.23	0.53

资料来源：J. R. Kearl and Clayne Pope, “Choices, Rents and Luck: Economic Mobility of Utah Households”, in Stanley L. Engerman and Robert E. Gallman (eds), *Long-Term Factors in American Economic Growth*, Studies in Income and Wealth, vol.5 (Chicago, 1986), 221. 根据 1850 年和 1860 年的人口普查，斯特克尔发现，全国家庭的样本也存在相似的结论。最穷和最富有的两端都显示了一定程度上的稳定，但是财产分配的中间部分有相对大的流动性。1850 年没有不动产的家庭中只有 20%到 1860 年依然一无所有。60%以上的样本都在财产分配中至少改变了一成，大约 40%至少改变了两成。尽管如此，1850 年的富人到 1860 年依然是富人的倾向是很明显的，在 1850 年最富有的 1/10 中，有 46%到 1860 年依然在此行列中。

代际流动性

不同代的人之间也存在很强的流动性。表 3–6 展示了蓝领父亲的儿子们的职业成就。可以清楚地看到，这些地方样本中蓝领父亲的儿子们向上流动的程度取决于职业机会。在波士顿，成为白领人士的机会是很多的，蓝领父亲的儿子们得到了这些白领职位。纽伯里波特的机会就比较少。尽管存在样本的局限性，但可获得的代际样本说明了对代际流动来说不存在巨大的障碍——至少对白人是这样。在职业阶梯中，黑人没有上升到白领职业的可能。

表 3–6　　通过职业衡量的代际流动（蓝领父亲）

城市或州	年份	儿子的职业地位				样本数量
		白领	熟练工人	农民	非熟练工人	
纽伯里波特	1880 年	10%	19%	na	71%	245
波基普西	1880 年	22%	35%	na	43%	121
波士顿	1890 年	43%	14%	na	43%	63

资料来源：Adapted from Thernstrom, *The Other Bostonians*, 246. 127

另一种观察代际流动的方法是考虑父子间的财产关系。完全的流动，是无法观察到的，表现为儿子的收入或财产独立于父亲的收入或财产。如果回归趋向于均值，那么存在一定程度的流动。也就是说，平均看来，有钱的父亲可能会有富裕的儿子，但是儿子的富有程度不及他们的父亲。同样,贫穷的父亲会有不像他们那么穷的儿子。对 20 世纪数据的研究和对 19 世纪可得到的数据的研究表明，存在趋向于均值的实质性回归。平均看来，比平均富裕程度高出 10%的父亲，其儿子的富裕水平要高出平均水平 2~4 个百分点。

基于对职业和财产流动的考虑可得出这样的结论，即 19 世纪存在大量的经济流动，流动既包括一个人一生的流动也包括两代人之间的流动。在经济分配的极端部分存在稳定性。在与白人和外来移民相似的任何水平上，黑人家庭都没有机会。以女人为户主的家庭通常很贫穷，并且其经济地位不可能得到明显改善。然而，贫穷的美国人依然期望着他们自己本身或是他们的孩子在分配上得到改善。对经济流动的研究往往提出这样一个问题：多少才算是多？因为没有一个公认的标准可以参照，学者们对作为流动性或稳定性证据的同一数据做出了不同的解释。美国的和欧洲的稳定性的比较反映出大西洋两岸大量的和不稳定的流动。由于经济的增长和充裕的机会，美国的向下流动较少，但是欧洲人确实以一定的频率脱离了非熟练劳动力阶层。

边疆提升了经济平等性和增加了经济机会吗？

特纳关于边疆的论文涉及很多方面并有许多解释性主题。在这里我们只专注于与经济关系最密切的两个方面，而不考虑更多的与政治相关的内容，比如边疆与民主发展的关系。第一个问题关注边疆对经济平等的作用。相比其他地区边疆是不是创造了更公平的收入和财产分配？第二个问题关注的是边疆与向上的经济流动的关系。边疆是否为穷人、非熟练劳动力或者无土地者提供了经济阶梯中上升的机会？无疑，这些问题是相关的。

特纳关于边疆的论文从微观和宏观两个方面进行了探讨。人们可能会考虑边疆的
128 人们是否比东部定居区的人们享有更多回报。但是，边疆也有可能造成全国性的更公平的收入或财产分配。宏观问题从本质上看更难以解决，并且至今都没有明确的答案。通过他的论文，我们对边疆人们的平等和机会有了更多的了解。

表 3–7 显示了对边疆和早期农业殖民地区的不平等程度的测量。证据显示，边疆与早期农业殖民地之间的财产分配差距相对很小。1860 年边疆各州，比如艾奥瓦州、堪萨斯州、密苏里州和明尼苏达州的基尼系数分别是 0.6、0.59、0.62 和 0.68，而早期殖民各州，比如俄亥俄州、宾夕法尼亚州和佛蒙特州的农村地区 1860 年的基尼系数分别是 0.59、0.67 和 0.67。1860 年西部地区的基尼系数是 0.62，而东部地区的基尼系数是 0.65。无论是什么提升了边疆的平等程度，都已经显得微不足道了。19 世纪，城市地区的不平等程度一向比农村地区更高。

表 3–7　农村地区的财产分配

州或社区	时间段	最富有的 1%占有的百分比（%）	基尼系数
边疆或新殖民地区			
堪萨斯州	1860 年	10	0.59

续前表

州或社区	时间段	最富有的 1%占有的百分比（%）	基尼系数
威斯康星州	1860 年	17	0.59
艾奥瓦州	1860 年	10	0.60
明尼苏达州	1860 年	23	0.68
密苏里州	1860 年	10	0.62
犹他州	1860 年	20	0.62
犹他州	1870 年	22	0.73
得克萨斯州	1860 年		0.74
早期殖民地区			
俄亥俄州	1860 年	11	0.59
宾夕法尼亚州	1860 年	12	0.67
佛蒙特州	1860 年	21	0.67
东北部	1860 年	12	0.65

说明：基尼系数是一种传统而简便的对不平等程度进行测度的方法，是基于对财产从多到少的顺序观察，计算每一比例人口所占有的财产比重（举例说，最富有的 5%人口所占有的财产的比重），并把它们与完全平等条件下的假设份额进行比较（原文疑有误，quality 应为 equality。——译者注），如果完全平等，基尼系数是 0；如果完全不平等，基尼系数是 1。

资料来源：除了犹他州以外，其他所有数据均来自 Jeremy Atack and Fred Bateman, "The Egalitarian Ideal.and the Distribution of Wealth in the Northern Agricultural Community: A Backward Look", *Review of Economics and Statistics* 63(1981), 124-129; 犹他州数据来自 Kearl, Pope and Wimmer, "Distribution of Wealth"。 129

在早期殖民地时期，犹他州的不平等趋向代表了边疆地区不平等的一种可能的模式。即使在殖民的最早一段日子里，犹他州也没有显著平等的财产分配。1860 年，最初殖民的 13 年之后，总财产的基尼系数是 0.62，并且最富有的 10%人口占有了总财产的 49%。1870 年，随着殖民的加强，总财产分配的基尼系数增加到 0.73，并且最富有的 10% 人口占有了 59%的财产。最新的殖民地区趋向于拥有最高程度的平等，并且不平等程度随着殖民的继续而提高。1850 年收入的基尼系数是 0.32，到 1880 年这一系数上升到 0.44。

边疆地区平等的暂时性的本质原因也许与财产有关。在当地经济中的居留时间延长导致了财产增加，特别是在新的殖民地区。殖民的过程带来了新的家庭，这些家庭几乎没有财产，但早期移民者的财产增长很显著。19 世纪许多边疆地区吸引了没有财产的外来移民，这增加了不平等。因此，殖民的过程似乎包含了趋于更加不平等的自身动力。

虽然边疆没有兑现它在边疆社区中许诺的平等，但它确实提供了大量的机会。农场劳动力逐步成为农场主，并且穷苦农民的财产往往也增加了。默尔·柯蒂（Merle Curti）等人对威斯康星的特伦珀洛县的研究发现，1850—1860 年到达那里的农民能够获得大面积的土地，并且各种族间并没有本质差异。盖伦森和波普发现在艾奥瓦州的阿珀努斯县，机会也成为标准，在那里，1850 年时大部分农民在全国平均财产
130 线下，而到 1860 年上升到了全国平均财产线以上，每年的增长率超过了 20%。特纳猜测边疆产生了平等和机会。显然，它只产生了机会。

19 世纪的经济发展造成了不平等吗?

自从库兹涅茨提出了经济发展与不平等的倒 U 形关系后，学者们就尝试着为这个引人入胜的假说提供理论的和实证的基础。库兹涅茨的假说与收入不平等的关联要比与财产不平等的关联更为直接。一般而言，虽然收入与非人力财产没有固定的关系，但二者一起变动。第二次世界大战后收入的部门数据和 20 世纪不平等程度的下降，已经对论证发展与不平等之间存在系统关系的可能性提供了支持。然而，库兹涅茨假说的历史范畴——在整个发展的过程中，不平等趋向于特殊的经济体——很难证明。

正如库兹涅茨指出的，不平等程度必然随着发展而上升，这存在一些逻辑性很强的理由。首先，储蓄逐渐集中在最富裕的家庭手中。如果伴随着经济的发展，投资回报增加，那么不平等程度就会上升。其次，发展过程的一个最根本方面，是家庭从农业部门向城镇或工业化部门的转变。与城镇部门相比，农业部门的特征是低工资和平等。因此可以预料，农村—城镇转移将加剧不平等。因此，发展并不伴随

着不平等的加剧，乍想之下这有些令人吃惊。20 世纪不平等的变化趋势和发展中国家比发达国家更严重的不平等与这些最初的猜测相矛盾。

但是，一旦我们明白不平等并不随经济发展而加剧，我们就能够想象出减轻不平等的不利因素，比如人力资本日益增加的重要性，随着农村—城镇转移过程中每个部门不平等程度的变化，人口的变化，以及伴随经济发展而增加的经济流动性。 131
显然，关于经济发展与不平等的关系的理论推测可以向许多方向发展，但是对增长和不平等之间的任何特定模式都没有很强的理论说服力。

大部分关于 20 世纪前的不平等与发展的关系的经验证据要么是基于财产分配的趋势，要么是基于技能的工资差异的趋势。不幸的是，在 20 世纪之前的美国，收入分配的资料，即这个问题中最重要的分配的资料，却无法获得。

财产分配的趋势

对三个基准时期全国财产分配的估计进行比较，以描述财产分配趋势——1774 年的分配是基于遗嘱检验清册，1798 年的分配是基于住宅普查数据，1860 年和 1870 年的分配是基于人口普查手册的一套样本，1962 年是联邦储备局的家庭金融特性调查。表 3–8 总结了一些众所周知的部门数据。

表 3–8　　财产不平等的趋势

财产的期限、类型和财产持有单位	最富有的 1%人口所持有的财产比例（%）	最富有的 10%人口所持有的财产比例（%）	基尼系数
总财产			
1774 年自由财产持有者	12.9	50.7	0.66
1860 年自由成年男性	29	73	0.832
1870 年成年男性	27	70	0.833
1870 年白人成年男性	24	68	0.814
1890 年	26	72	
1962 年所有家庭	26	61.6	0.76

续前表

财产的期限、类型和财产持有单位	最富有的 1% 人口所持有的财产比例（%）	最富有的 10% 人口所持有的财产比例（%）	基尼系数
不动产			
1798 年	13	45	0.59
1860 年	19	53	0.66

132 资料来源：Alice Hanson Jones, *Wealth of a Nation to Be* (New York, 1980), 289; Lee Soltow, *Distribution of Wealth and Income in the United States in 1798* (Pittsburgh, 1989); Lee Soltow, *Men and Wealth*.

乍一看，这些数据支持了库兹涅茨的假说，即不平等最初随着发展而加剧，随后减轻。1774 年和 1798 年的分配比 19 世纪中期的财产分配更平等。然而，谨慎是必要的，因为数据来自三个完全没有联系的来源，这就使可比性成了问题。

1774 年的评估是基于遗嘱检验清册的样本，遗嘱检验清册对记录的不动产给出了详细的评估鉴定。将死者遗嘱检验清册获得的财产（数据）转换成 1774 年的生者的财产分配需要进行两个重要的调整。生者的年龄比留有遗产的死者的年龄平均更小。因此，必须对这些年龄分布中的差异做出调整。一个更棘手的问题涉及，相对于遗留财产而言的非遗留财产的水平和财产分配的必要假设。当然，平均而言，未列入遗嘱检验清册（的人）要比列入遗嘱检验清册（的人）的财产少，但是他们的财产不一定是零。评估这些未列入遗嘱检验清册的家庭的平均财产是非常困难的。评估这些未列入遗嘱检验清册的家庭的平均财产分配则更困难，但是这种分配显著影响了 1774 年的财产分配估计和由此得出的隐含的趋势。

1798 年的财产估计是基于 1798 年进行的住宅普查。因而，1798 年的财产估计忽略了包括奴隶在内的个人财产，而奴隶在南方是财产的一个非常重要的组成部分。因为数据是在地方收集的，对那些在不同地方都拥有财产的富人来说，他们的财产价值被低估了。反过来，这就导致了对 1798—1860 年不平等程度的增加幅度的夸大。

1860 年和 1870 年的财产估计来自人口普查手册的样本，在人口普查中，人们被要求估计他们的不动产价值和个人财产价值。从而，相对于 1774 年基于详细清单的财产估计，主要是基于人口调查的 1860 年和 1870 年的报告财产中可能存在更多的测量误差。如果测量误差与财产水平无关，它将加剧假的不平等，这就会对测度的不平等程度产生增大的偏差。

1860 年和 1870 年每年的样本中都有 30%以上的人声称没有财产，而 1774 年样本所运用的技术使样本中所包括的声称零财产的人要少得多。 133

有许多原因导致了这个差异。1860 年和 1870 年的全国样本包括了所有 20 岁及以上的男性。单身男子和 20 岁以上且仍住在父亲家里的儿子往往只有很少的财产或没有财产，因此当他们被包括进去的时候就加剧了不平等。在 1870 年，少于 100 美元的个人财产通常是不报告的，并且在 1860 年或 1870 年，价值少于 100 美元的不动产几乎不报告。因此，低的财产价值可能被包括在零的分类中。

1774 年、1798 年与 19 世纪中期估计的来源和程序的差异说明，必须谨慎小心地完成对基尼系数这种对不平等程度的简要测度方法的比较。最富有的 1%和 10%人口所持有的财产的比重也受到两个数据来源差异的影响。如果在 1870 年，持有少量财产但不是零财产的家庭的财产被记录为零，那么样本的总财产就会被低估，并且最富有的群体所持有的财产的比例会被高估。类似地，如果在 1774 年，未进入遗嘱检验清册的家庭的平均财产水平被高估，那么 1774 年样本的总财产就会被高估，并且最富有家庭的份额就会被低估。这个讨论仅仅说明了当我们使用不同的财产估计资料来源时，判断财产分配趋势的难度有多大。

其他分析不平等趋势的方法也说明了 19 世纪财产不平等程度有所提高。比如，一种方法是利用 19 世纪中期的样本以及 19 世纪的人口变化和城乡转变，这种方法得出的结论是 19 世纪的不平等有所加剧。这种方法估计，最富有的 1%人口拥有的财产所占的比例在 1810 年是 21%，在 1860 年是 24%，在 1900 年是 26%~31%；而最富有的 10%人口拥有的财产所占的比例在 1810 年是 69%，在 1860 年是 71%~72%，在 1900 年是 73%~74%。在这种方法中，不平等的加剧是在人口向城市转移时产生的。

另一种方法是考察特定地区的财产不平等趋势。在 19 世纪，许多地方的不平等趋势都趋于增强。例如，1850—1870 年，处于边疆的犹他州的财产不平等加剧了。俄亥俄州的巴特勒县从边疆地区变为经济成熟地区，遗嘱检验清册上该县的财产分
配在美国内战前的一段时间内通常变得更不平等，最富有的 10%家庭所持有的财产 134
所占的份额从 1830 年的 72%，上升到 1860 年的 82%。在美国内战前马萨诸塞州的

波士顿和兴海姆（Hingham）的样本中，最富有的10%家庭的应税财产份额上升了。少数样本没有支持这种地区上升趋势。尽管不同时期的原始资料不能够简单比较，但威斯康星州1850—1900年的财产持有和分配情况没有显著的变化。当然，也有这样的可能，即所有地方的不平等程度都呈现上升趋势，但因为权重的改变和不同地区财产水平的不同，这却没有引起全国不平等程度的上升。

所有令人不满意的零星证据集中起来能够证明这样的结论，即在19世纪，财产不平等有所加剧，至少在美国内战前的时期是这样。这个结论并非基于强有力的定量证据，但是现有的证据的确指出了这个方向。当然，与库兹涅茨的倒U形假说一致的19世纪的财产不平等加剧的证据不如20世纪平等程度上升的证据有力。

比较美国和欧洲间的财产分配也是重要的，尽管这样的比较并不与库兹涅茨的假说直接相关。在19世纪，美国的财产分配比欧洲的财产分配显得更平等。索尔托发现，在19世纪初，英格兰与威尔士、瑞典、苏格兰、丹麦和挪威的财产分配都比美国的财产分配更加不平等。林德特(Lindert)估计，在英格兰和威尔士，最富有的1%、5%和10%人口的财产持有份额分别是61%、74%和84%，而美国的这一份额分别是27%、54%和70%。虽然19世纪美国的财产分配显然是不平等的，但这也比欧洲国家（这些国家向北美输送了大批寻求经济机会的移民）的财产分配更加公平。

工资差别变化的证据

135 库兹涅茨关于增长与分配的关系的假说更多地集中在收入分配的趋势上而非财产分配的趋势上。不幸的是，20世纪前，关于收入分配的资料是非常少的。(1864—1913年，密尔沃基县的收入不平等程度下降，但威斯康星州其他地区的收入不平等程度保持不变。1855—1900年，犹他州的收入不平等程度上升。）由于缺乏所得税时代以前的收入数据，研究就转向了工资差异，该研究基于以下假设，即熟练劳动力报酬的增加将导致不平等加剧。

对于19世纪工资差异的变动并不存在一致的看法。许多经济史学家指出，熟练劳动力的相对工资在美国内战前有明显的增加，随后在美国内战至第一次世界大战期间变动较小，到第一次世界大战之后因为技能差异的变化出现了下降。另外一些经济史学家则认为在美国内战前，工资的技能差异没有扩大。要得出最后的结论还需要这一关键时期中关于工资和价格的更确定的数据。即使工资随技能差异的变化而变化的趋势是明确的，但由于就业惯例的改变和工作时间或工作日的改变，技能差异转变为收入（差异）还是很困难的。因此，历史记录很少提及 19 世纪收入分配的历史趋势，而这段时间与库兹涅茨假说中的不平等程度上升阶段相联系。

小　结

本章虽然对以上提出的三个主要问题只作出了一些尝试性的回答，但是关于 19 世纪的不平等还是得出了一系列结论。

19 世纪的美国，就像大多数其他经济体一样，存在严重的不平等。当最富有的 1%的成年男性拥有 27%的总财产（如 1870 年的情况）；或者如接下来的时期，基尼系数为 0.83；或者当财产分配中最贫穷的一半人除了家用器皿和家具外确实没有其他的财产时，经济报酬的分配完全可以被认为是不平等的。虽然证据比较少，但是也可以从中看出收入分配是很不平等的。这样的不平等并不令人惊讶，因为大多数经济体在大部分的时间和地方都存在严重的经济利益分配不平等。但是，在一定程度上美国的前景更好。它至少被描绘成一片充满机会的土地，起码被认为是一片可 136
以实现平等梦想的土地。令人沮丧的是，19 世纪经济分配的现实提醒我们，收入或财产分配的任何惊人的变化是何等困难，甚至是不可能的。

不仅 19 世纪的经济报酬的分配是不平等的，在整个 19 世纪中甚至都呈现出更加不平等的趋势。这种从财产分配变化中得出的可疑趋势，是由 19 世纪显著的城市化和移民运动造成的。因此，19 世纪的经济经验似乎证实了库兹涅茨倒 U 形假说的不平等加剧阶段，而没有确凿的证据表明收入分配的趋势。

人们对影响财产分配的因素的了解多于对分配趋势的了解。财产和年龄间存在着系统关系。在生命周期的大部分时间内，财产随着年龄的增长而增长。但是财产在 60~65 岁达到顶峰，因为此后财产要么用于消费，要么就传给孩子了。

与 20 世纪的情况一样，在 19 世纪存在阻碍平等的一系列障碍。这些障碍包括种族、出生在国外、性别和家庭背景。家庭成员在国外出生或者户主是妇女的家庭，黑人，或者家庭背景不好的个人更有可能陷入贫困。所有这些特征对个人或家庭造成了难以克服的障碍，尽管在国外出生这个劣势随着时间的推移在美国已经有所改善。所有这些特征都是非常显著的，因为它们不像职业和区域因素，它们是无法通过选择和努力来改变的，它们往往是伴随一个人一生的特征。

虽然 19 世纪可能是一个不平等的时期或者是不平等加剧的时期，但它也是一个存在大量机会的时期。蓝领工人和农场劳动力并不会一辈子被限制在他们的职业上。许多人能够从事技能性的工作或者成为拥有土地的农场主，一些人甚至能够得到白领的职位或者成为商人、企业家。

边疆充满机会，也有最大的可能性实际平等，但是这种平等是非常短暂的。随着殖民过程的推进，不平等加剧了，因为早期的移民积累起财产并且从早期到达后
137 的开发中获得了利润。因此，特纳关于边疆经济收益的描述只对了一半。边疆不是一个“经济平等”的地方，但是它确实提供了“进步的自由”或者“自由的机会”。

尽管家庭背景是经济成功的一个重要决定因素，但是穷人的孩子并不必然是贫穷的。社会存在大量的代际流动，并且向收入和财产分配的均值回归。

社会也存在大量的财产流动。拥有很少财产的家庭常常可以改善他们的经济地位。富裕的人也不能保证总是处于最富有的那一个群体中。

以上 4 个结论——大量工作升迁的流动、随着时间推移的财产流动、边疆在提供机会方面的有利作用和显著的代际流动——说明托克维尔对美国财产分配“流动性”的观察通常是正确的。固然，确实存在一部分非常贫穷和非常富有的人，其经济地位没有发生改变，但是 19 世纪的大部分财产分配还是以可转移和可流动为特征的。

简言之，虽然支持发展后期平等程度提高的证据比支持发展的前期阶段不平等加剧的证据更为有力，但库兹涅茨可能是正确的。特纳对边疆是机会的创造者的见解可能是正确的，但是他认为边疆即使在地方或地区层面也是平等主义经济创造者的看法却是错的。托克维尔认为美国是一个充满机会的社会的见解可能是正确的，机会意味着穷人的进步和富人的衰落。

无论关于不平等的三个基本问题的答案是什么，收入和财产分配的政治相关性都是不容置疑的。19 世纪充斥着政治斗争，这反映为无所不在的分配经济成果的战争。

除了关于关税政策和奴隶制影响的地区间的重大斗争，还有土地分配、移民政策和农民处境方面的摩擦，以及与收入和财产分配存在潜在不和谐的大商业的威胁。

联邦土地政策显示了平等与其他公共政策目标间的斗争。这种紧张状态反映在从第一份西北土地买卖契约开始的美国土地政策中。杰弗逊（Jeferson）1784年的备忘录表达了他关于在自耕农基础上建立小规模的、数量众多的农场的理想。另外，美国国会1787年第一份公共土地的买卖契约是卖给俄亥俄（Ohio）公司的100万英
亩土地，后来的合约通常也是卖给其他大量持有土地的公司。为了从公共土地售卖 138
中为财政筹钱，国会也规定了最低价格。但是国会通过制定优先购买权原则（赋予公地上的定居者以最低价格购买他们要求得到的土地的权利）和分级政策（根据可以获得土地的时间降低最低价格）来满足提高平等程度的要求。提高平等程度的压力最终起到了支配作用，体现为1862年《宅地法案》（Homestead Act）的通过，以及根据要求者的定居时间和做出的改进无偿给予土地。分配斗争在移民政策、控制垄断、对耕地不满意的关注、关税政策、奴隶制度和对黄金标准的斗争中都起到了同样重要的作用。19世纪没有对财产或收入应该如何分配达成一致意见。实际上，19世纪的分配斗争预示了20世纪的分配斗争。

19世纪美国经济繁荣发展，吸引了上百万的移民。高水平的生活和生活水平的迅速提高并没有创造一个平等的社会。平等是停滞的或者缺少活力的经济体的一个可能产物但不是必然产物。因为新参与者进入、重新安置、改换工作并冒险抓住眼前的机会，一个由于提供了机会而具有吸引力的经济体很可能出现不平等。这就是19世纪美国经济的情况。它提供了诱人的机会，同时也出现了不平等。

附录：测量的问题

任何测量收入和财产分配或者它们随时间变化的趋势的尝试都面临一系列测量难题。这些测量问题，与经济学中其他绝大多数问题一样，从来没有完全解决过，但是在任何有关不平等、不平等随时间变化的趋势以及影响不平等的因素的讨论中，都必须时时考虑这个问题。

家庭、家人或个人

139 是否在家庭、家人或个人中测量不平等程度？有些人喜欢容纳性强的单位，用这种单位测量收入和财产时，这种单位能够包含所有因为这种单位而不是其他单位在经济地位上的改变而受到显著影响的个人。以此为基础，我们会把子女和他们的父母归在一起，因为子女会受到他们父母的收入变化的显著影响。此外，应该特别注意测量单位之间应是相互排斥的，以使得任何一个个体都不会被两个单位容纳。一个离开家的大学生就不应该既作为学校里的一个单人家庭又作为家庭中的一员。而且我们还必须能够把所有收入分配到各个具体的单位中去。不幸的是，这样苛刻的条件并不是很容易达到。小企业或者农场的收入和财产并不是总能够分给所涉及的不同的家庭成员。

（财产在）代际的流动，特别是当两代人均还健在时的非正式转移，也对测量造成了很大困难。对比两个寡妇的情况，一个与孩子分开居住，而她能干的孩子能为她提供一小笔收入；另一个寡妇与她的孩子住在一起。在第一种情况下，一个贫穷的家庭和一个富裕的家庭将被记录下来，而在第二种情况下，只有一个带一名额外成员的富裕家庭被记录下来。在两种情况下，所涉及的个体消费可能没有显著的变化。如果有适当的方法可以计算这种转移，那么把每个家庭看成分开的实体是令人满意的。然而，并没有好的方法去测量这种家庭内部转移的程度。因此，家庭结构的变化需要我们改变那些与现实家庭经济条件不一致的测量不平等程度的方法。

还有一个问题是，我们是否希望考虑所有的家庭，既包括家族也包括单独的个体，还是仅仅包括家族。在家族和单独个体之间的财产转换是非常广泛的。在20世纪，包含单独个体的家庭所占的比例上升了。进一步看，单独个体的平均收入比家族平均收入要少很多，单独个体间的不平等要比家族中的不平等严重很多。因此，在既包括家族也包括单独个体时的收入分配要比仅仅在家族间的收入分配更加不平等。在19世纪的家庭中，只有很少部分是单独的个体。但是实际上，有很大数量的寄膳宿者和其他人是单独生活的，特别是在19世纪的城市和城镇中。贯穿19世纪的趋
140 势就是某种程度上家庭规模更小，20世纪这种趋势在加速发展。

收入的定义

在一个理想世界中，我们会希望测量强容纳性单位的全部收入，包括推算收入、来自家庭产品的收入，以及实物收入。我们还希望知道税收和转移支付对测量可用于消费或储蓄的收入的效应。显然，这样一种收入的测量数据在 20 世纪并不存在，而在更早的时期，甚至连收入的测量数据都很少见。若给定有关收入的一些并不完美的测量数据，还有人愿意去测量和分析每个家庭的收入或者每个家庭成员的收入吗？传统上，家庭收入随家庭规模变大而增长的幅度是不规则的，而每个家庭成员的收入随着家庭规模的增大呈显著下降趋势。1980 年每个家庭和每个人的收入如表 3–9 所示。

但是，我们不知道这种随家庭规模变大，家庭收入增长、家庭人均收入降低的模式是一种持续的历史模式，还是仅仅是 20 世纪才发展起来的一种模式。假如有人希望转而研究每个人的收入，那么马上产生的一个问题就是如何处理子女，是将他们当作一个个完整的人，还是按照家庭的规模折算为某种成人的等同单位？这个问题并不容易解决，并且大部分历史研究是受手中所拥有的数据限制的。但是，这些测量问题，在解释的时候需要特别注意。

表 3–9　　1980 年平均每个家庭的收入和平均每个人的收入

家庭规模	平均每个家庭的收入（美元）	平均每个人的收入（美元）
1 个成员	10 981	10 981
2 个成员	20 943	10 472
3 个成员	24 387	8 129
4 个成员	26 921	6 730
5 个成员	28 126	5 625
6 个成员	27 880	4 647
7 个或更多成员	27 280	3 897

资料来源：*Current Population Reports,* Series P-60, 1983, 7.

财产的数据来源和定义

财产数据要比收入数据更容易得到，并且可以在 19 世纪的数据来源中找到，例如 1850 年、1860 年、1870 年的人口普查手册以及遗嘱检验清册和税收记录。在用于估算财产分配时，每种数据来源都有它自己的问题。家庭或个人所拥有的财产从来没有被完全给出。最好的情况是，在遗嘱检验清册中给出的是计算的净价值，既包括资产也包括债务。在人口普查手册和纳税名单中，财产数据是总财产值，并且可能是所有实物财产数据或者仅仅是不动产。当然，没有任何一种数据来源给出人力资本的估计值。虽然遗嘱检验清册给出了每个个体的财产的更加详细的情况，但是它要比人口普查手册或者纳税名单的覆盖面小。艾丽斯·汉森·琼斯（Alice Hanson Jones）认为在 1774 年，1/3 到 2/3（根据地区不同而有所不同）的死者没有对他们的财产做遗产检验。更复杂的是，那些死者的年龄分布是偏斜的，幸运的是，偏向年龄更大的方向。因此，假设必须从遗产检验的财产分布调整到所有死者的分布再到最受人关注的分布——健在者的财产分布。

虽然在人口普查手册上有遗漏，有的家庭有时会从纳税名单上被剔除，但人口普查手册和纳税名单在原则上是覆盖了所有家庭的。没有任何数据来源是覆盖全体的。在人口普查手册上，小于 100 美元的财产很少被记录下来，这样就很难把实质上没有财产的家庭和只有很少财产的家庭区分开。

对不平等程度的测量

为了便于比较，人们总是希望把反映不平等程度的完全分布性的信息简化为单个的数字。完成这一任务的方式是非常清晰明确的。任何一个数字，例如基尼系数或者对数值方差的泰尔指数（Theil index），都会损失实质性的信息。这里使用基尼
142 系数是因为它仍然是测量不平等程度的一种最常用的方法。基尼系数在完全平等时的值是 0，而在完全不平等时的值是 1。

注 释

[1] Alexis de Tocqueville, *Journey to America*, ed. J. P. Mayer (New Haven, 1960), 260.

[2] Alexis de Tocqueville, *Journey to America*, 260; Alexis de Tocqueville, *Democracy in America*, ed. J. P. Mayer (Garden City, N.Y., 1969), 54.

[3] Frederick Jackson Turner, *The Frontier in American History* (New York, 1920), 259-260.

[4] Simon Kuznets, "Economic Growth and Inequality", *American Economic Review*, 45(1955), 18.

第 4 章

1790—1920 年的美国人口 *

迈克尔·R. 海恩斯 (Michael R. Haines)

在 18 世纪晚期，本杰明·富兰克林 (Benjamin Franklin) 评论了英属北美地区突出的高出生率以及过大的家庭规模，他认为这一切都是因为好的耕地太容易得到了。托马斯·罗伯特·马尔萨斯 (Thomas Robert Malthus) 在他的名著《人口原理》[①] (*Essay on the Principles of Population*) 中也表述了富兰克林的这一观点。

> 但是，英属北美殖民地的发展最快，目前这块叫美利坚合众国的土地集聚了力量强大的人民。他们不但拥有和西班牙殖民地与葡萄牙殖民地一样充足的土地，还有更多的自由和平等……有支持转让和分配财产的政治制度……任何一个州都没有什一税，也几乎没有别的税收。由于好土地的价格极端低廉，农业成了资本投资的最佳选择，同时农业创造了大量有益

* 衷心感谢理查德·伊斯特林、亨利·格梅里（Henry Gemery）和理查德·斯特克尔的有益评论。

① 也有人译为《人口论》。——译者注

> 健康的工作岗位并提供了最有价值的社会产品。
>
> 这些有益条件共同导致了人口史无前例的快速增长。整个北美殖民地的人口在 25 年的时间里翻了一番。[1]

马尔萨斯估计了一个自然增长率（他认为年增长率为 2.8%），他的估计很接近现实。1790—1810 年，这个新国家的人口（包括移民人口）的年增长率超过了 3%（见表 4–2)。北美各地区尤其是新英格兰和大西洋中北部地区不但出生率特别高，而且 143
即使与欧洲大部分低死亡率地区相比这些地区死亡率也很低。以上这些因素和 17 世纪早期以及大约 1720 年之后的大量移民的涌入，共同导致了相对较高的人口增长率。[2]

每个经济发达的现代化国家在人口方面都经历了一个由高出生率和高死亡率向低出生率和低死亡率转变的过程。[3] 美国也经历了一个这样的过程，自 1800 年甚至更早的时间起美国的出生率一直在下降。在那个时期，普通美国妇女在生育年龄要生产 7 次或者 8 次，而普通大众的平均寿命也只有 35~40 岁。但是当时美国的人口情况又是与众不同的。首先，美国的出生率至少从 19 世纪早期开始就处于改变的过程中，而且数据显示从 18 世纪后期开始老殖民地区的家庭规模就开始缩小（见表 4–3)。除了法国之外，所有的西方发达国家到了 19 世纪后期或者 20 世纪早期出生率才开始持续稳定地下降。[4] 也许美国和法国的情况类似并非巧合，因为在 18 世纪晚期二者都经历了政治革命，随后都以自住业者的小规模农业为特色。其次，美国出生率的持续下降比死亡率的下降要早得多。这与传统的人口转变的观点相矛盾，传统人口学观点认为死亡率的下降与出生率的下降几乎是同时发生的。美国的死亡率一直是不稳定的，而且直到大约 19 世纪 70 年代时才开始持续下降。最后，美国人口的统计过程不但受到了大量国际性移民涌入的影响，而且受人口在国内边疆地区、城市、城镇和（后来是）郊区的重新分配的影响。

在许多方面，美国的例子有其独特性，它展示了伴随着工业化而发生的长期人
口转变的完整过程。新兴的美国是个人口统计的实验室，这里有本地人和移民，有 144
不同的种族和民族，还有不同的职业和社会经济阶层，人们在这一大片物资丰饶的肥沃土地上经历着意义重大的行为改变。

资料来源

对美国历史上的人口统计进行研究时面临着一个障碍，那就是缺乏可按照标准人口统计方法进行计算的各类数据。在殖民地时期，正规的人口普查清单或重要的登记都没有实行。尽管如此，但许多学者还是使用了多种原始资料来重建家庭和人口统计资料，这些资料包括教区登记、家谱、传记中的数据、遗嘱和其他的当地记录。[5]

我们知道 1790 年第一次联邦普查之前的一些重要的人口比率和人口特征。在人口规模方面有更多的资料，这主要得益于英国殖民当局进行了十分详细的调查，这使我们可以了解很多的详细情况。[6] 到 1780 年，英属北美的非印第安人已经增加到大约 250 万人 (其中有约 200 万白人，50 万黑人)。

如前所述，北美的出生率很高，为 40‰ ~50‰（每年 1 000 人中大约要出生 40~50 个新生儿）。在 1800 年左右，整个美国的概约出生率估计在 50‰以上 (见后面的表 4–3)。18 世纪晚期出生率迅猛提高的情况没有持续下去。西部的马萨诸塞的三个市镇［迪尔菲尔德 (Deerfield)、格林菲尔德 (Greenfield) 和谢尔本 (Shelburne)］的资料显示，迪尔菲尔德 1790 年的概约出生率为 43‰ ~52‰，1765 年的出生率为 51‰。在 1730/1795 年和 1760/1779 年这两个时期中，由于很多已婚妇女大量生育，在马萨诸塞的斯特布里奇 (Sturbridge)，家庭平均规模分别为 8.83 人和 7.32 人，这是和这个时期相对高一些的概约出生率相一致的 (假设结婚的倾向强)。即便在控制出生率相对较早的中部殖民地的教友派信徒中，1730 年之前和 1731—1755 年平均每个
145 家庭中妇女生育孩子的数目也分别为 6.7 人和 5.7 人。新泽西在 1772 年的概约出生率为 45‰ ~50‰。在殖民地的人口普查中，0~15 岁的孩子所占人口比例的数据显示，在新英格兰和亚特兰大中部地区的大多数殖民地，概约出生率为 45‰ ~55‰，总体出生率则为 6‰ ~7‰。马里兰是个人口普查中年龄数据比较合适的南方殖民地，其 1712—1755 年白人的概约出生率为 44‰ ~54‰。总之，18 世纪人口普查中的年龄和性别数据显示概约出生率为 45‰ ~60‰，总体出生率为 6‰ ~7‰。[7]

这一时期的死亡率是适中的。概约死亡率是 20‰ ~40‰（大约每年每 1 000 人中死亡 20~40 人）(在危机爆发时可能高一些)。此时美国各地区的死亡率分布也有

个规律，在宾夕法尼亚和新泽西北部的殖民地和州的死亡率要低一些，南方的死亡率则要高一些。在北方，出生时的预期寿命一直是 20 多岁、20 岁出头到大约 40 岁。例如马萨诸塞的德赫姆 (Dadham)，17 世纪的概约死亡率估计是 24‰，这可能代表了这个时期新英格兰的情况。马萨诸塞在 18 世纪的死亡率似乎比健康水准相对更高的 17 世纪高。在马萨诸塞的安多佛 (Andover)，出生于 17 世纪的 20 岁男性的平均预期寿命为 44.6 岁，出生于 18 世纪的 20 岁男性的平均预期寿命缩短到 39.7 岁。在马萨诸塞的伊普斯威奇 (Ipswich)，男性的平均寿命也在缩短，1700 年前结婚的男性平均寿命为 45 岁，而 1700—1750 年结婚的男性的平均寿命则缩短为 39.9 岁。在塞勒姆 (Salem)，死亡率的上升却并不严重，出生于 17 世纪的 20 岁男性的预期寿命 146
为 36.1 岁，出生于 1700 年之后的 20 岁成年男性的预期寿命缩短为 35.5 岁。1818—1822 年，塞勒姆 20 岁男性的预期寿命据记载大约是 33 岁 (根据死亡登记)，这个数据显示出进入 19 世纪早期时死亡率在逐步上升。总体上说，这一时期北美婴儿和成人的死亡率与同时代的欧洲相同甚至比其更高。在比较靠南的新泽西，概约死亡率为 15‰ ~20‰，而且在 18 世纪 70 年代早期可能更高，在切萨皮克 (Chesapeake) 地区比较靠南的殖民地死亡率更是高得惊人。在 17 世纪和 18 世纪早期，马里兰的切萨皮克地区 20 岁男性的预期寿命为 22.7~30.5 岁，但同一时期弗吉尼亚的这一数字则为 21~34 岁。出生时的预期寿命为 19.7~28.6 岁，这说明概约死亡率可能在 30‰以上，甚至还可能达到了 40‰。[8] 到目前为止根据可得记录及其分析，我们对新英格兰的人口情况了解得最多，对中部地区的了解要少一些，对南部的了解最少 (切萨皮克地区除外)。

在 1790 年建立的 10 年一度的联邦人口普查制度在美国人口统计史上有着里程碑式的意义。[9] 当时进行人口普查的本意是为众议院的席位分配提供依据，在 1790 年出版的《人口普查》不过是一卷适中的具有少量总值数据统计的编辑物，到了 19 世纪末 20 世纪初，它已经变成了一部多卷本的有关人口、经济和社会的描述性文献了。除 1890 年外的所有原始手稿都被保存着，这就为研究工作提供了大量的分析材料。[10]
人口普查数据已经成为对人口增长、人口结构、人口重新分布以及研究 20 世纪之前 147
的出生率的主要原始资料。一些州也在两次联邦人口普查之间进行人口普查，这样的一次普查也要花几年时间。许多人口普查的资料已经出版，一些则以手稿的形式保存了下来。[11]

然而，各州和地方政府都做了重要的登记工作，这使得各地区的登记内容出现了差异。许多教堂有洗礼、葬礼和婚礼方面的记录，这方面的记录已经被用来对殖民地时期的人口进行估计，特别是在新英格兰和大西洋中部地区被广泛采用。[12] 虽然许多城市（比如纽约和费城）在 19 世纪较早时候就开始了生死登记，但是第一个这样做的州是马萨诸塞，时间是 1842 年。官方的死亡登记地区到 1900 年才成功地建立起来，而且当时只包括 10 个州和哥伦比亚特区。直到 1933 年来自各个州的数据收集才最终完成。类似的出生登记地区在 1915 年才设立，来自各个州的数据收集工作也在 1933 年得以完成。[13] 在 1850—1900 年的联邦人口普查确实收集了死亡率方面的数据，但是数据的完整性却存在严重问题。数据质量的确随着时间推移而提高了，在 1880 年之后，人口普查的信息与各州登记的数据合并。[14] 不幸的是，没有着手进行出生数据方面的类似工作。20 世纪早期以前缺少出生与死亡的登记数据这一现实使人们不得不借助一些统计出生率和死亡率的特别的估计技术和间接方法，以了解 19 世纪的人口变化。

对国际移民的统计虽然也有一些严重缺点，但这方面的工作比获取出生与死亡的数据的工作做得好多了。1819 年之前没有移民方面的官方统计，返回移民的统计
148 也直到 1908 年才进行，只有通过主要港口进入的移民才纳入统计，经过陆地边境进来的移民只在 1855—1885 年和 1904 年之后才进行统计。人们用新的估计方法弥补了以上数据的一些缺陷，不过表 4–5 中只有官方统计数据。[15] 尽管数据不足，但还是给我们提供了机会，让我们对 1790—1920 年人口增长的重要来源有个合理的大体看法。

从 1850 年开始，人口普查提供了有关人们出生地的信息；从 1870 年开始，人口普查提供了每个人父母的籍贯。人口普查中人们的出生地对本土人来说要求具体到州，对国外出生的人则只要求具体到出生国家。这些数据使国际移民的研究（比如国外出生人口的地理分布）成为可能，也通过对在美国本土出生的居民的出生地和当前居住地的交叉性分类（从 1860 年以来）而对国内迁移进行了分析。国内迁移是个相当难的研究课题，因为缺乏从出生地迁移到当前居住地的时间的资料。对于在外国出生的居民，1890—1930 年的人口普查调查了在美国的居住年限的问题，但是直

到 1940 年才对所有居民调查有关在当前居住地的居住时间的问题（在这项普查前 5 年针对人们的居住地的问题做了普查）。

我们也不能认为人口普查是完全准确的。对于 19 世纪和 20 世纪的联邦人口普查和收集出生与死亡数据的各种体系，人们进行了大量研究。[16] 总体而言，19 世纪中期的人口普查都几乎漏查了 5%~25% 的人口。一项对 1880—1960 年白人人口的详细分析表明，总体上 1880 年的人口漏查率为 6.1%，1920 年下降到 5.7%，到了 1960 年又下降到 2.1%。[17] 漏查情况随着年龄和性别不同而不同，而且对年轻人和年龄稍大的人的普查是最差的。黑人人口普查遗漏的情况可能比白人的情况更严重。最近一份有关 19 世纪联邦人口普查的简报显示，容易普查到的人口有老 149
年人、本土出生者、更复杂家庭的家长、中产阶级、高薪职业者、处于政治主流中的人，还有居住在经济和人口增长缓慢、规模较小的社区或农村的人。被漏查的人则可能是年轻人、男性、本土出生的孩子或者外国出生的寄宿者，他们生活在较小家庭中，在迅速成长的大城市地区从事低收入的工作，而且没有生活在政治主流中。[18]

与此相似，在出生与死亡数据的收集方面也有一些缺陷。只要一个地区出生和死亡登记率达到 90%，那么该地区就有资格纳入 1900 年之后的联邦死亡登记地区和 1915 年之后的联邦出生登记地区。即便到了 1935 年，出生登记的完成程度估计也只达到 91%，对于非白人而言这个数据则仅为 80%。[19] 虽然对死亡登记的完全性还没有做比较全面的研究，但是已有研究显示在 1900 年即使是死亡登记地区中做得最好的州所进行的死亡登记也是很不完全的。[20]

虽然如此，但这些缺陷并不会对整体结果产生太大的影响。比率计算包含可忽略的误差。误差的程度在两次普查之间或者年与年之间变化不大。此外，人口统计的估测本身也常常包含了对数据的一些修正。此处涉及的一些统计表格中的数据是错误的，但是一些估测方法对数据进行了调整。

许多其他资料也被用来进行基本的人口统计测量和精密复杂的分析。家谱被用
来估计 19 世纪的出生率、死亡率和特殊人口迁移情况。[21] 教区登记、税收登记、 150
征兵登记、退休金记录、遗嘱、遗嘱验证与医院和其他机构的记录以及其他资料都被用来重建美国人口统计历史。[22]

度量和估算

人口学是一门对人口进行研究的学科，它在很大程度上依靠度量和估测技术。现有的大多数结果是简单的表格或标准的人口比率。然而许多较新成果都是依靠相当精密复杂的技术挖掘出来的。[23] 良好的人口信息推测在经济史研究上具有重要的地位。基本的人口结构和人口状况反映在以下几个方面：出生率和死亡率、人口规模和人口结构、人口增长率、劳动力组成和增长、结婚人口的比例和结构、家庭组成、移民流动的水平和本质、死亡原因以及城市化和人口空间分布等，它决定了作为生产者和消费者的社会人力资本，也决定着人力资本如何再生产、重新安置和人力资本的贬值。人口状况无论作为社会和经济变化的风向标还是作为现代经济增长的基本组成部分，都具有重要的意义。

现有的绝大多数度量方法比较直观，比如概约出生率和概约死亡率、总增长率、自然增长率和净迁移率。表 4–1 和表 4–3 不仅包括以上信息，还包括每年年中人口的一些数据，使用了千分率作为单位。但是，在本章中讨论的一些结果（至少在理论上）是按年龄组进行度量而得来的，但这些资料必须经过概括才能便于使用、表述。把这些数据概括起来的一项技术是生命表。这项技术采用年龄组死亡率进行某一时点的不同年龄人口的横向比较，这样就产生了时期生命表，同时又可以反映出同一时期出生的人们所组成的一个特殊群体（有共同特点的一组人），这样就产生了同组生命表，该表格也适用于一些别的度量方法。

其他的度量方法包括任何年龄的人的预期寿命：如果该组人口在生命表中对应
151 年龄组死亡率，预期寿命就是该组人口生命存续的平均年数。表 4–3 列出了 1850 年以后的白人和黑人出生时的预期寿命。另一种生命表度量方法是使用婴儿从出生到第一个生日（刚好一周岁）时的存活率，这种方法中使用婴儿死亡率（婴儿死亡率是指每年 1 000 个活产婴儿中的死亡人数）这个衡量标准。

表 4–1　1790—1990 年美国人口增长的组成（每年中期人口中每 1 000 人的比率）

时期	平均人口（千人）	RTI	CBR	CDR	RNI[a]	RNM[a]	RTI 占 RNM 的比例（%）
1790—1800 年	4 520	30.08			26.49	3.59	11.9
1800—1810 年	6 132	31.04			26.85	4.19	13.5
1810—1820 年	8 276	28.62			24.70	3.92	13.7
1820—1830 年	11 031	28.88			26.93	1.95	6.8
1830—1840 年	14 685	28.27			23.67	4.60	16.3
1840—1850 年	19 686	30.65			22.88	7.77	25.3
1850—1860 年	26 721	30.44			20.35	10.09	33.2
1860—1870 年	35 156	23.62			17.64	5.98	25.3
1870—1880 年	44 414	23.08	41.16	23.66	17.50	5.58	24.2
1880—1890 年	55 853	22.72	37.03	21.34	15.69	7.03	30.9
1890—1900 年	68 876	18.83	32.22	19.44	12.78	6.06	32.2
1900—1910 年	83 245	19.08	30.10	17.27	12.83	6.25	32.8
1910—1920 年	98 807	14.86	27.15	15.70	11.45	3.41	23.0
1920—1930 年	114 184	14.01	23.40	11.08	12.32	1.68	12.0
1930—1940 年	127 058	7.01	18.39	11.18	7.21	-0.20	-2.9
1940—1950 年	140 555	13.50	22.48	10.39	12.09	1.41	10.4
1950—1960 年	164 011	17.67	24.81	9.47	15.34	2.33	13.2
1960—1970 年	190 857	12.27	20.26	9.55	10.71	1.56	12.7
1970—1980 年	214 306	10.83	15.49	9.00	6.49	4.34	40.1
1980—1990 年	238 466	9.34	15.91	8.70	7.21	2.13	22.8

说明：RTI = rate of total increase，为总增长率。CBR = crude birth rate，为概约出生率（每年每 1 000 人中的存活人数）。CDR = crude death rate，为概约死亡率（每年每 1 000 人中的死亡人数）。

RNI=rate of natural increase (CBR–CDR)，为自然增长比率。RNM=rate of net international migration，为净国际移民比率。

a. 1790—1860 年的净移民比率直接从净移民数中计算得来。1860—1870 年使用了总移民数。1870—1990 年的 RNM= RTI–RNI，因此是一个残差。1870 年之前，RNI 是作为一个残差计算出来的 (RTI–RNM)。

资料来源：

(1) 未调整的人口。美国人口普查局的 *Historical Statistics of the United States* (Washington DC，1975)。美国人口普查局的 *Statistical Abstract of the United States*，*1990*(Washington DC，1990)。

(2) 出生和死亡。1870—1940 年：Simon Kuznets，"Long Swings in the Growth of Population and Related Economic Variables"，*Proceedings of the American Philosophical Society*，102(1958)，2552。1940—1990 年：和 (1) 相同。

(3) 净移民。1790—1820 年：Henry A. Gemery，"European Emigration to North America: Numbers and Quasi-Numbers"，*Perspectives in American History*，1(1984)，Philip Curtin 的 *The Atlantic Slave Trade: A Census* (Madison, WI, 1969) 对奴隶输入的估计又对前者进行了补充。1820—1860 年: Peter D. McClelland 和 Richard J. Zeckhauser 的 *Demographic Dimensions of the New Republic: American Interregional Migration, Vital Statistics and Manumissions 1800—1860* (New York，1982) 对奴隶输入的估计也对该书进行了补充。

同样，年龄组出生率也可以得到。例如，表 4–3 提供了总生育率 (TFR)，它是 15~49 岁的所有女性在这一特定年龄段生育率的总和。[24] 这可以理解为，如果妇女在其整个生育年龄内生命存续，并且有年龄组数据给定的分娩率，那么总生育率就是妇女的平均生育次数。这个表可以用来计算典型（或某个时期的）数据，也能运用到虚拟的群组上。但它也可用来对一些真实存在的群组做估测。[25]

表 4–3 也提供了一种生育率的测量方法，这种方法因为使用孩子—妇女比率而广为人知，它指的是与每 1 000 个 20~44 岁妇女相对应的 0~4 岁的存活孩子的数量。这个生育率是完全以人口统计为基础的生育率，而且不需要使用人口动态统计学方法。事实上，它是 19 世纪美国有关生育率的主要的直接信息来源，也是对表 4–3 中的概约出生率和总生育率做出早期估测的根据。孩子—妇女比率的确也有一些严重的缺点，因为在最初的五年里，这个比率中使用的是人口普查中存活孩子的数目，而不是使用实际出生的孩子的数目。这个比率也面临着另一个问题，那就是孩子和妇女的数量被低估了。[26]

1790—1920 年的美国人口增长

像前面提到的那样，美国最晚从 19 世纪开始就从高生育率和高死亡率向低出生率和低死亡率转变了。表 4–1 提供了 1790—1990 年的人口增长数据及由其组成的全 152
面测度数据。这个表是围绕一个人口平衡等式建立起来的，这个等式就是人口 10 年内的总增长率 (RTI) 等于出生率 (CBR) 减去死亡率 (CDR) 再加上净移民率 (RNM)。出生率和死亡率之间的差值就是自然增长率 (RNI)。[27]对于 1790—1870 年这个时期，概约出生率和概约死亡率并没有给出，因为概约死亡率的独立估算太不准确 (见表 4–1)。1790—1870 年这个时期的自然增长率也使用总增长率和净移民率之间的差额来推算。净移民率通过一种新的直接方式来推算，就是用白人净移民数加上估计得出的贩卖进来的黑奴数 (尽管在 1808 年后贩卖奴隶被判为违法，但私下的违法奴隶贩卖活动还在进行)。对于 19 世纪 60 年代的这 10 年，使用了官方的总人口迁入估计数。1870 年之后，西蒙·库兹涅茨的著作中对 1870—1940 年的出生率和死亡率的估算都是有用的。官方的人口动态统计数据在这之后一直用到 1980 年。此外，在 1870 年之后，净移民率用总增长率减去自然增长率推算得来 (也就是说所得差值)。[28]

从表 4–1 中可以看出美国人口转变的几个特征。在以 19 世纪为主的一个多世纪中 (1790—1920 年)，美国经历了人口转变过程中一次非常明显的人口增长。人口数量从 1790 年的比较合适的 450 万人，增长到了 1920 年的 1.14 亿多人，年平均增长率达到了 2.5%。在早期，人口增长率甚至更高，1790—1810 年的年增长率在 3%以上，19 世纪 40 年代和 50 年代的情况同样如此。这么快速的人口增长在历史上是非常少见的，它可以和最近一些发展中国家的人口增长情况相提并论。高人口增长率导致了在 20 多年的时间里 (大约 23 年) 美国人口增长了一倍。19 世纪 40 年代和 50 年代的人口增长大潮尤其要归因于来自国外的移民——现在已成为广为人知的故事，那时爱尔兰人、德国人和其他来自西欧和北欧的人们为了逃避马铃薯饥荒、“饥饿的 40 年代”和政治动乱，也为了在新大陆寻找更好的土地、生意和更好的工作机会，来到了美国。自然增长率从 19 世纪早期开始就一直在下降，这主要是因为白人和黑 154
人人口的出生率都在下降。19 世纪 40 年代和 50 年代自然增长率的下降也可能是由于这几十年中死亡率在上升。但是表 4–1 却显示从 19 世纪 70 年代以后死亡率的确一直在稳定下降。

表 4–2　　1800—1990 年根据种族、居住地、出生地、年龄和性别划分的美国人口（人口以千人为单位）

普查年份	总数	年增长率 (%)	白人	黑人	其他	城市	百分比 (%)	外国出生	百分比 (%)	年龄的中位数	性别比例[b]
1790 年	3 929		3 172	757	(NA)	202	5.1	(NA)	—	(NA)	103.8
1800 年	5 308	3.01	4 306	1 002	(NA)	322	6.1	(NA)	—	16.0[a]	104.0
1810 年	7 240	3.10	5 862	1 378	(NA)	525	7.3	(NA)	—	16.0[a]	104.0
1820 年	9 639	2.86	7 867	1 772	(NA)	693	7.2	(NA)	—	16.7	103.3
1830 年	12 866	2.89	10 537	2 329	(NA)	1 127	8.8	(NA)	—	17.2	103.1
1840 年	17 070	2.83	14 196	2 874	(NA)	1 845	10.8	(NA)	—	17.8	103.7
1850 年	23 192	3.06	19 553	3 639	(NA)	3 544	15.3	2 245	9.7	18.9	104.3
1860 年	31 443	3.04	26 923	4 442	79	6 217	19.8	4 104	13.1	19.4	104.7
1870 年	39 819	2.36	33 589	4 880	89	9 902	24.9	5 567	14.0	20.2	102.2
1880 年	50 156	2.31	43 403	6 581	172	14 130	28.2	6 680	13.3	20.9	103.6
1890 年	62 948	2.27	55 101	7 489	358	22 106	35.1	9 250	14.7	22.0	105.0
1900 年	75 994	1.88	66 809	8 834	351	30 160	39.7	10 341	13.6	22.9	104.4
1910 年	91 972	1.91	81 732	9 828	413	41 999	45.7	13 516	14.7	24.1	106.0
1920 年	106 711	1.49	94 821	10 463	427	54 158	50.8	14 020	13.1	25.3	104.0
1930 年	122 755	1.40	110 287	11 891	597	68 955	56.2	14 283	11.6	26.5	102.5
1940 年	131 669	0.70	118 215	12 866	589	74 424	56.5	11 657	8.9	29.0	100.7
1950 年	150 697	1.35	134 942	15 042	713	96 468	64.0	10 431	6.9	30.2	98.6
1960 年	179 823	1.77	158 832	18 872	1 620	125 269	69.7	9 738	5.4	29.5	97.1
1970 年	203 302	1.23	178 098	22 580	2 883	149 325	73.4	9 619	4.7	28.1	94.8
1980 年	226 546	1.08	194 713	26 683	5 150	167 051	73.7	14 080	6.2	30.0	94.5
1990 年	248 710	0.93	208 704	30 483	9 523	187 053	75.2	21 632	8.7	32.8	95.1

说明：a. 白人人口。

b. 与 100 个女性相对的男性人数。

资料来源：Bureau of the Census, *Historical Statistics*. U. S. Bureau of the Census, *Statistical Abstract of the United States, 1992*(Washington, DC, 1992).

表 4–1 所表现出来的另一个显著特点是自然增长在总体人口增长中扮演了极其重要的角色。在 1840 年之前的数十年中，净移民在总人口增长中所占的份额不到 1/6，甚至不到 1/7。但是在 1840 年之后，随着海外移民的大量涌入，净移民在总人口增长中所占的份额达到了 1/4 甚至 1/3。显然，移民使得劳动人口在总人口中的比例变得更高，因为移民都是处于有劳动能力的年龄的人。不过，尽管出生率在下降，尽管我们应该意识到外来移民的生育和他们的子孙对美国人口的增长起到了很大促进作用，但是出生人数大于死亡人数这一因素才是 19 世纪美国人口迅速增长的主要原因。假如 1790 年之后没有移民现象出现，假如殖民地现存人口的自然增长率一直是它的自然增长率 (即移民并未影响本土出生人口的自然增长率)，那么在 1920 年白人人口可能已经是 5 200 万人，或者说是最终实际人口的约 55%。[29] 1840 年之后移民潮的出现也可以从表 4–2 中看出来，该表显示外国出生人口所占比率由 1850 年 (为第一次人口普查提供了数据) 的不到 10%达到了 1890—1910 年的将近 15%。

一些人认为 1920 年之后的人口发展是良好的 (尽管这个问题超出了本部分讨论的时间范围)。限制外来移民在一战后起到了成效，这点从 1920 年之后净迁移率的下降就可以看出来。“大萧条”使得生育率和海外移民大量减少。二战后的“婴儿潮”非常明显，20 世纪 40 年代和 50 年代的自然出生率比较高。海外移民政策的变化明显影响到 20 世纪 70 年代的净迁入，当时超过 40%的人口增长都是由净迁入的增加引起的。这在历史上是空前的，即使是美国内战前和一战前的情况也不能与之相比。

人口增长的地区差异对表 4 – 4 中所显示的人口分布造成的影响非常明显。在 155
1790 年，450 万美国居民集中居住在大西洋沿岸，居住区被均匀地划分为北部 (新英
格兰和大西洋中部地区) 和南部 (南大西洋地区)。到 1860 年为止，3 100 万美国人
中的 51%还居住在这里，但是到了 1920 年，这个比例下降为 41%。早期殖民地地
区在整个时期人口的年均增长率为 1.9%，而整个美国的增长率为 2.5%。当然，这
种地区性差异是由残酷的人口、农业和工业的西进运动造成的。大西洋沿岸出现人
口大量增长现象的地区是城市，好似另一个“边疆地区”。在早先的欧洲殖民地地区
的城市和城镇，人口占全国人口的比重从 1790 年的仅仅 5%上升到 1860 年的 28%，
到 1920 年又变成了 61%，年均增长率达到 3.8%，而此时农村人口的年均增长率只 156

有 1.2%。这样，经过这个世纪，城市人口占全国人口的比例，由 1790 年的 5%变成了 1920 年的 50% 以上。[30]

生育率和结婚率

美国这个年轻的国家也以大家庭和早婚而闻名。表 4–3 中的总生育率 (TFR) 显示，在 1800 年每个妇女的平均生育次数几乎达到 7 次。在美国内战前夕 TFR 还在 5 以上。不过对于 19 世纪早期的结婚情况我们知之甚少，女性第一次结婚的年龄可能相对较小，也许在 20 岁以下。男性的结婚年龄平均要比女性大几岁，而且绝大部分人最终都结婚了。联邦人口普查直到 1880 年才开始关注有关婚姻状况的数据，直到 1890 年才开始汇报婚姻方面的普查结果。不过有几个州对婚姻的关注要早一些。例如纽约州的 7 个县通过 1865 年的人口普查的原稿得出了一个样本，该样本指出女性第一次婚姻的年龄大约为 23.8 岁，男性大约为 26.6 岁。到 45~54 岁还未婚的人口比例，女性为 7.4%，男性为 5.9%，该样本指出终身未婚的人数很少。[31] 虽然纽约的结婚年龄比整个国家的结婚年龄要大一些，而且到 1865 年美国的结婚年龄可能已经上升了，但是与欧洲标准相比，美国的结婚现象还是很普遍的。女性第一次结婚的平均年龄在 1861 年的英格兰和威尔士是 25.4 岁，在 1871 年的德国是 26.3 岁 (此时德国男性的平均结婚年龄为 28.8 岁)。[32]

1880 年，美国人口普查第一次关注有关结婚状况的数据，此时女性第一次结婚
157 的平均年龄是 23.0 岁，男性为 26.5 岁。中年未婚人数所占比例相对较低，男性和女性都是 7%。结婚年龄到 1890 年和 1900 年为止有所上升，在这之后开始了长时间的下降，一直持续到了 20 世纪 50 年代。到 1920 年，女性的结婚年龄下降到了 22.5 岁，男性下降到了 25.9 岁，与此同时，未婚人数所占比例也在上升。[33]

总之，结婚现象在美国非常普遍，与西欧和北欧国家相比美国人结婚也要早一些，而这些欧洲国家又有大批人口移民到北美。在 19 世纪早期，美国人的结婚年龄很小，但是在 1900 年之前一直在上升。在成人阶段，美国人中很少会有一直不结婚的。

表 4–3　　1800—1990 年美国的生育率和死亡率

大概时间	生产率[a]		儿童—妇女比率[b]		总生育率[c]		预期寿命[d]		婴儿死亡率[e]	
	白人	黑人[f]	白人	黑人	白人	黑人[f]	白人	黑人[f]	白人	黑人
1800 年	55.0		1 342		7.04					
1810 年	54.3		1 358		6.92					
1820 年	52.8		1 295	1 191	6.73					
1830 年	51.4		1 145	1 220	6.55					
1840 年	48.3		1 085	1 154	6.14					
1850 年	43.3	58.6[g]	892	1 087	5.42	7.90[g]	39.5	23.0	216.8	340.0
1860 年	41.4	55.0[h]	905	1 072	5.21	7.58[h]	43.6		181.3	
1870 年	38.3	55.4[i]	814	997	4.55	7.69[i]	45.2		175.5	
1880 年	35.2	51.9[j]	780	1 090	4.24	7.26[j]	40.5		214.8	
1890 年	31.5	48.1	685	930	3.87	6.56	46.8		150.7	
1900 年	30.1	44.4	666	845	3.56	5.61	51.8[k]	41.8[k]	110.8[k]	170.3[k]
1910 年	29.2	38.5	631	736	3.42	4.61	54.6[l]	46.8[l]	96.5[l]	142.6[l]
1920 年	26.9	35.0	604	608	3.17	3.64	57.4	47.0	82.1	131.7
1930 年	20.6	27.5	506	554	2.45	2.98	60.9	48.5	60.1	99.9
1940 年	18.6	26.7	419	513	2.22	2.87	64.9	53.9	43.2	73.8
1950 年	23.0	33.3	580	663	2.98	3.93	69.0	60.7	26.8	44.5
1960 年	22.7	32.1	717	895	3.53	4.52	70.7	63.9	22.9	43.2
1970 年	17.4	25.1	507	689	2.39	3.07	71.6	64.1	17.8	30.9
1980 年	15.1	21.3	300	367	1.77	2.18	74.5	68.5	10.9	22.2
1990 年	15.8	22.4	298	359	2.00	2.48	76.1	69.1	7.6	18.0

说明：

a. 每年每 1 000 人中的出生人数。

b. 每 1 000 个年龄在 15~44 岁的妇女所对应的 0~4 岁的孩子数。资料来源于 W. S. Thompson 和 P. K. Whelpton 的 *Population Trends in the United States* 的表 74。对 1800—1950 年的人口普查，把相应的未列举的 0~4 岁白人孩子的比率上调了 5 个百分点，黑人孩子的比率上调了 13 个百分点，同时使用了 W. H. Grabill、C. V. Kiser 和 P. K. Whelpton 合著的 *The Fertility of American Women* (New York，1985) 的表 6 中所做的修正。

c. 整个一生处于所在时期年龄组生育率的每个妇女的生产总次数。

d. 两性出生时的预期寿命。

e. 每年每 1 000 个新生儿中的死婴数量。

f. 黑人和其他人口的 CBR (1920—1970 年)，TFR (1940—1990 年)；e^o(1950—1960 年)，IMR (1920—1970 年)。

g. 1850—1859 年的平均值。

h. 1860—1869 年的平均值。

i. 1870—1879 年的平均值。

j. 1880—1884 年的平均值。

k. 大约为 1895 年。

l. 大约为 1904 年。

资料来源：Bureau of the Census，*Historical Statistics U.S.*，Bureau of the Census，*Statistical Abstract of the United States*，*1986* (Washington，DC，1986)and *Statistical Abstract of the United States*，1993 (Washington，DC，1993). Ansley J. Coale and Melvin Zelnik，*New Estimates of Fertility and Population in the United States* (Princeton，1963). Ansley J. Coale and Norfleet W. Rives，"A Statistical Reconstruction of the Black Population of the United States，1880—1970: Estimates of True Numbers by Age and Sex，Birth Rates，and Total Fertility"，*Population Index*，39(1973)，3-36. Michael R. Haines，"The Use of Model Life Tables to Estimate Mortality for the United States in the Late Nineteenth Century"，*Demography*，16，(1979)，289-312. Samuel H. Preston and Michael R. Haines，*Fatal Years: Child Mortality in Late Nineteenth-Century America* (Princeton，1991)，table 2.5. Richard H. Steckel，"A Dreadful Childhood: The Excess Mortality of American Slaves"，*Social Science History*，10(1986)，427-465.

158 与此相对应，1800 年的美国是个高生育率的国家，但是此后它经历了一个出生率持续下降的过程，这个过程到 20 世纪 40 年代才结束，因为"婴儿潮"打断了这个过程。美国经历了一个与众不同的人口变化过程，那就是生育率的下降在不断的城市化和工业化之前就开始了。虽然整个时期农村的生育率一直比城市的高，但是农村和城市生育率的下降却是同时进行的。生育率在各个地区都在下降，但是南部在下降的时间和速度方面比东北部和中西部落后。一份研究生育率与结婚率和婚内生育率的关系的报告显示，直到 1850 年左右生育率下降的一半原因是结婚年龄和结婚率的变化，这之后生育率的下降主要源于婚内生育率的下降。[34] 虽然美国黑人家
159 庭的平均规模要比白人家庭的平均规模大得多（见表 4–3)，但是 1860 年美国内战前奴隶人口的生育率也有明显下降。[35]

有关生育率方面的资料显示，由出生地不同（本土出生与外国出生）产生的生育率差别在 19 世纪中期还很小，但这之后，外国出生的人的生育率一般都比本土人的高。土生土长的白人妇女的生育率在不断下降，不过持续涌入的移民群体中的大家庭还是持续着较高的生育率。籍贯为外国而在本国出生的白人妇女的出生率介于

籍贯为本土又在本土出生的白人妇女和外国出生的白人妇女的出生率之间，这表明本土白人的人口模式被同化了。1865 年来自纽约 7 个县的样本中有关孩子出生数量 (胎数) 的数据显示，19 世纪早期本土出生的妇女和外国出生的妇女在生育方面，几乎没有区别。但是已出版的马萨诸塞州 1885 年人口普查的数据充分显示，在 1826—1835 年出生的妇女中，外国出生的已婚妇女的生育率要比本国出生的已婚妇女高。1900 年和 1910 年联邦人口普查胎次的数据中也显示了以上不同。这种不同主要是外国出生的人结婚年龄都比较小而且独身人数所占比例比较小所致。但是在 19 世纪末 20 世纪初，外国出生的妇女的婚内生育率也更高。例如，相对来说她们当中几乎没有结婚后一直没有子女的人。已出版的 1910 年联邦人口普查结果显示年龄在 55~64 岁的本土白人妇女 (也就是 1846—1855 年出生的妇女) 的平均生育次数为 4.4 次 (已婚妇女为 4.8 次)。超过 17%的白人妇女一直没有孩子 (对于已婚妇女，这个数字为 9%)。在同一份人口普查中，外国出生的白人妇女的平均生育次数为 5.5 次，其中已婚妇女为 5.8 次，只有 12%的妇女一直没有孩子 (对于已婚妇女，这个数字为 7%)。这种差异在 19 世纪末本土出生和外国出生的妇女身上已经很不明显了，但在 1940 年又显露了出来。[36] 160

美国出生率在内战后快速且持续下降。到如今，这种下降主要起因于婚内生育率的变化。对于 1900 年、1910 年和 1940 年联邦人口普查中胎次的数据进行的最近研究表明，那时的婚内生育率在迅速下降，这种下降在城市白人妇女中体现得尤为明显。例如在 1910 年，估计一半多的 45~49 岁的城市土生白人妇女一直在有效进行婚内生育率的控制，而且大约 1/4 的农村农业妇女和非农妇女也在这样做。在年轻妇女 (15~34 岁) 当中，这个比例要高得多，城市土生白人妇女的这个比例上升到了 70%以上，农村土生白人妇女的这个比例超过了 50%。可以肯定地说美国的“两个孩子模式”正是在这个时期建立起来的。对 1892—1920 年几十个专业人员和白领男人的妻子进行调查后，莫夏尔报告提供了一些令人十分感兴趣的证据。莫夏尔发现各种各样的避孕药具、避孕措施和限制家庭规模的可行策略都得到了广泛运用，这是 20 世纪这种行为迅速流行的一个前兆。[37]

从对生育率的这些细节性研究中得到的一个结论是，到 19 世纪晚期为止，在女性有生育能力的时期，在其分娩时期的早期让两次生育之间有一定时间间隔是一种重要的常规行为。从另一种原始资源——摩门教徒历史人口学统计项目的宗谱数据库——得出的结果也显示了这种两次生育间留出一定间隔的行为是非常重要的，这
161 种行为已经被认为是一种比较现代的进步了，同时它也只在低生育率的人口中才流行。在对美国在那个世纪交替之时的年龄组生育率所进行的新估测中指出，美国年轻人的婚内生育率很低，这点不像欧洲，这也进一步暗示了美国家庭在妇女分娩早期有拉长间隔时间的行为。不过在欧洲，法国是个例外，它和美国一样早在重大的城市化和工业化之前生育率就在下降了。[38]

在1865年之后的这个时期人口变化的一个更显著的特点是不同居住地的居民和不同种族的人们的生育率都在下降。城乡人口在儿童—妇女比例方面依然存在相对差别。农村生育率高于城市生育率，但是由于城乡居民进一步限制了家庭的规模，二者的绝对差别缩小了。农村的儿童—妇女比例在1800年比城市的儿童—妇女比例高56%，1840年高62%，1920年高58%。但是绝对差距在缩小，在1800年，农村1 000名育龄妇女对应的0~4岁孩子的数目在474个以上，而在1920年与之相对应的孩子数目下降为273个。一份有关城乡差异以及它与生育率变化的关系的定量分析发现，造成1800—1940年儿童—妇女比例下降的原因中，农村出生率下降所占的比重超过50%，城市生育率下降所占的比重超过25%，只有大约20%要归结于把高生育率的农村变成了低生育率的城市的城市化过程。[39]

如表4–3所示，在19世纪中期以后各种族出生率的差异有缩小的趋势。19世纪50年代黑人的总生育率比白人的高48%，1920年却只高15%。奴隶制的瓦解、南方农业区的艰苦条件、黑人人口的城市化进程，共同构成了不同种族生育率差异缩小的原因。不同种族出生率的差异一直持续到现在，而且在1920年之后还有些扩大，但是在1960年左右的“婴儿潮”之后，黑人和白人之间出生率的差异一直在减小。

美国内战之后各个地方的出生率也各不相同，与东北部和中西部相比，南部和西部的生育率更高。从1800年以来这种空间上的生育率差别缩小了，但这个缩小的过程并不平稳。在进行了人口普查的9个州，儿童—妇女比例的变差系数（标准差除
162 以平均值）在1810年是0.57，但是在1860年下降到了0.16。[40]后来又上升到了0.22，但是在1920年又下降到了0.15。在1810年，南部的生育率比新英格兰（生育率最低的地区）高出30多个百分点，到了1860年，差别再次扩大，大约高出60个百分点，

这种相对差别直到 1910 年现代趋同趋势开始之前都几乎一样。到 1920 年为止，中西部从一个大家庭地区变成了一个生育率接近处于“领先”地位的新英格兰和大西洋中部各州的地区。

最后，虽然我们对不同社会阶层的生育率知之甚少，但是证据表明，社会经济地位越高的阶层家庭规模也越小，比如社会经济地位较高的专业人员、所有者、职员和白领工人的家庭规模就较小。至少从 19 世纪中叶以来，这些符合事实。但所有者中却有一个是例外，那就是自己拥有土地的农民 (owner-occupier farmers)，在整个 19 世纪中，他们明显比其他群体拥有更大的家庭规模。一般来说，非熟练工人 (常常被简单描述为体力劳动者或者农村劳动力) 的生育率接近农民的生育率，而熟练、半熟练体力劳动者和手工艺人的生育率处于中间水平。这种社会经济地位不同带来的生育率差别在整个 19 世纪中可能变大了，之后各阶层的生育率走向了趋同。[41]

生育率下降的后果之一是人口老龄化。如表 4–2 所示，美国人口年龄的中位数从 1800 年的 16 岁变为了 1870 年的 20 多岁，到了 1920 年则超过了 25 岁，现在保持在 30 岁以上。这一切发生的原因在于人口的年龄结构尤其是儿童所占的比例，受到了生育率的严重影响，而生育率只会增大年龄金字塔的底座。相反，死亡率影响各种年龄的人。当出生率下降时，儿童和青少年所占的比重就会缩小，这样人口就老龄化了。老龄化的含义有很多，它意味着社会将会从以孩子为希望的社会，变成以成人为中心的社会并最终成为以老人为中心的社会。这个过程在本章内容所涉及的这个时期结束时 (1920 年) 已经开始了，但是时至今日它的影响才进一步引人关注。

生育率下降理论

对美国人口变化的解释涉及一系列难题。传统的人口学变化理论主要基于与结构变化相关的儿童成本收益的变化分析，这种结构性变化往往伴随着现代经济增长， 163
它包括城市化、工业化、识字率与教育水平的提高和女性在家庭外的就业机会的增多。弗兰克 · 诺特斯坦 (Frank Notestein) 在 1953 年曾对这个理论做了一个经典表述：

> 小型家庭这种新的理想是在实现城市化的工业社会产生的。这个理论

> 不可能很精确地分析各种具有因果关系的因素，但是很多因素还是很重要。城市生活减少了家庭在生产、消费、娱乐和教育方面的许多功能，在工厂，个人完全靠自己的业绩谋生。年轻人的流动性和城市生活的隐蔽性使得家庭和社会对传统行为施加的压力减少了。在一个技术迅速发展的时期，新技术的需求旺盛，个人发展的机会增加了，教育和保持对事物的理性变得越来越重要，这一切导致的结果是养育孩子的成本上升而孩子们将来带来经济贡献的可能性下降。下降的死亡率立马扩大了所要赡养的家庭的规模并且减少了生育的诱因。而且，女性从烦琐的家庭劳动中解放出来并扮演了与生育毫不相容的社会角色。[42]

但是在许多结构性变化变得重要之前，美国生育率的改变就已经开始了。

内战前美国最主要的生育率下降理论是土地可用性假说。该假说是儿童成本理论的一个特例，由雅赛博 (Yasuba) 在 1962 年最先提出，当时他发现，在 1800—1860 年，人口密度和儿童—妇女比例之间呈很强的反向关系。他认为人口密度可以衡量廉价潜在耕地的可用性。高人口密度将提高土地价格，提高把足够大的农场赋予子孙的农民家庭的成本，而土地是一种合适的谋生手段。事实上这是个相当复杂的概念，包含了遗产动机和代际转移。后来的福斯特 (Foster) 和塔克尔 (Tucker) 使用了更精确具体的生育率和土地可用性测量方法，还使用了统计分析，但无论如何，前人所取得的成果无疑是令人振奋的。关于新英格兰殖民地的研究表明，这一切在
164 1800 年前就已经发生了。更进一步的检验采用了州下属的郡一级的数据，还使用了 1860 年人口普查的微观数据以及加拿大相似案例的数据，这些检验也支持生育率下降理论。[43]

美国生育率在各个地区的下降程度并不平衡。许多人对历史上的生育率模式之所以有兴趣就是因为生育率的改变在发生时间和发生方式上存在空间差异。19 世纪白人生育率的地区差别的一个重要特点是一直存在东西部不平衡，中西部和南部中央地区的生育率比东北部和南大西洋地区的要高。这种不平衡在 1900 年前一直在加剧，但是在 1920 年之前又大大减轻。南北也存在生育率不平衡，但差异较小，南部白人的生育率比北部的高。这种不平衡在整个 19 世纪变得越来越突出。[44]

竞争观点用更传统的经济学和人口学变量来解释这种现象。边境人口中男性偏多的一个可能原因是移民的性别选择。因为儿童—妇女比例衡量的是总生育率，而不是婚内生育率，被观察到的差异可能主要是由于边境女性结婚的比例比较高而且结婚年龄比较小。这是个事实，但是来自人口普查微观样本的数据还是揭示了由人口密度和定居时间引起的婚生儿童—妇女比例的巨大差距。在另一项研究中维诺维斯克斯 (Vinovskis) 发现，在 1850 年和 1860 年，州一级的生育率与城市化、工业化和识字率都有着更为密切的联系。雅赛博已经看到了，从接近内战时期的人口普查来看，人口密度对生育率的影响弱化了，不过维诺维斯克斯也指出，城市的儿童—妇女比例下降到了与农村相同的水平。这是不可能用土地的可用性来解释的。最后，对于 1860 年之后的时期，有一点是很清楚的，那就是城市化、工业化、劳动力构成、 165
识字率等结构性变量绝对地影响了统计中的各种关系。[45]

松兹杰姆 (Sundstrom) 和戴维 (David) 在土地可用性—孩子遗产假说之外，又提出一个很有趣的观点。他们给出了一个包含生命周期生育率、储蓄、父母年老后的赡养需求和家庭内部讨价还价这几项内容的模型。他们提出，附近的非农劳动力市场工作机会的增多与小规模家庭的关系比边疆的开拓和价值不高的遗产的消失与小规模家庭的关系更大。一旦附近地区能为孩子们提供工作机会，那么要让孩子们“下地干活”就必须有更大的物质诱惑。在边境地区，城市的扩展和教育水平的提高也已经成为这个过程的一部分。这个假说也能解释内战后农村出生率的下降，而且与城市生育率的变化相关。兰塞姆 (Ransom) 和萨切 (Sutch) 也提出了一个相关模型，该模型强调了孩子们的西部迁移，这些孩子在迁移后不履行赡养年老双亲的责任。于是，父母们也开始积累不动产和金融资产作为养老保险来代替子孙养老，这样就导致了家庭规模变小。[46]

还有其他一些假说，至少是些引人关注的发现，被运用到反常的美国生育率变化的研究之中。斯特克尔 (Steckel) 使用了 1850 年和 1860 年的联邦人口普查的微观数据对这些各执一词的假说进行了检验。他找到了支持土地可用性观点的些许证据，也发现在美国内战前婚内生育率变化的最强烈的预兆是金融中介 (银行) 的变化和劳动力结构 (也就是非农人口和农业人口的比例) 的变化。这是对讨价还价理论或老龄化理论与储蓄理论的更加有力的支持。詹妮 · 伯恩 · 沃尔 (Jenny Bourne Wahl) 的调查得到了一个更理论性的发现，在 19 世纪的发展过程中，父母们越来越多地从追求人口数量（孩子的数目）变成追求人口素质（对每个孩子的教育和健康等的关注）。随
166 着提高人口素质的价格（成本）的降低（通过公共教育、更有效的公共医疗卫生来实现），父母们倾向于提高每个孩子的人力资本。[47]

沃尔使用了大量丰富的摩门教徒宗谱数据进行研究。比恩 (Bean)、米尼安 (Mineau) 和安德顿 (Anderton) 也使用这些数据来研究犹他州从 19 世纪中叶到 20 世纪早期生育率的下降。在后来的工作中，重点是区分出与环保、经济和社会等大环境的变化相适应的家庭规模控制，这种变化与人群中简单传播的行为变化是不同的。这种不同是和安斯利·科尔 (Ansley Coale) 有关家庭规模控制的三个前提的表述相联系的：(1) 生育率的控制是有意识选择的结果；(2) 生育率调节的实施方式必须是可行的而且成本合理；(3) 限制家庭规模必须有经济和社会利益。这三个前提与前面所提到的适应性行为联系很紧密，也就是说当家庭规模控制被人们理解和接受时，当社会经济条件适应它时，家庭规模限制就自然发生了。犹他州有关摩门家庭人口统计历史的研究细分了年龄组群体和不同时期的生育率，得出这样的结论，即适应性行为能做出前后一致的解释。它也为许多试图解释生育率下降的假说提供了支持，因为人们通过改变行为来适应正在改变的环境，环境因素不仅包括了土地成本和土地的可用性，而且包括非农地区增多的社会经济机会（比如更高的城市工资），以及制度环境和文化环境的改变。尽管该观点解释的范围太窄，不能让人完全满意，但是这个案例引出了一个极其复杂的解释性框架。[48]

绝大多数美国生育率下降的假说都与考德威尔 (Caldwell) 提出的一个更一般的模型相吻合。[49] 他认为，当一生中的“净资源流”从由孩子流向父母转变为由父母流向孩子时,家庭规模的限制就开始了。这就意味着孩子的净成本（等于收益减去成本）
167 上升了，庞大的教育体系（意味着更长的在校时间和更高的入学率）的引入、童工法、义务教育法以及愈发流行的认为对孩子的投入存在正收益并可提高下一代人力资本的观点等因素也加速了净成本的上升和财富流向的转变。这种两代之间财富转移的观点和土地可用性以及社会经济与文化结构调整假说是一致的。它也融合了数量—质量平衡观点。

在表 4–3 中黑人人口的生育率从 1820 年开始是用儿童—妇女比例来表述的，在

19 世纪 50 年代之后则是用概约出生率和总生育率来表述。有趣的是，从 1830 年开始，生育率的下降在大多还处于奴隶制背景下的美国黑人身上也发生了，那时 86% 的黑人还是奴隶。而且，尽管黑人中的婴儿死亡率和儿童死亡率更高（见表 4–3 及下文），但是黑人的儿童—妇女比例还是比白人的高，这说明了黑人的生育率更高。而且，黑人人口的地域分布和白人也相反，东部黑人的儿童—妇女比例较高，西部的比较低，当然，这主要是指南方，因为在 20 世纪前黑人人口绝大部分是在南方居住 (1800 年南方黑人占黑人人口的比例为 87%，1920 年为 85%）。美国内战前生育率的下降很让人迷惑不解。较低的奴隶生育率是和扩大的种植园面积、不再从事烟草种植和南大西洋地区（老南方）以耕种为主的混杂特征相联系的。在老南方挑选未婚成年奴隶到西部和重视奴隶再生产力可能对奴隶生育率下降影响重大，在新南方新建的大得多的专门种植棉花和甘蔗的种植园里，艰苦的工作条件也成了生育率下降的原因。在美国内战前，各县白人和黑人在儿童—妇女比例方面的相关性是很弱的，这就强烈说明了影响各自比例形成的因素不同。内战后，黑人生育率的下降在本质上和白人的情况很相似，都是受城市化、工业发展、肥沃土地的日益短缺和家庭模式的变化影响的结果。[50]

简言之，美国生育率的变化情况特殊。发达国家于 19 世纪后期生育率开始下降， 168
在此前很长一段时间，美国的广大农村耕种地区的生育率已经开始下降了。在 1860 年之前，作为遗产留给子孙的质优价廉的土地消失了，这似乎给各州家庭规模的缩小提供了合理解释，至少农村地区是这样。但是，随着 19 世纪经济的不断进步，更加传统的社会经济变量的解释力更强了。这种变量包括提高的文化和教育水平、不断加深的城市化（更昂贵的住房和更拥挤的城市）、妇女和孩子拥有更多的家庭外工作、童工法和义务教育条例等制度性约束的法律法规的传播、由于实际工资和收入增加而上升的时间价值、老年后对孩子的赡养依赖性的降低和规模较小的城市家庭对孩子的关照很少，这些因素成为主导性因素。大约最晚从 1880 年开始，美国婴儿死亡率和儿童死亡率的下降也可能起到了一定作用，因为要使最终的成年人口达到适当数量，就要维持一个最低出生率，正是由于婴幼儿死亡率的下降，这个必要的出生数量才得以降低（见表 4–3)。土地可用性假说几乎不能解释 19 世纪的城市生育率的下降。其他几种理论模型已经讨论过了，但是它们中大多可归纳为孩子引起的净成本上升和父母从追求孩子数量转向提高每个孩子的人力资本。认为一组变化了的条件（包括土地等资源的日益贫乏、教育成本的增加、城市劳动力市场更容易进入以及实际收入和时间价值的日益上升）造成生育率的变化的推断也不是毫无道理的。无论如何，虽然法国的现象和美国很相似，但美国的现象违反常规是个不争的事实。像上面提到的一样，法国和美国都在 18 世纪末爆发了民主政治革命，在 19 世纪又都是以小自耕农农业为主要特点的国家，也许这不只是巧合。

死亡率

与 19 世纪的生育率转变相比，我们对同时期的死亡率转变却知之甚少，那时没有像儿童—妇女比例这样的有人口普查根据的死亡率估算数据，而且在 20 世纪早期
169 之前，大多数地区的死亡率统计数据要么没有，要么不全。我们对马萨诸塞死亡率方面的信息了解得最多，1842 年它就在全州范围开始了重要的人口登记，但是 19 世纪的马萨诸塞在全国范围内并不具有代表性。它的城市化和工业化的程度较高，它的移民也较多，死亡率较低。[51] 联邦人口普查收集了 1850—1900 年的死亡率信息，但是数据的不完全、偏差和调查面不匀称影响了数据质量。这样，人们对于整个 19 世纪死亡率的发展趋势、水平和各种差别产生了分歧。

像前面提到的一样，虽然人们很早就进行了尝试，但是真正的官方死亡登记地区直到 1900 年才建立起来。在 1900 年，死亡登记地区包含了 10 个州和哥伦比亚特区，它的人口占了全国总人口的 26%。它的城市化程度 (63%) 比全国整体水平 (40%) 要高，外国出生人口所占比例 (22%) 与全国平均比例 (14%) 相比也偏高。此外，美国有 11.6%的黑人人口，但是在官方死亡登记地区，黑人只有 2%。在 1900 年，绝大多数美国黑人 (80%) 生活在农村，而 82%的死亡登记地区都是城市。既然我们知道在 19 世纪末 20 世纪初城乡差别、居住地大小和种族对死亡率差别有着重要影响，那么我们就要对这几个方面给予特别关注。到 1920 年，死亡登记地区已经增加到了 34 个州和哥伦比亚特区，代表全国 81%的人口。从 1933 年开始，它覆盖美国全境。

在 1900 年之前，官方的死亡率数据仅限于挑选出来的几个州和城市，以及不够完善的人口普查中的死亡率数据。马萨诸塞 19 世纪的死亡率数据被广泛引用。到

1860 年左右，马萨诸塞的数据都是质量较高的，但是要想更全面地了解这一时期之前的死亡率，还必须了解其他资料，比如家谱、家庭情况描述和死亡报告书。一些分析家，包括科尔和泽尔尼克 (Zelnik) 认为马萨诸塞的死亡率情况代表了整个国家的情况，但是，马萨诸塞的代表性尤其是雅各布森 (Jacobson)1850 年的马萨诸塞—马里兰生命表的代表性遭到质疑。在更早的殖民地时期，地方性研究占据统治地位，这些研究依靠新英格兰地区的预期寿命合理化水平提供的证据，但是几乎没有迹象显示 18 世纪的死亡率有所改善。对切萨皮克地区的研究的确指出了 17 世纪糟糕的 170
死亡率有所好转。但是，令人沮丧的是，我们对殖民地时期的美国死亡率几乎一无所知。[52]

一些早期工作已经包含了大量的有力假设和相当多的预设性原因。汤普森 (Thompson) 和威尔普顿 (Whelpton) 推断整个 19 世纪的死亡率都在下降，而且大约在 1880 年之后下降的速度还加快了。特尔尤伯 (Taeuber) 兄妹认为大约在 1850 年之前死亡率几乎毫无改善，但是之后人们的预期寿命大大延长。科尔和泽尔尼克认为死亡率的改善在 1850—1900 年呈线性趋势，为了让自己的假说更加可信，他们使用了雅各布森 1850 年马萨诸塞—马里兰生命表，他们还使用了根据 6 个欧洲国家的经验得出的模型化生命表体系。伊斯特林认为死亡率与人均收入和公共卫生之间都成负相关关系，和城市化成正相关关系，这就暗示大约在 1840 年之后人均收入的提高对死亡率产生了影响，其影响超过了城市化所带来的负效应，与此同时，公共卫生在 19 世纪只是扮演了一个小角色。这使他坚信大约从 1840 年开始，预期寿命就一直上升。维诺维斯克斯认为，马萨诸塞从 18 世纪 90 年代到 1860 年之间的死亡率几乎没什么变化。福格尔和波普对摩门家庭宗谱数据所做的研究推断成人死亡率 (在一个时期) 在 1800 年之后呈现相对稳定态势 (在一个时期内是这样的)，然后在 19 世纪 40 年代和 50 年代有所上升，在美国内战之后又开始下降。这一发现很反常，因为我们有证据显示，在 1840—1860 年人均实际收入在上升，经济增长也很显著，但是收入分配情况恶化，并且城市化和移民可能已经带来了我们迄今难以相信的负面影响。(居住在人口达 2 500 及以上地区的人口所占的份额从 1840 年的 11% 增加到了 1860 年的 20%。) 而且，容易使人得病的生存环境可能已经变得愈发糟糕了。[53] 171

对于美国内战后的情况，我们了解得更多一些。希格斯 (Higgs) 部分地参考了表

4–1 库兹涅茨提供的死亡率数据。他认为，农村死亡率在 19 世纪 70 年代开始下降。这主要得益于饮食、营养、住房和其他生活标准的提高。他认为在 20 世纪之前公共卫生对死亡率的影响很小，至少在农村是这样。至于城市地区，米克 (Meeker) 认为，在 1880 年之前公共卫生系统没什么改进，在这之后，城市公共卫生设施尤其是饮用水集中供应系统和污水处理系统的建设显得十分重要。康德兰 (Condran) 和克里明斯加德纳 (Crimmins-Gardner) 对 1890 年和 1900 年美国较大城市人口普查得出的死亡率数据进行了研究，发现死亡率的情况似乎有所改善，这种改善和公共卫生有一定联系，虽然这种联系到底有多紧密很难测算。大约在 1900 年之后，无论在城市还是乡村，各个群体的死亡率无疑都得到了巨大改善。[54]

表 4–3 提供了 1850 年以来白人出生时的预期寿命和婴儿死亡率（每 1 000 个新生儿中在第一年的死亡人数）数据。但是我们没有 1850 年之前的任何资料，因为很难找到全面的、可比较的和可靠的死亡率估算数据。表 4–3 中对 1850—1890 年这段时间所做的死亡率估计是根据作者的估计得来的，作者使用了从 19 世纪到 20 世纪
172 早期美国生命表（各个州和城市的，也包括死亡登记地区的）收集的资料，并用它来对美国生命表体系建模。人口普查中年龄稍大的儿童和年纪稍小的成年人的死亡率也被纳入这个模型系统中，以得出死亡率的估算数据。在 1920 年之后，官方死亡登记地区的数据得到了采用。在这里，1900 年和 1910 年的婴儿死亡率数据，是用 1900 年和 1910 年人口普查公开样本中的儿童出生数和儿童存活数间接估计出来的。1900 年之后，死亡登记地区迅速增加，到了 1920 年就已经很有代表性了（到了 1933 年涵盖了全美国）。[55]

表 4–3 的证据和所给的解释十分吻合。出生时预期寿命和婴儿死亡率（以及表 4–1 中的概约死亡率估计）显示，大约从 19 世纪 70 年代起死亡率才开始大幅下降（也就是预期寿命的提高和婴儿死亡率或者概约死亡率的下降）。在 1880 年人口普查年（从 1879 年 6 月到 1880 年 5 月），死亡率没发生太大变化，但在 1850 年这个人口普查年，死亡率因为霍乱流行有很大提高。19 世纪 70 年代之后的死亡率很明显没有太大起伏，死亡率的转变过程很完整。这也就产生了美国人口转变中的一个反常现象——在死亡率下降之前生育率就开始持续下降。虽然美国 19 世纪中叶的死亡率水平可以和西欧、北欧国家的死亡率相比较，但是直到 20 世纪它还存在很明显的波动。直到

19 世纪 70 年代之后，由于死亡率的持续降低和死亡率达到峰值后开始下降，人们才对死亡率给予强有力的控制。在英格兰和威尔士就是这样。[56] 对 19 世纪 40 年代和 50 年代死亡率的上升所做的新的研究认为直到美国内战后死亡率才得到稳定控制。

美国“流行病学转变”(epidemiologic transition) 的根源是什么？一系列因素影响了死亡率。这些因素可以容易地分为生态生物方面的、公共卫生方面的、医疗方面的和社会经济方面的。这些方面并不相互排斥。比如经济增长就能为公共卫生和
医疗科学的进步提供物质支持，也能反映公共卫生的效果。生态生物方面的因素的 173
影响不是十分明显。对 19 世纪一些特殊疾病病源的研究可能已经取得了可喜的成绩 (著名的猩红热和可能的白喉)，而用传播机理来减少疾病恶化或病变的效果并不明显。[57] 社会经济、医疗和公共卫生这几个方面对死亡率改善的贡献是很难分开的。比如，如果疾病微生物理论 (19 世纪末期医学或者说科学进步的结晶) 给公共卫生项目带来了更好的水过滤和净化技术，那么我们又怎么衡量医疗和公共卫生的相对重要性呢？托马斯·麦基翁 (Thomas McKeown) 认为，在 20 世纪之前，医学对欧洲和其他地区死亡率的下降几乎没有贡献。[58] 他的观点基本上是从两类因素中排除一类：如果排除生态生物因素和医疗因素，那么 20 世纪早期之前死亡率的下降主要得益于社会经济的改善，特别是饮食和营养的改善以及穿着和住所 (也就是生活标准) 的改善。的确,生活标准的趋势易受争论。死亡率下降的部分功劳还应该归因于公共卫生，虽然公共卫生是个很经验性的东西 (与科学性相反)。从英格兰和威尔士的经历我们可以在一定程度上得出上面的结论，从 19 世纪 40 年代到 20 世纪 30 年代，这两个地方死亡率的下降归因于肺结核、其他呼吸道疾病 (比如支气管炎) 和不确定的肠胃性疾病 (比如痢疾和肠胃炎) 造成的死亡人数的减少。而到了 20 世纪，医疗对这些疾病的作用才产生效果。的确，医学在 20 世纪之前所起的直接作用十分有限。在一些特殊疾病的治疗方面，天花接种疫苗在 18 世纪末才出现，对白喉、破伤风和狂犬病的治愈则到了 19 世纪 90 年代才得以实现。许多其他的治疗方法刚出现雏形。帕斯特 (Pasteur) 在 19 世纪 60 年代提出了疾病微生物理论，在 19 世纪 70 年代和 80 年
代罗伯特·科克 (Robert Koch) 等科学家又进一步扩展了该理论，但是这个理论直到 174
后来才逐渐被保守的医学界接受。即使是在科克于 1882 年和 1883 年分离出肺结核细菌和霍乱细菌之后，各种毒气理论和反传染病观点在美国和其他地方的医生中也

仍然非常流行。医院最早是储备有害物品和救济物品的地方，当时一般被（正确地）认为是不卫生的地方。例如在 1894 年的密尔沃基，愤怒的群众在天花爆发期间就曾阻止把一个孩子送到医院，原因是这个孩子可能会死在那里（像先前的另一个孩子一样）。在威廉·霍尔斯特德 (William Halsted) 于 19 世纪 80 年代和 90 年代对约翰斯·霍普金斯医院 (Johns Hopkins) 做出革新之前，外科手术也很危险。做胸部手术带来的危险很大，如果进行手术，病人有极大可能会因为感染或者休克或者两者都发生而死亡。做手术时最好的办法是迅速做完，以使风险最小化。虽然在 19 世纪 40 年代麻醉药已经引入美国，60 年代英国医生约瑟夫·李斯特 (Joseph Lister) 也已经号召在手术室进行消毒，但医生们直到 20 世纪才认为这两种行为是安全可靠的。[59]

虽然医学对这个时期美国的死亡率的直接影响是值得怀疑的，但是公共卫生却扮演了一个重要的角色，因此也间接地让医学发挥了作用。自约翰·斯诺 (John Snow) 证明一处受到污染的水源是伦敦 1854 年霍乱爆发的祸根之后，净化水质和污水处理就成了市政当局的一件大事。纽约城在 1844 年建成了 40 英里长的巴豆导水管，波士顿也在美国内战前通过导水管大量引入外面的水源。芝加哥是个靠密歇根湖供水的城市，但它也不得不对从芝加哥河直接流入城市的水源进行污水处理。到了 19 世纪 60 年代，引水地点移到了更远的近海岸，需要打通坚硬岩石修建几英里长的隧道。然而这只是个权宜之计。最后，这个城市不得不让芝加哥河逆流，在此过程中使用了水闸和伊利诺伊州的卫生设备，还使用了可行船的大运河，并把污水排放到伊利诺伊河。这个工程耗费了 8 年时间 (1892—1900 年)，被称为“现代社会的土木工程
175 奇迹”之一。支持这项工程并创建芝加哥卫生区域的提案在 1889 年以 70 958 票对 242 票的压倒性优势获得通过。在早期，人们并没有考虑用一个治理严重水源污染的故事来唤醒整个城市地区重视饮水水质和污水处理的意识。[60]

在 19 世纪晚期出现一种现象，即在大城市修建大型工程项目来提供清洁用水和进行适当的污水处理。不过各地的发展并不均衡。例如巴尔的摩和新奥尔良很晚才修建了排放污水的处理系统。随着时间的推移，过滤装置和氯气也被用来去除微小的颗粒物质和微生物。这是接受了细菌学这一新学科的发现之后所带来的好处。根据查尔斯·蔡平 (Charles Chapin) 对 1901 年美国城市卫生研究的简明报告，管理公共卫生的政府官员远比医生重视细菌理论的使用，医生们有时还把这些

官员看成他们这个行业的威胁。当时也有人认为人们有必要集中各种资金和资源来修建这些市政工程和公共卫生工程。这些工程大多由当地出资，结果是修建用水和污水处理系统以及建立公共卫生部门的进度各不相同而且断断续续。的确是这样，1900 年美国 10 个最大的城市与其他人口超过 25 000 人的城市相比，死亡情况改善得更好的一个原因就是，最大的城市有能力为公共卫生改革和改善提供必要的资源。[61]

到 1900 年为止，虽然许多家庭没有自来水管，需要跑到楼前的街道去提水，但是占美国人口 42%的地区拥有了自来水供应，占美国人口 29%的地区有了污水处理系统。又经历了更长时间，净化水才进入每个家庭。1870 年美国的用水几乎都没有过滤过。到了 1880 年，30 000 城市（人口超过 2 500 人的地方）人口使用了过滤水，这个数字到 1900 年变成了 186 万人，到 1910 年又变成了 1 080 万人，到 1920 年变成了超过 2 000 万人，此时整个城市人口的 37%使用了过滤水，在大城市中这个比例更高。在一份对费城 1870—1930 年死亡率下降的研究报告中，康德兰和切尼 176
(Cheney) 认为，在 19 世纪末 20 世纪初，伤寒导致的死亡人数大大下降和过滤水的逐渐引入有着紧密联系。[62]

虽然饮用水和污水处理系统是延长人类寿命、增强体质的最有效的武器，但是公共卫生的进步并不仅仅局限于此。只需要通过一些方式减少疾病的发生及减少与疾病的接触，就能让人口的健康状况、纯营养状况和抗病能力得到提高。自 19 世纪末期以来，其他领域的公共卫生建设还包括接种天花疫苗，使用白喉和破伤风的抗毒素（从 19 世纪 90 年代以来），广泛使用检疫隔离（随着越来越多的疾病被确定为传染病），清洁城市街道和公共场所以减少疾病的传播，对学龄儿童进行体检，进行健康教育，完善童工法和工作场所健康安全法，为减少食品尤其是纯牛奶掺假而立法并严格执行，采取措施消除失效的和有害健康的药物［例如 1906 年的《清洁食品和药品法案》(Pure Food and Drug Act)]，提高营养方面的知识和教育，严格管理医生、护士和助产士执照，进行更严格的医学教育，制定提高房屋保暖性、管道疏通和通风性能的守则，采取措施减轻城市空气污染，以及建立州和地方委员会来检查和管理这些项目和措施。

公共卫生建设走在了前面，但在执行和有效性方面还是有些滞后并且很不均衡。

就拿牛奶的清洁卫生来说，加热杀菌法（加热牛奶到稍低于沸腾时的温度并持续一段时间）在19世纪60年代就已经被发现了，因为当局对奶牛场奶牛的检查并不充分，因而它是保证产品无菌的唯一有效方法。但牛奶销售者拒绝使用这一方法，过了很长一段时间该方法才得以采用。在1911年，即使是公共卫生建设比较好的大城市纽约，也只有15%的牛奶经过了加热杀菌。在1908年，芝加哥仅有20%的牛
177 奶经过加热杀菌。加热杀菌法在芝加哥到了1908年才被强制使用，在纽约则是到了1912年才被强制采用。波士顿在1894年要求对学龄儿童进行体检，纽约在1897年要求学龄儿童必须接种疫苗。联邦政府在1912年设立了儿童局(the Children's Bureau)，1914年一本有关育婴的书成了有史以来最畅销的政府出版物。取得成功但执行进程却很不顺利的例子比比皆是。[63]

公共卫生被看成影响死亡率的一个重要因素。不过，传染病及寄生虫病减少与大众健康改善之间是相互影响的。成人的最终身高是健康状况的一个指示器。人类有一个合理的食物摄取水平，但是一个恶劣的容易感染疾病的环境将会降低人体内的净营养状况，也就是说有利于体内组织再生和增强的营养数量减少了。不断反复感染的传染病，尤其是肠胃传染病，削弱了机体吸收营养的能力，还会转移食物中的热量、蛋白质、维生素和矿物质来抵抗传染病，而不是用于机体组织的建造或重建。罗伯特·福格尔(Robert Fogel)和他同事的最新研究显示了19世纪人们的身高循环周期。这些身高的估计数据主要是根据军事记录得来的。身高的低迷阶段发生在出生于1830年左右的人身上，与之相一致的是19世纪40年代和50年代从宗谱数据中推断出的死亡率上升，这个时期也是30年代出生的人的童年和青少年成长时期。有证据表明，在19世纪20年代、30年代甚至更长的时间里，食物的获取和分配（按照地区或者社会经济地位）被严重破坏了。但营养因素不是独立存在的，更可能的情况是营养和正在变化的致病环境之间是相互影响的，而环境又被城市化、快速的人口流动、新地区的开垦、海外移民潮以及疟疾、热病和肠胃疾病的大量传播影响着。在18世纪末期，美国人的身高已经和现在有些接近了，但是食物质量的下降和更易致病的环境使得死亡率和身高在19世纪中叶有所下降，到了美国内战后才又恢复到
178 原来的水平。[64]

导致死亡的原因

到了 19 世纪末期，我们开始有了关于致死原因的可靠数据。美国内战后死亡率的下降主要源于传染性疾病和寄生虫病导致的死亡人数的下降，这两种疾病分别属于呼吸道疾病（一般通过空气传播）和肠胃疾病（一般通过水传播）。对费城 1870—1930 年人口的一项研究表明，大约 2/3 的标准年龄死亡率的下降归因于各种传染病的减少，在这些疾病中呼吸系统疾病肺结核所占比重为 22%。在孩子中（孩子死亡率的下降是总死亡率下降的重要原因），死亡率的下降最主要得益于白喉、义膜性喉炎、猩红热、天花和呼吸系统疾病肺结核所带来的死亡率的下降。抗白喉毒素、饮水过滤和隔离检疫对死亡率下降的贡献功不可没，但是生活水平的提高显然也很重要，尤其在肺结核病死亡率下降方面更是如此。20~39 岁的人的死亡率下降多半是因为死于呼吸系统肺结核病的人数减少，到了 20 世纪 40 年代才找到对这种病的特效治疗方法。[65]

随着 1900 年死亡登记地区的建立，我们可以得到美国较大范围内人们死亡原因的可靠信息。从这些信息可计算得知，概约死亡率在 1900—1920 年下降了 25%（至少在死亡登记地区是如此）。其中，死亡率下降 70%的原因是传染病和寄生虫病致死人数的减少。因传染病减少引起的死亡率下降中，肺结核疾病的减少贡献了 24%。在 1900—1960 年这段漫长的时间里，概约死亡率下降了 45%，但是由传染病和寄生虫病导致的死亡率却下降了 90%。传染病对死亡率下降的贡献超过了其他所有因素对死亡率下降的贡献的总和，因为慢性疾病和病变疾病（比如癌症和心血管疾病）所引起的死亡率上升了。[66] 现代社会死亡率的下降和人类寿命的延长是人类历史上
最重大的事件之一，而流行性和地方性传染病导致的死亡率下降是死亡率下降的主 179
要原因。美国和大多数发达国家的居民不会再生活在疾病突然来临而引发大面积死亡的恐惧和宿命中。在美国，19 世纪晚期主要的改善就已经开始了。

死亡率差别

在我们所处的时代，无论是在 19 世纪 70 年代死亡率开始转变之前还是之后，

死亡率都因为性别、城乡差别、种族、地区、出生地（本国出生与外国出生）和社会经济状况而有明显差别。同一年龄段的男性的死亡率通常比女性的死亡率高。在19世纪的美国这也是十分普遍的现象。但这时的差别一般比20世纪中后期要小，因为女性分娩增大了因身体组织创面暴露而生病的危险。[67]

在1920年之前，城市死亡率显然远远高于农村死亡率。一般而言，城市越大，死亡率越高。一系列的环境因素导致了城市死亡率偏高：人口密度大和城市拥挤使得传染病传播得更快，水和食物受污染的程度更高，街边和随处可见的垃圾和污物没有得到合适处理，大量外国移民的涌入造成了传染病的集中并会带来新的病毒，从未在恶劣得多的城市致病环境中生活过的来自农村的移民的到来。阿德纳·费林·韦伯(Adna Ferrin Weber)认为无论在美国还是在欧洲，城市大小和死亡率高低之间都呈正相关关系。他在19世纪末20世纪初写道：

> 几乎每个地方的城市人口都比农村人口死得快……对于为什么大城市的人比小乡村的人死得快，没有固定的或者永不变化的答案……不考虑偶然因素，可以断言，城市死亡率过高是因为缺乏清洁的空气、水和阳光，还有不卫生的生活习惯。贫困、过度拥挤和高死亡率在城市中同时存在。[68]

根据死亡登记地区1900—1902年的生命表，全体白人男性出生时的预期寿命为
180 48.2岁，其中城市地区是44岁，农村地区是54岁。相对而言，女性寿命的城乡差异要小一些（总体预期寿命为51.1岁，城市为48岁，农村为55岁）。对于有1890年和1900年的可靠登记数据的七个州，城市和农村的概约死亡率之比在1890年的人口普查中为1.27，在1900年为1.18。这个比例在小点的儿童(1~4岁)中要高得多，1890年他们的死亡率在城市比农村高107%，在1900年城市比农村高97%。在婴儿死亡率方面，1890年城市比农村高63%，1900年城市比农村高49%。城市住所缺少清洁水源，没有对食品和牛奶保鲜的冷藏设备，十分靠近病原体，这些都给孩子带来了很大危害。城乡差别似乎很早就有了。1865年，纽约七个郡中，城市地区五岁以下孩子的死亡率是0.229，农村地区这个比例则是0.192。维诺维斯克斯在对马萨诸塞的一项研究中发现，在1859—1861年城市规模和死亡率之间就已经有直接联系了。他还认为，17世纪和18世纪城乡死亡率的差别更大。[69]

城市过高的死亡率自 19 世纪晚期以来下降了，特别是在公共卫生设施建设、饮食和住房改善、大众生活水平提高起到了效果之后。农村新生儿的预期寿命在 1900 年比城市的高 10 岁，这个差距在 1910 年下降到 7.7 岁，到了 1930 年变成了 5.4 岁，1940 年下降到 2.6 岁。农村死亡率低的根本原因不可能是农民有更丰富的疾病、卫生和预防方面的知识，因为农民并不知道小心疾病和注意清洁："种地几乎是最使人忽略卫生问题的工作了。"[70] 农村的优势看起来似乎很简单，住户之间离得很远，这就减少了传染和水源污染的概率。死亡率的城乡差别似乎是 19 世纪中叶死亡率上升的一个重要原因，当时有大量的人口涌入了城镇。20 世纪死亡率下降也部分是因为城乡死亡率差距的消失。[71] 181

黑人无论是在奴隶制时期还是美国内战后的自由时期，死亡率都比白人要高。表 4–3 提供了根据种族不同而得出的出生预期寿命和婴儿死亡率的细分目录。到 1920 年时，在实现官方人口登记的州里，可以利用有关黑人的可靠的代表性资料了。从这些资料可以看出，尽管黑人主要生活在农村，但他们的死亡率还是一直比白人高。19 世纪 90 年代，根据 1900 年人口普查的公开样本做出的估计，婴儿死亡率为 1 000 个白人活产婴儿中有 111 个死亡，1 000 个黑人活产婴儿中有 170 个死亡。推测的出生预期寿命，白人是 51.8 岁，黑人是 41.8 岁。[72] 到了 1920 年，这种差别还明显存在，此时在白人和黑人之间，出生预期寿命相差 10.4 岁，黑人婴儿的死亡率比白人要高 60%。到 1990 年，尽管差别在缩小，但是预期寿命之间还有 7 岁的差距，黑人的婴儿死亡率比白人的高 237%。在婴儿存活方面绝对的差距缩小了，但是相对差距却增大了。死亡率是社会经济福利的敏感的显示器，根据这个标准，黑人福利提高的绝对值是相当大的，虽然相对改善程度不好说。尽管大多数黑人生活在相对有益健康的农村，但是死亡率一直比白人要高，所以黑人人口在历史上的劣势地位非常明显。

通过种植园记录和沿海航运载客名单（提供奴隶贩卖的数量），人们最近已经研究了美国内战前奴隶人口的死亡率和健康状况。研究结果已经揭示出，奴隶婴儿和儿童的死亡率非常高而且身高发育受阻，这表明了他们的卫生条件很差。例如，1860 年奴隶的婴儿死亡率估计是 1 000 个活产婴儿中有 340 个死亡，与此相比，此 182
时整个美国 1 000 个活产婴儿中只有 197 个死亡（见表 4–3）。虽然年龄大一点的孩子的死亡率开始接近于白人的死亡率，但是 1~4 岁奴隶孩子的死亡率也很高。一种解释奴隶孩子高死亡率和低身高现象的假说是，这些孩子直到大约 10 岁时才从食物中大量补充动物蛋白质。而且，奴隶妇女在怀孕和哺乳期间还要在地里干苦力活，这就导致了婴儿出生时的体重较轻，母乳喂养太少和断奶过早。青少年和成年奴隶的饮食更好使得他们的死亡率和身高都更接近白人。[73]

有关本土出生和外国出生人口死亡率差别的信息是模糊的。例如，在 1888—1895 年，马萨诸塞本土人口的概约死亡率 (20.4‰) 比外国出生的人口的死亡率 (17.4‰) 要高。[74] 但是，一旦考虑到移民中年轻人较多这一点就可以发现这种差别不存在了。使用对本土出生和外国出生的父母的孩子的死亡率做出估计的人口普查样本，得到的结果恰恰相反：在 1865 年纽约的七个郡，本土出生的父母的 5 岁以下孩子的死亡率为 0.189，而外国出生的父母的 5 岁以下孩子的死亡率为 0.234。使用 1900 年的联邦人口普查样本做的同样计算显示，当父母都是本土出生时，5 岁以下孩子的死亡率为 0.166，当父母都是移民时，整个比率则变成 0.217。根据 1900/1902 年死亡登记地区生命表，不同出生地的人们 10 岁时的预期寿命相对接近：本土白人男性为 51.6 岁，外国出生的白人男性为 49.1 岁。到了 1909/1911 年，上述数据分别变成了 51.9 岁和 50.3 岁。出生地不同导致的死亡率差距大大缩小了，到了 20 世纪 30 年代已经趋于消失了，外国出生人口的高死亡率主要是因为他们的社会经济地位较低而且主要居住在大城市。随着不同群体间社会经济成就差距的缩小以及城乡死亡率差距的消失，国外出生这一导致死亡率高的不利因素也消失了。在 19 世纪晚期，
183 大城市出现了由移民波动带来的死亡率周期效应。移民潮使得死亡率上升了。无论是本土居民还是外来移民，他们的死亡率都可能受到致病环境改变的影响。死亡率的周期性变化在 20 世纪早期就差不多消失了。[75]

20 世纪之前死亡率在各个地区间的差异很难确定，因为各个地方关于出生和死亡的统计并不完备。在殖民地时期，新英格兰是死亡率最低的地区，而切萨皮克及其以南地区则是死亡率较高的地区。这种模式一直持续到了 19 世纪上半叶，这一切可以从对 18 世纪末和 19 世纪初出生的人的家谱进行的成人死亡率估算中得到确认。中西部也是个健康情况相对良好的地区。但是，对于出生在 19 世纪中期的人来说，上述这些地区差异已经几乎没有了。事实上，南大西洋各州在 19 世纪 50 年代和 60 年代出生的白人女性 20 岁时的预期寿命最长。不同地方的死亡率在进入 20 世纪之

后开始趋同，但到了 1950 年，死亡率最低的地区还是中西部，而死亡率最高的地区是山区各州。贫穷地区（比如西弗吉尼亚和新墨西哥）的存在使得各州死亡率明显不同。[76]

虽然资料很简略，但也可以看出不同的社会经济群体之间的生存概率不同。使用 1890 年和 1900 年人口普查中根据职业划分的成年男性死亡率的资料，以及 1908/1910 年的生死登记，保罗·尤斯尔丁 (Paul Uselding) 发现了一个粗略的梯度，即经营者、牧师和白领工人的死亡率最低，而劳工和仆人的死亡率最高。有趣的是，专业人员的死亡率只是处于平均水平。令人吃惊的是，农民和职员的死亡率很低，从事林业和渔业的工人也是如此。那些从事农业和天然生产业的人所处的更乡村化的环境肯定对他们的健康大有裨益。

根据 1900 年人口普查样本上孩子父亲的职业估计的孩子的死亡率情况重现了上述结果。白领工人、专业人员、经营者和农民的孩子的死亡率在平均水平之上，但劳工（包括农业劳工）的孩子的存活率就在平均水平之下。而且，包括医生、教师 184
和职员在内的专业人员的孩子在死亡率方面没有明显优势。这个结果和据 1911 年英格兰及威尔士婚姻及生育率人口普查公布的数据得出的计算结果相反。在英格兰，不同社会经济条件的家庭的孩子在死亡率方面的差别很大。不同群体之间死亡率的梯度很大，专业人员、经营者和白领的孩子的死亡率最低，熟练和半熟练劳动工人的孩子的死亡率属于中等，不熟练劳动工人的孩子的死亡率最高。1911 年的英格兰和 1900 年的美国相比，社会阶层在结果（这个案例中的孩子死亡率）的意义上来说对死亡率的影响明显要突出得多。从这个意义上说，阶层在美国没有像在英格兰那样有根本的重要性。更大的地理流动性和各种可能的社会经济变迁也许是美国社会经济差别更小的原因。人口登记时间有 11 年的差距可能也是美国和英格兰产生这些不同的原因，因为在这段时间里公共卫生进步的影响越来越大。在 19 世纪末 20 世纪初的美国，在农村或在城市居住比父亲的工作（或者父亲的预计收入）对孩子的存活更重要。但如果是在不同的种族之间，情况就不同了，黑人在工作差别和城乡差别方面都存在劣势。事实上，有一点需要着重说明，那就是在涉及孩子死亡率差别时，在美国由种族产生的差别就像在英国由阶层产生的差别一样严重。

19 世纪较早时期的一些资料显示，包括财富和收入、工作、文化在内的社会经济变量，在预测死亡率差别时不是太重要。例如在19世纪50年代，穷人和富人孩子的存活率几乎毫无区别。但城乡差别和居住地区不同却造成了死亡率的差别。[77]

然而，这一切在20世纪早期发生了变化。对1910年的人口普查公开样本以及20世纪20年代出生登记地区的出生与死亡统计资料进行分析后发现，美国社会经济差别随着新世纪的不断发展在变大。高收入和受过良好教育的群体更容易接受有关孩子照管、卫生和保健方面的建议，这样就使得在20世纪早期这些群体的死亡率下
185 降最快，这和英国上层社会经济群体的情况有许多相同之处。公共卫生的改善使得整体死亡率下降，但是并没有使各个阶层和不同工作群体之间的相对死亡率差别变小。在20世纪早期城乡之间的死亡率开始趋同，但是种族间相对的和绝对的死亡率差别都没有缩小。在讨论死亡率转变的起因时，个人和家庭卫生所起到的作用并没有得到充分重视。尽管难以衡量它对儿童的死亡率差别所起的作用，但它好像是讨论的焦点。在成年人死亡率方面，19世纪末20世纪初观察得出的死亡率梯度为，劳工的死亡率最高，熟练工人的死亡率处于中间水平，死亡率最低的是白领工人，这种现象一直持续到20世纪中叶。[78] 总体而言，美国死亡率的转变延迟了。19世纪死亡率没有随着出生率的下降而下降，相反在美国内战前出现了上升。全国性的死亡率持续下降在19世纪70年代才开始。在19世纪中期之后，死亡率在年复一年的波动中已经开始下降。在19世纪，城市的卫生环境确实较差，而且城市越大，死亡率越高。在19世纪晚期，主要因为广义上的城市公共卫生的改善，农村在死亡率方面的优势逐渐消失了。虽然黑人和白人的死亡率都在下降，但是黑人在死亡率方面的劣势在我们所考察的这个时期内一直存在。很难得出各种原因在引起死亡率变化中贡献的大小，但是一个最主要的原因是流行性和地方性传染病得到了控制。到了19世纪末期，公共卫生的作用也很大，这时饮食、住房和生活水平都明显改善了。
186 虽然医疗卫生在20世纪前对死亡率下降的直接贡献很有限，但是随着病菌学理论逐渐被接受、诊断水平以及治疗水平的提高，医疗卫生的作用在不断增大。尽管很难估计，但是个人卫生状况的变化一定对死亡率的下降起到了重要作用，尤其在进入20世纪之后。

移民：资料来源

美国在相当大的程度上是个移民国家。根据表 4–1，1790—1920 年，海外移民占了总体人口增长中的巨大份额（接近 25%）。根据官方统计，在 1819—1920 年，超过 3 370 万移民从国外来到美国。但是，来到这里后，移民和本土出生的人都在不断向西往边境迁移，从农村搬到城市，最近，又搬到了郊区和“阳光地带”。

在定量数据资料方面，有 1819 年之后专门针对国际移民的载客登记。虽然遗漏了头等舱的乘客，但是这些登记记录了移民在主要港口的登陆情况。通过其他地点尤其是加拿大进入美国的移民情况没有记录下来。这些疏漏在 1855 年之后被时断时续地弥补着，直到 1908 年这方面的记录才算完备。与之相似，回流人口到了 1902 年才被计算在内（在 1957 年被中止了）。除了进行过境登记之外，联邦人口普查自 1850 年以来也登记了每个人的出生地，从 1870 年开始登记父母的出生地。在 1890—1930 年，对移民在美国的居住时间和移民年份进行了登记。[79] 表 4–5 提供了一些官方统计的国际移民的来源国。

对于国内移民情况的了解必须依靠出生地和当前居住地的人口普查资料（始于 1850 年）、两次人口普查间隔期向前或向后追溯的“生存”年龄组、两次人口普查间隔期的个人直接联系，以及更早期的人口普查住所问题。家谱方面的资料和军队退伍金这类记录也提供了一些帮助。人口普查存活技术 (census-survival technique) 要求对死亡率（有时是生育率）进行估测，但是显然在 19 世纪和 20 世纪早期，在很多地方的州或地方这个层面，根本就没有死亡率的估测数据。虽然纽约州在 1855 年的人 187
口普查中有一项类似的内容，但是从 1940 年开始人口普查才登记人们在普查 5 年之前的居住地。

美国国内的移民

表 4–4 提供了挑选出的 1790—1920 年的几次人口普查中各地人口增长情况。毫无疑问，这个国家的人口中心从大西洋沿岸各州（新英格兰、大西洋中部和南大西洋地区）移到中西部（东北中部和西北中部）和靠西的南部地区（东南中部和西北中部）。

表 4–4　1790—1920 年美国按地区及居住地分布的人口（千人）

地区	1790 年	比率	1830 年	比率	1860 年	比率	1890 年	比率	1920 年	比率
总人口										
新英格兰	1 009	25.7%	1 955	15.2%	3 135	10.0%	4 701	7.5%	7 401	7.0%
大西洋中部	959	24.4%	3 588	27.9%	7 459	23.7%	12 706	20.2%	22 261	21.0%
东北中部	—	—	1 470	11.4%	6 927	22.0%	13 478	21.4%	21 476	20.3%
西北中部	—	—	140	1.1%	2 170	6.9%	8 932	14.2%	12 544	11.8%
南大西洋	1 852	47.1%	3 646	28.3%	5 365	17.1%	8 858	14.1%	13 990	13.2%
东南中部	109	2.8%	1 816	14.1%	4 021	12.8%	6 429	10.2%	8 893	8.4%
西南中部	—	—	246	1.9%	1 748	5.6%	4 741	7.5%	10 242	9.7%
山区	—	—	—	—	175	0.6%	1 214	1.9%	3 336	3.1%
太平洋	—	—	—	—	444	1.4%	1 920	3.0%	5 878	5.5%
总计	3 929	100.0%	12 861	100.0%	31 444	100.0%	62 979	100.0%	106 021	100.0%
城市人口										
新英格兰	76	37.8%	274	24.3%	1 148	18.5%	2 894	13.1%	5 620	10.4%
大西洋中部	83	41.3%	511	45.3%	2 639	42.4%	7 372	33.3%	16 784	30.9%
东北中部	—	—	37	3.3%	974	15.7%	5 112	23.1%	13 050	24.1%
西北中部	—	—	5	0.4%	290	4.7%	2 306	10.4%	4 726	8.7%
南大西洋	42	20.9%	227	20.1%	615	9.9%	1 728	7.8%	4 336	8.0%
东南中部	—	—	28	2.5%	237	3.8%	817	3.7%	1 994	3.7%
西南中部	—	—	46	4.1%	215	3.5%	716	3.2%	2 969	5.5%
山区	—	—	—	—	18	0.3%	356	1.6%	1 218	2.2%
太平洋	—	—	—	—	82	1.3%	805	3.6%	3 555	6.6%
总计	201	100.0%	1 128	100.0%	6 218	100.0%	22 106	100.0%	54 252	100.0%

续前表

地区	1790 年	比率	1830 年	比率	1860 年	比率	1890 年	比率	1920 年	比率
农村人口										
新英格兰	933	25.0%	1 681	14.3%	1 987	7.9%	1 807	4.4%	1 780	3.4%
大西洋中部	875	23.5%	3 077	26.2%	4 820	19.1%	5 334	13.1%	5 478	10.6%
东北中部	—	—	1 433	12.2%	5 953	23.6%	8 366	20.5%	8 425	16.3%
西北中部	—	—	136	1.2%	1 880	7.5%	6 626	16.2%	7 818	15.1%
南大西洋	1 810	48.6%	3 419	29.1%	4 750	18.8%	7 130	17.4%	9 654	18.6%
东南中部	109	2.9%	1 788	15.2%	3 784	15.0%	5 612	13.7%	6 899	13.3%
西南中部	—	—	200	1.7%	1 532	6.1%	4 025	9.8%	7 273	14.0%
山区	—	—	—	—	157	0.6%	858	2.1%	2 118	4.1%
太平洋	—	—	—	—	363	1.4%	1 115	2.7%	2 322	4.5%
总计	3 727	100.0%	11 734	100.0%	25 226	100.0%	40 873	100.0%	51 767	100.0%

资料来源：U. S. Bureau of the Census，*U. S. Census of Population*，*1970* (Washington DC, 1972)，Vol. I，Part I，Section I，tables 8，18.“总计”数据已调整过舍入误差。

到 1920 年为止，山区和太平洋各州的人口还相对稀少，这里的人口还不到全国总人口的 10%（到 1990 年这一比例达到了 21%)。有两类移民使表 4–4 中的数字发生了变化，分别是从东到西的移民和从农村到城市的移民。如表 4–2 所示，城市人口在 1790 年大约占总人口的 5%，到了 1920 年这个比例变成了 51%。城市人口平均每年的年均增长率为 4.3%，与此相比，农村居民的年均增长率只有 2.0%。我们已经指出，与农村相比，城市有较低的出生率和较高的死亡率。从这里可以看出，城市地区人口快速增长是源于人口的重新分布，而不是自然增长率的差别。农村的城市化当然也反映出了劳动力市场的情况，此时，经济结构已经由农村的小自耕农农业转变成城市的主要由雇员组成的服务型工业经济，就业机会自然也就向城市倾斜了。非农劳动力份额的增长说明了这一切，它从 1800 年的 25.6%增长到了 1860 年的 44.2%，到了 1920 年增长率为 74.1%。[80] 一般情况下，移民的主要原因是地区间工资、收入存在差异，它用要素流动代替了地区间商品和服务的贸易。

表 4–4 也说明了城市化发展虽然不均衡，但还是扩展到了所有地区。东北部是 19 世纪美国的工业城市集聚地，表 4–4 的数据证明了这个观点。到 1860 年，新英格兰和大西洋中部地区城市人口占全国城市人口的 61%，但是它的总人口只占全国总人口的 33%。相反，南部有全国 17%的城市人口，却有 36%的全国人口。即使在 1920 年，东北部也还有 41% 的城市人口，中西部有将近 33%的城市人口。南部的城市人口只占全国城市人口的 17%。

189 1850 年之后，我们能够通过出生地和当前住所了解移民的情况。迁移到出生地之外的州的本土人口（“终身”移民）的比例从 19 世纪中叶开始就相对稳定，白人人口的这个比例在 1850 年为 23.3%，在 1890 年为 23.5%，在 1920 年为 23.9%。这个时期，非白人人口的终身流动率比较低，1920 年之后也只有 15%~20%。[81] 19 世纪末，绝大多数州际移民是沿着东—西轴线行进并一直到边境的。例如在 1850 年，许多在宾夕法尼亚州出生但居住在别的地方的人中有 67%居住在俄亥俄州、印第安纳州或伊利诺伊州。在南哥伦比亚出生却在其他地方居住的人中，有 77%居住在佐治亚州、亚拉巴马州、密西西比州和田纳西州。许多理论可以解释人们沿着纬度移民的现象，但是近期研究发现在种子、家畜、劳动工具和农业技术上的不动产投资和人力资本投资，使沿着气候带进行移民这种行为更加理性。这也部分解释了 19 世纪大多数北欧和西欧移民更喜欢到东北部和中西部的原因，因为他们的人力资源和这个气候带更匹配。[82] 至少对于去农村的人来说情况是如此。另外的解释认为，北部更快的城市化和工业化进程提供了更多的机会，因而形成了移民潮，这样的移民潮一旦建立起来就朝着熟悉的路径发展。

随着边境在 19 世纪末期关闭、农业人口增长率的剧烈下降（在 1890—1920 年 191
仅仅为 0.8%），以从事农业为动机的移民减少了。19 世纪的大部分时期，流入西部的移民是和上面讨论生育率转变时提到过的土地可用性假说相符合的。农业移民向西行进，得到了廉价优质的土地。弗雷德里克·杰克逊·特纳 (Frederick Jackson Turner) 的观点一直非常流行，他认为边境是美国 19 世纪人口的“安全阀门”。然而，到了 19 世纪末期，从农村到城市的移民成了移民潮的主角。但是农村到城市的移民主要是在居民所在地区之内或者沿着东—西轴线进行的，因为从美国内战后到 1920 年城市化和工业增长主要集中在东北部和中西部。值得注意的是，这一时期南方的城市人口的比重没有增长。当一战引发劳动力需求和 1921 年限制廉价移民劳动力之后，从南到北方向的大规模移民开始了。很久之后，移民才到阳光地带，二战之后这种现象开始迅速增长。交通技术的变革，尤其是以电能照明的街道、地铁的运行和后来的汽车及机动公共汽车的使用，使很多人从中心城市搬到了城郊社区居住。这个过程开始于 19 世纪末期的东北部部分地区，一战之后真正加速发展，在 1945 年之后又一次达到高潮。例如，在 20 世纪 20 年代，城市地区的郊区地带（人口普查局定义）的人口增长了 55%，增长速度超过了城市其他地区，这种情况只有小城市例外。这个过程叫作市郊化。[83]

与城市化过程相伴的是城市规模等级的划分。大城市增长最快。1810 年，只有两座大城市（纽约和费城）人口超过 5 万人，它们的人口占城市总人口的 29%。到了 1860 年，人口超过 5 万人的城市增加至 16 个，所包含的人口占城市居民总数的 50%。在 1920 年的人口普查中，第一次出现超过一半的美国人口是城市人口的情况，144 座城市的人口超过了 5 万人（其中 25 座城市的人口超过 25 万人），它们总共拥有 60%的城市居民。三个最大的人口超过 100 万的城市（纽约、芝加哥和费城）中每个城市的人口都占到了美国城市人口的 19%。但是城市规模的等级并没有像很多发展中国家那样被扭曲。也就是说，大城市的扩大并没有使中小城市变得无足轻重。 192

人口为 5 000~50 000 人的地方在 1860 年有 213 个，人口总数占总城市人口的 41%，这样的地方在 1920 年变成了 1 323 个，人口占总城市人口的 32%。[84]

城市扩张形成了重要的经济链条。1865—1920 年相当大比例的工业产出提供了基础设施和材料来进行房屋、运输和满足公共服务的建设，以满足移居城镇的巨大人口的需要。用来制造和修建下水道、输水管、桥梁、铁路、构件和钉子的钢铁，用来修建道路和建筑物的混凝土、石头、砖块和沥青，还有采伐的木材、交通工具和玻璃等都有着大量的需求，因为人们需要大量材料来建造城市。

无论是国内移民还是国际移民都影响了各个地区人口的增长率和该地区人口在总人口中的比重。1790 年，南方和北方的人口大约各占总人口的 50%。但是不同的移民情况和没有差别的自然增长率使北方人口所占的比重上升，虽然新英格兰的人口增长相比以前放缓了，但这却被纽约、宾夕法尼亚和后来的中西部地区的快速的人口增长所抵消。东北部和中西部的人口总和占全国人口的比重在 1830 年为 56%，1860 年为 62%，相比之下，南方后来的人口比重只有 35%。随着南方代表在国会中逐渐处于劣势，这些人口方面的变化对由政治危机导致的美国内战的爆发起到了一定作用。[85]

踏上美国土地的海外移民喜欢到东北部和中西部去，而不愿意到南方去。例如在 1860 年，南方人口中只有 5.6%的白人是在外国出生的，而 19.3%的东北部白人人口和 17.4%的中西部白人人口的出生地在外国。到了 1910 年，在东北部人口中外国出生的人口所占的比例上升到了 26.2%。南方的这个比例却下降到了 3.5%，中西部的为 17.4%。后来，只有 6.1%的南方白人的双亲或父母中的一方出生在外国，而此时的东北部，30.1%的白人是第一代在美国本土出生的居民。无论在内战前还是
193 在内战后，这在地区发展方面都有深刻的政治含义。它不仅改变了国会的力量平衡，而且限制了整个 19 世纪以及 20 世纪早期的美国南方工农业发展所需要的劳动力供给。[86] 南方的人口比重在 1920 年甚至下降到了 31%，此时东北部和中西部地区的人口比重一直维持在 60%左右。内战后，这样的人口重新分布既是工业快速发展的原因又是其结果，因为许多农村移民和大多数后期移民都定居在了北方城市。

国际移民

在讨论美国在漫长的 19 世纪中的移民现象时，来自欧洲的移民潮往往成为谈论的焦点。这一切很富戏剧性而且丰富多彩，因为新来的移民总会带来一些新的民族风情，并把它们融入美国文化当中流传至今。[87] 像美国国内的移民一样，海外移民的主要动机是经济利益。这也是除了战争以及政治和环境剧变之外的一个主要移民原因，移民的劳动力市场模型充分解释了这一点。个人和家庭为了拥有更高的工资、收入和更好的机会而移民以使净收益贴现值最大化。实现这个最大化需要考虑成本，包括直接的交通和搬迁成本以及失去的收入和心理成本。这些要素有助于解释为什么移民有这样一些特点：大多数移民比较年轻、单身而且比非移民者贫穷。[88]

移民的这些特征也部分解释了为什么表 4–2 最后一列中总人口的性别比例超过了 100。人口的性别比例 (每 100 个女性相对应的男性人数) 在 1790 年就在 100 以上，在移民大量涌入的几个十年中 (19 世纪 40 年代、50 年代和 80 年代，20 世纪第一个
10 年) 又在不断上升。移民中男性较多，因为他们更容易得到工作机会。外国出生 194
的白人的性别比例在 1850 年是 124，在 1910 年是 129。很明显，这提高了全国平均水平。[89] 男女比例只有在很长时间的人口老龄化之后才会下降。一般在数量一定的人口中，出生婴儿的性别比例大约为每 105 个男性对应 100 个女性。但是男性的死亡率比女性高(至少老年人如此)，这样就导致了老年人的男女比例下降到了 100以下。早在 19 世纪，性别比例就在 100 以上，因为性别比例较高的年轻人 (年龄中值为 16 岁) 在整个人口中占相当大比重。生育率下降导致了老龄化社会，性别比例低的老年人群体占总人口的比重增加了，因而全国的性别比例将会下降。但是这个下降过程被以男性居多的移民的大量涌入抵消了 (除了 20 世纪 30 年代大萧条那些年)。

推动因素和拉动因素主导了移民历史，虽然我们很难区分这两种同时发生作用的因素。[90] 从这个角度看，人们也许会问是否是 19 世纪欧洲的艰苦条件 (推动力) 和美国日益增多的机会 (拉动力) 使成千上万的精英不顾艰难困苦长途跋涉来到美国？我们可以从这个时期的移民数量波动中得到一些例证。从表 4–5 中可以看出在几十年中出现了移民潮：19 世纪 40 年代、50 年代和 80 年代，以及 1900—1914 年。这些移民数量波动可以很清楚地从图 4–1 中看出来，它画出了 1820—1940 年中每年

官方记录的移民数量。在美国经济相对繁荣的时期迁入移民增多：移民数量高峰从1843年开始一直持续到了1857年恐慌爆发；美国内战后经济上升时期(1865—1873年)；19世纪80年代的经济高峰时期；从19世纪90年代到一战结束的经济持续繁荣阶段。20世纪20年代移民潮的回落反映出新的限制性立法发生了作用。与移民数量高峰的来临相类似，移民数量低谷对应的是1837年、1857年和1873年的经济恐慌以及19世纪90年代的持续经济混乱。虽然移民数量在战争接近尾声之前又回升了，
195 但是，无疑美国内战前景的不明朗导致了移民数量的回落。总之，美国移民数量的波动大体上和经济走势的长期波动同步。很重要的是移民使得美国成为19世纪后半叶形成的全球性劳动力市场的组成部分。[91]

这种长期波动(持续15~25年)在历史上是和建设周期相联系的，而且需要和较短的经济周期(持续8~10年)或更短的存货周期区别开来。移民潮的周期大体与美国以及移民输出的欧洲国家的经济周期同步，在移民数量上升期间大西洋两岸的经济都很好。这说明了起主导作用的是美国国内的拉动因素而不是欧洲的推动因素。
197 如果在欧洲经济相对繁荣时期，越来越多的移民还是离开了欧洲，那么说明美国劳动力市场的状况成了推动移民的主导因素。19世纪40年代晚期的土豆大饥荒时期是个例外。这次饥荒的影响不止限于爱尔兰，还波及整个欧洲大陆，尤其是德国、斯堪的纳维亚(半岛)和荷兰这些以土豆为主要食物的地方。此时，推动因素发挥了作用。对美国19世纪移民周期的分析发现，移民和一些很敏感的周期性指示器有很大关联，这些指示器包括美国铁路修建的长度和消费的铁轨量。[92] 还有证据表明，经济的长期波动和劳动力需求也影响了各州之间的人口流动。

图4–1也说明了跨大西洋移民总量呈长期上升趋势。年平均移民数量在19世纪20年代为每年大约14 000人，到50年代增长为每年差不多26万人，到了1911/1914年接近平均每年100万人，达到了最高点。在19世纪20年代到1911/1914年这段时间里，移民年平均增长率为4.9%，增长速度的确是太快了。到1914年一战在欧洲爆发前的14年中，有6年进入美国的移民超过了100万人。直到近期，这个数量还没有被登记在册的合法移民人数打破。

运输方面的技术改进支持了这种持续的长期增长。从早期到19世纪中叶，乘帆船跨过大西洋来到美国需要几个星期的时间，而且要花费一个农民或者体力劳动者

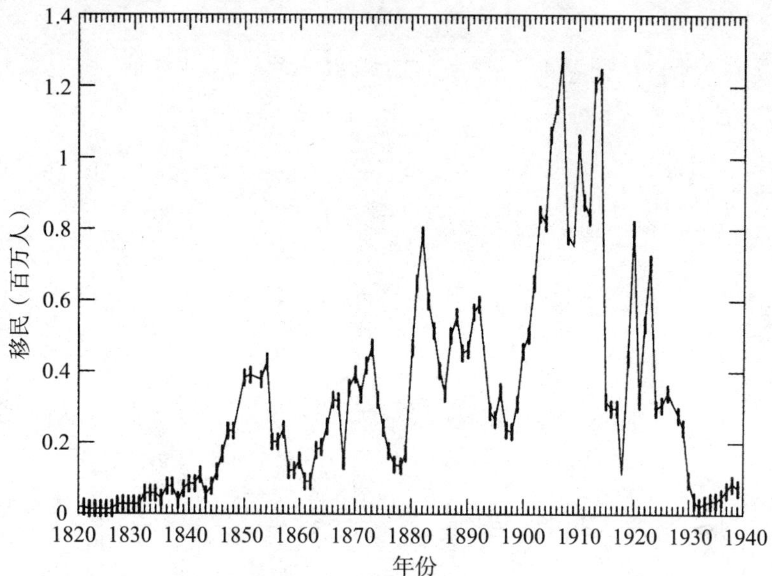

图 4–1 向美国的移民，1820—1940 年

资料来源：U. S. Bureau of the Census，*Historical Statistics of the United States from Colonial Times to 1970* (Washington，DC，1975)，Series C89.

一年收入中的大部分。后来木质横帆船被淘汰了，人们使用了更大的钢铁外壳蒸气动力船，这种船用的是螺旋桨，这样就缩短了航行时间，19 世纪 80 年代航行时间变成了 10 天左右，到了 1900 年只需要大约一周了。经过一个世纪，跨大西洋的旅行费用也变得更便宜了，和人们在美国或者欧洲的内陆坐火车或者走水路时的费用差不多。

航行时间和成本的下降也使得回归的移民增加了。在 1908—1912 年这五年中，从可以获得的那个时期的回归移民资料来看，有 4.75 万侨民和 236 万无国籍回国人士， 198
此时的回归率大约为 50%。移民回归在移民史上被忽视了，但它却很重要。意大利就是个数据材料完备的例子。在 19 世纪 80 年代，到美国的移民中有超过 43%的人又回到意大利。这个“回国率”在 20 世纪的头 10 年中上升到了 53%，在 1910—1920 年这一期间又变成了 63%。总体上说，到 19 世纪末为止，似乎每两个移民到美国的意大利人中就有一个回到了本土。对于来自希腊、匈牙利、俄国和巴尔干半岛国家的非犹太裔人来说，这个比例更高。犹太移民喜欢待在美国，主要是因为在

表 4–5　　1819—1920 年按出生地登记的迁入美国的移民（千人）

时期	总数	出生地：全欧洲	北部和西部	东部和中部	南部	其他	美国	亚洲	澳大利亚新西兰	太平洋诸岛	非洲
1819—1820 年	8	8	8	—	—	—	—	—	—	—	—
1821—1830 年	143	99	96	—	3	—	12	—	—	—	—
1831—1840 年	599	496	490	—	5	—	33	—	—	—	—
1841—1850 年	1 713	1 598	1 592	1	5	—	62	—	—	—	—
1851—1860 年	2 598	2 453	2 431	2	20	—	75	41	—	—	—
1861—1870 年	2 315	2 065	2 032	12	21	—	167	65	—	—	—
1871—1880 年	2 812	2 272	2 070	126	75	1	404	124	10	1	—
1881—1890 年	5 247	4 737	3 779	627	331	1	427	68	7	6	1
1891—1900 年	3 688	3 559	1 643	1 211	704	—	39	71	3	1	—
1901—1910 年	8 795	8 136	1 910	3 915	2 310	1	362	244	12	1	7
1911—1920 年	5 736	4 377	998	1 918	1 452	8	1 144	193	12	1	8
						比例					
1819—1820 年	100.0%	100.0%	100.0%	—	—	—	—	—	—	—	—
1821—1830 年	100.0%	69.2%	67.1%	—	2.1%	—	8.4%	—	—	—	—
1831—1840 年	100.0%	82.8%	81.8%	—	0.8%	—	5.5%	—	—	—	—
1841—1850 年	100.0%	93.3%	92.9%	0.1%	0.3%	—	3.6%	—	—	—	—
1851—1860 年	100.0%	94.4%	93.6%	0.1%	0.8%	—	2.9%	1.6%	—	—	—
1861—1870 年	100.0%	89.2%	87.8%	0.5%	0.9%	—	7.2%	2.8%	—	—	—

续前表

时期	总数	出生地：全欧洲	北部和西部	东部和中部	南部	其他	美国	亚洲	澳大利亚新西兰	太平洋诸岛	非洲
1871—1880 年	100.0%	80.8%	73.6%	4.5%	2.7%	0	14.4%	4.4%	0.4%	0	0
1881—1890 年	100.0%	90.3%	72.0%	11.9%	6.3%	0	8.1%	1.3%	0.1%	0.1%	—
1891—1900 年	100.0%	96.5%	44.5%	32.8%	19.1%	—	1.1%	1.9%	0.1%	0	0.1%
1901—1910 年	100.0%	92.5%	21.7%	44.5%	26.3%	0	4.1%	2.8%	0.1%	0	0.1%
1911—1920 年	100.0%	76.3%	17.4%	33.4%	25.3%	0.1%	19.9%	3.4%	0.2%	0	0.1%

资料来源：Conrad Taeuber and Irene B.Taeuber, *The Changing Population of the United States* (New York，1958)，53，57. 1871 年之前，总数并不总是按公历年计。

美国他们拥有更多的自由和更少的被迫害的恐惧。回归的理由各种各样。大量移民在赚到了足够的“储备金”(nest egg) 之后就准备回国了。还有其他一些人之所以回归是因为对新世界中的命运不满意或者是因为渴望朋友、家庭和熟悉的环境。[93]

从表 4–5 中可以看出移居美国的移民还有另一个明显特点，那就是在经过漫长的 19 世纪之后移民的成分有了很大改变。在 1821—1890 年的几十年间，82%的移民来自北欧和西欧，只有 8%的移民来自中欧、东欧和南欧。[94] 从 1891—1920 年的这 30 年中，情况已经发生了戏剧性的改变：只有 25%的移民来自北欧和西欧，来自中欧、东欧和南欧的移民所占的比例变成了 64%。这被同时代的人称为从老移民向新移民的转变。移民来源构成的变化和同时发生的移民数量强烈上升的趋势催生了 1907/1910 年美国移民委员会的建立，可能还导致了后来移民限制政策的出台。汤普森 (Thompson) 和威尔普顿 (Whelpton) 估计，在 1790 年的第一次人口普查时期，90%的白人人口都是北欧和西欧血统，其中 77%来自大不列颠及爱尔兰。德国血统
199 的人并没有算在内，他们占 1790 年人口的 7.4%。到了 1920 年，只有 63%的美国人 (41% 来自大不列颠及北爱尔兰) 的最早血统来自北欧和西欧（不包括德国），还有 27%的美国人的祖先来自中欧和东欧（祖先在德国的占 16.3%），4.5%的祖先来自南欧。[95]

为什么会出现移民由老向新的转变过程呢？随着许多北欧和西欧移民输出国现代经济的进步，它们国内对劳动力的需求增加了，还可能吸引了很多已经移民海外的人。在这些经济体中，农业部门规模和比重的下降也是造成这种移民减少的一个原因，因为移民中的大多数人来自农村地区。德国是这方面的典型例子。在 19 世纪 80 年代，1 342 000 个德国人移民到国外。这个数字在 19 世纪 90 年代下降到了 527 000，到 20 世纪初变成了 274 000。[96] 这种下降是和德国迅速发展的工业化和城市化相一致的。当这些国家（奥匈帝国、俄国、巴尔干半岛各国和意大利）经历由现代经济增长和结构性变化带来的混乱时，中欧、东欧和南欧向外迁移的人数就开始增加了。但是也有有力的证据表明，只是在 19 世纪末期有关移民机会的信息才在南欧和东欧传播开。这些因素与铁路和航运改进带来的交通费用下降、时间缩短以及安全性提高共同导致了移民数量的上升。这些国家中的大多数也从 19 世纪末以后减少或者废除了移民国外的法律和制度限制。[97]

对于这些来自海外的移民，美国本土反对的声音很高。在 19 世纪 40 年代和 50 年代特别兴盛的一无所知党 (“Know Nothing” Party) 或者美国党 (American Party) 就提出了反外侨和反天主教徒的立法提议 (anti-alien and anti-Catholic legislation)，尤其针对爱尔兰人。许多类似的组织在 19 世纪 70 年代和 80 年代纷纷涌现，例如在加利福尼亚州，对中国移民的敌对情绪就很严重。随着移民过来的劳动力的增加，有人号召对移民的数量进行限制，这是可以理解的，因为移民带来的劳动力的过快增长限制了实际工资的上升，提高了失业率。临时国家工会 (National Labor Union，1866—1872 年) 鼓吹限制移民并且废止《劳工合同法》(Contract Labor Law，1864)。后者允许雇主提高打算移民美国的工人的移民成本。美国劳工联合会 (the American 200
Federation of Labor，创建于 1886 年) 长期从事实行移民配额的活动。虽然如此，但从 1798 年的《侨民法》(the Alien Act)(只是暂时有效) 到 1917 年的《移民法》(the Immigration Act) 都要求移民必须进行文化水平考试，但是都没有对欧洲人移民到美国做出什么实质性限制。虽然移民必须向船主进行登记 (1819 年后)，必须经过疾病和犯罪记录、是否成为公共负担方面的审查 (1891 年后)，但美国的大门基本上是对外敞开着的。一个值得注意的例外是，1882 年的《排斥华人法案》(the Chinese Exclusion Act，于 1892 年修订，1902 年进一步做了限定) 的直接目的是切断从东亚到西海岸的移民流。未能被伍德罗·威尔逊 (Woodrow Wilson) 否决的 1917 年文化水平测试仅是 1921 年限制性更强的《紧急移民法案》(Emergency Immigration Act) 的一个先兆，1921 年法案按来源国分配移民额度。在 1910 年，每年每个国家移民到美国的数量被限制在美国国内该国血统人数的 3%以内。一项更严格的法律在 1924 年颁布，这个限制比例变为 1890 年美国人口中移民输出国血统的人口总数的 2%，这明显对北欧和西欧国家有利而对新移民国家不利。所以来自东亚的移民活动都被中断了。在 1929 年，配额最终变为基于 1920 年的人口普查，但是每年总数不能超过 15 万人，这与一战前每年超过 100 万人的情况形成了鲜明对比。[98]

为什么在很长一段时间的移民开放之后，在贸易极度繁荣和雇主对限制移民的强烈反对之后，美国的移民政策还是在 1920 年左右有了这么快的转变？这个问题非常有趣。答案也许是，对新移民日积月累的反感情绪以及 1900 年以来移民数量的上升发挥了重要作用。各种工会正在对立法产生影响，1914 年的《克莱顿法案》

(Clayton Act) 就是个很好的例证，该法案使他们不再受《谢尔曼反托拉斯法案》(Sherman Antitrust Act) 的束缚。但是 1919 年钢铁工人大罢工的失败和 20 世纪 20 年代工会成员的减少证明了工会的影响在一战后减弱了。更重要的是，战争本身和战后的红色恐惧，特别是雇主们发现在南部农村有大量低技术工人，这几个因素都产生了很大影响。而且，由于组织变化、进一步的机械化和其他技术改进提高了生产力，
201 对额外劳动力的需求减少了。例如在 1919—1929 年，制造业的产量增长了 53%，而同期制造业的劳动力数量一直十分稳定。[99]

事实上，移民在从事低技术工作的群体中占比一直较高。在 1910 年，外国出生的白人中有 21%的人属于体力劳动者，但他们在所有劳动者中的比例为 37%。他们中只有 20%的人是白领，与此相对，本土出生的白人劳动者中有 41%是白领工人。相对而言，移民中几乎没有成为私营业主的，主要是因为他们中很少有人从事农业。但是外国出生者和他们的第二代子女却占整个白领工人的 44%，占整个工匠和熟练工的 54%。[100] 即使他们大部分从事低技术和低职位的工作，但从某种意义上说，他们也可能做本土白人所从事的更高报酬的高职位工作。

随着外国出生的白人和他们的孩子越来越适应各种劳动行为方式和各种职业的特点，随着他们越来越被本土出生的本地白人同化，情况的确得到了改善。从 20 世纪 60 年代以来，学者们一直在进行一系列有关美国人口的地理流动性和职业流动性方面的研究。流动性研究始于特恩斯特伦 (Thernstrom) 对马萨诸塞州的纽伯里波特和波士顿做的开创性研究，他使用了许多很细小的记录资源（人口普查手稿、城市通信录、投票者清单、税收和财产登记）来了解个人记录。虽然困难重重，但是这些研究还是发现了在 19 世纪和 20 世纪早期地理流动频繁，尤其是在城市。在纽伯里波特，1850 年的人口到 1880 年几乎都不在了，他们或者自然死亡，或者移民了（也有些没有联系上）。在波士顿，1880—1920 年这一期间净移民占人口增长总量的 2/3。无论在个人的一生中还是在几代人中，发生职业流动的都很少，不过研究结果显示无论是本土出生的人还是外国出生的人，职业流动的比率都在上升。总体而言，在 1830—1920 年，父亲属于工人阶级的人中有 10%~30%能够得到更高的收入或者更
202 高的职位。随着时间的推移，如下这种现象很明显，外国出生的人即使技术相对不够熟练，也很有希望提高自己的社会经济地位。更近的研究使用了人口普查表、移

民船只登记清单、私人财产登记、养老金登记和家谱来更深入地探索有关流动性的情况。一项全国性的流动性研究已经差不多涉及 1880—1900 年人口普查手稿中将近 10 000 人中的约 40%。从这些研究中可以确定，大规模的地理流动已经发生了，并且非农人口的职业流动率也很高，这和 20 世纪中期的发现没有太大差别。[101]

总结和结论

本章主要讨论了 1790—1920 年中，由“漫长的”19 世纪占主体的一个多世纪的美国人口演变。讨论涉及了生育率、婚姻、死亡率以及国内和国际移民。高出生率（虽然增长速度在下降）和中等的死亡率很大程度上导致了这个时期相对快速的人口增长（每年平均 2.5%），不过移民对人口增长的作用也很大。人口增长的 3/4 差不多可以归因于自然增长，大约 1/4 可以归因于很大的净迁入量。从 18 世纪 90 年代到一战晚期，340 多万人移民进入美国。

联邦早期的家庭规模很大，在 19 世纪 50 年代每个白人母亲一般有 7 个孩子，黑人奴隶母亲一般有 7~8 个孩子。白人出生率至少在 1800 年就开始持续下降了，黑人出生率至少到 19 世纪中叶才开始下降。无论在城市还是农村生育率都一直在下降。 203
根据传统理论的解释，生育率下降是由于以下几个原因，即城市化导致养育孩子的成本提高、非农工作增多且收入提高、童工法和义务教育，以及婴儿和儿童死亡率下降。而且，传统解释还认为，对大家庭和避孕以及更好的避孕技术的态度的转变也起到了作用。这个结构性解释适合 19 世纪末以来美国的情形，但无法解释 19 世纪 70 年代之前美国乡村农业地区生育率的下降。优质农业用地的日益缺乏和土地价格的提高被认为是主要因素，尽管这个解释尚有矛盾之处。常规解释也不足以说清楚二战后的“婴儿潮”以及随后的生育低谷。一个可供选择的有效方法已经被用来研究农业地区非农机会的增多以及这些机会通过遗嘱和赡养父母而对父母—孩子的关系产生的影响。

死亡率直到 19 世纪 70 年代才开始持续下降。在这之前，死亡率随着周期性流行病的爆发情况和致病环境的改变而波动。甚至有证据表明，即使是 19 世纪 40 年代和 50 年代死亡率也在上升。从 19 世纪 30 年代到 50 年代这段时间里，20 岁时的预期寿命可能已经缩短了10%。[102] 因此，美国人口变化的特点可以描述为生育率比死亡率先下降，这和标准模式是不同的。19世纪晚期死亡率开始下降，这主要是因为公共卫生和其他卫生条件的改善，尤其是饮用水供应和污水处理的改良。1870年以来，美国人口在饮食、穿着和住所方面的改善对死亡率的下降起到了很大作用。超越了一般公共卫生作用的特别医疗干预直到20世纪才开始发挥重要作用。很难精确区分各种不同因素的效果，但是可以看出死亡率的下降主要得益于传染性疾病和寄生虫疾病的减少，这些疾病具体包括肺结核、肺炎、支气管炎、肠胃性疾病以及很出名的霍乱、天花、白喉和伤寒。在19世纪，城市地区尤其是大城市成了不利于
204 健康的地方，农村和小城镇有着对健康最有利的环境。大约在19世纪90年代，情况发生了变化，最大的城市都修建了巨大的公共卫生设施并建立了公共卫生管理机构。这之后这些城市都经历了死亡率的最快速下降。城乡死亡率的差距迅速缩小并消失了，不像白人和黑人之间在死亡率方面的差别还是那么大。

移民在美国是个很普遍的现象。在美国的国境线以内，发生过沿着边境线由东向西的大规模移民（一直持续到19世纪末为止），还有从农村到城市的移民，到了后来就发生了从城市中心到郊区、从南到北，最后到“阳光地带”的移民。这些变化见证了美国从农业国到工业国的转变：城市人口从1790年的占全国人口的5%增长到了1920年的占全国人口的一半多，到了现在已经占全国人口的3/4强。人口从美国人最早的居住地大西洋海岸移动到了美国中部，后来又流动到太平洋地区和山区。海外移民最早来自西欧和北欧地区，大约在1890年之后又有来自中欧、东欧和南欧的人，移民数量随着经济周期中经济的上行和美国就业机会的增多而增加。在美国20世纪20年代通过立法限制以及随后的大萧条使移民数量锐减之前，移民潮直接提高了人口增长率，间接导致了出生率升高。移民对美国的经济、社会和文化
205 都产生了不可磨灭的影响。

注 释

[1] Thomas Robert Malthus, *An Essay Concerning the Principle of Population* (1798), ch. VI. Reproduced in Thomas Robert Malthus, *An Essay on the Principle of Population*

and A Summary View of the Principle of Population, edited with and introduction by Antony Flew(Baltimore, 1970), 105.

[2] 参见 David Galenson 的 "Population, Labor, and General Economic Development" 的第一卷第 5 章中对 17 世纪和 18 世纪英属北美殖民地人口统计学的看法。

[3] 对各种生育率转变理论的概览，参见 George Alter, "Theories of Fertility Decline: A Non-Specialist's Guide to the Current Debate on European Fertility Decline", 该文收录在 John R. Gillis、Louise A. Tilly 和 David Levine 的 *The European Experience of Declining Fertility, 1850—1970* (Oxford, 1992) 的第 13~27 页中。

[4] See Ansley J. Coale and Susan Cotts Watkins, eds., *The Decline of Fertility in Europe* (Princeton, 1986).

[5] See examples in Maris Vinovsleis, ed., *Studies in American Historical Demography* (New York, 1979), passim. See also Robert V. Wells, *Uncle Sam's Family*: *Issues in and Perspectives on American Demographic History* (Albany, 1985).

[6] Robert V. Wells, *The Population of the British Colonies in America before 1776* (Princeton, 1975).

[7] H. Temkin-Greener and A. C. Swedlund, "Fertility Transition in the Connecticut Valley: 1740—1850", *Population Studies*, 32 (1978), 27-41；Nancy Osterud and John Fulton, "Family Limitation and Age at Marriage: Fertility Decline in Sturbridge, Massachusetts, 1730—1850", *Population Studies*, 30 (1976), 481-494；Robert V. Wells, "Family Size and Fertility Control in Eighteenth-Century America: A Study of Quaker Families", *Population Studies*, 25 (1971), 73-82. Wells, *The Population of the British Colonies*, 141-142. 有人计算了美国 1800 年、1810 年和 1820 年白人人口的 0~15 岁孩子在总人口中所占比率与总儿童—妇女比例（与每 1 000 个年龄在 16 岁以上的妇女相对应而言的 0~15 岁儿童的数量）之间的关系。有人计算了自然出生率和总出生率（见表 4–3）并将其应用到来自美国人口普查局的 *Historical Statistics of the United States, Colonial Times to 1970* (Washington, DC，1975) 1169－1171 页的可以使用的殖民地人口普查的儿童比率和儿童—妇女比例中。结果得出，概约出生率是 45‰ ~60‰，总体生育率是 6‰ ~7‰。

[8] Kenneth Lockridge, "The Population of Dedharn, Massachusetts, 1636-1736", *Economic History Review*, second series 19(1966), 324-339; Vinovskis, *Studies in American Historical Demography*, 185-202. Wells, *The Population of the British Colonies*, 141-142; Lois Green Cart, "Emigration and the Standard of Living: The Seventeenth Century Chesapeake", *Journal of Economic History*, 52(1992), Table 1.

[9] 有关美国人口普查近期的历史，参见 Margo J. Anderson, *The American Census: A Social History* (New Haven，1988)。

[10] 除了 1890 年以外的所有人口普查和许多州 1850—1880 年的制造业及农业普查的普查员原始手稿还保存着。1890 年的人口普查资料在 1921 年的一场大火中被毁坏。1920 年以后的人口一览表现在可通过国家档案馆的微缩胶片得到。1850—1880 年这段时间的制造业和农业的一些人口一览表已经被做成了微缩胶片，但只有其中一小部分在 1900—1950 年这一期间没有被损坏。这就使 1900 年、1910 年和 1940—1980 年人口普查的大众使用的机读微数据样本得以建立。1850 年、1880 年和 1920 年的国家版大众使用的样本现在正处于 Steven Ruggles 和他在明尼苏达州大学同事们建立的过程中。1860 年的与人口一览表相匹配的农业一览表的国家样本已经完成，参见 Jeremy Atack and Fred Bateman，*To their Own Soil: Agriculture in the Antebellum North* (Ames, IA, 1987)；William N. Parker and Robert E. Gallman, "Southern Farms Study, 1860" 这篇文章收录在美国国内政治与社会研究协会的 *Guide to Resources and Services*, 1992—1993(Ann Arbor, MI, 1992) 第 116 页中。1850 年、1860 年和 1880 年的制造业一览表的国家样本也已制作完成。See Fred Bateman and Thomas Weiss, *A Deplorable Scarcity: the Failure of Industrialization in the Slave Economy* (Chapel Hill, 1981)；Jeremy Atack, "Returns to Scale in Antebellum United States Manufacturing", *Explorations in Economic History*, 14 (1977)，337-359；Fred Bateman and Jeremy Atack, "Did the United States Industrialize Too Slowly?". 最后这篇文章是在国家经济研究局的美国经济发展会议 (1992，3 月）上提交的论文。

[11] Henry J. Dubester, *State Censuses: An Annotated Bibliography of Censuses of Population Taken after the Year 1790 by States and Territories of the United States* (Washington, DC, 1948).

[12] See Wells, *Uncle Sam's Family;* Vinovskis, *Studies in American Historical Demography*, 2-11.

[13] 1900 年纳入死亡登记地区的有缅因州、新罕布什尔州、佛蒙特州、马萨诸塞州、罗得岛州、康涅狄格州、纽约州、新泽西州、密歇根州、印第安纳州这 10 个州和哥伦比亚特区。1915 年出生地登记地区的最初成员有缅因州、新罕布什尔州、佛蒙特州、马萨诸塞州、罗得岛州、康涅狄格州、纽约州、密歇根州、明尼苏达州和哥伦比亚特区。

[14] Gretchen A. Condran and Eileen Crimmins, "A Description and Evaluation of Mortality Data in the Federal Census: 1850—1900", *Historical Methods*, 12(1979), 1-23.

[15] Henry A. Gemery, "European Emigration to North America, 1700—1820: Numbers and Quasi-Numbers", *Perspectives in American History*, New Series I(New York, 1984), 283-342; Peter D. McClelland and Richard J. Zeckhauser, *Demographic Dimensions of the New Republic: American Interregional Migration, Vital Statistics, and Manumissions, 1800—1860* (New York, 1982); Simon Kuznets, "Long Swings in the Growth of Population and in Related Economic Variables", *Proceedings of the American Philosophical Society*, 102(1958), 25-52.

[16] Ansley J. Coale and Melvin Zelnik, *New Estimates of Fertility and Population in the United States: A Study of Annual White Births from 1855 to 1960 and of Completeness of Enumeration in the Censuses from 1880 to 1960* (Princeton, 1963); Condran and Crimmins, "A Description and Evaluation of Mortality Data in the Federal Census"; and *Social Science History*, 15(1991), especially papers by Donald Parkerson and Richard Steckei.

[17] Henry S. Shryock, Jacob S. Siegel, and associates, *The Methods and Materials of Demography* (Washington, DC, 1971), Vol. 1, 109, based partly on the estimates of Coale and Zelnik, *New Estimates.*

[18] Donald H. Parkerson, "Comments on the Underenumeration of the U. S. Census, 1850—1880", *Social Science History*, 15(1991), 514.

[19] Shryock and Siegel, *Methods and Materials of Demography*, 404.

[20] Condran and Crimmins, “A Description and Evaluation of Mortality Data in the Federal Census”; Eileen M. Crimmins, “The Completeness of 1900 Mortality Data Collected by Registration and Enumeration for Rural and Urban Parts of States: Estimates Using the Chandra Sekar-Deming Technique”, *Historical Methods*, 13(1980), 163-69; Shryock and Siegel, *Methods and Materials of Demography*, chs.14 and 16.

[21] Examples include Lee L. Bean, Geraldine P. Mineau, and Douglas Anderton, *Fertility Change on the American Frontier*: *Adaptation and Innovation* (Berkeley, 1990); Jenny Bourne Wahl, “New Results on the Decline in Household Fertility in the United States from 1750 to 1900”, in Stanley L. Engerman and Robert E. Gallman, eds., *Long Term Factors in American Economic Growth*, Studies in Income and Wealth, vol. 51(Chicago, 1986), 391-425; Clayne L. Pope, “Adult Mortality in America before 1900: A View from Family Histories”, in Claudia Goldin and Hugh Rockoff, eds., *Strategic Factors in Nineteenth Century American Economic History*: *A Volume to Honor Robert W. Fogel* (Chicago, 1992), 267-296; John W. Adams and Alice Bee Kasakoff, “Migration and the Family in Colonial New England: The View from Genealogies”, *Journal of Family History*, 9 (1984), 24-42.

[22] For examples, see Wells, *Uncle Sam's Family;* J. Dennis Willigan and Katherine A. Lynch, *Sources and Methods of Historical Demography* (New York, 1982); Michael R. Haines, “Economic History and Historical Demography”, in Alexander J. Field, ed., *The Future of Economic History* (Boston, 1987), 185-253.

[23] See Haines, “Economic History and Historical Demography”; Michael R. Haines and Barbara A. Anderson, “New Demographic History of the Late 19th-Century United States”, *Explorations in Economic History*, 25 (1988), 341-365.

[24] 事实上，表 4–3 中 1940 年前的总体生育率是在没有得到第一手年龄组比率的情况下间接做出的估计，虽然直到 19 世纪后期的总体年龄组比率和战时生育率的估计现在都有了。See Michael R. Haines, “American Fertility in Transition: New Estimates of Birth Rates in the United States, 1900—1910”, *Demography*, 26(1989), 137-148.

[25] For an example, see Bean, Mineau, and Anderton, *Fertility Change on the*

American Frontier, ch.4.

[26] 有关生育率、死亡率、婚姻和移民的其他衡量尺度的讨论以及估计过程可以参阅 Shryock and Siegel, *Methods and Materials of Demography* ，还有 Haines, “Economic History and Historical Demography”。

[27] 也就是 RTI=CBR–CDR+RNM, CBR–CDR=RNI。

[28] 见表 4–1 的资料来源。

[29] Richara A. Easterlin, “Population Issues in American Economic History: A Survey and Critique”, in Robert Gallman, ed., *Recent Developments in the Study of Business and Economic History*: *Essays in Honor of Herman E. Krooss* (Greenwich, 1977), 149.

[30] 美国人口普查局对城市的定义是居民达 2 500 人或 2 500 人以上的地方（合并或不合并计算），见人口普查局的 *Historical Statistics*, 2-3 页。

[31] 这几个郡县是阿勒格尼、达奇斯、蒙哥马利、伦斯勒、斯托本、汤普金斯和沃伦。

[32] Data for England and Wales are from Michael S. Teitelbaum, *The British Fertility Decline*: *Demographic Transition in the Crucible of the Industrial Revolution* (Princeton, 1984), 100. For Germany, John E. Knodel, *The Decline of Fertility in Germany* , 1871—1939(Princeton, 1974), 70.

[33] 1890 年到 1910 年个人平均结婚年龄 (SMAM) 和未婚人数比例的计算根据是已出版的联邦人口普查数据。SMAM 是使用 Hajnal 的方法 (Shryock and Siegel, *Methods and Materials of Demography*，294-295) 计算的。1880 年的结果是根据明尼苏达大学的 Steven Ruggles 所做的 1880 年人口普查主要样本得来的。这一时期的所有结果如下：

年份	SMAM		45~54 岁的单身人数所占比例 (%)	
	男性	女性	男性	女性
1880 年	26.5	23.0	6.9	7.3
1890 年	27.6	23.6	9.1	7.0
1900 年	27.4	23.6	10.4	7.8
1910 年	26.7	23.1	11.1	8.5
1920 年	25.9	22.5	12.0	9.6

[34] Warren C. Sanderson, "Quantitative Aspects of Marriage, Fertility and Family Limitation in Nineteenth Century America: Another Application of the Coale Specifications, *Demography*, 16(1979), 339-358. 桑德斯（Sanderson）把所有的生育率都看成婚内生育率。非法生育在19世纪的美国所占比重很小，而且很难测算。桑德斯应用了婚姻模型和Coale-Trussell模型的生育率一览表来估计婚内生育率。

[35] See Table 4.3 and evidence presented in Richard Steckel, "The Fertility of American Slaves, *Research in Economic History*, 7(1982), 239-286.

[36] 对本土人相对于外国出生的人的生育率进行分析产生了一个问题，那就是外国出生的人的孩子中的大多数是本地生人。因此，通过对年龄、性别、种族和出生地进行划分得出的人口普查表不能提供合适的孩子—妇女比例。这篇文章中提供了一种解决方法，那就是在人口普查中询问妇女们有关其生育史的问题。这种方法在纽约于1865年第一次使用，在马萨诸塞第一次使用是1885年，在整个联邦普查中使用则是在1890—1910年的人口普查中，在1940年之后的人口普查中又得到了使用。1890年和1900年联邦普查的结果没有出版，虽然大家使用了1900年手稿（还有1910年的）作为可行性分析的样本。另一个解决方法是使用人口普查手稿中得到的微观数据（母亲出生地）估计孩子的出生率。例子参见 Tamara K. Hareven and Maris A. Vinovskis, "Marital Fertility, Ethnicity, and Occupation in Urban Families: An Analysis of South Boston and the South End in 1880", *Journal of Social History*, 8(1975), 69-93；Michael R. Haines, *Fertility and Occupation*: *Population Patterns in Industrialization* (New York, 1979) ch.IV and "American Fertility in Transition"。最后，这里有一些按照母亲出生地统计的19世纪和20世纪早期的出生登记数据。这一切充分显示了从19世纪晚期以来马萨诸塞和其他州的外国出生人口的出生率较高。这主要归因于外国妇女较高的结婚率。J. J. Spengler, "The Fecundity of Native and Foreign-Born Women in New England", *Brookings Institution Pamphlet Series*, II(1930).

[37] Paul David and Warren Sanderson, "Rudimentary Contraceptive Methods and the American Transition to Marital Fertility Control, 1855—1915", in Engerman and Gallman, eds., *Long-Term Factors in American Economic Growth*, 307-379；"The Emergence of a Two-Child Norm among American Birth Controllers", *Population and Development*

Review, 13(1987), 1-41. 这些结果源自被称为群—奇偶性分析 (cohort-parity analysis) 的新技术，这项技术把妇女年龄或者婚姻持续情况的实际奇偶性分布状态比作著名的“自然生育率”分布状态。相关调查是由克莱丽亚·摩舍（Clelia Mosher）来做的。

[38] See Bean, Mineau, and Anderton, *Fertility Change on the American Frontier*, ch.7 ; Michael R. Haines, “Western Fertility in Mid-Transition: A Comparison of the United States and Selected Nations at the Turn of the Century”, *Journal of Family History*, 15 (1990), 21-46.

[39] Wilson H. Grabill, Clyde Kiser, and Pascal K. Whelpton, *The Fertility of American Women* (New York, 1958), 16-19.

[40] 这九个人口普查地区是：新英格兰、亚特兰大中部、东北中部、西北中部、南大西洋、东南中部、西南中部、山区和太平洋沿岸。

[41] 作为总结，可参阅 Michael R. Haines, “Occupation and Social Class during Fertility Decline: Historical Perspectives”, in Gillis, Tilly, and Levine, eds., *The European Experience of Declining Fertility*, 193-226。

[42] Frank W. Notestein, “The Economics of Population and Food Supplies. I. The Economic Problems of Population Change”, *Proceedings of the Eighth International Conference of Agricultural Economists* (London, 1953).

[43] Yasukichi Yasuba, *Birth Rates of the White Population of the United States, 1800—1860: An Economic Analysis* (Baltimore, 1962); Colin Forster and G. S. L. Tucker, *Economic Opportunity and White American Fertility Ratios, 1800—1860* (New Haven, 1972). 对俄亥俄州县一级层面的分析可参见 Donald R. Leet, “The Determinants of Fertility Transition in Antebellum Ohio”, *Journal of Economic History*, 36 (1976), 359-378, 以下文献使用了 1860 年普查的北方的微观数据：Richard A. Easterlin, George Alter, and Gretchen Condran, “Farms and Farm Families in Old and New Areas: The Northern States in 1860”, in Tamara K. Hareven and Marls A. Vinovskis, eds., *Family and Population in Nineteenth-Century America* (Princeton, 1978), 22-84 and in Richard A. Easterlin, “Population Change and Farm Settlement in the Northern United States”, *Journal of Economic History*, 36(1976), 45-75. Marvin McInnis, “Childbearing and Land Availability:

Some Evidence from Individual Household Data", in Ronald Demos Lee, ed., *Population Patterns in the Past* (New York, 1977), 201-227 提供了对于加拿大的研究结果。有关殖民地时期的研究，参见 John J. McCusker and Russell R. Menard, *The Economy of British America*: 1607—1789(Chapel Hill, 1985), ch.5.

[44] Conrad Taeuber and Irene B. Taeuber, *The Changing Population of the United States* (New York, 1958), 250-253.

[45] Maris A. Vinovskis, "Socioeconomic Determinants of Interstate Fertility Differentials in the United States in 1850 and 1860", *Journal of Interdisciplinary History*, 6(1976), 375-396; "Recent Trends in American Historical Demography", in Vinovskis, ed., *Studies in American Historical Demography*, 614-620. Bernard Okun, *Trends in Birth Rates in the United States since* 1870 (Baltimore, 1958) 分析了 1870 年后的形势。 Avery M. Guest, "Social Structure and U. S. Inter-state Fertility Differentials in 1900", *Demography*, 18 (1981), 465-486 发现了 1900 年占主导地位的城镇 / 工业解释。

[46] William A. Sundstrom and Paul A. David, "Old-Age Security Motives, Labor Markets, and Farm Family Fertility in Antebellum America", *Explorations in Economic History*, 25 (1988), 164-197; Roger L. Ransom and Richard Sutch, "Two Strategies for a More Secure Old Age: Life-cycle Saving by Late-Nineteenth Century American Workers", paper presented at the NBER Summer Institute on the Development of the American Economy (July, 1989).

[47] Richard H. Steckel, "The Fertility Transition in the United States: Tests of Alternative Hypotheses", in Goldin and Rockoff, eds., *Strategic Factors in Nineteenth Century American Economic History*, 351-374; Jenny Bourne Wahl, "Trading Quantity for Quality: Explaining the Decline in American Fertility in the Nineteenth Century", in Goldin and Rockoff, eds., *Strategic Factors in Nineteenth Century American Economic History*, 375-397.

[48] Bean, Mineau and Anderton, *Fertility Change on the American Frontier;* Ansley J. Coale, "The Demographic Transition", International Union for the Scientific Study of Population, *International Population Conference*: *Liege*, 1973(Liege, 1974), 153-172.

[49] John C. Caldwell, *Theory of Fertility Decline*, (New York, 1982).

[50] Richard H. Steckel, "The Fertility of American Slaves", Stanley Engerman, "Changes in Black Fertility, 1880—1940", in Hareven and Vinovskis, eds., *Family and Population in Nineteenth-Century America*, 126-153, 239-286.

[51] 举例来说，1880 年马萨诸塞州城市人口占 75%，外来人口占 25%，概约出生率是 24.8‰。就整个美国而言，城市人口的比例是 28%，外来人口的比例是 13%，概约出生率据估计为 39.8‰。

[52] Ansley J. Coale and Melvin Zelnik, *New Estimates of Fertility and Population in the United States*: *A Study of Annual White Births from 1855 to 1960 and of Completeness of Enumeration in the Censuses from 1880 to 1960* (Princeton, 1963). 有关马萨诸塞数据特别是马萨诸塞—马里兰生命表中数据的代表性的质疑，参见 Maris A. Vinovskis, "The Jacobson Life Table of 1850: A Critical Re-examination from a Massachusetts Perspective, *Journal of Interdisciplinary History*, 8(1978)，703-724。对于殖民地时期，参见 Wells, *Uncle Sam's Family*, ch.3; McCusker and Menard, *The Economy of British America*, Section Ⅱ; Vinovskis, *Studies in American Historical Demography,* passim。

[53] Warren S. Thompson and P. K. Whelpton, *Population Trends in the United States* (New York, 1933), p.230；Conrad Taeuber and Irene B. Taeuber, *Changing Population of the United States*, p.269；Coale and Zelnik, *New Estimates of Fertility and Population in the United States;* Paul H. Jacobson, "An Estimate of the Expectation of Life in the United States in 1850", *Milbank Memorial Fund Quarterly*, 35(1957), 197-201; Richard A. Easterlin, "Population Issues in American Economic History"; Maris Vinovskis, "Mortality Rates and Trends in Massachusetts before 1860", in Vinovskis, ed., *Studies in American Historical Demography*, 225-254(article reprinted from 1972 original); Robert W. Fogel, "Nutrition and the Decline in Mortality since 1700: Some Preliminary Findings", in Engerman and Gallman, eds., *Long-Term Factors in American Economic Growth*, pp.439-555, esp.Figure 9.1; Robert W. Fogel, "Nutrition and the Decline in Mortality since 1700: Some Additional Preliminary Findings", National Bureau of Economic Research, Working Paper No.1802 (January, 1986); Robert W. Fogel, "Nutrition and the Decline in Mortality

since 1700: Some Additional Preliminary Findings", Clayne L. Pope, "Adult Mortality in America before 1900: A View from Family Histories", in Goldin and Rockoff, eds., *Strategic Factors in Nineteenth Century American Economic History*, 267-296.

[54] Robert Higgs, "Mortality in Rural America, 1870—1920: Estimates and Conjectures", *Explorations in Economic History*, 10(1973), 177-195; Edward Meeker, "The Improving Health of the United States, 1850—1915", *Explorations in Economic History*, 9(1972), 353-373; Gretchen Condran and Eileen Crimmins-Gardner, "Public Health Measures and Mortality in U. S. Cities in the Late Nineteenth Century", *Human Ecology*, 6(1978), 27-54. 19 世纪末许多城市的人口死亡率相当合理，因为它们经常会报告重要统计数据。关于这方面的概览，参见 Samuel H. Preston and Michael R. Haines, *Fatal Years*: *Child Mortality in Late Nineteenth Century America* (Princeton, 1991), chs.1 and 2.

[55] Michael R. Haines, "The Use of Model Life Tables to Estimate Mortality for the United States in the Late Nineteenth Century", *Demography* , 16(1979), 289-312; Preston and Haines, *Fatal Years*, ch.2.

[56] B. R. Mitchell, *European Historical Statistics, 1750—1975* , second revised edition(New York, 1981), Table B6.

[57] 术语"流行病学转变"和一个相似的具有因果关系的归类由 Abdel Omran 提出，见"The Epidemiologic Transition: A Theory of the Epidemiology of Population Change", *Milbank Memorial Fund Quarterly*, 49(1973), 509-538。

[58] Thomas McKeown, *The Modern Rise of Population* (New York, 1976).

[59] John Duffy, *The Healers*: *A History of American Medicine* (Urbana, 1976), chs.10, 16-17; Paul Start, *The Social Transformation of American Medicine* (New York, 1982), chs.4-5; Judith W. Leavitt, "Politics and Public Health: Smallpox in Milwaukee, 1894—1895", in Susan Reverby and David Rosner, eds. *Health Care in America*: *Essays in Social History* (Philadelphia, 1979), 84-101.

[60] Louis P. Cain, "An Economic History of Urban Location and Sanitation", *Research in Economic History*, 2(1977), 337-389; Stuart Galishoff, "Triumph and Failure: The American Response to the Urban Water Supply Problem, 1860—1923", in Martin V.

Melosi, ed., *Pollution and Reform in American Cities , 1870—1930* (Austin, 1980), 35-57.

[61] Charles V. Chapin, *Municipal Sanitation in the United States* (Providence, RI, 1901); Cain, "An Economic History of Urban Sanitation and Location"; John Duffy, *The Sanitarians: A History of American Public Health* (Urbana, 1990), chs.12-16; Preston and Haines, Fatal Years, ch.3.

[62] S. W. Abbott, *The Past and Present Condition of Public Hygiene and State Medicine in the United States* (Boston, 1900); George E. Whipple, "Fifty Years of Water Purification", in M. P. Ravenel, ed., *A Half Century of Public Health* (New York, 1921), 161-180; Gretchen A. Condran and Rose A. Cheney, "Mortality Trends in Philadelphia: Age-and Cause-Specific Death Rates, 1870—1930", *Demography*, 19(1982), 97-123.

[63] John Duffy, *The Sanitarians: A History of American Public Health* (Urbana, 1990), chs.12-16; Preston and Haines, *Fatal Years*, ch.1.

[64] Fogel, "Nutrition and Decline of Mortality since 1700"; Pope, "Adult Mortality in America before 1900"; Richard Steckel, "Stature and Living Standards in the United States", in Robert E. Gallman and John Joseph Wallis, eds., *American Economic Growth and Standards of Living before the Civil War* (Chicago, 1992), 265-308; John Komlos, "The Height and Weight of West Point Cadets: Dietary Change in Antebellum America", *Journal of Economic History*, 47(1987), 897-927.

[65] Condran and Cheney, "Mortality Trends in Philadelphia".

[66] Samuel H. Preston, Nathan Keyfitz, and Robert Schoen, *Causes of Death: Life Tables for National Populations* (New York, 1972).

[67] Pope, "Adult Mortality in America before 1900" 注意到了 20~50 岁的成年女性的死亡率总是高于这一年龄段的成年男性，但是这要和边境生活和移民的风险联系起来。

[68] Adna F. Weber, *The Growth of Cities in the Nineteenth Century: A Study in Statistics* (New York, 1899), 343, 348.

[69] Preston and Haines, *Fatal Years*, 36-39; Maris A.Vinovskis, *Fertility in Massachusetts from the Revolution to the Civil War* (New York, 1981), ch.2; Gretchen A.

Condran and Eileen Crimmins, "Mortality Differentials between Rural and Urban Areas of States in the Northeastern United States, 1890—1900", *Journal of Historical Geography*, 6(1980), 179-202.

[70] Abbott, *The Past and Present Condition of Public Hygiene*, 71.

[71] Preston and Haines, *Fatal Years*, 36-39; Taeuber and Taeuber, *The Changing Population of the United States*, 274-275.

[72] Preston and Haines, *Fatal Years*, ch.2 and Table 2.5。根据存活下来的孩子做出估计。对白人来说，他们在表 4–3 中的结果是不同的，因为表 4–3 的数字仅仅适用于死亡登记地区 (DRA)，而这里却把它应用于全国范围。在 DRA 地区黑人人口很大部分是居住在都市 (82%)，黑人死亡率比美国全国要高。比较一下，DRA 地区黑人婴儿死亡率和出生时预期寿命分别是 234‰和 33.8 岁，而全国估计分别是 170‰和 41.8 岁。白人人口在 DRA 地区官方数据和在人口普查基础上的估计事实上是一致的 (DRA: 婴儿死亡率是 121‰，出生时预期寿命是 49.6 岁；人口普查估计的分别是 124‰和 49.5 岁）。

[73] Richard H. Steckel, "A Peculiar Population: The Nutrition, Health, and Mortality of American Slaves from Childhood to Maturity", *Journal of Economic History*, 46(1986), 721-741；"A Dreadful Childhood: Excess Mortality of American Slaves", *Social Science History*, 10(1986), 427-465.

[74] Samuel W. Abbott, "The Vital Statistics of Massachusetts: A Forty Years' Summary, 1856—1895", Massachusetts, State Board of Health, *Twenty-Eighth Annual Report of the Massachusetts State Board of Health*, Public Document No. 34(Boston, 1897), Table 35.

[75] Preston and Haines, *Fatal Years*, chs.2 and 3; Michael R. Haines, "Mortality in Nineteenth Century America: Estimates from New York and Pennsylvania Census Data, 1865 and 1900", *Demography*, 14(1977), 311-331；James W. Glover, *United States Life Tables*, 1890, 1901, 1910, *and* 1901—1910(Washington, DC, 1921)；Robert Higgs, "Cycles and Trends of Mortality in 18 Large American Cities, 1871—1900", *Explorations in Economic History*, 16(1979), 381-408.

[76] Preston and Haines, *Fatal Years* , chs.3 and 4; Pope, "Adult Mortality before 1900", 284-290; Taeuber and Taeuber, *Changing Population of the United States*, 282-286.

[77] Richard H. Steckel, "The Health and Mortality of Women and Children, 1850—1860", *Journal of Economic History*, 48(1988), 333-345.

[78] Paul Uselding, "In Dispraise of Muckrakers: United States Occupational Mortality, 1890—1910", *Research in Economic History*, I(1976), 334-371; Preston and Haines, *Fatal Years*, ch.5; Douglas C. Ewbank and Samuel H. Preston, "Personal Health Behavior and the Decline of Infant and Child Mortality: the United States, 1900—1930", in John Caldwell, et al., *What We Know About Health Transition*: *The Cultural, Social and Behavioral Determinants of Health*, Vol. I(Canberra: Health Transition Centre, Australian National University, 1990), 116-149; Aaron Antonovsky, "Social Class, Life Expectancy and Overall Mortality", *Milbank Memorial Fund Quarterly*, 45(1967), 31-73.

[79] Bureau of the Census, *Historical Statistics*, 97-98.

[80] Thomas Weiss, "U.S.Labor Force Estimates and Economic Growth, 1800—1860", in Gallman and Wallis, eds., *American Economic Growth and Standards of Living before the Civil War*, Table I.I; Stanley Lebergott, "Labor Force and Employment, 1800—1960", in Dorothy S. Brady, ed., *Output, Employment, and Productivity in the United States after* 1800, National Bureau of Economic Research, Studies in Income and Wealth, vol. 30(New York, 1966), p.117.

[81] Bureau of the Census, *Historical Statistics*, Series C1-3.

[82] Richard Steckel, "The Economic Foundations of East-West Migration during the Nineteenth Century", *Explorations in Economic History*, 20(1983), 14-36，但这并不能解释战前南方为什么没有更加快速地实现城市化和工业化。Bateman and Weiss, *A Deplorable Scarcity*.

[83] Morton Owen Schapiro, *Filling Up America*: *An Economic-Demographic Model of Population Growth and Distribution in the Nineteenth-Century United States* (Greenwich, CT, 1986); Frederick Jackson Turner, "The Significance of the Frontier in American History", paper read at the meeting of the American Historical Association, Chicago, July

12, 1893 and reprinted many times; John R. Stilgoe, *Borderland: Origins of the American Suburb*, 1820—1939(New Haven, 1988).

[84] Bureau of the Census, *Historical Statistics*, Series A 43-72.

[85] 虽然黑人人口有较高的自然增长率，黑人人口份额由 1790 年的 35% 上升到 1860 年的 37%，但南方地位的下降仍不可避免。奴隶的合法输入在 1808 年之前一直是被允许的，黑人人口增长的真正原因是出生率高于死亡率。

[86] Bureau of the Census, *Historical Statistics*, Series A 172-194.

[87] John Bodnar, *The Transplanted: A History of Immigrants in Urban America* (Bloomington, 1985); Malwyn Allen Jones, *American Immigration*, 2nd edition (Chicago, 1992); J. D. Gould, "European Inter-Continental Emigration, 1815—1914: Patterns and Causes", *Journal of European Economic History*, 8 (1979), 593-679; "European Inter-Continental Emigration. The Road Home: Return Migration from the U.S.A.", *Journal of European Economic History*, 9, (1980), 41-112; "European Inter-Continental Emigration: The Role of 'Diffusion' and 'Feedback'", *Journal of European Economic History*, 9(1980), 267-315.

[88] Larry Sjaastad, "The Costs and Returns of Human Migration", *Journal of Political Economy*, 70(1962), Supplement, 80-93.

[89] 有一个例外是在 20 世纪 30 年代，当经济大萧条减少劳动力需求时，也减少了从国外迁进的移民数量。

[90] J. D. Gould, "European Inter-Continental Emigration, 1815—1914: Patterns and Causes".

[91] See, for example, Timothy J. Hatton and Jeffrey G. Williamson, *The Age of Mass Migration: Causes and Economic Impact* (New York, 1998).

[92] Richard A. Easterlin, "Influences in European Overseas Emigration before World War I, *Economic Development and Cultural Change*, 9(1961)，331-353; "...... 很明显，移民数量的波动是源于美国对劳动力的需求的波动 ", Richard A. Easterlin, *Population, Labor Force, and Long Swings in Economic Growth: The American Experience* (New York, 1968)，30-31 and ch.2; Larry Neal, "Cross-spectral Analysis of Long Swings in Atlantic

Migration, *Research in Economic History*, 1(1976), 260-297; J. D. Gould, "European Inter-Continental Emigration, 1815—1914: Patterns and Causes".

[93] J. D. Gould, "European Inter-Continental Emigration.The Road Home: Return Migration from the U.S.A."; "European Inter-Continental Emigration: The Role of 'Diffusion' and 'Feedback'".

[94] 这里的西欧和北欧包括英国(英格兰、威尔士、苏格兰)、爱尔兰、德国诸州(1871 年之后的德意志帝国)、瑞典、挪威、丹麦、比利时、荷兰、法国和瑞士。中欧、东欧、南欧包括奥匈帝国、俄国、意大利、希腊、巴尔干半岛各国、奥斯曼帝国的欧洲部分、西班牙和葡萄牙。

[95] Thompson and Whelpton, *Population Trends in the United States*, p.91.

[96] Brian R. Mitchell, European Historical Statistics, 1750—1975, Seland Rivised Edition, (New York, 1981), Table B8.

[97] J. D. Gould, "European Inter-Continental Emigration: The Role of 'Diffusion'and 'Feedback'".

[98] E. P. Hutchinson, *Legislative History of American Immigration Policy*, 1798—1965(Philadelphia, 1981).

[99] Bureau of the Census, *Historical Statistics*, Series D130 (employees on manufacturing payrolls) and P13 (the Federal Reserve Board index of manufacturing production).

[100] Easterlin, "The American Population", in Lance Davis, Richard A. Easterlin, William N. Parker, et al., *American Economic Growth*: *An Economist's History of the United States* (New York, 1972), Tables 5.7 and 5.8.

[101] 关于这些流动性研究(上溯到 1977 年)的摘要可参见 Hartmut Kaelble, *Historical Research on Social Mobility*: *Western Europe and the USA in the Nineteenth and Twentieth Centuries* (New York, 1981)。马萨诸塞州的结果参阅 Stephan Thernstrom, *Poverty and Progress*: *Social Mobility in a Nineteenth Century City* (Cambridge, MA, 1964) and *The Other Bostonians*: *Poverty and Progress in the American Metropolis*, *1880—1970* (Cambridge, MA, 1973)。对于最近一项使用宗谱数据的研究参见 Adams

and Kasakoff, “Migration and the Family in Colonial New England”。最近更多的人口普查相关研究可参见 Richard Steckel, “Household Migration and Rural Settlement in the United States, 1850—1860”, *Explorations in Economic History*, 26(1989)，190-218 和 David W. Galenson and Clayne L. Pope, “Economic and Geographic Mobility on the Farming Frontier: Evidence from Appanoose County, Iowa, 1850—1870”, *Journal of Economic History*, 49 (1989)，635-656 and “Precedence and Wealth: Evidence from Nineteenth-Century Utah”, in Goldin and Rockoff, eds., *Strategic Factors in Nineteenth Century American Economic History*, 225-242. Avery M. Guest, “Notes from the National Panel Study: Linkage and Migration in the Late Nineteenth Century”, *Historical Methods*, 20 (1987)，63-77 and Avery M. Guest、Nancy S. Landale and James McCann, “Intergenerational Occupational Mobility in the Late Nineteenth Century United States”(未发表论文)讨论了 1880—1900 年国民的分组研究。

[102] Pope, “Adult Mortality in America before 1900”, Table 9.4.

第 5 章

19 世纪的劳动力*

罗伯特·A. 马戈（Robert A. Margo）

美国在 19 世纪的经济增长是西方世界的一个奇迹。在这一个世纪的过程中，国民生产总值的年均增长率为 3.5% ~4.0%，远远高于英国和其他欧洲国家。与 20 世纪相比，19 世纪美国的经济增长主要归功于要素供给的增多而不是技术进步。劳动力、自然资源和资本这三种主要的生产投入品中，劳动力供给的增长对 19 世纪的增长总量做出了最大贡献：它的重要性是资本积累的 2 倍，是自然资源存量的增加量的 5 倍。如果说劳动真的能创造一个国家的财富的话，那么没有什么比 19 世纪的美国经济再

* 感谢 T. 奥尔德里奇·芬尼甘（T. Aldrich Finegan）、杰拉尔德·弗里德曼（Gerald Friedman）、布鲁斯·劳里（Bruce Laurie）、斯坦利·利伯戈特（Stanley Lebergott）、约书亚·罗森布鲁姆（Joshua Rosenbloom）以及参加国家经济研究局的研讨会的各位学者所提出的很有益的批评，还要感谢杰拉尔德·弗里德曼、约书亚·罗森布鲁姆和托马斯·韦斯（Thomas Weiss）向我提供的许多没有出版过的研究材料。本部分早在 20 世纪 90 年代早期就已经完成了，但是主要由于一些我所不能控制的出版因素的耽搁，直到现在才出版。我一直在想方设法更新参考书目和正文，尽量多地参考较新的研究，不过在刚开始写作这部分的时候，大量的讨论集中在我对文章内容的表述上。

好的例证了。

本章将总结 19 世纪美国劳动力的主要发展：它的规模和构成；劳动的报酬；公司内部以及劳动力和政府之间的劳动关系。本章特意拓宽了讨论范围，强调了发生变化的方面，

207 而这些变化对后来 20 世纪劳动力的发展方面至关重要。例如，我非常关注非农人员工资的变化趋势，因为 20 世纪末大量的美国工人就业于非农产业。在讨论这些问题的同时，本章也把 19 世纪末 20 世纪初的劳动力市场与今天的劳动力市场做了比较，得出了一些见解。

1800—1900 年的劳动力

本章的这一节讨论了 19 世纪劳动力的规模、构成和结构。在讨论这个问题之前，有必要了解一些有关 19 世纪怎样衡量劳动力的知识。在 1870—1900 年的人口普查中劳动力的计算根据是“有报酬的工人”——那些向人口普查员报告职业的人。各种研究表明，与今天使用的计算概念［劳动力周 (labor force week)］相比，有报酬的工人这一概念下的劳动力的规模要大一些。[1]

在 1870 年之前，十年一次的人口普查中职业方面的详细资料并没有在所有普查年份里始终如一地应用有报酬的工人这一概念。在 1870 年之前对劳动力的计算发展到了为特定人口群体推断劳动力参与率。通过在人口数据中使用特定人口群体的参与率，劳动力规模的估计才逐步建立起来。

规模的趋势

表 5–1 列出了 1800—1900 年人口普查年的总劳动力、人口和总劳动参与率 (LFPR) 的最通常的估计值。在 1800 年大约有 170 万劳动力，占人口总数的 32%。到了 1900 年劳动力人数已经膨胀到了 2 910 万，占总人口的 38%。在这一个世纪里，美国的劳动力以平均每年 2.8% 的比率增长。美国内战前 (1800—1860 年每年增长 3.1%) 比内战后 (1860—1900 年每年增长了 2.4%) 增长得快。劳动力增长情况在几十年中也有所变化。劳动力在 19 世纪 40 年代呈跳跃式增长，而在 60 年代增长缓慢。

尽管劳动力增长率长期内呈下降趋势，但是总劳动参与率(劳动力占总人口的比例)在整个 19 世纪中提高了 6 个百分点。美国内战前的所有总劳动参与率增长都 208
发生在 19 世纪 40 年代。内战后的增长是从 1870 年开始的，在 1880 年之后增长最快。内战后总参与率增长的经济意义可以通过它对人均收入增长的影响来判断。如果 1900 年总劳动参与率的作用和 1870 年的相等，那么 1870—1900 年人均收入增长率可能已经下降了。

表 5–1　　1800—1900 年美国劳动力及人口

年份	劳动力	人口	LFPR × 100(%)
1800 年	1 712	5 308	32.3
1810 年	2 337	7 240	32.3
1820 年	3 150	9 638	33.7
1830 年	4 272	12 866	33.2
1840 年	5 778	17 069	33.9
1850 年	8 192	23 192	35.3
1860 年	11 290	31 443	35.9
1870 年	12 809	38 558	33.2
1880 年	17 392	50 156	34.7
1890 年	23 547	62 948	37.4
1900 年	29 073	75 995	38.3

资料来源：劳动力：Thomas Weiss 未出版的估计材料。人口：总人口，美国人口普查局的 *Historical Statistics of the United States*, *Colonial Times to 1970* (Washington, DC, 1975)，A-2 系列，8 页；LFPR(劳动参与率)：劳动力 ÷ 人口。

总劳动参与率在这几十年的变化说明移民周期影响了 19 世纪的劳动力增长，我们在本章的下一节证明这个结论。与 19 世纪 30 年代相比，40 年代到达美国的移民的数量急剧膨胀，不过在 60 年代因为内战移民数量又有了很大幅度的下降。1880 年之后，主要源于南欧和东欧的大批移民到达美国。如果以年为单位，那么可以发现，移民情况和美国以及移民输出国的经济周期有着十分密切的联系，因此美国经济糟糕的时候(与欧洲相比)移民率就下降。当美国经济周期到达高涨阶段，美国的移民
高潮就出现了。 209

劳动力参与的变化

有关不同人口群体的劳动力参与变化的信息（尤其来自人口普查的资料）在19世纪后期更加丰富。充足的证明材料使我们能够概述美国内战后的各种劳动力参与方式。

对于15岁及以上的自由男性来说，劳动参与情况非常普遍（从有报酬的工人的角度看）：参与率将近90%。年龄在10~14岁的自由男性的劳动力参与率大幅下降，大约为18%。儿童劳动参与率较低的一个原因是就学率提高，另外一个原因是，虽然许多甚至大多数孩子在家庭农场耕种或是为家庭经营出力，但是，根据人口普查中的定义几乎没有孩子从事高收入的工作。

对于16岁及以上的自由女性来说，劳动参与率在19世纪初估计是8%左右。[2]到19世纪中叶，参与率已经攀升到了11%，这反映出经济发展在市场经济中为年轻单身女性创造了就业机会。这些就业机会主要表现为工厂就业岗位的涌现。其他的工作机会来自对家庭仆人和教师的需求。在这方面，南北差异可以表述为：几乎很少有南方年轻女性从事工厂工作，从事教师工作的也比北方要少。已婚妇女的参与率在整个19世纪上半叶都非常低(5%甚至更低)，虽然也有研究表明18世纪末期的整个比率可能还要高一点。

10岁以上的奴隶的劳动参与率大约为90%，而且没有自由人口中出现的年龄差异和性别差异。奴隶的劳动参与率没有年龄差异和性别差异意味着他们的总劳动参与率明显高于自由劳动力。美国内战末期奴隶制度的废除使得以前的奴隶人口的劳动参与率估计值大大下降，因为在获得自由之后黑人女性和儿童减少了他们的劳动。

1880年人口普查的公共用途样本使我们能够了解大约19世纪下半叶中期的劳动
210 参与的详细情况。表5–2列出了从不同人口群体的样本得出的劳动参与率。成年男性(20岁及以上)的劳动参与率接近100%，只是65岁以上年龄的人的劳动参与率有所下降。但是如果用一个现代标准来衡量，老年人的劳动参与率也是很高的；换句话说，退休的情况比今天要少得多。与成年男性相比，成年女性的劳动参与率是年龄的函数，同时，成年女性的劳动参与率也会因为种族、婚姻状况以及居住地的城乡差别而产生不同。黑人妇女参与劳动的情况好像比白人妇女普遍得多。利用1870年和1880年人口普查手稿得出的研究结果表明，这种种族差别的产生主要是由于成年黑人男性的经济地位较低，还有部分差别的产生是因为奴隶制影响的延续。已婚妇女的劳动参与率很低，大约为 5%，比未婚女性的参与率低 26 个百分点。报告显示，城市中工作女性的收入比农村的高得多。

表 5–2　　1880 年的劳动力参与情况

成年人（年龄为 20 岁及以上）				
	男性		女性	
	人数	LFPR(%)	人数	LFPR(%)
20~24 岁	2 568	90.5	2 382	24.0
25~34 岁	3 708	96.3	3 430	14.5
35~44 岁	2 670	96.8	2 712	11.2
45~54 岁	1 969	96.6	1 850	11.6
55~59 岁	659	95.6	1 594	11.1
60~64 岁	564	90.3	474	8.7
65~74 岁	645	82.6	595	5.5
⩾75 岁	263	58.2	282	4.6
白人	11 360	93.2	10 685	10.5
黑人	1 686	96.1	1 639	37.8
本土人	10 058	93.5	9 891	14.2
外国人	2 998	93.9	2 433	14.0
未婚者	4 579	88.6	4 141	31.2
已婚者	8 467	96.2	8 183	5.5
农村人	8 990	93.7	8 230	10.9
城市人	4 056	93.3	4 094	20.7
总计	13 046	93.6	12 324	14.1
儿童及年轻人（年龄为 10~19 岁）				
10 岁	670	14.5	566	7.2
11 岁	525	20.0	529	5.7
12 岁	593	30.2	576	9.6
13 岁	547	33.6	504	10.3

续前表

儿童及年轻人（年龄为 10~19 岁）				
14 岁	542	43.4	510	14.3
15~19 岁	2 391	68.7	2 486	26.6
白人	4 503	43.1	4 400	13.1
黑人	765	65.5	771	43.7
本土人	4 949	45.9	4 877	16.7
外国人	319	53.6	294	32.7
未婚者	5 246	46.2	4 896	18.1
已婚者	22	95.5	275	10.2
在校生	2 830	24.7	2 606	5.2
农村人	3 956	48.5	3 749	15.4
城市人	1 312	39.9	1 422	23.5
总计	5 268	46.4	5 171	17.7

说明：LFPR：公布的有报酬职业的百分比。在校生：在人口普查年在校学习的人。

资料来源：Steven Ruggles and Russell Menard，1880 Public Use Sample.

在儿童及年轻人 (10~19 岁) 当中，劳动参与率是年龄、性别、种族和种族地位的函数。15 岁以下儿童的劳动参与率比今天的要高，反映出当时缺乏有效的童工立法并且正规学校教育的水平也比较低。[3] 大量的男性在 15 岁左右时参加了劳动，男性的参与率是同年龄段女性参与率的 2 倍多。黑人儿童的参与率比白人高。在本土儿童和外国出生的儿童之间的差别一样很明显：因为外国出生的人总体上年龄较大，所以外国人口与本土人口相比，劳动参与率在总体上的差别比在儿童中的差别要大。男性在城市中的参与率比在农村中的低，而女性则恰好相反；从总体上讲，性别带来的差异所导致的城乡地理上的差别对参与率没什么影响。

因此，19 世纪的劳动力参与就通过年龄、种族地位、种族和性别差异这几个变量勾画了出来。这些变量造成的参与率差别显示，在本部分所描述的总体参与率上升趋势的背后有三个因素在起作用。第一，由于整个 19 世纪生育率的下降，人口构
212 成变成以处于工作年龄的成人为主体。第二，移民在两方面提高了总劳动参与率：外国出生的儿童的劳动参与率比本国出生的儿童的劳动参与率高，且外国出生的人

中成年人比较多。第三，城市化增加了参与到有报酬职业中的女性的比例，这也提高了总劳动参与率。

结构

劳动力结构是指工人在行业或者职业方面的分布。从目前来看，影响 19 世纪劳动力结构的最重要变化是劳动力从农业中转移出来。表 5–3 列出了每隔 10 年的人口普查中农业劳动力所占比重。在 1800 年将近 3/4 的劳动力从事农业生产。在 1800—1850 年，农业劳动力的比重下降了 14 个百分点。19 世纪下半叶劳动力更加快速地从农业中转移出来。到 1900 年，只有 36%的劳动力受雇于农业部门。农业劳动力下降在各个地区的情况不同。新英格兰是各地区中的领头羊，美国内战前夕它有不到 40%的农业劳动力。南方是唯一在 19 世纪末还有大量农业劳动人口的地区。

经济史学家通过技术进步和农业产品需求的性质来解释农业劳动力的转移。技术进步提高了农业和非农业工作的生产力。然而，农业产品需求相对而言缺乏价格弹性和收入弹性；相反，非农产品的需求富有弹性。与其他部门相比，农业中劳动力的边际产品价值随着农业生产率的提高而下降。为了恢复均衡，劳动力从农业中移出。

劳动力流向哪里了呢？根据有关数字，到目前为止，制造业是最重要的接收农 213
业劳动力的部门。1820 年之前这种情况根本不存在，但是到了 1840 年制造业雇用了略少于 1/3 的非农工人。制造业中工人所占比例在 1860 年达到了 37%，而且在 19 世纪剩余的几十年，差不多一直保持着这一水平。采矿业、批发业、零售业和建筑业提供的就业机会也迅速增多。在 1840—1900 年，采矿业所提供的就业机会以每年平均 5.0%的速度增长；同期的贸易和建筑业提供的就业机会的增长速度虽然与之相比有点慢，但还是很活跃（每年分别为 4.0%和 2.9%）。[4]

表 5–3　　农业劳动力的份额

年份	U.S.	NE	MA	MW	SA	SC	WS
1800 年	0.744	0.680	0.707	0.865	0.786	0.823	na
1810 年	0.723	0.631	0.663	0.838	0.784	0.792	na

续前表

年份	U.S.	NE	MA	MW	SA	SC	WS
1820 年	0.714	0.631	0.616	0.786	0.784	0.803	na
1830 年	0.698	0.591	0.582	0.803	0.777	0.782	na
1840 年	0.672	0.538	0.545	0.763	0.743	0.768	na
1850 年	0.597	0.386	0.423	0.669	0.739	0.749	0.228
1860 年	0.558	0.313	0.348	0.621	0.721	0.739	0.306
1870 年	0.498	0.246	0.276	0.547	0.716	0.725	0.337
1880 年	0.477	0.205	0.231	0.525	0.711	0.737	0.324
1890 年	0.401	0.154	0.172	0.429	0.625	0.668	0.294
1900 年	0.361	0.120	0.133	0.369	0.587	0.640	0.275

说明：NE：新英格兰；MA：大西洋中部；MW：中西部；SA：大西洋南部；SC：中南部；WS：西部；na：估计数据无法得到。

资料来源：托马斯·韦斯的未出版的估计材料。

表 5–4 提供了 1900 年就业在行业中的分布情况。在制造业之后，贸易和运输业吸纳了最多的工人，大约占 32%。服务业，包括政府部门提供的就业，占了另外 20%，随后是采矿业和建筑业 (12%)。

表 5–4　　1900 年各行业中非农业工作的分布

采矿业	4.2%
建筑业	7.6%
制造业	36.0%
运输、通信和公用事业	15.0%
零售和批发贸易	16.5%
金融、保险和房地产	2.0%
商业服务	11.5%
政府	7.2%

资料来源：Calculated from Bureau of the Census, *Historical Statistics*, Series D-127 to D- 141，137.

与按行业划分相比，按职业划分的工人的就业分布和工人技术的联系更密切。虽然在 1820 年和 1840 年的人口普查中收集了一些有关各种职业的信息，但是这些资料比较粗略而且不容易和后来的人口普查中的资料做比较。我们可以通过收集来的 1850 年人口普查的出版资料对 19 世纪中期的职业结构有个大概了解。这些数字适合 15 岁及以上的自由男性；不幸的是，女性的同类数据却不能从出版的人口普查资料中得出。[5]

表 5–5 列出了 1850 年的 10 种主要职业。人口普查对象中有将近一半是农民。体力劳动者构成了除农业工人外最庞大的职业队伍，占调查职业人口中的约 17%。 214
铁匠、木匠、砖瓦匠和泥水匠占了自由男性工人总数的 6.5%。职员和商人——最庞大的白领职业——占了 3.8%。剩下的几百个其他职业的劳动工人的相关情况被列在 1850 年的人口普查资料中。

表 5–5　　1850 年的 10 种主要职业：15 岁及以上的自由男性

职业类型	人数	占总数的百分比 (%)
铁匠	99 703	1.9
木匠	184 671	3.4
职员	101 325	1.9
制鞋工人	130 473	2.4
农民	2 363 958	44.0
体力劳动者	909 786	16.9
海员	103 473	2.0
砖瓦匠	63 342	1.2
矿工	77 410	1.4
商人	100 752	1.9

资料来源：Computed from J. D. B. DeBow, *Compendium of the Seventh Census* (Washington, DC, 1854), 126-127.

表 5–6 显示了 1900 年的职业分布。有将近 40%的男性从事农业。从事非农职业的男性中，有 30%从事白领工作，主要是做管理人员和业主，此外还有 39%是熟练 215

工匠和半熟练蓝领工人。不熟练劳动职业和各种低技术服务职业的就业男性工人占了其中的 30%。和男性相比，女性从事农业的劳动力所占的比例很低（女性为 19%，男性为 40%），在农业之外，从事白领或者熟练的蓝领职业的也很少。有将近 2/3 的女性工人是半熟练工人、不熟练劳工或者以家庭服务为主的服务人员。[6]

表 5–6　　1900 年的职业分布 (%)

职业类型	男性	女性	总体
白领			
专业技术人员	3.4{5.8}	8.2{10.1}	4.3
管理人员	6.8{11.7}	1.4{1.7}	5.8
职员 / 销售人员	7.4{12.7}	8.3{10.2}	7.5
蓝领			
熟练工人	12.6{21.6}	1.4{1.7}	10.5
半熟练工人	10.4{17.8}	23.8{29.3}	12.8
不熟练工人	14.7{25.2}	2.6{3.2}	12.5
服务业	3.1{5.3}	28.7{35.4}	9.0
农民	23.0	5.8	19.8
农场劳工	18.7	13.1	17.6

说明：{} 是占非农业工作的百分比。

资料来源：Calculated from on Bureau of the Census, *Historical Statistics*, Series D-182 to D-215，139.

通过表 5–7 提供的 1900 年的情况，我们可以从其他角度深入探讨决定职业选择的因素，表中对 20~59 岁的成年男性的职业情况进行了回归分析。种族和种族地位严重影响男性的职业分布。黑人主要从事农业和非农业中的非技术职业。外国出生的白人与本土白人相比较少从事白领工作或者农业工作，但是与黑人相比却更容易得到熟练和半熟练蓝领工作。各种研究表明，语言技巧的掌握、工作经历和在美国
216 待的时间是大多数种族（更普遍指经济上的）在职业地位上产生差别的原因。然而，种族差别产生的更深层次的原因是就业和其他形式的歧视阻碍了黑人提高自己的职业地位。

表 5–7　　职业回归：1900 年的成年男性

A. 白领

	专业 / 技术人员		管理人员		职员 / 销售人员	
	β	t 统计量	β	t 统计量	β	t 统计量
常住人	0.046	6.263	0.041	4.287	0.138	13.571
黑人	-0.014	-2.870	-0.041	-6.669	-0.061	-9.321
年龄						
20~24 岁	-0.021	-4.423	-0.042	-6.940	0.017	2.596
25~29 岁	0.002	0.415	-0.028	-4.757	0.008	1.337
30~34 岁	-0.001	-0.151	-0.010	-1.653	0.002	0.374
40~44 岁	-0.003	-0.725	0.014	2.320	-0.009	-1.310
45~49 岁	-0.003	-0.511	0.009	1.306	-0.009	-1.269
50~54 岁	0.008	1.446	0.025	3.544	-0.005	-0.654
55~59 岁	0.066	0.988	0.005	0.616	-0.001	-0.176
已婚者	-0.007	-2.436	0.016	4.398	-0.022	-5.544
外国人	-0.026	-8.233	-0.014	-3.545	-0.056	-12.822
有文化的人	0.027	6.135	0.045	7.980	0.033	5.437
城市人						
Urb2	-0.016	2.928	-0.020	-2.972	-0.064	-8.756
Urb3	-0.023	-4.464	-0.041	-6.009	-0.104	-14.423
Urb4	-0.014	-3.092	-0.019	-3.323	-0.072	-11.985
Urb5	-0.022	-6.321	-0.052	-11.291	-0.125	-25.614
居住地						
MA	-0.007	-1.338	0.007	1.079	0.001	0.150
ENC	-0.003	-0.562	0.014	2.092	0.015	1.970
WNC	-0.002	-0.387	0.022	2.972	0.014	1.683
SA	-0.006	-1.011	0.030	3.665	0.023	2.686
ESC	-0.011	-1.602	0.028	3.263	0.013	1.430
WSC	-0.005	-0.755	0.023	2.623	0.033	3.542

续前表

A. 白领

	专业 / 技术人员		管理人员		职员 / 销售人员	
	β	t 统计量	β	t 统计量	β	t 统计量
MN	0.011	1.195	0.011	0.888	-0.002	-0.140
PAC	-0.001	-0.151	0.030	3.041	0.045	4.163
因变量—平均值	0.037		0.063		0.075	
R^2	0.009		0.024		0.052	

B. 蓝领

	熟练工人		半熟练工人		不熟练工人	
	β	t 统计量	β	t 统计量	β	t 统计量
常住人	0.183	13.407	0.176	14.582	0.301	20.629
黑人	-0.047	-5.359	-0.009	-1.167	0.140	14.820
年龄						
20~24 岁	-0.027	-3.074	0.019	2.461	0.009	0.983
25~29 岁	-0.016	-1.890	0.015	2.067	0.010	1.094
30~34 岁	-0.006	-0.770	-0.002	-0.233	-0.007	0.755
40~44 岁	-0.003	-0.393	-0.017	-2.172	-0.015	-1.549
45~49 岁	-0.021	-2.208	-0.034	-4.040	-0.015	-1.478
50~54 岁	-0.005	-0.468	-0.048	-5.332	-0.033	-3.008
55~59 岁	-0.013	-1.149	-0.059	-5.888	-0.049	-4.035
已婚者	0.022	4.097	0.013	2.635	-0.052	-9.063
外国人	0.016	2.721	0.056	10.824	0.089	14.157
有文化的人	0.068	8.440	-0.000 5	-0.070	-0.110	-12.784
城市人						
Urb2	-0.054	-5.494	0.002	0.249	0.020	1.890
Urb3	-0.109	-11.321	-0.045	-5.243	-0.021	-2.044

续前表

B. 蓝领

	熟练工人		半熟练工人		不熟练工人	
	β	t 统计量	β	t 统计量	β	t 统计量
Urb4	-0.064	-7.983	0.004	0.520	0.028	3.254
Urb5	-0.127	-19.399	-0.049	-8.507	-0.023	-3.314
居住地						
MA	-0.001	-0.071	-0.024	-2.814	0.014	1.382
ENC	-0.014	-1.392	-0.064	-7.353	-0.005	-0.495
WNC	-0.048	-4.420	-0.095	-9.914	-0.023	-1.948
SA	-0.022	-1.942	-0.066	-6.495	-0.044	-3.549
ESC	-0.050	-4.094	-0.077	-7.116	-0.090	-6.881
WSC	-0.057	-4.575	-0.119	-10.719	-0.068	-5.037
MN	-0.014	-0.825	0.067	4.451	-0.020	-1.125
PAC	-0.046	-3.240	-0.037	-2.892	-0.016	-1.057
因变量—平均值	0.146		0.109		0.172	
R^2	0.052		0.044		0.046	

C. 服务业与农业

	服务业		农场技工		农场劳工	
	β	t 统计量	β	t 统计量	β	t 统计量
常住人	0.023	3.296	-0.047	-3.153	0.138	12.078
黑人	0.071	15.515	-0.078	-8.082	0.039	5.332
年龄						
20~24 岁	0.013	2.897	-0.088	-9.318	0.120	16.526
25~29 岁	0.010	2.341	-0.033	-3.597	0.031	4.421
30~34 岁	0.018	4.207	-0.021	-2.302	0.012	1.737
40~44 岁	0.017	3.709	0.021	2.148	-0.005	-0.657

续前表

C. 服务业与农业	服务业		农场技工		农场劳工	
	β	t 统计量	β	t 统计量	β	t 统计量
45~49 岁	0.015	2.962	0.065	6.227	-0.006	-0.798
50~54 岁	0.007	1.291	0.063	5.719	-0.013	-1.537
55~59 岁	0.011	1.807	0.122	9.788	-0.020	-2.145
已婚者	-0.009	-3.351	0.172	29.400	-0.133	-29.534
外国人	-0.001	-0.462	-0.058	-9.101	-0.004	-0.887
有文化的人	0.026	6.197	-0.025	-2.828	-0.062	-9.300
城市人						
Urb2	-0.036	-7.159	0.104	9.687	0.064	7.870
Urb3	-0.051	-10.139	0.244	23.114	0.150	18.572
Urb4	-0.034	-8.107	0.108	12.278	0.063	9.298
Urb5	-0.050	-14.591	0.316	44.259	0.132	24.044
居住地						
MA	0.016	3.232	0.003	0.306	-0.010	-1.281
ENC	0.013	2.513	0.042	3.840	0.003	0.355
WNC	0.006	1.052	0.115	9.720	0.011	1.177
SA	-0.002	-0.309	0.077	6.130	0.011	1.116
ESC	-0.009	-1.409	0.192	14.364	0.004	0.378
WSC	0.001	0.156	0.174	12.653	0.019	1.762
MN	0.010	1.163	-0.043	-2.343	-0.019	-1.333
PAC	0.020	2.733	-0.011	-0.712	0.016	1.360
因变量—平均值	0.034		0.256		0.108	
R^2	0.027		0.258		0.142	

说明：Urb2：当居民所在地有一个人口超过 10 000 的城市并且毗邻一个“城市化”的县（城市化的县包含一个人口超过 50 000 的城市）时，Urb2 为 1，否则为 0。Urb3：当居民所在地没有人口超过 10 000 的城市但是毗邻一个城市化的县时，Urb3 为 1，否则为 0。Urb4：当居民所在地拥有人口超过

10 000 的城市但不是一个城市化的县时，Urb4 为 1，否则为 0。Urb5：当居民所在县是一个非城市化的县而且没有人口超过 10 000 的城市时，Urb5 为 1，否则为 0。MA：大西洋中部。ENC：东北中部。WNC：西北中部。SA：大西洋南部。ESC：东南中部。WSC：西南中部。MN：山区。PAC：太平洋，未列出的年龄是 35~39 岁，未列出的城市是 Urb1(当居民所在地是非城市化的县时，Urb1 为 1，否则为 0)，未列出的地区是新英格兰地区。

资料来源：1900 年人口普查使用的样本。

年龄和文化程度是人力资本的两个指示器，职业结构随二者变化而改变。更年轻的人更可能是不熟练劳工或者半熟练技工，较少是熟练的蓝领工人；更可能是农场劳工而不是农场技工；更可能是杂务工或者销售人员而不是高收入的经理或者专业人员。拥有基本的文化素质明显能提高成为白领或者熟练蓝领的概率。

就行业中劳动力结构的地理差别来说，劳动力的职业分布在各地区间、各个地区内部和靠近城市的地区内都会有所不同。例如南方中部各州与中西部或者新英格兰地区相比，它的居民中成为熟练蓝领工人的较少。城市居民更可能是白领或者从事一个熟练程度很高的职业，但是城市附近地区居住的人就不是很在乎成为工厂技工的机会。

19 世纪美国的工资

在任何国家的经济史上劳动力报酬都是个基本的统计数据。根据生活费用而调整的名义工资的长期增长，是衡量生活水准提高的传统尺度。因为 19 世纪的美国没有进行全国范围内的收入情况调查，所以职业间的差别就用来估量收入不平衡的程度。在短期或中期内实际工资的变化成了这个时期劳动力历史的中心问题。工资的地理差别也使我们能够了解到地区移民的模式以及全国劳动力市场的演变过程。

本节回顾了 19 世纪美国工资方面的可用材料。虽然不能构建一个 19 世纪的独立的实际工资总指数，但是我们也有丰富的材料证明，19 世纪末的实际工资比 19 世纪初的要高出很多，还可以证明构成职业阶层的各个不同工作群体都经历了实际工 220
资的长期增长过程。但是，在这一过程中与长期增长同样关键的是，实际工资也曾围绕增长趋势有过短期和中期的波动。许多时候实际工资下降了或者保持不动。虽然有些材料证明，从总体上看，当劳动力从农业转移到制造业中时平均工作时间增加了，但是制造业的周工作时间在 19 世纪是下降的。

实际工资的长期趋势

1800—1860 年

除了少数年份 (1832 年、1850 年和 1860 年) 外，美国内战前国家并没有对工资情况进行全国性调查。经济史学家利用了 19 世纪末实施的政府回顾性调查作为替代物，还利用了各种分散的档案记录：人口普查手稿、账本和公司工资册。

两份联邦政府文件中都记载着有关 19 世纪美国工资的最有名的编辑材料，这两份文件中一份是作为 1880 年联邦人口普查的一部分而出版的《周报》，另一本是参议院在 19 世纪 90 年代初出版的《奥尔德里奇报告》(*Aldrich Report*)，它是一份对不同行业和郡的工资及价格所做的调查报告中的一部分。这两份报告在内战后被广泛使用，但是在内战前，由于时间和地理范围存在的问题经济史学家不得不去寻找其他资料来源。

伊利运河的工资册记录也许是这种资料来源中最好的。对 1828 年 (第一年的资料是有效的) 到 1860 年这一期间运河修建的两个主要工种——普通劳工和木工——的实际工资的估测认为，普通劳工的实际工资每年上升 1.4%，木工每年上升 1.6%。[7]

对于 1830 年之前的这段时间，费城建筑业中普通劳工和技术工人的日工资信息补充了伊利运河在这一时期资料的不足。在 1800—1830 年这段时间，普通劳工的
221 工资每年上升 1.6%，技术工人的工资每年上升 1.8%。[8] 此外，该信息也编辑整理了制造业技工和农业劳动力工资的资料。有一份研究利用价格指数来缩减名义工资，发现在 1820—1860 年东北部制造业工人的实际工资每年增长 1.2% ~1.6%。

有关农业工资的资料显得有些混乱。南大西洋各州的资料分析显示，在 1800—1850 年这段时间里农业实际工资的增长幅度非常小甚至没有增长。但是，中西部和大西洋中部各州的农业劳动力月工资数据却显示，农业劳动力工资的增长率和非农劳动力差不多，马萨诸塞州和佛蒙特州的资料所表明的情况也是如此。而且，其他资料也显示，技术水平相当的农业工人和非农业工人的工资之间在统计上只存在很小的差别甚至根本不存在系统性差别。

有人对美国军队雇用的平民的工资做了研究，表 5–8 显示了由这项研究的最新

结果得到的资料计算出来的实际工资的长期增长率。普通劳工的年均实际工资增长率为 0.71%（中西部各州）~1.28%（东北部各州）。工匠的实际工资增长率比较低，尤其是在中西部和南大西洋各州。职员作为这个时期的主要白领职业其实际工资增长率比普通劳工和工匠高。各个地区间实际工资增长的差别也很明显。职业和空间产生的差别将在本章后面的部分详细探讨。

表 5–8　　1821—1860 年的实际工资增长率 (%) 222

地区	普通劳工 / 卡车司机	工匠	职员
东北部	1.28	1.18	1.57
中西部	0.71	0.07	0.87
南大西洋	0.97	0.24	1.12
中南部	0.85	0.66	1.44

说明：增长率是日工资下降的系数 (β)，在 $W=\alpha+\beta t+\mu$ 中 t 指的是时间。

资料来源：Robert A. Margo，*Wages and Labor Markets in the United States*，*1820 to 1860* (Chicago，2000)，table 3.3.

1860—1900 年

在美国内战期间及内战后的岁月中，对实际工资变化趋势的估测有相当合理且坚实的基础。

前面提到过的《周报》和《奥尔德里奇报告》为实际工资序列的构建提供了证据。一个非农业劳动力在整个经济范畴内的实际工资序列被建立起来了，它包含了人口普查和其他资料，涉及职业和工作时间的问题。这个序列由图 5–1 描绘。

实际工资在内战期间经历了一个急速下降的过程，在 1860—1865 年下降了 28%，后来在 1866—1872 年又恢复了。19 世纪 70 年代早期全世界范围内的大萧条使得美国工人阶级的实际工资在整个 70 年代几乎都在下降。至于 1880 年，非农工人一年的实际平均收入并没有比内战前高。但是在 19 世纪余下来的时间里，除了 1892—1898 年出现过停滞 (和短暂下降) 以外，实际工资一直在上升。

因此，尽管期间出现了停滞和下降，但 1860—1900 年非农工人的实际工资还是处于上升趋势。实际工资对时间趋势进行回归得出的年平均增长率估计值在 1.1% 左右。虽然可以使用的证明材料并不丰富，但是有关农业工人的日工资的资料显示，

223 他们的工资增长率很低，大约为每年 0.9%。

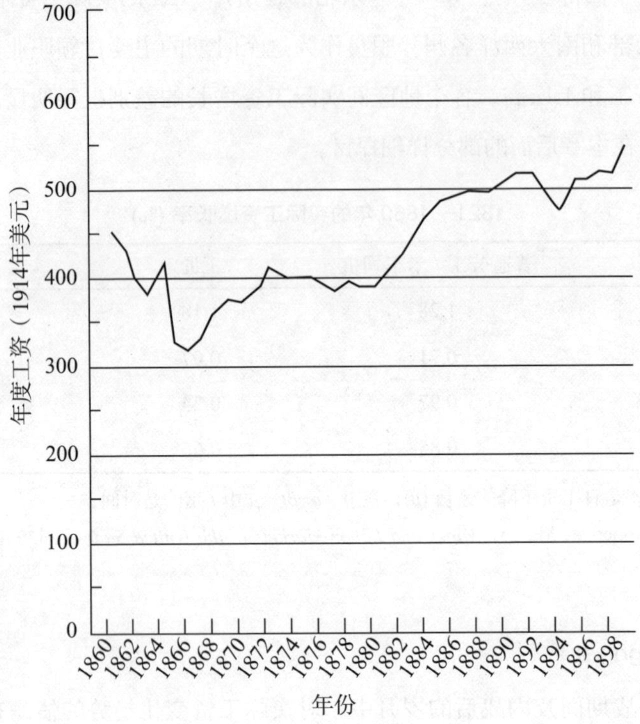

图 5–1　1860—1900 年的实际工资

资料来源：U.S.Bureau of the Census，*Historical Statistics of the United States from Colonial Times to 1970* (Washington，DC，1975)，Series A-736.

小结

因为缺乏整个 19 世纪工资方面的完整数据，所以我们不能确定 19 世纪末的工资到底比 19 世纪初的实际工资高出了多少。根据已有的资料，我们可以合理地推测，整个经济的日工资的年均增长率为 1.0% ~1.2%。如果我们严格按照这个增长率来计算，那么 1900 年的实际日工资要比 1800 年的高 270% ~330%。通常的估计认为 1800—1900 年人均收入的年增长率为 1.1% ~1.2%。尽管这个估计存在不确定性，但是中肯的结论应是实际工资的增长率和人均收入的增长率几乎相同，最多也就比后者略微低一点。总劳动参与率的长期提高和 19 世纪整体范围内年平均工作时间延长的可能性可以用来解释人均收入差距。[9]

当说明实际工资上升的时候，经济学家会习惯性地认为它会使工人的生活更好。对美国工人 1900 年是否比 1800 年生活得更好的判断是要建立在几个暗含假设的基础上的。19 世纪末 20 世纪初在芝加哥的一家很大的非个人的工厂工作肯定和 1810 年在马萨诸塞的一个小镇工作不一样。原则上讲，实际工资可以根据工作性质的不同而做出调整，但实际上 19 世纪的美国并没有做出这种调整。

最近，有些研究把各国间的实际工资做了比较。美国内战前，美国普通劳工的实际工资比欧洲要高得多。但是从 19 世纪 40 年代到 19 世纪末，由于要素流动（劳动力和资本）和国际贸易增长，美国和欧洲之间实际工资的差别逐渐缩小了。

工资差别

总体工资的提高非常重要，同时工资差别也引起了美国经济史学家的关注。在 224
20 世纪后期，劳动经济学家可以利用大规模的社会调查报告很详细地研究工资差别。因为缺乏相似的证明材料，对 19 世纪情况的了解就少得多了。

经济史学家对工资的地理差别已经进行了很深入的研究，他们对工资的地理差别产生兴趣的原因有两个。第一，这种工资差别显示了劳动力市场的空间范围。地理差别随时间而消亡，显示不同技术能力的全国劳动力市场已经形成了。第二，工资的地理差别提供了生活标准在地区间的差别的信息，这就补充了诸如人均收入这些方面的证明材料。

同样的商品在批发市场上的价格存在地区差别，有关这方面的研究表明，在整个 19 世纪，随着运输和通信的改善，全国性市场出现了。最近的研究认为地区劳动力市场在这个过程中也形成了。

为了了解劳动力市场一体化的程度，传统的做法是对限定范围很窄的职业类型在不同地方的实际工资差别进行比较。比如一项对马萨诸塞州农民工资的研究表明，在 18 世纪末 19 世纪早期，当这个州的不同农业地区的经济发展速度不一致时，这里的空间差别就很明显。本章前面提到过的使用军队工资册了解到的北部实际工资的地区差别的分析表明，在 19 世纪早期中西部的实际工资明显更高，尤其对于熟练的工匠更是如此。然而，伴随着地区间移民的进行，中西部在实际工资方面的优势也在逐渐消失。从 19 世纪 30 年代开始，南部不熟练劳动力的实际工资已经比北部的要低了。南北工资差异在19世纪50年代有所下降，但是后来一直到19世纪末都在加大。

经济史学家也对工资的职业差别感兴趣，他们主要想把它作为测定经济增长和不平等之间的关系的一种方法。现代经济在其发展的早期阶段导致了不平等吗？这个假说长期以来都和经济学家西蒙·库兹涅茨有关，学者们也通过一些当代数据和历
225 史数据对该理论进行了检验。但是，由于没有系统调查收入的规模及分布，美国19世纪经济增长和不平等之间的关系的研究变得复杂了。为此，经济史学家收集材料来研究职业间的工资差别。这个有效的假说认为，如果这种差别随着时间的推移增大了，那么收入的不平等也加剧了。

证明美国经济增长和不平等之间存在正相关关系的尝试在开始时是成功的。熟练工匠和城市地区普通劳工的日工资比率构成的时间序列在1830—1860年稳定增长，在1860—1900年则没太大变化。另一些来自马萨诸塞的有关工资方面的资料显示，与普通劳工相比，1860年之前熟练工匠的工资是增长的。

这种不平等加剧是通过资本—技术互补性的经济学概念与早期工业化相联系的。资本品价格在1830—1860年下降导致了资本积累的增加。既然资本和熟练劳动力是互补的，那么资本品的价格下降就会导致熟练劳动力需求（与非熟练劳动力需求相比）的提高。熟练劳动力的相对供给在讨论的这个时期被认为是缺乏弹性的。相对需求的增长使得技术差别扩大了，也使得熟练工人的工资与不熟练工人的工资的比率增大了。

这方面的证明材料和解释都是有争议的。资本—技术的互补性是否是早期制造业技术的特征这点也存在争议。与之相反的情况却得到了广泛承认：工厂系统导致了熟练劳动力被主要由孩子和年轻妇女组成的不熟练劳动力所代替。开始于东北部的对童工和年轻女性劳动力需求的上升导致了他们的工资与成年男性相比有了增长。对1850年制造业普查资料的计量分析认为，资本是熟练工人的替代品，是自然资源的互补品。

上面引述的美国内战前工资差别扩大的实证数据也是值得怀疑的。不同地区构成的城市工资序列以及19世纪20年代工资序列产生的工资差别要比从其他资料中得出的结果小得多。马萨诸塞有关熟练程度差别增大的材料并不是十分支持用来分

析有关数据的方法。

本章前面提到的有关美国军队的数据是美国内战前有关工资差别方面最全面的资料。表 5–9 显示了从这份资料中得出的熟练工匠和不熟练劳动力之间工资比率的估 226
计值。

每个人口普查地区都有一个估计数据。显然，这里并没有显示熟练工匠的相对工资有上升的迹象。然而，白领工人的工资在美国内战前相对于普通劳工的工资（和手艺工人的工资）的确是提高了。[10]

职业间工资差别的程度也是个让人感兴趣的问题。经济史学家 H. J. 哈巴卡克 (H. J. Habakkuk) 认为，内战前美国的熟练劳动力和不熟练劳动力之间的工资差别要比英格兰的小，这就使美国各个行业的资本—劳动比率要比竞争对手英国高。然而，表 5–9 所表现的工资差别并不是全都比同时期英国的差别要大，这和哈巴卡克的观点是矛盾的。

19 世纪末有关熟练劳动力和不熟练劳动力之间的差别的资料没有像美国内战前的资料那样遭到批评。最有价值的证明材料显示，相对于普通劳工，熟练工匠和白领工人的工资在 1860—1900 年呈轻微上升趋势。

表 5–9　　1821—1856 年的职业工资比率

	东北部	中西部	南大西洋	中南部
1821—1830 年	1.47	2.28	2.38	2.31
1831—1840 年	1.68	1.97	2.63	2.13
1841—1850 年	1.51	1.66	2.39	2.36
1851—1856 年	1.44	1.82	2.05	2.14

说明：数字是 10 年的平均值，它们是熟练劳工和包括卡车司机在内的普通劳工之间的平均工资的比率。

资料来源：Margo，*Wages and Labor Markets*，Appendix table，3A.5，3A.6，3A.7.

还有另外一些有关内战前工资差别的资料，那时按日雇用（与按月雇用和按年雇用相对）的工人之所以要求付给他们工资补贴 (wage premium)，部分是因为这可以偿付他们再找工作的成本，还有一部分是因为他们不像长期工人那样经常可以得到一 227
些非工资形式的补贴（比如膳食供应或者住房）。除了农业收获时节之外，季节性工资的变化很小；即使把膳食之类的额外补贴详细算入工资，也没有证据表明农业领域和非农业领域存在真实的日工资差距。尽管性别差异的相对重要性和歧视还没有被很多人意识到，但是女性工人的工资比男性的低。

各种州一级劳动统计局所做的可利用的大量调查为19世纪晚期的工资情况提供了更丰富的材料。由年龄不同带来的收入差别也很明显，那时候的人比现代人更早达到收入的峰值。尽管造成这些结果的原因还不确定，但是一些证据显示正式的学校教育提高了收入。移民和本土人之间的工资差别一直很大，尽管像对女性的歧视一样，对移民的工资歧视达到什么样的程度也并不清楚。

工资的周期不稳定性

从长期来看，19世纪的实际工资是上升的，从短期来看，宏观经济的波动使得实际工资的增加出现了明显不同。这些波动的原因还在讨论之中。一些学者认为是名义工资滞后于价格水平的变化，另一些认为是像19世纪40年代末期和50年代初期不可预期的高移民率（人们认为这次移民潮使制造业的实际工资增长放慢）这样的实际冲击造成的影响。研究表明，不考虑冲击的来源，名义和实际的冲击带来的影响令人吃惊地持续着，造成了实际工资很长一段时间偏离它的长期路径。如果是单纯名义冲击，长期来说它的影响是“中性的”：长期来看，价格的上升导致名义工资水平有了差不多同样的增长。从短期来看,价格上升时(比如19世纪30年代中期)实际工资下降，价格下降时(19世纪40年代早期)实际工资上升。因为价格在内战前按正周期变化，所以实际工资就按反周期变化。

美国内战前实际工资是反周期变化的，但这并不意味着工人在衰退期间的状况全部比在繁荣期间的好。被雇用的工人的实际工资在通货紧缩期间是上升的，失业工人就不是这样了。内战前有效的实际工资是按天算的，而不是按月或者按年算的。一年中就业时期的较高工资收入被更长失业时期的无收入抵消了。

内战前对实际工资的持续冲击解释了内战的财政负担方面存在的一些问题。众所周知，实际工资在内战期间是下降的。韦斯利·克莱尔·米切尔(Wesley Clair Mitchell)的详细研究推断，名义工资滞后于价格变化，可使一部分战争费用通过通货膨胀税来负担。其他的学者讨论了米切尔的理论，他们认为在1861—1864年北部劳动力中技术成分的减少以及贸易条件的变化这些实际因素导致了内战期间实际工资的下降。一项计量经济学的研究认为，名义和实际的因素一同导致了工资调整的滞后；对工资进行缓慢调整的时间被确定为内战前的时期，这就确证了这个研究的结论。

美国内战后经济的发展使得宏观经济情况和工资动态变化之间的关系发生了更 228
进一步的变化。大型企业的增多和集体行动可能性的增加已经降低了公司在需求下降时期降低工资的可能性。其他专家指出，19 世纪 90 年代晚期的物价上涨打破了持续的通货紧缩，这就像这个世纪早期的通货膨胀一样造成了工资调整的滞后。到 1900 年为止，工资对于名义和实际冲击的敏感度，无论从绝对值还是从相对值来看都比美国内战前下降了。但是与今天相比，工资在 20 世纪初灵活性更强。

工作时间

"工作时间"是指每天、每周或者每年的工作总量。我们知道的 19 世纪的工作时间大多与制造业有关。图 5–2 显示了制造业周工作时间的一个时间序列。制造业工作时间的普遍趋势是下降的。在 19 世纪 30 年代早期，周平均工作时间是 69 小时。周工作时间在 19 世纪 50 年代缩短幅度最大，到内战前夕缩短为 62 小时。内战后周工作时间进一步缩短，但是缩短速度变慢。在 19 世纪末，平均周工作时间与现代的标准相比还是很长，大约为 59 小时。

周工作时间缩短的直接原因是日工作时间缩短了。1832 年的《麦克莱恩报告》(*McLane Report*) 最早对工作时间进行了有价值的估算，认为当时的制造业的日工作
时间为 11 小时 20 分钟。日工作时间在内战前夕缩短到了 10 小时 30 分钟左右，在 229
1880 年变为 10 小时多一点。在 1880 年，食品业、造纸业和化工工业的日工作时间最长，建筑业的日工作时间最短。虽然工作时间在南方地区（以纬度而论）和夏天一般都要长一些，但是由于人造照明设备在东北部尤其是在城市地区得到了企业的广泛使用，工作时间的地理差别和季节差别很小。

整个 19 世纪中年工作时间大约延长了 10%。年工作时间的延长有三个主要原因。首先，室内工作（比如制造业）的年工作时间比室外工作（比如农业）的年工作时间要长。这样，由于很多农业劳动力离开农业转向制造业，所以年工作时间就增加了。

其次，工厂主有动力让固定资本一直运转，而且随着企业规模的增大和资本密集程度的提高这种动力更强了，结果使劳动力需求的季节性减弱，工作时间在一年中的分布均匀得多了。最后，各行业间的劳动力空间流动性的提高减弱了劳动力供给的季节性，也减少了平均每个工人在一年中的总“停工（失业）时间”。

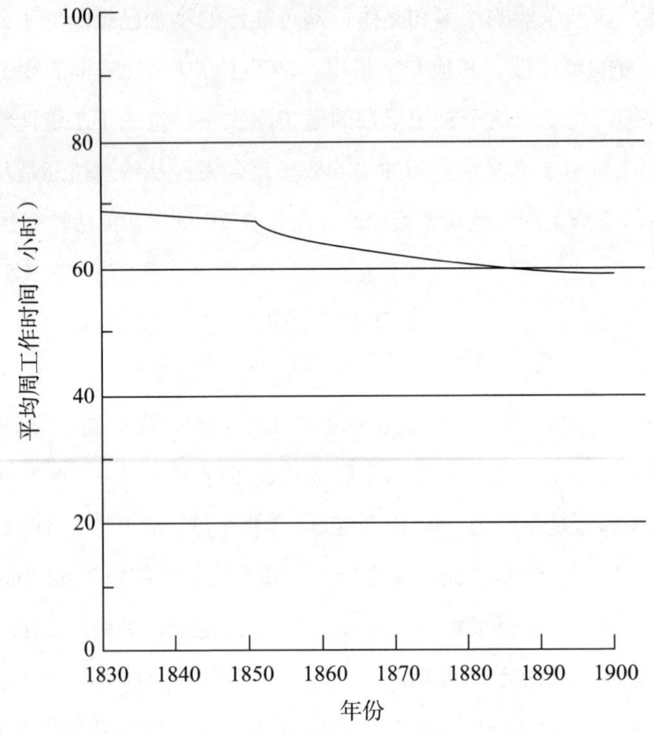

图 5–2　制造业平均周工作小时

说明：各年代初的数字为：

年份	小时	年份	小时
1830 年	69.1	1870 年	62.1
1840 年	67.8	1880 年	61.3
1850 年	67.3	1890 年	60.0
1860 年	64.0	1900 年	59.1

资料来源：由 Robert Whaples, “The Shortening of the American Work Week” (doctoral dissertation,
230 Department of Economics, University of Pennsylvania, 1990), 33 计算得出。1840—1880 年的数字是未加权的平均数，这些数字参考了《图报》(*Weeks*) 与《奥尔德里奇报告》(*Aldrich*)，由罗伯特·霍普里斯（Robert

Whaples）计算得出。

年工作时间的变化在一定程度上掩盖了 19 世纪每年劳动力供给的增长。尽管我们很难描述工作强度，但是显然 19 世纪末工作节奏更紧张。与 19 世纪较早时期家庭农场或者个体工商业中的劳动力相比，1900 年典型的工厂劳动力受到了更严密的监督。日常工作程序很少被打断，劳动也更程序化。

在解释周工作时间的下降时，历史学家在传统上都会强调隶属工会的工人和政府这两个方面所起的作用。根据这个观点，老板们坚决抵制周工作时间的下调，只有罢工和政府法令能使他们做出妥协。当费城、波士顿和纽约的工人们要求 10 小时的日工作时间时，工会基本上在 19 世纪 20 年代末 30 年代初开始了推进缩短工时的活动。在 1937 年大恐慌时期以及恐慌的动荡期，缩短工时的呼声变弱了，但是在 19 世纪 40 年代又高涨，并催生了在新罕布什尔州 (1847) 和宾夕法尼亚州 (1848) 的第一部有关“最长工作时间”的法律。马丁 · 范布伦 (Martin Van Buren) 总统领导的联邦政府在 1840 年为体力劳动者建立了 10 小时工作制。

在美国内战之后，隶属工会的工人又要求把日工作时间从 10 小时变为 8 小时。8 个州的立法机构和联邦政府对此做出了回应，它们通过了把日工作时间限制到 8 小时的法律。到了 1896 年，13 个州通过了最长工作时间法律。虽然这些法律为妇女提供了帮助，保护了她们的健康，但是一份详细的研究发现隶属工会的工人另有不同的目标，即为所有人减少工作时间。因为职业不同，所以男性和女性在 19 世纪 231
的制造业里是两个互补性要素——减少一方的使用就必须伴随着减少另一方的使用。同时，为缩短工时而罢工也越来越普遍了。

无疑，工会和政府在工作时间的缩短方面起到了很大作用，但是，传统看法对它们的强调也许有些过分了。除了马萨诸塞等一部分州有些老板被迫遵守这项不属于公民责任范畴的法律外，很多州并没有直接执行规定了最长工作时间的法律。即使在 19 世纪 80 年代，工作时间的长短也不是大多数罢工的主要焦点。在很大程度上，19 世纪周工作时间的缩短是竞争性劳动力市场背景下劳资双方讨价还价（谈判）的结果。

劳资关系

在 19 世纪劳动力统计表中暗含着劳动性质的根本变化。1800 年的美国经济是农业经济。为工资工作不是一种普遍的谋生方式，家庭通过拥有土地或者物质资本来获得经济独立。虽然没有 19 世纪早期自营职业方面的可靠统计资料，但是与 1900 年相比，1820 年左右自营职业的人所占的比例无疑要高得多。随着越来越多的人为别人工作，在雇主、雇员以及联系不紧密的政府之间的正式和非正式关系就发生了很重要的变化。在 20 世纪，经济发展使自营职业的劳动力所占份额不断缩小，上述变化也在随之持续着。

从手工作坊到工厂

当制造业的工厂生产方式最终取代手工作坊之后，最复杂的劳资关系变化便在制造业中发生了。在手工作坊里，熟练工人和学徒在作坊主的监督下工作，按照顾客的要求进行生产。每个工人使用自己的工具单独从头到尾地完成一件产品。随着
232 时间的推移，学徒可能会成为熟练工人，熟练工人可能变成作坊主。如果幸运并有足够的远见来积累资本和管理技能，学徒工也可能通过拥有一家自己的作坊而获得经济独立和很高的社会地位。

在劳动组织方面，工厂与手工作坊不同。工厂作业更讲究专业化，工作中更程序化，因为它们的目标是为美国国内和国际市场制造标准化产品。亚当·斯密 (Adam Smith) 第一个认识到了劳动分工能够带来规模经济。工人们被分配从事他们具有比较优势的项目，效率也可以通过“干中学”的方式得到提高。从工厂工人的角度来看，专业化的代价是工厂工作中重复劳动带来的厌倦感和疏远感。与生产作坊相比，工厂工作的节奏要快得多，强度也要大得多。因为就平均水平来说作坊工匠的技术要比工厂工人的技术好，这也就难怪许多作坊熟练工人对工厂工作系统非常关注。一些工人像后面描述的那样想从劳工组织和政治行动中得到保护，他们想抵御这股浪潮。另一些工人则迎合了这股浪潮，想办法成为工厂老板。

劳动分工不会在一夜之间提高效率。工人必须习惯工厂生活的纪律。工厂主采用各种管理手段来提高生产力：在车间对工人实行直接监控；使用计件工资率和其

他薪酬方式来引导和激励工人做出努力；建立企业生活区，在那里个人行为被严密监视。不能胜任的工人会被解雇，在许多情况下还会被放入黑名单，这样他们在其他地方也很难找到同样的工作。在 19 世纪的美国，任何一个制造业开始发展的地方都存在把前工业化时代的人塑造为工厂劳动力的挑战。

工厂提供的一整套薪酬方式和工厂条件都和农业以及手工作坊所提供的不同。因而工厂最初吸引了其他的劳动力资源也就不足为怪了。正如前面提到的那样，美国内战前东北部制造业的发展源于对农业中生产率相对较低的孩子和年轻单身女性(相对于成年男性)的有效利用。到了 19 世纪中期，移民作为另一种廉价的劳动力成为工厂的主要劳动力资源。在 19 世纪下半叶，外国出生的人占据了相当大比例 233
的制造业岗位，尤其在东北部和中西部大城市更是如此，这些大城市都接收了更大比例的新移民。[11]

虽然工厂生产的方式在美国内战前已经普及了，但是这并不意味着手工作坊的时代结束了。实际上，在 1860 年制造业工人还是在狭小的、非机械化的建筑物中劳动，这时的工厂在许多历史学家的眼中根本算不上现代意义上的工厂。[12]

这是从手工作坊向现代工厂过渡的组织形式。在外包制度或者家庭代工制度下，工人(大部分是女性)在家制造中间产品，然后这些产品被工厂专业工人制造成为成品。外包制度首先出现在纺织业，不久就迅速流传到其他行业并形成了一种很接近的新的劳动制度，即“血汗制度”。在血汗制度下，外包工很好地执行细分项目，这些项目实行计件工资。外包工没有了工头的监视，而且因为他们是按件取酬所以可以自己控制工作进度。但这并不意味着外包工作很好。如果他们的产品不能达到满意的质量和数量，他们将会受到惩罚，会被降低计件工资率甚至被解雇。在 19 世纪 40 年代晚期和 50 年代早期，当移民充斥着外包工作很普遍的纽约等大城市的劳动力市场时，计件工资率下降了，外包工的工作节奏加快了，工作强度也加大了。

美国内战之后，工厂劳动力的规模一直在扩大。生产、分配和运输网络方面的技术进步带来了大规模生产的增长。人均资本增多了，无生命的动力资源得到了普遍使用，而且没有例外时期(在美国内战前也是如此)。更大规模的生产和资本密集度的提高使得工厂劳动力的组织和监督出现了新问题。诸如哪些行为在工作场所可 234
以被接受这样的纪律规定越来越多，也越来越复杂了。车间领班有权决定工人是否被雇用、解雇和升职。工人们意识到他们的实际工资在美国内战后增加了，感到生活很舒适，但是与在手工作坊时相比他们与管理层以及他们为之工作的工厂主之间的社会差距增大了。

1800—1900 年工会的成长

虽然同业工会在殖民地时期就存在了，但是美国劳工在 19 世纪 20 年代才有意识地进行了第一次工人运动。工厂系统带来的影响使那些预见到自己来之不易的技术、社会身份和生活方式将会贬值的作坊工人很惊慌。工人历史学家布鲁斯·劳里把早期推动工人运动的这种思想观念称为“激进主义”。激进主义者不反对财产私有，也没有寻求政府在调整劳资关系和规范经济行为方面的广泛参与。激进分子信奉一些实际的目标，比如更短的工作时间、更高的工资和更好的工作条件。与当时（杰克逊时期）的精神一致，激进工人猛烈抨击对债务人的限制以及对银行家和律师等“非生产”阶层的有利立法待遇。18 世纪的英国政治经济学家托马斯·斯彭斯 (Thomas Spence)、威廉·汤普森 (William Thompson) 和约翰·格雷 (John Gray) 为这些激进分子提供了理论支持，他们鼓励工人控制生产方式。与这些学者的观点相同的还有美国人兰斯顿·比勒斯比 (Langston Byllesby)，他 1826 年出版的《对财富不平等的原因和影响的研究》*Observations on the Sources of and Effects of Unequal Wealth* 一书研究了技术对阶级差别的影响，1827 年建立机械自由出版社 (Mechanics’ Free Press) 的费城人威廉·海顿 (William Heighton) 也持这种观点。

激进主义者在 19 世纪 20 年代到 30 年代的具体示威行动有组织工会、政治活动和更频繁进行的罢工。他们最引人注目的政治行动也许是 1828 年在费城建立了工人党 (the Working Men’s Party)。一年内工人党在纽约建立了分支机构，接着又在马萨诸塞建立了另一个分支机构。虽然工人党在 19 世纪 20 年代末的费城和纽约在收集选票方面做得相对较好，但是因为内部不和、组织乏力和联合选举权问题，工人党在 19 世纪 30 年代早期就解散了。

像工人党一样，美国内战前的绝大多数工人组织都只存在了很短的时间，注定
235 了要走向解体。回顾这段历史，他们不可能有其他的选择。激进主义者从大城市地区的白人男性作坊工人那里得到支持，这些作坊工人只占当时总劳动力中的一小部

分。因为激进主义的一个要求就是保留作坊工人的经济和社会地位，所以他们在新英格兰之外的地区所进行的运动与工厂工人、外包劳力和血汗外包工人之间的联系很少(确实在很大程度上忽视了)。

尽管根基很薄弱，但是美国内战前劳工运动的时运还是和经济周期紧密相连的。内战前的罢工和经济情况同向运动，经济繁荣时罢工高涨，经济衰退时罢工陷入低谷。纽约作坊工人中的家具师在 1835 年举行了一场罢工，因为“老板使用的工资表(给工人开工资的)已经 25 年多没有变化了……工资表赶不上生活成本的变化”[13]。但是，当 1837 年的恐慌导致了经济在 19 世纪 40 年代早期陷入衰退之后，工会主义所倡导的活动几乎都停止了。

当宏观经济对工会运动的影响不是很大的时候，立法系统有时就会限制工会力量的壮大。19 世纪 30 年代，在纽约日内瓦制鞋工人的案件中，纽约最高法院的首席法官萨维奇 (Savage) 宣布，工会成员如果因为企业主雇用了非工会成员而拒绝工作将被宣判有罪。但不是所有的决议都像日内瓦的宣判一样是反劳工的。在共和国诉亨特案 (Commonwealth v. Hunt，1842) 中，马萨诸塞最高法院法官莱缪尔·肖 (Lemuel Shaw) 坚持认为，仅仅有工会的成立不能成为犯罪的证据，他还认为工会成员的确有权利要求工厂只雇用工会成员。

在美国内战前的最后 20 年中，经济繁荣和萧条循环持续着。除了在 19 世纪 40 年代中期有过短暂兴盛之外，劳工运动一直处于低潮，这种低潮一直持续到了 19 世纪 50 年代，这时移民和奴隶制度的扩张加上前面提到的激进主义信奉的那些原因导致了工人运动的发展。但是，初生的工人运动在 1854 年和 1857 年又一次遭受了严重打击，因为这两年都发生了经济下滑。

尽管美国内战前的工人组织在工人中的影响有限，但是它并没有完全失败。许多罢工的确提高了工资，阻止了工资下调，缩短了工作时间，还改善了工作条件，哪怕这些变化只是暂时的。今天看来，激进的工会主义的一些目标可能很奇怪，对早期工人运动倡导者来说，另一些目标比如提供参政机会、接受大众教育、参与工会活动的权利和结束对债务人的不公正的限制等都是最紧迫的任务，直到倡导者成功实现这些目标为止。

美国内战早期，工人运动有一个短期低潮。但是在 1862 年之后，为了回应物价 236

的迅速上涨和实际工资的下降，工人运动明显增多。绝大多数工人加入的是地方同业工会。在纽约、马萨诸塞和宾夕法尼亚这三个工业州，1864 年有将近 20 万名工人是 300 个地方同业工会的成员。在美国内战结束时工人运动平静了一段时间，因为退伍军人充斥着地方劳动力市场，因而削弱了工人的谈判力量。到 1872 年为止，还有几十万名工人是同业工会的成员。

随着时间的推移，工人领袖逐渐意识到了全国性组织能吸引更多的选票，在地方性斗争中力量也更大。运输和通信的发达使得资本和劳动力可以更自由地流动了。如果雇主不能从其他地方吸引罢工破坏者，那么工人支持下的罢工和其他斗争将更有可能在一个地方坚持下去。到 1865 年为止，至少成立了 11 个全国劳工组织。其中最有名的是国家工会 (NLU)，它是个松散的工会联合体，旨在将工人阶级团结起来反对资本家。不幸的是，它不能解决土地均分论者、保守的同业工会和社会改革派之间的政治分歧，到 1868 年，这个组织基本上不存在了。

劳动骑士团 (the Knights of Labor) 是另一个致力于建立以全国性力量为根基的组织。这个组织成立于 1869 年，在 1885 年之前没有多大发展。但在 1886 年骑士团的成员迅速增加，在这年夏天超过了 75 万人。然而，劳动骑士团的成功是短暂的，虽然之前它也得到了迅速发展。骑士团之所以走向衰退，相当大程度上是因为 1886 年 5 月 4 日在芝加哥干草市场广场 (Haymarket Square) 集会中的一起爆炸事件（这次事件造成了数人死亡）。公众在死亡的恐惧下退缩了，随后，其他城市的集会遭到了警察和军队的镇压。在这之后，骑士团的成员人数迅速减少。

美国劳工专员收集的资料为对劳动骑士团鼎盛时期的罢工成果进行的计量经济学分析提供了基础。在今天罢工不太可能以工会或者雇主中的任何一方全面胜利而结束，但是在 19 世纪 80 年代中期之前的罢工绝大多数都是“赢家通吃”。有大约一半的罢工是以工人的胜利结束的。大约只有 10%的罢工最后以相互妥协收场。工人罢工的胜利果实一般包括工资上涨、工时缩短和工资下调的停止。如果罢工由工会
237 发起或支持且持续时间短的话，它就更可能成功。如果雇主雇用了罢工破坏者，那罢工就更可能失败，而且在干草市场广场爆炸事件之后雇主在罢工时的谈判能力也提高了。

虽然开始时的发展不如劳动骑士团顺利，但是美国劳工联合会 (AFL) 却有着更

强的持久力。从 19 世纪 80 年代后期到整个 19 世纪 90 年代，AFL 成员数的增长速度一直很缓慢但很稳定，到了 1900 年成员数达到了 50 万。此后成员数量迅速增长，到一战结束的时候达到了约 400 万。在第一任主席塞缪尔·冈珀斯 (Samuel Gompers) 的领导下，AFL 在许多年里成为美国工人运动中的主角。

像劳动骑士团一样，如果 AFL 的领导认为罢工是必要的而且可以成功的话，他们会组织罢工。和劳动骑士团不同的是，AFL 坚定地认为工会应该主要由同业人员组成。AFL 认为不同技术的工人在一起不利于工会内部的团结。此外，与劳动骑士团把精力放在对付大公司身上不同，AFL 集中力量（也有例外情况）对付没有力量和工会较量的相对较小的企业。AFL 的一个重要特点是它能够从一些雇主那里获得书面合同，这给后来的工人运动留下了一笔宝贵遗产。在 19 世纪 90 年代前这是很不寻常的，到了 20 世纪书面合同成为集体谈判的主要依据。

到一战前夕的 1914 年为止，有将近 16%的美国工人加入了工会，而在 1880 年只有大约 3%的工业工人是工会成员。从绝对值来看，美国人加入工会的程度很低，但是在这方面美国与其他工业化国家情况差不多。例如在法国和德国，工业工人加入工会的人数所占比率大约为 14%。在英国 (23%) 和斯堪的纳维亚国家（丹麦为 34%），这个比率高得多，但是在意大利、西班牙和比利时这个比率较低。[14] 在某一方面，20 世纪早期的美国工人运动似乎和欧洲国家不同，美国工会成员好像不怎么支持社会主义。大西洋两岸的这个差别使得德国社会学家沃纳·松巴特 (Werner Sombart) 在 1906 年发出这样的疑问：“为什么美国没有社会主义？”劳动经济学家约翰·R. 康芒斯 (John R. Commons) 和他的学生塞利格·珀尔曼 (Selig Perlman) 对此给出了经典回答，他们认为原因是美国资本主义里面没有任何固有的东西导致工人走向社会主义。资本主义可能让工人发展出了“职业意识”并因此支持工会，但是支 238
持社会主义则是另一回事。对这个差别产生的原因珀尔曼还做了进一步的解释，他认为美国公民权普及到（男性白人）劳工的时间比欧洲早，而且（大多数）美国人相信财产私有的权利，同时很高的美国国内移民率使得固定的工人阶级社区较少，很高的国际移民率又使得雇主很容易分化、战胜工人阶级。[15]

新劳工史学家找到了一些不同于康芒斯及其门徒的结论的东西，尽管他们的结论也不算很成熟。新劳工史学家认为，如果没有社会主义，阶级意识会非常强。美国内战前的激进主义者在19世纪后期还历久犹存，与社会主义不同的是，激进主义者对现行政府 (active state) 持怀疑态度。有时候，现实可以很好地解释人们产生怀疑态度的原因：州政府或者联邦政府经常默许甚至直接允许对工会主义进行武力镇压。[16]

劳工组织不可能从法庭寻求到保护。虽然工会的合法性毋庸置疑，但是19世纪末的雇主也有权坚持认为工人离开工会才能得到雇用。劳工史学家也认为工人运动内部的派别冲突破坏了团结。另外，更激进的工会组织遭到了政府压制政策的威胁，大城市的建筑业工会则对此袖手旁观，他们只想保护自己的高收入。

最后，美国内战后的工人运动也取得了部分成功。工会有时能够减轻一些公司的车间条例的独断性和严酷性。工会成员的工资一般比非工会成员的高，虽然在大多数行业两者的差距并不大。而且工会运动不再像美国内战前那样受到经济周期的那么大的影响。

劳动力市场的政府管制：立法保护

239 当代劳动力市场受到了大量的政府规章的制约。大量的政府管制制度起源于20世纪早期的“进步时代”和20世纪30年代的新政。相比较而言，政府对劳动力市场的管制力量在19世纪非常有限。

除了直指工会活动的法庭案件外，政府直接进行干预的唯一显著的尝试是为了保护不同人群而进行的立法。这些立法包括义务教育法、童工法和最长工作时间法。义务教育法要求儿童在一定年龄之前必须在学校接受教育，或者要求一年中在学校上学的时间达到一定数量。童工法规定儿童到了一定年龄后才能就业。最长工作时间法已经在前面讨论过了，它为工人的每周工作时间设定了一个上限。马萨诸塞和其他东北部各州在这方面的立法走在了前面，绝大多数南方的州落在了后面。

经济史学家普遍认为，除少数外这些法律大多没有效果，因为它们没有得到严格执行；在人们工作的地方，大多数得到人们认可的行为并不是受法律的影响产生的。比如，义务教育法的确提高了入学率，但是它的效果却很小。在童工相对重要的地方和父母对孩子入学要求较低的地方，对义务教育法的反对最强烈。当经济发展使父母的实际收入提高而童工的相对工资下降时，入学的需求增加了，同时市场上童工的供给也减少了。换句话说，义务教育法与其说是随着时间推移学校入学率上升的原因不如说是它的结果。

前面提到的最长工作时间法的情况证明了法律执行的重要性。对 1880 年制造业的最长工作时间法所产生的效果的分析揭示，只有马萨诸塞州的法律发挥了预想的效果，原因是州政府努力执行了这个法律。当然，一些公司也想逃避执行这项法律，但是马萨诸塞法律的合法性得到了州最高法院的支持。

政府管制的相对缺乏反映了《美国宪法》第 1 章第 10 节“狭义宪法阐释者”的解释。这个解释宣布各州不能通过废除合同的法律。最长工作时间法有很多漏洞，使雇员可避开这项法律，导致法律无效。在 19 世纪后期，随着垄断和其他完全自由 240
的市场资本主义的一些不受欢迎的元素的出现，立法主张开始发生转变了。在这个时候保护性立法不可能产生很大效果了，它只是更广义的意识形态运动中的一部分，这场运动为政府在经济中发挥更重要的作用提供了舞台，这一思想在 20 世纪终于实现了。

19 世纪末的劳动力市场：简短陈述

教科书对劳动力市场的说明是建立在需求和供给这两个简单概念的基础上的。劳动力的需求由企业产品需求和企业技术来决定。工业层次的总量决定了工业的劳动力需求。劳动力供给则是个人或者家庭层次决策的结果。需求和供给的交叉点决定了任何时点的均衡工资。就公式表达来说，劳动力市场和苹果市场不存在概念上的差别。简单来讲，经济学提出的这个理论适用于任何现货市场。

但是今天的劳动力市场不同于现货市场概念。工资单独就能起到调节劳动力供求平衡的作用，这点是令人生疑的。许多劳动力分配发生在结构性框架之内，对于公司来说尤其如此，这被经济学家称为“内部劳动力市场”。从现货市场向内部劳动力市场转变的时间不是很确定，一般认为是 20 世纪 20 年代或 30 年代。在 20 世纪 20 年代，大型企业采用了各种和现在的内部劳动力市场相联系的现代人事规则。在 20 世纪 30 年代，失业人员的大量增加使公司可以更仔细地筛选员工，同时工会鼓励按资历决定工资的制度和解雇制度的发展，这时官僚主义也就盛行起来了。

我们还不清楚怎样对两种市场做出区分，但是大多数经济学家相信现货劳动力市场相比内部劳动力市场而言的一大特点是劳动力周转更快。从这个意义上来说，20 世纪初的劳动力市场存在一定程度的连续性，在现货劳动力市场和内部劳动力市
241 场之间，它可能更接近于前者。与今天相比，那时工人在某一公司固定工作的时间较短，但是干得出色的工人也可能为一个雇主工作很长时间（比如 10 年或者更长）。在 20 世纪 20 年代前的一些大企业就设置了作为内部劳动力市场的一部分的晋升梯度制度。像现货市场模型暗示的那样，20 世纪初的工资并没有自动调节到劳动力供给和需求的均衡点。

有关失业方面的材料显示，1900 年的劳动力市场和今天的劳动力市场有很大差别。从事自营职业的人数长期以来一直在下降，再加上有规律的经济周期的出现，这一切都使得失业成为 19 世纪末一个值得关注的社会和经济现象。1880 年的联邦人口普查首次收集失业信息，但是根据判断当时数据质量太差以至于这些数据从未被整理出版过。直到 1900 年和 1910 年人口普查才对失业进行了合理清晰的定义。失业数据也像人口普查收集的其他资料一样作为州人口普查的一部分（像马萨诸塞）由州劳工统计局整编。

对这些资料的分析使我们能够对 20 世纪初的失业情况有一个总体了解。与二战后不同，当时失业的概率受年龄、工作经历、教育和婚姻状况这些个人特征的影响较小。按照现代标准来衡量，失业持续的时间也相对短。然而，失业是在工人阶级中普遍存在的问题，因为那时一个人在一年中失业的概率比二战后要高。除了体弱或者年老的处于劳动力队伍边缘的这些人之外，工人长时间 (6 个月或者更长的时间）失业的情况并不普遍。

一些学者把 20 世纪初在失业和失业持续时间方面的平等归因于在公司经常大范围发生“工业停滞”——短时间内工厂完全关闭，让所有工人陷入失业之中。另一些学者认为，许多行业中的技术进步导致了劳动力需求急剧的季节性波动，在一年的特定时期内引起了广泛失业。经济史学家认为，失业风险普遍存在，因为除了那些熟练工人和有资历的工人外，绝大多数工人都没有受到内容明确的合同的保护，也没有受到工会或其他组织或者内部劳动力市场背景下的模糊合同的保护。

在 19 世纪末还没有失业保险系统，那么失业工人如何生存呢？从事容易失业的

职业或者处于容易失业的职位的工人，他们的工资要高一些——失业风险要求有工 242
资补贴。通过在就业期间的储蓄，失业人员能够负担他们失业期间的消费支出。其他一些依靠临时工作或者其他家庭成员收入生活的人，在自己家庭的家长失业的时候他们中的一部分人就会进入劳动力市场（称为“附加劳动力”效应）。还有一些人依靠亲戚朋友的资助，或者依靠教堂和为失业人员提供周济的慈善群体，或者依靠工会的帮助。

结　论

本章纵览了美国 19 世纪劳动力的大致发展趋势和变化。总体而言，劳动力增长比人口快。经济的发展使得很多劳动力脱离农业。虽然由于宏观经济的变化工资出现了一些明显的短期波动，但是在 19 世纪各个阶层的工人的实际工资都提高了，这里几乎没有材料证明不同职位的工人的工资增长率不一样。工资的地理差别在缩小，但是到了 19 世纪末这种差别仍然很大。

雇佣关系的性质在 19 世纪也发生了变化。与美国内战前的工人相比，19 世纪末工人供职的制造业公司更大，组织结构更复杂。虽然在 1900 年大多数工人属于非工会成员，但是工人运动取得了巨大进展。在自营职业的人脱离主流趋势后，失业成为一个更加突出的社会和经济问题，对工人阶级中的绝大多数都产生了影响。除了
进行一些保护性立法之外，政府对劳动力市场的管制很少。 243

注　释

[1] “劳动力周”的概念根据在一定时间（通常为一周时间）内一个人是被雇用了还是仍在积极寻找工作来衡量劳动力的规模。

[2] 如前面所说，“参与”意味着市场是在有报酬的工人的意义上运转的；无疑，自由女性在家或者在自家的农场里进行的劳动属于其他活动。

[3] 童工的范围是由有报酬的职业比率来反映的，因为许多在家庭农场和家庭企业工作的不付工资的孩子没有按有报酬的工人来统计。

[4] 采矿业、贸易业和建筑业方面雇用人数增长率的计算是通过 Stanley Lebergott, *Manpower in Economic Growth* (New York，1964), 510 和劳动力结构图得出的。如果利伯戈特对总体非农劳动力的估计在韦斯修正的基础上得到了调整，那么文章中的增长率可能有点偏高。

[5] 人口普查没有收集奴隶在职业方面的信息。其他记录暗示，20%~30% 的成年黑人男性奴隶从事熟练和半熟练的工作，但大多数还是体力劳动者。对于奴隶的职业方面的证明材料，参见 Robert W. Fogel, *Without Consent or Contract*: *The Rise and Fall of American Slavery,* Vol. I (New York, 1989), 6。

[6] 妇女从事专业和技术性职业的比例比男性要高，这反映了教学被划为一种专用性职业而且在 1900 年绝大多数教师是女性这一事实。

[7] 这些估计是运河工人实际工资回归的时间趋势的系数。实际工资的计算是通过名义每日比率除以整个纽约零售价格构成的价格指数得来的。Jeffrey G. Williamson and Peter H. Lindert, *American Inequality*: *A Macroeconomic History* (New York，1980)，319.

[8] 费城的增长率是根据修造伊利运河时期使用的计算方式计算出来的。费城的价格平减指数取自美国人口普查局的 *Historical Statistics of the United States*, *Colonial Times to* 1970 (Washington, DC，1975，Series E-97，205)。

[9] 见本章稍后有关工作时间的讨论。

[10] Claudia Goldin and Robert Margo, “Wages, Prices, and Labor Markets before the Civil War”, in Claudia Goldin and Hugh Rockoff, eds.，*Strategic Factors in Nineteenth Century American Economic Growth*: *Essays to Honor Robert W. Fogel* (Chicago, 1992)，77，and Robert A. Margo, *Wages and Labor Markets in the United States*, *1820 to 1860* (Chicago, 2000) ch.3.

[11] 由于控制了其他因素，1900 年外国出生的人从事半熟练工作的可能性提高了 (见表 5–7)。到一战前，大约每 3 个制造工人中就有 1 个是外国出生的。

[12] 在涉及美国内战前出现的大规模机械化公司的时候，历史学家喜欢使用 “ 工厂 ” 这个词。“Gilded age developments into the antebellum years” 这篇文章把美国内战前制造业公司 (即使是相对大的制造业公司) 描述为工厂，该文收录在 Bruce Laurie,

Artisans into Workers: *Labor in Nineteenth Century America* (New York，1989，42) 一书中。

[13] Sean Wilentz, *Chants Democratic*: *New York City and the Rise of the American Working Class* (New York, 1986).

[14] 本段中的数据主要源自 Gerald Friedman, *State-Making and the Labor Movements*: *France and the United States*, 1876-1914(Ithaca, 1998)。

[15] 珀尔曼有关美国国内移民的观点已经在 Stephan Thernstrom, *The Other Bostonians* (Cambridge, MA, 1973) 中得到了他的支持，也得到了发现在 19 世纪后期各个城市驻留率非常低的历史学家的支持 [驻留率是指某年 (比如 1870 年) 在某地生活的人在若干年后 (比如 1880 年) 仍在该地生活的比率]。

[16] 当然，雇主没有对劳动力的破坏活动进行垄断。问题的关键仅仅在于政府发起的镇压并不少，这限制了劳工的激进主义。

[17] 义务教育法并没有面临最长工作时间法所面临的立法挑战，见 Jeremy Atack and Fred Bateman, "Whom Did Protective Legislation Protect? Evidence from 1880", National Bureau of Economic Research Working Paper Series on Historical Factors in Long Run Growth, Working Paper No.33 (Cambridge, MA, 1991)。

第6章

农场、农场主与市场

杰里米·阿塔克 (Jeremy Atack)

弗雷德·贝特曼 (Fred Bateman)

威廉·N. 帕克 (William N. Parker)

引 言

在19世纪，农民与市场的关系通常来说是含混而矛盾的。著名的哲学家、政治家托马斯·杰斐逊 (Thomas Jefferson) 同时也是一个农业的声援者。他指出农民应该通过自给自足的方式来抵消市场上由消费者的因素造成的需求波动。[1] 他曾在书信中提到，除了食品的需求外，其他方面的需求都不能得到满足，他们想要的也仅仅是肥沃的土地、优良的灌溉和一个距离不远的农产品交易市场而已。[2] 杰斐逊虽然对自给自足的农民大加赞赏，但他也算是最早承认美国人具有“明显航海和经商嗜好”的人之一。[3] 事实上，相对于其他人，那些自给自足的无贷款的农民可以自由选择他的市场参与度。在大多数情况下，自给自足和物物交换的行为只能算是市场缺位，而不能算是市场无效的表现。在“道德经济”，也就是社会价值胜过个人私利的环境中，价格是由风俗惯例决定的，互惠互利的交换行为即便存在，也只是临时的，几乎不可能是一种选择行为。[4]边疆的移民者没有选择，只能自给自足。那里人口稀少， 245
路途遥远，运输成本极高，致使以市场交换为目的的农业生产无利可图。因此过得不错的农民实际上都是那些能自给自足的人。[5] 这些人也只有在冯屠能笔下的孤立国 (Von Thünen’s Isolated State，冯屠能的农业土地利用模式) 中才能生存和变得富足，而且他们的这种生存方式也不可能长久。[6]

对于一个西部边疆乡下的殖民者来说，他的邻居们就是他的市场——是他的时间和体力以及剩余土地和木材的潜在出路。这些邻居同样是他社交的重点，是他排解孤独的渠道，更是他的子女选择配偶的来源。而在那些人员更密集的定居区，市场的范围进一步扩展了，不仅局限于家户的剩余交换，还进行劳动力和生产，甚至包括工具和资本品的交易，拓荒者对邻里关系的认同是与对陌生群体的孤立和不信任并存的。但是在所有给予与分享的行为中，同呼吸共命运的社区精神，使人们总是期待相互间的礼尚往来。在所有那些最初的馈赠行为中，对于所赠的物品和服务给予对等回馈的人通常会赢得大家的友情与尊重。

在那些居民零星分散的地区，外来人往往会受到猜疑，但是这种情绪会迅速化解。因为随着边境线的不断西移，人们渴望新的消息和生活上的变化，他们愿意社交，希望有更多的人手来帮助他们组织防卫，使他们在各种自然灾害来临之时更有保障。于是乡村开始不断扩张：大量小块的土地被占用，新的建筑拔地而起，在交通的十字路口附近形成了一个个的街区，在运河边形成了水陆联运站，而那些地方最终形成了一个铁路枢纽。每户农民都发现他们自己深深地卷入了一个巨大的社会和经济关系网中。分工和专业化进一步发展，有专业才能的人以及具有特定用途的土地通过产品和货物进行交换。这种得自贸易的利益表现为更富足和安全的物质生活以及 246
相伴而生的不断深化的社会生活，而后者激发了美国乡村和市镇的奋发精神。倘若我们能考虑到，这里实际上是一个以个体为中心的个人主义与强调集体观念的家庭意识相融合的另类结合体，我们也就不难想象，那些商人的发明，诸如货币、信用以及通过货币计算的交易，为什么能迅速地被用于处置耕地。货币的魔力，正如同语言一样，在于它的交流作用，它沟通了不同物品在用途上的特殊性、有限性和短暂性，为它们找到了交换的基础。从新英格兰到加利福尼亚，几乎每个边疆地区都经历了这样一个过程，即从最初的基于互惠原则的礼尚往来渐渐转化为对于他人的帮助（如帮助收割或提供住处和必需品）给予相应的报酬，而这种变化引出了人们对于特定形式的信贷、银行以及区域货币（钞票和硬币）的需求。乡村银行随即崛起，充当着一个合理可靠的兑换中介，成为农场主以及他们的能源、资源和远近市场的重要中间人。

在东海岸，这种变化即便是在殖民地时期也很显著。威尼弗雷德·罗滕伯格(Winifred Rothenberg) 指出，马萨诸塞的农民积极地活跃在市场上，寻找着那些为自己的产品出价最高的买主，即便这些人距离他们较远。这就导致价格在不同市场上的差异迅速缩小。[7] 康涅狄格州的农场主们同样关注市场的机会，宾夕法尼亚州切斯特县的大部分农场主的产出平均比他们自身和农场需要的产出超出 40%。[8] 亚历克西斯·托克维尔在 19 世纪 30 年代精辟地指出：“几乎所有的美国农场主都把农业和贸易结合起来,他们中的大多数甚至把农业本身看成贸易。”[9]到了 19 世纪 50 年代，
247 纽约州农业协会会长霍雷肖·西摩 (Horatio Seymour) 告诉那些农场主：对于任何一种价格低于自己生产所需成本的产品，农民都应当用货币去购买它而非自给自足，这才是他们的利益所在。他们不可能承担诸如衣物、家具、农用工具等完全自制的成本，因此他们通常购买日常消费品而去生产那些在市场上具有成本优势的产品。时间和劳动力变成了金钱，再也不可能用于出借和物物交换了。农场不再仅仅是为了维持农场主的生存，而是为了产出资本，因此需要投资对它们进行改进。[10]

耕种变成了一个行业而不再是一种生活方式。《草原农户》(*The Prairie Farmer*) 告诉它的读者们：“农业，同其他行业一样，最好是细分和专业化。每个人都去种那些最适合他的土壤、技能、气候和市场的农产品，并用获得的收益去购买所需的其他生产或生活用品。”[11]

当西部的谷物和畜类开始与东部市场形成竞争时，那些东北部的农场主感到了自己正处于不利地位，他们耕种着那些生产率较低而价格又偏高的土地。结果东部谷物种植地大面积减少：最先是新英格兰高地和纽约，因为那里的生产率尤其低下，然后是中部大西洋沿岸诸州的谷物产区。那些仍在从事农业生产的人们不得不重新选择种植品种，既要考虑到土地的适用性，又要兼顾需求，同时还必须选择那些相

对内地具有竞争优势的农产品。这就通常意味着最好在城市的周边从事奶制品、蔬菜、水果和其他类似农产品的生产。数千人都进行了这种转产，特别是在那些还没有冷藏运输的年头里。相对于西部农场出产的农产品，这些农产品是土地和劳动密集型的。东北部的农场主不得不接受这个现实：对于他们来说，要获得与西部农场相等的收益，必须投入更多的劳动和更长的劳动时间。或者，他们可以选择去种些干草之类的东西，做个兼职农民。除此以外，只有搬到西部去或者彻底脱离农业生产。

乳品成了新英格兰和大西洋中部地区的农场主关注的焦点。在 19 世纪初，大多数农场生产的牛奶和乳品，数量非常有限，仅仅是为了满足家庭的需要。后来人们渐渐用那些吃不完的奶酪和黄油在附近的农村和城市里交换其他物品或者出售。这些在市场上销售的奶酪和黄油是有差别的，在很大程度上，是根据它们出产的农场来区分的，这其中个人声誉是非常重要的，并且被小心地保护起来。那些质量差的 248
产品，无法在本地找到市场，只好收集起来，运往那些较大的城市，贴上诸如“奥兰治县黄油”或者“赫尔基摩奶酪”之类的标签。[12]

在波士顿、纽约、费城和华盛顿以供应城市牛奶为主的牛奶场区成型之后，第一次乳品专业化出现了。在离城市较远的地方，黄油和奶酪的生产繁荣起来，纽约和佛蒙特州成了早期这些产品的商业中心。正如铁路在西部农业发展和商业化中起到了重要作用一样，它在乳品加工业的发展和扩张上发挥了不容小视的作用。到 1860 年，在诸如波士顿、纽约和费城这样的城市，方圆 60~70 英里范围内的农场已在向城市消费者提供液体牛奶了，而距城市更远的农场则专门从事黄油和奶酪生产。[13]

牛奶和其他乳品成了北部农场主获利的支柱性产品。因为城市对它们需求旺盛，在没有发明冷藏车厢运输之前，远距离的运送是不可能的。乳品加工业通常雇用那些待在家里的人，而非全职人员。祖父母、孩子和妇女是生产的主力军。那些生产技术，特别是制作黄油的工艺是众所周知的。生产的发展和储藏技术的进步推动了冬季生产的扩张以及土地使用量的减少。乳品加工业随即成为农业利润的主要来源，特别是在东北部地区。

如果不进入乳品加工业，另一个选择就是生产像蔬菜这样易腐烂的其他作物，或者那些使用土地少、农业技术含量高的产品。理论上讲，一个东部农场，如果饲养家畜，种植易腐烂的作物，并拥有青贮饲料和优良技术，则可以抵御来自开放、多产的西部的冲击。

随着东部农场主转向种植那些有区域优势的作物，他们倾向于从事那些资本密集型、劳动密集型和具有高回报率的农业生产活动。一些农场主尝试用化学肥料和
249 作物轮种计划来节省肥力下降的土地。不过，我们也不应该过于重视农场主的这一举动。在美国内战之前，有关资本密集型的科学务农尚不怎么为人所知。同时我们也没有大量的证据显示“节省土地”技术是有利可图的，因为开垦西部的处女地是容易并且低成本的。面对西部农业的扩张，东部主要通过转而生产那些自己仍有“比较优势”的农产品来应对。

虽然美国内战似乎中断了市场统一的进程，但是很多证据表明，随着时间的推移，市场价格差别缩小了，波动越来越同步。即无论对于劳动、资本还是产品，国内或国际市场愈加一体化了。随着扩张的铁路网补充并最终代替了大部分河流和运河的运输，中西部农场主更加接近东海岸以及海外的消费者了。东海岸消费的谷物总是大于本地的产量，而这个缺口长期依靠中西部的农场弥补。但是，从 19 世纪 50 年代开始，中西部谷物市场扩张到了海外，欧洲对美国农场主谷物的需求不断增加。起初，在克里米亚战争时期，外国需求的增加驱使谷物价格上升，不仅美国的供给扩大了，世界其他地方的供给也增加了。这些变化对中西部的经济产生了深刻而复杂的影响。

虽然那时的农场主和现今不同，总是生产多种作物和饲养多种家畜，但中西部以及西部的农场主还是迅速地占领了小麦和玉米市场 (见图 6–1 和图 6–2)。根据尼克·哈利 (Knick Harley) 的估计，1875—1879 年，东海岸地区的农场主只生产了该地区所消费的小麦数量的一半；到 1910—1913 年，东海岸地区小麦产出与消费之比下降到了 23%。而东北中部诸州小麦的产量是消费量的 2 倍还多；西北中部诸州小麦的产量是消费量的 2.5 倍。到了 20 世纪初期，西北中部诸州小麦专业化生产的发展使其剩余小麦达到自身小麦需求量的 3 倍以上。[14] 结果导致中西部小麦的出口激增，它不仅能够供应东海岸，而且满足诸如英国等国家日益增长的需求。它的出口量在
250 1870—1892 年增长了 4 倍，加入了加拿大、澳大利亚、印度和阿根廷向世界出口小麦的洪流之中。[15]

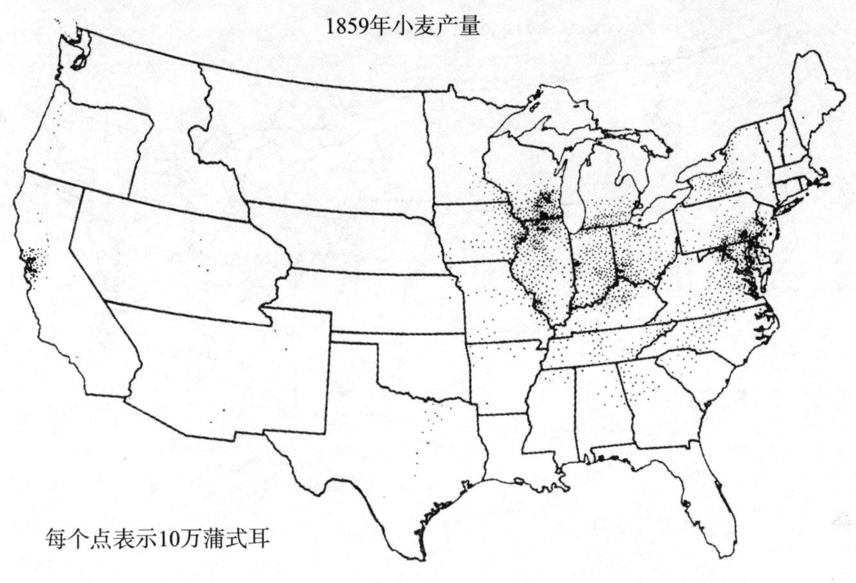

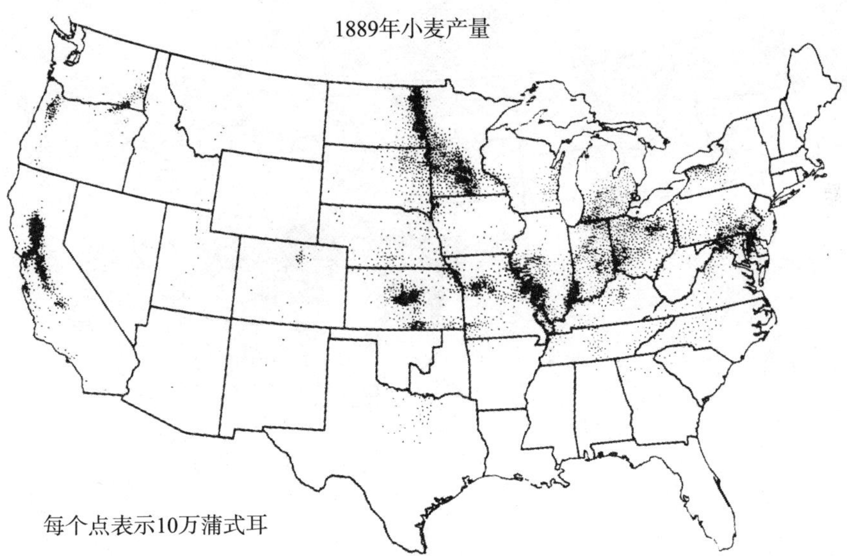

图 6–1　小麦的产地分布

资料来源：Charles O. Paullin，*Atlas of Historical Geography* (Washington，DC，1932)，Plate 143.

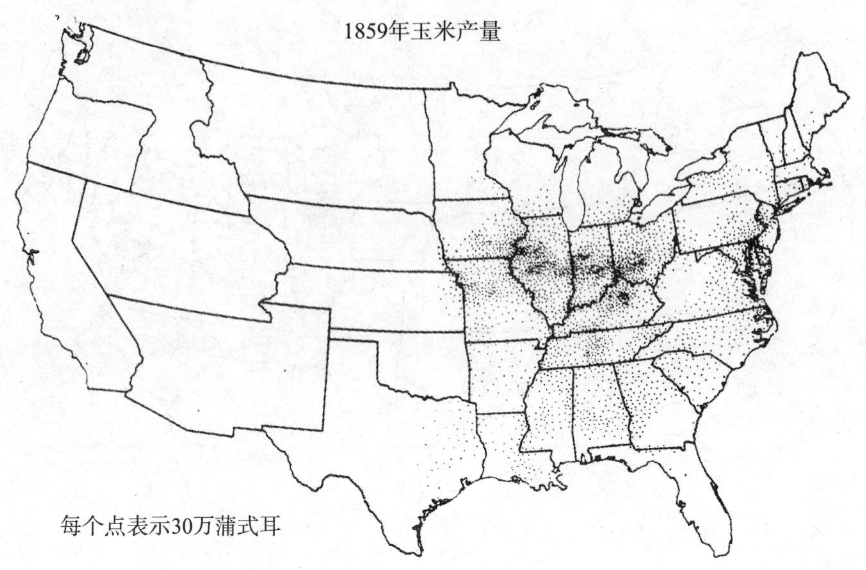

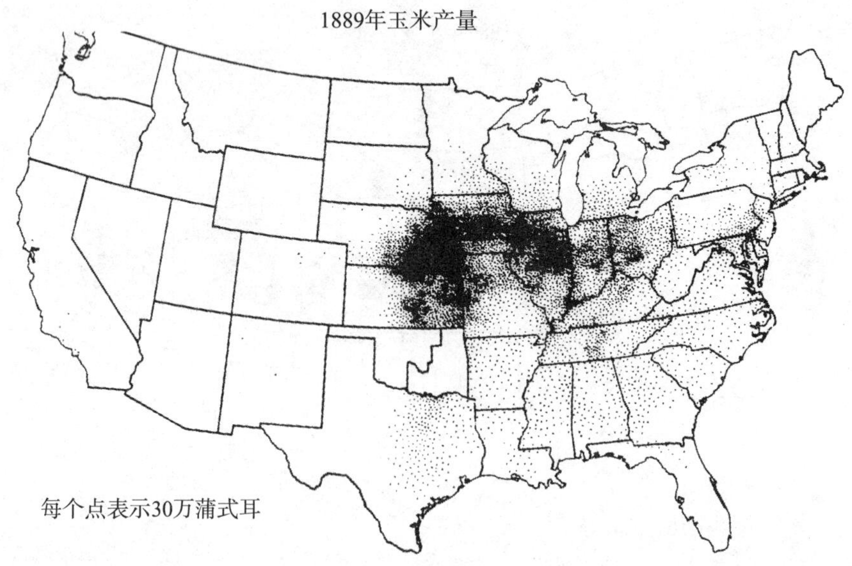

图 6–2 玉米的产地分布

资料来源：Charles O.Paullin，*Atlas of Historical Geography* (Washington，DC，1932)，Plate 143.

随着运输成本的降低，农场主可以供应更大范围的市场。1852—1856 年，1 蒲式耳小麦从芝加哥到纽约的运输成本是 20.8 美分。到了 19 世纪 80 年代初，为 8.6 美分，而到 1910—1913 年，运输成本削减到 5.4 美分。而且，用蒸汽和钢铁代替风帆和木头使得运输成本从美国内战后的每蒲式耳 14.3 美分下降到了一战前的 4.9 美分。结果农场价格和市场价格间的差距急剧缩小了。例如，在 19 世纪 50 年代早期，2 号小麦在芝加哥的价格只有在利物浦的 46%，但是到 1880—1885 年，芝加哥的价格已经是在英国售价的 84%了，而到一战前夕，两地的价格基本上一样了 (见图 6–3)。[16] 运输费用的降低削弱了原来分散的市场对农场主们的保护，增加了不确定性。农场价格可能会上升，但是农场主将在一定程度上失去分隔的市场给他们的收入带来的保障。在早些时候，农场主可以依靠高价格来抵消地区的低收成，但是当市场一体化之后，价格更多反映了全球供给状况而非地方收成。相反，整个市场的价格是由 253
那些农场主看不到的市场决定的，是受那些他们不认识的人影响的。他们的命运开始与布宜诺斯艾利斯 (Buenos Aires)、墨尔本，或者芝加哥、堪萨斯城的经济形势联系起来了。

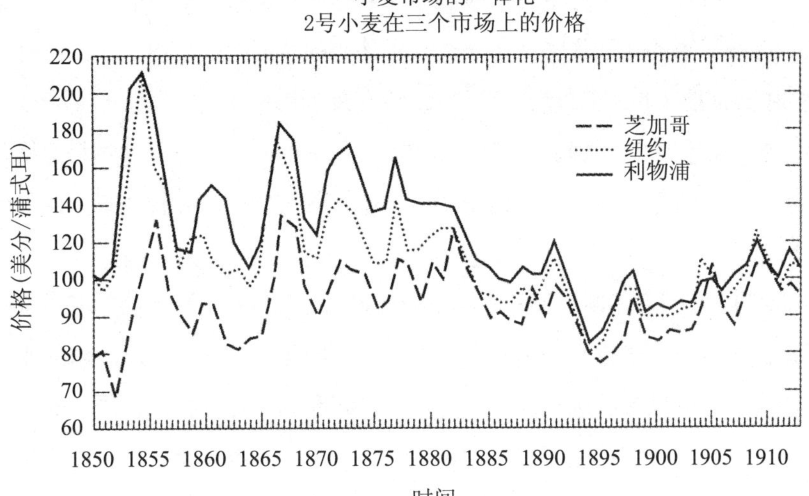

图 6–3 小麦市场的一体化：芝加哥、纽约和利物浦三地的 2 号小麦价格

资料来源：C. Knick Harley，“Transportation，the World Wheat Trade，and the Kuznets Cycle”，*Explorations in Economic History,* 17(1980), 246-247.

在那些价格较高而铁路网密度较大的地区，农场主会迅速做出反应，增加小麦的产量。据哈利估计，在 6 年内，农场主将扩张定居区并增加耕地面积，所增加的耕地面积足以消除小麦的实际产量与期望产量之间差距的一半。[17] 但杰弗里 · G. 威廉姆森 (Jeffrey G. Williamson) 认为，在 19 世纪 60 年代晚期到 70 年代早期，造成西方贸易条件恶化的是出口需求的滞后而并非供给的增长，这引起了第一次中西部农场主的抗议。[18]

美国的生产者在 1870 年后的欧洲市场上确实占有一定的优势，同时这里还有来自世界其他大平原如俄国、阿根廷、澳大利亚和加拿大的大农场的竞争者。所有这些地区的地形都有利于用马作为牵引工具的机械设备。马可以用于拉犁、耕田机和收割机（包括大型的联合收割机），并且只需要用谷物或干草（这些同样不需要手工收割和种植）喂养。在这些广袤的土地上，他们用于提供动力的东西恰恰就是用于生产出口产品的工具，因此那里的资本结构得到深化。当草原上用联合收割机收集家畜饲料成为可能后，上述技术优势便得到了加强。

到 1850 年，在中西部，甚至还有那些边境地区，都经历了驱逐饲养猪，让它们以森林为生的过程。一条自俄亥俄中部向西到达内布拉斯加平原的谷物—肉猪带俨然形成。开阔平原的比较优势在于小麦，再往西的草原则是牛肉。铁路将磨面及屠宰中心、中西部地区和东部市场联系起来，而后者利用那些土地实现了生产的专业化：小麦带（通常位于混合农业地区的边缘）和牛羊带。家畜一般在一些饲料价格几近于
254 零的地方饲养，然后被向东转移到一些中部城市的农场，用谷物催肥，接着被送往城市市场宰杀。

19 世纪 60 年代，不断发展的欧洲工业区的需求和发现这种机会的城市资本，左右了美国的国内市场。但它既不稳定也不可靠，因为它不取决于总需求的变动，也不跟世界市场上的供给状况相联系，而且会遇到欧洲各种奇特保护措施的限制。但在 1900—1914 年，世界体系还是运作良好的。欧洲中部和南部的农民纷纷移居到欧美工业区的农业市场。美国的中部和西部成了世界另一个粮食出口区。同时英国充足的资本运动促进了金本位制下的国际贸易。

对于美国农民来讲，美国国内与国际市场的不同点在于美国对欧洲制造产品实行关税，以及相对于外国的购买力，美国工业产品出口对农产品出口的竞争。一战期间，欧洲内部谷物贸易的中断加剧了他们对于美国农产品的需求（尽管德国使用潜水艇百般阻挠）。这迅速反映在美国平原小麦耕种面积的增加上。

尽管地理上的分工和大量种植体现了一种地区的专业化，比方说出现了“玉米带”（当然还有其他诸如乳品带、牛肉带或小麦带之类的生产带），但是 19 世纪的北方农业仍然具有很强的多样性。农场主们虽然增加了对特定作物的种植份额，但他们也会考虑使自己的种植品种更为多样化。虽说东部一些原本荒废的土地又被利用

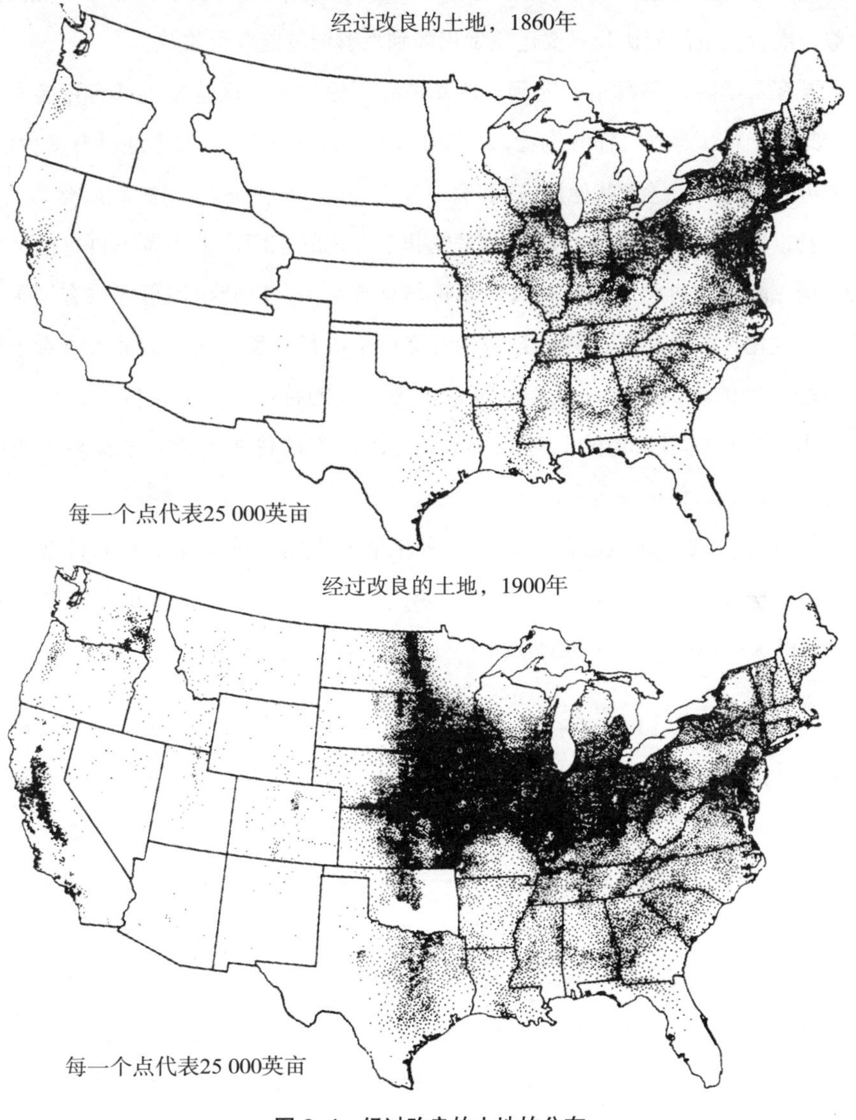

图 6–4　经过改良的土地的分布

资料来源：Charles O. Paullin，*Atlas of Historical Geography* (Washington，DC，1932)，Plate 144.

起来，但中西部和西部改良土地的面积仍然扩大了(见图6–4)。此外改良土地的面积在总耕地面积中的比重有所增长。这种变化以及土地边际生产力的提高，使总产出增加了。

运输费用的降低使得农场主可以根据自己特定的土壤结构选择种植适合的作物。从一开始，“国内改进”的压力源于农场主出售其自然剩余的要求，这可以使他们获
255 得收益，或者说是他们认为只要运输费用降到足够低就能获得收益。

只要在灵活的铁路线路所能到达的草原和平原地区，这些要求都有可能得到满足。因此像干草和燕麦这样的作物，原本由于体积大价值低，在原产地没有多少市场，但而今可以把它们运送到其他地方获利。[19]

随着市场的拓宽，贸易变成了越来越非个人化的东西。生产者不再自己拿着产品去市场上卖，不再给它们贴标签，不再与买者交流，因此也不再提供有别于其他农场的个性化产品。相反，谷物被送到升降机上进行分类，接着被放入成百上千的其他农场生产的产品中去，从而永远地丧失了它的特性，变成了同质供应中的一部分，出售到那些不认识的、对产地不关心的远方消费者手中。至此耕作变成了生意。

19世纪末，农民所关心的农业从一种生活方式向一种商业生意的转型在美国表现得最为突出。下面我们来看看1902年由中西部农民组织成立的美国公正协会(American Society of Equity)的纲领：

> 第一，实现让所有农产品(包括谷物、水果、蔬菜、原料和其他类似的产品)有利润的价格。第二，有优势的购买。第三，确保在运输、仓库储藏等方面获得相同的费率。第四，各种保险。第五，确保有关农业利益、新市场开发和旧市场拓宽的立法。第六，设立对农民及其子女进行教育并推动农业进步的机构。第七，耕种报告以及保护新种子、谷物、水果、蔬菜等。第八，改善我们的公路运输。第九，灌溉我们的土地。第十，在国外建立类似的协会或者团体，如俄国公正协会等。第十一，抵制市场上的假冒伪劣产品。第十二，促进社会交流。第十三，通过法庭外手段解决争端。[20]

除了第十二条，很难再找出一个比它涵盖范围更广的农业商业化的日程。

然而，从为自身需要而进行的内向型生产，也即孤岛式的家庭经济，转向在价 257
格机制的指导下，为满足日益增长的外部需求而进行的生产，这个过程并不是那么平稳和简单。农场主们发现，事实上不可能将家庭和商业企业完全区别开来。市场带来了新的机会和挑战，同时也带来了原来没有的失望与挫败。

生产力的提高

市场极大地促进了农业生产率的提高。据估计，全要素生产率每年提高大概 0.5 个百分点，在整个 19 世纪提高了约 2/3 的水平。也就是说，用相同的土地、劳动和资本数量，1900 年的农业总产出平均要比 1800 年增加 2/3。[21] 然而全要素生产率增长的速度在整个 19 世纪里也不是一成不变的。据托马斯·韦斯估计，1860 年之后的 20 年是生产率增长最快的时期，其中美国内战的 10 年中每年的增长率是 1.38%，而这 20 年的平均水平是每年 0.91%。增长最慢的时期是 19 世纪最初的 20 年 (见表 6–1)。[22] 虽然在 19 世纪二三十年代美国的农业向中西部更为肥沃的地区延伸，但是在这段时间内农业技术并没有显著提高。相反在南北战争及其之后的时期，机械化推进得很快，最好的耕作技术被系统和有组织地传播。北方全要素生产率的增长率可能比这些数据显示的还要迅速，因为它并不面临由黑奴解放造成的要素间关系的根本
变化。生产率的增长速度在 19 世纪 70 年代放缓了，但到了 80 年代，又继续攀升。 258

表 6–1　1800—1900 年美国农业年均全要素生产率的增长率 (从开始年份到结束年份)

结束年份	开始年份									
	1800 年	1810 年	1820 年	1830 年	1840 年	1850 年	1860 年	1870 年	1880 年	1890 年
1810 年	0.29									
1820 年	0.14	0.00								
1830 年	0.16	0.09	0.19							
1840 年	0.21	0.18	0.28	0.36						
1850 年	0.20	0.18	0.24	0.27	0.18					
1860 年	0.30	0.30	0.37	0.43	0.47	0.76				
1870 年	0.45	0.48	0.57	0.67	0.77	1.07	1.38			

续前表

结束年份	开始年份									
	1800 年	1810 年	1820 年	1830 年	1840 年	1850 年	1860 年	1870 年	1880 年	1890 年
1880 年	0.45	0.47	0.55	0.63	0.69	0.86	0.91	0.45		
1890 年	0.47	0.49	0.56	0.63	0.68	0.80	0.82	0.54	0.63	
1900 年	0.49	0.51	0.57	0.63	0.67	0.77	0.77	0.58	0.64	0.51

资料来源：Thomas Weiss，“Long Term Changes in U.S. Agricultural Output per Worker，1800 to 1900”，NBER Working Paper Series on Historical Factors in Long Run Growth，No.23(1991)，table 4B.

韦斯对有关生产率增长估计的修正，与卢米斯 (Loomis) 和巴顿 (Barton) 估算的生产率在 1870—1910 年增长了 32%的论断是一致的。同时与约翰·肯德里克 (John Kendrick) 的估计也并不相左。肯德里克估计 1889—1899 年农业部门的年均增长率为 0.7%，相比较而言，非农业部门的增长率为 1.7%。农业总的生产率的增长可能并没有工业部门那样迅猛，但是它确实保持了一段很长的时间。此外，它更多的是通过设立农场的形式实现资本的广化，而并非在农业面临不适宜的土地、地形和气候的新挑战后，通过对农场的改进来实现资本的深化。

19 世纪，以每英亩产量来衡量的农业土地生产力，对于很多农作物来讲，变化不大，很大一部分原因是土地，特别是在西部诸州，并不是大多数农场主最想有效利用的资源。实际上，开荒后初次的产出往往要比那些由于反复耕种而肥力下降的
259 土地高得多。一些较好的农场主用动物的粪便来增加土地的肥力，而更为先进的一些人将豌豆等固氮作物犁入土地，作为肥料，但是大多数人基本上不对土地做任何维护，更别说去提高土壤的质量了。对土地做重大的改良是将近一个世纪之后的事情了，那时候化学肥料、杂交种子、灌溉和各种各样的科学技术得到了广泛的应用。

19 世纪中叶，小麦的平均产量是每英亩 10~13 蒲式耳，但有技术的农场主的产量可以达到它的 2 倍。玉米的平均产量是每英亩大约 30 蒲式耳，具体到不同的土地，产量则是每英亩 25~60 蒲式耳。[23] 与土地相对稀缺的欧洲比较，美国的每英亩产量是偏低的。[24] 虽然在 19 世纪里，一些小粒谷类作物通过精细的育种，被栽培出来，但是只要在土地充足、劳动力又相对稀缺的情况下，农场主就没有多少动力去花费时间和精力提高土地的生产力。

家畜产品的产量也有所上升，主要是因为对特定品种家畜的精心喂养使得产量更加稳定。另外培育技术的改进也是原因之一。这种种变化的动力是经济利益，但是它们并不像机械化那样具有戏剧性。相反，它们是一个渐进、缓慢的变化过程，并没有那么壮观的场面。据弗雷德·贝特曼估计，全国范围内，平均每头牛每年的产奶量从 1850 年的 2 371 磅上升到了 1900 年的 3 352 磅，增长了大概 40%或者大约每年增长 0.75%。[25] 然而这种增长其实夸大了北方的改进，虽然 1850 年北方奶制品的产量要比南部高很多。以路易斯安那州为例，每头牛的年平均产奶量在 19 世纪的后半叶增长了 8 倍，但即便是这样，到 1920 年那里每头牛的年平均产奶量也只有 2 100 磅。在北方诸州，1850 年时俄勒冈和密苏里两州年平均产奶量最少（分别是 1 011 磅和 1 480 磅）；纽约和佛蒙特两州年平均产奶量最高（分别是 4 511 磅和 4 498 磅）。到了 1910 年，密苏里州年平均产奶量已经增长到 2 400 磅，而其他北方 260
诸州的年平均产奶量一般都超过了 3 000 磅，其中华盛顿州最高，达到了每头牛每年平均产奶 4 849 磅。[26]

土地并不稀缺，但劳动力非常稀缺，因此美国的农业想尽办法节约劳动力。结果是农业劳动生产率提高得非常迅速，特别是在开始机械化的时候。罗滕伯格关于马萨诸塞农场折合成物价指数的工资数据，显示了 19 世纪上半叶在一个并不以发达农业著称的地区，实际工资增长了 40%。[27] 对于 1840 年之后的整个北方，帕克和克莱因 (Klein) 搜集整理的材料显示，一些特定作物的劳动生产率以一个更快的速度提高，小麦的劳动生产率提高了 4 倍多，玉米提高了 3 倍（见表 6–2)。以生产 1 蒲式耳小麦的劳动时间为例，据估计它从 1840—1860 年的 2.96 小时缩短到了 1900—1910 年的 0.71 小时。这个比率比帕克和克莱因估算的整个国家的数值要低一点，因为他们排除了南方，1840 年南方的生产率水平大大落后于整个国家的平均水平。如果产量维持在 1840—1860 年的水平（指数 i_2) 上不变，地区份额保持不变（指数 i_4)，以及机械化没有改变收割前、收割时和收割后各种活动所需要的时间（指数 i_3)，或者合并这些变化中的任意两种，我们便可以根据帕克和克莱因的方法，估算出 1900—1910 年 1 蒲式耳谷物所需要的劳动时间。机械化大大提高了劳动生产率，比如改进了的犁使耕作更充分，用条播机可使种子分布得更好，用收割机可使收割更快捷更轻松，而以蒸汽为动力的打谷机则使打谷更加充分，1840—1910 年劳动生产率增长中的 1/2~2/3 都可归因于机械化。这些机械设备不仅减轻了原来非常沉重的劳动负担，而且减少了每项任务要求的工人人数和工作时间。如果孤立地看西进运动和机械化，那么它们各自的贡献是微小的，最多只能说明劳动生产率提高的 26%。
261 但是如果将这两者结合起来考察，则它们对于劳动生产率提高的贡献几乎是 100%。

表 6–2　东北部、中西部和西部受地区变化、地区产量以及每英亩土地的劳动投入影响的劳动力需要量

指数 (i_n)	期间			劳动力需要量（小时）每蒲式耳			生产率指数 ($\frac{指数_1}{指数_n}\cdot 100$)		
	地区份额	产量	收割前、收割时和收割后的劳动力	小麦	燕麦	玉米	小麦	燕麦	玉米
i_1	1840	1840	1840	2.96	1.27	2.51	100	100	100
i_2	1840	1910	1840	2.68	1.28	2.36	110	100	106
i_3	1840	1840	1910	0.97	0.55	1.30	307	233	193
i_4	1910	1840	1840	2.85	1.16	1.99	104	110	126
i_5	1840	1910	1910	0.86	0.54	1.21	344	234	207
i_6	1910	1840	1910	0.75	0.35	0.83	394	359	303
i_7	1910	1910	1840	2.69	1.22	2.03	110	104	124
i_8	1910	1910	1910	0.71	0.37	0.83	419	340	302

资料来源：Calculated from William N. Parker and Judith Klein, "Productivity Growth in Grain Production in the United States 1840—1860 and 1900—1910", in Dorothy S. Brady (ed.), *Output, Employment and Productivity in the United States after 1800*，Studies in Income and Wealth，vol.30(New York，1966)，532.

19 世纪后期，在东北部和中西部，奶制品业的劳动生产率实际上反而降低了，虽然它在量上是西部的 2 倍。据贝特曼的估计，东北部每人每小时的牛奶产出从 1850 年的 43 磅下降到了 1910 年的仅 29 磅，而中西部则从不足 32 磅跌至不到 24 磅。但在西部，每人每小时的奶制品产出从 15 磅增加到了 1910 年的超过 30 磅。能有这种非同寻常的劳动生产率的增长，与更为精细的喂养和食物调理技术的改进以及法律上更为严格的卫生要求有着很大的联系。特别是在寒冷的地区，需要更多劳动力投入才能换来奶制品产量的适度增长。[28]

虽然奶制品业的劳动生产率没有提高，但是总的影响并不是很坏。从事奶制品 262
生产的主要是妇女和孩子，因此当市场对牛奶和其他奶制品的需求增加时，农场主们只要把那些储备的劳动力大军调出来即可增加产量。虽说那些上年纪的妇女以及幼小的孩子从事繁重体力劳动的机会成本几乎为零，但是他们对牛奶、黄油、奶酪的生产贡献是极大的。因此农场作为一个经济体，在增加它的食品产出的时候并没有增加多少实际的劳动成本。[29] 如果说有成本，也仅仅是使一些过去没有工作的家庭成员失去了消遣娱乐的时间。

劳动力

在 19 世纪，美国充足的土地资源使得耕作向广度而非深度发展，农场主们对于土地的生产力普遍不怎么关注，与此相反，他们积极地推动工业化来节省相对稀缺的劳动力资源，特别是在栽种和收割等农忙季节。考虑到地理上的迁移以及农业阶梯上的向上流动，雇工不仅很难找到，而且更难留住。这种劳动力供给的约束限制了农场的规模但是促进了大家庭的存在和节约劳动力的机械的发明。只要 1 英亩小粒谷类作物还需 2 个壮劳动力 2 天的时间进行收割，农场主种植庄稼的数量就必然会受到限制。因为收割必须在大约 2 周内完成，如果超过了这个时间段，谷物的穗会散开掉落到地上，所以任何一个农场主都不敢冒险让一个雇工种植超过 7~10 英亩的小粒谷类作物。

一个解决方案是保有一个大家庭。那个时代的人以及历史学家、人口统计学家无一不反复提及，在西部，家庭变得越来越大，因为大家庭意味着可以利用更多的土地。一个叫 Chevalier Felix de Beaujour 的法国领事这样写道：

> 在美国，多生孩子要比在我们法国更为必要，因为在土地广袤的美国，
> 居民为了生活得更富足，会选择早些结婚，人们的种种想法没有一项是阻 263
> 止繁衍的。在这片肥沃的土地上，孩子们大量出生，其速度不亚于昆虫的繁殖。[30]

东西部农业家庭生育率的差别也是非常显著的。据阿塔克和贝特曼的估计，19世纪中叶，中西部地区城市非农业家庭的生育率和东部基本上持平，但是这两个地区农业家庭的生育率，则要相差1/3强。[31] 理查德·A. 伊斯特林从遗产动机的角度来解释这种差别：农业家庭希望给予每个孩子一个与其父母相同的开始。在东部，高昂的土地价格使那些大家庭无力实现这个目标。即便是在那些土地价格并不昂贵的地方，如果土地不紧密相连，也会导致家庭解体或者田产的分割，而分割后的土地可能因为过小而变得不经济。因此东部农业家庭一般会限制他们的人口数量。但是在中西部特别是边疆地区，则是另一种情况，只要开始的时候多买一点，就可以获得廉价且相邻的土地，因此他们也就没有什么动力去节制生育。[32] 同时，在西部用许诺遗产的方式来要挟和留住孩子们的力量非常有限，因为那里的土地相对廉价。

其他的人，比较有名的如戴维和森德斯特罗姆 (Sundstrom) 以及兰塞姆 (Ransom) 和萨奇 (Sutch) 从养老保障的角度来解释这种差别。在家里父母年老的时候可以得到孩子们的照顾。然而随着城市就业机会的增加，越来越少的孩子留在年老父母的身边了，子女的失职导致生养一个孩子的相对价格提高，因此，与西部相比，东部的父母生养的孩子较少。[33]

考虑到有很多工作需要做，比如说拓荒、建立农场、耕种作物和喂养家畜，通
264 过扩大家庭的规模来缓解边疆地区劳动力缺乏的策略看来是管用的。此外，农业劳动力可以通过资本和土地改良来创造价值。甚至是在市场上对于作物没有需求或者需求有限的时候，农业劳动力还可以通过多饲养牲畜来创造价值。然而，李·克雷格 (Lee Craig) 的研究表明，在那些新近开发的居住地，孩子们能带来的经济利益是非常有限的。[34] 因为他们没有足够的体力去从事那些非常繁重的劳动，如拓荒、挖井、造房子、建围栏。一旦一个地区经过了这个阶段——10年或者安顿下来之后——孩子们就成为一种经济资产发挥作用，他们可以帮助饲养家畜，除杂草以及收割庄稼。在东部，农业是一种劳动密集型产业，这是人们没法选择的，妇女、孩子，甚至幼童都是非常有价值的。[35]

另一个更为直接的解决劳动力紧缺的办法是机械化和种植作物多样化，不同的作物有不同的劳动力需求的高峰时节，因此种植作物的分散化可以缓解劳动力紧缺的压力。举例来说，玉米和干草还有小粒谷类作物混种，可以在4月到11月间分散

工作量：干草通常在小粒谷类作物之前收割，而后者一般是在玉米之前收割（见图 6–5 和图 6–6）。

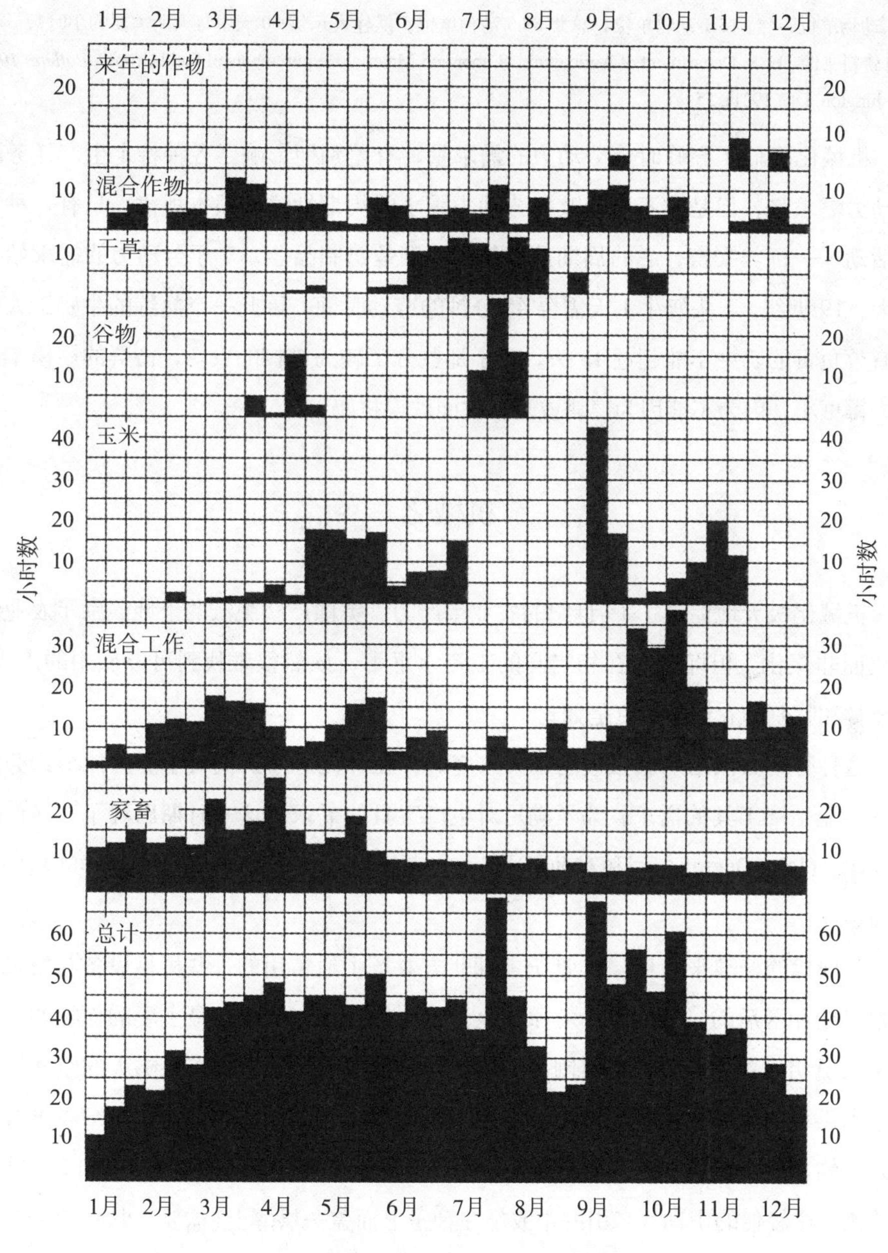

图 6–5　艾奥瓦州一个农场所需的务农时间

说明：这个农场种植的作物如下。青贮玉米：28.4 英亩；玉米穗：69 英亩；熟玉米：5.75 英亩；燕麦：6.1 英亩；大麦：15.88 英亩；春小麦：4.7 英亩；冬小麦：17 英亩；苜蓿：13.2 英亩；梯牧草 (timothy hay)：19.3 英亩；梯牧草种子：17.5 英亩；紫花苜蓿：9.3 英亩；土豆：3.5 英亩。总种植面积：227.63 英亩。这个农场饲养的家畜如下。马：14.1 动物单位；母牛：6 动物单位；小公牛 :24.2 动物单位；种牛：28.1 动物单位；猪：15.1 动物单位；总共 88.5 动物单位。黑柱表示每 10 天中每天所需要的小时数。

资料来源：U. S. Department of Agriculture, "Labor and Material Requirements of Field Crops", *Bulletin 1000* (Washington, DC, 1921), 55.

机械化降低了高峰时节劳动力的需求量，有差别地影响了各种特定生产任务的劳动力需求量，但是它不可能改变劳动力需求的周期性这一根本规律。只有一种农业活动——饲养家畜，它的周期是一年。特别是奶制品业，对于劳动力的需求始终很大。19 世纪，1 头奶牛 1 天需要 45 分钟的劳动时间，因此一个熟练的牛奶工人能够有效负责的奶牛不能超过 13 头。对于那些分工较为模糊的农场，畜群的规模不得不缩得更小，因为不能因为春耕或夏秋收而耽误挤奶。

机械化

机械化极大地促进了 19 世纪的农业生产力。美国广阔肥沃的土地鼓励了农业的
265 广化而非深化。但即便是在相当高的工资水平下，依然很难找到可以雇用的工人，在播种和收割的农忙季节更是如此。

这种劳动力供给的紧张鼓励了大家庭的存在并促进了人们对于那些能节约劳动力的农业生产工具的需求。为了满足对生产工具的需求，这一时期出现了许多像约翰·迪尔 (John Deere) 公司和赛勒斯·麦考密克公司 (Cyrus McCormick) 这样的新兴制造商。

以现代的标准来衡量，19 世纪前期北方农场主通常用的那些机械设备与技术是非常粗糙和落后的。我们以小麦和其他一些小粒谷物这些战前最主要的作物的种植为例来说明。首先，要把土壤刨得足够松，以便播下种子，并有足够大的空间用来排水和供根的生长。这项工作由一个用马或者牛牵引的制造简单的木质犁或者有金属外壳的木质犁完成，每英亩需要 6~7 小时。然后人工播种（需要 1 小时 15 分钟），接着用一个轻便的由动物牵引的犁或耙在种子上面盖一层薄土（需要 2 小时 30 分钟）。当庄稼成熟以后，用手摇镰刀把它们割下来，绑成捆（每英亩需要 20 个工作小时）

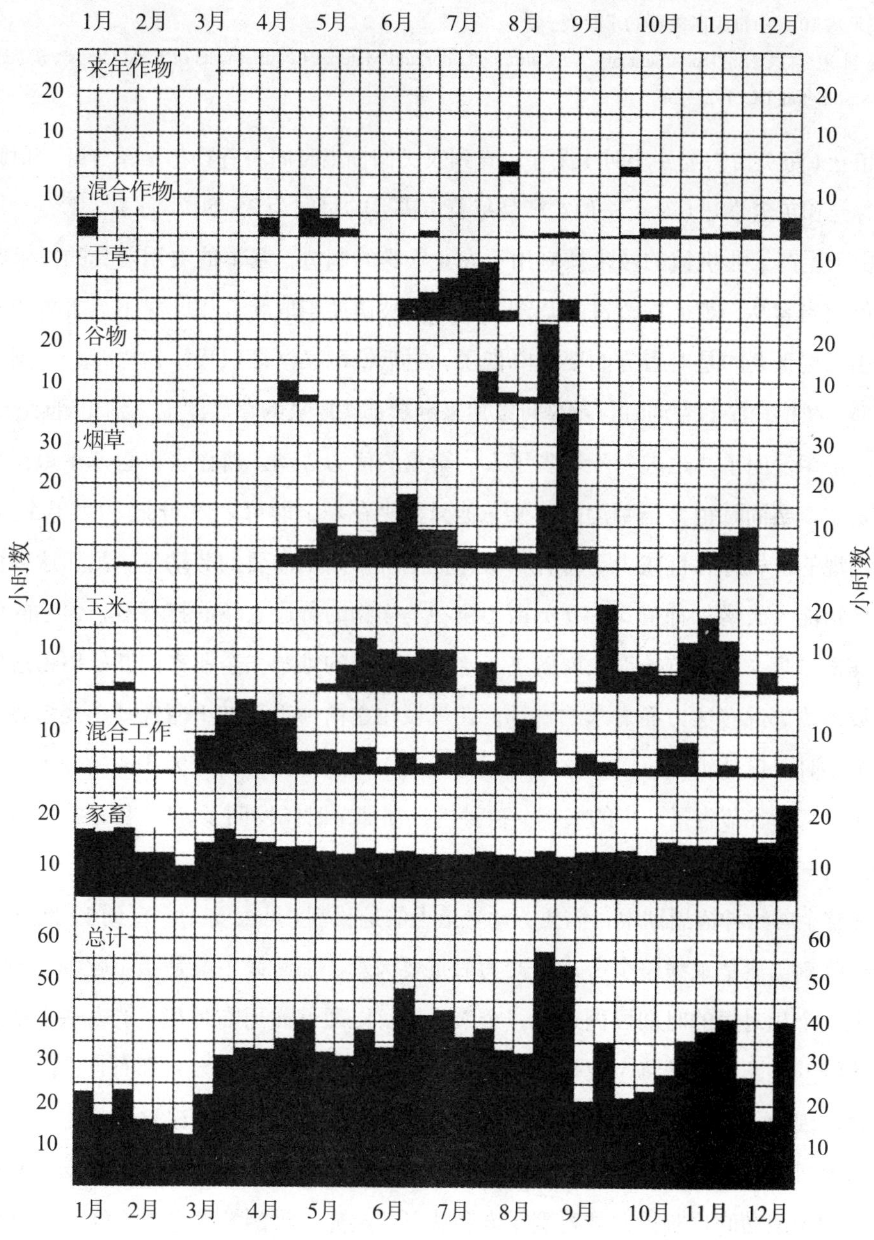

图 6–6　威斯康星州一个农场所需的务农时间

说明：这个农场种植的作物如下。青贮玉米：10 英亩；黍谷：39.8 英亩；烟草：10.6 英亩；大麦：12.5 英亩；燕麦：39.8 英亩；苜蓿：38.8 英亩；紫花苜蓿：3.4 英亩；土豆：1 英亩。总种植面积：143.7 英亩。这个农场饲养的家畜如下。马：5 动物单位；奶牛：19 动物单位；猪：0.8 动物单位；总共 24.8 动物单位。

黑柱表示每 10 天中每天所需要的小时数。

资料来源：U. S. Department of Agriculture, "Labor and Material Requirements of Field Crops", *Bulletin 1000* (Washington, DC, 1921), 56.

放入粮仓（每英亩需要 4 小时）保存。直到农民们抽出时间将谷物与稻草分开，用筛子将谷壳和灰尘分开（对于一种农产品每英亩需要的时间为 25~50 小时）。[36]

由于生产工业机械的技术被应用于农业器具的制造，基本的农用器具的技术改进变得相当容易。最先被改进的是犁。木质犁被铸铁犁取代，相比之下后者更为坚固耐用，更重要的是对畜力的要求降低了。之后钢犁又渐渐取代了铸铁犁，特别是在西部，在挖较深的犁沟时，钢犁可以用来翻起那些厚重的草原泥土。到 19 世纪 60 年代，排犁发明了，这进一步节省了人们繁重的体力劳动。耕作者再也不用跟在犁后面走了，当同时挖多条犁沟的时候，他只需坐在犁上即可。19 世纪 30 年代到 40 年代出现的机械打谷机减少了将谷物从叶秆上打下来所需要的劳动量。虽然这种机械的使用能大大增加种植 30~40 英亩小粒谷类作物的普通农场的打谷量，但它的价格却非常昂贵。不过市场很快就解决了这个经济上的难题，企业家们开始出租这些打谷设备给邻近有这方面需求的农场。在机械化之前，手工打 1 蒲式耳小麦需要大
268 约 1 个小时，但是机械可以将这个时间缩短到 10~12 分钟，费用为 3~4 美分 1 蒲式耳，比手工打谷节省了一半的成本。播种机也在那个时候发明了。[37] 但是挤奶器到 20 世纪才被发明。

在整个谷物种植周期中，需要劳动量最大的是收割（见表 6–3)。直到 19 世纪 30 年代，收割仍然是束缚整个劳动生产力的重要因素。那时候主要是手工收割，而且必须在一个相对短的时间段内进行。个人农场可以通过雇用临时帮手的办法来解决人手不够的问题，但是每个农场都是在这个时间段进行收割，大家都有自己的田需要照顾，因此很难雇用到临时帮手，或者工资会被抬得很高。所以这凸显出马拉式机械收割机的重要性。1833 年奥贝德·赫西公司 (Obed Hussey) 和 1834 年麦考密克
269 公司发明了最初的收割机，并得到了专利认可。起先，收割机卖得并不好，1850 年的销量仅有 3 400 台。但是到了 19 世纪 50 年代早期，销量开始增长。1850—1858 年，共有超过 7 万台收割机被卖出去，截至 1862 年，全美国有 25 万台这种节约劳动力的机器投入了使用。

表 6–3　　从事特定的农业生产活动所需要的时间：手工和机械的对比

	工时	
	手工	机械
每英亩玉米（手工：1855 年；机械：1894 年）		
犁	7.50	2.00
耙	2.50	0.88
种植	4.25	0.67
耕作	10.00	5.00
切割和捆绑	5.00	3.75
脱皮	13.33	5.00
去衣	66.67	0.60
每英亩小麦（手工：1829 年；机械：1895 年）		
犁	6.67	1.00
播种	1.25	0.25
耙	2.50	0.20
收割、打谷、用风选法去壳	43.33	1.00

资料来源：U. S. Commissioner of Labor, *Thirteenth Annual Report (1898): Hand and Machine Labor* (Washington, DC, 1899), Ⅱ, 438-441, 470-473.

手工收割时代，农场主们只能种植较少的小麦。但当小麦价格上涨时，特别是在 19 世纪 50 年代，农场主们扩大了他们的种植规模，有些人开始引入了比手工收割更节省成本的机械收割。[38] 之后这些农场主都采取了机械化收割。但是，如果农场主选择联合而不是单独购买收割机，情况则会变得有所不同。他们这样做了吗？答案似乎是肯定的。艾伦·奥姆斯特德在麦考密克公司的档案中找到了这种联合购买的证据。

农业的机械化是诱人的，特别是对收割而言。一旦农场主掌握了收割机，就再也不愿去经历用手收割的艰辛。早期的收割机一天能收割 12~15 英亩，例如，麦考密克公司的收割机在 1843 年能保证每天收割 15 英亩；到 1849 年能保证在印第安纳以西的地区每小时收割 2 英亩，而在以东的地区为每小时 1.5 英亩。之后，收割机的效率在其发源的四五个地区逐渐趋于一致。[39]

知识的扩散

虽然机械化对生产率的提高起到了关键性作用，但是其他的一些因素也不容忽视，比如说干中学 (learning-by-doing)、对欧洲和本土技术的改进以及学习邻人先进的经验。随着技术的不断进步，生产实践越来越接近理想状态，这推动着农业生产不断地移向生产可能性边界。这些渐进式而非革命式的变化潜移默化地促进着农业
270 的发展。

制度变革、农业试验站、县代理制度、赠地大学法案、农业部、土地银行以及各种各样的农业信贷机构，还有土地处置条例等因素都促进了那些能够提高农业生产率的知识的积累和传播。上百万人带着新的种子和知识从世界各个角落来到这里。由于美国平原的生产条件与欧洲东部基本一样，因而美国吸引了越来越多的移民。此外，通过优胜劣汰、适者生存的自然选择，大自然慷慨地赐予人们相当丰富的资源。当西进运动不断向深处的处女地推进的时候，诸如小麦瘿蚊和锈病等毁灭性的虫灾和疾病，使得那些具有更强免疫能力的物种存留下来。原始森林里的野猪和牛要么适应并存活要么被淘汰。那些很好地适应了环境的物种继续繁衍它们的后代。虽然这并不意味着对生存能力的奖赏，但是它们至少可以在农业还没有充分发展的那些荒凉而气候恶劣的地区再存活下去。

知识通常是农场主自己传播的。那些较为富足的农场主，虽然富裕的程度无法与欧洲的水平相比，但都是声名卓著的革新者，因为任何小的创新都能相应地降低他们的风险。但是多数的创新都是由那些并不富裕的农场主发起的，如果试验失败他们就会陷入经济困境。无论在美国还是其他地方，高度的冒险都会被视为疯狂、愚蠢的行为。但是在那些县政府周围的农村地区，人们相互交流经验、相互借鉴的风气很盛。那些辛勤劳动，受过一点教育，又喜欢聊天和吹牛的人经常聚集在一起谈论农作，他们总是无意识地去实践或检验所谈论的某人的经验，并从中受益。

当地的这种示范性的活动很重要，因为它广泛地分散了高风险，并且使试验活动能迅速地相互交流。这其中农村的社会结构起了很大的作用。仅仅引入一种新的方法并从中获利是不够的，关键是要向邻居们展示这种方法是有效的。在完全竞争的工业化组织中，一项发明只有在申请专利并出售给其他生产者后，才能被加以利

用和获利。然而在农村社会中，谈论一项成功的改进，除了能获得收益外，还能获得快乐和赢得尊敬。在这种氛围中，专利权是不被人们所看重的。如果农夫无法为 271
一种新的饲养家畜的方法申请专利保护，那么他或者当地的铁匠又有什么理由去看重一项对犁改进的专利呢？

在农村协会中，农民总能单独地或集体地发明新的耕种工具，生产出新的作物品种，以适应新的土壤和气候。这些本地和州内的农村协会是由当地的投机商、政客和具有革新精神的农民组建起来的，它们之间不断融合，并为不同地区的农民创造出一个全国范围内的经验交流和信息传递的平台。[40] 在 1858 年，全国性的农业或带有农业性质的协会和社团就有 912 个之多，其中有 137 个在北方。纽约有 97 个，伊利诺伊有 94 个，印第安纳、艾奥瓦和俄亥俄都超过了 70 个。[41] 这些协会支持和协助的乡村展览会始于 1807 年，它提供了一个展示产品的场所，这些产品包括农作物、家畜以及当地的一些制造品（包括家庭加工生产的食品），并给予一定的奖金。[42] 在州一级的展览会上，展示由地区或国家制造商生产的高品质的农用机械，以及严格的农作物和家畜的精选标准。州农业协会会出版一些宣传单、小册子和书籍，并收集统计资料，有时还会资助一些研究。这些活动将传统的农业生产安排改造为一个正式的有组织的农业科学和教育体系。

农业出版物的出现同样也有助于不断积累的民间智慧和科学知识的传播。1819 年创刊的《美国农民》(*The American Farmer*) 是这方面的先驱者，但在 1834 年停刊，而其他杂志则传承下来，如 1819 年的《犁孩》(*The Plough Boy*)，1822 年的《新英格兰农民》(*The New England Farmer*)，1939 年的《西部农民》(*The Western Farmer*) 以及 1840 年的《牧区农民》(*The Prairie Farmer*)。[43] 政府在早期的时候也为农业知识的传播做出了努力。例如，越来越广泛分布的美国外交使节团负责将世界各地的有趣样本带回史密森学会 (Smithsonian Institution)。又如 1839 年，美国国会拨款 1 000 美元用来资助“农业统计数据的收集（为促进农业和农村经济的调查研究，以及采购种子和枝芽，由美国专利局免费分发给农民）”[44]。如果这些种子和枝芽试种成功（有时也会失败），则会被记载下来以书信的形式在全美国范围内交流，并且在 272
专利委员会出版的年度报告中，会有独立的一卷专门报告这方面的情况，另外还会出版一些专栏文章详细地介绍那些最新和最优的耕种技术。1845 年的这种农业报告长达 1 376 页，是最为详细的一份报告；而 1855 年的报告共印刷了 25 万册。[45]

在美国专利局的支持下，以及在 19 世纪 50 年代由私人发起的美国农业协会的推动下，美国农业部于 1862 年成立了，联邦政府也开始鼓励大学从事农业和机械工艺的教学和研究。这些州立的农业大学培养了下一代新型农民，并且资助实验室研究，甚至资助一些纯理论性质的研究。到 1900 年，美国农业部研究署的研究领域几乎已覆盖了农业科学的所有分支。1887 年基于德国模式的农业试验站在美国建立了。与大学一样，这些试验站是由联邦政府资助的，并在每一个州都设立了一个，另外，州政府也为试验站提供场地、设施和补充资金。随着 1914 年有关农业技术推广服务的法案的出台，每一个县都设立了代理机构，正式的农业研究与发展体系最终成形。

农业试验站从建立之始就敏锐地察觉到农民们所面临的实际问题和农业的市场潜力。因此，它们的研究有很强的实用性，其研究成果也赢得了好评。但是，将农业试验站与州立农业大学相结合，既有有利的一面又有不利的一面。一方面，大学为农业试验站的工作提供了农业化学方面的支持和理论基础，最起码也提供了统计上的参考。而另一方面，这种结合又使基于科学理论的试验与试错式的应用性研究之间的界限变得模糊不清。农业试验站有时被看成示范性的农场，农民们都希望试验站能展示其试验成果是能够带来利润的。为了使成果能公平地转移和扩散，试验站还被赋予监督和维护、检测职能。其中对化肥的测试是最为常见的。在 19 世纪 80 年代，由于有关土壤的知识相对贫乏，试验站对农用土壤的分析，对土壤的施肥以及对商业化肥的测试，似乎是为某些农民服务，实际上是为了总体的农业研究。但是，
273 州立法机关还将牛奶测试、种子测试甚至林业工作交给一些工作站负责，而且通常不提供补偿性的拨款。

美国内战后，在农民协进会和平民党的鼓动下，农业研究取得了进步，并被视为一种受欢迎的和体现聪明才智的新生事物，不仅在华盛顿，而且在州一级的层次上进行推广，这样才能见成效，至此农业研究也就成为政治上的必需品。这种要求，一方面来自平民党的那些鼓吹者，即使他们很少关心农业生产问题；另一方面来自那些开明的大农场主——他们已经察觉到科学对农业生产的重要性。

农场融资

农场主对农场的所有权并没有让他们享受到那种小农阶级的自给自足式的轻松。19 世纪后期，耕种变得越来越昂贵。土地的真实价格一直在上涨并持续到一战之后。[46] 此外，机械化越来越成为农民经营成功的必备条件，这使得许多农民陷入了财务困境。对于多数人而言，在这种情况下，租佃成了实现耕种的唯一途径，但也有些人选择借债。最明显也最先出现的是抵押债务——它的范围和条款备受争议，也一直没有可靠的数据。

相对于其他地方，美国北部和西部的农民在 19 世纪的确没有显著地表现出受债务牵制的状况。然而对有些农民来说，负债是一个致命的错误，使其丧失了抵押品赎回权和家庭农场的所有权。虽然也有成功的农民，但他们为了保证有足够的现金定期偿还债务及避免承担违约责任，必须紧密关注农产品市场和农场现金流的状况。然而，在 19 世纪，房产抵押贷款却是那些成功农民的心头之患。因为他们只能获得短期抵押贷款。这种贷款是不能摊销的，定期支付利息，但不偿还本金，本金到期一次付清。抵押贷款的期限通常为三年或者更短，但可以续借，续借的期限是不确定的。现在为人熟知的长期可摊销的抵押贷款直到 19 世纪 20 年代之后才开始出现。

那时的农民抱怨具有垄断势力的银行和保险公司的利率高于完全竞争的利率。
但是阿伦·博格 (Allan Bogue) 所提供的证据显示，西部的房产抵押贷款业务是非常 274
具有竞争性的，但讽刺的是这要归功于东部放债者进入西部市场。在 19 世纪 50 年代，艾奥瓦州的平均利率是 10%(这是除去手续费、佣金和其他费用之后的真实利率，在艾奥瓦州和其他许多州这几乎达到了高利贷的界限)，到 19 世纪 90 年代降到了 6.5%~7.5%。这些利率比金边证券的利率还高，但是它们可能只是反映了 19 世纪 80 年代在大平原上耕种的风险，并且仍远低于早年农业拓荒时期的利率 (至少在名义利率上是这样)。[47]

抵押贷款使农民定期支付一个固定的名义偿付额。这样，在价格上升时期，他们将获益，因为是以越来越贬值的美元归还贷款；而在通货紧缩时期，例如美国内战后的 3 年，他们则会遭受损失。在某种程度上，债务人借款时通常不会预测到短期价格的下降，但是应该相信在长期内，比如 30 年，价格预期是可以调整的，是有趋势的。如果预期未来的收成不足以支持借款利率，那么农民不会借债。此外，越接近债务的到期时间，任何由未预期到的价格变化导致的损失越有可能迅速实现。根据罗伯特·福格尔和杰克·鲁特纳 (Jack Rutner) 的计算，农民总的财富损失并不大，因为平均的抵押债务规模很小。[48] 但是，仍然有一些失败者很不满，发起了广泛的政治活动，有时甚至采取不合作式的抗议。

1890 年，从全国范围来看，只有 29% 的农民受困于抵押贷款，并且在他们中间，债务平均仅占其总财产的 35%。但是也有一些麻烦的平原州，农民的负债率很高（堪萨斯州为 60%，内布拉斯加州为 54%)。[49] 相对于资产净值，平均的抵押贷款在 1890—1910 年是下降的，但越来越多的农民陷入了抵押贷款的困境之中。[50] 这
275 种困境是风险的主要来源，特别是在 19 世纪后期那种特殊的抵押贷款的状况下。詹姆斯·斯托克 (James Stock) 认为，虽然个人丧失抵押品赎回权的风险很小——例如，在 1890 年的人口普查中，伊利诺伊州 1880 年丧失抵押品赎回权的比率仅为 0.61%；1891 年，明尼苏达州的这一比率为 1.55%；或者假定以 4 年为期，对于所有的抵押贷款而言，该比率为 2.4%~6.1%——但也很可能一个农民就会有一个丧失了抵押品赎回权的邻居。[51] 因此，农民对丧失抵押品赎回权的恐惧是强烈和真实的，特别是在农作物价格持续走低的时期，或者接二连三的收成不好的时期。

农业收益率

农民通常可以获得一个较好的但不是特别高的资本收益率。在既定因素的共同作用下获得这样的收益率并不足为奇。这些因素包括：联邦政府的土地政策、熟练知识的广泛传播、有关新投资机会的信息的迅速扩散、能提高生产率的技术，以及畅通的资本市场（虽然是建立在期限相对短的信用的基础上）。例如，在 1845 年的财政部报告中提到“农业的利润率从 1% 提高到了 8%”[52]。这些收益不仅受收成、价格和运输成本等因素的影响，而且得益于当地社区的发展和其他的一些外部因素，如修建公路、运河和铁路所导致的土地资本利得的上升。1836 年，一个纽约州奥尔巴尼的农民在当地的农业杂志《奥尔巴尼耕作者》上写道：“百分比（资本利得率）有时是很高的，在几乎所有的案例中，它本质上增加了投资的收益……一块土地在

合理的耕种下，其价值每年至少能提高 5%。”[53] 这在历史学家中已达成共识。刘易斯 · 史迪威 (Lewis Stilwell) 认为，“在过去 (1860 年前)，佛蒙特人的收益大多来自其
耕种的土地的增值。”[54] 保罗 · 盖茨 (Paul Gates) 也有类似的断言：“具有超前意识的 276
农民们清楚地认识到其大部分的收益最终都将来自不断上升的土地价值。”[55] 例如，1850—1860 年，东部每英亩农田的现金价值每年上升 2.8%；西部上升 7.3%。但是美国内战后，农业产出的现实收益超过了资本收益，正式或者非正式的土地投机不再是农业利润的主要来源。

在美国内战前夕，伊利诺伊州农民的平均收益率为 19%，而其他州农民的平均收益率则相对较低，一般来说北部、东部和西部地区农民的平均收益率都要低于该水平。例如，堪萨斯州农民的平均收益率为 10%；俄亥俄州为 13%；密歇根州为 5.8%；纽约州大约为 17%，也通常高于南部、北部或西部诸州农民的收益率。到 1880 年，虽然这些地区的耕作模式基本不变，但收益率大多有所提高。伊利诺伊州农民的平均收益率几乎达到了 20%；俄亥俄州为 13.8%；纽约州则为 15.8%，低于东北部许多州的平均收益率 (见表 6–4)。

表 6–4　　1860 年和 1880 年各州的农业收益率 (%)

	1860 年的收益率		1880 年的收益率	
	不含资本利得	含资本利得	不含资本利得	含资本利得
东北部				
康涅狄格州	8.7	10.6	9.8	13.9
特拉华州	n.a.	n.a.	10.2	15.7
缅因州	n.a.	n.a.	13.2	16.5
马萨诸塞州	n.a.	n.a.	10.8	14.2
新罕布什尔州	5.3	6.8	11.4	14.7
新泽西州	6.8	10.0	9.8	15.6
纽约州	14.5	17.3	10.8	15.8
宾夕法尼亚州	6.7	10.1	8.4	15.1
佛蒙特州	8.9	12.2	12.7	19.0
东北部平均	9.5	12.6	10.1	15.1

续前表

	1860 年的收益率		1880 年的收益率	
	不含资本利得	含资本利得	不含资本利得	含资本利得
中西部				
伊利诺伊州	10.8	19.1	11.2	19.9
印第安纳州	3.8	10.4	10.1	17.3
艾奥瓦州	4.5	11.1	11.9	18.4
堪萨斯州	1.0	10.0	10.0	18.8
密歇根州	-0.5	5.8	10.0	17.4
明尼苏达州	3.1	8.8	13.0	19.2
密苏里州	-2.8	1.9	12.2	18.0
内布拉斯加州	n.a.	n.a.	13.3	21.9
俄亥俄州	8.3	13.3	7.9	13.8
威斯康星州	6.6	11.4	10.8	16.6
中西部平均	5.8	11.9	10.5	17.6
北部平均	7.6	12.1	10.3	16.9

资料来源：1860: Jeremy Atack and Fred Bateman, *To Their Own Soil: Agriculture in the Antebellum North* (Ames, IA, 1987), 255; 1880: calculated from the 1880 census of agriculture.

美国农民的确干得不错，尽管有人反对这样的观点。他们平均能获得 6%~10% 的现实收益，并且通常能实现 3%~7% 的资本利得。由于他们对土地的改良，相当于储存了剩余的劳动价值，因此他们能获得一些额外的收入以对抗市场的波动。此外，作为自己的老板也使他们感到满足。实际上，他们所获的收益对于市场价格、当地气候的变化、病虫害的破坏及种植的规模都很敏感（一般小农场的收益率相对较低），但前景是光明的。如果市场状况急转直下，他们仍能养活自己，以一个非农业工人所不能的安全方式维持自己的生活。

然而，随后的 20 年，农民似乎是沮丧的。根据福格尔和鲁特纳的估计，虽然西部农民的收益还不错，其收益率差不多达到了 22%(见表 6–5)，但东北部和中西部诸州农民的收益率却下降到了早期的水平。事实上，正如农业历史学家西奥多·萨罗托斯 (Theodore Saloutos) 所评论的，“19 世纪美国农民对发展停滞的失望可能要甚于

工业化没有给他们带来预期繁荣的失望。”[56] 并且他们表达出了这种失望。 277

表 6–5　　1880—1899 年各地区的实际农业资本年平均收益率 (%)

	东北部	中西部	西部
当前生产率	6.4	5.8	20.3
土地的资本利得率	-0.3	1.7	0.3
家畜的资本利得率	1.6	4.6	6.3
总收益率	6.4	7.6	21.9

资料来源：Robert W. Fogel and Jack Rutner，“The Efficiency Effects of Federal Land Policy 1850—1900”, in William O. Aydelotte et al.(eds.)，*The Dimensions of Quantitative Research in History* (Princeton，1972)，398.

农场主的抗议

伴随着美国内战对机械化和利润所产生的积极影响，人们也提高了在这方面的期望，不过这或许可以用来解释美国农场主随后所产生的失望与悲观情绪。当需求或投入数量不能做出调整时，自然而然地在一个完全竞争行业中生产率的增长就会成为农场生产者的灾难。美国的农业周期性地陷入这种窘境。生产率的增长时常并没有伴随着大量生产者的退出，不论是耕种的农场面积还是劳动力数量都没有减少。结果是产品价格迅速下降。移民，尤其是迁往城市的移民，以及国外需求缓解了美国农场主的窘迫，而一旦国际市场对美国农产品的需求下降或者移民速度降低时，严重依赖这些外部需求的农场主就会感到危机四伏。事实上直到 20 世纪 20 年代农产品供应才出现了剧烈调整，这时的情景是最终没有新的农场建立，由于出生于农场的子女放弃了农场到其他地方发展他们的事业，因而农场人口锐减。

从 19 世纪 60 年代后期到 90 年代中期的这段时间，农场主们感到受到无情力量的摆布。他们心目中的世外桃源般的生活——小农场主自得其乐、人人友善——破灭了，农场主们发现自己被工业化和金融资本主义的强大力量严严实实地隔离了。他们的好景已经不复存在。要知道农场主曾把自己看成杰斐逊主义民主所描述的那样：无论从经济上、社会上还是政治上都是对美国的成功最基本的力量。但是制造业、交通业和金融业迅速地践踏着他们的生活。从反面来说，也是他们自己对这些非农场产品的认同造成了如此的境况。他们为了追逐更高的商业销售额就拼命地扩大种植，不仅扩大种植面积，提高机械化程度，而且向西部拓展开垦新的土地。为了实现他们的目标，他们负债累累、卷入了竞争，对产品市场出售的结果难以把握。一旦他们负债，他们就被卷入资本主义的体系而不能自拔，要想撤出是根本不可能的。

杰斐逊对他们的负债以及他们自己满足于“消费者变化无常”的做法提出过警告，但他们根本听不进去，不仅如此，他们还想得到更多。他们所追求的物质消费超出了自身能满足的程度。一旦他们进入这个（资本主义）体系，他们就不能远离这个体
279 系内发生的情况。农场主显然过高地估计了他们从工业化中得到的好处，或者低估了制造业的捷足先登，从而也就低估了自己行为的竞争能力。作为消费者他们偏爱工业的扩张；作为生产者他们把工业看成经济上的竞争力量，工业正在摧毁他们的生活。他们决绝地放弃农场，转而寻求政治支持，最终促成了民粹主义，这一过程也为 20 世纪美国的公共政策奠定了基础。

1867 年 12 月 4 日，奥利弗·凯利 (Oliver Kelley) 组织了一个秘密的由农场主参加的兄弟会性质的团体，对外称为“全国农场主保护社”(National Grange of the Patrons of Husbandry)。1875 年，该团体已经有 85 000 名成员，成为一股潜在的政治力量，尤其在美国中西部更是如此。例如在堪萨斯州，到 1875 年每 66 个农场家庭就得到一个类似团体的庇护。这仅仅是第一拨被疏远的农场主所组织的农场抗议运动，随后有绿背钞票支持者 (Greenbackers)、联盟以及民粹主义者在 90 年代所发起的抗议运动。这些对现存的政治党派构成了挑战，为那些受到伤害的农场主开出了治疗的处方。

这些农场主对以下情况表现出了彻底的不满：商品价格下滑、从事农场经营的进入成本日益提高、农场租金日益提高、农场抵押权以及由另一个半球的收成和过度依赖海外市场所产生的不确定性等。他们要求对他们的敌手——铁路、银行和大型公司——进行管制。在美国，这种巨变对工商业和农业的管制和公共政策的出台奠定了基础。

然而，这些事实并非毫无联系。在美国内战后农场产品价格的确下降了。在 19 世纪 70 年代早期 1 蒲式耳谷物要卖到 70 美分，而在 80 年代早期只能卖到 30~40 美分，

小麦价格从 1 美元每蒲式耳跌落到 70 美分每蒲式耳。非农产品的价格有时甚至下降得更快，按照农产品对所有商品价格的比率所确定的农产品贸易比例一般来说还是上升了。[57]

由于对其产品的市场价格无能为力，农场主把附近的铁路视为憎恶的信使，是它把糟糕的消息带来，同样也是它成为一个垄断者，从那些低价商品的储存和运输中赚取了超额利润。结果对铁路运输运费以及终端服务的价格进行管制的烈火被农场主点燃了，并在中西部的伊利诺伊州、艾奥瓦州、明尼苏达州和威斯康星州 4 个州通过了立法。1890 年吨公里运费下降的速度大致与农产品价格下降的速度相同，甚至下降得更快些。[58] 更进一步讲，铁路仅仅是分销链条上的第一个链条。相当大 280
比例的小麦要出口，1870—1900 年这段时间，大西洋的运费下降了 2/3。日益激烈的竞争以及组织内部的效率保证了国际分销成本的下降，也就保证了消费者支付与农场主收益之间的差额。

忧心忡忡且负债累累的农场主很容易相信，农场抵押的利率太高了，以致贷款人的首要目标就是抵押品的赎回权。土地投机者抬高土地价格，巧取豪夺那些属于农场主的利益。事实上几乎 40% 的土地就这样被侵占了，西部农场的失败率相当高，但证据也表明抵押贷款还是具有竞争性的，因此利率必须与风险溢价的市场利率大致保持一致。当然在土地价值下降时，放贷者面临着潜在的严重的收不回贷款的情况。而增加放款成本和潜在的资本损失并不符合放贷者的利益，这里存在一个道德风险的问题：如果借款者故意不还，就会滋生更多的借款不还。[59] 农场主受到激励通过借款不还的威胁动用讨价还价的权利来获得优惠的条款，这种策略在短期抵押时受到一定限制，成为这个体系中不断重复的博弈。

西部农场的失败或许很明显地反映出很多农场主对大牧场式的农场种植的风险准备不足，尤其是在西北中部的各州更是如此。个人破产很大程度上是由于个人能力不足以抵御多变的气候所带来的风险，但个人破产并不意味着资源配置失当或者说政府就应该阻止个人自愿承担这么大的风险。最后，由于产权受到国家保护，资本的收益实际上是来源于未实现的租金，它们并不对当前的资源使用产生影响。因此唯一的经济问题是销售的问题，19 世纪后期土地投机者的境况似乎要比美国内战前的境况糟糕得多。

那么农场主为什么抱怨呢？或许这个制度造就了大批的损失者，他们要抱怨的
281 事情太多了。据说铁路也正面临着你死我活的竞争，而且有其他的人从中渔利，他们并不感到心中释然。资本市场的日益整合对那些陷入昂贵租金和谷物价格下降的不幸的农场主来说并不会有多大帮助。事实上，市场的这种非人性化的特征恰恰会激起更大的愤怒和不知所措。在民主的制度下，仅仅也就有那么几个呼声强烈的失败者能赢得大多数人的支持，前提是大多数人认为对弱者的支持是他们远离失败行列的一个手段。

制度的变迁也使美国内战后的农场主面临着更大的风险。在内战前，大多数农场主尽管也积极地参与到市场中去，但并不依赖市场。他们自给自足。从市场购买的是奢侈品，而非必需品，当然也对他们的农场活动没有影响。然而美国内战后的农场主却不得不在日益竞争的压力下削减成本和提高生产率。对很多农场主来说，这意味着机械化和比以前更为密集的种植。这样就会使他们陷入一个固定的债务锁链而不得解脱。农场的收入越来越取决于价格水平。进一步说，市场隔离时，农场为家门口的客户提供服务，与这种情况不同的是，现在农场主要为远在数千英里之外的客户提供农产品，而这些客户的需求、喜好和习惯是通过非人性化的市场价格信号来传递的。不过价格也反映了全球的供应情况。农场主们再也不能依靠提高价格来弥补他们的收成不佳了。

地理的扩张和交通运输的改进也开辟了更为广阔的农业区域，这些区域可以以不变的真实资源成本向市场提供农产品。即使需求增加，农产品价格也不会相应地提高很多，这样就使那些希望靠进入农业来挣取高额利润的农场主失去了根基。

在一个竞争性的劳动市场中，工资取决于能够维持边际工人的最低的必需价格。农场主对工资很不满意，因为其他人愿意以更少的工资工作。当农产品价格提高时，农场企业的整个回报也就提高了，这时要么是其他的农场主去开垦新的土地，造成土地价格下降或者产品价格下降，以致农场主收入减少，要么是更多的优良田地的潜在供给量减少，现存可耕地的价格通过市场竞价过程回到竞争性价格水平。那些拥有土地资产的人可以从土地中得到资本收益，但对当前生产活动的回报却回到了
282 竞争性的边际收益上。下一代自耕农要想从事农场业也就相当困难了。

最后的评述

商业化在某些关键点上的延伸遵循的是一种单一的路径：家庭自给自足的方式被打破了，传统的技术和生产工具被遗弃了，价值观念和兴趣发生了转变。农民家庭与那些城镇居住者在生活模式上的差别已变得难以区分或被基本消除。人们的威望与金钱联系起来。19 世纪 70 年代以后，商业化的进程步入了艰难时期。直到 1914 年，汽油发动机、电话和收音机这三个对农村文化最具破坏力的因素还没有成形，虽然它们在后来以显而易见的方式作用于农业社会。但是，拖拉机对畜力的替代直接地影响了农业结构，这促成了农业生产力的商业化，使农业成为生产性的部门。

农民们渐渐发现，在与金钱和市场打交道时，他们无法在交易的过程中控制价格或保持平等地位。在许多方面，农民都不同于当时工商业的从业人员，其中最显著的是其在产品和要素市场上所表现出的二重性：农民的需求不仅针对家庭，也针对外部世界；从事农业的劳动力，既包括家庭成员，也包括雇用的人手；农业资本可划分为农场自己生产的实物资本（比如，篱笆和建筑）和在市场上购买的商品（农用机械工具）；即使是土地也可区分为改良过的土地和未经改良的土地。另外，农民能利用农闲时间进行资本投资和清理土地，这也在很大程度上使其区别于工商业的工作者。并且当外部市场状况惨淡时，农民仍有能力养活自己的家庭，而工商业的从业人员则无此安全保障。总之，相对于其他行业的人，农民的物质生活要优越得多，对于居住在北部地区的农民来说，尤其如此。

在其约束范围内，美国农民的行为是符合理性的：他们在土地最肥沃的地区定居；根据最大化其人力资本的原则决定是否迁移以及迁移到何处；分散风险；对价格做出灵活的反应；跨季节对劳动力的使用进行平衡；根据市场信息和生产技术进行资本化。农民迫使自己成为良好的管理者和市场预言家。虽然每个人的行为千差万别，
但北部农民作为一个整体在资本主义体系中的活动被认为是经济的。但是，这种理 283
性是有限度的。农民由于过于关注农业，而有可能忽视在其他方面出现的机会。虽
然存在这种局限性，但他们的企业家精神和管理技巧还是被认可的。农民不再遵循
杰斐逊的那种狭隘的观念，而是根据一个更为宽泛的美国式理想来行事：将农业当 284
成一桩生意。

注 释

[1] Thomas Jefferson, "Query XIX", *Notes on the State of Virginia* (Baltimore, 1800), 165.

[2] Thomas Jefferson to Charles W. Peale, August 20, 1811.

[3] Thomas Jefferson to Count van Hogendorp, October 13, 1785.

[4] See James Henretta, "Families and Farms: Mentalité in Pre-Industrial America", *William and Mary Quarterly*, 35(1978), 3-32; Michael Merrill, "Cash is Good to Eat: Self-Sufficiency and Exchange in the Rural Economy of the United States", *Radical History Review 3* (1977), 42-71; Robert Mutch, "Yeoman and Merchant in Pre-Industrial America", *Societas* 7(1977), 279-302; Christopher Clark, "Household Economy, Market Exchange and the Rise of Capitalism in the Connecticut Valley, 1800—1860", *Journal of Social History,* 13 (1979), 169-189; Philip Greven, *Four Generations: Population, Land, and Family in Colonial Andover, Massachusetts* (Ithaca, 1970); Kenneth Lockridge, *A New England Town: The First Hundred Years: Dedham, Massachusetts, 1636—1736* (New York, 1970); John Demos, *A Little Commonwealth: Family Life in Plymouth Colony* (New York, 1970); Michael Zucherman, *Peaceable Kingdoms: New England Towns in the Eighteenth Century* (New York, 1970); Winifred B. Rothenberg, *From Market-Places to a Market Economy* (Chicago, 1992); and Rothenberg, "The Market and Massachusetts Farmers, 1750—1855", *Journal of Economic History*, 41 (1981), 283-314.

[5] New York State Agricultural Society, *Transactions* (1852), 29.

[6] Johann Heinrich von Thünen, *Isolated State* (Oxford, 1966).

[7] Rothenberg, "The Market and Massachusetts Farmers", and *From Market-Places.*

[8] Charles S. Grant, *Democracy in the Connecticut Frontier Town of Kent* (New York, 1961); Richard L. Bushman, *From Puritan to Yankee: Character and Social Order in Connecticut, 1690—1765* (Cambridge, MA, 1967); James T. Lemon, "Household Consumption in Eighteenth Century America and its Relationship to Production and Trade: The Situation Among Farmers in Southeastern Pennsylvania", *Agricultural History*

41(1967)，59-70; James T. Lemon, *The Best Poor Man's Country* (Baltimore, 1972).

[9] Alexis de Tocqueville, *Democracy in America* (New York, 1948)，volume 2，136.

[10] New York State Agricultural Society, *Transactions* (1852)，29-30.

[11] *Prairie Farmer*, XXI (1868)，17.

[12] Percy Bidwell and John Falconer, *History of Agriculture in the Northern United States, 1620—1860* (Washington, DC, 1925)，421-434.

[13] See U.S. Patent Office, *Annual Report, 1861*，*Part II*，*Agriculture;* New Hampshire Agricultural Experiment *Bulletin 120* (Durham, 1905); Edward G. Ward, "Milk Transportation: Freight Rates to the Fifteen Largest Cities in the United States", United States Department of Agriculture, Division of Statistics, *Bulletin*，25(1903).

[14] C. Knick Harley, "Western Settlement and the Price of Wheat, 1872—1913", *Journal of Economic History* 38(1978)，865–878.

[15] Harley, "Western Settlement".

[16] C. Knick Harley, "Transportation, the World Wheat Trade, and the Kuznets Cycle, 1850—1913", *Explorations in Economic History* 17 (1980)，218-250，especially Table 3.

[17] Harley, "Western Settlement".

[18] Jeffrey G. Williamson, "Greasing the Wheels of Sputtering Export Engines: Midwestern Grains and American Export Growth", *Explorations in Economic History* 17 (1980)，189-217.

[19] See Mary Eschelbach Gregson, "Rural Response to Increased Demand: Crop Choice in the Midwest, 1860—1880", *Journal of Economic History 53* (1993)，332-345; Gregson, "Strategies for Commercialization: Missouri Agriculture, 1860—1880", unpublished Ph. D. diss.，University of Illinois(at Urbana-Champaign, 1993)；Theodor Brinkmann(trans. M. R. Benedict)，*Theodor Brinkmann's Economics of the Farm Business* (Berkeley, 1935).

[20] *The Plan of the American Society of Equity* (Indianapolis, 1903)，quoted by Carl C. Taylor, *The Farmers' Movement, 1620—1920*，(New York, 1953)，369-370.

[21] Thomas Weiss, "Long Term Changes in U.S. Agricultural Output per Worker,

1800 to 1900, NBER Working Paper Series on Historical Factors in Long Run Growth", No.23(1991)，Table 4B.

[22] 这些依据修正过的汤（Towne）和拉斯马森（Rasmussen）的农业总产品级数以及利伯戈特的劳动力概算的新的估计解开了高尔曼提到的悖论。后者指出，原始数据显示，生产率增长最快的时期应该是在 19 世纪二三十年代。Marvin Towne and Wayne Rasmussen, "Farm Gross Product and Gross Investment During the Nineteenth Century", In William N. Parker (ed.), *Trends in the American Economy in the Nineteenth Century*,"收入与财富研究"部分,第 24 卷(普林斯顿,1960)；Stanley Lebergott,"Labor Force and Employment, 1800—1960", in Dorothy S. Brady (ed.), *Output, Employment and Productivity in the United States after 1900*，"收入与财富研究"部分，第 30 册(纽约，1966)；Robert Gallman，"Changes in Total U.S. Agricultural Factor Productivity in the Nineteenth Century", *Agricultural History*, 46(1972)，191-210；Robert Gallman，"The Agricultural Sector and the Pace of Economic Growth: U.S. Experience in the Nineteenth Century", in David Klingaman and Richard K.Vedder (ed.), *Eassays in Nineteenth Century Economic History* (Athens, OH, 1975)。

[23] 参见专利委员在 19 世纪 30 年代和 50 年代对于农业的年度报告，美国农业部 1866 年以后的产量报告。美国专利局,《农业年度报告》(*Annual Report Agriculture*，1839—1852)。

[24] M. M. Postan, *The Medieval Economy and Society* (London, 1972); Gregory Clark, "The Economics of Exhaustion, the Postan Thesis, and the Agricultural Revolution", *Journal of Economic History* 52 (1992)，61-84.

[25] Fred Bateman, "Improvement in American Dairy Farming, 1850—1910: A Quantitative Analysis", *Journal of Economic History* 28 (1968)，255-273，especially 257.

[26] Bateman, "Improvement in American Dairy Farming", 258.

[27] Rothenberg, "The Emergence of Farm Labor Markets and the Transformation of the Rural Economy: Massachusetts, 1750—1855", *Journal of Economic History* 48 (1988)，537-566，Rothenberg, *From Market-Places*, Chapter 6，especially 172 and Appendix C, 177-179.

[28] Fred Batemen, “Labor Inputs and Productivity in American Dairy Agriculture”, 1850—1910, *Journal of Economic History* 29 (1969), 206-229.

[29] 同上。

[30] Chevalier Felix de Beaujour, *Sketch of the United States of North America* (London, 1814).

[31] Jeremy Atack and Fred Bateman, *To Their Own Soil* (Ames, IA, 1987), 65.

[32] See Richard A. Easterlin, “Population Change and Farm Settlement in the Northern United States”, *Journal of Economic History* 37 (1976), 45-75; Richard Easterlin, George Alter and Gretchen Condran, “Farms and Farm Families in Old and New Areas: The Northern States in 1860”, in Tamara Hareven and Maris Vinoviskis (eds.) *Family and Population in Nineteenth Century America* (Princeton, 1978), 22-84.

[33] Roger Ransom and Richard Sutch, “Did Rising Out-Migration Cause Fertility to Decline in Antebellum New England? A Life-Cycle Perspective on Old-Age Security Motives, Child Default, and Farm Family Fertility”, University of California Working Papers on the History of Saving No. 5 (April 1986).

[34] Lee Craig, “The Value of Household Labor in Antebellum Northern Agriculture”, *Journal of Economic History* 51(1991), 67-82, and “Farm Output, Productivity, and Fertility Decline in the Antebellum Northern United States”, Ph.D. dissertation, Indiana University, 1989.

[35] 同上。

[36] U. S. Commissioner of Labor, *Thirteenth Annual Report (1898)：Hand and Machine Labor* (Washington, DC, 1899), Ⅱ, 470-473.

[37] 关于主要的机械进步和它们对于劳动量需求的影响的摘要，参见 Leo Rogin, *The Introduction of Farm Machinery in Its Relation to the Productivity of Labor* (Berkeley, 1931)。

[38] Paul A. David, “The Mechanization of Reaping in the Antebellum Midwest”, in H. Rosovsky (ed.), *Industrialization in Two Systems* (New York, 1966), 3-28. 戴维估计，在 19 世纪 50 年代初，一个农场种植小麦的面积约为 46.5 英亩，这远远超过了伊利诺伊州

一个典型农场种植小粒谷物的面积。根据 1850 年的统计，伊利诺伊州的农场种植小粒谷物的平均面积只有 15~16 英亩，而在伊利诺伊州北部的小麦带这一面积为 37 英亩。但是到 19 世纪 50 年代中期，随着工资增长速度超过收割成本，种植小麦的面积减少到了 35 英亩左右。对戴维的批评，可参见 Alan Olmstead, "The Mechanization of Reaping and Mowing in American Agriculture", *Journal of Economic History* 35 (1975), 327-352.

[39] Rogin, *Farm Machinery, 133-135.*

[40] 根据比德威（Bidwell）和法尔科纳（Falconer）的论述，第一个这样的社团是"费城农业协会"（始建于 1785 年）。Bidwell and Falconer, *History of Agriculture*, 184.

[41] U. S. Patent Office, *Annual Report* (1858), *Agriculture*, 91.

[42] Bidwell and Falconer, *History of Agricultur*e, 187.

[43] Bidwell and Faconer, *History of Agricultur*e, 316-317.

[44] U. S. Patent Office, *Annual Report (1857)*，*Agricultur*e, *24*.

[45] U. S. Patent Office, *Annual Report (1845)*，*Agriculture*; U. S. Patent Office, *Annual Report (1857)*，*Agricultur*e, *25*.

[46] Peter H. Lindert, "Long-Run Trends in American Farmland Values", *Agricultural History* 62(1988)，45-85.

[47] Allan G. Bogue, *From Prairie to Cornbelt* (Chicago, 1963); Barry Eichengreen, "Mortgage Interest Rates in the Populist Era", *American Economic Review* 74(1984)，995-1015; Kenneth Snowden, "Mortgage Rates and American Capital Market Development in the Late Nineteenth Century", *Journal of Economic History* 47 (1987)，671-691.

[48] Robert W. Fogel and Jack Rutner, "The Efficiency Effect of Federal Land Policy, 1850—1890", in William O. Aydelotte et al. (eds.)，*The Dimensions of Quantitative Research in History* (Princeton, 1972)，390-418.

[49] U. S. Census Bureau, 1890 *Censu*s, Vol.13.

[50] 13th Census (1910)，Vol.V, *Agricultur*e, 150-160;14th Census (1920)，Vol.V. Agriculture, 484-486; Gavin Wright, "American Agriculture and the Labor Market: What Happened to Proletarianization?" *Agricultural History* 63 (1988)，182-209.

[51] James Stock, "Real Estate Mortgages, Foreclosures, and Midwestern Agrerian Unrest, 1865—1920", *Journal of Economic History* 44(1984), 89-106.

[52] U. S. Congress.29 Cong, 1st.sess., Senate Document 2.

[53] Quoted by Paul W. Gates, *The Farmer's Age*: *Agriculture 1815—1860* (New York, 1960), 403.

[54] Lewis D. Stilwell, "Migration from Vermont 1776—1860", *Proceedings of the Vermont Historical Society 5* (1937), 63-245 especially 232.

[55] Gates, *Farmer's Age*, 399.

[56] Theodore Saloutos, "The Agricultural Problem and Nineteenth-Century Industrialism", *Agricultural History* 22(1948), 156.

[57] See John D. Bowman and Richard H. Keehn, "Agricultural Terms of Trade in Four Midwestern States, 1870—1900", *Journal of Economic History 34* (1974), 592-609.

[58] Robert Higgs, "Railroad Rates and the Populist Uprising", *Agricultural History* 43(1970), 291-297.

[59] Kenneth Snowden, "The Evolution of Interregional Mortgage Lending Channels, 1870—1940: The Life Insurance—Mortgage Company Connection", in Naomi R. Lamoreaux and Daniel M. G. Raff(eds.), *Coordination and Information*: *Historical Perspectives on the Organization of Enterprise* (Chicago, 1955), 209-255.

第 7 章

北部农业和西进运动

杰里米·阿塔克 (Jeremy Atack)

弗雷德·贝特曼 (Fred Bateman)

威廉·N. 帕克 (William N. Parker)

引　言

托马斯·杰斐逊的理想是将美国建设为以小农场经济为基础的政治民主国家。本章主要研究了19世纪农业在北部地区的地理扩张和经济发展，而北部地区正是杰斐逊希望实现自己理想的地方。实现这个目标的关键是将公地转让给努力拓荒的农民家庭。我们这一章的主题集中讨论建立在自给自足的土地所有制基础上的国家政治构想与日益增长的农业商业化、租赁、财富的不均衡及工业化之间的关系。

19世纪初的美国是一个农业商业经济，当时农业扮演了一个关键的角色。而到19世纪末时，农业却成为一个相对较弱的部门，正在逐渐被快速发展的工业化体系和商业所吞噬。在这期间，农业从一个简单的传统活动发展成一个生产力高度发达的商业性部门，它不仅能养活美国国内人口，而且能向世界出口并为美国的工业化提供原料。讽刺地说，这个结果——不断发展的生产性农业部门，恰恰是那些对现状日益不满的农民殖民所造成的。这些人认为美国国内经济是在牺牲他们利益的基础上发展起来的，当市场不能达到他们的个人期望时，最终他们会向政府寻求出路。然而，结构性变迁不断进行，它成为美国国内民众在 19 世纪推动经济良性发展的后备力量。 285

领土扩张

1800 年，大西洋海岸新成立的美利坚合众国开始向外扩张。外国供应商为美国消费者提供产品；而美国人也开始寻求对外出口。而在他们的农作物中，虽然卡罗来纳州的大米、北部的谷物和桶装肉在加勒比海糖业市场中占有小额且稳定的市场，但只有来自泰德渥特（Tidewater）农场和上弗吉尼亚（Upper Virginia）及马里兰东部的种植园的烟草占有很大的国际份额。总的来说，18 世纪 90 年代早期这些农作物大约占出口价值的 2/3。而大量的进口物是木材、鱼和以其他资源为基础的制造性产品。[1] 满载着商品的美国商船必须跨越大西洋，随着前西班牙帝国 (Spanish empire) 的对外开放，绕过好望角，穿过太平洋。殖民财富的主要来源是烟草、商业贸易和船务。然而，这个新国家广阔的未开发土地意味着还有财富尚未开发。

1783 年签订了《巴黎条约》后，大英帝国向美国割让了加拿大南部、密西西比河东部和佛罗里达北部的所有土地。然而，除了一些隔离的居住点——法国人进行探险和与卡斯卡斯基亚人（Kaskaskia）进行皮毛贸易遗留下来的，也就是现在的伊利诺伊州 (Illinois)——之外，这块土地中只有东部第三块由欧洲居民以及他们的后代居住。向这些地区的农业扩张依赖于东海岸商人和南部种植者的商业和政治政策，但他们的商业扩张同样也取决于其他国家的意愿，因为从这个地区到美国国内其他地区最方便和最便利的交通和交流方式是通过密西西比河到达墨西哥湾（Gulf of Mexico），而这条通道开始是由西班牙后来是由法国掌控的。约 40 年后，寻找新家园的农民将这些原始的边界不断扩展，甚至到达更远的西部。

这次领土扩张之后便是 1803 年美国向法国购买路易斯安那的中部和北部平原直

286 到落基山脉的东部斜坡。通过一个简单的交易，杰斐逊总统从外国政府手中买回了穿过新奥尔良的密西西比河的航运权，将美国的版图扩大了将近 1 倍。30 年后，美国殖民的起义推翻了墨西哥政府在得克萨斯和加利福尼亚的政权。1845—1848 年的墨西哥战争 (Mexican War) 和 1846 年俄勒冈州的转让，使美国版图的边界扩展到了太平洋。

因此，在不到 60 年的时间里，美国通过购买、协议和斗争将它的版图从密西西比河和东海岸之间的 86.4 万平方英里土地扩展到从大西洋到太平洋的约 300 万平方英里土地（不包括阿拉斯加）。政治的边界确保了充分的产权，且为一个稳定社会提供了物质保障。在跨越 2 000 英里地貌丰富而多变的土地上，好几万猎人、捕猎手、矿工、牛仔和农民找到了工作。他们身上体现了两种力量：民主和资本主义。而这正是创立美国 19 世纪的文明社会的两大主要文化动力。相对于民主来说，资本主义是在农业不断发展和形成的过程中更强大的推动力，而直到 19 世纪末这两种文化推动力的严重冲突才出现。

两种力量在这个过程中都发挥着作用。资本主义吸引人们购买土地和进行投机，每年进行交易，并且推动着货币经济的扩展。民主为这些新定居点的管理和制度的建立提供了相应的条件，而且在土地从联邦政府到人民的原始转让中扮演了日益重要的角色。

联邦土地政策

根据《邦联法》(Articles of Confederation)，许多州放弃阿巴拉契亚山脉 (Appalachians) 以西好几千万英亩的土地，将其让给联邦政府，并通过了一个关于当前势力较弱的中央政府如何以及怎样使这些土地有人定居的艰难提案。联邦党人 (the Federalists) 意识到公地是政府潜在收益的来源——这对于一个没权力征税的政权来说是很重要的。

为了使国库收益最大化，亚历山大·汉密尔顿 (Alexander Hamilton) 认为这些土
287 地应该通过公开拍卖出售，但价格要高于最低的保留价格。[2] 假定是竞争性叫价，这个计划保证了政府能得到与每一块土地相联系的经济租金，而设定高的保留价格

保证了这些租金不会为零。这样的计划同样保证了土地会转让给那些出价最高的人和那些使用土地得到价值最高的人。这个计划带来的进一步的优势正如汉密尔顿所预料的：高价会阻碍快速殖民。他明确断定，这一政策会限制农业扩张，同时间接地鼓励制造业的发展。

另一方面，托马斯·杰斐逊和他的支持者看到了公地给一个小土地农场主国家的建立提供了一个机会。对他来说，这些定居者是民主稳定的堡垒，也能防止政府武断专权。要达到这个目标，土地就应该分成小块并以低价且提供信贷的形式出售，甚至分发出去。正如杰斐逊在任驻法国大使时写给詹姆斯·麦迪逊 (James Madison) 的父亲的信中所说的：

> 任何一个国家，只要它还有未耕种的土地和无业贫民，就明显说明财产法在该国已实施得过分了，以至于违背了人的自然权利。土地是作为一项共同的财富让人们在上面劳动和靠其维持生计的。如果为鼓励勤劳，我们允许土地私占，那么我们就必须让那些没有土地的人从事其他职业。如果我们做不到这点，那么耕种土地这一基本权利就应归还给失业者。虽然现在就说美国每一个找不到工作但能找到未耕种土地的人只付适当地租就能自由耕种尚为时过早，但现在就通过各种可能手段保证尽可能多的人拥有一小块土地却绝非操之过急。小土地所有者是一国最为宝贵的部分。[3]

事实上，杰斐逊警告说："通过出售土地你放弃了他们（边远的居民），而且使他们从共同的社区中分离出来，居住在没有其他居民的土地上。"

不考虑这种理想主义，对于将公地转让给私人所有的争论主要来自自私自利的地租收入者。没有财产的人们支持杰斐逊的政策以得到出售的土地，虽然假设便宜的土地不会减少财产的价值，但对于所有现存的土地所有者来说有一定的威胁。保持土地的价格会使现存的土地所有者受益；而设定低价，尤其是当购买土地者可获得信贷支持时，会使穷人受益，而且增加了进行暴利投机的机会。 288

在新英格兰，殖民活动通常以"镇区划定"(township planting) 这种有序的方式来进行。土地开拓者可允许在现存的镇区边界上建立新镇区。这些镇区一般 6 英里见方，并被细分为更小块的土地以公开拍卖方式出售。这样的殖民地是非常稠密的。

镇区土地通常要留一块给教堂和学校。未被测量的土地的所有权是不受保证的。这是一种按顺序开垦土地的殖民活动。

在南部，殖民活动属优先定居型 (prior settlement)。殖民者先是占有无主的土地，寻求获得利润最可观的土地。然后，由县土地测量员划线分隔出这块土地——通常是代理拍卖执行官——他们仅接受过一点或几乎没有接受过专业的训练。随随便便的测量和粗心大意的记录，导致了殖民的土地散乱随意的分布，一些地方还相互交叠，其间还夹杂着不太肥沃的土地。

为了解决这些问题，国会任命以杰斐逊为首的委员会，委员会中有来自罗得岛州、马萨诸塞州、南卡罗来纳州和北卡罗来纳州的代表。这个委员会倡导新英格兰的“有序系统殖民原则”(New England System)：土地出售前要经测量，土地被矩形分割为上百个 10 平方英里和许多 1 平方英里的部分，要清晰记录这些土地的所有权。但是，没有土地留为公有，没有固定的最低价格，而且虽然土地购买需要担保，但还是没有专门的土地出售制度。

当国会第二次考虑这个问题时（当时杰斐逊正在担任法国大使），国会采纳了一个由各个州代表组成的新委员会的建议。这个委员会提交了一份报告，建议将镇区面积减少到 7 平方英里，再平分为 1 平方英里的小块，保留用作教育用地和维持宗教机构的土地。4 块土地留给联邦政府。剩下的土地在测量之后要以每英亩最低 1 美元的价格进行公开拍卖。在一系列的折中之后，国会最后在 1785 年 5 月 20 日通过了《土地令》(Land Ordinance)，它保留了新英格兰有序殖民体系的主要原则。土地出售前要进行测量，相对东西方向的基准线和南北方向的子午线构成了一个矩形棋盘式地域，并将其划分为许多个 6 英里见方的镇区。[4] 每个镇区又依次被细分为 36 块土地，每块土地均为 1 英里见方（见图 7–1)，这给土地留下了一个永久的可行的划分方案。[5]

两年后，国会通过了《西北令》(Northwest Ordinances)，建立了新殖民土地如何并入现有政治体系的原则。《西北令》规定，若新殖民地区人口中达到法定投票年龄的男性未超过 5 000 人，则该地区由国会任命的负责人管理。倘若超过 5 000 人，则可选举出当地的议会。当该地人口超过 6 万人时，该地区就可升级为州，与现有的
291 州享有同等地位，以确保民主的延续。[6]

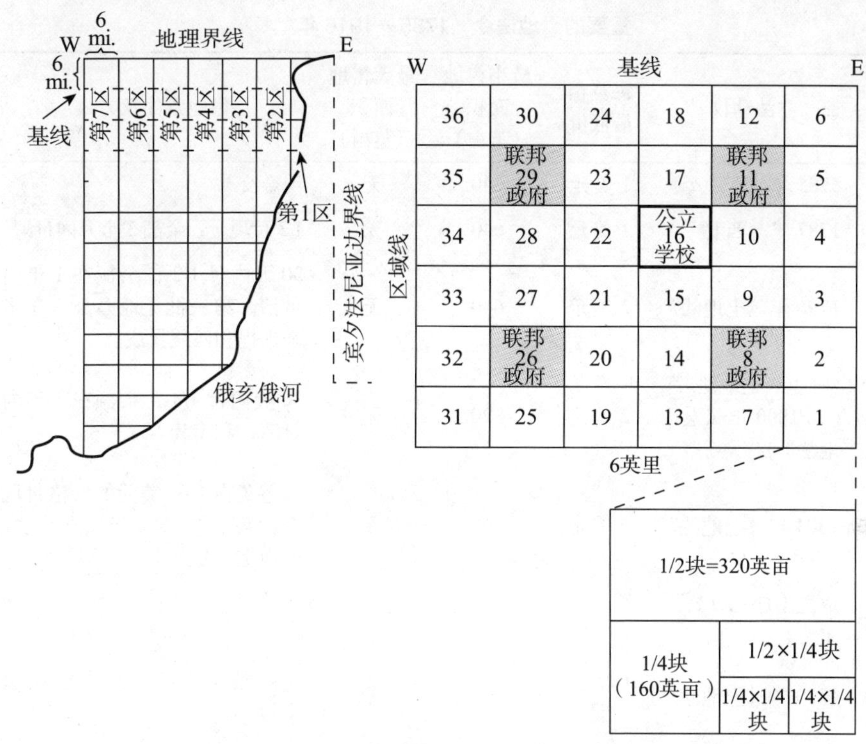

图 7–1　1785 年的《土地令》：第一片七区

资料来源：Adapted from Ray A. Billington, *Westward Expansion* (New York, 1949), 208.

这些初始的法令条款代表联邦党人的胜利。地价定得很高，出售的最小土地面积也很大。交错的镇区将整个出售；其他的镇区则按每块 640 英亩分割出售。土地的所有权是有保障的——购买者每年向州政府交纳财产税，由州政府保障土地的产权。所有的土地出售都要以公开拍卖的方式进行，但要遵从每英亩土地最低价格 1 美元的规定，可以以金、银或公债凭证来进行交易。每个镇区的第 16 块土地要留作教育用地以支持公共教育。国会保留了每个镇区的第 8 块、第 11 块、第 26 块和第 29 块土地和 1/3 的采矿权。1796 年，当土地最低价格上升到每英亩 2 美元时，联邦党人又取得了胜利。虽然这减少了普通人购买土地的机会，但是购买土地一年期贷款的数额上升了，可达到土地购买价格的一半 (见表 7–1)。[7] 土地销售业绩并不乐观（见图 7–2），土地销售给国库带来巨额收入的目标并没有实现。因此，土地的销售条件在逐渐放宽。

表 7–1 重要的土地法令，1785—1916 年

年份	立法动议	每英亩最低价	最小售地面积（英亩）	最大售地面积（英亩）	售地条件及方式
1785 年	1785 年《土地令》	1 美元	640	无	现金交易
1787 年	1787 年《西北令》	1 美元	640	无	1/3 付现金；余额 3 个月内付清
1796 年	1796 年《土地法》	2 美元	640	无	30 天内付 1/2；余额在 1 年内付清。第一批土地办公室在辛辛那提和匹兹堡成立
1800 年	《哈里森土地法》（即 1800 年《土地法》）	2 美元	320	无	30 天内付 1/4；余额在 3 年内付清，利率为 6%
1804 年	1804 年《土地法》	2 美元	160	无	按每英亩 1.64 美元的价格付现金；其余按 1800 年《土地法》的规定贷款
1812 年	成立土地总办公室				
1820 年	1820 年《土地法》	1.25 美元	80	无	废除信贷支持，只允许现金交易
1830 年	1830 年《优先购买权法》	1.25 美元		160	允许未经授权的殖民者——擅自占地者——购买至多 160 英亩土地
1832 年	1832 年《土地法》	1.25 美元	40	无	只允许现金交易
1841 年	1841 年《一般优先购买权法》	1.25 美元	40	160	只能优先购买，采用现金交易
1854 年	《学位法》	12.5 美分	40	无	卖不出去的土地价格逐渐下降，若超过 30 年还卖不出去，则地价降至每英亩 12.5 美分
1862 年	《宅地法》	免费	40	160	交 10 美元登记费，住满 5 年就可拥有土地的全部所有权，6 个月后可以以每英亩 1.25 美元的价格交易
1873 年	《木材培育法》	免费	160	160	在该地 1/4 的面积上种树就可获得土地所有权。1878 年该法被修订，要求只要在该地 1/16 的面积上种树就可获得土地所有权

续前表

年份	立法动议	每英亩最低价	最小售地面积（英亩）	最大售地面积（英亩）	售地条件及方式
1877 年	《荒地法》	1.25 美元		640	灌溉 3 年。刚开始按每英亩 25 美分付款，余额视是否遵从规定来定支付期
1878 年	《木材石料法》	2.50 美元	40	160	规定土地上的树木和石头只能因私人用途而被取走，不能为投机或为其他目的而取走这些树木和石头
1909 年	扩大了的《宅地法》	免费		320	要在该地上住满 5 年并连续耕作；有关半干燥地区的法律
1912 年	《三年宅地法》	免费		160	3 年中每年在该地上住满 7 个月，遇到坏天气等时间还要延长
1916 年	《畜牧业宅地法》	免费		160	对只适于放牧的土地适用

资料来源：Benjamin Hibbard, *A History of Public Land Policies* (New York, 1924).

1800 年国会要求的土地最小购买面积减少了一半，1804 年再次减半。到 1820 年，土地最低价格大幅下降到 1.25 美元；1832 年土地最小购买面积减少到 40 英亩。因此，从联邦政府手中购买一个 40 英亩的农场仅需支付不到 50 美元的价格，这对于普通人来说是可以支付的——价格是 19 世纪 30 年代人均年收入的一半——而在 18 世纪 90 年代后期，虽然可能的人均收入是 75 美元，通过公开拍卖购买土地却要花费 1 280 美元。

1796 年法律提供的信贷支持减轻了购买者的负担，但是幸运的购买者仍要在 30 天内筹集 640 美元，并在一年内还清贷款。同样的逻辑，1820 年废除的信贷支持无疑减少了最穷的潜在购买者成为土地所有者的机会。尽管如此，土地的销售条件显然还是放宽了，排他性越来越弱了，更多地体现了杰斐逊而不是汉密尔顿的思想。土地成本本身不再成为进入农业的实实在在的障碍。

虽然公有土地在出售，但购买、开垦和谈判仍在扩大公地的领域，给美国的西部边疆增加了新的土地。同时，到 1850 年，联邦政府发现自己已持有 12 亿英亩的土地，而到 1880 年，实行《宅地法》(Homestead Act) 的免费转让土地政策近 20 年之后，政府仍然持有超过 9 亿万英亩公地 (不包括阿拉斯加州)。 292

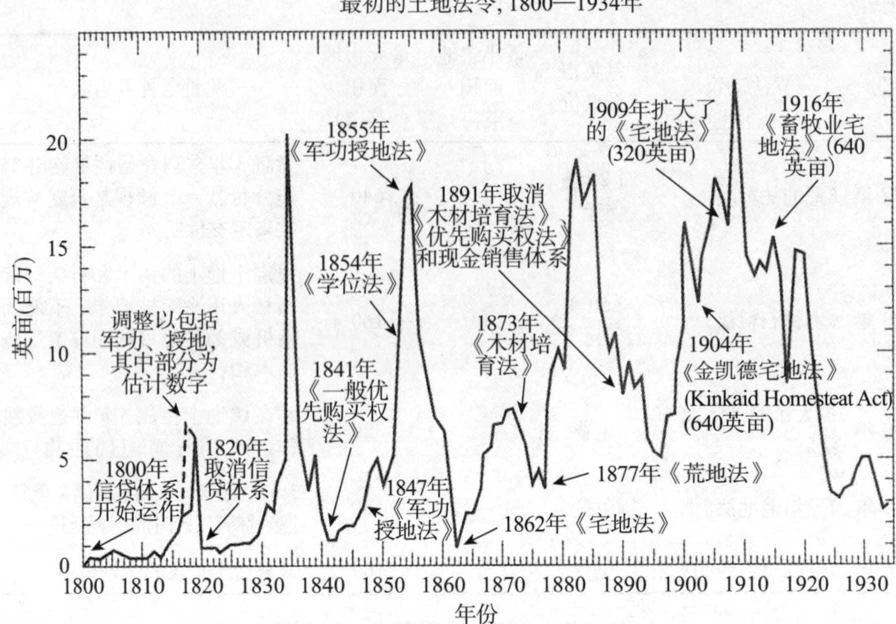

图 7–2　公地法令，1800—1934

资料来源：Roy M. Robbins, *Our Landed Heritage* (Princeton,1942), 344.

狂热的开垦者常常占有最诱人的土地，而不管其被测量与否，这样会扰乱受保障的土地所有权从公地向私人的转让秩序。这些擅自占地者给政府带来了挑战。他们促进了国家的发展，增加了土地作为农业用地的价值，但是他们占有了最好的土地，使遵守规则的人们不能获得这些土地。这些土地的公开销售常常会受到决心保护自己投资的全副武装的占地者及其朋友的阻挠。而且，他们通常会侵犯现有的美国本土人的权利。

联邦政府的解决方式是承认擅自占地者对土地的贡献，允许他们拥有额外的权利购买非法占有的土地。自 1830 年开始，通过了许多临时的优先购买法，最后促成了 1841 年的《一般优先购买权法》（General Preemption Act）的出台。这个法案保证了擅自占地者以每英亩最低 1.25 美元的价格获得最多 160 英亩的土地。1891 年该法
293 案被废除。

虽然不断出台的法律条款规定了公地的最低出售价格，但是，不是所有的土地出售价格都等于或高于这个最低价。一些土地在拍卖时的价值低于联邦政府的最低

价，没有人购买。比如说，在 19 世纪 50 年代早期，在俄亥俄州还有大约 7 万英亩的公地置留，随着边界继续向西推进，这些被私人土地包围的小块的未出售公地便成为联邦政府的头疼事 (见图 7–3)。[8] 国会决定根据 1854 年《学位法》(Graduation Act) 的规定，通过荷兰式拍卖将其出售出去：卖不出去的土地价格逐年下降，如果 30 多年都卖不出去，则公地价格降到每英亩 12.5 美分的最低价。最终这些小块土地终于被私人买走。在中西部大约 2 700 万英亩的土地根据《学位法》的规定被转让了出去；比如说，伊利诺伊州 130 万英亩土地的价格是每英亩 33 美分，而在密苏里州出售的 140 万英亩土地的价格大约是平均每英亩 77 美分 (见图 7–4)。[9]

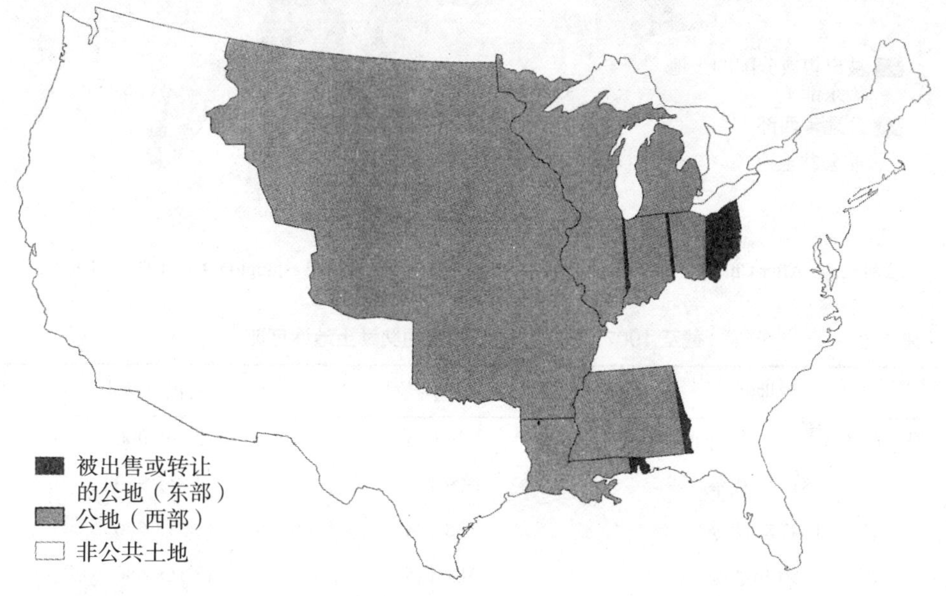

图 7–3　1810 年的公地

资料来源：After Charles O. Paullin, *Atlas of Historical Geography* (Washington, DC, 1932), Plate 57.

公地对政府来说还有其他的用途。政府通过承诺向某些未开发的一定面积的土地颁发许可证 (Warrants for Land) 来征募士兵。参加了美国革命战争、1812—1814 年战争和墨西哥战争的老兵都能得到特定的土地许可证（见表 7–2）。许多这种许可证是可转让的，而且交易很活跃，通常每英亩价格可达到 60~85 美分。事实上，土地许可证常常在股票和债券交易的报告中被提到。 296

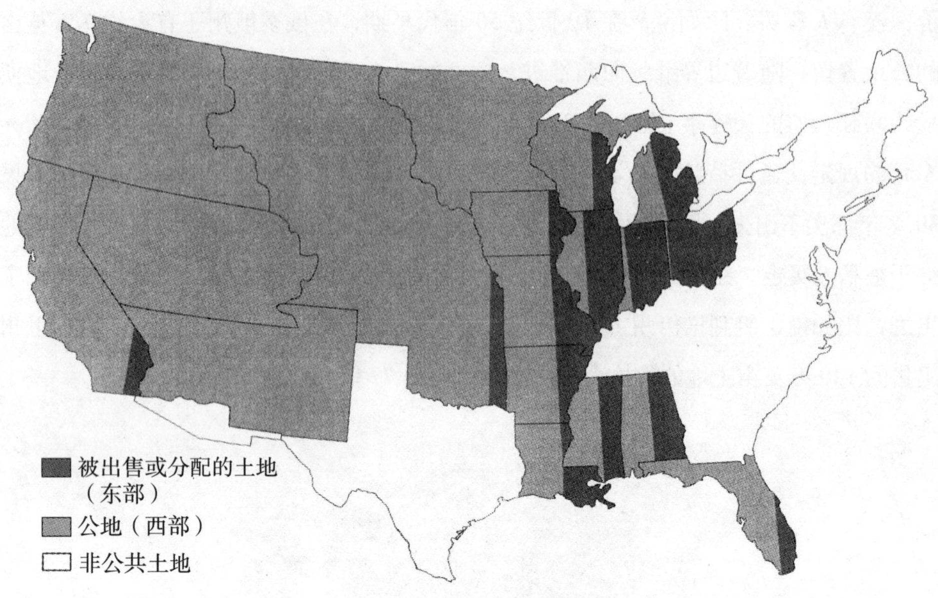

图 7–4　1850 年的公地

资料来源：After Charles O. Paullin, *Atlas of Historical Geography* (Washington, DC, 1932), Plate 58.

表 7–2　　截至 1907 年 6 月 30 日发行的奖励土地许可证

授地法	许可证的数量	面积（英亩）
美国革命战争（1800 年前的法令）	16 663	2 165 000
1812 年战争	29 186	4 845 920
1847 年法令	88 274	13 213 640
1850 年法令	189 145	13 168 480
1852 年法令	11 992	694 400
1855 年法令	263 100	34 151 590
		68 239 030

资料来源：Hibbard, *Public Land Polices*, 132.

虽然信息是不完全的，但灵活性日益增加的条款和拍卖的社会现象给小佃农带来了很大的好处。比如说，对于特定土地的优劣状况测量员能优先掌握有潜在价值的信息。但这并不能使土地长期脱离市场，或是阻止那些热切希望开发土地的人们得到土地。亚历克西斯·德·托克维尔评价了这种土地政策，他认为“新世界的土地属于第一个开发者；它们是对反应最敏捷的先锋者的自然回报”，而且这种土地政策体现了美国的民主和平等。[10]

然而，公地的销售一直停滞不前，直到 19 世纪 30 年代，由于一系列谷物歉收带来的农产品高价和政府扩大对高利润商业农用地的供给的政策的推动，土地销售 297
猛增(见图 7–5)。比如说，在 1836 年土地购买的高峰期就出售了 2 000 万英亩的公地。在 19 世纪 50 年代，土地的销售再次膨胀，此时联邦政府出售了大约 5 000 万英亩的土地——这个面积相当于纽约州的 1.5 倍。[11]

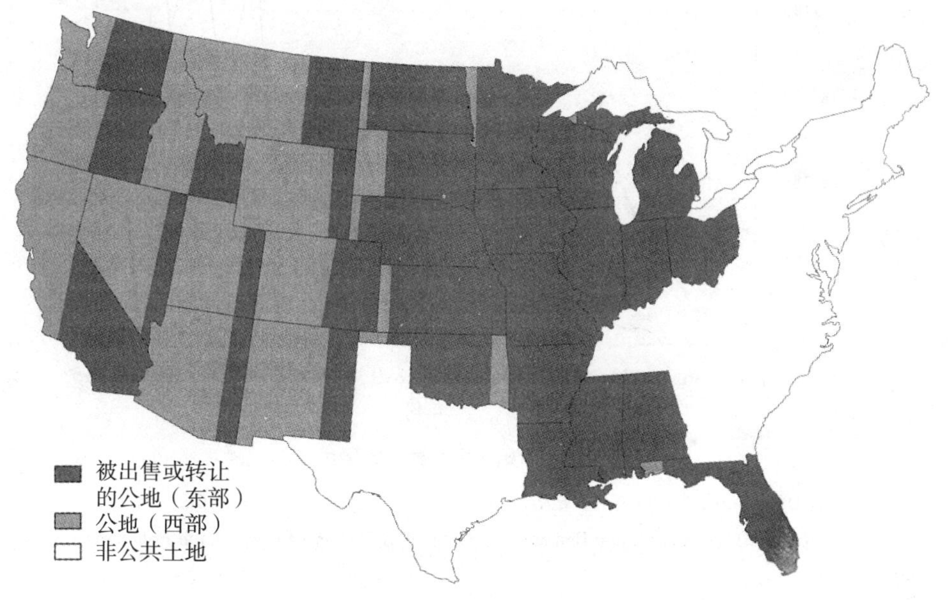

图 7–5　1910 年的公地

资料来源：After Charles O. Paullin, *Atlas of Historical Geography* (Washington, DC, 1932), Plate 59.

在这些土地法下，上千万英亩的土地通过土地总办公室（General Land Office）从公有转为私人所有。大量的土地和未开垦的荒地，都转为了农场。比如说，在 19 世纪 50 年代，农业土地增加了 1 亿多英亩，其中一半是可耕种的土地，而大约 60 万个新农场是由购买土地的农民新开垦创造出来的。最快的扩张发生在边 298
疆。1850—1860 年，伊利诺伊州的农业用地增加了 900 万英亩；艾奥瓦州的农业用地增加了 700 多万英亩。相比较而言，在马萨诸塞州和罗得岛，农业用地却开始减少。[12]

1862 年《宅地法》的颁布迎来了一个新时代：耕者可以“免费”拥有 160 英亩的土地。正如我们下面将要说到的，虽然免费土地并不意味着建造农场是免费的，但仍吸引了几万人从事农业。到 1913 年，大约有 250 万人申请免费土地。在 19 世纪 70 年代，平均每年申请免费土地的人数达到 2 万多人；到 19 世纪 80 年代，人数
299 翻了一番，而到 1910 年达到 9.8 万多人（见图 7–6）。[13]

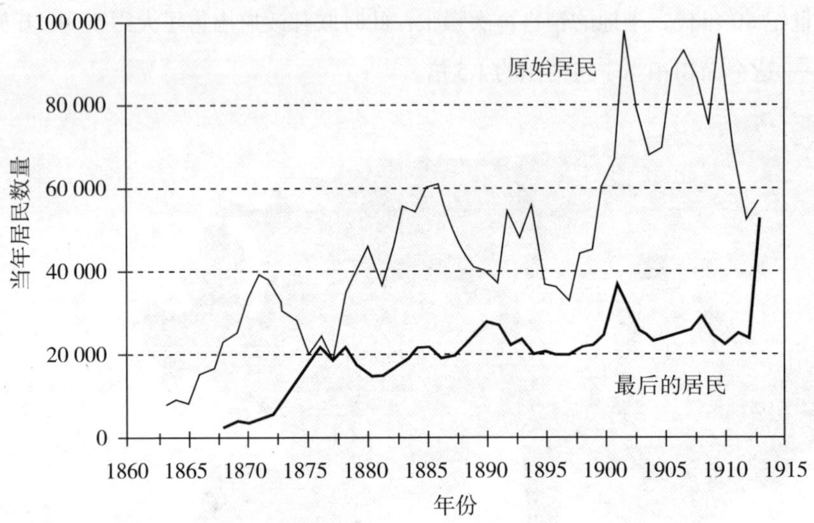

图 7–6　原始居民和最后的居民

资料来源：U. S. Bureau of the Census, *Historical Statistic of the United States,Colonial Times to 1970* (Washington, DC, 1975), Series J13, and Benjamin H. Hibbard, *A History of Public Land Policies* (New York, 1924), Table 27.

初始的《宅地法》要求申请者必须在所申请的土地上居住 5 年，才能实现对它的所有权，但是殖民者可以在 6 个月后通过付给政府最低的土地价格来避开这一规定。根据本杰明 · H. 希巴德（Benjamin H. Hibbard）的研究，从这一时期到 1880 年，大约有 4% 的殖民者得到这种特权，但是自此之后，居住年限条件放宽变得更加普遍，因为它允许立即转售。[14] 在 1881—1904 年，大约 23% 的宅地被允许放宽居住年限条件。

虽然进入成本很低，但是很多申请者都失败了。只有 40% 的原始申请者最后获得了成功。[15] 干旱、虫灾、农作物的低价和交通不便使得上千个农场被遗弃。而且，
300 欺诈行为进一步使得法律的意图——由小物主永久拥有土地——落空。法律信誓旦

且让人们拥有面积达“12 × 14”平方米的房子的宅基地，事实上只有一个洋娃娃屋、纺织品箱子，或随时可以移走的房子。[16]这样的谎言促使人们一个接一个地要求索赔，这些土地若能幸运地集中起来就会成为一个拥有上千英亩土地的农场。

土地销售政策从高价的大块土地到低价甚至免费的小块土地的转变，使得土地的销量上升了。西奥多·萨罗特斯等学者认为，土地销售增加过快，导致过多的劳动力和资本被吸引到农业中来，相应地挖走了制造业的资源，而制造业却拥有相对于农业更高的利润率。[17] 从原始森林或牧场到可耕种农场的转化成本同样意味着，存在将每一块未开发的土地转化为农场土地的最优（产出最大化）日期。联邦的土地政策，通过提供公地参与公开拍卖竞价，应该能够保证这种转化发生在“适当”的时间里。《宅地法》下土地的供应，导致土地殖民的西进“过早地发生”[18]。保罗·盖茨认为，由于设立了土地最小购买面积而不是最大购买面积，公地政策促进了投机、土地所有权集中和土地租赁，而杰斐逊希望的个人小土地所有制并未得到促进。[19]总的来说，联邦土地政策常被人们诟病为无效率，是对经济增长的抑制。[20]

除了出售土地或直接的赠予外，联邦政府出于各种经济目的，同样为州政府和私人企业保留了大量的土地。比如说，州政府用联邦政府保证的土地来支持公共教育。1787 年的土地法规定在每个镇区保留第 16 块土地给公共教育，但每个州还会保证有其他土地给教育，比如在俄亥俄州、印第安纳州、密苏里州的盐城（salt springs）周围的大约 23 000 英亩的土地。[21] 301

但是，对教育用地最著名的规定体现在 1862 年的《莫里尔法》（Morrill Act）中。这个法案保证在 1860 年人口普查结果下每块面积达 3 万英亩的公地要推举出一位参议员和一位当地的代表。出售土地带来的所有收入要投资于最低收益率为 5% 的无风险股票，这样便创造出一个永续年金以支持“与农业和商业有关的学习分支机构”，成立当地公立学校。[22] 后来建立这种机构的时间限制进一步放松，给那些最初反对法律出台的州带来了进一步的收益。[23] 1890 年的《莫里尔法》创造了一个占统治地位的教育网络，包括南部的非洲—美国技术学校和西部的公立学校。这些机构，在推动农业方面起了非常重要的作用，将知识传授给了新一代的农民。州政府同样从联邦政府那儿得到了其他土地来支持其内部的发展，比如说运河建设和河流发展。

更有争议的是，百万英亩的土地被赠予以支持美国国内铁路体系的建设，特别是跨州铁路建设。这个政策开始于 1850 年将 250 万英亩土地授予伊利诺伊州中央铁路。在美国内战期间和内战之后赠予土地的范围进一步扩大。例如，大西洋铁路和太平洋铁路被授予 4 900 万英亩土地，北太平洋铁路得到了 4 200 万英亩土地，联合太平洋铁路得到了将近 2 000 万英亩土地；中央太平洋铁路声称得到了 1 200 万英亩土地。[24] 大部分土地都包含在此次研究的范围之中。

农场规模分布和联邦土地政策

土地销售和《宅地法》的颁布所带来的短期影响，在同期农场规模的分布上得
302 以反映。1860 年中西部的分布明显不同于东部。东北部农场的特征是大小相差很大，可能是土地零售或在继承人之间被瓜分所造成的。然而，50 英亩、100 英亩、150 英亩、200 英亩大小的农场在这个地区却很密集。比如说在纽约，1860 年最常见的农场是 100 英亩。这个州大约有 8% 的农场是这个规模(见图 7–7A 和图 7–7B)。超过 6% 的农场是 50 英亩。在中西部，有一些大小很“古怪”的农场，而更多的农场面积是 40 的倍数，因为这些农场面积是按土地测量单位 640 英亩划分的。事实上，1860 年的中西部农场是以州设立的公共拍卖的最小销售面积为基础划分的，以保证能通过公共土地拍卖进行销售。伊利诺伊州的大部分土地是根据 1820 年土地法案规定拍卖的，该法案规定 80 英亩为最小土地公开拍卖面积，而 80 英亩成为这个州 1860 年和 1880 年最常见的土地规模，占 1860 年和 1880 年所有农场的 16%（见图 7–8A 和图 7–8B）。而另一方面，密歇根州主要根据 1832 年的修正案，将最小拍卖土地面积减少到 40 英亩，于是在那里 40 英亩规模比更早的法案规定的土地规模或在《一般优先购买权法》和《宅地法》之后设定的土地规模更加普遍(见图 7–9A 和图 7–9B)。相比较而言,在堪萨斯州的土地划定主要是在 1841 年通过《一般优先购买权法》(该法案允许定居者以最低价格优先得到不超过 160 英亩的土地）之后。这样规模的农场占 1860 年该州农场总数的 45%。20 年后，面积为 80 英亩的农场成为主流（见图 7–10A 和图 7–10B)。

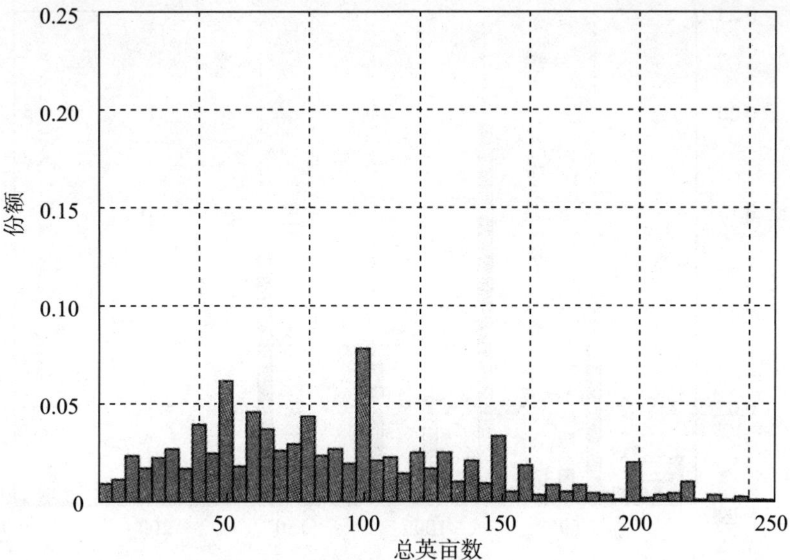

图 7–7A　1860 年纽约州农场规模分布

资料来源：Jeremy Atack, Fred Bateman,and James Foust, Manuscript Census Samples.

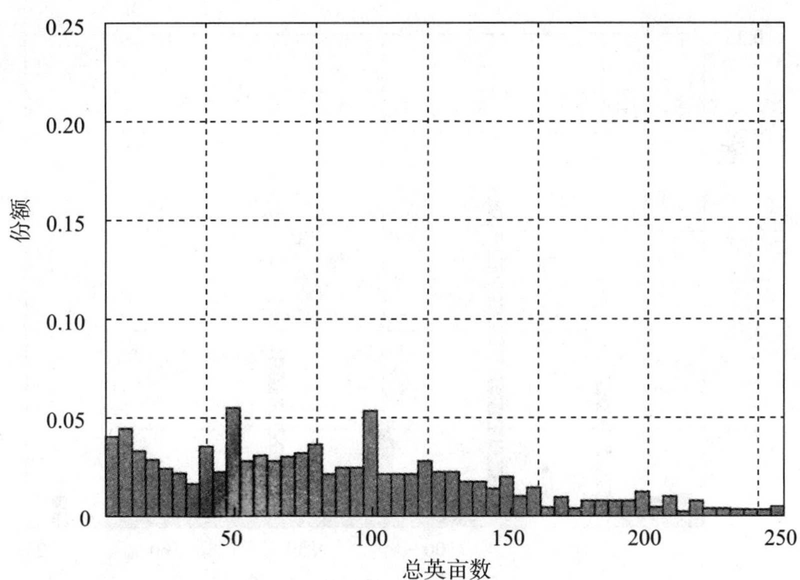

图 7–7B　1880 年纽约州农场规模分布

资料来源：Jeremy Atack and Fred Bateman, Manuscript Census Samples.

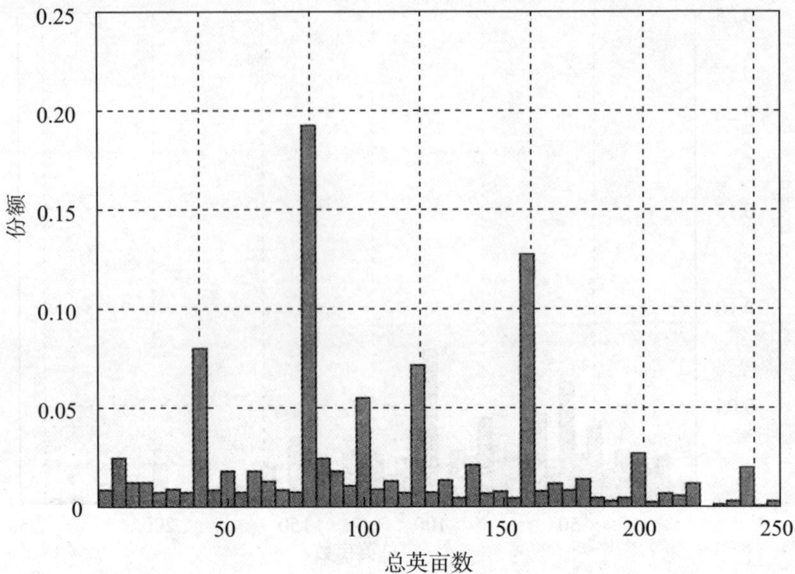

图 7–8A　1860 年伊利诺伊州农场规模分布

资料来源：Jeremy Atack, Fred Bateman, and James Foust, Manuscript Census Samples.

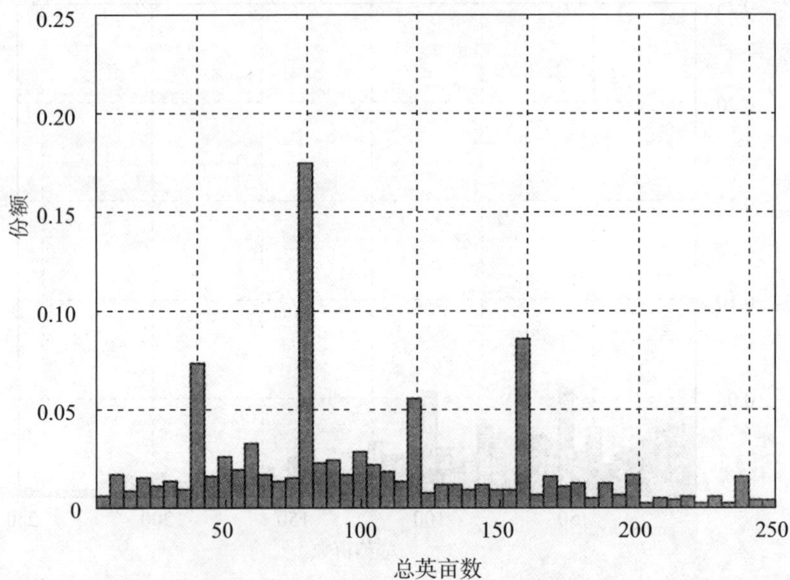

图 7–8B　1880 年伊利诺伊州农场规模分布

资料来源：Jeremy Atack and Fred Bateman, Manuscript Census Samples.

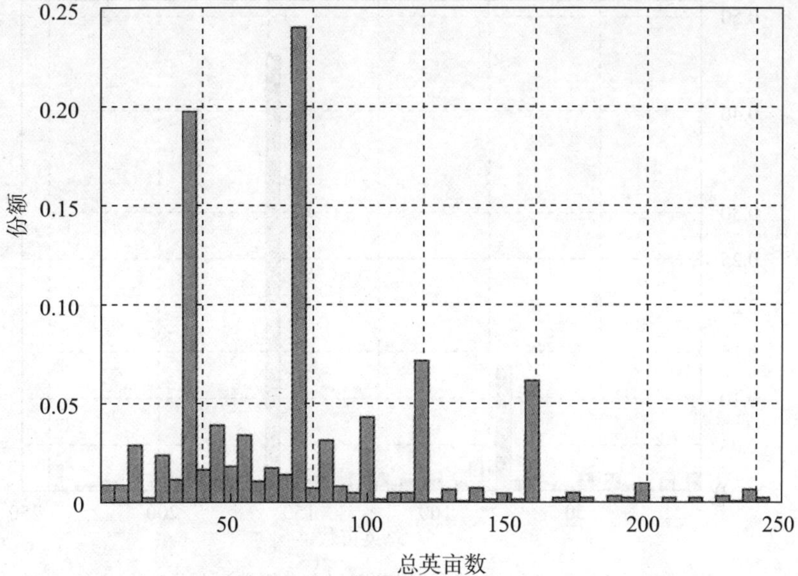

图 7–9A　1860 年密歇根州农场规模分布

资料来源：Jeremy Atack, Fred Bateman, and James Foust, Manuscript Census Samples.

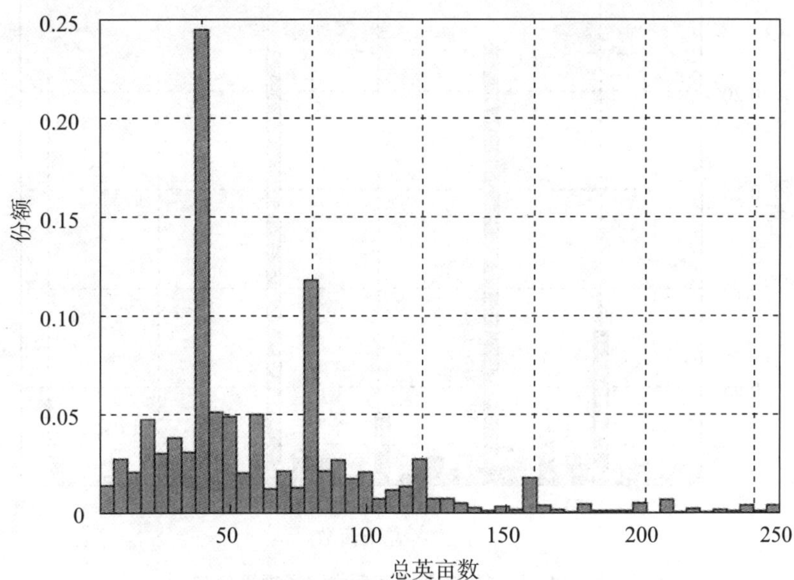

图 7–9B　1880 年密歇根州农场规模分布

资料来源：Jeremy Atack and Fred Bateman, Manuscript Census Samples.

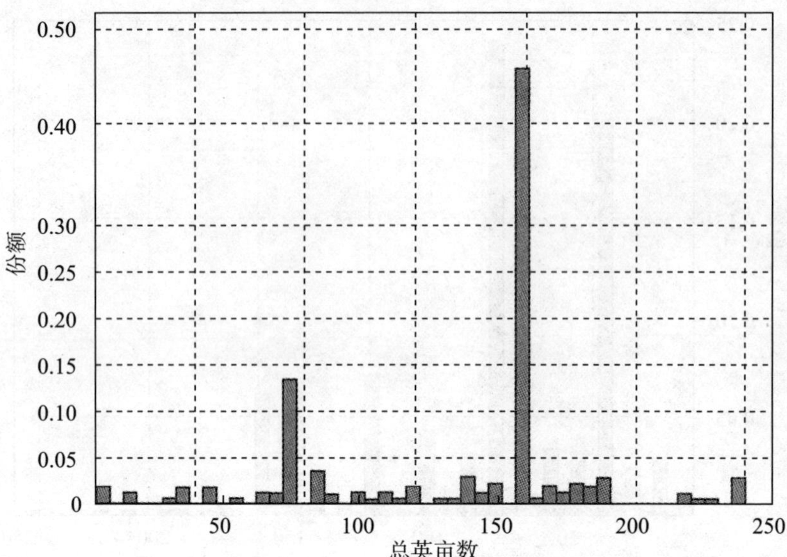

图 7-10A　1860 年堪萨斯州农场规模分布

资料来源：Jeremy Atack, Fred Bateman, and James Foust, Manuscript Census Samples.

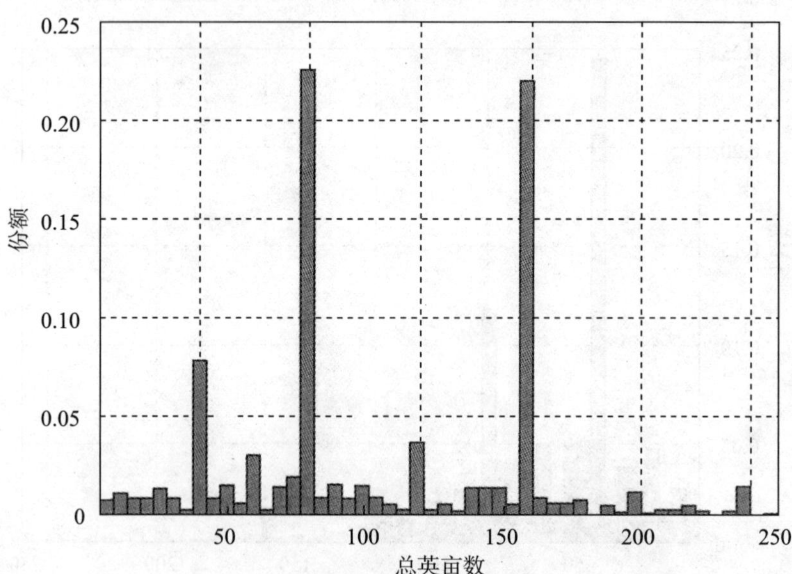

图 7-10B　1880 年堪萨斯州农场规模分布

资料来源：Jeremy Atack and Fred Bateman, Manuscript Census Samples.

土地投机

通过制定“很低”的土地价格，以及制定购买限额防止过量持有，并将数百万英亩公地赠予州和私人企业，联邦政府创造了一个极其活跃的土地市场。然而，这个市场并不仅限于向那些将土地用于生产性用途的人开放。当然也不应该有此限制。但是，低廉的进入成本和潜在的资本收益吸引了大量投机者，他们在土地市场和西部殖民地中扮演着重要的但常被误解的角色。投机者可以分成三种类型：(1) 仍生活
在东北地区的居民，他们或在地产公司中参股，或全额购买 1783 年以前政府为替代 303
补偿金的支付而颁发给士兵的土地许可证。(2) 为了日后小块细分土地出售或转售而购买土地的人。(3) 一部分真正的定居者，他们由于过分乐观或为“储存”土地以备日后开发、出售或馈赠而购买了超过种植需要的土地。

投资于地产公司股票和土地许可证的投资者推动建立了一个市场，将东部的资金转移用于中西部的开发，但是，由于这些投资者并不能拥有潜在资产的所有权（即中西部土地的所有权），他们也很少被关注。在新土地上定居的人们在美国民间传说中被称为“拓荒者”，而投机者为了转售或细分而购买土地并投入大量先驱资本的活动，却被指责为寄生虫式的行为。正如许多著名的案例中描述的一样，投机者可能确实购买了大量土地。比如在 19 世纪末，一些大型的牲畜企业从俄亥俄州中部发展到大平原边缘的平坦广袤的草原上，积极参与了大型农场西进的经营建设。[25] 更重要的是，一些人比如约翰·格里格(John Grigg)(在伊利诺伊州拥有 124 000 英亩土地)、艾萨克·芬克 (Isaac Funk)（拥有 27 000 英亩土地)、马修·斯科特 (Matthew Scott)（在伊利诺伊州和艾奥瓦州拥有 47 600 英亩土地)、威廉·斯卡利（William Scully)（在伊利诺伊州、密苏里州、堪萨斯州和内布拉斯加州拥有 220 000 英亩土地）和马修·沙利文特 (Matthew Sullivant) (拥有 80 000 英亩土地),他们的投机行动是很明显的。[26] 实际上，马修·沙利文特在伊利诺伊草原开创的拥有“广阔土地”的农场依靠 500 000 美元的负债发展起来，被当时的新闻媒体广为报道。[27] 而威廉·斯卡利作为一个外来的外国地主，也被新闻机构给予了特别的批评性的关注。[28]

当这些人和其他一些土地投机者成功地发现被人忽视而又特别有价值的土地，或比其他人更早购买到好土地时，他们就会获得高额收益并变得很富有。比如罗伯

特·斯威伦哥（Robert Swierenga）研究了艾奥瓦州的投机者行为，发现他们在19世
308 纪40年代到80年代间取得了每年平均73.1%的收益率，直到19世纪70年代，这
个年收益率始终高于其他投资收益率。[29] 高额利润招致他人的嫉妒，投机者被指责不劳而获和掠夺农民的"正当"资本收益。但并不是所有土地投机者都能致富。在不确定的土地市场上，投机者的利润有很大波动性。比如说，艾奥瓦州的投机收益在19世纪50年代的土地价格泡沫期间是非常高的，并在1859年达到极限，但仅仅两年后，收益率就跌到6.9%，处于与政府债券利率相等的水平（见图7–11）。投机者甚至还会面临亏损。平均收益率的下降与换手率的下降与投机者土地持有期的显
309 著延长是相关的。在某种程度上，投机者购买土地远远早于将土地投入生产的农场主，
他们的行为给经济带来的负面影响是微不足道的。

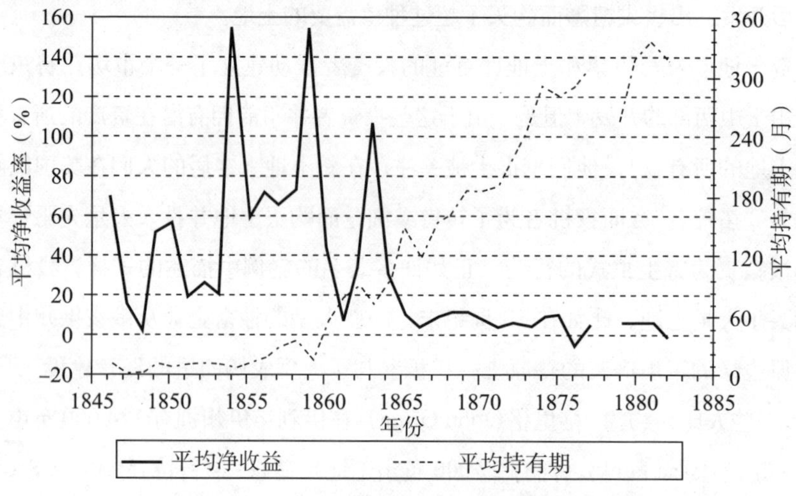

图7–11　土地投机收益和土地的平均持有期

资料来源：Robert Swierenga, "Land Speculator 'Profits' Reconsidered: Central Iowa as a Test Case", *Journal of Economic History* 26(1966), Table 6.

实际上，当投机者成功而迅速地将土地转售给那些将土地用于生产的人们时，他们的行为对社会是有利的。比如，艾奥瓦州和明尼苏达州土地代理公司的负责人内森·帕克（Nathan Parker）在他的移民指导手册中这样为投机者辩护：

迄今为止，投机者并没有给在新开发的土地上的定居者扯后腿，他们恰恰是为移居的迅速发展贡献最大的人。要不是因为有这些人，土地会荒

> 芜多年，得不到开发。他们来到这里大面积购买荒地，然后带领东部的农场主和其他人移居到这里并进行开垦。[30]

在 1846—1860 年，艾奥瓦州的投机者转售 1 英亩土地前要持有大约 16 个月。1865 年后，1 英亩土地的平均持有期为 179 个月，几乎是 15 年。土地投机持有生产性资源而不利用，减少了国民净产出，而平均持有期的大幅延长正是提高了这种可能性。

主要投机商和一些土地投机者一样出名，不管人们如何描述他们的行为，他们自己最终还是农场主，他们出于理性或是由于过分乐观而购买超出家庭劳力与技术所能耕种的土地。正如保罗·盖茨所说的：

> 美国农场主将他们的土地作为一种迅速积累财富的手段，因为随着社会的发展和他们个人对土地的开发，土地价值将会增加。同时他们为了得到将来最畅销的土地持续开发它。他们并不把它作为一项终身的投资，一笔需要认真细致地开发的宝贵的财富……对他们而言，土地并非持久的投资，而是一种投机。[31]

公地出售的价格随着谷物价格的波动而起伏。在 19 世纪 20 年代后期、30 年代中期和 50 年代中期，谷物价格较高，土地销售也较红火，这意味着农场主购买土地是基于短期生产目标。

农场主所投资的不仅包括现金和贷款，还有他们一生的劳动，家庭农场中还包括了家族成员的劳动。在这个意义上，资本主义和民主共同作用创造出了农业社会， 310
在这个社会中，个人所有权与立足于当地经济发展的强烈的社区利益紧密结合在一起。在这个耕种者阶层中，殖民的优先权、“声誉”、新教徒的宗教戒律（Protestant sobriety）行为、农业知识和最重要的精明、进取心、勤劳以及适中的经济成就，所有这些成为社会身份结构的基础，主宰了所有的社会结构。农场财产的扩张并非仅来自自给自足的农民，而是与当地的银行家、律师、商人、技工——土地交易者、投机者、“开发者”——紧密联系，后一群体得到了农场主的支持，控制了地方政府和议会议席。

租佃农民和自耕农

尽管农场主常常通过投机私人土地获利，但他们仍指责那些“纯粹的”土地投机者掠夺了土地增值所带来的资本收益，这部分收益本应归属于开垦者。投机者还被指责将土地价格抬高，使土地价格超出了普通人所能购买的范围，由此迫使那些想要拥有土地的自耕农不得不成为佃农。在其他一些情况中，投机者常常受到责难，因为他们说服或强迫自耕农承担巨额债务，使得农场利润急剧减少，然后再取消那些现金拮据、债务缠身的农场主的抵押土地赎回权，这种现象在19世纪末期尤为严重。

不考虑投机者对未开发土地的价格的边际影响，对拓荒的农场主和移居者而言，购买处女地的成本，在开发新农场的成本中只占很小的一部分。1820年以后，仅用100美元的价格便可从联邦政府那里购买到80英亩的土地，1832年以后50美元可以买到40英亩。公开交易的土地许可证使大面积的土地有了更为低廉的价格：在1852年160英亩土地许可证的售价为110~115美元，每英亩仅69~72美分。19世纪40年代到80年代在艾奥瓦州即使是大投机商出售的土地也是相对很便宜的，每英
311 亩的平均价格低于4美元。[32] 然而，希望能接近水源、铁路运输或商业城镇的殖民者则要支付更高的土地价格，因为优越的地理位置是最重要的。在伊利诺伊州境内，其中枢铁路沿线土地的价格为每英亩8~12美元（要得到政府的土地许可）。[33] 但即便如此，土地成本仍然仅占建立一个农场所需成本的很小部分。

建立农场的主要成本并不在于获得未开发的土地，而是用于清整、牲畜、工具、机械、建筑、护栏、道路等的必要的后续投资。建立一个农场包括获得一片40英亩、80英亩甚至160英亩的可耕种的土地。土地必须得到清整，在俄亥俄州、密歇根州、威斯康星州、明尼苏达州有着大片森林，清整更是一项极其艰巨的工作。首先，必须砍伐广袤的原始树木，而可利用的工具仅是双人锯子和斧子，或放火焚烧并搬运走。之后用畜力或炸药清理树桩和巨石。据马丁·普瑞马克（Martin Primack）估计，清整一英亩大约需要一个月的劳力，加上一队公牛的畜力。[34] 尽管农场主可以利用其空闲时间来做这项工作，但清整工作的成本仍要计入农场一个月的劳力还要加上家庭一个月的衣食住成本。即使定居于没有树木的草原，这些成本也不能避免。而雇用帮手和使用特殊机械也是必不可少的。草原上的草生长了多年，草根盘根错节，

破开草皮需要特殊的“破草犁”和一组 4~8 头公牛，尽管这项工作仅需做一次，但要消耗大约一天半的时间。[35] 清整每英亩树林的花费是 10~12 美元，清整每英亩草地的花费是 2~5 美元。[36] 土地清整是美国一项重要的经济投资，19 世纪 50 年代仅中西部地区树木清整费用每年就为 1 300 万 ~1 600 万美元。[37] 虽然所有投资最终从高产出和美国内战后的高地价中得到了补偿，但这项工作从日常生产中调用了中西部约 1/6 的农业劳动力。另外还需要一定数量的劳力看守土地和牲畜。

然而值得一提的是清整土地、开掘沟渠、种植树篱和修防护栏的工作，虽然需要一年多的时间，但可以由农场家庭劳力在农闲期间完成，或相邻而居的家庭之间 312
协调时间交换劳动力来完成。这种方法避免了现金的大量流出，但仍存在一定的机会成本（除非使用的劳力是真正的“剩余”劳动力，没有其他获利机会），而且可能需要 5~10 年才能完全将农场建设好，期间农场主不得不动用储蓄以维持生计。

明尼苏达州统计委员会为想移居的人们提供了一份在该州建立农场的建议书：

> 按政府价格计算，160 英亩土地价格为 200 美元。这里木材价格低廉，有最便宜和最好的护栏……由 1 英寸 ×6 英尺 ×14 英尺的木板制成，两根立柱与木板等长……护栏的成本为每杆①40 美分。1 英里的护栏，可以包围 40 英亩土地，花费 3.20 美元 ×40=128 美元；而且很多情况下邻居会帮助修建分界护栏……一个人可以修建一间舒适的木屋，花费仅需 50 美元的木材、钉子、鹅卵石和窗户等，而且仅利用立柱和茅草便可以建造一个舒适的储藏室，有了它就不必将谷物放进谷仓。马的价格是每匹 50~100 美元；公牛的价格是每头 40~50 美元；母牛每头 20 美元……最理想的是所有移民都修建自己的护栏。

（单位：美元）

土地的价格	200.00
畜力大车和拉车牲畜	150.00
两头奶牛	40.00
建造房屋	100.00

① 一杆等于 5.5 码或 16.5 英尺 (5.03 米)。——译者注

续前表

开垦 20 英亩土地	60.00
一副开垦用铁犁	14.00
一个耙子	6.00
斧子、铲子、铁锹、叉子、镰刀等	25.00
必需的家具和家庭日用品	200.00
总计	795.00

> 一些人白手起家，创建或租用农场，很快建立起舒适的家庭，其他人也一样能做到；但要做到这些也需要夫妻具有吃苦耐劳等特殊品质，通常拥有 500~1 000 美元的家庭在这里会发现他们面临着最拮据的经济条件。[38]

即使假定可以抵押土地，期限通常也较短（3~5 年），而没有首付款要求的“气球式”抵押（即非分期偿还），要支付 595 美元的现金——这相当于 1860 年工人一年半的
313 平均工资，或当时北部地区人均收入的 4 倍。这样看来要建设农场的家庭必须储存一大笔钱，并承受一段较长时间的艰苦工作和拮据的生活，方能在边远地区拥有一个农场，这样的理想依靠自给自足需要很多年才能完成。

通过对大量类似估计的考察，克拉伦斯·丹霍夫（Clarence Danhof）得出结论：要建设一个 40 英亩的农场，“农场建造者的财富不能低于 1 000 美元”。至于比较普遍的面积为 80 英亩的农场，土地、开垦、建筑平均需要 1 364 美元，另外牲畜需要 285 美元，工具需要 67 美元，总计是 1 716 美元。在艾奥瓦州、明尼苏达州、威斯康星州这些外来殖民者较少的州，花费要少些，为 800~1 300 美元，而较为靠近东部的州如俄亥俄州则花费要高些，大约 2 000 美元或更多。[39] 在东北部建立一个相当的农场需要多花费 2/3 甚至 2 倍的资金。比如要在东北部建设一个面积为 80 英亩的农场，土地和建筑的花费平均为 2 657 美元，另加 109 美元的工具费和 377 美元的牲畜费。土地所有者并不是那些身无分文的人能担当的，农场的建设者需要拥有大量储蓄和强大的激励，或这两者的某种综合。

随着时间的推移，农田价格不断上涨，它反映了多方面的影响，包括对土地的开垦、需求的增长，以及土地供给的减少和地理位置优势的改变。根据彼得·林德特

(Peter Lindert）的估计，在 1850—1915 年，美国土地的真实价值以每年 2.08% 的速度上升，在此期间增长了将近 4 倍（参见图 7–12）。[40] 如果不是西部劣质土地抵消了每年 0.29% 的开垦收益，增长的速度可能会更快，达到每年 2.18%。无论土地价格高涨的原因如何，如果需求是无弹性的，潜在的农场主都将被迫花费更多的收入来购买土地。而那些无力支付过高的价格，也无法借到资金的人，将不得不购买较小面积的土地耕种或租佃土地。一些人可能完全被排斥于市场之外，除非他们愿意迁移到西部更遥远的土地上去。

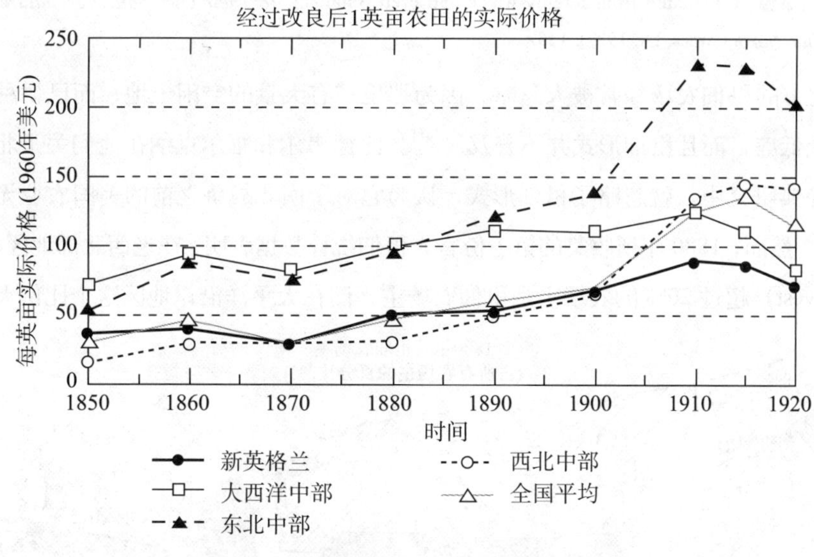

图 7–12　经过改良的 1 英亩农田的实际价格

资料来源：Peter Lindert, “Long-Run Trends in American Farmland Values”, *Agricultural History 62* (1988), 58-59.

如果这些资本成本代表农场主的进入门槛，农民还可以通过从事租佃耕种来代替现金或参股。租佃节省了用于农田、开垦、建筑的固定费用但仍需少量、次要的投资。根据阿塔克和贝特曼的估计，1860 年在中西部耕种 80 英亩土地的租佃农场主平均花费 325 美元，该数额与风险相关，相比较而言拥有土地的农场主的平均花费是 1 716 美元（见表 7–3）。尽管租佃农场主的花费大大低于土地的所有者，但这部分农场主仅占人口的 1/3。

表 7-3 1860 年美国中西部由农场主自己拥有土地的农场所花费的农田和开垦的平均成本

单位：美元

农场规模	农田、建筑、护栏等	工具	牲畜	总成本
40 英亩	738	46	197	981
80 英亩	1 364	67	285	1 716
160 英亩	2 491	96	426	3 013

资料来源：Calculated from Jeremy Atack and Fred Bateman, *To Their Own Soil: Agriculture in the Antebellum North* (Ames, IA, 1987). 135.

315 北方的租佃农场经常被人忽略，因为那里“有大量的空闲土地，而已耕种的土地租金低廉，而且租佃形式并不普及”[41]。比德韦尔和福尔克纳在他们关于北部农业的经典研究中，就忽略了租佃形式，认为它对于南北战争之前的美国农业无足轻重。[42] 然而，1880 年所收集的第一份官方租佃统计数据表明，在老西北部地区（Old Northwest）超过 20% 的农场主是租佃农场主，而在太平洋沿岸地区这个比例大约是

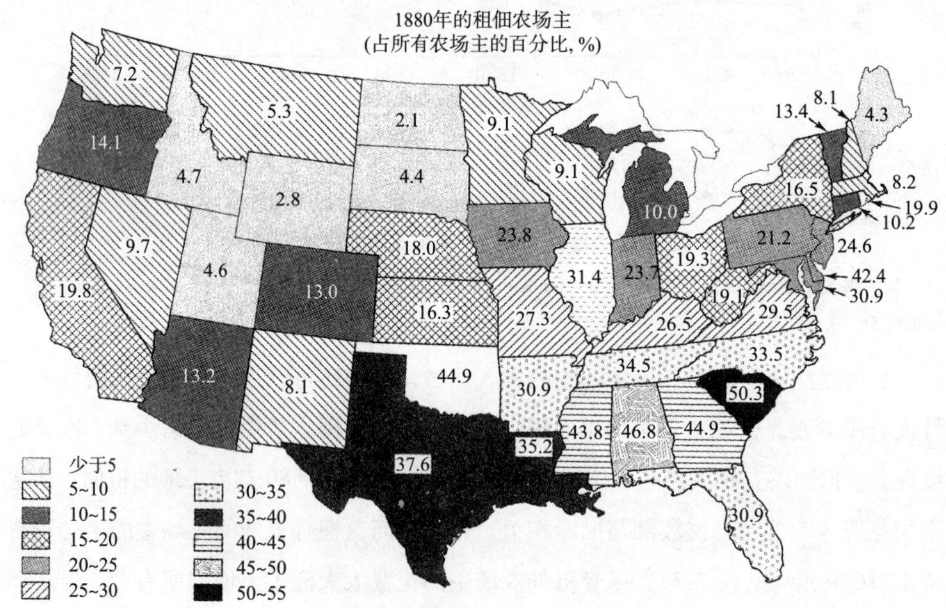

图 7-13 1880 年各州的租佃比率

资料来源：Charles O. Paullin, *Atlas of Historical Geography* (Washington, DC, 1932), Plate 146.

17%，这份数据包括了 20 多年的农场资料。相反，新英格兰的优质农田稀缺，价格 316
昂贵，租佃率很低（见图 7–13）。[43] 但在随后的几年中各地的租佃率都有所上升（见图 7–14）。

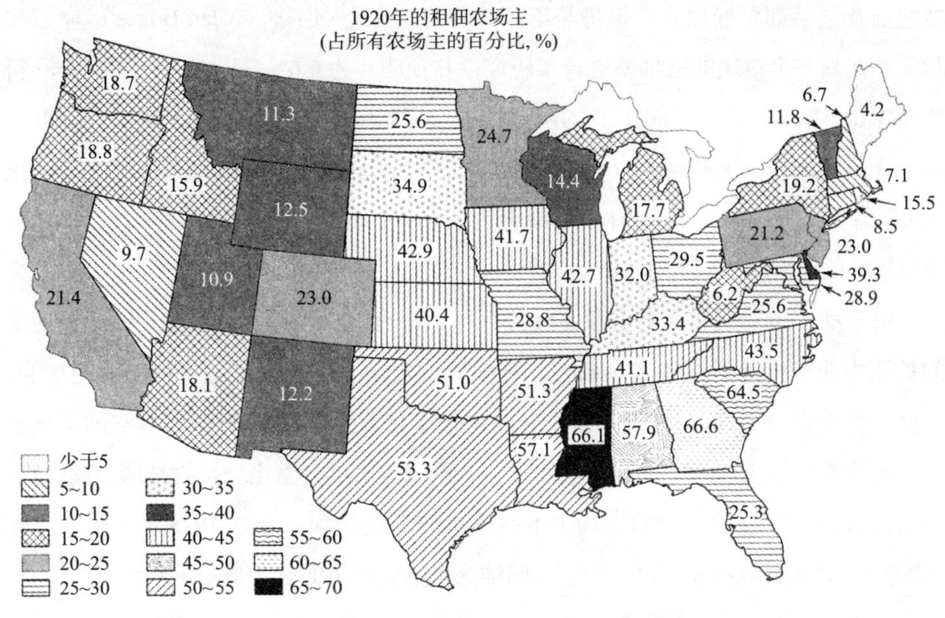

图 7–14　1920 年各州的租佃比率

资料来源：Charles O. Paullin, *Atlas of Historical Geography* (Washington, DC, 1932), Plate 146.

19 世纪早些时候的租佃情况鲜为人知。一般认为当时的租佃情况更少，甚至可能根本不存在，因为早些时候土地相对比较充裕，而且无人居住的荒地大多分布在边疆处。但保罗·盖茨并不同意这个观点。他认为一些特定的机制，比如土地法、较低的价格、公开拍卖等，会促进土地所有，同时也会推动土地的投机、垄断和租佃：

> 1785 年的《土地令》和随后的一系列法律取消了个人和团体可获得公
> 地的数量限制……销售转让不受限制的政策使得投机者的土地垄断成为可 317
> 能，他们在一些地区得到了大量的优质土地……这导致便宜的空闲土地迅速消失，随之出现了租佃。[44]

证据是混杂的。在独立战争前夕纽约州有大约 6 000~7 000 个租佃农场主。[45]

据詹姆斯·莱蒙（James Lemon）估计，殖民地时代晚期的宾夕法尼亚州的切斯特县和兰开斯特县，大约有30%的已婚纳税人是不占有土地的。[46] 这个比率表明，独立战争时代的租佃比率与一个世纪以后的租佃比率相当。在19世纪上半叶，租佃比率较之前及之后都要低很多，但仍是不可忽略的。艾伦·伯格（Allan Bogue）对1860年艾奥瓦州三个镇区的租佃率进行了研究，并预测其为6.6%~11.2%。[47] 小塞迪·科格斯韦尔（Seddie Cogswell Jr.）的研究认为，艾奥瓦州东部地区的租佃率从1850年的17.6%不均匀地上升到1880年的27.3%。[48] 通过对整个中西部地区的研究，杰里米·阿塔克估计1860年的总体租佃率大约为17%，密歇根州的比率较低（7%），而边疆地区的比率较高（超过30%）。[49]

由于拥有土地所有权具有很多优势，特别是可以从当地的发展和交通运输网络的扩张中获得土地潜在的资本收益，许多租佃农场主不是自愿地选择租佃土地的。一些人指责，在19世纪晚期不断上升的租佃率是因为“到1900年所有空闲土地都已经被消耗殆尽，而且……在19世纪90年代的困难时期大量土地抵押被取消赎回权，
318 这使得很多希望继续经营的农场主不得不租佃土地”[50]，而在1923年美国农业部（USDA）的年报中将长期租佃的原因归结为租佃农场主的能力低于平均水平。[51] 阿塔克认为租佃的横断面变动来自进入成本，即成为自耕农场主所必需的现金投资。[52] 另一方面，更多关注粮食耕作的唐纳德·温特斯（Donald Winters）将租佃的变动描述为“农业机制的进化成熟中不可或缺的部分”，也就是说租佃是农业商业化发展的必然产物。[53]

然而，不断上升的租佃率与杰斐逊的理想背道而驰，他希望将公地不断转移到私人手中，从而建立一个由小土地所有者组成的国家。正如托马斯·哈特·本顿（Thomas Hart Benton）所说的：

> 租佃无益于自由。它使得社会秩序涣散，国民的爱心泯灭，独立精神弱化。农田的租佃者没有土地，没有家庭，没有祖法，没有家长。相反，拥有自主土地的自由民是自由政府的天生支持者；合众国的政策应当使自由民更多……应当把公地廉价畅快地转移到人民手中；以合理的价格出售给那些支付得起的人；无偿赠送给那些支付不起的人。[54]

一代农业历史学家用“农业阶梯”（agricultural ladder）来解释农业经济社会里社会和经济的活动性，其中土地所有制（land tenure）扮演着关键角色。这个比喻将农业人员的各个阶层比作阶梯的各级横档，没有土地的农业劳动力处于最底层，不同地位的租佃农场主处于中层，没有抵押的拥有土地的农场主处于顶层。农业阶梯假说的最关键部分是，租佃者能否向上升级使自己从农场劳动力转变为独立的农场主自耕农，以及土地所有者和自耕农是否会在经济困难时期降级到没有土地的劳动力这一层。在相当长的时间里，前一解释在理论界占统治地位。戈登威泽（Golden-
Weisser）和特鲁斯德尔（Truesdell）认为租佃仅仅是“个人终生奋斗的一个阶段，他 319
资本有限，除了充沛的精力和进取心之外一无所有，他可能在一段时间以后就能获得一个农场的所有权”。[55] 在 20 世纪 30 年代到 40 年代流行的一种更为悲观的观点，反映了农场经济的萧条状态和保罗·盖茨的有说服力的观点。[56] 比如拉旺达·考克斯（Lawanda Cox）宣称：“对西部农场经济状况的历史研究表明，在很多地方，阶梯的倒退降级都是普遍现象。”[57] 最近，关于描述升级过程的传统观点有所抬头。[58] 比如伯格将租佃描述为“攀上土地占有使用的阶梯，使他们从最底层的雇工身份，上升到拥有自己的农场和庄园，甚至出租土地的那层阶梯”[59]。

农业阶梯中的上升和下降是难以考据的，并且大多是间接证据。最好的资料可能就是 1920 年的人口普查数据。该资料表明 1915—1920 年，在大西洋中部地区和中西部各州有至少 30% 的人变成自耕农场主和租佃农场主。[60] 平均而言，农场雇工会在 30 岁左右进行租佃经营，之后或升或降。比如在伊利诺伊州，雇工平均需要 6.2
年升级到拥有自己的土地的那一层，而佃农要升级到拥有自己的土地的那一层平均 320
需要 11.1 年。然而，同样存在降级的可能性。所有北部的州（缅因州除外），20% 的租佃农场主租佃耕种的正是他们自己曾经拥有的土地。[61]

然而，从各种各样的人口普查中可以总结出来的一些直接数据是关于土地占有期间所有者的年龄分布情况（见表 7–4 和图 7–15）。假定某一时点的不同年龄组的经验可以提供某一特定年龄组成员一个生命周期的信息，从而我们沿着表 7–4 的对角线各组成员的情况可以推断出，是否更多的人成为租佃农场主而不是脱离这个阶梯，因为在连续的人口普查中，每个年龄组的成员是由前次普查中较年轻年龄组中存活下来的人所组成的。数据表明，在跨期研究中，靠租佃起家的年轻农场主在各年龄

表 7–4　　1860—1930 年不同年龄组的租佃农场主的比例变化

年龄组	1860 年（北部）	1870 年	1880 年	1890 年	1900 年	1910 年	1920 年	1930 年
25 岁以下	234			562	718	756	758	865
25~34 岁	162			421	543	550	565	670
35~44 岁	108			301	353	373	397	463
45~54 岁	74			230	290	268	302	346
55~64 岁	54			167	207	211	207	247
65 岁及以上	46			118	149	151	165	164

说明：1890—1920 年的数据来自 E. A. Goldenweisser amd Leon E. Truesdell, *Farm Tenancy in the United States* (Washington, DC, 1924), table 32, 90。另外 1890 年 55~64 岁的农场主和 65 岁及以上农场主的资料的原始数据是合并在一起的，布莱克和艾伦在重新整理数据时划分为两个年龄组。1870 年和 1880 年的数据缺失。

资料来源：1860 年北方的数据是根据贝特曼 – 福斯特（Bateman–Foust）1890—1930 年的样本计算而来。John D. Black and R. H. Allen, "The Growth of Farm Tenancy in the United States", *Quarterly Journal of Economics*, 51(1937), table 6, 409.

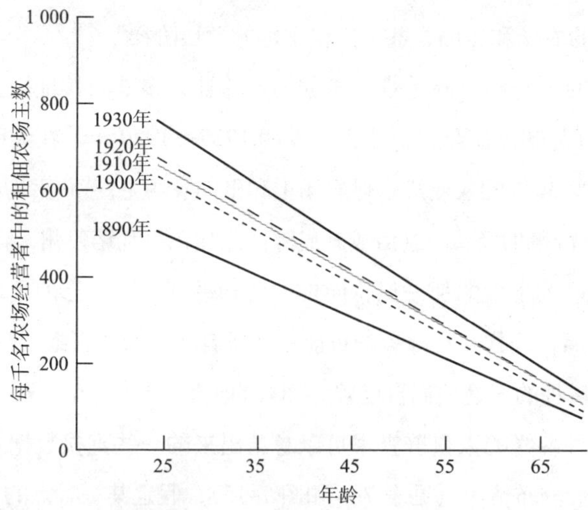

图 7–15　分年龄计算的租佃率

资料来源：Gavin Wright, "American Agriculture and the Labor Market: What Happened to Proletarianization?", *Agricultural History* 62(1988),192, Figure. 3.

组中大多仍然租佃经营，但租佃比率在各年龄组中依次递减，这表明了农场主中升
级的总趋势。而且，尽管在连续几十年中，同一年龄组中以租佃起家的人的比例越
来越高，但在 19 世纪晚期和 20 世纪早期，他们都以更快的比率脱离租佃经营，成 321
为土地所有者。这一模式与土地价值上升导致资本成本上升，从而使青年时代成为
自耕农场主的进入门槛越来越高的观点是一致的。

西部定居

1800 年以后，来自东北部各州的移居者越过阿巴拉契亚山脉的重重阻碍，如潮
水般涌入中西部。俄亥俄州是第一个接受殖民的州。1800—1820 年，该州的人口增
长了 3 倍，这大部分是移民迁入所致 [62]，同时中西部地区农场家庭的出生率远高
于东部地区和非农业人口的出生率。[63] 后来的移民多涌入北美五大湖区附近的各 322
州。从那里开始，时起时落的移民潮继续西进，越过高原和大山，为寻找加利福尼
亚州的黄金勇往直前，到达了艾奥瓦州、明尼苏达州、堪萨斯州。在 1810 年，仅有
不到 4% 的美国人居住在中西部地区，而到了 1840 年，美国人口的 17%，即 300 万
人居住在那里。到 1860 年，这个比例上升到 25%。另外，堪萨斯州 10 多万的新定
居者要归因于废奴主义机构，比如新英格兰移民援助协会（New England Immigrant
Aid Society）的努力。也有上千人定居于内布拉斯加州。西海岸的人口激增到 50 万
人左右，到 1900 年中北部和西部各州的人口超过 3 000 万人，大约占全国总人口
的 40%。

向殖民者敞开的西部土地对全美国的人口和经济活动的分布产生了深远的影响。当人们移居到西部时，他们选择了更肥沃的土地和更有利的农业环境，而那些仍留在东北部旧农业区的人们将面临艰难的抉择：去还是留？如果他们留下，如何与西部的农业竞争？西进的人可以继续耕种玉米和小麦，在艾奥瓦州、印第安纳州和伊利诺伊州定居，成为一个小农场主。留下来的人们将被迫做出选择，或种植新的谷物，或加入日益增长的东部工业与商业企业就业大军。

移居者从芝加哥出发北上西进，很快就来到五大湖区附近的各州。但在堪萨斯州西部、内布拉斯加州和达科他的草原却给那些拓荒者带来了技术和心理的障碍，

因为这需要更先进的殖民技术。没有树木的平原无法抵挡烈日和狂风，也难以防备攻击。更糟的是，那里缺乏护栏和建筑材料，也缺乏燃料和放牧猪的林地，而且乍一看水源供应严重不足（实际上还是有一些的）。在那些地方树木不生长，或是杂草丛生，连铁犁都难以破开，使得已经习惯了堆积着厚厚腐败植物的优良土地的拓荒者们不得不怀疑那里的土地是否肥沃，实际上开阔地比起林地而言，只有一个好处：就是清整土地的时候不必用斧子。

323 19 世纪美国人的移民既包括跨越相邻州短途迁徙的移民，也包括时不时来自东部的移民，甚至是来自中欧谷物丰茂的大平原的宗教或社区团体的移民。移民者很少在一个地方停留很长时间，而是继续西进开发新的土地，寻找新的机会。由于总是独自前行勇敢面对一切问题，他们看起来是偏好风险的。比起没有土地的人来说，农场主对地点有着更强的依赖性，这可能是因为他们人力资本的价值就在于对于他们所耕种的土地的知识，以及对当地气候的了解，但尽管如此，他们也同样急于继续迁徙。[64] 比如在威斯康星州各县，1860 年的农场经营者到了 1870 年仅有 32% 仍继续留在原地。到 1880 年就不到 20% 了。[65] 威斯康星州的布卢明格罗夫（Blooming Grove），以及佛蒙特州切尔西的农场主们居住得较久，但即使在这些地区，1860—1880 年仍有超过 60% 的农场经营者无迹可寻。[66]

那些迁徙的人跨越几个州，蜂拥西进。实际上他们大多一直向西走。对于这种非常特殊的移民路线，理查德·斯特克尔的解释是这是出于农场主最大化其人力和物力资本价值的欲望。[67] 这种人力资本包括对于土地、季节规律、农作物等的相关知识，而这些农业信息多与地理纬度息息相关。西进运动也使得农场主的物力资本得到了最佳利用，这些物力资本包括种子和奶牛。由于其具有趋光性，即与特殊的光照期和季节变化相适应，所以农场主携带它们一同迁徙，到更适宜生长的地方去。之所以不向南或向北迁徙，是因为纬度的变化可能会对谷物和牲畜的生产率有很大的影响。

通过移民来最大化经济收益的动机，会由于血缘、友谊、共同的文化或种族的维系而得到强化。当得到关于某个地方的相关消息时，家庭会向那里聚集。这些消息来源于某些远方亲友的私人传播途径。来自外出移民的家信通常是令人欢欣鼓舞
324 的。在那些边远地区，有相似背景的人们更容易团结起来。比如戴维·达文波特通

过家信和当地报纸考察了纽约州斯科哈里（Schoharie）县的外出移民。[68] 另外，也
有因种族相同而紧密团结的群体，比如在密歇根州渥太华县荷兰城的荷兰移民就是
这样一个特殊的社区群体。 325

尽管有大量移民的涌入和相对较高的人口出生率，中西部和西部的大部分地区
的人口密度依然很低。如果我们将人口密度每平方英里 2~6 人（每平方英里不到一
个农户）定为基准，那么在 1800 年整个俄亥俄州的人口密度都达不到此基准（见
图 7–16）。除个别地区（如辛辛那提附近和最初的七个地区）外，到 1850 年，人口
密度达到这一基准的地区向西推移，跨越了密西西比河，但仍有个别地区人口密度 326

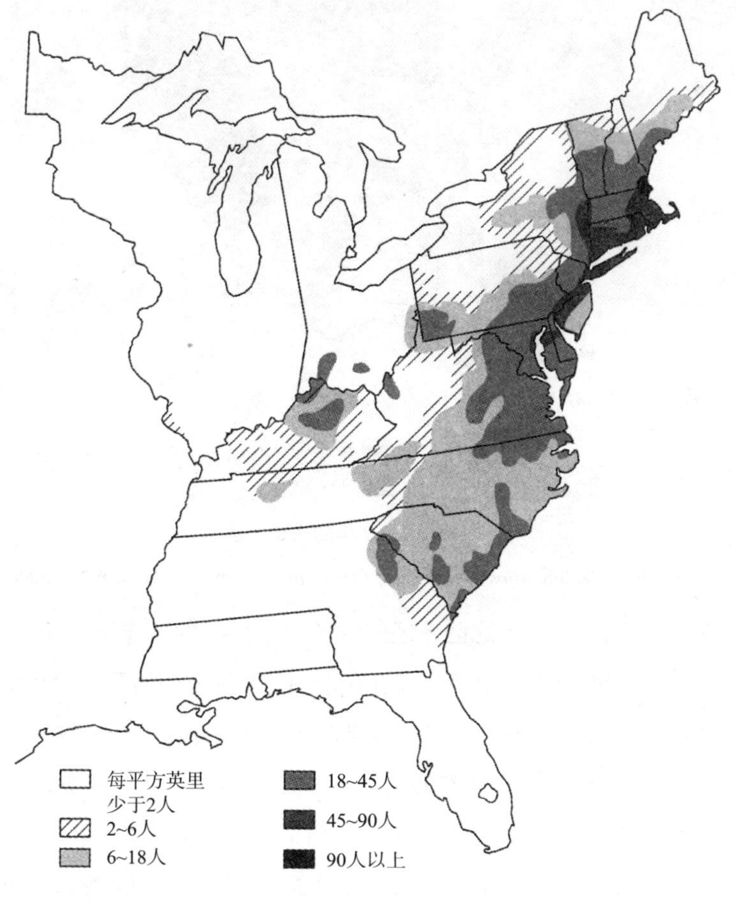

图 7–16　1800 年的人口密度

资料来源：Charles O. Paullin, *Atlas of Historical Geography* (Washington, DC, 1932), Plate 76.

不到每平方英里6人（见图7–17），如伊利诺伊州中部往东的草原地区。即便到了1900年，仍有许多草原和多山地区的人口密度在基准以下（见图7–18）。

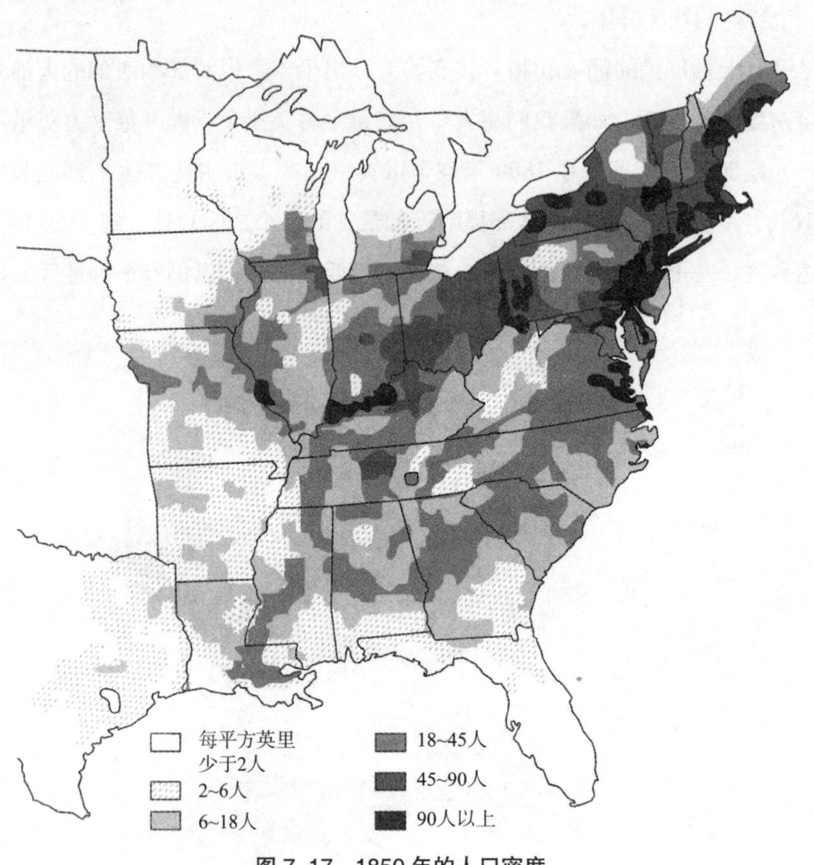

图7–17 1850年的人口密度

资料来源：Charles O. Paullin, *Atlas of Historical Geography* (Washington, DC, 1932), Plate 77.

面对如此低的人口密度，这些地区的农场主不得不做出选择，或者自给自足，满足于质量低品种少的低消费水平，或者在市场上与远方的消费者相互交换。大多数人选择了后者。至于定居模式，仍采取类似东部丛林地区的独立农庄和小商业城镇形式，只是规模有所不同——拥有的土地面积更大，定居的人口更少，距离也更远。

327 一系列赋予移民更多自由的法律获准通过，直到1862年《宅地法》出台才告一段落，这使得市场和商业资本的力量爆发出来，实现了充分的民主和平等。西部的诸多土地从土地抵押公司、铁路的土地出让管理部门释放了出来。除已有“条约”限定的

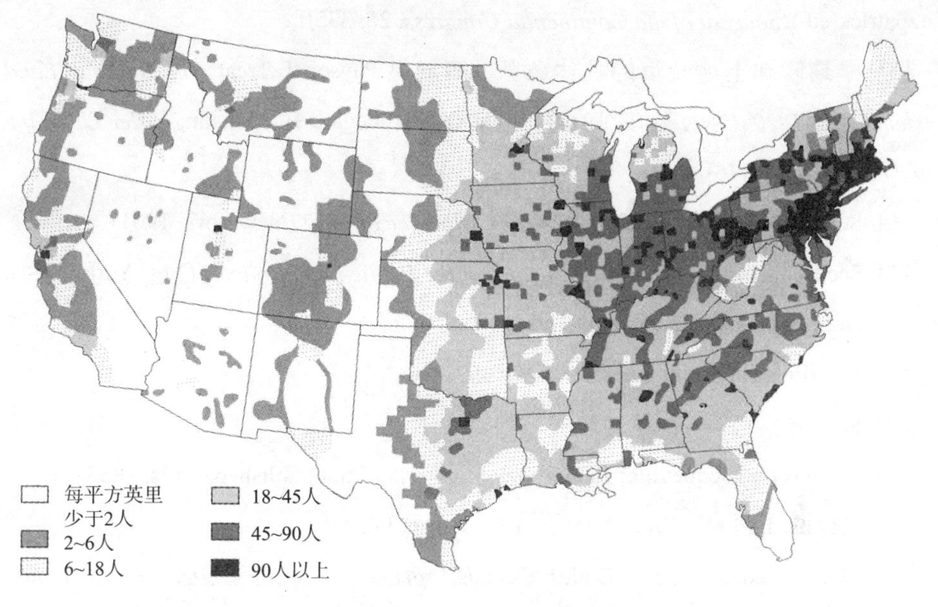

图 7–18　1900 年的人口密度

资料来源：Charles O. Paullin, *Atlas of Historical Geography* (Washington, DC, 1932), Plate 77.

土地外，本地人对土地没有优先权，这使得移民者加快了前进的步伐。在密西西比州东部，是居住在大平原的印第安人，而不是农业劳动者以及居住在丛林中的居民为移民带来了很多难以解决的麻烦事。但从墨西哥战争以后，美国军队常把地方居民逼上绝路。在不到半个世纪的时间里，大片荒地被改造为世界上最大的农业区之一，为新生城市工业源源不断地供应粮食。 328

注　释

[1] See James F. Shepherd and Gary M. Walton, “Economic Change after the American Revolution”, *Explorations in Economic History* 13(1976), 408-409.

[2]汉密尔顿关于土地政策的完整论述，请参见他 1790 年的报告：《美国文献，公地》(*American State Paper, Public Lands*) (Washington, DC, 1832)。

[3] Thomas Jefferson to the Reverend James Madison, October 28, 1785.

[4] See *Journals of the American Congress*, 4, Ordinance of May 20, 1785, 5207; J. C.

Fitzpatrick(ed.), *Journal of the Continental Congress*, 28, 375ff.

[5] 早期联邦土地政策的具体条款，可参见 Payson J. Treat, *The National Land System, 1785-1820* (New York, 1910)。也可参见 Hildegard B. Johnson, *Order Upon the Land* (New York, 1976)。

[6] See Jay A. Barrett, *Evolution of the Ordinance of 1787* (New York, 1901).

[7] See Benjamin H. Hibbard, *A History of the Public Land Policies* (New York, 1924), for a summary of the various public land laws.

[8] See Hibbard, *Public Land Policies, 302*.

[9] 同上书。

[10] Alexis de Tocqueville, *Democracy in America* (first published, Paris, 1835).

[11] Hibbard, *Public Land Policies,* 103, 106, 113.

[12] U. S. Census Office. Eighth Census, *Agriculture of the United States in 1860* (Washington, DC, 1864), 222.

[13] Hibbard, *Public Land Policies,* 396. U.S. Bureau of the Census, *Historical Statistics of the United States, Colonial Times to 1970* (Washington, DC, 1975), I, 428-429, Series J8-15.

[14] Hibbard, *Public Land Policies, 386*.

[15] *Historical Statistics,* Series J15.

[16] See, for example, Roy M. Robbins, *Our Landed Heritage* (Princeton, 1942), especially 236-254. Also A. M. Sakolski, *The Great American Land Bubble* (New York, 1932).

[17] Theodore Saloutos, "The Agricultural Problem and Nineteenth-Century Industrialism", *Agricultural History* 22(1948), 156-174.

[18] See R. Taylor Dennen, "Some Efficiency Effects of Nineteenth Century Land Policy: A Dynamic Analysis", *Agricultural History* 51(1977), 718-736. See also Theodore Saloutos, "Land Policy and its Relation to Agricultural Production and Distribution, 1860 to 1933", *Journal of Economic History 22* (1962), 445-460; Thomas LeDuc, "Public Policy, Private Investment, and Land Use in American Agriculture, 1825-1875", *Agricultural*

History 37 (1963), 3-9.

[19] Paul W. Gates, "The Homestead Law in an Incongruous Land System", *American Historical Review* 41(1936), 652-681.

[20] Robert W. Fogel and Jack Rutner, "The Efficiency Effects of Federal Land Policy, 1850—1900: A Report on Some Provisional Findings", in William O. Aydelotte et al.(eds.), *The Dimensions of Quantitative Research in History* (Princeton, 1972), 390-418 and Dennen, "Some Efficiency Effects". 这一观点与福格尔和鲁特纳的不同，但与丹能（Dennen）对《宅地法》的影响的动态分析一致。

[21] Hibbard, *Public Land Policies,* 319.

[22] 康奈尔大学接受了面积最大的土地赠予——99 万英亩——而俄亥俄大学和宾夕法尼亚大学各得到了 50 多万英亩土地的赠予。在人口更多的东部的州（特别是在那些没有实施任何一条公有土地政策的州，即 1785 年存在的所有州），这些赠予主要是西部的土地。因而，比如说，康奈尔大学得到了威斯康星州的一大块土地。参见 Hibbard, *Public Land Policies*，328－337。

[23] For example, South Carolina(1872), Arkansas(1872), Florida(1884),and Georgia(1872).

[24] See Thomas Donaldson, *The Public Domain* (Washington, DC, 1884), especially 782-783.

[25] See, for example, Paul W. Gates,"Frontier Landlords and Pioneer Tenants", *Journal of the Illinois Historical Society* 38(1945), 143-206.

[26] Ibid. and Paul W. Gates, "Land Policy and Tenancy in the Prairie States", *Journal of Economic History* 1(1941), 60-82. See also Paul W. Gates, "The Role of the Land Speculator in Western Development", *Pennsylvania Magazine of History and Biography* 66(1942), 314-333.

[27] Gates, "Frontier Landlords", 15-20.

[28] See, for example, Homer E. Socolofsky, "William Scully：Ireland and America, 1840—1900", *Agricultural History* 48(1974), 155-175.

[29] Robert P. Swierenga, "Land Speculator 'Profits' Reconsidered: Central Iowa as a

Test Case", *Journal of Economic History* 26(1966). Also Robert P. Swierenga, *Pioneers and Profits*: *Land Speculation on the Iowa Frontier* (Ames, IA, 1968).

[30] Nathan H. Parker, *The Iowa Handbook for 1856* (Boston, 1856), 149.

[31] Paul W. Gates, *The Farmer's Age*: *Agriculture* 1815—1860 (New York, 1960), 399-400.

[32] Swierenga, "Land Speculator 'Profits' ", particularly his tables 2, 3, 4, and 5.

[33] Paul W. Gates, *The Illinois Central Railroad and Its Colonizing Work* (Cambridge, MA, 1941).

[34] Martin Primack, "Land Clearing Under Nineteenth-Century Techniques: Some Preliminary Calculations", *Journal of Economic History* 22(1962), 484-497, especially 491.

[35] 同上书。

[36] Clarence H. Danhof,"Farm-Making Costs and the Safety Valve: 1850—1860", *Journal of Political Economy 49* (1941), 317-359.

[37] Primack, "Land Clearing".

[38] Minnesota Commissioner of Statistics, *Minnesota*: *Its Place Among the States, Being the First Annual Report of the Commissioner of Statistics* (Hartford, 1860), 88.

[39] Jeremy Atack, "Farm and Farm-Making Costs Revisited", *Agricultural History* 56(1982), 663-676; Atack and Bateman, *To Their Own Soil,* Chapter 8.

[40] Peter H. Lindert, "Long-Run Trends in American Farmland Values", *Agricultural History* 62(1988), 45-85.

[41] Russell H. Anderson, "Agriculture in Illinois During the Civil War Period, 1850—1870",unpublished Ph. D diss., University of Illinois, 1929, 63.

[42] Percy W. Bidwell, "Rural Economy in New England at the Beginning of the Nineteenth Century", *Transactions of the Connecticut Academy of Arts and Sciences* 20(1916), 241-399.The quotation is from 371. Percy W. Bidwell and John I. Falconer, *History of Agriculture in the Northern United States,* 1620-1860(Washington, DC, 1925), 242.

[43] US Census Office, *Report upon the Statistics of Agriculture* (Washington, DC,

1883),Volume 3, xiii-xiv.

[44] Paul W. Gates, “Land Policy and Tenancy in the Prairie Counties of Indiana”, *Indiana Magazine of History* 35(1939), 3.

[45] John Watt, *Pennsylvania Ledger: or the Weekly Advertiser,* Oct. 29, 1777, quoted by Sung Bok Kim *Landlord and Tenant in Colonial New York: Manorial Society, 1664—1775* (Chapel Hill, NC, 1978, vii). 不幸的是，由于缺乏农场整体数量的数据，我们无法计算租佃率。根据 1790 年第一次人口普查资料，在大革命时代纽约州大约有不超过 8 万个家庭，其中不超过 7 万个家庭从事农场劳动。在此基础上推断，不超过 10% 的农场主是租佃农场主。

[46] James T. Lemon, *The Best Poor Man's County* (Baltimore, 1972), 94.

[47] 这些是以下文献中重新计算的租佃率：Allan G. Bogue, *From Prairie to Corn Belt: Farming on the Illinois and Iowa Prairies in the Nineteenth Century* (Chicago, 1963), Table 9, 65（如果将“没有农场的农民”从分子和分母中都剔除的话）

[48] Seddie Cogswell Jr., *Tenure, Nativity and Age as Factors in Iowa Agriculture, 1850-1880* (Ames, IA, 1975), 23.

[49] Jeremy Atack, “Tenants and Yeomen in the Nineteenth Century”, *Agricultural History* 62(1988), 6-32, especially 19. Also Atack and Bateman, *To Their Own Soil.*

[50] E. A. Goldenweisser and Leon E. Truesdell, *Farm Tenancy in the United States* (Washington, DC, 1924), 21.

[51] L. C. Gray et al., “Farm Ownership and Tenancy”, in United States Department of Agriculture, *Agricultural Yearbook* (Washington, DC, 1924), 507-600.

[52] Atack, “Tenants and Yeomen”, 26-28.

[53] Donald L. Winters, “Tenancy as an Economic Institution: The Growth and Distribution of Agricultural Tenancy in Iowa, 1850—1900”, *Journal of Economic History* 37(1977), 382-408. Quote is from 406.

[54] See Thomas Hart Benton, *Thirty Years' View* (New York, 1854), Vol. 1, 103-104.

[55] Goldenweisser and Truesdell, *Farm Tenancy, 83-104.* See also Gray, et al., “Farm Ownership and Tenancy”, especially 547-563 and Twelfth Census, *Agriculture, Part I,*

lxxvii.

[56] See especially Paul Wallace Gates, "The Homestead Law"plus his essays reprinted in *Landlord and Tenants on the Prairie Frontier* (Ithaca, 1973), especially "Frontier Landlords and Pioneer Tenants".

[57] Lawanda Cox, "Tenancy in the United States; 1865—1900: A Consideration of the Validity of the Agricultural Ladder Hypothesis", *Agricultural History* 18(1944), 97-105.

[58] Thomas LeDuc, "The Disposal of the Public Domain on the Trans-Mississippi Plains: Some Opportunities for Investigation", *Agricultural History* 24(1950), 199-204,especially 201 and 203. Merle Curti et al., *The Making of An American Community: A Case Study of Democracy in a Frontier County* (Stanford University Press, 1959). Theodore Saloutos, "Land Policy and its Relation to Agricultural Production and Distribution, 1862 to 1933", *Journal of Economic History* 22(1962), 445-460. Most recently, Margaret B. Bogue, *Patterns from the Sod: Land Use and Tenure in the Grand Prairie, 1850—1900* (Springfield, 1959); A. Bogue, *From Prairie to Corn Belt*; Robert Swierenga, *Pioneers and Profits;* Seddie Cogswell Jr., *Tenure, Nativity and Age;* Clarence Danhof, *Change in Agriculture* (Cambridge, MA, 1969), 87-94; Donald L. Winters, *Farmers Without Farms: Agricultural Tenancy in Nineteenth-Century Iowa* (Ames, IA, 1978); Donald L. Winters, "Agricultural Tenancy in the Nineteenth Century Middle West: The Historiographical Debate", *Indiana Magazine of History* 78(1982), 128-153, and Jeremy Atack, "The Agricultural Ladder Revisited: A New Look at an Old Question with Some Data for 1860", *Agricultural History* 63(1988), 1-25.

[59] A. Bogue, *From Prairie to Cornbelt*, 56.

[60] Gray et al., "Farm Ownership", 553-561, especially Figure 52, 556. See also Goldenweisser and Truesdell, *Farm Tenancy,* 102-114.

[61] Gray et al., "Farm Ownership", especially figures 48-53. Also Goldenweisser and Truesdell, *Farm Tenancy, 102-114.*

[62] 根据盖洛维（Gallaway）和维德（Vedder）的估计，在 19 世纪 40 年代以前，每 10 年间迁入老西北部地区的净移民都超过了该地人口的自然增长率。See Lowell E.

Gallaway and Richard K. Vedder, "Migration and the Old Northwest", in D. Klingaman and Richard K. Vedder, *Essays in Nineteenth Century Economic History* Athens, OH, 1975。

[63] See Atack and Bateman, *To Their Own Soil.*

[64] 例如在佛蒙特州切尔西，在间隔 20 年的人口普查中仅有不到 30% 的人是有迹可寻的，同一时期大约 40% 的农场经营者有迹可循。参见 Hal S. Barron, *Those Who Stayed Behind* (Cambridge, 1984), 79。

[65] Curti et al., *The Making of an American Community,* 70. See also James C. Malin, "The Turnover of Farm Population in Kansas", *Kansas Historical Quarterly 4* (1935), 365-366; A. Bogue, *From Prairie to Cornbelt, 26.*

[66] Michael Conzen, *Frontier Farming in an Urban Shadow* (Madison, 1971), 127; Barron, *Those Who Stayed Behind, 79.*

[67] Richard Steckel, "The Economic Foundations of East-West Migration During the Nineteenth Century", *Exploration in Economic History* 20(1983), 14-36.

[68] David Davenport, "Population Persistence and Migration in Rural New York, 1853-1860", Ph.D.diss., University of Illinois, 1982; Atack and Bateman, *To Their Own Soil,* 78.

第8章

19世纪的奴隶制及其对南方的影响

斯坦利·L. 恩格尔曼（Stanley L. Engerman）

引　言

在美洲的殖民地出现之前，奴隶制已经在世界上的许多地方长期存在。虽然在不同地方，奴隶劳动力所获得的最基本的法定饮食和环境条件是不同的，但在世界历史上，几乎所有的历史时期都出现过某种形式的个体奴役。这些个体常常，但并不总是，来自其他群体。社会学家进行研究时，所指向的往往是奴隶制在大部分群体中的特征，包括“社会死亡”和异化——奴隶被他们看成局外人。而为了了解其经济含义，我们希望把奴隶看成一种财产，奴隶可能被买卖（以及被释放），奴隶劳动力的各种权利属于他们的所有者，一个奴隶母亲的后代也被认为是她的所有者的财产。奴隶制要能有效运行，必须能够被潜在的奴隶主阶级的成员所接受，而且对于那些运用法律规范进行调节的社会群体来说，奴隶制必须受到法律的保护。

美国除外的美洲奴隶制的起源

虽然奴隶制在整个历史上广泛存在，但著名的古典学者摩西·芬利（Moses Finley）却认为“只出现过五个真正的奴隶群体”，而且正是奴隶制的存在决定了这些群体的社会经济制度。其中有两个奴隶群体出现在古代社会，即古希腊和古罗马，还有三个奴隶群体出现在 16 世纪至 19 世纪期间的美洲，即巴西、加勒比海地区和 329
美国南方。英国、法国、荷兰以及丹麦在加勒比海地区殖民地的奴隶人口大约占全部人口的 90%，除了以上这些地区以外，奴隶人口的份额一般在 30%~40%（比如西班牙在加勒比海的殖民地区），但是奴隶制却对社会和经济产生了非常广泛的影响，并且成为当时以及后来学者关注的重点。由于美洲奴隶制的存在是基于种族因素，因而与其他地方的奴隶制在某些方面还是有所不同的。虽然白人有可能成为契约奴或者囚犯劳动力，遭受其他各种形式的高压统治，但他们毕竟不是奴隶。对奴役美国本土人这一现象进行了一些初步试验后发现，在美洲，奴隶制仅仅局限于那些在大西洋沿岸的奴隶贸易中被贩卖到美洲的非洲人以及他们的后代。大西洋沿岸的奴隶贸易持续了三个世纪之久，这使得那些最初从非洲俘获来的非洲人口的买卖和运输遍及美洲各地。可是，在所有贩卖的奴隶人口中，北美大陆的奴隶人口只占了相当少的一部分（7% 左右）。但奴隶人口的自然增长率很高，因而从非洲新进口的奴隶数量对总人口的增长只起相对次要的作用。而且，与巴西和加勒比海的奴隶贸易相比，北美的奴隶贸易开始的时间相对较晚，而且美国又是首先通过立法来终止奴隶贸易的。

从奴隶贸易的开展到 19 世纪 60 年代最后一批非洲人抵达古巴这 300 多年的时间里，从非洲到新大陆的奴隶贸易代表了人口跨洋移动的一个主要部分。直到 19 世纪的头几十年，进口的奴隶人口数量才刚刚超过了白人移民的数量，而到了 19 世纪初，已经有大约相当于白人人数 4 倍的奴隶到达了美洲。据估计，通过奴隶贸易进口的奴隶数量是 1 000 万 ~1 200 万人，其中巴西是奴隶的最大接收国，因为它既是最早的奴隶进口国，也是最晚终止奴隶贸易的国家。英国长期以来主要扮演的是一个运送奴隶的角色，主要是将奴隶运到加勒比海地区和北美大陆。这一时期的奴隶主要来自非洲西海岸沿线地区，而自东海岸到美洲的奴隶贸易则比较少，直到 19

世纪初这一现象才有所转变。虽然奴隶的出口时间与抵达目的地有所变化，但奴隶贸易确实存在非常重要的人口统计学的特点，因为在这些人口的迁移中也存在自愿移民的情况。就性别组成来说，被奴役的人口中大约有2/3的男性，1/3的女性；而
330 从年龄方面看，大部分都是年轻人，虽然青少年和儿童的典型人数比例常常超出了他们在非洲人口中所占的比例。

在美洲的许多地区，奴隶们担当了重要的经济角色。我们可以将奴隶主获得的收益分为两个范畴。第一，奴隶主对奴隶的所有权意味着他们可以强迫奴隶在自由劳动力不愿意选择的地点和工作条件下进行工作，除非自由劳动力可以获得相当可观的工资奖金。第二，这一所有权能够决定奴隶劳动者的消费水平，这一点意味着，奴隶劳动者所生产出来的产品与他们所能够消费的商品之间存在差额时，奴隶主就能够获得这个差额收入。事实上，当奴隶主购买奴隶的时候，买的正是这个差额，而且这个差额也从另一个角度反映了奴隶主对奴隶的剥削程度。奴隶在工作中被迫耕作特定的农作物，这一高压统治有助于解释奴隶制在美洲能够以多种方式存在的原因。因为虽然奴隶能够完成自由劳动者所能做的所有工作（反之亦然），但是在热带地区往往奴隶众多，他们通常是被迫生产种植型农作物——或者至少是在单位种植园（这种单位种植园比家庭农场大，最适宜进行耕作）里种植的作物。因此，从奴隶殖民地出现以后，奴隶制在巴西和加勒比海的产糖地区起了非常重要的作用，而且在其他一些农作物，比如说大米、烟草、靛青、棉花和咖啡的种植过程中也是很重要的。将英属加勒比海地区与英属加拿大地区之间连一条线，我们就可以发现，气候（和农作物）与被奴役的人口比例之间存在明显的关系，其中英属加勒比海的产糖地区的奴役人口比例最高，而在美国南方的大米、棉花和烟草的种植地区这一比例则相对较低。在美国北方，即使是在18世纪晚期，通过立法形式解放奴隶之前，奴隶人口的百分比相对来说也是微不足道的，在加拿大这一比例更小。虽然奴隶制在北方的气候条件下长期存在，比如说美国北方，但是奴隶劳动力在北方和南方所担当的角色是不同的，而且在北方，奴隶劳动力在数量上的重要性远远不及种植农作物的南方各州。因此，通过法律废除奴隶制度最先出现在北方各州，而不是出现在南方，而且这一法律在北方获得通过基本上是无可争议的，这样的结果可能也并不是出人意料的。

从奴隶定居开始到 1834 年立法废除奴隶制以及 1838 年废除学徒制，这一期间奴隶劳动力在英属西印度群岛的经济发展中占据了主导地位。虽然也有一些奴隶在市区生活和劳动，或在小农场里参与粮食和其他农作物的生产，但大部分的奴隶还 331
是生活在相对较大的种植园里（这样的种植园通常拥有 200 个或者更多的奴隶），这些种植园主要种植向英国和欧洲市场出口的甘蔗。奴隶制被形象地比喻为人口统计学中的灾难。这确切地刻画了这个地区的人口特征，因为被奴役人口的死亡率远远超过了他们的生育率，从而需要进口更多的奴隶来维持基本的奴隶人数。因此，在加勒比海的奴隶人口中一直存在大量的非洲人。

第一个殖民岛是巴巴多斯（Barbados）岛，最初这里是由白人劳动者通过种植烟草建立起来的，他们主要是一些契约奴。后来这里很快引进了甘蔗的种植，于是生产的特性和人口的种族构成发生了变化。随后的殖民地，比如位于牙买加大岛上的那些殖民地，一般从建立之初就以利用奴隶劳动力进行甘蔗种植为基业。18 世纪末 19 世纪初，随着特立尼达（Trinidad）岛和英属圭亚那的相继发现，这种种植形式一直持续下来。基于奴隶人口的比例以及产糖的重要性，英属西印度群岛几乎完全变成了奴隶地区。

大陆的奴隶制

在美国独立战争前后，大陆的奴隶状况是完全不同的。虽然奴隶制是合法的，而且一直存在于各个殖民地，但是，奴隶人口的比例、生育率和死亡率以及奴隶劳动力的主要使用情况，都与英属西印度群岛地区完全不同。在美国北方，奴隶人口所占的比例通常低于 5%，尤其是在乡村地区，特别是在 18 世纪早期。城市中奴隶人口的比例更高，比如纽约和费城。美国新英格兰地区的奴隶人数就少于中部诸州，如纽约州、新泽西州以及宾夕法尼亚州。在北方，所有的奴隶从事的工作范围很广，除了有少数在纽约州和罗得岛乡村地区的大农场生活以外，一般都在相对较小的农场或者城镇生活。

而在美国南方各州，奴隶制在经济上起了更重要的作用，同时，大约在最初的殖民地定居之后的 75~100 年，奴隶人口的比例开始显著增长。在 18 世纪后期，奴 332

隶人口大约占南方总人口的40%，大约占美国国内人口的20%，然而奴隶制对南方的社会和政治生活的成型却有重大的意义。虽然在17世纪早期奴隶就被运到南方各州，但直到17世纪末的最后几年里，在种植烟草的切萨皮克地区的各州，奴隶制才开始了第一次大规模的扩张。在大西洋沿岸的弗吉尼亚州和马里兰州，烟草成为重要的农作物，那里的劳动力主要由英国的男性契约奴组成。然而，在17世纪90年代，由于英国人口增长率趋于下降，英国工人的就业机会有所增加，再加上在大西洋沿岸的贩奴市场上可以获得更多的奴隶，同时也因为加勒比海和巴西的糖市场开始走向衰退，最终这种可供利用的契约劳动力逐渐减少，从而奴隶劳动力开始取代他们的地位。在接下来的几十年里，这种转变一直持续着。拥有10~20个奴隶的种植园在烟草生产地区占据了主导地位，而且，奴隶人口的比例迅速上升，到18世纪中期时，已经超过切萨皮克殖民地区人口的1/3。

虽然在北卡罗来纳州，气候和土壤不适宜种植，而且缺少充足的沿海港口设施也并不利于它成为一个相当重要的种植地区，但是这里的奴隶人口也存在某种程度的增长，而且在美国内战前，这里的奴隶人口比例也上升了1/3左右。然而，在始于1700年后的稻米经济的扩张时期，南卡罗来纳州变成了主要的种植园奴隶殖民地。在大西洋沿岸的南卡罗来纳州和（1751年以后的）佐治亚州，为了满足大型的水稻种植园的生产，奴隶的进口数量迅速增长，另外奴隶主也会让奴隶劳动力去生产海岛棉花、靛青，而且在1793年轧棉机发明之后，又让奴隶在内陆地区生产粗绒棉。在沿海的种植园，奴隶的死亡率通常比较高，南卡罗来纳州的奴隶人口状况就不像切萨皮克的烟草种植地区那么乐观。在奥格尔索普氏（Oglethorpes）的资助下，佐治亚州进入了殖民地时期，而且，最初期望能以白人劳动力为基础建立殖民地。但是，由于殖民过程中的种种困难，这种以白人劳动力为基础的殖民地很不稳定，1751年之后，为了沿海地带的大米和棉花的生产，这里也开始进口奴隶。于是，在18世纪的后半期，佐治亚州迅速成为拥有奴隶的主要殖民地之一。

大陆的殖民地获取的奴隶人口要少于它们在殖民期间所获得的自由白人，这是
333 很不寻常的。奴隶的人口状况与白人相比有些不容乐观，这种现象在南方更为突出。在新英格兰、大西洋中部各州以及加拿大的殖民地区，白人异常的自然增长率使数量有限的移民得以迅速增长，甚至在那些奴隶人口超过白人移民的地区，二者自然

增长率的不同意味着白人的总人数能够超过黑人奴隶。不过，奴隶的人数在一些地区，甚至南方还是绝对增长的。然而，大陆殖民地的奴隶与美洲其他地区的奴隶在人口变动上的比较结果更加令人惊奇。由于其生育率高于死亡率，大陆奴隶人口的规模从殖民过程的初期就开始扩张，虽然在有些地区要花上大约一代人的时间才最终使奴隶人口的数量绝对地增长。而在美洲的其他地区，由于奴隶的死亡率高于生育率(部分原因是种植甘蔗和热带农作物所处的环境较为恶劣)，奴隶人口存在潜在的净减少。因此，到 19 世纪初为止，在所有到达新大陆的奴隶中，虽然美国只接收了相对较少的一部分，但是这里较高的人口自然增长率导致美国奴隶人口迅速增长，自然增长的人口足以占到新大陆黑人人口的 1/4 左右。在跨洋奴隶贸易开展的时期，那些后来并入美国的殖民地区共同形成了一个大的奴隶区，在这里奴隶人口保持着较高的自然增长率。这种状况在殖民过程的初期就已经存在，并一直持续到解放奴隶的美国内战时期。因此，当美洲的大部分地区通过进口奴隶的方式来抵消奴隶人口的自然减少，以维持奴隶人数时，美国的奴隶人口增长却反映了高的自然增长率，奴隶的进口只是在美国的殖民初期起到了重要的作用。

在北美大陆奴隶的生育率非比寻常地高，达到了 18 世纪美国自由白人的生育率水平，同时也高于其他地区的奴隶生育率水平。美国南方奴隶的死亡率要高于北方，但低于加勒比海和南美的热带地区。人口的高增长率在初期所取得的“成绩”，以及对新进口奴隶的依赖性较弱，意味着土生土长的奴隶克利奥尔人（Creoles）的人口比例要高于大陆的其他地区。从这种意义上说，美国的奴隶要比其他地方的奴隶更像“美洲人”，尤其是在奴隶贸易终止之后，他们也比那些白人更有资格被称为“美洲人”，因为他们的祖先曾经在美洲生活了更长的时间。 334

虽然奴隶制在美国持续了大约两个半世纪的时间，但目前大部分的史料记载的仅仅是那个时期最后 50 年的历史，这意味着奴隶制的某些显著特征并没有得到重视。奴隶制被局限于大西洋东海岸的沿岸各州将近两个世纪，并有一个世纪在南方占据统治地位。虽然奴隶人口也存在某种程度上的向西移动，特别是在切萨皮克地区，但是到 1790 年为止，几乎没有多少奴隶迁出最初的那批殖民地的范围。尽管 19 世纪的南方被恰当地形容为“棉花王国”，但是，在轧棉机发明之前，由于经济上的不可行性，这里在 1790 年还没有种植陆地棉，而这种棉花在后来却成为南方的典型作物。奴隶劳动力主要参与切萨皮克地区的烟草（和美国内战后的小麦）种植，以及南卡罗来纳州和佐治亚州的大米和靛青的生产。这些农作物的种植和生产，本来是由英格兰和欧洲其他地区的出口市场状况决定的，却受到美国革命战争以及由此引起的贸易协定变动的影响。在美国内战后紧接着的一段时间内，这些农作物的出口下降，引起了种植园经济向混合农业和大农业经济的转变。而且，在奴隶劳动力生产这些农作物的技术不变的情况下，他们在里面劳动的种植园的规模在 19 世纪前后也是不同的。水稻的种植园往往要大于棉花种植园，而种植烟草的种植园往往会小一些。相反，19 世纪“棉花王国”的出现，导致了对奴隶劳动力的使用强度加大，从而引起奴隶人口急剧向南、向西迁移，而且相对地移居到比前一个世纪更大的种植园里。这并不是因为 18 世纪没有一个有活力的、适宜的奴隶经济，而是因为那时的变化远远不如在接下来的大约 75 年的时间里所发生的变化巨大。

美国独立战争后的奴隶制

美国的独立战争给美洲的奴隶主带来了重大的难题。除了由于大陆的战争减弱了控制权以外，英国鼓励逃亡的政策也在弗吉尼亚州取得了某种程度的成功。尽管存在这些没有解决的状况，而且在关于美洲生产方式的问题上，美国南方与英格兰
335 的贸易关系的变化对经济产生了一定的影响，但南方的奴隶社会并没有出现灭亡的预兆，而这一制度的延续也尚未出现重大疑问。奴隶制在经济上对北方各州产生的影响并不如南方各州，但北方许多州在美国革命后也的确采取了一些措施终止奴隶制。一般来说，这些措施要求渐进式的奴隶解放。这些措施规定，对于那些在某个特定日期之前出生的，而且没有合法和自由身份的人，以学徒的身份从属于其母亲的所有者继续服奴役，直到青少年期结束或进入 20 岁后才能脱离这种关系；而对于那些在特定日期之后出生的人，具体的解放年龄要求取决于各州的立法。宾夕法尼亚州（1780）、康涅狄格州（1784）、罗得岛州（1784）、纽约州（1799）、新泽西州（1804）都相继通过了渐进式黑奴解放法。而佛蒙特州（1777）和马萨诸塞州（1780）的宪法则规定立刻解放所有的黑奴（这两个州总共有大约 5 000 名黑人，而且这些黑人并不都是被奴役的）。由于奴隶人口的相继死亡，以及各个州颁布渐进式的黑奴解放法，

合法解放黑奴的进程加速了。到 1850 年为止，人口普查的数据显示，在北方所有的州只有几百个奴隶，而且都在新泽西州。北方奴隶人口的减少，虽然在某种程度上要归因于北方向南方的贩奴活动，但是，对于北方奴隶制度的消失，最重要的解释就是，那些在立法废除奴隶制之前出生的奴役人口大量死亡，而之后出生的则被立法赋予了合法的自由身份。

南方释放奴隶的数量也有所上升，尤其是在弗吉尼亚州，这反映了美国独立战争在权利和自由方面所产生的最初的结果。接着，奴隶的释放率迅速下降，在 19 世纪，与其他地方，尤其是西班牙殖民地和巴西相比，美国的奴隶释放的频率仍然较低。国际市场对棉花的巨大需求耗用了大量的奴隶劳动力，即使在此之前，奴隶能创造足够的收益以维持对奴隶劳动力的需求。在美国，奴隶高昂的价值以及一些特定的社会原因，都使奴隶的解放受到一些阻碍，无论他们是通过契约的方式，还是靠赎买而获得自由。这使在南方各州奴隶黑人与自由黑人的比例，远远高于美洲大陆上其他主要的奴隶集中地。

为废除奴隶制而展开的立宪论战，显示出南方奴隶主集团在维持奴隶制度方面所拥有的强大力量。试图限制国际奴隶贸易的努力一直延续到 1808 年，即论战后的 20 年，这一次美国终于结束了它在大西洋彼岸奴隶贸易中所担当的角色，同年英国也停止了奴隶贸易。然而，这 20 年的时间里进口的奴隶人数要大大超过在奴隶贸易 336
时代其他任何一个 20 年里进口的奴隶数量，但这个时期奴隶人口的增长仍然是自然增长。运用法律手段结束奴隶贸易是成功的，因为在 19 世纪走私到美国的奴隶数量得到了完全的控制。虽然对于仍然存在奴隶制的那些州来说，美国宪法的条款并没有起到任何限制作用——事实上在美国宪法中根本看不到“奴隶”这个词——但是在美国的众议院的席位安排上，以及选举团的投票中，奴隶的存在却是公认的。奴隶在宪法中被称为“其他人”，只相当于 3/5 个自由人。这一法案增加了南方的席位，但如果将奴隶的数目平等计算的话，可以增加得更多。人们对奴隶以及与其合法人格相关的问题的关注，成为一个主要的国家问题。在随之发生的并在以后对国家政治产生影响的争论中，关注的焦点不是在奴隶制合法的那些州奴隶制的存在所引起的问题，而是在将要作为新的州并入美国的那些领土上，奴隶制可能引发的问题。而且，对奴隶制和当时地区间的争论有着重大意义的是《西北令》的颁布，它有效地阻止了奴隶制向西北地区扩张。尽管对法律条令的解释存在某些不明确性，由此带来的争论也一直持续着，但法律的实施仍有助于阻止奴隶制的范围向南方各州扩张。而在南方的大部分地区，由于轧棉机的发明和种植粗绒棉的能力的提升，奴隶制的范围将要——在经济上、人口统计方面以及地理分布状况上——经历一次大的扩张。

“棉花王国”的增长

在19世纪上半叶，可以看到南方奴隶制的特征发生了显著的变化。在轧棉机发明之后，南方的奴隶人口开始向南和向西迁移，而且到美国内战开始时，在南方新开发地区居住的奴隶要远远多于在最初的殖民地上定居的奴隶。随着这次奴隶人口的地理扩张，南方的白人——种植园主、自耕农以及其他白人，也开始移居。当时奴隶劳动力种植的主要农作物是粗绒棉。据估计，在1850年，所有的农奴中有3/4
337 左右都在以棉花为主要作物的农场里干活。因此，棉花种植园中的奴隶占所有南方奴隶的半数以上。对于一个棉花种植园来说，最适宜的规模应该是拥有16~50个奴隶，而且这种规模的种植园中的奴隶人口逐渐占奴隶总人口的最大比例。一般来说，这些农场都是由奴隶主的家庭和一个监工组成，是否有监工由这个农场的规模来定，但是相对而言，几乎没有其他白人劳动力。因此，当种植园的规模扩大时，黑奴与自由白人的比例也随之提高。某种棉花（在1850年种植量还不到10%）曾经在没有奴隶的农场中进行种植，但在19世纪50年代棉花经济的膨胀时期，该种棉花在市场上所占的比例迅速上升。与美国内战之后的产量相比，自由白人劳动力的棉花产量在美国内战之前一直维持在较低的水平上，对这一现象的解释一直是有关南方经济发展的一个充满争议的问题。但是，在棉花市场暴涨时期不断增长的产量，以及随后由奴隶的解放导致的种植园经济的消失，都显示出不同生产方式之间的竞争所产生的影响。

奴隶劳动力在棉花生产中起了主导作用，而且美国棉花的生产在世界棉花市场上又处于主导地位，在英国棉纺织品生产所用的原棉中，美国生产的占了3/4以上。然而，在美国南方，奴隶劳动力还有许多其他的用途。1850年，在弗吉尼亚州、马里兰州和肯塔基州，奴隶通常在烟草种植园里干活，而且这些奴隶占了所有农奴的14%左右。在弗吉尼亚州的小麦种植园里，也有奴隶在进行种植，而且在肯塔基州，有 2%左右的农奴生产大麻。1850 年，在大西洋沿岸的南卡罗来纳州和佐治亚州的水稻种植园里，大约有 5%的农奴；在路易斯安那州的甘蔗种植园也使用了大约 6%的农奴。水稻和甘蔗的种植园的平均规模，通常要超过棉花、烟草、小麦和大麻的平均规模。大约有 10% 的奴隶居住在城市中，他们提供手工艺和家政服务。此外还有几十万的奴隶在农场中从事家政工作。

棉花生产的不断扩张以及逐渐增加的奴隶劳动力的投入，象征着大约半个世纪以来的巨大变革。在 19 世纪之前，种植棉花的奴隶也只是少数，而且他们主要参与的是海岛棉花种植，而不是粗绒棉种植。很明显，这一转变反映了英格兰和新英格兰的纺织厂对原棉需求的膨胀，以至于在 1800—1860 年，棉花的生产平均每年以 7%的速度增长。而烟草和大米的出口增长则受到很大的限制，糖产量的增长也 338
是如此，虽然糖的生产主要是面对美国国内市场，不会受到关税的影响。因此，正如人口地理迁移的特征所显示的那样，棉花王国是通过将劳动力逐出其他农作物的生产种植过程而发展起来的，这种方式在长期的人口迁移以及对棉花需求的周期波动中得以体现。在 19 世纪 20 年代到 50 年代，棉花产量大约占南方所有产出的 1/5，同时也占美国全部出口量的一半左右。美国经济完全与世界市场紧密相连，而且有广泛分布的各个行业对棉花销售的支持，所以奴隶种植园对美国整个经济都会产生影响。

南方经济向西和向南的转移也受到了新的农作物种植技术以及运输业技术革新的影响。新的种植技术为粗绒棉种植的扩张提供了可能，而运输业的革新，如轮船、运河以及铁路，提供了以更低的成本运输的可能性。虽然这一时期西进运动一直在持续，但只是在 19 世纪 30 年代和 50 年代的棉花经济繁荣时期才得以加速进行，因为 30 年代和 50 年代正是奴隶价格急速上涨的时期。虽然奴隶人口的重新分配使南方人口的居住地分布发生了巨大的转变，但即使是在美国内战的初期，弗吉尼亚州也仍然是拥有奴隶最多的州。奴隶跨州迁移的特点及其对南方老区的影响一直是有些争议的。其中一个问题就是，将近 100 万的奴隶，他们跟着那些准备移居的奴隶主，或者老南方奴隶主的家庭成员离开南方老区，到新开发的地方生活，与那些被奴隶主从南方的一个地方卖到另一个没有亲人的地方的奴隶形成了鲜明的对比，而以这两种方式移居的奴隶人数的相对量，在学术上并没有达成一致的意见，但是，这两种方式在奴隶的跨州移居过程中都起了重要的作用，并且都在无意中对婚姻和家庭的生活方式产生了破坏性影响。而与此相关的争论主要涉及的问题是，为了维持其经济生存能力，南方老区的经济状况对贩卖奴隶人口的依赖程度到底有多大。关于这一点，答案似乎是很明确的，因为贩卖奴隶所获得的收入对南方老区的经济贡献并不是很大，而且很明显，大部分地区持续的经济繁荣还存在其他原因。从某种程度上说，这些老区确实也面临过某些经济问题，这些经济问题通常是地区间竞争的
339 结果而非起因，而地区间的竞争则是由棉花和其他作物种植的地理扩张，进而进入高生产率的地区引起的。

西进运动对拥有奴隶的白人比例的影响相对有限，至少到了 19 世纪 50 年代仍是如此。到 1850 年，大约有 1/3 的南方白人拥有奴隶，而在接下来的 10 年中，在棉花经济的繁荣时期，这一比例却降到了 25%。许多奴隶主仅仅拥有一两个奴隶，而要成为种植园主阶级，必须拥有 20 个或者更多的奴隶，在 1850 年，满足这一条件的奴隶主仅占 10%，即只有 10% 的奴隶主属于种植园主阶级，然而，这些种植园却拥有一半以上的南方奴隶。由于下南方的种植园规模与其他各州相比，要大得多，从而地理上的迁移引起了奴隶和奴隶主们的集中。

对于不同的农作物而言，最适宜的种植园的大小是不一样的，而且，白人（和少量的自由黑人）占有奴隶的程度存在一定差别，因而，财富以及奴隶的所有权的分配状况在南方是有差别的。总的来说，财富的不平等分配随时间的推移有所加剧。在 19 世纪的前半期，南方自由人口的财富分配状况与北方几乎差不多。随着南方乡村拥有家庭农场的大奴隶主的出现，南方乡村地区的不平等程度超过了北方，然而北方城市人口的增加和城市中无产者的频繁出现，又使得南北两个地区自由人口的财富分配状况相似。在南方和北方，财产的不平等导致政治权力的不均衡。这意味着，对于南方来说，大型奴隶主在州甚至国家一级的政治权力上，具有高度的代表权，虽然这并不足以满足他们全部的政治需要。

对于整个南方经济的特性是前资本主义的、非资本主义的，还是资本主义的这一论题，持有不同政见和方法论的学者们一直存在争论（还有一些争论涉及的是这

些特性是否对许多政治经济问题有意义）。但是，对于种植园本身具有许多现代工业企业的特征，被称为“牧场中的工厂”，这一点似乎是能够达成一致意见的。的确，19 世纪初期，即使是在美国的南方，奴隶种植园也常常位于资金投入最多的大型企业之间的地带。作为企业家的种植园主，是以其利润为前提进行生产决策的，他们将生产的农作物，在供种植园消费的同时，向当地或者国外市场进行销售，期望能够获得高额利润。国外以及北方对出口农作物的需求不断增加，最初是烟草和大米，后来是棉花，这引起了对奴隶劳动力的使用的增加，而且，不同作物间相对价 340
格的变化也会对作物生产的相对数量产生一些影响。在种植园里，劳动分工较为粗略，只是根据年龄和性别的不同有效地使用劳动力。即使在棉花种植园里，也广泛种植了其他农作物，包括粮食作物；事实上，与自耕农的农场相比，种植园往往更能够达到自给自足的状态。奴隶们通常从事的都是需要一定技能的、类似工匠的工作，比如铁匠、木匠、箍桶匠，以及护士和家庭仆人的工作。奴隶儿童在七八岁以后，就开始做一些零活儿，直到 16 岁达到成人的年龄以后，才能加入农场工作的队伍中。有一些儿童成年后会从事一些其他工作，但是在农场工作的大部分人，都要一直工作到四五十岁的时候才不必再干那些粗重的农活儿，转而做一些其他工作，比如看守工作，以及一些体力劳动较少的工作。这种分配工作的方式能够使奴隶人口的劳动参与率（自然而然地）提高，同时也使奴隶主能够从奴隶儿童和妇女的工作中榨取到远远高于从自由人身上得到的利润，因为与其相比，自由劳动力的劳动参与程度往往较低。

除了较高的劳动参与率外，种植园的产量能够如此高且有利可图的原因还在于，种植园主能够强迫奴隶劳动力大规模地通过群体劳动的方式生产出口产品。随着生产过程中实际使用的劳动力数量的增加，南方农场中的生产效率明显提高。但是只有在超过 15 个奴隶的农场中，奴隶劳动力才具有高生产率，因为只有达到这样的规模，才有可能进行群体劳动。此外，这种规模的农场只有在特定的农作物，尤其是棉花、甘蔗和水稻的种植过程中才得以有效运作。奴隶主能够强迫奴隶以一种自由工人无法接受的方式——组成一个个这种规模的群体——工作，但这并不能替奴隶主解决所有难题。他们也有必要为奴隶们提供一些正面的或负面的激励措施，这样才能使奴隶们愿意去做这些工作，进而有足够高的生产率，为奴隶主创造高额的收入。

除了鞭打奴隶和将其卖出的威胁之外，奴隶主对奴隶的激励还包括空闲时间的奖励、工作的转换以及物质消费水平的提高。由于南方的农业劳动具有高度的季节性，这意味着有必要对劳动力工作的分配情况进行计划和决策。因此，虽然奴隶种植园的获利能力依赖于奴隶主合法地强迫奴隶在种植园里种植出口农作物（这样的生产环境是自由工人所尽可能避免的）的能力，但是，奴隶主要能够从其强制行为中获利，
341 仍需要具备一定的计划和管理能力，对劳动力进行协调和控制，从而进行有效的生产决策。

19 世纪棉花王国的扩张是由对原棉需求的增长引起的，这一需求主要来自英国和新英格兰地区，前者大约占美国出口量的 2/3（在美国内战前的 30 年里向其出口的棉花作物的比例要超过 3/4），而后者则是为了用于生产棉纺织品。到 18 世纪末，随着人们的需求由皮毛制品转向棉纺织品，英国的棉纺织品产量迅速增长，而且，这一增长至少在 19 世纪上半期维持着较高的速度。曾经是而且后来继续成为原棉来源地的国家中，一些国家的原棉是奴隶劳动力生产的（例如西印度群岛），另一些则不是（例如土耳其、印度和埃及），而且，在英国从美国大规模进口棉花之前，其纺织品的生产已经开始进入最初的膨胀时期了。然而，自美国的棉花供给一进入英国，南方在世界棉花贸易中占据的统治地位就一直维持到 20 世纪（除了美国内战期间及内战结束不久）。在 19 世纪前半期，南方是世界烟草的主要出口地，但是，对于南方经济来说，这种农作物的价值和重要性要比棉花小得多。

国外的需求对棉花的产量有着重要的影响，正是这样，南方经济受到了 19 世纪初以及 19 世纪 30 年代和 50 年代主要的国际商业周期的影响；而且，由于地方经济之间通过资金、服务以及制造产品而相互联系起来，从而这些商业周期所产生的影响能够遍及全美国。美国内战之前 1857 年的那次周期性衰退，其影响扩散得并不是很广，但衰退的情况在东北地区要比南方更严重，这也是在美国内战前的有关地方经济比较的讨论中被人们广泛关注的一个方面。有人认为，在整个战前期间棉花大约占美国出口量的一半，成为 19 世纪初美国经济的“主导部门”，至少在 19 世纪 40 年代一直如此。诚然这一论断对棉花的作用有点夸大，但是，棉花经济在推动整个经济发展中所起到的巨大作用是显而易见的，它直接和间接地利用了美国国内（特别是东北方）的资源、商业和制造业，并与世界上大多数先进国家的主要棉纺织生

产部门联系紧密。

其他主要的出口农作物的产量增长率虽然还赶不上棉花，但是在美国内战前也 342
有所增长。烟草的生产，逐渐从西部转移到肯塔基州，但是在弗吉尼亚州仍保持其重要地位，其次是北卡罗来纳州。大米和糖则分别集中在南卡罗来纳州和路易斯安那州，但是它们在扩张生产的同时，也使用了比 19 世纪初更多的奴隶。奴隶劳动力在较小的农田里生产其他农作物，包括粮食作物，而在大型的农场中生产主要农产品。种植棉花是奴隶最显著、最重要的用途，但这也不是他们唯一的用途，而且奴隶专职生产棉花也只是在南方奴隶制的末期才出现的。

在现代学者和历史学家之间曾经长期存在一个争论：奴隶制对于奴隶主来说是否是有利可图的，也就是说，奴隶主凭借对奴隶的所有权获得的市场收益能否弥补购买和（或）抚养奴隶所花费的成本。虽然这个问题并不在于说明使用自由劳动力是否比使用奴隶劳动力更能为南方带来较好的经济效益，以及是否会对南方社会制度产生不同影响，但是对于理解南方种植园主阶级和南方经济结构却有着重要的意义。一般来说，有这样一种观点，抚养和购买奴隶的奴隶主往往可以从他们的投资中获得竞争性收益，而且有迹象表明，在导致美国内战的政治事件发生之前，他们希望将来能够长期保持这种状况。事实上，随着内战前那段时间南方平均财富的增长，在 1850 年和 1860 年的美国富翁排行榜中，南方的种植园主比比皆是，这正体现了占有奴隶对种植园主来说是利润丰厚的。

南方各州和地方政府提供了与北方大致相同的资助，发展出现代的交通运输业和银行系统，而且南方的城市中心还有金融和其他服务，包括奴隶市场。新奥尔良就是美国的主要出口中心之一，而且直到 19 世纪 40 年代，还一直是中西部和南方产品的主要出口地。与北方相比，南方的工业水平虽然受到某种程度的限制，但也有所进步，除了原有的一些使用奴隶的工业的生产范围扩大外，南方还发展起了一些钢铁制造厂（主要是在弗吉尼亚州）和为数不多的纺织厂。

能很好地体现奴隶的经济效益和种植园主的期望的一个指标就是奴隶价格。当奴隶在市场上被买卖的时候，由于奴隶主的死亡或出于其他的商业目的而被转让的
时候，就能看到奴隶的价格。奴隶的价格的决定因素主要有：奴隶所能生产的物质 343
产品的期望价值、这些产品的买卖价格、允许奴隶消费的数量、收益和成本得以实

现的期望时间（也就是说，奴隶的死亡、奴隶个体的解放，或者奴隶制度废除的时间），以及利息率。奴隶的劳动生产力也受到许多因素的影响，包括年龄、性别、技术水平和健康程度。奴隶价格还受到对奴隶的需求变动的影响，而对奴隶的需求则受到对他们所生产的农作物的需求变动和他们生产农作物的劳动生产率，以及奴隶的供给等因素的影响。在美国内战之前，南方奴隶的价格随着对棉花的需求的增长而上升，并且，当棉花市场进入萧条时，比如 19 世纪 40 年代，也随着对棉花的需求的下降而下降。19 世纪 50 年代奴隶的价格是 20 年代和 40 年代的两三倍。从农作物的生产由单一型向混合型转变，以及奴隶价格变化带来的奴隶人口迁移率的变动中，可以看出奴隶价格的变动对南方经济产生了巨大的影响。在 19 世纪 50 年代奴隶价格很高，而在 19 世纪 40 年代奴隶价格的下降并没有使人们产生这一制度即将结束的信念，这些事实都反映了南方种植园主早已预料到奴隶经济能够存在更长的时间。

与美洲其他地区的奴隶以及早期奴隶群体中的奴隶相比，美国奴隶表现出明显不同的人口特征。在奴隶贸易终止之后，美国奴隶人口平均每年以超过 2%的自然增长率增长。这一自然增长大概开始于 18 世纪的某个时候，虽然最初奴隶人口可能是以一个低于 19 世纪的增长率增长的。与此恰恰相反的是，从殖民开始到 19 世纪上半叶奴隶制的结束，英属和法属的西印度群岛的奴隶人口一直在持续减少，直到大洋彼岸的奴隶贸易结束之后，这种下降的局势仍未能得到扭转。其他任何奴隶群体都没有像美国那样，有如此高的人口自然增长率；事实上，也很少有几个自由白人群体能像美国南方的奴隶人口那样以很高的增长率增长，美国北方和南方完全是个例外。再与加勒比海的奴隶相比，美国奴隶的人口特征更令人惊奇的一个方面是其较高的生育率，他们在生育率上存在的差别要比在死亡率上的显著得多。南方奴隶
344 的生育率差不多与南方白人的水平相当，这大约是当时世界上的最高水平。

在有关美国奴隶制特征的问题上有许多重要的争论，而这种生育率状况却是讨论的中心问题。很多人认为，正如 19 世纪和 20 世纪的许多人那样，奴隶们并不希望有小孩，或者奴隶主不能提供足够的生活给养，从而不能保证很高的生育率，因此，低的生育率水平和人口数量下降的局势是显然能够预期到的，其他地区以及早期的奴隶群体的人口特征恰好支持这种观点。因而，对于理解美国的奴隶状况，较高的生育率水平这一事实也对这种观点提出了一个重大的挑战。而另一些人相信奴隶本

来是不愿意生小孩的，但是美国这种特殊的状况反映了所谓的“奴隶繁衍后代”，即奴隶主对奴隶的生育千方百计地进行干预，鼓励奴隶生更多的小孩，从而奴隶主也可以卖出更多的奴隶儿童，以获取高额利润。奴隶儿童在刚出生和年龄很小的时候就有明确的价格，而且西进运动中年轻奴隶的数量也相当可观，这些事实都与千方百计鼓励奴隶生育是为了商业目的的论断是一致的。而那些认为奴隶主虐待奴隶导致奴隶低生育率的人发现，美国奴隶人口呈现出的增长势头涉及美国奴隶的待遇和物质生活条件等重要问题。这一论据也说明了，无论是由于不同的自然环境，不同的农作物种植，还是奴隶主对奴隶的不同态度，大陆的生活条件都更优越。

对于美国奴隶的高生育率，最新的研究成果也提出了另外的解释。从美国奴隶人口生育率特征来看，与加勒比海地区的奴隶相比，美国的奴隶妇女分娩的时间较早，分娩妇女比例较高，而且连续两次生育的时间间隔较短。首先，由于美国奴隶的饮食较好，因而女性的月经初潮开始得较早，分娩的可能性也较大；其次，一直影响美国奴隶人口特征的原因是，大部分情况下家庭中只有两个大人，其婚姻状况较稳定，而且成人的死亡率较低也使这些家庭关系保持了较好的连续性；最后，儿童看护形式的不同，反映了来自非洲的那些奴隶在饮食和文化上的差异。考虑到以上这些因素，再加上西进运动中奴隶买卖的相对量，以及奴隶主抚养奴隶的子孙后代所要承担的费用，学者们对“奴隶繁衍后代”这一假设问题的关注也开始发生转移，转而着力于用奴隶的家庭模式以及物质生活标准来解释美国奴隶的高生育率问题。 345

很明显，美国奴隶的死亡率要略微低于加勒比海地区的奴隶的死亡率，虽然二者的水平都要高于美国白人，甚至是南方白人的水平。这反映了与加勒比海的产糖地区相比，美国种植园的生活条件更优越，大陆地区的工作环境更舒适。据估计，尽管在美国内战前，由于天气状况或者大宗商品和粮食生产之间存在的劳动力分配问题，食物消费存在周期性变化，但是美国的食物消费比例总体水平较高。而且，南方地区奴隶的死亡率也存在地理上的差别。例如，在南卡罗来纳州沿岸种植水稻的平原地区，奴隶的死亡率较高，而在种植棉花和其他农作物的高原地区，死亡率则比较低。典型的疾病，例如疟疾，在美国导致死亡的概率要低于加勒比海地区，虽然美国奴隶（同美国白人一样）也常常感染黄热病和霍乱等流行性疾病，但并不足以导致死亡。即使排除了国际贩奴贸易终止所带来的影响之后，奴隶的死亡率也可能是渐渐降低的，因为奴隶贸易在以“季节性”闻名的时期，特定年龄组的死亡率较高。

最近关于美国内战前南方奴隶的各个年龄组身高的研究中，补充了一些关于奴隶健康状况的最新说明，同时也提出了新的（和旧的）问题。在美国，成年奴隶的身高往往和成年白人比较接近，比加勒比海地区的奴隶要高一些，而且比非洲人也要高几英寸。这些数据说明，从影响奴隶身高的因素，比如营养的摄入和工作强度来看，美国的条件可能比加勒比海地区更有利于奴隶的健康成长。然而，同时也引出了另一个重要的问题，在成为劳动力之前的儿童时期，美国奴隶的身高明显不足。其身高的不足以及随着年龄的增长又逐渐恢复的原因，学者们仍在研究中，同时他们也尽可能去了解，在奴隶的生命周期的不同时期，为什么奴隶主对待奴隶的方式是不同的，其原因包括成本因素或者对食物需求的认识不足。然而，这种特征是否也同样能用于描述其他地方的奴隶以及南方白人，这一点并不清楚。

除了经济问题以外，关于南方的社会和文化特点问题，也一直存在许多相关的争论。最近对奴隶生活状况以及南方的文化特征的重新解释，对于理解南方社会有重要的意义。这一研究很难概括地说明，部分原因是基本奴隶群体的规模以及居住
346 地点是多样化的。至于更复杂的心理问题，仍然需要更多的分析，这其中涉及了奴隶的自制力与奴隶主的控制力之间的权衡问题，还有在南方内部灵活性和残忍性的准确度问题。奴隶个体和群体为了自身的自由，以逃跑、装病的方式，对奴隶主的奴役行为进行反抗，并常常采取有计划的叛乱。虽然奴隶起义不能扩大范围，也不能壮大其队伍，却使白人不得不做出必要的反应（甚至是过度反应）。主要的几次美国奴隶起义有1712年的奴隶起义、斯托诺起义（Stono Rebellion,1739）、加布里埃尔·普罗瑟起义（Gabriel Prosser's Rebellion，1800）、波恩特·库佩起义（Point Coupee Uprising，1811年在路易斯安那州爆发，也是美国历史上规模最大的一次）、登马克·维西起义（Denmark Vesey's Revolt，1822）、那特·特纳起义（Nat Turner's Rebellion，1831），但是还有许多其他的不知名的起义。目前学者们还研究了非洲基督教对奴隶的重要作用，双亲形式的奴隶家庭的普遍存在，以及奴隶在自己的小块土地上耕作的重要性（为了将产品出售或者供奴隶消费）等问题，而且，有关奴隶体制的运作问题，这一研究提出的解释完全不同于以前学者的观点。后者指出，如果日常中给

予奴隶们更大的活动空间，他们的工作表现也会更好。

居住在南方的黑人中，有不到 10%是自由黑人，相对于奴隶和白人来说，他们几乎不为人所知。这些自由黑人中的一些，尤其是在上南方生活的那些，主要出生于自由家庭，并且已经好几代都获得了自由，而另一些黑人则通过奴隶主认可或者自我赎买的方式，刚刚获得自由。根据人口普查统计的结果，在南方的自由黑人中大约一半被称为白黑混血儿，而不是黑人；自由黑人中女性的比例要高于男性；而且，他们生活在城市的概率也高于奴隶。在查尔斯顿市和新奥尔良市，作为财产所有者的自由黑人家庭，还组成了重要的团体。虽然有些州已经审查通过了一些法律条款，要求释放的奴隶移居到其他州生活，但是这些法律很少得以实施，甚至在整个南方，还存在自由黑人占有奴隶、土地和其他形式的财产的情况。然而，对自由黑人的社会管制（即使是不合法的）一直存在，而且他们的社会地位经常遭到严厉的抨击。

在 19 世纪的南方，美国土著居民的经济和社会地位在很大程度上是非常受限制的。他们的数量相对较少，而且，尤其是在 19 世纪 20 年代以后，随着政府重新安置政策的颁布，许多土著人都生活在与其他南方人相隔离的地区。他们中还有一些是奴隶主，比如切罗基族人（Cherokees）。而且，由于对白人社会的文化的适应程度不同，这些部落中常常出现分裂的情况。然而，随着白人的定居，美国土著居民的 347
数量开始减少，其对南方社会的经济影响也相应地减弱了。

近来，对于种植园主阶级的行为特征，学者们展开了大量的研究，并进行了重新检验，包括他们的商业行为以及对市场激励机制所做出的反应。从一定程度上说，他们能够根据价格机制的不同而做出相应的反应，从而赚取大量的利润。很明显，他们能够适应以市场为基础的经济活动，虽然这个经济系统是以没有人身自由的奴隶劳动力而不是自由劳动力为基础的。更复杂的是他们对待奴隶劳动力的行为特征。目前仍然存在较大争论的是，在减轻商业影响以及调整经济行为等方面，家长式统治到底发挥了多大的作用，而且，分开考虑这些因素对奴隶的控制所产生的影响，是否有研究的意义。在试图解释奴隶制下种植园文化的起源以及在无奴隶地区的文化缺失等问题时，有些人认为奴隶制最初是由那些具有不同文化背景的个体创造的，并且这些文化不同于无奴隶地区所固有的文化；还有人认为，不管它是如何产生的，奴隶制的预先存在都导致了拥有不同信念的个体和群体的出现，并且这些信念完全不同于被人们所接受的资本主义特征；这两种观点仍然处于争论之中。种植园主通常是很富有的，而且行为举止就好像有钱人一样，这是很显然的，而且这些事实也反映了他们将这个以奴隶为基础的经济看成他们赖以生存的中心。

对南方那些不拥有奴隶的白人的各种特征也是存在许多争议的。这些白人有的住在种植园地带，有的住在种植园相对较少的高原地区。这些人一般都是自耕农，其中一些人的生活条件与北方乡村的农民相比较为富裕。也有一些人是比较穷困的，其生活水平甚至还落后于那个时代的平均标准。前者包括许多生产能力很强的农场主，他们能够从家庭劳动力中获得利润，虽然在大部分正常的年份里他们很少生产大宗商品。他们从交通运输业的发展中获利，同时也对交通运输业做出了贡献，因为这对于增加他们进入市场的机会是很重要的。一些人也会变成奴隶主，即使没有迅速加入种植园主阶层的行列，但很明显他们的财富也增加了。（与种植园主相比）他们参与市场经济的程度受到一定的限制，这应该归因于来自大规模生产大宗产品的种植园的竞争，还是因为他们（无论出于什么样的文化原因）对市场的淡漠态度，答案也是存有异议的，而且，这也是后面研究战后种植园体制结束后自耕农生产的调整时，我们返回来要讨论的问题。自耕农通常生产棉花和烟草这类大宗产品，而
348 且这些产品的产量也是随着市场需求而变动的。他们也种植谷物和其他粮食作物，饲养家畜，生产其他农产品。他们与种植园主的不同，并不在于他们生产什么，而在于他们生产的各种产品的种类和数量。从传统意义上来讲，被认为比自耕农的经济条件还要差的是所谓的穷困白人，不过他们的数量相对较少。他们一般在低收入的条件下生活，要么是在贫瘠土地上拥有自己的小农场，要么是作为移民或游民干一些季节性的农活儿，而且他们的财富和社会地位始终不会得到提高。他们的人数、文化背景、宗教信仰以及他们与南方社会的其他成员的差异，正是学者们意见不一致的基础所在。

内战前美国的大多数政治问题，都与南方以及奴隶制存在某些联系，而并不只是因为这些政治问题常常涉及南北方不同的经济利益。虽然彼此立场的南辕北辙并不会直接威胁到奴隶制本身的存亡，但它们常常为基于地理原因的政治权衡问题引起激变提供了可能性，而且为对奴隶制未来发展态势的争辩提供了可能性。19 世纪初，北方的几个州就已经废除了奴隶制。更加戏剧化的是，奴隶制的废除是由法国殖民

地的一次奴隶革命导致的，这一殖民地在 1804 年独立之后就成为现在的海地。南美洲的几个奴隶制影响比较小的国家在反抗西班牙殖民统治的起义成功之后，于 19 世纪上半叶相继废除了奴隶制。始于 1834 年的英属殖民地的奴隶解放，是第一次主要在国家范围内立法废除奴隶制，而且之前的奴隶经济是广泛存在的。英国的解放计划是在西印度群岛（以及其他殖民地）给予奴隶主一定的报酬，让奴隶以所谓的学徒身份在 4~6 年的计划期内工作，然后给予奴隶们应有的自由。虽然反对奴隶制的运动在 19 世纪初的美国北方各州就开始了，但是，到了 19 世纪 30 年代才成为一股主要的势力，无论是白人还是黑人，自由人还是解放了的奴隶，演讲者还是鼓吹者，都加入了这一运动，而且直到 19 世纪 50 年代，随着共和党的出现，反对奴隶制的运动才成为一股主要的政治势力。正是反对奴隶制的情绪与政治利益之间的这种关联，最终在南方各州从联邦政府脱离的过程中起到了非常重要的作用，从而引发了美国内战。

反对奴隶制的思想形态有很多组成部分，既有宗教的也有非宗教的。这种意识形态在卫理公会派教徒和其他反对组织中非常盛行，这些组织往往看重个人价值和福利。它受到“自由劳动力”思想的影响，后者提倡的是自由劳动力的利益，而且不赞同限制奴隶劳动力的生产力，更加反对奴隶种植园经济对白人和黑人带来的不 349
幸和灾难。由于提倡“自由劳动，自由土地，自由人”，自由劳动力的思想得到了北方小部分工匠和独立农场主的认同，因为他们关心的是在进一步的经济扩张中能够不断地获得更多的土地，而且这一思想也是本土主义者反对移民者的信条。

19 世纪 30 年代北方一次著名的反对奴隶制的运动的兴起，使南方更清晰地阐明它们为捍卫奴隶制而保持的立场。虽然之前曾经提出有关支持奴隶制观点的许多论据，但为回答关于奴隶制特征这个首要的问题，我们有必要全面描述一下支持奴隶制的观点。通常来说，这一观点是一种保守主义思想，比较适合那种已经存续了几千年的社会制度，在南方的宗教、政治以及社会组织中都有所体现。支持这一观点的理由在经济方面通常表现为，在奴隶制下美国南方的经济得到了发展，而废除奴隶制后的海地和英属西印度群岛的出口量却减少了。而且，奴隶制度的拥护者也强烈批判资本主义社会中雇佣劳动者的混乱且艰苦的生活。除此之外，南方支持奴隶制的观点中还包含了强烈的种族主义成分——比早期更强烈的种族主义，即赞成压制黑人自身的能力及其被开化的潜力。这些观点影响着各个财富阶层的白人，而且战前在保留奴隶制方面南方各个阶层白人的利益受到的影响非常不同。事实上，欣顿·赫尔普（Hinton Helper），一个南方白人，对奴隶制的主要政治抨击也是从奴隶制对没有奴隶的南方白人造成伤害的角度考虑奴隶制对黑人造成的影响，而不是站在黑人的立场上思考这一问题的。

国际贩奴贸易于1808年结束，而在此之前，即在宪法生效20年之内，国会不得立法禁止进口奴隶的贸易。这一结果并没有什么可争议的，因为奴隶贸易的终止并不涉及奴隶制能否继续存在的问题，但是，由于限制了从非洲进口的新奴隶的数量，从而奴隶价格得到提高，这也在一定程度上使老南方的一些奴隶主受惠。随着对密苏里州版图争论的展开，奴隶制才真正成为一个南北方所关心的重要的政治问题，争论的焦点问题是，奴隶制无限制的扩张与最初《西北令》所规定的限制条款之间存在矛盾。1820年密苏里州的妥协使南北两个地区在政治权力上暂时平衡，虽然在接下来的25年里，美国联邦政府按照国会的意愿采取了许多与奴隶制相关的措施，但1846年的《威尔莫特限制性条款》（Wilmot Proviso）才真正开始了废除奴隶制的立法进程，并导致了美国内战的爆发。这场论战争论的是，向新领域进行的地
350 理扩张所带来的问题以及地理扩张对双方政治权力的影响。虽然南北方都从扩张中获得了一些经济利益，但这些经济利益并不是争论的重点所在。

各种问题综合起来，就需要国会采取《1850年妥协》（Compromise of 1850）和《堪萨斯—内布拉斯加法案》中那样的措施，以维护脆弱的南北政治均势，这些正是19世纪50年代的经济扩张和大规模的移民所引起的经济和社会问题。随着共和党的成立，反对奴隶制和反对移民的力量结合起来，共同要求更多的"自由土地"以安排北方人居住。1860年亚伯拉罕·林肯成功当选总统，最终导致了美国内部的脱离、分裂和美国内战。南方这一行动似乎并没有什么直接的经济原因——事实上，内战前的10年对于南方财富的增长来说是不寻常的一段时间。当时以及后来的学者所进行的研究发现，南方地理扩张在不远的将来似乎并不存在任何经济方面的需要，而且南方的财富能够保留在本地区，而不会流到那些基本上不适合种植大宗产品的地区。对于解放黑人并从中得到什么样的结果，北方并没有任何确切的目标。北方的许多州在其法律条款中都有对黑人的歧视，比如投票权、受教育的权利以及其他一些权利，

而且，黑人所承受的各种不同形式的歧视和限制都表明，奴隶制的终止并没有使黑人享受与白人相同的待遇。因此，虽然看起来好像是，如果没有奴隶制的话，美国内战可能就不会发生，但是，从经济利益的角度分析，南方似乎也没有必要进行战争，而且北方的人道主义和黑人奴隶的自身利益也不是战争的起因。从土地和奴隶的价格变化上可以看出，直到 1861 年南方的种植园主都不相信奴隶制度会受到威胁，似乎只有在遥远的未来才能看到它的终结——那时候大部分北方人也持有这种观点。而且，当时奴隶价格几乎达到了空前的最高水平，这也反映了奴隶主对棉花市场的未来状况以及对奴隶制度延续的期望，都持非常乐观的态度。

美国内战的爆发和奴隶制的终结

美国内战的爆发使南方的经济决策者不得不对此做出一系列重要的决定。动员 351
战争需要许多军队和大量的武装设备，如果完全依靠白人自耕农的话，将对其造成很沉重的负担，而且法律已经承认，需要种植园主对奴隶进行管理和控制，从而基于对奴隶的所有权或者种植园主阶层的原因可以避免服兵役。据估计，到了服兵役年龄的大部分南方白人，在战争期间均上过战场，而且他们的死亡率相当高。尽管奴隶主阶级由于对奴隶的管理可以得到赦免，但是战争中需要大量的人力，这两方面的冲突使种植园主和自耕农之间发生分裂，而且在随后的战争中，当南方战败，并且食物和其他资源变得非常匮乏的时候，他们之间的分裂更加严重了。南方若要在战争期间持久作战，就需要选择种植多种农产品，以保证食物和其他资源的充分供应。从棉花种植向混合农产品生产的这一转变过程中，南方各州生产了更多的食物，而且，由于向国外出口的棉花减少了，这些国家在政治上支持南方。南方之所以转向粮食作物的生产，也是由于北方对南方出口商品进行封锁，从而使出口产品进入外国市场受到很大程度上的限制。当年轻力壮的白人男子离开种植园，走上战场的时候，对种植园进行管理的重任就主要依靠妇女、儿童和老人来完成，这也使得对奴隶的控制有所减弱。在战争期间，由于战争因素以及其他原因（比如粮食歉收），南方农产品的产量有所下降，而且，不仅棉花的产量减少了，这个时期的粮食产量也是如此。并且，随着战争后期北方开始进行大规模的军事行动，粮食的运输和分配也受到极大影响，这限制了南方经济的复苏。

战争期间，对奴隶的控制问题变成一个重要的议题。在远离战争的那些地区，逃跑的奴隶人数相对较少，其中包括应募加入联盟军队中黑人团的那些奴隶。在上南方以及其他地区，联盟军队拥有控制权，并且能够指挥作战行动，那里的奴隶制也非常脆弱，而且在几年之后被彻底摧毁。虽然最初那些被联盟军俘虏的奴隶没有人身自由，而且这种奴役仍然得到了法律的认可，但是北方主张给予他们自由，解除奴役的运动获得了成功。许多获得解放的奴隶(大约10万人)都加入了北方的军队，与之共同作战，抗击南方，而另一些奴隶在获得自由以后，也加入了战时经济中北方势力范围内的农业耕作。获得解放的奴隶的人口流动状况相当复杂，一些人获得
352 自由后移居到南方的其他地区，还有一些人则宁愿留在他们长期居住的地方。无论是哪种形式的调整，实际上美国内战时期本身就已经预示了奴隶制的终止，而且军事行动直接为许多奴隶带来了自由。内战期间，南方将奴隶用于各种军事目的，虽然只是在战争的后期才考虑将其送上战场，且因为时已晚而没有真正实施。

北方的胜利意味着南方奴隶制的终结。《解放宣言》敲响了南方奴隶制的丧钟，宣布了奴隶制在那些与北方作战的南方各州的灭亡，但是它的实施还需要北方军队的彻底成功。随着战争的结束，宪法第13条、第14条、第15条修正案的通过，标志着美国最终废除了奴隶制，并赋予了黑人投票权以及其他公民权利。在战争的最后阶段，出现的问题主要是有关黑奴解放的含义，以及对黑人人口和劳动力的必要控制。为了避免在奴隶制度废除之后黑人自由选择他们的生活和工作环境而造成的混乱状况，对他们进行一定的控制是有必要的。全美国都在担心，南方经济会由于奴隶制的废除而最终崩溃，而且，如果黑人不愿意加入生产活动，南方的白人将会面临更大的困难，这比战争造成的毁坏更严重。因此，联盟军以及在随后的和平时期参与南方管理的那些北方人，实施了一些具体的措施，限制那些获得自由的奴隶随意地选择工作类型，限制他们随便离开白人占统治地位的南方。从政治权力的角度来看，显然南方的白人更希望限制黑人的权利，因为那些权利使奴隶可以不再成为农业中的雇佣工人，因此白人实施了所谓的“黑人法典”，对他们的流浪漂泊、移居生活以及工作时间进行规定，从而强迫黑人不得不成为雇佣劳动者。虽然这些法典很快就被推翻，但这一套规定的内在思想仍然影响着战后南方经济的复苏。在那

个时候“自由劳动力”对于许多黑人来说仅仅意味着不再以奴隶的身份为白人工作，而不是自由选择工作的性质和数量。

为了保证南方经济的顺利转变以及获得解放的奴隶能够适应新的“自由”环境，美国国会创立了解放黑奴局。正如最初设想的那样，其目的是规范种植园主与自由奴隶之间的契约以及其他的一些协议，确保他们签订适宜的协议，并且保证双方都能履行他们达成一致的条款。这些协议通常包括固定工资下的一年期工作合同，还有一些辅助的规定，比如对工作时间、农作物的种植类型以及其他杂务活的报酬的 353
规定。解放黑奴局就是要求种植园主与自由奴隶协议一个可以接受的工资，从而迫使自由奴隶干活，避免那些年轻力壮的奴隶逃避工作。解放黑奴局的这个角色长期以来一直是各方的矛头指向，它受到种植园主的攻击和辱骂，同时也受到自由奴隶（还有他们的拥护者）的严厉谴责，因为他们认为它以一种不利于自由奴隶的方式影响了经济复苏的正常节奏。在解放黑奴局成立后的这些年里，它的各种措施可能对于种植园主阶级来说更加有利，但是它所担当的种植园主与自由奴隶之间的仲裁者角色，确实对奴隶解放后的南方经济产生了一定的影响，而且在那时候看来，对自由奴隶也是有利的。

虽然南方和北方试图操纵自由奴隶的权利的意图很明显（无论它们公开表示的原因是什么），但是它们很少考虑奴隶解放要实现什么样的结果。种植园主希望维持种植园经济，但是要被迫接受奴隶制终结的事实，他们试图寻找其他的制度安排来控制黑人劳动力。自由奴隶的经济要求，除了自由和独立以外，似乎并不那么明确。虽然许多人对于土地的需求是无止境的，但是，在土地上进行种植主要是为了维持生计，还是为了占领市场，获得高额收入，这一点还是很难确定的。然而，自由奴隶并不希望成为雇佣劳动者，因为虽然种植园主对他们的控制是以契约为基础的，但是这仍然非常类似于以前的奴隶制度。这表明，自由奴隶向往规模较小的农场，自由导致了种植园经济的崩溃，除非能够在战后的南方建立一种能满足白人经济目标的、更有效的强制机制，但是在当时看来这是不可能的。自由奴隶的频繁迁移行为从来没有停止，即使试图去阻止也无济于事；而且他们的工作时间从某种程度上来说减少了，可供使用的劳动力也减少了，尤其是儿童；但是，作为雇佣劳动力的自由奴隶在种植园里工作，却没有得到相应的工资报酬。对于自由奴隶而言，自由的经济含义受到所有这些因素的影响。尽管劳动力数量的减少也意味着产出量的下降，但是，种植园数量的减少以及由此引起的规模不经济，对南方经济的总产出带来的影响是无法预料的。

354 从某些重要的方面来看，南方奴隶制的终结所产生的后果类似于美洲其他地区，这说明解放奴隶后，这种经济调整的基本状况并不是美国所独有的。第一个大规模解放奴隶的国家海地，经过一段时间政治上、军事上以及经济上的调整和恢复后，最终的局面是，糖产量下降，出口量几乎为零，咖啡产量迅速下滑（咖啡种植园随之转变为规模较小的农场），而且，种植园地区完全消失。取而代之的是一个小规模的经济体：农场主经营自己的农场，主要生产粮食作物，目的也仅仅是自己食用和拿到当地市场上进行交换。曾经是最有利可图的奴隶种植园殖民地，现在的出口量却一再下降，这一事实常常被用于评论奴隶解放所引起的经济结果，同时，它也对关于南方解放奴隶政策的争论产生了一定的影响。英属印第安群岛在 1838 年奴隶解放后，基于自身的资源禀赋和政治力量，对几种可能的结果都准备了应对的方案。在那些人口密集的小岛上，有限的土地使得种植园经济得以维持下去，并且能够保持糖产量的持续上升。而在那些人口密度很小的地区，曾经在奴隶制的最后几年里，糖产量迅速上升，但在奴隶解放之后，获得自由的奴隶纷纷离开种植园，迁往小型农场中生活和工作,因而糖的出口量急剧下滑。在几十年后种植园的产量才迅速回升，这并不是自由奴隶的功劳，而主要应归功于来自亚洲和非洲的契约劳动力。在另外一些人口密度相对较小的地区，种植园的范围逐渐缩小，糖产量减少，出口量长期持续下降，于是开始向小型农场转变，而这些农场往往位于以前种植园地带的外围地区。因此，在整个加勒比海地区，除了人口高度密集的地区以外，解放奴隶就意味着，由原来的种植甘蔗转而种植其他农作物（因为糖的生产需要大规模的种植园才能达到有效生产的目的），种植园经济的衰落，以及出口产品的生产中自由奴隶劳动力数量的减少。避免采用种植园的形式是奴隶解放后的一个普遍特征，而且在大多数地区，获得自由的奴隶可以通过购买而取得一些土地，虽然数量是有限的。转向混合农作物的生产最终使得农业的总产出上升还是下降了，这一点并不明确，但是，总产出中最容易被衡量的部分——出口量，确实减少了，从而也可以确信，无论在其他方面取得什么成就，但从经济角度来看，奴隶解放都是不成功的，而且，没有任何控制的奴隶解放，无论从短期还是长期来看，对所有的参与者都是不利的。正是这些使人确信的结论，逐渐影响美国内战后对奴隶解放的态度。 355

美国内战后的南方

美国内战结束后，美国南方废除了奴隶制，接着开始进行初步的经济调整，这在很多方面都与其他殖民地区的奴隶解放所伴随的经济变化相类似：出口的大宗商品的数量明显减少，虽然最初下降的幅度各有不同，而且恢复到战前奴隶制下规模经济所能达到的产出水平所需要的时间也各不相同；南方农业中能够衡量的产出，以及南方的人均总产出水平下降了；种植园经济衰落了；所有黑人的劳动力投入也明显下降了。战后，奴隶解放后，棉花产量急剧下降，而且种植园经济被一种混合型体制，即小型的黑人家庭农场（常常以佃农耕作的形式存在）和白人家庭农场（其中一些往往雇用劳动力，包括黑人和白人）所替代。与美国内战前相比，白人农场主在更大程度上加入了棉花生产的行列。到 19 世纪 70 年代中期为止，棉花产出的总水平才达到战前的水平，而且当时还在继续保持上升的势头，因此，到 19 世纪 80 年代为止，美国又恢复了它在世界棉花市场上的主导地位，并且这一优势一直持续到了 20 世纪初。虽然烟草的种植从弗吉尼亚州不断向西移动，但烟草这种在最有限的规模经济下奴隶仍然能种植的农作物，最初的产出水平几乎没有下降，而且随后总产量持续上升，这主要是基于黑人和白人的小农场。然而，那些在战前具有较大的规模效应以及需要较大的农田进行种植的农作物，反而面临产量长期下降、恢复缓慢的局面。事实上，在沿海的南卡罗来纳州和佐治亚州，大米的产量一直没有恢复到美国内战前的水平，而在几十年后全美国整体的大米产量才有所提高，但这也是基于新的地理位置的种植，主要是在路易斯安那州的种植。最初，路易斯安那州的糖产量下降的幅度要大于生产糖的美洲其他地区——战争破坏和奴隶解放共同导致的结果，但是，在随后几十年的复苏过程中，以黑人劳动力为主的种植园和白人管理的小型甘蔗农场联合起来，使糖产量又回到了内战前的水平。据估计，1870 年南方整体的产出水平只有 1860 年产出量的 2/3 左右，而且，虽然它一直保持相对较高的增长率，但直到 1890 年左右人均收入水平才与战前的水平持平。这时，南方人

356 均收入已经从全国水平的 3/4 降到了 1/2。

美国南方的奴隶解放与其他殖民地的不同之处在于，导致解放后经济增长的劳动力在性质上的差别。英属印第安群岛的殖民地区主要依靠的是契约劳动力，他们主要来自中国、印度以及能供应种植园劳动力的其他一些地区，而出口部门却将以前的奴隶排除在外；同时在 1888 年以后，巴西以补贴的方式，使那些来自意大利和南欧的移民成为咖啡种植农场的劳动力。然而，美国南方却不依赖移民作为它的劳动力供给，虽然早期也曾试图征召他们成为劳动力——其中有来自北方的，也有来自中国、意大利的，还有来自欧洲其他地区的——但是从最终的数量和效果来看，这些努力是非常有限的。在南方，因为奴隶制种植园被合法废除之后，种植园不可能重新作为种植基地，所以生产出口品的劳动力来自当地白人，他们当中大多数人提高了棉花的生产比例。虽然黑人和白人都在一定程度上向南和向西移居，但是规模并不大，而且直到 20 世纪向北移居的速度才明显加快。然而，这些人口的迁移确实表明了，那时即使在强烈的压制下黑人劳动力仍能够移居的比例有多大。

虽然作为种植基地的种植园在美国内战后变得不再重要，但这并不意味着南方土地所有权的集中度下降了。战后土地的所有形式，相对来说，几乎没有发生什么变化，往往采取小型家庭式的租赁或者佃农耕作的形式，而土地的所有权仍然属于土地所有者，因此土地的占有仍然很集中。由于经济力量一直集中于这些土地所有者，因此南方仍然类似于其他殖民地区奴隶解放之前的状况，尽管无法确定有多少土地仍然集中在战前已经占有相同财产的家庭中，以及有多少家庭代表的是新兴的土地所有者。无论怎样，向较小的种植农场转变都意味着，大宗产品的生产效率降低，因此每个工人的产出水平下降了。另外，所有农场中劳动力的参与程度也有所降低，这也解释了南方农业的大宗产品产量的下降，但这不是最重要的方面。而且，这些变化对于战后南方黑人的健康、死亡率以及信贷安排，都产生了重大影响。

在关于美国和其他地区种植园经济的衰落时间和原因的问题上，一直存在争论。这一争论涉及自由奴隶对奴隶解放这一举措的最初反应，以及它如何影响有关居住
357 的决策。显然，答案有很多个，但是其中有两种看法在当时的争论中最为突出。一种看法是，自由使奴隶产生了远离被奴役地点的愿望，这可以说明南方奴隶解放后的大量迁移现象。另一种看法认为，在奴隶制下，奴隶自发移居的愿望受到限制，

因此即使在获得自由之后，他们仍然愿意在他们早已熟悉的地理和社会环境中继续生活下去。即使这是他们最初的反应，也不能排除他们的迁移是为了逃离类似种植园经济的境况，这种境况在战后的南方经济中已完全显露出来。种植园主最初似乎希望在大宗产品的生产中，换一种形式强制雇用劳动力，重新建立种植园经济。即使种植园主阶层通过各种合法和超出法律范围的（甚至是违法的）手段，试图达到他们的目的，但是获得自由的奴隶仍然对种植园有种抵制情绪，他们更喜欢较小的生产单位。佃农耕作、比例工资制、雇佣劳动制以及后来出现的农场主自己经营的小型农场，这一综合体系反映了南方社会妥协的结果。战后种植园主并没有为维持奴隶制而进行奋战，但是他们却试图将种植园作为新出现的劳动力秩序的基石。

对于白人经营的农场在美国内战后的适应情况也存在争论。这些小农场，与内战前的那些大种植园相比，生产的棉花总量往往相对较少，但在内战之后它们的棉花产量迅速增加。而且，很快白人经营的农场中生产的棉花总量要多于黑人的农场。在美国内战前，白人的棉花产量是常常变化的，在 19 世纪 50 年代棉花经济的繁荣时期也曾急剧上升。问题就在于，是白人对于种植棉花的态度由于内战的环境变化而发生了改变，还是他们的态度并没有变化，只是战后种植园的衰落使得种植棉花的环境发生了变化，从而自耕农的生产活动不同于战前了。

大约从 1870 年到 1890 年，南方总产出的增长率几乎相当于同期北方各州的增长率水平，之后便进入了大规模工业化的时代。虽然由于内战以及随后进行的调整，南方比较穷困，但是战后的那几十年并不是南方经济停滞和缺少调整的时期。然而，南方相对的经济地位几乎没有发生变化，当然南北方之间人均收入的绝对差距还是
扩大了。 358

追溯战后的南方从内战结束到 20 世纪初的发展轨迹，从中再划分一些时段是有意义的。战争以及随后的调整恢复时期，由于战时混乱与奴隶制废除的共同作用，自由奴隶的工作地点和工作时间都受到影响，因而南方的产出一度持续下滑。然而，即使是在南方内部的各个地区之间，美国内战后的调整状况以及经济增长情况也存在明显不同，这反映了它们在美国内战前的人口比例和农作物的种植种类上的差异。在南方的偏远地区，那些州曾经是美国内战前大宗商品——大米、糖、棉花——的主要生产地，而在战后却是收入水平下滑最严重、持续时间最长的地区，上南方和

西南方地区则相对不太严重，且持续时间也不太长，而且这些地区的人口还有所增长。经过一段时间的调整后，南方出现了持续增长。这一时期棉花市场再次走向繁荣，而且棉花的生产也转向了生产力更高的地区，例如得克萨斯州。但是经济增长的同时，南方的劳动力仍然留在了农业部门，转向其他部门的数量非常有限。1890—1900 年的这 10 年里，棉花市场繁荣和南方收入增长是南方经济中的主要问题，并且导致南方内部出现了重要的政治风波和社会变革。

美国内战之后南方开始转向混合型农作物的生产，其中也存在一些意料之外的变化。随着种植园制度的结束，甘蔗和水稻的种植变得不那么重要了（糖产量之所以能够维持在内战前的水平，也是由于较高的关税水平以及后来新技术的引入），同时烟草还基本上保持着它的绝对优势，而棉花产量在南方的全部农产品中的比例，与战前的水平相比，反而上升了。棉花产量的上升，使得谷物和其他粮食作物在总产出中的比例下降了，从而导致南方自给自足的程度有所减弱。在白人农场主不断扩大棉花生产的同时，许多黑人却还为了生存在种植棉花的农场中辛苦工作。这些变化反映出战后南方内部的信用制度和交通网络已经发生改变。由于中西部地区的粮食生产相对比较稳定，南方内部的这一变化——棉花产量相对于谷物产量呈现上升趋势，也是意料之中的。

战后南方最明显的一个变化是黑人农场的组织结构的变动。到 1890 年为止，有将近 1/4 的黑人农场主在他们自己的土地上经营属于他们自己的农场，尽管他们的农场与大约 2/3 的白人农场相比，往往规模较小，而且价值也不大；但大部分黑人仍然
359 是农场中的劳动力。然而，更引人注意的是，在白人的土地上，黑人进行佃农耕作的比例上升了。这反映了种植园主和自由奴隶之间的妥协结果，种植园主希望维持雇佣制的种植园经济，而自由奴隶希望拥有他们自己的小家庭式的农场（无论是为了生存，还是为了产品能从市场上挣到收入）。股份制与租佃制的选择，受到了南方内部通货与信贷的可获得性的影响。以往讨论佃农耕作问题时都将其看成一种佃农—经营人决策的租赁合约的形式。实际上，所谓的佃农耕作，是以一定的法律安排为基础的，一般来说是一种由地主控制的比例工资制（这一工资体系以产品的价值为基础，通常并不会在预先的合同中写明具体的数额）的形式。法律上的差异对于决定获取收益的要求权，以及了解与批发商和其他信贷来源的生意交往中的留置优先

权，都很重要。生产力的差异取决于地理位置和农作物的混合耕种，且部分取决于种族，虽然在种族内部，农作物的混合种植和生产力都不会随着组织方式的变化而变化。一般来说，白人农场主工作的农场都比较大，大部分资本以牲畜和机器设备的形式存在，而且他们往往获得比黑人更高的收入。在 19 世纪 90 年代随着棉花市场的萎缩，白人和黑人都经历了痛苦的时期。占有土地的白人的生活受到严重影响，拥有少量土地的黑人，或者那些佃农也同样如此。对于南方人来说，土地的所有权并不能避免经济上的困难，而且 19 世纪 90 年代也是政治动荡不安的时期，出现了宣扬种族主义和种族立法的思潮。

在南方经济体内部，工业化和城市化也有一定的进展，而且人口和经济活动的地理位置也发生了转移，但是这些变化并不像美国国内其他地区发生的各种运动那样引人注意。工业发展的主要变革有：在老南方兴起了木材加工厂，棉纺织品向北卡罗来纳州南方的初步转移，位于中心的亚拉巴马州的钢铁联合企业的成长。这些工厂中有一些是北方所有的。从美国内战前开始就一直存在一种争论，南方是否将成为一个殖民地经济体，这样看来争论的结果已经不得而知了。与美国内战前的情况相比，银行和金融部门变动更具有限制性，部分原因是战后经济结构的调整，还有部分原因是内战期间北方通过的《国民银行法》（National Bank Act）对银行的发展施加了一定的限制。战后的南方，信贷不足，而且借款人多变，这有助于解释南 360
方乡下的店主和批发商所承担的高额信贷成本。如果南方经济不是北方占有或支配意义下的殖民地经济，那它仍然要完全依赖农业部门提供的基础支持，才能达到当时人们所认为的殖民地经济的水平。

美国内战后，南方内部人口的分布特征也出现了明显变化，而且这些变化大多以黑人为主。这一时期白人的生育率普遍下降，延续了战前下滑的势头，虽然它的生育率水平仍然略高于其他地方。白人的死亡率也降低了，但是仍然高于其他国家白人的死亡率水平。南方的白人和黑人在一定程度上存在向西南方迁移的迹象，但从来没有大规模向北方迁移。北方对劳动力的周期性需求，却是由移居美国的欧洲白人劳动力，而不是南方人来补充的。黑人的生育率和死亡率的变动趋势要比白人略微明显一些。黑人的生育率似乎在 1860—1880 年的这段时间里有所上升，因此仍然保持较高的水平，而且要高于南方白人的生育率。1880 年以后，黑人的生育率开始下降，而且下降的速度几乎与白人相当，虽然二者可能受到不同因素的影响，但是疾病，尤其是性病、肺结核，是导致黑人生育率下降的因素，而这也是导致白人生育率下降的原因之一。不过，黑人的生育率仍然在白人之上，而且对于黑人和白人来说，农村的生育率又与城市地区完全不同。显然，那个时候私生子的比例以及单亲家庭抚养小孩的比例，要低于20世纪南方黑人中的相应比例。然而，黑人死亡率与白人完全不同。据可靠估计，黑人的死亡率在1880年要远远高于1860年的水平，而且直到20世纪初才重新回到1860年的水平。同时，白人的死亡率还在一直下降，因而美国内战后黑人和白人的死亡率之间的差距明显大于战前。在南方享受正常的医疗和卫生保健是很困难的，再加上黑人的收入较低，获得足够的食物和营养也是一个大问题，这些都意味着南方黑人与白人相比，死亡率更高，健康状况更差，虽然二者的状况都不如北方人。

南方内部也存在黑人移居的现象，直到20世纪美国所有的黑人中仍有90%的人
361 口居住在那里。这次移居，与战前的自发搬迁相比，迁移的方向相同，但是在数量上就要少很多。而且黑人在南方内部的流动性也有一定的特征，这可以从1910年对农场主的土地使用期限的调查统计中找到支持的数据。这些数据反映了在所有的黑人农场主中，在目前住所居住时间超过5年的还不到一半，其中1/4只生活了1年甚至更短的时间。虽然他们要搬到哪里，他们什么时候离开农场，以及他们要走多远，这些仍然是个谜，但是这样的流动，即使是在农业内部，可能也反映出黑人做出的是最经济的选择（尽管流动确实减少了一些有利的机会，因为他们可能会从其丰富的经历中受益很多）。其中也出现了向北方移居的情况，尤其是在经济周期的低迷阶段，因为那时来到北方的欧洲移民相对较少，因而并不会出现排挤黑人移民的现象。但是北移的黑人数量，直到第一次世界大战时期，还是相对有限的，主要是因为欧洲的移民能够满足19世纪末20世纪初北方对劳动力的极大需求，并且这些移民发挥了重要作用。

奴隶解放后，南方内部的白人和黑人，以及整个美国的白人和黑人，在社会和文化方面的调整适应，已经成为美国历史上最值得研究的一系列问题。对于黑人奴隶来说，解放意味着摆脱了另一个个体对自身的所有，同时也逃脱了最初由南方各州政府制定的一系列特定的限制条款，最终获得自由。随着奴隶的解放，他们可以

自由寻找更好的生活和工作条件，而且有权利从其生产的产品中获得更多的收益。他们能够自由选择工作和闲暇，选择更向往的工作条件（或者暗中支付一定的报酬）。而且，在美国获得解放的奴隶，与其他地方的自由奴隶不同的是，他们有投票和参与政治活动的权利，这一权利在几十年里都不受限制。虽然在南方确实出现过对黑人的合法约束，但是种植园奴隶制显然不可能重新建立，而且在内战后的第一个 10 年里，黑人移居的现象，以及进行投票、出席政治活动的权利，都表明南方内部发生了显著的变革，虽然这最终看来还是很有限的。

奴隶解放后，北方开始关注黑人的状况，因而展开了大规模的针对黑人的学校
教育，资金来源主要是联邦政府和州政府，还有一些是黑人团体自己筹钱办学。因 362
此，虽然黑人儿童受教育的比例还不能与南方白人相提并论，但是受教育的程度迅速上升。对于黑人来说，平均每个学生的上学支出仅仅相当于白人的 1/3 左右，而且到 1890 年为止，已经有相当大比例的儿童能够获得学校教育，就十几岁的黑人儿童而言，受教育的比例从奴隶制刚刚废除时的将近 10%的水平上升到 50%以上。1890 年以后黑人受教育和就学的比例持续上升。之后的那 10 年里，黑人学生和白人学生的相对支出又发生了明显的变化。到 20 世纪初，每个黑人学生的上学支出明显降低，仅仅相当于白人学生的 10%~20%，而且仍然保持黑人和白人分校的局面。

在 19 世纪 90 年代，南方的白人与黑人之间的关系也出现了新的变化，同时也反映了早期种族关系发生的一些变化。在这段时间里，除了与白人学生相比，黑人学生的上学支出明显下降之外，南方各州政府还纷纷修改关于黑人投票权的法律条款，限制他们参与政治活动的权利。同时还存在各种针对黑人的暴力行为，比如对他们施以私刑的数量增加，但更多的是通过立法来控制黑人的行为。对于交通工具的使用，联邦最高法院在全美国范围内接受了“分离但是平等”的原则，这个原则还延伸到了黑人和白人之间相互关系的其他许多方面，包括教育。

在 20 世纪最初的 10 年里，南方白人控制的种族局面，以及种族在社会中一贯的重要性，似乎与美国内战后初期的状况有很大的差别。虽然一定的变化意味着实际行为模式的合法化，但是同时也意味着白人控制权的扩大，以及黑人在政治、经济和社会生活中权利的弱化。导致这些变化的原因主要是南北方内部对种族因素的关注，以及种族主义思想在白人中的逐渐扩散，而且这种思想的影响程度，即使没

有比以前更强烈，也至少与以前差不多。显然，19 世纪 90 年代的南方不关注种族问题是不可能的，但是，应该区分这一时期前后的不同局面：早期黑人拥有较大的投票权以及参与政治活动的权利，而在随后的几十年里由于种族关系有了新的变化，因而政治局面有所转变。

在解释这种充满敌意的种族主义思想加深的过程及其特性时，几个问题都涉及事件发展的先后次序。首先，19 世纪 90 年代的棉花危机对南方的农业学家产生了显著影响，并且导致了一些政治上的要求，这些要求看起来似乎威胁着统治阶级的
363 中坚力量，那么事件发展的先后次序能否体现出经济对这一危机的反应？一些人认为，贫穷的白人和黑人为了寻求政治和经济变革，有可能形成种族间的联合，这种政治上的联合对现存的政治力量造成了一定的威胁。这一观点着重指出了中坚力量对于种族间政治活动的反应，认为他们会更加关注种族因素，并将其作为一种手段，用来摧毁任何可能的联合力量。这一观点暗含的意思是，种族主义思想是由中坚力量引入的，他们煽动下层社会的白人对黑人进行攻击，从而抑制与他们的联合。然而，还有人认为，穷困的白人在经济上的困难，使得他们把黑人看成他们的竞争对手，尤其是在棉花生产中的竞争对手，因而他们接纳了这样一种信念：限制黑人的竞争力量是出于他们自身的经济利益。无论是出于什么原因，对于严格限制黑人的力量的合法的以及其他一些手段，南方下层（和上层）社会的白人都表示出接纳的态度。

对于种族关系发生变化的种种解释源于在对待白人信念和美国内战后成功建立白人和黑人联盟的前景等问题上所持的不同观点。有迹象显示，至少在内战刚刚结束后，一些黑人可以获得比战前更多的财富，他们能够在州政府以及当地的行政单位工作，而且常常受益于市政当局为了各种所需的设施（虽然这些服务需要往往是将黑人和白人区别对待）而花费的大量支出。例如，在战后初期的南卡罗来纳州，自由黑人在州政府的立法机关中是非常重要的成员，但是，战前时期曾经的自由有色人种与获得解放的黑人奴隶之间，却存在越来越大的思想分歧。战后初期黑人在南方取得的成功，引起了白人的强烈反应，白人希望改变，或者至少是阻止黑人获得的利益，因此，所有对黑人有利的环境因素迅速发生了逆转。

然而，北方对南方的态度，以及在 1877 年后拯救南方经济的过程中北方所担当的角色，也促进了这一时期南方各州所发生的转变。国会立法机关和最高法院做出决

定，将更多的决策权重新交给由白人掌控的南方政权中坚力量，这严重侵蚀了黑人的权利。到 19 世纪末，充满敌意的种族主义思想也在北方浮现。倘若北方的政治纲领不同，是否会导致南方不同的结果，这还是悬而未决的问题。因此，在南北两个地区，黑人的地位都降低了，具体表现在，与之前的那段时间相比，黑人的政治权利受到较大的限制，无论是采取法律的形式还是采取暴力的形式，黑人都受到了更为广泛的
控制。北方或者已经将那些黑人遗忘了，或者已经加入了掌控黑人的行列，但是所 364
有这些影响主要还是局限在南方各州的范围内，因为那里仍然是黑人居住最密集的地区。

在 20 世纪初，黑人的经济状况呈现出了一定的连续性，并且出现了一些变化的征兆，这在 20 世纪后期产生了显著的影响。在 1900 年的时候大多数黑人都居住在南方的各个州，大部分仍在农业部门中干活，而且许多黑人仍然在小型的、佃农式耕作的农场中种植棉花。正如美国内战之前一样，黑人的生活地点仍然存在一定程度的转移——向西南方和城市地区转移，而且开始缓慢加入工业和服务业的行列。除了黑人妇女在家政服务中承担重要的角色以外，一般来说，这些黑人的工作方式与白人差不多。南方各州的相对收入往往呈现周期性变化，但是总体来说大约相当于全国平均水平的一半。尽管南方与北方相比仍然比较穷困，但是南方人均收入的整体增长率却一直高于美国国内平均水平。然而，南方是全国最贫穷的地区，而在南方内部，黑人又是最贫困的。

可是，从第一次世界大战开始，黑人的居住地发生了重要的转移（各种问题随之转移），旧的南方体制也因此受到了许多重大冲击。重大的突破始于棉籽象鼻虫的广泛繁殖对南方棉花的生长带来的灾害，导致那些依靠南方棉花经济生活的白人和黑人都遭受了严重的经济危机。后来，第一次世界大战的爆发，以及随后的移民限制政策的实施，阻止了大规模进入美国的欧洲移民，从而为南方黑人和白人向北迁移提供了更多的良机。尤其是黑人移居到北方后，由于技术上不熟练，往往在军工厂和其他机器制造厂工作。但是，那些移居北方的黑人并不像以前在南方那样在农村生活和工作，而主要是在城市地区，尤其是东北地区和中西部地区的大城市中生活。而且在 20 世纪 20 年代向北方城市迁移的速度明显加快，在 30 年代的时候则进入低谷时期，之后罗斯福总统实施的新政纲领中有关农业政策的规定（一些人称其

为第二次圈地运动），以及第二次世界大战对军工厂的巨大需求，使向北的迁移又继续迅速扩展。到了 20 世纪 80 年代，美国黑人中几乎有一半居住在北方，而且大部分是在城市，以至于这些城市成为美国主要问题的集中地。而那些仍然居住在南方
365 的黑人，他们所处的环境也变得比过去更城市化和工业化。总的来说，到 1980 年为止，仍然在农业部门继续耕作的黑人还不到黑人劳动力总和的 10%。因此，当民权运动对政府政策施加压力，并且在 20 世纪 50 年代到 60 年代开始取得主要进展的时候，那才真正是站在黑人的立场上说话，从此，他们的居住地点、职业状况及合法地位，
366 与一个世纪前的情况相比，都发生了显著的变化。

第9章

1790—1914年的技术与工业化

斯坦利·L. 恩格尔曼（Stanley L. Engerman）
肯尼思·L. 索科洛夫（Kenneth L. Sokoloff）

在漫长的19世纪，美国从一个隶属于英国的殖民地发展成为全球领先的工业国。这种状况的变化主要根源于一场不曾预料且前所未有的快速经济扩张，经济的快速扩张以东北部为起点遍及美国其他地方。打败英国殖民政府后，1789年，年轻且人口还不是很多的美利坚合众国成立，当时其前景仍不明朗。虽然独立战争的胜利引起了人们对这个新国家的关注，美国享有了贫困者的安居乐土的盛誉，但是很少有观察家认为美国会发展成为经济大国或在其他方面占有举足轻重的地位。当然，这一状况在1914年之前即发生了戏剧性的变化。富饶的资源、当时绝无仅有的投资和人口增长率、坚实的生产力进步，使美国跃升为全球最大的经济体。美国不仅成为世界科技的领头羊，而且其制度也得到广泛的认可并被不断仿效。

有关早期工业化进程中制造业发展的起源和潜力的争论已经影响到人们对19世纪美国经济增长的研究。一个由学者组成的研究小组长期以来对美国经济在1840年

之前所取得的进步持怀疑态度。传统上，制造业的进步对经济持续增长的起步是至
367 关重要的，但在资本深化和诸如蒸汽机、机械设备等新技术引进之前，薄弱的制造业使生产力的提高非常有限。直到19世纪40年代和50年代资本密集型技术才被广泛采用，因此持这种观点的人们坚持认为在这之前美国生产力获得实质性的增长是不可能的。

另一种学术观点认为工业化前的经济通常都伴随着高运输成本、低收入和有限的商业发展。因此，运输成本的降低和其他增加贸易机会的因素，通过生产要素产生更好的专业化回报，从而对持续提高生产力和收入具有潜在影响力，这一过程甚至不需要技术上更大的进步。按照这种观点，美国早期的经济增长与非常平稳的生产力提高有关，而人们也意识到市场的扩大对提高生产率的作用，这种作用逐步扩散到更广泛的产业领域。随着19世纪初数十年的商业制度和交通运输网络的重大改革，美国经济在1840年前生产力和收入有了实质性的提高，这在发展最突出的东北部地区更是如此。

考察经济增长起源和进程的框架可以追溯到亚当·斯密。持这种观点的人们认为即使没有技术和原始资本积累的实质性变化，生产力和收入方面也能获得很大的提高。其核心观点是市场环境的变化能导致经济人的经济行为发生变化，从而实现重大经济增长，这些经济人虽然单个个体只具有很小的影响力，但在总体上却能产生巨大的影响。尽管亚当·斯密的观点包括了许多对新的经济激励或机会的调整，但他特别赞赏市场扩展中劳动分工所产生的效用。通过生产在生产要素、企业和地域方面具有比较优势的产品，市场的扩张可以实现更高的专业化水平。经济组织中因此而发生的变化通过增加资源或更充分地利用资源，通过把要素更好地分配或配置给相对来说具有生产力的那些活动（包括公司内部劳动分工和社会化劳动分工）以提
368 高生产力和经济规模。斯密的分析似乎与早期工业化经济相吻合，例如美国在殖民时期和合众国成立的初期，随着交通运输成本的降低、制度对商业发展的支持和收入与支出的增加而出现了典型的市场发展阶段。整个经济与经济环境中上述行业的改变不断重复着，这意味着更广泛的行业和活动能直接促进生产率的增长。

1790—1860年

对于美国内战前制造业发展的最新研究已经引起了对经济增长原因解释的重大

转变。尽管大家普遍认为美国产业规模比较小，但美国经济在生产力方面仍然可以有相对比较快速的增长。美国产业规模比较小，一方面是由于高昂的陆路运输成本对市场发展的限制，另一方面是由于水力的季节性影响和美国初期农业经济对劳动力季节需求的约束。即使最初资本投入和技术发展都很有限，企业组织的重大改进、大量劳动力投入和较低的运输成本也依然能引起跨行业生产力的提高。广泛的制造业增长形成了更为平衡的而非不平衡的经济增长模式。这种模式可以用表 9–1 所示的劳动生产率（单位劳动力产出）和全要素生产率（即单位加权劳动力和资本投入的产出）的估计值来说明。从总体生产力的提高率来看，在美国东北部，机械产业和非机械产业很类似，劳动密集型产业和资本密集型产业也很相似。而且 1820—1850 年这种相似状况甚于 1850—1860 年。在 1850—1860 年中伴随着专利的大量出现，生产力也加速增长（见本章附录）。

表 9–1　1820—1860 年美国东北部各州按制造业划分的劳动生产率和全要素生产率的年增长率（%）

	1820—1850 年	1850—1860 年	1820—1860 年
	机械化产业		
劳动生产率			
农村	1.2	3.5	1.8
城市	2.8	2.0	2.6
整体	2.1	2.4	2.2
全要素生产率			
农村	1.2	4.2	1.9
城市	2.2	2.2	2.2
整体	1.8	2.7	2.1
	弱机械化或非机械化产业		
劳动生产率			
农村	1.8	4.3	2.4
城市	0.5	3.7	1.3
整体	1.5	3.9	2.1
全要素生产率			
农村	1.8	2.0	1.9

续前表

	1820—1850 年	1850—1860 年	1820—1860 年
城市	0.8	2.0	1.1
整体	1.5	1.9	1.6
资本密集型产业			
劳动生产率			
农村	1.4	2.8	1.8
城市	2.3	1.8	2.2
整体	1.9	2.3	2.0
全要素生产率			
农村	1.2	3.3	1.8
城市	1.8	1.9	1.8
整体	1.6	2.5	1.8
劳动密集型产业			
劳动生产率			
农村	1.6	5.6	2.6
城市	0.7	4.4	1.7
整体	1.7	4.5	2.4
全要素生产率			
农村	1.9	2.8	2.1
城市	1.0	2.5	1.4
整体	1.8	2.1	1.9

资料来源：Kenneth L. Sokoloff, "Invention, Innovation, and Manufacturing Productivity Growth in the Antebellum Northeast", in Robert E. Gallman and John Joseph Wallis(eds.), *American Economic Growth and Standards of Living before the Civil War* (Chicago, 1992), 360-361.

殖民地时期

殖民地时期是美国诞生之前的经济相对快速发展时期。这一时期，就像大多数经济一样，劳动力主要集中在农业。尽管制造业有所发展，但经济发展主要还是以农业部门的发展为基础。制造业包括与农业的季节性生产模式相吻合的粮食加工和对纺织品所需原材料的加工。虽然这时美国经济仍然以农业为基础，但也存在一些例外，比如宾夕法尼亚的小型钢铁冶炼业和城市中不同形式的手工业。通常，大多数制造业都集中在东北部地区的城市中，而南方的制造业多出现在农场和种植园中。 369

虽然独立战争之前美国制造业部门规模有限不是唯一的，但有两种不同的观点可以解释这种现象。第一，英国航海条例是为了鼓励英国的制造业同时限制殖民地的制造业而制定的。这些限制包括诸如钢铁、帽子、毛纺织品等产品的生产或出口，尽管英国主张包括海军补给品在内的部分商品在殖民地本土生产。第二，当时和后来的学者都已经论证了这些法案是无用的。因为无论实行什么样的法律，土地和自然资源的富饶以及劳动力的稀缺都会使社会集中从事农业生产。后一种观点在美国独立后制造业劳动力急剧增加前大约半个世纪中都是一种主流观点。

美国独立后，尽管存在很多争论，政府仍然大量采纳了英国殖民地时期的经济政策，并出台了鼓励制造业扩张和经济增长的重商主义政策。财政部部长亚历山大·汉密尔顿发布了一份正式的关于制造业的报告，指出制造业的增长和发展将产生大量的收益；建议通过向特殊进口商品征收关税以提高其相对价格从而支持国内的生产者；鼓励以移民方式增加劳动力；大量使用未充分就业的妇女和儿童以补充劳动力；引入专利制度以鼓励发明和创新。除了这些直接的鼓励产业发展的政策外，政府通常还针对制造商制定了其他政策，比如具有吸引力的人力资本政策（包括教育、移民）、土地政策、货币和银行政策、保障财产权的法律以及政府对发明创造和技术进步的鼓励政策等。这些政策对制造业的相关发展起了显著的作用，并进一步带动了经济的增长。 371

尽管如此，直到 1812 年英美战争之前，美国制造业的发展仍相当有限。正如谢菲尔德勋爵（Lord Sheffield）对独立战争后的情况的预测一样，制成品仍然依赖从英国的进口。以东北部为主的制造业发展更能反映出一些政治事件，这些政治事件导致了诸如禁运和 1812 年战争等对外贸易的中断，而不是关税保护等诸如此类的细节，这些政治事件最终导致了对外贸易的彻底中断。[1] 尽管美国经济增长处于起步阶段，但在 19 世纪开始时，很明显英国仍然是世界上制造业领先的国家（几乎到 19 世纪结束时都是这样）。

从1812年英美战争到美国内战时期

从18世纪90年代到19世纪初这段时间，从再输出贸易（export trade）中获得的收入增加和农业生产收益的增加刺激了对制造品的消费。但是直到1812年战争，美国国内产品的生产才有了实质性的发展。但是美国国内制造商发现很难和英国的产品竞争，而禁运法令导致的国外贸易的中断使得美国国内产品获得了发展的机会。由于当时制造企业的规模很小，资金需要量相对有限，特别是对固定资产的需求有限，所以企业进入市场相对自由并可以很快建立起来。制造品的生产开始都集中在东北部地区，在爱国主义的呼声和公众普遍对本国自主生产产品的感情偏好下，人们的物质需求不断增加。对交通基础设施的大量投资也很重要，这些设施绝大部分是由私人投资的，但在各个方面都得到了政府的鼓励。当越来越多的工人专门从事非农业的生产，同时家庭的收入也增加时，东北部地区对农产品的需求市场也就扩大了。地区间的贸易量飞速增长，很多以前经济上相对独立的地区不是逐渐并入广大的东北部市场就是并入全国市场。

制造业是从薄弱的基础起步的。在19世纪初，大部分城市地区昂贵的制造品依
372 旧依赖进口。农民在自己家里生产许多制造品，同时人们也从流动的手工匠、商人或到农村叫卖的小贩那里购买物品。由于1810年和1820年的制造业普查因调查的无规律性而十分复杂，所以很难准确确定在19世纪的前20年间东北部地区制造企业的数目和组织状况。但是很清楚的是在禁运和英美战争时期制造业的产量扩大了，这不仅反映在家庭制造品的产量增加上，也反映在工厂产品的产量增加上。尽管许多新企业没能在1812年战争后和平时期严重的经济衰退中生存下来，但留下来的厂房和设备有助于19世纪20年代制造业的重新扩张。同样，尽管有些农业工人离开工厂去西部进行农业生产，但留下来的人却成了东部制造业劳动力的来源。

美国制造业的重大突破是1812年战争期间在洛厄尔（Lowell）建立起来的第一批棉纺织企业的发展。这些企业后来的发展主要依赖于使用来自新英格兰农村地区的女工。马萨诸塞州的棉纺织企业是美国第一批现代企业的代表，它们有大的厂房，工人主要由女工组成，使用复杂的水力传输系统。

新建的棉纺织企业中使用了两套组织系统，占统治地位的洛厄尔系统使用女工，而小一些的被称为罗得岛系统的企业使用家庭劳力。除此之外，费城的棉纺织企业

是由相对较小但很灵活的工厂组成的。在工厂系统建立起来后，棉纺织业的产量有了飞速提高而且一直持续下去。人们对于关税对棉纺织产业发展的作用一直存在争论。但很清楚的是，消费者需求的增加是极为重要的，另外，工厂化生产最终导致了家庭制造业和外包制度的消失。随着产量的扩大，正如亚当·斯密描述的那样，棉纺织企业出现了纵向分工，纺织机器的生产第一次与纺织品的生产分离开来，接着，企业内的销售分配环节和生产也分开了。制造业的扩张也得益于关键性原材料价格的下降，特别是棉花价格的下降，以及新英格兰地区高效的产业融资体系的发展。 373

当 19 世纪早期新英格兰的工业发展建立在棉纺织行业的并非典型的组织形式(指规模、雇佣水平、女工的使用）基础上时，其他相当多的行业的发展还在很大程度上依赖于相对传统的生产技术。其中一些例如制鞋业集中在新英格兰，而另外一些如采矿业、各种金属加工业、伐木业则分布在美国中部靠近大西洋的各州。再加上煤、铁的出现，共同导致了 19 世纪后期靠近大西洋中部地区制造业的广泛发展。

美国内战前夕，当经济随着地理上的扩张深入到宾夕法尼亚西部的产煤地区时，制造业的动力系统发生了普遍的转变。在大部分地区的许多制造业企业中，蒸汽动力逐渐取代了水力和人力。新英格兰比其他地区更多地保留了水力，到 19 世纪 70 年代后期，水力还占该地区动力的一半多。蒸汽动力的使用使工业进入中西部地区，该地区水力资源非常有限。蒸汽动力的发展是导致宾夕法尼亚和中西部地区煤的开采量上升的主要原因。因为煤比水力更容易运输，因此城市选址就比以前有了更大的灵活性，建立起来更容易，但也带来了相关的城市问题。

动力的改变对制造业的生产潜力产生了重要影响。使用水力的企业在夏季枯水期和冬季的结冰期通常受影响。动力的改变使得工厂一年四季都能生产，从而使工作时间延长，产量得以提高。季节因素的减弱也意味着不必通过产业和地区调整来使劳动力供给与生产需求吻合。

制造业从农村向更城市化的地方的转移非常显著。在农村，劳动密集型企业的规模都很小，通常不超过 5 个人，有时还可能只有一个学徒工。在这种典型的“作坊式的企业”中，每个人都必须技艺娴熟而且要参与生产流程的每个环节。位于城市边缘和城市中的制造业规模则要大得多，组织形式也完全不同。尽管城市中的制造业和农村作坊有着相同的资本—劳动比，但城市中的制造业或被称为非机械化的 374

工厂拥有更多的劳动力，在管理下利用数量有限的机器进行工作，它比小作坊有更高的女工—童工比率、更普遍的劳动分工、更快的工作节奏、更标准化的产品。由于气候的原因和收获季节农业部门对劳动力的需求，制造业中的季节性因素依旧存在。但在19世纪期间，随着生产季节性特征的减弱，生产模式开始逐步转变。

有关制造业的最近的研究数据表明，这些初期制造企业比手工作坊有更高的生产效率。以20个左右雇工数量的劳动密集型产业为例，当规模经济的效应被充分利用时，这两种组织的全要素生产率完全不同。美国内战前，制造业的平均规模在逐渐提高以接近市场规模。随着时间的推移，手工作坊的市场份额逐步降低，在竞争中存活下来的手工作坊越来越集中于被高额运输成本隔开的小城镇，或是专门用来满足例如定做之类狭小市场的需要。

然而，1820年民意调查稿和1832年财政部《麦克莱恩报告》中提供的信息表明，那时大部分的制造业规模依旧很小，固定资产的投入很有限，并且依赖于传统生产工艺。当然，纺织业是这种模式的明显例外，成为跨时代的分水岭。由于机器和其他设备设计上的改良，棉纺织业和毛纺织业发生了改变，开始大规模生产。但其他大部分的制造业仍然依靠手工工具或生产商早已有的以水力为动力的简单设备。在这些企业中，库存几乎占用了全部资金。总的看来，资金需求量并不大，主要是短期资金。正如表9–2所示，1860年在一些规模最大的制造业中依旧存在使用农业原材料的企业，例如制鞋厂雇用的劳动力数量最多。

表9–2　1860年和1910年增加值最高的10个行业

	1860年			1910年	
	增加值（百万美元）	雇工人数（千人）		增加值（百万美元）	雇工人数（千人）
棉纺织	55	115	机器制造	690	530
木材	54	76	木材	650	700
制鞋	49	123	印刷和出版	540	260
面粉	40	28	钢铁	330	240
男式服装	37	115	酿酒	280	55

续前表

	1860 年			1910 年	
	增加值（百万美元）	雇工人数（千人）		增加值（百万美元）	雇工人数（千人）
制铁	36	50	男式服装	270	240
机器	33	41	棉纺织	260	380
毛纺织	25	61	烟草	240	170
马车和货车	24	37	火车	210	280
皮革	23	23	制鞋	180	200
全部制造业	815	1 474	全部制造业	8 529	6 615

资料来源：Peter Temin,“Manufacturing”, in Lance E. Davis, Richard A. Easterlin，William N. Parker, et al., *American Economic Growth: An Economist's History of the United States* (New York, 1972), 433, 447. See also Jeremy Atack and Peter Passell, *A New Economic View of American History from Colonial Times to 1940*, 2nd ed. (New York, 1994), 461, 467, 排名根据以 1914 年价格计算的增加值，和特明 (Temin) 的排名有些不同，但不是实质性的差别。

对制鞋业、钟表业、马车及马具业、家具制造业、钢铁业、肉食加工业、造纸业、棉纺织业等行业中技术变迁的深入研究说明了美国内战前生产力提高的几个阶段。375 第一个阶段是制造业的兴起。技术效率的提高源于对生产组织的一系列改进或精炼，源于对传统资本设备和产品特性的相对细微的改进。制造业普查数据表明，到 19 世纪 50 年代，大部分制造业中资本投入有所增加，劳动分工细化，劳动密集度提高，技术工人替代了非技术工人。传统工具和设备例如钻孔机、车床、刨床等也得到改进，在新的劳动组织形式下，为了有利于产品的标准化和多样化，产品不断被更新换代。这些改进说明了一个重要的事实，除纺织业外几乎没有其他制造业在技术上实现了根本性的突破。

技术变革第二个阶段的显著特征是依赖非畜力驱动机器和新机器的发明。组织上的改进使得新的更复杂的资本存量的全部潜力得到了开发。虽然不是每一种特定 376 的发明都能被清晰界定，但正是那些把技术革命归因于机械化的学者们认识到使用新机器和改进旧机器之间有着本质的区别。很显然，纺织业最先进入技术变革的新阶段，同时伴随着企业规模的不断扩大，其他的产业到了 1860 年才开始该阶段。而且，无烟煤和烟煤的相继出现使得冶铁业的企业规模不断变大，使用更大的冶炼炉，而且比用木炭作为燃料的冶炼炉更广泛地使用蒸汽动力。

通过对东北部地区的制造业按农村和城市进行分类所得到的制造业的普查报告，我们可以估计出 1820—1860 年劳动生产率和全要素生产率的增幅。表 9–1 显示的最重要的一点也许就是大部分制造业中快速的生产力增长。1820—1860 年全要素生产率和劳动生产率的增长率超过了 1869—1909 年的增长率。[2] 通过劳动生产率和全要素生产率增长的比较也发现了一些问题。从会计意义上，即使是在资本最密集和机械化程度最高的产业中，资本深化也并不能很好地解释美国内战前劳动生产率的大幅提高。

在美国工业化的早期，生产率的大幅提高是通过产业组织、生产工具和产品的不断改进实现的。这些技术上的变革是对不断增加的创新活动投入的一种反映，它也使更宽层面的人口参与到发明创造和实际应用的活动中来。实际上，1820 年以后，随着交通运输网络的扩大和越来越多的仅具备普通技能的个人广泛参与到发明创造中来，制造业（尤其是非资本密集型产业）生产力的提高和专利数目的增长趋势呈
377 现出从城市向外扩散的局面。因此，生产力的提高和理论假设是非常吻合的。也就是说，在工业化的初期，由需求模式决定的对创新活动的投资导致了产业领域广泛的技术改进。

有证据表明制造业的生产力和当地的专利化比率呈正相关关系。在工业化的早期阶段，市场的扩张对专利的申请具有强有力的刺激作用。进一步的研究证实，这是制造业中一个“需求拉动型”的技术变革时代。研究也显示了供给因素的重要作用，但该因素直到 19 世纪 50 年代，当资本密集型技术在所有部门中得以广泛应用，技术革命进入第二个阶段时才开始产生更大的影响力。1820—1860 年，新英格兰南部地区和中心城市在生产力和专利方面保持领先地位，这揭示出供给因素的显著作用。这种领导地位的保持标志着：与斯密式增长相关的一系列生产方式的进一步改进，并不是在一次生产率增长中就把其作用发挥完毕的，而是不断地为下一步更高层次的技术变迁提供平台。

另一个经常讨论的话题与 19 世纪上半叶“美国式的制造业体系”有关。尽管这个术语所指的制造业结构存在几个不同的方面，然而总体来说，这些区别所指的是

英国与美国制造业的区别，并且是基于要素禀赋、收入分配与需求模式的多样化。最主要的是，由于美国土地资源非常丰富而人口相对稀少，因此这种技术和要素分配的性质意味着美国的制造业中资本和土地更为密集，且美国比英国更加需要寻求一种节省劳动力的革新（一个已经论证过的观点）。而且这种要素禀赋的差别使得美国的农村制造业比英国和欧洲要少。具体来讲，"美国式体系"是一种在美国产业中以通用部件和装配线为特征的产品标准化生产体系，尤其是在枪支制造中。之所以允许这种生产方式存在，重要的是因为产品的需求规模，以及相对平等的收入分配对需求结构的影响。它使英国比美国需要更个性化的产品，因为在英国更不平等， 378
而且富人有更多个性化的需求。同时，美国机床工业的有效发展使生产出来的通用部件达到了用于大部分产业所必需的精确度。总之，对劳动力稀缺做出的反应和标准化的产品使内战前美国制造业的劳动生产率高于英国的平均水平。

美国内战及其后果

长期以来，人们一直认为美国内战及其结果是美国经济增长和制造业发展的起点。这一结论是基于战争时期军用品对经济产生的影响（尤其是在北方）和战争结果对美国政治变革的长期作用。很显然，19 世纪后期美国的制造业和 19 世纪早期相比明显不同，但问题在于这些改变在多大程度上是由美国内战的特殊作用引起的，而不是由一种在其他国家也能看到的常规的经济增长模式引起的。

然而最近，新的数据的获得使人们对美国内战前的经济重新做出了解释。大家一直认为内战前农业生产力的飞速提高使单位产量消耗非常少的土地、资本和劳动力成为可能。由于对农产品的需求缺乏弹性，农业在总投入和总产出中的比重降低了。因此，内战引起的政治巨变不再被认为是制造业扩张的必然因素，对大多数部门的战时需求也不足以引发如此大规模的经济变迁。内战前，许多制造业部门的生产力水平已经大大提高，这种提高在大多数情况下表现为生产组织的变革和区域专业化水平的提高，而不是资本规模和结构的改变。

欧洲的经济和美国相比在规模和资本密集度方面有着相似的增长模式，这一点表明美国的增长不可能是一种因素的结果。因此，尽管美国内战可能会对个别产业部门产生特殊的影响，例如武器制造业和食品加工业，但内战不可能是更广义上经济增长的动因。虽然政治因素总会限制和约束经济发展，但在内战前，美国制造业
379 增长的基本模式已经形成。内战时期本身并不是一个经济加速增长的时期，而是一个制造业增长率缓慢下降和制造业变迁十分有限的时期。

美国内战至第一次世界大战

内战前美国的制造业发展迅速，内战后的半个世纪中制造业的发展更为显著。在这个时期，美国人均收入和工业人均产出均超过了英国，成为世界上制造业的领头羊。美国的出口产品类型已经从以农产品为主转变为以工业制成品为主，这些出口产品对欧洲和其他国家的经济发展起到了重要作用。在美国的制造业中，企业的规模扩大了（1870—1890 年平均每一家企业的雇工数翻了一番），生产动力发生了改变，耐用品制造业的重要性大大提高。制造业工人的比重从 1860 年的 13.8%上升到 1910 年的 22.1%，制造业产值在 GNP 中的比重从 1869 年的大约 24%上升为 1899 年的 33%。1869—1899 年，制造业的全要素生产率的年均增长率为 1.4%，1899—1919 年为 0.5%，这一增长率低于同期 1.2%的整体经济增长率，也低于美国内战前制造业全要素生产率的增长率。1869—1909 年，制造业工人人均产量的增长率远远高于工人人均国民收入的增长率，这反映了在 19 世纪 80 年代制造业资本存量的快速扩张。尽管全要素生产率水平有所提高，但该时期产出增长中的很大一部分应归功于要素投入的增长。

劳动力和资本从农业转移到制造业通常都以牺牲农业为代价。制造业的扩张必
380 然意味着与制造业相关的设备生产和产品分销手段的改进。美国内战后制造业经历了大规模的地理上的重新分布。制造业中心从东北部地区转移到中西部地区，但南部地区的制造业仍然只占全国的一小部分。[3]

当然，这个时期制造业并非一直保持一种恒定的速度向前发展，而是随着国民经济发展表现出的一系列周期性波动。在周期性波动的波谷，社会经济中存在的问题表现得非常突出，但如果我们过分关注这些问题就会对该时期内经济发展的全貌产生误解。这段时间内，制造业经历了两个快速发展的时期：第一个时期是 1884—

1889 年，在此期间，资本的增长快于产量的增长；第二个时期是 1899—1909 年，在经历了一次不寻常的宏观经济的严重衰退之后，制造业在这 10 年里开始大规模兼并与联合。

即使技术变迁、要素供给等方面的问题得以解决，如果要最终实现工业发展，工业产品的需求也必须充分扩大。对产品的需求取决于产品的不同用途，有些产品是直接卖给消费者的，而有些产品则是卖给企业作为中间产品在生产中进一步使用的。对于食品加工业而言，消费者的需求至关重要，它的产量会随着人口的增长和市场规模的扩大而快速增长。钢铁则是制造业中使用的一种重要的中间产品。不论是最终消费品还是中间产品，它们的市场规模都会受产品的特性（大小、重量等）和产品运输成本因素的影响。尽管对外贸易对满足需求也有一定影响，但仍有相当程度的进口替代，即用国内产品替代国外产品。那些购买美国产品的国家，其制造商和其他国家的制造商都非常关注美国制造业的长足发展和美国出口对它们的影响。美国制造业生产能力的提高带来了对国际市场的巨大渗透。1860 年，美国的制造品出口占总出口的份额从 1860 年的 28% 上升到 1910 年的 60%。

在这段时间，美国多次上调制造业进口商品关税税率。尽管出口的重要性不断
提高，但大部分制造商品还是用于美国国内市场。国内市场的重要性是美国人口飞 381
速增长的反映，美国以其富裕和活力吸引了大量的欧洲移民。在人口增长伴随着人均收入增长的条件下，购买力不断提高，国内市场规模不断扩大。城市化进程的加快使得市场更为集中，而运输成本和沟通成本的下降则导致市场的扩大。由于美国国内消费品市场规模的不断扩大，许多最大型的企业（不一定是大型工厂）都是满足国内市场需求的消费品生产企业。这些大型企业最首要的动机通常是需要更高效的分销网络以不断占领市场，它们会使用商标、广告，提供各种服务，并为顾客提供保修。

这一时期，单个企业规模的扩大对制造业发展的作用至关重要。为了解释这一现象，我们必须很好地理解衡量经济规模的几种尺度。大规模的生产单位（工厂）建立在很高的资本密集度的基础之上，它的优点反映了产业发展的基本状况。绝大部分大型企业都不止包括一个经营单位，而是包括多个经营单位。除此之外，还具有规模带来的其他好处，例如产品分销、资金融通和原材料购买等方面的好处。规

模带来的好处有些是有利于社会和个人的，但通常情况下只有利于企业。拥有多个工厂的企业如想发展，则沟通能力的提高和总部内部控制力的完善很重要，这样可以使地理上分散的生产和销售成为可能。[4]

市场规模的扩张和企业规模的扩大通常意味着小企业将被逐出市场，而以前在高运输成本保护了地方性垄断时，这些小公司能够参与竞争。尽管企业规模扩大使市场集中度相比以前有所提高，但市场集中度的提高可能并未导致消费者福利的损失。福利状况的变化取决于当地市场和全国市场在价格—边际成本比这一指标上的
382 区别。运输成本的降低，市场竞争的加强，导致可供选择的产品的增多，和以前的地方垄断性市场相比，消费者从中获利了。

从 1865 年到大约 1895 年，绝大部分制造品的相对价格急剧下降，尤其是在产量大幅增长的时期。相对于制造品需求的快速增长（但并不是很快速）而言，这是制造品的供给曲线快速下移的结果，需求的高弹性意味着价格的下降会导致产量的大幅增加。那些生产力水平提高得最快的企业，产品的价格往往下降得更多，同时产量增长得更快。工业的快速增长需要更多的发明创造，这样才能有更多的供给收益，这方面已讨论过很多。在制造业产量增长的同时，公司和企业的产业与地区分布发生了根本性的转变。正如表 9–2 所示，美国内战前最大的几个企业到 1910 年时已失去了领先地位。这些变化，加上老企业的分化和新企业的成长，和其他国家在经历制造业发展时的模式类似。

制造业在地区间重新分布延续了美国内战前已开始的西进运动。从新英格兰和东北部各州到中西部地区的转移一直在继续。在中西部地区，发展最快的是伊利诺伊州和印第安纳州，这两个州的总人口比重也大幅提高。美国内战后，南方地区的发展和内战前截然不同，南方地区的制造业份额持续下降，这主要是由于内战造成了制造业产量的下降而且恢复得较慢。内战期间，在大量的政府资金资助和政府购买的情况下，南方扩大了它的制造业基础，但这些资助并未给战后南方的持续发展打下基础。虽然南方的制造业没有农业下降得快，但在美国的地区经济中它的份额一直较小。由于技术变迁与可利用的劳动力和要素供给的变化，某些特殊行业存在地区间的转移。提及最多的是南部各州棉纺织业的扩张（尤其是北卡罗来
383 纳州）和新英格兰棉纺织业的衰落，还有钢铁业从宾夕法尼亚到中西部各州的

转移。

19 世纪后半期，中西部地区制造业的性质发生了根本改变。美国内战前，中西部地区最大的产业是以农产品为原料的消费品制造业。内战后，中西部地区的发展则是以重工业为基础，例如钢铁业，它为本地区以外的地方生产用于销售的资本品。20 世纪初，中西部地区以金属为原料的产业得到了飞速发展，特别是为两种主要的新型交通工具汽车和飞机的发展提供了条件。以煤为原料的蒸汽机的使用，矿石和金属利用率的提高使得许多产业转移到中西部地区。美国中西部的这些产业在世界上具有独特的优势并将优势一直保持到了 20 世纪。在每一个区域中，企业越来越多地位于城市地区。尽管某些产业中的工厂和小企业还位于农村和城郊地区，尤其是那些将要发展为工业城的地区，但对很多企业而言，城市里丰富的劳动力和广阔的市场需求使企业位于大城市更有优势。在像纽约这样的特大城市中，通常也会有相当多的产业中存在相对小的企业，它们能够从大量可获得的劳动力中获益。

正如产出增长所说明的，制造业产出增长的主要原因是要素投入的增加（例如资本、劳动力和原材料）而不是全要素生产率的提高（见表 9–3）。但其余部分的讨论却表明，增长应部分归功于多种原因，例如生产力变化的作用，新的技术、新的组织形式以及其他多种能提高单位投入产出水平的改变。

表 9–3　　1869—1919 年制造业投入、产出、全要素生产率的增长率（%）

时间	产出增长率	劳动小时数增长率	资本投入增长率	总投入增长率	全要素生产率增长率
1869—1879 年	3.7	2.7	5.6	2.9	0.9
1879—1889 年	6.0	3.5	8.8	4.0	2.0
1889—1899 年	4.2	2.7	5.2	3.0	1.1
1899—1909 年	4.7	3.3	6.4	3.9	0.7
1909—1919 年	3.5	2.3	5.5	3.2	0.3
1869—1919 年	4.4	2.9	6.3	3.4	1.0

资料来源：John W. Kendrick, *Productivity Trends in the United States* (Princeton, 1961), 464.

单个制造业全要素生产率估计表明美国内战前某些发展模式还在延续（见表 9–4）。不仅整体生产率水平明显提高，而且生产率的提高在产业之间扩散。制造业整体生产率的提高不是依靠一两个部门，而是依靠各行业大范围内生产率的提高。

虽然生产率提高的具体方式与美国内战前相比有了很大不同，但事实上，绝大多数产业的生产率都得到了提高，这说明对生产率提高起关键作用的因素长期存在。在
384 大部分产业中，由于资本的投入量显著增加，因此同一时期劳动生产率提高很快。资本的投入方向也发生了转变，更多的资本用于机器设备而不是用于兴建工厂。这种转变之所以成为可能，是因为动力来源的改变，尤其是在 19 世纪末，集中发电技术得以发展。工厂的典型特征是资本密集度提高，拥有了更新的生产效率更高的机器，这表明企业能更好地利用经济发展的优势。资本与劳动比的提高对于提高劳动生产率起着重要作用，而矿产资源的利用对生产率的提高同样重要。丰富而便宜的矿产品、农产品和各种原材料为美国制造业的成功奠定了坚实的基础。最近有研究表明：美国这一时期丰富的矿产资源是美国制造业独占鳌头的决定性因素。自然恩赐给美国大量的重要资源，而且这些资源能被开采出来用于生产。

表 9–4　　1869—1919 年制造业中全要素生产率的年均变化率（%）

	1869—1899 年	1899—1909 年	1909—1919 年
制造业	1.4	0.7	0.3
食品		0.3	-0.4
饮料		0.9	-5.6
烟草		1.2	4.9
纺织		1.1	0.9
服装		0.7	2.7
木材产品		-0.4	-1.2
家具		-0.8	-0.5
造纸		2.4	0.3
印刷、出版业		3.9	3.0
化学制品		0.7	-0.7
石油、煤炭产品		0.7	-1.0
橡胶产品		2.3	7.4
毛皮产品		0.1	0.5

续前表

	1869—1899 年	1899—1909 年	1909—1919 年
石制品、陶瓷制品、玻璃制品		2.2	0.7
原生金属		2.7	-0.5
配制金属		2.3	1.8
机器（非电力）		1.0	0.7
电力机器		0.6	0.3
运输设备		1.1	7.0
其他		0.8	-0.6

资料来源：Kendrick, *Productivity Trends*, 136.

虽然美国的发展是以机器和其他资本品的技术进步为中心，但产业组织的变革也非常重要，它让企业拥有更通畅的信息流，内部决策也更为理性。会计方法的改进，电报、电话和铁路使长途通信更为快捷，以及可以详细记录业务的档案，这些都让美国的企业规模更大、效率更高。尽管这些改革不如设备上的技术进步那样令人吃惊，但它们对大多数企业的发展做出了贡献，并在美国“管理型企业”的出现中扮演了重要角色。

这个时期，伴随着制造业产出和劳动力快速发展的是资本存量的快速增长，它导致了资本—劳动比和资本—产出比的增长，这几乎是所有制造业的发展特征。因为从 19 世纪 70 年代以后，实际利率不再持续快速下降，所以投资膨胀可能代表了资本需求的增长。新技术和机器设备的改进对资本需求的增长产生了有力的影响。
同样重要的是为了满足资金需求的增长，融资过程的性质发生了重大变化，这些变 386
化可以影响企业的资本形成比率。特别是对大企业而言，除了通过利润进行内部融资以外，美国内战后银行业结构的变革，以及 19 世纪 90 年代股票市场和其他相关的买卖工业证券的金融机构的发展，都提高了外部融资的重要性。这些新的融资渠道为制造业规模的扩大提供了更多的机会。

美国内战后的劳动力变化情况与内战前在很多方面十分相似。特别是在制造业中比其他产业部门更多、更经常地使用妇女和童工，并且使用妇女和童工的频率随着公司规模的不同而变化。[5] 在某些特定的部门，如棉纺织业，妇女和童工的使用非常多而且很明显。虽然制造业中童工的数量占儿童人口的比重从来都不是很大，但雇佣童工是一个严重的社会问题，应该被取缔。美国州一级的法律有限制童工劳动或严格控制他们的工作条件的规定。这种法律通常与要求儿童进学校学习和接受教育的法律相关。因此，到 20 世纪早期，使用童工的现象明显减少。另一方面，这个时期，在制造业和其他产业中劳动的妇女的范围扩大了，大量的未婚妇女会在一段有限的时间内加入劳动力就业队伍。如果综合其他方面的因素，那么从事熟练技术型工作的妇女数量将逐渐少于男性。虽然美国州一级有些立法对妇女劳动力和她们的工作条件做出了规定，但是，即使立法很成功，在州和国家的司法层次上，这些限制也并非总能取得很好的效果。

在制造业劳动力中移民的比率也有很大变化，特别是从 19 世纪 90 年代移民大规模流入后。这种现象部分地反映在城市移民比例的变化中，这些城市大多变成了主要的制造业中心。美国内战期间，开始采用合同工的形式来吸引更多的工人，但这种方法效果并不好，大部分工人成了破坏罢工者（strike-breakers），所以移民几乎完全是自发的并由移民自己支付费用。[6] 移民的源源不断的涌入有可能意味着制造
387 业部门雇用越来越少的本地工人，这成了不断增强的反移民情绪的基本理由，尽管如此，但直到第一次世界大战及以后，反移民运动也没能取得大的成功。

劳动力的结构发生了很大改变，这对工人的技能水平和人力资本的数量有了明显影响。特别是外来移民的增加意味着劳动力结构逐渐偏向技能要求较低的岗位，因为这些移民初来时受教育水平较低、英文水平有限。这些都会导致移民的职业特点与本地人的不同。关于职业特点和本地人与移民相对工资的一些争论一直在持续着。移民的工资一般较低，原因是技能不同或者工资与职业的歧视。移民的流入也刺激了制造业进行技术变革以充分利用低廉的人力资源，关于这个问题也已经论证过。如果本地工人接受更多的教育而且在职经验增加的话，他们的技能水平也可能提高。此外，到本时期末，预期寿命的提高或许意味着工人健康水平的提高，劳动效率也可能因此提高。

在这个时期，最有意义、最显著的变化应该是制造业生产中利用动力的性质的改变。动力来源的改变对工业的选址、组织和生产力具有重要的影响。在早期依赖

风、畜力和人力之后，东北部地区，尤其是新英格兰地区，在工业化的早期阶段主要是有效利用水力资源。在 19 世纪的中期，以煤为燃料的蒸汽动力成为重要的动力来源。到 19 世纪末，蒸汽和水力通常被用来发电。电力的使用不仅使工厂的选址具有更大的灵活性，而且使工厂内部的生产流程在设计上具有同样的灵活性。电力使许多行业的公司规模变得更小更优，因为电力的可分割配置可以在使用动力时降低成本、节约资金，同时极大地增强了生产的可持续性。

对美国制造业发展最有利的条件是美国拥有工业生产需要的丰富的原料。这奠定了美国制造业成功的基础，尤其是食品和金属工业，它们对原材料的投入有很高程度的依赖性，并且总产出附加值的比率很低。美国早期的制造业包括食品生产（如 388
肉类加工、面粉、罐头制造和烘焙）、皮革制造（包括靴子和鞋子）和纺织品生产，它们都得益于原材料、矿物、蔬菜或动物的丰富供给。原木是木业生产和木材产品的基础，同时也是这个时期大部分时间的重要热源。煤炭是重要的能量和热量来源，铁、铜以及相关的金属是制造金属器皿、机器和相关产品的主要原料。原材料的需求对工业的选址有影响，决定最佳选址的因素包括矿产品所在的位置、如何运输它们、不同的要素和资源的成本。因此，一些产业的转移趋势是越来越靠近原料产地。

在早期有关制造业发展的讨论中，技术在产出中的角色居于中心地位。对全要素生产率的评估方法的改进意味着，理论上可以评估技术变化在制造业发展中的重要性。然而，虽然在理论上具有可能性，但在经验上要把促进生产率提高的各种因素分离开来是很困难的，因为很难判断生产率的提高哪些是需要有形资本投资的新技术和新机器所促进的，哪些是改变商业运作模式的组织变化所促进的。阿尔弗雷德·钱德勒（Alfred Chandler）在讨论公司和产业发展时强调组织变化的作用，论及了企业内部信息流的改善使大公司成为可能。这些规模效应一般是既看不见也不能用机器和设备那样的成本支出来度量的。

19 世纪后期技术的发展反映了发明的过程和组织上的变化。美国内战前的发明大部分是通过个人来实现的，个人既积极参与到发明中去又积极为他们的发明寻找商业上的运用机会，技术的日趋复杂和支持专利技术交易的机构的发展使发明家变得越来越专业化，尤其是在 19 世纪的整个后半期，这些条件孕育了一个“独立发明家的黄金时代”，他们像企业家一样雄心勃勃而且具有高度的组织多变性，知道如何通过奋斗获得收益。然而，到 20 世纪早期，这些发明家日益倾向于与企业建立长期的依存关系,这也许是因为这些“独立发明家”发现当发明越来越趋于资本密集型时，
389 他们很难为其发明创造活动提供资金。顺应这种形势，工业企业建立了研究实验室，其成员全部受过大学教育并具有专业技能。科学研究变得越来越重要，特别是在电子通信、汽车、化学、金属等产业中。这些改变同样也出现在西欧地区的经济扩张中。这种新的发明和创新模式被称为第二次工业革命，和第一次工业革命相比，它在生产方式和创新上实现了更大范围的国际扩散。类似地，教育水平的提高，商业教育的普及，某些产业（特别是铁路产业）中的管理手段向其他行业（那些行业的共同点是都有着众多位于不同地区的企业，需要解决协调问题）的传播，这些都为组织的创新奠定了基础。商业杂志时常讨论企业组织问题的解决方案，这些信息的交流会使企业的调整更快。

发明、创新及其扩散的速度会受到美国国内公司的获利机会、政府为发明提供的激励措施以及政府通过关税和其他手段对国际贸易的管制等因素的影响。然而，即使存在这些机会，也必须要求企业家不满足于他们现有的利润水平而愿意利用这些机会。这些企业家包括主要产业的头面人物（一些人称其为强盗贵族，另一些人称其为工业政治家），例如洛克菲勒、卡内基和弗里克（Frick），同时也包括许多小企业家。垄断可能会鼓励创新，但如果垄断利润是通过垄断资本家享有一种“懒惰”的生活或者维持其垄断地位而体现出来的话，那么它将限制技术进步的扩散和它的经济影响。19 世纪末美国的发展清楚地表明，相当多的企业家希望获得利润和经济地位，因此他们之间的竞争很激烈，技术进步很快。大多数创新成果都来自美国国内的研究、发明和创新努力。高效的资本市场、只对出资承担有限责任的公司形式的普及，以及美国经济整体的高收入和财富方面的优势，都有助于提高使用新技术的能力，从而有利于扩展公司的规模。

制造业的发展几乎完全发生在私人部门。虽然美国可能比大多数其他发达国家
390 采取更自由放任的政策，但是，不同级别的政府——联邦、州和地方政府通常在鼓励或限制工业活动中具有重要的影响。尽管州和地方政府也有一些重要的政策和影响，但最重要的还是联邦政府的作用，包括直接通过立法控制跨州贸易和通过最高法院解释（或重新修订）州、地方和联邦的立法。

在有利于全面经济增长的政府行为中，政府通过一些法律以及采取一些行动保证了私人产权的合理存在性与安全性，这些法规对公司法人实体及其条款制定了相关扩展规定，这对提高交易的安全性和确定性非常重要。法院必须决定新立法的含义，同时还必须调查经济性质的改变对过去立法的影响。最终的结果是，整个 19 世纪，政府在限制私人权利或至少是那些有钱人利用他们的权利去投资和赚钱方面只起了相当有限的作用。从内战前开始一直加强专利法的实施有助于发明和创新。进口管制、允许外来移民、限制建立工会等条例，并没有保护所有人的权利，它只是为企业的发展提供了一个更有利的环境，而不是为了消费者和劳动者。

非制造业部门的政府管制同样也对制造业的发展产生了重要影响，即使这种影响并不是政府制定这些政策的主要目的。控制银行业和货币供应量、建立国家金本位体系都会影响价格、借款利息和信贷。 在 1879 年硬币重新恢复流通之前，支持美钞的集团（该集团包括许多要求取消金本位的东部制造商）愿意鼓励出口。州际商业委员会 (1887) 制定的一些条例，影响了运输成本和状况，从而对相关地区的货物交易模式和铁路成本与利润率产生了影响。

给制造业带来最直接帮助的应该是国会通过的关税法，它也是政治长期关注的焦点。尽管关税在当时起到了一定的作用，但被大家公认的关税税率和结构的局限 391
性说明关税并不是美国制造业发展的关键性因素，然而它是美国 19 世纪的一个重要政治问题，而且确实对某些具体行业产生了影响。 因为那个时代对于对外贸易的控制和现在完全不同，除了从公众健康角度考虑对一些食品进口进行限制外，只有极少的配额限制或直接限制。一旦立法改变，关税税率也会发生波动，这必然会和美国内战前一样，成为不断争论的根源。不管怎样，总的来说，当时对贸易的干预程度比第二次世界大战之后要小。

19 世纪的大部分时间里，政府通过提供有效的激励在影响工业增长方面发挥了巨大的作用。但直到 19 世纪末，政府才增加广泛的法规激励措施以促进工业发展。最高法院的裁决，如芒恩诉伊利诺伊州案（Munn v. Illinois，1877)，指明了政府管制的方向。 1887 年通过的《州际商业法》（Interstate Commerce Act）以及其后于 1890 年通过的《谢尔曼反托拉斯法》(Sherman Antitrust Act，简称《谢尔曼法》)，目的都是通过认定某些商业行为非法从而减少经济中的垄断。《谢尔曼法》的最初目的是出于对农民利益的保护以限制生产企业制定垄断价格，以及界定商业不合法行为，包括个人和公司的合谋行为。这可能意味着分散的公司之间不能在限制贸易方面达成协议，从而形成非法的卡特尔。不管这个立法在表明政府政策的新方向上多么重要，但它确实留下了一些漏洞。企业可能会利用这些漏洞来增加它们对市场的控制程度，因为《谢尔曼法》只能有效限制部分商业垄断行为。

最高法院对《谢尔曼法》条款的修正进一步公开了一些漏洞。以美国与 E. C. 骑士公司的诉讼案 (1895) 为例，最高法院裁定制造业不同于州际商业，因此，糖业托拉斯的行为不在《谢尔曼法》的管辖范围内。新泽西州的立法允许控股公司 (1888—1889 年) 通过购买其他公司证券的形式来合法收购公司。对控制行业市场的渴望导
392 致了横向合并的增加，一个大的公司取代了以前由几个公司组成的卡特尔，这在1897—1903 年的大合并浪潮出现时期达到了高潮。[7] 19 世纪 80 年代的合并倾向于纵向合并，这种合并形式主要是由于企业希望将产品的生产和分销联结起来、利用从公司内部获得原料来源的优势，并且能更有效地处理复杂技术。横向合并的结果是许多行业的集中度得以提高，新形式的公司在股票市场中的估价提高。尽管如此，这些合并往往还是不成功，除非合并能导致效率提高和规模效益，否则这些合并不会持续多长时间。当然，多数合并确实增加了公司的规模，并且垂直合并一般被认为有利于效率的提高。我们必须看到，合并浪潮后 20 年的全要素生产率的增长率是前 20 年的 1.5 倍。

1903 年之后，合并的数量出现了下降，而且大多数规模较小。直到 19 世纪 20 年代才再度出现了新的合并浪潮。《克莱顿反托拉斯法》(Clayton Antitrust Act, 1914) 试图限制通过收购股票来合并公司的行为。但是，在这一法律通过之前，一个重要的法院裁决极大地改变了反垄断进程。在政府起诉新泽西州标准石油公司 (1911) 垄断的法院裁决中，提出了一个有关垄断行为的“合理原则”：法院的裁决依据要么是标准石油公司曾经的垄断行为是“不合理的”，要么是在假定社会利益的前提下定价和改进政策的结果是“合理的”。因此，在第一次世界大战之前，尽管采取了很多措施限制产业的集中，但是，立法和法院的裁决似乎一直滞后于现实的企业行为，大型企业的增长和产业的集中一直在持续。

20 世纪后半期，旨在降低工业化社会的成本的政策有了较大幅度的增加，例如

那些旨在减轻工业对环境的影响的政策。许多这样的政策在 19 世纪就开始了。城市的肮脏与不健康环境有一部分是工业污染导致的，因此促成了对城市卫生的规定、对干净的城市供水系统的建设、对煤在工业和其他产业中的使用的限制。但大多数情况下，特别是联邦政府的政策制定，都是源于想通过政策来影响自然资源的消耗。尽管不清楚大范围砍伐木材的具体程度，但是木材政策一直是 19 世纪后期主要的争论焦点。包括土地政策在内的其他政策，被用来限制煤、矿物、土地和其他自然资源的开采和使用，以减少已经被认识到的对自然的破坏。通过对工业投入数量和价 393
格的强制性限制，自然资源使用的管制影响了制造业。20 世纪早期，基于对健康和安全的考虑，制定了包括食品和药品在内的强制性限制标准。因此，到第一次世界大战开始时，在制造业部门和制造业与政府的相互关系上出现了重要的转变，这种转变在随后的岁月中不断强化。

结　论

漫长的 19 世纪是美国制造业成长和发展的一个非常时期。产出高增长，新产品和新技术不断引进，公司规模越来越大，人均资本提高，蒸汽动力和电力取代水力，制造业从东北部的集中区向西部扩展，到这个时期末，中西部变成了最大的制造业地区。

这种成长伴随着劳动力和资本投入的实质性增长。鼓励投资和创新的正确机制也在美国制造业的成长过程中发挥了重要作用。技术革命和生产率的提高在这中间扮演了主要角色。包括普及的教育体系和专利体系在内的很多关键性的制度因素都激励发明和创新，这些制度至少部分地促进了内生性的技术变革。从新工艺和新产品的产权中盈利的机会鼓励更多的人参与到创造发明中去。这对制造业的发展是至关重要的，因为在复杂的经济中，没有任何一种单一革新能对制造业的增长发挥这么大的作用。

经济和社会的许多特征也有助于推进制造业的发展。市场的重要性和对市场信号的敏感性能增强经济的灵活性和弹性。生产要素的流动是对机会的反应，相对广泛的收入分配对产品需求和工作的激励具有重要的影响。经济发展中明显的利益趋

394 向导致了一系列鼓励技术和组织革新的政策的出现，同时也加速了资本的形成。如果没有这些制度，制造业的发展将会受到很大限制，这些恰当的制度形式本身正反映了当时对社会经济目标的一致意见。

附录：政府对制造业部门成长的两个贡献

在我们描述制度变迁的性质时，有必要区分私人部门内部自发的制度变迁和政府行为推进的制度变迁。一些制度对整体经济有益，另一些制度对某些具体的制造业部门有益。影响资本市场发展的法律和法规能影响经济中的所有组织和部门，就像给予公司某些特权是一种组织形式一样。尤其在 19 世纪，美国专利制度的规定及其对技术发展的影响，以及关税对某些特殊进口商品的作用（这些制造品大多由其他地方生产），都和制造业部门更直接相关。

专利

作为世界上第一个现代专利制度，美国的专利制度是有意识地设计的，目的是促进经济增长。它是依照美国宪法中的商业条款（即“通过规定在一定的时间内，保障发明家对他们各自的发明拥有排他性权利，来促进科学和实用技术的进步”）而产生的，这些有助于经济发展的措施很快在 1790 年和 1793 年的法律中得到改进。虽然美国专利制度的制定者一定熟悉并受到英国专利制度的影响，但美国专利制度在技术专利权的定义和授予上与英国专利制度有重要区别。在英国，专利权是从王室特权的授予中演化出来的，一直被当成一种垄断性的权利而限制公众拥有，这种专利权的定义很狭窄并且监管很严。美国早期专利制度的争论反映出人们对专利制度
395 目的的认同，即通过授予发明者对其发明物拥有产权来激励创新活动以获得长期社会利益，而不是让他们感觉到专利权是发明者的天赋权利。很显然，潜在的发明家会受到物质利益驱动，给这些发明家的发明成果授予一定期限的排他性产权实际上会增强本国产品的独创性、加快技术创新速度，实现高速的经济成长。但是，专利制度的实行并不容易，尤其是开始阶段，例如伊莱·惠特尼（Eli Whitney）就很难保护他的轧棉机设计的专利权。当司法领域介入专利后，在短短的几十年时间里，法

院就建立了一系列的原则和程序以向专利所有者和接受专利技术出售以及特许使用的那些人提供相当有效的保护。

虽然专利制度的主要目的是激励发明创新活动，但它的制定也旨在推动技术的普及。法律要求所有的专利所有者必须向专利局提供有关他们发明的详细说明书（包括适用行业、样机模型），这使所有想要利用这种技术的人能很快得到相关信息。另外，在发明中建立牢靠的产权本身就是鼓励技术的普及。专利保护制度能激励发明者尽可能去从事发明创造活动，因为无论是将这些发明直接用于商业还是将专利技术转让或卖掉，都能使这些创新想法的收益最大化。因为专利侵权者会受到严厉的惩罚，所以企业如果不查询是否其他人已经拥有了相关技术的专利权就投资一项新技术是有风险的。很可能正是由于需要全面了解经济中其他地区（包括其他部门和区域）对技术发展的这种愿望，新技术的传播更快了。这些因素的交叉促进作用就对整体技术变革起到了潜在的激励作用。

19 世纪早期，美国专利制度具有几个与众不同的特征，随着时间的推移，这些特征成为其他国家向其靠拢的标准。首先，专利权的申请过程需要经过不受人为影响的常规行政程序，有科学的标准而且收费不高。这就使美国专利制度比世界其他国家更面向大众，更能激励发明创造活动。其次，专利权属于第一个或真正的发明者，396
这是适合那个时代的较为民主的做法，因为教育和在职培训使大部分人已具有一些基本的技术知识。当时，对相当数量的专利来说，发明者要寻求有资金并能提供投资的合作伙伴，专利持有者希望出售他们的专利或进行技术特许，而专利产品的生产者则尽可能提高他们产品的销售量。在一个又一个行业中，专业性的商业期刊让生产者能够通晓各种专利技术的收益状况。

在不断发展的技术信息市场中，另一个重要的中介渠道是专利代理人和法律顾问。这种中介形式在 19 世纪 30 年代后期和 40 年代开始快速增加。起先是在华盛顿附近，接着出现在其他的城市中心。虽然他们最初主要是通过官方的查询程序为专利申请提供指导，或为已授权的专利纠纷或专利侵权进行辩护，但不久，他们就开始担当专利所有人的代理，寻找愿意出售或购买专利技术的公司和个人。毫不奇怪，他们起先集中于专利水平很高的地区，然后通过分支机构或与之有联系的渠道遍布全国，这与银行系统的某些特征相似。

早在19世纪30年代至70年代，随着这种类型的中介机构的出现和产权体制的巩固，技术专利交易达到相当规模。许多发明家对谋利机会的反应是通过更加专业化地经营发明活动来增强出售专利权的能力。发明创新活动中技术复杂性的增强和固定成本的提高，使这种专业化的工作更有价值，但在发明者能安心地集中他们的资源和精力从事发明前，他们需要得到保证，能通过出售他们的创新产品使他们的努力获得收益。专利的获得和专利的实行都相对容易，加上相应的专利交易制度，为发明者提供了这种保证。

1790—1914年，发明的专利申请率增长很快。实际上，几乎在所有的行业和区域这种增长在广度和深度上都是非常明显的，尤其是在那些市场扩张的地区。增长率的评估有一些差异，这反映了行政管理程序和定义上的变化，但主要还是由于发
397 明创新活动的改变。专利申请数对宏观经济环境相当敏感，正如我们所看到的，在1812年战争前专利数量急剧上升，那时，由于禁运国外制造品的供应中断了，因此东北部地区间的贸易开始蓬勃发展。对美国国内制造商来说这也许是导致繁荣时期出现的一个非常规的诱因，但美国内战前保留的专利记录显示专利数量与经济发展仍然是同周期的。内战前专利的增长特别快，尤其在1820—1835年和1850—1860年，这两个时期也是经济的快速增长时期。1810年前的专利增长也很快，只是开始增长的起点相对较低。美国内战后，在经历了1867年的爆炸式集中增长后，19世纪80年代和20世纪初专利增长很快，再一次与制造工业的高增长时期吻合。

前面已经强调过早期的专利增加，一个原因是更多的人参与到发明创新活动中，另外一个原因是投资对新发明的影响。到19世纪中期，发明创新活动的专业化趋势，以及专利所有人拥有终身专利的数量的增加趋势都很明显。这个时期专利出售数量也在增加，这有利于在更广阔的范围获得新的发明创新成果。这些现象显示：发明创新活动的资本投资回报在提高，专利体系的相关运作技能也在增强，通过要素专业化来实现大批量的发明创新的现代发明模式已经开始。个人和企业间专利转让交易的增加使发明专利的部门不再是运用该专利的部门。握有资本的个人喜欢向城市集中，因为那里对专业化发明有更大的激励，同时也有相对丰富的资源支持发明和创新活动。实际上，城市的专利所有者更加专业化，并且在他们的职业生涯中能够申请到更多的专利。尽管专利增长的第一阶段是以平民的发明为标志，但在随后的

发展阶段中，专业技术知识对有效的发明创新起到越来越重要的作用。

关税

19 世纪，最有争议的问题也许是与制造业发展相关的关税问题，它在 19 世纪末
被形容为“垄断之母”。关税是联邦政府提高财政收入的主要方式，它也在汉密尔顿 398
刺激制造业发展的最初方案中扮演了突出的角色。在征收所得税之前，除了大量出售土地的几个短暂时期外，关税通常占联邦收入的 80%~90%。关于关税对财政收入的重要性的争论很少，但为保护美国国内工业免受外国竞争影响而对具体商品制定的税率却是国会长期争论不休的主题。并不是所有的制造业都受到保护。在某些情况下，当美国商品出口时，就和关税保护无关。在另外的情况下，当某个产业被认为不够重要时，或是这个行业的企业家没能向国会证明他们行业的重要性时，它们就得不到关税保护。所以，只有少数行业成为关税争论的焦点，它们是纺织行业尤其是棉纺织行业，以及钢铁行业。这两个行业引起了当时和后来分析家们相当多的关注，美国内战前主要是纺织业，19 世纪后期则主要是钢铁行业。

关税最先是在 1789 年实行的。在财政部、制造业利益集团和 1812 年战争中普通公众形成的对保护主义的感情的推动下，法定的名义税率直到 1832 年还在提高。1828 年由南方领导的“可憎的关税”运动造成的强烈反响引发了与关税上升趋势相反的运动，首先是 1833 年的《妥协关税协定》(Compromise Tariff)，然后到美国内战爆发前关税持续下降，几乎没有中断。1861 年，因为战争国家需要增加收入而导致关税的急剧上升，此后，尽管有一些波动，但到第一次世界大战之前，关税一直维持在很高的水平。事实上，1890 年通过的《麦金利关税法》(Mckinley Tariff) 使美国成为工业化世界中关税税率最高的国家。

尽管人们长期关注关税对工业发展的影响问题，但最基本的关于关税效果的方向和程度问题一直没有完全确定的答案。关于这个问题的有限研究成果部分地反映了这个理论问题的复杂性和获取适宜的实证度量的困难。另一个原因是，学者们对于如何测量关税保护的贡献有着不同的观点。那些怀疑关税对经济增长有净收益效
果的学者，倾向于从关税对制造业的总体影响的角度，而不是从整体经济的角度来 399
考虑问题。那些认为关税比较有利的学者，则好像更乐于使用一种狭义的标准来考

虑问题，他们更致力于确定是否在某些时期内关税确实保护了特殊的行业。

尽管在19世纪中叶，进口的幅度受到关税上升的制约，而且并不是所有的制造业都受到关税的保护，但美国内战前这一工业化发展的早期阶段正是那些主张贸易保护具有积极作用的学者所强调的典型阶段。他们通常假定，处于发展阶段的幼稚工业需要通过关税保护成长到足以参与竞争的阶段，在这种环境下，关税保护最有可能获得最佳的社会效益。19世纪早期，许多产业受到了保护，其中包括玻璃业、造纸业、纤维产品业和陶瓷业，但纺织业（尤其是棉纺织业）和钢铁业是关税争论的焦点，吸引了学者们的广泛关注。传统的观点和弗兰克·W. 陶西格（Frank W. Taussig）的经典论著有关，认为在整个制造业发展中关税只起次要作用，甚至在棉纺织工业和钢铁工业中亦如此。其中心意思是，尽管有国外的竞争，但美国国内生产者可以通过其他因素将外国竞争充分隔绝，从而在美国市场中获得生存和成长。这些因素包括相当丰富的原材料、较低的市场运输成本，尤其是美国人对产品多样化的市场需求。最近针对棉纺织品的研究对关税只起次要作用的理论提出了质疑，他们认为如果没有关税，美国生产者在一部分市场上将没有竞争力。关税保护可能对美国产业发展有更大的贡献，它为关键产业提供了增强技术能力的机会，从而使其能与国外生产者竞争。

如果没有关税，棉纺织工业的发展究竟会有多慢还是一个问题。关税对整个工业发展的重要性仍不十分清楚。首先，美国内战前关税的保护作用一般被认为集中于少数几个突出的产业，如棉纺织业和钢铁业，英国在这些产业享有技术领先地位。
400 由于英国制造业部门的生产力增长的极端不平衡，这些产业对英国早期工业化至关重要，但没有理由认为所有的早期工业化国家都必须如此。美国和英国拥有非常不同的要素禀赋和国内市场，如果它的工业发展路径与英国明显不同，也并不奇怪。事实上，在没有有效保护的情况下，美国大部分制造业的生产力和产出都显著增长，比如包括制鞋业在内的那些重要产业，而且在国际性的水晶宫展览会上美国的技术创新受到一致好评，这些都表明美国完全有足够的能力在竞争环境中展示美国的工业实力。尽管关税有助于特殊工业发展的观点好像是合理的，但是它产生的影响，例如资源从其他产业的转移，则可能限制了它对整体经济增长的贡献。如果假定关税为幼稚工业提供保护，原则上有可能对社会有利，但这很难被证明。此外，美国

内战以后，关税税率实际上一直很高，它们持续的时间很长，超过产业发展的幼稚阶段和成长阶段。 401

注 释

[1] 一些人将这些变化归因于 19 世纪头 10 年的禁运，因为关闭对外贸易意味着实行无限关税。关于禁运时期的事宜，参见 Donald R. Adams 的 "American Neutrality and Prosperity, 1793—1808: A Reconsideration", *Journal of Economic History* 40 (1980), 713－738。

[2] 见表 9–3。

[3] 对最近的地区分布的总结，参见 Sukkoo Kim, "Expansion of Markets and the Geographic Distribution of Economic Activities: The Trends in United States Regional Manufacturing Structure, 1860—1987", *Quarterly Journal of Economics* 110(1995), 881-908。

[4] 对这些改变有用的探讨，参见 JoAnne Yates, *Control Through Communication: The Rise of System in American Management* (Baltimore, 1989)。

[5] See Claudia Dale Goldin, *Understanding the Gender Gap: An Economic History of American Women* (New York, 1990).

[6] Charlotte Erickson, *American Industry and the European Immigrant, 1860—1885* (Cambridge, MA, 1957).

[7] 横向合并是生产同类产品的企业的联合。纵向合并是处于产品生产和分配不同阶段的企业的联合。